专利复审和无效审查决定汇编丛书

专利复审和无效审查决定汇编

（2007）

光　电（第一卷）

国家知识产权局专利复审委员会　编

知识产权出版社
全国百佳图书出版单位

图书在版编目（CIP）数据

专利复审和无效审查决定汇编.2007.光电/国家知识产权局专利复审委员会编.—北京：知识产权出版社，2015.12

ISBN 978-7-5130-1610-0

Ⅰ.①专… Ⅱ.①国… Ⅲ.①专利权法—案例—中国 Ⅳ.①D923.425

中国版本图书馆 CIP 数据核字（2012）第 246938 号

内容提要

本书汇集了专利复审委员会2007年作出的光电专利复审和无效审查决定及相关审查决定和司法判决（根据法律规定需要保密的除外），比较全面地反映了专利复审委员会的审查工作和人民法院专利行政案件审理工作取得的进展，对专利工作者具有一定的借鉴和指导作用，也有利于当事人及广大公众对专利复审委员会的审查工作进行监督。

责任编辑：崔开丽　　**责任校对**：董志英
责任出版：孙婷婷　　**封面设计**：品　序

专利复审和无效审查决定汇编丛书

专利复审和无效审查决定汇编（2007）

光　电（第一卷）

国家知识产权局专利复审委员会　编

出版发行：知识产权出版社有限责任公司
网　　址：http://www.ipph.cn
社　　址：北京市海淀区马甸南村1号（邮编：100088）
天猫旗舰店：http://zscqcbs.tmall.com
责编电话：82000860 转 8377
责编邮箱：cui_kaili@sina.com
发行电话：010-82000860 转 8101/8102
发行传真：010-82000893/82005070/82000270
印　　刷：北京中献拓方科技发展有限公司
经　　销：各大网上书店、新华书店及相关专业书店
开　　本：880mm×1230mm　1/16
印　　张：175.75
版　　次：2015年12月第1版
印　　次：2015年12月第1次印刷
字　　数：5062千字
定　　价：850.00元（全3卷）

ISBN 978-7-5130-1610-0

前　言

随着经济全球化和我国国民经济的飞速发展，专利制度在经济活动中的作用和地位越来越突出，国民的专利意识也在不断增强。目前，我国专利申请总量超过1170万件，每年专利复审与无效宣告请求案件已超过2万件，2012年达到20261件。作为专利复审和无效宣告请求案件审查的专属机构，专利复审委员会每年都要作出数以千计的审查决定。与之相应，人民法院每年要作出数百篇司法判决。每一篇审查决定和判决书都凝聚着审查员和审判人员的心血和智慧。通过审查员和审判人员结合具体案情的创作型劳动，生硬的法律条文变得鲜活和丰满，形成一笔宝贵的精神财富和公共资源，并不断有专利代理机构、专利代理人以及审查员希望专利复审委员会能够出版专利复审和无效审查决定，作为学习和工作时的重要参考资料。

除根据法律规定需要保密的外，《专利复审和无效审查决定汇编（2007）》汇集了专利复审委员会2007年作出的审查决定，包括针对相应审查决定的司法判决，以便读者了解审查决定的法律状态并对照阅读和分析。本汇编按照技术专业领域将分为8大册，共25分卷：机械（3卷）、电学（4卷）、通信（2卷）、医药（2卷）、化学（2卷）、材料（3卷）、光电（3卷）、外观设计（6卷）。因此，本汇编比较全面地反映了专利复审委员会的审查工作和人民法院专利行政案件审理工作取得的进展。

我们相信，本汇编对专利工作者具有一定的借鉴和指导作用，也有利于当事人及广大公众对专利复审委员会的审查工作进行监督。本汇编也将为推动专利复审委员会的发展，促进专利代理业务水平的提高，为《国家知识产权战略纲要》进一步实施尽微薄之力。

本书编委会

2013年8月

目　　录

复审请求审查决定

无效宣告请求审查决定

复审请求审查决定

001

食品蒸汽加热器的家用设备

复审请求审查决定（第8840号）

决　　定　　号　第8840号
决　　定　　日　2006年6月13日
发明创造名称　食品蒸汽加热器的家用设备
国 际 分 类 号　F24C 1/00
复 审 请 求 人　西布公司
申　　请　　号　98106420.5
申　　请　　日　1998年2月12日
公　　开　　日　1998年12月16日
合 议 组 组 长　王桂莲
主　　审　　员　刘敏飞
参　　审　　员　刘　凡

法 律 依 据　专利法第22条第3款
决 定 要 点

在权利要求创造性的判断中，如果权利要求所述技术方案与现有技术公开的技术方案之间存在区别技术特征，而现有技术没有给出结合该区别技术特征得出所述技术方案的技术启示，本领域技术人员需要付出创造性的劳动才能得出该权利要求所述的技术方案，且该技术方案具有有益效果，则该权利要求具有创造性，反之，该权利要求不具有创造性。

一、案由

本复审请求涉及申请日为1998年2月12日、发明名称为“食品蒸汽加热器的家用设备”、申请号为98106420.5的发明专利申请，申请人为西布公司。

本申请原始公开的权利要求书如下：

“1. 一种食品蒸汽加热器的家用设备，该设备的含有一个底（2）和一个侧壁（3）的盒子（1）里包括一个冷水容器（4），该容器向蒸汽发生腔（5）提供冷水，而蒸汽发生腔本身通过蒸汽入口（6）向烹煮槽（7）提供蒸汽，该烹煮槽用来盛装食品，其特征在于盒子（1）的侧壁（3）上有一个沟槽（8），该沟槽通过装水开口（12）与盒子（1）的外部连通，并通过放水开口（13）与盒内连通，放水开口通到冷水容器（4）中。

2. 根据权利要求1所述的食品蒸汽加热器的家用设备，其特征在于所述沟槽（8）包括一个利用装在盒子（1）中的灯（17）可以看到的透明窗（16）。

3. 根据权利要求 2 所述的食品蒸汽加热器的家用设备，其特征在于透明窗（16）有一个使盒子（1）的灯（17）突出的观察凸窗（18）。

4. 根据上述任一权利要求所述的食品蒸汽加热器的家用设备，其特征在于沟槽（8）包括一个盖（14），该盖绕水平轴（15）铰接在盒子（1）上，而且该盖可以有两个位置，在第一个位置（A）时，装水开口（12）关闭，而在第二位置（B）时，装水开口（12）打开。”

应申请人的请求，专利局审查部门对本申请进行了实质审查，于 2002 年 8 月 30 日发出了第一次审查意见通知书，其中引用对比文件 1（US4426923——公开日为 1984 年 1 月 24 日）和常用技术手段相结合，认为权利要求 1 不具有创造性，并指出权利要求 1 相对于对比文件 5（CN1105222——公开日为 1995 年 7 月 19 日）和常用技术手段的结合也不具备创造性，同时用对比文件 2（DE664192——公开日为 1938 年 8 月 22 日）、对比文件 3（US5320028——公开日为 1994 年 6 月 14 日）、对比文件 4（DE9014764——公开日为 1991 年 4 月 4 日）对常用技术手段进行了证明；还指出权利要求 4 相对于上述对比文件及公知常识不具有创造性；另外还指出权利要求 3 不符合专利法实施细则第 20 条第 1 款的规定。

针对第一次审查意见通知书，申请人于 2003 年 3 月 14 日陈述了意见，认为权利要求 1-4 相对于对比文件 1-5 具有创造性。

在实质审查阶段，针对原始申请文本、审查员于 2003 年 6 月 13 日以权利要求 1、4 不符合专利法第 22 条第 3 款的规定为由驳回了本申请。

申请人（以下称复审请求人）对上述驳回决定不服，于 2003 年 9 月 27 日向专利复审委员会提出复审请求，同时对申请文件进行了修改，提交了权利要求书的替换页并陈述了意见。请求人在权利要求 1 中增加了特征“烹煮槽位于盒子（1）之上”，修改后的权利要求书如下：

“1. 一种食品蒸汽加热器的家用设备，该设备的含有一个底（2）和一个侧壁（3）的盒子（1）里包括一个冷水容器（4），该容器向蒸汽发生腔（5）提供冷水，而蒸汽发生腔本身通过蒸汽入口（6）向烹煮槽（7）提供蒸汽，该烹煮槽位于盒子（1）之上，用来盛装食品，其特征在于盒子（1）的侧壁（3）上有一个沟槽（8），该沟槽通过装水开口（12）与盒子（1）的外部连通，并通过放水开口（13）与盒内连通，放水开口通到冷水容器（4）中。

2. 根据权利要求 1 所述的食品蒸汽加热器的家用设备，其特征在于所述沟槽（8）包括一个利用装在盒子（1）中的灯（17）可以看到的透明窗（16）。

3. 根据权利要求 2 所述的食品蒸汽加热器的家用设备，其特征在于透明窗（16）有一个使盒子（1）的灯（17）突出的观察凸窗（18）。

4. 根据上述任一权利要求所述的食品蒸汽加热器的家用设备，其特征在于沟槽（8）包括一个盖（14），该盖绕水平轴（15）铰接在盒子（1）上，而且该盖可以有两个位置，在第一个位置（A）时，装水开口（12）关闭，而在第二位置（B）时，装水开口（12）打开。”

复审请求人认为对比文件 1 至 5 均没有提供任何技术启示，使得本领域技术人员同时能够使用沟槽和将烹煮槽设置于盒子之上的技术手段，来改进对比文件 1 中的蒸汽加热器，并认为对比文件 1 中的加水罐 19 需要较复杂的设计（如开关 OL4）保持足够多的水用于产生蒸汽，而对比文件 2 中的蒸汽煮食器在蒸煮过程中是不能向热水容器加注冷水的。

经形式审查合格，专利复审委员会受理了该复审请求，于 2003 年 11 月 12 日向复审请求人发出复审请求受理通知书，并向前审部门发出了前置审查通知书。

在前置审查中，专利局原审查部门坚持权利要求 1、4 不符合专利法第 22 条第 3 款规定的审查意见。

专利复审委员会依法成立合议组对本复审请求案进行了审理，于2005年3月17日以请求人提复审请求时提交的申请文本为基础发出了复审通知书，在此次复审通知书中指出：（1）权利要求1、4相对于对比文件1（US4426923）和对比文件2（DE664192）不具有创造性，不符合专利法第22条第3款的规定；（2）权利要求3保护范围不清楚，不符合专利法实施细则第20条第1款的规定。

复审请求人于2005年4月30日针对上述复审通知书提交了意见陈述书，并提交了权利要求书以及说明书的修改替换页。请求人在权利要求1中增加了特征“该烹煮槽（7）由一盖（20）盖住”以及“该冷水容器（4）向蒸汽发生腔（5）供水”，并将权利要求2、3及说明书中的特征“灯17”和“凸窗18”分别改为“缝隙17”和“轮廓18”。

针对上述修改，合议组于2005年6月10日再次发出复审通知书，在此次复审通知书中指出：（1）权利要求1、4相对于对比文件1和2的结合不具有创造性，不符合专利法第22条第3款的规定；（2）权利要求1不符合专利法实施细则第20条第1款的规定；（3）权利要求2、3及说明书的修改超出了原申请文件的记载范围，不符合专利法第33条的规定。

复审请求人于2005年7月25日针对上述复审通知书再次提交了意见陈述书，并提交了权利要求书和说明书的修改替换页。请求人在权利要求1中增加了特征“该冷水容器通过排水孔（30）向蒸汽发生腔（5）提供冷水”及“放水开口（13）被放置得高于排水孔（30）”，并在2005年4月30日提交的权利要求1的基础上删除了特征“该冷水容器（4）向蒸汽发生腔（5）供水”，将权利要求2、3及说明书中的特征“缝隙17”和“轮廓18”分别改为“灯17”和“凸窗18”，但说明书第2页第28行中仍存在原申请文件中没有记载的特征“透明窗16有一个使盒子1的缝隙突出的观察凸窗18”，并且请求人增加了原权利要求书没有记载的从属权利要求5、6。

针对上述意见陈述书和修改后的申请文本，合议组于2005年9月15日再次向复审请求人发出复审通知书，在此次复审通知书中指出：（1）修改后的说明书第2页第28行中仍存在原申请文件中没有记载的特征“透明窗16有一个使盒子1的缝隙突出的观察凸窗18”，不符合专利法第33条的规定。（2）权利要求5、6不符合专利法第33条及实施细则第60条的规定。（3）修改后的权利要求1相对对比文件1和2仍然不具有创造性，不符合专利法第22条第3款的规定。由于请求人没有对从属权利要求4作出修改，因此权利要求4仍不符合专利法第22条第3款的规定。

复审请求人于2005年10月29日针对上述复审通知书再次提交了意见陈述书，并提交了权利要求书和说明书的修改替换页。在修改后的说明书中，请求人将2005年7月25日提交的说明书第2页第28行中的特征“透明窗16有一个使盒子1的缝隙突出的观察凸窗18”改为“透明窗16具有一个从盒子1的灯（17）突出的观察凸窗18”。在修改后的权利要求书中，请求人将原始文本的权利要求1和2合并为新独立权利要求1，并删除了2005年7月25日提交的权利要求5、6，请求人修改后的权利要求书如下：

“1. 一种食品蒸汽加热器的家用设备，该设备的含有一个底（2）和一个侧壁（3）的盒子（1）里包括一个冷水容器（4），该容器向蒸汽发生腔（5）提供冷水，而蒸汽发生腔本身通过蒸汽入口（6）向烹煮槽（7）提供蒸汽，该烹煮槽用来盛装食品，其中，盒子（1）的侧壁（3）上有一个沟槽（8），该沟槽通过装水开口（12）与盒子（1）的外部连通，并通过放水开口（13）与盒内连通，放水开口通到冷水容器（4）中；和

所述沟槽（8）包括一个利用装在盒子（1）中的灯（17）可以看到的透明窗（16）。

2. 根据权利要求1所述的食品蒸汽加热器的家用设备，其特征在于透明窗（16）具有一个从盒子（1）的灯（17）突出的凸窗（18）。

3. 根据权利要求1或2所述的食品蒸汽加热器的家用设备，其特征在于沟槽（8）包括一个盖

（14），该盖绕水平轴（15）铰接安装在盒子（1）上，而且该盖可以有两个位置，在第一个位置（A）时，装水开口（12）关闭，而在第二位置（B）时，装水开口（12）打开。”

经过上述审查程序，合议组认为本案事实已经清楚，可以依法作出复审决定。

二、决定的理由

1. 审查基础

本决定以复审请求人申请日提交的说明书附图、说明书摘要及摘要附图、2005年10月29日提交的说明书及权利要求书作为审查基础。

2. 关于专利法第33条和专利法实施细则第60条

专利法第33条规定，申请人可以对其专利申请文件进行修改，但是，对发明专利申请文件的修改不得超出原说明书和权利要求书记载的范围。

专利法实施细则第60条规定，请求人在提出复审请求或者在对专利复审委员会的复审通知书作出答复时，可以修改专利申请文件；但是，修改应当仅限于消除驳回决定或者复审通知书指出的缺陷。

复审请求人于2005年10月29日提交的修改后的说明书中，复审请求人将2005年7月25日提交的说明书第2页第28行中的特征“透明窗16有一个使盒子1的缝隙突出的观察凸窗18”改为“透明窗16具有一个从盒子1的灯（17）突出的观察凸窗18”，从而克服了复审通知书中所指出的说明书修改超范围的缺陷，因此修改后的说明书符合专利法第33条的规定。

由于复审请求人将2005年7月25日提交的权利要求书中的权利要求5和6删除，从而克服了复审通知书中指出的权利要求5、6不符合专利法第33条及专利法实施细则第60条规定的缺陷。

3. 关于专利法第22条第3款

专利法第22条第3款规定，创造性是指同申请日以前已有的技术相比，该发明有突出的实质性特点和显著的进步，该实用新型有实质性特点和进步。

在权利要求创造性的判断中，如果权利要求所述技术方案与现有技术公开的技术方案之间存在区别技术特征，而现有技术没有给出结合该区别技术特征得出所述技术方案的技术启示，本领域技术人员需要付出创造性的劳动才能得出该权利要求所述的技术方案，且该技术方案具有有益效果，则该权利要求具有创造性，反之，该权利要求不具有创造性。

本申请独立权利要求1请求保护一种食品蒸汽加热器的家用设备。对比文件1（US4426923）公开了一种食品蒸汽加热器的家用设备，该设备的含有一个底和一个侧壁的盒子4里包括一个冷水容器15，该容器向蒸汽发生腔14提供冷水，而蒸汽发生腔本身通过蒸汽入口向烹煮槽1提供蒸汽，该烹煮槽1位于盒子4之上，用来盛装食品，盒子4的侧壁上有一个管道20，该管道20通过加水罐19、供水管21、水管23与盒子4的外部连通，并通过管道20的放水开口与盒子4内连通，放水开口通到冷水容器15中。本领域技术人员根据其公开的上述内容可知，对比文件1中的食品蒸汽加热器能够在不取出烹煮槽1的情况下向冷水容器内装水，并且在烹煮过程中也能够向冷水容器内补水。对比文件2（DE664192）中公开了一种食品蒸汽加热器，其具有烹煮槽44，并通过沟槽11向水容器10内添加水，该沟槽的放水开口与水容器连通、装水开口与蒸汽加热器的外部连通。可见，对比文件1、2中均没有公开独立权利要求1中的区别技术特征“所述沟槽（8）包括一个利用装在盒子（1）中的灯（17）可以看到的透明窗（16）”，在对比文件3（US5320028）、对比文件4（DE9014764）及对比文件5（CN1105222）中也都没有公开权利要求1中的上述区别技术特征，并且上述对比文件1~5均没有给出得出上述区别技术特征的任何技术启示。而由于本申请中的沟槽包括一个利用装在盒子中的灯可以看到的透明窗，从而取得了能够清楚地看到装水过程中达到的水位、及看到所述家用设备运行期间或运行以后所剩水的液面的有益效果，因此权利要求1具有突出的实质性特点和显著的进步，符合专利法第22条第3款的规定。

由于独立权利要求1具有创造性，所以引用权利要求1的从属权利要求2和3也具有创造性，符合专利法第22条第3款的规定。

基于上述理由，合议组作出下述决定。

三、决定

撤销国家知识产权局专利局于2003年6月13日对申请号为98106420.5的发明专利申请作出的驳回决定，由原审查部门在本决定所针对文本的基础上继续审查程序。

复审请求人对本决定不服的，可以根据专利法第41条第2款的规定，自收到本决定之日起三个月内向北京市第一中级人民法院起诉。

002

遥控数字锁及其安全控制方法

复审请求审查决定（第8978号）

决　　定　　号 第8978号
决　　定　　日 2006年7月10日
发明创造名称 遥控数字锁及其安全控制方法
国 际 分 类 号 E05B 49/00，G06K 5/00
复 审 请 求 人 田伯运
专 利 申 请 号 00102194.X
申　　请　　日 2000年3月23日
公　　开　　日 2001年10月3日
合 议 组 组 长 丁惠玲
主　　审　　员 刘颖杰
参　　审　　员 李　礼

法 律 依 据 专利法第22条第3款
决 定 要 点

权利要求所要保护的技术方案与现有技术相比具备区别技术特征，该区别技术特征带来有益的技术效果，且现有技术中并未给出上述区别技术特征的技术启示，在现有技术的基础上本领域技术人员不能显而易见的得到该技术方案，因而该权利要求具备创造性。

一、案由

本复审请求涉及申请人田伯运于2000年3月23日向中华人民共和国国家知识产权局提出的发明名称为“遥控数字锁及其安全控制方法”的发明专利申请（下称本申请），其申请号是00102194.X，公开日是2001年10月3日。

国家知识产权局于2004年1月9日以本申请不符合专利法第22条第3款的规定为由驳回了本申请，被驳回的权利要求书共有9项权利要求，权利要求1、4为独立权利要求，权利要求2~3从属于权利要求1，权利要求5~9从属于权利要求4。其中独立权利要求1和4如下：

“1. 一种遥控数字锁，其特征在于，包括无线接收单元、内置或外接有可存储开锁密码数据的存储单元的微处理器单元、与所述微处理器单元输出端口连接的开锁驱动单元，其中微处理器单元的输入端口还连接有自配开关和自毁开关，所述微处理器单元一直在检测来自所述自毁开关与从所述无线接收单元接收到无线数字信号：当接收到无线数字信号时，将接到的无线数据经相应解密算法计算出对应的密匙，将之与在所述存储单元中存储的密匙数据进行比较，判断是否为合法锁匙，如是合法锁匙，则向所述开锁驱动单元发出开锁信号，如不是合法锁匙，则发出拒绝开锁信号；当检测到自毁开关信号有效时，将所述存储单元中存储的密匙数据全部清除，在检测到自毁开关有效后才接着检测所述自配开关，如所述自配开关信号有效则等待来自所述无线接收单元的无线数字信号，如接收到数码钥匙发出的无线数字信号时，则对其进行解密，将解密出的密匙数据存储在所述存储单元中，从而完成该钥匙的自配，并可连续配置其他锁匙，直到超出预定时间为止，如在自配钥匙过程中，等待信号超出预定时间，则使自配信号为无效并返回主程序。

4. 一种遥控数字锁的安全控制方法，其特征在于，包括以下步骤：不断检测有无自毁开关信号和是否接收到无线数字信号；当接收到无线数字信号时，将接到的无线数据经相应解密算法计算出对应的密匙，将之与存储的密匙数据进行比较，判断是否为合法锁匙，如是合法锁匙，则发出开锁信号，如不是合法锁匙，则发出拒绝开锁信号；

当检测到自毁开关信号有效时，将所述存储单元中存储的密匙数据全部清除，在检测到自毁开关有效后才接着检测自配开关，如检测出自配开关信号有效则等待无线数字信号，如接收到数码钥匙发出的无线数字信号时，则对其进行解密，将解密出的密匙数据存储在存储单元中，从而完成该钥匙的自配，并可连续接收、存储其他锁匙的无线发射的数字信号，完成多把钥匙的自配，直到超出预定时间为止。”

驳回决定所依据的证据是对比文件1：CN2340851Y，其授权公告日是1999年9月29日。具体驳回理由是：对比文件1公开了一种动态随机密码电子锁及其钥匙，其中该锁包括控制电路，该控制电路具有微处理器部分，微处理器上分别连接有钥匙插座、存储器、动态密码发生电路以及开启装置。其工作过程是：当子钥匙或主钥匙插入钥匙座时，经过核对密码后，如果密码符合，微处理器通过驱动电路向开启装置输出命令开锁，并对钥匙密码更新，否则发出报警信号；如果主钥匙插入时，任意一把子钥匙插入时，可完成配钥匙功能；如果插入清除钥匙，则可清除所有钥匙的密码。由此可见，对比文件1的几个钥匙及插座相当于权利要求1中的“自毁开关”“自配开关”，工作程序、功能大致相同，而结构上变化并不需要花费创造性的劳动。对比文件1与本申请权利要求1的区别是权利要求1采用了无线输入方式，而对比文件1是通过钥匙输入，但是无线输入是公知技术，改变输入方式也不花费创造性劳动，因此权利要求1不具备创造性。同时，权利要求4的控制方法在权利要求1中进行了描述，因而相对于对比文件1该方法同样不具备创造性。另外，权利要求2~3、5~9的附加技术特征为公知技术，因而权利要求2~3、5~9同样不具备创造性。

申请人（以下称复审请求人）不服上述驳回决定，于2004年4月2日向专利复审委员会提出复审请求，认为本申请与对比文件1相比具备创造性，其具体理由为：（1）本申请与对比文件1存在以下差异：①本申请数字锁权利要求1及其控制方法权利要求4中，锁匙自配步骤前必须执行锁匙自毁步骤，这就使得锁匙主人可随时知晓锁匙是否被别人偷配，而主人再次进行配锁匙时，也会首先执行锁匙自毁步骤，将以前的锁匙全部废除，这样偷配的锁匙便自动失效，有效的只有最后一次主人自配的一批锁匙。而对比文件1中的电子锁无此功能。②对比文件1中的电子密码锁的主钥匙若被他人获得，他人配了多少钥匙，主人并不知晓，本申请通过在配钥匙前清除其他钥匙，不需担心因主钥匙丢失而造成的后果，从而提高锁的安全性。③对比文件1锁的开启方式及安装方式与传统锁并无差异，而本申请则采用滚码技术遥控开启锁，使锁可以安装到门的任意位置，并且门外不留锁孔，使他人无从下手非法开锁，既提高了锁的安全性又增加了开启的方便性。因而，请求人认为本申请的权利要求1和4与对比文件1相比具备实质性特点而具备创造性。（2）本申请利用数字信号的无线收发方法，创造性地提出并解决了非接触地密码设置、撤销和确认技术，就数字锁技术与应用无线技术的组合而言，本申请的技术方案具备创造性，本申请将无线输入技术与密码技术结合，使得锁既可安装与门内或其他隐蔽位置，从而避免了锁被直接破坏，有别于传统的锁孔设于门外的锁及普通遥控锁，又提高了锁的安全性，同时方便了开门。此外，复审请求人还提交了一份“遥控防盗门锁系统简介”的文章，对其所作的“遥控防盗门锁”的样机进行介绍。

经形式审查合格后，专利复审委员会受理了该复审请求，并于2004年4月19日向请求人发出复审请求受理通知书，同时向原审查部门发出前置审查通知书。

原审查部门对本复审请求进行了前置审查，在前置审查意见书中，原审查部门坚持原驳回决定。

专利复审委员会依法成立合议组，认真研究了国家知识产权局做出的驳回决定、复审请求人提交的意见陈述书后，认为本案事实已经清楚，现依法做出本复审请求决定。

二、决定的理由

1. 审查文本

本复审决定针对的文本是驳回决定所针对的文本，即请求人于2003年10月8日提交的权利要求书和说明书及申请日提交的说明书附图和说明书摘要。

2. 关于本申请是否具备创造性的问题

专利法第22条第3款规定，创造性，是指同申请日以前已有的技术相比，该发明有突出的实质性特点和显著的进步，该实用新型有实质性特点和进步。其中突出的实质性特点，是指发明相对于现有技术，对所属技术领域的技术人员来说，是非显而易见的；显著的进步，是指发明与最接近的现有技术相比能够产生有益的技术效果。

具体就本案而言，经合议组将本申请权利要求1的技术方案与对比文件1公开的方案相比，主要具有两个区别技术特征：（1）本申请采用无线数字信号输入方式，既提高了锁的安全性又增加了遥控开启的方便性。（2）本申请的数字锁在锁匙自配步骤前必须执行锁匙自毁步骤，由于如此设置，如果有人偷配了锁匙就会使锁匙主人的锁匙失效，这就使得锁匙主人可随时知晓锁匙是否被别人偷配，而主人再次进行配锁匙时，也会首先执行锁匙自毁步骤，将以前的锁匙全部废除，这样偷配的锁匙便自动失效，有效的只有最后一次主人自配的一批锁匙，这一功能是对比文件1的电子锁不具备的。上述两点区别技术特征综合起来，使得本申请的数字锁与对比文件1的电子锁相比，具有安全性更高，且更加便于安装、操作的技术效果；同时，对比文件1并未给出任何关于上述两技术特征的技术启示，本领域技术人员在对比文件1公开的内容的基础上，不能显而易见的得到本申请权利要求1请求保护的技术方案，因而相对于对比文件1本申请具备突出的实质性特点和显著的进步，具备创造性。

本申请权利要求4是权利要求1的数字锁的控制方法，该技术方案也具有上述权利要求1与对比文件1的两区别技术特征，因而相对于对比文件1，本申请权利要求4也具备创造性。

由于本申请独立权利要求1、4相对于对比文件1均具备创造性，因此从属于权利要求1的权利要求2~3和从属于权利要求4的权利要求5~9相对于对比文件1也都具备创造性。

三、决定

复审请求成立，撤销国家知识产权局于2004年1月9日对00102194.X号发明专利申请作出的驳回决定。由原审查部门依据请求人于2003年10月8日提交的权利要求书和说明书及申请日提交的说明书附图和说明书摘要继续审查程序。

复审请求人对本决定不服的，可以根据专利法第41条第2款的规定，自收到本决定之日起三个月内向北京市第一中级人民法院起诉。

003

具有可变数目的子场的显示面板的驱动方法

复审请求审查决定（第9422号）

决　　定　　号　第9422号
决　　定　　日　2006年11月22日
发明创造名称　具有可变数目的子场的显示面板的驱动方法
国 际 分 类 号　G09G 3/30
复 审 请 求 人　先锋株式会社
申　　请　　号　02126431.7
申　　请　　日　2002年7月11日
公　　开　　日　2003年2月12日
合 议 组 组 长　王桂莲
主　　审　　员　宋　瑞
参　　审　　员　刘颖杰

法 律 依 据　专利法第22条第2款、第3款
决 定 要 点

如果对比文件与一项权利要求之间存在区别技术特征，且该区别技术特征不属于惯用手段的直接替换，则该权利要求相对于该对比文件具备新颖性；如果该对比文件没有给出使用上述区别技术特征的技术启示，则该权利要求相对于该对比文件具备创造性。

一、案由

本复审请求涉及申请号为02126431.7、发明名称为“具有可变数目的子场的显示面板的驱动方法”的发明专利申请（下称本申请），其申请日为2002年7月11日，优先权日为2001年7月11日，公开日为2003年2月12日，申请人为先锋株式会社，本申请公开的权利要求书如下：

“1. 一种驱动显示面板的方法，其中显示面板具有以矩阵形式排列并用作像素的多个发光器件，该显示面板是根据基于视频信号的每个像素的像素数据来驱动的，其中，执行子场驱动，在构成视频信号的一个场的显示周期的每个子场中，使得这些发光器件依据像素数据在与子场相关的一个周期内发光，在执行该子场驱动中，每个场的子场数目根据由该视频信号表示的图像的灰度级数目而改变。

2. 如权利要求1所述的驱动显示面板的方法，其中，这些子场被设置在一个场的显示周期中，其数目随着由该视频信号表示的亮度的灰度级数目的减少而变小。

3. 如权利要求1所述的驱动显示面板的方法，其中，当由视频信号表示的图像的灰度级数目大于预定数目时，对像素数据进行多灰度处理，当该灰度级数目小于该预定数目时，停止该多灰度

处理。

4. 如权利要求1所述的驱动显示面板的方法，包括如下步骤：获得基于该像素数据的亮度的每个灰度级的一个累积总数；产生表示与该亮度的每个灰度级相关的累积总数的累积总计数据；基于所产生的累积总计数据中累积总数大于或等于1的累积总计数据的数目来获得所述灰度级的数目。

5. 如权利要求4所述的驱动显示面板的方法，其中，所述累积总数是基于一个屏的像素数据而获得的。

6. 如权利要求4所述的驱动显示面板的方法，其中，所述累积总数是基于每一项像素数据而获得的，其中的每一项像素数据与一个屏的预定区域中的每个像素相关。

7. 如权利要求4所述的驱动显示面板的方法，其中，所述累积总数是基于在一预定周期中得到的每一项像素数据而获得的。

8. 如权利要求1所述的驱动显示面板的方法，其中，具有彼此不同之灰度级的一个屏的各项像素数据被存储在存储器中，其中所述灰度级的数目是基于存储在该存储器中的像素数据的项数而获得的。

9. 一种驱动显示面板的方法，其中显示面板具有以矩阵形式排列并用作像素的多个发光器件，该显示面板是根据基于视频信号的每个像素的像素数据来驱动的，其中，当由该视频信号表示的图像的灰度级数目大于2时，有选择地使每个发光器件根据像素数据在多个子场中的每个子场中、并在与子场相关的周期内发光，所述多个子场共同构成了视频信号的一个场的显示周期，其中当由视频信号表示的图像的灰度级数目小于或等于2时，有选择地使每个发光器件根据像素数据在一个场的显示周期内发光。

10. 如权利要求9所述的驱动显示面板的方法，其中，当由视频信号表示的图像的灰度级数小于或等于2时，所述发光器件根据像素数据被驱动在一个场的显示周期内发光，并且停止对该视频信号的多灰度处理。

11. 如权利要求9所述的驱动显示面板的方法，包括如下步骤：获得一个屏的像素数据中的每个亮度级的一个累积总数；产生表示与每个灰度级相关的累积总数的累积总计数据；及在产生的累积总计数据中，当具有累积总数大于或等于1的累积总计数据的项数小于或等于2时，判定由该视频信号表示的图像的灰度级数目小于或等于2。

12. 如权利要求9所述的驱动显示面板的方法，包括如下步骤：获得一个屏的像素数据中的每个灰度级的一个累积总数；当具有最大累积总数和第二大累积总数的各项数据的总和对一个屏的像素数据的总数的比率大于预定比率时，判定由该视频信号表示的亮度级的灰度级小于或等于2。”

国家知识产权局专利局审查部门依法对本申请进行了实质审查，于2004年3月19日发出第一次审查意见通知书，引用对比文件EP1026655A1（下称对比文件1），其公开日为2000年8月9日；审查员认为：权利要求1至3相对于对比文件1不符合专利法第22条第2款的规定，不具备新颖性，权利要求4至12相对于对比文件1和本领域公知常识不符合专利法第22条第3款的规定，不具备创造性。

申请人针对上述审查意见通知书于2004年8月3日提交了意见陈述书，申请人认为：对比文件1并没有公开或者暗示本申请权利要求1的方案，即没有公开或暗示“每个子场数目根据由该视频信号表示的图像的灰度级数目而改变”的技术方案，因此权利要求1具备新颖性和创造性，在权利要求1具备新颖性和创造性的情况下，其从属权利要求2~8也具备新颖性和创造性；同理，对比文件1并没有公开或暗示本申请权利要求9的方案，即根据图像灰度级数目，有选择地使每个发光器件在两种不同方式下发光，因此根据对比文件1获得本申请权利要求9的方案并非显而易见的，因此权利要求

9具备新颖性和创造性，其从属权利要求10~12也具备新颖性和创造性。

国家知识产权局专利局实质审查部门以本申请不符合专利法第22条第2、3款的规定为理由，于2004年9月3日做出驳回本申请的决定。该驳回决定认为：对比文件1中的显示面板，子场的数目根据信号表示图像的值进行变换，也就相当于本申请权利要求1中所述的根据视频信号表示的图像的灰度级数目而改变，因此权利要求1的技术方案已经被对比文件1完全公开，因此不符合专利法第22条第2款的规定，不具备新颖性；从属权利要求2和3的附加技术特征也已经被对比文件1公开了，因此在权利要求1不具备新颖性的情况下，权利要求2和3也不具备新颖性；从属权利要求4、5、6的附加技术特征也已经被对比文件1公开了，其中对比文件1中的图像平均功率就相当于本申请权利要求4中所述的累积总计数据，也就相当于本申请权利要求4中的累积总计数据是对某一个亮度的灰度级的相关累积，而这几项权利要求中所述的比较累积总数大于1的数目，累积总数基于一个屏的像素数据取得，以及基于每一项像素数据获得，都是本领域内用来进行图像信号控制的常用手段，是公知常识，因此权利要求4、5、6不符合专利法第22条第3款的规定，不具备创造性；从属权利要求7的附加技术特征是本领域普通技术人员能够根据对比文件1的提示，无需付出任何创造性劳动而获得的，从属权利要求8的附加技术特征是本领域公知常识，因此在其引用的权利要求不具备创造性性或新颖性的情况下，权利要求7、8不具备创造性；权利要求9是权利要求1的一种特殊情况，在对比文件1公开了权利要求1的技术方案的情况下，权利要求9的技术方案就是对比文件1所公开的技术方案的其中一个例子，是本领域普通技术人员能够无需创造性劳动就能实现的，因此不具备创造性；从属权利要求10、11、12的附加技术特征已经被对比文件1公开，在权利要求9不具备创造性的情况下，权利要求10、11、12也不具备创造性。

申请人先锋株式会社（下称复审请求人）不服上述驳回决定，于2004年12月20日向专利复审委员会提出复审请求，复审请求人的复审理由具体为：本申请权利要求1的技术方案包括特征“每个场的子场数目根据由视频信号表示的图像的灰度级数目而改变”，对比文件1中的特征为“该子场的数目根据表示图像的信号值进行改变”，两者的概念是不同的，对比文件1没有公开或者暗示本申请权利要求1的方案，因此权利要求1相对于对比文件1具备新颖性和创造性；在独立权利要求1具备新颖性和创造性的情况下，其从属权利要求2~8也具备新颖性和创造性；同理，对比文件1并没有公开或暗示本申请权利要求9的方案，即根据图像灰度级数目，有选择地使每个发光器件在两种不同方式下发光，本申请权利要求9与对比文件1是不同的技术方案，因此权利要求9相对于对比文件1具备新颖性和创造性；当独立权利要求9具备新颖性和创造性的情况下，其从属权利要求10~12也具备新颖性和创造性。

经形式审查合格，专利复审委员会受理了上述请求，并于2005年1月20日向复审请求人发出复审请求受理通知书，同时发出前置审查通知书，将本案送至原实质审查部门进行前置审查。

原审查部门对该复审请求做出前置审查意见，仍然坚持原驳回决定。

针对该复审请求，专利复审委员会组成合议组，对本案进行了审查，本案合议组认为本案事实已经清楚，可以作出复审决定。

二、决定的理由

1. 关于审查基础

本复审决定是以复审请求人于申请日提交的全部申请文件为基础作出的。

2. 关于新颖性

专利法第22条第2款规定，新颖性，是指在申请日以前没有同样的发明或者实用新型在国内外出版物上公开发表过、在国内公开使用过或者以其他方式为公众所知，也没有同样的发明或者实用新型由他人向国务院专利行政部门提出过申请并且记载在申请日以后公布的专利申请文件中。

（1）关于权利要求 1 的新颖性。

权利要求 1 请求保护一种驱动显示面板的方法，对比文件 1 公开了一种显示装置的功率电平控制方法，其中显示装置具有多个对应图像像素的亮度单元，执行子场驱动，其中可以根据视频图像的功率电平值（具体说是平均图像功率值）来改变子场数量（见对比文件 1 说明书第 10、20 段、权利要求 1、2），由此可见，权利要求 1 与对比文件 1 的区别在于权利要求 1 的方法中在执行子场驱动时，每个场的子场数目根据由视频信号表示的图像的灰度级数目而改变，而在对比文件 1 中执行子场驱动时，则是根据视频图像的功率电平值（具体说是平均图像功率值）来改变子场数量。

实际上，图像的灰度级数目和平均图像功率值是两个不同的概念，前者是图像中各像素实际所使用的不同灰度等级种类的总数，后者则体现对图像中各像素实际所使用显示功率大小进行统计计算所获得的平均值。由此可见，对比文件 1 与权利要求 1 的技术方案是不同的，同时对比文件 1 与权利要求 1 之间的上述区别特征并不属于惯用手段的直接替换，因此权利要求 1 相对于对比文件 1 具备新颖性，符合专利法第 22 条第 2 款的规定。

（2）关于权利要求 2~8 的新颖性。

权利要求 2~8 是以权利要求 1 为基础的从属权利要求，是对权利要求 1 技术方案的进一步限定，因此在权利要求 1 相对于对比文件 1 具备新颖性的情况下，权利要求 2~8 相对于对比文件 1 也具备新颖性，符合专利法第 22 条第 2 款的规定。

（3）关于权利要求 9 的新颖性。

权利要求 9 请求保护一种驱动显示面板的方法，其特征在于当由该视频信号表示的图像的灰度级数目大于 2 时，有选择地使每个发光器件根据像素数据在多个子场中的每个子场中、并在与子场相关的周期内发光，所述多个子场共同构成了视频信号的一个场的显示周期，其中当由视频信号表示的图像的灰度级数目小于或等于 2 时，有选择地使每个发光器件根据像素数据在一个场的显示周期内发光。事实上，权利要求 9 公开了一种根据图像的灰度级数目选择不同子场数目的驱动方式的技术方案。

对比文件 1 公开了一种根据平均图像功率值选择具有不同子场数的功率电平模式的驱动方案，而对比文件 1 并没有公开关于根据图像灰度级数目选择驱动模式的技术方案。因此对比文件 1 与权利要求 9 的技术方案是不同的，其区别特征并不属于惯用手段的直接替换，因此权利要求 9 相对于对比文件 1 具备新颖性，符合专利法第 22 条第 2 款的规定。

（4）关于权利要求 10~12 的新颖性。

权利要求 10~12 是权利要求 9 的从属权利要求，是对权利要求 9 技术方案的进一步限定，因此在权利要求 9 相对于对比文件 1 具备新颖性的情况下，权利要求 10~12 相对于对比文件 1 也具备新颖性，符合专利法第 22 条第 2 款的规定。

3. 关于创造性

专利法第 22 条第 3 款规定，创造性，是指同申请日以前已有的技术相比，该发明有突出的实质性特点和显著的进步，该实用新型有实质性特点和进步。

（1）关于权利要求 1 的创造性。

根据前面关于权利要求 1 的新颖性的评述可知，对比文件 1 与权利要求 1 之间存在区别技术特征，即权利要求 1 中根据图像的灰度级数目改变子场数目，使用该区别技术特征的技术目的是为了根据情况适当地减少子场数目而降低功耗；而对比文件 1 的技术方案是根据图像平均功率值选择适当的功率电平模式，目的是增加显示屏的白色峰值增强因子，并且对比文件 1 中并没有给出在显示驱动方法中使用上述区别技术特征的任何技术启示，可见上述区别技术特征对于本领域普通技术人员是非显而易见的，因此权利要求1相对于对比文件1具备创造性，符合专利法第22条第3款的规定。

（2）关于权利要求2~8的创造性。

权利要求2~8是以权利要求1为基础的从属权利要求，是对权利要求1技术方案的进一步限定，因此在权利要求1相对于对比文件1具备创造性的情况下，权利要求2~8相对于对比文件1也具备创造性，符合专利法第22条第3款的规定。

（3）关于权利要求9的创造性。

根据前面关于权利要求9的新颖性的评述可知，对比文件1与权利要求9之间存在区别技术特征，即权利要求9中根据图像的灰度级数目选择使用不同子场数目的驱动模式，其技术目的也是为了根据情况适当减少子场数目而降低功耗；而对比文件1的技术方案是根据图像平均功率值选择适当的功率电平模式，目的是增加显示屏的白色峰值增强因子，并且对比文件1中并没有给出在显示驱动方法中使用上述区别技术特征的任何技术启示，可见上述区别技术特征对于本领域普通技术人员是非显而易见的，因此权利要求9相对于对比文件1具备创造性，符合专利法第22条第3款的规定。

（4）关于权利要求10~12的创造性。

权利要求10~12是权利要求9的从属权利要求，是对权利要求9技术方案的进一步限定，因此在权利要求9相对于对比文件1具备创造性的情况下，权利要求10~12相对于对比文件1也具备创造性，符合专利法第22条第3款的规定。

综上所述，本申请权利要求1~12相对于对比文件1符合专利法第22条第2、3款的规定，具备新颖性和创造性。

三、决定

撤销国家知识产权局于2004年9月3日对02126431.7号发明专利申请作出的驳回决定，由原审查部门以本复审决定所依据的审查文本为基础继续进行审查。

复审请求人对本决定不服的，可根据专利法第41条第2款的规定，自收到本决定之日起三个月内向北京市第一中级人民法院起诉。

004

食用冷冻制品的制作

复审请求审查决定（第9423号）

决　　定　　号　第9423号
决　　定　　日　2006年11月27日
发明创造名称　食用冷冻制品的制作
国 际 分 类 号　C01B 31/20，F25C 1/18，A23P 1/16
复 审 请 求 人　尤尼利弗公司
申　　请　　号　99110922.8
申　　请　　日　1999年6月15日
公　　开　　日　2000年8月23日
合议组组长　黄　颖
主　　审　　员　崔　震
参　　审　　员　赵　明

法 律 依 据　专利法第26条第4款，专利法实施细则第20条第1款
决 定 要 点

权利要求书中的每一项权利要求所要求保护的技术方案应当是所属技术领域的技术人员能够从说明书充分公开的内容中得到或概括得出的技术方案，并且不得超出说明书公开的范围。对于权利要求概括得是否恰当，应当参照与之相关的现有技术进行判断。

一、案由

本复审请求涉及发明名称为“食用冷冻制品的制作”的第99110922.8号发明专利申请（下称本申请），申请人为尤尼利弗公司，申请日为1999年6月15日，公开日为2000年8月23日。

2004年6月4日，国家知识产权局以本申请的权利要求1不符合专利法第26条第4款和专利法实施细则第20条第1款的规定为由驳回了本申请。驳回决定所针对的权利要求1为：

“1. 一种气体水合物的生产方法，该方法包括以下步骤：

（i）容器中填充一定量的液态水和/或冷冻水，

（ii）以致使凝结气体不接触到液态水的形式向容器添加一定量的固体形式的凝结的形成水合物的气体

（iii）使凝结气体和/或其升华或液化物与步骤（i）的液态水和/或冷冻水混合物接触，形成反应混合物，并且将反应混合物保持于产生气体水合物的条件下。”

驳回决定认为：权利要求1中的“气体水合物”概括了较宽的保护范围，在说明书中只记载了

所述气体为二氧化碳，本领域技术人员无法从二氧化碳推知所有气体，因此，不符合专利法第26条第4款的规定。另外，权利要求1中的“一定量”的表述方法不清楚，而且没有清楚的说明“液态水和/或冷冻水”与“凝结的形成水合物的气体”之间的量比，因此，该权利要求没有清楚的表述请求保护的范围，不符合专利法实施细则第20条第1款的规定。

申请人尤尼利弗公司（以下称请求人）对上述驳回决定不服，于2004年9月20日向专利复审委员会提出了复审请求，但未对权利要求书进行修改。

请求人认为，关于“气体水合物”，众所周知，气体水合物由气体分子所处的间隙中的扭曲的冰晶格构成。在冰晶格和气体分子之间没有特定的相互作用，气体水合物可以由任何小的足以适合晶格间隙的气体分子形成，显然本申请的教导可以适用于任何形成气体水合物的气体，即任何分子不太大的气体，这对于本领域技术人员来说是易于理解的，所以权利要求1的概括是合理的，其得到说明书的支持。关于“一定量”，事实上，无论选择什么比例，权利要求1的方法都将会形成气体水合物，该量比只是确定气体水合物产品中所需的气体含量。因此，根据所想要的气体水合物产品中气体的含量，可以容易地选择适当含量来实现权利要求1的技术方案，因此，所述“一定量”是清楚的。

经形式审查合格后，专利复审委员会受理了该复审请求，并于2004年10月25日向请求人发出《复审请求受理通知书》，同时将本案送至原实质审查部门进行前置审查。

原审查部门在《前置审查意见书》中坚持原驳回决定的意见。

专利复审委员会依法组成合议组，对本复审请求案进行了审理，并于2006年4月13日向请求人发出了复审通知书。复审通知书指出：权利要求1请求保护一种气体水合物的生产方法，在该方法中请求人用定性表述（一定量）的方式限定了液态水和/或冷冻水、固体形式的凝结的形成水合物的气体。然而，由本申请的发明目的以及说明书第2页第1段可以看出，本申请的发明点就在于采用了固体形式的凝结的形成水合物的气体，由于到目前为止，未发现现有技术中就此给出的任何教导和启示，所以，本领域技术人员就不能获知相关的技术信息，进而也就无法确定在该方法中液态水和/或冷冻水、固体形式的凝结的形成水合物的气体使用量的大小或者两者之间的量比关系，因此，权利要求中用“一定量”的限定方式是不清楚的，不符合专利法实施细则第20条第1款的规定。

针对该复审通知书，请求人于2006年7月27日提交了意见陈述书以及权利要求书的替换页。请求人根据说明书第4页第22~24行的内容，在权利要求1中加入了“步骤（ii）中凝结的形成水合物的气体对总冷冻水和液态水的重量比为1∶2.35至1∶11”这一技术特征，经修改后的权利要求1为：

“1. 一种气体水合物的生产方法，该方法包括以下步骤：

（i）容器中填充一定量的液态水和/或冷冻水，

（ii）以致使凝结气体不接触到液态水的形式向容器添加一定量的固体形式的凝结的形成水合物的气体，

（iii）使凝结气体和/或其升华或液化物与步骤（i）的液态水和/或冷冻水混合物接触，形成反应混合物，并且将反应混合物保持于产生气体水合物的条件下，

其中步骤（ii）中凝结的形成水合物的气体对总冷冻水和液态水的重量比为1∶2.35至1∶11。”

经审查，合议组认为本案事实清楚，可以作出复审决定。

二、决定的理由

1. 审查文本

本复审决定所依据的审查文本为：2006年7月27日提交的权利要求1~11、申请日提交的说明书第1~9页、附图及其摘要。

2. 关于专利法实施细则第20条第1款

专利法实施细则第20条第1款规定，权利要求书应当说明发明或者实用新型的技术特征，清楚、简要地表述请求保护的范围。

请求人于2006年7月27日提交了权利要求书的替换页，并在权利要求1中具体限定了“凝结的形成水合物的气体”与“总冷冻水和液态水”的量比关系，克服了驳回决定和复审通知书中指出的“一定量”的限定方式不清楚的缺陷，因此，经修改后的权利要求1符合专利法实施细则第20条第1款的规定。

3. 关于专利法第26条第4款

专利法第26条第4款规定，权利要求书应当以说明书为依据，说明要求专利保护的范围。

权利要求书中的每一项权利要求所要求保护的技术方案应当是所属技术领域的技术人员能够从说明书充分公开的内容中得到或概括得出的技术方案，并且不得超出说明书公开的范围。对于权利要求概括得是否恰当，应当参照与之相关的现有技术进行判断。

审查员在驳回决定中认为权利要求1中的“气体水合物”概括了较宽的保护范围，在说明书中只记载了所述气体为二氧化碳，本领域技术人员无法从二氧化碳推知所有气体，因此，不符合专利法第26条第4款的规定。

合议组经审查后认为，尽管在本申请中仅以二氧化碳气体为例说明了其水合物的生产过程，但在本申请说明书背景技术部分中，请求人还提到了多篇生产各种气体水合物的专利文献，其中，在US4347707（公开日为1982年9月7日）美国专利文献的说明书第5栏中就列举了各种可形成水合物的气体，其包括各种惰性气体，一氧化碳，二氧化碳，一氧化二氮等。请求人在复审请求书中也提到“气体水合物是由气体分子所处的间隙中的扭曲的冰晶格构成。在冰晶格和气体分子之间没有特定的相互作用，气体水合物可以由任何小的足以适合晶格间隙的气体分子形成，显然本申请的教导可以适用于任何形成气体水合物的气体，即任何分子不太大的气体，这对于本领域技术人员来说是易于理解的，所以权利要求1的概括是合理的其得到说明书的支持”。由此可见，除二氧化碳外还存在有其他可形成气体水合物的气体，至于除二氧化碳气体外的其他气体是否可使用本申请要求保护的方法得到相应的气体水合物从而实现本申请的发明目的，审查员对此并未提供充分的证据和理由予以支持，因此，合议组对驳回决定所认定的权利要求1未得到说明书支持不符合专利法第26条第4款规定的主张不予支持。

基于上述理由，本案合议组作出如下决定

三、决定

撤销国家知识产权局于2004年6月4日对第99110922.8号发明专利申请作出的驳回决定。由原审查部门在请求人2006年7月27日提交的权利要求1~11、申请日提交的说明书第1~9页、附图及其摘要的基础上继续进行审查程序。

复审请求人对本决定不服的，可根据专利法第41条第2款的规定，自收到本决定之日起三个月内向北京市第一中级人民法院起诉。

005

相位分布及相位校正方法和装置以及磁共振成像方法和装置

复审请求审查决定（第9496号）

决 定 号 第9496号
决 定 日 2006年11月22日
发明创造名称 相位分布及相位校正方法和装置以及磁共振成像方法和装置
国 际 分 类 号 G01R 33/20，G01R 33/48
复 审 请 求 人 GE医疗系统环球技术有限公司
申 请 号 00131879.9
申 请 日 2000年10月23日
公 开 日 2001年7月25日
合 议 组 组 长 李 隽
主 审 员 马 燕
参 审 员 刘 畅

法 律 依 据 专利法第33条，专利法第31条第1款和专利法实施细则第21条第2款
决 定 要 点

复审请求人根据复审通知书修改了权利要求书，克服了驳回决定以及复审通知书中指出的缺陷，可以撤销驳回决定。

一、案由

本复审请求涉及申请号为00131879.9、名称为“相位分布及相位校正方法和装置以及磁共振成像方法和装置”的发明专利申请（下称本申请），申请人为GE医疗系统环球技术有限公司，申请日为2000年10月23日，优先权日为1999年10月22日，公开日为2001年7月25日。

国家知识产权局实质审查部门依法对本申请进行了实质审查，以原始申请文本作为审查基础，于2003年10月31日发出了第一次审查意见通知书，指出本申请的权利要求1~3、8、13、18与权利要求4~7、9~12、14~17、19之间不具备单一性，不符合专利法第31条第1款的规定；权利要求4、9、14、18不符合专利法实施细则第21条第2款的规定；说明书不符合专利法实施细则第18条第2款和第3款的规定；说明书摘要不符合专利法实施细则第24条第2款的规定。

申请人针对上述审查意见通知书于2004年3月15日提交了意见陈述书以及权利要求第1~17项、说明书第1~2、8~9、17页、说明书附图第11页、说明书摘要附图的修改替换页。申请人在意见陈述书中认为，（1）新的权利要求书克服了在第一次审查意见通知书中指出的缺陷；（2）根据审查意见修改了说明书、说明书附图以及摘要附图。

2004 年 4 月 30 日，国家知识产权局实质审查部门以本申请权利要求 1、2、11、12 与权利要求 3~10、13~17 之间不具备单一性，不符合专利法第 31 条第 1 款的规定，以及权利要求 3、7、12、13 不符合专利法实施细则第 21 条第 2 款的规定为由驳回了本申请。

驳回决定的具体理由为：

（1）权利要求 1、2、11、12 与权利要求 3~10、13~17 要解决的技术问题不同，针对不同的技术问题，两组权利要求采用了不同的技术方案，不具备单一性，因此不符合专利法第 31 条第 1 款的规定。

（2）权利要求 3 请求保护一种相位校正方法，根据说明书的记载，只有重复相位校正多次，才能得到包含高阶分量的相位图，因此“循环进行如下步骤……”是解决技术问题的必要技术特征，但权利要求 3 中未记载该必要技术特征，因此权利要求 3 不符合专利法第 21 条第 2 款的规定，基于同样的理由，权利要求 7、12、13 也不符合专利法第 21 条第 2 款的规定。

申请人 GE 医疗系统环球技术有限公司（以下称复审请求人）不服上述驳回决定，于 2004 年 8 月 4 日向专利复审委员会提出复审请求，未对申请文件进行修改。

复审请求人的具体复审请求理由为：

（1）本申请权利要求 1~17 所要求的方法和装置都通过首先对 MRI 图像低通滤波来产生相位图以产生排除范围或者相位分布，用于得到校正的图像，其都有赖于首先进行低通滤波、随后通过低通滤波的图像来计算相位分布。

（2）本申请说明书中记载了再次进行相位校正来产生高阶相位校正，而“循环进行如下步骤……”是为了进一步提高高阶校正的精度，并非权利要求 3 的必要技术特征，因此，权利要求 3 符合专利法实施细则第 21 条第 2 款的规定。基于同样的理由，权利要求 7、12、13 也符合专利法实施细则第 21 条第 2 款的规定。

经形式审查合格后，专利复审委员会受理了该复审请求，并于 2004 年 8 月 30 日向复审请求人发出复审请求受理通知书，同时向原审查部门发出前置审查意见书。

原审查部门对本复审请求进行了前置审查，在前置审查中，原审查部门坚持原驳回决定。

专利复审委员会依法成立合议组对该复审请求案进行了审查。

复审请求人于 2006 年 3 月 22 日提交了权利要求书修改稿和说明书修改稿，于 2006 年 5 月 26 日撤回于 2006 年 3 月 22 日提交的该权利要求书修改稿和说明书修改稿，并请复审委员会根据申请人于 2004 年 3 月 15 日答复一通时提交的经过修改的申请文本对本申请进行复审。

本案合议组经过合议，于 2006 年 6 月 27 日发出复审通知书，针对的审查文本为：2004 年 3 月 15 日提交的权利要求第 1~17 项、说明书第 1~2、8~9、17 页、说明书附图第 11 页、摘要附图；申请日提交的说明书第 3~7、10~16、18~20 页、说明书附图第 1~10、12~14 页、说明书摘要。复审通知书中指出：（1）修改后的权利要求 1 记载了通过两个关系式来确定像素范围，这两个关系式是“并且”的并列关系，而原说明书公开的这两个条件是“或”的选择关系，修改后的权利要求 1 与原说明书和权利要求书记载的范围不相同，并且不能从原说明书和权利要求书公开的内容直接地、毫无疑义地确定，因此，权利要求 1 的修改不符合专利法第 33 条的规定；（2）即使复审请求人将权利要求 1 修改为与原说明书和权利要求书所记载的内容一致，权利要求 1、2、11、12 与权利要求 3、7、13、17 之间也不具备单一性，权利要求 1、2、11、12 所要求保护的技术方案是为了解决存在局部相位干扰像素数据、不能通过解卷得到精确相位图的技术问题，采用的技术方案是检测存在局部干扰的像素位置，对其进行校正来获得补偿相位分布。权利要求 3、7、13、17 所要求保护的技术方案是为了解决磁场的非均匀性是非线性时相位图中包含高阶分量、不容易进行低通滤波的技术问题，采用的技术方案是将对图像进行低通滤波、根据低通滤波的图像计算相位分布和根据计算的相位分布进行相位校正这一过程进行两次或多次。因此，权利要求1、2、11、12与权利要求3、7、13、17之间不具备单一性，不符合专利法第31条第1款的规定。

2006年8月10日，复审请求人请求对本专利申请的指定答复期限延长。2006年9月11日，合议组发出延长期限审批通知书，同意其延长期限的请求。专利复审委员会于2006年6月27日作出的通知书中指定的期限延长至2006年10月12日。

2006年8月16日，复审请求人针对上述复审意见通知书进行了意见陈述，对权利要求书进行了修改，将权利要求1、2中两个关系式的“并且”的并列关系修改为“或”的选择关系，并将不具备单一性的权利要求3、7、13、17及其从属权利要求删除，同时将权利要求书重新编号。

修改后的权利要求书如下：

“1. 一种相位校正方法，它包括如下步骤：

对通过磁共振成像得到的图像进行低通滤波；

检测一个范围内的像素位置，该范围的一端由值“e”确定而另一端由值“E”确定，其中

((滤波后信号强度)/(滤波前信号强度))≤e

或

(滤波前信号强度)/(滤波后信号强度)≥E

从而提供一个范围内的所检测像素位置；

排除所述范围内的所检测像素位置中的像素数据，根据所述低通滤波前的图像或所述低通滤波后的图像来计算相位分布，从而提供所计算的相位分布，

通过从相邻像素位置的相位来估计所述计算的相位分布中所述被排除的范围内的所检测像素位置的相位来获得补偿相位分布；以及

利用所述补偿相位分布来执行所述图像的相位校正。

2. 一种相位校正装置，它包括：

滤波单元，用于对通过磁共振成像得到的图像进行低通滤波；

检测单元，用于检测一个范围内的像素位置，该范围的一端由值“e”确定而另一端由值“E”确定，其中

((滤波后信号强度)/(滤波前信号强度))≤e

或

(滤波前信号强度)/(滤波后信号强度)≥E

从而提供一个范围内的所检测像素位置；

计算单元，用于排除所述范围内的所检测像素位置中的像素数据，根据所述低通滤波前的图像或所述低通滤波后的图像来计算相位分布，从而提供所计算的相位分布，

补偿单元，用于通过从相邻像素位置的相位来估计所述计算的相位分布中所述被排除的范围内的所检测像素位置的相位来获得补偿相位分布；以及

校正单元，用于利用所述补偿相位分布来对所述图像进行相位校正。

3. 一种磁共振成像装置，它包括：

成像单元，用于利用磁共振来得到成像对象的图像，

滤波单元，用于对通过磁共振成像得到的所述图像进行低通滤波，

检测单元，用于检测像素位置，对该像素位置而言，低通滤波后的信号强度与低通滤波前的信号强度的比值不超过预定值，并用于提供所检测的像素位置；

计算单元，它排除所述所检测像素位置的像素数据，根据所述低通滤波前的所述图像或所述低通滤波后的所述图像来计算相位分布；

补偿单元，用于根据相邻像素位置的相位来估计所述计算的相位分布中所述被排除的像素位置的相位，以提供补偿相位分布；

校正单元，用于利用所述相位分布对所述图像进行相位校正；以及

产生单元，用于利用相位校正图像的像素数据的相位差分布产生水图像和类脂物图像。

4. 一种磁共振成像方法，它包括如下步骤：

利用磁共振来得到成像对象的图像，

对通过磁共振成像得到的所述图像进行低通滤波，

检测像素位置，对该像素位置而言，低通滤波前的信号强度与低通滤波后的信号强度的比值超过预定值，并提供所检测的像素位置；

排除所述所检测像素位置的像素数据，根据所述低通滤波前的所述图像或所述低通滤波后的所述图像来计算相位分布；

根据相邻像素位置的相位来估计所述计算的相位分布中所述被排除的像素位置的相位，以提供补偿相位分布；

利用所述补偿的相位分布对所述图像进行校正，以获得相位校正图像；以及

利用所述相位校正图像的像素数据的相位差分布产生水图像和类脂物图像。”

至此，合议组认为本案事实已经清楚，依法做出本复审请求决定。

二、决定的理由

1. 决定所依据的文本

本复审决定以复审请求人于2006年8月16日提交的权利要求1~4项；2004年3月15日提交的说明书第1~2、8~9、17页、附图第11页、摘要附图；申请日提交的说明书第3~7、10~16、18~20页、附图第1~10、12~14页、摘要作为审查基础。

2. 关于专利法第33条

专利法第33条规定：申请人可以对其专利申请文件进行修改，但是，对发明和实用新型专利申请文件的修改不得超出原说明书和权利要求书记载的范围，对外观设计专利申请文件的修改不得超出原图片或者照片表示的范围。

具体就本案而言，在修改后的权利要求1和2中，确定一个范围内的像素位置的两个关系式是“或”的选择关系，与原说明书第15页的相应记载一致，因此，修改后的权利要求1和2克服了修改超出原说明书和权利要求书的记载范围的这一缺陷，符合专利法第33条的规定。

3. 关于专利法第31条第1款

专利法第31条第1款规定：一件发明或者实用新型专利申请应当限于一项发明或者实用新型。属于一个总的发明构思的两项以上的发明或者实用新型，可以作为一件申请提出。

具体就本案而言，修改后的独立权利要求1、2、3、4所要求保护的技术方案是为了解决存在局部相位干扰像素数据、不能通过解卷得到精确相位图的技术问题。为了解决这一技术问题，独立权利要求1至4所要求保护的技术方案都是先对磁共振成像得到的图像进行低通滤波，然后检测存在局部干扰的像素位置，并排除这些像素位置，之后根据低通滤波前的图像或低通滤波后的图像来计算相位分布，通过从相邻像素位置的相位来估计计算的相位分布中被排除的像素位置的相位来获得补偿相位分布，利用补偿后的相位分布对图像进行相位校正。因此，独立权利要求1、2、3、4所要求保护的技术方案是为了解决相同的技术问题，属于一个总的发明构思，因而符合专利法第31条第1款的

规定。

4. 关于专利法实施细则第 21 条第 2 款

专利法实施细则第 21 条第 2 款规定：独立权利要求应当从整体上反映发明或者实用新型的技术方案，记载解决技术问题的必要技术特征。

具体就本案而言，修改后的权利要求 4（即驳回决定所针对的权利要求 12）所要求保护的技术方案是针对存在局部相位干扰像素数据、不能通过解卷得到精确相位图的技术问题（下称第一技术问题），不是为了解决磁场的非均匀性是非线性时相位图中包含高阶分量、不容易进行低通滤波的技术问题（下称第二技术问题）。根据说明书的记载，在解决第二技术问题时，为了对高阶相位进行相位校正，需要在经过低通滤波、形成相位图、进行相位校正之后再次执行这一过程，从而就完成了高阶相位的相位校正，如果还需要对图像进行高阶相位校正，那么进行第三次，或将这一过程重复需要的次数，可见，“循环进行如下步骤……”是为了进一步提高高阶校正的精度而非解决第二技术问题的必要技术特征。在解决第一技术问题时，采用的技术方案是检测到存在局部干扰的像素位置，并对其进行校正，来获得补偿相位分布，不需要在获得补偿相位分布之后再次进行低通滤波、形成相位图、进行相位校正的步骤。因此，修改后的权利要求 4 不缺少必要技术特征，符合专利法实施细则第 21 条第 2 款的规定。

根据上述事实和理由，本案合议组做出以下审查决定。

三、决定

撤销国家知识产权局于 2004 年 4 月 30 日对 00131879. 9 号发明专利申请作出的驳回决定。

由原审查部门以本复审决定所依据的文本继续进行审查程序。

复审请求人对本决定不服的，可以根据专利法第 41 条第 2 款的规定，自收到本决定之日起三个月内向北京市第一中级人民法院起诉。

006

控制至少一个电控磁铁的电路装置

复审请求审查决定（第9535号）

决　定　点　第9535号
决　定　日　2006年11月29日
发明创造名称　控制至少一个电控磁铁的电路装置
国际分类号　G05D 23/19
复审请求人　BSH博施及西门子家用器具有限公司
申　请　号　95194742.7
申　请　日　1995年7月6日
公　开　日　1997年9月24日
合议组组长　王桂莲
主　审　员　宋　瑞
参　审　员　刘颖杰

法律依据　专利法第26条第4款；专利法实施细则第20条第1款，专利法实施细则第21条第2款

决定要点

权利要求可以由公开的一个或多个实施例概括而成，但是权利要求的概括应当适当，使其保护范围正好适应说明书所公开的内容。

一、案由

本复审请求涉及申请号为95194742.7、发明名称为“控制至少一个电控磁铁的电路装置”的发明专利申请，其申请日为1995年7月6日，优先权日为1994年8月23日，申请人为BSH博施及西门子家用器具有限公司。

国家知识产权局专利局审查部门依法对该专利申请进行了实质审查，于2002年6月21日发出第一次审查意见通知书，指出权利要求1~5不符合专利法第26条第4款和专利法实施细则第20条第1款的规定，权利要求1不符合专利法实施细则第21条第2款的规定，本申请说明书不符合专利法实施细则第18条、第19条的规定。

申请人针对上述审查意见通知书于2002年12月20日提交了意见陈述书和修改后的权利要求1~5及说明书替换页1~6页。

国家知识产权局专利局审查部门于2003年3月28日发出第二次审查意见通知书，指出权利要求1、5不符合专利法第26条第4款的规定，权利要求1、2、3、5不符合专利法实施细则第20条第1

款的规定，权利要求1、2不符合专利法实施细则第20条第3款的规定，权利要求1不符合实施细则第21条第2款的规定。

申请人针对上述审查意见通知书于2003年6月12日提交了意见陈述书和修改后的权利要求1~5，其具体内容为：

“1. 一种电路装置，它采用可以使电磁铁将一个开关元件切换到所需开关部位并保持在此部位的控制功率以控制至少一个电磁铁，其特征在于，上述至少一个电磁铁（46）在开关元件切换到所希望的开关部位（15，17）之后在预先设定的时间范围内重复用与此开关部位相应的控制功率加以驱动。

2. 根据权利要求1所述电路装置，其特征在于，还包括用于使用控制功率驱动电磁铁（46）的多个半导体器件（45），这些半导体器件在开关元件切换到所希望的开关部位（15，17）之后在预先设定的时间范围内重复采用与控制功率相关的控制信号加以驱动。

3. 根据权利要求2所述电路装置，其特征在于，在各个控制信号之间的时间间隔相同。

4. 根据权利要求1或2所述电路装置，其特征在于，上述控制功率是通过一个交流电压的半波形成的，由这些半波相应地产生多个相继的信号序列，其中，前后两个信号序列以比半波周期时间要长的时间彼此隔离开来。

5. 根据权利要求4所述电路装置，其特征在于，上述的形成控制功率的信号序列的产生是通过与至少一个控制参数相关的控制单元（32，33，34，35，36）进行的。”

国家知识产权局专利局实质审查部门以本申请权利要求1不符合专利法实施细则第20条第1款和第21条第2款的规定为理由，于2003年8月8日做出了驳回该专利申请的决定。

申请人（下称复审请求人）不服上述驳回决定，于2003年10月31日向专利复审委员会提出复审请求，其复审理由为：本领域的技术人员在阅读当前权利要求1后会立即理解本发明，权利要求1的技术方案是清楚完整的。经形式审查合格后，专利复审委员会于2004年2月18日受理了上述请求，同时向原审查部门发出前置审查通知书。

原审查部门对该复审请求做出前置审查意见，仍然坚持原驳回决定。

针对该复审请求，专利复审委员会依法成立合议组，对本案进行审理，于2005年4月5日向复审请求人发出复审通知书。该复审通知书中指出：权利要求1、2、5不符合专利法第26条第4款的规定，同时权利要求1不符合专利法实施细则第20条第1款和第21条第2款的规定。

复审请求人针对上述复审通知书的意见，于2005年5月3日提交了意见陈述书，认为权利要求1中特征得到了说明书的支持，同时权利要求1不是纯功能限定描述，而是不同实施可能性的概括性描述，以便获得预定时间范围或电磁铁的控制功率。

经过上述审查程序，本案合议组认为本案事实已经清楚，可以作出复审决定。

二、决定的理由

1. 关于审查基础

本复审决定是以驳回决定所针对的申请文件为基础作出的。

2. 关于专利法第26条第4款

专利法第26条第4款规定：“权利要求书应当以说明书为依据，说明要求专利保护的范围。”权利要求应当得到说明书的支持，权利要求的范围不能超出说明书记载的内容。

（1）就本案而言，权利要求1中多次出现“电磁铁”这一特征，并指出“上述至少一个电磁铁在开关元件切换到所希望的开关部位之后在预先设定的时间范围内重复用与此开关部位相应的控制功率加以驱动。”但是，根据本申请说明书实施例的描述，上述驱动方式仅适用于双稳态类型的电磁阀，因此权利要求1中使用的上位概念“电磁铁”概括了一个较宽的保护范围，依据本申请文件所记载的内容，所属技术领域的技术人员难以预见该上位概念所概括的除本申请实施例之外的所有类型的电磁铁均能适用于本发明的驱动方式；（2）权利要求1的特征部分只是记载了纯功能性限定的特征“至少一个电磁铁在开关元件切换到所希望的开关部位之后在预先设定的时间范围内重复用与此开关部位相应的控制功率加以驱动”，在说明书中，上述功能是以一种特定方式完成的，并且没有说明其他替代方式，而权利要求1却概括了本领域技术人员不能明了的完成该功能的全部方法，这导致权利要求1无法得到说明书的支持。综上所述，权利要求1不符合专利法第26条第4款的规定。

复审请求人在针对复审通知书的意见陈述中认为：权利要求中没有双稳态的电磁铁，而是双稳态开关元件，该开关元件通过电动控制的电磁铁被切换至各所需要的开关位置上。即，电磁铁的状态由开关元件控制，所述开关元件是双稳态的开关元件，因此权利要求1中的特征得到了说明书的支持。权利要求1不是纯功能限定描述，而是不同实施可能性的概括性描述，以便获得预定时间范围或电磁铁的控制功率。

合议组认为：首先，复审请求人的理由存在逻辑上的混乱，其所述内容“该开关元件通过电动控制的电磁铁被切换至各所需要的开关位置上”与“电磁铁的状态由开关元件控制”显然是矛盾的；其次，复审请求人认为权利要求1中的开关元件是“双稳态开关元件”，但这在权利要求1中并没有体现。权利要求1请求保护一种电路装置，在其前序部分指出该电路装置采用控制功率控制至少一个电磁铁，在特征部分指出所要实现的控制功能，整个权利要求没有给出任何电路结构的组成关系，属于纯功能性限定，而在说明书中仅给出了一种具体实施方式的情况下，本领域普通技术人员无法概括得出权利要求1的技术方案。因此，复审请求人的上述意见不能被接受。

权利要求2使用的上位概念“半导体器件”概括了一个较宽的保护范围，依据本申请文件所记载的内容，所属技术领域的技术人员难以预见该上位概念所概括的除本申请说明书中所述的“一个三端双向可控硅开关元件或两个反并联的晶闸管”之外的所有类型的半导体器件均能达到本发明的目的，因此该权利要求得不到说明书的支持，不符合专利法第26条第4款的规定。

权利要求5中的上位概念“与至少一个控制参数相关的控制单元”概括了一个较宽的保护范围，本申请文件描述了一种受电压信号C控制的RC网络和触发器所构成的电路，所属技术领域的技术人员难以预见该上位概念所概括的除本申请说明书中电路之外的其他电路结构如何能达到本发明的目的。因此该权利要求得不到说明书的支持，不符合专利法第26条第4款的规定。

复审请求人在针对复审通知书的意见陈述中认为：权利要求的意义和目的不是描述一个具体实施形式的全部可能性。权利要求的本质在于为有关专业人士提供一个普遍意义的发明构思。

合议组认为：权利要求可以由公开的一个或多个实施例概括而成，但是权利要求的概括应当适当，使其保护范围正好适应说明书所公开的内容。本申请权利要求2中的“半导体器件”范围包括了如二极管的单向器件和如本申请说明书中所提到的“三端双向可控硅开关元件或两个反并联的晶闸管”的可控双向半导体器件，根据本申请说明书中的记载，只有后者可以实现本申请的发明目的，因此权利要求2概括了一个不适当的较宽的保护范围，得不到说明书的支持，权利要求5也存在同样的问题。所以复审请求人的上述意见不能被接受。

3. 关于专利法实施细则第20条第1款

专利法实施细则第20条第1款规定：权利要求书应当说明发明或者实用新型的技术特征，清楚、简要地表述请求保护的范围。

权利要求1请求保护一种电路装置，属于产品权利要求，应该用产品的结构特征来限定，但是该权利要求中没有记载电路装置的结构特征，而只是采用了“上述至少一个电磁铁在开关元件切换到所希望的开关部位之后在预先设定的时间范围内重复用与此开关部位相应的控制功率加以驱动”的纯功能描述，完全没有说明所述“电路装置”的结构组成；其次，权利要求1的特征描述都是围绕“电磁铁”而不是围绕“电路装置”进行的，因此导致权利要求1保护范围不清楚。不符合专利法实施细则第20条第1款的规定。

复审请求人在针对复审通知书的意见陈述中认为：权利要求1对电路装置进行了限定。电路装置的保护范围可以清楚地理解为：所述的电路装置提供了用于电控的电磁铁的控制功率；该电路装置按预定的时间范围重复控制功率；被重复的控制功率与开关装置所要求的开关位置相一致。

合议组认为：根据复审请求人对权利要求1保护范围的认定可以看出，权利要求1的描述没有包含任何电路组成的描述，属于纯功能性限定，该纯功能性限定导致权利要求保护范围不清楚。因此复审请求人的上述意见不能被接受。

4. 关于专利法实施细则第21条第2款

专利法实施细则第21条第2款规定：独立权利要求应当从整体上反映发明或者实用新型的技术方案，记载解决技术问题的必要技术特征。

权利要求1请求保护一种电路装置，但是权利要求1特征部分记载的技术特征只是说明了电磁铁的驱动方式，而未记载此电路装置是采用什么样的电路结构来解决其所要解决的技术问题，即没有记载电路的各个组成部分，即如本申请说明书中所记载的分析逻辑电路、控制单元、驱动电路和各个部件之间的逻辑关系及各个部件的功能，因此权利要求1缺少解决技术问题的必要技术特征，不符合专利法实施细则第21条第2款的规定。

复审请求人在针对复审通知书的意见陈述中认为：本领域技术人员清楚电路装置必须具备如下特征：(1) 该电路装置输出在至少一个电磁铁上的控制功率。(2) 该电路装置应具备“计时器”，以便调节预先设定的时间范围，在该时间范围内通过驱动功率驱动所述电磁铁。但是在权利要求1中并没有指出所述“电路装置”包括“计时器”，显然权利要求1缺少解决技术问题的上述必要技术特征，不符合专利法实施细则第21条第2款的规定。

三、决定

维持国家知识产权局于2003年8月8日对95194742.7号发明专利申请作出的驳回决定。

复审请求人对本决定不服的，可根据专利法第41条第2款的规定，自收到本决定之日起三个月内向北京市第一中级人民法院起诉。

007

红外线检测元件、使用该红外线检测元件的红外线传感器装置和红外线检测装置

复审请求审查决定（第9579号）

决　定　号 第9579号
决　定　日 2006年12月5日
发明创造名称 红外线检测元件、使用该红外线检测元件的红外线传感器装置和红外线检测装置
国际分类号 G01J 1/02
复审请求人 松下电器产业株式会社
申　请　号 99800122.8
申　请　日 1999年2月12日
公　开　日 2000年6月7日
合议组组长 李　隽
主　审　员 周　航
参　审　员 张　曦

法律依据 专利法第22条第3款
决定要点

判断发明是否具有突出的实质性特点，就是要判断对本领域的技术人员来说，要求保护的技术方案相对于现有技术是否显而易见；评价发明是否具有显著的进步，主要应考虑该技术方案是否具有有益的技术效果。

一、案由

本复审请求涉及申请号为99800122.8、发明名称为“红外线检测元件、使用该红外线检测元件的红外线传感器装置和红外线检测装置”的PCT发明专利申请（下称本申请），其申请日是1999年2月12日，公开日是2000年6月7日，申请人是松下电器产业株式会社。其公开的权利要求共有30项，其中权利要求1、8、10、11、20和21为独立权利要求。

国家知识产权局专利局实质审查部门依法对该申请进行了实质审查，于2003年9月5日发出第一次审查意见通知书，指出本申请独立权利要求1、8、10与11、20、21之间不符合专利法第31条第1款有关单一性的规定；权利要求1~5、8~15、20、21、24、25中部分技术特征表述不清楚，不符合专利法实施细则第20条第1款的规定；权利要求6、10、11、16、17的技术特征未在说明书中

记载，不符合专利法第26条第4款的规定；同时还指出本申请权利要求1~30的技术方案不具备创造性，不符合专利法第22条第3款的规定以及权利要求中存在的其他一些问题。该第一次审查意见通知书中引用了如下六篇对比文件：

对比文件1：JP59-153133A，公开日为1984年9月1日

对比文件2：ToshiyukiKuritani等，"The Fresnel-IRDET Human-Movement Sensor"，Readout HORIBA Technical Reports，1992年1月，第4期，第83~90页

对比文件3：JP2-278131A，公开日为1990年11月14日

对比文件4：JP8-145786A，公开日为1996年6月7日

对比文件5：JP59-12075U，公开日为1984年1月25日

对比文件6：JP7-92027A，公开日为1995年4月7日

针对第一次审查意见通知书，申请人于2004年1月19日提交了意见陈述书以及权利要求书与说明书第2~4页的修改替换页。其中删除了原权利要求5、6、11、16、、17、20~30，并将原权利要求1、3、4合并成新的独立权利要求，并针对第一次审查意见通知书中指出的其他缺陷分别进行了修改和意见陈述。修改后的权利要求书为：

"1. 一种红外线检测元件，其特征在于，包括：热电体；和设置在这种热电体上的极性为相反极性的、电连接的大致梯形的一对红外线检测单元；将一个所述大致梯形的红外线检测单元的上底和另一个所述大致梯形的红外线检测单元的下底沿同一方向配置；在由所述第1和第2电极构成的大致梯形的红外线检测单元的相对的斜边上具有切口部；具有与由所述第1和第2电极构成的大致梯形的红外线检测单元的相对的斜边垂直的大致矩形的切口部。

2. 如权利要求1所述的红外线检测元件，其特征在于，红外线检测单元包括：设置在所述热电体某一面上的极性为相反极性的、电连接的大致梯形的具有吸收红外线功能的第1电极，和设置在所述热电体的与所述某一面相对的面上的电连接的第2电极。

3. 如权利要求2所述的红外线检测元件，其特征在于，用同一形状构成第1电极和第2电极。

4. 一种红外线传感器装置，其特征在于，包括：一对大致梯形的红外线检测单元，在热电体上将一个大致梯形的红外线检测单元的上底和另一大致梯形的红外线检测单元的下底沿同一方向配置，与所述红外线检测单元通过热电体支承体电连接的布线基板。

5. 如权利要求4所述的红外线传感器装置，其特征在于，红外线检测单一包括：设置在热电体某一面上的极性为相反极性的、电连接的大致梯形的具有吸收红外线功能的第1电极，和设置在所述热电体的与所述某一面相对的面上的电连接的第2电极。

6. 一种红外线传感器装置，其特征在于，包括：在表层部分具有空洞的基板，设置在所述基板上方的一个大致梯形的红外线检测单元，一个大致梯形的红外线检测单元的上底和另一个大致梯形的红外线检测单元的下底沿同一方向配置，将相邻的所述红外线检测单元电绝缘、并保持在所述基板的空洞上方而设置的层间绝缘膜，和至少设置成覆盖所述层间绝缘膜和相对侧的所述红外线检测单元的保护膜。

7. 如权利要求6所述的红外线传感器装置，其特征在于，红外线传感器装置还包括　热电薄膜；所述红外线检测单元包括：设置在所述热电薄膜的上面的极性为相反极性的、电连接的大致梯形的具有吸收红外线功能的第1电极，和设置在所述热电薄膜的下面的电连接的第2电极。

8. 如权利要求4所述的红外线传感器装置，其特征在于，在大致梯形的红外线检测单元的相对的斜边上具有切口部。

9. 如权利要求4所述的红外线传感器装置，其特征在于，具有与大致梯形的红外线检测单元的

相对的斜边垂直的大致矩形的切口部。

10. 如权利要求 4 所述的红外线传感器装置，其特征在于，在大致梯形的红外线检测单元的相对的斜边上具有大致圆弧形的切口部。

11. 如权利要求 6 所述的红外线传感器装置，其特征在于，将空洞一直贯穿到基板的相对的一对侧面。

12. 如权利要求 6 所述的红外线传感器装置，其特征在于，用至少以氧化镁为主要成分的单晶构成基板。"

经过上述程序，国家知识产权局专利局于 2004 年 6 月 4 日做出驳回决定，指出修改后的权利要求 1~12 仍不符合专利法第 22 条第 3 款的规定，其沿用了第一次审查意见通知书中的对比文件 1~4。具体理由是：独立权利要求 1 相对于对比文件 1、2、3 的结合不具备创造性，独立权利要求 4 相对于对比文件 1 和 2 的结合不具备创造性，独立权利要求 6 相对于对比文件 4 和 2 的结合不具备创造性，其他从属权利要求的附加技术特征分别在对比文件 1、2、3、4 中公开或者属于等效手段的直接替换，在其引用的权利要求不具备创造性的情况下，这些从属权利要求也不具备创造性。

松下电器产业株式会社（下称复审请求人）对上述驳回决定不服，于 2004 年 9 月 14 日向专利复审委员会提出了复审请求，同时提交了权利要求书的修改替换页和本申请与对比文件的对比说明图。其中仅对权利要求 1 进行了修改，修改后的权利要求 1 如下：

"1. 一种红外线检测元件，其特征在于，包括：热电体；和设置在这种热电体上的极性为相反极性的、电连接的大致梯形的一对红外线检测单元；将一个所述大致梯形的红外线检测单元的上底和另一个所述大致梯形的红外线检测单元的下底沿同一方向配置；具有与大致梯形的红外线检测单元的相对的斜边垂直的大致矩形的切口部。"

复审请求人认为，对比文件 1、2、3 中都没有"具有与大致梯形的红外线检测单元的相对的斜边垂直的大致矩形的切口部"的技术特征，该特征使得权利要求 1 的技术方案能实现无论检测对象从哪个方向进入都因横穿各红外线检测单元面积不同而不会存在相反极性的输出相互抵消的技术效果。

经形式审查合格后，专利复审委员会受理了该复审请求，并于 2004 年 10 月 13 日发出复审请求受理通知书以及前置审查通知书。在前置审查中原审查部门坚持原驳回决定。

专利复审委员会依法成立合议组对该复审请求案进行了审理，本案合议组于 2006 年 9 月 14 日发出复审通知书，指出权利要求 4~7、11、12 不符合专利法第 22 条第 3 款的规定，拟维持原驳回决定。

复审请求人于 2006 年 10 月 27 日针对上述复审通知书进行了意见陈述并提交了权利要求书的修改替换页，其中删除了权利要求 6、7、11、12，并将权利要求 8~10 分别与原权利要求 4 合并作为修改后的权利要求 4~6，原权利要求 5 从属于修改后的权利要求 4~6。修改后的权利要求如下：

"1. 一种红外线检测元件，其特征在于，包括：热电体；和设置在这种热电体上的极性为相反极性的、电连接的大致梯形的一对红外线检测单元；将一个所述大致梯形的红外线检测单元的上底和另一个所述大致梯形的红外线检测单元的下底沿同一方向配置；具有与大致梯形的红外线检测单元的相对的斜边垂直的大致矩形的切口部。

2. 如权利要求 1 所述的红外线检测元件，其特征在于，红外线检测单元包括：设置在所述热电体某一面上的极性为相反极性的、电连接的大致梯形的具有吸收红外线功能的第 1 电极，和设置在所述热电体的与所术某一面相对的面上的电连接的第 2 电极。

3. 如权利要求 2 所述的红外线检测元件，其特征在于，用同一形状构成第 1 电极和第 2 电极。

4. 一种红外线传感器装置，其特征在于，包括：一对大致梯形的红外线检测单元，在热电体上将一个大致梯形的红外线检测单元的上底和另一大致梯形的红外线检测单元的的下底沿同一方向配置，与所述红外线检测单元通过热电体支承体电连接的布线基板；在大致梯形的红外线检测单元的相对的斜边上具有切口部。

5. 一种红外线传感器装置，其特征在于，包括：一对大致梯形的红外线检测单元，在热电体上将一个大致梯形的红外线检测单元的上底和另一大致梯形的红外线检测单元的的下底沿同一方向配置，与所述红外线检测单元通过热电体支承体电连接的布线基板；具有与大致梯形的红外线检测单元的相对的斜边垂直的大致矩形的切口部。

6. 一种红外线传感器装置，其特征在于，包括：一对大致梯形的红外线检测单元，在热电体上将一个大致梯形的红外线检测单元的上底和另一大致梯形的红外线检测单元的的下底沿同一方向配置，与所述红外线检测单元通过热电体支承体电连接的布线基板；在大致梯形的红外线检测单元的相对的斜边上具有大致圆弧形的切口部。

7. 如权利要求 4~6 所述的红外线传感器装置，其特征在于，红外线检测单一包括：设置在热电体某一面上的极性为相反极性的、电连接的大致梯形的具有吸收红外线功能的第 1 电极，和设置在所述热电体的与所述某一面相对的面上的电连接的第 2 电极。”

至此，合议组认为本案事实已经清楚，现依法作出本决定。

二、决定的理由

1. 本决定所针对的审查文本和对比文件

复审请求人于 2006 年 10 月 27 日提交了权利要求书的修改替换页，经合议组审查，上述修改文本符合专利法实施细则第 60 条第 1 款的规定，并且未发现其存在不符合专利法第 33 条规定之处，因此本复审决定以复审请求人于 2006 年 10 月 27 日提交的权利要求第 1~7 项，2004 年 1 月 19 日提交的说明书第 2~4 页，进入国家阶段时提交的说明书第 1、5~11 页、附图第 1~10 页、摘要和摘要附图为审查基础。

驳回决定中，共引用了 4 篇对比文件来评价权利要求的创造性，即对比文件 1~4，其中采用对比文件 1~3 的结合评价权利要求 1~3、8~10 的创造性，采用对比文件 1 和 2 的结合评价权利要求4~5 的创造性，采用对比文件 4 和 2 的结合评价权利要求 6、7、11、12 的创造性。复审请求人于 2006 年 10 月 27 提交的权利要求修改替换页删除了权利要求 6、7、11、12，并将原权利要求 8~10 分别作为修改后的独立权利要求 4~6。通过以上修改，对比文件 4 针对的权利要求 6、7、11、12 已经删除，对比文件 4 与对比文件 2 结合评价创造性的基础已不存在，因此本复审决定仅针对对比文件 1~3 是否破坏权利要求 1~7 的创造性的问题进行评述。

2. 关于创造性

创造性，是指同申请日以前已有的技术相比，该发明有突出的实质性特点和显著的进步，该实用新型有实质性特点和进步。

判断发明是否具有突出的实质性特点，就是要判断对本领域的技术人员来说，要求保护的技术方案相对于现有技术是否显而易见；评价发明是否具有显著的进步，主要应考虑该技术方案是否具有有益的技术效果。

就本案而言，独立权利要求 1 涉及一种红外线检测元件，根据说明书可知，其发明目的在于无论检测对象作任何方向的运动，相反极性的红外线检测单元的输出信号都不会发生正负完全抵消。其技术方案是在热电体上设置一对相反极性、电连接的大致梯形红外线检测单元，将其中一个大致梯形红外线检测单元的上底和另一个大致梯形红外线检测单元的下底沿同一方向配置，同时在两个大致梯形红外线检测单元的斜边处设置矩形切口。

对比文件 1 公开了一种常规的红外线检测元件，其具有热电体和设置在这种热电体上的、极性相反的并且电连接的一对红外线检测单元（参见对比文件 1 图 4 和图 5，以及说明书第 192 页左上栏）。对比文件 2 公开了一种无死角（正负输出信号不会完全抵消）的红外检测器（参见对比文件第 88 页末段和第 89 图 13B），其中一对红外线检测单元大致成梯形，并且斜边相对、放置方向相反。对比文件 3 公开了一种红外线检测元件，其采用的技术手段是设置一对环状红外线检测单元，所述红外线检测单元具有面积增加或减少的部分（参见对比文件 3 附图 1、4、6），从图 1 可以看出，红外线检测单元 a、b 分别呈相反端向内膨大的半圆环状。对比文件 1~3 中均未公开权利要求 1 中“具有与大致梯形的红外线检测单元的相对的斜边垂直的大致矩形的切口部”的技术特征，根据本专利说明书的记载，该技术特征可以防止检测对象出现微动造成无输出的情况。

驳回决定中认为，对比文件 3 的图 1 表示了两个电极相对斜边上具有圆弧形的切口部的技术特征，其与矩形切口属于等效手段的替换，本领域技术人员很容易想到在对比文件 1 的常规红外线检测元件基础上，将对比文件 3 的切口技术特征与对比文件 2 中披露的梯形电极相结合，从而实现本发明的目的。

合议组认为，对比文件 1 公开了常规的红外线检测元件结构。对比文件 2 中公开的梯形设置的红外检测单元能够实现各方向移动都有输出的效果（参见对比文件 2 第 89 页图 13B 的检测器响应波形图和移动方向依赖性图）。根据对比文件 3 第 210 页右下栏对图 1 的说明可知，该技术方案中的红外线检测单元 a 和 b 呈半圆环状，上面具有增大的部分，而不是开口，这种形状使热源在 X 方向移动时检测单元具有输出，在 Y 方向移动时除了中央部会发生输出抵消之外，其余部分均有输出。由此可见对比文件 2 和对比文件 3 都是为了最小化检测死角而设计的特定形状的红外检测单元，这两种红外检测单元形状完全不同，但效果上对比文件 2 比对比文件 3 的技术方案对方向的依赖性更小。因此三篇对比文件公开的技术方案都不能解决由于检测对象微动而造成的无输出问题，也没有相应的技术启示，即使将这对比文件 1~3 的方案拼凑在一起，本领域技术人员也得不到权利要求 1 中在梯形斜边上设置矩形切口的技术方案并达到该矩形切口为权利要求 1 的技术方案带来的技术效果，也就是说该权利要求 1 相对于对比文件 1 公开的常规红外线检测元件以及对比文件 2 和 3 公开的有特定形状的红外检测单元具有有益的技术效果和非显而易见性。故权利要求 1 相对于对比文件 1~3 的结合具有突出的实质性特点和显著的进步，符合专利法第 22 条第 3 款的规定。

独立权利要求 4~6 均涉及一种红外线检测装置，相对于独立权利要求 1 的技术方案来说，该装置还包括“将红外线检测单元通过热电体支承体电连接的布线基板”的技术特征。由于独立权利要求 4~6 中都包含了在大致梯形的红外线检测单元的相对的斜边上具有切口部/大致矩形切口部/大致圆形切口部的技术特征，根据说明书记载，这些技术特征为相应权利要求带来的技术效果与权利要求 1 中相同或类似，通过上述对权利要求 1 的分析可知，对比文件 1~3 都没有披露上述特征，也没有相应的技术启示，因此对比文件 1~3 的结合也不能破坏独立权利要求 4~6 的创造性。

在独立权利要求 1、4~6 相对于对比文件 1~3 的结合具备创造性的情况下，其从属权利要求 2、3、7 相对于对比文件 1~3 的结合也符合专利法第 22 条第 3 款的规定。

综上所述，本专利的权利要求 1~7 相对于对比文件 1~3 都符合专利法第 22 条第 3 款有关创造性的规定。

至于权利要求书和说明书中是否存在不符合授权条件的其他问题，有待于原审查部门进一步审查。

基于上述理由，合议组作出如下决定。

三、决定

撤销国家知识产权局于 2004 年 6 月 4 日对 99800122.8 号 PCT 发明专利申请做出的驳回决定，由原审查部门以本复审决定所针对的文本为审查基础继续进行审查程序。

复审请求人对本决定不服的，可以根据专利法第 41 条第 2 款的规定，自收到本决定之日起三个月内向北京市第一中级人民法院起诉。

008

计量式机动车税费征收方式和系统

复审请求审查决定（第9598号）

决　　定　　号　第9598号
决　　定　　日　2006年12月11日
发明创造名称　计量式机动车税费征收方式和系统
国 际 分 类 号　G07B 15/00
复 审 请 求 人　吴　巍
专 利 申 请 号　03107848.6
申　　请　　日　2003年3月23日
公　　开　　日　2003年9月3日
合 议 组 组 长　徐媛媛
主　　审　　员　张　鹏
参　　审　　员　崔国振

法　律　依　据　专利法实施细则第2条第1款
决　定　要　点

本申请权利要求1记载的解决方案是对于税费的计算方法所进行的改进，所解决的是商业运营方面的问题，并非技术问题；该解决方案是根据人为定义的规则计算税费，并不是借助于可控制的自然力实现因果关系可预见的结果，因此其不是技术手段；该解决方案获得的效果是税费款征收的合理化，其不是符合自然规律的技术效果。因此，本申请权利要求1不符合专利法实施细则第2条第1款的规定。

一、案由

本复审请求案涉及申请日为2003年3月23日、公开日为2003年9月3日、发明名称为“计量式机动车税费征收方式和系统”的03107848.6号发明专利申请（下称本申请），申请人为吴巍。

国家知识产权局实质审查部门对本申请进行了实质审查，于2004年2月20日发出了《第一次审查意见通知书》，认为：权利要求1相对于对比文件1（CN2077984U）不具备《中华人民共和国专利法》（下称专利法）第22条第2款规定的新颖性；权利要求2、3、4不清楚，不符合《中华人民共和国专利法实施细则》（下称专利法实施细则）第20条第1款的规定；权利要求2、3相对于对比文件1和对比文件2（CN1211019A）的结合不具备专利法第22条第3款规定的创造性；权利要求4相对于对比文件1、对比文件2和对比文件3（CN2053165U）的结合不具备专利法第22条第3款规定的创造性。

申请人于2004年6月30日提交了《意见陈述书》，未对申请文件进行修改。其主要意见为，本申请要解决的技术问题是税费的流失，而对比文件1要解决的技术问题是测量烦琐、误差因素多，二者不同；对比文件1没有公开权利要求1中的“实际运输总量”“实际行驶里程”“金额/（吨·公里）”“机动车的税费”和计量式机动车税费征收方式与计量式机动车税费征收系统的关系以及计量式机动车税费征收系统的组成等技术特征，二者技术方案不同；并且属于不同技术领域，不能产生相同的技术效果，因此权利要求1具备新颖性。权利要求2~4保护范围清楚，符合专利法实施细则第20条第1款的规定。权利要求1~4具备创造性。

国家知识产权局实质审查部门于2004年9月10日发出《第二次审查意见通知书》，认为：权利要求1~4不具备专利法第22条第3款规定的创造性。

申请人于2004年11月24日提交了《意见陈述书》，未对申请文件进行修改。其主要意见为，本申请的技术组合和转用具有突出的实质性特点和显著的进步，具备专利法第22条第3款规定的创造性。

针对申请人于申请日提交的权利要求第1~4项、说明书第1~4页、说明书附图第1页、说明书摘要及摘要附图，国家知识产权局实质审查部门于2005年3月11日驳回了本申请。驳回的理由为权利要求1~4相对于不具备专利法第22条第3款规定的创造性。

《驳回决定》针对的权利要求书如下：

“1. 一种计量式机动车税费征收方式，利用由计量分系统、数据通信分系统、

税费管理分系统组成的计量式机动车税费征收系统来实现，其特征是：根据机动车的实际运输总量和行驶里程以及金额/（吨·公里）数据来征收机动车的税费。

2. 根据权利要求1所述，用于实现计量式机动车税费征收方式的一种计量式机动车税费征收系统，其特征是：由计量控制分系统、数据通信分系统和税费管理控制分系统组成。

3. 根据权利要求2所述的计量式机动车税费征收系统，其特征是：计量控制分系统采用测力称重传感器测量机动车的载重量、采用速度测量传感器测量机动车的速度以计算行驶里程，数据通信分系统的数据传输交换功能是利用无线通信网络通过无线介质，或者利用计算机网络通过电话线、双绞线、同轴电缆和光导纤维电缆将计量控制分系统与税费管理控制分系统相连接来实现的。

4. 根据权利要求3所述的计量式机动车税费征收系统，其特征是：安装在机动车上的计量控制分系统［1］由测力称重传感器［4］、速度测量传感器［5］、防侵害传感器［6］、数据采集系统［7］、中央处理器［8］、数据存储系统［9］、电路控制装置［10］、动力控制装置［11］、机动车标识码处理装置［12］、定向信号收发装置［13］、无线信号收发装置［14］、输入输出（I/O）系统［15］组成，数据通信分系统采用移动通信网络或卫星通信网络，税费管理控制分系统［2］由地方税费管理控制站［24］、国家税费管理控制中心［25］和计算机通信网络［26］组成。”

《驳回决定》认为，对比文件1公开了一种车载吨·公里记录装置，其公开了如下技术内容：通过重量传感器、里程传感器以及信号处理电路，得到车辆行驶里程、载重量以及吨·公里数据，给车辆使用单位、管理部门提供较准确的车辆运营数据。相当于权利要求1中所述的根据机动车的实际运输总量和行驶里程以及金额/（吨·公里）数据来征收机动车的税费。权利要求1要求保护的技术方案和对比文件1公开的技术内容相比，其区别在于数据通信分系统和税费管理分系统。上述区别技术特征在对比文件2中存在技术启示。因此本申请权利要求1相对于对比文件1和对比

文件 2 不具备专利法第 22 条第 3 款的创造性。权利要求 2~4 也不具备专利法第 22 条第 3 款的创造性。

申请人（下称复审请求人）对上述《驳回决定》不服，于 2005 年 6 月 25 日向专利复审委员会提出复审请求。其主要理由是：本申请解决了超载车辆破坏公路桥梁的技术难题，解决了机动车在收费站点排队缴费影响运能运力所带来的交通拥堵的技术难题。并且，本申请是组合发明，组成本申请的计量式机动车税费征收方式和系统在功能上彼此相互支持，并取得了“可以防止税费流失，确保国家税费收入”、“保障国家资产的有偿使用；保障收费情况和机动车实际情况相符合，做到客观和公平的收费”等新的技术效果。并且对比文件 1、2 均不存在本申请权利要求 1 的计量式机动车税费征收方式的技术启示，不存在计量式机动车税费征收系统的各个子系统的技术启示，不存在计量式机动车税费征收系统的各个子系统之间的关联的技术启示。复审请求人在提出复审请求时未对申请文本作任何修改，并提出口头审理的请求。

经形式审查合格后，专利复审委员会受理了该复审请求，并于 2005 年 12 月 1 日向复审请求人发出《复审请求受理通知书》，同时将本案送至原实质审查部门进行前置审查。原实质审查部门在前置审查意见中坚持原驳回决定。

专利复审委员会依法成立合议组对本案进行审查。鉴于复审请求人提出了口头审理请求，根据《审查指南》第四部分第四章第 2 节的规定，专利复审委员会本案合议组于 2006 年 9 月 20 日向复审请求人发出《口审通知书》，定于 2006 年 10 月 30 日在专利复审委员会举行口头审理。并在《口头审理通知书（附页）》中指出：（1）由于复审请求人在提出复审请求时未提交修改文本，因此此次复审所依据的文本是驳回决定所针对的文本，即复审请求人于申请日提交的说明书第 1~4 页、权利要求第 1~4 项，说明书附图第 1 页、说明书摘要及摘要附图；（2）本申请中权利要求 1 的解决方案所要解决的问题不构成技术问题，本申请权利要求 1 的解决方案不是技术手段，本申请权利要求 1 的解决方案所获得的效果不是符合自然规律的技术效果，因此本申请权利要求 1 的解决方案不是对产品、方法或者其改进所提出的新的技术方案，不符合专利法实施细则第 2 条第 1 款的规定；（3）权利要求 2~4 不具备专利法第 22 条第 3 款规定的创造性。

复审请求人于 2006 年 10 月 12 日提交了《复审请求口头审理通知书回执》。在该回执中明确表明不参加口头审理，进行书面意见陈述。

复审请求人于 2006 年 11 月 4 日提交了《意见陈述书》。其主要意见为，权利要求 1 符合专利法实施细则第 2 条第 1 款的规定，具体理由为：（1）本申请的技术方案是对要解决的技术问题所采取的利用了自然规律的技术手段的集合，本申请中的计量式机动车税费征收方式根据计量式机动车税费征收系统测量、检测、处理而形成的机动车实际运输总量和行驶里程以及金额/（吨·公里）数据计算税费，符合审查指南第二部分第 1 章第 2 节的规定；（2）本申请所要解决的税费流失问题是技术问题，由技术原因造成了税费流失并且通过技术手段可以解决税费流失，因此税费流失问题属于技术问题；（3）因为权利要求 1 包含有时间过程要素的活动，因此本申请的权利要求属于方法权利要求，本申请的技术方案是利用了自然规律的技术手段的集合；（4）本申请的技术效果是采用技术手段解决技术问题而获得的。另外，权利要求 2~4 具备专利法第 22 条第 3 款规定的创造性。

至此，合议组认为本案事实清楚，可以作出审查决定。

二、决定的理由

复审请求人在提出复审请求时对申请文件未作修改，因此本复审决定所依据的文本与《驳回决定》依据的文本相同，即复审请求人于申请日提交的权利要求第 1~4 项、说明书第 1~4 页、说明书附图第1页、说明书摘要及摘要附图。

专利法实施细则第2条第1款规定，专利法所称发明，是指对产品、方法或者其改进所提出的新的技术方案。

审查指南第二部分第9章第2节“涉及计算机程序的发明专利申请的审查基准”部分规定，如果涉及计算机程序的发明专利申请的解决方案执行计算机程序的目的不是解决技术问题，或者在计算机上运行计算机程序从而对外部或内部对象进行控制或处理所反映的不是利用自然规律的技术手段，或者获得的不是受自然规律约束的效果，则这种解决方案不属于专利法实施细则第2条第1款所说的技术方案，不属于专利保护的客体。

本申请权利要求1所记载的解决方案是利用计量分系统、数据通信分系统和税费管理分系统根据机动车的实际运输总量和行驶里程以及金额/（吨·公里）数据执行税费的征收的一种税费征收方式。根据说明书第1页第5段的描述，本申请中的计量分系统采用称重传感器、速度测量传感器等，由此可见本申请中的计量分系统是公知数据采集系统；根据说明书第2页第1段的描述，本申请中的数据通信分系统采用无线通信网络或者计算机网络等，由此可见数据通信分系统是公知的数据通信系统；根据说明书第1页第5段的描述，本申请中的税费管理分系统根据一定规则计算税费，由此可见税费管理分系统是公知的数据处理系统。并且，采用数据采集系统、数据通信系统和数据管理系统构成数据通信和事务处理的系统是公知的设备，是构建公知的CS（client-Server）结构或者BS（Browse-Server）结构实现数据通信和事务处理所通常采用的设备。例如，移动终端（如移动式电话）的数据处理，移动终端采集用户输入的信息（例如电话号码、短信息等），通过无线网络进行数据传输，由终端服务器进行相应的数据处理（例如短消息的发送、电话号码的拨号等）。再例如，ATM终端的数据处理，ATM终端采集用户的输入信息和事务操作信息（例如取款操作、取款金额），通过通信网络进行数据传输，由数据服务器进行相应的数据处理（例如帐户取款）。综上所述，本申请权利要求1所记载的解决方案虽然通过计量系统、数据通信系统和税费管理系统执行计算机程序来实现对于税费征收数额的控制，但是该计量系统、数据通信系统和税费管理系统都是公知的电子设备，根据机动车的实际运输总量和行驶里程以及金额/（吨·公里）数据的乘积计算税费既没有给计量系统、数据通信系统和税费管理系统的内部性能带来改进，也没有对于计量系统、数据通信系统和税费管理系统的构成或者功能带来任何技术上的改变。

本申请所要解决的问题在于如何根据一定的规则确定税费，即如何有效地减少税费款的流失，该问题不构成技术问题。本申请的解决方案对于税费的计算方法所进行的改进，所解决的是商业运营或者税费管理方面的问题，并非用于解决现有技术中存在的技术问题。

本申请所采用的手段是根据机动车的实际运输总量和行驶里程以及金额/（吨·公里）数据的乘积计算税费，即根据人为定义的规则计算税费。该手段是对于数据结果根据人为定义的规则进行的处理，其并不是借助于可控制的自然力实现因果关系可预见的结果，不受自然规律约束，因此并未利用技术手段。

本申请获得的效果在于税费款征收的合理化，该解决方案在一定程度上可以避免税费的流失，该效果不是所借助的可控制自然力的直接结果，因此其不是符合自然规律的技术效果。

综合上述意见，本申请中权利要求1的解决方案所要解决的问题不构成技术问题，本申请权利要求1的解决方案不是技术手段，本申请权利要求1的解决方案所获得的效果不是符合自然规律的技术效果，因此本申请权利要求1的解决方案不是对产品、方法或者其改进所提出的新的技术方案，不符合专利法实施细则第2条第1款的规定。

复审请求人认为，由技术原因造成了税费流失并且通过技术手段可以解决税费流失，因此税费流失问题属于技术问题；本申请的技术方案是对要解决的技术问题所采取的利用了自然规律的技术手段的集合；本申请的技术效果是采用技术手段解决技术问题而获得的；因为权利要求1包含有时间过程要素的活动，因此本申请的权利要求属于方法权利要求。

对此，合议组认为，无论税费流失的原因如何，对于税费的计算方法进行改进所解决的是商业运营或者税费管理方面的问题，并非技术问题；本申请权利要求1要求保护一种税费征收方式，其是根据人为定义的规则计算税费，并非利用自然规律实现因果关系可预见的结果；税费款征收合理化的效果不是所借助的可控制自然力的直接结果；该解决方案是对于计算方式的定义，其中没有记载根据时间过程要素所要完成的步骤，不构成专利法意义上的方法权利要求。

基于上述理由，合议组作出下述决定。

三、决定

驳回对03107848.6号发明专利申请的复审请求，维持原驳回决定。

复审请求人如对本复审决定不服，可以根据专利法第41条第2款的规定，自收到本决定之日起三个月内向北京市第一中级人民法院起诉。

北京市第一中级人民法院
行政判决书

（2007）一中行初字第1273号

原告吴巍，男，1978年7月1日出生，汉族，住吉林省吉林市龙潭区铁东街吉林化工学院一组承德街45号

被告国家知识产权局专利复审委员会，住所地北京市海淀区北四环西路9号银谷大厦10~12层

法定代表人廖涛，副主任

委托代理人张鹏，国家知识产权局专利复审委员会审查员

委托代理人隋璐，国家知识产权局专利复审委员会审查员

原告吴巍不服被告国家知识产权局专利复审委员会（简称专利复审委员会）于2006年12月11日作出的第9598号复审请求审查决定，向本院提起行政诉讼。本院于2007年年9月18日受理本案后，依法组成合议庭进行审理。2007年11月2日，本院通过特快专递向原告吴巍送达开庭传票，定于2007年11月13日13：30在本院第19法庭公开开庭审理本案。2007年11月7日10：25，吴巍本人签收了该特快专递邮件。但吴巍并未按时到庭。2007年11月14日，本院通过特快专递向吴巍送达通知书，要求其于收到通知书之日起三日内向本院书面解释未到庭的原因，并提交相关证据，否则本院将依法处理。吴巍本人于2007年11月17日签收了该特快专递邮件，但至今本院未收到吴巍的任何答复和相关证据。

本院认为，最高人民法院《关于执行〈中华人民共和国行政诉讼法〉若干问题的解释》（法释［2000］8号）第四十九条规定：原告或者上诉人经合法传唤，无正当理由拒不到庭或者未经法庭许可中途退庭的，可以按撤诉处理。本案中，原告吴巍经本院合法传唤，未到庭参加庭审，在本院通知的情况下，其仍不向本院提交有正当理由的声明和相关证据，故本院视为其无正当理由。根据最高人民法院《关于执行〈中华人民共和国行政诉讼法〉若干问题的解释》第四十九条的规定，本院裁定如下：

本案按原告吴巍撤回对被告国家知识产权局专利复审委员会的起诉处理。案件受理费 100 元，由原告吴巍负担（已交纳）。

审　判　长　刘海旗
代理审判员　周云川
代理审判员　高　伟
二〇〇七年十一月三十日
书　记　员　周　波

009

在卡拉OK传输装置中管理信息资料的方法及卡拉OK传输装置

复审请求审查决定（第9617号）

决　定　点　第9617号
决　定　日　2006年9月30日
发明创造名称　在卡拉OK传输装置中管理信息资料的方法及卡拉OK传输装置
国际分类号　G10K 15/04
复审请求人　雅马哈株式会社
申　请　号　96121081.8
申　请　日　1996年10月19日
公　开　日　1997年9月17日
合议组组长　丁惠玲
主　审　员　张惠军
参　审　日　孙桂敏

法律依据　专利法第22条第3款；专利法实施细则第60条第1款
决定要点

如果一项权利要求要求保护的技术方案相对于现有技术是显而易见的，则该项权利要求不具备创造性。

请求人在对专利复审委员会的复审通知书作出答复时，可以修改专利申请文件；但是，修改应当仅限于消除复审通知书指出的缺陷。

一、案由

本复审请求涉及申请号为96121081.8、发明名称为“在卡拉OK传输装置中管理信息资料的方法及卡拉OK传输装置”的发明专利申请（下称本申请），其申请日是1996年10月19日、优先权日为1995年10月19日、公开日是1997年9月17日，申请人是雅马哈株式会社。

国家知识产权局专利局实质审查部门依法对本申请进行了实质审查，于2002年2月22日发出第一次审查意见通知书，引用了以下对比文件：

对比文件1：JP6318090A（公开日为1994年11月15日）

指出本申请权利要求1~2不具备专利法第22条第2款规定的新颖性，权利要求3不符合专利法第26条第4款的规定。

针对上述审查意见通知书，申请人于2002年6月22日提交了意见陈述书，同时提交了权利要求书和说明书的修改替换页。

在此基础上，国家知识产权局实质审查部门于2002年8月2日发出第二次审查意见通知书，指出权利要求1和2不具备专利法第22条第3款规定的创造性。

针对上述审查意见通知书，申请人于2002年12月10日提交了意见陈述书，同时提交了权利要求书和说明书的修改替换页，修改后的权利要求书共包括两项独立权利要求，其中，独立权利要求1要求保护一种在卡拉OK传输装置中管理信息资料的方法，独立权利要求2要求保护一种卡拉OK传输装置。申请人陈述了修改后的权利要求1和2具备创造性的理由。

国家知识产权局实质审查部门于2003年4月4日发出第三次审查意见通知书，指出修改后的权利要求1和2依然不具备创造性。

申请人于2003年12月19日针对上述审查意见通知书提交了意见陈述书，坚持认为本申请权利要求1和2具备创造性，未对申请文件作出修改。

经过上述审查程序后，国家知识产权局实质审查部门于2004年3月12日驳回了本申请，驳回理由为本申请权利要求1和2相对于对比文件1不具备专利法第22条第3款规定的创造性。

申请人（下称复审请求人）对上述驳回决定不服，于2004年6月26向专利复审委员会提出复审请求，同时提交了权利要求书的修改替换页，未对权利要求1和2进行修改，只是增加了一个关于卡拉OK传输装置的独立权利要求3。

经形式审查合格后，专利复审委员会受理了该复审请求，并于2004年8月2日向复审请求人发出复审请求受理通知书，同日向国家知识产权局实质审查部门发出前置审查通知书。

国家知识产权局实质审查部门在前置审查意见书中坚持原驳回决定。

专利复审委员会依法成立合议组对本复审请求进行了审查，于2006年7月11日发出复审通知书，指出复审请求时提交的修改文本不符合专利法实施细则第60条第1款的规定，不予接受；同时，复审通知书指出了驳回决定所针对的权利要求1和2依然不具备创造性。

针对上述复审通知书，复审请求人于2006年8月11日提交了意见陈述书，未对申请文件进行修改。

在上述工作的基础上，合议组认为本案事实已经清楚，可以依法作出复审决定。

二、决定的理由

1. 审查基础

以复审请求人在提出复审请求时提交的权利要求第1至3项、2002年12月10日提交的说明书第1至8页、1996年12月19日提交的说明书附图第1至4页和摘要附图、以及1996年10月19日提交的说明书摘要作为审查基础。

2. 关于本专利权利要求1和2是否符合第22条第3款的规定

专利法第22条第3款规定，“创造性，是指同申请日以前已有的技术相比，该发明有突出的实质性特点和显著的进步，该实用新型有实质性特点和进步。”

在本案中，复审请求人在提出复审请求时未对权利要求1和2作出修改，并增加了一项独立权利要求3，合议组认为本申请权利要求1和2依然不具备创造性，不符合专利法第22条第3款的规定，具体理由如下。

权利要求1要求保护一种在卡拉OK传输装置中管理信息资料的方法。对比文件1公开了一种卡拉OK传输装置（说明书第3栏第11行到第11栏第30行及附图1~8），该装置使用了在传输装置中管理信息的方法，其中披露了该传输装置通过激励音乐信号回路（见对比文件1的附图标记74）和图像信号回路（附图标记 82）进行卡拉 OK 演奏的乐曲资料，在卡拉 OK 演奏间歇时（见对比文件 1 的图 6），通过激励音乐信号回路和图像信号回路显示广告信息，这种广告信息是从主机（附图标记 2）中传送出，当存储在主机存储器中的广告信息改变了的时候，从主机向每一个终端中传送出广告变更的信息，存储在每一个终端的存储器（附图标记 64）中的广告信息也改变。另外，对比文件 1 还具体描述了在终端中更新广告信息的过程（见对比文件 1 的图 8 及说明书相应的文字描述）：获取主机 2 的广告数据存储部分 54 中存储的主机侧广告表；终端侧广告表从头读取广告数据文件名，通过比较文件名确定所读出的广告数据文件名是否注册在主机侧广告表中，如果该读出的文件名没有注册在主机侧广告表中，则从终端侧广告数据存储部分 64 删除具有该文件名的广告数据文件；并且如果主机侧广告表中的广告文件名对应的广告数据文件没有存储在终端侧广告数据存储部分 64 中，则将其存储到存储部分 64 中。对比文件 1 利用主机侧的广告表，删除存储部分 64 中不需要的信息，并向存储部分 64 中添加新的信息，使其存储的广告数据文件与主机侧广告表中列出的广告数据文件相一致。可见，对比文件 1 中主机侧的广告表，其作用与本申请的必要信息资料表相同。这里商业信息和新发行的音乐信息等都可以称为广告信息，因此，在本申请中的信息资料与对比文件 1 中的广告信息实际上是等同的。权利要求 1 与对比文件 1 的区别仅在于，在权利要求 1 中从主机下载必要信息资料表，而对比文件 1 中，起必要信息资料表作用的广告表保存在主机中，不从主机下载。由于在本申请和对比文件 1 中必要信息资料表（或广告表）均是由主机产生的，其作用也相同，至于在使用必要信息资料表时是将其存储在主机还是下载到终端，属于本领域的常规选择，且其产生的技术效果相同。由此可知，对于本领域普通技术人员来说，根据对比文件 1 公开的内容得到权利要求 1 要求保护的技术方案是显而易见的，权利要求 1 不具有突出的实质性特点和显著的进步，不符合专利法第 22 条第 3 款有关创造性的规定。

权利要求 2 要求保护一种卡拉 OK 传输装置，包括存储装置、下载装置和更新装置。对比文件 1（说明书第 3 栏第 11 行到第 11 栏第 30 行及附图 1~8）公开了一种卡拉 OK 传输装置，由主机和多个终端构成，而且用于激励音乐信号回路和图像信号回路进行卡拉 OK 演奏的乐曲资料和通过激励所述的音乐信号回路及图像信号回路显示各种信息资料的信息资料都是从主机下载并传送、存储到传输装置中的，因此该卡拉 OK 传输装置必然存在存储这些信息的装置（附图标记 64 和 72）；由于信息资料和乐曲资料都是从主机下载的，因此传输装置必然存在下载这些信息资料的装置，即下载装置；在对比文件 1 中还具有更新装置 60b，其根据从主机下载的为每一个终端提供的广告资料，对每一个终端增加新的广告资料并删除不必要的信息资料，并且这些广告信息是在卡拉 OK 演奏间歇期间显示的。权利要求 2 与对比文件 1 的区别在于：从主机下载指示必要信息资料的必要信息资料表。基于与评述权利要求 1 相同的理由，即在本申请和对比文件 1 中必要信息资料表（或广告表）均是由主机产生的，其作用也相同，至于在使用必要信息资料表时是将其存储在主机还是下载到终端，属于本领域的常规选择，且其产生的技术效果相同。由此可知，对于本领域普通技术人员来说，根据对比文件 1 公开的内容得到权利要求 2 要求保护的技术方案是显而易见的，权利要求 2 不具有突出的实质性特点和显著的进步，不符合专利法第 22 条第 3 款有关创造性的规定。

综上所述，本专利权利要求 1 和 2 不具备创造性，不符合专利法第 22 条第 3 款的规定。

3. 关于专利法实施细则第 60 条第 1 款

专利法实施细则第 60 条第 1 款规定，请求人在提出复审请求时或者在对专利复审委员会的复审通知书作出答复时，可以修改专利申请文件；但是，修改应当仅限于消除驳回决定或者复审通知书指出的缺陷。

审查指南第四部分第二章第 4.2 节进一步规定，下列情形通常不符合上述规定：

（1）修改后的权利要求相对于驳回决定针对的权利要求扩大了保护范围。

（2）将与驳回决定针对的权利要求所限定的技术方案缺乏单一性的技术方案作为修改后的权利要求。

（3）改变权利要求的类型或者增加权利要求。

（4）针对驳回决定指出的缺陷未涉及的权利要求或者说明书进行修改。但修改明显文字错误，或者修改与驳回决定所指出缺陷性质相同的缺陷的情形除外。

在本案中，合议组在复审通知书中指出，复审请求人提出复审请求时所提交的修改文本中，独立权利要求3是新增的一项独立权利要求，其并非为消除驳回决定所指出的权利要求1和2不具备创造性的缺陷而作出的修改，因此，该修改文本不符合专利法实施细则第60条第1款的规定，不予接受。并告知复审请求人应当在收到本通知书之日起一个月内作出答复，期满不答复的，其复审请求将视为撤回；陈述意见不充分或者修改仍然存在上述缺陷的，本案合议组将维持原驳回决定。但是，复审请求人在针对上述复审通知书进行答复时未对权利要求书进行任何修改，因而没有消除复审通知书指出的对权利要求3的增加不符合专利法实施细则第60条第1款规定的缺陷。

基于上述理由，合议组作出以下决定。

三、决定

维持国家知识产权局于2004年3月12日对96121081.8号发明专利申请作出的驳回决定。

复审请求人对本决定不服的，可以根据专利法第41条第2款的规定，自收到本决定之日起三个月内向北京市第一中级人民法院起诉。

010

自锁模量子级联激光器

复审请求审查决定（第9622号）

决　　定　　号　第9622号
决　　定　　日　2006年12月7日
发明创造名称　自锁模量子级联激光器
国 际 分 类 号　H01S 5/065，H01S 5/00，H01S 3/098，H01S 3/00
复 审 请 求 人　朗迅科技公司
申　　请　　号　01117441.2
申　　请　　日　2001年4月28日
公　　开　　日　2001年11月21日
合 议 组 组 长　王桂莲
主　　审　　员　马　燕
参　　审　　员　张惠军

法　律　依　据　专利法第33条
决　定　要　点

当通过补入实施方式和实施例的方式来说明在权利要求请求保护的范围内发明能够实施时，如果该实施例既未明确记载在原说明书中，也不能从原说明书中直接地、毫无疑义地确定，则应当认为这样的修改超出了原申请记载的范围。

鉴于复审请求人对说明书进行了修改，使其克服了驳回决定和复审通知书指出的缺陷，符合专利法第33条的规定，因此撤销原驳回决定。

一、案由

本复审请求涉及申请号为01117441.2、名称为“自锁模量子级联激光器”的发明专利申请（下称本申请），申请人为朗迅科技公司，申请日为2001年4月28日，优先权日为2000年5月8日，公开日为2001年11月21日。本申请公开时共有19项权利要求，其中权利要求1为独立权利要求。

国家知识产权局实质审查部门依法对本申请进行了实质审查，于2004年10月1日发出第一次审查意见通知书，指出本申请的权利要求1、10、15、18没有以说明书为依据，不符合专利法第26条第4款的规定；权利要求1、2、5~9、14不清楚，不符合专利法实施细则第20条第1款的规定；说明书不符合专利法第26条第3款，专利法实施细则第18条第3款、第19条第3款的规定。

申请人针对第一次审查意见通知书于2005年2月7日提交了意见陈述书以及权利要求第1~17

项、说明书第1~12页、说明书附图第2页的修改替换页，申请人删除了原权利要求8、18，并认为修改后的权利要求1、9、14、17符合专利法第26条第4款的规定；修改后的权利要求1、2、5~8、13符合专利法实施细则第20条第1款的规定；说明书符合专利法第26条第3款、专利法实施细则第18条第3款、第19条第3款的规定。

国家知识产权局实质审查部门在此基础上继续审查，于2005年4月15日发出第二次审查意见通知书，指出权利要求1不清楚，不符合专利法实施细则第20条第1款的规定；将原说明书第5页中记载的“绝缘层18必须较薄（例如小于0.5μm的厚度t）”修改为“绝缘层18必须较薄（例如小于1μm或0.5μm的厚度t）”，这样的修改超出了原说明书和权利要求书记载的范围，不符合专利法第33条的规定。

申请人针对第二次审查意见通知书于2005年5月31日提交了意见陈述书以及权利要求第1~17项的修改替换页，并认为由于在原权利要求1中已经清楚地记载了“该绝缘层包括其深度小于1微米的一个较薄的层”，因此对说明书的上述修改没有超出原始申请文件记载的范围，因此符合专利法第33条的规定。

2005年12月2日，国家知识产权局实质审查部门以说明书的修改不符合专利法第33条的规定为由驳回了本申请。

驳回决定的具体理由为，在原始说明书中只记载了“绝缘层18小于0.5μm”的情况，尽管原权利要求1中记载了“该绝缘层包括其深度小于1微米的一个较薄的层”，但是申请人无法证明在绝缘层的厚度位于0.5μm~1μm时，该绝缘层也可以解决其技术问题，因此，说明书的修改超出了原始申请文件记载的范围，不符合专利法第33条的规定。

申请人朗迅科技公司（以下称复审请求人）对上述驳回决定不服，于2006年3月3日向国家知识产权局专利复审委员会提出了复审请求，同时提交了权利要求第1~10项的修改替换页。复审请求人的具体复审请求理由为，（1）原权利要求1中已经公开了“量子级联激光器是自锁模的，其中该绝缘层包括其深度小于1微米的一个较薄的层”，并且在具体实施方式部分记载了例如小于0.5μm厚度t的绝缘层，因此原始公开内容已经记载了深度小于1微米的绝缘层，与深度小于0.5微米的绝缘层一样，均可获得自锁模的量子级联激光器，因此，说明书的修改没有超出原始申请文件的范围；（2）驳回决定违反听证原则。

经形式审查合格后，国家知识产权局专利复审委员会受理了该复审请求，并于2006年3月24日向复审请求人发出《复审请求受理通知书》，于同日向国家知识产权局原实质审查部门发出了《前置审查通知书》。

原实质审查部门对本复审请求进行了前置审查，在前置审查意见中，原实质审查部门坚持原驳回决定。

国家知识产权局专利复审委员会依法组成合议组对本复审请求进行审查。本案合议组于2006年9月15日发出复审通知书，指出：

（1）原说明书中明确记载了绝缘层18的厚度小于0.5μm，并且本申请正是基于这一条件来实现的，而且原说明书仅仅记载了绝缘层厚度小于0.5μm的实施方式，并未记载绝缘层厚度等于或大于0.5μm且小于1μm的实施方式，也未证明当绝缘层厚度等于或大于0.5μm且小于1μm时能够实现本申请的发明目的，因此，根据原说明书记载的内容，本领域的技术人员难以预先确定或评价绝缘层厚度等于或大于0.5μm且小于1μm时的技术方案的效果，因而不能从原说明书中公开的内容直接得到或者概括得出绝缘层厚度小于一微米的技术方案。尽管在原权利要求1中记载了“该绝缘层包括其深度小于一微米的一个较薄的层”，审查指南第二部分第二章第3.2.1节中也规定了允许将在原权利要求书中已经公开而在说明书中没有记载的技术方案补入说明书，但是，这样做的前提是该技术方案应该能够从说明书记载的内容直接得到或者概括得出。由上述理由可知，原权利要求 1 中关于绝缘层“小于 1 微米”的技术方案不能够从原说明书和/或权利要求书中直接明确地认定。综上所述，由于绝缘层“小于 1 微米”的技术方案没有记载在原说明书中，也不能从原说明书中直接地、毫无疑异地确定，并且审查指南第二部分第八章第 5. 2. 3. 1 节规定不得通过补入实施方式和实施例的方式来说明在权利要求请求保护的范围内发明能够实施，因此，复审请求人将关于绝缘层厚度小于一微米的技术方案补入说明书超出了原始申请文件的范围，不符合专利法第 33 条的规定。（2）审查指南第二部分第八章第 6. 1. 1 节规定，审查员在作出驳回决定之前，应当将其经实质审查认定申请属于专利法实施细则第 53 条规定的应予驳回情形的事实、理由和证据通知申请人，并给申请人至少一次陈述意见和/或修改申请文件的机会。原审查部门在第二次审查意见通知书中已经指出说明书第 5 页倒数第 5 行的“绝缘层 18 必须较薄（例如小于 1μm 或 0. 5μm 的厚度）”的修改超出了原始申请公开的范围，即，原审查部门在作出驳回决定之前，已经将驳回决定所涉及的事实、理由和证据告知了申请人（即本案的复审请求人），并且申请人对此也陈述了意见。因此，原审查部门所作出的驳回决定符合听证原则。

2006 年 10 月 26 日，复审请求人针对上述复审通知书提交了意见陈述书以及权利要求第 1~9 项、说明书第 1~12 页的修改替换页，将权利要求 1 中的“该绝缘层包括其深度小于一微米的一个较薄的层”修改为“该绝缘层包括深度小于 0. 5 微米的一个较薄的层”，同时删除了权利要求 2，此外复审请求人声称将申请文本中的“该绝缘层其深度小于 1 微米（μm）”进一步限定为“绝缘层 18 必须较薄（例如 0. 5μm 的厚度 t）”，但所提交的说明书第 5 页记载了“绝缘层 18 必须较薄（例如小于 0. 5μm 或 0. 5μm 的厚度 t）”。修改后的权利要求第 1~9 项为：

“1. 一种量子级联激光器，包括一种多层光学结构，所述结构包括：

设置在具有较小有效折射率的上覆层和下覆层之间的具有较大有效折射率的一个芯区，该芯区包括多个标称上相同的重复单元，每一个重复单元都包括一个激活区和一个载流子注入区，该激活区具有一种被选择用来提供一个上和一个下载流子能态的层结构，从而使从上能态至下能态的载流子跃迁导致了波长（的光子发射，该载流子注入区具有一种被选择用来促使载流子从一个给定的重复单元的激活区的下能态输送至一个相邻的下游重复单元的激活区的上能态的层结构，其中至少所述上覆层和所述芯区形成了一种台状结构；

覆盖所述覆层和所述芯区的暴露表面的一个绝缘层；以及

附在该上和下覆层上的电触头，用于便于电流流过该激光器，

其特征在于：

该量子级联激光器是自锁模的，其中该绝缘层包括其深度小于 0. 5 微米的一个较薄的层，且该量子级联激光器进一步包括：

为覆盖至少位于所述激活区的区域内的所述较薄绝缘层而设置的光学损耗侧壁层，以便提供所述光学损耗侧壁层和所述激活区之间的模式耦合，所述量子级联激光器进一步包括一个较长的激活区域腔，该激活区域腔长度至少为 3. 5mm 以便足够使传播损耗大于镜损耗。

2. 根据权利要求 1 的量子级联激光器，其中该绝缘层包括氮化硅。

3. 根据权利要求 1 的量子级联激光器，其中该绝缘层包括二氧化硅。

4. 根据权利要求 1 的量子级联激光器，其中该激光器被构造成发射在中红外区中的输出波长。

5. 根据权利要求 1 的量子级联激光器，其中该光学损耗侧壁层包括一种金属材料并形成带有通向上覆层区的顶部电触头的一个连续的层。

6. 根据权利要求 1 的量子级联激光器，其中该光学损耗侧壁层与顶部电触头分离。

7. 根据权利要求 7 的量子级联激光器，其中该光学损耗侧壁层包括金属层。

8. 根据权利要求 1 的量子级联激光器，其中该上和下覆层区包括多个 InGaAs/AlInAs 外延层。

9. 根据权利要求 1 的量子级联激光器，其中该光学损耗侧壁层是电绝缘的并包括该绝缘层。”

复审请求人于 2006 年 11 月 28 日再次提交了说明书第 1~12 页的修改替换页，其中将说明书第 5 页中的“绝缘层 18 必须较薄（例如小于 0.5μm 或 0.5μm 的厚度 t）”修改为“绝缘层 18 必须较薄（例如小于 0.5μm 的厚度 t）”。

至此，合议组认为本案事实已经清楚，可以依法做出复审请求审查决定。

二、决定的理由

1. 决定所依据的文本

本复审决定以复审请求人于 2006 年 11 月 28 日提交的说明书第 1~12 页、2006 年 10 月 26 日提交的权利要求第 1~9 项、2005 年 2 月 7 日提交的说明书附图第 2 页、申请日提交的说明书附图第 1、3~8 页、说明书摘要和摘要附图作为审查基础。

2. 关于专利法第 33 条

专利法第 33 条规定，申请人可以对其专利申请文件进行修改，但是，对发明和实用新型专利申请文件的修改不得超出原说明书和权利要求书记载的范围，对外观设计专利申请文件的修改不得超出原图片或者照片表示的范围。

当通过补入实施方式和实施例的方式来说明在权利要求请求保护的范围内发明能够实施时，如果该实施例既未明确记载在原说明书中，也不能从原说明书中直接地、毫无疑义地确定，则应当认为这样的修改超出了原申请记载的范围。

具体就本案而言，复审请求人（申请人）将原权利要求 1 中记载的“绝缘层包括其深度小于一微米的一个较薄的层”中的“小于 1 微米”增加到说明书具体实施方式部分。由于原说明书中明确记载了“在 QC 激光器结构中需要两个条件来提供自锁模。首先，绝缘层 18 必须较薄（例如小于 0.5μm 的厚度 t）”和“在半导体材料与金属侧壁层之间采用比较薄的介电材料（即<0.5μm）”，由此可知，绝缘层的厚度<0.5μm，是 QC 激光器结构中满足的两个条件之一，这是原说明书中明确给出的条件，而且本申请正是以这两个条件为基础来实现的。并且，由于原说明书中并未给出该绝缘层厚度的确定过程，即，不能从原说明书中直接地、毫无疑义地确定当绝缘层的厚度为“<0.5μm”之外的其他数值范围时也能在 QC 激光器结构中提供自锁模。此外，基于上述理由还可知，原权利要求 1 中关于绝缘层“小于 1 微米”的技术方案不能从原说明书中公开的内容直接得到或者概括得出，并且从原说明书公开的内容不能确定绝缘层的厚度介于 0.5μm 与 1μm 之间时能够解决本发明的技术问题。审查指南第二部分第八章第 5.2.3.1 节规定，不得通过补入实施方式和实施例的方式来说明在权利要求请求保护的范围内发明能够实施，因此复审请求人对说明书的这种修改超出了原始申请文件的范围，不符合专利法第 33 条的规定。

鉴于复审请求人在答复复审通知书时将说明书中不符合专利法第 33 条规定的“绝缘层 18 必须较薄（例如小于 1μm 或 0.5μm 的厚度 t）”恢复为原始说明书的内容，即“绝缘层 18 必须较薄（例如小于 0.5μm 的厚度 t）”，因此，修改后的说明书克服了驳回决定和复审通知书指出的缺陷，符合专利法第 33 条的规定。

至于本申请中是否还存在其他缺陷，还有待于原审查部门进一步审查。

根据上述事实和理由，本案合议组依法作出以下审查决定。

三、决定

撤销国家知识产权局于2005年12月2日对01117441.2号发明专利申请作出的驳回决定。由原审查部门以本审查决定所依据的文本继续进行审查程序。

复审请求人对本决定不服的，可以根据专利法第41条第2款的规定，自收到本决定之日起三个月内向北京市第一中级人民法院起诉。

011

先进电化学腐蚀防护方法

复审请求审查决定（第9623号）

决　　定　　号　第9623号
决　　定　　日　2006年11月23日
发明创造名称　先进电化学腐蚀防护方法
国际分类号　C23C 30/00
复审请求人　运载器有限公司
申　　请　　号　97198948.6
申　　请　　日　1997年9月30日
公　　开　　日　1999年11月3日
合议组组长　张　沧
主　　审　　员　汪送来
参　　审　　员　柴爱军

法律依据　专利法第22条第3款
决定要点
如果发明是所属领域的技术人员在现有技术的基础上通过简单推理即可以得到的，则该发明是显而易见的，不具备创造性。

一、案由

本复审请求案涉及发明名称为“先进电化学腐蚀防护方法”的第97198948.6号发明专利申请（下称本申请），申请人为运载器有限公司，申请日为1997年9月30日，优先权日为1996年10月21日，公开日为1999年11月3日。

2004年6月11日，针对申请人于2004年1月17日提交的权利要求第1~5项，国际初步审查报告附件提交的说明书第1~3页、1999年4月19日提交的说明书附图第1页、摘要及摘要附图，国家知识产权局以权利要求1~5不具备创造性，不符合专利法第22条第3款的规定为由驳回了本申请。

驳回决定认为：对比文件1（GB2284882A，公开日为1995年6月21日）公开了一种热交换器的制作方法，包括将一钢质热传递管40电镀锌层100后与铝质散热片10装配；锌镀层能防止钢质热传递管电化学腐蚀，也能增强散热片的抗腐蚀性。权利要求1与对比文件1公开的内容相比，其区别在于权利要求1中的热传递管材料是铜而对比文件1中的热传递管材料是钢，而对于本领域技术人员来说，由于钢和铜传热性良好并且均比铝的电化学电位高，因此用铜来代替钢作为热传递管材料是显而易见的，并且这种材料上的替换也没有给本申请带来预料不到的技术效果，因此权利要求1相对于对比文件 1 不具备创造性。权利要求 2~5 相对于对比文件 1 也不具备创造性，不符合专利法第 22 条第 3 款的规定。

驳回决定针对的权利要求 1~5 如下：

“1. 一种当用于暴露于一电解质中时减少热交换器下的散热片的电化学腐蚀的方法，所述热交换器包括至少一个具有一外表面的金属热传递管，装配到所述热传递管外表面上的至少一个金属散热片，所述至少一个散热片为由比热交换器管子金属贵得较少的金属形成，所述方法包括以下步骤：在将所述至少一个散热片装配在所述热传递管的外表面之前，利用一种在电化学腐蚀方面比贵得较多的热传递管金属更为相容于贵得较少的散热片金属的处理金属，对热传递管的外表面进行处理，其特征在于，所述热传递管金属为铜，所述散热片金属为铝，所述处理金属包括铝、含硅的铝合金、含锌的铝合金、锌、锡、镁、镓、镉、铅及其组合的组中选择的金属。

2. 如权利要求 1 所述的方法，其特征在于，所述处理步骤包括用处理金属对热传递管的外表面进行涂覆，以在所述热传递管的外表面形成一层处理金属。

3. 如权利要求 2 所述的方法，其特征在于，所述涂覆过程为一热浸过程、一电镀过程、一油漆过程或一扩散涂覆过程。

4. 如权利要求 1、2、或 3 中任一项所述的方法，其特征在于，所述处理金属层的厚度在 2.5~51 微米之间。

5. 一种热交换器，包括一个热传递管和至少一个装配到所述热传递管外表面的金属散热片，所述至少一个散热片为由与热传递管金属贵得较少的金属形成，所述热传递管的外表面具有一金属保护层，该保护层金属在电化学腐蚀方面比贵得较多的管子金属更与贵得较少的金属散热片相容，其特征在于，所述热传递管金属为铜，所述散热片金属为铝，所述保护层金属由铝、硅铝合金、锌铝合金、锌、锡、镁、镓、镉、铅及其组合的组中选择。”

2004 年 9 月 25 日，申请人运载器有限公司（下称请求人）对上述驳回决定不服，向专利复审委员会提出复审请求，请求人在提出复审请求时没有对申请文件进行修改。

请求人认为：对比文件 1 的热交换器为钢制管涂有铅、锡-铅或电镀有铜，以及散热片安装在该涂层钢热传递管上而制成的，散热片为铝、铜或钢，因此铝散热片直接与铜涂层接触，属于本发明所要避免的电化学腐蚀。本发明铜管不是直接接触于安装在管上的铝散热片，在铜热传递管上设有选择铝、含硅的铝合金、含锌的铝合金、锌、锡、镁、镓、镉、铅及其组合的涂层或镀层，该涂层或镀层与铝散热片之间不形成电极对，从而降低铝散热片的氧化速度，并使铝散热片与铜管之间具有较好的热传递。因此权利要求 1、5 具有实质区别和显著的进步。

经形式审查合格后，专利复审委员会受理了该复审请求，并于 2004 年 10 月 25 日向请求人发出了《复审请求受理通知书》，同时将本申请转送至国家知识产权局原审查部门进行前置审查。

在《前置审查意见书》中，国家知识产权局原审查部门认为在驳回决定中指出的对比文件 1 公开的钢管也不是直接接触于铝散热片，而是由锌镀层来隔开的，申请人的复审请求理由没有针对驳回决定中的驳回理由进行陈述，因此坚持驳回决定。

专利复审委员会组成合议组，对本复审请求案进行了审理。

合议组于 2006 年 5 月 15 日向请求人发出《复审通知书》，指出：权利要求 1 要求保护一种当用于暴露于一电解质中时减少热交换器下的散热片的电化学腐蚀的方法，而对比文件 1 已经公开了一种制备热交换器的方法，本申请权利要求 1 的技术方案与对比文件 1 的技术方案实质上都是制备热交换器的方法，两方法中散热器都包括热传递管和铝制散热片，在将铝散热片装配到热传递管上之前都在热传递管上涂布锌金属层，且都能改善铝散热器与热传递管之间的接触，减少在暴露于电解质时铝散热片的电化学腐蚀。两方法的区别特征在于：本申请权利要求1中制备热传递管的材料为铜，而对比文件1中的为钢，并且本申请权利要求1中除锌以外还可选择铝、含硅的铝合金、含锌的铝合金、锡、镁、镓、镉、铅及其组合的金属作为涂层材料。对比文件1已经教导了使用比钢更能与铝散热片相容的锌涂覆钢制热传递管，可以改善热传递管同散热片之间的搭接以及热交换器的防腐蚀性能，本领域技术人员结合公知常识和简单的推理即可知道，用权利要求1所述涂层材料涂覆铜热传递管，同样也可以达到上述效果。因此权利要求1的技术方案对于本领域普通技术人员来说是显而易见的，不具备创造性。与上述同理，权利要求5相对于对比文件1也不具备创造性。权利要求2~3是权利要求1的从属权利要求，其附加技术特征已经在对比文件1中公开，权利要求2~3也不具备创造性。本领域技术人员根据其掌握的普通知识即可确定合适的金属涂层厚度，因此权利要求4相对于对比文件1也不具备创造性。另外，对比文件1中公开了多种技术方案，请求人在复审请求理由中所指出的包括铝散热片直接与铜涂层接触这一技术特征的技术方案，并不是驳回决定理由中所指出的对比文件1中的技术方案。在驳回决定理由所指出的对比文件1公开的技术方案（即本通知书所指出的对比文件1公开的技术方案）中，铝散热器是装配在涂有锌层的钢热传递管管上的，铝并没有与钢直接接触，更没有铜涂层的存在。因此请求人的复审请求理由不成立。

针对上述《复审通知书》，请求人于2006年6月30日提交了意见陈述书，请求人认为：对比文件1的发明需要或者目的涉及与铁传递管与氨基制冷剂一起使用的有关问题，使用铁管是必不可少的特征，本领域技术人员阅读对比文件1时，不会意识到在铜管与铝散热片之间的腐蚀问题，也不会认为对比文件1的教导可作为此问题的解决方案，对比文件1的发明目的和技术方案完全与本发明无关，故本权利要求1、5及其从属权利要求符合专利法第22条第3款的规定。

至此，合议组认为本案事实清楚，可以作出审查决定。

二、决定的理由

专利法第22条第3款规定，创造性是指同申请日以前已有的技术相比，该发明有突出的实质性特点和显著的进步。

如果发明是所属领域的技术人员在现有技术的基础上通过简单推理即可以得到的，则该发明是显而易见的，不具备创造性。

在本案中，基于驳回决定所针对的文本，权利要求1要求保护一种当用于暴露于一电解质中时减少热交换器下的散热片的电化学腐蚀的方法，所述热交换器包括至少一个具有一外表面的金属热传递管，装配到所述热传递管外表面上的至少一个金属散热片，所述至少一个散热片为由比热交换器管子金属贵得较少的金属形成，所述方法包括以下步骤：在将所述至少一个散热片装配在所述热传递管的外表面之前，利用一种在电化学腐蚀方面比贵得较多的热传递管金属更为相容于贵得较少的散热片金属的处理金属，对热传递管的外表面进行处理，其特征在于，所述热传递管金属为铜，所述散热片金属为铝，所述处理金属包括铝、含硅的铝合金、含锌的铝合金、锌、锡、镁、镓、镉、铅及其组合的组中选择的金属。

对比文件1（GB2284882A，公开日为1995年6月21日）公开了一种制备热交换器的方法，包括用金属涂层涂覆热传递管，再将金属散热元件弹回搭接在热传递管上，在一具体实施方式中，所述热传递管为镀锌钢管（即涂层金属为锌），金属散热元件为铝制散热片，并且还公开了通过使用与散热片元件更相容的涂层材料，可以改善热交换器的防腐蚀性能；涂层可以改善热传递管与散热元件之间的搭接，且涂层与散热元件的特性越接近，则搭接的越好（参见说明书第2页第20~24行，第4页第27~29行，第5页第7~11行，说明书第2页第35行至第3页第6行）。

将本申请权利要求1的技术方案与对比文件1的技术方案进行对比可知，两者实质上都是制备热交换器的方法，两方法中散热器都包括热传递管和铝制散热片，在将铝散热片装配到热传递管上之前都在热传递管上涂布锌金属层，且都能改善铝散热器与热传递管之间的接触，减少在暴露于电解质时铝散热片的电化学腐蚀。两方法的区别特征在于：本申请权利要求1中制备热传递管的材料为铜，而对比文件1中的为钢，并且本申请权利要求1中除锌以外还可选择铝、含硅的铝合金、含锌的铝合金、锡、镁、镓、镉、铅及其组合的金属作为涂层材料。合议组认为，对比文件1已经教导了使用比钢更能与铝散热片相容的锌涂覆钢制热传递管，可以改善热传递管同散热片之间的搭接以及热交换器的防腐蚀性能。而铜的标准电极电位比散热片材料铝以及涂层材料铝、含硅的铝合金、含锌的铝合金、锌、锡、镁、镉、铅及其组合的金属要高，即这些涂层材料比铜更能与铝散热片相容，且铜具有良好的传热性，这些是公知常识。本领域技术人员经过简单的推理即可知道，用权利要求1所述涂层材料涂覆铜热传递管，同样也可以达到上述效果。因此在对比文件1的基础上，权利要求1的技术方案对比本领域普通技术人员来说是显而易见的，不具备突出的实质性特点和显著的进步，不符合专利法第22条第3款有关创造性的规定。

权利要求5要求保护一种热交换器，该热交换器的制备实际上采用了权利要求1的方法，其与通过对比文件1的上述方法制得的热交换器的区别特征也在于热传递管的材料上，以及其中部分技术方案的涂层材料也不同。与上述同理，权利要求5相对于对比文件1也不符合专利法第22条第3款有关创造性的规定。

权利要求2~3是权利要求1的从属权利要求，其附加技术特征“用处理金属对热传递管的外表面进行涂覆”“热浸过程”已经在对比文件1中公开（分别见说明书第2页第22行、第32~35行）。与上述同理，权利要求2~3也不符合专利法第22条第3款有关创造性的规定。

权利要求4是权利要求1~3任意一项的从属权利要求，将处理金属层的厚度限定为2.5~51微米。本领域技术人员根据其掌握的普通知识即可确定合适的金属涂层厚度。因此，权利要求4相对于对比文件1也不具备突出的实质性特点和显著的进步，不符合专利法第22条第3款有关创造性的规定。

请求人认为，对比文件1的发明需要或者目的涉及与铁传递管与氨基制冷剂一起使用的有关问题，使用铁管是必不可少的特征，本领域技术人员阅读对比文件1时，不会意识到在铜管与铝散热片之间的腐蚀问题，也不会认为对比文件1的教导可作为此问题的解决方案。对此，合议组认为，对比文件1确实公开了在使用氨作为制冷剂时，氨与铜管化学上不相容，因而对比文件1中使用的是钢管、镀铅钢管、锡铅管或电镀铜的钢管。然而，这并不能说明对比文件1没有给出在铜管与铝散热片之间增加与散热片元件更相容的涂层材料可以解决腐蚀问题的启示，如上所述，对比文件1中已经公开或教导了在上述热传递管上涂覆涂层材料例如锌可以解决腐蚀问题。在对比文件1的基础上，结合上述公知常识和简单的推理，本领域技术人员显然知道，对于不使用氨制冷剂的具有铜管的热交换器，在铜管与铝散热片之间增加与铝更能相容的金属如锌涂层能够改善腐蚀问题，即本申请的技术方案对于本领域技术人员来说是显而易见的。

根据上述事实和理由，合议组作出如下审查决定。

三、决定

维持国家知识产权局于2004年6月11日针对第97198948.6号发明专利申请作出的驳回决定。

复审请求人对本决定不服的，可以根据专利法第41条第2款的规定，自收到本决定之日起三个月内向北京市第一中级人民法院起诉。

012

投影型显像装置

复审请求审查决定（第9706号）

决　　定　　号　第9706号
决　　定　　日　2006年12月15日
发明创造名称　投影型显像装置
国 际 分 类 号　G02B 27/18，G02B 27/26
复 审 请 求 人　三星电子株式会社
申　　请　　号　01117090.5
申　　请　　日　2001年4月24日
公　　开　　日　2002年4月17日
合 议 组 组 长　刘颖杰
主　　审　　员　马　燕
参　　审　　员　张惠军

法 律 依 据　专利法第26条第4款
决 定 要 点

对于权利要求中所包含的功能性限定的技术特征，应当理解为覆盖了所有能够实现所述功能的实施方式。如果权利要求中限定的功能是以说明书实施例中记载的特定方式完成的，并且所属技术领域的技术人员不能明了此功能是否还可以采用说明书中未提到的其他替代方式来完成，或者所属技术领域的技术人员有理由怀疑该功能性限定所包含的一种或几种方式不能解决发明或者实用新型所要解决的技术问题，并达到相同的技术效果，则认为该权利要求没有以说明书为依据，不符合专利法第26条第4款的规定。

一、案由

本复审请求涉及申请号为01117090.5、名称为“投影型显像装置”的发明专利申请（下称本申请），申请人为三星电子株式会社，申请日为2001年4月24日，优先权日为2000年9月21日，公开日为2002年4月17日。本申请公开时共有24项权利要求，其中权利要求1、6、11、18为独立权利要求。

国家知识产权局实质审查部门依法对本申请进行了实质审查，2004年6月4日，国家知识产权局实质审查部门以本申请权利要求1、6、10、14不符合专利法第26条第4款的规定为由驳回了本申请。驳回决定的具体理由为，本申请的目的是利用光折射装置来改善解析度，而该目的是通过由电极板、电源、液晶等构成的光折射装置来实现的，该光折射装置的结构并不是本领域技术人员公知的结构，而且说明书中只提供了一种实施例，在此基础上，所属领域的技术人员难以预料权利要求 1、6、10、14 中的功能性特征所概括的除本申请实施例之外的所有方式均能达到本申请的目的，因此，权利要求 1、6、10、14 没有以说明书为依据，不符合专利法第 26 条第 4 款的规定。驳回决定所针对的权利要求 1、6、10、14 为：

“1. 一种投影型显像装置，包括

用于产生并投射光线的光源，

用于偏振和传输由光源发射的光线的偏振装置，

用于从入射光产生彩色图像并反射所产生的图像以使其沿与入射光不同的路径传播的反射型成像装置，

用于电学式折射被成像装置反射的图像的电学式光折射装置，从而由成像装置反射的图像在一屏幕上周期地移动，以及

投影透镜，用于放大并传输由电学式光折射装置射出的图像。

6. 一种投影型显像装置，包括

用于产生并投射光线的光源；

用于偏振传输由光源发射的光线的偏振装置；

用于从入射光产生图像并反射所产生的图像的反射型成像装置；

设置在偏振装置和成像装置之间的光学路径上的偏振光束分离器，用于根据偏振方向改变入射光的传播路径；

光折射装置，用于折射由成像装置反射的并穿过偏振光束分离器的图像；以及

投影透镜，用于放大并传输由光折射装置折射的图像以向一屏幕传播；

其中光折射装置包括：

第一光折射装置，用于初级折射并传输被成像装置反射的图像；以及

第二光折射装置，其布置成与第一光折射装置相邻，用于折射并传输穿过第一折射装置的光线。

10. 一种投影型显像装置，包括：

用于产生并投射光线的光源；

用于偏振和传输由光源发射的入射光的偏振装置；

传输型成像装置，用于由入射光产生图像并传输所产生的图像；

光折射装置，用于折射穿过成像装置的图像；以及

投影透镜，用于放大并传输由光折射装置折射的图像，以向一屏幕传播；

其特征在于，光折射装置包括：

第一光折射装置，其用于初级折射并传输被成像装置反射的图像；以及

第二光折射装置，其布置成与第一光折射装置相邻，用于折射并传输穿过第一光折射装置的光线；

第一光折射装置被布置成在一个方向上折射并传输入射光，第二光折射装置被布置成在垂直于通过第一光折射装置的光的折射方向的方向上折射并传输入射光，并且形成在屏幕的每个像素的区域内的一个位置处的图像能够被依次形成在像素区域内的其他位置上。

14. 一种投影型显像装置，包括：

用于产生并投射光线的光源；

用于偏振和传输由光源发生的光线的偏振装置；

具有独立驱动的像素的显示装置，用于从入射光产生图像；

由多个固定在显示装置一侧上的多个透镜形成的第一透镜阵列，用于聚焦被显示装置产生的图像；

光折射装置，用于折射被第一透镜阵列聚焦的图像；

投影透镜，用于放大并传输被光折射装置折射的图像以朝屏幕传播；以及

第二透镜阵列，由与第一透镜阵列相应数量的透镜形成，其连接到屏幕的一侧上；

其中，光折射装置包括：

第一光折射装置，其用于初级折射并传输通过显示装置的图像；以及

第二光折射装置，其布置成与第一光折射装置相邻，用于以与通过第一光折射装置的光的折射方向相同的方向折射并传输穿过第一光折射装置的光，以便由显示装置形成的相应颜色的图像被依次形成在屏幕的像素区域中。”

申请人三星电子株式会社（以下称复审请求人）对上述驳回决定不服，于2004年8月30日向国家知识产权局专利复审委员会提出了复审请求，复审请求人认为“用于电学式折射被成像装置反射的图像的电学式光折射装置，从而由成像装置反射的图像在一屏幕上周期地移动”对于本领域技术人员来讲是可以通过很多方式来实现，而不仅仅是说明书具体实施例中给出的一个例子，因此，权利要求1、6、10、14符合专利法第26条第4款的规定。

经形式审查合格后，国家知识产权局专利复审委员会受理了该复审请求，并于2004年9月6日向复审请求人发出《复审请求受理通知书》，于同日向国家知识产权局原实质审查部门发出了《前置审查通知书》。

原实质审查部门对本复审请求进行了前置审查，在前置审查意见中，原实质审查部门坚持原驳回决定。

国家知识产权局专利复审委员会依法组成合议组对本复审请求进行审查。本案合议组于2006年8月4日发出复审通知书，指出：

（1）权利要求1没有以说明书为依据，不符合专利法第26条第4款的规定。

权利要求1请求保护一种投影型显像装置，其中包含功能性限定的技术特征：“用于电学式折射被成像装置反射的图像的电学式光折射装置，从而由成像装置反射的图像在一屏幕上周期地移动”。该权利要求1中限定的功能是以说明书实施例中记载的具有特定结构的光折射装置完成的，即该电学式光折射装置由第一、第二光折射装置组成，每个光折射装置都包括两个电极板、设置在这两个电极板之间的液晶，以及电源，通过第一、第二光折射装置的通、断电而使光沿不同的光学路径折射。关于光折射装置，说明书中仅记载了这样一种结构的实施例，所属技术领域的技术人员有理由怀疑该功能性限定所包含的一种或几种方式不能解决本申请所要解决的技术问题，并达到相同的效果。并且如复审请求人在答复第一次审查意见通知书中所述：对比文件2公开了电学式光折射装置，但是其仅改变聚焦在屏幕上的图像的位置，而不解决分辨率的问题。这恰好证明，并非能够实现“由成像装置反射的图像在一屏幕上周期地移动”的所有实施方式都能解决本申请所要解决的技术问题，并达到相同的效果。因此，权利要求1没有以说明书为依据，不符合专利法第26条第4款的规定。

（2）权利要求6、10、14没有以说明书为依据，不符合专利法第26条第4款的规定。

权利要求6请求保护一种投影型显像装置，其中包含功能性限定的技术特征：“光折射装置包括：第一光折射装置，用于初级折射并传输被成像装置反射的图像；以及第二光折射装置，其布置成与第一光折射装置相邻，用于折射并传输穿过第一折射装置的光线”。该权利要求6中限定的功能是以说明书实施例中记载的具有特定结构的光折射装置完成的，即该光折射装置是一种电学式光折射装置，其由第一、第二光折射装置组成，每个光折射装置都包括两个电极板、设置在这两个电极板之间的液

晶，以及电源，通过第一、第二光折射装置的通、断电而使光沿不同的光学路径折射。关于光折射装置，说明书中仅记载了这样一种结构的实施例，所属技术领域的技术人员有理由怀疑该功能性限定所包含的一种或几种方式不能解决本申请所要解决的技术问题，并达到相同的效果。比如，用两个沿光轴设置的透镜来代替本申请的电学式光折射装置，使第一透镜用于初级折射并传输被成像装置反射的图像，使第二透镜与第一透镜相邻，用于折射并传输穿过第一透镜的光线。但这样的由两个透镜构成的光折射装置并不能解决本申请所要解决的利用光折射装置来改善解析度的技术问题，并达到提高光利用效率的效果。也就是说，并非能够实现所述功能的所有实施方式都能解决本申请所要解决的技术问题，并达到相同的效果。因此，权利要求 6 没有以说明书为依据，不符合专利法第 26 条第 4 款的规定。

权利要求 10、14 中也包含了功能性限定的技术特征，存在与权利要求 6 相同的缺陷，即其所限定的功能是以说明书实施例中记载的具有特定结构的光折射装置完成的，并且说明书中仅记载了这样一种结构的实施例，所属技术领域的技术人员有理由怀疑该功能性限定所包含的一种或几种方式不能解决本申请所要解决的技术问题，并达到相同的效果。因此，权利要求 10、14 也没有以说明书为依据，不符合专利法第 26 条第 4 款的规定。

（3）权利要求 6 不清楚。

权利要求 6 中记载了“用于偏振传输由光源发射的光线的偏振装置”，其中“偏振传输”应为“偏振和传输”，因此，权利要求 6 表述不清楚，不符合专利法实施细则第 20 条第 1 款的规定。

2006 年 11 月 10 日，复审请求人针对上述复审意见通知书提交了意见陈述书和权利要求书、说明书的修改替换页，复审请求人将权利要求 4、5 的附加技术特征补入权利要求 1、将权利要求 9 的附加技术特征补入权利要求 6、将权利要求 13 的附加技术特征补入权利要求 10、将权利要求 18 的附加技术特征补入权利要求 14，同时删除了权利要求 4、5、9、13、18，并将权利要求重新编号，修改后的权利要求书共包括 13 项权利要求，其中修改后的独立权利要求 1、4、7、10 分别对应于驳回决定所针对的独立权利要求 1、6、10、14，修改后的独立权利要求 1、4、7、10 如下：

“1. 一种投影型显像装置，包括

用于产生并投射光线的光源，

用于偏振和传输由光源发射的光线的偏振装置，

用于从入射光产生彩色图像并反射所产生的图像以使其沿与入射光不同的路径传播的反射型成像装置，

用于电学式折射被成像装置反射的图像的电学式光折射装置，从而由成像装置反射的图像在一屏幕上周期地移动，以及

投影透镜，用于放大并传输由电学式光折射装置射出的图像，

其中电学式光折射装置包括：

第一光折射装置，用于初级折射并传输被成像装置反射的图像；以及

第二光折射装置，布置成与第一光折射装置相邻，用于折射并传输穿过第一折射装置的光线，以便被成像装置形成的相应颜色的图像依次形成在屏幕的像素区域内，并且

每个第一和第二光折射装置包括：

一对透明的电极板，其布置成彼此间隔预定的距离以传输入射光；

电源，其用于选择性地向透明的电极板施加电压；以及

设置在各透明的电极板之间的液晶，用于根据电压在透明电极板上的施加而改变入射光的传播路径，其中，入射图像的折射方向可以根据液晶定位的方向选取。

4. 一种投影型显像装置，包括：

用于产生并投射光线的光源；

用于偏振和传输由光源发射的光线的偏振装置；

用于从入射光产生图像并反射所产生的图像的反射型成像装置；

设置在偏振装置和成像装置之间的光学路径上的偏振光束分离器，用于根据偏振方向改变入射光的传播路径；

光折射装置，用于折射由成像装置反射的并穿过偏振光束分离器的图像；以及

投影透镜，用于放大并传输由光折射装置折射的图像以向一屏幕传播；

其中光折射装置包括：

第一光折射装置，用于初级折射并传输被成像装置反射的图像；以及

第二光折射装置，其布置成与第一光折射装置相邻，用于折射并传输穿过第一折射装置的光线，

其中每个第一和第二光折射装置包括：

一对透明的电极板，其被布置成彼此间隔预定的距离，用于传输入射光；

电源，其用于选择性地向透明的电极板施加电压；以及

在各透明的电极板间设置的液晶，用于根据电压在透明电极板上的施加改变入射光的传播路径，且入射图像的折射方向可以根据液晶定向的方向来选择。

7. 一种投影型显像装置，包括：

用于产生并投射光线的光源；

用于偏振和传输由光源发射的入射光的偏振装置；

传输型成像装置，用于由入射光产生图像并传输所产生的图像；

光折射装置，用于折射穿过成像装置的图像；以及

投影透镜，用于放大并传输由光折射装置折射的图像，以向一屏幕传播；

其特征在于，光折射装置包括：

第一光折射装置，其用于初级折射并传输被成像装置反射的图像；以及

第二光折射装置，其布置成与第一光折射装置相邻，用于折射并传输穿过第一光折射装置的光线；

第一光折射装置被布置成在一个方向上折射并传输入射光，第二光折射装置被布置成在垂直于通过第一光折射装置的光的折射方向的方向上折射并传输入射光，并且形成在屏幕的每个像素的区域内的一个位置处的图像能够被依次形成在像素区域内的其他位置上，

其中每个第一和第二光折射装置包括：

一对透明的电极板，其被布置成彼此间隔预定的距离，用于传输入射光；

电源，其用于选择性地向透明的电极板施加电压；以及

在各透明的电极板间设置的液晶，用于根据电压在透明电极板上的施加改变入射光的传播路径，且入射图像的折射方向可以根据液晶定向的方向来选择。

10. 一种投影型显像装置，包括：

用于产生并投射光线的光源；

用于偏振和传输由光源发射的光线的偏振装置；

具有独立驱动的像素的显示装置，用于从入射光产生图像；

由多个固定在显示装置一侧上的多个透镜形成的第一透镜阵列，用于聚焦被显示装置产生的图像；

光折射装置，用于折射被第一透镜阵列聚焦的图像；

投影透镜，用于放大并传输被光折射装置折射的图像以朝屏幕传播；以及

第二透镜阵列，由与第一透镜阵列相应数量的透镜形成，其连接到屏幕的一侧上；

其中，光折射装置包括：

第一光折射装置，其用于初级折射并传输通过显示装置的图像；以及

第二光折射装置，其布置成与第一光折射装置相邻，用于以与通过第一光折射装置的光的折射方向相同的方向折射并传输穿过第一光折射装置的光，以便由显示装置形成的相应颜色的图像被依次形成在屏幕的像素区域中，并且

其中每个第一和第二光折射装置包括：

一对透明的电极板，其被布置成彼此间隔预定的距离，用于传输入射光；

电源，其用于选择性地向透明的电极板施加电压；以及

在各透明的电极板间设置的液晶，用于根据电压在透明电极板上的施加改变入射光的传播路径，且入射图像的折射方向可以根据第一和第二光折射装置的液晶定向的方向来选择。"

至此，合议组认为本案事实已经清楚，可以依法做出复审请求审查决定。

二、决定的理由

1. 决定所依据的文本

本复审决定以复审请求人于2006年11月10日提交的权利要求第1~13项、说明书第1~10页；申请日提交的说明书附图第1~13页、说明书摘要和摘要附图作为审查基础。

2. 关于专利法第26条第4款

专利法第26条第4款规定，权利要求书应当以说明书为依据，说明要求专利保护的范围。

对于权利要求中所包含的功能性限定的技术特征，应当理解为覆盖了所有能够实现所述功能的实施方式。如果权利要求中限定的功能是以说明书实施例中记载的特定方式完成的，并且所属技术领域的技术人员不能明了此功能是否还可以采用说明书中未提到的其他替代方式来完成，或者所属技术领域的技术人员有理由怀疑该功能性限定所包含的一种或几种方式不能解决发明或者实用新型所要解决的技术问题，并达到相同的技术效果，则认为该权利要求没有以说明书为依据，不符合专利法第26条第4款的规定。

具体就本案而言，驳回决定所针对的权利要求1、6、10、14中包含的功能性限定的技术特征均是以说明书实施例中记载的具有特定结构的光折射装置完成的，并且关于光折射装置，说明书中仅记载了这样一种特定结构的实施例，所属技术领域的技术人员有理由怀疑该功能性限定所包含的一种或几种方式不能解决本申请所要解决的技术问题，并达到相同的效果，因而驳回决定所针对的权利要求1、6、10、14不符合专利法第26条第4款的规定。在复审请求审查过程中，复审请求人依照复审通知书的意见，在2006年11月10日提交的修改文本中将说明书中记载的光折射装置的具体结构补入了权利要求1、4、7、10（分别与驳回决定所针对的权利要求1、6、10、14对应）中，已经克服了原驳回决定指出的缺陷，因而修改后的权利要求1、4、7、10符合专利法第26条第4款的规定。

3. 关于专利法实施细则第20条第1款

专利法实施细则第20条第1款规定，权利要求书应当说明发明或者实用新型的技术特征，清楚、简要地表述请求保护的范围。

修改后的权利要求4将不清楚的表述“偏振传输”修改为“偏振和传输”，克服了复审通知书指出的权利要求4不清楚的缺陷，符合专利法实施细则第20条第1款的规定。

至于本申请中是否存在其他缺陷，还有待于原审查部门进一步审查。

根据上述事实和理由，本案合议组依法作出以下审查决定。

三、决定

本申请经复审请求人修改，克服了驳回决定所指出的缺陷，在修改文本的基础上，撤销国家知识产权局于2004年6月4日对01117090.5号发明专利申请作出的驳回决定。

由原审查部门以本复审决定所依据的文本，即复审请求人于2006年11月10日提交的权利要求第1~13项、说明书第1~10页；申请日提交的说明书附图第1~13页、说明书摘要和摘要附图作为审查基础继续进行审查程序。

复审请求人对本决定不服的，可以根据专利法第41条第2款的规定，自收到本决定之日起三个月内向北京市第一中级人民法院起诉。

013

乙烯乙酸乙酯共聚物底材的制程

复审请求审查决定（第9760号）

决　　定　　号　第9760号
决　　定　　日　2006年11月30日
发明创造名称　乙烯乙酸乙酯共聚物底材的制程
国际分类号　B29D 31/515
复审请求人　陈清池，梁世淦，君合工业股份有限公司
申　　请　　号　00103454.5
申　　请　　日　2000年3月10日
公　　开　　日　2001年9月19日
合议组组长　于　萍
主　　审　　员　崔　震
参　　审　　员　赵　明

法律依据　专利法第22条第3款
决定要点

尽管权利要求所要保护的技术方案与最接近的现有技术间存在有区别技术特征，但如果该区别技术特征是本领域技术人员在现有技术的基础上仅仅通过合乎逻辑的分析、推理或者有限的试验便可以得到并且该区别技术特征的加入也未给所要保护的技术方案带来预料不到的技术效果的话，则该权利要求不具备创造性。

一、案由

本复审请求涉及发明名称为“乙烯乙酸乙酯共聚物底材的制程”的第00103454.5号发明专利申请（下称本申请），申请人为陈清池、梁世淦和君合工业股份有限公司，申请日为2000年3月10日，公开日为2001年9月19日。

2003年11月21日，国家知识产权局以本申请权利要求1和2不符合专利法第22条第3款的规定为由驳回了本申请。驳回决定所针对的权利要求为：

“1. 一种乙烯乙酸乙酯共聚物底材的制程，其特征在于主要的步骤包括：

一、混炼：同样是将乙烯乙酸乙酯共聚物材料及发泡剂予以均匀混合，使其达到充分混合；

二、滚轮滚轧：同样地将混合料予以利用滚轮而滚轧出出片体；

三、出片切片：将出片体予以切成适当长度的使用片体；

四、磅重量：将已切成小片的使用片体堆叠并达到适当的重量；

五、立体具有花纹成型模一次发泡成型：将已磅的适当重量的使用片体置入预设的小模具，并具有相当的密闭效果，并使其使用片体于立体具有花纹成型模具内发泡成型，而待打开小模具时而可以直接发泡成型具有鞋纹的成品底材；

六、整理：并将已在小模具内发泡成型的成品底材予以修整而可以为鞋底成品。

2. 根据权利要求 1 所述的乙烯乙酸乙酯共聚物底材的制程，其特征在于该小模具是最佳为正常鞋型模具的 2/3 至 1/2 的成型模具。”

驳回决定认为：对比文件 1（CN 1156083）公开了一种 EVA 发泡鞋中底的制造方法，并且公开了以下技术特征：由碾压机将发泡混合物料碾压成一长扁状胶板，将鞋中底初胚置入成型模具内一体热压膨胀成发泡鞋中底成品，且该发泡鞋中底的侧缘及底面的适当位置可发泡成型有压花纹路。对比文件 2（CN1074649）公开了一种鞋体中底制法，并公开了以下技术特征：将包括 EVA 颗粒、发泡剂、DCP 交联剂在内的原料，放入密封混合机内，用切片机将其割成多片薄片材，使该薄片材叠置填充于所述的中底鞋模内，修磨。由此可见，对比文件 1 和对比文件 2 已经披露了权利要求 1 的全部技术特征。在对比文件 1 的基础上结合对比文件 2 得出该权利要求所要求保护的技术方案，对所属技术领域的技术人员来说是显而易见的，而且两者的结合没有产生预料不到的技术效果，因此权利要求 1 不具备突出的实质性特点和显著的进步，因而不具备创造性。权利要求 2 对权利要求 1 进一步限定，而其所述技术特征未产生意想不到的效果，不具备突出的实质性特点和显著的进步，因而不具备创造性。

申请人陈清池、梁世淦和君合工业股份有限公司（以下称请求人）对上述驳回决定不服，于 2004 年 2 月 5 日向专利复审委员会提出了复审请求，但未对申请文件进行修改。请求人认为，本申请权利要求 1 与上述对比文件相比存在如下的区别技术特征：（1）权利要求 1 涉及到将切成小片的使用片体堆叠并达到适当重量的步骤。（2）权利要求 1 还涉及到将已称量出的适当重量的使用片体置入预设的小模具中，并具有相当的密闭效果，并将使用片体于立体具有花纹成型模具内发泡成型，而待打开小模具时就可以直接发泡成型具有鞋纹的成品底材，并且由于上述区别的存在，简化了操作步骤，节约了成本，缩短了加工时间。

经形式审查合格后，专利复审委员会受理了该复审请求，并于 2004 年 12 月 30 日向请求人发出复审请求受理通知书，同时将本案送至原审查部门进行前置审查。

原审查部门在前置审查意见书中坚持原驳回决定中的意见。

专利复审委员会依法组成合议组，对本复审请求案进行了审理，并于 2006 年 8 月 2 日向请求人发出了复审通知书。

在复审通知书中，合议组认为对比文件 2 已经公开了权利要求 1 中的工艺步骤，两者的区别仅在于权利要求 1 的发泡成型是在具有花纹成型模具内发泡成型。然而对于本领域技术人员来说，根据所成型底材是否需要具有鞋纹来选择相应的带有或不带有花纹的成型模具完全属于常规设计并不需要付出创造性的劳动并且在驳回决定所引用的对比文件 1 的说明书第 3 页及附图 6 中也公开了“在发泡鞋中底的侧缘及底部的适当位置可发泡成型有压花纹路”。因此，权利要求 1 相对于对比文件 2 不具备创造性。在复审通知书中，合议组还指出了本申请权利要求 2 相对于对比文件 2 也不符合创造性的规定。

针对上述复审通知书，请求人于 2006 年 9 月 8 日提交了意见陈述书和权利要求书的替换页。经修改后的权利要求书只是在原权利要求书的基础上将独立权利要求 1 的前序部分和特征部分进行重新划界，将“其特征在于”从步骤一之前后移至步骤五之前，其内容如下：

“1. 一种乙烯乙酸乙酯共聚物底材的制程，主要的步骤包括：

一、混炼：同样是将乙烯乙酸乙酯共聚物材料及发泡剂予以均匀混合，使其达到充分混合；

二、滚轮滚轧：同样地将混合料予以利用滚轮而滚轧出出片体；

三、出片切片：将出片体予以切成适当长度的使用片体；

四、磅重量：将已切成小片的使用片体堆叠并达到适当的重量；

其特征在于

五、立体具有花纹成型模一次发泡成型：将已磅的适当重量的使用片体置入预设的小模具，并具有相当的密闭效果，并使其使用片体于立体具有花纹成型模具内发泡成型，而待打开小模具时而可以直接发泡成型具有鞋纹的成品底材；

六、整理：并将已在小模具内发泡成型的成品底材予以修整而可以为鞋底成品；

并借由上述步骤而可以达到使乙烯乙酸乙酯共聚物底材的制程上更佳简易，并且更具有经济效益性，而达到本发明的发明功效。

2. 根据权利要求 1 所述的乙烯乙酸乙酯共聚物底材的制程，其特征在于该小模具是最佳为正常鞋型模具的 2/3 至 1/2 左右的成型模具。”

请求人认为，（1）对比文件 2（CN1074649）为鞋中底的制作方法，对比文件 2 与本申请权利要求 1 的最本质的区别是第五步骤即“立体具有花纹成型模一次发泡成型：将已磅的适当重量的使用片置入预设的小模具，并具有相当的密闭效果，并使其使用片体于立体具有花纹成型模具内发泡成型，而待打开小模具时而可以直接发泡成型具有鞋纹的成品底材”。从本申请的权利要求 1 的第 5 步骤可以看出以下本质区别：一是模具是立体的，因此它是一次成型的三维立体发泡，除作用鞋中底外，还能加强耐磨功能，而达到三维立体鞋底的功能。而从对比文件 2 的说明书和附图中已知其不具花纹之设计，因此，对比文件 2 是二维发泡成型；二是模具具有花纹，它是一次鞋纹成型，也就是说它是一次立体发泡成具有鞋纹形的成品底材，而对比文件 2 不能一次成型具有鞋纹形的中底；三是权利要求 1 中的小模具具有相当的密闭效果，密闭之模具达到内部防止外部空气侵入，可有效地避免在底材发泡成形后其因内部所造成的吸附状，从而使成型底材易取之。而对比文件 2 并没有阐述这一点；四是对比文件 2 是二次成型，对比文件 2 的说明书中告之模具并不具纹路，而为平板部，该平板部系供再贴设具有外表花纹的贴块，才能成为一个完整的鞋体，而本案发明则是直接成型具外表花纹之完整鞋体，且对比文件 2 的发明名称是“鞋体中底之制法”，故制成品仅为中底而已，而本案权利要求 1 是一次立体三维发泡成具有鞋纹形的成品底材，可节省材料 30% ~ 40%，节省能源 60%，同时正是因为有权利要求 1 的第 5 步骤才不会在成型后产生宽边现象。由此可见，权利要求 1 具有突出的实质性特点和显著的进步，符合专利法第 22 条第 3 款的规定。（2）权利要求 2 中提到的技术特征在对比文件 2 和对比文件 1 中都没有提到，因此有本质的区别的。对比文件 2 只提到小于中底尺寸，小多少没有限定，本发明权利要求 2 限定了小模具的尺寸，是因为这个尺寸的模具在发泡后最容易接近实体上的鞋体，且发泡出的纹路最为清晰，这是保证了成品底材质量，节约材料。确实产生预料不到的技术效果，因此，权利要求 2 具有突出的实质性特点和显著的进步，符合专利法第 22 条第 3 款的规定。

经上述审查程序，合议组认为本案事实清楚，可以作出复审决定。

二、决定的理由

1. 审查的基础

本复审决定所依据的审查文本为请求人于 2006 年 9 月 8 日提交的权利要求书、申请日提交的说明书及附图。

2. 关于创造性

专利法第22条第3款规定，具备创造性的发明同现有技术相比，应当具有突出的实质性特点和显著的进步。

对比文件2（CN1074649A，公开日为1993年7月28日）公开了一种鞋体中底制法，包括如下步骤：将包括EVA颗粒、发泡剂、DCP交联剂在内的原料，放入密封混合机内，在60~80℃下进行混合融合并输入轮压机内，将其压成薄料片，将压出的薄料片拉引到出料机并冷却到室温，用切片机将其割成多片薄片材，其面积稍小于发泡模具内的中底鞋模的尺寸，使该薄片材叠置填充于所述的中底鞋模内，然后在油压机内加压、加热予以发泡，再经修磨即得到鞋底中底。其中，如图3、4所示，在发泡模具30内凹设多个中底鞋模40，其尺寸比所需得到的鞋体中底的尺寸要小。薄片材11的面积仅略小于发泡模具30内的中底鞋模40的面积，以预留发泡空间，接着各薄片材11即一一叠置于中底鞋模40内，并将其予称重以达到预定的重量。采用该方法可使发泡完全并完全阻止了表面硬化层的产生，因此不必除去所述的表面硬化层，从而节约了原材料并简化制造流程（参见对比文件2第4~7页，附图1~4）。

将本申请权利要求1与对比文件2相比可以看出，对比文件2公开了权利要求1中的工艺步骤，两者的区别在于权利要求1的发泡成型是在具有花纹成型模具内发泡成型。对比文件2虽未提到其中底鞋模40具有花纹图案，但对于本领域技术人员来说，根据所成型底材是否需要具有鞋纹来选择相应的带有或不带有花纹的成型模具完全属于常规设计，并不需要付出创造性的劳动（驳回决定所引用的对比文件1的说明书第3页及附图6已公开了“在发泡鞋中底的侧缘及底部的适当位置可发泡成型有压花纹路”），本领域技术人员在对比文件2的基础上得到权利要求1所要保护的技术方案是显而易见的，并且该技术方案也未产生预料不到的技术效果，因此，权利要求1相对于对比文件2不具有突出的实质性特点和显著的进步，不符合专利法第22条第3款的规定。

请求人在2006年9月8日提交的意见陈述书中陈述了权利要求1相对于对比文件2具有创造性的理由。对此，合议组认为，无论是本申请还是对比文件2，其所使用的模具均应是立体的并且具有相当的密闭效果，否则无法保证成型后的产品不产生宽边等影响产品质量现象的发生；至于模具本身是否具有花纹，如上所述，其是在现有技术的基础上容易想到的，因此，请求人在意见陈述书中关于权利要求1具有创造性的理由不能成立，合议组不予支持。

权利要求2为权利要求1的从属权利要求，其具体限定了权利要求1中的小模具要为正常鞋型模具的2/3至1/2左右。而在对比文件2中虽未对中底鞋模40作具体限定，但其提到中底鞋模40的尺寸比所需得到的鞋体中底的尺寸要小。由此可见，权利要求2仅是在现有技术的基础上对小模具尺寸的具体选择，然而，从本申请说明书以及请求人的意见陈述中均不能得出权利要求2对小模具的这种具体限定相对于现有技术产生了预料不到的技术效果的结论，因此，权利要求2相对于对比文件2也不具有突出的实质性特点和显著的进步，不符合专利法第22条第3款的规定。

请求人在2006年9月8日提交的意见陈述书中认为，本发明权利要求2限定了小模具的尺寸，是因为这个尺寸的模具在发泡后最容易接近实体上的鞋体，且发泡出的纹路最为清晰，保证了成品底材的质量，节约了材料，确实产生了预料不到的技术效果。

对此，合议组认为，由于对比文件2已经教导了中底鞋模40的尺寸要比所需得到的鞋体中底的尺寸要小，因此，本领域技术人员在此基础上通过有限的试验就可以确定小到多大的尺寸模具可以达到上述技术效果。由此可见，请求人上述所谓产生了预料不到的技术效果实际上是可以预见到的，因而其复审请求的理由不能成立。

基于上述理由，本案合议组特作出如下决定。

三、决定

维持国家知识产权局于 2003 年 11 月 21 日对第 00103454.5 号发明专利申请作出的驳回决定。

复审请求人对本决定不服的，可根据专利法第 41 条第 2 款的规定，自收到本决定之日起三个月内向北京市第一中级人民法院起诉。

014

控制装置和控制方法

复审请求审查决定（第9748号）

决　　定　　号　第9748号
决　　定　　日　2006年12月18日
发明创造名称　控制装置和控制方法
国 际 分 类 号　G05B 15/00，H01L 21/02
复 审 请 求 人　东京电子株式会社
申　　请　　号　98101464. X
申　　请　　日　1998年5月5日
公　　开　　日　1998年11月18日
合 议 组 组 长　钱　芸
主　　审　　员　李　礼
参　　审　　员　张惠军

法 律 依 据　专利法第33条
决 定 要 点

在复审程序中提交的修改的申请文件已经消除了原驳回决定及复审通知书中指出的修改不符合专利法第33条的规定缺陷，可以撤销原驳回决定。

一、案由

本复审请求涉及申请号为98101464. X、名称为“控制装置和控制方法”的发明专利申请（下称本申请），其申请日为1998年5月5日，优先权日为1997年5月6日，申请人为东京电子株式会社。

国家知识产权局实质审查部门依法对本专利申请进行了实质审查，于2001年12月14日发出第一次审查意见通知书，指出本申请权利要求1～3、10、11、15相对于对比文件1不符合专利法第22条第2款的规定，权利要求6~9、14相对于对比文件1和对比文件2的结合不符合专利法第22条第3款的规定，说明书不符合专利法实施细则第18条、第19条以及第24条的规定；审查员所引用的对比文件如下：

对比文件1：公开号为EP0740241A2的欧洲专利申请公开说明书，公开日为1996年10月30日；

对比文件2：公开号为特开平8-179817A的日本公开特许公报，公开日为1996年7月12日。

针对上述审查意见通知书，申请人于2002年4月26日提交了意见陈述书，同时提交了权利要求第1~6项、说明书第1~6、6a页、附图第3页以及说明书摘要的修改替换页。申请人认为：虽然本申请与对比文件1技术领域相同，但其所要解决的技术问题和技术方案实质上不同，所产生的技术效果也不同，所以本发明具有新颖性；本申请与对比文件 1 和 2 的区别是显而易见的，而且技术进步是显著的，由此本发明具有创造性。

在此基础上，原审查部门继续审查，于 2002 年 6 月 7 日发出第二次审查意见通知书，指出申请人于 2002 年 4 月 26 日提交的修改文件中将说明书和权利要求书中的“错误的最大值”改为“缺省最大值”超出原说明书和权利要求书记载的范围，而若将“缺省最大值”改回为“错误的最大值”，则说明书对发明作出的说明是不清楚、不完整的，将会导致说明书不符合专利法第 26 条第 3 款的有关规定；权利要求 1、4~6 中以及附图 3 中的多处修改超出原说明书和权利要求书记载的范围，不符合专利法第 33 条的有关规定；权利要求 1、4 中的“控制装置”属于上位概念，得不到说明书支持，不符合专利法第 26 条第 4 款的有关规定，并且缺少必要技术特征，不符合专利法实施细则第 21 条第 2 款的有关规定；权利要求 5、6 中的“控制方法”属于上位概念，得不到说明书支持，不符合专利法第 26 条第 4 款的有关规定，并且缺少必要技术特征，不符合专利法实施细则第 21 条第 2 款的有关规定。

针对第二次审查意见通知书，申请人于 2002 年 10 月 21 日提交了意见陈述书和说明书第 1~12 页以及权利要求第 1~10 项的修改替换页。申请人认为：将原说明书和权利要求书中的“错误最大值”和“编辑”分别改为“缺省最大值”和“编译”对于本领域的普通技术人员而言是显而易见的，是可以从原申请文件的上下文中直接地、毫无疑义地推导出来的，如果不加以改正，反而会与说明书其他部分的内容相矛盾，因此，申请人认为这种修改应该是允许的；对于审查员所指出的权利要求缺少必要技术特征的问题，申请人认为审查员指出的并不是必要技术特征；修改后的新的独立权利要求 1、5、7、9 使得半导体器件制造装置仅包括处理单元，并删除了控制参数文件；并按照第二次审查意见通知书中的其他意见进行了修改。

经过上述实质审查程序后，国家知识产权局实质审查部门以本申请权利要求第 1、4~6 项、说明书以及附图 3 的修改不符合专利法第 33 条的规定为由，于 2003 年 2 月 28 日做出了驳回本专利申请的决定。

申请人东京电子株式会社（下称复审请求人）不服上述驳回决定，于 2003 年 6 月 5 日向专利复审委员会提出复审请求，并提交了权利要求第 1~10 项和说明书第 1~12 页的修改替换页，将“控制参数文件”改回为“参数控制文件”；将“一个以被编译的参数为基础的编译参数文件”改回为“通过对文本格式的参数进行编辑而形成的参数文件”；将“相应于所有所述处理单元的整体参数”改为“相应于所有所述处理单元的公共参数”；将“操作处理单元的数目”改为“正操作的处理单元的数目的最大值”；在第一参数组中添加“处理单元数目的最大值”。并且，复审请求人认为，将原文中“错误最大值”修改为“缺省最大值”是合理的，只有将“错误值”改回为“缺省值”，才能使说明书的技术方案清楚和完整，也就是说，这种失误纠正是唯一的，是可以从上下文中符合逻辑地推导出来的，因此是可行的。

经形式审查合格后，专利复审委员会受理了上述复审请求，并于 2003 年 8 月 12 日向复审请求人发出了复审请求受理通知书，同日向原审查部门发出前置审查通知书，将本案送回原审查部门进行前置审查。

原审查部门在前置审查意见书中，仍然坚持原驳回决定。

专利复审委员会依法组成合议组对本复审请求进行审查，本案合议组于 2006 年 5 月 10 日向复审请求人发出了复审通知书，提出如下复审意见：在本申请的原说明书和权利要求书中，仅在原说明书第 6 页具有对“错误的最大值”的记载：即“3”代表处理装置数目的错误的最大值；“1”代表停止的/操作的处理装置数目的错误的最大值，而在原说明书以及权利要求书中，从未出现过“缺省值”，更未出现过“缺省最大值”。根据审查指南第二部分第八章第 5.2.2.2 节所规定的允许的说明书修改的第（11）项中所述，“修改由所属技术领域的技术人员能够识别出的明显错误，即语法错误、文字错误和打印错误。对这些错误的修改必须是所属技术领域的技术人员能够从说明书的整体及上下文看出的惟一的正确答案。”但对于本案来说，除了上面所述的原说明书记载出处以外，原说明书及权利要求书再无关于“错误最大值”的相关记载，而根据原说明书的上下文，对于“错误最大值”的解释可以是多种多样的，并不能从原说明书和权利要求书中毫无疑义地惟一导出原说明书中的“错误最大值”就是指“缺省最大值”，因此本申请中的“错误最大值”并不属于审查指南中所限定的几种“明显错误”的情况。而请求人认为这样的修改符合审查指南第一部分第二章所述的明显错误，是应该被允许的。合议组认为，首先审查指南第一部分第二章是针对实用新型专利申请初步审查所作的规定，并不是针对发明专利申请的，即便如此，审查指南第一部分第二章中所述的明显错误与审查指南第二部分第八章第5.2.2.2节允许的说明书修改的第（11）项中所述的明显错误是相同的，同样是指不正确的内容可以从原说明书、权利要求书的上下文中清楚的判断出来，没有作其他解释或修改的可能。本案中请求人所作的修改同样不属于指南中该部分所述的明显错误的修改。因此复审请求人于2003年6月5日提交的修改文本中对权利要求第1~10项以及说明书第1~12页的修改超出原说明书和权利要求书记载的范围，不符合专利法第33条的规定。

针对上述复审通知书，复审请求人于2006年6月23日提交了意见陈述书，并提交了权利要求第1~10项、说明书第2~5、8页的修改替换页，并于2006年11月30日提交了附图第3页的修改替换页。

合议组经合议后认为，本案事实已经清楚，依法作出复审决定。

二、决定的理由

1. 审查的基础

本复审决定书是以复审请求人1998年5月5日提交的说明书附图第1、2、4~8页、摘要附图，2002年4月26日提交的说明书摘要，2003年6月5日提交的说明书第1、6、7、9~12页，2006年6月23日提交的权利要求第1~10项，说明书第2~5、8页，2006年11月30日提交的附图第3页为审查基础作出的。

2. 关于专利法第33条的问题

专利法第33条规定，申请人可以对其专利申请文件进行修改，但是，对发明和实用新型专利申请文件的修改不得超出原说明书和权利要求书记载的范围，对外观设计专利申请文件的修改不得超出原图片或者照片表示的范围。

由于复审请求人于2006年6月23日提交的权利要求第1~10项，说明书第2~5、8页，以及于2006年11月30日提交的附图第3页中已经将“缺省最大值”改回为“错误最大值”，将“缺省值”改回为“错误值”，将“编译”改回为“编辑”，合议组认为上述修改文本已经克服了驳回决定及复审通知书指出超出原始申请文件所记载范围的缺陷，符合专利法第33条的有关规定。

至于本申请是否存在其他缺陷，则有待原审查部门进一步审查。

三、决定

撤销国家知识产权局于2003年2月28日对98101464.X号发明专利申请作出的驳回决定。

以本复审决定所依据的文本，即复审请求人1998年5月5日提交的说明书附图第1、2、4~8页、摘要附图，2002年4月26日提交的说明书摘要，2003年6月5日提交的说明书第1、6、7、9~12页，2006年6月23日提交的权利要求第1~10项，说明书第2~5、8页，2006年11月30日提交的附图第3页作为审查基础继续进行审批程序。

复审请求人对本决定不服的，可以根据专利法第41条第2款的规定，自收到本决定之日起三个月内向北京市第一中级人民法院起诉。

015

测量气流或汽流的质量流率的方法

复审请求审查决定（第9814号）

决　　定　　号 第9814号
决　　定　　日 2006年12月22日
发明创造名称 测量气流或汽流的质量流率的方法
国 际 分 类 号 G01F 1/84
复 审 请 求 人 安德雷斯和霍瑟·弗罗泰克有限公司
申　　请　　号 00108907.2
申　　请　　日 2000年5月19日
公　　开　　日 2000年11月29日
合 议 组 组 长 钱　芸
主　　审　　员 张田勇
参　　审　　员 徐晓亚

法　律　依　据 专利法实施细则第21条第2款
决　定　要　点

如果某项权利要求的技术方案中提出了一个目的，而该权利要求的技术方案中没有记载实现所述目的所需的技术特征，并且现有技术中也没有公开如何实现所述目的，那么实现所述目的所必需的技术特征是该权利要求的必要技术特征。

一、案由

本复审请求涉及申请号为00108907.2、名称为“测量气流或汽流的质量流率的方法”的发明专利申请（下称本申请），申请日为2000年5月19日，申请人为安德雷斯和霍瑟·弗罗泰克有限公司。

国家知识产权局专利局实质审查部门依法对该专利申请进行了实质审查，于2003年5月9日发出第一次审查意见通知书，指出本申请权利要求1不符合专利法实施细则第20条第1款的规定、权利要求4不符合专利法实施细则第20条第4款的规定，以及说明书不符合专利法实施细则第18条第3款的规定。

针对上述审查意见通知书，申请人于2003年8月13日提交了意见陈述书和说明书1~3页以及权利要求书的替换页，修改后的权利要求书共包括6项权利要求，其中的权利要求1如下：

“1. 一种测量气流或汽流的质量流率的方法，所述的气流或汽流流过科里奥利氏质量流量/浓度表的质量流量传感器的至少一根流管，所述的流管：

a. 在运行中以由其材料和尺寸而预定的频率f振动，但所述频率为流体的密度所改变，等于或接近于流管的瞬时机械共振频率；

b. 附装了第一振动传感器，此传感器发送第一传感器信号；

c. 附装了第二振动传感器，此传感器发送第二传感器信号；

所述第一和第二振动传感器设置在流体流动上方向相互有一定距离；

d. 附装了一个振动器；

e. 为支承框或支承管所包围或为支承板所固定，从而能振动；所述方法包括从所述第一和第二传感器信号生成决定于第一和第二传感器信号之间的相位差的信号，和以决定于流体内音速 c 的函数 f（c）放大所述的由第一和第二传感器信号形成的信号的步骤。”

针对申请人上述意见陈述和修改后的申请文件，原审查部门继续审查，于 2004 年 6 月 25 日发出第二次审查意见通知书，指出本申请权利要求 1 不符合专利法实施细则第 21 条第 2 款的规定。

针对第二次审查意见通知书，申请人于 2004 年 8 月 16 日提交了意见陈述书，复审请求人未对本申请进行任何修改。

经过上述实质审查程序后，国家知识产权局专利局实质审查部门以本申请权利要求 1 不符合专利法实施细则第 21 条第 2 款的规定为理由，于 2004 年 10 月 15 日做出了驳回本专利申请的决定。具体的驳回理由如下：本申请的目的是提供一种如测量液体时一样精确的测量气体或汽体的质量流率的测量方法，要达到本申请的发明目的，特定的放大所述信号的函数 $f(c)$ 的公式是必不可少的技术特征，而独立权利要求 1 的技术方案中没有包括该技术特征，因此，权利要求 1 不符合专利法实施细则第 21 条第 2 款的规定。

申请人（下称复审请求人）不服上述驳回决定，于 2005 年 1 月 14 日向专利复审委员会提出复审请求，其复审请求的理由是：函数公式仅代表一种计算方法，不应作为一项技术特征；说明书中已暗示函数 $f(c)$ 的公式并不是惟一的，函数 $f(c)$ 所起作用是对测量信号进行修正，修正公式可以不断改进；只要考虑到液体测量中被忽略的声速 c 对气/汽体测量的影响，就能够将测量精度提高到与液体测量相当。复审请求人未对本申请进行任何修改。

经形式审查合格后，专利复审委员会受理了上述请求，并于 2005 年 3 月 4 日发出了复审请求受理通知书及前置审查通知书。

原审查部门对该复审请求做出前置审查意见，仍然坚持原驳回决定。

专利复审委员会依法成立合议组，对该复审请求进行审查，于 2006 年 9 月 11 日发出复审通知书，指出：

“如本申请所述，本申请的目的是要提供一种如测量液体时一样精确的测量气体或汽体的质量流率的测量方法，为达到本申请的目的，在本申请权利要求 1 的技术方案中，以决定于流体内音速 c 的函数 $f(c)$ 放大所述的由第一和第二传感器信号形成的信号 q_f，从而得到所测量的气体或汽体的质量流率 q，因此，函数 $f(c)$ 是进行相位差信号 q_f 放大以实现本申请所述目的的特定函数，是解决其技术问题的必要技术特征，而本申请权利要求 1 中并未对函数 $f(c)$ 的函数关系式进行具体限定。

复审请求人在复审请求书中认为，只要考虑到在液体测量中被忽略的声速 c 对气/汽体测量的影响，以 $f(c)$ 对相位差信号进行修正，就能够将测量精度提高到与液体测量相当；而函数公式仅代表一种计算方法，不应作为一项技术特征，同时说明书中已暗示函数 $f(c)$ 的公式并不是惟一的，可以不断改进。

但是，首先，本申请请求保护一种测量气流或汽流的质量流率的方法，要解决实际的技术问题，不单纯是一种计算方法，而函数 $f(c)$ 是该方案为解决其技术问题、考虑到声速 c 对气/汽体测量的影响而构造的函数关系式，函数 $f(c)$ 的构造利用了自然规律，属于技术特征；其次，函数关系式属于函数$f(c)=[1+b\cdot(2\pi\cdot f\cdot d/c)^2]^{-1}$在本申请说明书中唯一公开的函数$f(c)$的关系式，复审请求人不能证明使用其他的函数$f(c)$也都能够解决相同的技术问题，达到本申请的目的；再有，虽然复审请求人提出函数$f(c)$的公式并不是惟一的，可以不断改进，但是，这仅是复审请求人的设想，不构成具体的技术方案。

综上所述，函数$f(c)=[1+b\cdot(2\pi\cdot f\cdot d/c)^2]^{-1}$是实现权利要求1所述的技术方案从而达到所述的发明目的的必要技术特征，本申请权利要求1不符合专利法实施细则第21条第2款的规定。"

针对上述复审通知书，复审请求人于2006年10月16日提交了意见陈述书和说明书全文以及权利要求书的替换页，修改后的权利要求书共包括6项权利要求，其中独立权利要求1为：

"1. 一种测量气流或汽流的质量流率的方法，所述的气流或汽流流过科里奥利氏质量流量/浓度表的质量流量传感器的至少一根流管，所述的流管：

a. 在运行中以由其材料和尺寸而预定的频率f振动，但所述频率为流体的密度所改变，等于或接近于流管的瞬时机械共振频率；

b. 附装了第一振动传感器，此传感器发送第一传感器信号；

c. 附装了第二振动传感器，此传感器发送第二传感器信号；

所述第一和第二振动传感器设置在流体流动上方向相互有一定距离；

d. 附装了一个振动器；

e. 为支承框或支承管所包围或为支承板所固定，从而能振动；所述方法包括以下步骤：从所述第一和第二传感器信号生成决定于第一和第二传感器信号之间的相位差的信号，确定所述流体内的音速c，以及使用所述从第一和第二传感器信号生成的信号和所述流体内音速c而提供代表所述被测流体的质量流率的质量流率信号q。"

复审请求人在意见陈述书中认为，修改后的权利要求1已经记载了解决本发明的技术问题所需的全部技术特征，本申请权利要求1符合专利法实施细则第21条第2款的规定。

至此，合议组认为本案事实已经清楚，依法作出复审决定。

二、决定的理由

1. 审查基础

本复审决定以复审请求人于2006年10月16日提交的权利要求第1~6项和说明书第1~10页、2000年5月19日提交的说明书附图第1、2页、说明书摘要及摘要附图作为审查基础。

2. 关于专利法实施细则第21条第2款。

专利法实施细则第21条第2款规定：独立权利要求应当从整体上反映发明或者实用新型的技术方案，记载解决技术问题的必要技术特征。

复审请求人在2006年10月16日提交的意见陈述书中认为，现有技术中的科里奥利氏质量流量/密度计忽略了音速对于质量流率测量精度的影响，并且在气流或汽流条件下将导致不可接受的测量误差；因此，本发明所要解决的技术问题是提高科里奥利氏仪表在气流或汽流条件下的测量精度。而现有技术中对于使用音速改进科里奥利质量流率/密度计在气流或气流条件下的精度没有给出任何教导或建议，为解决这个技术问题，本申请的重要改进正是使用当前测量的流体瞬时音速补偿与压缩性相关的任何测量误差，即通过在本申请权利要求1中限定的特征，由传感器信号生成的信号和流体内音速而确定质量流率，就能够改善测量精度，从而解决本发明所要解决的技术问题。此外，复审请求人还认为，本申请说明书中给出的等式（3）~（6）仅是用于说明一个实施例，不是实现本发明技术方案的唯一方式，本领域技术人员能够以简单的方式修改函数$f(c)$的形式，以适应不同的仪表类型。

合议组认为，如本申请说明书所述，本申请的发明目的是要提供一种根据科里奥利原理测量气流或汽流的质量流率而精度可与测量液体时的精度相比的方法，为达到本申请的发明目的，在本申请权利要求1的技术方案中，从所述第一和第二传感器信号生成决定于第一和第二传感器信号之间的相位差的信号，确定所述流体内的音速 c ，以及使用所述从第一和第二传感器信号生成的信号和所述流体内音速 c 而提供代表所述被测流体的质量流率的质量流率信号 q 。因此，本申请权利要求1的技术方案中仅限定 q 是决定于第一和第二传感器信号之间的相位差的信号和音速 c 的函数，而没有限定如何使用“流体内的音速 c ”得到被测流体的质量流率 q ，进而解决本发明的技术问题，实现其发明目的。

虽然复审请求人强调只要考虑到流体内音速的影响，就可与由传感器信号生成的信号一起确定质量流率，从而改善测量精度，但是由本申请说明书第6页第1行至第7页第4行的内容可知，本领域技术人员仅知道如何利用第一和第二传感器信号之间的相位差确定最后的质量流率 q 之前的质量流率 q_f ，并且如复审请求人所述，现有技术中对于使用音速改进科里奥利质量流率/密度计在气流或气流条件下的精度没有给出任何教导或建议，因此复审请求人在权利要求1的技术方案中提出的“使用所述从第一和第二传感器信号生成的信号和所述流体内音速 c 而提供代表所述被测流体的质量流率的质量流率信号 q ”仅是一个目的，本领域技术人员不知道如何使用音速结合其他参数来确定被测流体的质量流率，更无法针对不同的仪表类型修改 $f(c)$ 的函数关系式，进而实现该目的。同时，$f(c)=[1+b\cdot(2\pi\cdot f\cdot d/c)^2]^{-1}$ 是本申请为解决其技术问题、考虑到声速 c 对气/汽体测量的影响而构造的特定的函数关系式，是本申请说明书中唯一公开的 $f(c)$ 的函数关系式，复审请求人也未能证明使用其他的函数 $f(c)$ 也都能够解决相同的技术问题，达到本申请的发明目的。

综上所述，函数 $f(c)=[1+b\cdot(2\pi\cdot f\cdot d/c)^2]^{-1}$ 是实现权利要求1所述的技术方案从而达到所述的发明目的的必要技术特征，本申请权利要求1不符合专利法实施细则第21条第2款的规定。

三、决定

维持国家知识产权局于2004年10月15日对00108907.2号发明专利申请作出的驳回决定。

复审请求人对本决定不服的，可以根据专利法第41条第2款的规定，自收到本决定之日起三个月内向北京市第一中级人民法院起诉。

016

静电除尘器

复审请求审查决定（第9825号）

决　定　号　第9825号
决　定　日　2006年12月5日
发明创造名称　静电除尘器
国际分类号　B03C 3/0113/363/0193/82
复审请求人　沃斯特-阿尔派因工业设备制造股份有限公司
申　请　号　01813417.3
申　请　日　2001年5月25日
优 先 权 日　2000年6月6日
公　开　日　2003年9月24日
合议组组长　徐媛媛
主　审　员　杜微科
参　审　员　郭健国

法律依据　专利法实施细则第20条第1款
决定要点

对于产品权利要求而言，通常应当尽量用产品的结构特征进行限定，若使用功能性特征可以较产品结构特征更合理、恰当地确定其专利权的保护范围，从而获得一个更合理的权利范围，则应当是允许的。而判断以功能性特征限定的权利要求的保护范围是否清楚，关键在于本领域技术人员是否能够清楚地理解该功能性特征的具体技术含义，从而能够清楚地确定权利要求的保护范围。

一、案由

本复审请求涉及申请日为2001年5月25日，优先权日为2000年6月6日，公开日为2003年9月24日，发明名称为“静电除尘器”的PCT发明专利申请（下称本申请），其申请号是01813417.3，申请人为沃斯特-阿尔派因工业设备制造股份有限公司。

在本申请的实质审查过程中，国家知识产权局于2005年1月7日以本申请的权利要求6、10不清楚，不符合专利法实施细则第20条第1款的规定为由驳回了本申请，驳回决定所依据的文本是申请人于2004年7月28日提交的说明书第1~4页，2004年11月11日提交的权利要求第1~10项，本申请进入中国国家阶段时提交的说明书附图第1~2页，以及2003年1月27日提交的摘要及摘要附图。

驳回决定针对的权利要求6、10为：

“6、根据权利要求1所述的静电除尘器（8），其特征在于在管状入口（1）的圆锥形部分（10）提供了三个配气带孔盘（6，6′，6″），为此，配气带孔盘（6，6′，6″）沿气流方向（7）的透气性必定从51%～47%增加/减少至48%～44%，然后至45%～41%。

10. 根据权利要求7所述的静电除尘器（8），其特点在于在管状出口（9）的圆锥形部分设有三个配气带孔盘，其沿气流方向的透气性从41%～45%增加/减少至44%～48%，然后至47%～51%。”

驳回的具体理由为：权利要求6、10中的特征“其沿气流方向的透气性从……增加/减少至……”属于功能性特征，而对于要求保护的静电除尘器可以用结构特征更清楚地进行限定，因此权利要求6、10不清楚，不符合专利法实施细则第20条第1款的规定。

申请人沃斯特-阿尔派因工业设备制造股份有限公司（下称复审请求人）不服该驳回决定，于2005年3月7日向国家知识产权局专利复审委员会提出复审请求，并对权利要求6、10进行了修改。复审请求人认为修改后的权利要求6、10中的技术特征“在管状入口（9）的圆锥形部分（10）中设有三个配气带孔盘（6，6′，6″），其沿气流方向（7）的透气性必定从51%～47%增加/减少至48%～44%，然后至45%～41%”是结构特征，符合专利法实施细则第20条第1款的规定。

修改后的权利要求6、10为：

“6、根据权利要求1所述的静电除尘器（8），其特征在于在管状入口（1）的圆锥形部分（10）中设有三个配气带孔盘（6，6′，6″），所述配气带孔盘（6，6′，6″）沿气流方向（7）的透气性必须从51%～47%增加/减少至48%～44%，然后至45%～41%。

10. 根据权利要求7所述的静电除尘器（8），其特点在于在管状出口（9）的圆锥形部分中设有三个配气带孔盘，其沿气流方向的透气性从41%～45%增加/减少至44%～48%，然后至47%～51%。”

经形式审查合格，专利复审委员会于2005年4月18日受理了该复审请求，并于同日向复审请求人发出复审请求受理通知书，同时将本案送至原实质审查部门进行前置审查。

原审查部门在前置审查意见书中坚持认为权利要求6、10中的有关技术特征属于功能性特征，没有对装置的结构进行直接描述，而对于权利要求6、10请求保护的静电除尘器可以用结构特征更清楚地进行限定，因此权利要求6、10的保护范围不清楚，因此坚持原驳回决定。

复审委员会于2006年8月9日向复审请求人发出复审通知书，指出权利要求6、10中的技术特征“所述配气带孔盘沿气流方向的透气性”的含义不清楚，并且所述权利要求中的“增加/减少”的含义也是不清楚的，使得权利要求6、10的保护范围不清楚，不符合专利法实施细则第20条第1款的规定。

针对上述复审通知书，复审请求人于2006年9月11日提交了意见陈述书及修改后的权利要求书。复审请求人认为权利要求6、10中配气带孔盘的透气性与该盘的穿孔面积成正比，并对“所述配气带孔盘沿气流方向的透气性”的含义进行了说明，复审请求人认为修改后的权利要求6、10符合专利法实施细则第20条1款的规定。

修改后的权利要求6、10为：

“6. 根据权利要求1所述的静电除尘器（8），其特征在于在管状入口（1）的圆锥形部分（10）中设有三个配气带孔盘（6，6′，6″），这些配气带孔盘（6，6′，6″）沿气流方向（7）的透气性必须从51%～47%减少至48%～44%，然后至45%～41%。

10. 根据权利要求7所述的静电除尘器（8），其特点在于在管状出口（9）的圆锥形部分中设有三个配气带孔盘，它们沿气流方向的透气性从41%～45%增加至44%～48%，然后至47%～51%。”

在上述工作的基础上，合议组认为本案事实已经清楚，可以依法作出复审决定。

二、决定的理由

1. 复审决定所依据的文本

本复审决定依据的文本为请求人于2006年9月11日提交的权利要求1~10项，2004年7月28日提交的说明书第1~4页，2003年1月27日提交的摘要和摘要附图，以及本申请进入中国国家阶段时提交的附图第1~2页。

2. 关于专利法实施细则第20条第1款

专利法实施细则第20条第1款规定，权利要求书应当说明发明或者实用新型的技术特征，清楚、简要地表述请求保护的范围。基于此，合议组认为权利要求的作用在于界定专利权的保护范围，保护范围是否清楚是确定权利要求能否符合专利法实施细则第20条第1款规定的根本标准。

结合本案，权利要求6请求保护一种静电除尘器，申请人以“配气带孔盘沿气流方向的透气性必须从51%~47%减少至48%~44%，然后至45%~41%”对该权利要求进行了限定。

合议组认为，权利要求6属于产品权利要求，对于产品权利要求而言，通常应当尽量用产品的结构特征进行限定，但是如果使用功能性特征能够清楚地限定权利要求的保护范围，则某些情形下申请人通过使用功能性特征可以相对于产品结构特征更合理、恰当地确定其专利权的保护范围，从而获得一个更合理的权利范围。而判断以功能性特征限定的权利要求的保护范围是否清楚，关键在于本领域技术人员是否能够清楚地理解该功能性特征的具体技术含义，从而能够清楚地确定权利要求的保护范围。

根据本申请说明书的记载，本申请的发明目的是提供一种分离效率有所提高且造价较低的静电除尘器，其相对于现有技术能够使得通过除尘器横截面的气体速度更加均匀，作为改进内容之一，本申请在除尘器管状入口的圆锥形部分提供了三个配气带孔盘，所述配气带孔盘沿气流方向具有一定的透气性，说明书中没有记载所述配气带孔盘的具体结构特征。

合议组认为，首先，权利要求的保护范围应当根据其所使用词语的含义来理解。结合本申请的说明书，本领域技术人员能够清楚地、毫无疑义地理解权利要求6中的“配气带孔盘沿气流方向的透气性”意指配气带孔盘沿气流方向所通过气体的比率，例如当透气性为50%时，即意味着50%的气体能够沿气流方向通过配气带孔盘，在此基础上，本领域技术人员能够理解本申请正是通过设置具有不同透气性的三个配气带孔盘，可以使得通过静电除尘器的气体的气流速度更加均匀；其次，如本申请背景技术部分所述，现有技术中已经公开了在除尘器中设置3个配气带孔盘的技术方案，本申请相对于现有技术做出的改进不是针对配气带孔盘本身的结构进行，而是对各个配气带孔盘依次通过气体的比率即透气性做出了改进，本领域技术人在现有技术的基础上，根据各种常规手段即可很容易地以各种结构实现具有所需透气性的配气带孔盘，因此相对于采用具体的结构特征，通过配气带孔盘的透气性能够更合理、恰当地限定权利要求6的保护范围。

综上所述，合议组认为虽然权利要求6、10中的技术特征“这些配气带孔盘沿气流方向的透气性必须从51%~47%减少至48%~44%，然后至45%~41%”属于功能性特征，但是其含义对本领域技术人员而言是清楚的，并且能够对权利要求6的保护范围进行清楚、合理的限定。应当指出的是，由于本申请的说明书中没有记载所述配气带孔盘的具体结构，申请人无法用结构特征对权利要求6中的配气带孔盘进行限定，因此驳回决定中有关“权利要求6记载的特征‘其沿气流方向的透气性……增加/减少至……’属于功能性特征，而对于要求保护的静电除尘器用结构特征可以更清楚地对权利要求进行限定，因此权利要求6不清楚”的认定与事实不符，不能得到合议组的支持。

基于与权利要求6相同的理由，合议组认为权利要求10的保护范围也是清楚的。

综上所述，合议组认为权利要求6、10的保护范围清楚，符合专利法实施细则第20条第1款的规定。

三、决定

撤销国家知识产权局于2005年1月7日做出的驳回决定，由原审查部门在请求人于2006年9月11日提交的权利要求1~10项，2004年7月28日提交的说明书第1~4页，2003年1月27日提交的摘要和摘要附图，以及本申请进入中国国家阶段时提交的附图第1~2页的基础上继续本发明专利申请的审查程序。

请求人对本决定不服的，可以根据专利法第41条第2款的规定，自收到本决定之日起三个月内向北京市第一中级人民法院起诉。

017

食品加工工具

复审请求审查决定（第9830号）

决　　定　　号　第9830号
决　　定　　日　2006年12月25日
发明创造名称　食品加工工具
国际分类号　A47J 19/06
复审请求人　桑道思股份有限公司
申　　请　　号　02143410.7
申　　请　　日　2002年9月24日
公　　开　　日　2003年7月9日
合议组组长　张惠军
主　　审　　员　张田勇
参　　审　　员　彭　燕

法律依据　专利法第26条第4款，专利法实施细则第20条第1款
决定要点

虽然说明书中仅记载有一种实施方式，但是如果所属技术领域的技术人员可以合理预测说明书给出的实施方式的所有等同替代方式都具备相同的性能或用途，则应当允许申请人将权利要求的保护范围概括至覆盖其所有的等同替代的方式。

一、案由

本复审请求涉及申请号为02143410.7、名称为“食品加工工具”的发明专利申请（下称本申请），申请日为2002年9月24日，申请人为桑道思股份有限公司。

国家知识产权局专利局实质审查部门依照申请人的请求对本申请进行了实质审查，于2004年3月26日发出第一次审查意见通知书，指出本申请权利要求1、3、6、7不符合专利法第26条第4款的规定，权利要求1、7不符合专利法实施细则第20条第1款的规定，说明书不符合专利法实施细则第18条第2款的规定。

针对上述审查意见通知书，申请人于2004年7月23日提交了意见陈述书以及说明书摘要、说明书第1~5页和权利要求书的修改替换页。修改后的权利要求书共包括13项权利要求，其中的独立权利要求1如下：

“1. 食品切片或切碎工具，它包括一个底座（2）一个安装在该底座上的旋转切碎工具尤其是一种擦子（26）用来引导食品朝向旋转工具运动的导槽（16）以及一个可以容纳在导槽（16）中的内

部空间中的推料器（18），其特征在于，所述导槽（16）基本上形成在旋转工具（26）的中心部位，并且设有用来防止食品在它们与工具接触时转动的装置（34），这些装置（34）设置成离推料器（18）的行程路径一些距离。”

经过上述实质审查程序后，国家知识产权局专利局审查部门以本申请权利要求1不符合专利法第26条第4款以及专利法实施细则第20条第1款的规定为理由，于2004年9月10日做出了驳回本申请的决定。具体的驳回理由如下：（1）本申请说明书实施例中仅公开了一种用来防止食物在它们与工具接触时转动的装置——肋条34，没有具体指出除肋条外的其他结构也能构成权利要求1中所述的“防止食物在它们与工具接触时转动的装置”，因此，权利要求1不符合专利法第26条第4款的规定；（2）申请人未对审查员在第一次审查意见通知书中指出的权利要求1中出现的“尤其是”的用语进行修改，也未陈述意见，权利要求1仍不符合专利法实施细则第20条第1款的规定。

申请人桑道思股份有限公司（下称复审请求人）不服上述驳回决定，于2004年12月8日向专利复审委员会提出复审请求，同时提交了权利要求书替换页，修改后的权利要求书共包括14项权利要求，其中独立权利要求1如下：

“1. 食品切片或切碎工具，它包括一个底座（2）一个安装在该底座上的用于切碎的旋转工具（26）用来引导食品朝向旋转工具运动的导槽（16）以及一个可以容纳在导槽（16）中的内部空间中的推料器（18），其特征在于，所述导槽（16）基本上形成在旋转工具（26）的中心部位，并且设有用来防止食品在它们与工具接触时转动的装置（34），这些装置（34）设置成离推料器（18）的行程路径一些距离。”

其复审请求的理由是：（1）在原始提交的说明书中已经记载有这种防转动装置，用于防止食品随擦子转动而转动，在说明书实施例中该装置被设计为肋条34，并且在说明书最后一段中给出了说明，本领域技术人员完全可以采用其他结构或手段来达到所述的防止食品与擦子一起转动的目的，因此本申请权利要求1、3、6、7得到了说明书的支持；（2）删除了原权利要求1中的选择性技术特征，并将其加入到一个新的从属权利要求中，因而权利要求1符合专利法实施细则第20条第1款的规定。

经形式审查合格后，专利复审委员会受理了上述复审请求，并于2005年1月20日向复审请求人发出了复审请求受理通知书，并于同一日向原审查部门发出前置审查通知书。

原审查部门对该复审请求做出前置审查意见，仍然坚持原驳回决定。

专利复审委员会依法成立合议组对该复审请求进行了审理。本案合议组在仔细审阅了全部案卷后，作出本审查决定。

二、决定的理由

1. 审查基础

本复审决定以复审请求人于2004年12月8日提交的权利要求第1~14项、2004年7月23日提交的说明书第1~5页和说明书摘要以及2002年9月24日提交的说明书附图第1~3页和摘要附图作为审查基础。

2. 关于权利要求1是否符合专利法实施细则第20条第1款的规定

专利法实施细则第20条第1款规定：权利要求书应当说明发明或者实用新型的技术特征，清楚、简要地表述请求保护的范围。

在驳回决定所针对的权利要求1中，包括“尤其是一种擦子”的表述，造成权利要求1中限定出不同的保护范围，因而驳回决定所针对的权利要求1不清楚。

由于复审请求人在修改后的权利要求1中删除了“尤其是一种擦子”的语句，并将该技术特征写入到从属权利要求14的附加技术特征中，消除了驳回决定中指出的权利要求1因使用“尤其是”

用语而限定出不同的保护范围的缺陷，因此新提交的权利要求 1 符合专利法实施细则第 20 条第 1 款的规定。

3. 关于权利要求 1 是否符合专利法第 26 条第 4 款的规定

专利法第 26 条第 4 款规定：权利要求书应当以说明书为依据，说明要求专利保护的范围。

驳回决定认为，权利要求 1 中的技术特征“防止食品在它们与工具接触时转动的装置（34）”与说明书实施例中相应的描述“肋条 34”不一致。对此合议组认为，权利要求 1 中出现了“所述导槽（16）……设有用来防止食品在它们与工具接触时转动的装置（34）”的语句，其中限定了装置（34）设置在导槽（16）上，并且装置（34）的作用是用来防止食品在它们与工具接触时转动。

由本申请说明书第 3 页第 17 行可知，肋条 34 从导槽 16 的下壁径向延伸，并且本申请说明书第 4 页第 4~6 行记载有“肋条 34 防止这些食品在擦子 26 的相应转动作用下转动”、“该肋条 34 使得可以阻挡食品，从而擦子 26 的尖齿可以高效地与它们接触以便切碎它们”，因此，肋条 34 的作用就是从导槽 16 的下壁伸出，增大食品与导槽 16 的下壁之间的摩擦力，防止食品在擦子 26 的相应转动作用下转动，从而有效地切碎食物。即在说明书实施例中将防止食品在它们与工具接触时转动的装置设计成肋条 34。此外，本申请说明书第 5 页第 1~3 行记载有“设计用来防止食品转动的功能可以通过肋条以外的结构来提供”和“可以将导槽的下端部做成具有合适的形状，以便符合这个功能”，本领域技术人员在其启示下，考虑到从导槽 16 的下壁径向延伸的肋条 34 的功能是为了增大导槽 16 与食品之间的摩擦力，可以在导槽 16 上设置增大摩擦力的其他结构来替代肋条 34，并且可以预测到这些能够增大摩擦力的所有等同替代方式都能够达到防止食品在擦子 26 的相应转动作用下转动的目的。在此情况下，应当允许权利要求 1 将说明书所记载的具体实施例概括成包括所有相同功能的等同替代的方式。

综上所述，权利要求 1 中的“防止食品在它们与工具接触时转动的装置（34）”的表述是以说明书为依据的，符合专利法第 26 条第 4 款的规定。

至于本申请是否存在其他缺陷，则有待原审查部门进一步审查。

基于上述理由，合议组依法作出如下决定。

三、决定

撤销国家知识产权局于 2004 年 9 月 10 日对 02143410.7 号发明专利申请作出的驳回决定，由原审查部门以本决定所依据的文本继续进行审查程序。

复审请求人对本决定不服的，可以根据专利法第 41 条第 2 款的规定，自收到本决定之日起三个月内向北京市第一中级人民法院起诉。

018

利用移动通信设备获取交通数据的方法

复审请求审查决定（第9831号）

决　定　号　第9831号
决　定　日　2006年12月25日
发明创造名称　利用移动通信设备获取交通数据的方法
国 际 分 类 号　G08G 1/096，G08G 1/127，H04Q 7/38
复 审 请 求 人　德国电信移动网有限公司
申　请　号　97198048.9
申　请　日　1997年9月18日
公　开　日　1999年10月6日
合 议 组 组 长　杨军艳
主　审　员　张田勇
参　审　员　徐晓亚

法 律 依 据　专利法第26条第3款、第4款
决 定 要 点

如果在专利申请说明书中所提到的装置对本领域技术人员来说是现有技术中的常规装置，则在该说明书中无需对这些常规装置的具体结构进行详细说明，不能以此认为说明书不符合专利法第26条第3款的规定。

一、案由

本复审请求涉及申请号为97198048.9、名称为“利用移动通信设备获取交通数据的方法”的发明专利PCT申请（下称本申请），申请日为1997年9月18日，优先权日为1996年9月18日，申请人为德国电信移动网有限公司。

申请人在国际初步审查报告附件中对权利要求书和说明书进行了修改，根据条约41条的规定，申请人对进入国家阶段申请的说明书又进行了修改，并于1999年3月13日提交了权利要求1~4和说明书全文的修改替换页，增加了说明书附图1页，其修改后的权利要求书为：

“1. 获取车辆交通信息的方法，其特征在于，车辆至少装配有一个分散的单元，它至少具有移动通信功能、获取时间信息的功能和存储功能，并且多个分散的单元配备一个具有控制功能和处理功能的中心单元；在行驶中借助于分散的单元接收和判定有关蜂窝移动通信网的小区的信息和其他通信和传输技术信息；有关小区切换的信息与时间标志一起被记录。

2. 如权利要求1所述的方法，其特征在于，在分散的单元所收集的数据被传送到中心单元，而

且该中心单元利用有关小区的信息和关于小区覆盖的信息给所传送数据配置关于道路网的几何信息，并从而实现车辆行驶道路的再构造。

3. 如权利要求 1 或 2 所述的方法，其特征在于，从传送至中心单元的数据组中得到的时间标志信息被用来借助于重构的行驶道路确定行驶道路上车流的大小。

4. 如权利要求 1 所述的方法，其特征在于，利用移动通信系统实现在分散单元记录的数据至中心单元的传送。”

国家知识产权局专利局实质审查部门依法对本申请进行了实质审查，于 2002 年 2 月 22 日发出第一次审查意见通知书，指出本申请不符合专利法第 33 条的规定，权利要求 1~4 相对于对比文件 1 与对比文件 2 的结合不具备专利法第 22 条第 3 款规定的创造性。

所引用的对比文件如下：

对比文件 1：GB2273424A 号英国专利文献，公开日为 1994 年 6 月 15 日；

对比文件 2：WO96/25830A1 号专利文献，公开日为 1996 年 8 月 22 日；

针对上述审查意见通知书，申请人于 2002 年 7 月 4 日提交了意见陈述书和说明书全文替换页 2 页，认为本申请权利要求 1 相对于对比文件 1 与对比文件 2 的结合具备专利法第 22 条第 3 款规定的创造性。

经过上述实质审查程序后，国家知识产权局专利局实质审查部门以本申请权利要求 1~4 不符合专利法第 22 条第 3 款的规定为理由，于 2002 年 9 月 27 日做出了驳回本申请的决定。

申请人（下称复审请求人）对上述驳回决定不服，于 2002 年 12 月 30 日向专利复审委员会提出了复审请求。

经形式审查合格，专利复审委员会受理了该复审请求，依法成立合议组对该复审请求进行了审理。

合议组于 2003 年 6 月 6 日发出第 3462 号复审请求审查决定，决定认为，对比文件 1 未公开本申请权利要求 1 中的“有关小区切换的信息与时间标志一起被记录”，且权利要求 1 中的此内容应当作为完整的一句话来看待，即有关小区切换的信息是与时间标志一同记录的，不能理解成有关小区切换的信息被记录，与时间标志被记录是两个独立的步骤；对比文件 2 没有公开本申请权利要求 1 中的上述内容，对其也没有给出任何启示，因此，本申请权利要求 1~4 相对于对比文件 1 与对比文件 2 的结合具备创造性，撤销国家知识产权局 2002 年 9 月 27 日做出的驳回决定。

针对上述复审决定，原审查部门继续审查，于 2003 年 8 月 1 日发出第二次审查意见通知书，指出本申请权利要求书和说明书均未给出时间模块的具体结构和记录时间的具体方法，因此，本申请说明书不符合专利法第 26 条第 3 款的规定，权利要求 1~4 不符合专利法第 26 条第 4 款的规定，同时指出，即使请求人能够提交证据证明本申请所采用的是本领域所已有的时间模块和普遍采用的记录时间标志的方法，该证据所证明的现有技术结合对比文件 1 和对比文件 2 得到权利要求 1~4 的技术方案是显而易见的，权利要求 1~4 将不具备创造性。

针对第二次审查意见通知书，申请人于 2003 年 10 月 16 日提交了意见陈述书，认为说明书和权利要求书对本发明的公开是充分的，因为如何具体获得小区信息和时间标志对于通信技术领域的技术人员来说是熟知的；本发明是利用小区信息和时间标志收集交通数据，具备创造性。

经过上述实质审查程序后，国家知识产权局专利局实质审查部门以本申请不符合专利法第 26 条第 3、4 款的规定为理由，于 2004 年 2 月 27 日做出了驳回本申请的决定，具体的驳回理由为：本申请权利要求书及说明书中均未给出时间模块的具体结构和记录时间的具体方法，因此，如果认为权利要求 1 与对比文件 1 和对比文件 2 的区别特征“有关小区切换的信息与时间标志一起被记录”能给本申请带来突出的实质性特点和显著的进步，则本申请存在说明书公开不充分以及权利要求书得不到说明书支持的问题，不符合专利法第26条第3、4款的规定。此外，驳回决定中还指出，如果承认上述技术为现有技术，则该证据所证明的现有技术结合对比文件1和对比文件2得到权利要求1~4的技术方案是显而易见的，权利要求1~4将不具备创造性。

申请人（下称复审请求人）不服上述驳回决定，于2004年6月7日向专利复审委员会提出复审请求，其复审请求的的理由是：本申请说明书已对本发明做出了充分公开，权利要求也能够得到说明书的支持，同时本申请的权利要求1~4相对于对比文件1、2具备创造性。复审请求人在意见陈述书中认为：本领域技术人员已知，数字移动通信系统中的网络单元设置有时基，以允许对发送数据进行同步，例如，使用时基在电话呼叫开始和结束时刻记录时间标记，以计算通话时长；本申请是利用了上述网络单元记录时间标记的能力，在越区切换期间，记录越区切换特征信息和越区切换时刻的时间标记信息（时间戳）；如何记录时间戳信息属于数据移动通信网络中已知的内容，但将时间戳信息与越区切换信息一起记录，以便采集交通数据，是本发明具有创造性之处。随同意见陈述书，复审请求人还提交了有关GSM越区切换的技术资料4页供专利复审委员会参考。

经形式审查合格后，专利复审委员会受理了上述请求，并于2004年6月30日发出了复审请求受理通知书及前置审查通知书。

原审查部门对该复审请求做出前置审查意见，仍然坚持原驳回决定。

专利复审委员会依法成立合议组对该复审请求案进行了审理。本案合议组在仔细审阅了全部案卷后，作出本审查决定。

二、决定的理由

1. 审查基础

本决定以进入中国国家阶段时提交的说明书摘要、2002年7月4日提交的说明书1至2页及国际初步审查报告附件中的权利要求1~4作为审查基础的。

2. 关于专利法第26条第3、4款

专利法第26条第3款规定：说明书应当对发明或者实用新型作出清楚、完整的说明，以所属技术领域的技术人员能够实现为准；必要的时候，应当有附图。摘要应当简要说明发明或者实用新型的技术要点。

专利法第26条第4款规定：权利要求书应当以说明书为依据，说明要求专利保护的范围。

本申请涉及利用数字移动通信系统获取交通数据的方法，本申请说明书中并未提出“时间模块”的用语，而仅包括对“时间测量模块”的描述，但不管“时间模块”指的是“计时模块”还是“时间测量模块”，这两种模块均属于数字移动通信系统中常用的硬件，这两种模块的硬件结构对本领域技术人员来说是公知常识，本领域技术人员能够根据需要将“计时模块”或“时间测量模块”设置在数字移动通信系统的各通信节点或控制中心。而对于记录时间的具体方法，本申请说明书实施例中对其进行了描述（参见说明书第2页第4~6行），即，在行驶中通信模块进入移动通信网，同时还接收和判定小区识别标志和其他功能参数，从一个小区到下一个的切换借助于小区识别标志和切换时刻而被记录，也就是说在车辆由一个小区进入到另一个小区的时刻，记录有关小区切换的信息和对应于该信息的切换时刻，即，将本申请技术方案部分中的“有关小区切换的信息与时间标志一起被记录”理解为有关小区切换的信息与相应的时间标志是一同记录的。因此，本申请说明书对本申请的技术方案作出了清楚、完整的说明，本申请说明书符合专利法第26条第3款的规定。

如上所述，由于本申请说明书对本申请的技术方案作出了清楚、完整的说明，本申请技术方案部分中的“有关小区切换的信息与时间标志一起被记录”理解为有关小区切换的信息与相应的时间标志是一同记录的，因此，本申请权利要求 1 中特征“有关小区切换的信息与时间标志一起被记录”是以说明书为依据的，本申请权利要求 1 及其从属权利要求 2~4 符合专利法第 26 条第 4 款的规定。

此外，国家知识产权局专利局实质审查部门于 2004 年 2 月 27 日做出驳回决定时，在其驳回决定正文中还指出：如果承认“有关小区切换的信息与时间标志一起被记录”是现有技术，则该证据所证明的现有技术结合对比文件 1 和对比文件 2 得到权利要求 1~4 的技术方案是显而易见的，权利要求 1~4 将不具备创造性。

对此，合议组认为，首先，本申请权利要求 1 请求保护一种获取车辆交通信息的方法，在专利复审委员会第 3462 号复审请求审查决定中已经认定本申请权利要求 1~4 相对于对比文件 1、2 具备专利法第 22 条第 3 款规定的创造性，其中认为对比文件 1 和对比文件 2 中均没有公开本申请权利要求 1 中“有关小区切换的信息与时间标志一起被记录”的技术特征，也没有给出任何启示。

其次，虽然复审请求人在 2003 年 10 月 16 日提交的意见陈述书中认为，在移动通讯系统中，将信息与时间结合在一起并不是新技术，即将信息与时间结合在移动通讯领域是现有技术，但复审请求人还说明，本申请是利用移动通讯网络中的小区信息、标识出小区改变的信息、以及时间标志，从而获得交通数据的方法，因此具有创造性。

本申请权利要求 1 的技术方案涉及利用移动通讯系统获取车辆交通信息的方法，利用已有的移动通讯系统、结合有关小区切换的信息与时间标志来获取车辆交通信息，对比文件 1、对比文件 2 中没有给出将两者结合获取车辆交通信息的技术启示，并且也没有证据表明利用已有的移动通讯系统、结合有关小区切换的信息与时间标志来获取车辆交通信息是现有技术，而本申请通过利用现有的移动通讯系统，获取并分析系统中记录的有关小区切换的信息与相应的时间标志，能够起到获取交通信息的作用。因此，本专利权利要求 1 具备专利法第 22 条第 3 款规定的创造性。

本申请权利要求 2~4 是权利要求 1 的从属权利要求，在权利要求 1 具备创造性的情况下，权利要求 2~4 也具备专利法第 22 条第 3 款规定的创造性。

根据上述事实和理由，本案合议组依法做出以下审查决定。

三、决定

撤销国家知识产权局于 2004 年 2 月 27 日对 97198048.9 号发明专利申请作出的驳回决定，由原审查部门以本决定依据的文本为基础继续进行实质审查程序。

复审请求人对本决定不服的，可以根据专利法第 41 条第 2 款的规定，自收到本决定之日起三个月内向北京市第一中级人民法院起诉。

019

电流驱动型发光显示装置及其制造方法

复审请求审查决定（第9854号）

决　定　点　第9854号
决　定　日　2006年12月19日
发明创造名称　电流驱动型发光显示装置及其制造方法
国际分类号　G09G 3/30，H05B 33/08，H05B 33/26，H01L 33/00
复审请求人　精工爱普生株式会社
申　请　号　98800146.2
申　请　日　1998年2月17日
公　开　日　1999年5月26日
合议组组长　李　隽
主　审　员　宋　瑞
参　审　员　钱　芸

法律依据　专利法第22条第3款
决定要点

如果一项发明与现有技术所要解决的技术问题不同，两者的技术方案相比存在区别技术特征，且该区别技术特征带来了有益的技术效果，在现有技术没有给出使用区别技术特征的启示的情况下，应当认为该发明相对于现有技术具备创造性。

一、案由

本复审请求涉及申请日为1998年2月17日，优先权日为1997年2月17日和1997年3月19日，名称为“电流驱动型发光显示装置及其制造方法”的PCT发明专利申请（下称本申请），其申请号为98800146.2，公开日为1999年5月26日，申请人为精工爱普生株式会社。

本申请于1998年10月16日进入国家阶段。国家知识产权局专利局实质审查部门依法对该专利申请进行了实质审查，于2002年8月16日发出第一次审查意见通知书，引用一篇对比文件US5587329A（下称对比文件1），其公开日为1996年12月24日；指出相对于对比文件1，权利要求1、2不符合专利法第22条第2款的规定，不具备新颖性，权利要求4、5不符合专利法第22条第3款的规定，不具备新颖性，同时还指出权利要求3、4不符合专利法实施细则第20条第1款的规定。

申请人针对第一次审查意见通知书于2002年12月31日提交了意见陈述书和修改后的权利要求书的全文替换页，其中独立权利要求1的内容如下：

“1. 一种显示装置，包括：

多条扫描线；
多条数据线；
多个像素，对应于多条扫描线与多条数据线的交叉点，该多个像素之一包括：
一个发光元件，由直流电驱动；
一个保持电容；
第一晶体管，其栅极和源极或漏极分别与多条扫描线之一和多条数据线之一连接，该第一晶体管用于控制一条数据线与保持电容之间的导通；以及
第二晶体管，其栅极与保持电容连接，该第二晶体管为p沟道型晶体管，并且配置成与发光元件串联，
所述发光元件配置成与所述第二晶体管串联。”

经过上述审查程序之后，国家知识产权局专利局实质审查部门以本申请权利要求1~24与对比文件1相比不具备创造性为由，于2003年2月14日作出驳回决定，驳回决定针对的文本是：2002年12月31日提交的权利要求1~24；进入国家阶段时提交的说明书第1~13页，附图第1~10页、说明书摘要及摘要附图。

申请人（下称复审请求人）对上述驳回决定不服，于2003年5月30日向专利复审委员会提出了复审请求，同时提交了权利要求书的全文替换页，其中独立权利要求1的内容为：

“1. 一种显示装置，包括：
多条扫描线；
多条数据线；
多个像素，由多条扫描线与多条数据线的交叉点构成；
电流驱动发光元件，形成于多个象素的每一个中；
第一晶体管，与多条扫描线的每一条和多条数据线的每一条连接；
保持电容，形成于多个象素的每一个中；
第二晶体管，设于多个象素的每一个中，其栅极与保持电容连接，该第二晶体管为p沟道型晶体管；以及
多条公共线，其每一条都保持在一受控的电位上，以通过第二晶体管为各电流驱动发光元件提供电流，
其中第一晶体管和第二晶体管都是多晶硅薄膜晶体管。”

其复审理由为：对比文件1中的晶体管是硅-基晶体管，而本专利是使用驱动电压更低的多晶硅薄膜晶体管，并且使用p沟道型多晶硅薄膜晶体管能防止劣化。

经形式审查合格后，专利复审委员会受理了上述请求，并于2003年7月1日发出复审请求受理通知书和前置审查通知书。

原审查部门经前置审查，坚持原驳回决定。

针对该复审请求，专利复审委员会依法成立合议组，对本案进行审理。

专利复审委员会本案合议组于2005年6月20日发出复审通知书（下称第一次复审通知书），指出本申请权利要求1~24相对于对比文件1不具备创造性，不符合专利法第22条第3款的规定。

针对上述第一次复审通知书，复审请求人于2005年8月1日提交了意见陈述书和修改后的权利要求全文替换页，复审请求人认为通过对独立权利要求的进一步限定，本申请的权利要求相对于对比文件1具备创造性。

专利复审委员会本案合议组于2006年8月31日发出复审通知书（下称第二次复审通知书），指

出本申请权利要求1~24经修改后相对于对比文件1仍然不具备创造性，不符合专利法第22条第3款的规定。

针对上述第二次复审通知书，复审请求人于2006年10月16日提交了意见陈述书和修改后的权利要求全文替换页，对独立权利要求1、15、20、24进行了进一步的限定，其中限定多条公共线的每一条的电位都保持恒定，认为本申请与对比文件的结构不同，能以更简单的结构达到更高的效果，其中独立权利要求1的内容如下：

“1. 一种显示装置，包括：

多条扫描线；

多条数据线；

多个像素，由多条扫描线与多条数据线的交叉点构成；

直流驱动发光元件，形成于多个象素的每一个中，该发光元件包括一个孔穴注入层并以直流发光；

第一晶体管，与多条扫描线的每一条和多条数据线的每一条连接；

保持电容，形成于多个象素的每一个中；

第二晶体管，设于多个象素的每一个中，其栅极与保持电容连接，该第二晶体管为p沟道型晶体管；以及

多条公共线，其每一条都保持在一受控的电位上，以通过第二晶体管为各直流驱动发光元件提供直流电流，且该多条公共线的每一条的电位都保持恒定，

其中第一晶体管和第二晶体管都是多晶硅薄膜晶体管。”

经过上述审查程序，合议组认为本案事实已经清楚，现依法作出复审决定。

二、决定的理由

1. 关于审查基础

本复审决定是以复审请求人于进入中国国家阶段时提交的说明书第1~13页、附图第1~10页、说明书摘要及摘要附图，复审请求人于2006年10月16日提交的权利要求第1~24项的申请文件为基础作出的。

2. 关于专利法第22条第3款

专利法第22条第3款规定：创造性，是指同申请日以前已有的技术相比，该发明有突出的实质性特点和显著的进步，该实用新型有实质性特点和进步。

如果一项发明与现有技术所要解决的技术问题不同，两者的技术方案相比存在区别技术特征，且该区别技术特征带来了有益的技术效果，在现有技术没有给出使用区别技术特征的启示的情况下，应当认为该发明相对于现有技术具备创造性。

就本案而言，本申请权利要求1要求保护一种显示装置，对比文件1公开了一种有源矩阵型EL显示装置，其中（说明书摘要，说明书第2栏第54行到第3栏第62行、附图1）披露了如下技术特征：该显示装置具有多条扫描线114，多条数据线116，多条高电压总线122，该高电压总线122由一个交流电源120供电，多个像素，这些像素对应于上述多个扫描线和多个数据线的交叉位置，所述多个像素中的每个像素具有：位于一个像素电极和一条高电压总线122之间的发光元件108，当在上述像素电极和上述高电压总线之间流过电流时，所述发光元件发光；第1晶体管110，其栅极连接到所述多个扫描线的对应的扫描线上，第2晶体管112用于控制在发光元件的像素电极和所述高电压总线之间的导通。

将对比文件1与权利要求1比较可知，权利要求1与对比文件1存在以下区别：（1）对比文件1

采用交流驱动，权利要求1采用直流驱动；（2）权利要求1中的第二晶体管是p沟道型多晶硅薄膜晶体管；（3）权利要求1中的发光元件为直流驱动发光元件，包括一个孔穴注入层并以直流发光；（4）多条公共线的每一条的电位都保持恒定。

本案合议组经审查后认为，首先，对比文件1与本申请的发明目的不同，本申请要解决的技术问题是在直流驱动的显示装置中，通过合理配置晶体管的类型，以提供一种直流低电压驱动并避免晶体管劣化的显示装置，而对比文件1要解决的技术问题是通过在有源矩阵型EL显示器的每个EL单元和每个EL单元的切换电极之间提供屏蔽，以避免由于提供给EL单元的高电压所产生的电场干扰切换电路的操作。其次，本申请权利要求1的显示装置和对比文件1中的显示装置设置存在区别，在权利要求1中，通过第二晶体管给发光元件提供直流电流的多条公共线的电位始终保持恒定，而对比文件1中的高电压总线122所提供的电压是变化的，并且由于在对比文件1中的场周期分为单独的加载期间和点亮期间，只有当完成加载操作之后，通过总线122连接到各个像素单元的高压交流电源才被激活给像素供电（参见对比文件1说明书第3栏第32~62行），因此权利要求1中显示装置的供电部分比对比文件1节省了对电源的相应控制切换装置。对比文件1没有给出在对比文件1的方案中应用上述区别技术特征的技术启示。因此权利要求1相对于对比文件1和本领域公知常识符合专利法第22条第3款的规定，具备创造性。

在独立权利要求1具备创造性的情况下，直接或间接从属于权利要求1的权利要求2~14也符合专利法第22条第3款的规定。

独立权利要求15、20、24均具有权利要求1与对比文件1的上述区别技术特征，因此与上述对权利要求1创造性评述相同的理由，权利要求15、20、24相对于对比文件1和本领域公知常识符合专利法第22条第3款的规定，具备创造性。

在独立权利要求15、20、24具备创造性的情况下，分别直接或间接从属于权利要求15、20的权利要求16~19、21~23也符合专利法第22条第3款的规定。

三、决定

撤销国家知识产权局于2003年2月14日对98800146.2号发明专利申请作出的驳回决定，由专利局实质审查部门以本复审决定所针对的文本为基础继续进行审批程序。

复审请求人对本决定不服的，可根据专利法第41条第2款的规定，自收到本决定之日起三个月内向北京市第一中级人民法院起诉。

020

用于电子器件监视的小尺寸和高信号波幅的磁-声标识器

复审请求审查决定（第9863号）

决　定　号　第9863号
决　定　日　2006年12月25日
发明创造名称　用于电子器件监视的小尺寸和高信号波幅的磁-声标识器
国际分类号　G08B 13/24
复审请求人　真空融化股份有限公司
申　请　号　00803568.7
申　请　日　2000年2月10日
公　开　日　2002年3月13日
合议组组长　丁惠玲
主　审　员　彭　燕
参　审　员　张惠军

法律依据　中国专利法第26条第4款
决定要点

如果权利要求中概括了较大的数值范围，而本领域技术人员在说明书充分公开的实施例的基础上，有理由怀疑该较大数值范围所包含的一些数值对应的技术方案不能解决本发明所要解决的技术问题，并达到相同的技术效果，则应当认为该项权利要求没有得到说明书的支持。

一、案由

本复审请求涉及名称为“用于电子器件监视的小尺寸和高信号波幅的磁-声标识器”的00803568.7号发明专利申请（下称本申请），申请人为真空融化股份有限公司，申请日为2000年2月10日，公开日为2002年3月13日。

2003年8月1日，国家知识产权局实质审查部门以本申请权利要求1、4、5、8~13、15~31、33~43不符合专利法第26条第4款的规定为由驳回了本申请，其中驳回决定所针对的独立权利要求1如下：

“1. 一种生产谐振器的方法，该谐振器在磁机械电子器件监视系统中用在装有产生偏置磁场的偏置元件的标识器中，所述方法包括下述步骤：

提供包含一种合金的平面铁磁带，所述合金的铁含量是至少15原子%，钴含量小于18原子%和镍含量至少25原子%，所述的铁磁带具有沿铁磁带最长方向伸长的带轴；

所述铁磁带退火，同时让所述的铁磁带受到至少一个与所述带轴垂直取向的磁场和沿所述带轴施加的张应力的作用，以得到退火的铁磁带；

从所述的铁磁带切下片，这些片分别具有基本相同的长度和基本相同的宽度，所述的片在±500Hz 的所述磁场中具有各自的共振频率；以及

将至少两个所述的片配准放置以构成多重谐振器。”

驳回决定认为：权利要求 1、4、5、8~13、15~31、33~43 中涉及的一些参数的数值范围概括过宽，得不到说明书的支持，不符合专利法第 26 条第 4 款的规定。

申请人真空融化股份有限公司（以下称复审请求人）对上述驳回决定不服，于 2003 年 11 月 17 日向国家知识产权局专利复审委员会提交了复审请求，并提交了说明书第 1~30 页的修改替换页，认为通过将权利要求书的内容补入说明书中，使之得到说明书形式上的支持。

经形式审查合格后，国家知识产权局专利复审委员会受理了该复审请求，并于 2003 年 12 月 8 日向复审请求人发出《复审请求受理通知书》，于同日向国家知识产权局原实质审查部门发出了《前置审查通知书》。

原实质审查部门对本复审请求进行了前置审查，在前置审查意见中，原实质审查部门仍坚持原驳回决定。

国家知识产权局专利复审委员会依法组成合议组，对本复审请求案进行了审理。

合议组于 2006 年 5 月 30 日向复审请求人发出复审通知书，指出：本申请权利要求 1、4、5、8~13、15~31、33~43 中涉及的一些参数的数值范围概括过宽，得不到说明书的支持，不符合专利法第 26 条第 4 款的规定；复审请求人在提出复审请求时将权利要求书的内容补入说明书中仅仅是使上述权利要求得到说明书形式上的支持，但是并不能说明得到了说明书实质上的支持，因而未能克服权利要求不符合专利法第 26 条第 4 款规定的缺陷。

针对上述复审通知书，复审请求人于 2006 年 9 月 14 日提交了意见陈述书和权利要求书修改替换页，将权利要求 1 至 43 修改为权利要求 1 至 19。复审请求人认为：修改后的权利要求 1 中的铁含量为 22%~26% 这一数值范围可以得到说明书表 I 中的实施例和第 4 页第 13~14 行公开的实例的支持；另外，由说明书中公开的优选为 24 的铁含量，本领域普通技术人员可以理解本申请也公开了这个值附近的小的变化，类似地，所有权利要求中涉及参数的数值范围的概括也都可以从说明书中公开的各优选方案理解为本申请也公开了这些优选方案值附近的小的变化，从而认为修改后的权利要求 1 至 19 得到了说明书的支持。

修改后的独立权利要求 1 为：

“1. 一种生产谐振器的方法，该谐振器在磁机械电子器件监视系统中用在装有产生偏置磁场的偏置元件的标识器中，所述方法包括下述步骤：

—提供包含一种合金的平面铁磁带，所述的铁磁带具有沿铁磁带最长方向伸长的带轴，其中所述的平面铁磁带是无定形带，该带的组成是 $Fe_aCo_bNi_cSi_xB_yM_z$，式中 a、b、c、x、y 和 z 是以原子% 表示的，其中 M 是至少一种选自 C、P、Ge、Nb、Ta 和 Mo 的促进玻璃生成元素，和/或至少一种选自 Cr 和 Mn 的过渡金属，其中

$22 \leqslant a \leqslant 26$

$8 \leqslant b \leqslant 14$

$44 \leqslant c \leqslant 52$

$0.5 \leqslant x \leqslant 5$

$12 \leqslant y \leqslant 18$

$0 \leqslant z \leqslant 2$

$15 \leqslant x+y+z \leqslant 20$

并且 $a+b+c+x+y+z=100$；

—所述铁磁带退火，同时让所述的铁磁带受到至少一个与所述带轴垂直取向的磁场和沿所述带轴施加的张应力的作用，以得到退火的铁磁带；

—从所述的铁磁带切下片，这些片分别具有基本相同的长度和基本相同的宽度，所述的片在±500Hz 的所述磁场中具有各自的共振频率；以及

—将至少两个所述的片配准放置以构成多重谐振器。”

至此，合议组认为本案事实已经清楚，可以做出复审请求审查决定。

二、决定的理由

1. 审查的基础

本复审请求审查决定以复审请求人于 2006 年 9 月 14 日提交的权利要求第 1～19 项、2003 年 11 月 17 日提交的说明书第 1 至 30 页、进入中国国家阶段时提交的国际申请文件的文本的附图第 1 至 6 页以及摘要为审查基础。

2. 关于专利法第 26 条第 4 款

专利法第 26 条第 4 款规定：权利要求书应当以说明书为依据，说明要求专利保护的范围。

具体地说，权利要求书应当以说明书为依据，是指权利要求应当得到说明书的支持。权利要求书中的每一项权利要求所要求保护的技术方案应当是所属技术领域的技术人员能够从说明书充分公开的内容中得到或概括得出的技术方案，并且不得超出说明书公开的范围。

权利要求通常由说明书记载的一个或者多个实施方式或实施例概括而成。如果权利要求的概括使所属技术领域的技术人员有理由怀疑该上位概括或并列概括所包含的一种或多种下位概念或选择方式不能解决发明或者实用新型所要解决的技术问题，并达到相同的技术效果，则应当认为该项权利要求没有得到说明书的支持。

针对本申请而言，在修改后的权利要求书中：

（1）权利要求 1 要求保护一种生产谐振器的方法，其中限定了平面铁磁带的组成成分 $Fe_aCo_bNi_cSi_xB_yM_z$ 涉及的 a、b、c、x、y 和 z 的数值范围，即 $22 \leqslant a \leqslant 26$、$8 \leqslant b \leqslant 14$、$44 \leqslant c \leqslant 52$、$0.5 \leqslant x \leqslant 5$、$12 \leqslant y \leqslant 18$、$0 \leqslant z \leqslant 2$、$15 \leqslant x+y+z \leqslant 20$，对于所限定的这些数值范围，其中：

（I）对于 $22 \leqslant a \leqslant 26$、$8 \leqslant b \leqslant 14$、$44 \leqslant c \leqslant 52$、$15 \leqslant x+y+z \leqslant 20$ 的描述在说明书第 27 页第 11～13 行已有相同的记载，且由于说明书的试验表 I 中列出的合金组成中当 Fe 元素的 a 为 24、27 即相差 3 的数值时饱和磁化强度和饱和磁致伸缩的数值相差不大，由此，本领域普通技术人员可以合理地预测合金材料中 Fe 元素的 a 值选择为 24±3 和 27±3 的范围内的数值时形成的合金材料具有相类似的性质，因此，合议组认为在权利要求 1 中将合金材料中 Fe 元素的 a 限定在 22～26 的范围内是得到了说明书的支持的；同样，由于说明书的试验表 I 中列出的合金组成中当 Co 元素的 b 为 10～13 的数值即相差 3 的数值时饱和磁化强度和饱和磁致伸缩的数值相差不大，因此，本领域普通技术人员可以合理地预测合金材料中 Co 元素的 b 值选择在 10±3 和 13±3 的范围内的数值时形成的合金材料具有相类似的性质，故而，合议组认为在权利要求 1 中将合金材料中 Co 元素的 b 限定在 8～14 的范围内是可以得到说明书支持的；同样，由于说明书的试验表 I 中列出的合金组成中当 Ni 元素的 c 为 44.5～48 的数值即相差 3.5 的数值时饱和磁化强度和饱和磁致伸缩值相差不大，因此，本领域普通技术人员可以合理地预测合金材料中 Ni 元素的 c 值选择在 44.5±3.5 和 48±3.5 的范围内的数值形成的合金材料具有相类似的性质，故而，合议组认为在权利要求 1 中把合金材料中 Ni 元素的 c 限定在 44～52 的范围内是可以得到说明书支持的，即合议组认为复审请求人关于权利要求 1 中对 a、b、c、x+y+z 的数值的限

定可以得到说明书支持的理由是成立的；

（Ⅱ）但是，关于权利要求 1 的合金组成中与 Si、B 及选自 C、P、Ge、Nb、Ta 和 Mo 中至少一种的 M 元素对应的 x、y、z 值，合议组认为，说明书的试验表中列出的能够实现本申请获得具有高信号波幅的磁声标识器这一发明目的的数值只公开了其分别为 x 在 1 到 2 的范围、y 在 16 到 17 的范围、z 为 0，即 x、y 的数值变化范围仅在±1，而且，本领域普通技术人员都知道，Si、B、C、P、Ge、Nb、Ta 和 Mo 等为生成玻璃的元素，其微量的添加将会明显减小所组成的合金材料的饱和磁化强度和饱和磁致伸缩，从而将大大地改变所形成的合金材料的性质、不适宜制作出具有本发明技术效果的谐振器，因此，本领域普通技术人员根据说明书中所公开的数值只能合理推知 x 在 1±1 到 2±1 的范围、y 在 16±1 到 17±1 的范围、z 为 0 时所形成的合金具有相同的性质，可以实现本发明的目的，即本领域普通技术人员只能合理推知 x 在 0 到 3 的范围、y 在 15 到 18 的范围、z 为 0，而不能合理地推知权利要求 1 所限定的 x、y、z 的范围中除上述合理推知的范围之外的数值即当 3′x′5、12′y′15. 0′z′2 时所形成的合金也具有与说明书中所选取的制作实现本发明的目的的谐振器的合金相同的性质，因而。合议组认为，权利要求 1 中限定的合金组成中对其他元素 Si、B 及选自 C、P、Ge、Nb、Ta 和 Mo 中至少一种的 M 的 x、y、z 值概括的数值范围过宽，得不到说明书支持，

基于上述理由，合议组认为，本申请独立权利要求 1 要求保护的技术方案不符合专利法第 26 条第 4 款的规定。

（2）独立权利要求 13 要求保护的谐振器中也限定了与独立权利要求 1 同样数值范围的合金组成，因此，基于与独立权利要求 1 同样的理由，独立权利要求 13 中与合金组成中 Si、B 及选自 C、P、Ge、Nb、Ta 和 Mo 中至少一种的 M 元素对应的 x、y、z 值概括的数值范围同样过宽，得不到说明书支持，

故而，合议组认为，本申请独立权利要求 13 要求保护的技术方案也不符合专利法第 26 条第 4 款的规定。

3. 关于复审请求人的意见

复审请求人在答复“复审通知书”时只列举了权利要求 1、13 所限定的合金中 Fe 元素的 a 值是本领域技术人员根据说明书中公开的 24 的优选值附近进行的小的变化，是可以得到说明书支持的，但对权利要求 1、13 所限定的与其他合金元素如 Si、B 及选自 C、P、Ge、Nb、Ta 和 Mo 中至少一种的 M 元素对应的 x、y、z 值的限定得不到说明书支持的意见却未做任何意见陈述，且正如前面所评述的，本领域普通技术人员根据说明书中公开的内容不能合理地预测权利要求 1、13 中 x、y、z 数值所概括的全部范围所形成的合金都具有同样的性质、并最终制作出具有本发明效果的谐振器，因此，合议组认为权利要求 1、13 概括的范围过宽，得不到说明书的支持。

综上所述，本申请权利要求书经修改后仍存在驳回决定中指出的权利要求得不到说明书的支持的缺陷，不符合专利法第 26 条第 4 款的规定，复审请求人的理由不成立。

三、决定

维持国家知识产权局于 2003 年 8 月 1 日对 00803568.7 号发明专利申请作出的驳回决定。

复审请求人对本决定不服的，可以根据专利法第 41 条第 2 款的规定，自收到本决定之日起三个月内向北京市第一中级人民法院起诉。

021

光纤电缆的进线装置

复审请求审查决定（第9887号）

决　　定　　号 第9887号
决　　定　　日 2006年12月5日
发明创造名称 光纤电缆的进线装置
国 际 分 类 号 G02B 6/50
复 审 请 求 人 普耶股份有限公司
申　　请　　号 99111246.6
申　　请　　日 1999年8月3日
优 先 权 日 1998年8月4日
公　　开　　日 2000年3月29日
合 议 组 组 长 徐媛媛
主　　审　　员 杜微科
参　　审　　员 张　华

法 律 依 据 专利法第22条第3款
决 定 要 点

权利要求与对比文件相比，二者所要解决的技术问题、采取的技术方案都存在实质性区别，该权利要求相对于对比文件具有突出的实质性特点和显著的进步，具有创造性。

一、案由

本复审请求涉及申请日为1999年8月3日，优先权日为1998年8月4日，公开日为2000年3月29日，发明名称为“光纤电缆的进线装置”的发明专利申请（下称本申请），其申请号是99111246.6，申请人为普耶股份有限公司。

在本申请的实质审查过程中，国家知识产权局于2005年5月13日以权利要求1、8、9相对于对比文件1（WO9712268A1）不具有创造性，不符合专利法第22条第3款的规定为由驳回了本申请，驳回决定所依据的文本是：申请人于2004年10月28日提交的权利要求第1~9项、说明书第2、3页，2004半5月17日提交的说明书第1、4~7页和说明书摘要，1999年8月3日提交的摘要附图和说明书附图第1~9页。

驳回决定针对的权利要求1、8、9为：

“1. 一个将含有光纤（4）的光缆（1）密封引入接线盒（8）里、并穿过为此目的而设计的进线通道（11）的光纤电缆进线装置，其特征在于：

光缆（1）在进入接线盒（8）里之前，该光缆的光缆加强芯（5、6）中央轴向加强芯（7）都已事先安装并固定在所述光纤电缆进线装置上；光缆外壳（2）直接固定在所述光纤电缆进线装置上，即固定在光纤电缆进线装置的密封填料体上；该光纤电缆进线装置通过插入的方式被接纳到接线盒（8）里，被一个锁定叉件（32）锁定在所述接线盒里。

8. 根据权利要求 1 或 7 所述的光纤电缆进线装置，其特征在于：所述的进线通道（11）是通过一个匹配件（12）实现的，匹配件装配在接线盒（8）的标准进线孔（67）内。

9. 根据权利要求 1 或 7 所述的光纤电缆进线装置，其特征在于：所述的进线通道（11）是由一个匹配件和接线盒（8）构成的。"

驳回的具体理由为：对比文件 1 中的转接盘相当于权利要求 1 中的光纤电缆进线装置，对比文件 1 中的端板组件相当于权利要求 1 中的锁定叉件，权利要求 1 相对于对比文件 1 和公知常识的结合不具有创造性；权利要求 8、9 的附加技术特征是本领域技术人员经常采用的技术手段，在权利要求 1 不具有创造性时，权利要求 8、9 也不具有创造性。

申请人普耶股份有限公司（下称复审请求人）不服该驳回决定，于 2005 年 8 月 29 日向国家知识产权局专利复审委员会提出复审请求。复审请求人认为，本申请与对比文件 1 解决的技术问题不同，采取的技术方案不同，产生的技术效果不同，本申请相对于对比文件 1 公开的转接盘 10 相比具有实质性的区别，二者实现的功能和结构完全不同，因此权利要求 1、8、9 相对于对比文件 1 具有创造性。请求人在提出复审请求时未对申请文件进行修改。

经形式审查合格后，专利复审委员会受理了该复审请求，并于 2005 年 9 月 21 日向复审请求人发出复审请求受理通知书，同时将本案送至原实质审查部门进行前置审查。

原实质审查部门在前置审查意见书中坚持原驳回决定。

合议组于 2006 年 8 月 10 日向复审请求人发出复审通知书，合议组认为，由于权利要求 1 以及权利要求 8、9 引用权利要求 1 的部分的保护范围不清楚，导致合议组无法对驳回决定中指出的权利要求 1、8、9 不具有创造性的驳回理由做出准确、客观的认定，因此有必要依职权根据专利法实施细则第 20 条 1 款的规定对权利要求 1、8、9 进行审查。权利要求 1 请求保护一种光纤电缆进线装置，属于装置权利要求，但是在权利要求 1 中却使用该装置的使用方法对进线装置进行限定。根据本申请说明书实施例部分和附图的记载，本申请所涉及的进线装置能够清楚地用结构特征进行限定，不属于无法用结构特征进行清楚地表征的情形，用方法特征对权利要求 1 进行限定导致权利要求 1 的主题名称和技术内容不对应，导致本领域技术人员无法清楚地确定权利要求 1 的保护范围，因此权利要求 1 不符合专利法实施细则第 20 条 1 款的规定。

针对上述复审通知书，复审请求人于 2006 年 9 月 25 日向合议组提交了意见陈述书及修改后的权利要求书，复审请求人对权利要求 1 进行了修改并删除了原权利要求 8、9，修改后的权利要求 1 为：

"1. 一钟将含有光纤（4）的光缆（1）密封引入接线盒（8）里、并穿过为此目的而设计的进线通道（11）的光纤电缆进线装置，所述进线通道（11）由一个带有接线盒（8）的匹配件制成，其特征在于：

该光纤电缆进线装置包括：

一个金属固定板（16），用于固定光缆加强芯（5、6、7）；

一个密封管体（17），固定光缆外壳（2），该密封管体具有多个密封装置；

锁定叉件（32）；

所述金属固定板（16）和密封管体（17）通过插入的方式被接纳到进线通道（11）里，被锁定叉件（32）锁定在接线盒（18）里。"

在上述工作的基础上，合议组认为本案事实已经清楚，可以依法作出复审决定。

二、决定的理由

1. 复审决定所依据的文本

本复审决定依据的文本为请求人于2004年5月17日提交的说明书第1、4~7页和说明书摘要，2004年10月28日提交的说明书第2、3页，1999年8月3日提交的摘要附图和说明书附图1~9页，2006年9月25日提交的权利要求第1~7项、

2. 专利法第22条3款

专利法第22条第3款规定，创造性，是指同申请日以前已有的技术相比，该发明有突出的实质性特点和显著的进步。

权利要求1请求保护一种光纤电缆进线装置，用于将含有光纤（4）的光缆（1）密封引入接线盒（8）里，其包括金属固定板（16）密封管体（17）锁定叉件（32）等部件。

对比文件1涉及一种光纤光缆接头盒，其用于将现有的电缆盒转换成适用于光纤的光缆接头盒，其中具体公开了以下技术内容（参见说明书第7页倒数第2段至第9页第3段）：“接头盒8包括两个端板组件12，盒底座9和盒盖11”，“每个端板组件12上有缆线入口，此端板组件适合于安装以下要描述的转接盘10，或者用一个端板组件塞与外界隔绝”，“接头盒组合装置包括一个转接盘，用于改变端板组件的开孔以适合一个或多个较小直径光缆”，“转接盘10是装配到普通导电电缆接头盒组合装置8的端板组件12内”。

合议组认为，根据对比文件1说明书的记载，可知对比文件1中的端板组件12是普通导电电缆接头盒组合装置的一部分，转接盘10被装配到端板组件12内。与对比文件1不同的是，权利要求1中的锁定叉件是一个独立于接线盒的单独部件，其作用是将金属固定板和密封管体锁定在接线盒内，故锁定叉件与对比文件1中的端板组件12具有实质性区别；对比文件1中的转接盘10被固定在端板组件12内并被用于固定光缆14，其与权利要求1中用于固定光缆加强芯的金属固定板在结构以及作用上亦具有实质性区别。

综上所述，合议组认为与对比文件1相比，权利要求1所要解决的技术问题不同，采取的技术方案不同，因此权利要求1相对于对比文件1具有突出的实质性特点和显著的进步，具有创造性，符合专利法第22条第3款的规定。

基于上述理由，合议组做出决定如下。

三、决定

撤销国家知识产权局于2003年1月3日做出的驳回决定，由原审查部门在请求人于2004年5月17日提交的说明书第1、4~7页和说明书摘要，2004年10月28日提交的说明书第2、3页，1999年8月3日提交的摘要附图和说明书附图1~9页，2006年9月25日提交的权利要求第1~7项的基础上继续本发明专利申请的审查程序。

请求人对本决定不服的，可以根据专利法第41条第2款的规定，自收到本决定之日起三个月内向北京市第一中级人民法院起诉。

022

等离子体显示板

复审请求审查决定（第9913号）

决　　定　　号　第9913号
决　　定　　日　2006年12月25日
发明创造名称　等离子体显示板
国 际 分 类 号　G09G 3/28
复 审 请 求 人　株式会社日立制作所
申　　请　　号　00102241.5
申　　请　　日　2000年2月18日
公　　开　　日　2000年9月27日
合议组组长　张惠军
主　　审　　员　宋　瑞
参　　审　　员　张春伟

法 律 依 据　专利法第26条第4款，专利法实施细则第20条第1款
决 定 要 点

如果说明书中给出了多个实施例，本领域技术人员可以通过合理概括多个实施例的技术方案以获得权利要求的保护范围。

一、案由

本复审请求涉及申请日为2000年2月18日，优先权日为1999年3月18日，名称为“等离子体显示板”的发明专利申请（下称本申请），其申请号为00102241.5，公开日为2000年9月27日，申请人为富士通株式会社。

国家知识产权局专利局实质审查部门依申请人的请求对本申请进行了实质审查，于2002年11月8日发出第一次审查意见通知书，指出权利要求1~3得不到说明书的支持，不符合专利法第26条第4款的规定；权利要求1~3、6~10、13、14、16~21不符合专利法实施细则第20条第1款的规定，同时指出本申请说明书不符合专利法实施细则第18条第1、2款的规定。

针对第一次审查意见通知书，申请人于2003年3月24日提交了意见陈述书以及权利要求书和说明书第1~5页的修改替换页。

国家知识产权局专利局实质审查部门于2003年8月22日发出第二次审查意见通知书，指出权利要求1、2、16、17、19、20不符合专利法第26条第4款的规定，权利要求1~3、5~22、24不符合专利法实施细则第20条第1款的规定。

针对第二次审查意见通知书，申请人于2003年11月6日提交了意见陈述书和权利要求书的修改替换页，修改后的权利要求书共包括26项权利要求，其中权利要求1、2的具体内容为：

“1. 一种等离子体显示板，包括：

多种磷（614、615、616），其每一种发射具有不同种颜色的光；

诸隔板（709、710、711、712），隔离所述多种磷；及

诸放电单元，带有产生表面放电以从所述磷（614、615、616）产生光发射的维持电极对（701、702、703、704），其特征在于：根据从所述多种磷（614、615、616）发射的每种光的亮度，把放电单元中通过每个所述维持电极对（701、702、703、704）的维持放电电流设置为不同值，使得低亮度磷的亮度被增大。

2. 一种等离子体显示板，包括：

多种磷（614、615、616），其每一种发射具有不同种颜色的光；

诸隔板（709、710、711、712），隔离所述多种磷；及

诸放电单元，带有产生表面放电以从所述磷（614、615、616）产生光发射的维持电极对（701、702、703、704），其特征在于：根据从所述多种磷（614、615、616）发射的每种光的亮度，把放电单元中所述维持电极对（701、702、703、704）的每个尺寸设置为不同尺寸，使得低亮度磷的亮度被增大。”

经过上述审查程序之后，国家知识产权局于2004年1月2日作出驳回决定，具体理由为：权利要求1中“把放电单元中通过每个所述维持电极对（701、702、703、704）的维持放电电流设置为不同值，使得低亮度磷的亮度被增大”的描述以及权利要求2中“把放电单元中所述维持电极对（701、702、703、704）的每个尺寸设置为不同尺寸，使得低亮度磷的亮度被增大”的描述得不到说明书的支持，认为从本申请说明书中只能得出“与亮度成反比设置维持电极的放电电流值”和“与亮度成反比设置维持电极的尺寸”的方案，因此权利要求1、2不符合专利法第26条第4款的规定，驳回决定针对的文本是：2003年11月6日提交的权利要求第1~26项；申请日提交的说明书第6~12页、附图第1~19页、说明书摘要和摘要附图以及2003年3月24日提交的说明书第1~5页。

申请人富士通株式会社（后变更为株式会社日立制作所，下称复审请求人）对上述驳回决定不服，于2004年4月9日向专利复审委员会提出了复审请求，其复审理由为：结合本申请图7，说明书公开了只对亮度低的单元改变电极宽度，而驳回决定中将这样的实施例从本申请的范围中排除了；而且权利要求1和2描述了“根据从所述多种磷发射的每种光的亮度，把放电单元中所述维持电极对的尺寸或维持电流值设置为不同尺寸或值”，对本领域技术人员提供了关于如何改变尺寸或维持电流的指导。复审请求人在提出复审请求时没有修改申请文件。

经形式审查合格后，专利复审委员会受理了上述复审请求，并于2004年5月11日向复审请求人发出复审请求受理通知书，并于同日向原审查部门发出前置审查通知书。

原审查部门在前置审查意见书中认为“结合图7，说明书公开了只对亮度低的单元改变电极宽度”所表述的是有关改变电极宽度来调整亮度，不能够作为对“维持放电电流设置为不同值”的支持，因此坚持原驳回决定。

专利复审委员会依法成立合议组对本复审请求进行审查。

合议组经审查，于2006年10月8日发出复审通知书，指出在本申请说明书中仅仅是通过将低亮度磷所在单元的维持放电电流设置得相对更大来实现增大低亮度磷发光亮度的目的，而按照权利要求1中“把放电单元中通过每个所述维持电极对的维持放电电流设置为不同值”的描述，则可能存在更多的说明书没有涉及的可能性，例如，可以不同程度地增大各种磷所在单元的维持放电电流，但是低亮度磷所在单元的维持放电电流增加较少，这样同样可以实现“使得低亮度磷的亮度被增大”，但是

显然这种情况并没有被本申请说明书所披露，也不能实现本申请的发明目的，因此，权利要求1得不到说明书的支持，不符合专利法第26条第4款的规定。根据类似的理由，权利要求2也不符合专利法第26条第4款的规定。同时，权利要求2、3、5~15、24、25、26中出现的“尺寸”一词含义不清楚，上述“尺寸”一词可能会存在“长、宽、体积、电极间距”等很多种理解，导致上述权利要求的保护范围不清楚，不符合专利法实施细则第20条第1款的规定。

针对上述复审通知书，复审请求人于2006年11月23日提交了意见陈述书和修改后的权利要求书替换页，修改后的权利要求书共包括26项权利要求，其中权利要求1和2的内容如下：

“1. 一种等离子体显示板，包括：

多种磷（614、615、616），其每一种发射具有不同种颜色的光；

诸隔板（709、710、711、712），隔离所述多种磷；及

诸放电单元，带有产生表面放电以从所述磷（614、615、616）产生光发射的维持电极对（701、702、703、704），其特征在于：根据从所述多种磷（614、615、616）发射的每种光的亮度，把低亮度磷所在的放电单元中的维持放电电流设置得大于不设有低亮度磷的放电单元中的维持放电电流，使得低亮度磷的亮度被增大。

2. 一种等离子体显示板，包括：

多种磷（614、615、616），其每一种发射具有不同种颜色的光；

诸隔板（709、710、711、712），隔离所述多种磷；及

诸放电单元，带有产生表面放电以从所述磷（614、615、616）产生光发射的维持电极对（701、702、703、704），其特征在于：根据从所述多种磷（614、615、616）发射的每种光的亮度，把低亮度磷所在的放电单元中所述维持电极对（701、702、703、704）的尺寸设置得大于不设有低亮度磷的放电单元中的维持电极对的尺寸，使得低亮度磷的亮度被增大。”

复审请求人认为，经修改后权利要求1和2得到了说明书的支持，并认为说明书图5B和图8的试验数据清楚地指出了在权利要求2、3、5~15、24、25和26中的“尺寸”为长宽之积，与维持放电电流成正比，因而这些权利要求是清楚的。

经过上述审查程序，合议组认为本案事实已经清楚，现依法作出复审决定。

二、决定的理由

1. 关于审查基础

本复审决定是以复审请求人于2006年11月23日提交的权利要求第1~26项、2003年3月24日提交的说明书第1~5页、申请日即2000年2月18日提交的说明书第6~12页、附图第1~19页、说明书摘要及摘要附图作为审查基础作出的。

2. 关于专利法实施细则第20条第1款

专利法实施细则第20条第1款规定：权利要求书应当说明发明或者实用新型的技术特征，清楚、简要地表述请求保护的范围。

复审通知书中指出本申请权利要求2、3、5~15、24、25、26中出现的“尺寸”一词含义不清楚，上述“尺寸”一词可能会存在“长、宽、体积、电极间距”等很多种理解，导致上述权利要求的保护范围不清楚，不符合专利法实施细则第20条第1款的规定。

复审请求人在针对复审通知书的意见陈述书中对本申请权利要求中“尺寸”一词的含义进行了解释，认为“尺寸”在本申请中的含义是确定的，表示长宽之积，并且尺寸与维持放电电流成正比，上述观点能够得到说明书图5、图8的试验数据的支持。

合议组经审查认为，图5B显示了维持电极面积与亮度之间的关系。从图5可以看出，当维持电

极具有相同宽度时，放电电流随维持电极长度的增加而增加，当维持电极长度一定时，两倍宽度时的放电电流更大。从图 8 及说明书中相对应的文字说明可知，本申请通过改变每根电极的尺寸，从而改变放电电流，并在说明书第 12 页倒数第 3 段指出，“在上述公开的实施例中，相对延伸蓝色和绿色电极以增长蓝色和绿色磷的亮度。然而，有可能任意改进红、绿、蓝电极的面积从而产生特定的白色温度。”结合说明书和附图可以确定，在本申请中，“尺寸”具有确定的含义，其表示电极的面积。因而，复审请求人的上述解释是合理的，且能够得到说明书的支持，权利要求中的“尺寸”一词的含义是清楚的，因此权利要求 2、3、5~15、24、25、26 符合专利法实施细则第 20 条第 1 款的规定。

3. 关于专利法第 26 条第 4 款

专利法第 26 条第 4 款规定：权利要求书应当以说明书为依据，说明要求专利保护的范围。

如果说明书中给出了多个实施例，本领域技术人员可以通过合理概括多个实施例的技术方案以获得权利要求的保护范围。

驳回决定中指出：权利要求 1 和 2 中仅仅表述将电流设置为不同值或将放电单元中所述维持电极对的每个尺寸设置为不同尺寸，而权利要求 1 和 2 中“使得低亮度磷的亮度被增大”也不足以使得本领域普通技术人员能够想象得出除了说明书所述的与亮度成反比设置电流值或维持电极的尺寸以外的其他设置方式。

经审查，本申请说明书中不仅给出了与亮度成反比设置电流值或维持电极的尺寸的实施例，还包括其他的设置方式，例如在本申请说明书的第一实施例（参见图 7）中，低亮度磷的蓝色放电单元中的电极尺寸是红、绿电极的两倍，由此使得蓝色放电单元中维持放电电流为红、绿放电单元中的两倍，可见在该实施例中就只是单纯增加了蓝色放电单元中的电极尺寸，从而单独增加了蓝色单元中的维持电流值。

本申请的复审通知书中指出在本申请说明书中仅仅是通过将低亮度磷所在单元的维持放电电流设置得相对更大来实现增大低亮度磷发光亮度的目的，而按照权利要求 1 中“把放电单元中通过每个所述维持电极对的维持放电电流设置为不同值”的描述，则可能存在更多的说明书没有涉及的可能性，例如，可以不同程度地增大各种磷所在单元的维持放电电流，但是低亮度磷所在单元的维持放电电流增加较少，这样同样可以实现“使得低亮度磷的亮度被增大”，但是显然这种情况并没有被本申请说明书所披露，也不能实现本申请的发明目的，因此，权利要求 1 得不到说明书的支持，不符合专利法第 26 条第 4 款的规定。根据类似的理由，权利要求 2 也不符合专利法第 26 条第 4 款的规定。

在复审请求人答复复审通知书时所提交的权利要求书中，权利要求 1 将原来的特征“把放电单元中通过每个所述维持电极对的维持放电电流设置为不同值”进一步限定为“把低亮度磷所在的放电单元中的维持放电电流设置得大于不设有低亮度磷的放电单元中的维持放电电流”，当前的权利要求 2 将原来的特征“把放电单元中所述维持电极对的每个尺寸设置为不同尺寸”进一步限定为“把低亮度磷所在的放电单元中所述维持电极对的尺寸设置得大于不设有低亮度磷的放电单元中的维持电极对的尺寸”，权利要求 1 和权利要求 2 的技术方案是可以从说明书的实施例 1~13 中概括得出的，符合专利法第 26 条第 4 款的规定。

综上所述，本申请已经克服了驳回决定和复审通知书中所指出的缺陷，故作出如下决定。

三、决定

在复审请求人所作修改的基础上，撤销国家知识产权局于 2004 年 1 月 2 日对 00102241.5 号发明专利申请作出的驳回决定，由原实质审查部门以本复审决定所针对的文本为基础继续进行审批程序。

复审请求人对本决定不服的，可根据专利法第 41 条第 2 款的规定，自收到本决定之日起三个月内向北京市第一中级人民法院起诉。

023

加氢处理催化剂和用所述催化剂使烃类原料加氢处理的方法

复审请求审查决定（第9923号）

决　定　号　第9923号
决　定　日　2006年12月25日
发明创造名称　加氢处理催化剂和用所述催化剂使烃类原料加氢处理的方法
国际分类号　C10G 45/08，B01J 35/10
复审请求人　日本凯特杰恩有限公司，阿尔伯麦尔荷兰公司
申　请　号　99807419.5
申　请　日　1999年5月11日
优　先　权　日　1998年5月11日
公　开　日　2001年7月25日
合议组组长　赵　明
主　审　员　王　冬
参　审　员　崔　震

法　律　依　据　专利法第22条第3款，专利法第33条
决　定　要　点

在判断一项权利要求的创造性时，首先应当将权利要求所述的技术方案与最接近的现有技术进行比较，找出它们的区别技术特征，确定本发明实际所要解决的技术问题，然后再考察现有技术中是否存在着将上述区别技术特征应用到该最接近的现有技术中以解决本发明实际所要解决的技术问题的技术启示。如果不存在这样的技术启示，则该权利要求具备创造性。

一、案由

本复审请求涉及申请人日本凯特杰恩有限公司和阿克佐诺贝尔公司（后变更为阿尔伯麦尔荷兰公司）于1999年5月11日申请，2001年7月25日公开，名称为“加氢处理催化剂和用所述催化剂使烃类原料加氢处理的方法”的第99807419.5号发明专利申请（下称本申请）。

国家知识产权局实审部门于2002年8月2日发出第一次审查意见通知书，指出：独立权利要求5、7与独立权利要求1所要求保护的技术方案不属于一个总的发明构思，不具备单一性，不符合专利法第31条第1款的规定；权利要求1~9描述不清楚，不符合专利法实施细则第20条第1款的规定。

针对第一次审查意见通知书指出的缺陷，申请人于2002年12月16日提交了意见陈述书及经修改的权利要求书替换页（修改文本1）。

针对申请人提交的权利要求书修改替换页，国家知识产权局实审部门于 2003 年 5 月 9 日发出第二次审查意见通知书，指出修改后的权利要求 1~12 相对于对比文件 1（US5472928A，公开日为 1995 年 12 月 5 日）和对比文件 2（US4547485A，公开日为 1985 年 10 月 15 日）不具有创造性，不符合专利法第 22 条第 3 款的规定。

申请人于 2003 年 9 月 11 日提交了意见陈述书及经修改的权利要求书替换页（修改文本 2），并具体陈述了修改后的权利要求 1~7 相对于对比文件 1 和 2 具有创造性的理由。

修改后的权利要求书（修改文本 2）内容如下：

“1. 一种在载体上含有按三氧化物计 1~7 重量% 的第 VI 族金属组分和按 P_2O_5 计至多 3 重量% 的磷的球形催化剂组合物，所述催化剂的粒度为 0.5~7 毫米，总孔体积为 0.5~1.3 毫升/克，平均孔径为 15~30 纳米以及直径大于 100 纳米的孔的孔体积为 15~25%，载体颗粒的芯部分和它们的表面部分之间的密度没有明显的差别。

2. 根据权利要求 1 的催化剂组合物，它的粒度为 2~7 毫米，平均孔径为 17-25 纳米。

3. 根据权利要求 1 或 2 的催化剂组合物，它的磨损率小于 0.5 重量%，

4. 根据权利要求 1 或 2 的催化剂组合物，它含 VIII 族金属组分。

5. 根据权利要求 4 的催化剂组合物，按氧化物计，它含 0.1~3 重量% 的第 VIII 族金属组分。

6. 一种含金属的原料的加氢处理方法，其中含金属的原料在温度 300~450℃、氢分压 20~220 巴和液时空速 0.1~10 小时$^{-1}$下与上述权利要求中任一项的催化剂接触。

7. 根据权利要求 6 的方法，它为移动床法或沸腾床法。”

国家知识产权局实审部门于 2004 年 2 月 27 日发出第三次审查意见通知书，仍然认为权利要求1~7（修改文本 2）相对于对比文件 1 和 2 不具备专利法第 22 条第 3 款规定的创造性。

申请人于 2004 年 5 月 12 日针对第三次审查意见通知书提交了意见陈述书，但对权利要求书未作修改。

国家知识产权局实审部门于 2004 年 10 月 1 日发出第四次审查意见通知书，指出：权利要求 1~7（修改文本 2）相对于新的对比文件 1（EP0704239A2，公开日为 1996 年 4 月 3 日）和对比文件 2（US5472928A，公开日为 1995 年 12 月 5 日）不具有创造性，不符合专利法第 22 条第 3 款的规定。

申请人针对第四次审查意见通知书于 2005 年 2 月 5 日提交了意见陈述书，认为，本申请权利要求 1~7（修改文本 2）相对于新的对比文件 1 和 2 具有创造性。

国家知识产权局实审部门于 2005 年 8 月 12 日驳回了本申请，理由是权利要求 1~7（修改文本 2）相对于新的对比文件 1 和 2 不具有创造性，不符合专利法第 22 条第 3 款的规定。

申请人（以下称请求人）对上述驳回决定不服，于 2005 年 11 月 24 日向专利复审委员会提出复审请求，同时提交了经修改的权利要求书替换页（修改文本 3），将修改文本 2 中权利要求 3 的内容加入到独立权利要求 1 中组成新的权利要求 1。

经修改的权利要求书为：

“1. 一种在载体上含有按三氧化物计 1~7 重量% 的第 VI 族金属组分和按 P_2O_5 计至多 3 重量% 的磷的球形催化剂组合物，所述催化剂的磨损率小于 0.5 重量%，粒度为 0.5~7 毫米，总孔体积为 0.5~1.3 毫升/克，平均孔径为 15~30 纳米以及直径大于 100 纳米的孔的孔体积为 15~25%，载体颗粒的芯部分和它们的表面部分之间的密度没有明显的差别。

2. 根据权利要求 1 的催化剂组合物，它的粒度为 2~7 毫米，平均孔径为 17~25 纳米。

3. 根据权利要求 1 或 2 的催化剂组合物，它含 VIII 族金属组分。

4. 根据权利要求3的催化剂组合物，按氧化物计，它含0.1~3重量%的第VIII族金属组分。

5. 一种含金属的原料的加氢处理方法，其中含金属的原料在温度300~450℃、氢分压20~220巴和液时空速0.1~10小时$^{-1}$下与上述权利要求中任一项的催化剂接触。

6. 根据权利要求5的方法，它为移动床法或沸腾床法。"

形式审查合格后，专利复审委员会受理了该复审请求，并于2005年12月15日向请求人发出复审请求受理通知书，并向原审查部门发出了前置审查通知书。

原实审部门对本复审请求进行了前置审查，前置审查意见书中认为，修改后的权利要求1是将原权利要求1和3进行了合并，而该权利要求要求保护的技术方案已经在驳回决定中评述过，因此坚持原驳回决定。

专利复审委员会依法组成合议组，对本复审请求进行了审理。合议组于2006年4月27日向请求人发出复审通知书，指出新修改的权利要求1（修改文本3）中，所述"按P_2O_5计至多3重量%的磷的球形催化剂组合物"实质上是指"按P_2O_5计含有0~3重量%的磷的球形催化剂组合物"，但根据原说明书的记载，活性组分磷可选择性地存在于本申请催化剂组合物中，如果催化剂不含有第Ⅷ族金属组分，按P_2O_5计，磷的数量优选为0.1~5重量%、更优选0.5~3重量%，由此可见，原说明书中仅公开了磷的数量可以为0，或者按P_2O_5计，磷的数量为0.1~5重量%或0.5~3重量%，而新修改的权利要求1中所述磷的含量为0~3重量%，其并没有记载在原申请文件中，并且也不能根据原说明书和权利要求书记载的内容直接地、毫无疑异地导出，因此，权利要求1的修改超出了原权利要求书和说明书记载的范围，不符合专利法第33条的规定。

请求人于2006年5月24日提交了意见陈述书和修改后的权利要求书替换页（修改文本4），修改后的权利要求书内容如下：

"1. 一种在载体上含有按三氧化物计1~7重量%的第VI族金属组分，当不含VIII族金属组分时含按P_2O_5计0.1~5重量%的磷和当不含磷时含VIII族金属组分的球形催化剂组合物，所述催化剂的磨损率小于0.5重量%，粒度为0.5~7毫米，总孔体积为0.5~1.3毫升/克，平均孔径为15~30纳米以及直径大于100纳米的孔的孔体积为15~25%，载体颗粒的芯部分和它们的表面部分之间的密度没有明显的差别。

2. 根据权利要求1的催化剂组合物，它的粒度为2~7毫米，平均孔径为17~25纳米。

3. 根据权利要求1的催化剂组合物，按氧化物计，它含0.1~3重量%的第VIII族金属组分。

4. 一种含金属的原料的加氢处理方法，其中含金属的原料在温度300~450℃、氢分压20~220巴和液时空速0.1~10小时$^{-1}$下与上述权利要求中任一项的催化剂接触。

5. 根据权利要求4的方法，它为移动床法或沸腾床法。"

至此，合议组认为本案事实清楚，可以作出审查决定。

二、决定的理由

1. 关于审查文本

针对复审通知书，请求人于2006年5月24日提交了修改后的权利要求书替换页（修改文本4），其中修改后的权利要求1对磷的含量作了修改，修改后的内容已经明确记载在原说明书中（参见说明书第2页第12~15行），因此，新修改的权利要求1没有超出原说明书和权利要求书记载的范围，符合专利法第33条的规定。另外，请求人提交的上述权利要求书修改替换页是针对复审通知书中指出的缺陷进行的修改，符合专利法实施细则第60条第1款的规定，因此予以接受。故以请求人于2006年5月24日提交的权利要求第1~5项以及进入中国国家阶段时提交的说明书第1~9页和说明书摘要为本复审决定所针对的审查文本。

2. 关于创造性

专利法第 22 条第 3 款规定，创造性是指同申请日以前已有的技术相比，该发明有突出的实质性特点和显著的进步。

在判断一项权利要求的创造性时，首先应当将权利要求所述的技术方案与最接近的现有技术进行比较，找出它们的区别技术特征，确定本发明实际所要解决的技术问题，然后再考察现有技术中是否存在着将上述区别技术特征应用到该最接近的现有技术中以解决本发明实际所要解决的技术问题的技术启示。如果不存在这样的技术启示，则权利要求具备创造性。

就本案而言，请求人于 2006 年 5 月 24 日提交的权利要求 1 要求保护一种在载体上含有按三氧化物计 1~7 重量% 的第 VI 族金属组分，当不含 VIII 族金属组分时含按 P_2O_5 计 0.1~5 重量% 的磷和当不含磷时含 VIII 族金属组分的球形催化剂组合物，所述催化剂的磨损率小于 0.5 重量%，粒度为 0.5~7 毫米，总孔体积为 0.5~1.3 毫升/克，平均孔径为 15~30 纳米以及直径大于 100 纳米的孔的孔体积为 15~25%，载体颗粒的芯部分和它们的表面部分之间的密度没有明显的差别。对比文件 1（EP0704239A2）公开了一种加氢处理催化剂组合物，并具体公开了以下的技术特征：（1）该催化剂包含一种载体，在该载体上含有按金属计 2~8wt% 的第 VI 族金属组分，（2）含有按 P_2O_5 计至多 10wt% 的磷，（3）催化剂颗粒是球形的，催化剂颗粒大小通常为 1~10mm，（4）总孔体积为 0.5~1.0 毫升/克，（5）平均孔径为 18~30 纳米，可见，权利要求 1 与对比文件 1 的区别在于：对比文件 1 没有公开权利要求 1 中（A）所述催化剂组合物直径大于 100 纳米的孔的孔体积为 15~25%，（B）所述催化剂的磨损率小于 0.5 重量%，（C）所述载体颗粒的芯部分和它们的表面部分之间的密度没有明显差别。对于区别（A），合议组认为，对比文件 1 仅公开了所述载体平均孔径为 18~30 纳米，没有公开直径大于 100 纳米的孔的孔体积为 15%~25%，而直径大于 100 纳米的孔的孔体积是由平均孔径和孔径分布共同决定的，仅根据平均孔径一个因素无法确定直径大于 100 纳米的孔的孔体积。对于区别（B），合议组认为，对比文件 2（US5472928A）公开了一种加氢处理催化剂，并具体公开了所述催化剂颗粒直径取值为 R3 = R1/1.4（相当于 0.28~4.53mm）时，催化剂颗粒的最大磨损率约为 0.1 重量% 或更少，但对比文件 2 所公开的“磨损率”，其测定方法与本申请所使用的测定方法不同，两者无法进行有效地比较，从而不能确定采用该参数表征的催化剂与对比文件 2 所公开的产品的区别。对于区别（C），合议组认为，对比文件 1 所公开的催化剂是通过挤出方法生产的，通过挤出法获得的催化剂颗粒不具有均匀密度的特征，因此，对比文件 1 没有给出所述载体颗粒的芯部分和它们的表面部分之间的密度没有明显差别这一技术特征的技术启示，即便该区别（C）为本领域的公知常识，但也没有证据证明该区别特征可以与对比文件 1 和 2 相结合从而得到本申请所要保护的技术方案。同时，权利要求 1 要求保护的催化剂组合物与现有技术中的催化剂相比具有更适用于非固定床法加氢处理、具有更高的加氢处理活性、耐磨性和长寿命的技术效果。综上所述，合议组认为，新修改的权利要求 1（修改文本 4）相对于对比文件 1 和对比文件 2 与公知常识的结合具有突出的实质性特点和显著的进步，具有创造性，符合专利法第 22 条第 3 款的规定。

权利要求 2~3 是独立权利要求 1 的从属权利要求，在权利要求 1 具有创造性的前提下，上述权利要求也具有突出的实质性特点和显著的进步，具有创造性，符合专利法第 22 条第 3 款的规定。

权利要求 4 要求保护一种含金属的原料的加氢处理方法，其中含金属的原料在温度 300~450℃、氢分压 20~220 巴和液时空速 0.1~10 小时$^{-1}$下与权利要求 1~3 中任一项的催化剂接触。在权利要求 1~3 具有创造性的前提下，使用上述权利要求要求保护的催化剂对含金属的原料的加氢处理方法也具有突出的实质性特点和显著的进步，符合专利法第 22 条第 3 款的规定。

权利要求 5 是独立权利要求 4 的从属权利要求，在权利要求 4 具有创造性的前提下，权利要求 5

也具有突出的实质性特点和显著的进步，符合专利法第22条第3款的规定。

驳回决定中指出，虽然对比文件1没有记载“所述催化剂组合物直径大于100纳米的孔的孔体积为15%~25%”的区别技术特征，但本申请权利要求1中所述平均孔径与对比文件1中所述的平均孔径范围交叉重叠，在平均孔径相同或相近的情况下，其孔径分布应大致相同或相近，即使该特征与现有技术不同，也没有带来意想不到的效果和显著的进步。对此，合议组认为，对比文件1中没有公开直径大于100纳米的孔的孔体积为15%~25%，由上述对权利要求1创造性的评述可知，驳回决定中根据本申请权利要求1中所述平均孔径与对比文件1中所述的平均孔径相同或相近，得出两者孔径分布应大致相同或相近的结论是缺乏根据的。驳回决定中还指出，对比文件2公开了一种加氢处理催化剂，并具体公开了“所述催化剂颗粒直径取值为R3=R1/1.4（相当于0.28~4.53mm）时，催化剂颗粒的最大磨损率约为0.1重量%或更少”，对比文件1与对比文件2的领域相同，在对比文件1的基础上结合对比文件2得到修改文本2中的权利要求3要求保护的技术方案是显而易见的。对此合议组认为，尽管对比文件2公开了“磨损率”这一参数，但其测定方法与本申请使用的方法不同，两者无法进行有效地比较，因此，不能认为对比文件2公开了该区别技术特征。同时，驳回决定中还指出，虽然对比文件1中没有公开“载体颗粒的芯部分和它们的表面部分之间的密度没有明显差别”这一技术特征，但该区别技术特征是本领域的公知常识，根据本申请说明书的记载，制备本发明催化剂的方法是本领域中所熟知的油滴法，因此，在对比文件1的基础上结合公知常识得到权利要求1要求保护的技术方案是显而易见的。对此，合议组认为，即使现有技术中存在芯部分和它们的表面部分之间的密度没有明显差别的催化剂，但就此得出根据对比文件1和已有技术相结合，本申请权利要求1要求保护的技术方案不具有创造性的结论是缺乏依据的，因为在评价一项权利要求是否具备创造性时，如果该权利要求与最接近的现有技术间存在着多个区别技术特征，应考虑现有技术中是否同时存在着将所有区别特征应用于最接近的现有技术从而获得本申请所要求保护的技术方案的技术启示，如果现有技术中没有这样的技术启示，则权利要求的技术方案对本领域技术人员来说是非显而易见的。

根据以上事实和理由，本案合议组作出如下审查决定。

三、决定

撤销国家知识产权局于2005年8月12日对99807419.5号发明专利申请作出的驳回决定。由原审查部门在本决定所针对的审查文本的基础上继续进行审查。

请求人对本决定不服的，可以根据专利法第41条第2款的规定，自收到本决定之日起三个月内向北京市第一中级人民法院起诉。

024

具有紧急按钮覆盖的门终端设备

复审请求审查决定（第10009号）

决　定　号　第10009号
决　定　日　2006年12月12日
发明创造名称　具有紧急按钮覆盖的门终端设备
国 际 分 类 号　G08B 25/12，E05B 47/00
复 审 请 求 人　道尔玛有限公司和两合公司
申　请　号　00801543.0
申　请　日　2000年7月20日
公　开　日　2002年6月26日
合 议 组 组 长　丁惠玲
主　审　员　张　华
参　审　员　崔国振

法 律 依 据　专利法第22条第3款
决 定 要 点

如果一项权利要求所要求保护的技术方案与一份对比文件相比，存在区别技术特征，但是所述区别技术特征为另外一份对比文件披露的相关技术手段，且该相关技术手段在对比文件中所起的作用与该区别技术特征在本申请中所起的作用相同，或者所述区别技术特征是本领域的公知常识，则该权利要求相对于现有技术不具备创造性。

一、案由

本复审请求涉及名称为“具有紧急按钮覆盖的门终端设备”的00801543.0号发明专利申请（下称本申请），申请人为道尔玛有限公司和两合公司，申请日为2000年7月20日，公开日为2002年6月26日。

2004年8月6日，国家知识产权局以本申请权利要求1~10不符合专利法第22条第3款的规定为由驳回了本申请。

驳回决定所针对的权利要求书共有10项权利要求，其中独立权利要求1如下：

“1. 一种门终端设备，它具有一个壳体（11），在其中配置有

一个型柱体（20），它具有一个从属的电子电路，

一个声音报警器（30）和/或视觉显示装置（51），以及

一个紧急按钮（40），它与一个用于释放一个锁紧装置的开关块相连接，其中一个位于一覆盖框

架（60）中的保护板（61）覆盖住紧急按钮，

其特征在于：

保护板（61）在覆盖框架（60）中无破坏地运动。”

驳回决定所依据的对比文件为：

对比文件1：DE19652348A1，公开日1998年6月25日；

对比文件2：EP0510917A2，公开日1992年10月28日。

驳回决定认为：（1）对比文件1公开了一种门终端设备，包括：紧急按钮、视觉和声音显示装置、电子电路和许可进入插件（相当于权利要求1中的柱型体、声音报警器、紧急按钮），权利要求1与对比文件1相比，区别在于：权利要求1还包括一保护板在覆盖框架中无破坏地运动。但是，对比文件2公开了一种手动报警装置，其中披露了窗口6可以无破坏地在壳体4中运动，与上述区别技术特征在本发明中所起的作用相同，因此，权利要求1相对于对比文件1和2不具备创造性。（2）权利要求2~7的附加技术特征已经被对比文件1或2所披露或者可以实现相同的作用，因此，在其引用的权利要求不具备创造性的情况下，从属权利要求2~7也不具备创造性。（3）从属权利要求8~10的附加技术特征属于本领域的公知常识，因此，在其引用的权利要求不具备创造性的情况下，从属权利要求8~10也不具备创造性。综上，该申请的权利要求1~10与对比文件1和2相比不具备突出的实质性特点和显著的进步，不符合专利法第22条第3款有关创造性的规定。

申请人道尔玛有限公司和两合公司（下称复审请求人）对上述驳回决定不服，于2004年11月18日向专利复审委员会提出复审请求，对权利要求1~10进行了合并调整，将原权利要求8的附加技术特征作为新独立权利要求的特征部分添加到原独立权利要求1中，同时陈述了新的权利要求1~9相对于对比文件具有创造性的理由。

修改后的独立权利要求1如下：

“1. 一种门终端设备，它具有一个壳体（11），在其中配置有

一个型柱体（20），它具有一个从属的电子电路，

一个声音报警器（30）和/或视觉显示装置（51），以及

一个紧急按钮（40），它与一个用于释放一个锁紧装置的开关块相连接，其中一个位于一覆盖框架（60）中的保护板（61）覆盖住紧急按钮，

保护板（61）可在覆盖框架（60）中无破坏地运动；

其特征在于：

覆盖框架（60）被摆动铰链式地固定到一个安装框架（55）上。”

经形式审查合格后，专利复审委员会受理了该复审请求，并于2004年12月7日向复审请求人发出复审请求受理通知书，同时向原审查部门发出前置审查通知书。

原审查部门对本复审请求进行了前置审查，在前置审查中，原审查部门坚持驳回决定。

专利复审委员会依法成立合议组对该复审请求案进行了审查。

本案合议组在仔细审阅了全部案卷后，于2006年7月24日发出复审通知书，指出：（1）对比文件1涉及一种带锁的门，具体公开了以下技术特征：包括带电子电路的柱型体11（相当于权利要求1中的型柱体）；发光二极管3和警报器，用以突出紧急按钮以及发出报警信号（相当于权利要求1中的视觉显示装置和声音报警器）；紧急按钮2（相当于权利要求1中的紧急按钮）；防止无意按压紧急按钮的非破坏性保护板4（相当于权利要求1中的保护板）。权利要求1与对比文件1相比，区别技术特征在于：①权利要求1保护板可在覆盖框架中无破坏性地运动；②权利要求1覆盖框架被摆动铰链式地固定到一个安装框架上。所述区别技术特征实际解决的技术问题是提供一种在触发报警过程中

的非破坏性的保护板。关于区别技术特征①，对比文件2公开了一种手动报警器，其中窗口6可以无破坏性地在壳体4内活动，以触发产生报警。尽管对比文件2中窗口与权利要求1中保护板的活动方式略有不同，但是，由于权利要求1中对保护板的特征仅仅采用功能性限定并没有公开具体的结构，而对比文件2中窗口能够实现该功能，因此，该区别技术特征已经被对比文件2所公开。关于区别技术特征②，对于本领域的技术人员而言，框架间的铰链式安装以方便框架间的活动是所属技术领域常用的技术手段，因此，该区别技术特征为本领域内的公知常识。因此，权利要求1相对于对比文件1和2不具备创造性。（2）从属权利要求2~5、7~9的附加技术特征或者为对比文件2所公开，或者为本领域的常用技术手段，在其引用的权利要求要求不具备创造性的情况下，从属权利要求2~5、7~9也不具备创造性。因此，修改后的权利要求1~5、7~9仍然不符合专利法第22条第3款的规定。

2006年9月7日，复审请求人针对上述复审意见通知书进行了意见陈述，对权利要求书进行了修改，并且陈述了修改后的权利要求书和说明书符合专利法第22条第3款的规定的理由。

修改后的权利要求书如下：

“1. 一种门终端设备，它具有一个壳体（11），在其中配置有

一个型柱体（20），它具有一个从属的电子电路，

一个声音报警器（30）和/或视觉显示装置（51），以及

一个紧急按钮（40），它与一个用于释放一个锁紧装置的开关块相连接，其中，一个覆盖框架（60）配备有一组合式的保护板（61）并且覆盖住紧急按钮（40），其中

保护板（61）可在覆盖框架（60）中沿着朝向紧急按钮（40）的方向无破坏地运动；

其特征在于：

覆盖框架（60）被摆动铰链式地固定到一个安装框架（55）上，并且与该安装框架（55）一起形成一个模块式更换单元。

2. 如权利要求1所述的门终端设备，其特征在于：保护板（61）在覆盖框架（60）中方向可逆地运动。

3. 如权利要求1所述的门终端设备，其特征在于：覆盖框架（60）形成有位于内部的且柔性朝外弹性的保持臂（63），以形成对于保护板（61）朝向紧急按钮（40）运动的阻挡。

4. 如权利要求3所述的门终端设备，其特征在于：保持臂（63）分别具有一拱面（64）。

5. 如权利要求3或4所述的门终端设备，其特征在于：覆盖框架（60）具有终端挡板（68）。

6. 如权利要求5所述的门终端设备，其特征在于：保持臂（63）和终端挡板（68）形成在覆盖框架（60）的相对的纵壁（62）上，纵壁（62）形成对保护板（61）的运动导引。

7. 如权利要求1或2所述的门终端设备，其特征在于：保护板（61）由玻璃制成。

8. 如权利要求1或2所述的门终端设备，其特征在于：覆盖框架（60）在机械上对非授权的拆除或松开是保险的，和/或对未授权的拆除或松开能发出电气信号。”

至此，合议组认为本案事实已经清楚，可以依法作出复审请求审查决定。

二、决定理由

1. 审查文本

本复审决定依据的审查文本为：复审请求人进入中国国家阶段时提交的说明书第5~6页、说明书附图第2~3页、说明书摘要和摘要附图；2004年5月24日提交的说明书第1~4页、说明书附图第1页；2006年9月7日提交的权利要求第1~8项。

2. 关于专利法第22条第3款的问题

专利法第22条第3款规定：创造性是指同申请日以前已有的技术相比，该发明有突出的实质性

特点和显著的进步。

合议组评判本申请的权利要求1~5、7~8所采用的对比文件与实质审查过程中所引用的对比文件相同。

权利要求1要求保护一种门终端设备，对比文件1涉及一种带锁的门，具体公开了以下技术特征（见说明书第2栏第61行至第3栏第38行、附图1-3）：包括带电子电路的柱型体11（相当于权利要求1中的型柱体）；发光二极管3和警报器，用以突出紧急按钮以及发出报警信号（相当于权利要求1中的视觉显示装置和声音报警器）；紧急按钮2（相当于权利要求1中的紧急按钮）；防止无意按压紧急按钮的非破坏性保护板4（相当于权利要求1中的保护板）。

将本申请权利要求1所述的技术方案与对比文件1公开的技术内容相比，区别技术特征在于：（1）权利要求1保护板可在覆盖框架中沿着朝向紧急按钮的方向无破坏性地运动，且所述保护板为组合式；（2）权利要求1覆盖框架被摆动绞链式地固定到一个安装框架上，并且与该安装框架一起形成一个模块式更换单元。所述区别技术特征实际解决的技术问题是提供一种在触发报警过程中的非破坏性的保护板，且安装方便。

关于区别技术特征（1），对比文件2（见说明书第4栏第10~18行、附图1-2）公开了一种手动报警器，其中窗口6可以无破坏性地在壳体4内活动，以触发产生报警。尽管权利要求1将保护板运动方向限定为朝向紧急按钮，而对比文件2中窗口与权利要求1中保护板的活动方式略有不同，但是，本领域普通技术人员完全可以根据紧急按钮的触发方式选择保护板的运动方向，比如，如果是按压紧急按钮触发报警，则毫无疑问保护板是朝向紧急按钮运动的，以按压紧急按钮触发报警；如果是采用接触元件与导电轨断开触发报警，则保护板方向是逆着接触方向运动以断开接触元件与导电轨的接触来触发报警，因此，该区别技术特征已经被公开。

关于区别技术特征（2），对于本领域的技术人员而言，框架间的铰链式安装以方便框架间的活动是所属技术领域常用的技术手段；且为了安装方便，将覆盖框架（60）与安装框架（55）一体化以方便安装也是本领域的常用技术手段，因此，该区别技术特征被公开。

由于对比文件2所要解决的技术问题与本申请相同，都是为了在触发报警过程中提供一种非破坏性的保护板（见说明书第1栏第50~55行），因此，对比文件2给出了技术启示，使得本领域技术人员将对比文件2中的非破坏性的保护板与对比文件1中的紧急按钮相结合，同时根据具体需要结合本领域常用的铰链式连接手段以及一体化模块的方式，得到权利要求1所要求保护的技术方案，故而，权利要求1相对于对比文件1和2的结合不具备创造性。

从属权利要求2在引用独立权利要求1的基础上进一步限定的附加技术特征为：保护板（61）在覆盖框架（60）中方向可逆地运动。但是，对比文件2中窗口可返回到初始位置（见说明书第5栏第11~13行、附图5），因此，权利要求2的附加技术特征已经被对比文件2所公开，在其引用的独立权利要求1不具备创造性的情况下，该从属权利要求2也不具备创造性。

从属权利要求3在引用权利要求1的基础上进一步限定的附加技术特征为：覆盖框架（60）形成有位于内部的且柔性朝外弹性的保持臂（63），以形成对保护板（61）朝向紧急按钮（40）运动的阻挡。权利要求4在引用权利要求3的基础上进一步限定的附加技术特征为：保持臂（63）分别具有一拱面（64）。保持臂和拱面的作用是为了下压保护板，尽管对比文件2未明确描述其存在保持臂和拱面，但是其给出了一种非破坏性可在壳体内活动的保护板，本领域普通技术人员根据具体需要能够构造出前述保持臂和拱面，以有效下压紧急按钮，因此，在其引用的权利要求1和2不具备创造性的情况下，该从属权利要求3和4也不具备创造性。

权利要求5在引用权利要求3或4的基础上进一步限定的附加技术特征为：覆盖框架（60）具有

终端挡板（68）。对比文件2中窗口在壳体4内的活动至底盘18为限，因此，该底盘即相当于权利要求5中的终端挡板，因此，该附加技术特征已经为对比文件2所公开，在其引用的权利要求3和4不具备创造性的情况下，该从属权利要求也不具备创造性。

权利要求7在引用权利要求1或2的基础上进一步限定的附加技术特征为：保护板（61）由玻璃制成。对于所属领域的技术人员而言，将保护板设置为玻璃材质或者塑料材质为本领域的常用技术手段，因此，在其引用的权利要求1和2不具备创造性的情况下，该从属权利要求7也不具备创造性。

权利要求8在引用权利要求1或2的基础上进一步限定的附加技术特征为：覆盖框架（60）在机械上对非授权的拆除或松开是保险的且/或对未授权的拆除或松开能发出电气信号。对于所属领域的技术人员而言，在报警装置上对非授权的拆除或松开能够发出报警信号是本领域的常用技术手段，因此，在其引用的权利要求1和2不具备创造性的情况下，该从属权利要求8也不具备创造性。

综上所述，合议组认为：本申请权利要求1~5、7~8相对于对比文件1和2的结合不具备突出的实质性特点和显著的进步，不符合专利法第22条第3款规定。

根据上述事实和理由，本案合议组作出以下审查决定。

三、决定

维持国家知识产权局于2004年8月6日对00801543.0号发明专利申请作出的驳回决定。

复审请求人对本决定不服的，可以根据专利法第41条第2款的规定，自收到本决定之日起三个月内向北京市第一中级人民法院起诉。

025

杂物（NIT）分选器

复审请求审查决定（第10015号）

决　　定　　号　第10015号
决　　定　　日　2006年10月8日
发明创造名称　杂物（NIT）分选器
国 际 分 类 号　D21H 27/00，D04H 1/72
复 审 请 求 人　M&J纤维技术有限公司
专 利 申 请 号　99808566.9
申　　请　　日　1999年7月13日
公　　开　　日　2001年8月22日
合 议 组 组 长　李　越
主　　审　　员　张　沧
参　　审　　员　孙跃飞

法 律 依 据　专利法第33条
决 定 要 点

专利法第33条规定：申请人可以对其申请文件进行修改，但是，对发明和实用新型专利申请文件的修改不得超出原说明书和权利要求书记载的范围。

对于按照专利合作条约提出并指定中国的专利国际申请，自国际申请日起在中国具有正规国家申请的效力，申请人修改其专利申请文件的（无论在国际阶段还是在进入中国的国家阶段），不得超出申请人向国际申请受理局提交的原始国际申请文件记载的范围。因此，在判断一件国际申请的修改是否符合中国专利法第33条的规定时，应当将申请人提交的修改文本与国际申请日时该国际申请的原始申请文件相比较，考察修改的内容是在原始国际申请文件中有明确记载或者是否可以从原始国际申请文件中直接和毫无疑义地确定，从而得出判断的结论。

一、案由

本复审请求涉及于2001年1月12日进入中国国家阶段并于2001年8月22日中文公布的发明名称为“杂物（NIT）分选器”的PCT发明专利申请（下称本申请），其申请号为99808566.9，申请人是M&J纤维技术有限公司。该PCT发明专利申请的国际申请号为PCT/DK99/00401，申请日为1999年7月13日，优先权日为1998年7月14日。

2001年1月12日，申请人在该国际申请进入中国国家阶段时希望国家知识产权局专利局以国际初步审查报告附件译文说明书第1~7页、权利要求第1~10项和原始提交的国际申请文件译文附图第

1 页为基础进行审查。

2002 年 10 月 11 日，国家知识产权局发出第一次审查意见通知书，指出：(1) 申请人提交的国际初步审查报告附件的中文译文不能被接受，因为其超出了国际申请提出时对发明公开的范围，例如，在整个文件中术语“良好分离的纤维”被术语“良好开松的纤维”所替代，术语“杂物纤维分离机”被“杂物开松器”所代替；(2) 基于原始提交的国际申请的中文译本进行审查，权利要求1~10 不具备专利法第 22 条第 3 款规定的创造性，同时说明书不符合专利法第 26 条第 3 款的规定。

2003 年 2 月 17 日，申请人提交了意见陈述书和权利要求书替换页。申请人认为：(1) 在国际阶段所公开的申请文本实际上并非原始提交的该国际申请的正确英文译本，申请人 在国际初步审查阶段对申请文件的修改目的是更正英文本中的翻译错误，修改与该丹麦文 本完全一致，没有超出原始申请的保护范围；(2) 申请人对权利要求书进行了修改，修改后的权利要求 1~10 具有创造性。申请人提交的权利要求 1 为：

“1. 一种利用纤维材料来制备高质量无纺纤维网 (20) 的设备，其包括有：一个纤维分离机 (1)，例如一研磨机，用于对纤维材料进行纤维分离，和至少一个成形头 (2)，用于在一环形的成形丝网 (3) 上成形一纤维网 (20)，所述成形丝网 (3) 在工作过程中主要 进行水平运转，和一个第一输送风扇 (9)，用于经由一第一空气管道 (10) 将经过分离的纤维向成形头进行传送，和一个第二输送风扇 (22)，用于经由一第二空气管道 (21) 将杂 物从所述成形头中抽吸走，和一个分选器 (4)，其与第二空气管道 (21) 相连，用于将杂物和良好开松的纤维分开，其特征在于，第一空气管道 (10) 从所述纤维分离机 (1) 延伸到成形头 (2)，其间不通过所述分选器 (4)。

2003 年 5 月 20 日，国家知识产权局针对申请人提交的国际初审报告附件说明书第 1~7 页、权利要求第 1~10 项和进入国家阶段时提交的国际申请文件的文本附图第 1 页、1999 年 7 月 13 日提交的摘要，以不符合专利法第 33 条的规定为由驳回了本申请。驳回决定认为，国际初审报告明确指出上述国际初审报告的附件是不能够被接受的，因为它们违背了专利合作条约实施细则第 70 条第 (2) c 款的规定，该条款相当于专利法第 33 条。驳回决定所针对的独立权利要求 1 为：

“1. 一种利用纤维材料来制备无纺纤维网 (20) 的设备，其包括有：一个纤维分离机 (1)，例如一研磨机，用于对纤维材料进行纤维分离，至少一个成形头 (2)，用于在一环 形的成形丝网 (3) 上成形一纤维网 (20)，所述成形丝网 (3) 在工作过程中主要进行水平运转，一个第一输送风扇 (9)，用于经由一第一空气管道 (10) 将经过分离的纤维向成形头进行传送，和一个第二输送风扇 (22)，用于经由一第二空气管道 (21) 将杂物从所述成形头中抽吸走，其特征在于：该设备还包括有一个分选器 (4)，其与第二空气管道 (21) 相连，用于将杂物从经过良好开松的纤维中分选出来。”

2003 年 9 月 3 日，申请人 M&J 纤维技术有限公司（下称复审请求人）不服上述驳回决定，向专利复审委员会提出复审请求并提供了附件 1~12。复审请求人认为：(1) 只要复审请求人对本申请的修改没有超出在对应国际申请的申请日提交的原说明书和权利要求书记载的范围，就应当符合专利法第 33 条的规定；(2) 附件 4《国际初步审查报告》中提出的所述 PCT34 条修改超出原始公开的范围是依据国际公布文本而非真正的原始提交的丹麦申请文本作出的；(3) 复审请求人提供的附件表明，复审请求人根据 PCT34 条所作修改的国际初步审查报告附件没有超出原说明书和权利要求书记载的范围。复审请求人提交的附件 1~12 分别为：

附件 1：国家知识产权局于 2003 年 5 月 30 日发出的《驳回决定》；

附件 2：本申请经证明的在先丹麦专利申请 PA 199800933 的副本；

附件 3：本申请的对应国际申请 PCT/DK99/00401 的副本；

附件 4：欧洲专利局于 2000 年 10 月 18 日发出的关于本申请的对应国际申请 PCT/DK99/00401

的《国际初步审查报告》；

附件 5：由最初翻译者 Sθnderup 女士作出错误翻译的证明 ；

附件 6：由 Edvard Holme 作出正确翻译的证明；

附件 7：欧洲专利局于 2000 年 2 月 3 日发出的 EP01201 表；

附件 8：本复审请求人作为对应欧洲专利申请的申请人于 2001 年 1 月 12 日给欧洲专利局的信函和 EP01200. 1 表；

附件 9：本复审请求人作为对应欧洲专利申请的申请人于 2001 年 6 月 1 日给欧洲专利局的信函；

附件 10：欧洲专利局于 2002 年 2 月 1 日发出的关于对应欧洲专利申请的《审查意通知书》；

附件 11：本复审请求人作为对应欧洲专利申请的申请人针对欧洲专利局 2002 年 2 月 1 日的《审查意见通知书》的答复信函 ；

附件 12：欧洲专利局接受的最后修改文本。

2003 年 9 月 22 日，经形式审查合格后，专利复审委员会受理了此复审请求，并向复审请求人发出复审请求受理通知书，同时向国家知识产权局原审查部门发出了前置审查通知书，将案卷转送国家知识产权局原审查部门进行前置审查。

在前置审查意见书中，国家知识产权局原审查部门坚持原驳回决定。前置审查意见指出 ，复审请求人所提交的附件 2 一在先的丹麦专利申请 PA19980033 副本没有中文译文，所提交的附件 12 一欧洲专利局接受的最后修改文本既不同于国际申请 PCT/DK99/00401，也不同于国际初步审查报告附件。

2005 年 10 月 10 日，专利复审委员会向复审请求人发出《外文证据处理通知书》，要求复审请求人提交附件中外文证据的中文译文。

2005 年 11 月 25 日，复审请求人提交了附件 2~3、5~9、11~12 的全部或部分中文译文。

经过上述审查程序，本案合议组认为，本案事实已经清楚，可以作出复审决定。

二、决定的理由

1. 审查文本

本决定的审查文本是：复审请求人于 2001 年 1 月 12 日提交的按照国际初步审查报告附件的说明书译文第 1~7 页和 2003 年 2 月 17 日提交的权利要求第 1~10 项以及复审请求人于 2001 年 1 月 12 日提交的、明书调要和摘要附图。

2. 关于专利法第 33 条

专利法第 33 条规定：申请人可以对其申请文件进行修改，但是，对发明和实用新型专利申请文件的修改不得超出原说明书和权利要求书记载的范围。

对于按照专利合作条约提出并指定中国的专利国际申请，自国际申请日起在中国具有正规国家申请的效力，申请人修改其专利申请文件的（无论在国际阶段还是在进入中国的 国家阶段)，不得超出申请人向国际申请受理局提交的原始国际申请文件记载的范围。因此，在判断一件国际申请的修改是否符合中国专利法第 33 条的规定时，应当将申请人提交的修改文本与国际申请日时该国际申请的原始申请文件相比较，考察修改的内容是否在原始国际申请文件中有明确记载或者是否可以从原始国际申请文件中直接和毫无疑义地确定，从而得出判断结论。

本复审请求涉及一项专利国际申请，申请人在国际阶段依照专利合作条约第 34 条的规定修改了说明书和权利要求书（即国际初步审查报告附件），该国际申请进入中国国家段后，申请人希望按照国际初步审查报告附件的说明书和权利要求书的译文进行审查；之后，申请人在 2003 年 2 月 17 日答复国家知识产权局实审部门第一次审查意见通知书时 另提交了一份新修改的权利要求第 1~10 项，因此，判断申请人在国际阶段和进入中国国 家阶段对专利申请文件的修改是否符合中国专利法第33的规定，应当将申请人2001年1月21日提交的按照国际初步审查报告附件的说明书译文第1~7页和2003年2月17日提交的权利要求第1~10项与申请人向国际申请受理局提交的原始国际申请文件（1999年7月13日申请人向丹麦专利局提交的国际申请号为PCT/DK99/00401的申请文件，即附件3）相比较，考察修改的内容是否被允许，进而得出是否符合中国专利法第33条规定的结论。

本案驳回决定的驳回理由是复审请求人提交的按照国际初步审查报告附件的中文译文超出了国际申请提出时对发明公开的范围，具体是术语“良好分离的纤维”被术语“良好开松的纤维”所替代，术语“杂物纤维分离机”被“杂物开松器”所代替。经审查，在复审请求人提出国际申请时提交的国际申请文件（即附件3）中有术语“良好开松的纤维”和术语“杂物开松器”的明确记载（例如，参见附件3中文译文权利要求1第8行，权利要求4第2行），因此，在复审请求人于2001年1月12日提交的按照国际初步审查报告附件的说明书译文第1~7页和2003年2月17日提交的权利要求第1~10项中记载的术语“良好分离的纤维”和术语“杂物开松器”均没有超出国际申请提出时对发明公开的范围，即该驳回理由不能成立。

故此，本案合议组作出如下决定。

三、决定

撤销国家知识产权局于2003年5月20日针对本专利申请作出的驳回决定，由国家知识产权局实审部门在复审请求人于2001年1月12日提交的按国际初步审查报告附件的说明书译文第1~7页和2003年2月17日提交的权利要求第1~10项以及2001年1月12日提交的说明书摘要和摘要附图的基础上继续进行审查程序。

复审请求人对本决定不服的，可以根据专利法第41条第2款的规定，自收到本决定之日起三个月内向北京市第一中级人民法院起诉。

026

一种时间校准方法及时间校准控制装置

复审请求审查决定（第10076号）

决　定　号　第10076号
决　定　日　2007年1月23日
发明创造名称　一种时间校准方法及时间校准控制装置
国际分类号　G04C 11/02，G04G 1/06
复审请求人　柴　超
申　请　号　00133591.X
申　请　日　2000年11月15日
公　开　日　2002年6月12日
合议组组长　丁惠玲
主　审　员　王琦琳
参　审　员　张　曦

法律依据　专利法第22条第2款
决定要点

进行新颖性判断时应当将本申请权利要求的技术方案与对比文件的相关技术方案进行单独对比，并且只有在两者的技术领域、所要解决的技术问题和技术方案实质上相同、预期效果相同的情况下，才能认为该权利要求不具备新颖性。

一、案由

本复审请求涉及名称为“一种时间校准方法及时间校准控制装置”的00133591.X号发明专利申请（下称本申请），申请日为2000年11月15日，申请人原为柴超、肖广明，于2001年5月18日变更为柴超、王伟，于2003年9月28日变更为柴超，本申请公开的权利要求书共包括2项权利要求。

国家知识产权局专利局实质审查部门依法对本申请进行了实质审查，并于2002年9月20日发出第一次审查意见通知书，指出本申请的权利要求1和2均不具备新颖性，不符合专利法第22条第2款的规定，该审查意见通知书引用的对比文件如下：

对比文件1：US5319374A号美国专利文献，其公开日是1994年6月7日。

2003年4月4日，申请人提交了意见陈述书以及权利要求书、说明书和摘要的修改替换页，修改后的权利要求书共包括4项权利要求。申请人认为修改后的权利要求1~2符合专利法第22条第2款的规定。

经过上述审查程序后，国家知识产权局专利局实质审查部门于2003年6月13日，以修改后的权利要求 1~4 相对于对比文件 1 仍然不符合专利法第 22 条第 2 款的规定为由驳回了本申请。

驳回决定指出，请求人对权利要求书的修改并未加入使得本申请技术方案具有专利性的新内容，而仅仅对原权利要求的顺序和编号作出了调整，因此修改后的权利要求书仍不符合专利法第 22 条第 2 款的规定。

申请人（下称复审请求人）对上述驳回决定不服，于 2003 年 9 月 26 日向专利复审委员会提出复审请求，陈述了本申请符合专利法第 22 条第 2 款的规定的理由。复审请求人在提出复审请求时，还提交了权利要求书和说明书第 1、2 页的修改替换页，修改后的权利要求书共 4 项权利要求，其中独立权利要求 1、3 如下：

“1. 一种时间校准方法，包括以下步骤：

1）从直接同步到 GPS 时间上的现有的移动通信网或者寻呼网信号中找到同步到 GPS 时间的信号；

2）接收所述同步到 GPS 时间上的信号；

3）从所述信号定期提取实时 GPS 时间，并以此时间作为装置内部时钟的基准时间；

4）装置内部的计算机根据提取的 GPS 基准时间和内部时钟得到的从 GPS 基准时间到现在的计数值，直接计算出当前的实际时间。

3. 一种时间校准控制装置，包括：

1）接收机，用于从直接同步到 GPS 时间上的现有的移动通信网或者寻呼网信号中接收同步到 GPS 时间上的系统信号；

2）信息处理及内部时钟电路，用于提取接收信号中携带的 GPS 基准时间并根据从 GPS 基准时间到当前的内部石英时钟计算值，直接计算实际时间；

3）显示电路，用于将当前实际的时间数字显示出来或用指针方式表示出来。”

复审请求人认为：对比文件没有公开本发明的“从直接同步到 GPS 时间上的现有的移动通信网或者寻呼网信号（例如 FLEX 多频漫游寻呼信号和 POCSAG 码漫游寻呼信号）中找到一种同步到 GPS 时间的信号”以及“从该信号定期提取实时 GPS 时间”的特征，因此修改后的权利要求符合专利法第 22 条第 2 款的规定。

经形式审查合格后，专利复审委员会受理了上述请求，于 2003 年 12 月 3 日向复审请求人发出了复审请求受理通知书，并将本案送至原审查部门进行前置审查。

原审查部门对上述复审请求做出前置审查意见，仍然坚持驳回决定。

专利复审委员会依法组成合议组，对本复审请求案进行了审理。

经过审理，本合议组认为本案事实已经清楚，可以依法作出复审决定。

二、决定的理由

1. 审查基础

本决定是在复审请求人 2003 年 9 月 26 日提交的权利要求书第 1~4 项权利要求、说明书第 1、2 页，2003 年 4 月 4 日提交的说明书第 3~6 页、说明书摘要以及 2000 年 11 月 15 日提交的附图 1~4 页、摘要附图的基础上进行审查的。

2. 关于专利法第 22 条第 2 款

专利法第 22 条第 2 款规定：新颖性，是指在申请日以前没有同样的发明或者实用新型在国内外出版物上公开发表过、在国内公开使用过或者以其他方式为公众所知，也没有同样的发明或者实用新型由他人向国务院专利行政部门提出过申请并且记载在申请日以后公布的专利申请文件中。

本申请权利要求 1 涉及一种时间校准方法。对比文件 1（US5319374A）则公开了一种为交通工具提供共同适用的准确时间的方法和装置，其从特定区域的基站处获取来自卫星定位系统的信号和时间信号，通过接收器接受上述信号和时间信号并确定交通工具的当前位置以及确定上述位置的时间（说明书摘要）。虽然对比文件1的技术方案是通过卫星定位信号来获取时间信号，并以上述时间信号为基准来确定当前位置，但是对比文件1并没有公开通过与卫星定位信号时间同步的移动通信网或者寻呼网信号来获取与GPS时间同步的时间信号的技术手段。对比文件中仅仅提到，在无法获得卫星定位信号的时候，可以另外地获取来自基站的其他时间信号，以之作为备用信号，因此对比文件1技术方案中从基站获取时间信号时，该时间信号未同步到GPS时间。由此可见，本申请独立权利要求1中的技术特征“从直接同步到GPS时间上的现有的移动通信网或者寻呼网信号中找到同步到GPS时间的信号”，并没有在对比文件1中得到揭示，因此对比文件1未公开与本申请权利要求1实质上相同的技术方案。故本申请的独立权利要求1相对于对比文件1具备新颖性，符合专利法第22条第2款的规定。

本申请权利要求2是从属于独立权利要求1的从属权利要求，在独立权利要求1具备新颖性的时候，从属权利要求2也具备新颖性。

本申请独立权利要求3是与独立权利要求1相对应的产品权利要求，同理，对比文件1中未公开权利要求3中“接收机，用于从直接同步到GPS时间上的现有的移动通信网或者寻呼网信号中接收同步到GPS时间上的系统信号”的技术特征，根据上述同样的理由，权利要求3也具备新颖性。相应的，其从属权利要求4也具备新颖性。

至于本申请中是否还存在其他缺陷，还有待于原审查部门的进一步审查。

基于上述理由，合议组作出下述决定。

三、决定

撤销国家知识产权局于2003年6月13日作出的驳回00133591.X号发明专利申请的决定，由原审查部门以复审请求人于2003年9月26日提交的权利要求书第1~4项和说明书第1、2页，2003年4月4日提交的说明书第3~6页和说明书摘要以及请求人于2000年11月15日提交的说明书附图第1~4页和摘要附图为基础继续审查。

复审请求人对本决定不服的，可以根据专利法第41条第2款的规定，自收到本决定之日起三个月内向北京市第一中级人民法院起诉。

027

表面耐磨性高的可水分解纤维片材及其生产方法

复审请求审查决定（第10151号）

决　定　号　第10151号
决　定　日　2006年12月26日
发明创造名称　表面耐磨性高的可水分解纤维片材及其生产方法
国际分类号　D21H 27/00，A61L 15/62
复审请求人　尤妮佳股份有限公司
专利申请号　00118980.8
申　请　日　2000年7月27日
公　开　日　2001年4月25日
合议组组长　朱文广
主　审　员　王　冬
参　审　员　赵　明

法律依据　专利法第22条第3款
决定要点

在判断一项权利要求的创造性时，首先应当将权利要求所述的技术方案与最接近的现有技术进行比较，找出它们的区别技术特征，然后再考察该区别技术特征对本领域技术人员来说是否是显而易见的，或者该区别技术特征是否已被另一篇对比文件公开，并给出了将上述特征应用到该最接近的现有技术中以解决本发明实际所要解决的技术问题的技术启示。

一、案由

本复审请求涉及名称为“表面耐磨性高的可水分解纤维片材及其生产方法”的00118980.8号发明专利申请（下称本申请），申请人为尤妮佳股份有限公司，申请日为2000年7月27日，公开日为2001年4月25日。

国家知识产权局实审部门于2003年4月4日发出第一次审查意见通知书，通知书引用了两篇对比文件：对比文件1（US4755421A，公开日为1988年7月5日），对比文件2（JP9228214A，摘要，公开日为1997年9月2日），通知书指出，权利要求1~5和7~12相对于对比文件1不具有创造性；权利要求13要求保护的技术方案已被对比文件1公开，当权利要求1不具有创造性时，该权利要求也不具有创造性；权利要求6和14相对于对比文件1和2的结合不具有创造性。

申请人于2003年10月20日提交了意见陈述书及经修改的说明书第4、5页和权利要求书第1页的替换页，修改后的权利要求1中增加了限定特征“该片材表面结合氢键，进行皮层形成处理”，申请人认为修改后的权利要求1是用方法定义的产品，该制备方法给予了产品新的特征，使其可以与现有技术进行区别，因此具有创造性，同时认为权利要求2~14也具有创造性。

国家知识产权局于2003年12月12日发出第二次审查意见通知书，认为修改后的权利要求1中增加的技术特征“该片材表面结合氢键”已经在对比文件1中公开，同时“进行皮层形成处理”是本领域技术人员的常用技术手段，因此，修改后的权利要求1仍然不具有创造性，权利要求2~14也不具有创造性。

申请人于2004年2月27日提交了意见陈述书，认为权利要求1中的“该片材表面结合氢键（hydrogen bond）”与对比文件1中的“纤维之间水缠结（hydroentangle）”不同，本领域技术人员不能根据对比文件1的记载得到权利要求1要求保护的技术方案，因此权利要求1具有创造性。

2004年5月14日，针对申请人于2003年10月20日提交的权利要求第1页、说明书第4~5页，申请日提交的权利要求第2页、说明书第1~3、6~25页及其摘要，国家知识产权局驳回了本申请，理由是：对比文件1中的“hydroentangle”就是“氢键结合”，而不是申请人认为的“纤维之间水缠结”，因此，权利要求1~5和7~13相对于对比文件1不具有创造性，权利要求6和14相对于对比文件1和2的结合不具有创造性。

驳回决定针对的权利要求书如下：

“1. 一种可水分解纤维片材，其包括含有至少3质量%原纤化嫘萦的纤维，该原纤化嫘萦的打浆度至多为700cc，且具有预定纤维长度的主体纤维和从该主体纤维伸出的微纤维；

其中微纤维与其中的其他微纤维和其他纤维中的至少一种缠绕，该片材表面结合氢键，进行皮层形成处理，

根据JISP-8136耐磨试验方法测定纤维片材在干燥状态下的表面耐摩擦性至少是三个摩擦周期。

2. 如权利要求1所述的可水分解纤维片材，其中该纤维片材在湿润状态下的表面耐摩擦性至少是三个摩擦周期。

3. 如权利要求1所述的可水分解纤维片材，其中表面在加热下压制，以致表面中原纤化嫘萦的微纤维被氢键结合到其中的其他微纤维和其他纤维的至少一种上。

4 如权利要求1所述的可水分解纤维片材，其中该原纤化嫘萦的特征是在其自重-平均纤维长度分布曲线峰值处，构成它的主体纤维长度为1.8mm~10mm，并且长度至多为1mm的微纤维占原纤化嫘萦自重的0.1~65质量%。

5. 如权利要求1所述的可水分解纤维片材，其在两个表面层中的至少一个中具有含原纤化嫘萦的多层结构。

6. 如权利要求1所述的可水分解纤维片材，其是经水刺处理加工的非织造织物。

7. 如权利要求1所述的可水分解纤维片材，其是在造纸加工中生成的。

8. 如权利要求1所述的可水分解纤维片材，其中该原纤化嫘萦的细度为1.1~1.9dtex。

9. 如权利要求1所述的可水分解纤维片材，其中该纤维的重量为20~100g/m^2。

10. 如权利要求1所述的可水分解纤维片材，其在水中的分解性能根据JIS-P4501测定最多为200秒。

11. 如权利要求1所述的可水分解纤维片材，其湿强度至少为1.1N/25mm。

12. 如权利要求1所述的可水分解纤维片材，其干强度至少为3.4N/25mm。

13. 一种生产可水分解纤维片材的方法，包括：

（A）把纤维展开成纤维网的步骤，其中该纤维含有原纤化嫘萦，该嫘萦含预定纤维长度的主体纤维以及从该主体纤维伸出的微纤维，且打浆度为最多700cc，和

（B）在加热下并将纤维网的表面用水润湿时压制纤维网的步骤，由此在表面存在的微纤维被氢键结合到其中的其他微纤维和其他纤维的至少一种上。

14. 如权利要求13所述的生产可水分解纤维片材的方法，其中在步骤（A）和步骤（B）之间包括经水刺处理加工纤维网的步骤（C）。”

2004年8月18日，申请人尤妮佳股份有限公司（下称请求人）对上述驳回决定不服，向专利复审委员会提出复审请求，认为国家知识产权局驳回的理由不成立。请求人在提出复审请求时没有对申请文件进行修改。在复审请求中请求人提供了三份证据，具体如下：

证据1：美国专利文献US3508308A（公告日为1970年4月28日），共24页；

证据2：1990年6月Tappi Journal第187～192页，标题为“Hydroentanglement technology applied to wet-formed and other precursor webs”的文章复印件共6页；

证据3：网址为http：//www. engr. utk. edu. /mse/pages/Textiles/Spunlace. htm，下载日期为2004年8月5日，标题为“SPUNLACE（HYDROENTANGLEMENT）”的文章的网页下载复印件。

经形式审查合格后，专利复审委员会受理了该请求，并于2004年9月17日向请求人发出复审请求受理通知书，同时向原审查部门发出前置审查通知书，并随该通知书将本申请案卷转送至国家知识产权局原审查部门进行前置审查。

在前置审查意见书中，国家知识产权局原审查部门坚持原驳回决定。

专利复审委员会依法组成合议组，对本复审请求案进行了审理。

合议组经合议于2006年4月27日向请求人发出复审通知书，指出：权利要求1～8，10～14不具备创造性，不符合专利法第22条第3款的规定。

针对上述复审通知书所指出的问题，请求人于2006年8月11日提交了意见陈述书，没有对申请文件进行修改。

2006年12月20日请求人提交了意见陈述书，没有对申请文件进行修改。请求人认为：本申请要求保护的技术方案相对于对比文件1或对比文件1和2的结合具有创造性，符合专利法第22条第3款的规定。

至此，合议组认为本案事实已经清楚，可以作出审查决定。

二、决定的理由

1. 关于审查文本

经合议组审查，本复审决定以驳回决定所针对的文本为审查文本。

2. 关于专利法第22条第3款

专利法第22条第3款规定：创造性，是指同申请日以前已有的技术相比，该发明有突出的实质性特点和显著的进步。

在判断一项权利要求的创造性时，首先应当将权利要求所述的技术方案与最接近的现有技术进行比较，找出它们的区别技术特征，然后再考察该区别技术特征对本领域技术人员来说是否是显而易见的，或者该区别技术特征是否已被另一篇对比文件公开，并给出了将上述特征应用到该最接近的现有技术中以解决本发明实际所要解决的技术问题的技术启示。

（1）就本案而言，权利要求1要求保护一种可水分解纤维片材，其包括含有至少3重量%原纤化嫘萦的纤维，该原纤化嫘萦的打浆度至多为700cc，且具有预定纤维长度的主体纤维和从该主体纤维伸出的微纤维；其中微纤维与其中的其他微纤维和其他纤维中的至少一种缠绕，该片材表面结合氢键，进行皮层形成处理，根据JISP-8136耐磨试验方法测定纤维片材在干燥状态下的表面耐摩擦性至少是三个摩擦周期。对比文件1（US4755421A），公开了一种可水解非织物纤维幅，并具体公开了以下技术特征：它含有至少 5wt% 嫘萦纤维和 70wt% 的木浆纤维，所述纤维通过纤维水缠绕处理（hydroentangle）形成纤维幅，根据对比文件 1 的记载，所述可水解非织物纤维幅纤维之间依靠摩擦和存在的氢键结合（参见对比文件 1 说明书摘要和说明书第 4 栏第 17～28 行），因此，所述水缠绕处理是将纤维缠绕在一起彼此之间形成摩擦和氢键结合；由于使用了嫘萦纤维，所述纤维幅必然具有一定纤维长度的主体纤维和从该主体纤维伸出的微纤维，其中微纤维与其中的其他微纤维和其他纤维中的至少一种缠绕。由此可见，权利要求 1 与对比文件 1 的区别在于：①权利要求 1 用打浆度进行了进一步限定；②所述纤维片材进一步进行了皮层形成处理；③使用参数——摩擦周期对所述产品的表面耐摩擦性进行了限定。对于第一个区别，对本领域技术人员来说，在制备纤维片材的过程中进行纤维打浆步骤是常用和必须的技术手段，而上述打浆度的选择并没有使得所述产品产生意想不到的效果。对于第二个区别，根据产品的需要而采用公知的皮层形成处理技术来改善产品的表面耐摩擦性属于本领域常规技术手段，而使用该常用技术手段所达到的目的是可以预知或显而易见的，并且该常规技术手段的使用不能产生意料不到的技术效果，对本领域技术人员来说是显而易见的。对于第三个区别，上述表面耐摩擦性特征仅仅是对所述产品的测量结果，在所述产品的组成、结构以及制备方法均确定的情况下，上述特征也是显而易见可以得到的。综上所述，对本领域技术人员来说，根据对比文件 1 和本领域的常用技术手段得到权利要求 1 要求保护的技术方案是显而易见的，无需花费创造性劳动，权利要求 1 要求保护的技术方案不具有突出的实质性特点和显著的进步，不符合专利法第 22 条第 3 款有关创造性的规定。

（2）权利要求 2、10、11 和 12 的附加技术特征同样是对所得产品的测量结果，基于对对权利要求 1 同样的评述，上述权利要求也不具有突出的实质性特点和显著的进步，不符合专利法第 22 条第 3 款有关创造性的规定。

（3）权利要求 3 的附加技术特征是通过表面加热压制使得表面中的微纤维之间氢键结合，对于本领域技术人员来说，上述方法是本领域技术人员为了使表面中的微纤维之间氢键结合而常用的技术手段，且其并没有产生意想不到的效果，因此，当其引用的权利要求 1 不具有创造性时，该权利要求要求保护的技术方案也不具有突出的实质性特点和显著的进步，不符合专利法第 22 条第 3 款有关创造性的规定。

（4）权利要求 4 和 8 的附加技术特征分别涉及所述原纤化嫘萦纤维长度、重量比以及细度的选择，对于本领域技术人员来说，上述数值范围都是生产纤维片材时通常选用的数值范围，且上述范围的选择并没有使本申请产生意想不到的效果，因此，当其引用的权利要求 1 不具有创造性时，上述权利要求请求保护的技术方案也不具有突出的实质性特点和显著的进步，不符合专利法第 22 条第 3 款有关创造性的规定。

（5）权利要求 5 的附加技术特征对表面层进行了进一步限定，上述特征是对纤维片材进行皮层处理后纤维片材所必然具有的特征，因此，该权利要求要求保护的技术方案也不具有突出的实质性特点和显著的进步，不符合专利法第 22 条第 3 款有关创造性的规定。

（6）权利要求 6 的附加技术特征是所述纤维片材是经过水刺处理加工的非织造织物，对比文件 2（JP9228214A）公开了一种水解非织造织物，根据 JISP－8135 测量其湿强度为 0.98～7.84N/25mm，该织物纤维通过高压水刺处理加工非织造织物，且所述高压水刺处理在对比文件 2 与在本申请中所起的作用是相同的，由此可见，对比文件 2 给出了将上述区别技术特征应用到对比文件 1 以得到权利要求 6 请求保护的技术方案的启示，因此，在对比文件 1 的基础上结合对比文件 2 公开的内容得到该权利要求所要保护的技术方案是显而易见的，该权利要求要求保护的技术方案也不具有突出的实质性特点和显著的进步，不符合专利法第 22 条第 3 款有关创造性的规定。

（7）权利要求7对权利要求1的进一步限定的附加技术特征是所属技术领域技术人员通常采用的一种技术手段，对所属领域的技术人员来说是显而易见的。因而当其引用的权利要求1所要求保护的技术方案相对于对比文件1不具备创造性时，该权利要求不具备突出的实质性特点和显著的进步，因而不具备专利法第22条第3款所规定的创造性。

（8）权利要求13要求保护一种水解纤维片材的生产方法，对比文件1已经公开了一种水解纤维片材的生产方法，其包括：形成纤维网的步骤，其中该纤维含有原纤化嫘萦纤维，通过氢缠绕使得表面存在的微纤维被氢键结合到其中的其他微纤维和其他纤维的至少一种上，由此可见，权利要求13和对比文件1的区别在于：权利要求13的生产方法对纤维打浆度进行了限定，且其采用加热压制的方法而非氢缠绕（hydroentangle）的方法使得微纤维氢键结合。对于上述两个区别，结合上述对权利要求1和3的评述可知，根据对比文件1得到权利要求13的技术方案对本领域技术人员来说是显而易见的，因此，该权利要求不具备突出的实质性特点和显著的进步，因而不具备专利法第22条第3款所规定的创造性。

（9）权利要求14的附加技术特征是对权利要求13所述生产方法的进一步限定，但上述步骤已经在对比文件2中公开，结合上述对权利要求6的评述，在对比文件1的基础上结合对比文件2得出该权利要求所要求保护的技术方案，对本领域的技术人员来说是显而易见的，而且它们的结合没有产生预料不到的效果，因此该权利要求不具备突出的实质性特点和显著的进步，不具备专利法第22条第3款所规定的创造性。

请求人在意见陈述书中指出，本申请权利要求1所述的“氢键结合（hydrogen bonds）”与对比文件1中所公开的“水缠绕处理（hydroentangle）”不同，前者是一种状态或结果，后者是一种方法，因此，权利要求1相对于对比文件1具有创造性。对此，合议组认为，正如请求人在意见陈述书中指出的：本申请权利要求1所述的“氢键结合（hydrogen bonds）”是一种状态或结果，而对比文件1中所公开的“水缠绕处理（hydroentangle）”是一种方法，但对比文件1所述可水解非织物纤维幅经过“水缠绕处理（hydroentangle）”的方法达到了所述可水解非织物纤维幅纤维之间依靠摩擦和存在的氢键结合的结果或状态（参见对比文件1说明书摘要和说明书第4栏第17-28行），可见，所述水缠绕处理是将纤维缠绕在一起彼此之间形成摩擦和氢键结合，因此，合议组对请求人的上述意见陈述不予认可。

根据上述事实和理由，合议组作出如下审查决定。

三、决定

维持国家知识产权局于2004年5月14日针对00118980.8号发明专利申请作出的驳回决定。

复审请求人对本决定不服的，可以根据专利法第41条第2款的规定，自收到本决定之日起3个月内向北京市第一中级人民法院起诉。

028

全国联网的路桥自动收费方式

复审请求审查决定（第10154号）

决　　定　　号　第10154号
决　　定　　日　2007年1月22日
发明创造名称　全国联网的路桥自动收费方式
国 际 分 类 号　G07B 15/00
复 审 请 求 人　王绪金
申　　请　　号　97104791. X
申　　请　　日　1997年4月29日
公　　开　　日　1999年2月17日
合 议 组 组 长　钱　芸
主　　审　　员　黄　颖
参　　审　　员　丁惠玲

法 律 依 据　专利法实施细则第20条第1款
决 定 要 点
如果一项专利申请的权利要求书不能清楚地限定其保护范围，则该专利申请不能被授予专利权。

一、案由

本复审请求涉及申请号为97104791. X、名称为“全国联网的路桥自动收费方式”的发明专利申请，其申请日为1997年4月29日，申请人为王绪金。

应申请人提出的实质审查请求，国家知识产权局专利局对本申请进行了实质审查，在第一次审查意见通知书中指出，申请人于1999年4月16日提交的修改文本超出原始说明书和权利要求书记载的范围，不符合专利法第33条的规定，此外还指出原始申请文件公开的技术内容与对比文件1、2相比不具备创造性，因此本申请不能被授予专利权。

2001年5月23日，针对上述审查意见通知书，申请人递交了意见陈述书，并且再次对申请文件进行修改，提交了修改后的说明书第7页和权利要求书的替换页。修改后的权利要求书如下：

本权利要求书的主题为：“全国联网的路桥自动收费方式”。

目前，我国路桥收费方式不少于五种：

1. 人工收费：一般都用这种方式。不足之处是停车、排队现缴费、影响路桥及车辆运输力；还有乱设卡、乱收费、乱罚款、贪污等问题。

2. 由汽油费中提成：海南省采用油费提高60%作为过路费，有很大弊病。油有走私，可外省买，外省车不用海南省油等，则路费就会大量流失；偶然走高速公路的市内车与三亚、海口间长途车同以汽油的60%费用缴过路费，则市内车显然是吃亏了。

3. 半自动收费：沪宁高速公路上采用，人钱不清解决了；但两次停车比人工收费方式还多停一次，现场缴费，影响运力依然存在。

4. 自动收费和人工收费并存：上海延安路高架西段采用。自动部分，需申请“路桥通卡”，贴在车前面左侧玻璃上，可直通，这只能解决本市车辆中的一部分；另一部分市内车因种种原因不去办，还有外地车不便办，还得用人工收费，人工收费中的弊病依然存在。

5. 监控收费：广西庆丰站采用监控现场收费，还存在停车问题，影响运力。一套300万元，太贵不宜全国采用。

以上五种方式均有不足之处。

“全国联网的路桥自动收费方式”其特征：

1. 由交通部（或其他单位）牵头，组织各省交通厅、各省结算银行、各省车牌发放单位等，共同制订全国联网的自动收费实施规划和规定。

2. 车辆档案存入本市公路局及地级公路部门（中段）路桥费专用计算机内（含车主姓名、地址、电话号码、吨位、结算银行账号等供调用。

3. 车主在本省（或地、市、县）城路桥费结算银行内存入路桥费专款不少于×××元的最少限额，帐号存入该行计算机内，供调用。授权银行负责由车主账号上提取路桥费，调入路桥主账号上，以这种方式来结算路桥费（车主不用去银行亲自办结算手续）。结算完后由银行向车主邮递路桥费收据。

4. 全国各省会、地区、地级市公路部门之间路桥费专用计算机联网。

5. 全国各省、地、市、县银行系统路桥费专用计算机联网。

6. 全国各省会、地区、地级市公路部门与本地银行（每市一个行）路桥费专用计算机联网。

7. 路桥监视站与本地公路部门之间路桥费专用计算机联网。

8. 路桥监视站的功能是在车辆不停车的情况下，用以取得通过监视站的每辆车的车牌号码，作为对该车实行自动收费的依据。

9. 全国联网后，全国任何一辆车，驶入任何一条收费路桥段，均可不减速、不停车、不付款、快速通过。充分发挥了路桥和车辆运力；彻底杜绝了乱设卡、乱收费、乱扣车、乱罚款、贪污等弊病。

10. 投资省又便于全国启用。

11. 自动收费过程：先由监视站录下车牌号码，计算机调出该车档案的吨位及账号等，算出该车过路桥费，再由银行在车主账号上提取过路费，并拨款到路桥主账号上；然后，银行向车主邮递缴路桥费收据。至此，自动收费即告完成。

12. 车辆档案也可以由公路部门之外的某单位入机或采用其他方法；联网也可以有其他方法；路桥监视也可以有其他方法取得车牌号码；缴费也可以有其他方法；等等。总之，如作局部的或其中环节的提高或降低要求的变动，或采用的方式只能作为本专利技术方案中过渡性做法，均属于本专利宗旨：“路桥监视站现场取得进入收费路桥段的每辆车的车牌号码及利用邮电系统、利用车辆档案、算出过路桥费以达到对每辆车（有别于现场人工收费方式的）自动收费目的”的范畴之内的均属本专利范畴。

原审查部门于2002年11月22日发出第二次审查意见通知书，指出修改后的权利要求1不能清楚简要地表达权利要求所要求保护的范围，不符合专利法实施细则第20条第1款的规定。具体理由是：首先，该权利要求的类型不清楚，“一种全国联网的路桥自动收费方式”，既非产品权利要求，也非方法权利要求；其次，该权利要求没有用具体的技术特征来描述，因此造成该权利要求的保护范围不清楚。同时，通知书还指出说明书不符合专利法实施细则第 18 条的规定等问题，最后指出如果申请人新提交的修改文本依然不符合专利法第 33 条或专利法实施细则第 20 条第 1 款的规定，将驳回本申请。

2002 年 12 月 28 日，申请人提交了意见陈述书及相关附件，由于未采用规定的表格，专利局相关审查部门于 2003 年 1 月 17 日发出手续补正通知书，申请人于 2003 年 1 月 20 日再次提交了采用规定表格的意见陈述书及相关附件一份，但是两次意见陈述中均未针对第二次审查意见通知书中提出的问题进行有针对性的答复并未对申请文件进行新的修改，

国家知识产权局专利局实质审查部门以本申请不符合专利法实施细则第 20 条第 1 款的规定为理由，于 2003 年 3 月 7 日作出了驳回该专利申请的决定。

申请人（下称复审请求人）不服上述驳回决定，于 2003 年 3 月 13 日向专利复审委员会提出复审请求，复审请求人指出未收到驳回决定中提到的第二次审查意见通知书，同时又对权利要求书进行了修改，修改后的权利要求书为：

“1. 本权利要求主题：全国联网的路桥自动收费方式，属方法发明的权利要求，其主要特征：可将全国范围内的每条收费路、桥及全国范围内的每辆车（车上不安装任何设备或标志物）实施全国联网，车辆通过联网的收费路、桥时，可以不停车、不减速，快速通过，所以不因收费而误 1 秒，堵 1 车，然后，由联网系统完成自动收费；同时，使全国每条收费路、桥，全国每辆车充分发挥了运输能力并杜绝了目前收费中的闯站伤亡，路桥费、税款流失等诸多弊端。

2. 为了实现权利要求 1 特征的自动收费技术功能，尚需实施下述技术特征的措施：

（1）由交通部（或其他单位）牵头，组织各省交通厅、各省结算银行、各省车牌发放单位等，共同制订全国联网的自动收费实施规划和规定。

（2）车辆档案存入本市公路局及地级公路部门（中段）路桥费专用计算机内（含车主姓名、地址、电话号码、车牌号码、吨位、结算银行账号等）供调用。

（3）车主在本省（或地、市、县）城路桥费结算银行内存入路桥费专款不少于××××元的最少限额，账号存入该行计算机内，供调用。授权银行负责由车主账号上提取路桥费，调入路桥主账号上，以这种方式来结算路桥费（车主不用去银行亲自办结算手续）。结算完后由银行向主邮递路桥费收据。

（4）全国各省会、地区地级市公路部门之间路桥费专用计算机联网。

（5）全国各省、地、市、县银行系统路桥费专用计算机联网。

（6）全国各省会、地区、地级市公路部门与本地银行（每市一个行）路桥费专用计算机联网。

（7）路桥监视站与本地公路部门之间路桥费专用计算机联网。

（8）路桥监视站的功能是在车辆不停车的情况下，用以取得通过监视站的每辆车的车牌号码，作为对该车实行自动收费的依据。

（9）自动收费全过程：先由监视站录下车牌号码，计算机调出该车档案的吨位及账号等，算出该车过路桥费，再由银行在车主账号上提取过路桥费，并拨款到路桥主账号上；然后，银行向车主邮递缴路桥费收据。至此，自动收费即告完成。

（10）如车辆档案也可以由公路部门之外的某单位入机；联网也可以有其他方法；路桥监视也可以有其他方法取得车牌号码；缴费也可以有其他方法；等等。总之，如只作局部的或其中环节的提高或降低要求的变动，或采用的方式只能作为本专利技术方案（1）~（9）中过渡性，或旁路做法，但最终实现权利要求 1 的主要特征不变，则仍属于本专利范畴。”

经形式审查合格，专利复审委员会于2003年6月23日受理了上述请求。原审查部门对该复审请求作出前置审查意见，仍然坚持驳回决定，专利复审委员会依法组成合议组，对上述复审请求进行审理。

本案合议组在仔细审阅了全部案卷后，于2004年2月18日发出复审通知书，意见如下：

（1）虽然复审请求人声称其在本案的实质审查程序中未收到专利局发出的“第二次审查意见通知书”，但是，专利局未收到退信，因此合议组对复审请求人的主张不予支持；由于发出“第二次审查意见通知书”的日期是2002年11月22日，而复审请求人在2002年12月28日提交了意见陈述书，虽然复审请求人未在意见陈述书中指明该意见陈述是针对“第二次审查意见通知书”的，但是从复审请求人提交该意见陈述书的时间来看，流程部门及实审部门将其视为对“第二次审查意见通知书”的答复并无不妥；另外，即使复审请求人未在2002年12月8日提交意见陈述书，则本申请将因未在规定的期限内答复“第二次审查意见通知书”而被视为撤回，因此合议组认为实质审查在程序上并无不当。

（2）复审请求人在提出复审请求十对申请文件进行了修改，修改后的权利要求书还存在如下问题：

权利要求2倒数第2行的“旁路做法”，既未明确记载在原说明书和权利要求书中，也不能从原说明书和权利要求书记载的内容直接导出，因此超出了原说明书和权利要求书记载的范围，不符合专利法第33条的规定。

权利要求1和2不能清楚简要地表达所要求保护的范围，不符合专利法第20条第1款的规定。“一种全国联网的路桥自动收费方式”，既非产品权利要求，也非方法权利要求，虽然复审请求人在权利要求1的主题名称之后声明该权利要求属于方法权利要求，但是，在权利要求1中没有记载任何有关工艺、操作条件、步骤或者流程等的技术特征，因此这样的声明不能从根本上克服这一缺陷。由于权利要求2是引用权利要求1的，因此权利要求2也具有同样的缺陷。

其次，权利要求1、2的保护范围不清楚。权利要求1没有用技术特征来描述，而全部采用功能及效果限定，因此造成该权利要求的保护范围不清楚；权利要求2中包含了大量政府职能部门之间管理和协调的内容，造成该权利要求的保护范围不清楚。

针对上述复审通知书，复审请求人分别于2004年3月18日、2005年4月22日、2004年4月25日、2005年10月19日、2006年5月5日、2006年5月9日、2006年10月31日向专利复审委员会提交了意见陈述书及权利要求书的修改替换页，此外专利复审委员会还于2005年12月15日收到复审请求人的意见陈述书及权利要求书的修改替换页（邮戳日不清晰），其中复审请求人最终于2006年10月31日提交的权利要求书内容如下：

“本专利主题：‘全国联网的路桥自动收费方式’。是收费路、桥对过往车辆收取过路费的一种收费方法。本收费法与我国现行的路、桥各种收费法其共同处，同属于过路车辆通行费收费法；但二者实现其收费目的时却有着截然不同的特征。现行的各种收费法，车经收费路、桥现场务必停车，并实施现场收费（或结算）；本专利收费法车经收费路、桥，现场不停车，现场不收费，车过后，由全国联网的计算系统进行自动收费。自动收费步骤：如，北京某车经上海某收费路段→上海路段监视站摄下该车牌号→提供上海路局或相关收费银行网站调出该车主、该车付费规格，算出应付过路费→通知北京该车主银行网站拨款到上海路主账号上→由北京该网站实施拨款，并向该车主寄路段付费单据，供车主核查，报销等。至此计算机网自动收费完毕。若车与路同在北京，则自动收费步骤相似，但有的手续在同一银行内即可完成。

本自动收费方式的具体特征见特征部分。

特征部分：

1. 收费路、桥段不设收费站，只设监视站，摄下过站车车牌号，作为自动收费依据。

2. 车辆过收费路、桥监视站，司机可视为不收费道路一样，不停车、不交费、快速通过。

3. 任何车辆都不安装、不携带，与收费、计费有关的任何设备。

4. 车过收费路、桥后，另选时间由全国联网的计算机系统自动完成车辆过路、桥段收费、转账、开收据等一系列手续，并可核查、报销。

5. 计算机联网，通常的概念是全用光缆中光纤联网，成为全是高速率宽带网才是高标准的网，这虽好，但由国情出发，我国难以实现，本发明充分利用我国现有信息资源，将光缆（宽带）、电缆（窄带）……可供联网的信息资源就地用上，联成宽窄带混合网，因为不是立即收费，故同样能很好地完成全国网自动收费任务；这是所以能在我国这么大的国土内 1~2 年的时间内能实现全国联网不停车自动收费的诀窍；当然，当有条件时，也可用全国光缆网；或结合国家建设逐步改造成全国光缆网。

6. 在全国范围内组建 A、B 型基本网站：

A 网站：全国每条收费路、桥分别建档案，存入该路桥专用计算机。档案内容如：计算机网址、本收费路桥段地点、名称、管理单位、负责人姓名、账号、电话、收费段长、收费标准、摄下过路车牌号、车型……为收费提供收费依据的网站。

B 网站：全国每一辆车分别在当地建档案，存入当地区或县（地）银行路桥费专用计算机。档案内容如：计算机网址、车主姓名、地址、身份证号、电话、车牌号、车吨位、车型、车名、活期存款号、存款额……为支付路桥费及向车主提供付费收据及联系的网站。

将全国所有的 A、B 网站用光缆、电缆等联成全国网（即包含了全国每条收费路、桥及全国每辆车），实施全国联网的路桥自动收费方式（银行路桥费计算机内还可以兼税费缴纳，免费通行车照常免费，当车路在同一地区时，车主、路主也可以在同一个地方银行专用计算机网站内。总之，可以因地置宜地建网，实施时由专家来确定，上述 A、B 只是大框框示意性的，A、B 站可合建、可按需改变）。”

在上述多次意见陈述中，复审请求人主要强调了其修改后的权利要求书符合专利法实施细则第 20 条第 1 款的规定，并且其所要求保护的收费方式将具有很好的实施效果，此外还就实质审查程序的二次审查意见通知书在其单位收发室丢失后找到的经过进行了陈述。

至此，本案合议组认为，案件事实清楚，可以作出审查结论。

二、决定的理由

1. 审查文本

本复审决定以复审请求人 2006 年 10 月 31 日提交的权利要求书以及驳回决定所针对的说明书、说明书附图和摘要为基础作出。

2. 关于专利法实施细则第 20 条第 1 款

专利法实施细则第 20 条第 1 款规定：权利要求书应当说明发明或者实用新型的技术特征，清楚、简要地表述请求保护的范围。

合议组认为，经过修改，本申请未能克服驳回决定以及复审通知书中指出的缺陷，具体理由如下：

本申请权利要求书的保护范围不清楚，不符合专利法实施细则第 20 条第 1 款的规定。权利要求中采用功能及效果限定、包含了政府职能部门之间管理和协调的内容、对该领域及我国实际情况的描述以及“当有条件时”、“可以因地置（制）宜，实施时由专家来确定，上述 A、B 只是大框框示意性的，A、B 站可合建，可按需改变”等导致权利要求保护范围不清楚的内容。

综上所述，合议组经合议认定，本申请修改后的权利要求保护范围依然不清楚，不符合专利法实施细则第 20 条第 1 款的规定。

关于复审请求人提出其未收到实质审查的二次审查意见通知书，经意见陈述已经清楚，此事因复审请求人自身原因造成，与专利局的发文程序无关。

在上述事实以及理由的基础上，本案合议组作出如下审查决定。

三、决定

复审请求不成立，维持国家知识产权局于 2003 年 3 月 7 日针对 97104791. X 号发明专利申请作出的驳回决定。

复审请求人对本决定不服的，可以根据专利法第 41 条第 2 款的规定，自收到本决定之日起 3 个月内向北京市第一中级人民法院起诉。

029

烃合成催化剂和方法

复审请求审查决定（第10216号）

决　定　号　第10216号
决　定　日　2007年2月15日
发明创造名称　烃合成催化剂和方法
国 际 分 类 号　C10G 2/00，B01J 23/78，B01J 23/745
复 审 请 求 人　SASOL技术股份有限公司
申　请　号　01811412.1
优 先 权 日　2000年6月20日
申　请　日　2001年6月20日
公　开　日　2003年10月22日
合 议 组 组 长　黄　颖
主　审　员　董晓静
参　审　员　赵　明

法 律 依 据　专利法第33条，专利法实施细则第21条第2款
决 定 要 点

如果所属技术领域的技术人员根据独立权利要求记载的技术内容，可以解决该发明所要解决的技术问题，那么就应当认为该独立权利要求记载了解决技术问题的必要技术特征。

一、案由

本复审请求涉及发明名称为“烃合成催化剂和方法”的01811412.1号发明专利申请（下称本申请），申请人为SASOL技术股份有限公司，申请日为2001年6月20日，优先权日为2000年6月20日，公开日为2003年10月22日。

国家知识产权局应申请人的请求对本申请进行实质审查，于2004年6月18日发出第一次审查意见通知书，主要指出权利要求1、3~10不具备专利法第22条第3款规定的创造性，权利要求1因记载“助催化剂”、“热处理”和“还原条件”等上位概念而不符合专利法第26条第4款的规定。

针对上述审查意见通知书，申请人于2004年11月3日提交了权利要求1~36的修改替换页和意见陈述书，认为修改后的权利要求的创造性在于将表面积低于$60m^2/g$催化剂的还原的沉淀铁催化剂用于流化床反应器的高温费-托法中，同时认为权利要求1符合专利法第26条第4款的规定。

2005年1月28日，国家知识产权局发出第二次审查意见通知书，指出权利要求1、10、33因缺

少得到表面积低于 $60m^2/g$ 的还原催化剂所需的合适热处理条件和还原工艺条件而不符合专利法实施细则第 21 条第 2 款的规定，权利要求 1、10、19、26、33 和 35 因记载上位概念“助催化剂”而不符合专利法第 26 条第 4 款的规定。

针对上述审查意见通知书，申请人于 2005 年 4 月 12 日提交意见陈述书，认为本申请符合专利法第 26 条第 4 款和专利法实施细则第 21 条第 2 款的规定，同时未对申请文件进行任何修改。

2005 年 6 月 10 日，国家知识产权局以独立权利要求 1、10、33 未记载得到表面积低于 $60m^2/g$ 的还原催化剂所需的合适热处理及还原条件的技术特征，因此不符合专利法实施细则第 21 条第 2 款的规定为由，驳回了本申请。驳回决定针对的权利要求 1、10、33 为：

“1. 一种在流化床反应器中进行的用于合成烃的高温费-托法，其中在催化剂存在下使氢气与一氧化碳反应，特征在于所述催化剂通过包括以下步骤的方法制备：

-使铁和/或铁组合物形式的铁产物从含铁溶液中沉淀；

-在所述沉淀过程之前、其间或之后加入至少一种助催化剂；

-使所述沉淀的铁产物经热处理形成表面积减小的催化剂；和

-使所述铁产物经还原条件使所述铁产物还原成金属铁，所述还原催化剂有低于 $60m^2/g$ 催化剂的表面积。”

“10. 一种催化剂在流化床反应器中进行的用于合成烃的高温费-托法中的用途，其中在催化剂存在下使氢气与一氧化碳反应，特征在于所述催化剂通过包括以下步骤的方法制备：

-使铁和/或铁组合物形式的铁产物从含铁溶液中沉淀；

-在所述沉淀过程之前、其间或之后加入至少一种助催化剂；

-使所述沉淀的铁产物经热处理形成表面积减小的催化剂；和

-使所述铁产物经还原条件使所述铁产物还原成金属铁，所述还原催化剂有低于 $60m^2/g$ 催化剂的表面积。”

“33. 一种表面积低于 $60m^2/g$ 催化剂的还原的烃合成催化剂的制备方法，包括以下步骤：

-使铁和/或铁组合物形式的铁产物从含铁溶液中沉淀；

-在所述沉淀过程之前、其间或之后加入至少一种助催化剂；

-使所述沉淀的铁产物经喷雾干燥；

-使所述沉淀的铁产物经热处理形成表面积减小的催化剂；和

-使所述铁产物经还原条件使所述铁产物还原成金属铁，所述还原催化剂有低于 $60m^2/g$ 催化剂的表面积。”

申请人（下称请求人）不服上述驳回决定，于 2005 年 9 月 14 日向专利复审委员会提出复审请求，请求人在提出复审请求时没有对申请文件进行修改。在复审请求书中，请求人认为权利要求 1、10、33 符合专利法实施细则第 21 条第 2 款的规定。

形式审查合格后，专利复审委员会受理了该请求，并于 2005 年 11 月 3 日向请求人发出了复审请求受理通知书，同时向原审查部门发出前置意见通知书，并随该通知书将本申请案卷转送至国家知识产权局原审查部门进行前置审查。

原审查部门对本复审请求进行了前置审查，在前置审查意见书中坚持原驳回决定。

专利复审委员会依法组成合议组，对本复审请求案进行了审理，并于 2006 年 4 月 19 日向请求人发出复审通知书，指出权利要求 36 修改引入的技术特征“高于 0% 但低于 2%（重）的所述至少一种助催化剂为碱金属和/或碱土金属源形式”超出原说明书和权利要求书记载的范围，不符合专利法第 33 条的规定。

针对上述复审通知书，请求人于2006年7月3日提交了意见陈述书和权利要求书的修改替换页。其修改方式可概括为，（1）针对复审通知书指出的缺陷，删除权利要求36中“高于0%但低于2%（重）的所述至少一种助催化剂为碱金属和/或碱土金属源形式”的技术特征；（2）针对驳回决定指出的缺陷，修改权利要求1、10、33，进一步限定助催化剂为碱金属和/或碱土金属源形式，沉淀的铁产物在140℃或更高的温度下进行热处理形成表面积减小的催化剂，以及热处理后的铁产物在还原条件下进行热处理；（3）修改独立权利要求19、26、35，引入“所述铁催化剂含以单质金属计重量比小于1∶100的铊与铁且该铁催化剂被以碱金属和/或碱土金属源形式的助催化剂助催化，该助催化剂的浓度为从每100gFe 0.000213摩尔碱金属和/或碱土金属到每100Fe 0.0426摩尔碱金属和/或碱土金属”的技术特征；（4）通过引入“所述方法在固定流化床系统中进行”和“热处理在350~450℃”、“热处理在300~450℃”等特征来修改从属权利要求5~7、14~16；（5）删去权利要求20、27，对权利要求重新编号。

请求人在意见陈述书中认为，在权利要求19、26、35中修改引入的“重量比小于1∶100的铊与铁”特征虽然没有记载在本申请中，但是记载在先有技术US4513104A中，这是为了与其他国家的审批相一致，从而根据该先有技术US4513104A进行的修改。

2006年8月29日，本案合议组经继续审查，再次发出复审通知书，指出：（1）请求人对从属权利要求5、7、14、16的修改是新增技术特征，对独立权利要求19、25、33的修改是新增对含铊量和催化剂种类等的限定，都不是针对驳回决定和/或复审通知书所指出的缺陷，因此不符合专利法实施细则第60条第1款的规定，修改文本不予接受；（2）为节约程序，合议组经审查请求人于2006年7月3日提交的权利要求书后认为，权利要求7引入特征“热处理在350~450℃下进行”，权利要求6、7、15、16对“热处理”的进一步限定，以及权利要求19、25、33新增的催化剂含铊量和助催化剂含量等特征，超出了原说明书和权利要求书记载的范围，不符合专利法第33条的规定。

针对上述复审通知书，请求人于2006年11月22日进行答复，并提交了权利要求1~34项的修改替换页。其修改方式主要是取消对原权利要求19、25、33的修改，将从属权利要求7的“350~450℃”改为“300~450℃”，并将权利要求6、7、15、16对热处理温度限定为“对所述沉淀的铁产物的热处理”。

2006年12月21日，请求人再次提交意见陈述书和权利要求书的修改替换页，删除了权利要求6和14以克服不符合专利法实施细则第60条第1款的缺陷。

合议组对请求人于2006年12月21日提交的权利要求书进行审查，其中的权利要求1、8、29是请求人在驳回决定所针对的权利要求1、10、33基础上修改得到的。所述权利要求1、8、29为：

“1. 一种在流化床反应器中进行的用于合成烃的高温费-托法，其中在催化剂存在下使氢气与一氧化碳反应，特征在于所述催化剂通过包括以下步骤的方法制备：

-使铁和/或铁组合物形式的铁产物从含铁溶液中沉淀；

-在所述沉淀过程之前、其间或之后加入至少一种碱金属和/或碱土金属源形式的助催化剂；

-使所述沉淀的铁产物在140℃或更高的温度下进行热处理形成表面积减小的催化剂；和

-使所述热处理后的铁产物在还原条件下进行热处理使所述铁产物还原成金属铁，所述还原催化剂有低于60m^2/g催化剂的表面积。”

“8. 一种催化剂在流化床反应器中进行的用于合成烃的高温费-托法中的用途，其中在催化剂存在下使氢气与一氧化碳反应，特征在于所述催化剂通过包括以下步骤的方法制备：

-使铁和/或铁组合物形式的铁产物从含铁溶液中沉淀；

-在所述沉淀过程之前、其间或之后加入至少一种碱金属和/或碱土金属源形式的助催化剂；

–使所述沉淀的铁产物在140℃或更高的温度下进行热处理形成表面积减小的催化剂；和

–使所述热处理后的铁产物在还原条件下进行热处理使所述铁产物还原成金属铁，所述还原催化剂有低于$60m^2/g$催化剂的表面积。”

“29. 一种表面积低于$60m^2/g$催化剂的还原的烃合成催化剂的制备方法，包括以下步骤：

–使铁和/或铁组合物形式的铁产物从含铁溶液中沉淀；

–在所述沉淀过程之前、其间或之后加入至少一种碱金属和/或碱土金属源形式的助催化剂；

–使所述沉淀的铁产物经喷雾干燥；

–使所述沉淀的铁产物在140℃或更高的温度下进行热处理形成表面积减小的催化剂；和

–使所述热处理后的铁产物在还原条件下进行热处理使所述铁产物还原成金属铁，所述还原催化剂有低于$60m^2/g$催化剂的表面积。”

至此，合议组认为本案事实清楚，可以作出审查决定。

二、决定的理由

1. 关于专利法实施细则第60条第1款和本复审决定针对的文本

专利法实施细则第60条第1款规定，请求人在提出复审请求或者在对专利复审委员会的复审通知书作出答复时，可以修改专利申请文件；但是，修改应当仅限于消除驳回决定或者复审通知书指出的缺陷。

本案合议组经核查请求人于2006年12月21日提交的权利要求书之后认为，请求人已经针对复审通知书的意见删除了新增的从属权利要求，也删除了对驳回决定和复审通知书未涉及的权利要求的修改，从而克服了复审通知书所指出的不符合专利法实施细则第60条第1款规定的缺陷。因此，该权利要求书可以被接受并作为复审决定所针对的文本。

综上，本复审请求审查决定针对的文本是请求人于2006年12月21日提交的权利要求第1~32项，以及进入中国国家阶段时提交的说明书第1~10页和说明书摘要。

2. 关于专利法第33条

专利法第33条规定，申请人可以对其专利申请文件进行修改，但是，对发明和实用新型专利申请文件的修改不得超出原说明书和权利要求书记载的范围。

本案合议组经核查请求人于2006年12月21日提交的权利要求书之后认为，该文本已经删除了“高于0%但低于2%（重）的所述至少一种助催化剂为碱金属和/或碱土金属源形式”、“以单质金属计重量比小于1∶100的铊与铁……助催化剂的浓度为从每100gFe 0.000 213摩尔碱金属和/或碱土金属到每100gFe 0.0426摩尔碱金属和/或碱土金属”以及“热处理在350℃至450℃下进行”技术特征，也明确了从属权利要求的热处理温度是指所述沉淀的铁产物的热处理温度，因此已经克服了复审通知书指出的不符合专利法第33条的缺陷，可以被允许。

3. 关于专利法实施细则第21条第2款

专利法实施细则第21条第2款规定，独立权利要求应当从整体上反映发明或者实用新型的技术方案，记载解决技术问题的必要技术特征。

必要技术特征是指，发明或者实用新型为解决其技术问题所不可缺少的技术特征，其总和足以构成发明或者实用新型的技术方案，使之区别于背景技术中所述的其他技术方案。如果所属技术领域的技术人员根据独立权利要求记载的技术内容，可以解决该发明所要解决的技术问题，那么就应当认为该独立权利要求记载了解决技术问题的必要技术特征。

本案中，驳回决定所指出的缺陷是独立权利要求1、10、33没有记载得到表面积低于$60m^2/g$催化剂的还原催化剂所必不可少的热处理条件以及还原条件，因此不符合专利法实施细则第21条第2

款的规定。而请求人于2006年12月21日提交的权利要求书中对上述权利要求进行修改，修改后独立权利要求1、8、29在驳回针对的权利要求1、10、33的基础上进一步限定了制备催化剂的相关步骤为“使所述沉淀的铁产物在140℃或更高的温度下进行热处理形成表面积减小的催化剂”和“使所述热处理后的铁产物在还原条件下进行热处理使所述铁产物还原成金属铁”。

合议组认为，本申请要解决的技术问题是现有技术的高温流化床系统费-托合成所用的熔融铁催化剂虽然机械强度高但是容易沉积碳、流化差，而沉淀铁催化剂因为比表面积高、比活度高而不适于高温操作和流化法（参见说明书第1~3页），所提供的技术方案是能以流化床法使一氧化碳氢化的沉淀铁催化剂，而且根据请求人答复第一次审查意见通知书时陈述的意见可知，本申请解决上述问题的关键在于沉淀的铁催化剂具有低于所限定数值的表面积。因此，鉴于修改后的独立权利要求1、8、29已经限定了制备催化剂过程中沉淀的铁产物进行热处理的温度以及在还原条件下进行热处理，而且明确限定所述还原催化剂有低于$60m^2/g$催化剂的表面积，因此对所属技术领域的技术人员来说，根据这些独立权利要求所记载的技术内容，完全可以通过在所述范围内对热处理温度和还原工艺条件进行常规选择，从而得到具有上述特定表面积的催化剂，并将其用在流化床反应器中，解决沉淀催化剂不能用于流化床反应器的技术问题。

因此，请求人于2006年12月21日提交的权利要求书已经克服了驳回决定所指出的不符合专利法实施细则第21条第2款的缺陷。

根据上述事实和理由，合议组作出如下审查决定。

三、决定

撤销国家知识产权局于2005年6月10日针对01811412.1号发明专利申请作出的驳回决定。由原审查部门在请求人于2006年12月21日提交的权利要求书、进入中国国家阶段时提交的说明书及说明书摘要的基础上继续进行审查。

请求人对本决定不服的，可以根据专利法第41条第2款的规定，自收到本决定之日起3个月内向北京市第一中级人民法院起诉。

030

显微图像层切扫描方法及其装置

复审请求审查决定（第10224号）

决　　定　　号　第10224号
决　　定　　日　2007年2月28日
发明创造名称　显微图像层切扫描方法及其装置
国 际 分 类 号　G02B 21/36，G02B 15/00，G06T 17/00
复 审 请 求 人　麦克奥迪实业集团有限公司
申　　请　　号　01127226.0
申　　请　　日　2001年9月14日
公　　开　　日　2003年3月26日
合 议 组 组 长　张惠军
主　　审　　员　李　礼
参　　审　　员　张梅珍

法 律 依 据　专利法第22条第2款
决 定 要 点

虽然对比文件与本申请属于相同的技术领域，但两者在技术方案上存在着差别，因此该份对比文件不能否定本申请权利要求的新颖性。

一、案由

本复审请求涉及申请号为01127226.0、名称为“显微图像层切扫描方法及其装置”的发明专利申请（下称本申请），其申请日为2001年9月14日，申请人为麦克奥迪实业集团有限公司。

国家知识产权局实质审查部门依法对本专利申请进行了实质审查，于2004年6月4日发出第一次审查意见通知书，指出本申请权利要求第1~10项相对于对比文件1不符合专利法第22条第2款的规定，审查员所引用的对比文件如下：

对比文件1：CN1392962A号发明专利申请公开说明书，其公开日为2003年1月22日，申请日为2001年9月11日，优先权日为2000年9月11日，申请人为奥林巴斯光学工业株式会社。

针对上述审查意见通知书，申请人于2004年10月14日提交了意见陈述书，同时提交了权利要求书的修改替换页。修改后的权利要求书为：

“1. 一种显微图像层切扫描的方法，其特征在于：在显微镜的成像方设置手动或自动调焦机构，通过改变显微镜的像面位置，使调焦系统和图像采集系统一起相对物面运动，通过改变显微镜的像面位置，在物镜像方获得物体各纵向深度的像，实现显微图像层切扫描。

2. 如权利要求 1 所述的显微图像层切扫描的方法，其特征在于上述的电脑图像融合系统，可在物镜像方采集被观察物体沿光轴的分层次图片，合成被观察物体三维图像。

3. 如权利要求 1 所述的显微图像层切扫描的方法，其特征在于上述的方法可通过图像采集系统记录获得的信息。

4. 如权利要求 1 所述的显微图像层切扫描的方法，其特征在于上述的方法可通过电控系统及电脑图像融合系统自动重建三维图像。"

申请人认为：首先，权利要求 1 与对比文件 1 相比，两者的发明目的不同，本发明是通过分层成像，由不同层的像来重组成三维图像，而对比文件 1 的目的是获得各个"地形"或者高度的信息；其次，二者所采用的技术手段不同，本发明是在通常的图像接收器与物镜之间附加特别设计的"像方调焦系统"，对物镜获得的图像进行光学调焦处理，以使图像接收器"选择性地"接收到标本不同层的图像，对比文件 1"调节成像透镜的高度"是常规的，并且其中的"共焦圆盘、远心布置、低倍物镜、变倍系统、光电晕映、高 NA 等等"均是本发明所不需要的，因此本发明的权利要求 1 相对于对比文件 1 具有新颖性、创造性，进而其从属权利要求 2~4 相对于对比文件 1 也具备新颖性、创造性。

经过上述实质审查程序后，国家知识产权局实质审查部门以本申请权利要求第 1~4 项不符合专利法第 22 条第 2 款的规定为由，于 2005 年 1 月 21 日作出了驳回本申请的决定，具体理由为：对比文件 1 公开了焦点移动装置 15 位于物镜 8 的成像方，其通过调节成像透镜 6 的高度来获得具有分段效果的试样 9 的图像，并成像在 CCD 摄像机 12 上（相当于权利要求 1 中的手动或自动调焦机构及其作用），在调节成像透镜 6 的同时还将 CCD 摄像机 12 在光轴方向上移动来实现改变晕映量（相当于权利要求 1 中的调焦系统和成像采集系统一起相对物面运动），即对比文件 1 公开了权利要求 1 的全部技术特征，且两者属于相同技术领域，所要解决的技术问题、为之所采用的技术手段以及达到的技术效果均相同，对比文件 1 中的发明同样是为了获得物体的三维图像信息，也是通过调节物镜上方的成像透镜 6 和 CCD 摄像机 12 来实现其目的的，因此，权利要求 1 相对于对比文件 1 不具备新颖性；从属权利要求 2~4 所要保护的技术方案也被对比文件 1 所公开，因此，权利要求 2~4 相对于对比文件 1 也不具备新颖性。

申请人麦克奥迪实业集团有限公司（下称复审请求人）不服上述驳回决定，于 2005 年 4 月 30 日向专利复审委员会提出复审请求，并提交了权利要求书替换页，但所提交的权利要求书替换页内容与驳回所针对的权利要求书相同。

复审请求人认为：本申请请求保护的是一种显微图像层切扫描方法，而对比文件 1 公开的是一种共焦显微镜及用其测量高度的方法，对比文件 1 中必须具有作为根本要素的"共焦圆盘"，而本申请的显微镜是通过分层成像，由不同的层的像来重新组成三维图像，其不需要共焦圆盘、远心布置、低倍物镜、成倍物镜、变倍系统、光电晕映、高 NA 等等要素，本发明采用整个物面到像面的成像，与对比文件 1 的点成像完全不同；本申请权利要求 1 中所述显微镜是通过分层（面）成像，由不同层（面）的像来重组三维图像，其直接目的是在采集不同层面的标本时，不希望放大倍数改变，只希望不同的层面单独成像到图像接收器，而对比文件 1 是用点照明和单点成像来获得高分辨率能力，组合成三维图像，其直接目的是获得高速焦点移动和改变放大倍数，这均是本申请必须避免的，因此本申请权利要求 1 相对于对比文件 1 具备新颖性、创造性，进而其从属权利要求 2~4 相对于对比文件 1 也具备新颖性、创造性。

经形式审查合格后，专利复审委员会受理了上述复审请求，并于 2005 年 5 月 24 日向复审请求人发出了复审请求受理通知书，同日向原审查部门发出前置审查通知书，将本案送回原审查部门进行前置审查。

国家知识产权局原审查部门在前置审查意见书中，仍然坚持驳回决定。

在此基础上专利复审委员会依法成立合议组，对本案进行审查，本案合议组经合议认为，本案事实已经清楚，现依法作出审查决定。

二、决定的理由

1. 审查的基础

本复审通知书以复审请求人于2005年4月30日提交的权利要求书，申请日提交的说明书、说明书附图、说明书摘要以及摘要附图作为审查基础。

2. 关于新颖性

专利法第22条第2款规定：新颖性是指在申请日以前没有同样的发明或者实用新型在国内外出版物上公开发表过、在国内公开使用过或者以其他方式为公众所知，也没有同样的发明或者实用新型由他人向国务院专利行政部门提出过申请并且记载在申请日以后公布的专利申请文件中。

审查指南第二部分第三章第3.1节新颖性审查原则中进一步规定：被审查的发明或实用新型专利申请与现有技术或者申请日前由他人向专利局提出申请并在申请日后（含申请日）公布的（下称申请在先公布在后的）发明或者实用新型的相关内容相比，如果其技术领域、所解决的技术问题、技术方案和预期效果实质上相同，则认为两者为同样的发明或者实用新型。

针对本案，合议组认为：

本申请权利要求1请求保护一种显微图像层切扫描的方法，对比文件1公开了一种共焦显微镜及用其测量高度的方法，具体公开了以下内容（参见对比文件1第6~9页、第20~21页，附图1），在共焦显微镜中包括光源1、透镜2、设置在试样台16上的试样9、物镜8、光圈13、1/4波长板7、成像透镜6、靠马达5使之旋转的共焦圆盘4、偏振光束分离器3、透镜10、光圈18、透镜11、CCD摄像机12、计算机14以及使成像透镜6在光轴方向上移动的焦点移动装置15（成像透镜6和焦点移动装置15相当于本申请中的调焦机构），光源1射出的光通过透镜2变成平行光，由偏振光束分离器3进行反射，然后射入到按一定速度旋转的共焦圆盘4上，通过共焦圆盘4的针孔的光再通过成像透镜6，通过1/4波长板7变成圆偏振光，通过光圈13由物镜8将其投影到试样9上，从试样9反射的光通过物镜8、光圈13再次变成与在1/4波长板7上入射时相垂直的偏振光方向，由成像透镜6将其投影到共焦圆盘4上，投影到共焦圆盘4上的试样图像中焦点对准的部分，通过针孔，再透过偏振光束分离器3，经过透镜10、光圈18、透镜11，由CCD摄像机12（CCD摄像机相当于本申请中的图像采集系统）拍摄，CCD摄像机12连接计算机14，计算机14对由CCD摄像机12拍摄的图像数据进行运算处理，同时向焦点移动装置15发出驱动指令，焦点移动装置15根据计算机14的驱动指令使成像透镜6在光轴方向上移动，从而使共焦圆盘4的图像在试样9上的任意高度位置上成像，使CCD摄像机12在光轴方向上移动的移动机构（相当于本申请中使调焦系统和图像采集系统一起相对物面运动），可连续地改变晕映量，从而增大光点，无遗漏地检测出光点。

由此可知，首先，对比文件1的发明目的是为了用共焦显微镜测量被测物体的高度，而本申请是通过分层成像，由不同层的像来重组成三维图像，虽然对比文件1中也能形成被测物体的三维图像，但其最终目的是对该被测物体的高度进行测量，即对比文件1与本申请的发明目的并不相同；其次，对比文件1所公开内容与本申请权利要求1请求保护的技术方案相比，区别在于：在对比文件1公开的技术方案中，利用焦点移动装置15使成像透镜6在光轴方向上移动，则共焦圆盘4的图像在试样9内移动，焦平面仅按照规定距离移动，从而如果一边进行焦点移动，一边取得各试样9上的焦平面的分段图像，就可得到试样9的三维信息，根据各分段图像的各像素的最大亮度可以推断IZ峰值位置获得试样 9 的高度信息，在上述方案中，利用旋转的共焦圆盘 4 对试样 9 进行分段，再通过移动成像透镜 6 得到试样 9 内各个点的图像，即对比文件 1 是利用共焦显微镜得到试样 9 各个点的图像，再将各个点的图像合成为三维图像，而本申请是通过获得物体各纵向深度的像来实现层切扫描，即先形成被测物各纵向深度层面的像，再将它们进行合成从而得到三维图像，对比文件 1 与本申请权利要求 1 的技术方案在成像方式上，以及三维图像合成方式上均存在着上述区别，也就是说对比文件 1 中未公开本申请权利要求 1 中“在物镜像方获得物体各纵向深度的像，实现显微图像层切扫描”这一技术特征。此外，在对比文件 1 的技术方案中，是依赖成像透镜的移动和共焦圆盘的转动这两者的共同作用来获得物体三维图像的，可见共焦圆盘是构成对比文件 1 技术方案的不可缺少的技术特征，而本申请权利要求 1 的技术方案中并不包含共焦圆盘。

综上所述，对比文件 1 与本申请虽然属于同一技术领域，而且均能形成被测物体的三维图像，但二者的技术方案存在着上述差异，因此，对比文件 1 与本申请权利要求 1 不属于同样的发明，不能影响本申请权利要求 1 的新颖性，即本申请权利要求 1 相对于对比文件 1 符合专利法第 22 条第 2 款的规定。

在权利要求 1 相对于对比文件 1 具备新颖的情况下，从属于权利要求 1 的权利要求 2~4 相对于对比文件 1 也具备专利法第 22 条第 2 款所规定的新颖性。

根据上述事实和理由，本案合议组依法作出以下审查决定。

三、决定

撤销国家知识产权局于 2005 年 1 月 21 日对 01127226.0 号发明专利申请作出的驳回决定。

由原审查部门以本复审决定所依据的文本，即复审请求人于 2005 年 4 月 30 日提交的权利要求书，申请日提交的说明书、说明书附图、说明书摘要以及摘要附图作为审查基础继续进行审批程序。

复审请求人对本决定不服的，可以根据专利法第 41 条第 2 款的规定，自收到本决定之日起三个月内向北京市第一中级人民法院起诉。

031

偏振片的制造方法和具有偏振片的液晶显示器

复审请求审查决定（第10259号）

决　定　号　第10259号
决　定　日　2007年3月1日
发明创造名称　偏振片的制造方法和具有偏振片的液晶显示器
国际分类号　G02B 5/30，G02F 1/1335
复审请求人　日东电工株式会社
申　请　号　01144060.0
申　请　日　2001年10月3日
公　开　日　2003年4月9日
合议组组长　张惠军
主　审　员　张春伟
参　审　员　李　礼

法律依据　专利法第26条第4款
决定要点

权利要求可以进行适当的概括，在考虑权利要求对说明书的概括是否适当时，应考虑说明书的全部内容，以及本领域技术人员应具备的技术常识。如果从说明书的整体上看，能够说明权利要求的概括是适当的，则应当认为权利要求在实质上得到了说明书的支持。

一、案由

本复审请求涉及申请号为01144060.0、名称为“偏振片的制造方法和具有偏振片的液晶显示器”的发明专利申请（下称本申请），申请人为日东电工株式会社，申请日为2001年10月3日。

经实质审查，国家知识产权局实质审查部门以本申请权利要求第1~5项不符合专利法第26条第4款的规定为由，于2005年6月10日作出驳回决定。驳回决定所依据的文本为：申请人于2005年4月21日提交的说明书第8页、权利要求第1~10项，于申请日提交的说明书第1~7、9~12页以及摘要。驳回决定所针对的权利要求第1~5项如下：

“1. 一种偏振片的制造方法，该方法包括下述步骤：通过包含具有双色性的性质的碘的染色液，对聚乙烯醇（PVA）膜进行染色，通过交联剂对其进行交联处理，并且在上述步骤中，至少采用一对辊，进行延伸，其特征在于：

放入有上述交联剂的浴设置为2个以上；

按照第1浴的延伸倍率在1~4倍的范围内，第2浴以后的延伸倍率大于上述第1浴的延伸倍率的方式进行延伸。

2. 根据权利要求 1 所述的偏振片的制造方法，其特征在于相对放入有交联剂的第 1 浴的温度，第 2 浴以后的至少 1 个浴的温度比第 1 浴的交联浴温度高出 5℃以上。

3. 根据权利要求 2 所述的偏振片的制造方法，其特征在于放入有交联剂的第 1 浴的温度在10℃~90℃的范围内。

4. 根据权利要求 1~3 中的任何一项所述的偏振片的制造方法，其特征在于在放入有染色液的染色浴中的 PVA 膜的延伸倍率小于 5 倍。

5. 根据权利要求 1 中的任何一项所述的偏振片的制造方法，其特征在于放入有染色液的染色浴的温度在 15℃~50℃的范围内。"

驳回决定的具体理由为：权利要求 1~5 仅仅在形式上得到了说明书的支持，但没有足够的实施例证明其能够实施，在实质上没有以说明书为依据。其中，权利要求 1 限定的"放入有上述交联剂的浴设置为 2 个以上"，在说明书中仅给出了有两个交联浴的实施方式，根据说明书，该领域普通技术人员难以预先确定或评价交联浴数目为三个或三个以上时的技术方案的效果。同时，权利要求 1 限定的"第 1 浴的延伸倍率在 1~4 倍的范围内，第 2 浴以后的延伸倍率大于上述第 1 浴的延伸倍率的方式进行延伸"，而从说明书具体实施例中仅能概括出放入有交联剂的第 1 浴中延伸倍率为 1.2~1.3 倍，该领域普通技术人员难以预先确定或评价第 1 浴中延伸倍率为 1.2~1.3 倍范围以外的技术方案的效果；权利要求 2 限定的"相对放入有交联剂的第 1 浴的温度，第 2 浴以后的至少 1 个浴的温度比第 1 浴的交联浴温度高出 5℃以上"，概括了一个较宽的保护范围，但在说明书中仅给出了放入有交联剂的交联浴为两个，同时放有交联剂的第 2 浴的温度比第 1 浴的温度高 20℃的实施例，该领域普通技术人员难以预先确定或评价该权利要求所概括的除本申请的实施例之外的所有方式均能解决其技术问题；权利要求 3 限定的"放入有交联剂的第 1 浴的温度在 10℃~90℃的范围内"，概括了一个较宽的保护范围，但在说明书中仅给出了放入有交联剂的第 1 浴的温度为 40℃的实施例，该领域普通技术人员难以预先确定或评价该权利要求所概括的除本申请的实施例之外的所有方式均能解决其技术问题；权利要求 4 限定的"在放入有染色液的染色浴中的 PVA 膜的延伸倍率小于 5 倍"，在说明书中仅给出了 PVA 膜在染色浴中的延伸倍率为 3 倍的实施例，该领域普通技术人员难以预先确定或评价该权利要求所概括的除本申请的实施例之外的所有方式均能解决其技术问题；权利要求 5 限定的"放入有染色液的染色浴的温度在 15℃~50℃的范围内"，在说明书中仅给出了染色浴的温度为 35℃的实施例，该领域普通技术人员难以预先确定或评价该权利要求所概括的除本申请的实施例之外的所有方式均能解决其技术问题。因此权利要求 1~5 均不符合专利法第 26 条第 4 款的规定。

申请人日东电工株式会社（下称复审请求人）对上述驳回决定不服，于 2005 年 9 月 26 日向专利复审委员会提出复审请求。复审请求人认为，本申请权利要求第 1~5 项的技术方案在说明书的具体实施方式部分均有记载，实施方式中仅给出优选实施例，但本领域技术人员用常规试验或者分析方法足以根据说明书记载的内容扩展到各个权利要求所述的保护范围，因此，权利要求 1~5 均符合专利法第 26 条第 4 款的规定。

经形式审查合格，专利复审委员会依法受理了该复审请求，并于 2005 年 11 月 3 日向复审请求人发出复审请求受理通知书，并于同日向原实质审查部门发出前置审查通知书，并将案卷移交原审查部门进行前置审查。原审查部门在前置审查意见中，仍然坚持驳回决定。

专利复审委员会依法成立合议组，对该复审请求进行审查。合议组于 2006 年 11 月 17 日发出复审通知书，指出：

权利要求 1 中"按照第 1 浴的延伸倍率在 1~4 倍的范围内，第 2 浴以后的延伸倍率大于上述第 1

浴的延伸倍率的方式进行延伸”概括了一个较宽的保护范围，由于说明书中只给出了放入有交联剂的第 1 浴的延伸倍率分别为 1.2 倍和 1.3 倍的实施例，并且，说明书第 3 页最后一行记载有“延伸倍率大于 4 倍，膜容易破断”，那么当第 1 浴延伸倍率接近 4 倍、第 2 浴延伸倍率大于第 1 浴延伸倍率时会使第 2 浴延伸倍率很容易超过 4 倍，以至使膜破断，即存在无法实现其技术效果的情况。因此，在没有给出充足的数据证明情况下，本领域技术人员无法得出第 1 浴为 3 倍乃至 4 倍延伸倍率情况下也可以实施，并实现本申请说明书中所述的技术效果。因此，权利要求 1 得不到说明书的支持，不符合专利法第 26 条第 4 款的规定。

权利要求 4 中“在放入有染色液的染色浴中的 PVA 膜的延伸倍率小于 5 倍”概括了一个较宽的保护范围，说明书仅给出了 PVA 膜在染色浴中的延伸倍率为 3 倍的实施例，并且说明书第 3 页第 16 行至第 17 行记载有“延伸倍率小于 1.5 倍的场合，则难于进行稳定的膜的行走”，对 PVA 膜的延伸倍率只限定到小于 5 倍与说明书的记载是相矛盾的，所以，该领域普通技术人员难以预先确定或评价该权利要求所概括的除本申请的实施例之外的所有方式均能解决其技术问题。因此，权利要求 4 没有以说明书为依据，不符合专利法第 26 条第 4 款的规定。

针对上述复审通知书，复审请求人于 2006 年 12 月 30 日提交了意见陈述书以及权利要求书的替换页，修改后的权利要求书共包括 10 项权利要求，其中权利要求 1~5 分别为：

“1. 一种偏振片的制造方法，该方法包括下述步骤：通过包含具有双色性的性质的碘的染色液，对聚乙烯醇（PVA）膜进行染色，通过交联剂对其进行交联处理，并且在上述步骤中，至少采用一对辊，进行延伸，其特征在于：

放入有上述交联剂的浴设置为 2 个以上；

按照第 1 浴的延伸倍率在 1~1.3 倍的范围内，第 2 浴以后的延伸倍率大于上述第 1 浴的延伸倍率的方式进行延伸。

2. 根据权利要求 1 所述的偏振片的制造方法，其特征在于相对放入有交联剂的第 1 浴的温度，第 2 浴以后的至少 1 个浴的温度比第 1 浴的交联浴温度高出 5℃以上。

3. 根据权利要求 2 所述的偏振片的制造方法，其特征在于放入有交联剂的第 1 浴的温度在10℃~90℃的范围内。

4. 根据权利要求 1~3 中的任何一项所述的偏振片的制造方法，其特征在于在放入有染色液的染色浴中的 PVA 膜的延伸倍率为 1.5~5 倍。

5. 根据权利要求 1 中的任何一项所述的偏振片的制造方法，其特征在于放入有染色液的染色浴的温度在 15℃~50℃的范围内。”

至此，本案合议组认为本案事实已经清楚，可以作出审查决定。

二、决定的理由

1. 关于审查文本

合议组审查了复审请求人于 2006 年 12 月 30 日提交的修改文本，认为该修改文本符合专利法第 33 条和专利法实施细则第 60 条的规定。因此，本复审决定所依据的文本为复审请求人于 2006 年 12 月 30 日提交的权利要求第 1~10 项、于 2005 年 4 月 21 日提交的说明书第 8 页、于申请日提交的说明书第1~7、9~12 页以及摘要。

2. 关于专利法第 26 条第 4 款

专利法第 26 条第 4 款规定：权利要求书应当以说明书为依据，说明要求专利保护的范围。

审查指南第二部分第二章第 3.2.1 节进一步指出：在判断权利要求是否得到说明书的支持时，应当考虑说明书的全部内容，而不是仅限于具体实施方式部分的内容。如果说明书的其他部分也记载了有关具体实施方式或实施例的内容，从说明书的全部内容来看，能说明权利要求的概括是适当的，则应当认为权利要求得到了说明书的支持。

权利要求 1 中限定了“放入有交联剂的浴设置为 2 个以上”，首先在说明书中记载了该特征，如说明书第 2 页第 27~28 行记载有“设置 2 个以上的放入有交联剂的浴”，并且在说明书第 3 页第 1 行记载有“放入有交联剂的液的数量比如，为 3 个的场合”，那么，本领域技术人员在上述内容的基础上能够得出放入交联剂的浴的数量设置在 2 个以上的范围能实现本发明的技术效果。此外，权利要求 1 中限定了“第 1 浴的延伸倍率在 1~1.3 倍的范围内”，由于在说明书第 11 页的实施例 1 和实施例 2 中分别给出了延伸倍率为 1.2 和 1.3 倍的实施例，而上述延伸倍率的数值与数值 1 非常接近，那么，本领域技术人员在上述内容基础上能够推知第 1 浴的延伸倍率在 1~1.3 倍的范围内能实现本发明的技术效果。因此，结合说明书的整体内容看，权利要求 1 中“放入有交联剂的浴设置为 2 个以上”、“第 1 浴的延伸倍率在 1~1.3 倍的范围内”的概括是适当的，能够得到说明书的实质上支持。

权利要求 2 中限定了“第 2 浴以后的至少 1 个浴的温度比第 1 浴的交联浴温度高出 5℃以上”，首先在说明书第 4 页第 3 行已给出与此数值范围一致的文字记载，并且指出“相应的浴温度不受到特别限定”。由说明书中记载的现有技术可知，第 1 浴的延伸倍率大于第 2 浴的延伸倍率，具有难于获得高透射率、高偏光光度的缺点。本申请通过使第 2 浴以后的延伸倍率大于第 1 浴的延伸倍率，从而实现偏振片具有高透射率、高偏光度的优点。至于第 1 浴与第 2 浴的温度差的选取，本领域技术人员根据常识可知升高交联浴的温度时会实现加速交联的效果，通过将第 2 浴的温度设定为比第 1 浴的温度高出 5℃以上，使第 2 浴的交联速度大于第 1 浴的交联速度。因而，本领域技术人员可以根据需要选择第 2 浴的温度与第 1 浴的温度差大小。尽管在说明书第 11 页的实施例 1 和实施例 2 中只给出了放入有交联剂的第 2 浴的温度比第 1 浴的交联浴温度高 20℃，不过作为本领域技术人员来说，应当理解为实施例给出了实现本发明的优选范围，而权利要求可以不局限于这些实施例给出的具体数值，结合说明书的整体内容看，权利要求 2 中“第 2 浴以后的至少 1 个浴的温度比第 1 浴的交联浴温度高出 5℃以上”的概括是适当的，能够得到说明书的实质上支持。

权利要求 3 中限定了“放入有交联剂的第 1 浴的温度在 10℃~90℃的范围内”，首先在说明书第 4 页第 4 行已给出与此数值范围一致的文字记载，并且在说明书第 4 页第 5~6 行记载有“当第 1 浴的温度小于 10℃时，交联不充分，如果第 1 浴的温度大于 90℃，则膜熔化而容易破断”，那么，本领域技术人员在上述内容基础上能够得出放入有交联剂的第 1 浴的温度在 10℃~90℃的范围内能实现本发明的技术效果。尽管在说明书第 11 页的实施例 1 和实施例 2 中只给出了放入有交联剂的第 1 浴的温度为 40℃，不过作为本领域技术人员来说，应当理解为实施例给出了实现本发明的优选范围，而权利要求可以不局限于这些实施例给出的具体数值，结合说明书的整体内容看，权利要求 3 中“放入有交联剂的第 1 浴的温度在 10℃~90℃的范围内”的概括是适当的，能够得到说明书的实质上支持。

权利要求 4 中限定了“在放入有染色液的染色浴中的 PVA 膜的延伸倍率为 1.5~5 倍”，首先在说明书第 3 页第 14~17 行已给出与此数值范围一致的文字记载，并且指出“如果延伸倍率大于 5 倍，则难于获得光学特性良好的，即透射率和偏光光度较高的制品”、“延伸倍率小于 1.5 倍的场合，难于进行稳定的膜的行走”，那么，本领域技术人员在上述内容基础上能够得出在延伸倍率为 1.5~5 倍的范围内能实现本发明的技术效果。尽管在说明书第 11 页的实施例 1 和实施例 2 中只给出了延伸倍率为 3 倍，不过作为本领域技术人员来说，应当理解为实施例给出了实现本发明的优选范围，而权利要求可以不局限于这些实施例给出的具体数值，结合说明书的整体内容看，权利要求 4 中“在放入有染色液的染色浴中的 PVA 膜的延伸倍率为 1.5~5 倍”的概括是适当的，能够得到说明书的实质上支持。

权利要求5中限定了“放入有染色液的染色浴的温度在15℃~50℃的范围内”，首先在说明书第3页第9~13行已给出与此数值范围一致的文字记载，并且指出“当染色浴的温度小于15℃，则PVA的膨润容易不充分，染色不均匀”、“温度大于50℃，则PVA的膨润过高，染色不均匀”，那么，本领域技术人员在上述内容基础上能够得出在放入有染色液的染色浴的温度在15℃~50℃的范围内能实现本发明的技术效果。尽管在说明书第11页的实施例1和实施例2中只给出了染色浴的温度为35℃，不过作为本领域技术人员来说，应当理解为实施例给出了实现本发明的优选范围，而权利要求可以不局限于这些实施例给出的具体数值，结合说明书的整体内容看，权利要求5中“放入有染色液的染色浴的温度在15℃~50℃的范围内”的概括是适当的，能够得到说明书的实质上支持。

综上所述，本申请的权利要求1~5符合专利法第26条第4款的规定，本案合议组作出如下审查决定。

三、决定

在修改文本的基础上撤销国家知识产权局于2005年6月10日对本申请作出的驳回决定。

由国家知识产权局原审查部门在本复审决定所依据的审查文本，即复审请求人于2006年12月30日提交的权利要求第1~10项、于2005年4月21日提交的说明书第8页、于申请日提交的说明书第1~7、9~12页以及摘要的基础上对本申请继续进行审查。

复审请求人对本决定不服的，可以根据专利法第41条第2款的规定，自收到本决定之日起三个月内向北京市第一中级人民法院起诉。

032

衬塑离心泵蜗形流道成型方法及加工装置

复审请求审查决定（第10272号）

决　定　号　第10272号
决　定　日　2007年3月2日
发明创造名称　衬塑离心泵蜗形流道成型方法及加工装置
国 际 分 类 号　B29C 63/26，F04D 7/06，F04D 29/42
复 审 请 求 人　宜兴市张泽化工设备厂
申　请　号　01134181.5
申　请　日　2001年11月15日
公　开　日　2002年8月14日
合 议 组 组 长　朱文广
主　审　员　崔　震
参　审　员　董晓静

法 律 依 据　专利法第22条第3款
决 定 要 点

在创造性判断的过程中不仅要考虑发明的技术方案本身，而且还要考虑发明所属技术领域，所要解决的技术问题和所产生的技术效果，将其作为一个整体来看待。

一、案由

本复审请求涉及发明名称为“衬塑离心泵蜗形流道成型方法及加工装置”的01134181.5号发明专利申请（下称本申请），申请人为宜兴市张泽化工设备厂，申请日为2001年11月15日，公开日为2002年8月14日。

2004年12月3日，国家知识产权局以本申请权利要求1~10不符合专利法第22条第3款规定为由驳回了本申请。驳回决定所针对的权利要求为：

“1. 一种衬塑离心泵蜗形流道成型方法，包括以金属蜗壳泵体作外模，首先通过模压衬里得到近似圆形流道衬塑层，其特征在于衬塑成型后，将带有所需设计流道轨迹的铣模板固定在泵体一侧，由铣刀沿此流道轨迹运动在衬塑层加工得到所需设计流道。

2. 根据权利要求1所述衬塑离心泵蜗形流道成型方法，其特征在于所说金属蜗壳泵体流道线型与铣模板流道轨迹大致相同。

3. 根据权利要求1所述衬塑离心泵蜗形流道成型方法，其特征在于所衬塑料为超高分子量聚乙烯或聚丙烯。

4. 一种在衬塑离心泵塑料层上加工蜗形流道的装置，包括流道定型装置及切削刀具，其特征在于所说流道定型装置为一挖有设计流道的铣模板，所说切削刀具为与铣模流道侧壁接触部刀柄上有滑动部件的铣刀。

5. 根据权利要求 4 所述在衬塑离心泵塑料层上加工蜗形流道的装置，其特征在于所说铣模流道轨迹呈渐开线型。

6. 根据权利要求 4 所述在衬塑离心泵塑料层上加工蜗形流道的装置，其特征在于所说铣模板一侧有定位凸环。

7. 根据权利要求 4 所述在衬塑离心泵塑料层上加工蜗形流道的装置，其特征在于所说铣模板上有固定螺孔。

8. 根据权利要求 4 所述在衬塑离心泵塑料层上加工蜗形流道的装置，其特征在于所说铣刀刀柄上滑动部件为轴承。

9. 根据权利要求 4 所述在衬塑离心泵塑料层上加工蜗形流道的装置，其特征在于所说铣刀刀片部分为圆形结构或圆形分布结构。

10. 根据权利要求 4 所述在衬塑离心泵塑料层上加工蜗形流道的装置，其特征在于所说铣刀宽度小于或等于所需流道宽度。"

驳回决定的意见如下：对比文件 1（CN1182667A，公开日为 1998 年 5 月 27 日）公开了一种离心泵衬塑的方法，其具体公开了以下的技术特征"直接在金属蜗壳泵体内模压获得衬里，使用超高分子量聚乙烯作衬里等"。权利要求 1 与对比文件 1 的区别在于：没有对衬里进行流道优化加工。对比文件 2（CN1167029A，公开日为 1997 年 12 月 10 日）公开了一种铣不规则槽的方法，并具体公开了以下的技术特征"铣刀依照靠模的形状在工件的一侧形成不规则的槽等"。虽然对比文件 2 和本发明的技术领域不尽相同，但是仿形加工是机械加工、制造领域的公知常识，该权利要求的技术方案也仅仅是将对比文件 2 中的仿形加工的技术应用于离心泵衬里修整，以获得理想的流道。而且该特征在对比文件 2 中所起的作用与其在本发明中为解决其技术问题所起的作用相同，因此，在对比文件 1 的基础上结合对比文件 2 得出权利要求 1 所要求保护的技术方案是显而易见的，该权利要求不具备创造性。此外权利要求 2~10 也不具备创造性。

申请人宜兴市张泽化工设备厂（以下称请求人）对上述驳回决定不服，于 2005 年 2 月 17 日向专利复审委员会提出了复审请求，但未对申请文件进行修改。请求人认为，权利要求 1 "模压衬里得到近似圆形流道"与对比文件 1 模压衬里得到"衬里离心泵整体蜗壳"，两者衬里方法及所得衬里流道均不同，对比文件 1 衬里得到的已是离心泵所需蜗壳流道，因此，已不再需要对流道另行加工。本申请的流道加工是一种靠模直接加工，其与对比文件 2 依靠仿形机械的"仿形加工"不完全相同，尤其是对比文件 2 公开的仅是一种仿形加工机械，且结构复杂，更与本申请的加工方法不同，并且对比文件 2 公开的内容也并没有给出得到本申请流道加工的技术启示，所以本领域技术人员不可能简单依据对比文件 1 和 2 结合得到权利要求 1，即使将两者结合，也不能完全覆盖权利要求 1 技术特征总和，也不可能得到本申请所需的流道。

经形式审查合格后，专利复审委员会受理了该复审请求，并于 2005 年 3 月 25 日向请求人发出复审请求受理通知书，同时将本案送至原审查部门进行前置审查。

原审查部门在前置审查意见书中坚持原驳回决定中的意见。

2006 年 11 月 18 日，请求人提交了权利要求书和说明书的替换页，在新的权利要求书中，请求人仅保留了原方法权利要求 1~3，删除了权利要求 4~10。新修改的权利要求的内容为：

"1. 一种衬塑离心泵蜗形流道成型方法，包括以金属蜗壳泵体作外模，首先通过模压衬里得到近似圆形流道衬塑层，其特征在于衬塑成型后，将带有所需设计流道轨迹的铣模板固定在泵体一侧，由铣刀沿此流道轨迹运动在衬塑层加工得到所需设计流道。

2. 根据权利要求 1 所述衬塑离心泵蜗形流道成型方法，其特征在于所说金属蜗壳泵体流道线型与铣模板流道轨迹大致相同。

3. 根据权利要求 1 所述衬塑离心泵蜗形流道成型方法，其特征在于所衬塑料为超高分子量聚乙烯或聚丙烯。”

专利复审委员会依法组成合议组，对本复审请求案进行了审理。经审查，合议组认为本案事实清楚，可以作出复审决定。

二、决定的理由

1. 审查的基础

请求人于 2006 年 11 月 18 日提交的权利要求书仅是删除了原权利要求 4~10，同时提交的说明书也仅是对发明名称等作了适应性修改，修改后的申请文件均未超出原始申请记载的范围，符合专利法第 33 条的规定。因此，本复审决定所依据的审查文本为请求人于 2006 年 11 月 18 日提交的权利要求 1~3、说明书第 1~3 页，以及申请日提交的说明书附图第 1~2 页及说明书摘要和摘要附图。

2. 关于创造性

专利法第 22 条第 3 款规定，创造性是指同申请日以前已有的技术相比，该发明有突出的实质性特点和显著的进步，该实用新型有实质性特点和进步。

对比文件 1 公开了一种整体衬塑离心泵蜗壳的成型方法，包括以下步骤：衬塑金属蜗壳的后侧装接后模（下模）料筒，被衬塑金属蜗壳内组装蜗壳衬模，蜗壳前侧装接前模（上模）料筒，再将需要量的衬里塑料加入型腔及模具料室，合上两侧压圈，适当加压使塑料压实，加热蜗壳使模具中塑料熔融，对压圈加压使熔融塑料充实蜗壳型腔，保压冷却脱模（参见对比文件 1 说明书第 3 页第 2 段至第 4 页及说明书附图）。

对比文件 2 公开了一种铣不规则嵌槽机，涉及木材加工机械，其工作过程是：当开关 3 闭合时，主电机 16 及刀架电机 10 运转。主电机 16 带动变速箱 2，变速箱 2 带动主轴箱 1 内的主轴，主轴通过齿轮 4 带动靠模 11。靠模 11 同装在主轴上的装夹头 5 同步低速运转。刀架电机 10 带动铣刀 7 作高速运转。旋转手轮 13，使铣刀 7 贴近装在装夹头 5 上的工件，此时固定件 8 处于光杆的位置，在弹簧 15 的作用下，靠模杆 12 向靠模 11 贴近，铣刀 7 切入工件，接着靠模杆 12 随着靠模 11 运动，铣刀 7 即按靠模 11 的外形在工件上铣出不规则槽来（参见对比文件 2 全文）。

由上述对比文件 1 公开的内容可以看出，对比文件 1 公开的是一种整体衬塑直接模压成型衬里的方法，而本申请权利要求 1 成型衬里的方法为首先经模压衬里得到近似圆形流道衬塑层，之后由铣刀靠模铣削加工得到所需流道，两者成型衬塑层的方法截然不同，因此，对比文件 1 没有公开权利要求 1 所述的成型工艺步骤。对比文件 2 涉及一种铣不规则嵌槽的装置，适用于木材加工，而本申请涉及的是离心泵衬塑层的加工，将本申请权利要求 1 与上述对比文件 2 公开的内容相比可以看出，尽管两者均利用了靠模仿形的原理，但两者所采用的技术手段并不相同，并且在对比文件 2 中没有给出可以将其仿形加工用于本申请离心泵衬塑层加工的技术启示，因此，本领域技术人员在对比文件 2 的基础上不能显而易见地得出权利要求 1 所要保护的技术方案。而对比文件 1 由于其模压塑料成型的技术领域与对比文件 2 仿形木材加工的技术领域明显不同，本领域技术人员在缺乏教导启示的情况下难以将对比文件 1 和 2 这两个不同领域的成型加工结合起来，即使将其结合也不能得到权利要求 1 所要保护的技术方案，因此，权利要求 1 相对于对比文件 1 和 2 的结合也是非显而易见的，并且由权利要求 1 所限定的成型方法不仅使得衬塑变得简单，大大提高了衬塑效率和成品率，节约了生产成本，而且可衬里性能更好、但流动性差的具有更高分子量的塑料等技术效果，因而权利要求1相对于对比文件1和2具备创造性，符合专利法第22条第3款的规定。

权利要求2和3为权利要求1的从属权利要求，在权利要求1具备创造性的前提下，其从属权利要求2和3也具备创造性，也符合专利法第22条第3款的规定。

基于上述理由，本案合议组作出如下决定。

三、决定

撤销国家知识产权局于2004年12月3日对01134181.5号发明专利申请作出的驳回决定。由原审查部门在本复审决定所依据的审查文本的基础上继续进行审查。

复审请求人对本决定不服的，可根据专利法第41条第2款的规定，自收到本决定之日起3个月内向北京市第一中级人民法院起诉。

033

光学元件的制造方法

复审请求审查决定（第10273号）

决　定　号　第10273号
决　定　日　2007年3月9日
发明创造名称　光学元件的制造方法
国 际 分 类 号　G02B 5/30，G02F 1/13363
复 审 请 求 人　大日本印刷株式会社
申　请　号　02804306.5
申　请　日　2002年11月7日
优 先 权 日　2001年11月9日，2002年10月25日
公　开　日　2004年4月14日
合议组组长　杨军艳
主　审　员　关　刚
参　审　员　马　燕

法 律 依 据　专利法第22条第2款
决 定 要 点
对于方法权利要求，如果该权利要求中的处理工序与现有技术所公开的方法中某些处理工序在操作顺序以及所起的作用上不相同，则该权利要求具有新颖性，符合专利法第22条第2款的规定。

一、案由

本复审请求涉及申请号为02804306.5、名称为“光学元件的制造方法”的PCT国际申请（下称本申请），申请人为大日本印刷株式会社，申请日为2002年11月7日，优先权日为2001年11月9日以及2002年10月25日，公开日为2004年4月14日。本申请公开时包括23项权利要求，其中权利要求1、15、22为独立权利要求。公开时独立权利要求1如下：

“1. 一种光学元件的制造方法，其特征在于，它包括：调制具有取向能力的基材的工序；在上述基材上层合至少含有聚合性液晶材料的液晶层形成用组合物，以形成具有规定的液晶规整性的液晶层的工序；对上述液晶层照射活性放射线制成光学功能层的光学功能层形成工序；在使液晶层聚合（交联）之前的各向同性层以上的温度下对上述光学功能层进行热处理的热处理工序。”

国家知识产权局实质审查部门依法对本申请进行了实质审查，于2004年8月27日发出了第一次审查意见通知书，指出本申请的独立权利要求1与其余独立权利要求15、22之间不符合专利法第31条第1款规定的单一性。在该第一次审查意见通知书中，审查员引用了对比文件1对本申请的单一性

进行评述：

对比文件1：公开号为CN1304496A的发明专利申请公开说明书，其公开日为2001年7月18日。

针对上述审查意见通知书，申请人于2005年1月11日提交了意见陈述书和经过修改的权利要求书替换页。其中，将原权利要求15~23删除，保留原权利要求1~14不变。

国家知识产权局实质审查部门在此基础上继续审查，并于2005年3月4日发出第二次审查意见通知书，指出权利要求1~14相对于对比文件2不具有专利法第22条第2款规定的新颖性，同时还指出了部分权利要求的引用关系不符合专利法实施细则第23条第2款的规定。其中引用的对比文件2为：

对比文件2：公开号为CN1289066A的发明专利申请公开说明书，其公开日为2001年3月28日。

针对第二次审查意见通知书，申请人于2005年5月19日提交了意见陈述书和经过修改的权利要求书替换页，其中修改了权利要求6~12、14的引用关系，使其符合专利法实施细则第23条第2款的规定。申请人认为：对比文件2没有公开本申请权利要求1的技术方案中"在使液晶层聚合（交联）之前的各向同性层以上的温度下对光学功能层进行热处理"的工序，对比文件2中公开的"在比液晶转移点更高的温度下加热，使组合物为各向同性液体状态，然后降温，成为液晶状态，保护该状态给定时间"的工序是为了形成干燥涂膜层的取向，与本申请在形成取向后（即形成光学功能层后）再进行热处理的方法不同。

经过上述实质审查程序后，国家知识产权局实质审查部门以本申请权利要求1~14相对于对比文件2不符合专利法第22条第2条规定的新颖性为由，于2005年12月2日做出了驳回本申请的决定。驳回决定中指出，对比文件2已经公开了通过光辐射固定液晶层以及热处理步骤，而且热处理是在液晶层聚合（交联）之前进行的，即对比文件2已经分别公开了本申请权利要求1中的照射活性放射线和热处理步骤，因此申请人所陈述的理由不能成立。

申请人大日本印刷株式会社（下称复审请求人）不服上述驳回决定，于2006年3月17日向专利复审委员会提出复审请求。复审请求人在复审请求书中未陈述复审请求的理由。

经形式审查合格后，专利复审委员会依法受理了上述请求，并于2006年4月13日向复审请求人发出了复审请求受理通知书，同时向原审查部门发出前置审查通知书。

原审查部门对本复审请求做出前置审查意见，仍然坚持原驳回决定。

专利复审委员会依法成立合议组对本复审请求案进行审理。本案合议组在仔细审阅了全部案卷后，认为本案事实已经清楚，现依法作出复审决定。

二、决定的理由

1. 关于审查文本

由于复审请求人在提出复审请求时未对申请文件进行修改，因此，本复审请求审查决定所针对的审查文本与驳回决定所针对的文本相同，即复审请求人于进入中国国家阶段时提交的说明书第1~26页、附图第1~2页、摘要、摘要附图，2005年5月19日提交的权利要求第1~14项。

2. 关于专利法第22条第2款

专利法第22条第2款规定：新颖性，是指在申请日以前没有同样的发明或者实用新型在国内外出版物上公开发表过、在国内公开使用过或者以其他方式为公众所知，也没有同样的发明或者实用新型由他人向国务院专利行政部门提出过申请并且记载在申请日以后公布的专利申请文件中。

经审查，本申请权利要求1中的技术特征"在使液晶层聚合（交联）之前的各向同性层以上的温度下对上述光学功能层进行热处理的热处理工序"中的"使液晶层聚合（交联）之前的各向同性层以上的"是对温度进行的限定，而不应将"使液晶层聚合（交联）之前"理解为是对热处理工序的时间顺序的限定。本申请权利要求 1 中的热处理工序，是对“光学功能层”进行热处理，而该“光学功能层”在本申请权利要求 1 中已被明确限定为是通过将聚合性液晶材料形成具有液晶规整性的液晶层，并对液晶层照射活性放射线制成的，即本申请的权利要求 1 中的热处理是在将聚合性液晶材料形成具有液晶规整性的液晶层工序以及对液晶层照射活性放射线制成光学功能层的工序之后，对已经形成排列结构，并光照交联固化之后形成的“光学功能层”进行的热处理，其所起的作用是提高液晶层与基材之间的黏附性。

对比文件 2（CN1289066A）公开了一种制造偏振衍射薄膜的方法，其与本申请都涉及利用聚合性液晶材料制造光学元件（如衍射元件）的方法，两者技术领域相同。对比文件 2 具体公开了如下技术方案（参见对比文件 2 的说明书第 10 页第 21 行至第 14 页第 18 行）：将液晶材料溶解到溶剂中，将所得溶液涂布到支撑膜（可在涂布溶液之前赋予支撑膜以排列性能）上，之后干燥涂层以蒸发掉溶剂，接着，对干燥过的薄膜进行热处理以形成排列结构，即将涂层的液晶材料加热到高于液晶转化点的温度，使得其处于各向同性液态，然后通过降低温度转化为液晶态，并将这种状态保持规定长的时间，在排列成形的同时或之后进行交联反应，当光活性物质被用作可交联物质时，胆甾醇排列通过光辐射固定，由此形成液晶薄膜。

将权利要求 1 所要求保护的技术方案与对比文件 2 所公开的技术方案相比可以发现，权利要求 1 的热处理工序是在液晶材料形成排列结构、光照交联固化之后进行的，是形成光学功能层后附加的一道工序，其所起的作用是提高光学功能层与基材之间的粘附性；而对比文件 2 所公开的偏振衍射薄膜的制造方法中的热处理工序，即将涂层的液晶材料加热到高于液晶转化点的温度，使得其处于各向同性液态，然后通过降低温度转化为液晶态，并将这种状态保持规定长的时间的工序，是在光照交联固化之前进行的，其所起的作用是使液晶材料形成排列结构，在形成排列结构以后，再通过光照交联固化而形成液晶薄膜。可见，权利要求 1 中的热处理工序与对比文件 2 的热处理工序在操作顺序及所起的作用上均不相同。此外，对比文件 2 的方法中也没有公开对光照交联固化之后的光学功能层再进行热处理的步骤。因此，本申请权利要求 1 的制造方法与对比文件 2 公开的方法不相同，且本申请权利要求 1 的方法具有提高光学功能层与基材之间粘附性的技术效果，因而本申请的权利要求 1 相对于对比文件 2 具有专利法第 22 条第 2 款规定的新颖性。

本申请的权利要求 2~14 是对权利要求 1 进一步限定的从属权利要求，当权利要求 1 具有新颖性时，权利要求 2~14 也具有专利法第 22 条第 2 款规定的新颖性。

根据上述事实和理由，本案合议组依法作出以下审查决定。

三、决定

撤销国家知识产权局于 2005 年 12 月 2 日对 02804306.5 号发明专利申请作出的驳回决定，由原审查部门以本决定所依据的文本作为审查基础继续进行审查程序。

复审请求人对本决定不服的，可以根据专利法第 41 条第 2 款的规定，自收到本决定之日起三个月内向北京市第一中级人民法院起诉。

034

煤炭加工

复审请求审查决定（第10279号）

决　定　号 第10279号
决　定　日 2007年2月28日
发明创造名称 煤炭加工
国际分类号 C10L 5/00，C10L 9/00
复审请求人 沙地美国矿物公司
申　请　号 00818174.8
优先权日 1999年11月5日
申　请　日 2000年11月2日
公　开　日 2003年4月30日
合议组组长 李广峰
主　审　员 王　博
参　审　员 董晓静

法律依据 专利法第26条第3款
决定要点

所属技术领域的技术人员能够实现，是指所属技术领域的技术人员按照说明书记载的内容，就能够实现该发明的技术方案，解决其技术问题，并且产生预期的技术效果。

一、案由

本复审请求涉及申请号为00818174.8，名称为“煤炭加工”的发明专利申请（下称本申请），其申请人为沙地美国矿物公司，申请日为2000年11月2日，公开日为2003年4月30日。

2005年9月2日，国家知识产权局经实质审查后，驳回了本申请，驳回理由是本申请不符合专利法第26条第3款的规定。

驳回决定认为：本发明的目的是提供一种煤炭加工方法，以提高其使用价值或品级；其技术方案是在无氧化作用大气下加热生物物质（一般指煤），使其脱除水分和挥发分。本申请说明书中记载了“当原料在加热装置内加热处理时，部分脱除的水分和挥发分与预先混合好的液态烃类化合物一起循环回加热装置，以提供无氧化作用大气阻止原料在加热阶段燃烧”，并且给出了“无氧化作用大气”的定义。但是，说明书中并没有记载什么样的混合条件才能达到这种“无氧化作用大气”。例如，脱除的水分、挥发分和预先混合好的液体烃类化合物之间的混合比例，预先混合好的液体烃类化合物中包括哪些液体烃类化合物，以及这些烃类化合物之间的比例在说明书中都没有记载。

申请人（下称请求人）对上述驳回决定不服，于2005年12月17日向专利复审委员会提交了复审请求，请求人在提出复审请求时没有对申请文件进行修改。在复审请求书中，请求人针对驳回理由主要陈述了以下意见：本申请中已经给出了“无氧化作用大气”的具体含义，即为“氧含量通常小于2%（氧）或0.001%~1%（氧），最通常为0.25%~0.75%（按氧体积计）”，并且烃类只是本申请的一个可选方面，而不是必要技术特征，因此对于本领域普通技术人员来说，在阅读了说明书的相关记载后，可以显而易见地明白且获得“无氧化作用大气”。

形式审查合格后，专利复审委员会受理了该请求，并于2005年12月17日向请求人发出了复审请求受理通知书，同时向原审查部门发出前置审查通知书，并随该通知书将本申请案卷转送至国家知识产权局原审查部门进行前置审查。

原审查部门对本复审请求进行了前置审查，在前置审查意见书中，原审查部门坚持原驳回决定。

专利复审委员会依法成立合议组，对本复审请求案进行了审理。

经审查，合议组认为本案事实清楚，可以作出复审决定。

二、决定的理由

1. 审查文本

本复审决定以原始提交的国际申请文件中文译本，即说明书第1~9页、权利要求书1~29、附图第1~2页、说明书摘要及摘要附图为审查基础。

2. 关于专利法第26条第3款

专利法第26条第3款规定，说明书应当对发明或者实用新型作出清楚、完整的说明，以所属技术领域的技术人员能够实现为准。

所属技术领域的技术人员能够实现，是指所属技术领域的技术人员按照说明书记载的内容，就能够实现该发明的技术方案，解决其技术问题，并且产生预期的技术效果。

本申请中，说明书公开的技术方案主要是加热生物物质特别是煤炭，通过除去水分和挥发物并保持绝大部分的自然结构完整性，从而提高煤炭的品级。这一方案必然要求煤炭不能在加工期间发生燃烧。对此，说明书描述的防止燃烧的技术手段是在原料加热阶段提供无氧化作用大气，并给出了无氧化作用大气的具体含义：“其中氧含量通常小地2%（氧）或0.001%~1%（氧），最通常为0.25%~0.75%（按氧体积计）”。关于如何实现该氛围，说明书中指出“当原料在加热装置内加热处理时，部分脱除的水分和挥发分与预先混合好的液态烃类化合物一起循环回加热装置，以提供无氧化作用大气阻止原料在加热阶段燃烧”。根据说明书记载的上述方法以及“无氧化作用大气”的定义，所属领域普通技术人员可知该“无氧化作用大气”的关键在于氧含量的控制，这可以通过根据部分脱除的水分、挥发分中的氧含量，调节所引入的烃类的量的方式，最终达到所要求的无氧化作用大气的氧含量范围。至于所引入烃类的成分与配比，对于本申请而言并不是关键，只要能够实现调节氧含量的作用即可。并且，由于原料特性的不同，所部分脱除的水分、挥发分也不会相同，因此也就无法预先设定部分脱除的水分、挥发分以及预先混合好的液态烃类化合物这三者之间的比例。

综上所述，合议组认为：根据说明书中记载的内容，所属技术领域的技术人员能够实现“无氧化作用大气”这一技术手段，解决避免原料燃烧的技术问题。因此，驳回决定认为无法得到“无氧化作用大气”，从而导致说明书公开不充分的理由不能成立。

基于上述事实和理由，合议组作出如下决定。

三、决定

撤销国家知识产权局于2005年9月2日对00818174.8号发明专利申请作出的驳回决定，由原审查部门在本复审决定所针对的文本的基础上继续进行审批程序。

复审请求人对本决定不服的，可以根据专利法第41条第2款的规定，自收到本决定之日起3个月内向北京市第一中级人民法院起诉。

035

为化妆品盒或包装部件赋予半透明金属化外观的方法及由此获得的部件

复审请求审查决定（第10281号）

决　定　号　第10281号
决　定　日　2006年7月28日
发明创造名称　为化妆品盒或包装部件赋予半透明金属化外观的方法及由此获得的部件
国际分类号　B44C 1/00
复审请求人　雷克萨姆美容金属制品公司
申　请　号　01814636.8
申　请　日　2001年8月23日
优 先 权 日　2000年9月4日
公　开　日　2003年10月15日
合议组组长　石　竞
主　审　员　耿　博
参　审　员　王丽颖

法律依据　专利法第26条第3款
决定要点

当所属技术领域的技术人员按照说明书记载的内容，不付出创造性的劳动，就不能再现该申请的技术方案，解决其技术问题，并且产生预期的技术效果时，应当认为该申请的说明书没有充分公开。

一、案由

本复审请求案涉及申请日为2001年8月23日，优先权日为2000年9月4日，发明名称为“为化妆品盒或包装部件赋予半透明金属化外观的方法及由此获得的部件”的01814636.8号发明专利申请（下称本申请），申请人为雷克萨姆美容金属制品公司（下称申请人）。

专利局审查部门对本申请进行了实质审查，于2003年4月30日发出了第一次审查意见通知书，指出本申请不符合专利法第26条第3款的规定，即说明书公开不充分，其具体理由是“要想达到本申请的技术效果，就必须‘控制真空淀积工艺的参数，并尤其是通过减少真空室内蒸发的金属量’，然而，在该申请中没有对所述‘金属量’的数值作出明确的指导，只在说明书第2页第22行提到‘所要使用的金属量基于所需结果通过实验确定’，但是‘实验’的方法也没有公开，所以，本领域的技术人员不能从该申请所公开的内容中获得实现该发明所必需的关键数值，根据该申请的说明书不经创造性劳动不能实现本发明，本申请的说明书不符合专利法第 26 条第 3 款的规定。”

针对上述审查意见通知书，申请人于 2004 年 10 月 14 日提交了意见陈述书。申请人认为本申请的说明书已经对所要求保护的技术方案作出了清楚完整的说明。本申请涉及一种用于给由可金属化透明塑料制成的化妆品盒等的刚性部件赋予半透明金属化外观的方法，薄到不遮光的金属膜通过物理真空气相淀积工艺淀积，并且所述薄膜覆盖有清漆，该方法的必要技术特征在于生产一种在微观等级上是不连续的并呈现出均匀的似金属的外观而不会损害透明度的非常薄的金属薄膜，所述不连续是通过控制动力学参数并尤其是金属化颗粒的淀积速度而获得的，金属化淀积的厚度在最透明至最不透明外观的范围内的 50~10000 埃之间。因此，对于本发明，已经充分公开实现本发明目的的技术方案，对于本领域技术人员来说，可以根据本发明给由可金属化透明塑料制成的化妆品盒等的刚性部件赋予半透明金属化外观。所以本申请的说明书已经符合了专利法第 26 条第 3 款的规定。

审查部门于 2005 年 1 月 7 日向申请人发出驳回决定，其理由是本申请经申请人陈述意见后仍然不符合专利法第 26 条第 3 款的规定，因此依据专利法实施细则第 53 条的规定予以驳回。其主要意见与 2003 年 4 月 30 日发出的第一次审查意见通知书中的意见基本相同。

申请人对上述驳回决定不服，于 2005 年 4 月 4 日向专利复审委员会提出复审请求，申请人认为本申请的说明书已经对所要求保护的技术方案作出了清楚完整的说明，故符合专利法第 26 条第 3 款的规定。其理由为：本申请涉及一种用于给由可金属化透明塑料制成的化妆品盒等的刚性部件赋予半透明金属化外观的方法，薄到不遮光的金属膜通过物理真空气相淀积工艺淀积，并且所述薄膜覆盖有清漆，这样，能够在化妆品部件上获得满意的金属效果同时保持一定程度的透明度。在说明书指出，通过控制真空淀积工艺的参数可以产生上述的非常薄的金属膜。也就是说，通过控制包括金属化颗粒的淀积速度在内的动力学参数可以产生所要求获得的金属膜。本领域公知的是，金属蒸镀的速度为每秒的厚度是多少，在某一速度下，时间越长，厚度增加；时间越少，厚度越薄。而所需多厚的金属膜，就需要确定多大的蒸镀速度，这完全取决于人们所需要的结果。因此，对于本发明，已经充分公开实现本发明目的的技术方案，对于本领域技术人员来说，可以根据本发明给由可金属化透明塑料制成的化妆品盒等的刚性部件赋予半透明金属化外观。所以本申请的说明书已经符合了专利法第 26 条第 3 款的规定。

经形式审查合格后，专利复审委员会受理了该复审请求，并依法组成合议组对本请求进行了审查。

专利复审委员会于 2006 年 4 月 28 日向请求人发出了复审通知书。在该通知书中指出：实现本申请的发明目的应该具体说明控制金属淀积物厚度（金属量）的方法。但是本申请并没有具体说明“如何才能控制金属淀积物的厚度”在一定数值范围内的方法。虽然在本申请的说明书中已经说明：“本发明人已经发现通过控制真空淀积工艺的参数，并尤其是通过减少真空室内蒸发的金属量，有可能产生非常薄的金属膜”。那么应当认为实现本申请目的的主要手段是采取“通过减少真空室内蒸发的金属量”来达到的，而不是按照现有技术中的金属蒸镀速度来控制蒸镀时间来实现的。而本申请的说明书并没有对如何“控制真空淀积工艺的参数，并尤其减少真空室内蒸发的金属量”作出具体的说明，也没有明显的启示，本领域的技术人员不花费创造性劳动无法得到减少真空室内蒸发金属量的方法，也无法确定在何种蒸镀速度下使用多长的蒸镀时间可以得到所需要的一定范围厚度金属量，从而也就无法实现本申请。

申请人于 2006 年 6 月 12 日向专利复审委员会提交了意见陈述书，其意见要点基本与复审请求书中的意见相同。

在以上工作的基础上，合议组认为本案事实已经清楚，可以依法作出决定。

二、决定的理由

1. 法律规定

专利法第 26 条第 3 款的规定：说明书应当对发明或者实用新型作出清楚、完整的说明，以所属技术领域的技术人员能够实现为准；必要的时候，应当有附图。摘要应当简要说明发明或者实用新型的技术要点。

审查指南中规定：所属技术领域的技术人员能够实现，是指所属技术领域的技术人员按照说明书记载的内容，不需要创造性的劳动，就能够再现该发明或者实用新型的技术方案，解决其技术问题，并且产生预期的技术效果。

2. 本申请的说明书是否符合专利法第 26 条第 3 款的规定

合议组认为：对本申请的实质审查员已经指出了实现本申请的目的应该对所“淀积金属量的厚度”有一定范围的限定，请求人在答复审查员的第一次审查意见通知书中也提到“金属化淀积的厚度在最透明至最不透明外观范围内的 50~10000 埃之间”。也就是说金属淀积物的厚度应当落在该数值范围内，而低于这个范围则不会具有金属化外观，高于这个范围虽然具有金属化外观但“损害其透明度”，因此上述数值范围是该申请能否解决其技术问题的关键，只有得到了这个数值范围该领域普通技术人员才能够不经创造性劳动而实现该发明。所以实现本申请的发明目的应该具体说明控制金属淀积物厚度（金属量）的方法。但是本申请并没有具体说明“如何才能控制金属淀积物的厚度”在一定数值范围内的方法。虽然在本申请的说明书中已经说明：“本发明人已经发现通过控制真空淀积工艺的参数，并尤其是通过减少真空室内蒸发的金属量，有可能产生非常薄的金属膜”。那么应当认为实现本申请目的的主要手段是采取“通过减少真空室内蒸发的金属量”来达到的，而不是按照现有技术中的金属蒸镀速度来控制蒸镀时间来实现的。而本申请的说明书并没有对如何“控制真空淀积工艺的参数，并尤其减少真空室内蒸发的金属量”作出具体的说明，也没有明显的启示，本领域的技术人员不花费创造性劳动无法得到减少真空室内蒸发金属量的方法，也无法确定在何种蒸镀速度下使用多长的蒸镀时间可以得到所需要的一定范围厚度金属量，从而也就无法实现本申请。因而不符合专利法第 26 条第 3 款的规定。

请求人在答复复审通知书的意见陈述书中认为：“本领域公知的金属蒸镀的速度为每秒的厚度是多少，在某一速度下，时间越长，厚度增加；时间越少，厚度越薄。而所需多厚的金属膜，就需要确定多大的蒸镀速度，这完全取决于人们所需要的结果”，因此这样本领域的技术人员是无需花费创造性劳动即可实现本申请的技术方案的，因而应当认为说明书是公开充分的。合议组认为：鉴于以上论述，请求人的以上陈述与说明书中公开的采用“通过减少真空室内蒸发的金属量，有可能产生非常薄的金属膜”技术手段不一致，所以以此为由认为说明书已经公开充分的理由不能成立。

三、决定

维持国家知识产权局于 2005 年 1 月 7 日作出的驳回 01814636. 8 号发明专利申请的决定。

请求人如对本决定不服，可以依据专利法第 41 条第 2 款的规定自收到本决定之日起 3 个月内向北京市第一中级人民法院起诉。

036

改进的液晶显示装置

复审请求审查决定（第10285号）

决　定　号　第10285号
决　定　日　2007年3月13日
发明创造名称　改进的液晶显示装置
国际分类号　G09G 3/36
复审请求人　诺基亚有限公司
申　请　号　02103337.4
申　请　日　2002年1月31日
优先权日　2001年1月31日
公　开　日　2002年9月18日
合议组组长　王桂莲
主　审　员　王琦琳
参　审　员　宋　瑞

法律依据　专利法第26条第3款
决定要点

如果在一件申请中，所给出的解决技术问题的技术手段对于所属技术领域的技术人员来说是含糊不清的，根据说明书记载的内容无法具体实施，则该申请无法实现，不符合专利法第26条第3款的规定。

一、案由

本复审请求涉及名称为“改进的液晶显示装置”的02103337.4号发明专利申请（下称本申请），申请日为2002年1月31日，申请人为诺基亚有限公司。

国家知识产权局原审查部门依法对本申请进行了实质审查，并于2005年4月15日发出第一次审查意见通知书，指出本申请的说明书未对发明作出清楚、完整的说明，致使所属技术领域的技术人员不能实现该发明，不符合专利法第26条第3款的规定。

针对第一次审查意见通知书，申请人于2005年7月13日提交了意见陈述书以及权利要求书的全文替换页，修改后的权利要求书共包括18项权利要求，其中独立权利要求如下：

“1.一种显示装置，用于显示对应于具有相对较暗和较亮区域的彩色图像的数据，从而提供该图像的可视化表示，而不用可单独加电的照明源进行照射，所述显示装置被配置为使得所述相对较暗区域比图像数据所表示的区域更亮，以补偿由显示的非线性特征所提供的显示所产生的图像的可视化表示中变暗的图像。

11. 一种便携式电子设备，包括根据前面任一权利要求所述的显示装置。

16. 一个用于驱动处理器的计算机程序，将该程序设计成向显示装置提供驱动信号，该显示装置显示对应于具有相对较暗和相对较亮区域的彩色图像的数据，并形成可视化图像，而不用单独加电的照明源照明，运行该程序，对图像数据进行滤波，使得与图像数据所表示的相对较暗区域相比更亮地显示该相对较暗的区域，以补偿由显示的非线性特征所提供的显示所产生的图像的可视化表示中变暗的图像。

17. 一种利用显示装置显示对应于具有相对较暗和较亮区域的彩色图像的图像数据，形成该可视化图像，而不用分别加电的照明源进行照明的方法，该方法包括对图像数据进行滤波，使得与图像数据所表示的相对较暗区域相比更亮地显示该相对较暗的区域，以补偿由显示的非线性特征所提供的显示所产生的图像的可视化表示中变暗的图像。"

在意见陈述中申请人认为，传递函数的具体形式对于本发明来说并不是关键因素，因为对于不同的显示器，传递函数一般都会不同，本申请的关键在于理解每个显示器中原始显示强度 I 和修改后的显示强度 I′之间的关系，并进行正确的补偿，本领域普通技术人员完全能够利用已有知识确定任何特定显示器的传递函数，一旦确定了该传递函数，即可将正确的补偿算法编程到该显示装置中。

国家知识产权局原审查部门于 2005 年 8 月 19 日以本申请仍然不符合专利法第 26 条第 3 款的规定为由驳回了本申请。

该驳回决定认为，申请人对权利要求书的修改并没有产生实质性内容的改变；而本申请的说明书未对发明作出清楚、完整的说明，致使所述技术领域的技术人员不能实现该发明，不符合专利法第 26 条第 3 款的规定，具体理由是：本申请所要解决的技术问题是提供一种显示装置，显示相当于相对较弱和较亮区域的彩色图像数据，以便形成可视化图像，而不用可单独加电的照明源进行照明，将其设计成与图像数据所表示的相比更亮地显示相对较暗区域，从而补偿显示装置所产生的可视化图像中变暗的图像。本申请为了解决上述技术问题所采用的技术手段是微控制器用传递函数为 f（I）的数字滤波器对图像数据进行数字滤波，数字滤波器的传递函数的特性曲线如本申请说明书附图 6 所示，但是申请人并未给出传递函数 f（I）的具体函数关系式，也没有给出其特性曲线的具体函数关系，而且根据其特性曲线也不能推出 f（I）的具体函数关系式，也就是说说明书中给出的技术手段含糊不清，所属技术领域的技术人员根据说明书中的记载，无法实施该发明；而且如果没有给出具体的显示强度 I 与修改后的显示强度 I′之间的函数关系式或者详细标注了函数关系的传递函数特性曲线，本领域普通技术人员将不能实现该发明。

申请人（下称复审请求人）对上述驳回决定不服，于 2005 年 12 月 5 日向专利复审委员会提出复审请求，并提交了权利要求书全文替换页，修改后的权利要求书共 18 项权利要求，其中独立权利要求如下：

"1. 一种显示装置，用于显示对应于具有相对较暗和较亮区域的彩色图像的数据，从而提供该图像的可视化表示，而不用可单独加电的照明源进行照射，所述显示装置被配置为使得所述相对较暗区域比图像数据所表示的更亮，以便通过显示器的非线性特征补偿所提供显示器产生的图像的可视化表示中变暗的图像。

11. 一种便携式电子设备，包括根据前面任一权利要求所述的显示装置。

16. 一个用于驱动处理器的计算机程序，将该处理器配置成向显示装置提供驱动信号，该显示装置显示对应于具有相对较暗和相对较亮区域的彩色图像的数据，并提供图像的可视化表示，而不用单独加电的照明源照明，运行该程序，对图像数据进行滤波，使得比图像数据所表示的更亮地显示该相对较暗的区域，以通过显示器的非线性特征补偿所提供显示器产生的图像的可视化表示中变暗的图像。

17. 一种利用显示装置显示对应于具有相对较暗和较亮区域的彩色图像的图像数据的方法，该显示装置提供图像的该可视化表示，而不用分别加电的照明源进行照明，该方法包括对图像数据进行滤波，使得与图像数据所表示的相比更亮地显示该相对较暗的区域，以通过显示器的非线性特征补偿所提供显示器产生的图像的可视化表示中变暗的图像。”

在复审请求书中，复审请求人认为：随着显示器的不同而变化的传递函数 f（I）是可以由本领域普通技术人员使用常规方法来确定的，一旦推导出特定显示器的传递函数 f（I），本领域普通技术人员就能根据本申请的教导使用该函数 f（I）来补偿图像相对较暗的区域，因此，本申请的说明书公开是充分完整的。

经形式审查合格专利复审委员会依法受理了上述请求，于 2006 年 1 月 6 日向复审请求人发出了复审请求受理通知书，并将本案送至原审查部门进行前置审查。

原审查部门对上述复审请求做出前置审查意见，仍然坚持原驳回决定。

专利复审委员会依法成立合议组，对本复审请求进行了审查。

专利复审委员会本案合议组于 2006 年 8 月 15 日向复审请求人发出了复审通知书。在复审通知书中指出：在说明书中，关于函数的具体形式未给出任何具体实施例，对于函数本身也只给出了功能性的限定；本领域技术人员根据本申请的内容来实现其技术方案时，在仅知道函数特性是“使得对于相当于低强度显示图像的图像数据 I，经过修正的数据 I′相当于一增强的显示强度，从而加亮所显示的图像”以及一个概略的函数特性曲线的情况下，既不知道低强度显示图像要通过上述函数调整到何等程度，也不知道到什么样的强度为止的数据不需要进行亮度调整，更不知道对于高强度显示图像应该如何处理；即，说明书中虽然给出了技术手段，但对所属技术领域的技术人员来说，该手段是含糊不清的，根据说明书记载的内容无法具体实施，本申请不符合专利法第 26 条第 3 款的规定。

复审请求人于 2006 年 9 月 29 日向专利复审委员会提交了意见陈述书以及权利要求书的修改替换页，修改后的权利要求书共 18 项权利要求，其中独立权利要求如下：

“1. 一种显示装置，用于显示对应于具有相对较暗和较亮区域的彩色图像的数据，从而提供该图像的可视化表示，而不用可单独加电的照明源进行照射，所述显示装置被配置为使得所述相对较暗区域比图像数据所表示的更亮地显示，以便补偿由显示器的非线性特征所提供的由显示器产生的图像的可视化表示中变暗的图像。

11. 一种便携式电子设备，包括根据前面任一权利要求所述的显示装置。

16. 一个用于驱动处理器的计算机程序，将该处理器配置成向显示装置提供驱动信号，该显示装置显示对应于具有相对较暗和相对较亮区域的彩色图像的数据，并提供图像的可视化表示，而不用单独加电的照明源照明，运行该程序，对图像数据进行滤波，使得比图像数据所表示的更亮地显示该相对较暗的区域，以补偿由显示器的非线性特征所提供的由显示器产生的图像的可视化表示中变暗的图像。

17. 一种利用显示装置显示对应于具有相对较暗和较亮区域的彩色图像的图像数据的方法，该显示装置提供图像的该可视化表示，而不用分别加电的照明源进行照明，该方法包括对图像数据进行滤波，使得与图像数据所表示的相比更亮地显示该相对较暗的区域，以补偿由显示器的非线性特征所提供的由显示器产生的图像的可视化表示中变暗的图像。”

在意见陈述中复审请求人认为：函数特性可以通过试错法等方法来确定的，不需要客观地推导，该函数的限定参数（以及该函数本身）（部分或全部）可以是主观的，通过试错法，本领域普通技术人员能够推导出为了提供本申请的（反射型）显示器上的图像所需的某种修改；比如，在人工过程中，用户可以人工比较在两个显示器上显示的图像，并且人工调整本申请的（反射型）显示器上的图像，一直到感觉到他认为可以接受的图像，这个调整可以通过任何适当的计算机程序来完成，例如“PhotoShop”；在更为自动化的过程中，扫描器可以从阴极射线管显示器中扫描图像，并且自动将它与从根据本申请的（反射型）显示器中扫描的图像进行对比，并且执行这两者之间的数字比较，将该扫描器链接到计算机程序，用计算机程序调整在本申请（反射型）显示器上显示的图像，一直到两个图像被认为基本上类似为止，当实现了充分的相似度之后，该计算机程序可以确定相应的转移函数 f（I）；而且上述工作方式是在本领域技术人员能力范围之内的，是不需要花费任何创造性脑力劳动的，本领域普通技术人员在阅读了说明书之后，完全能够实施本申请的技术方案，所以本申请说明书的公开是充分的，符合专利法第 26 条第 3 款的规定。

经过审理，合议组认为本案事实已经清楚，可以依法作出复审决定。

二、决定的理由

1. 审查基础

本决定是在复审请求人 2006 年 9 月 29 日提交的权利要求第 1~18 项以及申请日提交的说明书第 1~6 页、说明书附图第 1~4 页、摘要和摘要附图的基础上作出的。

2. 关于本申请是否符合专利法第 26 条第 3 款的规定

专利法第 26 条第 3 款规定：说明书应当对发明或者实用新型作出清楚、完整的说明，以所属技术领域的技术人员能够实现为准；必要的时候，应当有附图。

审查指南第二部分第二章 2.1.3 节指出：

以下各种情况由于缺乏解决技术问题的技术手段而被认为无法实现：

说明书中给出了技术手段，但对所属技术领域的技术人员来说，该手段是含糊不清的，根据说明书记载的内容无法具体实施。

本申请涉及一种可以用于便携式电子装置如移动电话手机或个人数字助理（PDA）中的显示装置。本申请所要解决的技术问题是：“由于光吸收所显示的图像相当暗，从而在显示器上图像的暗区域与图像数据中给定的暗区域相比要暗得多”（说明书第 4 页第 9~11 行）。

而本申请为了解决上述技术问题所采用的技术手段，是通过参考说明书附图 5 在说明书的具体实施方式部分中进行说明的（说明书的第 4 页第 8 行至第 5 页第 32 行）。其中包括 5 个步骤：

（1）微控制器取得相当于被显示图像的数字图像数据。

（2）分析图像数据，确定图像数据所表示的图像强度 I 以及参数 C。

（3）对图像强度进行数字滤波，根据函数 f（I），产生修正的强度值 I′。

（4）微控制器计算基色的修正值，使得颜色比 C 保持不变。

（5）将得到的显示修正值施加给显示驱动器。

另外，图 6 中示出了一种非线性函数的特性曲线，意在对函数 I′=f（I）进行限定。

从上述步骤中可以看出，本申请为了解决所述技术问题采用的技术手段中，是通过函数来对图像强度进行调整的。在说明书中对该函数的限定是“使得对于相当于低强度显示图像的图像数据 I，经过修正的数据 I，相当于一增强的显示强度，从而加亮所显示的图像”。在说明书附图 6 中则用函数特性曲线的形式来限定函数。

第一，在说明书中，关于函数的具体形式未给出任何具体实施例，对于函数本身也只给出了功能性的限定。本领域技术人员根据本申请的内容来实现其技术方案时，在仅知道函数特性是“使得对于相当于低强度显示图像的图像数据 I，经过修正的数据 I′相当于一增强的显示强度，从而加亮所显示的图像”以及一个概略的函数特性曲线的情况下，既不知道低强度显示图像要通过上述函数调整到何等程度，也不知道到什么样的强度为止的数据不需要进行亮度调整，更不知道对于高强度显示图像应该如何处理，在上述情况下，本领域普通技术人员根据本申请说明书无法具体实施本申请的技术方案。

第二，复审请求人认为：函数特性可以通过试错法等方法来确定，不需要客观地推导，通过试错法，本领域普通技术人员能够推导出为了提供本申请显示器上的图像所需的某种修改，即能够推导出函数本身；上述试错法，人工方式可以利用“PhotoShop”程序的方式，更加自动化的可以用计算机程序进行与阴极射线管所显示图像的直接对比和校正的方式；而且这种试错法是本领域技术人员公知的。合议组认为：本申请中不仅未公开任何关于通过试错法来得到传递函数的技术内容，而且在本申请中也未直接或者间接地给出关于采用试错法的技术启示。另外，用试错法来求得函数，对图像数据进行了处理修改，对于这种处理将把相对较暗区域提高亮度到何种程度，把整体图像失真控制在何等程度，说明书中既没有记载也未给出任何启示。而且在本申请权利要求中对使用传递函数 f（I）这样的技术手段进行功能性概括时，在本申请说明书中并未给出任何实施例，虽然复审请求人在意见陈述中表示传递函数 f（I）的推导属于本领域技术人员无需付出创造性劳动就可得到的，但是传递函数 f（I）作为实现本申请技术方案的技术效果的重要技术手段，在说明书中未对其形式和获得方式进行任何限定，所以，本领域普通技术人员无法从本申请中得到任何使用试错法的教导和启示，更无法根据本申请说明书的记载得到具体实施本申请的技术方案。

综上所述，本申请说明书中虽然给出了技术手段，但对所属技术领域的技术人员来说，该手段是含糊不清的，根据说明书记载的内容无法具体实施。本申请不符合专利法第 26 条第 3 款的规定。

基于上述理由，合议组作出下述决定。

三、决定

维持国家知识产权局于 2005 年 8 月 19 日作出的驳回 02103337.4 号发明专利申请的决定。

复审请求人对本决定不服的，可以根据专利法第 41 条第 2 款的规定，自收到本决定之日起三个月内向北京市第一中级人民法院起诉。

037

采用无机浆液混合物施加含铝覆层的方法

复审请求审查决定（第10303号）

决　　定　　号 第10303号
决　　定　　日 2007年3月15日
发明创造名称 采用无机浆液混合物施加含铝覆层的方法
国 际 分 类 号 C23C 10/28，10/30，24/00，24/08
复 审 请 求 人 通用电气公司
申　　请　　号 01132634.4
申　　请　　日 2001年9月5日
公　　开　　日 2002年4月10日
合议组组长 黄　颖
主　审　员 刘　翚
参　审　员 崔　震

法 律 依 据 专利法实施细则第21条第2款
决 定 要 点

专利法实施细则第21条第2款所规定的发明的必要技术特征是那些为解决其技术问题所不可缺少的技术特征，其总和应当足以构成发明的技术方案，并使之区别于背景技术中的其他技术方案。如果发明的实质或发明点在于组分，发明的任务是要选择组分，而组分的含量是所属领域的普通技术人员能够确定的，则在独立权利要求中可以允许只限定组分；但是选择后的组分含量是所属领域的普通技术人员根据现有技术的教导不能够确定的，则在独立权利要求中必须同时限定组分和组分含量。

一、案由

本复审请求涉及申请人通用电气公司于2001年9月5日申请，2002年4月10日公开，名称为“采用无机浆液混合物施加含铝覆层的方法”的第01132634.4号发明专利申请（下称本申请）。

国家知识产权局实审部门于2004年6月4日发出第一次审查意见通知书，指出了本申请存在的缺陷，其中包括权利要求1，19由于未记载各个成分的具体含量，但根据说明书的记载，并非以任何比例混合而成的浆液均能用来进行涂覆，因此不符合专利法实施细则第21条第2款的规定。

申请人于2004年10月19日提交了意见陈述书及经修改的权利要求书替换页，陈述了本申请具有专利性的理由，其中包括：申请人认为除无机胶凝剂外的其他成分及其含量并非是与现有技术相比的区别技术特征，因此没有必要被列入主权利要求中，修改后的权利要求书符合专利法实施细则第21条第2款的规定。

国家知识产权局于2004年11月19日发出第二次审查意见通知书，指出了本申请存在的缺陷，其中包括：由于本发明区别于现有技术的特征在于使用了无机材料来实现胶凝形成作用，因此该无机材料的使用必定会带来新的原料配比关系，因此由于本申请权利要求1，19未记载各个成分的具体含量从而不符合专利法实施细则第21条第2款的规定。

申请人于2005年2月4日提交了意见陈述书及经修改的权利要求书替换页，第二次审查意见通知书所针对的权利要求1、19在新修改的权利要求书中对应的为权利要求1、15，申请人认为各组分的具体含量并不构成该方法的必要技术特征，更构不成与现有技术不同的区别技术特征，因此修改后的权利要求书符合专利法实施细则第21条第2款的规定。

国家知识产权局于2005年4月8日驳回了该申请，理由是独立权利要求1，15未记载各个成分的具体含量，不符合专利法实施细则第21条第2款的规定。

驳回决定所针对的权利要求书中的权利要求1、15为：

“1. 一种涂覆方法，其中包括下列步骤：

提供具有待涂覆的表面（36）的制品；

制备涂料浆液，其包括下列成分的混合物：

载体成分，其包括水和无机胶凝剂，其中无机胶凝剂选自锂蒙脱石粘土和膨润土粘土，和它们的混合物。

铝源，所述铝源选自铝、铬-铝合金、钴-铝合金、钛-铝合金、铁-铝合金、铝-钒合金、铝-锰合金、和它们的混合物；和

氧化物分散剂；所述氧化物分散剂选自氧化铝、氧化钇、氧化锆、氧化铬、和二氧化铪，以及它们的混合物；

将涂料浆液施加到制品表面（36）上；然后

干燥制品表面（36）上的涂料浆液，除去其中的水分；和然后

加热其上有干燥的涂料浆液的制品表面（36），以制成与制品表面（36）结合的铝覆层。

15. 一种涂覆方法，其中包括下列步骤：

提供具有待涂覆的内部通道的燃气涡轮机翼型（22）；

制备涂料浆液，涂料浆液包括下列成分的混合物：

载体成分，包含水和粘土，粘土选自锂蒙脱石粘土和膨润土粘土，以及它们的混合物，

铝源，所述铝源选自铝、铬-铝合金、钴-铝合金、钛-铝合金、铁-铝合金、铝-钒合金、铝-锰合金、和它们的混合物；和

氧化物分散剂；所述氧化物分散剂选自氧化铝、氧化钇、氧化锆、氧化铬、和二氧化铪，以及它们的混合物；和

卤化物活化剂，所述卤化物活化剂选自AlF_3、NH_4F、$AlCl_3$、NH_4Cl、$CrCl_3$、$CrCl_2$、NaCl、$FeCl_2$、$FeCl_3$、CrF_2、CrF_3和它们的混合物；

将涂料浆液施加到燃气涡轮机翼型（22）的内部通道中；然后

干燥燃气涡轮机翼型（22）内部通道上的涂料浆液；然后

加热其上有涂料浆液的燃气涡轮机翼型（22），以形成与燃气涡轮机翼型（22）内部通道结合的铝覆层；和然后

除去燃气涡轮机翼型（22）内部通道中的过量涂料。”

申请人（以下称请求人）对上述驳回决定不服，于2005年7月25日向专利复审委员会提出复审请求，请求人在提出复审请求的同时未修改专利申请文本。请求人认为本发明的发明点在于将有机胶

凝剂替换为无机胶凝剂，因此在权利要求中写入无机胶凝剂就可以将本发明与现有技术进行区别，因此不需要写入无机胶凝剂及其他成分的含量，因此国家识产权局驳回的理由不成立。

形式审查合格后，专利复审委员会受理了该复审请求，并于2005年8月17日向请求人发出《复审请求受理通知书》，同时将本申请转送原实审部门进行前置审查。

原实审部门对本复审请求进行了前置审查，坚持原驳回决定。

专利复审委员会组成合议组，对本案的复审请求进行了审理。并于2006年3月2日向请求人发出《复审通知书》。《复审通知书》指出，在本申请中无机胶凝剂的含量是为解决其技术问题所不可缺少的技术特征，由于权利要求1和15缺乏解决其技术问题的必要技术特征，不符合专利法实施细则第21条第2款的规定。

针对《复审通知书》指出的问题，请求人于2006年4月17日提交了意见陈述书及经修改的权利要求书，其中将无机胶凝剂的含量加入到权利要求1和15中。修改后的权利要求1、15为：

“1. 一种涂覆方法，其中包括下列步骤：

提供具有待涂覆的表面（36）的制品；

制备涂料浆液，其包括下列成分的混合物：

载体成分，其包括水和无机胶凝剂，其中无机胶凝剂优选为水和无机胶凝剂总重量的约1重量%~6重量%且选自锂蒙脱石粘土和膨润土粘土，和它们的混合物。

铝源，所述铝源选自铝、铬-铝合金、钴-铝合金、钛-铝合金、铁-铝合金、铝-钒合金、铝-锰合金、和它们的混合物；和

氧化物分散剂；所述氧化物分散剂选自氧化铝、氧化钇、氧化锆、氧化铬、和二氧化铪，以及它们的混合物；

将涂料浆液施加到制品表面（36）上；然后

干燥制品表面（36）上的涂料浆液，除去其中的水分；和然后

加热其上有干燥的涂料浆液的制品表面（36），以制成与制品表面（36）结合的铝覆层。

15. 一种涂覆方法，其中包括下列步骤：

提供具有待涂覆的内部通道的燃气涡轮机翼型（22）；

制备涂料浆液，涂料浆液包括下列成分的混合物：

载体成分，包含水和无机胶凝剂，该无机胶凝剂优选为水和无机胶凝剂总重量的约1重量%~6重量%且选自锂蒙脱石粘土和膨润土粘土，以及它们的混合物，

铝源，所述铝源选自铝、铬-铝合金、钴-铝合金、钛-铝合金、铁-铝合金、铝-钒合金、铝-锰合金、和它们的混合物；和

氧化物分散剂；所述氧化物分散剂选自氧化铝、氧化钇、氧化锆、氧化铬、和二氧化铪，以及它们的混合物；和

卤化物活化剂，所述卤化物活化剂选自 AlF_3、NH_4F、$AlCl_3$、NH_4Cl、$CrCl_3$、$CrCl_2$、NaCl、$FeCl_2$、$FeCl_3$、CrF_2、CrF_3 和它们的混合物；

将涂料浆液施加到燃气涡轮机翼型（22）的内部通道中；然后

干燥燃气涡轮机翼型（22）内部通道上的涂料浆液；然后

加热其上有涂料浆液的燃气涡轮机翼型（22），以形成与燃气涡轮机翼型（22）内部通道结合的铝覆层；和然后

除去燃气涡轮机翼型（22）内部通道中的过量涂料。”

至此，合议组认为本案事实清楚，可以作出审查决定。

二、决定的理由

1. 决定针对的文本

本决定针对的文本为请求人于 2006 年 4 月 17 日提交的权利要求 1~15 项；申请日提交的说明书第 1~8 页、附图第 1~3 页以及说明书摘要。

2. 关于专利法实施细则第 21 条第 2 款

专利法实施细则第 21 条第 2 款规定，独立权利要求应当从整体上反映发明或者实用新型的技术方案，记载解决技术问题的必要技术特征。

根据该款规定，发明的必要技术特征是那些为解决其技术问题所不可缺少的技术特征，其总和应当足以构成发明的技术方案，并使之区别于背景技术中的其他技术方案。如果发明的实质或发明点在于组分，发明的任务是要选择组分，而组分的含量是所属领域的普通技术人员能够确定的，则在独立权利要求中可以允许只限定组分；但是选择后的组分含量是所属领域的普通技术人员根据现有技术的教导不能够确定的，则在独立权利要求中必须同时限定组分和组分含量。

合议组认为：本申请权利要求 1 和 15 要求保护一种涂敷方法，该方法中重要特征就在于使用了无机胶凝剂以代替有机胶凝剂来制备涂料浆液。现有技术中的涂料浆液中使用有机胶凝剂。而由于有机胶凝剂具有会产生有机蒸汽以及在干燥步骤中不易放出水份等缺陷，为解决上述技术问题，本申请在涂料浆液中使用无机胶凝剂来替代有机胶凝剂。

在复审通知书中，合议组指出：由于在本申请的背景技术以及合议组所了解的现有技术中没有给出在上述涂料浆液中使用无机胶凝剂及其含量的技术启示，也就是说本领域技术人员无法确定在上述涂料浆液中添加多少无机胶凝剂就可以解决上述的技术问题，即无机胶凝剂的含量是为解决其技术问题所不可缺少的技术特征。请求人在答复复审通知书所修改的权利要求 1，15 中加入了无机胶凝剂的含量，因此消除了复审通知书指出的缺陷。

此外，对于本申请来说，其任务在于选择了涂料浆液中的无机胶凝剂组分而非对涂料浆液中所含有的其他组分及其含量进行选择，而且涂料浆液中的其他组分及其含量在现有技术中均有教导（参见《检索报告》中引用的美国专利文献 US5824366A，公开日为 1998 年 10 月 20 日），所属领域的技术人员可以在现有技术的基础上确定出涂料浆液中其他组分的含量，因此对于涂料浆液中其他组分的含量不需在独立权利要求中进行限定，即涂料浆液中其他组分的含量不是解决本申请技术问题所不可缺少的技术特征。

根据以上事实和理由，本案合议组作出如下审查决定。

三、决定

撤销国家知识产权局于 2005 年 4 月 8 日对 01132634.4 号发明专利申请作出的驳回决定。由原审查部门在请求人于 2006 年 4 月 17 日提交的权利要求 1~15 项；申请日提交的说明书第 1~8 页、附图第 1~3 页以及说明书摘要的基础上继续进行审查。

复审请求人对本决定不服的，可以根据专利法第 41 条第 2 款的规定，自收到本决定之日起三个月内向北京市第一中级人民法院起诉。

038

压制气凝胶的方法

复审请求审查决定（第 10304 号）

决　　定　　号　第 10304 号
决　　定　　日　2007 年 3 月 6 日
发明创造名称　压制气凝胶的方法
国 际 分 类 号　B01J 13/00
复 审 请 求 人　卡伯特公司
申　　请　　号　98805628.3
申　　请　　日　1998 年 4 月 29 日
优 先 权 日　1997 年 5 月 2 日
公　　开　　日　2000 年 6 月 28 日
合 议 组 组 长　白光清
主　　审　　员　刘　犟
参　　审　　员　崔　震

法 律 依 据　专利法第 22 条第 3 款
决 定 要 点

在创造性的判断中，如果要求保护的发明技术方案与最接近现有技术方案之间的区别特征是所属领域的技术人员在现有技术的基础上通过逻辑分析、推理或者有限的实验就可以确定的，则认为要求保护的发明对本领域技术人员来说是显而易见的。

一、案由

本复审请求涉及申请人卡伯特公司于 1998 年 4 月 29 日申请，2000 年 6 月 28 日公开，优先权日为 1997 年 5 月 2 日，名称为“压制气凝胶的方法”的 98805628.3 号发明专利申请（下称本申请）。

国家知识产权局实审部门于 2002 年 8 月 23 日发出第一次审查意见通知书，指出了本申请存在的缺陷，其中包括本申请权利要求 1～6 相对于对比文件 1（WO9710188A，公开日 1997 年 3 月 20 日）不符合专利法第 22 条第 2 款的规定；本申请权利要求 7～19 相对于对比文件 1 和公知常识不符合专利法第 22 条第 3 款的规定。

申请人于 2003 年 1 月 7 日提交了意见陈述书及经修改的说明书和权利要求书替换页，申请人认为经修改的权利要求克服了第一次审查意见通知书指出的缺陷。并于 2003 年 2 月 27 日再次提交了意见陈述书，强调了新修改的权利要求具有新颖性、创造性。

国家知识产权局于 2003 年 4 月 4 日和 2003 年 11 月 2 日先后两次发出审查意见通知书，指出本申请权利要求不符合专利法第22条第3款有关创造性的规定。

申请人于2003年8月19日和2004年4月6日提交了答复意见并提交了经修改的权利要求书，坚持认为新修改的权利要求具有创造性。

国家知识产权局于2004年9月3日驳回了该申请，理由是在对比文件1的启发下通过逻辑分析或者有限的实验可以得到权利要求1的技术方案，权利要求1不符合专利法第22条第3款的规定。权利要求2~6、10、17的附加技术特征被对比文件1所公开，因此上述权利要求也不符合专利法第22条第3款的规定。权利要求7~9、11~16的附加技术特征是本领域技术人员熟知的公知常识，因此上述权利要求也不符合专利法第22条第3款的规定。

驳回决定所针对的权利要求书为：

"1. 压制气凝胶微粒的方法，其特征在于，在压塑装置中加入气凝胶微粒并将其压塑为颗粒。

2. 根据权利要求1的方法，其特征在于，在气凝胶微粒中加入添加剂、填料和/或粘合剂。

3. 根据权利要求2的方法，其特征在于，这些组分是颗粒状或纤维状的。

4. 根据权利要求2的方法，其特征在于，这些组分是液体或浆体。

5. 根据上述权利要求之一的方法，其特征在于，在压塑之前和/或期间使原材料脱气。

6. 根据权利要求5的方法，其特征在于，使原材料处于负压下。

7. 根据权利要求6的方法，其特征在于，根据颗粒的尺寸将颗粒分级。

8. 根据权利要求7的方法，其特征在于，将在所希望颗粒范围之下的颗粒返回压塑装置中。

9. 根据权利要求7的方法，其特征在于，在所希望颗粒范围之上的颗粒被粉碎。

10. 根据权利要求7~9之一的方法，其特征在于，在进一步加工之前干燥该颗粒。

11. 根据上述权利要求之一的方法，其特征在于，阳模将原材料在阴模中压塑。

12. 根据权利要求1至10之一的方法，其特征在于，将原材料在辊子和阴模之间压塑。

13. 根据权利要求12的方法，其特征在于，阴模是钻有孔的，并且在出口侧切割模制品。

14. 根据权利要求1至10之一的方法，其特征在于，在二个辊子之间将原材料压塑。

15. 根据权利要求14的方法，其特征在于，至少一个辊子是钻有孔的空心辊子，并在出口侧切割模制品。

16. 根据权利要求1至10之一的方法，其特征在于，在二个辊子之间将原材料压塑，并且至少一个辊子是异型的。

17. 根据权利要求1~16之一的方法，其特征在于，作为原料的气凝胶微粒小于2mm。"

申请人（以下称请求人）对上述驳回决定不服，于2004年12月20日向专利复审委员会提出复审请求，请求人在提出复审请求的同时并没有提交新的修改文本。请求人认为对比文件1特别地公开了将复合物模制成板的形式而非颗粒的形式，因此权利要求1及从属权利要求2~17具备创造性，国家知识产权局驳回的理由不成立。

形式审查合格后，专利复审委员会受理了该复审请求，并于2005年1月24日向请求人发出《复审请求受理通知书》，随后将本申请移交原实审部门进行前置审查。

原实审部门对本复审请求进行了前置审查，坚持原驳回决定。

专利复审委员会组成合议组，对本案的复审请求进行了审理。于2005年9月21日向请求人发出《复审通知书》。《复审通知书》指出，相同领域的对比文件1（WO9710188A，公开日为1997年3月20日）公开了一种压制气凝胶颗粒以形成复合材料的方法，在实施例1中具体公开了将气凝胶颗粒压制成板的方法，另外该对比文件中还指出在压制混合物时，本领域技术人员可根据应用目的选择适合的挤压机或挤压工具。将本申请权利要求1所述技术方案与对比文件1进行对比，两者区别在于：

本申请将气凝胶压制成颗粒而并非压制成板，即最终制成的产品形状不同。但在对比文件1中明确指出，其中复合材料形成的部件形式不受任何限制；该复合材料特别可以制备成为板状，同时该对比文件中还指出，其中所述气凝胶颗粒可以通过挤压而成为较大颗粒（参见说明书第7页第5~9行，第8页第3~18行，第15页第18~20行）。也就是说对比文件1已经给出了可将气凝胶微粒压制成颗粒这样的技术启示，在对比文件1已经公开了将气凝胶颗粒压制成板状的方法的情况下，所属领域的技术人员在对比文件1中所给出的技术启示的基础上可以预见到气凝胶压制成颗粒这样的技术方案，所以该技术方案具有显而易见性；另外在本申请的说明书中以及请求人的意见陈述中并不能看出本申请请求保护的技术方案因为将气凝胶压制成颗粒而产生意想不到的效果。综上所述，相对于对比文件1，本申请权利要求1的区别技术特征没有为要求保护的技术方案带来突出的实质性特点和显著的进步，因此，权利要求1不具有创造性，不符合专利法第22条第3款的规定。同时《复审通知书》还指出本专利申请权利要求2~17相对于对比文件1和公知常识均不符合专利法第22条第3款有关创造性的规定。

针对《复审通知书》指出的问题，请求人于2006年1月6日提交了意见陈述书，其中认为对比文件1只是教导了较大的经压制的气凝胶颗粒可以用于形成诸如面板或平板这样的复合材料，请求人还认为本领域技术人员不会试图使用对比文件1的形成气凝胶复合材料的方法来压制气凝胶颗粒以形成更大的颗粒。因此本领域技术人员不会在对比文件1的基础上得出本申请权利要求1请求保护的技术方案，本申请权利要求1及从属权利要求2~17具有创造性，符合专利法第22条第3款的规定。

至此，合议组认为本案事实清楚，可以作出审查决定。

二、决定的理由

1. 本决定针对的审查文本

本决定所针对的审查文本为原驳回决定所针对的文本，即申请日提交的说明书摘要、说明书第1、2页和第5页；2003年1月7日提交的第3、4页；2004年4月6日提交的权利要求1~17。

2. 关于专利法第22条第3款

专利法第22条第3款规定，创造性是指同申请日以前已有的现有技术相比，该发明具有突出的实质性特点和显著的进步。

在创造性的判断中，如果要求保护的发明技术方案与最接近现有技术方案之间的区别特征是所属领域的技术人员在现有技术的基础上通过逻辑分析、推理或者有限的实验就可以确定的，则认为要求保护的发明对本领域技术人员来说是显而易见的。

本复审请求案的权利要求1要求保护一种压制气凝胶微粒的方法，该方法是在压塑装置中加入气凝胶微粒并将其压塑为颗粒。

合议组认为：相同领域的对比文件1（WO9710188A，公开日为1997年3月20日）公开了一种压制气凝胶颗粒以形成复合材料的方法，在实施例1中具体公开了将气凝胶颗粒压制成板的方法，并且在实施例1中所用的气凝剂颗粒的平均粒度为1~2mm，也就是说在实施例1中所用的气凝胶颗粒与本申请中的所用原料小气凝胶颗粒尺寸相当（参见本申请说明书第3页倒数第8行），即对比文件1给出了将气凝胶颗粒进行压制的启示，另外该对比文件中还指出在压制混合物时，本领域技术人员可根据应用目的选择适合的挤压机或挤压工具。将本申请权利要求1所述技术方案与对比文件1进行对比，两者区别在于：本申请将气凝胶压制成颗粒而并非压制成板，即最终制成的产品形状不同。但在对比文件1中明确指出，其中复合材料形成的部件形式不受任何限制；该复合材料特别可以制备成为板状，同时该对比文件中还指出，其中所述气凝胶颗粒可以通过挤压而成为较大颗粒（参见说明书第7页第5~9行，第8页第3~18行，第15页第18~20行）。也就是说对比文件1已经给出了可将气凝胶微粒压制成颗粒这样的技术启示，在对比文件1已经公开了将气凝胶颗粒压制成板状的方法的情况下，所属领域的技术人员在对比文件1中所给出的技术启示的基础上可以预见到气凝胶压制成颗粒这样的技术方案，所以该技术方案不具有非显而易见性；另外在本申请的说明书中以及请求人的意见陈述中并不能看出本申请请求保护的技术方案因为是将气凝胶压制成颗粒而产生意想不到的效果。综上所述，相对于对比文件1，本申请权利要求1的区别技术特征没有为要求保护的技术方案带来突出的实质性特点和显著的进步，因此，权利要求1不具有创造性，不符合专利法第22条第3款的规定。

权利要求2~6和17的附加技术特征均在对比文件1中公开（参见实施例1，说明书第13页第4~12行），因此，该附加技术特征没有为权利要求2~6和17的技术方案带来突出的实质性特点和显著的进步，因此权利要求2~6和17不符合专利法第22条第3款有关创造性的规定。

权利要求7~9的附加技术特征是对所制得的气凝胶颗粒的后处理作了进一步限定，然而这些步骤对本领域技术人员来说均是显而易见的，因为所属领域的技术人员会根据所需要的气凝胶颗粒的粒径范围，来将所制得的气凝胶颗粒进行分级，并将在此范围之外的颗粒进行相应地处理。而上述附加特征也没有带来预料不到的技术效果。因此，权利要求7~9的附加技术特征没有为权利要求7~9的技术方案带来突出的实质性特点和显著的进步，因此权利要求7~9不符合专利法第22条第3款有关创造性的规定。

权利要求10的附加技术特征被对比文件1所公开（参见说明书第14页第2段），因此，该附加技术特征没有为权利要求10的技术方案带来突出的实质性特点和显著的进步，因此权利要求10不符合专利法第22条第3款有关创造性的规定。

权利要求11~16的附加技术特征对压模方式作了进一步限定，但这些方式对所属领域技术人员来说是显而易见的，因为在轧制混合物时，所属领域的技术人员可以根据应用的目的来选择适合的挤压机和挤压工具以及适合的挤压方式，因此权利要求11~16的附加技术特征没有为权利要求11~16的技术方案带来突出的实质性特点和显著的进步，因此权利要求11~16不符合专利法第22条第3款有关创造性的规定。

请求人认为对比文件1只是教导了较大的经压制的气凝胶颗粒可以用于形成诸如面板或平板这样的复合材料，本领域技术人员不会试图使用对比文件1的形成气凝胶复合材料的方法来压制气凝胶颗粒以形成更大的颗粒。因此本领域技术人员不会在对比文件1的基础上得出本申请权利要求1请求保护的技术方案，本申请权利要求1及从属权利要求2~17具有创造性，符合专利法第22条第3款的规定。

合议组认为在对比文件1的实施例1中具体公开了将气凝胶颗粒压制成板的方法，并且在实施例1中所用的气凝剂颗粒的平均粒度为1~2mm，也就是说在实施例1中所用的气凝胶颗粒与本申请中的所用原料小气凝胶颗粒尺寸相当（参见本申请说明书第3页倒数第8行），即对比文件1给出了将与本申请气凝颗粒尺寸相当的气凝胶颗粒进行压制的启示，而并非请求人所述的对比文件1只是教导了较大的经压制的气凝胶颗粒可以用于形成诸如面板或平板这样的复合材料的启示。因此，如上文所述，本申请权利要求1相对于对比文件1不具有创造性，不符合专利法第22条第3款的规定。本申请权利要求2~17也不符合专利法第22条第3款有关创造性的规定。

根据以上事实和理由，本案合议组作出如下审查决定。

三、决定

维持国家知识产权局于2004年9月3日对98805628.3号发明专利申请作出的驳回决定。

复审请求人对本决定不服的，可以根据专利法第41条第2款的规定，自收到本决定之日起3个月内向北京市第一中级人民法院起诉。

039

用于进行非绝热式催化反应的方法和反应器

复审请求审查决定（第10308号）

决　定　号　第10308号
决　定　日　2007年3月9日
发明创造名称　用于进行非绝热式催化反应的方法和反应器
国际分类号　B01J 8/02，C01B 3/38
复审请求人　郝多特普索化工设备公司
申　请　号　00137042.1
申　请　日　2000年12月2日
公　开　日　2001年9月26日
合议组组长　于　萍
主　审　员　刘　巽
参　审　员　赵　明

法律依据　专利法第22条第3款
决定要点

在创造性的判断中，如果要求保护的发明技术方案与最接近现有技术方案之间的区别特征是所属领域的技术人员在现有技术的基础上通过逻辑分析、推理或者有限的实验就可以确定的，则认为要求保护的发明对本领域技术人员来说是显而易见的。

一、案由

本复审请求涉及申请人郝多特普索化工设备公司于2000年12月2日申请，国家知识产权局于2001年9月26日公开，名称为“用于进行非绝热式催化反应的方法和反应器”的00137042.1号发明专利申请（下称本申请）。

国家知识产权局实审部门于2004年1月2日发出第一次审查意见通知书，认为对比文件1（1987年10月21日公开的公开号为EP0242199A的专利文献）公开了包括一段和二段重整反应生产合成气的方法，其中一段重整为非绝热式反应，但在一段重整区域内包括两个并联的套管换热器，因此本申请权利要求1~6相对于对比文件1中的一段重整区域不符合专利法第22条第3款有关创造性的规定。

申请人于2004年5月13日提交了意见陈述书，认为对比文件1公开的方法是连续步骤不同于本发明中的反应物被平行地输入并行布置的第一和第二反应区域中，对比文件1未提及或公开本申请的技术特征，因此本申请的权利要求1~6具有创造性。

国家知识产权局于2005年3月11日驳回了本申请，理由是权利要求1~6相对于对比文件1不符合专利法第22条第3款有关创造性的规定。

驳回决定所针对的权利要求书为：

“1. 一种用于进行非绝热式反应的方法，该方法包括以下步骤：

并列地将第一反应剂物流引入第一反应区以及将第二反应剂物流引入第二反应区；

在反应条件下，使第一反应剂物流按照与换热介质间接换热的方式在第一反应区与催化剂接触，并且使第二反应剂物流按照与换热介质间接换热的方式在第二反应区与催化剂接触，并排出经蒸汽重整的第一和第二产物气体；以及

将第一反应区的催化剂按照与换热介质呈间接换热关系的方式布置到管式反应器内，方法是将所述介质引入同心地环绕着具有第一反应区的管式反应器的管状换热区内，将第二反应区的催化剂按照与换热介质呈间接换热关系的方式布置在换热区的管际空间。

2. 权利要求1的方法，其中非绝热式反应是烃原料的吸热蒸汽重整反应。

3. 权利要求1的方法，其中换热介质包括来自烃原料自热蒸汽重整反应的流出物流和/或该反应的产物气体。

4. 一种用于进行非绝热式催化反应的反应系统，该反应系统包括以并联方式连接的适于安放催化剂和接纳反应剂流的第一和第二反应室，第一反应室呈反应器管的形式，其中

第一换热区同心且有间隔地环绕着第一反应室，而第二反应室环绕着第二换热区。

5. 权利要求4的反应系统，其中第一反应室和第二反应室被布置在共同的壳体内。

6. 权利要求4的反应系统，其中第一和第二换热区由共同的通道形成。”

申请人（以下称请求人）对上述驳回决定不服，于2005年6月17日向专利复审委员会提出复审请求，同时提交了经修改的权利要求书，请求人认为修改后的权利要求请求保护的技术方案中指的是重整的并列，而对比文件1中是串联的重整，因此国家知识产权局驳回的理由不成立。

请求人在提出复审请求时提交的权利要求书为：

“1. 一种用于进行烃原料的吸热蒸汽重整反应的方法，该方法包括以下步骤：

并列地将第一部分烃原料引入第一反应区以及将第二部分烃原料引入第二反应区；

在反应条件下，并列地使第一物流按照与换热介质间接换热的方式在第一反应区与催化剂接触，使第二物流按照与换热介质间接换热的方式在第二反应区与催化剂接触，并排出经蒸汽重整的第一和第二产物气体；其中

第一反应区的催化剂按照与换热介质呈间接换热关系的方式布置在管式反应器内，其中将所述换热介质引入同心地环绕着具有第一反应区的管式反应器的管状换热区内，第二反应区的催化剂按照与换热介质呈间接换热关系的方式布置在换热区的管际空间。

2. 权利要求1的方法，其中换热介质包括来自烃原料自热蒸汽重整反应的流出物流和/或该反应的产物气体，其从第一反应区和第二反应区中排出。

3. 一种用于进行吸热蒸汽重整反应的反应系统，该反应系统包括并列的分别带有蒸汽重整催化剂的第一和第二反应区，用于并列地接纳第一部分烃原料和第二部分烃原料并使之进行蒸汽重整，其中第一区呈管的形式，其被换热区同心地环绕着，而第二反应区环绕着第二换热区。

4. 权利要求3的反应系统，其中第一和第二反应区被布置在共同的壳体内。

5. 权利要求3的反应系统，其中第一和第二换热区由共同的通道形成。”

形式审查合格后，专利复审委员会受理了该复审请求，并于2005年8月4日向请求人发出复审请求受理通知书，同时将本申请移交原实审部门进行前置审查。

原实审部门对本复审请求进行了前置审查，并坚持原驳回决定。

专利复审委员会组成合议组，对本案的复审请求进行了审理。本案合议组于2005年12月12日向请求人发出复审通知书，指出对比文件1（EP0242199A1，公开日为1987年10月21日）公开了一种烃原料的吸热蒸汽重整方法，其中具体公开了在初级重整区域进行烃原料的吸热蒸汽重整反应，该区域中可以选用2~10个套管式换热反应器，对比文件1与权利要求1的区别在于：对比文件1中没有明确的公开两个不同的反应器采用了管内设置催化剂和管外设置催化剂这个不同的形式。而该区别特征是所属领域的技术人员在现有技术的基础上通过逻辑分析、推理或者有限的实验就可以根据实验效果来适当的调节而得到两个不同的反应区采用管内设置催化剂和管外设置催化剂的形式，即本申请权利要求1的技术方案是显而易见的，不具备突出的实质性特点，因此本申请权利要求1不符合专利法第22条第3款有关创造性的规定。同时还指出了本申请权利要求2~4也不符合专利法第22条第3款有关创造性的规定。

针对复审通知书指出的问题，请求人于2006年1月23日提交了意见陈述书及经修改的权利要求书。修改后的权利要求为：

“1. 一种用于进行烃原料的吸热蒸汽重整反应的方法，该方法包括以下步骤：

提供第一部分烃原料和第二部分烃原料；

并列地将第一部分烃原料引入第一反应区以及将第二部分烃原料引入第二反应区；

在反应条件下，并列地使第一物流按照与换热介质间接换热的方式在第一反应区与催化剂接触，使第二物流按照与换热介质间接换热的方式在第二反应区与催化剂接触，并排出经蒸汽重整的第一和第二产物气体；其中

第一反应区的催化剂按照与换热介质呈间接换热关系的方式布置在管式反应器内，其中将所述换热介质引入同心地环绕着具有第一反应区的管式反应器的管状换热区内，第二反应区的催化剂按照与换热介质呈间接换热关系的方式布置在换热区的管际空间。

2. 权利要求1的方法，其中换热介质包括来自烃原料自热蒸汽重整反应的流出物流和/或经蒸汽重整的产物气体，其从第一反应区和第二反应区中排出。

3. 一种用于进行吸热蒸汽重整反应的反应系统，该反应系统包括第一反应区和与第一反应区并列的第二反应区，每个反应区分别带有蒸汽重整催化剂，用于并列地接纳第一部分烃原料和第二部分烃原料并使之进行蒸汽重整，其中第一区呈管的形式，其被换热区同心地环绕着，而第二反应区环绕着第二换热区。

4. 权利要求3的反应系统，其中第一和第二反应区被布置在共同的壳体内。

5. 权利要求3的反应系统，其中第一和第二换热区由共同的通道形成。”

请求人认为，对比文件1与本申请涉及的是完全不同的方法流程，其中与第二反应区中的催化剂接触的气体是来自初级重整器的流出物；即使所述反应区包含多个并联布置的管也不能说明对比文件1的方法就是本发明所请求保护的并联的蒸汽重整方法。

至此，合议组认为本案事实清楚，可以作出审查决定。

二、决定的理由

1. 决定针对的文本

本决定针对的文本为：请求人于2006年1月23日提交的权利要求1~5，于本申请申请日提交的说明书第1~2页、附图第1页和说明书摘要。

2. 关于专利法第22条第3款

根据专利法第22条第3款的规定，创造性是指同申请日以前已有的技术相比，该发明具有突出的实质性特点和显著的进步。

在创造性的判断中，如果要求保护的发明技术方案与最接近现有技术方案之间的区别特征是所属领域的技术人员在现有技术的基础上通过逻辑分析、推理或者有限的实验就可以确定的，则认为要求保护的发明对本领域技术人员来说是显而易见的。

就本案而言，请求人在答复复审意见通知书后，将本申请权利要求 1 修改为：

“1. 一种用于进行烃原料的吸热蒸汽重整反应的方法，该方法包括以下步骤：

提供第一部分烃原料和第二部分烃原料；

并列地将第一部分烃原料引入第一反应区以及将第二部分烃原料引入第二反应区；

在反应条件下，并列地使第一物流按照与换热介质间接换热的方式在第一反应区与催化剂接触，使第二物流按照与换热介质间接换热的方式在第二反应区与催化剂接触，并排出经蒸汽重整的第一和第二产物气体；其中

第一反应区的催化剂按照与换热介质呈间接换热关系的方式布置在管式反应器内，其中将所述换热介质引入同心地环绕着具有第一反应区的管式反应器的管状换热区内，第二反应区的催化剂按照与换热介质呈间接换热关系的方式布置在换热区的管际空间。”

修改后的权利要求 1 与复审通知书所针对的权利要求 1 相比，增加了“提供第一部分烃原料和第二部分烃原料”。请求人认为，修改后的权利要求 1 明确了烃原料被分为第一部分烃原料和第二部分烃原料。对比文件 1 与本申请涉及的是完全不同的方法流程，其中与第二反应区中的催化剂接触的气体是来自初级重整器的流出物；即使所述反应区包含多个并联布置的管也不能说明对比文件 1 的方法就是本发明所请求保护的并联的蒸汽重整方法。

合议组认为：权利要求 1 请求保护了一种用于进行烃原料的吸热蒸汽重整反应的方法，相同领域的对比文件 1（EP0242199A1，公开日为 1987 年 10 月 21 日）也公开了一种烃原料的吸热蒸汽重整方法，其中具体公开了在初级重整区域进行烃原料的吸热蒸汽重整反应，在该区域内可以选用 2~10 个套管式换热反应器，附图 3 和 4 公开了在该区域中采用多个套管式换热反应器并联使用，也就是说在该初级重整区域内，烃原料被分为多个部分，分别进入到不同的套管式换热器中，这些不同的换热器可以认为对应于本申请权利要求 1 中的第一反应区、第二反应区，这样与上述不同套管式换热器接触的气体都是烃原料的一部分而并非来自于初级重整器的流出物；并且对比文件 1 还公开了在套管式换热反应器中可以采用催化剂处于管内或管间，也就是说公开了换热介质可以处于管内或管间，从而与原料物流进行间接换热，这样对比文件 1 与权利要求 1 的区别在于：对比文件 1 中没有明确的公开两个不同的反应器中分别采用管内设置催化剂和管外设置催化剂这两种不同的形式。在已知可以采用多个反应器，并且反应器可以采用管内设置催化剂和管外设置催化剂的情况下，所属领域的技术人员在现有技术的基础上通过逻辑分析、推理或者有限的实验就可以根据实验效果来适当的调节而得到两个不同的反应区分别采用管内设置催化剂和管外设置催化剂的不同形式，即所属领域的技术人员在现有技术的基础上，不需要付出创造性的劳动即可得到权利要求 1 所要求保护的技术方案，因此该发明是显而易见的，不具备突出的实质性特点；而且在本申请的说明书中以及请求人的意见陈述中，请求人并未提供本申请的权利要求 1 相对于现有技术具有意想不到的有益效果的对比数据，因此本申请相对于现有技术来说，也没有取得预料不到的技术效果。综上所述，权利要求 1 要求保护的技术方案不具有突出的实质性特点和显著的进步，不符合专利法第 22 条第 3 款有关创造性的规定。

本申请权利要求 2 的附加技术特征在于“换热介质包括来自烃原料自热蒸汽重整反应的流出物流和/或该反应的产物气体，其从第一反应区和第二反应区中排出”，对比文件 1 中公开了将次段蒸汽重整的高温产物作为换热介质，也就是说给出了将蒸汽催化重整的高温产物作为换热介质的启示，因此该附加技术特征没有为权利要求 2 的技术方案带来突出的实质性特点，也没有带来显著的进步，所以

权利要求 2 也不符合专利法第 22 条第 3 款有关创造性的规定。

本申请权利要求 3 请求保护一种反应系统，如同对权利要求 1 的评述，与对比文件 1 公开的现有技术相比，权利要求 3 也不符合专利法第 22 条第 3 款有关创造性的规定。

本申请权利要求 4 的附加技术特征在对比文件 1 中并没有公开，但是对于本领域普通技术人员而言，为了节约材料，节省空间，使设备紧凑，很容易想到将两个反应室布置于同一壳体内，因此当其引用的权利要求不具备创造性时，该项从属权利要求也不具备突出的实质性特点和显著的进步，不符合专利法第 22 条第 3 款有关创造性的规定。

根据以上事实和理由，本案合议组作出如下审查决定。

三、决定

维持国家知识产权局于 2005 年 3 月 11 日对 00137042.1 号发明专利申请作出的驳回决定。

复审请求人对本决定不服的，可以根据专利法第 41 条第 2 款的规定，自收到本决定之日起 3 个月内向北京市第一中级人民法院起诉。

040

液晶投影仪的光学系统

复审请求审查决定（第 10312 号）

决　　定　　号　第 10312 号
决　　定　　日　2007 年 3 月 11 日
发明创造名称　液晶投影仪的光学系统
国 际 分 类 号　G02B 27/18，G02B 27/28，G02F 1/13
复 审 请 求 人　LG 电子株式会社
申　　请　　号　01138162.0
申　　请　　日　2001 年 12 月 2 日
公　　开　　日　2002 年 8 月 14 日
合 议 组 组 长　丁惠玲
主　　审　　员　张惠军
参　　审　　员　马　燕

法 律 依 据　专利法第 26 条第 4 款、第 22 条第 3 款
决 定 要 点

如果一项权利要求所要求保护的技术方案相对于现有技术是非显而易见的，并且与现有技术相比产生了有益的技术效果，则该权利要求相对于现有技术具备创造性。

一、案由

本复审请求涉及申请号为 01138162.0、发明名称为“液晶投影仪的光学系统”的发明专利申请（下称本申请），其申请日为 2001 年 12 月 2 日、优先权日为 2000 年 12 月 2 日、公开日为 2002 年 8 月 14 日，申请人是 LG 电子株式会社。本申请公开时共包括 20 项权利要求，其中权利要求 1、14 和 20 为独立权利要求。

国家知识产权局实质审查部门依法对本申请进行了实质审查，于 2003 年 11 月 7 日发出第一次审查意见通知书，其中引用了以下对比文件：

对比文件 1：EP 1043620A2，公开日为 2000 年 10 月 11 日，

具体指出，权利要求 1、2、和 4 相对于对比文件 1 不具备新颖性，不符合专利法第 22 条第 2 款的规定；权利要求 3、5~20 相对于对比文件 1 不具备创造性，不符合专利法第 22 条第 3 款的规定；权利要求 1、14 和 20 描述不清楚，不符合专利法实施细则第 20 条第 1 款的规定；权利要求 9、19 在说明书中没有记载，不符合专利法第 26 条第 4 款的规定；权利要求 1、14 和 20 实质上为一项发明，但写成了三个独立权利要求，不符合专利法实施细则第 22 条第 3 款的规定。

针对上述审查意见通知书，申请人于2004年4月22日提交了意见陈述书，同时提交了权利要求书的修改替换页，认为本申请设有第一颜色选择部件，以及在分光棱镜上形成不同的涂覆表面（分光涂覆表面以及偏振分光涂覆表面），本申请的光学部件设置在分光棱镜的接触表面上，而不是像现有技术那样采用单独的光学元件；本申请采用涂覆表面来缩短光路，因而本申请权利要求1、14和20具备创造性。复审请求人还认为说明书第5页第14~16行记载了权利要求9的技术特征。

经过上述审查程序后，国家知识产权局实质审查部门于2004年7月2日驳回了本申请，驳回理由为本申请权利要求1、2和4不符合专利法第22条第2款关于新颖性的规定，权利要求3、5~20不符合专利法第22条第3款关于创造性的规定。

申请人LG电子株式会社（下称复审请求人）对上述驳回决定不服，于2004年10月15日向国家知识产权局专利复审委员会提出复审请求，同时提交了权利要求书修改替换页，将原权利要求10~13的技术特征并入原权利要求1中。复审请求人认为由于对比文件1没有公开：照明部件将白光转化为预定的线性偏振光并且发射该线性偏振光；将线性偏振光偏振为另一种偏振光的第一颜色选择部件；将在颜色分辨/合成部件和投影透镜系统之间传播的光线转变为P偏振光的第二颜色选择部件；而且，对比文件1也没有公开第一和第二颜色选择部件的特定光学作用，因此修改后的独立权利要求1、10、16相对于对比文件1满足专利法所规定的创造性要求。修改后的权利要求书共包括16项权利要求，其中权利要求1、10和16为独立权利要求，权利要求9、15的具体内容分别为：

“9. 如权利要求2所述的光学系统，其特征在于，颜色分辨/合成部件包括颜色透射分光涂覆表面，其分别涂覆在面向第一到第三液晶面板的表面上，以分别透射相应波长范围的色光。”

15. 如权利要求10所述的光学系统，颜色分辨/合成部件还包括颜色透射分光涂覆表面，其分别涂覆在面向第一到第三液晶面板的各表面上，用来根据相应的波长范围分别透射色光。

经形式审查合格后，国家知识产权局专利复审委员会受理了该复审请求，并于2004年10月28日向复审请求人发出复审请求受理通知书，并于同日向国家知识产权局原实质审查部门发出前置审查通知书。

原实质审查部门对本复审请求进行了前置审查，在前置审查意见中，原实质审查部门坚持驳回决定。

专利复审委员会依法成立合议组对本复审请求进行了审查，于2006年7月13日发出复审通知书，指出权利要求9和15中限定了“颜色分辨/合成部件还包括颜色透射分光涂覆表面”这一技术特征，但说明书实施例中仅公开了在颜色分辨/合成部件面对LCD面板的部分形成颜色透射滤光器，并没有公开具有“透射”和“分光”功能的“透射分光涂覆表面”。此外，根据说明书实施例的描述可知，在颜色分辨/合成部件上增设颜色透射滤光器，其目的在于增强相应颜色光的透射，以便增加颜色纯度，并不具有“分光”的功能。因此，权利要求9和15得不到说明书支持，不符合专利法第26条第4款的规定。

针对上述复审通知书，复审请求人于2006年8月17日提交了意见陈述书，同时提交了权利要求书和说明书的修改替换页，对权利要求9和15进行了修改。新提交的权利要求书共包括16项权利要求，其中独立权利要求1、10和16的具体内容分别如下：

“1. 一种液晶投影仪的光学系统，该投影仪将分别在第一到第三反射型液晶面板上实现的单色图像合成，以用于放大所合成的图像的投影，所述光学系统包括：

发白光的光源；

将白光转化为预定的线性偏振光并且发射该线性偏振光的照明部件；

变换以根据波长范围将照明部件发出的线性偏振光偏振为另一种偏振光的第一颜色选择部件；

以及

颜色分辨/合成部件，其将从第一颜色选择部件入射的光线按照颜色拆分，以使之分别入射到第一到第三反射型液晶面板上，并合成从第一到第三液晶面板获得图像信息的光线，以将所合成的光发射到用于放大投影的投影透镜系统；

其中，第一到第三液晶面板布置成局部面向颜色分辨/合成部件的第一到第三表面，投影透镜系统布置成部分面向颜色分辨/合成部件的第四个表面，而第一颜色选择部件布置成面向与第三液晶面板面向的颜色分辨/合成部件的相同表面的另一部分；

所述光学系统还包括第二颜色选择部件，当仅仅透射P偏振光的P偏振屏用作由投影透镜系统放大/投影的合成图像在其上成像的屏幕时，所述第二颜色选择部件将在颜色分辨/合成部件和投影透镜系统之间传播的光线转变为P偏振光；

所述第一和第二颜色选择部件通过偏振作用改变绿色光并将其他光线原封不动地透射；

所述第一颜色选择部件将绿色S偏振光转变为P偏振光，并将红色和蓝色S偏振光原封不动地透射；

所述第二颜色选择部件将绿色S偏振光转变为P偏振光并且将红色和蓝色P偏振光原封不动的透射。

10. 一种液晶投影仪的光学系统，该投影仪将分别在第一到第三反射型液晶面板上实现的单色图像合成，以用于放大所合成图像的投影，所述光学系统包括：

发白光的光源；

用来将白光转变为预定线性偏振光并透射该线性偏振光的照明部件；

第一颜色选择部件，其转变以根据波长范围将从照明部件发出的线性偏振光偏振为另外一种线性偏振光；

颜色分辨/合成部件，其由彼此结合在一起并具有同样的大小的第一到第四单元构成，颜色分辨/合成部件将来自第一颜色选择部件的入射光根据颜色分离，以使之分别入射到第一到第三反射液晶面板上并合成以发射其图像信息从第一到第三液晶面板中获得的光线；

第二颜色选择部件，其将从颜色分辨/合成部分发出的线性偏振光中的绿色光通过偏振作用改变，并将具有其他波长的剩余光线透射，以便向用于放大投影的投影透镜系统发出光线；

其中，第一到第三液晶面板布置成局部面向颜色分辨/合成部分的第一到第三表面，投影透镜系统布置成局部面向颜色分辨/合成部件的第四表面，而第一颜色选择部件布置成面向与第三液晶面板面向的颜色分辨/合成部件的同一表面的另一部分。

16. 一种液晶投影仪的光学系统，该投影仪将分别在第一到第三反射型液晶面板上实现的单色图像合成，以用于放大所合成的图像的投影，所述光学系统包括：

发白光的光源；

用来将白光变为预定的线性偏振光并透射该线性偏振光的照明部件；

第一颜色选择部件，其转变以根据波长范围将照明部件发出的偏振光偏振成另一种偏振光；

颜色分辨/合成部件，其由彼此结合在一起并具有同样大小的第一到第四单元构成，颜色分辨/合成部件将来自第一颜色选择部件的入射光按照颜色分离，以分别向第一到第三反射液晶面板入射，并合成且发射其图象信息从第一到第三液晶面板中获得的光线；

第二颜色选择部件，其通过偏振作用根据波长范围将来自颜色分辨/合成部件的线性偏振光转化成另外的线性偏振光，以便向用于放大投影的投影透镜系统发射光线；

其中，第一到第三液晶面板布置成局部面向颜色分辨/合成部件的第一到第三表面，投影透镜系统布置成局部面向颜色分辨/合成部件的第四表面，而第一颜色选择部件布置成面向与第三液晶面板面向的颜色分辨/合成部件的同一表面的另一部分；

并且，颜色分辨/合成部件还包括：

第一分光涂覆表面，其涂覆在第一和第二单元之间的接触面上，以从来自第一颜色选择部件的入射光线中分离出第一色光；

第一偏振分光涂覆表面，其涂覆在第二和第三单元之间的接触面上，其通过偏振作用将从第一分光涂覆表面透射的光线分离成第耳和第三色光，以便使第二和第三色光分别入射到第一和第二液晶面板上，第一偏振分光涂覆表面通过从第一和第二液晶面板中获取图像信息来透射和反射偏振的第二种和第三色光；

第二偏振分光涂覆表面，其涂覆在第一和第四单元之间的接触面上，以将来自第一分光涂覆表面的第一色光反射成入射到第三液晶面板上，第二偏振分光涂覆表面透射其图像信息从第三液晶面板中获得的第一色光；

第二分光涂覆表面，其涂覆在第三和第四单元之间的接触面上，以便向第二颜色选择部件透射通过/从第一偏振分光涂覆表面透射/反射的第二和第三色光，第二分光涂覆表面将通过第二偏振分光涂覆表面透射的第一色光向第二颜色选择部件反射。”

在上述工作的基础上，合议组认为本案事实已经清楚，可以依法作出复审决定。

二、决定的理由

1. 审查基础

以复审请求人于2006年8月17日提交的权利要求第1~16项，说明书第1~11页，申请日提交的说明书附图第1~4页、说明书摘要及摘要附图作为审查基础。

2. 关于本申请是否符合专利法第26条第4款的规定

专利法第26条第4款规定：权利要求书应当以说明书为依据，说明要求专利保护的范围。

在本申请中，合议组在复审通知书中指出权利要求9和15中限定了“颜色分辨/合成部件还包括颜色透射分光涂覆表面”这一技术特征，但说明书实施例中仅公开了在颜色分辨/合成部件面对LCD面板的部分形成颜色透射滤光器，并没有公开具有“透射”和“分光”功能的“透射分光涂覆表面”，因此权利要求9和15得不到说明书的支持。复审请求人在2006年8月17日提交的权利要求书修改替换页中，将权利要求9和15中的“颜色透射分光涂覆表面”修改为“颜色透射滤光器”，这部分内容在说明书第10页倒数第2段中有记载，因而修改后的权利要求9和15可以得到说明书的支持，符合专利法第26条第4款的规定。

3. 关于本申请是否符合专利法第22条第3款的规定

专利法第22条第3款规定：创造性，是指同申请日以前已有的技术相比，该发明有突出的实质性特点和显著的进步，该实用新型有实质性特点和进步。

如果一项权利要求所要求保护的技术方案相对于现有技术是非显而易见的，并且与现有技术相比产生了有益的技术效果，则该权利要求相对于现有技术具备创造性。

在本案中，复审请求人在提出复审请求时对权利要求1进行了修改，将原权利要求10~13的附加技术特征并入原权利要求1中，对第一和第二颜色选择部件加以限定。本复审决定所针对的修改后的独立权利要求1要求保护一种液晶投影仪的光学系统，其包括根据相应波长执行偏振转换的第一和第二颜色选择部件以及具有涂覆表面的分光棱镜。对比文件1公开了一种液晶投影仪，其中具体披露了以下技术特征（见说明书第7页第41行至第8页第22行，第8页第40行至第9页第32行，附图4，6，7）：发射白光的光源；由胆甾滤光器114、116和118以及四分之一波片120组成的滤光片堆，胆甾滤光器 114、116 和 118 将入射的白光转换为红绿蓝三种颜色的圆偏振光，四分之一波片 120 将圆偏振光进而转换为线偏振光（相当于本申请权利要求 1 中的照明部件）；投影系统 83 由两个二向色滤光片和两个偏振分束器组成，将红、绿、蓝三种颜色的光分量分别投射到相应的液晶显示器上，并将从液晶显示器反射的光束合成，将合成的光发射到用于放大投影的投影透镜系统（相当于本申请中的颜色分辨/合成部件）；第一到第三液晶面板布置成面向颜色分辨/合成部件的第一到第三表面，投影透镜系统布置成面向颜色分辨/合成部件的第四个表面。本申请权利要求 1 与对比文件 1 的区别在于：（1）本申请权利要求 1 包括将照明部件发出的一种颜色的线偏振光转换为另一种偏振光、将其他颜色的线偏振光原样透射的第一颜色选择部件，而对比文件 1 中没有实现该功能的第一颜色选择部件；（2）本申请权利要求 1 中包括将颜色分辨/合成部件发出的一种颜色的线偏振光转换为另一种偏振光、将其他颜色的线偏振光原样透射的第二颜色选择部件，而对比文件 1 中没有实现该功能的第二颜色选择部件。本申请中通过设置第一颜色选择部件和第二颜色选择部件，在与其他部件配合使用时，可简化光学系统的结构，缩小光学系统的跨度距离，因而具有有益的技术效果。因此，本申请权利要求 1 与对比文件 1 相比具有突出的实质性特点和显著进步，符合专利法第 22 条第 3 款有关创造性的规定。

驳回决定中认为，对比文件 1 中的滤光片堆相当于本申请权利要求的照明部件和第一颜色选择部件，将光源发出的光转化为偏振光且将一种原色偏振光的偏振特性转换，并认为原权利要求 10~13 的附加技术特征均为本领域公知常识。对此合议组认为，在本申请中，照明部件是一个将白光转化为预定的线偏振光并且发射线性偏振光的部件，第一颜色选择部件是一个根据波长范围将照明部件发出的线偏振光偏振为另一种线偏振光的部件，而如前所述，对比文件 1 中公开的滤光片堆是通过几个胆甾滤光器将非偏振的白光变为红、绿、蓝圆偏振光，之后通过四分之一波片再将红光变为 P 偏振光，同时将蓝光和绿光变为 S 偏振光，其整体上所起的作用相当于本申请中照明部件所起的作用，即，将白光转化为预定的线偏振光并且发射该线偏振光，但由于其所包括的部件限制了其作用是将非偏振光变为圆偏振光并最终变为线偏振光，因此其并没有起到本申请中的第一颜色选择部件所起的根据波长范围将线偏振光偏振为另一种线偏振光的作用，可见，对比文件 1 没有公开第一颜色选择部件，并且没有给出在光学系统中采用这一技术特征的启示，同样，在对比文件 1 中也没有公开第二颜色选择部件并给出在光学系统中采用这一技术特征的技术启示。此外，尽管本领域的普通技术人员可以根据需要对色光进行偏振变换，但是本领域的普通技术人员根据对比文件 1 公开的技术方案以及本领域的公知常识不能很容易地想到再设置一个第一颜色选择部件使已经变为红色 P 偏振光以及蓝色 S 偏振光、绿色 S 偏振光的色光的偏振状态再次进行偏振变换，并且也不能很容易地想到将第一、第二颜色选择部件分别设置在照明部件之后的位置以及投影透镜之前的位置，因此，本申请的权利要求 1 相对于对比文件 1 具有突出的实质性特点和显著的进步，具备专利法第 22 条第 3 款所规定的创造性。

在独立权利要求 1 具备创造性的条件下，其从属权利要求 2~9 也具备专利法第 22 条第 3 款规定的创造性。

独立权利要求 10 和 16 分别请求保护一种液晶投影仪的光学系统。基于与上述同样的理由，对比文件 1 没有公开权利要求 10 和 16 中的将一种颜色的线偏振光转换为另一种偏振光、将其他颜色的线偏振光原样透射的第一颜色选择部件和第二颜色选择部件，并且也不存在任何技术启示，因而权利要求 10 和 16 相对于对比文件 1 具有突出的实质性特点和显著进步，符合专利法第 22 条第 3 款有关创造性的规定。在独立权利要求 10 具备创造性的条件下，其从属权利要求 11~15 也具备专利法第 22 条第 3 款规定的创造性。

综上所述，本申请权利要求 1~16 均具备创造性，符合专利法第 22 条第 3 款的规定。

基于上述理由，合议组作出以下决定。

三、决定

在修改文本的基础上撤销国家知识产权局于2004年7月2日对01138162.0号发明专利申请作出的驳回决定。

原审查部门应当以本复审决定所针对的文本作为审查基础继续进行审批程序。

复审请求人对本决定不服的，可以根据专利法第41条第2款的规定，自收到本决定之日起三个月内向北京市第一中级人民法院起诉。

041

积分象棋

复审请求审查决定（第10373号）

决　　定　　号　第10373号
决　　定　　日　2007年2月14日
发明创造名称　积分象棋
国 际 分 类 号　A63F 3/02
复 审 请 求 人　姜绪银
申　　请　　号　03159224.4
申　　请　　日　2003年9月4日
公　　开　　日　2004年8月25日
合 议 组 组 长　高　栋
主　　审　　员　张　琳
参　　审　　员　李　阳

法 律 依 据　专利法第25条
决 定 要 点
权利要求是产品权利要求，技术特征是对产品本身的限定，不完全涉及智力活动的规则和方法，不属于专利法第25条第1款第（2）项规定的情况。

一、案由

本复审请求涉及名称为“积分象棋”的第03159224.4号发明专利申请（下称本申请），申请人为姜绪银，申请日为2003年9月4日，公开日为2004年8月25日。

国家知识产权局于2006年3月10日以权利要求1~10不符合专利法第25条的规定为由驳回了本申请。驳回理由主要为权利要求1~10涉及的“积分象棋”的棋盘结构、棋子组成以及行棋规则都与目前人们熟知的中国象棋或国际象棋完全相同，其不同点仅仅在于棋子的背面标上了数字或者图案以及在吃掉棋子后如何加分，以及对弈结束时如何判断胜负，使结局没有“和棋”，即该计分方法是对中国象棋或国际象棋的对弈规则的补充，从而可以判断出本申请对现有技术的贡献仅仅在于对弈规则，而对弈规则属于智力活动的规则和方法，因此本申请是一种娱乐游戏的规则，属于专利法第25条第1款第（2）项所述的智力活动的规则和方法的范围，不能被授予专利权。驳回决定所涉及的独立权利要求如下：

“1. 一种积分象棋，它包括棋盘和棋子两部分。棋盘一共有两副，一副和中国象棋盘一样，一副和国际象棋盘一样，但每副棋盘的两边都有一组数字。棋子是矮圆柱体一共三十六个。棋子分为红、黑两组，每组十八个。每个棋子正面反面各有一个名称。每组棋子正面名称反面名称分别是：

王后将士士象象车车马马炮炮兵兵兵兵兵，

1 2 1 2 2 3 3 4 4 5 5 6 6 0 0 0 0 0。”

“5. 一种中国积分象棋，它包括一副棋盘和三十二个棋子。棋盘和中国象棋盘一样，但棋盘的两边各有一组数字。棋子是矮圆柱体一共三十二个。棋子分为红黑两组，每组十六个。每个棋子正面反面各有一个名称。每组棋子正面名称反面名称分别是：

将士士象象车车马马炮炮兵兵兵兵兵，

1 2 2 3 3 4 4 5 5 6 6 0 0 0 0 0。”

“8. 一种国际积分象棋，它包括一副棋盘和三十二个棋子。棋盘和国际象棋盘一样，但棋盘两边各有一组数字。棋子是矮圆柱体一共三十二个，棋子分为红黑两组，每组十六个。每个棋子正面反面各有一个名称，每组棋子的正面名称和反面名称分别是：

王后象象车车马马兵兵兵兵兵兵兵兵，

1 2 3 3 4 4 5 5 0 0 0 0 0 0 0 0。”

申请人姜绪银（下称请求人）对上述驳回决定不服，于2006年6月16日向专利复审委员会提交了复审请求书。请求人在提出复审请求时提交修改的权利要求书和说明书第1、2页。请求人提出的复审请求理由为：本申请是对已有中国象棋和国际象棋的改进；本申请具备新颖性、创造性、实用性；本申请不仅仅是对弈规则。修改后的权利要求为：

“1. 一种积分象棋，它包括棋盘和棋子两部分。棋盘一共有两副，一副和中国象棋盘一样，一副和国际象棋盘一样，但每副棋盘的两边都有一组数字。棋子是矮圆柱体一共三十六个。棋子分为红黑两组，每组十八个。每个棋子正面反面各有一个名称。每组棋子正面名称反面名称分别是：

王后将士士象象车车马马炮炮兵兵兵兵兵，

1 2 1 2 2 3 3 4 4 5 5 6 6 0 0 0 0 0。

2. 一种中国积分象棋，它是由一副积分象棋盘和三十二个积分象棋子组成的（图1）。

3. 一种国际积分象棋，它是由一副积分象棋盘和三十二个积分象棋子组成的（图2）。

4. 如权利要求1所述积分象棋的两副棋盘和三十六个棋子是用纸、木材、磁铁或塑料以及适用制造它的材料构成。

5. 如权利要求1所述积分象棋的三十六个棋子可以和双面中国象棋子或双面国际象棋子一样，但是每个棋子的正面和反面必须有明显的区别（比如一面字比较大一面字比较小，或两面颜色不一样，或两面形状不一样）。

6. 如权利要求1所述积分象棋的三十六个棋子背面名称可以用数字或不同的棋子形状表示。”

形式审查合格后，专利复审委员会受理了该复审请求，于2006年7月20日向请求人发出复审请求受理通知书和前置审查通知书。

前置审查意见书中指出，本申请涉及一种“积分象棋”，其内容是在现有的中国象棋和国际象棋的基础上，将棋子标注数字以实现“计分”，进而判断胜负，该限定特征不是技术特征，它对象棋本身没有产生任何技术效果，仅仅是便于对双方如何加分以及判断胜负，其改进点都是非技术特征，不具有专利法第22条第3款的创造性，没有授权前景，尽管请求人提交了修改文件，但是导致其不具有专利性的事实缺陷仍然没有克服，故坚持驳回决定。

专利复审委员会依法组成合议组，对本复审请求进行审查。

至此，本案事实清楚，可以作出如下决定。

二、决定理由

1. 审查文本

由于未发现请求人提交的修改文件存在不符合专利法第33条、专利法实施细则第60条第1款规定的情况，本复审决定针对的文本是，请求人于2006年6月16日提交的权利要求第1~6项、说明书第1~2页，2003年9月4日提交的说明书附图第1页、说明书摘要、摘要附图。

2. 专利法第25条

专利法第25条第1款第（2）项规定：对下列各项，不授予专利权：（二）智力活动的规则和方法。

审查指南第二部分第一章第4.2节规定："智力活动，是指人的思维运动，它源于人的思维，经过推理、分析和判断产生出抽象的结果，或者必须经过人的思维运动作为媒介，间接地作用于自然产生结果。智力活动的规则和方法是指导人们进行思维、表述、判断和记忆的规则和方法。由于其没有采用技术手段或者利用自然规律，也未解决技术问题和产生技术效果，因而不构成技术方案。它既不符合专利法实施细则第2条第1款的规定，又属于专利法第25条第1款第（2）项规定的情形。因此，指导人们进行这类活动的规则和方法不能被授予专利权。"

关于权利要求1~6的方案是否属于专利法第25条第1款第（2）项所涉及的智力活动的规则和方法的问题，合议组认为：本申请中权利要求1、4~5涉及一种"积分象棋"，其中权利要求1限定了积分棋子本身、棋盘本身的构成，如棋子的形状和个数，每组棋子正反面都各有名称；从属权利要求4进一步限定了积分象棋的构成材料；从属权利要求5进一步限定了积分象棋的棋子本身的形式；权利要求6进一步限定了积分象棋的棋子本身的表示形式；权利要求2、3分别涉及"中国积分象棋"和"国际积分象棋"，其分别限定了积分象棋由棋盘和棋子的构成形式。由上述对权利要求第1~6的分析可知，权利要求1~6的技术特征是对积分象棋这一产品本身的构成、形状、形式、材料的限定，并不完全涉及游戏的规则，不涉及人的思维运动，因此权利要求1~6的技术方案不属于智力活动的规则和方法，不属于专利法第25条第1款第（2）项规定的内容。

对于前置审查意见书中指出的"本申请是在现有的中国象棋和国际象棋的基础上，将棋子标注数字以实现"计分"，进而判断胜负，该限定特征不是技术特征，它对象棋本身没有产生任何技术效果，仅仅是便于对双方如何加分以及判断胜负，其改进点都是非技术特征，不具有专利法第22条第3款的创造性"的意见，合议组认为，本申请权利要求是产品权利要求，其是对于产品本身形状、结构的限定，属于技术特征，且权利要求记载的内容并未涉及计分以及判断胜负的方法。同时，判断一项发明专利申请是否具有创造性，需按照审查指南第二部分第四章第3节"发明创造性的审查"的规定进行审查，即在确定最接近的现有技术的基础上，将权利要求技术方案与最接近现有技术进行比较进而判断是否具有创造性，前置意见中指出的"本申请与现有的中国象棋和国际象棋相比，改进点都是非技术特征"，有待于原实质审查部门确定明确的最接近现有技术，将本申请产品技术特征与现有技术产品技术特征进行比较以进一步确定区别技术特征，进而判断是否具有创造性，否则对创造性的判断将缺少说服力。

至于本申请可能存在的其他问题，有待于原实质审查部门继续审查。

三、决定

撤销国家知识产权局于2006年3月10日对03159224.4号发明专利申请作出的驳回决定，以请求人于2006年6月16日提交的说明书第1~2页、权利要求书第1~6项，2003年9月4日提交的说明书附图第1页、说明书摘要、摘要附图为基础继续进行审批程序。

请求人如对本决定不服，可以根据专利法第41条第2款的规定，自收到本决定之日起3个月内向北京市第一中级人民法院起诉。

042

改善高温抗氧化性的铸铁

复审请求审查决定（第10398号）

决 定 号 第10398号
决 定 日 2007年4月10日
发明创造名称 改善高温抗氧化性的铸铁
国际分类号 C22C 37/08
复审请求人 现代自动车株式会社
申 请 号 02156727.1
优先权日 2001年12月27日
申 请 日 2002年12月12日
公 开 日 2003年7月9日
合议组组长 李广峰
主 审 员 王　琳
参 审 员 刘　犟

法律依据 专利法第20条第1款
决定要点

专利法实施细则第20条第1款规定，权利要求书应当说明发明的技术特征，清楚、简要地表述请求保护的范围。

在一般情况下，权利要求中不得使用“约”等用语，因为它们会使权利要求的范围不清楚。

一、案由

本复审请求涉及名称为“改善高温抗氧化性的铸铁”的02156727.1号发明专利申请（下称本发明），申请人为现代自动车株式会社，申请日为2002年12月12日，优先权日为2001年12月27日，公开日为2003年7月9日。

国家知识产权局实审部门于2006年6月9日驳回了该申请，理由是：权利要求6、7、12、14、19和20中出现了难以清楚地确定权利要求保护范围的“约”字，从而使得上述权利要求不符合专利法实施细则第20条第1款的规定。

驳回决定所针对的权利要求6、7、12、14、19和20分别为：

“6. 权利要求1的铸铁，其中所述铸铁包括约17.5%的Ni。

7. 权利要求5的铸铁，其中所述铸铁包括约17.5%的Ni。”

“12. 权利要求1的铸铁，其中所述当在760℃的空气中暴露50个小时，铸铁显示每平方厘米少于约 0.05 毫克的金属转化为氧化物。”

“14. 权利要求 1 的铸铁，其中所述当在 760℃的空气中暴露 50 个小时，铸铁显示每平方厘米少于约 0.04 毫克的金属转化为氧化物。”

“19. 权利要求 18 的排气歧管，其中所述铸铁材料包括约 17.5% 的 Ni；约 2.5% 的 Si；至少 0.04% 的 Mg；少于 0.05% 的 P；和少于 0.01% 的 S。

20. 权利要求 19 的排气歧管，其中所述铸铁材料包括约 2.5% 的 Cr，并且基本上不含铜和铝。”

申请人现代自动车株式会社（下称请求人）对该驳回决定不服，于 2006 年 9 月 25 日向专利复审委员会提出了复审请求，并提交了经过修改的权利要求书第 1~3 页，此次删除了权利要求 6、7、12、14 和 20 中的“约”字。修改后的权利要求 6、7、12、14、19 和 20 分别为：

“6. 权利要求 1 的铸铁，其中所述铸铁包括 17.5% 的 Ni。

7. 权利要求 5 的铸铁，其中所述铸铁包括 17.5% 的 Ni。”

“12. 权利要求 1 的铸铁，其中所述当在 760℃的空气中暴露 50 个小时，铸铁显示每平方厘米少于 0.05 毫克的金属转化为氧化物。”

“14. 权利要求 1 的铸铁，其中所述当在 760℃的空气中暴露 50 个小时，铸铁显示每平方厘米少于 0.04 毫克的金属转化为氧化物。”

“19. 权利要求 18 的排气歧管，其中所述铸铁材料包括约 17.5% 的 Ni；2.5% 的 Si；至少 0.04% 的 Mg；少于 0.05% 的 P；和少于 0.01% 的 S。

20. 权利要求 19 的排气歧管，其中所述铸铁材料包括 2.5% 的 Cr，并且基本上不含铜和铝。”

经形式审查合格后，专利复审委员会受理了此复审请求，并于 2006 年 11 月 15 日向请求人发出复审请求受理通知书，同时向国家知识产权局原审查部门发出前置审查通知书。

在前置审查意见书中，国家知识产权局原审查部门认为，修改后的权利要求 19 中仍然存在难以判断铸铁中必要成分 Ni 含量浮动范围的“约”字，该权利要求仍然不符合专利法实施细则第 20 条第 1 款的规定，因此坚持原驳回决定。

请求人于 2007 年 1 月 25 日提交了经修改的权利要求书第 3 页的替换页，此次删除了权利要求 19 中的“约”字，修改后的权利要求 19 为：

“19. 权利要求 18 的排气歧管，其中所述铸铁材料包括 17.5% 的 Ni；2.5% 的 Si；至少 0.04% 的 Mg；少于 0.05% 的 P；和少于 0.01% 的 S。”

至此，合议组认为本案事实清楚，可以作出审查决定。

二、决定的理由

1. 审查基础

请求人在复审阶段于 2006 年 9 月 25 日提交了权利要求书 1~3 并于 2007 年 1 月 25 日提交了权利要求书第 3 页。经审查，上述权利要求书的修改符合专利法第 33 条的规定，因此本决定以下列文本为审查基础：申请日提交的说明书附图 1 页和说明书摘要；2004 年 8 月 24 日的说明书 1~9 页；2006 年 9 月 25 日的权利要求书 1~2；2007 年 1 月 25 日的权利要求书第 3 页。

2. 关于专利法实施细则第 20 条第 1 款

专利法实施细则第 20 条第 1 款规定，权利要求书应当说明发明的技术特征，清楚、简要地表述请求保护的范围。

在一般情况下，权利要求中不得使用“约”等用语，因为它们会使权利要求的范围不清楚。

在驳回决定所针对的文本中，权利要求 6、7、12、14、19 和 20 分别使用了“约”字对铸铁的 Ni 成分和氧化物的转化量进行了限定，使得其保护范围不清楚，因此不符合专利法实施细则第 20 条第1款的规定。针对驳回决定，请求人修改了权利要求书，修改后的上述权利要求删除了“约”字，从而克服了驳回决定中指出的不清楚的缺陷。

基于上述理由，本案合议组作出如下决定。

三、决定

撤销国家知识产权局于2006年6月9日对02156727.1号发明专利申请作出的驳回决定。由国家知识产权局原审查部门在申请日提交的说明书附图1页和说明书摘要；2004年8月24日的说明书第1~9页；2006年9月25日的权利要求书1~2以及2007年1月25日的权利要求书第3页的基础上继续进行审查程序。

复审请求人对本决定不服的，可以根据专利法第41条第2款的规定，自收到本决定之日起3个月内向北京市第一中级人民法院起诉。

043

回收卤水中的锂和其他金属及盐的方法

复审请求审查决定（第10400号）

决　定　号　第10400号
决　定　日　2007年4月10日
发明创造名称　回收卤水中的锂和其他金属及盐的方法
国际分类号　C01D 15/04，B01D 1/00
复审请求人　塔里木科学采矿及探油公司
申　请　号　98106653.4
申　请　日　1998年4月17日
公　开　日　1998年11月25日
合议组组长　李广峰
主　审　员　程　强
参　审　员　赵　明

法律依据　专利法第22条第3款，专利法实施细则第20条第1款
决定要点

在进行创造性判断时，首先应当将权利要求所述技术方案和现有技术中最接近的一个技术方案进行特征分析并对相应技术特征进行对比，找出它们之间的区别技术特征，然后再考察该区别特征的引入是否给本发明权利要求的技术方案带来了突出的实质性特点和显著的进步。

说明书附图清楚并不等于权利要求所要求保护的技术方案已经清楚地表述请求保护的范围。

一、案由

本复审请求涉及名称为“回收卤水中的锂和其他金属及盐的方法”的98106653.4号发明专利申请（下称本申请），申请人为塔里木科学采矿及探油公司，申请日为1998年4月17日，公开日为1998年11月25日。

2002年9月13日，国家知识产权局以权利要求1~4不具有专利法第22条第3款规定的创造性、权利要求5~7没有清楚简明地表述请求保护的范围，不符合专利法实施细则第20条第1款的规定为由驳回了本申请。被驳回的权利要求书如下：

“1. 一种从含可溶性主组分和次组分的卤水中提取可溶性次组分的方法，该方法包括通过在一个连续进料型蒸发器部分蒸发卤水以将可溶性卤水主组分与可溶性卤水次组分选择性地分离，所述蒸发器包括一系列蒸发池，进而构成一个似蠕虫状蒸发器，所述的可溶性卤水主组分通过从连续流过所述蒸发器的卤水中稳定沉淀出来而从所述似蠕虫状蒸发器中除去，因此富集了仍溶解在流动的卤水中的

所述次组分。

2. 根据权利要求 1 的方法，其中次组分是锂。

3. 根据权利要求 1 的方法，该方法包括使用加热系统以提高被蒸发卤水的温度而加速蒸发速度。

4. 根据权利要求 3 的方法，其中卤水的次要组分是锂。

5. 用于从含主组分和次组分的卤水中提取可溶性次组分的蒸发器，包括一种带进料端和排料端和并由一系列隔板分隔的具有蒸发能力的装置，和用于使所述卤水连续地从所述进料端流过所述出料端的设备，借此水和可溶性主组分在所述可溶性次组分回收之前从所述卤水中首先除去。

6. 按照权利要求 5 的用于从有可溶性主组分和次组分卤水中提取可溶性次组分的蒸发器，包括一系列有两个彼此相邻端的槽子，所述相邻槽的每一对在末端相连，使得卤水呈迂回流动方式流过整个槽系统。

7. 权利要求 5 的蒸发器，其中分隔隔板呈环状盘旋式排列。”

驳回决定认为：

权利要求 1 要求保护一种从含可溶性主组分和次组分的卤水中提取可溶性次组分的方法，对比文件 1（CN1141263A）公开了一种从含有主、次要可溶性次组分的卤水中回收锂一类次要可溶性组分的方法，二者的区别在于：对比文献 1 的蒸发是“通过一系列阶段，如蒸发池”来进行，而权利要求 1 是采用“连续进料型蒸发器”进行，该蒸发器包括一系列似蠕虫状蒸发池。分析二者的区别，二者均采用蒸发池，不同之处在于权利要求 1 采用的蒸发池呈蠕虫状，换言之，二者蒸发池的排列情况不同。但是，使卤水连续流过蒸发池，是盐湖晒盐工艺常用的方法，而且，蒸发池的蒸发效果在于其表面积，而不在于其排列，即蠕虫状蒸发池在效果上并不优于其他形式排列的蒸发池，并且就本发明的目的“提供比以前从卤水中富集会回收次组分的方法更经济有效的方法”、“在正常条件下提高卤水的蒸发率，以便为提锂和其他微量卤水组分提供更经济合理的方法”而言，这种区别并没有给权利要求 1 的技术方案带来突出的效果。因此，权利要求 1 与对比文件 1 相比，不具备突出的实质性特点和显著的进步，不具备创造性。

权利要求 2 记载的次组分是锂，该技术特征已经公开在对比文件 1 的权利要求 4 中，权利要求 3 和 4 所加入的附加技术特征是所属技术领域中的公知常识，对所属技术领域的技术人员来说是显而易见的，因此这三项权利要求也不具备突出的实质性特点和显著的进步，不具备专利法第 22 条第 3 款规定的创造性。

权利要求 5 中的“一系列隔板分隔的”没有清楚写明怎样分隔；“具有蒸发能力的”和“用于使所述卤水连续地从所述进料端流过所述出料端的设备”是功能性限定，不能用来表述所限定的设备。权利要求 6 中的“有两个彼此相邻端的槽子，所述相邻槽的每一对在末端相连”没有清楚说明两个槽子的具体位置和相对位置，“使得卤水呈迂回流动方式流过整个槽系统”是功能性限定，不能接受。权利要求 7 由于所引用的权利要求存在问题，其也没有清楚地表述请求保护的范围。因此权利要求 5~7 不符合专利法实施细则第 20 条第 1 款的规定。

申请人塔里木科学采矿及探油公司（以下称请求人）对上述驳回决定不服，于 2002 年 12 月 27 日向专利复审委员会提交了复审请求，请求人没有在提出复审请求的同时对申请文件进行修改。请求人认为，审查员在评价创造性时，证据不足，法律适用不当，程序违法，权利要求 5~9 是清楚和简洁的。请求人提交的复审理由可以概括如下：

审查员在评价本发明创造时，没有遵守审查指南规定的评价创造性的方法，不可能得出正确的结论。

在第一次审查意见通知书中，审查员认为本发明与对比文件 1 的区别在于本发明使用连续进料型蒸发器，在驳回决定中认定二者的区别在于蒸发池的排列情况不同，对于这一区别审查员没有给申请人陈述意见的机会而违反听证原则。

按照审查指南关于评价创造性的方法，审查员没有根据区别特征所能达到的技术效果确定发明实际解决的技术问题，也没有指出在对比文件1任何地方有得出本发明方法的启示。蠕虫状蒸发器是本发明与先有技术重要区别之一，审查员应该将发明作为一个整体，从先有技术看其技术方案是否显而易见。审查员没有对技术方案的显而易见性给出任何理由或论证，泛泛论证事后诸葛亮式的效果是评价创造性的本末倒置。高级研究员陈延成的声明应当给予考虑。

权利要求5中“由一系列隔板分隔的”，从图1很清楚，至于“具有蒸发能力的……”是清楚且简洁的。“用于使所述卤水连续地从所述进料端流过所述出料端的设备”是清楚和简洁的，不会有任何歧义。权利要求6中“有两个彼此相邻端的槽子，所述相邻槽的每一对在末端相连”，从图1看很清楚。至于权利要求7的环状盘旋式排列，稍具中学平面几何知识的人，结合图1就可想到，所以也是清楚。

形式审查合格后，专利复审委员会受理了该复审请求，并于2002年1月23日向请求人发出《复审请求受理通知书》，随后将本申请移交原审查部门进行前置审查。

在前置审查意见书中，原审查部门坚持原驳回决定。

专利复审委员会组成合议组，对本复审请求案进行了审理。

本案合议组于2003年11月19日发出复审通知书，指出：

对比文件1（CN1141263A）公开了从含有主、次要可溶性组分的卤水中回收锂一类次要可溶性组分的方法，权利要求1的技术方案与对比文件1的区别是一系列蒸发池构成一个似蠕虫状蒸发器。对比文件1还公开了采用大面积的蒸发池和一系列规模愈来愈小的蒸发池进行结晶分离的技术方案，在这种方案中，卤水流动路线曲折迂回，致使一系列蒸发器的排列曲折迂回。因此，现有技术中已经给出将上述区别特征应用到该最接近现有技术以解决其存在的技术问题的启示，因而，权利要求1的技术方案对于本领域的普通技术人员而言，是显而易见的，不具备专利法第22条第3款规定的创造性。

权利要求2记载的技术特征已经公开在对比文件1中，权利要求3和4所加入的附加技术特征是所属技术领域中的公知常识，在独立权利要求1不具备创造性的前提下，这三项权利要求也不具备突出的实质性特点和显著的进步，不符合专利法第22条第3款的规定。

权利要求5中的“由一系列隔板分隔的”撰写形式，没有写明如何分隔，不能清楚和准确地表示它所描述的分隔方式即如图1所示的分隔方式，没有清楚地表述请求保护的范围，不符合专利法实施细则第20条第1款的规定。

请求人于2004年1月5日提交了意见陈述书，修改了权利要求5，并提交了权利要求书的替换页。经修改的权利要求书为：

“1. 一种从含可溶性主组分和次组分的卤水中提取可溶性次组分的方法，该方法包括通过在一个连续进料型蒸发器部分蒸发卤水以将可溶性卤水主组分与可溶性卤水次组分选择性地分离，所述蒸发器包括一系列蒸发池，进而构成一个似蠕虫状蒸发器，所述的可溶性卤水主组分通过从连续流过所述蒸发器的卤水中稳定沉淀出来而从所述似蠕虫状蒸发器中除去，因此富集了仍溶解在流动的卤水中的所述次组分。

2. 根据权利要求1的方法，其中次组分是锂。

3. 根据权利要求1的方法，该方法包括使用加热系统以提高被蒸发卤水的温度而加速蒸发速度。

4. 根据权利要求3的方法，其中卤水的次要组分是锂。

5. 用于从含主组分和次组分的卤水中提取可溶性次组分的蒸发器，包括一种带进料端和排料端和并由一系列使所述卤水产生迂回运动的隔板分隔的具有蒸发能力的装置，和用于使所述卤水连续地从所述进料端流过所述出料端的设备，借此水和可溶性主组分在所述可溶性次组分回收之前从所述卤水中首先除去。

6. 按照权利要求 5 的用于从有可溶性主组分和次组分卤水中提取可溶性次组分的蒸发器，包括一系列有两个彼此相邻端的槽子，所述相邻槽的每一对在末端相连，使得卤水呈迂回流动方式流过整个槽系统。

7. 权利要求 5 的蒸发器，其中分隔隔板呈环状盘旋式排列。”

据此，合议组认为本案事实清楚，可以作出复审决定。

二、决定的理由

1. 关于创造性

专利法第 22 条第 3 款规定：创造性，是指同申请日以前已有的技术相比，该发明有突出的实质性特点和显著的进步，该实用新型有实质性特点和进步。

在进行创造性判断时，首先应当将权利要求所述技术方案和现有技术中最接近的一个技术方案进行特征分析并对相应技术特征进行对比，找出它们之间的区别技术特征，然后再考察该区别特征的引入是否给本发明权利要求的技术方案带来了突出的实质性特点和显著的进步。

权利要求 1 要求保护一种从含可溶性主组分和次组分的卤水中提取可溶性次组分的方法，该方法包括通过在一个连续进料型蒸发器部分蒸发卤水以将可溶性卤水主组分与可溶性卤水次组分选择性地分离，所述蒸发器包括一系列蒸发池，进而构成一个似蠕虫状蒸发器，所述的可溶性卤水主组分通过从连续流过所述蒸发器的卤水中稳定沉淀出来而从所述似蠕虫状蒸发器中除去，因此富集了仍溶解在流动的卤水中的所述次组分。对比文件 1（CN1141263A）公开了从含有主、次要可溶性组分的卤水中回收锂一类次要可溶性组分的方法，它包括：通过在一系列阶段中卤水部分蒸发，有选择地将可溶性主要卤水组分与可溶性次要卤水组分分离，借此在选择能使可溶性主要卤水组分沉淀的卤水浓度下通过沉淀将可溶性主要卤水组分除去，然后在一系列阶段中浓缩含可溶性次要卤水组分的卤水，然后回收可溶性次要卤水组分，其中每个阶段是蒸发池，表面积相等的蒸发池用于连续蒸发的每个阶段（参见对比文件 1 的权利要求 1、2、4）。将权利要求 1 所要求保护的技术方案与对比文件 1 公开的技术方案相比，其区别在于：权利要求 1 的一系列蒸发池构成一个似蠕虫状蒸发器。该区别特征所能达到的技术效果是优化蒸发池的排列方式，最大限度使用空间。根据这种技术效果，本发明解决的技术问题是改进对比文件 1 的蒸发池布局，最大限度地利用空间。对比文件 1 还公开了采用系列蒸发池除去无用的氯化镁，通过排放或泵抽分离出富锂残卤的方案，其中一种是采用大面积的蒸发池和一系列规模愈来愈小的蒸发池进行结晶分离（参见对比文件 1 说明书第 4~5 页）。在这种方案中，卤水流动路线曲折迂回（参见对比文件 1 说明书附图 2），致使一系列蒸发器的排列曲折迂回。该技术手段在该部分所起的作用与上述区别特征在要求保护的发明中为解决该重新确定的技术问题所起的作用相同。因此，现有技术中已经给出将上述区别特征应用到该最接近现有技术以解决其存在的技术问题的启示，这种启示会使本领域的技术人员在面对所述技术问题时，改进该最接近现有技术并获得要求保护的发明。因而，权利要求 1 的技术方案对于本领域的普通技术人员而言，是显而易见的，不具备专利法第 22 条第 3 款规定的创造性。

请求人认为，对比文件 1 完全没有教导似蠕虫状的蒸发器这一区别特征，对比文件 1 的附图 2 只是折线流动，没有迂回，没有涉及最大限度利用空间的问题。本发明较对比文件 1 在蒸发池（或蒸发器）面积上有数量级的变化，请求人还通过计算认为，实效有极大差别，这些绝不可能从 D1 中获得任何启示。因此本发明权利要求 1 较对比文件 1 具有突出的实质性特点，由于其占地面积和所费时间较 D1 的巨大改进，因而也具有显著的进步，所以权利要求 1 的发明较对比文件 1 具有创造性。

合议组认为，按照对比文件 1 附图 2 的卤水流动路线，很明显，卤水总的流动方式是迂回的，请求人关于对比文件 1 附图 2 卤水流动路线没有迂回的争辩不能成立。请求人就蒸发池面积和实效变化的争辩都是以本申请附图 1 所示排列方式的蒸发器为基础，而权利要求 1 的技术方案对蒸发器的排列方式采用了术语“似蠕虫状”进行概括，既没有将蒸发器的排列方式具体限定为本申请附图 1 所示的排列方式，又没有记载任何技术特征限定该技术方案的蒸发器面积。虽然“似蠕虫状”的蒸发器排列方式包括本申请附图 1 所示的排列方式，但也包括致使卤水流动路线曲折迂回的其他排列方式。所以，在请求人未将本申请附图 1 所示的排列方式具体限定至权利要求 1 的技术方案内的情形下，请求人的争辩仍然不能成立。因此，请求人陈述的意见和理由不充分，权利要求 1 的技术方案相对于对比文件 1 是显而易见的，不具备突出的实质性特点和显著的进步，不符合专利法第 22 条第 3 款的规定。

权利要求 2 记载的次组分是锂，该技术特征已经公开在对比文件 1 的权利要求 4 中，权利要求 3 和 4 所加入的附加技术特征是所属技术领域中的公知常识，在独立权利要求 1 不具备创造性的前提下，从属权利要求 2~4 也不具备突出的实质性特点和显著的进步，不符合专利法第 22 条第 3 款的规定。

2. 关于权利要求是否清楚

专利法实施细则第 20 条第 1 款规定：权利要求书应当说明发明或者实用新型的技术特征，清楚、简要地表述请求保护的范围。

请求人将权利要求 5 中的“由一系列隔板分隔的”修改为“由一系列使所述卤水产生迂回运动的隔板分离的”撰写形式。合议组认为，说明书附图清楚并不等于权利要求所要求保护的技术方案已经清楚地表述请求保护的范围。这种修改仍然没有写明如何分隔，不能清楚和准确地表示它所描述的分隔方式即如图 1 所示的分隔方式。尽管附图 1 清楚表示了使卤水产生如该图所示的迂回运动的隔板分隔方式，但是，附图清楚并不等于权利要求 5 已经清楚描述了其记载的技术方案。因此，权利要求 5 仍然没有清楚地表述请求保护的范围，不符合专利法实施细则第 20 条第 1 款的规定。

基于上述理由，合议组特作出如下决定。

三、决定

维持国家知识产权局于 2002 年 9 月 13 日对 98106653. 4 号发明专利申请作出的驳回决定。

复审请求人对本决定不服的，可以根据专利法第 41 条第 2 款的规定，自收到本决定之日起 3 个月内向北京市第一中级人民法院起诉。

044

压电式压力传感器

复审请求审查决定（第 10422 号）

决　定　号　第 10422 号
决　定　日　2007 年 4 月 3 日
发明创造名称　压电式压力传感器
国 际 分 类 号　G01L 9/08，G01D 21/02
复 审 请 求 人　松下电器产业株式会社
申　请　号　200310101071.2
申　请　日　1999 年 8 月 5 日
优 先 权 日　1998 年 8 月 5 日，1999 年 2 月 12 日，1999 年 2 月 24 日
公　开　日　2004 年 5 月 12 日
合 议 组 组 长　杨军艳
主　审　员　刘亚斌
参　审　员　高桂莲

法 律 依 据　专利法实施细则第 43 条第 1 款
决 定 要 点

只要分案申请的内容在原说明书和权利要求书中有记载，则该分案申请符合专利法实施细则第 43 条第 1 款的规定。

一、案由

本复审请求涉及申请号为 200310101071.2、名称为“压电式压力传感器”的发明专利申请（下称本申请），申请人为松下电器产业株式会社。本申请是申请号为 99111969.X 的发明专利申请（下称原申请）的分案申请，申请日为 1999 年 8 月 5 日，优先权日为 1998 年 8 月 5 日、1999 年 2 月 12 日、1999 年 2 月 24 日，分案提交日为 2003 年 10 月 15 日，公开日为 2004 年 5 月 12 日。本申请公开时的权利要求书共包括 20 项权利要求，其中独立权利要求 1、4、14、18 如下：

“1. 一种压电式压力传感器，包括夹在两层导电体中间的压电复合物层，所述复合物层包括非晶体氯化聚乙烯（a-CPE）和压电陶瓷粉末。

4. 一种压电电缆，包括：

内导电体；

包围所述内导电体的压电复合物层，所述复合物层包括非晶体氯化聚乙烯（a-CPE）和压电陶瓷粉末，

依附在聚合物薄膜上的金属薄膜所构成的外导电体，所述金属薄膜与所述压电复合物层相接触，

但与所述内导电体分离；

包围所述外导电体的由绝缘弹性材料制成的防护套。

14. 一种压力和温度探测电缆，包括：

内导电体；

包围所述内导电体的压电复合物层，所述复合物层包括非晶体氯化聚乙烯（a-CPE）和压电陶瓷粉末；

依附在聚合物薄膜上的金属薄膜所构成的外导电体，所述金属薄膜与所述压电复合物层相接触，但与所述内导电体分离；

包围所述外导电体的由绝缘弹性材料制成的防护套。

18. 一种压力和温度探测装置，包括：

内导电体；

包围所述内导电体的压电复合物层，所述复合物层包括非晶体氯化聚乙烯（a-CPE）和压电陶瓷粉末；

依附在聚合物薄膜上的金属薄膜所构成的外导电体，所述金属薄膜与所述压电复合物层相接触，但与所述内导电体分离；

包围所述外导电体的由绝缘弹性材料制成的防护套；

压力探测装置，所述压力探测装置连接在内导电体和外导电体之间；

连接在电缆两端之间的温度探测装置。”

国家知识产权局实质审查部门依法对本申请进行了实质审查，于 2004 年 12 月 31 日发出第一次审查意见通知书，指出本申请权利要求 1、4、14、18 中所述复合物仅包括非晶体氯化聚乙烯和压电陶瓷粉末超出了原申请公开的范围，不符合专利法实施细则第 43 条第 1 款的规定，同时还指出了权利要求 16 存在形式缺陷。

针对上述审查意见通知书，申请人于 2005 年 5 月 16 日提交了意见陈述书和权利要求书的修改替换页，其中在原独立权利要求 1、4、14、18 中增加了“用于不高于 80℃的温度”的特征，同时对各独立权利要求增加了一项从属权利要求，该增加的各从属权利要求的附加特征均为“所述复合物层包括不多于 80% 体积百分比的压电粉末”。修改后的权利要求书共包括 24 项权利要求，其中独立权利要求 1、5、16、21 对应于原独立权利要求 1、4、14、18，新增加的从属权利要求为权利要求 2、6、17、22。

经过上述实质审查程序后，国家知识产权局实质审查部门于 2005 年 7 月 29 日作出驳回决定，其理由是：权利要求 1 中所述“复合物包括非晶体氯化聚乙烯和压电陶瓷粉末”超出了原申请公开的范围，不符合专利法实施细则第 43 条第 1 款的规定。驳回决定所依据的文本为：2005 年 5 月 16 日提交的权利要求第1~24 项，2003 年 10 月 15 日提交的说明书第 1~11 页、附图第 1~5 页、说明书摘要及摘要附图。

申请人（下称复审请求人）对上述驳回决定不服，于 2005 年 11 月 14 日向专利复审委员会提出了复审请求，同时提交了权利要求书的修改替换页，分别将原从属权利要求 2、6、17、22 的附加技术特征补入原独立权利要求 1、5、16、21 中。修改后的权利要求书共包括 20 项权利要求，其中独立权利要求 1、4、14、18 如下：

“1. 一种压电式压力传感器，包括夹在两层导电体中间的压电复合物层，

其特征在于：

所述传感器用于不高于 80°C 的温度，以及

所述复合物层包括非晶体氯化聚乙烯和压电陶瓷粉末，其中所述复合物层包括不多于 80% 体积

百分比的压电粉末。

4. 一种压电电缆，包括：

内导电体；

依附在聚合物薄膜上的金属薄膜所构成的外导电体，所述金属薄膜与所述压电复合物层相接触，但与所述内导电体分离；

包围所述外导电体的由绝缘弹性材料制成的防护套：

其特征在于；

所述电缆用于不高于80°C的温度，以及

所述复合物层包括非晶体氯化聚乙烯和压电陶瓷粉末，所述复合物层包括不多于80%体积百分比的压电粉末。

14. 一种压力和温度探测电缆，包括：

内导电体；

包围所述内导电体的压电复合物层；

依附在聚合物薄膜上的金属薄膜所构成的外导电体，所述金属薄膜与所述压电复合物层相接触，但与所述内导电体分离；

包围所述外导电体的由绝缘弹性材料制成的防护套；

其特征在于：

所述电缆用于不高于80°C的温度，以及

所述复合物层包括非晶体氯化聚乙烯和压电陶瓷粉末，所述复合物层包括不多于80%体积百分比的压电粉末。

18. 一种压力和温度探测设备，包括：

内导电体；

包围所述内导电体的压电复合物层；

依附在聚合物薄膜上的金属薄膜所构成的外导电体，所述金属薄膜与所述压电复合物层相接触，但与所述内导电体分离；

包围所述外导电体的由绝缘弹性材料制成的防护套；

压力探测装置，所述压力探测装置连接在内导电体和外导电体之间；

连接在电缆两端之间的温度探测装置，

其特征在于：

所述设备用于不高于80°C的温度，以及

所述复合物层包括非晶体氯化聚乙烯和压电陶瓷粉末，所述复合物层包括不多于80%体积百分比的压电粉末。”

复审请求人认为，上述修改克服了驳回决定中所指出的缺陷。

经形式审查合格，专利复审委员会依法受理了该复审请求，于2005年12月13日发出复审请求受理通知书和前置审查通知书，并将其转送至原审查部门进行前置审查。

原审查部门在前置审查意见书中认为，修改后的权利要求书仍然超出了原申请记载的范围，因为原说明书第4页第2段中写明了“只有a-CPE或只有c-CPE时，都有缺陷，本发明提供的复合物是由a-CPE和c-CPE两种材料制作的”，因此包括这两种材料是本发明的必要技术特征，而目前的权利要求中仅包括a-CPE，所以超出了原申请公开的范围，因而坚持原驳回决定。

针对上述复审请求，专利复审委员会依法成立合议组对本案进行审理。

2007年2月28日，合议组与本申请的代理人进行电话讨论，指出目前的权利要求1、4、14、18中所述“不多于80%体积百分比的压电粉末”超出了原申请文本记载的范围，原申请文本中记载的内容为“占体积多达80%的压电陶瓷粉末”，复审请求人应该根据原申请文本中记载的内容进行修改。代理人代表复审请求人表示同意合议组的意见，并将尽快提交书面的修改文本。

2007年3月7日，复审请求人提交了权利要求书的修改替换页，其中将独立权利要求1、4、14、18中的“压电粉末”和“不多于80%”分别修改为“压电陶瓷粉末”和“多达80%”，与原说明书中的记载一致。修改后的权利要求书共包括20项权利要求，其中独立权利要求1、4、14、18如下：

“1. 一种压电式压力传感器，包括夹在两层导电体中间的压电复合物层，

其特征在于：

所述传感器用于不高于80°C的温度，以及

所述复合物层包括非晶体氯化聚乙烯和压电陶瓷粉末，其中所述复合物层包括多达80%体积百分比的压电陶瓷粉末。

4. 一种压电电缆，包括：

内导电体；

依附在聚合物薄膜上的金属薄膜所构成的外导电体，所述金属薄膜与所述压电复合物层相接触，但与所述内导电体分离；

包围所述外导电体的由绝缘弹性材料制成的防护套；

其特征在于：

所述电缆用于不高于80°C的温度，以及

所述复合物层包括非晶体氯化聚乙烯和压电陶瓷粉末，所述复合物层包括多达80%体积百分比的压电陶瓷粉末。

14. 一种压力和温度探测电缆，包括：

内导电体；

包围所述内导电体的压电复合物层；

依附在聚合物薄膜上的金属薄膜所构成的外导电体，所述金属薄膜与所述压电复合物层相接触，但与所述内导电体分离；

包围所述外导电体的由绝缘弹性材料制成的防护套；

其特征在于：

所述电缆用于不高于80°C的温度，以及

所述复合物层包括非晶体氯化聚乙烯和压电陶瓷粉末，所述复合物层包括多达80%体积百分比的压电陶瓷粉末。

18. 一种压力和温度探测设备，包括：

内导电体；

包围所述内导电体的压电复合物层；

依附在聚合物薄膜上的金属薄膜所构成的外导电体，所述金属薄膜与所述压电复合物层相接触，但与所述内导电体分离；

包围所述外导电体的由绝缘弹性材料制成的防护套；

压力探测装置，所述压力探测装置连接在内导电体和外导电体之间；

连接在电缆两端之间的温度探测装置；

其特征在于；

所述设备用于不高于 80°C 的温度，以及

所述复合物层包括非晶体氯化聚乙烯和压电陶瓷粉末，所述复合物层包括多达 80% 体积百分比的压电陶瓷粉末。”

在上述程序的基础上，合议组认为本案事实已经清楚，可以作出审查决定。

二、决定的理由

1. 审查基础

本复审决定以复审请求人于2007 年3 月7 日提交的权利要求第1~20 项，2003 年10 月15 日提交的说明书第 1~11 页、说明书附图第 1~5 页、说明书摘要及摘要附图作为审查基础。

2. 关于专利法实施细则第 43 条第 1 款

专利法实施细则第 43 条第 1 款规定：依照本细则第 42 条规定提出的分案申请，可以保留原申请日，享有优先权的，可以保留优先权日，但是不得超出原申请公开的范围。

只要分案申请的内容在原说明书和权利要求书中有记载，则该分案申请符合专利法实施细则第 43 条第 1 款的规定。

（1）关于权利要求 1 是否超出了原申请公开的范围。

权利要求 1 请求保护一种压电式压力传感器，包括夹在两层导电体中间的压电复合物层，所述传感器用于不高于 80℃的温度，所述复合物层包括非晶体氯化聚乙烯和压电陶瓷粉末，其中所述复合物层包括多达 80% 体积百分比的压电陶瓷粉末。

在原申请的权利要求 1 中记载了一种压电式压力传感器，包括夹在两层导电体中间的压电复合物层，所述复合物层包括氯化聚乙烯（CPE）和压电陶瓷粉末。原申请的说明书第 4 页第 3 段中记载了 CPE 分为 a-CPE（非晶体氯化聚乙烯）和 c-CPE（晶体氯化聚乙烯）两类，当使用 a-CPE 作为 CPE 基板并在其上附加压电陶瓷粉末时，其优点是可以附加占体积多达 80% 的压电陶瓷粉末，并且切割的小片易于模压，经过模压的复合物层异常柔软，但是这种复合物层的硬度很低，在 80℃以上温度中容易变形。由上可见，原说明书中记载了在传感器结构中仅使用非晶体氯化聚乙烯（a-CPE）和压电陶瓷粉末作为复合物层的优点和缺点，从中可知这种复合物层可以用于 80℃以下的温度环境。因此，合议组认为，原申请的申请文本中公开了在所述压电式压力传感器结构中仅使用非晶体氯化聚乙烯（a-CPE）和压电陶瓷粉末作为复合物层的技术方案，权利要求 1 没有超出原申请公开的范围，符合专利法实施细则第 43 条第 1 款的规定。

（2）关于权利要求 4、14、18 是否超出了原申请公开的范围。

权利要求 4、14、18 分别请求保护一种压电电缆、压力和温度探测电缆、压力和温度探测设备，其结构分别对应于原申请的权利要求 2、12、15，区别仅在于权利要求 4、14、18 中的电缆或设备“用于不高于 80℃的温度，以及所述复合物层包括非晶体氯化聚乙烯和压电陶瓷粉末，所述复合物层包括多达 80% 体积百分比的压电陶瓷粉末”。因此，基于与评述权利要求 1 时同样的理由，合议组认为，原申请的申请文本中公开了在所述的压电电缆、压力和温度探测电缆、压力和温度探测设备的结构中仅使用非晶体氯化聚乙烯（a-CPE）和压电陶瓷粉末作为复合物层的技术方案，权利要求 4、14、18 没有超出原申请公开的范围，符合专利法实施细则第 43 条第 1 款的规定。

三、决定

撤销国家知识产权局于 2005 年 7 月 29 日对本申请作出的驳回决定。由国家知识产权局原审查部门在本决定所依据文本的基础上对本发明专利申请继续审查。

如对本复审请求审查决定不服，根据专利法第 41 条第 2 款的规定，请求人可以自收到本决定之日起三个月内向北京市第一中级人民法院起诉。

045

使用预先制程控制机架的制程工具的缺陷检测及其控制的方法及装置

复审请求审查决定（第10429号）

决　定　号　第10429号
决　定　日　2007年4月12日
发明创造名称　使用预先制程控制机架的制程工具的缺陷检测及其控制的方法及装置
国际分类号　G05B 19/418
复审请求人　先进微装置公司
申　请　号　01814522.1
申　请　日　2001年7月3日
优 先 权 日　2000年7月31日
公　开　日　2003年10月8日
合议组组长　杨军艳
主　审　员　沈乐平
参　审　员　张　曦

法律依据　专利法第26条第3款
决定要点
如果所属技术领域的技术人员按照说明书记载的内容，能够实现该发明或者实用新型的技术方案，解决其技术问题，并且产生预期的技术效果，则该说明书符合专利法第26条第3款的规定。

一、案由

本复审请求涉及申请日为2001年7月3日，名称为“使用预先制程控制机架的制程工具的缺陷检测及其控制的方法及装置”的发明专利申请，其申请号为01814522.1，申请人为先进微装置公司。申请人在国际初步审查阶段对权利要求书进行了修改。

国家知识产权局实质审查部门依法对本专利申请进行了审查，于2004年6月4日发出第一次审查意见通知书，指出：（1）权利要求2的修改超出原始申请记载的范围，不符合专利法第33条的规定；（2）说明书公开不充分，不符合专利法第26条第3款的规定。

2004年12月14日，申请人针对上述审查意见通知书提交了意见陈述书，并提交了权利要求书的修改替换页，在意见陈述书中申请人陈述了说明书公开充分的理由。

2005年9月2日，国家知识产权局实质审查部门以说明书不符合专利法第26条第3款的规定为由驳回了本申请。驳回决定认为：本申请说明书中仅记载了“装置接口110从工具105取得各种工具状态数据，并将此数据经由数据收集单元130而转送到缺陷检测系统120”、“在将工具状态数据转换成工具数据文件时，数据收集单元130将此数据由装置接口110使用的第一通信协议，转译为与缺陷检测系统120执行的软件兼容的第二通信协议”，没有清楚明确地公开该申请中的“第一通信协议”和“第二通信协议”分别是什么通信协议，所属技术领域的技术人员根据说明书记载的内容，无法具体实施将状态数据由装置接口110使用的第一通信协议，转译为与缺陷检测系统120执行的软件兼容的第二通信协议，也无法具体实施将状态数据从第一接口送至缺陷检测单元。因此，本申请说明书未对发明作出清楚、完整的说明，不符合专利法第26条第3款的规定。

申请人先进微装置公司（下称复审请求人）对上述驳回决定不服，于2005年12月7日向专利复审委员会提出了复审请求。复审请求人认为，可以依照设计的需求而选择使用特定的通信协议，而且所属技术领域的普通技术人员能够决定合适的通信协议，协议间的转译是所属技术领域的技术人员已知的。复审请求人提出复审请求时未对申请文件进行修改。

经形式审查合格，专利复审委员会受理了该复审请求，并于2006年6月9日向复审请求人发出《复审请求受理通知书》，同时将本案转送至原审查部门进行前置审查。

原审查部门作出前置审查意见，基于与驳回决定相同的理由，坚持原驳回决定。

在此基础上专利复审委员会依法成立合议组，对本案进行审查，合议组经审查认为，本案事实已经清楚，可以作出审查决定。

二、决定的理由

1. 关于审查文本

本复审决定依据的文本为：复审请求人于进入国家阶段时提交的说明书第1~8页、附图第1~5页、摘要以及摘要附图，2004年12月14日提交的权利要求第1~8项。

2. 关于说明书是否符合专利法第26条第3款的规定

专利法第26条第3款规定：说明书应当对发明或者实用新型作出清楚、完整的说明，以所属技术领域的技术人员能够实现为准。

如果所属技术领域的技术人员按照说明书记载的内容，能够实现该发明或者实用新型的技术方案，解决其技术问题，并且产生预期的技术效果，则说明书符合专利法第26条第3款的规定。

本申请说明书中记载：在半导体制造技术领域中存在对缺陷检测的报告不及时，从而导致有缺陷组件产生的问题。为了克服上述问题，本发明提供了一种方法和相应的系统。该系统包括：制程工具，用以制造制程工件；第一接口，连接到该制程工具，该第一接口用于接收制程工具上与所处理的工件的加工有关的操作状态数据；数据收集单元，用于在第一接口收到数据时，接收并积累状态数据，将状态数据从第一通信协议转译成与缺陷检测单元兼容的第二通信协议，将转译的状态数据从数据收集单元传送至缺陷检测单元；缺陷检测单元，用于根据状态数据判断制程工具是否存在缺陷情况；机架，用于根据存在的缺陷状态，对制程工具执行预定的工作。

本申请说明书实施例中具体公开了以下内容：系统100包括制造工具105，是用来生产产品的制造装置；制程工具105的状态数据通过第一通信协议被送到装置接口110；数据收集单元130接收从装置接口110传送来的数据，通过转译将按照第一通信协议通信的状态数据转换成能够被缺陷检测系统120使用的工具数据文件，缺陷检测系统120使用第二通信协议，如缺陷检测系统120的服务器205可执行ModelWare商业用软件包。

说明书的附图1中清晰地标记了信号从制程工具105至装置接口110、数据收集单元130再至缺陷检测系统120的流程。

合议组认为：根据本申请说明书的记载可知，系统100的装置接口110中使用的是第一通信协议，缺陷检测装置 120 中使用的是第二通信协议，它们是两种不同的通信协议。为了实现第一通信协议与第二通信协议之间的转译，本发明在装置接口 110 与缺陷检测系统 120 之间使用了一个数据收集单元 130，数据收集单元 130 使得从装置接口 110 以第一通信协议传送来的数据转换成符合第二通信协议的数据从而满足了缺陷检测单元所使用的检测软件的要求。说明书的附图 1 清晰地记载了制程工具 105 的状态数据经装置接口 110、数据收集单元 130 至缺陷检测单元 120 的流程。

本发明的目的在于，在制造程序中提供一种缺陷检测的方法和相应的系统，而不是通信协议的选择或协议间的转换。在现有通信技术中已存在着多种通信协议，协议转译的技术对本领域技术人员来说也是惯用的手段。本领域的技术人员可根据实际需要选择装置接口 110 中使用的第一通信协议及缺陷检测单元 120 中使用的第二通信协议，并完成它们之间的转译，从而实现数据从制程工具 105 至缺陷检测系统 120 的传输。至于第一、第二通信协议及转译的手段具体如何，本领域技术人员能够根据实际选用的装置从现有技术中进行选取，在本申请说明书中即使没有记载也不影响该技术方案的实施，因此合议组认为，本申请的说明书已对本发明作出了清楚、完整的说明，本领域的技术人员根据说明书的记载能够实现该技术方案，符合专利法第 26 条第 3 款的规定。

三、决定

撤销国家知识产权局于 2005 年 9 月 2 日对 01814522. 1 号发明专利申请作出的驳回决定，由原审查部门以本复审决定所依据的审查文本为基础继续进行审查。

复审请求人对本决定不服的，可根据专利法第 41 条第 2 款的规定，自收到本决定之日起三个月内向北京市第一中级人民法院起诉。

046

防晒玻璃

复审请求审查决定（第 10472 号）

决　定　号　第 10472 号
决　定　日　2007 年 4 月 25 日
发明创造名称　防晒玻璃
国 际 分 类 号　C03C 3/095，3/091，3/093
复 审 请 求 人　黄鼎昌
申　请　号　99117490.9
申　请　日　1999 年 12 月 30 日
公　开　日　2000 年 6 月 28 日
合 议 组 组 长　崔　震
主　审　员　任颖丽
参　审　员　王　冬

法 律 依 据　专利法第 22 条第 2 款、第 3 款
决 定 要 点

在创造性判断的过程中，不仅要考虑发明的技术方案本身，而且还要考虑发明所属技术领域、所要解决的技术问题和所产生的技术效果，将发明作为一个整体来看待。

一、案由

本复审请求涉及发明名称为“防晒玻璃”的 99117490.9 号发明专利申请（下称本申请），申请人为黄鼎昌，申请日为 1999 年 12 月 30 日，公开日为 2000 年 6 月 28 日。

2003 年 3 月 7 日，国家知识产权局原审查部门以本申请权利要求 1 不具备新颖性、权利要求 2 不具备创造性为由驳回了本申请。驳回决定所针对的权利要求为：

“1. 防晒玻璃，其特征在于按重量百分比包括如下组分：

SiO_2　69.50% ~73.50%　　Al_2O_3　4.00% ~6.00%

B_2O_3　7.70% ~9.70%　　Na_2O　4.50% ~7.50%

TiO_2　2.50% ~4.50%　　CeO_2　0.20% ~0.80%

BaO　1.10% ~2.10%

2. 根据权利要求 1 所述的防晒玻璃，其特征在于按重量百分比包括如下组分：

SiO_2　69.50% ~73.50%　　Na_2O　4.50% ~7.50%

Al_2O_3 4.00%～6.00%

B_2O_3 7.70%～9.70%

CaO 0.50%～1.10%

ZnO 0.50%～1.50%

BaO 1.10%～2.10%

TiO_2 2.50%～4.50%

K_2O 0.70%～1.30%

CeO_2 0.20%～0.80%

Li_2O 0.20%～0.60%

Fe_2O_3 余量。”

驳回决定认为：（1）对比文件1（SU1671625）或对比文件2（US4521524）都公开了一种玻璃组合物，其中包括权利要求1所限定的防晒玻璃中列出的各种组分及其含量。由此可见，对比文件1或2已经公开了权利要求1的全部技术特征，且这些对比文件所公开的技术方案与该权利要求所要求保护的技术方案属于同一技术领域，因此权利要求1不具备新颖性。（2）从属权利要求2进一步限定了权利要求1所述的玻璃，然而其所述的各种组分及其含量与对比文件1和2所公开的玻璃组合物中的组分和含量部分重叠，未重叠部分也没有显示意想不到的效果，因此权利要求2不具备专利法第22条第3款所规定的创造性。

申请人黄鼎昌（以下称请求人）对上述驳回决定不服，于2003年6月18日向专利复审委员会提出了复审请求，但未提交新的申请文件的替换页。

请求人认为，（1）本申请权利要求1要求保护的技术方案所列各组分及各个组分的含量与对比文件1或2是不相同的，对比文件1或对比文件2的发明目的、技术方案、技术效果与权利要求1不同，因此，权利要求1相对于对比文件1或2具有新颖性。（2）权利要求2中ZnO、K_2O、Li_2O等具有进一步加强玻璃的吸收和反射紫外线的能力、提高了玻璃的白亮度、进一步增强玻璃的美感、进一步调整pH值使之更适合人体，因此，权利要求2对本领域技术人员来说不是显而易见的，具有创造性。

经形式审查合格后，专利复审委员会受理了该复审请求，于2003年7月7日向请求人发出复审请求受理通知书，并向前审部门发出了前置审查通知书，同时将本案送至原审查部门进行前置审查。

原审查部门在前置审查意见书中坚持原驳回决定。

专利复审委员会依法组成合议组，对本复审请求案进行了审理，并于2004年1月29日向请求人发出了复审通知书。

复审通知书指出：（1）权利要求1相对于对比文件1或2不具备专利法第22条第2款规定的新颖性；（2）权利要求2相对于对比文件1不具备专利法第22条第3款规定的创造性；（3）请求人在意见陈述中反复强调其配方中不含有对比文件1和2中所述的如P_2O_5、PbO等有毒物质，但由于本申请的权利要求采用的是开放式的撰写方式，因此在本申请的权利要求中并不排除这些有毒物质以及其他物质的存在。

针对上述复审通知书，请求人于2004年3月5日提交了意见陈述书，同时提交了说明书摘要、权利要求书和说明书的替换页。其中权利要求书的内容为：

“1. 防晒玻璃，其特征在于按重量百分比由如下组分组成：

SiO_2 69.50%～73.50%，

Al_2O_3 4.00%～6.00%，

B_2O_3 7.70%～9.70%，

CaO 0.50%～1.10%，

ZnO 0.50%～1.50%，

BaO 1.10%～2.10%，

Na_2O 4.50%～7.50%，

TiO_2 2.50%～4.50%，

K_2O 0.70%～1.30%，

CeO_2 0.20%～0.80%，

Li_2O 0.20%～0.60%，

Fe_2O_3 余量。”

请求人认为，从原申请文件说明书内容及其四个实施例中可以看出，本申请权利要求是排除了所列组分外的其他未指出组分的存在性。同时，请求人针对新修改的权利要求陈述了其相对于对比文件1或2具有创造性的理由，其意见与复审请求时的意见陈述基本相同。

至此，合议组认为本案事实清楚，可以作出复审决定。

二、决定的理由

1. 关于文本

请求人于2004年3月5日提交了修改文本，删除了驳回决定所针对的文本中的权利要求1，将原权利要求2由开放式权利要求改写为封闭式的权利要求1，合议组经审查后认为：请求人于2004年3月5日提交的权利要求1是依据原说明书第2页表1所列举的四个实施例进行的修改，该修改没有超出原说明书和权利要求书记载的内容，符合专利法第33条及专利法实施细则第60条第1款的规定。故本决定针对的文本为：2004年3月5日提交的说明书摘要、权利要求书和说明书，1999年12月30日提交的说明书附图。

2. 关于专利法第22条第2款

专利法第22条第2款规定：新颖性，是指在申请日以前没有同样的发明或者实用新型在国内外出版物上公开发表过、在国内公开使用过或者以其他方式为公众所知，也没有同样的发明或者实用新型由他人向国务院专利行政部门提出过申请并且记载在申请日以后公布的专利申请文件中。

驳回决定和复审通知书中指出，请求人于2003年1月15日提交的权利要求书中，权利要求1相对于对比文件1或2不具备新颖性。对此，请求人在2004年3月5日提交的修改文本中删除了该权利要求1，从而克服了驳回决定和复审通知书指出的缺陷。

3. 关于专利法第22条第3款

专利法第22条第3款规定：创造性，是指同申请日以前已有的技术相比，该发明有突出的实质性特点和显著的进步。

在创造性判断的过程中，不仅要考虑发明的技术方案本身，而且还要考虑发明所属技术领域、所要解决的技术问题和所产生的技术效果，将发明作为一个整体看待。

对比文件1（SU1671625A1，公开日为1991年8月23日）公开了一种黄色玻璃组合物，以重量百分比计，其含有SiO_2：53～76、Al_2O_3：0.1～7.0、B_2O_3：1～10、CaO：0.1～10.0、ZnO：3～15、BaO：0.01～6.0、Na_2O：1～18、TiO_2：0.01～6.0、K_2O：1～11、CeO_2：0.05～3.5、Li_2O：0.1～5.0、Fe_2O_3：0.02～0.5等，并含有CdO：0.15～3.0、CdS：0.1～5.0、S^{2-}和/或Se：0.05－1.25。权利要求1与对比文件1相比，其区别在于：（1）包含的组分不同——权利要求1仅含有12种氧化物，对比文件1还含有除了该12种氧化物之外的其他组分例如CdO、CdS等；（2）组分的含量不同：由于权利要求1中Fe_2O_3的含量是采用“余量”的表述方式，因此，可以明显确定的是，权利要求1和对比文件1中K_2O的含量范围有部分重叠，而除K_2O和Fe_2O_3外，对比文件1其他各组分的含量范围都大于权利要求1的相应含量范围，并且没有共同的端点。虽然权利要求1和对比文件1技术领域相同，都是玻璃制品，但是两者所要解决的技术问题不同——权利要求1是要提供一种有效截止紫外线、保护皮肤、对人体有益无害的防晒玻璃，可作为护肤霜添加剂；对比文件1是要使主导波长为$\lambda g=570\sim590nm$时保证颜色纯度低于95%、提高生产温度、加快热处理过程、得到具有高折射率和稳定黄色颜料的玻璃。本领域技术人员由对比文件1所公开的内容无法得到技术启示将对比文件1进行改进从而得到权利要求1的技术方案，因此，权利要求1的技术方案对本领域技术人员来说是非显而易见的，具有突出的实质性特点。并且，权利要求1提供了一种新的玻璃组合物，可有效截止紫外线，对人体皮肤无刺激，可作为护肤霜添加剂，具有显著的进步。所以，权利要求1相对于对比文件1具备专利法第22条第3款规定的创造性。

对比文件2（US4521524，授权公告日为1985年6月4日）公开了一种实体滤光玻璃，其含有3%～70% SiO_2、0～23% Al_2O_3、0～40% B_2O_3、0～23% R_2O（R_2O 至少为 Li_2O、Na_2O 和 K_2O 中的一种）、2%～35% RO（RO 至少为 MgO、CaO、SrO、BaO、ZnO 和 PbO 中的一种）、0～10% TiO_2、0～10% ZrO_2、0～35% La_2O_3、5%～40% Nd_2O_3、0.01%～1.0% CuO、至少一种选自6%或低于6%的 CeO_2、3.5%或低于3.5%的 MnO_2、0.15%或低于0.15%的 CoO、3.0%或低于3%的 Fe_2O_3、1.5%或低于1.5%的 NiO 和5%或低于5%的 Pr_6O_{11} 的着色组分。权利要求1与对比文件2相比，其区别在于：(1) 包含的组分不同——权利要求1中不含有对比文件2中含有的 Nd_2O_3、CuO 等组分；(2) 各组分的含量不同。虽然权利要求1和对比文件2都属于玻璃制品的技术领域，但是两者所要解决的技术问题不同，对比文件2是要提供一种吸收短波区可见光并控制兰光的实体滤光玻璃，能在强光下，甚至暴露在强烈的日光下观察景物也有清晰的图像。本领域技术人员由对比文件2所公开的内容无法得到技术启示将对比文件2进行改进从而得到权利要求1的技术方案，因此，权利要求1的技术方案对本领域技术人员来说是非显而易见的，具有突出的实质性特点。并且，权利要求1提供了一种新的玻璃组合物，可有效截止紫外线，对人体皮肤无刺激，可作为护肤霜添加剂，具有显著的进步。所以，权利要求1相对于对比文件2具备专利法第22条第3款规定的创造性。

此外，由于对比文件1和2与本申请所要解决的技术问题均不相同，并且对比文件1和2的技术方案也与本申请的权利要求1存在较大的实质性差别，因此，即使将对比文件1和2相结合，本领域技术人员不经过创造性劳动也无法得到权利要求1的技术方案。因此，权利要求1相对于对比文件1和2的结合也是非显而易见的，具有突出的实质性特点和显著的进步，具备专利法第22条第3款规定的创造性。

基于上述理由，本案合议组作出如下决定。

三、决定

撤销国家知识产权局于2003年3月7日对99117490.9号发明专利申请作出的驳回决定，由原审查部门在本复审决定针对的文本的基础上继续审查程序。

复审请求人对本决定不服的，可根据专利法第41条第2款的规定，自收到本决定之日起3个月内向北京市第一中级人民法院起诉。

047

确定交通状况信息的方法

复审请求审查决定（第10480号）

决　定　号　第10480号
决　定　日　2007年4月19日
发明创造名称　确定交通状况信息的方法
国 际 分 类 号　G08G 1/01
复 审 请 求 人　盖德德国有限责任公司
申　请　号　01813063.1
申　请　日　2001年7月17日
优 先 权 日　2000年7月19日，2001年7月6日
公　开　日　2003年9月17日
合 议 组 组 长　张梅珍
主　审　员　沈乐平
参　审　员　宋　瑞

法 律 依 据　专利法第25条第1款
决 定 要 点

如果一项权利要求在对其进行限定的全部内容中既包含智力活动的规则和方法的内容，又包含技术特征，则该权利要求就整体而言并不是一种智力活动的规则和方法，不应当依据专利法第25条排除其获得专利权的可能性。

一、案由

本复审请求涉及申请号为01813063.1、名称为“确定交通状况信息的方法”的发明专利申请（下称本申请）。申请人为大众汽车有限公司，后变更为盖德德国有限责任公司。本申请的申请日为2001年7月17日，优先权日为2000年7月19日和2001年7月6日，公开日为2003年9月17日。

经实质审查，国家知识产权局实质审查部门于2004年9月3日作出了驳回本申请的决定，其理由是：相对于现有技术，权利要求1~21的发明点在于边界曲线G的确定，而边界曲线G是一种经验曲线，它的确定需要将人们对采集到的数据信息进行积累、分类和识别，最终经思维判断后得到结果，因而上述权利要求属于专利法第25条第1款规定的不授予专利权的客体。

驳回决定所依据的申请文本为申请人于2004年7月21日提交的权利要求第1~21项，进入国家阶段时提交的说明书第1~6页、附图第1~3页、说明书摘要及摘要附图各1页，权利要求书的具体内容如下：

“1. 一种在交通网内部借助于移动探测器（1）、特别是随机选择的车辆、确定交通状况信息的方法，该移动探测器具有一个终端设备（1a），其中在该方法中实施如下步骤：

在至少一个移动探测器行驶的路段（A–B）上确定至少一个移动探测器（1）的平均速度（v_m），

确定在行驶的路段（A–B）上移动探测器（1）的行驶速度（vi）与平均速度（v_m）的标准偏差（σ）和/或在行驶路段（A–B）上移动探测器（1）的停顿时间（S）的和。

作为在行驶路段（A–B）上平均速度（v_m）的函数的标准偏差（σ）与至少一个边界曲线（G）比较，该边界曲线定义在二种交通状态之间的边界并且依赖于标准偏差（σ）和平均速度（v_m）确定边界曲线和/或

作为在行驶路段（A–B）上平均速度（v_m）的函数的、在行驶路段（A–B）上的停顿时间的和（S）与至少一个边界曲线（G）比较，该边界曲线定义在二种交通状态之间的边界并且依赖于在行驶路段（A–B）上的停顿时间的和（S）与在该路段（A–B）上的平均速度（v_m）确定边界曲线，

依赖于作为平均速度（v_m）的函数的标准偏差（σ）与至少一个边界曲线（G）的比较确定交通状态，依赖于标准偏差（σ）和平均速度（v_m）确定边界曲线，和/或

依赖于作为平均速度（v_m）的函数的停顿时间的和（S）与至少一个边界曲线（G）的比较确定交通状态，依赖于停顿时间的和（S）与在该路段（A–B）上的平均速度（v_m）确定边界曲线。

2. 按照权利要求1的方法，其特征在于，预先规定多个边界曲线（G），依赖于标准偏差（σ）和在一个路段（A–B）上的平均速度（v_m）确定边界曲线。

3. 按照权利要求1或2的方法，其特征在于，预先规定多个边界曲线（G），依赖于在行驶路段（A–B）上的停顿时间的和（S）与在该路段（A–B）上的平均速度（v_m）确定边界曲线。

4. 按照权利要求1~3之一的方法，其特征在于，至少一个边界曲线（G）具有滞后（H）。

5. 按照权利要求1~4之一的方法，其特征在于，依赖于街道类型确定边界曲线（G）以便定义交通状态。

6. 按照权利要求1~5之一的方法，其特征在于，线路独立地确定边界曲线（G）。

7. 按照权利要求1~6之一的方法，其特征在于，依赖基本设施确定边界曲线（G）。

8. 按照权利要求1~7之一的方法，其特征在于，依赖时间地确定边界曲线（G）。

9. 按照权利要求1~8之一的方法，其特征在于，可以改变边界曲线（G）。

10. 按照权利要求1~9之一的方法，其特征在于，至少依赖于在一个路段上允许的最高速度实现依赖于作为平均速度（v_m）的函数的标准偏差（σ）和/或依赖于作为平均速度（v_m）的函数的、停顿时间的和（S）确定交通状况。

11. 按照权利要求1~10之一的方法，其特征在于，至少依赖基本设施实现依赖于作为平均速度（v_m）的函数的标准偏差（σ）和/或依赖于作为在一个路段（A–B）上平均速度（v_m）的函数的、停顿时间的和（S）确定交通状况。

12. 按照权利要求1~11之一的方法，其特征在于，为了确定交通状况附加考虑移动探测器（1）的加速特性。

13. 按照权利要求1~12之一的方法，其特征在于，在一个指挥中心（3）内实施交通状况确定，该指挥中心至少获得一个移动探测器（1）的位置的时间数据。

14. 按照权利要求1~12之一的方法，其特征在于，在移动探测器（1）的终端设备（1a）中实施交通状况确定并且把交通状况的数据发送和/或移交给指挥中心（3）。

15. 按照权利要求14的方法，其特征在于，指挥中心给移动探测器（1）发送一个期望的交通状况并且移动探测器（1）主要仅仅在期望的交通状况改变时把确定的交通状况数据传递给指挥中心（3）。

16. 一种在交通网内部确定交通状况信息的指挥中心，其至少从一个移动探测器（1）获得其地理位置的数据，其特征在于，形成该指挥中心（3）用于实施按照权利要求1~15之一的方法。

17. 按照权利要求16的指挥中心，其特征在于，指挥中心（3）从移动探测器（1）获得其地理位置的时间数据。

18. 按照权利要求16或17的指挥中心，其特征在于，该指挥中心（3）获得移动探测器（1）的行驶状态数据、至少获得目前的速度（Vi）。

19. 一种在一个移动探测器中的终端设备，其至少含有一个位置确定设备（2）或与其连接，并且包含一个数据处理设备（6）和与指挥中心（3）数据交换的设备（4），其特征在于，形成该终端设备（1a）用于实施按照权利要求1~15之一的方法。

20. 按照权利要求19的终端设备，其特征在于，该终端设备（1a）从其时间位置数据中确定移动探测器（1）的速度。

21. 按照权利要求19的终端设备，其特征在于，该终端设备（1a）从行驶速度传感器中获得移动探测器（1）的速度（Vi）或从行驶状态数据中确定移动探测器（1）的速度（Vi）。"

申请人（下称复审请求人）对上述驳回决定不服，于2004年12月7日向专利复审委员会提出了复审请求，在提出复审请求时没有对申请文件进行修改。复审请求人认为：在确定边界曲线时需要实验性的观察，而当边界曲线确定后，该方法就是自动进行的，结果的得出并不需要人的进一步的思维活动，因而本申请没有落入专利法第25条第1款规定的范围内，属于可授予专利权的客体。

经形式审查合格，专利复审委员会依法受理了该复审请求，并于2004年12月28日向复审请求人发出复审请求受理通知书，并将案卷转送至原审查部门进行前置审查。

原审查部门在前置审查意见书中坚持驳回决定。

专利复审委员会依法成立合议组对本案进行审理，合议组认为本案事实已经清楚，可以作出审查决定。

二、决定的理由

1. 审查文本的认定

由于复审请求人在提出复审请求时未对申请文件进行修改，故本决定以驳回决定针对的文本，即：2004年7月21日提交的权利要求第1~21项，进入国家阶段时提交的说明书第1~6页、附图第1~3页、说明书摘要及摘要附图各1页作为审查基础。

2. 关于专利法第25条第1款

专利法第25条第1款之第（2）项规定：智力活动的规则和方法不授予专利权。

智力活动，是指人的思维活动，它源于人的思维，经过推理、分析和判断产生出抽象的结果，或者必须经过人的思维运动作为媒介，间接地作用于自然产生结果。智力活动的规则和方法是指导人们进行思维、表述、判断和记忆的规则和方法。由于其没有采用技术手段或者利用自然规律，也未解决技术问题和产生技术效果，因而不构成技术方案。因此，指导人们进行这类活动的规则和方法不能被授予专利权。

如果一项权利要求在对其进行限定的全部内容中既包含智力活动的规则和方法的内容，又包含技术特征，则该权利要求就整体而言并不是一种智力活动的规则和方法，不应当依据专利法第25条第1款第（2）项排除其获得专利权的可能性。

具体到本案，权利要求1的方案可分成二个部分：（1）确定移动探测器（1）在所处的行驶路段（A-B）上的行驶速度（v_i）和停顿时间；（2）求取该移动探测器（1）在所处的行驶路段（A-B）的平均速度（v_m）、标准偏差（σ）和停顿时间的和（S），将所求取的标准偏差（σ）和/或停顿时间的和（S）与一预定的边界曲线（G）比较，根据比较的结果确定该路段的交通状况。

对于权利要求1方案的第一部分，移动探测器（1）所处的行驶路段（A-B）的数据需要通过例如GPS定位系统获取，移动探测器（1）的移动速度需要通过例如移动探测器（1）上自备的测速仪来得到，停顿时间的和（S）的获取可以利用例如安装在出租车上的停顿时间计测器来得到，因而权利要求1方案的第一部分利用了技术手段，并且其获取的数据具有技术含义。

权利要求1方案的第二部分采用了一种数理统计方法来处理所获取的数据，通过求取的平均速度（v_m）、标准偏差（σ）、停顿时间的和（S），并将标准偏差（σ）或停顿时间的和（S）与一预定的边界曲线（G）比较，克服了现有技术中由于只将标准偏差（σ）和停顿时间的和（S）与一个基准值进行比较所导致的偏差，从而获得了更为准确的交通状况信息。因此，权利要求1方案的第二部分属于一种通过执行计算机程序实现外部数据处理的解决方案。

通过上述分析可知，权利要求1是针对现有技术中对交通状态判断不准确的问题，提出了一种新的解决方案，该解决方案包括了技术手段，故权利要求1不属于专利法第25条第1款规定的不授予专利权的范围。

驳回决定认为，相对于现有技术，权利要求1的发明点在于边界曲线（G），而边界曲线（G）是一种经验曲线，它的确定需要将人们对采集到的数据信息进行积累、分类和识别，最终经思维判断后得到结果。

合议组认为，该边界曲线（G）并不是人为任意设置的，要受到诸如由道路类型等因素决定的平均速度和标准偏差等客观条件的制约。而且，虽然根据需要或者在有了更多的经验以后可以修改该边界曲线（G），但是该边界曲线（G）一经确定，权利要求1确定交通信息的方法就是自动进行的，并不需要人的进一步的思维活动，因此不能据此认为权利要求1的方案属于智力活动的规则和方法。

权利要求2~15都直接或间接地从属于权利要求1，当权利要求1请求保护的方案不属于专利法第25条第1款规定的不授予专利权的客体时，上述权利要求的方案也不属于专利法第25条第1款规定的不授予专利权的范围。

权利要求16请求保护一种在交通网内部确定交通状况信息的指挥中心，其至少从一个移动探测器（1）获得其地理位置的数据，其特征在于，形成该指挥中心（3）用于实施按照权利要求1~15之一的方法。权利要求16方案的实质在于一种实施了权利要求1~15之一的方法的指挥中心，因此，基于与评述权利要求1相似的理由，权利要求16的方案也不属于专利法第25条第1款规定的不授予专利权的范围。

权利要求17和18均为权利要求16的从属权利要求，当权利要求16请求保护的方案不属于专利法第25条第1款规定的不授予专利权的客体时，上述权利要求的方案也不属于专利法第25条第1款规定的不授予专利权的范围。

权利要求19请求保护一种在一个移动探测器中的终端设备，其至少含有一个位置确定设备（2）或与其连接，并且包含一个数据处理设备（6）和与指挥中心（3）数据交换的设备（4），其特征在于，形成该终端设备（1a）用于实施按照权利要求1~15之一的方法。权利要求19方案的实质在于一种实施了权利要求1~15之一的方法的在一个移动探测器中的终端设备，因此，基于与评述权利要求1相似的理由，权利要求19的方案也不属于专利法第25条第1款规定的不授予专利权的范围。

权利要求20和21均为权利要求19的从属权利要求，当权利要求19请求保护的方案不属于专利法第25条第1款规定的不授予专利权的客体时，上述权利要求的方案也不属于专利法第25条第1款规定的不授予专利权的范围。

三、决定

撤销国家知识产权局于2004年9月3日对本申请作出的驳回决定。由国家知识产权局原审查部门在本复审决定所针对的审查文本基础上对本发明专利申请继续审查。

如对本复审请求审查决定不服，根据专利法第41条第2款的规定，复审请求人可以自收到本决定之日起三个月内向北京市第一中级人民法院起诉。

048

利用可交联聚硅氧烷组合物涂布基材的方法和装置

复审请求审查决定（第10511号）

决　定　号　第10511号
决　定　日　2007年4月9日
发明创造名称　利用可交联聚硅氧烷组合物涂布基材的方法和装置
国际分类号　B05D 1/34，B05D 5/08，D21H 27/00，C09J 7/04
复审请求人　罗狄亚化学公司
申　请　号　00806516.0
申　请　日　2000年2月21日
公　开　日　2002年6月19日
合议组组长　朱文广
主　审　员　刘犟
参　审　员　赵明

法律依据　专利法第22条第3款
决定要点
在创造性的判断中，如果要求保护的发明的技术方案与最接近现有技术方案之间的区别特征是所属领域的技术人员在现有技术的基础上通过逻辑分析、推理或者有限的实验就可以确定的，则认为要求保护的发明对本领域技术人员来说是显而易见的。

一、案由

本复审请求涉及申请人罗狄亚化学公司于2000年2月21日申请，2002年6月19日公开，名称为“利用可交联聚硅氧烷组合物涂布基材的方法和装置”的00806516.0号发明专利申请（下称本申请）。

国家知识产权局实审部门于2003年10月31日发出第一次审查意见通知书，指出本申请权利要求1~16相对于对比文件1（WO9842450A1，公开日为1998年10月1日）不符合新颖性和创造性的规定。

申请人于2004年3月10日提交了意见陈述书及经修改的权利要求书替换页。

国家知识产权局实审部门于2004年7月23日发出第二次审查意见通知书，指出权利要求1与对比文件1的区别在于混合条件，使得“30℃的浴寿命为1~24小时”，而这一区别特征对本领域技术人员来说是显而易见的，因此权利要求1不具备创造性。权利要求2~14也不符合创造性的规定。

申请人于2004年9月29日提交了意见陈述书及权利要求书和说明书第3页的替换页，认为权利要求 1 与对比文件 1 的区别在于本发明涉及的是高温固化体系，而对比文件涉及的是低温固化体系。

国家知识产权局实审部门于 2005 年 1 月 21 日驳回了该申请，理由是权利要求 1~14 相对于对比文件 1 不具备创造性。

驳回决定所针对的权利要求书为：

“1. 运行的柔性基材条的连续涂布方法，该方法在涂层质量方面提供了明显的改进，以及提供了所需质量成品生产优异的一致性，所述涂布是利用聚硅氧烷组合物完成的，所述组合物包含至少一种聚有机硅氧烷 A、至少一种通过氢化硅烷化和/或脱氢缩聚能够进行交联的交联剂 B、和有效量的催化剂 C；其特征在于，所述方法主要包括以下步骤（1）～（4）：

（1）通过

当能够制备预混物时，制备至少一种预混物 AB 和/或 AC 和/或 BC，和/或通过利用预混物 AB，选择混合条件，使得：

30℃时的浴寿命（BLT）在 1 小时至 24 小时的范围内，

浴均匀性以差示扫描量热法 DSC 标记包含至少一个基本高斯峰显示为准，其中，峰起始温度为 T1，峰顶点温度为 T2，峰末端温度为 T3，该峰的特征在于：

i-T3 在 110℃至 200℃的范围内，

ii-ΔT=T3-T1 在 20℃至 100℃的范围内，

iii-ΔT≤100℃，

iv-ΔT=ΔT（参考值）±10℃，

ΔT（参考值）相当于 T3（参考值）-T1（参考值），该值由参考 ABC 混合物的 DSC 标记峰得到，所述参考混合物根据以下方法制备，

均匀混合物的生产流量以下列条件为准：从将组份 A、B 和 C 放置在一起至将 ABC 的均匀的基础混合物施加至运行的基材条上时的持续时间 d 低于或等于 BLT，该流量值可能在相当于涂布位置上混合物的消耗速率的值和确定缓冲罐构成的值之间，

而以计量量连续混合：

a-1）POS A，其选自：POSs，其每分子含至少两个位于链中和/或在链两端的基团 RGa，每个基团由连接至硅上的 C_2-C_{10}烯基组成；及其混合物，

交联剂 B，其由至少一种 POS 组成，所述 POS 的每分子含至少两个位于链中和/或在链两端的基团 RGb，每个基团由连接至硅上的氢原子组成；和

--催化剂 C，

当通过氢化硅烷化使 A 与 B 反应时，形成 RGb：RGa 的摩尔比在 0.4~10 的范围内的均匀混合物；或

a-2）POS A，其选自：带有至少两个位于链中和/或链两端的可缩合或可水解基团 RGa 的聚二有机基硅氧烷，每个基团由连接至硅上的基团 OR 组成，其中 R 为氢原子或 C_1-C_6 烷基基团；及其混合物；

交联剂 B，其是带有 RGb 的 POSB，其中 RGb=H；和

催化剂 C，

当通过脱氢缩聚使 A 和 B 反应时，形成 RGb：RGa 的摩尔比在 0.4~10 的范围内的均匀混合物；

（2）同时或以另外方式，将直接来自混合器的均匀混合物形式的组合物输送至涂布位置，

（3）用组合物涂布运行的基材条，

（4）使组合物发生交联。

2. 根据权利要求1的方法，其特征在于：

当打算用于运行的柔性基材条的薄层涂层时，所述基材条由纸、纸素片材、纤维素片材、金属片材或塑料薄膜组成，为了使之具有防粘性能，掺入：

原料组分A，B和C的至少一种，

和/或当能够制备预混物时，预混物AB和/或AC和/或BC，

或包含组分A，B和C的浴中，

至少一种交联抑制剂D，

和/或至少一种粘结改善剂E，

和/或至少一种其他组份F。

3. 根据权利要求2的方法，其特征在于，当使用通过氢化硅烷化进行交联的聚硅氧烷体系时，掺入至少一种交联抑制剂D。

4. 根据权利要求1或2的方法，其特征在于，规定，将步骤（1）分解为如下：

1′-组分A，B+可有可无的D和/或E和/或F的预混（步骤0）；

1″-然后，将预混物AB，ABD，ABDE，ABDEF，ABE，ABF，ABDF与化合物C进行均匀混合。

5. 根据权利要求1或2的方法，其特征在于，规定，以顺序和重复的方式，将计量量的组分A，B和C，以及可有可无的D和/或E和/或F引入预混部位，和/或引入用于混合C与其他组分的部位。

6. 根据权利要求1或2的方法，其特征在于，对于组合物的每一组分A，B和C，以及可有可无的D和/或E和/或F，使用体积计量装置，所述装置能够保证计量供给这些组分的每一种，或者沿整个操作线路，以连续流的方式，在其至少部分循环中保证计量供给这些组分的每一种。

7. 根据权利要求1的方法，其特征在于：

当打算用于运行的柔性基材条的涂层中时，其中所述基材条由纺织材料组成，为了赋予其机械保护和/或强度，

使用聚硅氧烷弹性体加聚组合物；有利的是，所述组合物掺入：

原料组分A，B和C中至少一种，其中在这种情况下，原料组分A是带有烯属不饱和活性基团RGa和POS，

和/或当能够制备预混物时，预混物AB和/或AC和/或BC，

或包含组分A，B和C的组合物中，

至少一种交联抑制剂D，

至少一种粘结促进剂G，所述促进剂包含：

G1：每分子至少包含一个C_2-C_6烯基的至少一种烷氧基化有机硅烷，

G2：包含至少一个环氧基团的至少一种有机硅化合物，

G3：至少一种金属M和/或通式M（OJ）n的金属醇盐的螯合物，其中n=M的价数和J=线性或支链C_1-C_8烷基，并且M选自：Ti，Zr，Ge，Li，Mn，Fe，Al和Mg，

至少一种组分H，其功能是增加聚硅氧烷涂层的机械强度，该组分选自：至少一种未饱和的聚有机硅氧烷树脂H1，至少一种无机增强填料H2，至少一种有机或无机中空微球填料H3，或所述两种或两种以上物质的混合物。

8. 根据权利要求7的方法，其特征在于，规定按照如下将步骤（1）分解：

1a-将全部或部分组分A，B，D，G1，G2，全部或部分H预混；

1b-然后将该预混物ABDG1G2H与组分C，G3+可有可无的A剩余部分和/或H剩余部分进行均匀混合。

9. 根据权利要求 7 的方法，其特征在于，规定按照如下将步骤（1）分解：

1′a-将基于组分 B+D+G1+G2+H 的即用混合物与组分 A 进行预混；

1′b-然后将该预混物 BDG1G2HA 与组分 C，G3 进行均匀混合。

10. 根据权利要求 7 的方法，其特征在于，规定按照如下将步骤（1）分解：

1″a-预混组分 A，C，G3；

1″b-然后将预混物 ACG3 与基于组分 B+D+G1+G2+H 的即用混合物进行均匀混合。

11. 根据权利要求 7 的方法，其特征在于，规定以顺序和重复的方式，以计量的量，将组分 A，B，C，D，G1，G2，G3，和 H 引入预混部位和/或使 C 和 G3 与其他组分进行混合的部位。

12. 根据权利要求 7~11 任一项的方法，其特征在于，对于组合物的各组分 A，B，C，D，G1，G2，G3，和 H，使用体积计量装置，所述装置能够保证计量供给这些组分的每一种，或者沿整个操作路线，以连续流的方式，在其至少部分循环中保证计量供给这些组分的每一种。

13. 一种装置，用于实施根据权利要求 7~12 任一项方法的装置，其特征在于，所述装置包括：

一机构，用于计量组 A，B，C，D，G1，G2，G3，和 H 的体积计量机构，

用于预混除 C 和 G3 以外组分的机构，所述预混物自身可以从以下混合物产生：该混合物或者由两种预混物得到，其中每一种预混物由两种或多于两种所述组分预先制得；或者由一种预先的预混物得到，该预混物由两种或多于两种所述组分与单一组分混合制得，

用于均匀混合组分 A，B，C，D，G1，G2，G3，和 H 的机构，

至少一种用于涂布运行的基材条的部件，

用于将均匀混合物从混合部位（机构）输送至涂布部件的机构，和用于将预混物从预混部位（机构）输送至均匀混合部位（机构）的机构，

*用于激活涂布基材条交联的机构。

14. 根据权利要求 13 的装置，其特征在于，预混机构包括：至少一个上游预混室和下游静态预混室，而均匀混合机构包括：至少一个上游混合室和下游静态混合室。”

申请人（以下称请求人）对上述驳回决定不服，于 2005 年 4 月 27 日向专利复审委员会提出复审请求，请求人认为国家知识产权局驳回的理由不成立。请求人在提出复审请求没有提交新的专利申请文本。

形式审查合格后，专利复审委员会受理了该复审请求，并于 2005 年 5 月 25 日向请求人发出复审请求受理通知书，同时将本申请移交原实审部门进行前置审查。

原实审部门对本复审请求进行了前置审查，坚持原驳回决定。

专利复审委员会组成合议组，对本案的复审请求进行了审理。于 2005 年 11 月 21 日向请求人发出复审通知书。复审通知书指出，权利要求 1~6 相对于对比文件 1 不具备新颖性，权利要求 1~14 相对于对比文件 1 不具备创造性。

针对复审通知书指出的问题，请求人于 2006 年 1 月 6 日提交了意见陈述书及权利要求书和说明书第 6 页的修改替换页，并请求对该案进行口头审理。修改后的权利要求为：

“1. 运行的柔性基材条的连续涂布方法，该方法在涂层质量方面提供了明显的改进以及提供了所需质量成品生产优异的一致性，所述涂布是利用聚硅氧烷组合物完成的，所述组合物包含至少一种聚有机硅氧烷 A，至少一种通过氢化硅烷化和/或脱氢缩聚能够进行交联的交联剂 B、和有效量的催化剂 C，其特征在于：所述方法主要包括以下步骤（1）~（4）：

（1）通过

当能够制备预混物时，制备至少一种预混物 AB 和/或 AC 和/或 BC，和/或通过利用预混物 AB，

选择混合条件，使得：

30℃时的浴寿命（BLT）在1小时至24小时的范围内，

浴均匀性以差示扫描量热法DSC标记包含至少一个基本高斯峰显示为准，其中，峰起始温度为T1，峰顶点温度为T2，峰末端温度为T3，该峰的特征在于：

i-T3在大于110℃至200℃的范围内，

ii-ΔT=T3-T1在20℃至100℃的范围内，

iii-ΔT≤100℃，

iv-ΔT=ΔT（参考值）±10℃，

ΔT（参考值）相当于T3（参考值）-T1（参考值），该值由参考ABC混合物的DSC标记峰得到，所述参考混合物根据以下方法制备，

均匀混合物的生产流量以下列条件为准：从将组份A、B和C放置在一起至将ABC的均匀的基础混合物施加至运行的基材条上时的持续时间d低于或等于BLT，该流量值可能在相当于涂布位置上混合物的消耗速率的值和确定缓冲罐构成的值之间，

而以计量量连续混合：

a-1）--POS A，其选自：POSs，其每分子含至少两个位于链中和/或在链两端的基团RGa，每个基团由连接至硅上的C_2-C_{10}烯基组成；及其混合物，

交联剂B，其由至少一种POS组成，所述POS的每分子含至少两个位于链中和/或在链两端的基团RGb，每个基团由连接至硅上的氢原子组成；和

催化剂C，

当通过氢化硅烷化使A与B反应时，形成RGb：RGa的摩尔比在0.4~10的范围内的均匀混合物；或

a-2）POS A，其选自：带有至少两个位于链中和/或在链两端的可缩合或可水解基团RGa的聚二有机基硅氧烷，每个基团由连接至硅上的基团OR组成，其中R为氢原子或C_1-C_6烷基基团；及其混合物；

交联剂B，其是带有RGb的POSB，其中RGb=H；和

催化剂C，

当通过脱氢缩聚使A和B反应时，形成RGb：RGa的摩尔比在0.4~10的范围内的均匀混合物；

（2）同时或以另外方式，将直接来自混合器的均匀混合物形式的组合物输送至涂布位置，

（3）用组合物涂布运行的基材条，

（4）使组合物发生交联。

2. 根据权利要求1的方法，其特征在于：

当打算用于运行的柔性基材条的薄层涂层时，所述基材条由纸、纸素片材、纤维素片材、金属片材或塑料薄膜组成，为了使之具有防粘性能，掺入：

原料组分A，B和C的至少一种，

和/或当能够制备预混物时，预混物AB和/或AC和/或BC，

或包含组分A，B和C的浴中，

至少一种交联抑制剂D，

和/或至少一种粘结改善剂E，

和/或至少一种其他组分F。

3. 根据权利要求2的方法，其特征在于，当使用通过氢化硅烷化进行交联的聚硅氧烷体系时，

掺入至少一种交联抑制剂 D。

4. 根据权利要求 1 或 2 的方法，其特征在于，规定，将步骤（1）分解为如下：

1′-组分 A，B+可有可无的 D 和/或 E 和/或 F 的预混（步骤 0）；

1″-然后，将预混物 AB，ABD，ABDE，ABDEF，ABE，ABF，ABDF 与化合物 C 进行均匀混合。

5. 根据权利要求 1 或 2 的方法，其特征在于，规定，以顺序和重复的方式，将计量量的组分 A，B 和 C，以及可有可无的 D 和/或 E 和/或 F 引入预混部位，和/或引入用于混合 C 与其他组分的部位。

6. 根据权利要求 1 或 2 的方法，其特征在于，对于组合物的每一组分 A，B 和 C，以及可有可无的 D 和/或 E 和/或 F，使用体积计量装置，所述装置能够保证计量供给这些组分的每一种，或者沿整个操作线路，以连续流的方式，在其至少部分循环中保证计量供给这些组分的每一种。

7. 根据权利要求 1 的方法，其特征在于：

当打算用于运行的柔性基材条的涂层中时，其中所述基材条由纺织材料组成，为了赋予其机械保护和/或强度，

使用聚硅氧烷弹性体加聚组合物；有利的是，所述组合物掺入：

原料组分 A，B 和 C 中的至少一种，其中在这种情况下，原料组分 A 是带有烯属不饱和活性基团 RGa 和 POS，

和/或当能够制备预混物时，预混物 AB 和/或 AC 和/或 BC，

或包含组分 A，B 和 C 的组合物中，

至少一种交联抑制剂 D，

至少一种粘结促进剂 G，所述促进剂包含：

G1：每分子至少包含一个 C_2-C_6 烯基的至少一种烷氧基化有机硅烷，

G2：包含至少一个环氧基团的至少一种有机硅化合物，

G3：至少一种金属 M 和/或通式 M（OJ）n 的金属醇盐的螯合物，其中 n=M 的价数和 J=线性或支链 C_1-C_8 烷基，并且 M 选自：Ti，Zr，Ge，Li，Mn，Fe，Al 和 Mg，

至少一种组分 H，其功能是增加聚硅氧烷涂层的机械强度，该组分选自：至少一种未饱和的聚有机硅氧烷树脂 H1，至少一种无机增强填料 H2，至少一种有机或无机中空微球填料 H3，或所述两种或两种以上物质的混合物。

8. 根据权利要求 7 的方法，其特征在于，规定按照如下将步骤（1）分解：

1a-将全部或部分组分 A，B，D，G1，G2，全部或部分 H 预混；

1b-然后将该预混物 ABDG1G2H 与组分 C，G3+可有可无的 A 剩余部分和/或 H 剩余部分进行均匀混合。

9. 根据权利要求 7 的方法，其特征在于，规定按照如下将步骤（1）分解：

1′a-将基于组分 B+D+G1+G2+H 的即用混合物与组分 A 进行预混；

1′b-然后将该预混物 BDG1G2HA 与组分 C，G3 进行均匀混合。

10. 根据权利要求 7 的方法，其特征在于，规定按照如下将步骤（1）分解：

1″a-预混组分 A，C，G3；

1″b-然后将预混物 ACG3 与基于组分 B+D+G1+G2+H 的即用混合物进行均匀混合。

11. 根据权利要求 7 的方法，其特征在于，规定以顺序和重复的方式，以计量的量，将组分 A，B，C，D，G1，G2，G3，和 H 引入预混部位和/或使 C 和 G3 与其他组分进行混合的部位。

12. 根据权利要求 7~11 任一项的方法，其特征在于，对于组合物的各组分 A，B，C，D，G1，G2，G3，和 H，使用体积计量装置，所述装置能够保证计量供给这些组分的每一种，或者沿整个操

作路线，以连续流的方式，在其至少部分循环中保证计量供给这些组分的每一种。

13. 一种装置，用于实施根据权利要求 7~12 任一项方法的装置，其特征在于，所述装置包括：

一机构，用于计量组分 A，B，C，D，G1，G2，G3，和 H 的体积计量机构，

用于预混除 C 和 G3 以外组分的机构，所述预混物自身可以从以下混合物产生：该混合物或者由两种预混物得到，其中每一种预混物由两种或多于两种所述组分预先制得；或者由一种预先的预混物得到，该预混物由两种或多于两种所述组分与单一组分混合制得，

用于均匀混合组分 A，B，C，D，G1，G2，G3，和 H 的机构，

至少一种用于涂布运行的基材条的部件，

用于将均匀混合物从混合部位（机构）输送至涂布部件的机构，和用于将预混物从预混部位（机构）输送至均匀混合部位（机构）的机构，

用于激活涂布基材条交联的机构。

14. 根据权利要求 13 的装置，其特征在于，预混机构包括：至少一个上游预混室和下游静态预混室，而均匀混合机构包括：至少一个上游混合室和下游静态混合室。”

专利复审委员会于 2006 年 4 月 24 日向请求人发出复审请求口头审理通知书，告知请求人定于 2006 年 5 月 31 日进行口头审理。后因故取消该次口头审理。

请求人于 2006 年 7 月 10 日补充提交了意见陈述书，坚持修改后的权利要求具备创造性。

专利复审委员会于 2006 年 11 月 27 日向请求人发出复审请求口头审理通知书，告知请求人定于 2007 年 1 月 15 日进行口头审理。

2007 年 1 月 15 日，口头审理如期进行，请求人出席了口头审理。在口头审理中，请求人认可对比文件 1（WO9842450A1）的真实性，并且请求人认为权利要求 1 与对比文件 1 的区别在于 T3 温度，对比文件 1 中 T3 小于等于 110℃，而权利要求 1 中 T3 的温度大于 110~200℃，认为对比文件 1 中虽然背景技术中公开了 T3 可以在 100~200℃，但是该对比文件教导公众不要采用 T3 为 100~200℃，而应采用 T3 小于等于 110℃。

请求人于 2007 年 1 月 19 日再次提交了意见陈述书，坚持认为对比文件 1 中明确教导在 100~200℃范围内将 T3 选择为小于或等于 110℃，因此对比文件 1 实际上起了负面教导作用。虽然对比文件 1 背景技术部分硅氧烷体系的热交联可以在 100~200℃的温度范围内进行，但是聚硅氧烷体系的交联，需要综合考虑诸多参数之间的平衡，所以，在现有技术的基础上，本领域技术人员不可能预见到通过简单地对某个特定参数进行常规实验就可能获得特定的有益技术效果，因此，相对于对比文件 1 本申请具有创造性。

至此，合议组认为本案事实清楚，可以作出审查决定。

二、决定的理由

1. 决定针对的文本

本决定针对的文本为：权利要求 1~14 按 2006 年 1 月 6 日提交的修改文本；说明书的第 1、2、4、5、7~34 页，按进入中国国家阶段时提交的国际申请文件的文本；说明书第 3 页按 2004 年 9 月 29 日提交的修改文本；说明书第 6 页按 2006 年 1 月 6 日提交的修改文本；附图第 1~2 页，按进入中国国家阶段时提交的国际申请文件的文本。

2. 关于专利法第 22 条第 3 款的规定

根据中国专利法第 22 条第 3 款的规定，创造性是指同申请日以前已有的技术相比，该发明具有突出的实质性特点和显著的进步。

在创造性的判断中，如果要求保护的发明的技术方案与最接近现有技术方案之间的区别特征是所

属领域的技术人员在现有技术的基础上通过逻辑分析、推理或者有限的实验就可以确定的，则认为要求保护的发明对本领域技术人员来说是显而易见的。

就本案而言，请求人在答复复审意见通知书后，将本申请权利要求1修改为：

"1. 运行的柔性基材条的连续涂布方法，该方法在涂层质量方面提供了明显的改进以及提供了所需质量成品生产优异的一致性，所述涂布是利用聚硅氧烷组合物完成的，所述组合物包含至少一种聚有机硅氧烷A，至少一种通过氢化硅烷化和/或脱氢缩聚能够进行交联的交联剂B、和有效量的催化剂C，其特征在于：所述方法主要包括以下步骤（1）~（4）：

（1）通过

当能够制备预混物时，制备至少一种预混物AB和/或AC和/或BC，和/或通过利用预混物AB，选择混合条件，使得：

30℃时的浴寿命（BLT）在1小时至24小时的范围内，

浴均匀性以差示扫描量热法DSC标记包含至少一个基本高斯峰显示为准，其中，峰起始温度为T1，峰顶点温度为T2，峰末端温度为T3，该峰的特征在于：

i-T3在大于110℃至200℃的范围内，

ii-ΔT=T3-T1在20℃至100℃的范围内，

iii-ΔT≤100℃，

iv-ΔT=ΔT（参考值）±10℃，

ΔT（参考值）相当于T3（参考值）-T1（参考值），该值由参考ABC混合物的DSC标记峰得到，所述参考混合物根据以下方法制备，

均匀混合物的生产流量以下列条件为准：从将组分A、B和C放置在一起至将ABC的均匀的基础混合物施加至运行的基材条上时的持续时间d低于或等于BLT，该流量值可能在相当于涂布位置上混合物的消耗速率的值和确定缓冲罐构成的值之间，

而以计量量连续混合：

a-1）POS A，其选自：POSs，其每分子含至少两个位于链中和/或在链两端的基团RGa，每个基团由连接至硅上的C_2-C_{10}烯基组成；及其混合物，

交联剂B，其由至少一种POS组成，所述POS的每分子含至少两个位于链中和/或在链两端的基团RGb，每个基团由连接至硅上的氢原子组成；和

催化剂C，

当通过氢化硅烷化使A与B反应时，形成RGb：RGa的摩尔比在0.4~10的范围内的均匀混合物；或

a-2）POS A，其选自：带有至少两个位于链中和/或在链两端的可缩合或可水解基团RGa的聚二有机基硅氧烷，每个基团由连接至硅上的基团OR组成，其中R为氢原子或C_1-C_6烷基基团；及其混合物；

交联剂B，其是带有RGb的POSB，其中RGb=H；和

催化剂C，

当通过脱氢缩聚使A和B反应时，形成RGb：RGa的摩尔比在0.4~10的范围内的均匀混合物；

（2）同时或以另外方式，将直接来自混合器的均匀混合物形式的组合物输送至涂布位置，

（3）用组合物涂布运行的基材条，

（4）使组合物发生交联。"

相同领域的对比文件1（WO9842450A1，公开日为1998年10月1日）也公开了运行的柔性基材

条的连续涂布方法（参见权利要求书，说明书第 4~10 页，第 18~19 页），其中大部分条件与本申请权利要求 1 一致，下述条件与本申请权利要求 1 交叉重合或端点重叠：（1）使得 30℃时的浴寿命（BLT）少于 10 小时，该条件与本申请权利要求 1 的“1 小时至 24 小时”的条件交叉重合；（2）ΔT≤30℃，该条件与本申请权利要求 1 的“ΔT≤100℃”的条件交叉重合。这样对比文件 1 与本申请权利要求 1 的区别在于：在对比文件 1 中浴均匀性以差示扫描量热法 DSC 标记包含至少一个基本高斯峰显示为准，T3≤110℃，而本申请权利要求 1 的是“T3 在 110℃至 200℃的范围内”。但对比文件 1 中也给出了热交联聚硅氧烷体系可以在 100~200℃时发生交联（参见说明书第 2 页），也就是说给出了 T3 的温度可以是 100~200℃的技术启示，所属领域的技术人员在现有技术的基础上通过逻辑分析、推理或者有限的实验就可以根据实验效果来适当地调整 T3 的温度，即所属领域的技术人员在现有技术的基础上，不需要付出创造性的劳动即可得到权利要求 1 所要求保护的技术方案，因此该发明是显而易见的，不具备突出的实质性特点；而且在本申请的说明书中以及请求人的意见陈述中，请求人并未提供本申请具有意想不到的有益效果的对比数据，因此本申请相对于现有技术来说，也没有取得预料不到的技术效果。综上所述，权利要求 1 要求保护的技术方案不具有突出的实质性特点和显著的进步，不符合专利法第 22 条第 3 款有关创造性的规定。

请求人认为对比文件 1 是在 100~200℃范围内将 T3 选择为等于或小于 110℃，因此对比文件 1 实际上起了负面教导作用。虽然对比文件 1 背景技术部分硅氧烷体系的热交联可以在 100~200℃的温度范围内进行，但是聚硅氧烷体系的交联，需要综合考虑诸多参数之间的平衡，所以在现有技术的基础上，本领域技术人员不可能预见到通过简单地对某个特定参数进行常规实验就可能获得特定的有益技术效果。合议组认为，对比文件 1 已经公开了硅氧烷体系的热交联可以在 100~200℃的温度范围内进行，虽然对比文件 1 中的技术方案将 T3 选择为等于或小于 110℃，但是此时本领域技术人员已知硅氧烷体系的热交联可以在 100~200℃的温度范围内进行，即对本领域技术人员给出了可以改变硅氧烷体系的热交联温度的技术启示，也就是说本领域技术人员可以就该参数进行调整。因此，如上所述，权利要求 1 不符合专利法第 22 条第 3 款有关创造性的规定。

从属权利要求 2~6 的附加技术特征在对比文件 1 中均公开（参见权利要求书，说明书第 4~10 页，第 18~19 页），上述附加技术特征没有为权利要求 2~6 的技术方案带来突出的实质性特点和显著的进步，因此当其引用的权利要求不具备创造性时，权利要求 2~6 不符合专利法第 22 条第 3 款有关创造性的规定。

从属权利要求 7~12 的附加技术特征是通过添加粘结促进剂 G 以及增加聚硅氧烷涂层机械强度的组分 H 对基材条进行改性，而对基材条进行改性以赋予基材条某些性能对本领域普通技术人员来说是公知常识，因此当其引用的权利要求不具备创造性时，权利要求 7~12 也不具备创造性。

独立权利要求 13 请求保护一种用于运行柔性基材条的连续涂布装置，相同领域的对比文件 1（参见权利要求书，说明书第 4~10 页，第 18~19 页）也公开了一种用于运行柔性基材条的连续涂布装置，其公开了本申请权利要求 13 的大部分内容，二者的区别在于对比文件 1 中没有计量粘接促进剂 G1、G2、G3 和组分 H 的体积计量机构，然而本领域普通技术人员熟知一般情况下要添加添加剂以对基材条进行改性以赋予基材条某些性能，为添加这些添加剂而设置体积计量机构对本领域普通技术人员来说是公知常识，因此权利要求 13 不符合专利法第 22 条第 3 款有关创造性的规定。

权利要求 14 是权利要求 13 的从属权利要求，其附加技术特征在对比文件 1（参见权利要求书，说明书第 4~10 页，第 18~19 页）中已经得到了披露，因此当其引用的权利要求不具备创造性时，其也不具有创造性。

根据以上事实和理由，本案合议组作出如下审查决定。

三、决定

维持国家知识产权局于2005年1月21日对00806516.0号发明专利申请作出的驳回决定。

复审请求人对本决定不服的，可以根据专利法第41条第2款的规定，自收到本决定之日起3个月内向北京市第一中级人民法院起诉。

049

改进厚涂层干燥时间的方法

复审请求审查决定（第10518号）

决　定　号　第10518号
决　定　日　2007年4月27日
发明创造名称　改进厚涂层干燥时间的方法
国际分类号　B05D 3/00
复审请求人　罗姆和哈斯公司
申　请　号　00134284.3
优先权日　1999年12月3日
申　请　日　2000年11月30日
公　开　日　2001年6月13日
合议组组长　崔　震
主　审　员　任颖丽
参　审　员　赵　明

法律依据　专利法第22条第3款
决定要点

尽管专利申请所要求保护的技术方案与最接近的现有技术间的区别技术特征被现有技术所披露，但如果该区别技术特征在现有技术中所起的作用与该区别技术特征在要求保护的发明中为解决本申请的技术问题所起的作用不同，则不应认为现有技术给出了技术启示。

一、案由

本复审请求涉及发明名称为“改进厚涂层干燥时间的方法”的00134284.3号发明专利申请（下称本申请），申请人为罗姆和哈斯公司，申请日为2000年11月30日，公开日为2001年6月13日。

2004年11月12日，国家知识产权局实质审查部门以申请人于2004年6月28日提交的权利要求1~5不具备创造性为由驳回了本申请。驳回决定所针对的权利要求为：

“1. 制备路标涂层的方法，包括以下步骤：

（a）制备含有快干粘合剂的水性涂料配料；

（b）将涂料配料的第一部分涂在基材上，形成第一湿涂层；其中所述第一部分是以涂料配料总重量计的25重量%~75重量%；

（c）在所述第一湿涂层干燥之前，将涂料配料的至少一种第二部分涂在第一湿涂层上，形成至少一层第二湿涂层；其中所述至少一种第二部分是单次涂布的，其是以涂料配料总重量计的25重量% ~75 重量%；

（d）使所述第一湿涂层和所述至少一层第二湿涂层干燥；

其中所述第一湿涂层和所述至少一层第二湿涂层的总厚度为 0.4 毫米~0.5 毫米。

2. 权利要求 1 的方法，其中所述第一部分是以涂料配料总重量计的 50 重量%，和其中所述至少一种第二部分是以涂料配料总重量计的 50 重量%。

3. 权利要求 1 的方法，其中所述快干粘合剂含有：

（a）阴离子稳定的且 Tg 高于-10℃的聚合物；

（b）由胺单体或亚胺单体形成的多胺官能化聚合物；和

（c）挥发性碱，其用量足以使所述多胺官能化聚合物的共轭酸脱质子化。

4. 权利要求 1 的方法，其中所述快干粘合剂含有：

（ⅰ）含有含胺官能侧基的胶乳聚合物的多胺官能化聚合物，其中所述胶乳聚合物的 Tg 至少为-10℃；和

（ⅱ）挥发性碱，其用量足以使所述多胺官能化聚合物的共轭酸脱质子化。

5. 权利要求 1 的方法，进一步包括以下步骤：在涂布所述第一湿涂层之前或之后将吸收剂涂在所述基材上，

其中所述吸收剂选自离子交换树脂，空心球状聚合物，分子筛，滑石粉，无机超吸收性凝胶，苏米卡凝胶，多孔碳质材料，无孔碳质材料及其混合物。”

驳回决定认为：（1）对比文件 1 公开了一种产生快干涂层的方法，该方法包括：在基材上涂布一层含有快干粘合剂的含水涂料组合物；使组合物固化，在基材上形成防水涂层。根据对比文件 1 的方法和公知技术，本领域技术人员很容易想到将涂料分成两部分涂覆，因此权利要求 1 不具备专利法第 22 条第 3 款所规定的创造性。（2）从属权利要求 2 的附加技术特征是本领域技术人员很容易想到并实现的，因此权利要求 2 也不具备创造性。（3）从属权利要求 3-4 的附加技术特征已经被对比文件 1 公开，因此权利要求 3~4 也不具备创造性。（4）从属权利要求 5 的附加技术特征“在涂布所述第一湿涂层之前或之后将吸收剂涂在所述基材上”已被对比文件 2 公开，而对吸收剂的种类的限定是本领域的公知常识，因此，权利要求 5 也不具备创造性。

申请人（下称复审请求人）对上述驳回决定不服，于 2005 年 2 月 28 日向专利复审委员会提出了复审请求，但没有提交申请文件的修改替换页。

请求人认为：（1）对比文件 1 仅用一层进行了涂布，既没有公开也没有教导以湿层覆盖湿层法用不止一层的薄涂层涂覆会对总的干燥时间有影响，而以湿层覆盖湿层涂布并不是改进干燥时间的常规方法，本申请以湿层覆盖湿层涂布显著改善了涂料组合物的固化时间，因此权利要求 1 具有创造性；（2）由于权利要求 1 具有创造性，其从属权利要求 2~4 也具有创造性；（3）本领域技术人员虽然能从对比文件 2 中得到技术启示将吸收剂加入到对比文件 1 的组合物中，但对比文件 2 也背离了多次涂覆，因此从对比文件 2 仍然得不到本发明的方法，权利要求 5 具有创造性。

经形式审查合格后，专利复审委员会受理了该复审请求，于 2005 年 4 月 8 日向请求人发出复审请求受理通知书，并向前审部门发出了前置审查通知书，同时将本案送至原审查部门进行前置审查。

原审查部门在前置审查意见书中坚持原驳回决定。

专利复审委员会依法成立合议组，对本案进行审查。本案合议组在仔细审阅了全部案卷后，认为本案事实已经清楚，可以作出审查决定。

二、决定的理由

1. 审查基础

本决定以驳回决定针对的审查文本作为审查基础。

2. 关于专利法第22条第3款

专利法第22条第3款规定：创造性，是指同申请日以前已有的技术相比，该发明有突出的实质性特点和显著的进步。

尽管专利申请所要求保护的技术方案与最接近的现有技术间的区别技术特征被现有技术所披露，但如果该区别技术特征在现有技术中所起的作用与该区别技术特征在要求保护的发明中为解决本申请的技术问题所起的作用不同，则不应认为现有技术给出了技术启示。

本申请权利要求1请求保护一种制备路标涂层的方法，对比文件1（CN1165165A，公开日为1997年11月19日）公开了一种作为路标漆的快干含水涂料组合物和在基材上涂布这种涂料以产生快速干涸涂层的方法，该方法包括：在基材上涂布一层含有快干粘合剂的含水涂料组合物；使组合物固化，在基材上形成防水涂层；其中涂料组合物含有具有胺官能团侧基的Tg高于约0℃的乳胶，和足够量的用于提高组合物的pH值以使得基本上所有胺官能基团处于非离子状态的碱，并且有效的Tg低于涂布温度，当涂布到基材上时，该组合物能快速干涸并产生早期防水性（参见对比文件1的权利要求1~2）。权利要求1与对比文件1相比，其区别在于：（1）涂布方式不同：权利要求1是将涂料配料分为两部分以湿层覆盖湿层的方式涂布在基材上，即先将涂料配料的第一部分涂在基材上形成第一湿涂层，在第一湿涂层干燥之前，将涂料配料的至少一种第二部分涂在第一湿涂层上，形成至少一层第二湿涂层，并使第一湿涂层和第二湿涂层干燥，其中第一部分是以涂料配料总重量计25%~75%重量，至少一种第二部分是单次涂布的，其是以涂料配料总重量计25%~75%重量；而对比文件1是在基材上一次性涂布一层涂料组合物并使其固化；（2）涂层厚度不同：权利要求1第一湿涂层和至少一层第二湿涂层的总厚度为0.4毫米~0.5毫米，对比文件1的涂层厚度为320微米。虽然权利要求1和对比文件1都属于路标漆涂料的技术领域，都是要解决路标漆涂料的快速干燥这一技术问题，并且在技术方案中都使用了快干含水涂料组合物，但是，二者在解决技术问题时所采用的技术手段是不同的——权利要求1是用含有快干粘合剂的涂料采用湿层覆盖湿层的涂布方式来实现涂层的快速干燥，而对比文件1是用加入了快干粘合剂的涂料来实现涂层的快速干燥。虽然审查员认为对比文件4（US4186225，公开日为1980年1月29日）中公开了一种与本申请权利要求1相同的分两层连续涂布且以“湿层覆盖湿层”的方法，但该方法是用于涂覆中空物品例如金属罐头的内表面，其目的是为了获得均匀连续的涂层，得到良好的涂层表面性状。由此可见，对比文件中的湿层覆盖湿层的方法与权利要求1中的方法应用的技术领域不同、在各自的技术方案中所起的作用不同、要达到的目的不同，本领域技术人员无法从对比文件中得到技术启示将“湿层覆盖湿层”的方法应用于涂覆路标涂层并改进涂层的干燥时间。并且驳回决定中也没有提供充分的证据表明用湿层覆盖湿层的方法会显著缩短涂料组合物的干燥时间是现有技术中公知的。因此，依据现有的证据和理由还不足以证明权利要求1所请求保护的技术方案不具备创造性，驳回理由不能成立，合议组不予支持。

由于权利要求1具备创造性，其从属权利要求2~4也具备创造性。

对比文件2（CN1162612A，公开日为1997年10月22日）公开了一种水基道路标线油漆的施用方法，包括将油漆喷洒到基材表面上，在施用该油漆过程中或之后加入能吸收水的硬的聚合物或无机化合物的颗粒（参见对比文件2的权利要求1~2）。因此，权利要求5的附加技术特征“在涂布涂层之前或之后将吸收剂涂在所述基材上”已经被对比文件2所公开。但是，对比文件2并没有公开“湿层覆盖湿层”的涂布方式，因此，即使将对比文件1和2相结合，也无法得到权利要求5请求保护的包含了“湿层覆盖湿层”的方法的技术方案。所以，权利要求5的技术方案对本领域技术人员来说是非显而易见的，具有突出的实质性特点，并且本申请通过涂布两层分离的涂料涂层显著地缩短了干燥时间，取得了有益的效果，因此权利要求5具备专利法第22条第3款规定的创造性。

综上所述，合议组认为权利要求1~5具备创造性，驳回决定中的驳回理由不成立。申请文件中是否存在其他缺陷，应由原审查部门在后续审查程序中继续进行审查。

基于上述理由，合议组作出下述决定。

三、决定

撤销国家知识产权局专利局于2004年11月12日作出的驳回00134284.3号发明专利申请的决定，由原审查部门在驳回决定针对的申请文本的基础上继续审查程序。

复审请求人对本决定不服的，可以根据专利法第41条第2款的规定，自收到本决定之日起3个月内向北京市第一中级人民法院起诉。

050

照明系统及采用该系统的投影机

复审请求审查决定（第10519号）

决　　定　　号　第10519号
决　　定　　日　2007年4月24日
发明创造名称　照明系统及采用该系统的投影机
国 际 分 类 号　G02B 5/32，G02B 27/18，G02B 5/30，G03B 21/20
复 审 请 求 人　三星电子株式会社
申　　请　　号　02123308.X
申　　请　　日　2002年6月18日
优 先 权 日　2001年9月29日
公　　开　　日　2003年4月16日
合 议 组 组 长　张惠军
主　　审　　员　张春伟
参　　审　　员　张　曦

法 律 依 据　专利法第26条第3款
决 定 要 点

如果所属技术领域的技术人员按照说明书记载的内容，不需要创造性的劳动，就能够再现该发明的技术方案，解决其技术问题，并且产生预期的技术效果，则应当认为说明书已对发明作出了充分的公开。

一、案由

本复审请求涉及名称为“照明系统及采用该系统的投影机”的02123308.X号发明专利申请（下称本申请），申请人为三星电子株式会社，申请日为2002年6月18日，优先权日为2001年9月29日，公开日为2003年4月16日。

国家知识产权局实质审查部门于2004年8月27日发出第一次审查意见通知书，指出权利要求1、14缺少必要技术特征，不符合专利法实施细则第21条第2款的规定；权利要求10得不到说明书的支持，不符合专利法第26条第4款的规定；权利要求2、10、15不清楚，不符合专利法实施细则第20条第1款的规定，以及权利要求7、11、13、26不符合专利法实施细则第23条的规定。

针对上述审查意见通知书，申请人于2004年12月29日提交了意见陈述书和权利要求书修改替换页。

国家知识产权局实质审查部门于2005年4月29日发出第二次审查意见通知书，指出本申请的技术方案中记载了“被全息光学元件 18 和 28 反射的全部光束横截面小于入射到全息光学元件 18 和 28 上的全部光束横截面”，但在说明书中并没有具体地描述所述全息光学元件是怎样实现入射光经由所述全息光学元件反射后减小光束横截面的，说明书中没有记载有能使本领域技术人员获得能使入射光束的横截面在反射后减小的“全息光学元件”的技术内容，即说明书中只给出任务和设想，而未给出任何使所属技术领域的技术人员能够实施的技术手段，从而所属技术领域的技术人员根据说明书中的记载，不能实现该发明，因此本申请的说明书不符合专利法第 26 条第 3 款的规定。

针对第二次审查意见通知书，申请人于 2005 年 7 月 13 日提交了意见陈述书，指出“被全息光学元件反射的全部光束横截面小于入射到全息光学元件上的全部光束横截面”是本领域技术人员可以根据公知方式实施的，是本领域技术人员的公知常识，所以不需要在说明书中描述。

2006 年 2 月 10 日，国家知识产权局以本申请的说明书不符合专利法第 26 条第 3 款的规定为由驳回了本申请。

驳回决定中指出，申请人未提供任何文献证据证明“被全息光学元件反射的全部光束横截面小于入射到全息光学元件上的全部光束横截面”是本申请申请日前为本领域普通技术人员所公知的，而且说明书中也没有对这样的“全息光学元件”作任何描述，因此认为本申请的说明书没有对发明作出清楚、完整的说明。

申请人三星电子株式会社（下称复审请求人）对上述驳回决定不服，于 2006 年 5 月 8 日向专利复审委员会提交了复审请求，复审请求人在提出复审请求时没有对申请文件进行修改。同时，复审请求人提交了下述附件用来证明本申请符合专利法第 26 条第 3 款的规定。

附件 1：ADDISON-WESLEY PUBLISHING COMPANY 于 1987 年出版的 OPTICS（second edition, EUGENE HECHT Adelphi University）的封面、版权信息页、第 593~605 页的复印件，共 15 页。

复审请求人以附件 1 作为参考，认为一般反射规律是光学元件上光束的入射角等于反射角，当入射角等于反射角时，反射的全部光束横截面等于入射光束横截面。在全息光学元件中，反射角可以不同于入射角。(参见附件 1)，根据全息元件的不同图案可以控制反射角。因此，本领域技术人员可以通过使用全息光学元件使得反射角大于入射角。

经形式审查合格后，专利复审委员会依法受理了该复审请求，并于 2006 年 6 月 8 日向复审请求人发出复审请求受理通知书，同时将本案移送至原审查部门进行前置审查。

在前置审查中，原审查部门认为：申请人所提交的参考资料中是普通“全息照相”原理的描述，其中并没有涉及任何全息光学元件有当光照射到该全息光学元件上，通过反射的出射光的横截面积小于入射光的横截面积的性能，或者通过反射的出射角不同于入射角，申请人提出的参考资料不能证明“被全息光学元件 18 和 28 反射的全部光束横截面小于入射到全息光学元件 18 和 28 上的全部光束横截面”是本领域技术人员公知常识，因此坚持原驳回决定。

专利复审委员会组成合议组，对本复审请求案进行了审理。

本案合议组于 2006 年 9 月 27 日向复审请求人发出复审通知书，指出本申请不符合专利法第 26 条第 3 款的规定，具体理由是：复审请求人在提出复审请求的同时提交了附件 1 以求证明“被全息光学元件反射的全部光束横截面小于入射到全息光学元件上的全部光束横截面”是本申请申请日前本领域普通技术人员的公知常识。但附件 1 中记载的内容仅涉及全息照相的内容，尽管其中提出了全息元件分为透射型和反射型两种类型，但并未具体涉及全息光学元件在作为反射元件使用时出射光与入射光相对于全息元件的角度关系，即未给出有关全息元件如何未按照一般反射规律使反射角不同于入射角的相关内容，该附件 1 无法证明“被全息光学元件反射的全部光束横截面小于入射到全息光学元件上的全部光束横截面”是本申请申请日前本领域普通技术人员的公知常识，因此本申请说明书未对发明作出清楚、完整的说明，致使所属技术领域的技术人员不能实现该发明，本申请的说明书不符合专利法第 26 条第 3 款的规定。

复审请求人于 2007 年 1 月 11 日提交了意见陈述书，陈述了本申请符合专利法第 26 条第 3 款规定的理由，同时提交了以下附件用以证明本申请的说明书公开是充分的（编号续前）：

附件 2：ADDISON-WESLEY PUBLISHING COMPANY 于 1987 年出版的 OPTICS（second edition，EUGENE HECHT Adelphi University）的封面、版权信息页、第 424~427 页的复印件，共 6 页；

附件 3：《Optique moderne I》，4.1~4.27 页打印件，共 27 页。

复审请求人认为：附件 2 第 425~427 页以及附图 10.37 和 10.38 中有作为反射光栅图案的全息光学元件，其反射角不同于入射角。即反射型全息光学元件具有干涉图案，其基本形成反射光栅。本领域技术人员公知当光束反射时发生不同阶衍射峰。这里主衍射峰的阶依赖于反射光栅的图案。例如，在炫耀光栅的情况下，入射角 θi 和反射角 θr 从光栅平面的法向测量，而不是相对于各个沟槽的表面。炫耀光栅（blazed grating）是本领域技术人员公知的术语。附件 3 也解释了全息图案的结构和角度等。

本案合议组于 2007 年 3 月 7 日与复审请求人的代理人进行了电话会晤，指出：复审请求人于 2007 年 1 月 11 日提交的附件 2 是复印件，且缺少证明其真实性的证据，复审请求人应提交该份证据的原件或其他能证明其真实性的公证文件。复审请求人表示同意合议组的上述意见。

复审请求人于 2007 年 3 月 16 日提交了意见陈述书，同时提交了以下证据用以证明本申请的说明书公开是充分的（编号续前）：

附件 4：北京市海淀第二公证处于 2007 年 3 月 24 日出具的（2007）京海民证字第 0834 号公证书，包括现场记录、国家图书馆发票、ADDISON-WESLEY PUBLISHING COMPANY 于 1987 年出版的 OPTICS（second edition，EUGENE HECHT Adelphi University）的封面、内页、版权信息页、目录页、第 424~427 页复印件、封底等共 17 页。

据此，合议组认为本案事实清楚，可以作出复审决定。

二、决定的理由

1. 关于复审请求人提交的附件

复审请求人共提交了四份附件，其中附件 4 是由北京市海淀第二公证处出具的公证书，其证明了附件 4 所附的 OPTICS（second edition，EUGENE HECHT Adelphi University）的封面、版权信息页、目录、第 424~427 页的复印件与原件相符，并且所述版权信息页上记载的该图书的公开日期为 1987 年，早于本专利的申请日，因此附件 4 可以作为本案的证据使用，其上记载的内容构成本专利的现有技术。附件 1、附件 2 和附件 3 均为复印件或打印件，复审请求人未能提供它们的原件，且缺少能够证明其真实性的其他证据，因此合议组对附件 1~3 不予采信，在本案中，附件 1~3 不作为证据使用。

2. 关于专利法第 26 条第 3 款

专利法第 26 条第 3 款规定：说明书应当对发明或者实用新型作出清楚、完整的说明，以所属技术领域的技术人员能够实现为准。

如果所属技术领域的技术人员按照说明书记载的内容，不需要创造性的劳动就能够再现该发明的技术方案，解决其技术问题，并产生预期的技术效果，则应认为该说明书对发明作出了清楚、完整的说明。

判断一件申请的说明书是否对发明作出了清楚、完整的说明，应当全面考虑其要解决的技术问题、采取的技术措施及所取得的技术效果。

在本案中，复审请求人提供附件 4 用以证明“被全息光学元件反射的全部光束横截面小于入射到全息光学元件上的全部光束横截面”是本申请申请日前本领域普通技术人员的公知常识。由附件4中的OPTICS（second edition，EUGENE HECHT Adelphi University）的第426页“图10.37”及其相应的文字部分可知：炫耀光栅（blazed gratings）是一种在本申请日前公知的全息光学元件，其将入射到其表面的大部分光束能量不按照0级别的镜面反射方向进行反射，而是按照预定的高级次的方向反射，而高级次反射方向与全息元件的法线方向夹角 θr 与入射光线与法线的夹角 θi 不同，入射角 θi 和反射角 θr 是从光栅平面的法向测量得到的，而不是相对于各个沟槽的表面测得的。上述内容表明，经过全息反射元件反射可以实现反射角与入射角不同，经过全息反射元件反射的反射角可以小于入射角，由此被这种全息光学元件反射的全部光束横截面小于入射到全息光学元件上的全部光束横截面。因此这种反射规律以及由这种反射规律带来的入射光束横截面积与反射光束横截面积之间的关系是公知常识。本领域普通技术人员根据本申请说明书记载的内容不用花费创造性劳动，就能够实现“入射光由所述全息光学元件反射后减小光束横截面”，可解决本发明的技术问题，并最终实现其预期的技术效果。因此，本申请说明书对发明已作出了清楚、完整的说明，符合专利法第26条第3款的规定。

基于上述理由，合议组作出如下决定。

三、决定

撤销国家知识产权局于2006年2月10日对02123308.X号发明专利申请作出的驳回决定。由原审查部门以驳回决定所针对文本为基础继续审查程序。

复审请求人对本决定不服的，可根据专利法第41条第2款的规定，自收到本决定之日起三个月内向北京市第一中级人民法院起诉。

051

探针坐标系统驱动装置

复审请求审查决定（第10523号）

决　定　号　第10523号
决　定　日　2007年4月24日
发明创造名称　探针坐标系统驱动装置
国际分类号　G01B 21/20，G06F 3/033
复审请求人　株式会社三丰
申　请　号　98119174.6
申　请　日　1998年9月11日
优先权日　1997年9月12日
公　开　日　1999年3月24日
合议组组长　杨军艳
主　审　员　沈乐平
参　审　员　宋　瑞

法律依据　专利法第22条第3款
决定要点
如果一项权利要求所描述的技术方案相对于现有技术存在区别技术特征，该区别技术特征在现有技术中不存在技术启示，并且能够带来有益的技术效果，则该项权利要求相对于现有技术具备专利法第22条第3款规定的创造性。

一、案由

本复审请求涉及申请号为98119174.6、名称为“探针坐标系统驱动装置”的发明专利申请（下称本申请），申请人为株式会社三丰，其申请日为1998年9月11日，优先权日为1997年9月12日，公开日为1999年3月24日。

经实质审查，国家知识产权局于2004年1月2日作出了驳回本发明专利申请的决定，其理由是：权利要求1～2不具备专利法第22条第3款规定的创造性，引用的对比文件为：

对比文件1：JP特开平8-305489A号公开特许公报，公开日为1996年11月22日；

对比文件3：US 5189806A号专利文献，公开日为1993年3月2日。

驳回决定所依据的文本为：申请日提交的附图第1～4页、摘要附图，2003年5月9日提交的说明书第1～6页、说明书摘要，2003年11月4日提交的权利要求第1～2项。驳回决定所针对的权利要求书如下：

“1. 一种探针坐标系统驱动装置，它包括：一坐标测量机，其上安装着许多可由电动机驱动的、互相垂直的轴驱动机构；一探针，它安装在坐标测量机的一个轴驱动机构上，用来检测与被测物体的接触；一探头，用来固定探针，并能自由地设定探针方向的仰角和旋转角；一探头方向操纵装置，用于输出所述仰角和所述旋转角；操纵杆工作台，其上装备着一个或一个以上的、操纵坐标测量机的操纵杆，并能对应操纵杆的动作输出三个电信号；一CPU，里面安装着用来根据所述探头方向操纵装置的输出计算三个表示探针坐标系统的X、Y和Z轴方向的单位方向矢量的步骤；一驱动矢量积和计算回路，以便通过合成各矢量计算一驱动矢量，而各矢量是通过获得由操纵杆工作台输出的三个电信号和三个单位方向矢量的无向积而获得的；以及一电动机驱动回路，以便驱动电动机，坐标测量机的各轴驱动机构安装着该电动机，以便与该驱动矢量一致。

2. 如权利要求1所示的探针坐标系统驱动装置，其特征在于，还包括：一AD转换器，以便将操纵杆工作台输出的电信号转换成数字信号；以及一DA转换器，以便将由驱动矢量积和计算回路计算出来的驱动矢量转换成模拟信号。”

驳回决定认为，权利要求1与对比文件1的区别在于：（1）权利要求1中的探头，用来固定探针，并能自由地设定探针方向的仰角和旋转角；一探头方向操纵装置，用于输出所述仰角和所述旋转角；（2）权利要求1中的CPU根据探头操纵装置的输出计算出表示探针坐标系统X、Y和Z轴方向的三个单位方向矢量。对比文件3的说明书披露了上述区别特征（1），并且对比文件3与对比文件1属于同一技术领域。区别特征（2）是公知常识。对本领域的普通技术人员来说，将对比文件1和对比文件3及公知常识结合得到权利要求1的技术方案是显而易见的，因而权利要求1不具有突出的实质性特点和显著的进步，不具备专利法第22条第3款规定的创造性。

权利要求2的附加技术特征也被对比文件1公开。因而当权利要求1不具备创造性时，权利要求2也不具备创造性。

申请人（下称复审请求人）对上述驳回决定不服，于2004年4月9日向专利复审委员会提出了复审请求，提出复审请求时没有对申请文件进行修改。

复审请求人认为，（1）对比文件3中公开的探头是扫描式探头，扫描式探头在扫描测量的过程中改变探针的方向，而本发明是接触式探头，接触式探头在各次测量中探针的方向是保持恒定值的。（2）对比文件1和对比文件3都没有公开根据探头操纵装置的输出可以计算出表示探针坐标系统X、Y和Z轴方向的三个单位方向矢量，操纵者可以容易地设定用于各种特定被测工件的操纵杆操作状态所需的坐标系统；而传统三维测量装置必然需要利用探针方向和其位置的计算功能，而没有揭示利用探针方向信号设定所需坐标系统的计算功能。因此权利要求1所限定的技术方案与现有技术相比具有突出的实质性特点和显著的进步，具备专利法第22条第3款规定的创造性。

经形式审查合格，专利复审委员会依法受理了该复审请求，于2004年5月11日向复审请求人发出复审请求受理通知书，并将其转送至原审查部门进行前置审查。

原审查部门在前置审查意见书中基于与驳回决定相同的理由坚持驳回决定。

针对上述复审请求，专利复审委员会依法成立合议组对本案进行审理。

在上述程序的基础上，合议组认为本案事实已经清楚，可以作出审查决定。

二、决定的理由

1. 审查文本的认定

由于复审请求人在提出复审请求时没有修改申请文件，因此本复审决定所针对的文本与驳回决定所针对的文本相同，即：申请日提交的附图第1~4页、摘要附图，2003年5月9日提交的说明书第1~6页、说明书摘要，2003年11月4日提交的权利要求第1~2项。

2. 关于本申请是否符合专利法第 22 条第 3 款的规定

专利法第 22 条第 3 款规定的创造性，是指同申请日以前已有的技术相比，该发明有突出的实质性特点和显著的进步，该实用新型有实质性特点和进步。

如果一项权利要求所描述的技术方案相对于现有技术存在区别技术特征，该区别技术特征在现有技术中不存在技术启示，并且能够带来相应的技术效果，则该项权利要求相对于现有技术具备专利法第 22 条第 3 款规定的创造性。

具体到本案，权利要求 1 要求保护一种探针坐标系统驱动装置。对比文件 1 公开了一种探针坐标系统驱动装置，其中说明书第 4 栏第 31 行至第 6 栏第 29 行及附图 1~6 具体披露了如下内容：一坐标测量机（参见附图标记 10），其上安装着多个由电动机驱动的、互相垂直的轴机构；安装在坐标测量机的一个轴驱动机构上用来检测与被测物体的接触的探针（参见附图标记 11）；安装在操纵工作台上、能对应操纵杆的动作输出三个电信号的一个或一个以上的操纵杆（参见附图标记 43、44）；安装有用来计算三个表示与探针位置一致的探针坐标系统的 X、Y、Z 轴方向的单位方向矢量步骤的 CPU（参见附图标记 21）；驱动矢量积和计算回路（参见附图标记 23），其合成各矢量计算一驱动矢量，各矢量是通过获得由操纵杆工作台输出的三个电信号和三个单位方向矢量的无向积而获得的；电驱动回路（参见附图标记 25A、25B、25C），驱动电动机，坐标测量机的各轴驱动机构安装着该电动机，以便与该驱动矢量一致。

权利要求 1 与对比文件 1 的区别在于：（1）权利要求 1 中的探头，用来固定探针，并能自由地设定探针方向的仰角和旋转角；一探头方向操纵装置，用于输出所述仰角和所述旋转角；（2）权利要求 1 中的 CPU 根据探头操纵装置的输出计算出表示探针坐标系统 X、Y 和 Z 轴方向的三个方向矢量。

关于区别技术特征（1），对比文件 3 公开了一种扫描工件表面的装置，其中说明书第 6 栏第 16 行至第 7 栏第 11 行及附图 1~4 披露了如下内容：一坐标测量机 CMM，包括一安装在其上面的坐标操纵机构 10，坐标操纵机构 10 通过轴驱动马达 MX、MY、MZ 分别驱动相互垂直的 X、Y、Z 轴以检测工件 12；坐标操纵机构 10 上固定着一扫描头 PH（相当于权利要求 1 中的探头），扫描头 PH 包括一由基体 20 形成的固定部分及由该固定部分支承的活动部分，该活动部分由通过马达 M1 驱动的可沿坐标轴 A1 旋转的轴 22 形成（相当于权利要求 1 中的能自由地设定旋转角），轴 22 进一步固定盖体 23，盖体 23 用于支承轴 24，轴 24 由马达 M2 驱动可沿与坐标轴 A1 垂直的坐标轴 A2 旋转（相当于权利要求 1 中的能自由设定仰角）；轴 24 用于固定框 25，框 25 用于固定探针 26，探针 26 有与坐标轴 A2 垂直的坐标轴 A3，用于检测工件的表面（相当于权利要求 1 中的探头用于固定探针）；一控制装置，用于输出驱动信号 32X、32Y、32Z（相当于权利要求 1 中的探头方向操纵装置）。

合议组认为，由于权利要求 1 中只记载了“一探针，用来检测与被测物体的接触；一探头，用来固定探针，并能自由地设定探针方向的仰角和旋转角”，而没有限定探头的类型和探头设定探针方向的仰角和旋转角的时机，因此复审请求人认为本申请与对比文件 3 探头之间的不同点并没有体现在权利要求 1 中，对比文件 3 公开了区别技术特征（1）。

关于区别技术特征（2），合议组认为，本发明的目的是解决现有技术中由于被测工件表面不都是平面而导致坐标测量机操作不方便的问题，提供的解决方案为：利用 CPU 的计算功能，根据被测表面的情况，重新设定坐标系统，使操作者操作操纵杆时的取向与探针的取向相一致，从而克服了现有技术中的问题。虽然 CPU 具有计算功能是本领域的公知常识，但是本发明是利用了 CPU 的计算功能进行坐标系统转换，达到了改善坐标测量机性能的目的，使其操作更方便。对比文件 1 和对比文件 3 均未公开使用 CPU 进行坐标系统转换，也未给出相应的技术启示，同时也没有其他证据证明在坐标测量机中利用 CPU 进行坐标转换是该领域中的公知常识。

由于对比文件 1 和对比文件 3 均未公开区别技术特征（2），也没有其他证据证明区别技术特征（2）是公知常识，而且本申请权利要求 1 所述的技术方案解决了现有坐标测量机中存在的操作不方便的问题，改善了坐标测量机的性能，因此，权利要求 1 请求保护的技术方案相对于对比文件 1 和对比文件 3 的结合具有突出的实质性特点和显著的进步，具备专利法第 22 条第 3 款规定的创造性。

权利要求 2 从属于权利要求 1，由于权利要求 1 具备创造性，因此权利要求 2 相对于对比文件 1 和对比文件 3 的结合也具备专利法第 22 条第 3 款规定的创造性。

三、决定

撤销国家知识产权局于 2004 年 1 月 2 日对本申请作出的驳回决定。由国家知识产权局原审查部门在本复审决定的审查文本的基础上对本发明专利申请继续审查。

如对本复审请求审查决定不服，根据专利法第 41 条第 2 款的规定，复审请求人可以自收到本决定之日起三个月内向北京市第一中级人民法院起诉。

052

检测机构的测定值的校正方法

复审请求审查决定（第10525号）

决　　定　　号　第10525号
决　　定　　日　2007年4月11日
发明创造名称　检测机构的测定值的校正方法
国 际 分 类 号　G01D 3/00
复 审 请 求 人　三洋电机株式会社
申　　请　　号　98124107.7
申　　请　　日　1998年10月13日
优　先　权　日　1998年3月31日
公　　开　　日　1999年10月20日
合 议 组 组 长　李　隽
主　　审　　员　张梅珍
参　　审　　员　彭　燕

法 律 依 据　专利法第33条
决 定 要 点

当申请文本修改后的内容未记载在原始申请文本中，并且也不能从原始申请中直接地、毫无疑义地确定，则该修改超出了原始申请记载的范围。

一、案由

本复审请求涉及的是申请日为1998年10月13日、申请号为98124107.7、名称为“检测机构的测定值的校正方法”的发明专利申请（下称本申请），其优先权日为1998年3月31日，申请人是三洋电机株式会社。其公开的权利要求书为：

“1. 一种对通过装配于设备中的检测机构所测定的物理量进行校正的方法，其包括下述步骤：

按照与上述检测机构相关的方式，存储下述差值或上述检测机构的测定值中的至少一个值的步骤，该差值指装配于设备之前的上述检测机构所测定的预定值已知的物理量与该物理量之间的差值；

和根据在上述存储步骤中所存储的值，对在装配于设备之后的上述检测机构所测定的物理量进行校正的步骤。

2. 根据权利要求1所述的检测机构的校正方法，其特征在于，上述存储步骤存储与多个检测机构相对应的上述差值或上述测定值，上述校正步骤根据下述值对前述物理量进行校正，该下述值是针对上述多个检测机构所测定的物理量在上述存储步骤中存储的值。

3. 一种具有对通过所装配的检测机构测定的物理量进行校正的装置的设备，其包括下述装置：

按照与上述检测机构相关的方式，存储下述差值或上述检测机构的测定值中的至少一个值的装置，该差值指装配于设备之前的上述检测机构所测定的预定值已知的物理量与该物理量之间的差值；

和根据在上述存储步骤中所存储的值，对在装配于设备之后的上述检测机构所测定的物理量进行校正的装置。

4. 一种系统互连发电装置，其为权利要求1或2所述的检测机构的校正方法中所述的设备、或权利要求3所述的设备，该设备将通过太阳能电池所产生的电功率叠加于系统的电功率线上。

5. 根据权利要求4所述的系统互连发电装置，其特征在于，其包括可与具有显示器的设备之间进行信息交换的接口，通过该接口可把上述系统互连发电装置的运转状态显示于上述显示器中。

6. 一种具有显示器的设备，其通过接口可与权利要求5所述的系统互连发电装置进行信息交换，其特征在于，上述设备为分体型空调器，其由室内机和室外机构成、并可对待调节的室内进行空气调节，上述接口把上述运转信息叠加在上述室内机和上述室外机之间接收信号的信号线上。”

应申请人的请求，国家知识产权局实质审查部门对本申请进行了实质审查，于2004年9月10日针对以下文本作出驳回决定：申请人于2004年7月15日提交的权利要求第1~9项、说明书第1~7页，申请日提交的说明书第8~25页，附图第1~13页以及说明书摘要和摘要附图，驳回的具体理由是权利要求1、3、7的修改不符合专利法第33条的规定。

申请人三洋电机株式会社（下称复审请求人）对上述驳回决定不服，于2004年12月24日向专利复审委员会提出复审请求，同时提交了权利要求书的修改替换页，认为修改后的权利要求书符合专利法第33条的规定。该权利要求书的内容为：

“1. 一种检测部的校正方法，该检测部被设置在组装于太阳能发电装置上的基板上，连接有用于检测检测对象或检测对象的量的检测机构，其特征在于包括下列步骤：

由所述检测部测定所述检测部的检测对象的多个基准值；由所述检测部测定所述检测对象的测量值；计算上述检测结果与此时的基准量之间的误差；与所述测定结果相关联地存储上述误差和所述基准值中的至少一个，以及通过补充所述误差，从所述测定结果与所述基准值之间的误差以及所述基准值的至少一个，得到对应于所述检测部的测定结果的误差和基准值中的至少一个。

2. 如权利要求1所述的校正方法，其中，所述检测对象是太阳能放电装置的电流值或电压值。

3. 如权利要求2所述的校正方法，其中，所述检测结构是进行MPPT控制的检测器。”

经形式审查合格，专利复审委员会受理了该复审请求，于2005年1月19日向复审请求人发出了复审请求受理通知书，同时向原实质审查部门发出前置审查通知书。

原实质审查部门作出前置审查意见，坚持原驳回意见，认为复审请求人提出复审请求时所提交的权利要求1的修改仍然不符合专利法第33条的规定。

在此基础上，专利复审委员会依法成立合议组，对本案进行审查，合议组于2006年6月19日发出复审通知书，针对复审请求人于2004年12月24日提交的权利要求第1~3项、2004年7月15日提交的说明书第1~7页、申请日提交的说明书第8~25页、附图第1~13页、说明书摘要以及摘要附图提出以下复审意见：

（1）权利要求1的修改不符合专利法第33条的有关规定。

权利要求1中“由所述检测部测定所述检测部的检测对象的多个基准值”、“通过补充所述误差，从所述测定结果与所述基准值之间的误差以及所述基准值的至少一个，得到对应于所述检测部的检测结果的误差和基准值中的至少一个”，没有记载在原始申请文本中，并且也不能由原始申请文本直接地、毫无疑义地导出，因此修改超范围。

再有，根据说明书，校正方法划分为两个过程，第一过程采集误差数据，第二过程进行校正，在第一过程中根据多个基准值和相应的多个测量值得到多个误差值，从而获得反映测量结果与误差关系的表，在第二过程将实际检测结果与该表进行比较，以对结果进行补偿。而目前的权利要求1仅包括测定多个基准值，而没有记载测定多个测量值，得到多个误差值，这样无法得到反映测量结果与误差关系的表，也就无法进行下一步的校正，因此目前的权利要求1的技术方案没有记载在原始申请文本中，并且也不能由原始申请文本直接地、毫无疑义地导出，不符合专利法第33条的有关规定。

（2）权利要求2的修改不符合专利法第33条的有关规定。

权利要求2中的“太阳能放电装置”没有记载在原始申请文本中，并且也不能由原始申请文本直接地、毫无疑义地导出，因此修改超范围。

（3）说明书的修改不符合专利法第33条的有关规定。

说明书第4页第1、5段中的“把由存储在根据待校正的物理量修正得到的所述数据的差值计算得到的值添加到检测机构中”没有记载在原始申请中，根据原始说明书的实施例，由存储在EEP-ROM190中的误差数据得到与检测结果对应的误差数据，而后从检测结果中减去上述误差数据对检测结果进行补偿，在该过程中没有“修正得到的所述数据的差值计算得到的值添加到检测机构中”这一步骤，因此上述修改超出了原始申请记载的范围。

说明书第4页倒数第1段至第5页第1段中的“存储的多组数据的数量可以在所述规定的物理量和测定得到的物理量之间推导”和“由存储在根据待校正的物理量修正得到的所述数据中的差值计算得到修正的差值，将该计算得到的修正的差值添加到检测机构中”也没有记载在原始申请中，并且不能由原始申请文本中直接地、毫无疑义地导出，因此上述修改超范围，不符合专利法第33条的有关规定。

复审请求人于2006年8月2日针对上述复审通知书提交了意见陈述书以及权利要求书、说明书第3~4页的修改替换页，修改后的权利要求书为：

“1. 一种检测部的校正方法，该检测部被设置在组装于太阳能发电装置上的基板上，连接有用于对检测对象或检测对象的量进行检测的检测机构，其特征在于包括以下步骤：

将所述检测部的检测对象的多个基准值设定在规定的范围内；

由所述检测部测定分别与上述多个基准值相对应的所述检测对象的测量值；

分别计算上述测量值与所对应的基准值之间的误差；

与所述测定值相关联地存储上述误差或所述基准值；以及

当存储有与所述测量值相关联的上述误差或所述基准值时，从所存储的上述误差或所述基准值得到对应于该测量值的误差或基准值；当未存储有与所述测量值相关联的上述误差或所述基准值，通过对所存储的所述误差或所述基准值进行补充，从所存储的所述误差或所述基准值得到对应于所述检测部的该测量值的误差或基准值。

2. 如权利要求1所述的校正方法，其中，所述检测对象是太阳能发电装置的电流值或电压值。

3. 如权利要求2所述的校正方法，其中，所述检测机构是进行MPPT控制的检测器。”

复审请求人关于说明书的修改：修改后的说明书第4页第1段删掉了“把由存储在根据待校正的物理量修正得到的所述数据的差值计算得到的值添加到检测机构中”，但第4页倒数第1段至第5页第1段仍然记载了“存储的多组数据的数量可以在所述规定的物理量和测定得到的物理量之间推导”和“由存储在根据待校正的物理量修正得到的所述数据中的差值计算得到修正的差值，将该计算得到的修正的差值添加到检测机构中”。

至此，合议组认为本案事实已经清楚，可以作出复审决定。

二、决定的理由

1. 关于审查文本

本复审决定针对的文本是：复审请求人于 2006 年 8 月 2 日提交的权利要求第 1~3 项、说明书第 3~4 页，2004 年 7 月 15 日提交的说明书第 1~2、5~7 页，申请日提交的说明书第 8~25 页、附图第 1~13 页以及说明书摘要和摘要附图。

2. 关于修改超范围

专利法第 33 条规定：申请人可以对其专利申请文件进行修改，但是，对发明和实用新型专利申请文件的修改不得超出原说明书和权利要求书记载的范围，对外观设计专利申请文件的修改不得超出原图片或者照片表示的范围。

经审查，说明书第 4 页倒数第 1 段至第 5 页第 1 段仍然记载了“存储的多组数据的数量可以在所述规定的物理量和测定得到的物理量之间推导”和“由存储在根据待校正的物理量修正得到的所述数据中的差值计算得到修正的差值，将该计算得到的修正的差值添加到检测机构中”，上述内容在原申请中并未记载，也不能从原申请公开的内容中直接地、毫无疑义地确定，因此上述修改不符合专利法第 33 条的规定。

合议组在 2006 年 6 月 19 日发出的复审通知书中已经将上述内容的修改不符合专利法第 33 条的规定告知复审请求人，而复审请求人在答复该复审通知书时，既没有对上述内容作出修改，也没有陈述上述内容是如何从原始申请中导出的，因此本申请的说明书仍旧未克服修改超范围的缺陷。

基于上述理由，合议组作出下述决定。

三、决定

维持国家知识产权局于 2004 年 9 月 10 日对 98124107.7 号发明专利申请作出的驳回决定。

复审请求人对本决定不服的，可以根据专利法第 41 条第 2 款的规定，自收到本决定之日起三个月内向北京市第一中级人民法院起诉。

053

液晶的高速驱动方法

复审请求审查决定（第10579号）

决　定　号　第10579号
决　定　日　2007年2月13日
发明创造名称　液晶的高速驱动方法
国际分类号　G09G 3/36
复审请求人　冲田雅也
申　请　号　98109886. X
申　请　日　1998年6月12日
公　开　日　1999年10月20日
合议组组长　丁惠玲
主　审　员　张　华
参　审　员　王伟艳

法律依据　专利法第22条第3款
决定要点

虽然权利要求所要求保护的技术方案与一份对比文件相比，存在区别技术特征，但是所述区别技术特征为另外一份对比文件披露的相关技术手段，且该相关技术手段在对比文件中所起的作用与该区别技术特征在本申请中所起的作用相同，或者所述区别技术特征是本领域的公知常识，则该权利要求相对于现有技术不具备创造性。

一、案由

本复审请求涉及名称为“液晶的高速驱动方法”的98109886. X号发明专利申请（下称本申请），申请人为冲田雅也，申请日为1998年6月12日，公开日为1999年10月20日。

2005年2月4日，国家知识产权局以本申请权利要求1~7不符合专利法第22条第3款为由驳回了该申请。

被驳回的权利要求书如下：

“1. 一种TN液晶的高速驱动方法，液晶显示装置包括TN液晶以及夹住所述TN液晶的2块电极，通过在所述2块电极之间施加基于图像数据的图像对应电压进行显示，其特征在于：

在按规定周期连续的多个单位时间的各单位时间内，在所述两块电极间交替加上所述图像对应电压、和与所述图像数据无关的、其绝对值不同的多个规定的非图像对应电压，

加上所述图像对应电压的第一期间与加上所述多个非图像对应电压的第二期间之比，在全部所述

单位时间均保持不变，在所述第二期间使所述TN液晶的照明装置熄灭。

2. 一种液晶的高速驱动方法，液晶显示装置包括向列型液晶以及夹住所述向列型液晶的2块电极，通过在所述2块电极之间施加基于图像数据的图像对应电压进行显示，其特征在于：

在按规定周期连续的多个单位时间的各单位时间内，在所述两块电极间交替加上所述图像对应电压、和与所述图像数据无关的、其绝对值不同的多个规定的非图像对应电压，

加上所述图像对应电压的第一期间与加上所述多个非图像对应电压的第二期间之比，在全部所述单位时间均保持不变。

3. 如权利要求2所述的液晶的高速驱动方法，其特征在于：

在所述向列型液晶中包括按所述规定周期点亮及熄灭的照明装置。

4. 如权利要求2所述的液晶的高速驱动方法，其特征在于：

在所述向列型液晶中包括独立使红、绿、蓝的3色光源进行发光的照明装置，同时按所述规定周期依次地切换所述各光源来点亮和熄灭。

5. 如权利要求3或4所述的液晶的高速驱动方法，其特征在于：

在所述第二期间，使所述照明装置熄灭。

6. 如权利要求2所述的液晶的高速驱动方法，其特征在于：

在各单位时间内使所述图像对应电压和所述非图像对应电压的极性反转，使得所述2个电极之间在所述各单位时间内的的平均电压几乎为0。

7. 如权利要求2所述的液晶的高速驱动方法，其特征在于：

所述多个非图像对应电压当中至少1个非图像对应电压的绝对值，与所述图像对应电压的绝对值的最大值相同，或者是该最大值以上值。”

驳回所依据的对比文件为：

对比文件1：CN1114426A，公开日：1996年1月3日；

对比文件2：CN1083934A，公开日：1994年3月16日。

驳回决定认为：（1）对比文件1公开了一种液晶显示装置，其中包括扫描电极和数据电极以及夹在其中间的液晶，驱动扫描电极的栅极驱动电路91，驱动数据电极的源极驱动电路92，驱动反电极的驱动电路93，其中还包括一种驱动方法，栅极驱动电路91、反电极驱动电路93和源极驱动电路92分别在规定的显示周期的规定的期间内给扫描电极提供栅极电压191、给反电极提供反电压193和给数据电极提供源极电压192，在施加信号电压Von前规定的时间内，施加反电压193对应的首次初电压VH以及二次初电压VL，亦即施加信号电压Von的时间段与施加初电压VH、VL的时间段之比是不变的，该首次初电压和二次初电压是与灰度等级数据无关，在施加二次初电压时使得液晶单元熄灭。权利要求1与对比文件1的区别在于，权利要求1中还包括在所述第二期间使得所述TN液晶的照明装置熄灭。而对比文件2公开的彩色荧光屏液晶显示器中显示控制单元104在tn1、tn2、tn3时刻提供扫描脉冲301，在施加与灰度等级数据无关的上述扫描脉冲和复位脉冲期间，EFBL发出的红、绿、蓝三色光源是熄灭的，因此，对比文件2给出了将在每一周期中设置熄灭像素的期间应用到对比文件1的显示周期中的技术启示。因此，权利要求1不具备专利法第22条第3款规定的创造性。与对权利要求1的评述相同，权利要求2也不具备专利法第22条第3款规定的创造性。（2）权利要求3的附加技术特征为本领域的公知常识，在其引用的独立权利要求2不具备创造性的情况下，该从属权利要求3也不具备专利法第22条第3款规定的创造性。（3）权利要求4的附加技术特征被对比文件1和2所公开，在其引用的独立权利要求2不具备创造性的情况下，该从属权利要求4也不具备专利法第22条第3款规定的创造性。（4）权利要求5的附加技术特征被对比文件2所公开，在其引用

的独立权利要求不具备创造性的情况下，该从属权利要求也不具备专利法第22条第3款规定的创造性。(5) 权利要求6和7的附加技术特征被对比文件1所公开，在其引用的独立权利要求不具备创造性的情况下，该从属权利要求6、7也不具备专利法第22条第3款规定的创造性。因此，权利要求1~7相对于对比文件1和2不具备突出的实质性特点和显著的进步，不符合专利法第22条第3款规定的创造性，予以驳回。

申请人冲田雅也（下称复审请求人）对上述驳回决定不服，于2005年5月17日向专利复审委员会提交了复审请求，对申请文件未进行修改，陈述了本发明专利申请与对比文件相比具备创造性的理由。

经形式审查合格后，专利复审委员会受理了该复审请求，并于2005年6月14日向复审请求人发出复审请求受理通知书，同时向原审查部门发出前置审查通知书。

原审查部门对本复审请求进行了前置审查，在前置审查中，原审查部门坚持驳回决定。

专利复审委员会依法成立合议组对该复审请求案进行了审查。

本案合议组在仔细审阅了全部案卷后，于2006年7月24日发出复审通知书，指出：(1) 权利要求1~7相对于对比文件1和2的结合不具备突出的实质性特点和显著的进步，不符合专利法第22条第3款的规定，应当予以驳回；(2) 复审请求人提出本申请与对比文件1是属于基于两种液晶不同特性提出的具有本质区别的技术体系，并对液晶层提出了特殊要求，因而具备创造性。针对上述观点，合议组认为：对比文件1仅是认为由于“ECB型液晶”的响应特性快于“TN型液晶”，从而选择在“ECB型液晶”使用所述驱动方法，其并未明确所述驱动方法不适用于“TN型液晶”，并且，液晶层的特殊要求仅是希望得到更快的响应速度，并不能说明所述驱动方法仅仅只能够适用于特定的液晶层。此外，权利要求1所给出的方法中并未涉及对响应速度慢的“TN型液晶”有何针对性的改进。也就是说，其是将一种现有驱动方法在现有的液晶类型上的作出的选择。

2006年9月8日，复审请求人针对上述复审意见通知书进行了意见陈述，同时提交了权利要求书替换页，并且陈述了修改后权利要求1~4符合专利法第22条第3款的规定的理由。

修改后的权利要求书如下：

“1. 一种TN液晶的高速驱动方法，场序方式液晶显示装置包括TN液晶以及夹住所述TN液晶的2块电极，通过在所述2块电极之间施加基于图像数据的图像对应电压进行显示，其特征在于：

在按规定周期连续的多个单位时间的各单位时间内，在所述两块电极间交替加上所述图像对应电压、和与所述图像数据无关的、其绝对值不同的多个规定的非图像对应电压，

加上所述图像对应电压的第一期间与加上所述多个非图像对应电压的第二期间之比，在全部所述单位时间均保持不变，在所述第二期间使设置于所述TN液晶的、按所述规定周期点亮及熄灭的照明装置熄灭。

2. 如权利要求1所述的液晶的高速驱动方法，其特征在于：

在所述向列型液晶中包括独立使红、绿、蓝的三色光源进行发光的照明装置，同时按所述规定周期依次地切换所述各光源来点亮和熄灭。

3. 如权利要求1或2所述的液晶的高速驱动方法，其特征在于：

在各单位时间内使所述图像对应电压和所述非图像对应电压的极性反转，使得所述2个电极之间在所述各单位时间内的的平均电压几乎为0。

4. 如权利要求1、2和3中任一项所述的液晶的高速驱动方法，其特征在于：

所述多个非图像对应电压当中绝对值大的非图像对应电压的绝对值，与所述图像对应电压的绝对值的最大值相同。”

至此，合议组认为本案事实已经清楚，依法做出本复审请求决定。

二、决定理由

1. 审查文本

本复审决定依据的文本为：复审请求人于1998年6月12日提交的说明书摘要和摘要附图、附图第1~3页，2004年11月29日提交的说明书第1~7页，2006年9月13日提交的权利要求第1~4项。

2. 关于专利法第22条第3款的问题

专利法第22条第3款规定：创造性是指同申请日以前已有的技术相比，该发明有突出的实质性特点和显著的进步。

（1）权利要求1的创造性。

权利要求1要求保护一种场序方式TN液晶的高速驱动方法，对比文件1（CN1114426A）公开了一种液晶显示装置和驱动方法（见说明书第24页倒数第3行至说明书第25页第14行、附图20、图21A-C、图22A-B），其中包括扫描电极和数据电极以及夹在其中的液晶，驱动扫描电极的栅极驱动电路91，驱动数据电极的源极驱动电路92，驱动反电极的驱动电路93，图21A是栅极电压打开TFT的栅极时通过源电极将源电压192加到像素电极的情况源电压192对应于信号电压Von（所述信号电压即相当于权利要求1中的图像对应电压）。图21B是当TFT的栅极打开时施加反电压193的情况，反电压193是在通过源电极施加源电压192之前加到反电极上去的一个脉冲电压。反电压193对应于首次初电压VH。首次初电压VH与信号电压Von之间有一段不加电压的空隙时间，这个时间宽度正好对应于二次初电压的施加时间宽度（所述首次初电压和二次初电压即相当于权利要求1中的非图像对应电压）。图22A中每个周期中施加信号电压Von之前的规定时间段内，施加反电压193对应的首次初电压和二次初电压，也就是说，施加信号电压的时间段（相当于权利要求1中的第一期间）和施加首次初电压和二次初电压的时间段（相当于权利要求1中的第二期间）的比值是不变的。

由此可见，权利要求1与对比文件1相比，区别在于，权利要求1中还包括在所述第二期间使设置于所述TN液晶的、按所述规定周期点亮及熄灭的照明装置熄灭。

对比文件2（CN1083934A）公开了一种彩色荧光灯液晶显示器，具体包括以下技术特征（见说明书第17页第2段、附图10）：显示控制单元104在tn1、tn2、tn3时刻提供与像素无关扫描脉冲301，每个脉冲包括一个复位部分和一个周期扫描部分，在前述脉冲期间，EFBL发出的红、绿、蓝光源是熄灭的。也就是说，对比文件2给出了在照明装置熄灭的期间施加一与像素无关电压（相当于权利要求1中的非图像对应电压）以提高EFLCD效率的技术方案。由此可见，对比文件2给出了技术启示，使得本领域技术人员在对比文件2公开的照明装置熄灭期间加上对比文件1公开的所述初始电压以得到权利要求1所要求保护的技术方案。此外，正如在复审意见通知书中合议组所指出的，液晶显示装置的显示都是基于每个周期中根据栅极电压及源极电压来控制每个像素的点亮或熄灭是本领域的常用技术手段，因此，权利要求1相对于对比文件1和2以及本领域常用技术手段的结合不具有突出的实质性特点和显著的进步，不符合专利法第22条第3款的规定。

（2）权利要求2~4的创造性。

从属权利要求2在引用权利要求1的基础上进一步限定的附加技术特征为：在所述向列型液晶中包括独立使红、绿、蓝的3色光源进行发光的照明装置，同时按所述规定周期依次地切换所述光源来点亮和熄灭。对比文件2公开了一种彩色荧光液晶显示器（见说明书第7页倒数第1段至第8页第1段）其包括：独立的红、绿和蓝三基色荧光条78，以分别产生红光、绿光和蓝光，即其包括独立的三色光源。对比文件1中（见说明书第30页倒数第2段、说明书第31页第1段），光源130前放置了光线选择元件129，一个配有红、绿、蓝彩色滤波器的转盘132，输出光的色彩是由调节转盘132

的滤色镜的旋转时间而获得，即其按周期切换以获得三色光源的点亮和熄灭。因此，前述附加技术特征分别为对比文件 1 和 2 所公开，在其引用的独立权利要求不具备创造性的情况下，该从属权利要求 2 也不具备创造性，不符合专利法第 22 条第 3 款的规定。

从属权利要求 3 在引用权利要求 1 或 2 的基础上进一步限定的附加技术特征为：在各单位时间内使所述图像对应电压和所述非图像对应电压的极性反转，使得所述 2 个电极之间在所述各单位时间内的平均电压几乎为 0。对比文件 1 中，为防止液晶材料之质量变差在每一根中把所加的电压极性反转（见说明书第 25 页倒数第 2 段、图 21A–图 21C），由说明书附图 21A–图 21C 可以看出各单位时间内的平均电压为 0。因此，该附加技术特征已经被对比文件 1 所公开，在其引用的独立权利要求不具备创造性的情况下，该从属权利要求也不具备创造性，不符合专利法第 22 条第 3 款的规定。

从属权利要求 4 在引用权利要求 1~3 中任一项的基础上进一步限定的附加技术特征为：所述多个非图像对应电压当中绝对值大的非图像对应电压的绝对值，与所述图像对应电压的绝对值的最大值相同。对比文件 1 中施加信号电压 Von 之前先加一个绝对值至少大于信号电压 Von 的首次初电压 VH（见说明书第 19 页第 2 段），也就是说，信号电压 Von 的绝对值（相当于权利要求 1 中的图像对应电压的绝对值）可以大于初电压 VH 的绝对值，也可以等于初电压 VH 的绝对值（相当于权利要求 1 中的非图像对应电压的绝对值），因此，该附加技术特征已经被对比文件 1 所公开，在其引用的独立权利要求不具备创造性的情况下，该从属权利要求也不具备创造性，不符合专利法第 22 条第 3 款的规定。

3. 对于复审请求人针对复审通知书的其他陈述意见的评述

复审请求人在答复复审通知书时提出：对比文件 1 是以场序方式实现高速光学响应，该场序方式并不适于 TN 型液晶。针对上述观点，合议组认为：首先，对比文件 1 仅是认为由于“ECB 型液晶”的响应特性快于“TN 型液晶”，从而选择在“ECB 型液晶”使用所述驱动方法，其并未明确所述驱动方法不适用于“TN 型液晶”；其次，对比文件 1（说明书第 2 页第 5 段）仅仅排除了响应速度为几十毫秒的 TN 型液晶不适于视场序列寻址法，并非排除所有类型的 TN 型液晶，而本申请说明书明确记载了现有技术存在响应速度在 2–3msec 的 TN 型液晶（说明书第 2 页倒数第 3 段第 2~3 行），也就是说，对于某些响应速度较快的 TN 型液晶，是可以适用对比文件 1 所述的视场序列寻址法的；最后，权利要求 1 所给出的方法中并未涉及对响应速度慢的 TN 型液晶有何针对性的改进，也就是说，其是将一种现有驱动方法在现有的液晶类型上的作出的选择。因此，复审请求人的上述陈述意见不能成立。

综上所述，合议组认为：本申请权利要求 1~4 相对于对比文件 1 和 2 的结合不具备突出的实质性特点和显著的进步，因此，不符合专利法第 22 条第 3 款规定。

三、决定

维持国家知识产权局于 2005 年 2 月 4 日对 98109886. X 号发明专利申请作出的驳回决定。

复审请求人对本决定不服的，可以根据专利法第 41 条第 2 款的规定，自收到本决定之日起三个月内向北京市第一中级人民法院起诉。

054

基于技术目标的工业控制装置及方法

复审请求审查决定（第10583号）

决　定　号　第10583号
决　定　日　2007年5月8日
发明创造名称　基于技术目标的工业控制装置及方法
国际分类号　G05B 19/04
复审请求人　西门子公司
申　请　号　01138564.2
申　请　日　2001年8月3日
优先权日　2000年8月3日，2000年11月8日
公　开　日　2002年5月15日
合议组组长　徐媛媛
主　审　员　田　华
参　审　员　杜微科

法律依据　专利法第33条
决定要点

若申请文件的修改内容既没有记载在原说明书和权利要求书中，也不能从原说明书和权利要求书记载的内容中直接地、毫无疑义地导出，则这种修改超出原说明书和权利要求书记载的范围。

一、案由

本复审请求涉及名称为“基于技术目标的工业控制装置及方法”的01138564.2号发明专利申请（下称本申请），申请日为2001年8月3日，优先权日为2000年8月3日、2000年11月8日，公开日为2002年5月15日，申请人为西门子公司。

2005年3月18日，国家知识产权局以本申请说明书不符合专利法第26条第3款的规定为由驳回了本申请。驳回决定依据的审查文本为：申请人于2001年8月3日提交的摘要附图、说明书附图1~10页，2004年11月1日提交的说明书第1~13页、权利要求第1~16项以及说明书摘要。

驳回决定针对的权利要求书的内容如下：

“1. 一种用于技术过程（P）的工业控制装置，其特征在于，该控制装置包括：

运行时间系统（RTS1-RTS5），用于对技术过程（P）进行控制；

用于控制基本功能的、通用的、并独立于具体技术的基本系统（UMC-K）；

若干技术目标（TO1-TO_n），该控制装置的技术功能通过这些技术目标（TO1-TO_n）的目标类型来提供；

该控制装置在功能方面的技术定标通过加载这些技术目标（TO1-TO_n）的类型来实现，该控制装置的功能可通过加载任意技术目标（TO1-TO_n）来灵活地扩展；

其中，可在不同或相同性能的硬件系统和/或运行时间系统中加载及分配技术目标（TO1-TO_n）；可以针对相应的应用由用户对所述目标类型的选择和实例化进行裁剪。

2. 按照权利要求1所述的工业控制装置，其特征在于：可在一个设计中，在不同或相同性能的硬件系统和/或运行时间系统中进行技术目标（TO1-TO_n）的加载及分配，其中一个设计涉及一个或多个控制单元的数据和/或程序。

3. 按照权利要求1或2所述的工业控制装置，其特征在于：所述技术目标（TO1-TO_n）的功能分配是实时地在通过脉冲同步等距离相互联系的控制单元中进行的。

4. 按照权利要求3所述的工业控制装置，其特征在于：所述技术目标（TO1-TO_n）包括可编程接口和/或系统变量和/或报警部分。

5. 按照权利要求4所述的工业控制装置，其特征在于：所述技术目标（TO1-TO_n）被组合在一个编程外围装置中。

6. 按照权利要求5所述的工业控制装置，其特征在于：使用标准的编程外围装置。

7. 按照权利要求5所述的工业控制装置，其特征在于：对技术目标（TO1-TO_n）进行对其他现有的技术目标（TO1-TO_n）及控制基本系统的无反作用的编程，只要没有明显对反作用地进行编程或设计。

8. 按照权利要求7所述的工业控制装置，其特征在于：所述技术目标（TO1-TO_n）的使用是独立于硬件或平台的。

9. 按照权利要求8所述的工业控制装置，其特征在于：所述技术目标（TO1-TO_n）在其相对于其他技术目标（TO1-TO_n）的功能方面具有分级关系和/或数据流关系（DF1-DF29、DF3）。

10. 按照权利要求9所述的工业控制装置，其特征在于：作为技术目标（TO1-TO_n）有用于运动控制的单元，如轴（A1-A6）、传感器（EG1-EG6）、凸轮（N1、N2）、测头（MT1、MT2）、同步部分（GL1-GL6）及曲面轮（KS1-KS3）。

11. 按照权利要求10所述的工业控制装置，其特征在于：所述技术目标类型可被综合为技术数据包（TP）。

12. 按照权利要求11所述的工业控制装置，其特征在于：在硬件平台配置前进行编程。

13. 按照权利要求12所述的工业控制装置，其特征在于：可灵活调整技术目标类型的实例化的数目。

14. 按照权利要求13所述的工业控制装置，其特征在于：所述技术目标类型的实例是分布在一个或多个控制单元上的。

15. 按照权利要求14所述的工业控制装置，其特征在于：所述技术目标（TO1-TO_n）的命令被同步地和/或异步地使用。

16. 一种建立工业控制的方法，其特征在于，具有以下的步骤：

a）使用一个具有独立于具体技术的基本功能的基本系统（UMC-K）；

b）对与应用有关的技术目标（TO1-TO_n）的目标类型进行选择及实例化，及将得到的技术目标（TO1-TO_n）配置在工程系统（ES）中；

c）将选择出的技术目标（TO1-TO_n）的目标类型加载到运行时间系统（RTS1-RTS5）中；

d）在运行时间系统（RTS1-RTS5）中加载及使用实例化的技术目标及实例化信息；

e）在使用实例化的技术目标（$TO1-TO_n$）的情况下建立用户程序（AP）；

f）将用户程序（AP）加载到运行时间系统（RTS1-RTS5）中。"

驳回决定中指出：（1）说明书第7页4行（原说明书第6页第30行）"技术目标TO1至TOn被表示为矩形，该技术目标使UMC中心UMC-K扩展"，技术目标如何、为什么使UMC中心扩大，在说明书中没有作出清楚的说明；（2）说明书第7页11行（原说明书的第7页第7行）"为了扩展运行时间系统的基本系统，通常以技术目标类型的形式加载技术目标"，以技术目标类型的形式加载技术目标为什么能扩展允许时间系统的基本系统在说明书中没有明确说明；（3）本发明的目的是提供一种基于技术目标的工业控制装置，但是说明书中没有任何有关该装置的结构上的限定，仅描述了如何实现该装置的功能，因此说明书只给出了任务和设想，而未给出任何所述领域技术人员能够实施的技术手段，从说明书可以理解该装置在结构上没有任何新的区别于现有控制装置的特征，而基于技术目标的控制方法都是通过计算机程序实现的，而计算机程序是专利法不予保护的内容。基于上述理由，本领域技术人员根据说明书中所述的内容不能实现该发明，说明书公开不充分，不符合专利法第26条第3款的规定，不能被授予专利权。

申请人（下称复审请求人）对该驳回决定不服，于2005年7月4日向专利复审委员会提出了复审请求，同时提交了修改文本，其复审请求理由主要如下：

（1）面向对象的技术是本领域的技术人员所公知的，因此，本领域的技术人员应能理解"对象"的含义，了解对象在软件技术中的应用，而"技术对象"是指用于实现一定技术任务的对象。此外通过对基本软件或系统（本发明中为UMC核心）添加对象以根据应用的需要来扩展其功能也是本领域技术人员了解的。面向对象的技术例如在Addison-Wesley出版社1993年9月出版的，由Grady Booch所著的"Object-oriented Analysis and Design with Application"中有详细描述。（2）本申请的权利要求4和10以及说明书中，都对"技术对象"予以了说明："所述技术目标（TO1-TO）包括可编程接口和/或系统变量和/或报警部分"、"作为技术目标（$TO1-TO_n$）有用于运动控制的单元，如轴（A1-A6）、传感器（EG1-EG6）、凸轮（N1、N2）、测头（MT1、MT2）、同步部分（GL1-GL6）及曲面轮（KS1-KS3）"等，并且在本申请说明书对附图4~10所示的实施例的详细描述中，可清楚看出是如何通过技术对象来构成所要实现的功能的。因此，本申请说明书的公开是清楚、充分的，各权利要求得到了说明书的支持，本领域的技术人员根据本申请说明书的描述、结合公知常识完全能够实现本发明的技术方案。此外，虽然本申请主要是通过软件实现的，但在此并未涉及计算机软件本身，而是利用技术手段解决技术问题的技术方案，根据审查指南第九章，属于可以授予专利权的范畴。

修改后的权利要求书内容如下：

"1. 一种用于为技术过程（P）建立工业控制的方法，其特征在于，具有以下步骤：

a）采用具有独立于具体技术的基本技术功能的、通用的、并独立于具体技术的基本系统（UMC-K），其中，所述控制采用若干技术目标（$TO1-TO_n$），该控制的技术功能通过这些技术目标（$TO1-TO_n$）的目标类型来提供；

b）对与应用有关的技术目标（$TO1-TO_n$）的目标类型进行选择及实例化，及将得到的技术目标（$TO1-TO_n$）配置在工程系统（ES）中，其中，对所述目标类型的选择和实例化可由用户进行裁剪；

c）将选择出的技术目标（$TO1-TO_n$）的目标类型加载和分布到不同或相同性能的运行时间系统（RTS1-RTS5）中，其中，所述控制在功能方面的技术定标通过加载这些技术目标（$TO1-TO_n$）的类型来实现，该控制的功能可通过加载任意技术目标（$TO1-TO_n$）来灵活地扩展；

d）在运行时间系统（RTS1-RTS5）中加载及使用实例化的技术目标及实例化信息；

e）在使用实例化的技术目标（$TO1-TO_n$）的情况下建立用户程序（AP）；以及

f）将用户程序（AP）加载到运行时间系统（RTS1-RTS5）中。

2. 按照权利要求1所述的方法，其特征在于：可在一个设计中，在不同或相同性能的硬件系统和/或运行时间系统中进行技术目标（TO1-TO_n）的加载及分配，其中一个设计涉及一个或多个控制单元的数据和/或程序。

3. 按照权利要求1或2所述的方法，其特征在于：所述技术目标（TO1-TO_n）的功能分配是实时地在通过脉冲同步等距离相互联系的控制单元中进行的。

4. 按照权利要求3所述的方法，其特征在于：所述技术目标（TO1-TO_n）包括可编程接口和/或系统变量和/或报警部分。

5. 按照权利要求4所述的方法，其特征在于：所述技术目标（TO1-TO_n）被组合在一个编程外围装置中。

6. 按照权利要求5所述的方法，其特征在于：使用标准的编程外围装置。

7. 按照权利要求5所述的方法，其特征在于：对技术目标（TO1-TO_n）进行对其他现有的技术目标（TO1-TO_n）及控制基本系统的无反作用的编程，只要没有明显对反作用地进行编程或设计。

8. 按照权利要求7所述的方法，其特征在于：所述技术目标（TO1-TO_n）的使用是独立于硬件或平台的。

9. 按照权利要求8所述的方法，其特征在于：所述技术目标（TO1-TO_n）在其相对于其他技术目标（TO1-TO_n）的功能方面具有分级关系和/或数据流关系（DF1-DF29、DF3）。

10. 按照权利要求9所述的方法，其特征在于：作为技术目标（TO1-TO_n）有用于运动控制的单元，如轴（A1-A6）、传感器（EG1-EG6）、凸轮（N1、N2）、测头（MT1、MT2）、同步部分（GL1-GL6）及曲面轮（KS1-KS3）。

11. 按照权利要求10所述的方法，其特征在于：所述技术目标类型可被综合为技术数据包（TP）。

12. 按照权利要求11所述的方法，其特征在于：在硬件平台配置前进行编程。

13. 按照权利要求12所述的方法，其特征在于：可灵活调整技术目标类型的实例化的数目。

14. 按照权利要求13所述的方法，其特征在于：所述技术目标类型的实例是分布在一个或多个控制单元上的。

15. 按照权利要求14所述的方法，其特征在于：所述技术目标（TO1-TO_n）的命令被同步地和/或异步地使用。”

经形式审查合格后，专利复审委员会受理了该复审请求，并于2005年10月21日向复审请求人发出复审请求受理通知书，同时向国家知识产权局原审查部门发出前置审查通知书。

国家知识产权局原审查部门对复审请求进行了前置审查，在前置审查意见书中表示坚持原驳回决定。

针对该复审请求，专利复审委员会成立合议组，对本案进行了审理，并于2006年12月1日向复审请求人发出复审通知书。复审通知书指出：（1）复审请求人在提出复审请求时修改了权利要求书及说明书的相关页，复审请求人对申请文本的这种修改超出原说明书和权利要求书记载的范围，不符合专利法第33条的规定。此外，由于复审请求人在修改权利要求时改变了原权利要求1~15的类型，也不符合专利法实施细则第60条第1款的规定。（2）由于复审请求人提出复审请求时对申请文本的修改不符合专利法第33条、专利法实施细则第60条第1款的规定，为节约程序，合议组依据驳回决定所针对的文本进行审查。（3）合议组认为，根据说明书的记载，本申请只给出了一种基于技术目标的工业控制装置的任务和设想，说明书中仅描述了该装置的功能如何实现，而没有任何有关该装置具体结构限定的技术内容，在具体实施方式中也只是给出原理性技术配置，没有详细描述基于技术目标的工业控制装置是由哪些装置构成及这些装置之间的连接关系，也没有说明由这些装置构成的工业控制装置是如何完成发明目的的。此外在说明书中也仅仅给出一种建立工业控制的方法的步骤，没有详细说明实现方法的各个步骤的具体技术手段。也就是说，说明书中仅仅给出了任务和设想，但是未给出任何本领域技术人员能够实施的具体技术手段，致使本领域技术人员按照说明书记载的内容，在不付出创造性劳动的情况下不能够实现本发明的技术方案，解决其技术问题，并且产生预期的技术效果。因此，本申请不符合专利法第 26 条第 3 款的规定。

针对复审通知书，复审请求人于 2007 年 3 月 16 日提交了意见陈述书。复审请求人认为，技术对象接口的实施、对运动控制装置的结构、如何建立用于运动控制系统的控制装置和工程系统、技术对象的同步连接等在现有技术中对本领域技术人员来说已足够清楚，因此，本申请的公开是清楚充分的。复审请求人在提交上述意见陈述书时没有对申请文件进行修改，也未就复审通知书中指出的有关本申请的修改不符合专利法第 33 条的缺陷陈述意见。

经过上述审查程序，本案合议组认为本案事实已经清楚，可以作出复审决定。

二、决定的理由

1. 审查文本

本决定依据的审查文本是：请求人于 2001 年 8 月 3 日提交的摘要附图、说明书附图 1~10 页，2004 年 11 月 1 日提交的说明书摘要，2005 年 7 月 4 日提交的说明书第 1~13 页、权利要求第 1~15 项。

2. 关于专利法第 33 条

专利法第 33 条规定：申请人可以对其专利申请文件进行修改，但是，对发明和实用新型专利申请文件的修改不得超出原说明书和权利要求书记载的范围。

复审请求人在提出复审请求时对申请文件进行了修改，将权利要求 1~15 的类型由产品改为方法，修改后的权利要求 1 的内容为："一种用于为技术过程（P）建立工业控制的方法，其特征在于，具有以下步骤：a）采用具有独立于具体技术的基本技术功能的、通用的、并独立于具体技术的基本系统（UMC-K），其中，所述控制采用若干技术目标（$TO1-TO_n$），该控制的技术功能通过这些技术目标（$TO1-TO_n$）的目标类型来提供；b）对与应用有关的技术目标（$TO1-TO_n$）的目标类型进行选择及实例化，及将得到的技术目标（$TO1-TO_n$）配置在工程系统（ES）中，其中，对所述目标类型的选择和实例化可由用户进行裁剪；c）将选择出的技术目标（$TO1-TO_n$）的目标类型加载和分布到不同或相同性能的运行时间系统（RTS1-RTS5）中，其中，所述控制在功能方面的技术定标通过加载这些技术目标（$TO1-TO_n$）的类型来实现，该控制的功能可通过加载任意技术目标（$TO1-TO_n$）来灵活地扩展；d）在运行时间系统（RTS1-RTS5）中加载及使用实例化的技术目标及实例化信息；e）在使用实例化的技术目标（$TO1-TO_n$）的情况下建立用户程序（AP）；以及 f）将用户程序（AP）加载到运行时间系统（RTS1-RTS5）中。"合议组认为，上述内容并未记载在原说明书和权利要求书中，同时也非由本领域技术人员根据原说明书和权利要求书文字记载的内容以及说明书附图能直接地、毫无疑义地确定的。因此，复审请求人对申请文件的修改超出了原说明书和权利要求书记载的范围，不符合专利法第 33 条的规定。

基于上述理由，合议组作出如下决定。

三、决定

维持国家知识产权局于 2005 年 3 月 18 日对 01138564.2 号发明专利申请作出的驳回决定。

复审请求人对本决定不服的，可以根据专利法第 41 条第 2 款的规定，自收到本决定之日起三个月内向北京市第一中级人民法院起诉。

055

显示控制器、显示控制方法及图像显示系统

复审请求审查决定（第10584号）

决　定　号　第10584号
决　定　日　2007年5月14日
发明创造名称　显示控制器、显示控制方法及图像显示系统
国 际 分 类 号　G09G 3/20，G09G 5/00，G09G 5/36
复 审 请 求 人　夏普株式会社
申　请　号　02140567.0
优　先　权　日　2001年8月24日
申　请　日　2002年7月3日
公　开　日　2003年3月12日
合 议 组 组 长　丁惠玲
主　审　员　杨存吉
参　审　员　王伟艳

法 律 依 据　专利法第22条第3款
决 定 要 点

如果发明是所属领域的技术人员在现有技术中给出的技术启示下，通过合乎逻辑的分析、推理可以得到的，那么该发明是显而易见的，不具有突出的实质性特点和显著的进步，不具备专利法第22条第3款规定的创造性。

一、案由

本复审请求涉及申请号为02140567.0的发明专利申请（下称本申请），其申请日为2002年7月3日、优先权日为2001年8月24日、申请人为夏普株式会社、发明名称为“显示控制器、显示控制方法及图像显示系统”。

本申请于2003年3月12日公开后，国家知识产权局实质审查部门针对原始申请文件进行实质审查，并于2004年3月19日发出第一次审查意见通知书。该通知书指出：本申请的权利要求1~3、5~9和12~17相对于对比文件1（US5828418A，公开日为1998年8月27日）不具备专利法第22条第2款规定的新颖性；权利要求4、10~11和18~19相对于对比文件1和对比文件2（CN1111464A，公开日为1995年11月8日）不具备专利法第22条第3款规定的创造性。

针对第一次审查意见通知书，申请人于2004年7月29日提交了意见陈述书以及经修改的说明书和权利要求书，其中将原权利要求2、10和13的特征分别加入原权利要求1和14作为新的独立权利

要求 1 和 11，将原权利要求 18 和 19 的特征分别加入原权利要求 15 作为新的独立权利要求 13。

申请人认为本申请的特征在于在指定的图像模式（旋转/左右翻转）的基础上，进行运算处理，对输入到显示控制器的图像数据的各像素地址进行变换，从而得到显示地址；而对比文件 1 是在指定的图像模式（放大/缩小/动画）的基础上由地址选择控制单元从存储部所存储的图像数据地址中选择特定的地址，从而得到显示地址；也就是说，本申请是从输入（存储）的图像数据地址中生成显示地址，而对比文件 1 是从输入（存储）的图像数据地址中选择显示地址，两者是完全不同的；对比文件 2 中仅记载了以坐标分量（2 维形式）表示显示地址，而本申请可以用 1 维或 2 维形式中的任何一种进行表示，由此本申请根据地址变换参数生成显示地址的生成方法也不同于对比文件 2，所以修改后的权利要求具有专利法第 22 条第 3 款规定的创造性。

针对上述意见陈述书和修改文件，国家知识产权局实质审查部门于 2004 年 9 月 17 日发出第二次审查意见通知书，指出权利要求 1~16 不具备专利法第 22 条第 3 款规定的创造性。

针对第二次审查意见通知书，申请人于 2004 年 11 月 30 日提交意见陈述书，对申请文件未作修改，认为本申请通过将图像数据中表示各像素地址信息的地址数据的变换放在显示控制器，而不是中央处理装置等外部装置进行，使得能够在显示控制器中算出一维表示的地址，从而实现大大减小显示控制器的实装面积和功耗的目的，这是本申请与对比文件的技术方案在结构和功能上的实质性区别，本领域普通技术人员不付出创造性的劳动是得不到本申请的技术方案的，因此具备专利法第 22 条第 3 款规定的创造性。

国家知识产权局实质审查部门针对第二次审查意见通知书所针对的申请文本，于 2005 年 3 月 18 日作出驳回决定，理由是本申请权利要求 1~16 不具备专利法第 22 条第 3 款规定的创造性。该驳回决定指出：采用一维或二维的数据存储传输应用方法，都是本领域公知的技术手段，本领域普通的技术人员在得知两种工作方式的特点后，根据需求选择其中的一种并进行应用无需付出任何创造性的劳动。

申请人（下称复审请求人）对上述驳回决定不服，于 2005 年 6 月 16 日向专利复审委员会提出复审请求，同时提交了修改的权利要求书，共有 13 项权利要求，其中修改后的独立权利要求如下：

“1. 一种显示控制器（2），其特征在于，

在从外部装置输入图像数据并对显示面板（3）输出视频信号的显示控制器中，

是从外部装置输入表示所述图像数据中各像素地址变换方法的地址变换参数的显示控制器（2），

具有根据所述地址变换参数生成显示面板（3）的显示地址的显示地址发生手段（6）、

根据所述显示地址发生手段（6）生成的显示地址将所述图像数据作为视频信号输出的视信号输出手段（8）、以及

暂时存放从所述外部装置输入的地址变换参数的控制寄存器（5），

所述控制寄存器（5）具有，

存放将输入的图像数据显示在所述显示面板（3）上时的开始信息的开始地址设定寄存器（9）、

存放输入图像的横向点数的横向点数设定寄存器（10）、

存放输入图像的纵向点数的纵向点数设定寄存器（11）、

以及存放输入图像的旋转信息的旋转方向设定寄存器（12），

所述显示地址发生手段（6）具有

对地址变换的原始图像中各像素的横向地址进行计数的横向点数计数器、

对地址变换的原始图像中各像素的纵向地址进行计数的纵向点数计数器、

将所述横向点数设定寄存器（10）设定的值与所述横向点数计数器计数的值进行比较的比较

电路、

将所述纵向点数设定寄存器（11）设定的值与所述纵向点数计数器计数的值进行比较的比较电路，

以及根据所述横向点数计数器计数的值、所述纵向点数计数器计数的值及所述开始地址设定寄存器（9）设定的开始地址信息进行运算的显示地址运算手段，

其中利用所述显示地址发生手段（6）生成的显示地址是以1维形式表示的。

10. 一种图像显示系统，其特征在于，具有

进行图像数据编辑处理的中央处理装置（1）、

显示控制器（2）、

以及根据从所述显示控制器（2）输出的视频信号进行图像显示的显示面板（3），

所述显示控制器（2）具有根据地址变换参数生成显示面板（3）的显示地址的显示地址发生手段（6）、根据显示地址发生手段（6）生成的显示地址将所述图像数据作为视频信号输出的视频信号输出手段（8），以及暂时存放从所述外部装置输入的地址变换参数的控制寄存器（5），若从所述中央处理装置（1）输入图像数据及表示该图像数据中各像素地址变换方法的地址变换参数，则对显示面板（3）输出视频信号，

所述控制寄存器（5）具有，

存放将输入的图像数据显示在所述显示面板（3）上时的开始信息的开始地址设定寄存器（9）、

存放输入图像的横向点数的横向点数设定寄存器（10）、

存放输入图像的纵向点数的纵向点数设定寄存器（11）、

以及存放输入图像的旋转信息的旋转方向设定寄存器（12），

所述显示地址发生手段（6）具有

对地址变换的原始图像中各像素的横向地址进行计数的横向点数计数器、

对地址变换的原始图像中各像素的纵向地址进行计数的纵向点数计数器、

将所述横向点数设定寄存器（10）设定的值与所述横向点数计数器计数的值进行比较的比较电路、

将所述纵向点数设定寄存器（11）设定的值与所述纵向点数计数器计数的值进行比较的比较电路、

以及根据所述横向点数计数器计数的值、所述纵向点数计数器计数的值及所述开始地址设定寄存器（9）设定的开始地址信息进行运算的显示地址运算手段，

其中利用所述显示地址发生手段（6）生成的显示地址是以1维形式表示的。

11. 一种显示控制方法，其特征在于，

在从外部装置输入图像数据并对显示面板输出视频信号的显示控制器的显示控制方法中，具有

从外部装置输入表示所述图像数据中各像素地址变换方法的地址变换参数的步骤、

根据所述地址变换参数生成显示面板（3）的显示地址的步骤、

以及根据所述显示地址发生手段（6）生成的显示地址将所述图像数据作为视频信号输出的步骤，

根据地址变换参数生成显示面板（3）的显示地址的所述步骤具有

将开始地址信息置于存放输入的图像数据显示在所述显示面板（3）上时的开始地址信息的开始地址设定寄存器（9）的步骤、

将横向点数置于存放输入图像横向点数的横向点数设定寄存器（10）的步骤、

将纵向点数置于存放输入图像纵向点数的纵向点数设定寄存器（11）的步骤、

将表示旋转方向的数据置于存放输入图像旋转信息的旋转方向设定寄存器（12）的步骤，

根据地址变换参数生成显示面板（3）的显示地址的所述步骤，在将表示旋转方向的数据置于存放输入图像旋转信息的旋转方向设定寄存器（12）的步骤之后，具有

确认置于旋转方向设定寄存器（12）的旋转信息并选择实现旋转的算法的步骤、

算出变换后的地址的步骤、

以及比较横向点数设定寄存器（10）设定的横向点数值与横向点数计数器（15）计数的值和比较纵向点数设定寄存器（11）设定的纵向点数值与纵向点数计数器（16）计数的值的步骤，

其中根据地址变换参数生成的显示面板的显示地址以1维形式表示。”

复审请求人主张：本申请的显示控制器无需再从中央处理器等外部装置获取表示图像数据中各图像地址信息的地址数据，因此无需设置多位地址总线在显示控制器和外部装置之间传送地址数据信号，从而提供一种实装面积小且减小中央处理器进行图像数据的编辑处理的负担的显示控制器；此外，本申请能够计算出一维显示地址或二维显示地址，作为图像数据中表示各像素地址信息的地址数据变换后的地址。

经形式审查合格后，专利复审委员会受理了该复审请求并于2005年8月30日向复审请求人发出复审请求受理通知书，同时向国家知识产权局实质审查部门发出前置审查通知书。

国家知识产权局实质审查部门在前置审查意见书中仍然坚持驳回决定。

专利复审委员会依法组成合议组对本复审请求进行了审查，并针对申请日提交的说明书附图第1~13页、摘要和摘要附图，2004年7月29日提交的说明书第1~18页以及2005年6月16日提交的权利要求第1~13项，于2006年7月11日发出复审通知书，指出权利要求1~13相对于对比文件1不具备专利法第22条第3款规定的创造性。

复审请求人于2006年8月28日提交意见陈述书，请求专利复审委员会就本申请举行口头审理。

专利复审委员会于2007年1月30日发出口头审理通知书，定于2007年3月20日上午在专利复审委员会进行口头审理。

口头审理如期举行，复审请求人委托的代理人出席了口头审理。复审请求人对合议组成员无回避请求。在口头审理中，复审请求人主张：本申请与对比文件1之间最为重要的区别是对比文件1中的地址选择处理是在图像数据已经被存入像素存储器17之后进行的，而本申请的一系列地址变换是在图像数据存储原始存储手段7之前或同时进行的；对比文件1的纵向地址生成单元12和横向地址生成单元13生成的仅是应该读取像素存储器中哪一个像素的地址，而不是应该把某个像素存到像素存储器中哪个地址的地址信息；对比文件1的重点在于地址选择单元14和地址选择控制单元15如何对纵向地址生成单元12和横向地址生成单元13生成的地址进行选择上，其只需要从初始值设定单元11所设定的初始值开始依次产生地址，而不像本申请的显示地址发生手段6那样要根据旋转信息产生各种的地址数据，因此本申请同对比文件1在解决的技术问题、采用的技术手段和获得的技术效果上均存在区别，本领域普通技术人员无法在不付出创造性的劳动的情况下从对比文件1中获得本申请的技术方案，因此本申请权利要求请求保护的方案具备专利法第22条第3款规定的创造性。口头审理结束后，复审请求人当庭提交了书面的口审答辩书。

至此，合议组认为本案事实已经清楚，可以依法作出决定。

二、决定的理由

合议组审查复审请求人提交的修改文本后，未发现其存在不符合专利法第33条和专利法实施细则第60条第1款的规定之处，故本复审决定所针对的文本为申请日提交的说明书附图第1~13页、摘

要和摘要附图，2004 年 7 月 29 日提交的说明书第 1～18 页以及 2005 年 6 月 16 日提交的权利要求第 1～13项。

专利法第 22 条第 3 款规定：创造性，是指同申请日以前已有的技术相比，该发明有突出的实质性特点和显著的进步，该实用新型有实质性特点和进步。

如果发明是所属领域的技术人员在现有技术中给出的技术启示下，通过合乎逻辑的分析、推理可以得到的，那么该发明是显而易见的，不具有突出的实质性特点和显著的进步，不具备专利法第 22 条第 3 款规定的创造性。

（1）权利要求 1 不具备专利法第 22 条第 3 款规定的创造性。权利要求 1 请求保护一种显示控制器，对比文件 1（US5828418A）公开一种视频显示控制设备，其包括显示装置、存储装置、参照像素设置装置、图像模式设置装置和地址生成装置；参照像素设置装置用来设置参照像素的水平地址和垂直地址；图像模式设置装置用来设置按何种预定模式对原始图像进行转换；地址生成装置用来根据参照像素数据和转换模式生成显示地址（参见对比文件 1 的权利要求书和附图 1）。对比文件 1 的显示装置相当于本申请权利要求 1 的显示面板，它们的图像数据都是从外部装置输入，并向显示装置输出；对比文件 1 中的地址转换参数（参照像素数据和变换模式）也是从外部装置输入，它的地址生成装置相当于本申请权利要求 1 的具有根据所述地址变换参数生成显示面板的显示地址的显示地址发生手段，也能根据所生成的显示地址将图像数据作为视频信号输出，尽管复审请求人认为对比文件 1 中纵向地址生成单元 12 和横向地址生成单元 13 生成的仅是选择读取像素存储器中哪一个像素的地址，而不是把某个像素存到像素存储器中哪个地址的地址信息，但是对比文件 1 中对像素地址的选择是因为它的转换模式是放大或缩小，在这种情况下显示地址的生成仅需要做出选择即可，这与在其他转换模式下通过计算生成显示地址并无实质性的差别，都是本领域普通技术人员可以由此及彼的，所以合议组认为两者在功能上实质上相当并无不当；对比文件 1 的参照像素设置装置和图像模式设置装置分别相当于本申请权利要求 1 的开始地址设定寄存器和旋转方向设定寄存器。

由此可见，权利要求 1 与对比文件 1 公开的技术相比，其区别特征在于：①本申请权利要求 1 中所述的控制寄存器还包括：存放输入图像的横向点数的横向点数设定寄存器和存放输入图像的纵向点数的纵向点数设定寄存器；②本申请权利要求 1 中所述显示地址发生手段具有对地址变换的原始图像中各像素的横向地址进行计数的横向点数计数器、对地址变换的原始图像中各像素的纵向地址进行计数的纵向点数计数器、将所述横向点数设定寄存器（10）设定的值与所述横向点数计数器计数的值进行比较的比较电路、将所述纵向点数设定寄存器（11）设定的值与所述纵向点数计数器计数的值进行比较的比较电路以及根据所述横向点数计数器计数的值、所述纵向点数计数器计数的值及所述开始地址设定寄存器（9）设定的开始地址信息进行运算的显示地址运算手段；③本申请权利要求 1 中利用所述显示地址发生手段（6）生成的显示地址是以 1 维形式表示。

区别技术特征①用来在控制寄存器中使用寄存器存放输入图像的横向点数和纵向点数。然而，要把图像从一种模式转换为另一种模式，需要首先知道该图像有多大，要对多少像素进行转换，即需要首先知道该图像包含多少横向点数和纵向点数，只有知道这些才能根据初始像素的地址和图像转换模式分别生成所有像素的地址。另外，使用寄存器来存放这些横向点数和纵向点数又属于本领域的惯常手段，所以区别特征①为本领域技术人员的公知常识。

区别特征②用来具体实现地址转换算法，对应于本申请说明书附图 10 和 11 的电路图。然而，对于不同的转换方式（如 0 度、90 度、180 度和 270 度），本领域技术人员通过分析和逻辑推理很容易设计出本申请说明书附图 6～9 中所示的实现地址转换算法的逻辑处理流程图，其中包含有两重有限的循环处理流程，而要实现两重循环处理流程常用的技术手段就是使设计物理电路至少包含两个计数器来记录循环处理进行的位置和两个比较器用来判断是否完成了循环处理，并至少包含实际进行处理的运算电路，所以区别技术特征 2 是本领域普通技术人员通过合乎逻辑的分析和推理可以得到的，为本领域的公知常识。

区别特征③描述的是显示地址数据结构的形式。因为显示设备通常是按行扫描（逐行或隔行）的，所以其中的地址通常也被安排成 1 维的形式，因此区别特征③也为本领域技术人员的公知常识。

由此可见，本领域普通技术人员在对比文件 1 的基础上，结合所掌握的公知常识，通过逻辑分析和推理就可以得到权利要求 1 的技术方案，所以权利要求 1 不具有突出的实质性特点，不具备专利法第 22 条第 3 款规定的创造性。

（2）权利要求 2 不具备专利法第 22 条第 3 款规定的创造性。正如权利要求 2 的附加技术特征所述，任何显示系统中，必然会包括与显示器的每个像素相对应的存储器，即显存（如对比文件 1 中的附图 1 的像素存储器 17），用来存储所要显示的图像。所以权利要求 2 的附加技术特征属于本领域的惯用技术手段，在其引用的权利要求 1 不具备创造性的情况下，权利要求 2 不具备专利法第 22 条第 3 款规定的创造性。

（3）权利要求 3 不具备专利法第 22 条第 3 款规定的创造性。由于本申请的技术方案对图像进行 0 度、90 度、180 度和 270 度的变换，所以该变换参数必然是有关使输入的图像数据旋转的角度的信息及/或有关是否左右反转的信息。所以权利要求 3 的附加技术特征属于本领域的公知常识，在其引用的权利要求 1 和 2 不具备创造性的情况下，权利要求 3 不具备专利法第 22 条第 3 款规定的创造性。

（4）权利要求 4 不具备专利法第 22 条第 3 款规定的创造性。本申请的技术方案的实现必须使地址变换参数包含使输入的图像数据显示在所述显示面板上时的有关开始地址的信息和有关输入的图像数据的横向及纵向像素点宽度的信息。所以权利要求 4 的附加技术特征属于本领域的公知常识，在其引用的权利要求 1 和 2 不具备创造性的情况下，权利要求 4 不具备专利法第 22 条第 3 款规定的创造性。

（5）权利要求 5 不具备专利法第 22 条第 3 款规定的创造性。本领域技术人员知道，在进行图像变换时，应该判断变换后的显示面板的边界问题，而判断边界问题需要有关显示面板的点数的信息。所以权利要求 5 的附加技术特征属于本领域的惯用技术手段，在其引用的权利要求 1 和 2 不具备创造性的情况下，权利要求 5 不具备专利法第 22 条第 3 款规定的创造性。

（6）权利要求 6 和 7 不具备专利法第 22 条第 3 款规定的创造性。权利要求 6 和 7 的附加技术特征属于本领域的公知常识，在其引用的权利要求 1 和 2 不具备创造性的情况下，权利要求 6 和 7 不具备专利法第 22 条第 3 款规定的创造性。

（7）权利要求 8 和 9 不具备专利法第 22 条第 3 款规定的创造性。用独立的寄存器来保存地址变换参数中的有关输入图像的左右反转信息和存放显示面板的横向显示面板点数，是本领域的惯用技术手段。所以权利要求 8 和 9 的附加技术特征属于本领域的公知常识，在其引用的权利要求 1 不具备创造性的情况下，权利要求 8 和 9 不具备专利法第 22 条第 3 款规定的创造性。

（8）权利要求 10 和 11 不具备专利法第 22 条第 3 款规定的创造性。权利要求 10 和 11 分别请求保护一种图像显示系统和显示控制方法，对比文件 1 也公开一种图像显示系统和显示控制方法。权利要求 10 和 11 与对比文件 1 公开的技术相比，其区别特征同样在于上述的区别技术特征①、②和③，而它们都属于本领域的公知常识。因此，本领域技术人员在对比文件 1 的基础上，结合所掌握的公知常识，通过逻辑分析、推理和有限试验可以得到权利要求 10 和 11 的技术方案，所以权利要求 10 和 11 不具有突出的实质性特点，不具备专利法第 22 条第 3 款规定的创造性。

（9）权利要求 12 和 13 不具备专利法第 22 条第 3 款规定的创造性。权利要求 12 和 13 的附加技术特征属于本领域的公知常识，在其引用的权利要求 11 不具备创造性的情况下，权利要求 12 和 13 不具备专利法第 22 条第 3 款规定的创造性。

基于上述理由，合议组作出如下决定。

三、决定

维持国家知识产权局于 2005 年 3 月 18 日针对 02140567.0 号申请作出的驳回决定。

根据专利法第 41 条第 2 款的规定，对本决定不服的，复审请求人可以在收到本决定通知之日起三个月内向北京市第一中级人民法院起诉。

056

柴油过滤器和除水器

复审请求审查决定（第10603号）

决　定　号　第10603号
决　定　日　2007年5月8日
发明创造名称　柴油过滤器和除水器
国际分类号　B01D 27/14，B01D 36/00，B01D 27/07
复审请求人　UFI万能过滤器国际股份公司
申　请　号　00814460.5
申　请　日　2000年10月24日
优先权日　1999年11月8日
公　开　日　2002年11月13日
合议组组长　崔　震
主　审　员　隋　璐
参　审　员　赵　明

法律依据　专利法第22条第3款
决定要点

如果一项权利要求所要求保护的技术方案与现有技术所公开的技术方案相比，存在区别技术特征，而该区别技术特征已被另一篇对比文件所公开，并且给出了将其应用到最接近的现有技术中以解决发明实际要解决的技术问题的技术启示，则该权利要求对本领域普通技术人员来说是显而易见的，不具有创造性。

一、案由

本复审请求涉及名称为"柴油过滤器和除水器"的00814460.5号发明专利申请（下称本申请），申请人为UFI万能过滤器国际股份公司，申请日为2000年10月24日，优先权日为1999年11月8日，公开日为2002年11月13日。

2006年2月24日，国家知识产权局以权利要求1~5不符合专利法第22条第3款的规定为由驳回了本申请。被驳回的权利要求如下：

"1. 一种燃料过滤器，用于柴油机的燃料过滤，包括一个具有垂直轴线的第一室（31），以及一个设置在第一室（31）内的过滤装置（15），燃料在轴向的方向上流过该过滤装置（15）；该过滤装置（15）有一个下表面（15′），流体穿过该过滤装置（15）后，在垂直的方向上从该下表面（15′）上离开，一个与过滤装置同轴的过滤器排放室（32），该排放室（32）在其下端与下部室（33）

连通，

其特征在于：包括：

一个设置在过滤装置（15）的下面的除水装置（20）；以及包括一个向下倾斜的用于聚积并分离燃料中的水分的流道面（22），流体沿着该流道面（22）流动，该流道面（22）使燃料流的流向发生偏离；一个设置在除水装置（20）下面的下部室（33），用于收集从燃料中分离出来的水分；和

一个其上涂敷有诸如聚四氟乙烯 PTFE 或者聚硅酮类物质的过滤网（25），该过滤网（25）上有许多直径不超过约 200 微米的用于阻留燃料中的水分的网孔，所述过滤网（25）设置在偏向装置（21）的下端，覆盖了由偏向装置（21）形成的空腔。

2. 如权利要求 1 所述的过滤器，其特征在于：过滤装置（15）包括一个具有向上渐缩形的上截头锥体表面（22）的流向偏向装置（21），该上截头锥体表面（22）完全占据了过滤装置（15）的下表面（15′）的投影空间，该上截头锥体表面（22）形成了所述的流道面；偏向装置（21）的下部是空的，其有一个设置在排放室（32）的下端的中心通孔（24）。

3. 如权利要求 2 所述的过滤器，其特征在于：包括：一个具有与过滤器的外壳（10）一样的刚性的中心筒形管（35），其限定了所述排放室（32）的边界；偏向装置（21）被固定到所述中心筒形管（35）的下端上。

4. 如权利要求 3 所述的过滤器，其特征在于：偏向装置（21）包括多个从流道面（22）上向上伸出的径向元件（26），其用作过滤装置（15）的下表面（15′）的支撑架。

5. 如权利要求 3 所述的过滤器，其特征在于：偏向装置（21）包括一个或多个位于流道面（22）上的突出的脊（27），这些脊（27）形成了从该流道面（22）的顶点处开始的螺旋形的路径，从而增加了流体的流程长度。”

驳回决定认为：权利要求 1~5 相对于对比文件 1 和 3 不具备创造性，不符合专利法第 22 条第 3 款的有关规定。对比文件 1 公开了权利要求 1 的大部分技术特征，权利要求 1 与对比文件 1 的区别仅在于：权利要求 1 还要求保护“一个其上涂敷有诸如聚四氟乙烯或者聚硅酮类物质的过滤网，该过滤网上有许多直径不超过约 200 微米的用于阻留燃料中的水分的网孔，所述过滤网设置在偏向装置的下端，覆盖了由偏向装置形成的空腔”。对比文件 3 公开了燃油和其中的水分经斜面进行初步的油水分离后，再经过一个涂覆有聚四氟乙烯或者硅酮类物质的、网孔直径不大于 200 微米的筛网面进行进一步油水分离的过滤装置，在对比文件 3 公开的技术内容的启示下，本领域普通技术人员很容易想到将筛网面结合对比文件 1 的燃油过滤器中并且使其置于用于初步油水分离的偏向装置的后面进一步分离水分，并且权利要求 1 的技术方案也并未产生预料不到的技术效果。因此，权利要求 1 的技术方案相对于对比文件 1 和 3 的结合不具有突出的实质性特点和显著的进步，不具备创造性。权利要求 2、3、5 的附加技术特征也已被对比文件 1 所公开，权利要求 4 的附加技术特征是本领域的公知常识，因此，权利要求 2~5 也不具备创造性。

申请人 UFI 万能过滤器国际股份公司（下称复审请求人）对上述驳回决定不服，于 2006 年 6 月 12 日向专利复审委员会提出了复审请求。复审请求人认为：本申请符合专利法第 22 条第 3 款的规定。具体理由是：①本申请的技术方案中燃料流是轴向流过过滤装置，而对比文件 3 中的燃料流是径向流过过滤装置；对比文件 3 没有给出将过滤网设置在偏向装置下端的技术启示。②本发明克服了现有技术中过滤网的表面必须足够大以避免阻塞的技术偏见。③偏向装置的两个区别技术特征“偏向装置直接由中心筒形管 35 支撑”、“过滤装置可以简单地安装在所述中心筒形管上，并通过偏向装置自身保持在位置上”未被现有技术所公开。

经形式审查合格后，专利复审委员会受理了该复审请求，于 2006 年 7 月 21 日向请求人发出了复

审请求受理通知书，并将本案转送至原审查部门进行前置审查。

在前置审查意见书中，原审查部门坚持原驳回决定。

专利复审委员会依法成立合议组对本案进行审理，并于2007年1月25日向复审请求人发出复审通知书。通知书中指出：权利要求1的技术方案相对于对比文件1和3的结合不具有突出的实质性特点和显著的进步，不符合专利法第22条第3款的规定；权利要求2、3、5的附加技术特征被对比文件1公开，权利要求4的附加技术特征是本领域常规的技术手段，因此，在独立权利要求1不具备创造性的情况下，其从属权利要求2~5也不具备创造性。针对复审请求人提出的复审理由，通知书中指出，本领域普通技术人员从对比文件3中所需要获得的技术启示仅仅为通过增设涂有聚四氟乙烯PTFE或者硅酮类其他物质的、通孔直径不大于200微米的用于阻截燃油中水分的筛网面进行进一步油水分离，同时将其置于水预分离斜面的下游；依据所需过滤的物质的处理量来决定过滤网的表面的大小是本领域的常规技术手段，而不是技术偏见；“偏向装置直接由中心筒形管35支撑”这一技术特征已被对比文件1所公开，而“过滤装置可以简单地安装在所述中心筒形管上，并通过偏向装置自身保持在位置上”并未在权利要求4中请求保护。

2007年3月9日，复审请求人针对上述复审通知书进行了意见陈述，提交了权利要求书的修改替换页，修改了权利要求1，进一步限定滤网（25）水平地设置在偏向装置的下方。复审请求人认为根据对比文件1和对比文件3，本领域技术人员不会想到水平地设置过滤网使其从燃料流中分离水的技术方案。修改后的权利要求1为：

“1. 一种燃料过滤器，用于柴油机的燃料过滤，包括一个具有垂直轴线的第一室（31），以及一个设置在第一室（31）内的过滤装置（15），燃料在轴向的方向上流过该过滤装置（15）；该过滤装置（15）有一个下表面（15′），流体穿过该过滤装置（15）后，在垂直的方向上从该下表面（15′）上离开，一个与过滤装置同轴的过滤器排放室（32），该排放室（32）在其下端与下部室（33）连通，

其特征在于：包括：

一个设置在过滤装置（15）的下面的除水装置（20），该除水装置包括一个向下倾斜的用于聚积并分离燃料中的水分的流道面（22），流体沿着该流道面（22）流动，该流道面（22）使燃料流的流向发生偏离；

一个设置在除水装置（20）下面的下部室（33），用于收集从燃料中分离出来的水分；和

一个其上涂敷有诸如聚四氟乙烯PTFE或者聚硅酮类物质的过滤网（25），该过滤网（25）上有许多直径不超过约200微米的用于阻留燃料中的水分的网孔，所述过滤网（25）水平地设置在偏向装置（21）的下端，覆盖了由偏向装置（21）形成的空腔。”

在上述工作的基础上，合议组认为本案事实已经清楚，可以依法作出审查决定。

二、决定的理由

1. 审查文本

复审请求人于2007年3月9日提交了权利要求书的修改替换页，合议组经审查，其符合专利法第33条、专利法实施细则第60条第1款的规定，予以接受。因此，本复审决定是以复审请求人于2007年3月9日提交的权利要求书，进入中国国家阶段时提交的国际申请文件的说明书第2~5页、附图第1~3页、说明书摘要及摘要附图，以及按国际初步审查报告附件的中文译文提交的说明书第1、1a页作为审查的基础。

2. 关于专利法第22条第3款

专利法第22条第3款规定：创造性，是指同申请日以前已有的技术相比，该发明有突出的实质

性特点和显著的进步。

如果一项权利要求所要求保护的技术方案与现有技术所公开的技术方案相比，存在区别技术特征，而该区别技术特征已被另一篇对比文件所公开，并且给出了将其应用到最接近的现有技术中以解决发明实际要解决的技术问题的技术启示，则该权利要求对本领域普通技术人员来说是显而易见的，不具有创造性。

针对本申请而言，权利要求 1~5 不具备创造性，不符合专利法第 22 条第 3 款的规定。

（1）权利要求 1 请求保护一种燃料过滤器。对比文件 1（US5938921A，公开日为 1999 年 8 月 17 日）公开了一种燃料过滤器：其包括一个燃料进口 14、燃料出口 16，一个具有垂直轴线的室，以及一个设置在该室内的过滤装置 30，燃料流从进口 14 进入在轴向的方向上流过过滤装置 30，在垂直的方向上从过滤装置 30 的下表面离开；一个设置在过滤装置下面的除水装置，其包括一个圆锥形的分离水的挡板 50，该挡板 50 具有一个向下倾斜的用于聚集并分离燃料中水分的上表面 55，上表面 55 完全占据了过滤装置 30 的下表面的投影空间，使燃料流的流向发生偏离，燃料流中的水分粒子聚集凝聚成大块并从燃料流中分离，燃料流和凝聚成大块的水分粒子从挡板 50 的周边和外壳 12 之间的狭窄通道离开进入设置在挡板下面的下部室，水分通过排放口 35 排出；进入下部室的燃料流通过挡板 50 的中心通孔由筒形管 22 形成的排放室向上升起从燃料出口 16 排出，排放室与过滤装置 30 同轴（参见说明书第 2 栏第 18~63 行、第 3 栏第 49 行至第 5 栏第 51 行、说明书附图 1~3）。

权利要求 1 和对比文件 1 的区别在于：权利要求 1 还要求保护一个其上涂敷有诸如聚四氟乙烯 PTFE 或者聚硅酮类物质的过滤网，该过滤网上有许多直径不超过约 200 微米的用于阻留燃料中的水分的网孔，所述过滤网水平地设置在偏向装置的下端，覆盖了由偏向装置形成的空腔。其实质上就是在偏向装置下方设置了一个除水过滤网，进一步分离燃料流中的水分，增强除水能力。

对比文件 3（CN1173586A，公开日为 1998 年 2 月 18 日）也公开了一种燃油的滤清器：燃油和其中的水分流经截头圆锥形机件 25 的表面，机件 25 使水分子运动减慢，从而结合成相当大的水滴，进行初步油水分离后，再经过一个设置在机件 25 的下游的涂敷有聚四氟乙烯 PTFE 或者硅酮其他类似物的、通孔直径不大于 200 微米的筛网面，筛网面阻截燃油中的水分流入滤芯，进行进一步油水分离，从而达到理论上完全分离燃油中的水分的目的（参见说明书第 1 页第 18 行至第 3 页最后 1 行、附图 1~3）。在对比文件 3 公开内容的启示下，本领域技术人员很容易想到将对比文件 3 中涂敷有聚四氟乙烯 PTFE 或者硅酮类其他物质的、通孔直径不大于 200 微米的用于阻截燃油中水分的筛网面置于水预分离斜面的下游的这一技术特征用于对比文件 1 的燃油过滤器中，将筛网面放置于用于初步油水分离的挡板的后面，进一步脱除燃料流中所含有的少量水分，由于经过挡板的燃料流需要通过排放室向上排出，所以将筛网设置在挡板下端至排放室出口处之间是很自然的选择，这样，筛网才能使经过挡板后的燃料流从排放室出口处排放之前进一步分离水分。而当筛网材质一定时，筛网的分离能力高低与网的面积直接相关，筛网面积越大分离能力越高是本领域的公知常识，因此，将筛网设置在挡板下端至排放室出口的这段空间中最大截面积处的挡板下端是本领域技术人员很容易想到的。由此可见，本领域技术人员在对比文件 1 的基础上结合对比文件 3 从而得到本申请权利要求 1 所要求保护的技术方案是显而易见的，并且这种结合也没有产生预料不到的技术效果，所以，权利要求 1 的技术方案相对于对比文件 1 和 3 的结合不具有突出的实质性特点和显著的进步，不符合专利法第 22 条第 3 款的规定。

（2）权利要求 2、3、5 的附加技术特征已被对比文件 1 公开：对比文件 1 的过滤装置具有一个设置在过滤装置下面的除水装置，其包括一个圆锥形的分离水的挡板 50，该挡板具有上截头圆锥形的上表面 55，该上表面 55 完全占据了该过滤装置的下表面的投影空间，该上截头圆锥形表面 55 形成了所述的流道面；挡板50的下部是空的，其有一个设置在排放室下端中心的燃料通道53；一个具有与过滤器外壳21一样的刚性的中心筒形管限定了排放室的边界；挡板50通过其上端壁筒52固定在中心筒形管的下端上；挡板52的上表面55上具有突出的脊，该脊形成了从该上表面的顶点处开始的螺旋形的路径，从而形成了螺旋形的通道面，增加了流体的流程长度（参见说明书第3栏第49行至第5栏51行、说明书附图1~3）。因此，当引用的权利要求不具备创造性时，从属权利要求2、3、5也不具备创造性，不符合专利法第22条第3款的规定。

（3）权利要求4的附加技术特征是“偏向装置21包括多个从流道面22上向上伸出的径向元件26，其用作过滤装置15的下表面15′的支撑架”。偏向装置设置在过滤装置下表面的下方，本身就可以对过滤装置起支撑作用，而当元件的强度不够时，在其上设置一定的径向元件增强其强度是本领域常用的技术手段。本领域普通技术人员在对比文件1和3的基础上结合上述常用技术手段从而得到本申请权利要求4的技术方案是显而易见的，并且这种结合也未产生预料不到的技术效果。因而，权利要求4相对于对比文件1和对比文件3的结合不具有突出的实质性特点和显著的进步，不具备创造性，不符合专利法第22条第3款的规定。

请求人认为现有技术中并未给出将过滤网水平设置于偏向装置下端的技术启示。

合议组认为本领域普通技术人员从对比文件3中可以得到如下技术启示：“将筛网面40设置于水预分离斜面的下游，用于阻截经过斜面初步油水分离流向排放室32的燃料流中的水分”，而究竟将筛网设置在对比文件1的挡板下游至排放室出口的这段空间的具体位置可以由本领域技术人员根据对比文件1的过滤装置的结构而选择。对比文件1所公开的挡板与本申请权利要求1公开的偏向装置结构相同，挡板下游至排放室出口的这段空间里最大截面积处即为挡板的下端，当过滤网材质一定时，过滤网的分离能力的高低直接与网的面积大小相关，筛网面积越大分离能力越高是本领域的公知常识，故本领域技术人员容易想到将筛网设置于对比文件1的挡板的下端从而得到权利要求1所要求保护的技术方案。

至于筛网是水平设置还是竖直设置是根据过滤装置的具体结构来设定的，对比文件3中涂覆特氟隆或硅酮的筛网面竖直设置和本发明的水平设置的过滤网的作用相同，都是为了解除水分子和油分子的结合力，使水分子相互聚结成大块，其凝聚成块的水分子不能穿过过滤网，而通过重力下落，进一步分离水分。

在此基础上，合议组作出如下决定。

三、决定

维持国家知识产权局于2006年2月24日对00814460.5号发明专利申请作出的驳回决定。

复审请求人对本决定不服的，可以根据专利法第41条第2款的规定，自收到本决定之日起3个月内向北京市第一中级人民法院起诉。

北京市第一中级人民法院
行政判决书

（2007）一中行初字第1533号

原告UFI过滤股份公司，住所地意大利共和国，26，ViaEuropa I-46047曼托瓦。

法定代表人雷纳特·卡瓦利尼，常务董事。

委托代理人寇英杰，中国国际贸易促进委员会专利商标事务所专利代理人。

委托代理人谢志刚，中国国际贸易促进委员会专利商标事务所专利代理人。

被告中华人民共和国国家知识产权局专利复审委员会，住所地中华人民共和国北京市海淀区北四环西路9号银谷大厦。

法定代表人廖涛，副主任。

委托代理人隋璐，中华人民共和国国家知识产权局专利复审委员会审查员。

委托代理人郭鹏鹏，中华人民共和国国家知识产权局专利复审委员会审查员。

原告UFI过滤股份公司不服被告中华人民共和国国家知识产权局专利复审委员会于2007年5月8日作出，于同年5月18日邮寄送达的第10603号复审请求审查决定（以下简称第10603号决定），于2007年8月16向本院提起行政诉讼。本院受理后，依法组成合议庭，向被告送达了起诉状副本和应诉通知书，于2007年12月6日公开开庭审理了本案。原告的委托代理人寇英杰、谢志刚，被告的委托代理人隋璐到庭参加了诉讼。本案现已审理终结。

2007年5月8日，被告作出第10603号决定，根据《中华人民共和国专利法》（以下简称《专利法》）第二十二条第三款的规定，维持中华人民共和国国家知识产权局（以下简称国知局）于2006年2月24日对原告00814460.5号发明专利申请作出的驳回决定。

为证明第10603号决定的合法性，被告在法定期限内向本院提交了以下证据：（1）第US5938921A号美国专利说明书（以下简称对比文件1）；（2）第10603号复审决定针对的专利申请文本；（3）公开号为CN1173586A的中国发明专利申请公开说明书（以下简称对比文件2）。

原告诉称，（1）被告对对比文件1的认识不正确。第10603号决定书（第5页第2段）指出本发明的权利要求1与对比文件1的区别在于：权利要求1还保护一个其上涂敷有如聚四氟乙烯（PTFE）或者聚硅酮或者类似物质的过滤网（25），该过滤网（25）上有许多直径不超过约200微米的用于阻留燃料中的水分的网孔，所述过滤网水平地设置在偏向装置（21）的下端，覆盖了由偏向装置（21）形成的空腔。原告认可被告所指出的关于权利要求1与对比文件1的上述区别，但同时指出，权利要求1与对比文件1之间还存在如下的区别。在本发明的权利要求1中，过滤装置15由圆柱形的绕其轴线卷绕的纸卷形成，并且设置在过滤单元的第一室31中，占据外壳的整个内部横截面，从而将过滤单元分成第一室31和第二室32，以使进入的燃料流全部流过过滤装置15，从而提高过滤效率。此外，权利要求1限定了特征：燃料流在轴向上流过该过滤装置（15），该过滤装置（15）有一个下表面（15′），流体穿过该过滤装置（15）后，在垂直的方向上从该下表面（15′）上离开。采用本发明的这种结构，过滤装置15的过滤作用仅仅产生在轴向上，平行于纸卷轴，而且，当燃料流在轴向上穿过过滤装置15时，主要的过滤作用在过滤周期的开始阶段实现。对比文件1中没有公开或暗示出本发明的这种过滤器的结构。在对比文件1中，设置在过滤单元中的过滤器30并不占据外壳的整个内部横截面，这与本发明的过滤装置的结构是不同的。因此，对比文件1中的装置也不具有相应的技术效果。事实上，在本发明申请的说明书背景技术中已经对对比文件1进行了分析，其是本发明所基于的现有技术，本发明的技术方案克服了对比文件1中所存在的缺陷，使得燃料中的水分在燃料到达发动机的机械部件之前已经被完全分离出来。(2) 被告对对比文件3的认识不正确。在对比文件3中，过滤单元不与外壳的内截面接触，即与外壳的内壁之间具有间隙（参见对比文件3的第2页第9行：滤芯20的外径和高度比容器10相应尺寸稍微小些）。也就是说，对比文件3中的过滤单元不占据外壳的整个内部横截面，这与本发明权利要求1中的过滤器的结构是不同的，即对比文件3中没有公开权利要求1的特征：燃料流在轴向上流过该过滤装置（15），该过滤装置（15）有一个下表面（15′），流体穿过该过滤装置（15）后，在垂直的方向上从该下表面（15′）上离开。第10603号决定书中没有认识到这一事实。在对比文件3中，过滤作用发生在滤芯的径向上，而不是如本权利要求1中的发生在过滤装置15的轴向上。进一步，对比文件3也没有公开权利要求1的特征：其上涂敷有如聚四氟乙烯（PTFE）或者聚硅酮或者类似的物质过滤网（25），该过滤网（25）上有许多直径不超过约200微米的用于阻留燃料中的水分的网孔，所述过滤网水平地设置在偏向装置（21）的下端，覆盖了由偏向装置（21）形成的空腔。事实上，对比文件3是原告早先的专利申请，本发明是在对比文件3的基础上进行的新的创造性发明，其克服了已有的缺陷，而不是对对比文件3的重复。(3) 被告关于对比文件3与对比文件1相结合是显而易见的论断是错误的。在第10603号决定书的第5页的第3段，描述道："在对比文件3公开内容的启示下，本领域的技术人员容易想到将对比文件3中的……筛网置于水预分离斜面的下游的这一技术特征用于对比文件1中的燃油过滤器中，将筛网面置于用于初步油水分离的挡板50的后面，进一步脱除燃料流中所含有的少量水分……是很自然的选择"，"……由此可见，本领域的技术人员在对比文件1的基础上结合对比文件3从而得到本申请的权利要求1所要求保护的技术方案是显而易见的，并且这种结合也没有产生预料不到的技术效果……"原告认为被告上述关于显而易见性的论断不正确，其不足以公开本发明权利要求1的上述区别技术特征。在复审决定通知书中，被告指出对比文件3中的截头圆锥形机件25具有与对比文件1中的挡板50相类似的作用，即都能够减慢水分子的流动以促使它们聚积。进一步，对比文件3公开了下面的技术特征：

①使用截头圆锥形部件25使水分子的流动减慢以促进它们的聚集；

②使用筛网40在垂直位置环绕滤芯20的侧圆柱面，使当燃料流通过该滤芯之前被筛网截留，

③滤芯20基本在径向上过滤燃料，进行主要的过滤作用。

在对比文件3中，在待过滤的燃料流流入后，首先，通过截头圆锥形部件25开始油水分离；接着，通过垂直的筛网40截留住燃料流中的水分；最后，燃料流径向流过滤芯20（主要的过滤）。而在对比文件1的过滤器中，在待过滤的燃料流流入后，首先，燃料流轴向流过滤芯30进行过滤（主要的过滤）；接着，通过分离挡板50进行油水分离。由此可见，对比文件1和对比文件3在过滤顺序和过滤方向上的教导是不同的。可以清楚地看到，在对比文件3中，筛网40靠着滤芯的侧表面设置，用于截留水分，该筛网40处于垂直位置，而不是水平位置，更不是设置在如本发明的偏向装置的下端或对比文件1中的挡板50的下端。因此，本领域技术人员很难想到将对比文件1和对比文件3相结合来解决本发明的技术问题。即使本领域的技术人员将对比文件3的教导与对比文件1结合时，将会得到这样的启示：将对比文件3的筛网40围绕对比文件1的过滤器30的垂直侧圆柱面设置，以过滤燃料流，而不会得出将筛网40设置在对比文件1的挡板50的下端的水平表面上，如本发明权利要求1限定的那样。甚至可以说，本领域的技术人员根本不会从对比文件3中得到任何技术启示来将对比文件3与对比文件1结合，因为对比文件3教导的是将筛网40设置在过滤装置的上游进一步，现有技术对比文件3教导的是将筛网40靠着滤芯的侧表面设置，没有教导或暗示筛网可以设置在与滤

芯分开的位置处。实际上，对比文件3中明确地描述设置筛网用于“阻截……横过滤芯20的整个油流”（说明书第3页第3~4行），因此其只可能设置在滤芯的侧圆柱面上。另外，在对比文件1中（参见第4栏第34~55行及图1、3），在分离挡板50上设有多个细长的排出孔60，用于收集来自本体54的上表面的水滴，这些排出孔贯穿分离挡板50的主体。排出孔60的存在使得不可能将筛网设置在本体54的下端，因为这样一来筛网将会收集水滴，从而影响水滴的排放。很显然，本领域的技术人员不会将对比文件3中的筛网结合到对比文件1中，实际上，对比文件1的教导使得本领域的技术人员更加偏离将对比文件1，对比文件3相结合。因此，原告认为本领域的技术人员从对比文件3中不会得到任何技术启示将筛网设置在水平位置上。因为在水平位置，水滴的聚合由于水滴在筛网上通过重力的运动而不会得到改善。而且，当筛网的位置趋于水平时，水滴的分离效果降低。因此，现有技术中没有给出任何技术启示将筛网设置在水平位置上。实际上，对比文件3的教导偏离了这个方向，因为对比文件3中的筛网设置在截头圆锥形机件25的下方，处于垂直位置。而且，在本发明中过滤装置设置成仅仅在轴向上流过燃料流，因此具有很高的水分离效果。对于本领域的技术人员来说，为了达到这种效果，他不可能从对比文件3中寻找一种在仅仅径向上横过燃料流的过滤器。也就是说，其不会考虑对比文件3以获得技术启示。而在本发明中，采用了将分离装置和设置在过滤单元下游的筛网二者相结合的技术方案，这是具有创造性的，没有被任何现有技术公开或暗示出。（4）本发明权利要求1具有创造性。本发明的权利要求1涉及一种燃料过滤器单元，包括一过滤装置（15），流体在轴向方向上流过该过滤装置，过滤网（25）水平地设置在偏向装置的下端，覆盖了由偏向装置形成的空腔。这种结构所产生的技术效果是，过滤网25进一步阻留了那些在第一次分离中（发生在表面22上）没有分离出来的水分粒子，而不对油的通过产生任何障碍，从而使水与油接近完全地分离。在本发明类型的过滤器单元中，不可能采用现有技术中的具有过滤装置的过滤器单元的技术方案，其中，流体在径向方向上流过该过滤装置，如上述对比文件3中描述的过滤器单元。

现有技术中没有公开或暗示出这样的技术特征。对比文件1公开了一种过滤器装置，包括过滤器筒，流体流在轴向的方向上流过该过滤器筒，圆锥形挡板设置在所述流体流的下游以接受整个流体流，从而通过重力使液滴下落，以聚集和分离含在流体流中的水分。对比文件3中公开了：从要过滤的流体流中分离水通过圆锥形挡板来实现；分离水的效果可以通过设置过筛网来完成，其中要过滤的流体流必须通过该过筛网，流体流在径向上流过该过筛网。被告没有考虑到一个事实，即在对比文件3中，为了使水粒子聚积成较大的液滴，同时通过重力在滤网表面上滑落，则必须使滤网几乎垂直地定向。本领域的技术人员很清楚地知道该特征是必须的，因为这样才能够避免小的水粒子在滤网表面上聚集，从而堵塞滤网。因此，本领域的技术人员绝不会想到，水平地设置过滤网以通过使流体流通过过滤网来从燃料或油的流体流中分离水。而在本发明的权利要求1中，过滤网25设置在偏向装置的下端，呈水平定向，从而截留住水分而使燃油可通过穿过滤网25向上流动。对比文件1，对比文件3都没有公开该技术特征。在对比文件1中，公开了分离水可以通过设置圆锥形挡板来实现，对比文件3中教导了通过垂直或几乎垂直地设置过滤网来增强水的分离效果。根据该对比文件1，对比文件3的教导，应该说本领域的技术人员会想到垂直设置一过滤网以包围滤芯的技术方案。但是，本领域的技术人员绝对不会想到通过水平越过挡板的下部口设置滤网来覆盖挡板的空腔的技术方案，如本发明那样。在本发明中，越过挡板的下部口设置滤网能够基本上完全阻留水分粒子，从而使水分子相互聚集并且不能穿过滤网。本发明的过滤器与对比文件1和对比文件3的过滤装置相比，结构更加简单。而且使油和水分离的作用方式不同，在本发明中，其作用方式是：使燃料流先流过占据整个内壳截面的过滤装置15进行过滤，然后通过流道面22分离，接着通过滤网25进一步分离（至少三个步骤）。而在对比文件1中，采用的是使燃料流先通过占据部分内壳截面的过滤装置进行过虑，然后通过挡板 50 进行分离的作用方式（二个步骤），在对比文件 3 中，其作用方式是：使燃料流先通过机件 25 分离，然后通过占据部分内壳截面的、一体的滤芯和筛网 40 进行过滤和分离（二个步骤）。显然本发明的使油和水分离的作用方式（具有步骤多以及过滤装置 15 的截面积大等特点）更加完全和有效，能够实现油和水的更加彻底的分离。由于无论单独的对比文件 1，对比文件 3 或是其结合都没有公开本发明权利要求 1 的技术方案，因此原告认为本发明的权利要求 1 具有创造性。(5) 本发明权利要求 2~5 具有创造性。由于第 10603 号决定中关于权利要求 1 不具有创造性的结论是错误的，因此以这一结论为基础得出的权利要求 2~5 不具有创造性的结论同样是错误。原告指出，由于权利要求 2~5 直接或间接从属于权利要求 1，因此在权利要求 1 具有创造性的前提下，本专利的权利要求 2~5 具有创造性。原告尤其不同意被告认为权利要求 4 中的技术特征属于本领域的常用的技术手段这种观点。应该承认，在一个物体上设置支撑元件以支撑另一个物体属于常用的技术手段，但如何与具体的实施方式相结合则是需要通过创造性劳动的。在本专利申请中，径向元件巧妙地与流道面相结合，同时实现了水的偏向分离和支撑的双重作用，从而达到发明目的，产生有益的技术效果。这显然不再是被告所说的“本领域的常用的技术手段”了。被告之所以做出上述论断，在于其孤立地看待问题，即从单个的元素来看，而不是全面地、从整个技术方案的角度来分析本专利。这种分析问题的方法与《专利法》的规定完全相悖。事实上，任何发明创造都包含现有元素（不是凭空产生的），把它们割裂开来看，可能每个单独的元素都没有创造性，但是把它们有机结合在一起则可能形成一种创造性的技术方案。《专利法》所要保护的是整体的技术方案，而不是单个的特征元素。在本专利申请中，单独的支撑元件属于公知常识，单独看，不具有创造性，不应该受到《专利法》的保护，但是把它有机地与其他元素（比如偏向装置等）结合起来，则形成了一个完整的、具有创造性的技术方案，该技术方案相对于现有技术具有突出的实质性特点和显著的进步性。在这个意义上讲，本权利要求 4 具有可专利性。另外，根据《审查指南》第 4 部分第八章第 4.4 节的规定，如果被告认为权利要求 4 的特征属于“常用的技术手段”，其负有举证责任。综上所述，被告作出的第 10603 号决定认定事实不清，适用法律、法规错误。因此，根据《中华人民共和国行政诉讼法》第五十四条的规定，原告请求法院依法撤销被告于 2007 年 5 月 18 日发出的第 10603 号复审决定书，并责令被告对就本专利申请的复审请求重新进行审查。

原告向本院提交并经庭审质证的证据为：本专利申请文本。

被告辩称，(1) 原告认为权利要求 1 的技术特征“过滤装置 15 占据外壳的整个内部横截面，燃料在轴向的方向上流过该过滤装置（15）；该过滤装置（15）有一个下表面（15′），流体穿过该过滤装置（15）后，在垂直的方向上从该下表面（15′）上离开”在对比文件 1 中没有公开或暗示。被告认为：权利要求 1 中并未限定“过滤装置 15 占据外壳的整个内部横截面”，而“燃料在轴向的方向上流过该过滤装置（15）；该过滤装置（15）有一个下表面（15′），流体穿过该过滤装置（15）后，在垂直的方向上从该下表面（15′）上离开”在对比文件 1 中已公开（燃料流从进口 14 进入在轴向的方向上流过过滤装置 30，在垂直的方向上从过滤装置 30 的下表面离开）。因此，我委对对比文件 1 的事实认定无误。(2) 原告认为对比文件 3 没有公开权利要求 1 的特征“燃料在轴向的方向上流过该过滤装置（15）；该过滤装置（15）有一个下表面（15′），流体穿过该过滤装置（15）后，在垂直的方向上从该下表面（15′）上离开”及“其上涂敷有诸如聚四氟乙烯 PTFE 或者聚硅酮类物质的过滤网，该过滤网上有许多直径不超过约 200 微米的用于阻留燃料中的水分的网孔，所述过滤网水平地设置在偏向装置的下端，覆盖了由偏向装置形成的空腔”。被告认为：“燃料在轴向的方向上流过该过滤装置（15）；该过滤装置（15）有一个下表面（15′），流体穿过该过滤装置（15）后，在垂直的方向上从该下表面（15′）上离开”这一技术特征已被对比文件 1 公开，而在对比文件 3 公开内容的启示下，本领域技术人员很容易想到将对比文件3中涂敷有聚四氟乙烯PTFE或者硅酮类其他物质的、通孔直径不大于200微米的用于阻截燃油中水分的筛网面置于水预分离斜面的下游的这一技术特征用于对比文件1的燃油过滤器中，将筛网面放置于用于初步油水分离的挡板的后面，进一步脱除燃料流中所含有的少量水分，从而得到权利要求1要求保护的技术方案。(3) 关于对比文件1和3结合的启示及权利要求1~5的创造性问题第10603号决定中已有详细论述，在此不再赘述。综上，第10603号决定认定事实清楚、适用法律正确、审理程序合法。原告的诉讼理由不能成立，提请法院驳回原告请求，维持第10603号决定。

经庭审质证，原告和被告对对方提交的证据没有异议，原告对第10603号决定中对对比文件1英文的相关中文翻译亦无异议，本院经审查对本案证据予以确认。

根据上述有效证据及当事人陈述，本院确认如下事实：

本复审请求步及名称为“柴油过滤器和除水器”的00814460.5号发明专利申请（下称本申请），申请人为UFI万能过滤器国际股份公司，申请日为2000年10月24日，优先权日为1999年11月8日，公开日为2002年11月13日。2006年2月24日，国知局以本申请不符合《专利法》第二十二条第三款的规定为由驳回了本申请。被驳回的权利要求如下：

“1. 一种燃料过滤器，用于柴油机的燃料过滤，包括一个具有垂直轴线的第一室（31），以及一个设置在第一室（31）内的过滤装置（15），燃料在轴向的方向上流过该过滤装置（15）；该过滤装置（15）有一个下表面（15′），流体穿过该过滤装置（15）后，在垂直的方向上从该下表面（15′）上离开，一个与过滤装置同轴的过滤器排放室（32），该排放室（32）在其下端与下部室（33）连通，

其特征在于，包括：

一个设置在过滤装置（15）的下面的除水装置（20）：以及包括一个向下倾斜的用于聚积并分离燃料中的水分的流道面（22），流体沿着该流道面（22）流动，该流道面（22）使燃料流的流向发生偏离；一个设置在除水装置（20）下面的下部室（33），用于收集从燃料中分离出来的水分；和一个其上涂敷有诸如聚四氟乙烯PTFE或者聚硅酮类物质的过滤网（25），该过滤网（25）上有许多直径不超过约200微米的用于阻留燃料中的水分的网孔，所述过滤网（25）设置在偏向装置（21）的下端，覆盖了由偏向装置（21）形成的空腔。

2. 如权利要求1所述的过滤器，其特征在于：过滤装置（15）包括一个具有向上渐缩形的上截头锥体表面（22）的流向偏向装置（21），该上截头锥体表面（22）完全占据了过滤装置（15）的下表面（15′）的投影空间，该上截头锥体表面（22）形成了所述的流道面；偏向装置（21）的下部是空的，其有一个设置在排放室（32）的下端的中心通孔（24）。

3. 如权利要求2所述的过滤器，其特征在于，包括：一个具有与过滤器的外壳（10）一样的刚性的中心筒形管（35），其限定了所述排放室（32）的边界；偏向装置（21）被固定到所述中心筒形管（35）的下端上。

4. 如权利要求3所述的过滤器，其特征在于：偏向装置（21）包括多个从流道面（22）上向上伸出的径向元件（26），其用作过滤装置（15）的下表面（15′）的支撑架。

5. 如权利要求3所述的过滤器，其特征在于：偏向装置（21）包括一个或多个位于流道面（22）上的突出的脊（27），这些脊（27）形成了从该流道面（22）的顶点处开始的螺旋形的路径，从而增加了流体的流程长度。”

国知局驳回决定认为：权利要求1~5相对于对比文件1和3不具备创造性，不符合《专利法》第二十二条第三款的有关规定。对比文件1公开了权利要求1的大部分技术特征，权利要求1与寻比

文件1的区别仅在于：权利要求1还要求保护“一个其上涂敷有诸如聚四氟乙烯或者聚硅酮类物质的过滤网，该过滤网上有许多直径不超过约200微米的用于阻留燃料中的水分的网孔，所述过滤网设置在偏向装置的下端，覆盖了由偏向装置形成的空腔”。对比文件3公开了燃油和其中的水分经斜面进行初步的油水分离后，再经过一个涂覆有聚四氟乙烯或者硅酮类物质的、网孔直径不大于200微米的筛网面进行进一步油水分离的过滤装置，在对比文件3公开的技术内容的启示下，本领域普通技术人员很容易想到将筛网面结合对比文件1的燃油过滤器中并且使其置于用于初步油水分离的偏向装置的后面进一步分离水分，并且权利要求1的技术方案也并未产生预料不到的技术效果。因此，权利要求1的技术方案相对于对比文件1和3的结合不具有突出的实质性特点和显著的进步，不具备创造性。权利要求2、3、5的附加技术特征也已被对比文件1所公开，权利要求4的附加技术特征是本领域的公知常识，因此，权利要求2~5也不具备创造性。

申请人UFI万能过滤器国际股份公司对上述驳回决定不服，于2006年6月12日向被告提出了复审请求。其认为：本申请符合《专利法》第二十二条第三款的规定。具体理由是：（1）本申请的技术方案中燃料流是轴向流过过滤装置，而对比文件3中的燃料流是径向流过过滤装置；对比文件3没有给出将过滤网设置在偏向装置下端的技术启示。（2）本发明克服了现有技术中过滤网的表面必须足够大以避免阻塞的技术偏见。（3）偏向装置的两个区别技术特征“偏向装置直接由中心筒形管35支撑”、“过滤装置可以简单地安装在所述中心筒形管上，并通过偏向装置自身保持在位置上”未被现有技术所公开。

被告受理后，将本案转送至国知局原审查部门进行前置审查。在前置审查意见书中，国知局原审查部门坚持原驳回意见。被告依法成立合议组对本复审请求进行审理，并于2007年1月25日向复审请求人发出复审通知书，指出：权利要求1的技术方案相对于对比文件1和3的结合不具有突出的实质性特点和显著的进步，不符合《专利法》第二十二条第三款的规定；权利要求2、3、5的附加技术特征被对比文件1公开，权利要求4的附加技术特征是本领域常规的技术手段，因此，在独立权利要求1不具备创造性的情况下，其从属权利要求2~5也不具备创造性。针对复审请求人提出的复审理由，通知书中指出，本领域普通技术人员从对比文件3中所需要获得的技术启示仅仅为通过增设涂有聚四氟乙烯PTFE或者硅酮类其他物质的、通孔直径不大于200微米的用于阻截燃油中水分的筛网面进行进一步油水分离，同时将其置于水预分离斜面的下游；依据所需过滤的物质的处理量来决定过滤网的表面的大小是本领域的常规技术手段，而不是技术偏见；“偏向装置直接由中心筒形管35支撑”这一技术特征已被对比文件1所公开，而“过滤装置可以简单地安装在所述中心筒形管上，并通过偏向装置自身保持在位置上”并未在权利要求4中请求保护。

2007年3月9日，复审请求人针对上述复审通知书进行了意见陈述，提交了权利要求书的修改替换页，修改了权利要求1，进一步限定滤网（25）水平地设置在偏向装置的下方。复审请求人认为根据对比文件1和对比文件3，本领域技术人员不会想到水平地设置过滤网使其从燃料流中分离水的技术方案。修改后的权利要求1为：

“1. 一种燃料过滤器，用于柴油机的燃料过滤，包括一个具有垂直轴线的第一室（31），以及一个设置在第一室（31）内的过滤装置（15），燃料在轴向的方向上流过该过滤装置（15）；该过滤装置（15）有一个下表面（15′），流体穿过该过滤装置（15）后，在垂直的方向上从该下表面（15′）上离开，一个与过滤装置同轴的过滤器排放室（32），该排放室（32）在其下端与下部室（33）连通，

其特征在于，包括：

一个设置在过滤装置（15）的下面的除水装置（20），该除水装置包括一个向下倾斜的用于聚积

并分离燃料中的水分的流道面（22），流体沿着该流道面（22）流动，该流道面（22）使燃料流的流向发生偏离；

一个设置在除水装置（20）下面的下部室（33），用于收集从燃料中分离出来的水分；和一个其上涂敷有诸如聚四氟乙烯PTFE或者聚硅酮类物质的过滤网（25），该过滤网（25）上有许多直径不超过约200微米的用于阻留燃料中的水分的网孔，所述过滤网（25）水平地设置在偏向装置（21）的下端，覆盖了由偏向装置（21）形成的空腔。”

被告经审查认为：

1. 关于审查文本

复审请求人于2007年3月9日提交了权利要求书的修改替换页，符合《专利法》第三十三条、《专利法实施细则》第六十条第一款的规定，予以接受。因此，本复审决定是以复审请求人于2007年3月9日提交的权利要求书，进入中国国家阶段时提交的国际申请文件的说明书第2~5页、附图第1~3页、摘要及摘要附图，以及按国际初步审查报告附件的中文译文提交的说明书第1、1a页作为审查的基础。

2. 关于《专利法》第二十二条第三款

针对本申请而言，权利要求1~5不具备创造性，不符合《专利法》第二十二条第三款的规定。

（1）权利要求1请求保护一种燃料过滤器。对比文件1（US5938921A，公开日为1999年8月17日）公开了一种燃料过滤器：其包括一个燃料进口14、燃料出口16，一个具有垂直轴线的室，以及一个设置在该室内的过滤装置30，燃料流从进口14进入在轴向的方向上流过过滤装置30，在垂直的方向上从过滤装置30的下表面离开；一个设置在过滤装置下面的除水装置，其包括一个圆锥形的分离水的挡板50，该挡板50具有一个向下倾斜的用于聚集并分离燃料中水分的上表面55，上表面55完全占据了过滤装置30的下表面的投影空间，使燃料流的流向发生偏离，燃料流中的水分粒子聚集凝聚成大块并从燃料流中分离，燃料流和凝聚成大块的水分粒子从挡板50的周边和外壳12之间的狭窄通道离开进入设置在挡板下面的下部室，水分通过排放口35排出；进入下部室的燃料流通过挡板50的中心通孔由筒形管22形成的排放室向上升起从燃料出口16排出，排放室与过滤装置30同轴（参见说明书第2栏第18~63行、第3栏第49行至第5栏第51行、说明书附图1-3）。

权利要求1和对比文件1的区别在于：权利要求1还要求保护一个其上涂敷有诸如聚四氟乙烯PTFE或者聚硅酮类物质的过滤网，该过滤网上有许多直径不超过约200微米的用于阻留燃料中的水分的网孔，所述过滤网水平地设置在偏向装置的下端，覆盖了由偏向装置形成的空腔。其实质上就是在偏向装置下方设置了一个除水过滤网，进一步分离燃料流中的水分，增强除水能力。

对比文件3（CN1173586A，公开日为1998年2月18日）也公开了一种燃油的滤清器：燃油和其中的水分流经截头圆锥形机件25的表面，机件25使水分子运动减慢，从而结合成相当大的水滴，进行初步油水分离后，再经过一个设置在机件25的下游的涂敷有聚四氟乙烯PTFE或者硅酮其他类似物的、通孔直径不大于200微米的筛网面，筛网面阻截燃油中的水分流入滤芯，进行进一步油水分离，从而达到理论上完全分离燃油中的水分的目的（参见说明书第1页第18行至第3页最后1行、附图1~3）。在对比文件3公开内容的启示下，本领域技术人员很容易想到将对比文件3中涂敷有聚四氟乙烯PTFE或者硅酮类其他物质的、通孔直径不大于200微米的用于阻截燃油中水分的筛网面置于水预分离斜面的下游的这一技术特征用于对比文件1的燃油过滤器中，将筛网面放置于用于初步油水分离的挡板的后面，进一步脱除燃料流中所含有的少量水分，由于经过挡板的燃料流需要通过排放室向上排出，所以将筛网设置在挡板下端至排放室出口处之间是很自然的选择，这样，筛网才能使经过挡板后的燃料流从排放室出口处排放之前进一步分离水分。而当筛网材质一定时，筛网的分离能力高低与网的面积直接相关，筛网面积越大分离能力越高是本领域的公知常识，因此，将筛网设置在挡板下端至排放室出口的这段空间中最大截面积处的挡板下端是本领域技术人员很容易想到的。由此可见，本领域技术人员在对比文件1的基础上结合对比文件3从而得到本申请权利要求1所要求保护的技术方案是显而易见的，并且这种结合也没有产生预料不到的技术效果，所以，权利要求1的技术方案相对于对比文件1和3的结合不具有突出的实质性特点和显著的进步，不符合专利法第二十二条第三款的规定

（2）权利要求2、3、5的附加技术特征已被对比文件1公开：对比文件1的过滤装置具有一个设置在过滤装置下面的除水装置，其包括一个圆锥形的分离水的挡板50，该挡板具有上截头圆锥形的上表面55，该上表面55完全占据了该过滤装置的下表面的投影空间，该上截头圆锥形表面55形成了所述的流道面；挡板50的下部是空的，其有一个设置在排放室下端中心的燃料通道53；一个具有与过滤器外壳21一样的刚性的中心筒形管限定了排放室的边界；挡板50通过其上端壁筒52固定在中心筒形管的下端上；挡板52的上表面55上具有突出的脊，该脊形成了从该上表面的顶点处开始的螺旋形的路径，从而形成了螺旋形的通道面，增加了流体的流程长度（参见说明书第3栏第49行至第5栏51行、说明书附图1~3）。因此，当引用的权利要求不具备创造性时，从属权利要求2、3、5也不具备创造性，不符合《专利法》第22条第3款的规定。

（3）权利要求4的附加技术特征是“偏向装置21包括多个从流道面22上向上伸出的径向元件26，其用作过滤装置15的下表面15′的支撑架”。偏向装置设置在过滤装置下表面的下方，本身就可以对过滤装置起支撑作用，而当元件的强度不够时，在其上设置一定的径向元件增强其强度是本领域常用的技术手段。本领域普通技术人员在对比文件1和3的基础上结合上述常用技术手段从而得到本申请权利要求4的技术方案是显而易见的，并且这种结合也未产生预料不到的技求效果。因而，权利要求4相对于对比文件1和对比文件3的结合不具有突出的实质性特点和显著的进步，不具备创造性，不符合《专利法》第二十二条第三款的规定。

请求人认为现有技术中并未给出将过滤网水平设置于偏向装置下端的技术启示。

被告认为本领域普通技术人员从对比文件3中可以得到如下技术启示：“将筛网面40设置于水预分离斜面的下游，用于阻截经过斜面初步油水分离流向排放室32的燃料流中的水分”，而究竟将筛网设置在对比文件1的挡板下游至排放室出口的这段空间的具体位置可以由本领域技术人员根据对比文件1的过滤装置的结构而选择。对比文件1所公开的挡板与本申请权利要求1公开的偏向装置结构相同，挡板下游至排放室出口的这段空间里最大截面积处即为挡板的下端，当过滤网材质一定时，过滤网的分离能力的高低直接与网的面积大小相关，筛网面积越大分离能力越高是本领域的公知常识，故本领域技术人员容易想到将筛网设置于对比文件1的挡板的下端从而得到权利要求1所要求保护的技术方案。

至于筛网是水平设置还是竖直设置是根据过滤装置的具体结构来设定的，对比文件3中涂覆特氟隆或硅酮的筛网面竖直设置和本发明的水平设置的过滤网的作用相同，都是为了解除水分子和油分子的结合力，使水分子相互聚结成大块。其凝聚成块的水分子不能穿过过滤网，而通过重力下落，进一步分离水分。

据此，被告决定：维持国知局于2006年2月24日对00814460.5号发明专利申请作出的驳回决定。

另查，本专利申请人UFI万能过滤器国际股份公司于2007年8月7日向国知局提交了著录项目变更申报书，申请人名称变更为UEI过滤股份公司。中华人民共和国国家知识产权局经审查，准予变更。

本院认为，本案争议的焦点问题为：本专利申请是否符合《专利法》第二十二条第三款的规定。根据《专利法》第二十二条第三款的规定，发明专利的创造性是指同申请日以前已有的技术相比，该发明有突出的实质性特点和显著的进步。

本案中的对比文件1和3的公开日在本专利申请之前，技术领域相同，可以作为已有技术来评价本专利申请的创造性。

本专利申请权利要求1与对比文件1的区别在于：本专利申请权利要求1要求保护"一个其上涂敷有诸如聚四氟乙烯PTFE或者聚硅酮类物质的过滤网（25），该过滤网（25）上有许多直径不超过约200微米的用于阻留燃料中的水分的网孔，所述过滤网（25）水平地设置在偏向装置（21）的下端，覆盖了由偏向装置形成的空腔"。对比文件3公开了："一个设置在机件25的下游的涂敷有聚四氟乙烯PTFE或者硅酮其他类似物的、通孔直径不大于200微米的筛网面，筛网面阻截燃油中的水分流入滤芯，进行进一步油水分离"。二者的结构和功能基本相同，本领域技术人员很容易想到将对比文件3中的筛网面用于对比文件1的燃油过滤器中。原告所主张的筛网面水平设置与垂直设置的区别，在技术效果上并无突出的实质性特点和显著的进步。原告所主张的权利要求1中"过滤装置15占据外壳的整个内部横截面"这一区别技术特征，在权利要求1中并未限定；"燃料在轴向的方向上流过该过滤装置（15）；该过滤装置（15）有一个下表面（15′），流体穿过该过滤装置（15）后，在垂直的方向上从该下表面（15′）上离开"的技术特征在对比文件1中已公开。据此，被告认定本专利申请权利要求1的技术方案相对于对比文件1和3的结合不具有突出的实质性特点和显著的进步，具有事实根据。

本专利申请权利要求2、3、5为有关向上渐缩形的上截头锥体表面的流向偏转装置、中心筒形管、脊的附加技术特征，而寻比文件1公开了一个上截头圆锥形的分离水的挡板、中心筒形管、脊等基本相同的结构。据此被告认定当引用的权利要求不具备创造性时，从属权利要求2、3、5也不具备创造性，具有事实根据。关于权利要求4的附加技术特征"径向支撑架"，被告认为属于是本领域常用的技术手段，具有显而易见性，也未产生预料不到的技术效果，本院同意被告的认定。

原告对第10603号决定的程序和其他实体问题未提出争议，本院经审查对其合法性亦予以确认。

综上，第10603号决定认定事实清楚，适用法律正确，程序合法，本院应予维持。原告的诉讼请求，缺乏事实和法律依据，本院不予支持。依照《中华人民共和国行政诉讼法》第五十四条第（一）项，判决如下：

维持被告中华人民共和国国家知识产权局专利复审委员会作出的第10603号复审请求审查决定。

案件受理费人民币100元，由原告UFI过滤股份公司负担（已交纳）。

如不服本判非，原告UFI过滤股份公司可在本判决书送达之日起30日内，被告中华人民共和国国家知识产权局专利复审委员会可在本判决书送达之日起15日内，向本院提交上诉状，并按对方当事人的人数提交副本，预交上诉案件受理费人民币100元，上诉于中华人民共和国北京市高级人民法院。

审　判　长　吴　月
审　判　员　李纪红
代理审判员　胡华峰
二〇〇八年三月三十日
书　记　员　郎莉萍

057

燃烧方法及其用于生产玻璃和金属

复审请求审查决定（第10610号）

决　定　号　第10610号
决　定　日　2007年5月17日
发明创造名称　燃烧方法及其用于生产玻璃和金属
国际分类号　F23D 14/22，F23D 14/32，C03B 5/235
复审请求人　液体空气乔治洛德方法利用和研究的具有监督和管理委员会的有限公司
申　请　号　99127086.X
优先权日　1998年12月30日
申　请　日　1999年12月28日
公　开　日　2000年7月5日
合议组组长　陈迎春
主　审　员　刘　凡
参　审　员　刘　畅

法律依据　专利法第22条第3款
决定要点
如果要求保护的发明相对于现有技术是显而易见的，则该发明不具备创造性。

一、案由

本复审请求涉及申请号为99127086.X，名称为“燃烧方法及其用于生产玻璃和金属”的发明专利申请（下称本申请），其申请人为液体空气乔治洛德方法利用和研究的具有监督和管理委员会的有限公司，申请日为1999年12月28日，公开日为2000年7月5日。

实质审查部门于2003年2月14日发出了第一次审查意见通知书，通知书中引用3篇对比文件：

（1）US4933163 A（公开日为1990年6月12日）

（2）EP0763692 A2（公开日为1997年3月19日）

（3）CN1194247 A（公开日为1998年9月30日）

并指出本申请的权利要求1~5相对于对比文件1不符合专利法第22条第2款有关新颖性的规定；权利要求6、7、9~12相对于对比文件1和2不符合专利法第22条第3款有关创造性的规定。

针对第一次审查意见通知书，申请人于2003年6月11日提交了意见陈述书和修改文本。

实质审查部门认为修改文本仍然不符合专利法第22条第2款和第3款的有关规定，于2003年8月8日作出了驳回决定。

申请人液体空气乔治洛德方法利用和研究的具有监督和管理委员会的有限公司（下称复审请求人）对上述驳回决定不服，于2003年11月13日向专利复审委员会提交了复审请求，同时进行了意见陈述并提交了经过修改的权利要求1~13。修改后的权利要求书如下：

“1. 一种在燃烧器（1）类中燃料燃烧的方法，这类燃烧器（1）包括一个喷头（2），该喷头包括至少一个内部第一氧化剂输送通道（8）、一个从外部包围第一氧化剂输送通道（8）的中部燃料输送通道（9），一个从外部包围燃料输送通道（9）的外部第二氧化剂输送通道（10），燃料供给到燃料输送通道使从该通道喷出的燃料的速度约在1和15m/s之间；氧化剂供给到第一氧化剂输送通道（8）和燃料供给到燃料输送通道（9），使从第一氧化剂输送通道（8）喷出的氧化剂的速度对从燃料输送通道（9）喷出的燃料的速度之比率R大于3；其特征在于：第一（8）和第二（10）氧化剂输送通道供给成使通过第一氧化剂输送通道（8）的氧化剂流少于总的氧化剂流的20%。

2. 按照权利要求1的方法，其特征在于：燃料供给到燃料输送通道（9），使从该通道喷出的燃料的速度约大于5m。

3. 按照权利要求1的方法，其特征在于：第一氧化剂输送通道（8）和燃料输送通道（9）被供给成使比率R小于20。

4. 按照权利要求3的方法，其特征在于：第一氧化剂输送通道（8）和燃料输送通道（9）被供给成使比率R小于10。

5. 按照权利要求1的方法，其特征在于：第二氧化剂输送通道（10）被供给成使从第二通道喷出的氧化剂的速度在0.1和50m/s之间。

6. 按照权利要求5的方法，其特征在于：第二氧化剂输送通道（10）被供给成使从第二通道喷出的氧化剂的速度在1和5m/s之间。

7. 按照权利要求1的方法，其特征在于：第一（8）和第二（10）氧化剂输送通道供给成使通过第一氧化剂输送通道（8）的氧化剂流少于总的氧化剂流的50%。

8. 按照权利要求1的方法，其特征在于：喷头（2）由外通道（28）供给空气，该外通道从外部包围第二氧化剂输送通道（10）。

9. 按照权利要求1的方法，其特征在于：第一（8）和第二（10）氧化剂输送通道供给纯度大于80%的氧气。

10. 按照权利要求1的方法，其特征在于：燃料供给通道供给气态碳氢化合物。

11. 按照权利要求10的方法，其特征在于：燃料供给通道供给甲烷或丁烷。

12. 采用权利要求1的方法，通过改变通过第一氧化剂输送通道（8）中氧化剂流对总的氧化剂流的比例，就能调节玻璃生产中加热融化玻璃传输供料器的火焰的长度。

13. 采用按照权利要求1的方法，通过改变第一氧化剂输送通道（8）的氧化剂流对总的氧化剂流的比例，就能调节在金属生产中产生加热火焰的氧化力。”

形式审查合格后，专利复审委员会受理了该请求，并于2003年12月15日向复审请求人发出了复审请求受理通知书，同时向原审查部门发出前置审查通知书，并随该通知书将本申请案卷转送至原审查部门进行前置审查。

原审查部门对本复审请求进行了前置审查，在前置审查意见书中，原审查部门坚持原驳回决定。

专利复审委员会依法成立合议组，对本复审请求案进行了审理，于2005年9月26日发出了复审通知书，指出复审请求人随复审请求提交的权利要求1~13相对于对比文件1和2不具备专利法第22条第3款规定的创造性。

复审请求人于2005年11月11日针对上述复审通知书提交了意见陈述书和经修改的权利要求1~

11。修改后的权利要求书如下：

"1. 一种在燃烧器（1）类中燃料燃烧的方法，这类燃烧器（1）包括一个喷头（2），该喷头包括至少一个内部第一氧化剂输送通道（8）、一个从外部包围第一氧化剂输送通道（8）的中部燃料输送通道（9），一个从外部包围燃料输送通道（9）的外部第二氧化剂输送通道（10），其特征在于：燃料供给到燃料输送通道使从该通道喷出的燃料的速度在1和15m/s之间；氧化剂供给到第一氧化剂输送通道（8）和燃料供给到燃料输送通道（9），使从第一氧化剂输送通道（8）喷出的氧化剂的速度对从燃料输送通道（9）喷出的燃料的速度之比率R大于3；燃料供给通道供给甲烷或丁烷；通过改变通过第一氧化剂输送通道（8）中氧化剂流对总的氧化剂流的比例，就能调节玻璃生产中加热融化玻璃传输供料器的火焰的长度。

2. 按照权利要求1的方法，其特征在于：燃料供给到燃料输送通道（9），使从该通道喷出的燃料的速度约大于5m。

3. 按照权利要求1的方法，其特征在于：第一氧化剂输送通道（8）和燃料输送通道（9）被供给成使比率R小于20。

4. 按照权利要求3的方法，其特征在于：第一氧化剂输送通道（8）和燃料输送通道（9）被供给成使比率R小于10。

5. 按照权利要求1的方法，其特征在于：第二氧化剂输送通道（10）被供给成使从第二通道喷出的氧化剂的速度在0.1和50m/s之间。

6. 按照权利要求5的方法，其特征在于：第二氧化剂输送通道（10）被供给成使从第二通道喷出的氧化剂的速度在1和5m/s之间。

7. 按照权利要求1的方法，其特征在于：第一（8）和第二（10）氧化剂输送通道供给成使通过第一氧化剂输送通道（8）的氧化剂流少于总的氧化剂流的50%。

8. 按照权利要求7的方法，其特征在于：第一（8）和第二（10）氧化剂输送通道供给成使通过第一氧化剂输送通道（8）的氧化剂流少于总的氧化剂流的20%。

9. 按照权利要求1的方法，其特征在于：喷头（2）由外通道（28）供给空气，该外通道从外部包围第二氧化剂输送通道（10）。

10. 按照权利要求1的方法，其特征在于：第一（8）和第二（10）氧化剂输送通道供给纯度大于80%的氧气。

11. 采用按照权利要求1的方法，通过改变第一氧化剂输送通道（8）的氧化剂流对总的氧化剂流的比例，就能调节在金属生产中产生加热火焰的氧化力。"

复审请求人认为：根据修改后权利要求，对比文件1与本发明属于完全不同的技术领域，本领域的技术人员得不到任何启示来将对比文件1和2相结合。

至此，合议组认为本案事实清楚，可以作出复审决定。

二、决定的理由

1. 审查文本

本复审决定以复审请求人于2005年11月11日提交的权利要求1~11；2003年6月11日提交的说明书第1~6页；申请日提交的说明书附图第1~2页、说明书摘要以及摘要附图为审查基础。

2. 关于专利法第22条第3款

专利法第22条第3款规定，创造性，是指同申请日以前已有的的技术相比，该发明有突出的实质性特点和有显著的进步。

如果要求保护的发明相对于现有技术是显而易见的，则该发明不具备创造性。

具体到本案中，对比文件1（US4933163 A）公开的燃料燃烧方法中所采用的燃烧器出口部（相当于喷头2）包括中心氧气管（相当于内部第一氧化剂输送通道8）、包围中心氧气管的燃料管（相当于从外部包围第一氧化剂输送通道8的中部燃料输送通道9）以及包围燃料管的空气管（相当于从外部包围第一氧化剂输送通道8的中部燃料输送通道10），其中燃料管中燃料供应速度为10到30m/s，中心氧气管中氧气供应速度为50到250m/s。当选择该对比文件中燃料供应速度为10m/s，氧气供应速度为50m/s时，即满足权利要求1中"燃料供给到燃料输送通道使从该通道喷出的燃料的速度在1和15m/s之间"，"从第一氧化剂输送通道（8）喷出的氧化剂的速度对从燃料输送通道（9）喷出的燃料的速度之比率R大于3"的要求。可见，本申请权利要求1与对比文件1的区别仅在于：本申请中燃料供给通道供给甲烷或丁烷；通过改变通过第一氧化剂输送通道（8）中氧化剂流对总的氧化剂流的比例，就能调节玻璃生产中加热融化玻璃传输供料器的火焰的长度。对比文件2（EP0763692 A2）公开的燃烧方法中采用了与权利要求1相同的燃烧器喷头，喷头的燃料输送管内外均为氧气输送管，所用的燃料为天然气，调节中心氧化剂流在总氧化剂提供量中的比例来调节火焰的长度，从而适应制造不同的产物的需要。因此本申请权利要求1与对比文件1的区别技术特征在对比文件2中已经披露。由此可见，对比文件1、2已经很清楚地给出了在利用具有上述结构形式的燃烧器喷头实现燃料燃烧时可以选择的燃料喷出速度、中心氧化剂与燃料喷出速度的比例、采用甲烷作为燃料以及调节中心氧化剂流在总氧化剂提供量中的比例来调节火焰长度以适应制造不同的产物。合议组认为：对比文件1通过对燃料及氧化剂流速度进行限定从而带来一定的技术效果，对比文件2通过对氧化剂进行调节也能够带来一定的技术效果。虽然对比文件1和2中采用的燃料不同，但是对比文件1和2公开的燃烧器喷头结构是相同的，由于对比文件1和2本质上都是对燃烧方法进行改进且它们公开的燃烧方法又都具有一定的技术效果，因此本领域的技术人员在对相同结构的燃烧器喷头进行燃烧改进或根据工艺需要时，显然会相互借鉴对比文件1与2公开的技术方案，即其不需要花费创造性劳动就会将对比文件1和2进行组合。本领域普通技术人员在利用具有上述结构形式的燃烧器对燃料进行燃烧时，完全可以根据工艺如玻璃生产需要，利用对比文件1、2中所提供的燃料、氧化剂调节方法来控制燃烧，因此，在现有技术的基础上，实现本申请权利要求1所要求保护的燃烧方法对于本领域普通技术人员是显而易见的，本申请权利要求1相对于对比文件1、2没有突出的实质性特点和显著的进步，不具有创造性。

权利要求2、3、4的附加技术特征在对比文件1（见对比文件1说明书第2栏第22~32行）中均已披露，权利要求5、7、8、10、11的附加技术特征在对比文件2（见对比文件2说明书第3页第11~15行、第4页第7~54行）中均已披露，在独立权利要求1相对对比文件1、2不具有创造性的前提下，这些权利要求也没有突出的实质性特点和显著的进步，不具有创造性。

虽然权利要求6中的附加技术特征没有在对比文件1、2中明确披露，但选择第二氧化剂的供给速度并不需要花费创造性劳动即可实现，也不会带来意料不到的技术效果，本领域普通技术人员完全可以根据工艺需要适当选择供给速度。因此权利要求6也不具有创造性。

虽然权利要求9中的附加技术特征没有记载在对比文件1、2中，但在最外部的通道中提供空气助燃的方案已在对比文件1中披露，而在第二氧化剂外增加供给空气无非是对氧化剂的浓度进行调节，这种变化不会带来意料不到的技术效果，因此该权利要求也没有突出的实质性特点和显著的进步，不具有创造性。

基于上述事实和理由，合议组作出如下决定。

三、决定

维持国家知识产权局于2003年8月8日对99127086. X号发明专利申请作出的驳回决定。

复审请求人对本决定不服的，可以根据专利法第41条第2款的规定，自收到本决定之日起3个月内向北京市第一中级人民法院起诉。

058

用于最大程度地平卧地储藏瓶子类储藏物的储藏装置

复审请求审查决定（第10611号）

决　定　号　第10611号
决　定　日　2007年5月17日
发明创造名称　用于最大程度地平卧地储藏瓶子类储藏物的储藏装置
国际分类号　A47B 73/00，F25D 25/02
复审请求人　BSH博世及西门子家用器具有限公司
申　请　号　97198510.3
申　请　日　1997年7月30日
公　开　日　1999年10月20日
合议组组长　朱文广
主　审　员　刘瑞斌
参　审　员　侯海薏

法律依据　专利法实施细则第21条第2款
决定要点

判断一项权利要求中是否缺少必要技术特征，应当看组成该权利要求的技术特征的总和是否能够解决其技术问题，并足以构成与背景技术中所述的其他技术方案相区别的技术方案。

一、案由

本复审请求涉及申请日为1997年7月30日，发明名称为“用于最大程度地平卧地储藏瓶子类储藏物的储藏装置”的发明专利申请，其申请号为97198510.3，申请人原为博世-西门子家用器具有限公司后变更为BSH博世及西门子家用器具有限公司。其公开的权利要求共有10项，其中权利要求1为：

“1. 支持装置，用于在一件家具如冷藏柜、储藏柜或储藏架之类的储藏室中最大程度平卧地储藏瓶子类储藏物，如矿泉水瓶、啤酒瓶及酒瓶等，其特征在于：支持装置（25）有一个位置固定在该家具（10）的储藏室边缘范围中的区段（26）和一个与之铰联的可以回转的区段（30），此区段包含一个支持元件（33）以之用于瓶子类储藏物（38），而且它在其用于放置瓶子类储藏物（38）的位置上可以向家具（10）的自由储藏室（13）中回转，并且在其停用状态下至少可以在很大程度上从储藏室中向后回转。”

在实质审查程序中，实质审查部门于2002年10月11日发出了第一次审查意见通知书，指出：（1）权利要求1不符合专利法实施细则第21条第2款和第20条第1款的规定。（2）权利要求1~9

不符合专利法实施细则第 20 条第 3 款的规定。（3）权利要求 4、6、7、9 不符合专利法实施细则第 23 条第 2 款的规定。

申请人于 2003 年 2 月 11 日针对第一次审查意见通知书进行了意见陈述，并提交了权利要求书、说明书及说明书摘要的修改替换页。原实质审查部门于 2003 年 7 月 18 日发出了第二次审查意见通知书，指出：（1）修改后的权利要求 1 不符合专利法实施细则第 21 条第 2 款和第 20 条第 1 款的规定。（2）利要求 7、9 不符合专利法实施细则第 20 条第 1 款的规定。

申请人于 2003 年 9 月 8 日针对第二次审查意见通知书进行了意见陈述，并提交了权利要求书、说明书第 5 页的修改替换页，其中修改后的权利要求 1 如下：

“1. 一种支持装置，用于平卧地储藏瓶子，储藏在一件家具的储藏室内，该支持装置配有一个位置固定在该家具储藏室范围中的区段和一个与该区段相铰连的、可以回转的区段，后者包含一个用于瓶子的支持元件，在该可回转的区段用于放置瓶子的位置上时回转到家具的自由储藏室中，而在停用状态中时基本上可以从储藏室中回转出来，其特征在于：可回转的区段（30）可回转地被支承在划分家具（10）的储藏室（13）的中间底板（17）的边缘区段上，而在该可回转的区段用于放置储藏物的位置上时，则转向中间底板的支承面（18），在停用状态中时则从该支承面转回。”

原实质审查部门于 2003 年 12 月 5 日以修改后的权利要求 1 不符合专利法实施细则第 21 条第 2 款为由对本申请作出了驳回决定。

申请人 BSH 博世及西门子家用器具有限公司（下称复审请求人）对上述驳回决定不服，于 2004 年 3 月 11 日向专利复审委员会提出了复审请求，在提出复审请求时，复审请求人没有提交修改文本，复审请求人认为“固定区段固定在中间底板上”并不必然是权利要求 1 的必要技术特征，这样的限定不恰当地限制了本申请的保护范围。

经形式审查合格，专利复审委员会受理了上述复审请求，并于 2004 年 4 月 5 日向复审请求人和原实质审查部门分别发出复审请求受理通知书和前置审查通知书。

原实质审查部门作出前置审查意见，仍然坚持原驳回决定。

专利复审委员会依法组成合议组对本复审请求进行了审查，并于 2005 年 3 月 14 日发出复审通知书，指出本申请权利要求 1 中缺少位置固定在家具储藏室范围中的区段与中间底板的相互位置关系，导致本领域技术人员不能得知可回转区段怎样回转，也就不能得出一个完整的技术方案，因此不符合专利法实施细则第 21 条第 2 款的规定；权利要求 1 中“回转出来”不清楚，因为仅凭这样的限定本领域技术人员不能理解出“回转出来”是回转到什么位置，因此其不符合专利法实施细则第 20 条第 1 款的规定；权利要求 1 中的“该支持装置配有一个位置固定在该家具储藏室范围中的区段”将该区段的固定位置概括成了一个上位的概念，而申请文件中只是公开了具有“一个位置固定在该家具储藏室的中间底板的边缘上的区段”这一技术特征的实施例，本领域的技术人员根据申请文件也不能概括得出该区段固定在除此之外的家具储藏室范围内的任意其他位置而实现本发明目的的技术方案，因此权利要求 1 不符合专利法第 26 条第 4 款的规定。

复审请求人针对上述复审通知书于 2005 年 4 月 29 日提交了意见陈述书和权利要求书及说明书第 2 页的修改替换页。

2005 年 6 月 9 日由合议组主审员代表合议组与复审请求人的代理人进行了电话会晤，复审请求人决定对权利要求 1 中“位置固定在家具储藏室边缘部位的区段”进行进一步限定。复审请求人于 2005 年 7 月 18 日提交了权利要求书的修改替换页，其中权利要求 1 如下：

“1. 一种支持装置，用于平卧地储藏瓶子，储藏在一件家具的储藏室内，该支持装置配有一个位置固定在该家具储藏室边缘部位的区段和一个与该区段相铰连的、可以回转的区段，后者包含一个用于瓶子的支持元件，在该可回转的区段用于放置瓶子的位置上时回转到家具的自由储藏室中，而在停用状态中时基本上可以从储藏室中回转出来，其特征在于：上述位置固定在该家具储藏室边缘部位的区段由划分家具（10）的储藏室（13）的中间底板（17）的边缘区段构成，可回转的区段（30）可回转地被支承在该中间底板（17）的边缘区段上，而在该可回转的区段用于放置储藏物的位置上时，则转向中间底板的支承面（18），在停用状态中时则从该支承面转回。”

合议组针对上述修改后的权利要求书于2006年9月15日发出了复审通知书，指出根据权利要求1中“该支持装置配有一个位置固定在该家具储藏室边缘部位的区段”和“上述位置固定在该家具储藏室边缘部位的区段由划分家具（10）的储藏室（13）的中间底板（17）的边缘区段构成”的描述可知，其中边缘部位的区段属于支持装置的一部分，而该区段由中间底板的边缘区段构成，而根据说明书的记载中间底板与支持装置是两个不同的部件，因此修改文本权利要求1中的上述描述造成权利要求1不清楚，不符合专利法实施细则第20条第1款的规定，同时这种修改也没有记载在原始的申请文件中，也不能从原始申请文件中直接地、毫无疑义地确定，造成权利要求1也不符合专利法第33条的规定。

复审请求人针对上述复审通知书于2006年11月16日提交了权利要求书修改替换页，其中修改后的权利要求1如下：

“1. 一种支持装置，用于平卧地储藏瓶子，储藏在一件家具的储藏室内，该支持装置配有一个位置固定在该家具储藏室边缘部位的区段和一个与该区段相铰连的、可以回转的区段，后者包含一个用于瓶子的支承元件，在该可回转的区段用于放置瓶子的位置上时回转到家具的自由储藏室中，而在停用状态中时基本上可以从储藏室中回转出来，其特征在于：上述位置固定在该家具储藏室边缘部位的区段由一保持在划分家具（10）的储藏室（13）的中间底板（17）的边缘区段上的支持元件（26）构成，可回转的区段（30）可回转地被支承在该中间底板（17）的边缘区段上，而在该可回转的区段用于放置储藏物的位置上时，则转向中间底板的支承面（18），在停用状态中时则从该支承面转回。”

依据上面的事实，合议组认为可以作出审查决定。

二、决定的理由

1. 关于文本

本复审决定所针对的文本为：请求人于2006年11月16日提交的权利要求1~9，于2005年4月29日提交的说明书第2页，于2003年9月8日提交的说明书第5页，于2003年2月11日提交的说明书第1、3、4、6页及说明书摘要，以及进入中国国家阶段时提交的说明书附图第1、2页和摘要附图。

2. 关于专利法实施细则第21条第2款

专利法实施细则第21条第2款规定，独立权利要求应当从整体上反映发明或者实用新型的技术方案，记载解决技术问题的必要技术特征。

实质审查部门在驳回决定中指出，由于权利要求1中的技术特征“位置固定在该家具储藏室范围中的区段”没有记载其具体的固定位置，因此缺少解决技术问题的必要技术特征。

复审请求人先是将“位置固定在该家具储藏室范围中的区段”修改为“位置固定在该家具储藏室边缘部位的区段”，然后又在权利要求中加入“上述位置固定在家具储藏室边缘部位的区段由一保持在划分家具（10）的储藏室（13）的中间底板（17）的边缘区段上的支持元件（26）构成”这一限定，通过这样的修改就将“位置固定在该家具储藏室边缘部位的区段”明确为“支持元件”，同时还对该支持元件的安装位置进行了限定，根据这样的限定并结合权利要求1中其他的技术特征就可以清楚地得知支持元件、中间底板和可回转区段三者之间的连接关系，同时这样的限定也符合原始说明书对上述三个部件的连接关系的描述，因此修改后的权利要求 1 克服了复审通知书中指出的不符合专利法实施细则第 20 条第 1 款、专利法第 33 条和专利法第 26 条第 4 款的规定的缺陷。而且修改后的权利要求 1 所构成的技术方案与背景技术中其他的技术方案形成了区别，解决了储藏瓶子类储藏物的支持元件在不用时也占用家具空间的技术问题，因此这样的修改克服了驳回决定中指出的权利要求 1 不符合专利法实施细则第 21 条第 2 款的规定的缺陷。

依据上述事实和理由，合议组作出如下审查决定。

三、决定

复审请求人提交的修改文本克服了原驳回决定和复审通知书中所指出的缺陷，撤销国家知识产权局于 2003 年 12 月 5 日对 97198510.3 号发明专利申请作出的驳回决定。原实质审查部门应当在本复审请求审查决定所针对的文本的基础上继续审查程序。

复审请求人对本决定不服的，可以根据专利法第 41 条第 2 款的规定，自收到本决定之日起 3 个月内向北京市第一中级人民法院起诉。

059

带有可绕枢轴转动的碗状容器的搅拌器

复审请求审查决定（第10616号）

决　定　号　第10616号
决　定　日　2007年4月23日
发明创造名称　带有可绕枢轴转动的碗状容器的搅拌器
国际分类号　B01F 15/00，B01F 7/16
复审请求人　浦瑞玛柯FEG有限责任公司
申　请　号　02803312.4
优先权日　2001年10月27日
申　请　日　2002年10月24日
公　开　日　2004年3月10日
合议组组长　赵　明
主　审　员　王　博
参　审　员　刘　犟

法律依据　专利法第33条，专利法实施细则第60条第1款，专利法第26条第4款
决定要点

如果所属技术领域的技术人员可以合理预测说明书给出的实施方式的所有等同替代方式或明显变型方式都具备相同的性能或用途，则应当允许申请人将权利要求的保护范围概括至覆盖其所有的等同替代或明显变型的方式。

一、案由

本复审请求涉及申请号为02803312.4，名称为“带有可绕枢轴转动的碗状容器的搅拌器”的发明专利申请（下称本申请），申请人为浦瑞玛柯FEG有限责任公司，申请日为2002年10月24日，优先权日为2001年10月27日，公开日为2004年3月10日。

国家知识产权局实质审查部门于2004年11月19日发出第一次审查意见通知书，指出权利要求1、6、20、29、33、48、54和62之间不具有单一性，权利要求1~5的优先权不成立，权利要求1~3不具有新颖性、权利要求4~5不清楚。

申请人于2005年4月1日提交了意见陈述书，并提交了修改后的权利要求1~20，其中将原独立权利要求20进行限定形成新的权利要求1。该独立权利要求1为：

“1. 一种搅拌器，用于接纳一个可枢轴转动的搅拌器碗，包括：

搅拌器机体，具有一个向下延伸的输出件，该输出件适于接纳一个搅拌件；

从所述搅拌器机体延伸出的卡箍，该卡箍可沿所述搅拌器机体向上向下移动；

位于所述卡箍上的铰链，该铰链至少部分上限定了一垂直的碗旋转轴；和

用于探测碗闭合位置的传感器。"

国家知识产权局实质审查部门于2005年7月8日发出第二次审查意见通知书，其中指出权利要求1未以说明书为依据，其具体理由是：根据说明书中的记载，本申请所使用的传感器是一种特殊的机械式传感器，而在权利要求1中却概括为上位的"传感器"，对于除说明书所披露之外的传感器，例如光学传感器、电学传感器等，其效果又难以预先确定和评价，因此权利要求1在实质上未以说明书为依据，不符合专利法第26条第4款的规定。

申请人于2005年9月20日提交了意见陈述书，并提交了修改后的权利要求1~27。其中独立权利要求1为：

"1. 一种搅拌器，用于接纳一个可枢轴转动的搅拌器碗，包括：

搅拌器机体，具有一个向下延伸的输出件，该输出件适于接纳一个搅拌件；

从所述搅拌器机体延伸出的卡箍，该卡箍可沿所述搅拌器机体向上向下移动；

位于所述卡箍上的铰链，该铰链至少部分上限定了一垂直的碗旋转轴；和

当碗位于闭合位置时，产生一信号的位置传感器。"

国家知识产权局实质审查部门于2005年11月25日发出第三次审查意见通知书。其中指出权利要求1修改超范围，其具体理由是：申请人在权利要求1中增加了"产生一信号的位置传感器"，由于原始申请的说明书和权利要求书中均没有记载上述内容，仅记载了"传感器"和由特殊结构组成的机械式传感器，而"位置传感器"还包括光学式位置传感器等其他类型传感器，而这部分传感器不能由原始申请的说明书和权利要求书直接的毫无疑异地导出，因此权利要求1的修改超出原始申请的说明书和权利要求书的记载范围。

申请人于2006年2月28日提交了意见陈述书，并提交了修改后的权利要求书，将权利要求1~4中的"位置传感器"修改为"机械式传感器"。

国家知识产权局实质审查部门于2006年7月14日驳回了本申请。理由为：在原始申请的说明书和权利要求书中并没有"机械式传感器"的记载，原始申请文件中记载的仅是一种特殊结构的机械式传感器（见原始申请说明书第18页），由于机械式传感器还包括除本申请记载的特殊结构的机械式传感器之外其他的机械式传感器，例如触发式、分离式机械传感器，因此机械式传感器所包括的范围要大于原始申请的说明书和权利要求书所记载的具体传感器的范围，并且由原始申请的说明书和权利要求书也无法直接的毫无疑义的导出"机械式传感器"，因此权利要求1~4的修改超出原始申请的说明书和权利要求书的记载范围，不符合专利法第33条的规定。

驳回决定所针对的权利要求为：

"1. 一种搅拌器，用于接纳一个可枢轴转动的搅拌器碗，包括：

搅拌器机体，具有一个向下延伸的输出件，该输出件适于接纳一个搅拌件；从所述搅拌器机体延伸出的卡箍，该卡箍可沿所述搅拌器机体向上向下移动；位于所述卡箍上的铰链，该铰链至少部分上限定了一垂直的碗旋转轴；和用于探测碗闭合位置的机械式传感器。

2. 根据权利要求1所述的搅拌器，进一步包括：

与行星齿轮系统或包括行星齿轮系统连接的马达，用于以旋转和轨道方式驱动所述输出件；和

与所述机械式传感器连接的控制单元，该控制单元在所述机械式传感器没有探测到所述碗闭合位置时阻止所述马达驱动所述可旋转的输出件。

3. 根据权利要求 1 所述的搅拌器，进一步包括：

用于升高和降低所述可移动卡箍的驱动件；和

与所述机械式传感器连接的控制单元，在所述机械式传感器没有探测到所述碗闭合位置时阻止所述卡箍被升高。

4. 根据权利要求 1 所述的搅拌器，进一步包括：

致动组件；

其中，所述机械式传感器包括一联接到所述搅拌器机体的开关，在所述碗闭合位置时，所述致动组件接触所述开关以触发所述开关。

……

21. 根据权利要求 1 所述的搅拌器，其特征在于，所述碗包括：

一凸起件（144），用于和所述柱塞接触。”

申请人（下称请求人）对上述驳回决定不服，于 2006 年 10 月 24 日向专利复审委员会提交了复审请求，同时提交了权利要求书的修改替换页。其中，将驳回决定所针对的权利要求 1~4 中的“机械式传感器”修改为“开关”，并对从属权利要求 21 进行了适应性修改。其中权利要求 1~4、21 为：

“1. 一种搅拌器，用于接纳一个可枢轴转动的搅拌器碗，包括：

搅拌器机体，具有一个向下延伸的输出件，该输出件适于接纳一个搅拌件；从所述搅拌器机体延伸出的卡箍，该卡箍可沿所述搅拌器机体向上向下移动；位于所述卡箍上的铰链，该铰链至少部分上限定了一垂直的碗旋转轴；和一个开关（136），在所述搅拌器碗处于闭合位置时所述开关被启动以探测所述搅拌器碗的闭合位置。

2. 根据权利要求 1 所述的搅拌器，进一步包括：

与行星齿轮系统或包括行星齿轮系统连接的马达，用于以旋转和轨道方式驱动所述输出件；和

与所述开关连接的控制单元，该控制单元在所述开关没有探测到所述碗闭合位置时阻止所述马达驱动所述可旋转的输出件。

3. 根据权利要求 1 所述的搅拌器，进一步包括：

用于升高和降低所述可移动卡箍的驱动件；和

与所述开关连接的控制单元，在所述开关没有探测到所述碗闭合位置时阻止所述卡箍被升高。

4. 根据权利要求 1 所述的搅拌器，进一步包括：

致动组件；

其中，在所述碗闭合位置时，所述致动组件接触所述开关以触发所述开关。

……

21. 根据权利要求 1 所述的搅拌器，其特征在于，所述搅拌器包括：

一致动组件包括：一柱塞（132）和一开关板（137）；所述开关包括一触发器（141）。”

形式审查合格后，专利复审委员会受理了该请求，并于 2006 年 12 月 6 日向请求人发出了复审请求受理通知书，同时向原审查部门发出前置审查通知书，并随该通知书将本申请案卷转送至国家知识产权局原审查部门进行前置审查。

原审查部门对本复审请求进行了前置审查，在前置审查意见书中，原审查部门认为请求人对权利要求 21 所作的修改不是针对驳回决定中的审查意见所进行的修改，修改时机不符合专利法实施细则第 60 条第 1 款的规定，因此坚持原驳回决定。

请求人于 2007 年 3 月 12 日提交了主动修改的权利要求书。其中权利要求 1~4、21 为：

“1. 一种搅拌器，用于接纳一个可枢轴转动的搅拌器碗，包括：

搅拌器机体，具有一个向下延伸的输出件，该输出件适于接纳一个搅拌件；从所述搅拌器机体延伸出的卡箍，该卡箍可沿所述搅拌器机体向上向下移动；位于所述卡箍上的铰链，该铰链至少部分上限定了一垂直的碗旋转轴；和用于探测碗闭合位置的传感器。

2. 根据权利要求 1 所述的搅拌器，进一步包括：

与行星齿轮系统或包括行星齿轮系统连接的马达，用于以旋转和轨道方式驱动所述输出件；和

与所述传感器连接的控制单元，该控制单元在所述传感器没有探测到所述碗闭合位置时阻止所述马达驱动所述可旋转的输出件。

3. 根据权利要求 1 所述的搅拌器，进一步包括：

用于升高和降低所述可移动卡箍的驱动件；和

与所述传感器连接的控制单元，在所述传感器没有探测到所述碗闭合位置时阻止所述卡箍被升高。

4. 根据权利要求 1 所述的搅拌器，进一步包括：

致动组件；

其中，所述传感器包括一联接到所述搅拌器机体的开关，在所述碗闭合位置时，所述致动组件接触所述开关以触发所述开关。

……

21. 根据权利要求 1 所述的搅拌器，其特征在于，所述碗包括：

一凸起件（144），用于和所述柱塞接触。”

专利复审委员会依法成立合议组，对本复审请求案进行了审理。

经审查，合议组认为本案事实清楚，可以作出复审决定。

二、决定的理由

1. 审查文本

本复审决定以原始提交的国际申请文件中文译本中的说明书第 1~21 页、附图第 1~24 页、摘要、摘要附图以及请求人于 2007 年 3 月 12 日提交的权利要求 1~21 为审查基础。

2. 关于专利法实施细则第 60 条第 1 款

专利法实施细则第 60 条第 1 款规定，请求人在提出复审请求或者在对专利复审委员会的复审通知书作出答复时，可以修改专利申请文件；但是，修改应当仅限于消除驳回决定或复审通知书指出的缺陷。

请求人于 2007 年 3 月 12 日对 2006 年 10 月 24 日提交的权利要求书进行了主动修改，虽然此修改的时机不符合专利法实施细则第 60 条第 1 款的规定，但其消除了驳回决定及前置意见中指出的申请文件所存在的缺陷，可以被视为是该审查员同意的，相当于按照通知书的要求进行的修改，因而该修改可以被接受，可以进行进一步审查。

3. 关于专利法第 33 条

专利法第 33 条规定，申请人可以对其专利申请文件进行修改，但是不得超出原说明书和权利要求书记载的范围。

如果申请的内容通过增加、改变和/或删除其中的一部分，致使所属技术领域的技术人员看到的信息与原申请记载的信息不同，而且又不能从原申请记载的信息中直接地、毫无疑义地确定，那么，这种修改就是不允许的。

请求人在 2007 年 3 月 12 日主动提交的权利要求书中，相对于驳回决定针对的文本所进行的修改为，将权利要求 1~4 中的“开关”修改为“传感器”，该特征在原始申请文件的权利要求 20 中有明

确记载，故该修改符合专利法第33条的规定，克服了驳回决定中所指出的修改超范围的缺陷。

4. 关于专利法第26条第4款

专利法第26条第4款规定，权利要求书应当以说明书为依据，说明要求专利保护的范围。

如果所属技术领域的技术人员可以合理预测说明书给出的实施方式的所有等同替代方式或明显变型方式都具备相同的性能或用途，则应当允许申请人将权利要求的保护范围概括至覆盖其所有的等同替代或明显变型的方式。对于权利要求概括得是否恰当，审查员应当参照与之相关的现有技术进行判断。

本申请涉及一种具有一个碗状容器的搅拌器，碗状容器可枢轴转动地联接到搅拌器机体上。碗状容器的这种可绕枢轴转动的性质使碗状容器可转离搅拌器机体，从而容易进出碗状容器。为了确定碗状容器是处于转入还是转出的位置状态，本申请的技术方案设置了一个传感器，并在具体实施方式部分即说明书第18页详细地描述了一种传感器130。

国家知识产权局实质审查部门于2005年7月8日发出第二次审查意见通知书，其中指出：根据说明书中的记载，本申请所使用的传感器是一种特殊的机械式传感器，而在权利要求1中却概括为上位的“传感器”，对于除说明书所披露之外的传感器，例如光学传感器、电学传感器等，其效果又难以预先确定和评价，因此权利要求1在实质上未以说明书为依据，不符合专利法第26条第4款的规定。

对此，合议组认为，根据说明书的记载，实施例中采用的传感器目的是用于探测碗状容器的运动位置，即探测碗状容器何时处于闭合位置，虽然说明书中仅具体描述了一种能够实现该功能的机械式传感器，但并没有证据表明权利要求书中将其概括为“用于探测碗闭合位置的传感器”不能解决发明所要解决的技术问题并达到相同的技术效果。即所属领域的技术人员可以合理预测说明书给出的实施方式的所有等同替代方式或明显变型方式都能用于探测碗闭合位置，例如采用其他结构的机械式传感器、光学传感器或电学传感器等，并且采用这些类型的传感器也能达到相同的效果，因此权利要求1所概括出的“传感器”得到了说明书的支持，符合专利法第26条第4款的规定。

综上所述，合议组认为，根据说明书中记载的内容，所属技术领域的技术人员能够得知采用除说明书中所具体记载传感器130之外的其他公知的传感器也可以实现探测碗闭合位置的功能。因此，国家知识产权局实质审查部门在第二次审查意见通知书中所认定的“用于探测碗闭合位置的传感器”的技术特征得不到说明书支持的理由不能成立。

基于上述事实和理由，合议组作出如下决定。

三、决定

撤销国家知识产权局于2006年7月14日对02803312.4号发明专利申请作出的驳回决定，由原审查部门在本复审决定所针对的文本的基础上继续进行审批程序。

复审请求人对本决定不服的，可以根据专利法第41条第2款的规定，自收到本决定之日起3个月内向北京市第一中级人民法院起诉。

060

电动吸尘器用的吸气头

复审请求审查决定（第10632号）

决　定　号　第10632号
决　定　日　2007年4月25日
发明创造名称　电动吸尘器用的吸气头
国际分类号　A47L 9/02
复审请求人　三洋电机株式会社
申　请　号　98118729.3
申　请　日　1998年8月27日
公　开　日　1999年4月7日
优 先 权 日　1997年8月29日，1997年9月18日，1997年9月29日
合议组组长　崔哲勇
主　审　员　孙克良
参　审　员　张美菊

法 律 依 据　专利法第22条第3款
决 定 要 点

如果现有技术给出将区别特征应用于最接近的现有技术以解决其存在的技术问题的启示，则要求保护的发明是显而易见的，因此不具有创造性。

一、案由

本复审请求案涉及申请日为1998年8月27日、优先权日为1997年8月29日、1997年9月18日和1997年9月29日、公开日为1999年4月7日、发明名称为“电动吸尘器用的吸气头”的98118729.3号发明专利申请（以下简称本申请），申请人为三洋电机株式会社。

在国家知识产权局实质审查部门对本申请进行的实质审查过程中，于2002年10月11日发出了第一次审查意见通知书，指出权利要求1、2、4~7、9、11相对于对比文件1不具备专利法第22条第2款规定的新颖性；权利要求3、12相对于对比文件1、权利要求8相对于对比文件1和3的结合、权利要求10相对于对比文件1和2的结合不具备专利法第22条第3款规定的创造性。在通知书中引用的三篇对比文件如下：

对比文件1：WO9628081A1，公开日为1996年9月19日；

对比文件2：EP0451401A1，公开日为1991年10月16日；

对比文件3：JP5-176870A，公开日为1993年7月20日。

申请人于2003年3月7日提交了意见陈述书和权利要求书的替换页，其中将独立权利要求2修改为独立权利要求1的从属权利要求。申请人陈述的主要意见是：本申请是用于清扫的叶片本身作为受力部件使旋转刷头旋转；而对比文件1是使用叶轮作为受力部件使旋转刷头旋转，并且对比文件1与其他对比文件组合也没有给出本申请的技术方案，因此本申请具有新颖性和创造性。

针对申请人于申请日提交的说明书第1~19页、说明书附图第1~43页、说明书摘要和摘要附图及2003年3月7日提交的权利要求第1~12项，国家知识产权局于2004年8月6日驳回了本申请，驳回的理由为权利要求1、2、4~7、9、11不符合专利法第22条第2款规定的新颖性，权利要求3、8、10、12不符合专利法第22条第3款规定的创造性。

被驳回的权利要求书中包括13项权利要求，其中的独立权利要求1内容如下：

“1. 一种电动吸尘器用的吸气头，其特征在于，它包括：

吸气头主体，下面具有吸气口；

旋转刷头收纳室，在该吸气头主体内；

旋转刷头，以面临前述吸气口的状态旋转自如地被收纳在旋转刷头收纳室，具有沿着中心体长方向设置的叶片；以及

开口部，设在前述吸气头主体上，用以将外部的空气引导至前述旋转刷头的叶片，使旋转刷头进行旋转。”

申请人（以下简称复审请求人）对上述驳回决定不服，于2004年11月16日向专利复审委员会提交了复审请求书和权利要求书的替换页。修改后的独立权利要求1为：

“1. 一种电动吸尘器用的吸气头，其特征在于，它包括：

吸气头主体，下面具有吸气口；

旋转刷头收纳室，在该吸气头主体内；

旋转刷头，以面临前述吸气口的状态旋转自如地被收纳在旋转刷头收纳室，所述旋转刷头具有中心体以及沿该中心体长度方向成螺旋状配置的可挠性叶片；

开口部，设在前述吸气头主体上，以吸引来自外部的空气；

其中所述旋转刷头借由所述叶片持续地接收来自所述开口部的外气而旋转，所述开口部相对于所述叶片交叉形成，使得外气直接接触于所述叶片而与所述旋转刷头的旋转角度位置无关。”

经形式审查合格后，专利复审委员会受理了该复审请求，于2004年12月1日发出了复审请求受理通知书和前置审查通知书。

原审查部门对本案进行了前置审查，在前置审查意见书中坚持驳回决定。

专利复审委员会依法成立合议组对本案进行审查，合议组于2006年7月11日发出复审通知书，指出：在修改后的权利要求1中增加了“所述开口部相对于所述叶片交叉形成，使得外气直接接触于所述叶片而与所述旋转刷头的旋转角度无关”的内容，但是上述增加的内容含意不清楚，本领域的技术人员根据说明书中的内容也不能理解开口部如何相对于叶片交叉形成，因此导致该权利要求1的保护范围不清楚，不符合专利法实施细则第20条第1款的规定。

复审请求人于2006年8月28日提交了意见陈述书，并提交了权利要求书的替换页第1~2页及说明书的替换页第1~20页。请求人对不清楚的部分进行了修改，修改后的权利要求1~8为：

“1. 一种电动吸尘器用的吸气头，其特征在于，它包括：

吸气头主体，下面具有吸气口；

旋转刷头收纳室，在该吸气头主体内；

旋转刷头，以面临前述吸气口的状态旋转自如地被收纳在旋转刷头收纳室，所述旋转刷头具有中

心体以及以及沿该中心体长度方向成螺旋状配置的可挠性的叶片；

开口部，设在前述吸气头主体上，从外部将空气吸引至所述旋转刷头收纳室内；

其中所述旋转刷头借由所述叶片持续地接收来自所述开口部的外气而旋转，所述开口部形成直线状相对于螺旋状配置的叶片交叉形成，使得从所述开口部吸引的外部空气总是均衡地作用于所述旋转刷头的叶片而使得所述旋转刷头效率良好地进行旋转。

2. 如权利要求 1 所述的电动吸尘器用的吸气头，其特征在于，

所述开口部形成在前述吸气头主体的前述旋转头的前方，从而自该开口部将外部空气导入前述旋转刷头的叶片使旋转刷头旋转。

3. 如权利要求 1 或 2 所述的电动吸尘器用的吸气头，其特征在于，形成吸气通道，将来自前述开口部的外部空气引导至位于前述旋转刷头轴心前方的叶片。

4. 如权利要求 1 或 2 所述的电动吸尘器用的吸气头，其特征在于，前述叶片至少有一部分使用难透气的材料。

5. 如权利要求 1 或 2 所述的电动吸尘器用的吸气头，其特征在于，所述叶片在所述旋转刷头停止状态下呈弯曲或倾斜而与被扫除面成被接触状态，在所述旋转刷头旋转时，借由离心力伸展而与被扫除面呈接触状态。

6. 如权利要求 1 或 2 所述的电动吸尘器用的吸气头，其特征在于，将前述开口部设在前述吸气头主体的吸气头主体宽的并靠近中央的部位。

7. 如权利要求 1 或 2 所述的电动吸尘器用的吸气头，其特征在于，设置引导部将外部空气从前述开口部引导到位于前述旋转刷头中心体轴心下方的叶片。

8. 如权利要求 1 或 2 所述的电动吸尘器用的吸气头，其特征在于，将承受外部空气使前述旋转刷头旋转的叶片设在前述旋转刷头上。”

合议组于 2007 年 1 月 5 日再次发出复审通知书，指出：权利要求 1 请求保护技术方案与对比文件 1 公开内容相比，其区别技术特征为：（1）使得从所述开口部吸引的外部空气总是均衡地作用于所述旋转刷头的叶片而使得所述旋转刷头效率良好地进行运转；（2）叶片是可挠性的。关于区别特征（1），对比文件 1 中也具有开口部，由于叶片的形状、结构与本申请相同，其也可以获得上述效果，即可以使得从所述开口部吸引的外部空气总是均衡地作用于所述旋转刷头的叶片而使得所述旋转刷头效率良好地进行运转。关于区别特征（2），如果要解决清扫地毯时地毯毛绒根部因与叶轮接触而受到伤害的技术问题，本领域的技术人员无须创造性地劳动就可以想到将叶片变为挠性的。因此，权利要求 1 请求保护技术方案相对于对比文件 1 不具备突出的实质性特点和显著的进步，不符合专利法第 22 条第 3 款有关创造性的规定；从属权利要求 2~8 相对于对比文件 1 也不具备专利法第 22 条第 3 款规定的创造性。

复审请求人于 2007 年 2 月 16 日提交了意见陈述书，认为对比文件未公开可挠性叶片，而且为了避免伤害地毯，还可以采取其他一些措施，因而采用可挠性叶片并不是显而易见的方案，所以权利要求相对于对比文件具有创造性。

经审查，合议组认为本案事实清楚，可以作出审查决定。

二、决定的理由

1. 关于文本

复审请求人 2006 年 8 月 28 日答复复审通知书时对申请文件进行的修改符合专利法第 33 条和专利法实施细则第 60 条的规定，因此合议组将请求人于申请日提交的说明书附图第 1~43 页、说明书摘要和摘要附图及 2006 年 8 月 28 日提交的权利要求第 1~8、说明书第 1~20 页，作为本复审决定所

依据的文本。

2. 关于对比文件

本决定引用与驳回决定相同的对比文件1（WO9628081A1），由于其公开日1996年9月19日早于本申请的申请日，故可以作为评价本申请的现有技术。

3. 关于权利要求1的创造性

专利法第22条第3款规定，发明的创造性是指同申请日以前已有的技术相比，该发明有突出的实质性特点和显著的进步。

（1）权利要求1请求保护一种电动吸尘器用的吸气头，并包括如下技术特征：①吸气头主体，下面具有吸气口；②旋转刷头收纳室，在该吸气头主体内；③旋转刷头，以面临前述吸气口的状态旋转自如地被收纳在旋转刷头收纳室，所述旋转刷头具有中心体以及沿该中心体长度方向成螺旋状配置的可挠性的叶片；④开口部，设在前述吸气头主体上，从外部将空气吸引至所述旋转刷头收纳室内；⑤其中所述旋转刷头借由所述叶片持续地接收来自所述开口部的外气而旋转，所述开口部形成直线状相对于螺旋状配置的叶片交叉形成，使得从所述开口部吸引的外部空气总是均衡地作用于所述旋转刷头的叶片而使得所述旋转刷头效率良好地进行旋转。

对比文件1（见说明书附图1~11以及说明书第11页第4行至第16页第24行）公开了一种电动吸尘器用的吸气头，包括：①主体101，主体下面具有吸气口402；②在该吸气头主体内有叶轮103的收纳室；③叶轮103面临前述吸气口402旋转自如地安装在旋转刷头收纳室内，叶轮103具有沿着中心体长方向成螺旋形设置的叶片；④叶轮103前方有开口部105、106，用以将外部的空气引导至刷头收纳室内；⑤叶轮103借由所述叶片持续地接收来自开口部105、106的外气而旋转，图8显示开口部105、106形成直线状相对于螺旋状配置的叶片交叉形成。

将权利要求1请求保护技术方案与对比文件1公开内容相比，其区别技术特征为：①使得从所述开口部吸引的外部空气总是均衡地作用于所述旋转刷头的叶片而使得所述旋转刷头效率良好地进行运转；②叶片是可挠性的。关于区别特征①，对比文件1中也具有开口部，由于叶片的形状、结构与本申请相同，其也可以获得上述效果，即可以使得从所述开口部吸引的外部空气总是均衡地作用于所述旋转刷头的叶片而使得所述旋转刷头持续地并且效率良好地进行旋转；关于区别特征②，由于叶片位于叶轮上，在叶轮旋转时叶片要与被清洁物例如地毯相接触，如果要解决清扫地毯时地毯毛绒根部因与叶轮叶片接触而受到伤害的技术问题，最直接直观的做法就是将最可能与毛毯等被清洁物接触的叶片做成柔性可弯曲变形的，因此本领域的技术人员无须创造性地劳动就可以想到将叶片变为挠性的，同时，挠性叶片也能使被清洁物清洁得更干净，所以现有技术中诸如扫帚等的许多清扫用具也都是挠性的。因此，现有技术给出将区别特征应用于最接近的现有技术以解决其存在的技术问题的启示，即在对比文件1的基础上得出该权利要求1请求保护的技术方案对本领域技术人员来说是显而易见的，权利要求1请求保护技术方案相对于对比文件1不具备突出的实质性特点和显著的进步，不符合专利法第22条第3款有关创造性的规定。

（2）从属权利要求2的附加技术特征是“所述开口部形成在前述吸气头主体的前述旋转刷头的前方，从而自该开口部将外部的空气导入前述旋转刷头的叶片使旋转刷头旋转”。该特征已在对比文件1中公开（参见附图3）：开口部105、106形成在吸气头主体101的叶轮103的前方，从而自该开口部将外部的空气导入叶轮103的叶片使旋转刷头旋转。由此可见，在其引用的权利要求1不具备创造性的情况下，权利要求2也不具备专利法第22条第3款所规定的创造性。

（3）从属权利要求3的附加技术特征是“形成吸气通道，将来自前述开口部的外部空气引导至位于前述旋转刷头轴心前方的叶片”，从属权利要求4的附加技术特征是“前述叶片至少有一部分使用难透气的材料”，上述技术特征属于对比文件明显隐含的技术特征，因为要使对比文件1的叶轮旋转就必然会在开口部后面形成吸气通道，并且将外部空气引导至叶片，而且叶片必然有一部分是不透气的，否则空气就不能形成对叶片的推力。由此可见，在其引用的权利要求不具备创造性的情况下，权利要求3、4也不具备专利法第22条第3款所规定的创造性。

（4）从属权利要求5的附加技术特征是“所述叶片在所述旋转刷头停止状态下呈弯曲或倾斜而与被扫除面成被接触状态，在所述旋转刷头旋转时，借由离心力伸展而与被扫除面呈接触状态”。根据说明书相关部分的记载，权利要求中的“被接触状态”为笔误，应为“未接触状态”。而对比文件1中的叶片在停止状态下也呈弯曲状态，本领域的普通技术人员在对比文件1的基础上，为了在停止状态下使叶片不与扫除面接触而在转动状态下与之接触，并且为了在使用状态下能使叶片扫起灰尘而使吸尘的效果更好，很容易想到利用离心力的原理，采用可挠性叶片，使之在转动下变为直立状态与接触面接触。由此可见，在其引用的权利要求不具备创造性的情况下，权利要求5也不具备专利法第22条第3款所规定的创造性。

（5）从属权利要求6的附加技术特征是“将前述开口部设在前述吸气头主体的吸气头主体宽的并靠近中央的部位”，对比文件1（图11）公开了开口部111设置在吸气头主体宽的并位于中央的位置。由此可见，在其引用的权利要求不具备创造性的情况下，权利要求6也不具备专利法第22条第3款所规定的创造性。

（6）从属权利要求7的附加技术特征是“设置引导部将外部空气从前述开口部引导到位于前述旋转刷头中心体轴心下方的叶片”。本领域的技术人员为了使作用在叶片上的空气推力最大化从而使叶片更好地旋转，在开口部和叶片之间设置引导部形成引导气体流动的通道是不需要创造性劳动的，因此在其引用的权利要求不具备创造性的情况下，权利要求7不具备突出的实质性特点和显著的进步，不具备专利法第22条第3款所规定的创造性。

（7）从属权利要求8的附加技术特征是“将承受外部空气使前述旋转刷头旋转的叶片设在前述旋转刷头上”。该特征被对比文件1公开（参见附图4）：接受外部空气的叶片设置在旋转的叶轮103上。由此可见，在其引用的权利要求不具备创造性的情况下，权利要求8也不具备专利法第22条第3款所规定的创造性。

综上所述，权利要求1~8相对于对比文件1不具备专利法第22条第3款规定的创造性。

4. 关于请求人的答复意见

请求人于2007年2月16日提交的意见陈述书认为：为了避免叶轮伤害地毯，也可以采取其他措施，比如通过减小叶轮直径并加大刷毛长度，因此采用可挠性叶片不是显而易见的方案。合议组认为，尽管本领域技术人员在发现叶轮的叶片刮伤地毯绒毛的技术问题后，也可能想到采取其他的一些措施，但并不能说明从中选出使用软的弹性（即挠性）材料来制造叶片是需要克服技术难题并且需要付出创造性劳动的，合议组依然认为权利要求1不具备创造性。

基于上述理由，合议组作出下述决定。

三、决定

维持国家知识产权局于2004年8月6日作出的驳回98118729.3号发明专利申请的决定。

复审请求人对本决定不服的，可以根据专利法第41条第2款的规定，自收到本决定之日起三个月内向北京市第一中级人民法院起诉。

061

铌粉、其烧结体和使用同样材料的电容器

复审请求审查决定（第10636号）

决 定 号 第10636号
决 定 日 2007年5月24日
发明创造名称 铌粉、其烧结体和使用同样材料的电容器
国际分类号 C22C 27/02，B22F 5/00，H01G 9/052
复审请求人 昭和电工株式会社
申 请 号 03800652.9
申 请 日 2003年4月25日
优 先 权 日 2002年4月26日
公 开 日 2004年9月29日
合议组组长 崔 震
主 审 员 董晓静
参 审 员 王 琳

法 律 依 据 专利法实施细则第21条第2款
决 定 要 点

国家知识产权局原审查部门以请求人已经放弃的文本为依据作出驳回决定，违反法定程序，其驳回理由也不足以证明所述技术特征是本申请解决其技术问题所必不可少的技术特征，复审请求成立，撤销驳回决定。

一、案由

本复审请求涉及发明名称为“铌粉、其烧结体和使用同样材料的电容器”的03800652.9号发明专利申请（下称本申请），申请人为昭和电工株式会社，申请日为2003年4月25日，优先权日为2002年4月26日，公开日为2004年9月29日。

2005年1月7日，国家知识产权局针对申请人于2004年1月12日提交的说明书第1、2、5、6、7、9~14页和权利要求第1~13项，2004年1月15日提交的权利要求14~22和说明书第3、4、8页发出第一次审查意见通知书，指出“独立权利要求1缺少达到发明目的的必要技术特征，不符合专利法实施细则第21条第2款的规定。要达到本发明的目的，‘氧含量、氮含量、氢含量、铌粉粒度’是必不可少的技术特征，因此申请人应当将其记载到该权利要求中”，同时还指出权利要求4~8不符合专利法实施细则第22条、第23条的规定。

2005年5月23日，申请人答复第一次审查意见通知书并提交了意见陈述书和修改的权利要求1~13，

其中修改了权利要求4~8的引用关系。申请人陈述意见认为，本申请说明书第5页第2~13行描述了将Mg、Zr、W和Ta以及除它们和氧、氮、氢之外的其他元素的含量控制在权利要求1所述的各特定范围内，就可以防止使用铌粉的烧结体或电容器的电容CV值降低从而达到本发明的目的，而说明书第6页第16~22行则描述了将铌粉粒径范围规定为0.1~5微米的原因，它们都不是本发明为解决其技术问题所不可缺少的技术特征，因此氧、氮、氢含量和铌粉粒径不需要限定在独立权利要求1中。

2005年7月8日，国家知识产权局针对申请人2004年1月12日提交的说明书第1、2、5、6、7、9~14页和权利要求第1~13项，2004年1月15日提交的说明书第3、4、8页和权利要求第14~22项，以权利要求1不符合专利法实施细则第21条第2款为由，驳回了本申请。驳回决定的驳回理由部分除了与第一次审查意见通知书完全相同的内容外，针对申请人的答复意见仅指出“审查员仔细地考虑了申请人的陈述意见后认为本申请经申请人陈述意见和进行修改后仍不符合专利法实施细则第21条第2款的规定”。

驳回决定所针对的权利要求1为：

“1. 一种铌粉，其中含有各自含量为50到400质量ppm的Mg和Zr、含量为20到200质量ppm的W以及含量为300到3000质量ppm的Ta，以及含量各自为50质量ppm或更少的除氧、氮、氢、Mg、Zr、W和Ta之外的其他元素。”

申请人（下称请求人）不服上述驳回决定，于2005年10月17日向专利复审委员会提出复审请求，请求人在提出复审请求时没有对申请文件进行修改，仅提交了请求人2005年5月23日提交的权利要求第1~13项和2004年1月15日提交的权利要求第14~22项的文本，以及本申请在日本专利局已获授权的特许公报和权利要求书。

请求人的复审理由概括如下：

（1）驳回决定针对的文本错误，应针对请求人2005年5月23日提交的权利要求1~13；而且原审查部门作出驳回决定的程序明显存在瑕疵，其在审查意见通知书和驳回决定中提出的仅是未经论证的断言式的结论，没有从发明目的出发结合申请记载的内容来讨论必要技术特征，因此请求撤销驳回决定；

（2）本申请的发明目的是提供一种具有大的每单位质量电容及优良的耐热性的电容器、一种制造电容器的烧结体及一种制造烧结体的铌粉，氧、氮、氢含量和铌粉粒度范围不是实现该目的的必要技术特征。在原审查部门没有证明它们和“大的每单位质量电容”以及“优良的耐热性”之间的必然联系，也没有证明它们是必要技术特征的情况下，其观点不能成立。

形式审查合格后，专利复审委员会受理了该请求，并于2005年11月10日向请求人发出了复审请求受理通知书，同时向原审查部门发出前置审查通知书，并随该通知书将本申请案卷转送至国家知识产权局原审查部门进行前置审查。

原审查部门对本复审请求进行了前置审查，在前置审查意见书中，原审查部门坚持原驳回决定，具体理由为：由本申请说明书第6页第4段对铌粒度范围的描述可知必须控制平均粒径才能达到提供具有大的每单位电容的目的；由本申请第5页关于铌粉含有氢、氧的描述以及所有实施例所制造的铌粉都含氮的事实可知氢、氧、氮必然存在于铌粉之中，自然是必要技术特征。

专利复审委员会依法组成合议组，对本复审请求案进行了审理。

经过审理，合议组认为本案事实清楚，可以作出审查决定。

二、决定的理由

1. 关于本复审决定所针对的文本

本案合议组经审查后认为，请求人于2005年5月23日提交权利要求1~13修改替换页的时机和方式符合专利法实施细则第51条第3款的规定，应予接受，因此本复审决定所针对的文本是请求人于2005年5月23日提交的权利要求1~13和2004年1月15日提交的权利要求14~22，2004年1月12日提交的说明书第1、2、5~7、9~14页和2004年1月15日提交的说明书第3、4、8页，以及2004年1月12日提交的说明书摘要。

2. 关于请求原则

请求原则是实质审查和复审程序的基本原则之一，审查员只能根据申请人依法正式呈请审查（包括提出申请时、依法提出修改时或者答复审查意见通知书时）的申请文件进行审查，以申请人放弃的申请文件为依据作出驳回决定的情形属于审查指南第四部分第二章第5节规定的违反法定程序。

具体到本案中，请求人虽然于2004年1月12日提交了权利要求1~22，并于2004年1月15日提交了权利要求14~22的修改替换页，但是2005年5月23日请求人又提交了权利要求1~13的修改替换页，这意味着请求人此时已经放弃了2004年1月12日提交的权利要求1~13，但是国家知识产权局原审查部门却以请求人已放弃的2004年1月12日提交的权利要求1~13为依据作出了驳回决定，违反了法定程序，属于审查指南第四部分第二章第5节规定的违反法定程序的情形。

3. 关于专利法实施细则第21条第2款

专利法实施细则第21条第2款规定，独立权利要求应当从整体上反映发明或者实用新型的技术方案，记载解决技术问题的必要技术特征。

必要技术特征是指，发明或者实用新型为解决其技术问题所不可缺少的技术特征，其总和足以构成发明或者实用新型的技术方案，使之区别于背景技术中所述的其他技术方案。判断某一技术特征是否为必要技术特征，应当从所要解决的技术问题出发并考虑说明书描述的整体内容，不应简单地将实施例中的技术特征直接认定为必要技术特征。

具体到本案中，说明书记载的发明目的是“提供一种具有大的每单位质量电容及优良耐热性的电容器、一种制造电容器的烧结体及一种制造烧结体的铌粉”，因此判断氢、氧、氮的含量和铌粉粒度是否为必要技术特征的关键在于说明它们为什么是“提供具有大的每单位质量电容及优良耐热性的电容器”所不可缺少的技术特征。

但是，原审查部门在审查意见通知书和驳回决定中认为权利要求1不符合专利法实施细则第21条第2款规定的具体理由仅仅是“要达到本发明的目的，‘氧含量、氮含量、氢含量、铌粉粒度’是必不可少的技术特征”，没有从所要解决的技术问题出发进行分析。即使在前置审查意见书中，其理由也只是因为说明书描述了平均粒径必须控制和氢氧必然存在于铌粉中，以及所有实施例的铌粉都含有氮，并没有从氮、氢、氧含量以及铌粉粒度范围与要解决的技术问题之间的关系证明它们是电容器具有“大的每单位质量电容”和“优良耐热性”所必不可少的条件。

综上，由于国家知识产权局原审查部门在审查意见通知书、驳回决定和前置审查意见书中所陈述的理由并不足以证明氮、氧、氢含量和铌粉粒度是解决本申请所要解决技术问题的必要技术特征，因此，其驳回的理由不能成立。

基于上述理由，本案合议组作出如下决定。

三、决定

撤销国家知识产权局于2005年7月8日针对03800652.9号发明专利申请作出的驳回决定，由原审查部门在本复审决定所针对的文本基础上继续进行审查。

复审请求人对本决定不服的，可以根据专利法第41条第2款的规定，自收到本决定之日起3个月内向北京市第一中级人民法院起诉。

062

电光装置、其检查方法及电子装置

复审请求审查决定（第10640号）

决　定　号 第10640号
决　定　日 2007年4月24日
发明创造名称 电光装置、其检查方法及电子装置
国际分类号 G09G 3/30，G02F 1/133
复审请求人 精工爱普生株式会社
申　请　号 01137595.7
申　请　日 2001年10月30日
优 先 权 日 2000年10月31日，2001年8月23日
公　开　日 2002年5月29日
合议组组长 张梅珍
主　审　员 沈乐平
参　审　员 宋　瑞

法律依据 专利法第22条第3款
决定要点

如果一项权利要求所描述的技术方案相对于现有技术存在区别技术特征，且现有技术中不存在利用该区别技术特征的技术启示，并且该区别技术特征能够带来相应的技术效果，则该项权利要求相对于现有技术具备专利法第22条第3款规定的创造性。

一、案由

本复审请求涉及申请号为01137595.7、名称为“电光装置、其检查方法及电子装置”的发明专利申请（下称本申请），申请日为2001年10月30日，优先权日为2000年10月31日和2001年8月23日，申请人为精工爱普生株式会社。在本申请公开之前，申请人没有对申请文件做任何修改，本申请公开时权利要求书包括20项权利要求，其中权利要求1、13、14、17、18为独立权利要求。

国家知识产权局实质审查部门依法对本申请进行了实质审查，于2003年9月26日发出第一次审查意见通知书，指出本申请权利要求1~2、9、13~18不具备专利法第22条第2款规定的新颖性，权利要求4、12、20不具备专利法第22条第3款规定的创造性。所引用的对比文件为：US 5986739，公开日为1999年11月16日（下称对比文件1）。

针对上述审查意见通知书，申请人于2004年1月30日提交了意见陈述书和权利要求书全文修改替换页，修改后的权利要求书共包含22项权利要求。在原独立权利要求1、11、12、15、16中增加

了如下技术特征：备有基板，与所述基板粘合的另一基板、和在所述基板和所述另一基板之间保持的电光物质，所述第二部分设于所述伸出的区域上。申请人认为修改后的权利要求书克服了第一次审查意见通知书所指出的缺陷。

针对申请人的上述意见陈述和修改，原审查部门继续审查，于2004年3月5日发出第二次审查意见通知书，第二次审查意见通知书认为：本发明的技术方案主要在于对迂回布线宽度的改进，这样使得检测的时候不容易出错，修改后的权利要求所增加的技术特征对该改进没有什么决定性的用处，因此修改后的权利要求1~2、4、9、11~16、18~22不具备专利第22条第3款规定的创造性。第二次审查意见通知书中没有引用新的对比文件。

针对第二次审查意见通知书，申请人于2004年5月12日提交了意见陈述书和权利要求书的全文修改替换页共4页。申请人认为：（1）对比文件1没有披露在驱动器IC和电极之间的迂回布线部中设置检查区域，因而修改后的独立权利要求1和从属于权利要求1的权利要求3、8、11及独立权利要求12、13、15和从属于权利要求13的权利要求14具备创造性；（2）对比文件1是关于检查电极的断线和短路的发明，没有披露修改后的独立权利要求16中的技术特征“根据通过供给上述驱动信号而显示图像，判断该电光装置是否良好的工序”，因而修改后的权利要求独立16及从属于权利要求16的权利要求18具备创造性。

修改后，涉及创造性评述的权利要求如下：

“1. 一种电光装置，其特征在于：备有保持电光物质的基板；用以将电压施加在所述电光物质上的电极；具有形成迂回布线部的多条布线；以及对在所述基板的所述电光物质被配置的区域以外的区域上安装的所述多条布线供给输出信号的驱动器IC；所述多条布线的迂回布线部有第一部分，以及在所述电极和所述驱动IC之间设置的第二部分；所述第二部分宽度比所述第一部分窄。

……

3. 如权利要求1所述的电光装置，其特征在于：备有由对应于各种不同颜色的多个子像素构成的像素，以及对应于所述各子像素的颜色的滤色片。

……

8. 如权利要求1所述的电光装置，其特征在于：遍及一条以上的布线构成大致一列所述第二部分。

……

11. 如权利要求1所述的电光装置，其特征在于：所述电光物质是EL发光层。

12. 一种电光装置，其特征在于：备有保持电光物质的基板；用以将电压施加在所述电光物质上的电极；具有形成迂回布线部的多条布线；以及对在所述基板的所述电光物质被配置的区域以外的区域上安装的所述多条布线供给输出信号的驱动器IC；所述多条布线的迂回布线部有第一部分，以及在所述电极和所述驱动IC之间设置的第二部分；相邻的迂回布线部的第二部分之间的间隔比第一部分之间的间隔宽。

13. 一种电子装置，该电子装置将电光装置作为显示部，其特征在于：所述电光装置备有：保持电光物质的基板；用以将电压施加在所述电光物质上的电极；具有形成迂回布线部的多条布线；以及对在所述基板的所述电光物质被配置的区域以外的区域上安装的所述多条布线供给输出信号的驱动器IC；所述多条布线的迂回布线部有第一部分，以及在所述电极和所述驱动IC之间设置的第二部分；所述第二部分宽度比所述第一部分窄。

14. 如权利要求13所述的电子装置，其特征在于：遍及一条以上的布线构成大致一列所述第二部分。

15. 一种电子装置，该电子装置将电光装置作为显示部，其特征在于：所述电光装置备有：保持电光物质的基板；用以将电压施加在所述电光物质上的电极；具有形成迂回布线部的多条布线；以及对在所述基板的所述电光物质被配置的区域以外的区域上安装的所述多条布线供给输出信号的驱动器IC；所述多条布线的迂回布线部有第一部分，以及在所述电极和所述驱动IC之间设置的第二部分；相邻的迂回布线部的第二部分之间的间隔比第一部分之间的间隔宽。

16. 一种电光装置的检查方法，所述电光装置备有保持电光物质的基板；以及在该基板中与所述电光物质相向的区域以外的区域上形成的有迂回布线部的多条布线，所述各布线的迂回布线部有第一部分，以及其宽度比该第一部分窄的第二部分，该电光装置的检查方法的特征在于有：使检查用端子接触在所述各布线的迂回布线部中的所述第二部分上的工序；将规定的驱动信号经所述检查用端子供给所述布线的工序；以及根据通过供给所述驱动信号而显示的图像，判断该电光装置是否良好的工序。

……

18. 如权利要求16所述的电光装置的检查方法，其特征在于：在使检查用端子接触在所述迂回布线部上的工序中，使大致呈平板状的所述检查用端子接触在布线上，使该检查用端子弯曲而使该检查用端子与该布线进行面接触。

……”

国家知识产权局专利局于2004年6月25日做出了驳回本申请的决定，驳回决定指出基于与前述审查意见通知书相同的理由，上述涉及的权利要求不具备专利法第22条第3款规定的创造性。驳回决定还针对申请人答复第二次审查意见通知书的意见陈述进一步阐述了上述涉及的权利要求不具备创造性的理由：对比文件1提供了一种能够提高检查准确性的在显示器基板狭窄的区域所作的布线方案，所属领域的技术人员将该方案应用到显示器其他的布线狭窄的区域是显而易见的。

驳回决定依据的文本为：2004年5月12日提交的权利要求第1~22项。驳回决定中没有对说明书和说明书附图依据的文本进行认定。

申请人（下称复审请求人）不服上述驳回决定，于2004年9月14日向专利复审委员会提出复审请求，同时修改了权利要求书，其中对独立权利要求1、12、13、15和16进行了修改，增加了权利要求23~26。修改后的独立权利要求1、12、13、15增加了“所述第二部分是在使用所述电光物质将像素点亮进行点亮检查时用以接触检查用端子的部分”，修改后的权利要求16增加了“在所述判断电光装置是否良好的工序中，使用所述电光物质将像素点亮”的技术特征。

复审请求人提出复审请求的理由是：对比文件1没有公开技术特征“在所述基板的所述电光物质被配置的区域以外的区域上形成的迂回布线部的多条布线”、“所述第二部分是在使用所述电光物质将像素点亮进行点亮检查时用以接触检查用端子的部分”，因而修改后的独立权利要求1、12、13、15具备创造性。对比文件1没有公开技术特征“在所述判断电光装置是否良好的工序中，使用所述电光物质将像素点亮”，因而修改后的独立权利要求16具备创造性。

经形式审查合格后，专利复审委员会依法受理了上述请求，并于2004年10月18日向复审请求人发出了复审请求受理通知书，同时向原审查部门发出前置审查通知书。

原审查部门对该复审请求做出前置审查意见，仍然坚持驳回决定。

专利复审委员会依法成立合议组，对该复审请求进行审查。

2006年9月18日，复审请求人提交了权利要求书的全文修改替换页，修改后的权利要求书仅删除了原权利要求23~26项，其他未做改动。

2006年12月8日，本案合议组发出复审通知书，指出：本申请权利要求1、3、8、11~16、18相对于对比文件1不具备创造性，不符合专利法第22条第3款的规定。

专利复审委员会于2007年1月16日收到了复审请求人提交的针对上述复审通知书的意见陈述书和权利要求书的全文替换页，将原权利要求2的附加技术特征补充到原独立权利要求1、12、13和15中形成新的独立权利要求1、11、12、14；将原权利要求4的附加技术特征补充到原权利要求1中形成新的独立权利要求3；将原权利要求9的附加技术特征补充到原权利要求1中形成新的独立权利要求8；将原权利要求17的附加技术特征补充到原权利要求16中形成新的独立权利要求15，原权利要求3、8、11、14、18分别调整编号为权利要求2、7、10、13、16。复审请求人在意见陈述书中认为，修改后的权利要求书克服了复审通知书所指出的缺陷，符合专利法第22条第3款的规定。修改后的权利要求书共包括20项权利要求，其中独立权利要求为权利要求1、3、8、11、12、14、15、17。权利要求1~3、7~8、10~16的具体内容为：

“1. 一种电光装置，其特征在于：备有保持电光物质的基板；在所述基板上设置的电极；具有在所述基板的所述电光物质被配置的区域以外的区域上形成的迂回布线部的多条布线；以及对在所述基板的所述电光物质被配置的区域以外的区域上安装的所述多条布线供给输出信号的驱动器IC；所述多条布线的迂回布线部有第一部分、以及在所述电极和所述驱动IC之间设置的第二部分；所述第二部分宽度比所述第一部分窄；所述第二部分是在使用所述电光物质将像素点亮进行点亮检查时用以接触检查用端子的部分，其中，所述电极备有多条第一电极；以及位于与所述第一电极相反的一侧而将所述电光物质夹在中间，同时沿着与所述第一电极交叉的方向延伸的多条第二电极，所述布线是与所述第一电极或第二电极中电极数多的电极导通的布线。

2. 如权利要求1所述的电光装置，其特征在于：备有由对应于各种不同颜色的多个子像素构成的像素、以及对应于所述各子像素的颜色的滤色片。

3. 一种电光装置，其特征在于：备有保持电光物质的基板；在所述基板上设置的电极；具有在所述基板的所述电光物质被配置的区域以外的区域上形成的迂回布线部的多条布线；以及对在所述基板的所述电光物质被配置的区域以外的区域上安装的所述多条布线供给输出信号的驱动器IC；所述多条布线的迂回布线部有第一部分、以及在所述电极和所述驱动IC之间设置的第二部分；所述第二部分宽度比所述第一部分窄；所述第二部分是在使用所述电光物质将像素点亮进行点亮检查时用以接触检查用端子的部分，其中，所述布线有第一层和电阻值比该第一层低的第二层，所述布线中至少对应于第二部分形成所述第二层。

……

7. 如权利要求1所述的电光装置，其特征在于：遍及一条以上的布线构成大致一列所述第二部分。

8. 一种电光装置，其特征在于：备有保持电光物质的基板；在所述基板上设置的电极；具有在所述基板的所述电光物质被配置的区域以外的区域上形成的迂回布线部的多条布线；以及对在所述基板的所述电光物质被配置的区域以外的区域上安装的所述多条布线供给输出信号的驱动器IC；所述多条布线的迂回布线部有第一部分，以及在所述电极和所述驱动IC之间设置的第二部分；所述第二部分宽度比所述第一部分窄；所述第二部分是在使用所述电光物质将像素点亮进行点亮检查时用以接触检查用端子的部分，其中，将作为所述电光物质的液晶夹在所述基板和经密封材料而被贴合的另一基板之间。

……

10. 如权利要求1所述的电光装置，其特征在于：所述电光物质是EL发光层。

11. 一种电光装置，其特征在于：备有保持电光物质的基板；在所述基板上设置的电极；具有在所述基板的所述电光物质被配置的区域以外的区域上形成的迂回布线部的多条布线；以及对在所述基板的所述电光物质被配置的区域以外的区域上安装的所述多条布线供给输出信号的驱动器IC；所述多条布线的迂回布线部有第一部分，以及在所述电极和所述驱动IC之间设置的第二部分；相邻的迂回布线部的第二部分之间的间隔比第一部分之间的间隔宽；所述第二部分是在使用所述电光物质将像素点亮进行点亮检查时用以接触检查用端子的部分，其中，所述电极备有多条第一电极；以及位于与所述第一电极相反的一侧而将所述电光物质夹在中间，同时沿着与所述第一电极交叉的方向延伸的多条第二电极，所述布线是与所述第一电极或第二电极中电极数多的电极导通的布线。

12. 一种电子装置，具有电光装置作为显示部，其特征在于：所述电光装置备有：保持电光物质的基板；在所述基板上设置的电极；具有在所述基板的所述电光物质被配置的区域以外的区域上形成的迂回布线部的多条布线；以及对在所述基板的所述电光物质被配置的区域以外的区域上安装的所述多条布线供给输出信号的驱动器IC；所述多条布线的迂回布线部有第一部分，以及在所述电极和所述驱动IC之间设置的第二部分；所述第二部分宽度比所述第一部分窄；所述第二部分是在使用所述电光物质将像素点亮进行点亮检查时用以接触检查用端子的部分，其中，所述电极备有多条第一电极；以及位于与所述第一电极相反的一侧而将所述电光物质夹在中间，同时沿着与所述第一电极交叉的方向延伸的多条第二电极，所述布线是与所述第一电极或第二电极中电极数多的电极导通的布线。

13. 如权利要求12所述的电子装置，其特征在于：遍及一条以上的布线构成大致一列所述第二部分。

14. 一种电子装置，具有电光装置作为显示部，其特征在于：所述电光装置备有：保持电光物质的基板；在所述基板上设置的电极；具有在所述基板的所述电光物质被配置的区域以外的区域上形成迂回布线部的多条布线；以及对在所述基板的所述电光物质被配置的区域以外的区域上安装的所述多条布线供给输出信号的驱动器IC；所述多条布线的迂回布线部有第一部分，以及在所述电极和所述驱动IC之间设置的第二部分；相邻的迂回布线部的第二部分之间的间隔比第一部分之间的间隔宽；所述第二部分是在使用所述电光物质将像素点亮进行点亮检查时用以接触检查用端子的部分，其中，所述电极备有多条第一电极；以及位于与所述第一电极相反的一侧而将所述电光物质夹在中间，同时沿着与所述第一电极交叉的方向延伸的多条第二电极，所述布线是与所述第一电极或第二电极中电极数多的电极导通的布线。

15. 一种电光装置的检查方法，所述电光装置备有保持电光物质的基板；以及在该基板中配置所述电光物质的区域以外的区域上形成的有迂回布线部的多条布线，所述多个布线的迂回布线部有第一部分，以及其宽度比该第一部分窄的第二部分，该电光装置的检查方法的特征在于有：使检查用端子接触在所述多个布线的迂回布线部中的所述第二部分上的工序；将规定的驱动信号经所述检查用端子供给所述布线的工序；以及根据通过供给所述驱动信号而显示的图像，判断该电光装置是否良好的工序；在所述判断电光装置是否良好的工序中，使用所述电光物质将像素点亮，其中，在使检查用端子接触在所述迂回布线部上的工序中，使多个检查用端子中的各个端子和所述各布线一并接触。

16. 如权利要求15所述的电光装置的检查方法，其特征在于：在使检查用端子接触在所述迂回布线部上的工序中，使大致呈平板状的所述检查用端子接触在布线上，使该检查用端子弯曲而使该检查用端子与该布线进行面接触。

……”

至此，合议组认为本案事实已经清楚，现依法作出复审决定。

二、决定的理由

1. 关于审查文本

专利复审委员会于2007年1月16日收到了复审请求人提交的权利要求第1~20项的修改替换页，

经审查，上述修改符合专利法第33条及专利法实施细则第60条第1款的规定；并且经合议组核实，复审请求人（申请人）从申请日至今没有对说明书、说明书附图、摘要及摘要附图进行过任何修改，因此，本复审决定以专利复审委员会于2007年1月16日收到的权利要求第1~20项、申请日提交的说明书第1~23页、说明书附图第1~20页、说明书摘要及摘要附图作为审查基础。

2. 关于专利法第22条第3款

专利法第22条第3款规定的创造性：是指同申请日以前已有的技术相比，该发明有突出的实质性特点和显著的进步，该实用新型有实质性特点和进步。

如果一项权利要求所描述的技术方案相对于现有技术存在区别技术特征，且现有技术中不存在使用该区别技术特征的技术启示，并且该区别技术特征能够带来相应的技术效果，则该项权利要求相对于现有技术具备专利法第22条第3款规定的创造性。

具体到本案，对比文件1公开了一种液晶显示装置（具体参见对比文件1摘要、摘要附图、说明书第3栏第29~40行、第8栏第50~67行及附图6）：一个保持电光物质的基板；该基板包括设置在显示区和非显示区上的多个电极，基板上在除了液晶显示区以外的非显示区上形成的迂回布线部分；该迂回布线部分的宽度要窄于显示区的宽度，当进行电极的通断和短路检测时由于相邻电极的间隙宽，所以在检测时不容易出错；在非显示区上设置有IC驱动器。

独立权利要求1相对于对比文件1的区别在于独立权利要求1还记载了：（1）所述多条布线的迂回布线部有第一部分、以及在所述电极和所述驱动IC之间设置的第二部分；所述第二部分是在使用所述电光物质将像素点亮进行点亮检查时用以接触检查用端子的部分，（2）其中，所述电极备有多条第一电极；以及位于与所述第一电极相反的一侧而将所述电光物质夹在中间，同时沿着与所述第一电极交叉的方向延伸的多条第二电极，所述布线是与所述第一电极或第二电极中电极数多的电极导通的布线。

对于区别技术特征（1），合议组认为当本领域的普通技术人员在做点亮检查时发现由于IC驱动器附近的布线间距窄、从而导致检查端子与布线的接触容易出现偏差时，在对比文件1给出的采用非显示区迂回布线的宽度比显示区的布线宽度窄的布线方式可以使得电极的短路和通断检查更加容易的教导下，很容易将对比文件1中给出的布线方式应用到同一基板上的IC驱动器附近的布线中，因此对比文件1给出了相应的技术启示。

对于区别技术特征（2），合议组认为对比文件1没有公开区别技术特征（2），现有技术也不存在应用区别技术特征（2）的技术启示，并且其带来了能够进行正确的检查的效果。

基于上述理由，独立权利要求1相对于对比文件1具有突出的实质性特点和显著的进步，具备专利法第22条第3款规定的创造性。

由于独立权利要求1具备创造性，因而从属于独立权利要求1的权利要求2、7、10也具备专利法第22条第3款规定的创造性。

独立权利要求11、12、14也包含了对比文件1没有披露的上述区别技术特征（2），基于与评述独立权利要求1创造性时同样的理由，独立权利要求11、12和14相对于对比文件1也具有突出的实质性特点和显著的进步，具备专利法第22条第3款规定的创造性。

由于独立权利要求12具备创造性，因而从属于权利要求12的权利要求13也具备专利法第22条第3款规定的创造性。

独立权利要求3相对于对比文件1的区别在于权利要求3还记载了：（1）所述多条布线的迂回布线部有第一部分，以及在所述电极和所述驱动IC之间设置的第二部分；所述第二部分是在使用所述电光物质将像素点亮进行点亮检查时用以接触检查用端子的部分，（2）其中，所述布线有第一层和电阻值比该第一层低的第二层，所述布线中至少对应于第二部分形成所述第二层。

对于区别技术特征（1），合议组认为对比文件1给出了相应的技术启示（具体参见对权利要求1的评述）；对于区别技术特征（2），合议组认为对比文件1没有披露区别技术特征（2），现有技术也不存在应用上述区别技术特征（2）的技术启示，并且其能抑制由于布线宽度变窄而引起的电阻值的上升。因而独立权利要求3相对于对比文件1具有突出的实质性特点和显著的进步，具备专利法第22条第3款规定的创造性。

独立权利要求8相对于对比文件1的区别在于独立权利要求8还记载了：（1）所述多条布线的迂回布线部有第一部分，以及在所述电极和所述驱动IC之间设置的第二部分；所述第二部分是在使用所述电光物质将像素点亮进行点亮检查时用以接触检查用端子的部分，（2）其中，将作为所述电光物质的液晶夹在所述基板和经密封材料而被贴合的另一基板之间。

对于区别技术特征（1），合议组认为对比文件1给出了相应的结合启示（具体参见对权利要求1的评述）；对于区别技术特征（2），合议组认为对比文件1没有披露区别技术特征（2），现有技术也不存在应用上述区别技术特征（2）的技术启示，并且其能防止从基板剥离的事情发生。因而独立权利要求8相对于对比文件1具有突出的实质性特点和显著的进步，具备专利法第22条第3款规定的创造性。

独立权利要求15相对于对比文件1的区别在于权利要求15还记载了：（1）所述多个布线的迂回布线部有第一部分，以及其宽度比该第一部分窄的第二部分，在所述判断电光装置是否良好的工序中，使用所述电光物质将像素点亮，（2）其中，在使检查用端子接触在所述迂回布线部上的工序中，使多个检查用端子中的各个端子和所述各布线一并接触。

对于区别技术特征（1），合议组认为当本领域的普通技术人员在做点亮检查时发现由于IC驱动器附近的布线间距窄导致检查端子与布线的接触容易出现偏差时，在对比文件1给出的非显示区迂回布线的宽度与比显示区的宽度窄的布线方式可以使得电极的短路和通断检查更加容易的教导下，很容易将上述布线方式应用到同一基板上的IC驱动器附近的布线中以使像素点亮测试更准确。因此对比文件1给出了相应的技术启示。

对于区别技术特征（2），合议组认为对比文件1没有披露区别技术特征（2），现有技术也不存在应用上述区别技术特征（2）的技术启示，并且实现了检查用端子与所述各布线容易准确接触的目的。

基于上述理由，独立权利要求15相对于对比文件1具有突出的实质性特点和显著的进步，具备专利法第22条第3款规定的创造性。

由于独立权利要求15具备创造性，因而从属于独立权利要求15的权利要求16也具备专利法第22条第3款规定的创造性。

综上所述，本专利权利要求1~3、7~8、10~16相对于对比文件1符合专利法第22条第3款的规定，即目前的审查文本克服了驳回决定所指出的缺陷。

根据上述事实和理由，本案合议组依法做出以下审查决定。

三、决定

在修改文本的基础上撤销国家知识产权局于2004年6月25日对01137595.7号发明专利申请作出的驳回决定，由原审查部门以本决定依据的文本作为审查基础继续进行审查。

复审请求人对本决定不服的，可以根据专利法第41条第2款的规定，自收到本决定之日起三个月内向北京市第一中级人民法院起诉。

063

偏光转换元件及使用此偏光转换元件的投射型液晶显示装置

复审请求审查决定（第10642号）

决　定　号　第10642号
决　定　日　2007年5月28日
发明创造名称　偏光转换元件及使用此偏光转换元件的投射型液晶显示装置
国际分类号　G02B 5/30，G02F 1/1335
复审请求人　住友化学工业株式会社
申　请　号　02120370.9
申　请　日　2002年5月23日
优先权日　2001年5月29日
公　开　日　2003年1月1日
合议组组长　杨军艳
主　审　员　马　燕
参　审　员　张梅珍

法律依据　专利法第22条第3款
决定要点

如果一项权利要求与一篇对比文件之间存在区别技术特征，但该区别技术特征属于本领域的公知常识，则该项权利要求相对于该对比文件和本领域的公知常识的结合不具备创造性，不符合专利法第22条第3款的规定。

一、案由

本复审请求涉及申请号为02120370.9、名称为“偏光转换元件及使用此偏光转换元件的投射型液晶显示装置”的发明专利申请（下称本申请），申请人为住友化学工业株式会社，申请日为2002年5月23日，优先权日为2001年5月29日，公开日为2003年1月1日。

2005年6月17日，国家知识产权局实质审查部门以本申请权利要求1不符合专利法第22条第2款规定的新颖性、权利要求2~9不符合专利法第22条第3款规定的创造性为由驳回了本申请。驳回决定中引用了如下2篇对比文件：

对比文件1：JP特开2000-321576A号公开特许公报（公开日为2000年11月24日）；

对比文件2：JP特开2000-180795A号公开特许公报（公开日为2000年6月30日）。

驳回决定的具体理由为：本申请权利要求1相对于对比文件1不具备新颖性，不符合专利法第22

条第 2 款的规定；权利要求 2~9 相对于对比文件 1 与公知常识的结合不具备创造性，不符合专利法第 22 条第 3 款的规定。

申请人住友化学工业株式会社（下称复审请求人）不服上述驳回决定，于 2005 年 9 月 29 日向专利复审委员会提出复审请求，同时提交了权利要求书的修改替换页，修改后的权利要求书共包括 8 项权利要求，其中权利要求 1、8 为独立权利要求。

复审请求人的具体复审请求理由为：在权利要求书的修改替换页中，将原权利要求 7 的附加技术特征合并到权利要求 1 中，由于该技术特征没有在对比文件 1、2 中提及，且不是本领域技术人员的常用技术手段，因此，修改后的权利要求 1 具备新颖性和创造性，在此基础上，从属权利要求 2~7 以及包含了权利要求 1~7 的技术特征的独立权利要求 8 也具备新颖性和创造性。

经形式审查合格后，专利复审委员会受理了该复审请求，并于 2005 年 12 月 14 日向复审请求人发出复审请求受理通知书，同日向原审查部门发出前置审查通知书。

原审查部门对本复审请求进行了前置审查，在前置审查中，原审查部门坚持原驳回决定。

针对上述复审请求，专利复审委员会依法成立合议组进行了审查。

本案合议组于 2007 年 3 月 26 日发出复审通知书，指出：权利要求 1~8 相对于对比文件 1 与本领域公知常识的结合不具备创造性，不符合专利法第 22 条第 3 款的规定。此外，合议组认为对比文件 2 公开的由偏振片和相位差板构成偏光转换元件，是一种常用的技术手段，属于本领域的公知常识。

2007 年 5 月 10 日，复审请求人针对上述复审通知书进行了意见陈述，并提交了权利要求书的修改替换页，其中仅将权利要求 1 的“一种偏光转换元件，其特征在于”修改为“一种偏光转换元件，适用于投射型液晶显示装置，其特征在于”，对权利要求 2~8 未作修改。在意见陈述书中，复审请求人认为：（1）对比文件 1 中记载了两枚光学补偿板与偏光板的叠合，但其叠合的顺序是偏光板/补偿板/液晶单元，即补偿板并不是暴露出在最外表面；（2）对比文件 1 没有记载在补偿板上叠合具有反射防止层的透明薄膜；（3）对比文件 1 中记载两枚光学补偿板的配置为大致一致，或大致平行，或略垂直的任何一种，但没有公开特定的角度；（4）对比文件 1 涉及反射型液晶显示装置，而本申请涉及投射型液晶显示装置，两者的结构与操作方式完全不同，反射型液晶显示装置的结构并不可以直接应用到投射型液晶显示装置；（5）对比文件 2 涉及一种投影机，其记载在偏光转换部使用偏光板与相位差板，但是没有揭示本申请所记载的将光学补偿板与偏光板的两枚加以叠合，更没有公开出叠合有相位差板。因此，本申请权利要求 1~8 相对于对比文件 1 具备创造性。

修改后的权利要求书如下：

“1. 一种偏光转换元件，适用于投射型液晶显示装置，其特征在于，包括：

一直线偏光板；以及

二片光学补偿板，叠合于该直线偏光板的一边的面，其中该二片光学补偿板是于一基板膜上涂布液晶性化合物所构成，其中该二片光学补偿板的配向轴配置成各别直交，而且具有一反射防止层的该透明基材，叠合在该光学补偿板和空气相接的面。

2. 如权利要求 1 所述的偏光转换元件，其特征在于：更叠合有一透明玻璃板。

3. 如权利要求 2 所述的偏光转换元件，其特征在于：该透明玻璃板，叠合到和该直线偏光板的叠合该光学补偿板的该面相反侧的面。

4. 如权利要求 2 所述的偏光转换元件，其特征在于：该透明玻璃板，叠合到该直线偏光板和该光学补偿板之间。

5. 如权利要求 2、3、或 4 中任一项所述的偏光转换元件，其特征在于：该透明玻璃板为蓝宝石玻璃板。

6. 如权利要求 1 所述的偏光转换元件，其特征在于：在该光学补偿板和空气相接的面上，具有反射防止层。

7. 如权利要求 1 所述的偏光转换元件，其特征在于：在和该直线偏光板叠合该光学补偿的该面相反侧的面上，叠合有相位差板。

8. 一种投射型液晶显示装置，其特征在于，包括：

如权利要求 1~7 中任一项所述的偏光转换元件，配置在一液晶单元一边的面上。”

至此，合议组认为本案事实已经清楚，依法做出本复审请求审查决定。

二、决定的理由

1. 决定所依据的文本

本复审请求审查决定以复审请求人于 2007 年 5 月 10 日提交的权利要求第 1~8 项，申请日提交的说明书第 1~15 页、说明书附图第 1~3 页、说明书摘要及摘要附图作为审查基础。

2. 关于专利法第 22 条第 3 款

专利法第 22 条第 3 款规定：创造性，是指同申请日以前已有的技术相比，该发明有突出的实质性特点和显著的进步，该实用新型有实质性特点和进步。

具体就本案而言，

（1）独立权利要求 1 不具备创造性。

独立权利要求 1 请求保护一种偏光转换元件，对比文件 1（参见说明书第 3 栏第 25 行至第 34 行，第 7 栏第 20 行至第 9 栏第 50 行，图 7）公开了一种反射型液晶显示装置，其中包含用于偏光转换的元件，该用于偏光转换的元件包括：线性偏振板 1、依次叠合于线性偏振板 1 一侧的补偿元件 6 和补偿元件 5，每个补偿元件都由一片以液晶性化合物取向排列所形成的液晶膜构成，两个补偿元件的液晶性化合物的排列的取向（相当于本申请权利要求 1 中的“配向轴”）形成角度。

独立权利要求 1 请求保护的偏光转换元件与对比文件 1 公开的反射型液晶显示装置中的用于偏光转换的元件相比，其区别在于：①独立权利要求 1 中的两片光学补偿板的配向轴配置成各别直交；②独立权利要求 1 中具有一反射防止层的透明基材，叠合在该光学补偿板和空气相接的面；③独立权利要求 1 中的偏光转换元件适用于投射型液晶显示装置。

针对上述区别技术特征①，复审请求人认为，对比文件 1 中记载两枚光学补偿板的配置为大致一致，或大致平行，或略垂直的任何一种，但没有公开特定的角度。对此合议组认为，虽然对比文件 1 没有公开两片液晶性膜的配向轴成直交，即没有公开两个光学补偿板之间的角度是 90 度，但该角度的设置属于常规选择，本领域的普通技术人员在设置补偿元件时，可以根据需要来选择使用彼此平行、彼此成角度或者彼此成直交的两个补偿元件，并且本申请中也没有说明两个补偿元件选择成直交有不同于其他角度的技术效果。

针对上述区别技术特征②，复审请求人认为，对比文件 1 没有记载在补偿板叠合具有反射防止层的透明薄膜。对此合议组认为，在光学元件和空气层的界面上通常会产生因反射光而引起的杂散光，本领域的普通技术人员经常在光学元件中使用反射防止层来避免这种杂散光并增强光的透射以提高光的利用率，例如在光学元件中经常使用的增透膜。而且在光学元件中经常使用例如透明玻璃的透明基材来作为薄膜型光学元件的载体。因此，为了避免在补偿元件和空气层的界面上因反射光引起的杂散光，在对比文件 1 的补偿元件与空气相接的面上叠合具有反射防止层的透明基材是本领域的普通技术人员容易想到的。

针对上述区别技术特征③，复审请求人认为，对比文件 1 涉及反射型液晶显示装置，而本申请涉及投射型液晶显示装置，两者的结构与操作方式完全不同，反射型液晶显示装置的结构并不可以直接应用到投射型液晶显示装置。对此合议组认为，投射型液晶显示装置与反射型液晶显示装置是本领域常用的两种液晶显示装置，在投射型液晶显示装置中，液晶元件（或者是液晶光阀或者是液晶调制元件）是透射型的，即光入射到该液晶元件上，并透射通过该液晶元件；在反射型液晶显示装置中，液晶元件是反射型的，即光入射到该液晶元件上，之后被该液晶元件反射。可见这两种液晶显示装置之间的主要区别在于液晶元件的类型不同。而用于偏光转换的元件，不管是对比文件 1 的反射型液晶显示装置中所用的线性偏振板、补偿元件等还是本申请的投射型液晶显示装置中所用的偏光转换元件，其都是使光从中透射同时改变光的偏光特性，且对比文件 1 公开的线性偏振板、补偿元件等与本申请中的偏光转换元件所起的作用均是增加显示装置的对比度，提高显示装置的显示品质，并不会因其所应用的液晶显示装置的类型不同而使其结构和作用发生变化，因此对于本领域的普通技术人员来说，将对比文件 1 的反射型液晶显示装置中用于偏光转换的元件应用于投射型液晶显示装置是显而易见的。

此外，复审请求人还认为，对比文件 1 中记载了两枚光学补偿板与偏光板的叠合，但其叠合的顺序是偏光板/补偿板/液晶单元，即补偿板并不是暴露出在最外表面。对此合议组认为，本申请权利要求 1 请求保护的偏光转换元件中，偏光板、补偿板和液晶单元的顺序也是按照偏光板/补偿板/液晶单元的顺序排列的，即与对比文件 1 的排列顺序相同，此外，在本申请的权利要求 1 中，光学补偿板和空气相接的面上叠合有透明基材，即，权利要求 1 的补偿板也不是暴露在最外表面。因此，复审请求人的主张不能成立。

基于上述理由，独立权利要求 1 相对于对比文件 1 与公知常识的结合不具备突出的实质性特点和显著的进步，因而不符合专利法第 22 条第 3 款规定的创造性。

（2）权利要求 2、3、4 的附加技术特征分别为：更叠合有一透明玻璃板；透明玻璃板叠合到和该直线偏光板的叠合该光学补偿板的该面相反侧的面；透明玻璃板叠合到该直线偏光板和该光学补偿板之间。

对于本领域的普通技术人员来说，使用透明玻璃作为薄膜型光学元件的载体或支撑体属于一种常用的技术手段，而且此类透明玻璃可以设置在多个薄膜的不同位置以适应不同的需要，这些常用的技术手段对本领域的普通技术人员来说是显而易见的。因此，在其引用的在先权利要求不具备创造性时，权利要求 2~4 也不具备创造性，不符合专利法第 22 条第 3 款的规定。

（3）权利要求 5 对权利要求 2、3 或 4 中任一项权利要求做了进一步限定，其限定部分的附加技术特征为：透明玻璃板为蓝宝石玻璃板。

蓝宝石玻璃具有色调均匀、热传导率高等优点，是光学元件中一种常用的透明玻璃，对于本领域的普通技术人员来说，根据光学元件的设计需要而使用蓝宝石玻璃板作为透明玻璃板是一种常规的选择。因此，在其引用的在先权利要求不具备创造性时，权利要求 5 也不具备创造性，不符合专利法第 22 条第 3 款的规定。

（4）权利要求 6 对权利要求 1 做了进一步限定，其限定部分的附加技术特征为：在该光学补偿板和空气相接的面上，具有反射防止层。

在光学元件和空气层的界面上通常会产生因反射光而引起的杂散光，本领域的普通技术人员经常在光学元件中使用反射防止层来避免这种杂散光并增强光的透射以提高光的利用率，例如在光学元件中经常使用的增透膜。因此，为了避免在补偿元件和空气层的界面上因反射光引起的杂散光，在对比文件 1 的补偿元件与空气相接的面上叠合反射防止层是本领域的普通技术人员容易想到的。因此在其引用的权利要求 1 不具备创造性时，权利要求 6 也不具备创造性，不符合专利法第 22 条第 3 款的规定。

（5）权利要求7对权利要求1做了进一步限定，其限定部分的附加技术特征为：在和该直线偏光板叠合该光学补偿的该面相反侧的面上，叠合有相位差板。

复审请求人认为，对比文件2涉及一种投影机，其记载在偏光转换部使用偏光板与相位差板，但是没有揭示本申请所记载的将光学补偿板与偏光板的两枚加以叠合，更没有公开出叠合有相位差板。对此合议组认为，在偏光转换元件中使用相位差板属于一种常用的技术手段。例如在涉及投影机的对比文件2中公开了偏光转换元件由偏振片和相位差板构成（参见对比文件2说明书第4栏第11至14行，图1）。在使用相位差板时，一般是将相位差板配置在入射侧偏光转换元件的光入射方向一侧，或是出射侧偏光转换元件的光出射方向一侧，并且通常是叠合到直线偏光板上，可见，将相位差板叠合在直线偏光板上与光学补偿板相反的一侧是本领域的公知常识。因此，在其引用的权利要求1不具备创造性时，权利要求7也不具备创造性，不符合专利法第22条第3款的规定。

（6）权利要求8请求保护一种投射型液晶显示装置，包括如权利要求1~7中任一项权利要求所述的偏光转换元件，配置在一液晶单元一边的面上。

对比文件1公开了偏光转换元件的结构为线性偏振板1、补偿元件6和补偿元件5，且这些元件配置在液晶元件2一边的面上。

权利要求8请求保护的投射型液晶显示装置与对比文件1公开的反射型液晶显示装置相比，其区别在于：①权利要求8的液晶显示装置是投射型的，而对比文件1的液晶显示装置是反射型的；②权利要求8中包括权利要求1~7中任一项的偏光转换元件。

如前所述，权利要求1~7描述的偏光转换元件相对于对比文件1与公知常识的结合不具备创造性，且将反射型液晶显示装置中用于偏光转换的元件应用于投射型液晶显示装置是显而易见的。因此，权利要求8相对于对比文件1与公知常识的结合不具备突出的实质性特点和显著的进步，因而不符合专利法第22条第3款的规定。

综上所述，本申请的权利要求1~8不符合专利法第22条第3款的规定。

根据上述事实和理由，本案合议组做出以下审查决定。

三、决定

维持国家知识产权局于2005年6月17日对02120370.9号发明专利申请作出的驳回决定。

复审请求人对本决定不服的，可以根据专利法第41条第2款的规定，自收到本决定之日起三个月内向北京市第一中级人民法院起诉。

064

在线电能表线圈引出法及实施器件

复审请求审查决定（第10679号）

决　　定　　号　第10679号
决　　定　　日　2007年6月4日
发明创造名称　在线电能表线圈引出法及实施器件
国 际 分 类 号　G01R 11/04
复 审 请 求 人　施大申，施源
申　　请　　号　99101961. X
申　　请　　日　1999年4月6日
公　　开　　日　2000年10月11日
合 议 组 组 长　张惠军
主　　审　　员　沈乐平
参　　审　　员　杨军艳

法 律 依 据　专利法第22条第2款
决 定 要 点

将一项权利要求请求保护的技术方案与一篇现有技术进行比较，如果该项权利要求请求保护的范围包含了现有技术的技术方案，且二者属于相同的技术领域，能够解决相同的技术问题，并具有相同的预期效果，则认为该项权利要求不具备新颖性。

一、案由

本复审请求涉及申请号为99101961. X、名称为“在线电能表线圈引出法及实施器件”的发明专利申请（下称本申请），申请日为1999年4月6日，申请人为施大申、施源。

国家知识产权局专利局实质审查部门以本申请权利要求1不符合专利法第22条第2款的规定和本申请权利要求2不符合专利法实施细则第20条第1款的规定为由，于2004年10月15日做出了驳回本申请的决定，驳回决定所依据的文本为：申请人于2004年8月20日提交的权利要求第1~10项，2003年4月3日提交的说明书第1~3页，申请日提交的说明书附图第1~3页，及1999年7月12日提交的摘要和摘要附图。驳回决定所涉及的权利要求1和2为：

“1. 一种在线电能表线圈引出法，其特征在于在不停电的状态下引出在线电能表线圈的每一个端点及其对应的线路点，使在线电能表的在线检定成为可能。

2. 根据权利要求1所述的是在线电能表线圈引出法的实施器件，其特征在于给线圈的每一个端点配置一套实施器件，从而实现在不停电的状态下引出在线电能表线圈的每一个端点及其对应的线路

点。实施器件包括弹性插口即实施器件的一半和插头即实施器件的另一半，弹性插口和电能表同时安装，把电能表线圈的每个端点各自和一个弹性插口相接，当一个插头插入一个插口时，就引出了电能表线圈的一个端点和一个线路点，对引出电流线圈端点用的二个插头，在其一侧用导电片［13］相连接，由此完成在不停电的状态下引出在线电能表线圈的端点及其对应的线路点。弹性插口是这样构成的。用螺钉［3］把有弹性的基板［1］和弹性的刷片［2］固定在导电块［4］上，再用［3］把导电块［4］固定在有导向槽和出线孔的绝缘底座［5］上，加上盖［6］，且用带封印的螺钉［7］把［5］和［6］固紧；插头是这样构成的，中间用绝缘板［8］隔开的二块导电板［9］用螺钉［3］固定在插头把［10］上，并用导向条［12］把［8］和［9］固紧，插头把［10］上装有接线柱［11］。”

驳回决定引用的对比文件为：公告号为 CN 2047391U 的实用新型专利申请说明书，其公告日为 1989 年 11 月 8 日（下称对比文件 1）。具体驳回理由如下：（1）对比文件 1 涉及一种检验电度表用的插接装置，其中说明书第 3 页第 18 行至第 6 页第 7 行及附图 1~5 公开了如下内容：检验在线运行电度表，在不停电的状态下，引出电能表的电压线圈和电流线圈。由此可见，对比文件 1 公开了权利要求 1 的全部技术特征，且对比文件 1 所公开的技术方案与权利要求 1 所请求保护的技术方案属于同一技术领域，并能产生相同的技术效果，因此权利要求 1 不具备新颖性。（2）由于括号内的附图标记只是为了理解权利要求，不得解释为对权利要求的限制，因此权利要求 2 中出现的“……再用［3］把……且用带封印的螺钉［7］把［5］和［6］固紧……并用导向条［12］把［8］和［9］固紧……”表述不清楚，致使请求保护的范围不清楚，不符合专利法实施细则第 20 条第 1 款的规定。（3）对比文件 1 中的电流互感器和电压互感器即为申请人所述的电流线圈和电压线圈。

申请人施大申、施源（下称复审请求人）不服上述驳回决定，于 2004 年 12 月 21 日向专利复审委员会提出复审请求，其复审请求的理由是：对比文件 1 中不存在电流线圈和电压线圈这两个词，对比文件 1 中的电流互感器、电压互感器与本申请权利要求 1 中的电流线圈、电压线圈是不同的概念，对比文件 1 没有公开权利要求 1 的技术方案。复审请求人同时提交了权利要求书的修改替换页，对驳回决定指出的权利要求 2 存在的不清楚缺陷进行了修改，但是没有修改权利要求 1。

经形式审查合格后，专利复审委员会依法受理了上述请求，并于 2005 年 2 月 23 日向复审请求人发出了复审请求受理通知书，同时向原审查部门发出前置审查通知书。

原审查部门对该复审请求做出前置审查意见，仍然坚持原驳回决定。

专利复审委员会依法成立合议组，对本复审请求进行审查。本案合议组于 2007 年 1 月 12 日发出复审通知书（下称第一次复审通知书），指出：（1）权利要求 1 中所述的“引出法”包含了对比文件 1 的技术方案，因此不具备专利法第 22 条第 2 款规定的新颖性；（2）权利要求 2 不符合专利法实施细则第 20 条第 1 款有关权利要求应当清楚的规定；（3）权利要求 2 缺少必要技术特征，不符合专利法实施细则第 21 条第 2 款的规定。

专利复审委员会于 2007 年 2 月 14 日收到了复审请求人针对上述第一次复审通知书的意见陈述书和权利要求书的修改替换页，复审请求人对权利要求 2 进行了修改，但是没有对权利要求 1 进行修改。复审请求人在意见陈述书中认为：对比文件 1 引出的是电流、电压，是检验；本申请引出的是电能表的电流线圈和电压线圈，是检定，二者是不同的技术领域。因此，对比文件 1 没有公开权利要求 1 的技术方案，权利要求 1 具备新颖性。

合议组对该复审请求继续进行审查，于 2007 年 4 月 3 日再次发出复审通知书（下称第二次复审通知书），指出：权利要求 1 中的“引出”，从其字面含义看，既包含了本申请说明书中线圈端点和电网脱离的方式，也包含了线圈端点与电网不脱离的方式。虽然对比文件 1 中只记载了分别从电度表的电流线引出电流、从电度表的电压线引出电压，但是电流线和电压线引出的起点必定是电流线圈和电压线圈，否则就不能实现检测电度表的目的。因此，目前的权利要求 1 实际上包含了对比文件 1 的技术方案，权利要求 1 相对于对比文件 1 不具备专利法第 22 条第 2 款规定的新颖性。

专利复审委员会于 2007 年 5 月 9 日收到了复审请求人针对上述第二次复审通知书的意见陈述书。复审请求人没有对申请文件进行任何修改。

复审请求人在意见陈述书中认为，（1）权利要求 1 中“在线”的含义是安装在用户处并接在线路中即接在电网里，所以“在线电能表”的含义是安装在用户处且接在电网里的电能表。对于权利要求 1 中的“引出”的含义，复审请求人认为，“引出”由“引”和“出”组成，根据《现代汉语词典》（商务印书馆 1984 北京），“引”的第 5 点意思是：引起；使出现，“出”的第一点意思是：从里面到外面。由此“引出”的意思是：使出现从里面到外面的状态。所以权利要求 1“一种在线电能表线圈引出法”的含义是“使在线电能表线圈脱离电网的一种方法”。“每”的第一点意思是：指全体中的任何一个或一组。（2）检验和检定属于不同的技术领域。

至此，合议组认为本案事实已经清楚，现依法作出复审决定。

二、决定的理由

1. 关于审查文本

本复审决定以专利复审委员会于 2007 年 2 月 14 日收到的权利要求第 1～10 项、2003 年 4 月 3 日提交的说明书第 1～3 页、申请日提交的说明书附图第 1～3 页及 1999 年 7 月 12 日提交的摘要和摘要附图作为审查文本。

2. 关于专利法第 22 条第 2 款

专利法第 22 条第 2 款规定：新颖性，是指在申请日以前没有同样的发明或实用新型在国内外出版物上公开发表过、在国内公开使用过或者以其他方式为公众所知，也没有同样的发明或实用新型由他人向国务院专利行政部门提出过申请并且记载在申请日以后公布的专利申请文件中。

将一项权利要求请求保护的技术方案与一篇现有技术进行比较，如果该项权利要求请求保护的范围包含了现有技术的技术方案，且二者属于相同的技术领域，能够解决相同的技术问题，并具有相同的预期效果，则认为该项权利要求不具备新颖性。

在本案中，本申请权利要求 1 请求保护的方案为：一种在线电能表线圈引出法，其特征在于在不停电的状态下引出在线电能表线圈的每一个端点及其对应的线路点，使在线电能表的在线检定成为可能。

对比文件 1 涉及一种检验电度表用的插接装置，并具体公开了以下技术特征（参见对比文件 1 附图 1～5，说明书第 3 页第 18 行至第 6 页第 7 行）：插接装置由插接盒和插件两部分组成，插接盒装在被检测的电度表的下方，盒内有三个电压导片；从盒后侧和电度表三相电压并接，盒内还有两对电流导片，每对电流导片间各有一对常闭接点；下接点固定在电流下导片上，上接点由连片联结在电流上导片上，连片具有较强的弹性，使常闭接点有力地闭合；在插件上有三个电压引片和两对电流引片，各引片后端皆有引出的螺丝，用以引出电压、电流，经电缆至标准电度表；在检测电度表时，将插件从插接盒端部的插孔插入盒内，当插件到位后，三个电压引片与插接盒的三个电压导片可靠地闭合，三相电压接至标准电度表；当插件没有插到位前，两对常闭接点仍处于闭合状态，两相电流每相分别从两个通路流到被测电度表；一部分从常闭接点通过，流至被测电度表，另一部分从插接盒下导片到插件下引片，经标准电度表、到插件上引片，经插件盒上导片至被测电度表；当插件插到位后，插件的插头前端推开上接点连片，使常闭接点断开，电流全部流经标准电度表至被测电度表；拔出插件过程中，插头脱离上接点连片，常闭接点可靠闭合，之后，才断开标准电度表电流回路。由上述记载的内容可以知道对比文件1公开的方案实现了在不停电的状态下进行电度表的检验，虽然对比文件1中只记载了分别从电度表的电流线引出电流、从电度表的电压线引出电压，但是电流线和电压线引出的起点必定是电流线圈和电压线圈，否则就不能实现检测电度表的目的。通过上述分析可以知道，对比文件1披露的技术方案是权利要求1请求保护的技术方案的一个具体实现，也就是说，权利要求1所记载的技术方案包含了对比文件1的技术方案，即对比文件1的技术方案落在权利要求1所要求保护的范围之内。因此，权利要求1相对于对比文件1不具备专利法第22条第2款规定的新颖性。

对于复审请求人陈述的意见，合议组认为：（1）《现代汉语词典》中对"引"、"出"两个字给出的解释有多种，因此由"引"和"出"组成的词语"引出"通过《现代汉语词典》中对"引"、"出"两个字的不同解释可以组合出多种不同的含义，复审请求人认为的"引出"的含义"使出现从里面到外面的状态"只是其中的一种。而电学领域对"引出"一词的理解可以是不断开式引出（比如用电压表测量电压），也可以是断开式引出（比如用电流表测量电流）。因此应当将本申请权利要求1中的"引出"理解成既包含了本申请说明书中线圈端点和电网脱离的方式也包含了线圈端点与电网不脱离的方式。（2）"检验"和"检定"均为对相关的技术指标进行测量，对于电度表而言，"检验"和"检定"都需要对电度表的技术指标进行测量，因而检验电度表和检定电度表都属于对电度表的测量这一技术领域，二者的技术领域相同。因此复审请求人陈述的意见不足以证明本申请权利要求1具备专利法第22条第2款规定的新颖性。

根据上述事实和理由，本案合议组依法作出以下审查决定。

三、决定

维持国家知识产权局于2004年10月15日对99101961. X号发明专利申请作出的驳回决定。

复审请求人对本决定不服的，可以根据专利法第41条第2款的规定，自收到本决定之日起三个月内向北京市第一中级人民法院起诉。

北京市第一中级人民法院
行政判决书

（2007）一中行初字第1110号

原告施大申，男，1939年8月2日出生，汉族，中国计量学院退休副教授，住所地浙江省杭州市西湖区庆丰新村17号4幢204室。

被告国家知识产权局专利复审委员会，住所地北京市海淀区北四环西路9号银谷大厦。

法定代表人廖涛，副主任。

委托代理人沈乐平，女，国家知识产权局专利复审委员会审查员。

委托代理人张华，男，国家知识产权局专利复审委员会审查员。

第三人施源，男，1974年6月24日出生，汉族，住所地上海市闵行区绿梅一村44号甲303室。

委托代理人施大申，即原告施大申。

原告施大申不服被告国家知识产权局专利复审委员会于2007年6月4日作出的第10679号复审请求审查决定（以下简称第10679号决定），向本院提起行政诉讼。本院受理后，依法组成合议庭，在法定期限内向被告送达了起诉书副本及应诉通知书。依照《中华人民共和国行政诉讼法》第二十七条的规定，本院通知施源作为第三人参加诉讼，并于2007年9月14日公开开庭审理了本案。原告兼第三人的委托代理人施大申，被告的委托代理人沈乐平、张华到庭参加了诉讼。本案现已审理终结。

2007年6月4日，被告以名称为“在线电能表线圈引出法及实施器件”的第99101961. X号的发明专利申请（以下简称本申请）权利要求1不符合《中华人民共和国专利法》（以下简称《专利法》）第二十二条第二款的规定为由，作出第10679号决定，维持国家知识产权局（以下简称国知局）于2004年10月15日对本申请作出的驳回决定（以下简称驳回决定）。

在法定举证期限内，为证明第10679号决定的合法性，被告向本院提交了下列证据：(1) 原告申请日提交的本申请的权利要求书及说明书复印件；(2) 申请日为1988年10月13日、名称为“一种检验电度表用的插接装置”的第88216981.5号实用新型专利申请说明书（以下简称对比文件1）；(3) 第一次复审通知书；(4) 第二次复审通知书；(5) 原告针对第一次复审通知书提交的意见陈述书以及申请文件替换页；(6) 原告针对第二次复审通知书提交的意见陈述书。

原告诉称，本申请的权利要求1是一种在检定时能使电能表线圈和电网脱离的方法，从而可以用检定规程规定的“虚拟法”线路对电能表实施检定；而对比文件1是“负载法”线路，在检验时不能按照检定规程对在线电能表进行测量。故二者既是不同的技术方案，又属于不同的技术领域。对比文件1只引出电流线圈的一个端点及其对应的线路点，而本申请是引出在线电能表线圈的每一个端点及其对应线路点。因此，对比文件1不在本申请技术方案涵盖的范围内。被告在第10679号决定中对于“引出”含义的认定既违背常识，也违背事实和电学基本知识，因而是错误的。综上被诉决定既无法律依据，又无事实依据，请求法院判决撤销第10679号决定，判令被告赔偿原告经济损失18 324元，并承担本案诉讼费用。在本院庭审中，原告进一步明确了其要求赔偿的具体内容，包括因起诉及开庭支付的杭州至北京往返路费、住宿费1 964元以及误工费（按6个工作日计算）1 920元；撰写意见陈述以及起诉书的误工费（按照副教授每小时40元标准计算）合计10 240元；复印、邮寄材料支付的费用200元；三次复审申请费4 000元，共计18 324元。

在法定举证期限内，原告为支持其诉讼主张除向本院提交了与被告相同的证据外，还提交了下列证据：(1) 在实质审查中提交的意见陈述书；(2) 复审请求书；(3) 实审部门的审查意见通知书；(4) 驳回决定；(5) 名称为“一种PA电流量程切换开关”的实用新型专利说明书；(6) 修改后的权利要求书；(7) 北京至杭州之间往返火车票复印件4张；(8) 面值5元的北京市定额专用发票复印件2张；(9) 90元的复印费收据1张；(10) 原告在其他单位任职的证明1份。

被告辩称，根据本申请说明书的记载，在本申请中检定和检验的含义相同，且检验与检定均是对相关的技术指标进行测量，对于电度表而言，检验和检定都需要对电度表的技术指标进行测量，因此二者均属于测量这一技术领域。《现代汉语词典》中关于“引”和“出”两字有多种含义，原告主张的“引出”的含义只是其中的一种。电学领域对“引出”一词的理解可以是不断开式引出（比如用电压表测量电压），也可以是断开式引出（比如用电流表测量电流）。因此，本申请权利要求1中的“引出”理解成既包含了本申请说明书中线圈端点和电网脱离的方式，也包含了线圈端点与电网不脱离的方式。对比文件1记载了从电度表的电流线引出电流、从电度表电压线引出电压，而电流线和电压线引出的起点必然是电流线圈和电压线圈，因此必然是从电流线圈的一端引出电流、从电压线圈的每个端点引出电压，这与本申请所述的情况是相同的。原告认为本申请可以用检定规程规定的“虚拟法”线路对电能表进行检定，对比文件1是“负载法”线路，但是本申请权利要求1请求保护的方案并没有记载能够体现本发明与对比文件1相区别的那些技术特征。综上所述，第10679号决定认定事实清楚，适用法律正确，审理程序合法，请求法院判决予以维持。在本院庭审中，针对原告明确的具体赔偿内容，被告认为，被诉决定是合法行为，并未侵犯原告的合法权益，原告的主张不属于赔偿范围。

第三人同意原告的意见。在法定举证期限内，第三人未提交证据。

经庭审质证，原告、被告对于对方提交证据的关联性、合法性和真实性均没有异议，但是均不同意对方证据的证明作用。

经审查，本院认为，被告提交的证据、原告提交的证据1~4、6均与本案审查的第10679号决定有关，且符合合法性、真实性的要求，本院予以采纳。对于原告提交的与被告相同的证据，本院不再重复评述。原告提交的证据7能够证明原告支付了相关费用的事实，对该证据本院予以采纳。原告提交的证据5、8~10与被诉决定不具有关联性，本院对上述证据不予采纳。

根据上述确认的有效证据以及庭审中各方当事人无争议的陈述，本院认定事实如下：

1999年4月6日，原告、第三人向国知局提出名称为“在线电能表线圈引出法及实施器件”的发明专利申请，即本申请。在实质审查过程中，原告先后于1999年7月12日提交了说明书摘要和摘要附图，2003年4月3日提交了说明书第1~3页，2004年8月20日提交了权利要求第1~10项。其中权利要求1的内容如下：一种在线电能表线圈引出法，其特征在于在不停电的状态下引出在线电能表线圈的每一个端点及其对应的线路点，使在线电能表的在线检定成为可能。

2004年10月15日，国知局以本申请权利要求1相对于对比文件1不具备新颖性，不符合《专利法》第二十二条第二款的规定，以及权利要求2不符合《中华人民共和国专利法实施细则》（以下简称《专利法实施细则》）第二十条第一款的规定为由，做出驳回决定。

原告及第三人认为，对比文件1中不存在电流线圈和电压线圈这两个词，对比文件1中的电流互感器、电压互感器与本申请权利要求1中的电流线圈、电压线圈是不同的概念，对比文件1没有公开权利要求1的技术方案。故于2004年12月21日向被告提出复审请求，同时提交了权利要求书的修改替换页，对驳回决定指出的权利要求2存在的缺陷进行了修改，但是没有修改权利要求1。

被告受理后将本申请案卷转送至原审查部门进行前置审查。在前置审查意见书中，原审查部门坚持驳回决定。

被告经审查认为，本申请权利要求1中所述的“引出法”包含了对比文件1的技术方案，因此不具备《专利法》第二十二条第二款规定的新颖性；权利要求2不符合《专利法实施细则》第二十条第一款有关权利要求应当清楚的规定；权利要求2缺少必要技术特征，不符合《专利法实施细则》第二十一条第二款的规定。故于2007年1月12日发出第一次复审通知书。

原告、第三人针对上述通知书指出的问题，仅对权利要求2进行了修改，并于同年2月14日提交了意见陈述和权利要求书的修改替换页。原告、第三人在意见陈述书中认为，对比文件1引出的是电流、电压，是检验；本申请引出的是电能表的电流线圈和电压线圈，是检定，二者是不同的技术领域。因此，对比文件1没有公开权利要求1的技术方案，权利要求1具备新颖性。

同年4月3日被告发出第二次复审通知书，指出权利要求1中的“引出”，从其字面含义看，既包含了本申请说明书中线圈端点和电网脱离的方式，也包含了线圈端点与电网不脱离的方式。虽然对比文件1中只记载了分别从电度表的电流线引出电流、从电度表的电压线引出电压，但是电流线和电压线引出的起点必定是电流线圈和电压线圈，否则就不能实现检测电度表的目的。因此，目前的权利要求1实际上包含了对比文件1的技术方案，权利要求1相对于对比文件1不具备《专利法》第二十二条第二款规定的新颖性。

同年5月9日，原告、第三人针对上述通知书向被告提交了意见陈述，坚持检验和检定属于不同的技术领域的意见。同时认为，权利要求1中“在线”的含义是安装在用户处并接在线路中即接在电网里，所以“在线电能表”的含义是安装在用户处且接在电网里的电能表。权利要求1中的“引出”由“引”和“出”组成，根据《现代汉语词典》（商务印书馆1984年版），“引”的第5点意思是：引起；使出现，“出”的第一点意思是：从里面到外面。由此“引出”的意思是使出现从里面到外面的状态。所以权利要求 1“一种在线电能表线圈引出法”的含义是“使在线电能表线圈脱离电网的一种方法”。而“每”的意思是指全体中的任何一个或一组。

同年 6 月 4 日，被告作出第 10679 号决定。该决定认为，

“检验”和“检定”均为对相关的技术指标进行测量，对于电度表而言，“检验”和“检定”都需要对电度表的技术指标进行测量，因而检验电度表和检定电度表都属于对电度表的测量这一技术领域，二者的技术领域相同。本申请权利要求 1 请求保护的方案为：一种在线电能表线圈引出法，其特征在于在不停电的状态下引出在线电能表线圈的每一个端点及其对应的线路点，使在线电能表的在线检定成为可能。对比文件 1 涉及一种检验电度表用的插接装置，并具体公开了以下技术特征：插接装置由插接盒和插件两部分组成，插接盒装在被检测的电度表的下方，盒内有三个电压导片；从盒后侧和电度表三相电压并接，盒内还有两对电流导片，每对电流导片间各有一对常闭接点；下接点固定在电流下导片上，上接点由连片联结在电流上导片上，连片具有较强的弹性，使常闭接点有力地闭合；在插件上有三个电压引片和两对电流引片，各引片后端皆有引出的螺丝，用以引出电压、电流，经电缆至标准电度表；在检测电度表时，将插件从插接盒端部的插孔插入盒内，当插件到位后，三个电压引片与插接盒的三个电压导片可靠地闭合，三相电压接至标准电度表；当插件没有插到位前，两对常闭接点仍处于闭合状态，两相电流每相分别从两个通路流到被测电度表；一部分从常闭接点通过，流至被测电度表，另一部分从插接盒下导片到插件下引片，经标准电度表、到插件上引片，经插件盒上导片至被测电度表；当插件插到位后，插件的插头前端推开上接点连片，使常闭接点断开，电流全部流经标准电度表至被测电度表；拔出插件过程中，插头脱离上接点连片，常闭接点可靠闭合，之后，才断开标准电度表电流回路。由上述记载的内容可以知道对比文件 1 公开的方案实现了在不停电的状态下进行电度表的检验，虽然对比文件 1 中只记载了分别从电度表的电流线引出电流、从电度表的电压线引出电压，但是电流线和电压线引出的起点必定是电流线圈和电压线圈，否则就不能实现检测电度表的目的。通过上述分析可以知道，对比文件 1 披露的技术方案是权利要求 1 请求保护的技术方案的一个具体实现，也就是说，权利要求 1 所记载的技术方案包含了对比文件 1 的技术方案，即对比文件 1 的技术方案落在权利要求 1 所要求保护的范围之内。因此，权利要求 1 相对于对比文件 1 不具备《专利法》第二十二条第二款规定的新颖性。原告、第三人认为的“引出”的含义，即“使出现从里面到外面的状态”只是其中的一种。而电学领域对“引出”一词的理解可以是不断开式引出（比如用电压表测量电压），也可以是断开式引出（比如用电流表测量电流）。因此，应当将本申请权利要求 1 中的“引出”理解成既包含了本申请说明书中线圈端点和电网脱离的方式，也包含了线圈端点与电网不脱离的方式。原告、第三人关于“引出”的上述意见不足以证明本申请权利要求 1 具备《专利法》第二十二条第二款规定的新颖性。故被告决定维持国知局驳回决定。

在本院庭审中，原告、第三人对被告作出第 10679 号决定的程序不持异议。

另查明，原告针对第 10679 号决定提起本案诉讼，因立案以及参加庭审支付了杭州至北京的火车票款共计 967 元。

本院认为，本申请在说明书中明确所属的技术领域是电表在线检测领域，而对比文件 1 在说明书中指出的发明目的是制成一种新型插接装置，使之适用于发电厂、变电站在线运行电度表的检验工作，二者都是对于电度表的技术指标进行测量，且在本申请说明书中已经明确本申请中检定和检验的含义相同。因此，被告认为二者技术领域相同，并将对比文件 1 作为现有技术评述本申请的新颖性是正确的。原告关于本申请属于按照检定规程操作的检定，与对比文件 1 的检验属于不同技术领域的主张，缺乏事实依据，本院不予采纳。

本申请权利要求 1 请求保护的是一种在不停电的状态下在线检定电能表的引出法，即在不停电的状态下引出在线电能表线圈的每一个端点及其对应的线路点，使在线电能表的在线检定成为可能。对比文件 1 公开的是一种检验电度表用的插接装置，即在不停电的状态下，检验在线运行电度表的技术方案。虽然对比文件 1 中没有披露插接装置与电度表的什么部分连接引出电压和电流，但是电度表中由电压互感器提供电压、电流互感器提供电流，且电度表中不存在其他的电压线圈和电流线圈是公知的事实，插接装置必然与电压互感器和电流互感器连接才能实现对电度表的在线检验。因此被告根据对比文件 1 披露的内容以及从其中毫无疑义推导出的内容，认定对比文件 1 是本申请权利要求 1 所要求保护的技术方案一个具体的实现，本申请相对于对比文件 1 不具有新颖性是正确的。原告关于本申请权利要求 1 是用检定规程规定的“虚拟法”线路对电能表实施检定；而对比文件 1 是“负载法”线路对在线电能表进行检验，二者是不同技术方案的主张，因在本申请权利要求 1 中没有记载采用“虚拟法”线路的技术特征，故原告的该项诉讼主张缺乏事实依据，本院不予采纳。原告依据《现代汉语词典》中关于“引”、“出”两字的解释，提出的关于被告对本申请中“引出”一词含义的认定是错误的诉讼主张，根据不足，本院亦不予采纳。综上所述，被告作出的第 10679 号决定认定事实清楚，程序合法，适用法律正确，本院应予维持。原告的诉讼主张缺乏事实和法律依据，本院不予采纳，其要求撤销上述决定的诉讼请求本院不予支持。

根据《中华人民共和国国家赔偿法》第二条的规定，只有在国家机关和国家机关工作人员违法行使职权侵犯公民、法人和其他组织合法权益的情形下，受害人方能取得国家赔偿请求权。本案中，在被诉决定的合法性已被确认的情况下，原告提出的赔偿请求没有事实与法律依据，本院不予支持。据此，依照《中华人民共和国行政诉讼法》第五十四条第（一）项、《中华人民共和国国家赔偿法》第二条、最高人民法院《关于审理行政赔偿案件若干问题的规定》第三十三条的规定，判决如下：

一、维持被告国家知识产权局专利复审委员会于二〇〇七年六月四日作出的第 10679 号复审请求审查决定。

二、驳回原告施大申的赔偿请求。

案件受理费 100 元，由原告施大申负担（已交纳）。

如不服本判决，可在本判决书送达之日起 15 日内向本院递交上诉状，并按对方当事人的人数提交副本，上诉于北京市高级人民法院。上诉人在上诉期限内未预交上诉案件受理费，又不提出缓交申请的，按自动撤回上诉处理。

审 判 长　强刚华
代理审判员　何君慧
代理审判员　贾志刚
二〇〇七年十月十五日
书 记 员　王　涛
书 记 员　汪　明

北京市高级人民法院
行政判决书

（2008）高行终字第81号

上诉人（一审原告）施大申，男，1939年8月2日出生，汉族，中国计量学院退休副教授，住所地杭州市西湖区庆丰新村17号4幢204室。

被上诉人（一审被告）国家知识产权局专利复审委员会，住所地北京市海淀区北四环西路9号银谷大厦。

法定代表人廖涛，副主任。

委托代理人沈乐平，女，国家知识产权局专利复审委员会审查员。

委托代理人张华，男，国家知识产权局专利复审委员会审查员。

一审第三人施源（施大申之子），男，1974年6月24日出生，汉族，住所地上海市闵行区绿梅一村44号甲303室。

委托代理人施大申，即上诉人施大申。

上诉人施大申因专利复审请求审查决定一案，不服北京市第一中级人民法院（以下简称一审法院）（2007）一中行初字第1110号行政判决，向本院提起上诉。本院依法组成合议庭，于2008年3月18日公开开庭审理了本案。上诉人施大申，被上诉人国家知识产权局专利复审委员会（以下简称专利复审委）的委托代理人沈乐平、张华，一审第三人施源的委托代理人施大申（即上诉人施大申）到庭参加了诉讼。本案现已审理终结。

2007年6月4日，专利复审委依据《中华人民共和国专利法》（以下简称《专利法》）第二十二条第二款的规定，针对专利申请人为施大申、施源，名称为“在线电能表线圈引出法及实施器件”的发明专利申请（以下简称本申请）作出第10679号复审请求审查决定（以下简称被诉决定），维持国家知识产权局（以下简称国知局）于2004年10月15日对99101961. X号发明专利申请作出的驳回决定。施大申不服被诉决定，在法定期限内向一审法院提起行政诉讼。

一审法院判决认为，本申请在说明书中明确所属的技术领域是电表在线检测领域，而对比文件1在说明书中指出的发明目的是制成一种新型插接装置，使之适用于发电厂、变电站在线运行电度表的检验工作，二者都是对于电度表的技术指标进行测量，且在本申请说明书中已经明确本申请中检定和检验的含义相同。因此，专利复审委认为二者技术领域相同，并将对比文件1作为现有技术评述本申请的新颖性是正确的。

本申请权利要求1请求保护的是一种在不停电的状态下在线检定电能表的引出法，即在不停电的状态下引出在线电能表线圈的每一个端点及其对应的线路点，使在线电能表的在线检定成为可能。对比文件1公开的是一种检验电度表用的插接装置，即在不停电的状态下，检验在线运行电度表的技术方案。虽然对比文件1中没有披露插接装置与电度表的什么部分连接引出电压和电流，但是电度表中由电压互感器提供电压、电流互感器提供电流，且电度表中不存在其他的电压线圈和电流线圈是公知的事实，插接装置必然与电压互感器和电流互感器连接才能实现对电度表的在线检验。因此专利复审委根据对比文件1披露的内容以及从其中毫无疑义推导出的内容，认定对比文件1是本申请权利要求1所要求保护的技术方案一个具体的实现，本申请相对于对比文件1不具有新颖性是正确的。施大申关于本申请权利要求1是用检定规程规定的“虚拟法”线路对电能表实施检定；而对比文件1是

“负载法”线路对在线电能表进行检验，二者是不同技术方案的主张，因在本申请权利要求1中没有记载采用“虚拟法”线路的技术特征，故施大申的该项诉讼主张缺乏事实依据。施大申依据《现代汉语词典》中关于“引”、“出”两字的解释，提出的关于专利复审委对本申请中“引出”一词含义的认定是错误的诉讼主张，根据不足。专利复审委作出的第10679号决定认定事实清楚，程序合法，适用法律正确。施大申的诉讼主张缺乏事实和法律依据，对其要求撤销上述决定的诉讼请求不予支持。

根据《中华人民共和国国家赔偿法》第二条的规定，只有在国家机关和国家机关工作人员违法行使职权侵犯公民、法人和其他组织合法权益的情形下，受害人方能取得国家赔偿请求权。本案中，在被诉决定的合法性已被确认的情况下，施大申提出的赔偿请求没有事实与法律依据。据此，依照《中华人民共和国行政诉讼法》第五十四条第（一）项、《中华人民共和国国家赔偿法》第二条、最高人民法院《关于审理行政赔偿案件若干问题的规定》第三十三条的规定，判决维持被诉的第10679号决定，驳回施大申的赔偿请求。

施大申不服上述一审判决向本院上诉称，（1）一审法院应当依照《中华人民共和国计量法》（以下简称《计量法》）的规定对本案进行审理。电能表是计量器具，本案涉及电能表检定的专利申请，除依据《专利法》及相关法律法规外，还应当依据《计量法》及相关法律法规进行审查。本申请的权利要求1是一种在检定时能使电能表线圈和电网脱离的方法，从而可以用检定规程规定的“虚拟法”线路对电能表实施检定；而对比文件1是“负载法”线路，在检验时不能按照检定规程对在线电能表进行测量。故二者既是不同的技术方案，又属于不同的技术领域。对比文件1只引出电流线圈的一个端点及其对应的线路点，而本申请是引出在线电能表线圈的每一个端点及其对应线路点。因此，对比文件1不在本申请技术方案涵盖的范围内。（2）一审法院认定事实不清。对于“引出”含义的认定既违背常识，也违背事实和电学基本知识，因而是错误的。请求二审法院判决撤销一审判决，撤销第10679号复审决定，判令专利复审委赔偿误工、住宿、市内交通等费用共计20 678元。

专利复审委辨称，（1）关于检定和检验的关系。根据本申请说明书的记载，在本申请中检定和检验的含义相同，且检验与检定均是对相关的技术指标进行测量，对于电度表而言，检验和检定都需要对电度表的技术指标进行测量，因此二者均属于测量这一技术领域。（2）关于“引出”的含义。《现代汉语词典》中关于“引”和“出”两字有多种含义。电学领域对“引出”一词的理解可以是不断开式引出（比如用电压表测量电压），也可以是断开式引出（比如用电流表测量电流）。因此，本申请权利要求1中的“引出”应理解为既包含了本申请说明书中线圈端点和电网脱离的方式，也包含了线圈端点与电网不脱离的方式。（3）关于线圈和电网相连的方式。对比文件1记载了从电度表的电流线引出电流、从电度表电压线引出电压，而电流线和电压线引出的起点必然是电流线圈和电压线圈，因此必然是从电流线圈的一端引出电流、从电压线圈的每个端点引出电压，这与本申请所述的情况是相同的。（4）关于本申请与对比文件1技术方案的区别。施大申认为本申请可以用检定规程规定的“虚拟法”线路对电能表进行检定，对比文件1是“负载法”线路，但是本申请权利要求1请求保护的方案并没有记载能够体现本发明与对比文件1相区别的那些技术特征。综上所述，第10679号决定认定事实清楚，适用法律正确，程序合法，一审法院予以维持正确，请求二审法院驳回上诉，维持一审判决。

一审第三人施源同意施大申的上诉意见。

经审理查明，1999年4月6日，施大申、施源向国知局提出名称为“在线电能表线圈引出法及实施器件”的发明专利申请，即本申请。在实质审查过程中，施大申先后于1999年7月12日提交了说明书摘要和摘要附图，于2003年4月3日提交了说明书第1~3页，以及于2004年8月20日提交了权利要求第1~10项。其中权利要求1的内容如下：1.“一种在线电能表线圈引出法，其特征在于在不停电的状态下引出在线电能表线圈的每一个端点及其对应的线路点，使在线电能表的在线检定成为可能。”

2004年10月15日，国知局以本申请权利要求1相对于公告号为CN204739IU的“一种检验电度表用的插接装置”的实用新型专利（即对比文件1）不具备新颖性，不符合《专利法》第二十二条第二款的规定，以及权利要求2不符合《中华人民共和国专利法实施细则》（以下简称《专利法实施细则》）第二十条第一款的规定为由，作出驳回决定。

施大申、施源认为，对比文件1中不存在电流线圈和电压线圈这两个词，对比文件1中的电流互感器、电压互感器与本申请权利要求1中的电流线圈、电压线圈是不同的概念，对比文件1没有公开权利要求1的技术方案。故于2004年12月21日向专利复审委提出复审请求，同时提交了权利要求书的修改替换页，对驳回决定指出的权利要求2存在的缺陷进行了修改，但是没有修改权利要求1。

专利复审委受理后将本申请案卷转送至原审查部门进行前置审查。在前置审查意见书中，原审查部门坚持驳回决定。

专利复审委经审查认为，本申请权利要求1中所述的“引出法”包含了对比文件1的技术方案，因此不具备《专利法》第二十二条第二款规定的新颖性；权利要求2不符合《专利法实施细则》第二十条第一款有关权利要求应当清楚的规定；权利要求2缺少必要技术特征，不符合《专利法实施细则》第二十一条第二款的规定。故于2007年1月12日发出第一次复审通知书。

施大申、施源针对上述通知书指出的问题，对权利要求2进行了修改，但是没有对权利要求1进行修改。同时于同年2月14日提交了意见陈述和权利要求书的修改替换页。施大申、施源在意见陈述书中认为，对比文件1引出的是电流、电压，是检验；本申请引出的是电能表的电流线圈和电压线圈，是检定，二者是不同的技术领域。因此，对比文件1没有公开权利要求1的技术方案，权利要求1具备新颖性。

同年4月3日专利复审委发出第二次复审通知书，指出权利要求1中的“引出”，从其字面含义看，既包含了本申请说明书中线圈端点和电网脱离的方式，也包含了线圈端点与电网不脱离的方式。虽然对比文件1中只记载了分别从电度表的电流线引出电流、从电度表的电压线引出电压，但是电流线和电压线引出的起点必定是电流线圈和电压线圈，否则就不能实现检测电度表的目的。因此，目前的权利要求1实际上包含了对比文件1的技术方案，权利要求1相对于对比文件1不具备《专利法》第二十二条第二款规定的新颖性。

同年5月9日，施大申、施源针对上述通知书向专利复审委提交了意见陈述，坚持“检验”和“检定”属于不同的技术领域的意见。同时认为，权利要求1中“在线”的含义是安装在用户处并接在线路中即接在电网里，所以“在线电能表”的含义是安装在用户处且接在电网里的电能表。权利要求1中的“引出”由“引”和“出”组成，根据《现代汉语词典》（北京商务印书馆1984年版），“引”的第5点意思是：引起；使出现，“出”的第一点意思是：从里面到外面。由此“引出”的意思是使出现从里面到外面的状态。所以权利要求1“一种在线电能表线圈引出法”的含义是“使在线电能表线圈脱离电网的一种方法”。而“每”的意思是指全体中的任何一个或一组。

同年6月4日，专利复审委作出第10679号决定。该决定认为，“检验”和“检定”均为对相关的技术指标进行测量，对于电度表而言，“检验”和“检定”都需要对电度表的技术指标进行测量，因而检验电度表和检定电度表都属于对电度表的测量这一技术领域，二者的技术领域相同。本申请权利要求1请求保护的方案为：一种在线电能表线圈引出法，其特征在于在不停电的状态下引出在线电能表线圈的每一个端点及其对应的线路点，使在线电能表的在线检定成为可能。对比文件1涉及一种检验电度表用的插接装置，并具体公开了以下技术特征：插接装置由插接盒和插件两部分组成，插接盒装在被检测的电度表的下方，盒内有三个电压导片；从盒后侧和电度表三相电压并接，盒内还有两对电流导片，每对电流导片间各有一对常闭接点；下接点固定在电流下导片上，上接点由连片联结在电流上导片上，连片具有较强的弹性，使常闭接点有力地闭合；在插件上有三个电压引片和两对电流引片，各引片后端皆有引出的螺丝，用以引出电压、电流，经电缆至标准电度表；在检测电度表时，将插件从插接盒端部的插孔插入盒内，当插件到位后，三个电压引片与插接盒的三个电压导片可靠地闭合，三相电压接至标准电度表；当插件没有插到位前，两对常闭接点仍处于闭合状态，两相电流每相分别从两个通路流到被测电度表；一部分从常闭接点通过，流至被测电度表，另一部分从插接盒下导片到插件下引片，经标准电度表、到插件上引片，经插件盒上导片至被测电度表；当插件插到位后，插件的插头前端推开上接点连片，使常闭接点断开，电流全部流经标准电度表至被测电度表；拔出插件过程中，插头脱离上接点连片，常闭接点可靠闭合，之后，才断开标准电度表电流回路。由上述记载的内容可以知道对比文件1公开的方案实现了在不停电的状态下进行电度表的检验，虽然对比文件1中只记载了分别从电度表的电流线引出电流、从电度表的电压线引出电压，但是电流线和电压线引出的起点必定是电流线圈和电压线圈，否则就不能实现检测电度表的目的。通过上述分析可以知道，对比文件1披露的技术方案是权利要求1请求保护的技术方案的一个具体实现，也就是说，权利要求1所记载的技术方案包含了对比文件1的技术方案，即对比文件1的技术方案落在权利要求1所要求保护的范围之内。因此，权利要求1相对于对比文件1不具备《专利法》第二十二条第二款规定的新颖性。施大申、施源认为的“引出”的含义，即“使出现从里面到外面的状态”只是其中的一种。而电学领域对“引出”一词的理解可以是不断开式引出（比如用电压表测量电压），也可以是断开式引出（比如用电流表测量电流）。因此应当将本申请权利要求1中的“引出”理解成既包含了本申请说明书中线圈端点和电网脱离的方式，也包含了线圈端点与电网不脱离的方式。施大申、施源关于“引出”的上述意见不足以证明本申请权利要求1具备《专利法》第二十二条第二款规定的新颖性。故专利复审委决定维持国知局驳回决定。

施大申不服该决定，在法定期限内向一审法院提起行政诉讼。

在法定举证期限内，专利复审委向一审法院提交了下列证据：（1）施大申在申请日提交的本申请的权利要求书及说明书复印件；（2）对比文件1；（3）第一次复审通知书；（4）第二次复审通知书；（5）施大申、施源针对第一次复审通知书提交的意见陈述书以及申请文件替换页；（6）施大申、施源针对第二次复审通知书提交的意见陈述书。

在法定举证期限内，施大申向一审法院提交了与专利复审委相同的证据外，还提交了下列证据：（1）在实质审查中提交的意见陈述书；（2）复审请求书；（3）实审部门的审查意见通知书；（4）驳回决定；（5）名称为“一种PA电流量程切换开关”的实用新型专利说明书；（6）修改后的权利要求书；（7）北京至杭州之间往返火车票复印件4张；（8）面值5元的北京市定额专用发票复印件2张；（9）90元的复印费收据1张；（10）施大申在其他单位任职的证明1份。

一审第三人施源未向一审法院提交证据。

上述证据均已随案移送本院，经本院审查认为，专利复审委提交的证据、施大申提交的证据1~4、6以及与专利复审委提交相同的证据能够证据本案的相关事实，且合法真实，一审法院予以采纳正确，本院予以确认。施大申提交的证据7能够证明其支付了相关费用的事实，证据5、8~10与被诉决定不具有关联性，一审法院对上述证据认定意见正确，本院予以确认。

上诉人施大申在二审开庭中提交了北京至杭州之间往返火车票复印件5张、铁路异地售票手续费收据伍元1张。

本院认为：根据《专利法》第二十二条第二款的规定，新颖性，是指在申请日以前没有同样的发明或实用新型在国内外出版物上公开发表过、在国内公开使用过或者以其他方式为公众所知，也没有同样的发明或实用新型由他人向国务院专利行政部门提出过申请并且记载在申请日以后公布的专利申请文件中。在新颖性的判断中，将一项权利要求请求保护的技术方案与一篇现有技术进行比较，如果该项权利要求请求保护的范围包含了现有技术的技术方案，且二者属于相同的技术领域，能够解决相同的技术问题，并具有相同的预期效果，则认为该项权利要求不具备新颖性。

本申请权利要求 1 请求保护的是一种在不停电的状态下在线检定电能表的引出法，即在不停电的状态下引出在线电能表线圈的每一个端点及其对应的线路点，使在线电能表的在线检定成为可能。对比文件 1 公开的是一种检验电度表用的插接装置，即在不停电的状态下，检验在线运行电度表的技术方案。依据审查指南第二部分第二章第 3.2.2 节的规定，权利要求的保护范围应当根据其所用的词语的含义来理解。一般情况下，权利要求中的用词应当理解为相关技术领域通常具有的含义。本申请所属的技术领域是电表在线检测领域，因此对于本申请权利要求 1 中的“检定”的理解应当根据电表在线检测领域这一技术领域来理解。上诉人关于“检定”应当依据《计量法》来理解其含义的主张没有事实和法律依据，本院不予支持。

本申请说明书对于“检定”与“检验”的表述为，“电能表出厂时和安装前都需要按检定规程检定（或称检验，以下通称检定）”，本申请说明书中已经明确本申请中检定和检验的含义相同，即“检验”与“检定”均是对相关的技术指标进行测量，对于电度表而言，“检验”与“检定”都是对电度表的技术指标进行测量。因此，专利复审委认为本申请与对比文件 1 技术领域相同，并将对比文件 1 作为现有技术评述本申请的新颖性是正确的。

虽然对比文件 1 中没有披露插接装置与电度表的什么部分连接引出电压和电流，但是电度表中由电压互感器提供电压、电流互感器提供电流，且电度表中不存在其他的电压线圈和电流线圈是公知的事实，插接装置必然与电压互感器和电流互感器连接才能实现对电度表的在线检验。因此专利复审委根据对比文件 1 披露的内容以及从其中毫无疑义推导出的内容，认定对比文件 1 是本申请权利要求 1 所要求保护的技术方案一个具体的实现，本申请相对于对比文件 1 不具有新颖性是正确的。

施大申关于本申请权利要求 1 是用检定规程规定的“虚拟法”线路对电能表实施检定；而对比文件 1 是“负载法”线路对在线电能表进行检验，二者是不同技术方案的主张，因其在本申请权利要求 1 中没有记载采用“虚拟法”线路的技术特征，故该项诉讼主张缺乏事实依据。

在电学领域中对“引出”一词的理解通常可以理解为不断开式引出和断开式引出。因此，专利复审委将本申请权利要求 1 中的“引出”理解成既包含了本申请说明书中线圈端点和电网脱离的方式，也包含了线圈端点与电网不脱离的方式正确。施大申依据《现代汉语词典》中关于“引”、“出”两字的解释，提出的关于专利复审委对本申请中“引出”一词含义的认定是错误的上诉主张，缺乏事实根据。

综上，专利复审委作出的第 10679 号决定认定事实清楚，程序合法，适用法律正确。一审法院予以维持正确。施大申的上诉主张缺乏事实和法律依据。

根据《中华人民共和国国家赔偿法》第二条的规定，只有在国家机关和国家机关工作人员违法行使职权侵犯公民、法人和其他组织合法权益的情形下，受害人方能取得国家赔偿请求权。本案中，被诉决定的合法性已经本院确认，施大申提出的赔偿请求没有事实与法律依据，对其提出的赔偿请求本院不予支持。

据此，依照《中华人民共和国行政诉讼法》第六十一条第（一）项、《中华人民共和国国家赔偿法》第二条、最高人民法院《关于审理行政赔偿案件若干问题的规定》第三十三条的规定，判决如下：

驳回上诉，维持一审判决。

二审案件受理费人民币 100 元，由上诉人施大申负担（已交纳）。
本判决为终审判决。

审　判　长　郭　宜
审　判　员　张学磊
代理审判员　朱海宏
二〇〇八年四月八日
书　记　员　程钰玮

065

海水法烟气二氧化硫吸收装置

复审请求审查决定（第10692号）

决　定　号　第10692号
决　定　日　2007年5月23日
发明创造名称　海水法烟气二氧化硫吸收装置
国际分类号　B01D 53/78
复审请求人　彭斯干
申　请　号　98113565.X
申　请　日　1998年5月22日
公　开　日　1999年12月1日
合议组组长　张　沧
主　审　员　李人久
参　审　员　赵　明

法律依据　专利法第22条第3款
决定要点

判断发明有无创造性时，首先要确定最接近的现有技术，分析要求保护的发明与最接近的现有技术相比有哪些区别技术特征，并且应当基于所有区别特征判断要求保护的发明对本领域的技术人员来说是否显而易见，是否具有有益的技术效果。

一、案由

本复审请求涉及名称为“海水法烟气二氧化硫吸收装置”的98113565.X号发明专利申请（下称本申请），申请日为1998年5月22日，公开日为1999年12月1日。2002年7月26日，申请人由武汉晶源环境工程有限公司变更为彭斯干。

2003年7月4日，国家知识产权局针对申请人于2003年2月22日提交的权利要求书、说明书、说明书附图及说明书摘要以权利要求1不符合专利法第22条第3款为由驳回了本申请。驳回决定所针对的申请文件中，权利要求书的内容如下：

“1. 一种海水法烟气二氧化硫吸收装置，它包括烟气预冷却器和二氧化硫吸收器，其特征在于，预冷却器排出冷却介质与吸收器排水有各自的排出通道，预冷却器是烟气进入管自身，为喷淋管式结构。”

驳回决定认为：对比文件1（CN1136976 A，公开日1996年12月4日）公开了一种脱硫除尘装置，包括文丘里处理器2、洗涤塔4，其有各自的排出通道，本领域技术人员由其说明书及附图容易知道预冷却器中可采用喷淋管式结构，至于所述预处理器完全可以看作烟气进入管的一部分，可见权利要求1相比于对比文件1没有突出的实质性特点和显著的进步，不符合专利法第22条第3款的规定。

申请人彭斯干（下称复审请求人）对上述驳回决定不服，于2003年10月14日向专利复审委员会提交了复审请求。复审请求人在提出复审请求的同时提交了下列证据：

证据1：张新生等编《燃煤烟气脱硫》，中国地质大学出版社，1991年9月第1次印刷，第237~238页，复印件。

复审请求人提交的复审请求理由为：原驳回决定没有充分注意到本发明是海水法烟气脱硫的特点，特别是未注意到预冷却器产生的热水根本不进入吸收装置底部，从而确保脱硫效果和环境效益的突出特点和显著进步；原驳回决定认定的“预冷却器是烟气进入管自身”的结论是不客观的，对比文件1没有提供得到本申请技术方案的任何启示；证据1表明，海水法烟气脱硫工艺的每个进步均需要花费很长时间，从而说明了本发明技术方案的非显而易见性。

形式审查合格后，专利复审委员会受理了该复审请求，并于2003年12月1日向复审请求人发出《复审请求受理通知书》。并将案卷转送至原审查部门进行前置审查。

原审查部门对本复审请求进行了前置审查，在前置审查意见书中，原审查部门坚持原驳回决定。

专利复审委员会组成合议组，对本复审请求案进行了审理。

2005年9月1日，合议组向复审请求人发出《复审请求口头审理通知书》，拟定于2005年10月25日对本复审请求进行口头审理。

2005年10月25日，口头审理如期举行，复审请求人的代理人参加了口头审理，合议组针对本申请的修改是否符合专利法第33条的规定以及本申请是否符合专利法第22条第3款的规定进行了充分的调查，复审请求人陈述了意见，并当庭表示以其申请日提交的说明书和2003年2月22日提交的权利要求书进行审查。

2005年11月7日，复审请求人提交了权利要求书和说明书的修改替换页，其与申请日提交的原始说明书和权利要求书的内容完全相同。

2007年3月3日和2007年3月17日，复审请求人先后提交了权利要求书全文替换文本，其中2007年3月17日提交的权利要求书的内容如下：

“1. 一种海水法烟气二氧化硫吸收装置，它包括烟气预冷却器和二氧化硫吸收器，其特征在于，预冷却器排出冷却介质与吸收器排水有各自的排出通道，预冷却器是烟气进入管自身，为喷淋管式结构。”

合议组认为本案事实清楚，可以作出复审决定。

二、决定的理由

1. 文本认定

复审请求人于2005年11月7日提交了说明书、说明书附图、说明书摘要及其附图的修改替换页，并于2007年3月17日提交了经修改的权利要求书，经审查，上述文本符合专利法第33条和专利法实施细则第60条第1款的规定，本决定是针对上述文本作出的。

2. 关于创造性

专利法第22条第3款规定：创造性是指同申请日以前已有的技术相比，该发明有突出的实质性特点和显著的进步。

判断发明有无创造性时，首先要确定最接近的现有技术，分析要求保护的发明与最接近的现有技术相比有哪些区别技术特征，并且应当基于所有区别特征判断要求保护的发明对本领域的技术人员来说是否显而易见，是否具有有益的技术效果。

就本案而言，权利要求 1 要求保护一种海水法烟气二氧化硫吸收装置。对比文件 1 公开了一种燃煤锅炉烟气二氧化硫吸收装置，其包括文丘里预处理器、气水分离器、除尘脱硫洗涤塔、渣水分离器和文丘里集水槽等，含有二氧化硫等杂质的烟气被送入到文丘里预处理器中用循环洗涤水冷却，烟气经文丘里预处理器进行预除尘和预脱硫后进入到气水分离器，经气水分离器分离的烟气进入到除尘脱硫洗涤塔中与循环洗涤水接触，进行最后的除尘和脱硫，随即烟气由排风机排入烟囱，随即排出至大气，其中从除尘洗涤塔底部排出的含有大量尘的循环洗涤水经渣水分离器进行渣水分离后，渣从分离器底部排出，水从上部排入文丘里集水槽，在此与从气水分离器下来的尘和水混合。在集水槽中尘、水进一步分离，尘从底部排出，水被循环洗涤水泵泵入到文丘里预处理器和除尘脱硫洗涤塔中（参见对比文件 1 说明书第 5~6 页和图 1）。将权利要求 1 要求保护的装置和对比文件 1 公开的装置相比：权利要求 1 所述的烟气预冷却器相当于对比文件 1 所述的文丘里预处理器，权利要求 1 所述的二氧化硫吸收器相当于对比文件 1 所述的除尘脱硫洗涤塔。但在对比文件 1 中，从文丘里预处理器排出的冷却水依次经气水分离器进入到文丘里集水槽，同时除尘脱硫洗涤塔中的水经渣水分离器也进入到文丘里积水槽，即文丘里预处理器排出的冷却水和除尘脱硫洗涤塔排出的水最终在脱硫装置的文丘里积水槽中汇合，再循环至文丘里预处理器和除尘脱硫洗涤塔中。显然，对比文件 1 的装置中，文丘里预处理器排出冷却水与除尘脱硫洗涤塔排水并不从装置中排出，而是两者汇合至装置的文丘里积水槽中，因此两者不存在各自的排出通道，也即驳回决定关于对比文件 1 所述装置的文丘里预处理器排出冷却水和除尘脱硫洗涤塔排水具有各自的排出通道的认定是错误的。而在本发明中，由于现有技术的海水法吸收二氧化硫吸收装置预冷却器排出的预冷却水与吸收器排出的吸收了二氧化硫的酸性海水在吸收器底部汇合从而抵消了预冷却的作用，造成脱硫效率的下降（参见本申请说明书第 1 页第 2 段），复审请求人正是为了克服上述现有技术的不足而对海水法烟气脱硫装置进行改进从而在权利要求 1 所述装置中使预冷却器排出的冷却介质和吸收器排水具有各自的排出通道，从而避免了脱硫效率的下降。

由于在对比文件 1 所述装置中，文丘里预处理器排出的冷却水和除尘脱硫洗涤塔排出的水在文丘里积水槽中汇合，汇合后的水再泵入到文丘里预处理器和除尘脱硫洗涤塔中循环利用，从而不需要外加脱硫剂并避免了洗涤水的二次污染问题，对比文件 1 所述装置必须对洗涤水进行循环利用，而不可能使文丘里预处理器排冷却水和除尘脱硫洗涤塔排水具有各自的排出通道，因为那样必然不能实现对比文件 1 中的发明目的。而在权利要求 1 要求保护的装置中，预冷却器排出冷却介质和吸收器排水有各自的排出通道，其要求保护的发明与对比文件 1 相比是非显而易见的，其所获得的技术效果也是有益的，故权利要求 1 具有突出的实质性特点和显著的进步，符合专利法第 22 条第 3 款规定的创造性。

基于上述理由，合议组特作出如下决定。

三、决定

撤销国家知识产权局于 2003 年 7 月 4 日对 98113565. X 号发明专利申请作出的驳回决定。由原审查部门根据 2007 年 3 月 17 日提交的权利要求第 1 项，2005 年 11 月 7 日提交的说明书第 1~3 页、说明书附图第 1~4 页、说明书摘要及摘要附图继续审查程序。

复审请求人对本决定不服的，可以根据专利法第 41 条第 2 款的规定，自收到本决定之日起三个月内向北京市第一中级人民法院起诉。

066

用于大型零件的便携式激光数字化系统

复审请求审查决定（第10702号）

决　定　号　第10702号
决　定　日　2007年5月24日
发明创造名称　用于大型零件的便携式激光数字化系统
国际分类号　G01B 11/30，G01B 11/24
复审请求人　波音公司
申　请　号　98115996.6
申　请　日　1998年7月14日
优先权日　1997年7月31日
公　开　日　1999年6月2日
合议组组长　王桂莲
主　审　员　张惠军
参　审　员　黄　颖

法律依据　专利法第22条第3款、第33条
决定要点

在创造性审查中，应当客观分析并确定发明相对于最接近的现有技术实际所要解决的技术问题，如果现有技术对于某一技术方案实际所要解决的技术问题的技术手段给出技术启示，则认为该技术方案不具备创造性。

一、案由

本复审请求涉及申请号为98115996.6、发明名称为“用于大型零件的便携式激光数字化系统”的发明专利申请（下称本申请），其申请日是1998年7月14日，公开日是1999年6月2日，申请人是波音公司。本申请公开时共有19项权利要求，其中权利要求1和16为独立权利要求。

国家知识产权局实质审查部门对本申请进行了实质审查，于2003年1月31日发出第一次审查意见通知书，指出本申请权利要求1~19相对于对比文件1和对比文件2不具备创造性，不符合专利法第22条第3款的规定。其中所引用的对比文件如下：

对比文件1：US5，198，877A，其公开日为1993年3月30日；

对比文件2：US4，714，339A，其公开日为1987年12月22日。

针对上述审查意见通知书，申请人于2003年6月13日提交了意见陈述书，同时提交了权利要求书的修改替换页，增加了两项从属权利要求，即从属权利要求16和21，并认为修改后的权利要求1~

21具备创造性。

国家知识产权局实质审查部门于2003年8月22日发出第二次审查意见通知书，指出权利要求1~15、17~20相对于对比文件1和对比文件2不具备专利法第22条第3款规定的创造性，权利要求16和21不符合专利法第33条和专利法实施细则第20条第1款的规定。

针对上述第二次审查意见通知书，申请人于2003年11月5日提交了意见陈述书及权利要求书修改替换页。申请人认为修改后权利要求16和21符合专利法第33条的规定，没有超出原说明书和权利要求书记载的范围；其他权利要求具备创造性。修改后的权利要求书共包括21项权利要求，其中权利要求1和17为独立权利要求。权利要求1、16、17、21分别为：

"1. 一种用于产生大型或复杂零件的高精度表面扫描的便携式数字化系统，该数字化系统包括：

一主机，具有多个运动轴，多个运动轴限定一工作区；

一数字化头，用于扫描零件表面并采集有关扫描面的数据，其中数字化头连接到主机上并可沿主机的多个轴运动；

一位置传感器，用于跟踪数字化头的运动，位置传感器还用于采集有关数字化头的位置信息；及

一控制器，用于合成从数字化头得到的数据和从位置传感器得到的数据，以产生所扫描零件的高精度的面扫描。

16. 如权利要求15所述的系统，其中所述主机包括通过所述多个运动轴可移动的支撑部件，所述多个运动轴限定的三维工作空间，在该三维工作空间内所述支撑部件可移动，所述主机包括控制所述支撑部件在所述三维工作空间运动的运动控制器，

所述数字化头固定在所述支撑部件上，用于扫描所述零件的表面，和把所述扫描面的数据处理为Z向偏移数据集，该Z向偏移数据集表示从所述表面到所述数字化头的距离，其中所述数字化头在所述三维工作空间连接到所述主机上并可沿所述多个轴运动，采集的所述Z向偏移数据集与所述主机的所述运动控制器无关，

所述位置传感器，与主机分别设置，把所采集的有关数字化头的位置信息处理为位置数据集，该位置数据集表示所述数字化头相对位置转感器的位置，采集的所述位置数据集与所述主机的所述控制器无关，

一个控制器，用于把从所述数字化头采集的所述Z向偏移数据集与从位置传感器采集的所述位置数据集结合，生成高精度所扫描零件的表面图形数据集，该表面图形数据集与所述主机和其运动控制器的操作无关。

17. 一种通过从使用与主机连接的数字化头采集到的数据产生大型或复杂零件的高精度面扫描的方法，主机具有多个用于限定工作区的运动轴，数字化头可在该区域中运动，所述方法包括下述步骤：

把被扫描零件放置于所述工作区域中；

通过沿扫描面随主机移动数字化头扫描零件，以采集表示零件表面至数字化头的距离的Z向偏移数据；

当数字化头在工作区内运动时，采用位于工作区外的位置传感器跟踪数字化头并采集表示数字化头位置的数据；及

通过合成从数字化头得到的Z向偏移数据和从位置传感器得到的位置数据产生零件的高精度的面扫描。

21. 如权利要求20所述的方法，其中所述位置传感器与所述主机分设，把采集的所述Z向偏移数据处理为Z向偏移数据集，把采集的所述位置数据处理为位置数据集，通过合成从数字化头得到的Z向偏移数据集和从位置传感器得到的位置数据集产生所述零件的高精度的表面图形数据集。"

经过上述审查程序后，国家知识产权局实质审查部门于2004年1月2日以本申请权利要求1~15、17~20相对于对比文件1和对比文件2不具备专利法第22条第3款规定的创造性，权利要求16和21不符合专利法第33条的规定为由对申请作出了驳回决定。

申请人波音公司（下称复审请求人）对上述驳回决定不服，于2004年4月19日向专利复审委员会提出复审请求，认为本申请权利要求16和21符合专利法第33条的规定，其他权利要求具备创造性，符合专利法第22条第3款的规定。复审请求人未对申请文件作出修改。

经形式审查合格后，专利复审委员会受理了该复审请求，并于2004年5月10日向复审请求人发出复审请求受理通知书，同日向国家知识产权局原实质审查部门发出前置审查通知书。

国家知识产权局原实质审查部门在前置审查意见书中坚持驳回决定。

专利复审委员会依法成立合议组对本复审请求进行了审查。本案合议组于2005年8月10日向复审请求人发出复审通知书，指出：本申请的权利要求1~15、17~20相对于对比文件1和对比文件2不符合专利法第22条第3款的规定；权利要求16和21中记载的“把所述扫描面的数据处理为Z向偏移数据集”、“把采集的有关数字化头的位置信息处理为位置数据集”、“把采集的所述Z向偏移数据中处理为Z向偏移数据集，把采集的所述位置数据中处理为位置数据集”，在原权利要求书和说明书中没有记载，也不能由原权利要求书和说明书记载的内容直接导出，因此权利要求16和21超出了原说明书和权利要求书记载的范围，不符合专利法第33条的规定。

针对上述复审通知书，复审请求人于2005年9月26日提交了意见陈述书，同时提交了权利要求书的修改替换页，对权利要求16和21进行了修改，将其中的“Z向偏移数据集”修改为“Z向偏移数据”，认为修改后权利要求16和21克服了原来的缺陷，符合专利法第33条的规定；并认为对比文件2是通过对测量点B进行测量，以测定机器人的精确位置，所以机器人不是本申请的主机，目标反光镜24也不是数字化头，从而对比文件2没有公开本申请中“数字化头连接到主机上并可沿主机的多个轴运动”这一技术特征，并认为即使将对比文件1中的数字化头连接到对比文件2的主机上，也得不到本申请中“数字化头连接到主机上并可沿主机的多个轴运动”这一技术特征。修改后的权利要求1、16、17、21分别为：

“1. 一种用于产生大型或复杂零件的高精度表面扫描的便携式数字化系统，该数字化系统包括：

一主机，具有多个运动轴，多个运动轴限定一工作区；

一数字化头，用于扫描零件表面并采集有关扫描面的数据，其中数字化头连接到主机上并可沿主机的多个轴运动；

一位置传感器，用于跟踪数字化头的运动，位置传感器还用于采集有关数字化头的位置信息；及

一控制器，用于合成从数字化头得到的数据和从位置传感器得到的数据，以产生所扫描零件的高精度的面扫描。

16. 如权利要求15所述的系统，其中所述主机包括通过所述多个运动轴可移动的支撑部件，所述多个运动轴限定的三维工作空间，在该三维工作空间内所述支撑部件可移动，所述主机包括控制所述支撑部件在所述三维工作空间运动的运动控制器，

所述数字化头固定在所述支撑部件上，用于扫描所述零件的表面，和把所述扫描面的数据处理为Z向偏移数据，该Z向偏移数据表示从所述表面到所述数字化头的距离，其中所述数字化头在所述三维工作空间连接到所述主机上并可沿所述多个轴运动，采集的所述Z向偏移数据与所述主机的所述运动控制器无关，

所述位置传感器，与主机分别设置，把所采集的有关数字化头的位置信息处理为位置数据，该位置数据表示所述数字化头相对位置转感器的位置，采集的所述位置数据与所述主机的所述控制器

无关，

一个控制器，用于把从所述数字化头采集的所述Z向偏移数据与从位置传感器采集的所述位置数据结合，生成高精度所扫描零件的表面图形数据，该表面图形数据与所述主机和其运动控制器的操作无关。

17. 一种通过从使用与主机连接的数字化头采集到的数据产生大型或复杂零件的高精度面扫描的方法，主机具有多个用于限定工作区的运动轴，数字化头可在该区域中运动，所述方法包括下述步骤：

把被扫描零件放置于所述工作区域中；

通过沿扫描面随主机移动数字化头扫描零件，以采集表示零件表面至数字化头的距离的Z向偏移数据；

当数字化头在工作区内运动时，采用位于工作区外的位置传感器跟踪数字化头并采集表示数字化头位置的数据；及

通过合成从数字化头得到的Z向偏移数据和从位置传感器得到的位置数据产生零件的高精度的面扫描。

21. 如权利要求20所述的方法，其中所述位置传感器与所述主机分设，把采集的所述Z向偏移数据和所述位置数据进行处理，合成从数字化头得到的Z向偏移数据和从位置传感器得到的位置数据产生所述零件的高精度的表面图形数据。”

经过上述审查过程，合议组认为，本案事实已经清楚，可以依法作出复审决定。

二、决定的理由

1. 决定所依据的文本

本复审决定以复审请求人于2005年9月26日提交的权利要求第1~21项，以及于申请日提交的说明书第1~8页、说明书附图第1~4页、说明书摘要及摘要附图作为审查基础。

2. 关于权利要求16和21是否符合专利法第33条的规定

专利法第33条规定：申请人可以对其申请文件进行修改，但是，对发明和实用新型专利申请文件的修改不得超出原说明书和权利要求书记载的范围，对外观设计专利申请文件的修改不得超出原图片或者照片表示的范围。

驳回决定认为权利要求16和21不符合专利法第33条的规定。

专利复审委员会于2005年8月10日发出的复审通知书中指出，本申请权利要求16和21中记载了“把所述扫描面的数据处理为Z向偏移数据集”、“把采集的有关数字化头的位置信息处理为位置数据集”、“把采集的所述Z向偏移数据中处理为Z向偏移数据集，把采集的所述位置数据中处理为位置数据集”，但是在本申请原说明书和权利要求中没有有关“数据集”的记载，也没有“把采集的数据处理为数据集”的记载，这些内容也不能由原权利要求书和说明书记载的内容直接导出，因此权利要求16和21的修改不符合专利法第33条的规定。

复审请求人于2005年9月26日提交了权利要求书的修改替换页，对权利要求16和21进行了修改，将其中的“Z向偏移数据集”修改为“Z向偏移数据”，将“位置数据集”修改为“位置数据”。合议组认为，经修改后权利要求16和21中的“Z向偏移数据”和“位置数据”在原权利要求书和说明书中有明确的记载（参见原权利要求10、15、16、19等）；此外，对原始采集到的扫描数据进行处理是本领域技术人员所公知的，另外在原权利要求15中记载了“Z向偏移数据流表示表面的扫描窗口上的点至数字化头上的激光扫描器的距离”，即零件至数字化头的距离即为“Z向偏移数据”，而根据原说明书第6页第一段的记载“CCD阵列上被反射激光束射中的位置被校准为表示零件至数字

化头的距离”可以得出，零件至数字化头的距离，也即“Z向偏移数据”是通过“校准”这一处理过程得出的；同样，从原说明书第5页第一段可以得出“位置数据”是通过将位置传感器得到的数据经过数据转换处理而得出的。因此，目前的权利要求16和21可以从原权利要求书和说明书直接导出，符合专利法第33条的规定。

3. 关于权利要求1~15、17~20是否符合专利法第22条第3款的规定

专利法第22条第3款规定：创造性，是指同申请日以前已有的技术相比，该发明有突出的实质性特点和显著的进步，该实用新型有实质性特点和进步。

在创造性审查中，应当客观分析并确定发明相对于最接近的现有技术实际所要解决的技术问题，如果现有技术对于某一技术方案实际所要解决的技术问题的技术手段给出技术启示，则认为该技术方案不具备创造性。

合议组认为，本申请的权利要求1~15、17~20均不具备创造性，具体理由为：

（1）独立权利要求1不具备创造性，不符合专利法第22条第3款的规定。

独立权利要求1要求保护一种用于产生大型或复杂零件的高精度表面扫描的便携式数字化系统，对比文件1也公开了一种用于零件的表面扫描的数字化系统，其中（见其说明书第5栏第54行至第9栏第33行及其附图1~4）披露了权利要求1中下述技术特征：一数字化头（见其附图标记12），用于扫描零件表面并采集有关扫描面的数据；位置传感器（见其附图标记26、28、30），用于跟踪数字化头的运动，并用于采集有关数字化头的位置信息；一控制器（见其附图标记32），用于合成从数字化头得到的数据和从位置传感器得到的数据，以产生扫描零件的面扫描。权利要求1与对比文件1相比，其区别在于：权利要求1具有一主机，具有多个运动轴，多个运动轴限定一工作区，其中数字化头连接到主机上并可沿主机的多个轴运动，而对比文件1的数字化头为手动移动。

权利要求1相对于对比文件1实际所要解决的技术问题是，通过将数字化头安装到具有多个运动轴的主机上，实现非接触式的自动测量。非接触式自动系统在本领域中是公知技术，本申请背景技术部分中（参见说明书第3页第2段“由加拿大Hymarc Ltd. of Ottawa，Ontario制造的Hyscan激光数字化头是一种非接触式系统”；说明书第3页第3段“纽约Hauppange的Robotic Vision系统公司制造的具有非接触式分离束激光数字化头的三轴台架”）也已经例举出现有技术中安装在可多轴运动的主机上的数字化头的例子。另外，对比文件2披露了三轴和五轴激光跟踪系统，其中（见其说明书第3栏第13行至第4栏第9行及其附图1）公开了具有多个运动轴（见其附图标记16、18）的主机（见其附图标记10），限定一个工作区，其中反射镜（见其附图标记24）连接到主机上并可沿主机的多个轴运动，跟踪镜系统通过向反射镜24发射激光束并接收其反射光束，来测量反射镜的位置。从对比文件2可以看出，具有多个运动轴的主机是现有技术；此外，对比文件2给出了在激光测量领域中，可以将某一部件（例如对比文件2中的反射镜24）连接到具有多个运动轴的主机上，并利用激光跟踪测量系统来测量该部件所处位置的技术启示，而本申请中正是采用了包含有激光发射器和接收器的位置传感器来测量数字化头的位置。本领域普通技术人员在对比文件1的基础上结合本领域公知技术以及对比文件2，易于得出权利要求1请求保护的技术方案。权利要求1相对于对比文件1和对比文件2不具有突出的实质性特点和显著的进步，不具备专利法第22条第3款规定的创造性。

针对复审请求人认为对比文件2是通过对测量点B进行测量，以测定机器人的精确位置，所以机器人不是本申请的主机，目标反光镜24也不是数字化头，从而对比文件2没有公开本申请中“数字化头连接到主机上并可沿主机的多个轴运动”这一技术特征，并认为即使将对比文件1中的数字化头连接到对比文件2的主机上，也得不到本申请中“数字化头连接到主机上并可沿主机的多个轴运动”这一技术特征的观点，合议组认为：虽然对比文件2中反射镜24与权利要求1中的数字化头不具有

完全相同的功能，不过权利要求 1 中数字化头所执行的扫描零件表面并采集有关扫描面数据的功能，是数字化头自身的功能，并非是将其连接到主机上之后新产生的功能，而对比文件 1 已经公开了具有该功能的数字化头，并且对比文件 2 中的机器人 10 具有多个运动轴，相当于权利要求 1 中具有多个运动轴的主机。此外，权利要求 1 相对于对比文件 1 实际所要解决的技术问题是将数字化头安装到具有多个运动轴的主机上，实现非接触式的自动测量；换言之，是改手动移动目标为自动移动，而无论是本申请的背景技术部分还是对比文件 2 中，都证明自动移动是一种现有技术。因此，复审请求人关于本申请权利要求 1 具有创造性的理由不能被接受，权利要求 1 相对于现有技术不具备专利法第 22 条第 3 款规定的创造性。

（2）权利要求 2 是对独立权利要求 1 的进一步限定，其附加技术特征为：数字化头还包括一激光扫描器，用于在各数字化头位置从一个或多个表面位置采集 Z 向偏移信息。这些特征已在对比文件 1 中公开（见其说明书第 6 栏第 15 行至第 47 行及附图 1~3），数字化头包括激光扫描器（见其附图标记 16、18、42、43、64），用于在各数字化头位置从一个表面位置（见其附图标记 36）采集表面位置上的点至数字化头的激光扫描器的距离。因此在其引用的独立权利要求 1 不具备创造性的条件下，权利要求 2 不符合专利法第 22 条第 3 款有关创造性的规定。

（3）权利要求 3 是对独立权利要求 1 的进一步限定，其附加技术特征为：位置传感器还包括一具有位于工作区外部的激光发射器和接收器装置的激光跟踪系统，及一与数字化头连接的反射镜。在对比文件 2 中（见其说明书第 3 栏第 13 行至第 4 栏第 9 行及其附图 1）披露了包括位于工作区外部的激光发射器（见其附图标记 27）和接收器装置（见其附图标记 38）的激光跟踪系统（见其附图标记 26、27、28、38），以及反射镜（见其附图标记 24），虽然反射镜 24 并非与数字化头相连，不过在权利要求 3 和对比文件 2 中，反射镜的作用都是为了对激光发射器发射出的激光进行反射，从而确定所连接部件（在权利要求 1 中为数字化头）的位置。因此在其引用的独立权利要求 1 不具备创造性的条件下，权利要求 3 不符合专利法第 22 条第 3 款有关创造性的规定。

（4）权利要求 4 是对权利要求 3 的进一步限定，其附加技术特征是：激光发射器和接收器装置是带有干涉仪的便携柱式安装的激光器。对比文件 2 中已公开这一特征，附图 1 中在激光器（见其附图标记 27）附近安装干涉仪（见其附图标记 38），对于本领域技术人员来说，在已知对比文件 1 的基础上，激光发射器和接收器装置采用带有干涉仪的便携柱式安装的激光器，是显而易见的，不具有突出的实质性特点和显著的进步。因此在其引用的权利要求 3 不具备创造性的条件下，权利要求 4 不符合专利法第 22 条第 3 款有关创造性的规定。

（5）权利要求 5 是对权利要求 3 的进一步限定，其附加技术特征是：激光跟踪系统利用从激光发射器发射、从反射镜反射回激光接收器的激光束跟踪数字化头的运动。在对比文件 2 中公开（见其说明书第 3 栏第 52 行至第 65 行及其附图 1）了激光跟踪系统利用从激光发射器发射、从反射镜反射回激光接收器的激光束跟踪反射镜所连接部件的运动。虽然对比文件 2 中并未公开数字化头，不过其中激光跟踪系统对部件的跟踪原理与权利要求 5 中是完全相同的。因此在其引用的权利要求 3 不具备创造性的条件下，权利要求 5 不符合专利法第 22 条第 3 款有关创造性的规定。

（6）权利要求 6 是对权利要求 5 的进一步限定，其附加技术特征是：激光接收器是一干涉仪。这一特征已在对比文件 2 中公开（见其说明书第 3 栏第 66 行至第 4 栏第 9 行及其附图 1 附图标记 38），因此在其引用的权利要求 5 不具备创造性的条件下，权利要求 6 不符合专利法第 22 条第 3 款有关创造性的规定。

（7）权利要求 7 是对权利要求 5 的进一步限定，其附加技术特征是：位置传感器采集代表反射镜相对于激光发射器和接收器装置的位置的数据。这一特征已在对比文件 1 中公开（见其说明书第 5 栏第 64 行至第 6 栏第 1 行及其附图 1~4)，因此在其引用的权利要求 5 不具备创造性的条件下，权利要求 7 不符合专利法第 22 条第 3 款有关创造性的规定。

(8) 权利要求 8 是对权利要求 7 的进一步限定，其附加技术特征为：数字化头还包括一激光扫描器。这一特征已在对比文件 1 中公开（见权利要求 2 的评述），因此在其引用的权利要求 7 不具备创造性的条件下，权利要求 8 不符合专利法第 22 条第 3 款有关创造性的规定。

(9) 权利要求 9 是对权利要求 8 的进一步限定，其附加技术特征为：激光扫描器采用激光束使其沿一预定窗口扫过扫描表面。这种扫描方式对于本领域普通技术人员来说是公知常识，因此在其引用的权利要求 8 不具备创造性的条件下，权利要求 9 不符合专利法第 22 条第 3 款有关创造性的规定。

(10) 权利要求 10 是对权利要求 9 的进一步限定，其附加技术特征为：激光扫描器采集 Z 向偏移数据流，Z 向偏移数据流表示表面的扫描窗口上的点至数字化头的激光扫描器的距离。这一特征已在对比文件 1 中公开（见权利要求 2 的评述），因此在其引用的权利要求 9 不具备创造性的条件下，权利要求 10 不符合专利法第 22 条第 3 款有关创造性的规定。

(11) 权利要求 11 是对权利要求 10 的进一步限定，其附加技术特征为：控制器将从激光扫描器得到的 Z 向偏移数据和从激光跟踪系统得到的位置信息合成。这一特征已在对比文件 1 中公开（见其说明书第 6 栏第 1 行至第 14 行及其附图 1)，因此在其引用的权利要求 10 不具备创造性的条件下，权利要求 11 不符合专利法第 22 条第 3 款有关创造性的规定。

(12) 权利要求 12 是对独立权利要求 1 的进一步限定，其附加技术特征为：激光跟踪系统的位置信息为偏移量，以计算反射镜对于激光扫描器的相对位置。这一特征已在对比文件 1 中公开（见其说明书第 6 栏第 15 行至第 47 行及其附图 1~4)，因此在其引用的独立权利要求 1 不具备创造性的条件下，权利要求 12 不符合专利法第 22 条第 3 款有关创造性的规定。

(13) 权利要求 13 是对独立权利要求 1 的进一步限定，其限定部分的特征"数字化头还包括一激光扫描器"，由直接引用独立权利要求 1 的权利要求 2 的附加技术特征可知，权利要求 2 是对权利要求 13 的进一步限定，应写成权利要求 13 的从属权利要求。因此在权利要求 2 不具备创造性的条件下，权利要求 13 同样不符合专利法第 22 条第 3 款有关创造性的规定。

(14) 权利要求 14 是对权利要求 13 的进一步限定，其附加技术特征与权利要求 9 相同，已被对比文件 1 公开，因此在其引用的权利要求 13 不具备创造性的条件下，权利要求 14 不符合专利法第 22 条第 3 款有关创造性的规定。

(15) 权利要求 15 是对权利要求 14 的进一步限定，其附加技术特征与权利要求 10 相同，已被对比文件 1 公开，因此在其引用的权利要求 14 不具备创造性的条件下，权利要求 15 不符合专利法第 22 条第 3 款有关创造性的规定。

(16) 独立权利要求 17 请求保护一种通过从使用与主机连接的数字化头采集到的数据产生大型或复杂零件的高精度面扫描的方法，对比文件 1 也公开了一种通过从数字化头采集到的数据产生大型或复杂零件的扫描方法，其中（见其说明书第 10 栏第 48 行至第 11 栏第 8 行及其附图 5）披露了权利要求 1 中下述技术特征：①把被扫描零件（见其附图标记 38）放置于工作区域（见其附图标记 40）中；②通过沿扫描面移动数字化头（见其附图标记 12、16、18）扫描零件，采集表示零件表面至数字化头的距离的 Z 向偏移数据；③然后采用位于工作区外的位置传感器（见其附图标记 26、28、30）跟踪数字化头并采集表示数字化头位置的数据；④通过控制单元（见其附图标记 32）和计算机（见其附图标记 34)，合成从数字化头得到的 Z 向偏移数据和从位置传感器得到的位置数据产生零件的面扫描。

权利要求 17 所限定的扫描方法与对比文件 1 所限定的方法相比，其区别在于：在权利要求 17

中，上述第②和③步是同时进行的；另外，权利要求 17 中限定了主机具有多个用于限定工作区的运动轴，数字化头可在该区域中运动。对此合议组认为，无论第②和③步是否同时进行，其效果是一样的，对于本领域普通技术人员来说，在已知对比文件 1 的基础上，采用第②和③步同时进行，不具有突出的实质性特点和显著的进步；主机具有多个用于限定工作区的运动轴，数字化头可在该区域中运动也不能为权利要求 17 带来任何创造性（具体参见对权利要求 1 的评述），因此独立权利要求 17 不符合专利法第 22 条第 3 款有关创造性的规定。

（17）权利要求 18 是对独立权利要求 17 的进一步限定，其附加技术特征为：其中位置传感器是激光跟踪系统，所述方法还包括把反射镜连接到数字化头上的步骤。对比文件 1 公开了位置传感器是激光跟踪系统（参见对比文件 1 权利要求 8 及说明书相关部分的描述）以及把发射源（见其附图标记 20、22、24）安装到数字化头上的步骤，权利要求 18 和对比文件 1 的区别在于：在数字化头上安装反射镜，反射镜与对比文件 1 中的发射源所起的作用是相同的，都是使位置传感器测出数字化头的位置。并且对比文件 2 中公开了反射镜（见其附图标记 24）（见其附图标记 22），虽然反射镜 24 并非与数字化头相连，不过在权利要求 18 和对比文件 2 中，反射镜的作用都是为了对激光发射器发射出的激光进行反射，从而确定所连接部件（在权利要求 18 中为数字化头）的位置，对于所属技术领域的技术人员来说，在对比文件 1 和对比文件 2 的条件下，在上述扫描方法中采用运用把反射镜连接到数字化头上的步骤，不需要创造性劳动，即在上述扫描方法中采用运用把反射镜连接到数字化头上的步骤不具备实质性特点和显著的进步，因此权利要求 18 不符合专利法第 22 条第 3 款有关创造性的规定。

（18）权利要求 19 是对权利要求 18 的进一步限定，其附加技术特征是跟踪并采集表示数字化头运动位置的数据的步骤还包括下述步骤：从激光跟踪系统的激光发射器向与数字化头连接的反射镜发射激光束；由激光跟踪系统的激光接收器接收反射镜的反射光束；比较接收的激光束和发射的激光束以确定数字化头运动的位置和方向；及反射镜基于运动信息所确定方向与数字化头一起运动时，调整发射光束的方向以跟踪反射镜。在对比文件 2 中公开（见其说明书第 3 栏第 52 行至第 65 行及其附图 1）了激光跟踪系统利用从激光发射器向反射镜发射激光束、由激光接收器接收反射镜反射的激光束，通过比较发射激光束与接收激光束来确定反射镜所连接部件的位置。虽然对比文件 2 中并未公开数字化头，不过其中激光跟踪系统对于部件的跟踪原理与权利要求 19 中是完全相同的。对于所属技术领域的技术人员来说，在对比文件 1 和对比文件 2 的条件下，得到权利要求 19 所请求保护的技术方案不需要创造性劳动，即权利要求 19 所请求保护的技术方案不具备实质性特点和显著的进步，因此权利要求 19 不符合专利法第 22 条第 3 款有关创造性的规定。

（19）权利要求 20 是对权利要求 18 的进一步限定，其附加技术特征为：数字化头还包括一激光扫描器，并且扫描零件以采集 Z 向偏移数据的步骤包括对于数字化头的每一位置均至少对扫描面的一个位置进行扫描的步骤。“数字化头还包括一激光扫描器”这一特征已在对比文件 1 中公开（见权利要求 2 的评述），“扫描零件以采集 Z 向偏移数据的步骤包括对于数字化头的每一位置均至少对扫描面的一个位置进行扫描的步骤”，对于测量领域普通技术人员来说是公知常识，因此在其引用的权利要求 18 不具备创造性的条件下，权利要求 20 不符合专利法第 22 条第 3 款有关创造性的规定。

综上所述，本申请的权利要求 1~15、17~20 不符合专利法第 22 条第 3 款有关创造性的规定。

基于上述理由，合议组作出以下决定。

三、决定

维持国家知识产权局于 2004 年 1 月 2 日对 98115996.6 号发明专利申请作出的驳回决定。

复审请求人对本决定不服的，可以根据专利法第 41 条第 2 款的规定，自收到本决定之日起三个月内向北京市第一中级人民法院起诉。

067

导航装置与存储媒体

复审请求审查决定（第10704号）

决　定　号　第10704号
决　定　日　2007年6月8日
发明创造名称　导航装置与存储媒体
国际分类号　G08G 1/00，G08G 1/01，G08G 1/123
复审请求人　爱信AW株式会社，丰田自动车株式会社，株式会社电装，富士通十株式会社，松下电器产业株式会社
申　请　号　00119225.6
优先权日　1999年5月24日
申　请　日　2000年5月24日
公　开　日　2001年7月18日
合议组组长　张田勇
主　审　员　王琦琳
参　审　员　杨军艳

法律依据　专利法第22条第3款
决定要点
如果一项权利要求相对于现有技术来说其区别仅在于本领域普通技术人员根据需要所进行的常规选择，则该权利要求的技术方案不具备创造性。

一、案由

本复审请求涉及名称为“导航装置与存储媒体”的00119225.6号发明专利申请（下称本申请），申请日为2000年5月24日，优先权日为1999年5月24日，申请人为爱信AW株式会社、丰田自动车株式会社、株式会社电装、富士通十株式会社、松下电器产业株式会社。公开时的权利要求书共有7项权利要求，其中权利要求1、5、6为独立权利要求。

国家知识产权局实质审查部门依法对本申请进行了实质审查，并于2003年10月10日发出了第一次审查意见通知书，指出本申请的权利要求1~4不具备创造性，不符合专利法第22条第3款的规定；本申请的权利要求5~7不是专利保护的客体，属于专利法第25条第1款第（2）项规定的情形。通知书中引用了如下对比文件：

1. EP0836167A1号欧洲专利文献第1、2、5~10、13、14、27、28、33、34、57、58、91~94页，共20页，公开日为1998年4月15日（下称对比文件1）；

2. EP0777206A1号欧洲专利文献第1、2、5~8、13~20、47~50、53、54页，共20页，公开日为1997年6月4日（下称对比文件2）；

3. EP0767448A1号欧洲专利文献第1~24页，公开日为1997年4月9日（下称对比文件3）。

针对上述审查意见通知书，申请人于2004年2月11日提交了意见陈述书和权利要求书修改替换页，删去权利要求5~7，仅保留权利要求1~4，并认为修改后的权利要求1~4相对于对比文件1~3具备创造性，符合专利法第22条第3款的规定。

国家知识产权局实质审查部门于2004年5月14日以修改后的权利要求1~4仍然不符合专利法第22条第3款的规定为由驳回了本申请。

该驳回决定认为，独立权利要求1及其从属权利要求2~4相对于对比文件1不具备创造性，不符合专利法第22条第3款的规定，而且独立权利要求1及其从属权利要求2~4相对于对比文件2或者对比文件3也不具备创造性，不符合专利法第22条第3款的规定；另外，申请人意见陈述书中所认为的本申请与对比文件之间的区别并未在本申请权利要求中体现出来，而对没有节点数据的图像数据给予坐标并在其上显示和移动现在位置标志是本领域普通技术人员很容易想到的。因此修改后的权利要求1~4仍不符合专利法第22条第3款的规定。

申请人（下称复审请求人）对上述驳回决定不服，于2004年8月30日向专利复审委员会提出复审请求，同时提交了权利要求书的修改替换页，修改后的权利要求书共包括4项权利要求如下：

“1. 一种导航装置，包括：

检测车辆现在位置的现在位置检测装置；

输入用于探索目的地与路径所需的信息的输入装置；

信息存储装置，存储探索路径所需数据，所述数据包括赋予与距交叉点等分支点的距离相对应的坐标的分支点图像数据、道路数据，其中，所述图像数据并非从节点数据作成，而是预先存储的；

显示路径引导信息的显示装置；

根据所述输入装置所输入的信息和所述信息存储装置中所存储的数据来探索到目的地的路径的路径探索装置。

控制装置；车辆接近由所述路径探索装置探索的路径上的分支点预定距离时，读出所述分支点图像数据，根据所述现在位置检测装置所检测的现在位置的坐标和分支点图像数据所赋予的坐标将现在位置记号叠加到分支点图像数据中并输出给显示装置。

2. 如权利要求1所述的导航装置，其特征在于，对应于车辆与分支点的距离来移动显示现在位置记号。

3. 如权利要求1所述的导航装置，其特征在于，所述图像数据具有表示是否赋予与距交叉点等分支点的距离相对应的坐标的标志。

4. 如权利要求1所述的导航装置，其特征在于，所述图像数据具有展开后的图像数据大小、同时从特定位置坐标向显示基准点的坐标偏移。”

复审请求人认为：本申请是将分支点作为图像数据预先存储在存储装置的发明，本申请对图像数据给予坐标，根据检出的现在位置坐标和给予该图像数据的坐标，显示和移动现在位置标志，而对于这一点对比文件1、2、3均未给出任何记载或者提示。因此，本申请权利要求1的技术方案是具有创造性的，从属权利要求2~4也符合授权条件。

经形式审查合格专利复审委员会受理了上述复审请求，于2004年11月17日向复审请求人发出了复审请求受理通知书，并将本案送至原审查部门进行前置审查。

原审查部门对上述复审请求做出前置审查意见，仍然坚持原驳回决定。

专利复审委员会依法组成合议组，对本复审请求案进行审理。

本案合议组于2007年1月17日向复审请求人发出复审通知书，指出：本申请权利要求1~4相对于对比文件2不具备创造性，不符合专利法第22条第3款的规定。本申请权利要求1相对于对比文件2中所公开的内容而言，其区别特征在于本申请权利要求1中的“根据所述现在位置检测装置所检测的现在位置的坐标和分支点图像数据所赋予的坐标将现在位置记号叠加到分支点图像数据中并输出给显示装置”，但是对比文件2给出了相应的技术启示。而且，对比文件2对于本申请权利要求2~3的技术方案也均给出了技术启示，并且公开了本申请的权利要求4限定部分的附加技术特征。综上所述，本申请权利要求1~4相对于对比文件2不具备创造性，不符合专利法第22条第3款的规定。另外，针对复审请求人认为的“本申请是将图像数据预先存储在存储装置中的。而且本申请根据检出的现在位置坐标和给予该图像数据的坐标”，合议组告知复审请求人，对比文件2中同样公开了在存储装置中存储有图像数据，而且对比文件2中也给出了对图像数据给予坐标的技术启示，所以本申请所记载的技术方案相对于对比文件2来说不具备创造性。

复审请求人于2007年3月1日向专利复审委员会提交了意见陈述书和权利要求书修改替换页，复审请求人仅对权利要求1进行了修改，修改后的权利要求书共包括4项权利要求，其中权利要求1如下：

“1. 一种导航装置，包括：

检测车辆现在位置的现在位置检测装置；

输入用于探索目的地与路径所需的信息的输入装置；

信息存储装置，存储探索路径所需数据，所述数据包括赋予与距交叉点等分支点的距离相对应的坐标的分支点图像数据、道路数据，其中，所述图像数据并非从节点数据作成的，而是GIF、TIFF、JPEG等的图像数据，并是预先存储的，上述坐标并非从节点数据作成，而是预先存储的；

显示路径引导信息的显示装置；

根据所述输入装置所输入的信息和所述信息存储装置中所存储的数据来探索到目的地的路径的路径探索装置；

控制装置；车辆接近由所述路径探索装置探索的路径上的分支点预定距离时，读出所述分支点图像数据，根据所述现在位置检测装置所检测的现在位置的坐标和分支点图像数据所赋予的坐标将现在位置记号叠加到分支点图像数据中并输出给显示装置。”

复审请求人认为：本申请发明中的分支点是由GIF、TIFF、JPEG等构成的图像数据，这些图像数据并不是从节点数据作成的，而对比文件2由于根据全部的节点数据作成交叉点指示图，并不具有对预先存储的图像数据敢于赋予坐标的特有构成和效果；而且对比文件2的图像数据显示得很细小，数据体积也很细小，而本申请发明中的图像数据是分支点的图像数据，为使该分支点的图像数据很大地显示，数据容量也变得很大；所以，对比文件2中没有像本申请发明那样，将数据容量大的图像数据预先存储的思想，在该点上，本申请发明并非本领域普通技术人员可以容易地想到的。

经过审理，合议组认为本案事实已经清楚，可以依法作出审查决定。

二、决定的理由

1. 审查基础

本决定是在复审请求人于2007年3月1日提交的权利要求第1~4项、2000年5月24日提交的说明书第1~6页、说明书附图1~7页、说明书摘要和摘要附图的基础上作出的。

2. 关于本申请权利要求1是否符合专利法第22条第3款的规定

专利法第22条第3款规定：创造性，是指同申请日以前已有的技术相比，该发明有突出的实质性特点和显著的进步，该实用新型有实质性特点和进步。

本申请独立权利要求1要求保护一种导航装置，对比文件2（EP0777206A1）同样公开了一种交通工具导航装置。在对比文件2中公开了用来检测本车现在位置的现在位置检测装置2（说明书第8栏第26~29行）；作为输入装置的触摸板11（说明书第8栏第46~48行）；信息存储设备3存储了导航所需的数据（说明书第8栏第29~32行），上述存储的数据中包括节点数据（说明书第9栏第30~31行）、导航对象位置坐标（说明书第9栏第32~33行）、道路信息（说明书第9栏第44~50行）；存储了图像数据的图像存储器4（说明书第9栏第51~53行、说明书附图49~51）；自动显示路径引导信息的显示装置12（说明书第8栏第51~52行）；CPU40可实施路径检索或者其他操作（说明书第9栏第37~41行）；路标显示决定装置能够根据车辆现在位置和路径数据来在交叉点处选择显示详细路标信息情况（说明书第25栏第49~55行）；导航装置根据与交叉点坐标的偏移值来显示部分路标信息（说明书第30栏第25~35行，说明书附图49~51）；在节点显示图中标出本车位置（说明书附图49~51行）。

由此可知，本申请权利要求1所要求保护的技术方案与对比文件2相比，其区别仅在于：本专利权利要求1中还包括特征A."根据所述现在位置检测装置所检测的现在位置的坐标和分支点图像数据所赋予的坐标将现在位置记号叠加到分支点图像数据中并输出给显示装置"和特征B."所述图像数据并非从节点数据作成的，而是GIF、TIFF、JPEG等的图像数据，并是预先存储的，上述坐标并非从节点数据作成，而是预先存储的"。

对于特征A，对比文件2中公开了如下内容：用现在位置检测装置2来检测本车的现在位置（说明书第8栏第46~48行），根据与交叉点坐标的偏移值来显示部分路标信息（说明书第30栏第25~35行，说明书附图49~51），而路标显示决定装置能够根据车辆现在位置和路径数据来在交叉点处选择显示包括路标信息和本车位置信息的图像（说明书第25栏第49~55行）。本领域技术人员在对比文件2的启示下，无需创造性劳动就可以将本车现在位置信号叠加到分支点图像像据中，从而实现与特征A在本申请权利要求1技术方案中具有的相同功能。

对于特征B，对比文件2公开了如下内容：在图像存储器中预存有图像数据（说明书第9栏第51~53行），根据用户需要决定是否显示相应的地理标志信息图像（说明书第25栏第49~55行），根据与交叉点坐标的偏移值来显示部分路标信息（说明书第30栏第25~35行，说明书附图49~51），在显示的图像上同时显示本车位置标志（说明书附图49~51）。即，对比文件2公开了在交叉点处展开显示更加详细的图像，而本申请独立权利要求1中虽将图像格式限定为具体图像格式GIF、TIFF、JPEG，但它们均属于本领域公知的图像格式，并且由于对比文件2中所公开的图像上均显示有地理标志信息图像，那么本领域普通技术人员可以推知，为了显示这些图像而预先存储这些图像相对于交叉点等分支点的距离的坐标属于本领域的惯用手段。

本案中，复审请求人认为：本申请的特征在于，对图像数据赋予了用以表示现在位置的坐标，并且是对预先存储的图像数据赋予了坐标，由此可以利用图像数据对分支点作有临场感的显示，并且还可以按照现在位置的移动，而显示现在位置记号。此外，上述图像数据的数据容量很大。

但是合议组认为：对比文件2中公开了在分支点附近处，不同于显示整个地图和引导路径信息的图像而选择性显示具有地理标志信息的图像的技术方案。对于本领域普通技术人员来说，就在分支点处显示具有更多信息的详细图像这一技术方案，对比文件2已经给出了相应的技术启示。而复审请求人所强调的图像格式属于公知常识，至于图像数据容量大，对于本领域普通技术人员来说，存储的图像容量越大，则其中带有的信息越多越详细，显示出来的图像更加清晰。即，在对比文件2已经给出了技术启示的前提下，所显示图像数据的详细程度，是本领域普通技术人员根据需要进行的常规选择。

综上所述，本申请独立权利要求1的技术方案与对比文件2相比，不具备突出的实质性特点和显著的进步，不符合专利法第22条第3款关于创造性的规定。

3. 关于本申请权利要求2~4是否符合专利法第22条第3款的规定

从属权利要求2在独立权利要求1的基础上进一步限定："对应于车辆与分支点的距离来移动显示现在位置信号"，对比文件2中给出了如下技术启示：相应于本车位置和节点之间的距离移动显示本车位置信号（摘要附图）；以及根据车辆现在位置与预定引导点的距离来执行相应操作（说明书第11栏第11~20行）；还有在分支点图像数据中显示本车位置（说明书附图49~51），本领域技术人员在对比文件2的启示下，无需创造性劳动就可以基于本车位置与分支点图像数据中分支点的位置来移动显示本车现在位置信号，从而实现与本申请权利要求2技术方案相同的功能。因此，在权利要求2所引用的独立权利要求1不具备创造性的前提下，权利要求2也不具备创造性，不符合专利法第22条第3款关于创造性的规定。

从属权利要求3对独立权利要求1进行了进一步限定，而对比文件2（说明书第30栏第25~35行，说明书附图49~51）中公开了给予图像数据坐标，并根据该坐标进行显示的技术方案，本领域普通技术人员从对比文件2的上述公开内容可知，对比文件2技术方案能够实现与本申请从属权利要求3技术方案相同的技术效果，对于本领域普通技术人员来说，在了解对比文件2所述技术方案的情况下，得到本申请从属权利要求3那样的技术方案无需付出任何创造性劳动，在权利要求3所引用的独立权利要求1不具备创造性的前提下，权利要求3也不具备创造性，不符合专利法第22条第3款的规定。

从属权利要求4限定部分的附加技术特征已经被对比文件2（说明书第30栏第25~35行，说明书附图49~51）所公开，在其引用的独立权利要求1不具备创造性的前提下，权利要求4也不具备创造性，不符合专利法第22条第3款的规定。

综上所述，经复审程序，复审请求人提交的修改文本仍未克服驳回决定中所指出的缺陷。

基于上述理由，合议组作出下述审查决定。

三、决定

维持国家知识产权局于2004年5月14日作出的驳回00119225.6号发明专利申请的决定。

复审请求人对本决定不服的，可以根据专利法第41条第2款的规定，自收到本决定之日起三个月内向北京市第一中级人民法院起诉。

068

音频信号的记录媒体和记录媒体的记录装置及再生装置

复审请求审查决定（第10719号）

决　定　号　第10719号
决　定　日　2007年6月11日
发明创造名称　音频信号的记录媒体和记录媒体的记录装置及再生装置
国际分类号　G10K 15/04，G11B 20/10，G11B 7/24
复审请求人　索尼公司
申　请　号　00802289.5
申　请　日　2000年8月16日
优先权日　1999年8月18日
公　开　日　2001年12月19日
合议组组长　张田勇
主　审　员　王琦琳
参　审　员　杨军艳

法律依据　专利法第22条第3款
决定要点

如果一项权利要求同现有技术相比存在区别特征，但是现有技术针对该区别特征已经给出了相应的技术启示，本领域普通技术人员根据该技术启示无需付出创造性劳动就可以得到该权利要求保护的技术方案，则该权利要求相对于现有技术不具备突出的实质性特点和显著的进步，不符合专利法第22条第3款的规定。

一、案由

本复审请求涉及名称为“音频信号的记录媒体和记录媒体的记录装置及再生装置”的00802289.5号发明专利申请（下称本申请），申请日为2000年8月16日，优先权日为1999年8月18日，公开日为2001年12月19日，申请人为索尼公司。

国家知识产权局实质审查部门依法对本申请进行了实质审查，并于2003年12月12日发出了第一次审查意见通知书，指出本申请的权利要求1、8、14~16、20~21均不具备新颖性，不符合专利法第22条第2款的规定；本申请的权利要求2~7、9~13、17~19、22~36均不具备创造性，不符合专利法第22条第3款的规定，通知书中引用的对比文件如下：

对比文件1：特开平6-111469号日本专利文献，公开日为1994年4月22日；

对比文件2：特开平9-306026号日本专利文献，公开日为1997年11月28日；

对比文件3：昭35-17355号日本专利文献，公告日为1960年7月26日。

针对第一次审查意见通知书，申请人于2004年4月20日提交了意见陈述书和权利要求书的修改替换页，认为修改后的本申请符合专利法第22条第2、3款的规定，修改后的权利要求书共包括28项权利要求。

针对申请人提交的上述文本以及陈述意见，原实质审查部门于2004年6月11日发出第二次审查意见通知书，指出本申请的权利要求1、3~5、9、16、19均不具备新颖性，不符合专利法第22条第2款的规定；本申请的权利要求2、6~8、10~15、17~18、20~28均不具备创造性，不符合专利法第22条第3款的规定。通知书中增加引用的对比文件如下：

对比文件4：公开号为CN1159245A的中国发明专利申请公开说明书，公开日为1997年9月10日。

针对第二次审查意见通知书，申请人于2004年8月26日提交了意见陈述书和权利要求书修改替换页，认为修改后的本申请符合专利法第22条第2、3款的规定，修改后的权利要求书共包括25项权利要求，其中独立权利要求1、5、9、10、15、16、20、24如下：

“1. 一种记录媒体，其特征在于：

具有将提供的信号分离为包含全体的多个部分成分，并且

根据预定的标准化频率，记录被标准化的数字数据的多个记录区域，

在任意的上述多个成分中记录用于识别上述多个部分成分的组合的识别数据。

5. 一种将信号记录到具有多个记录区域的记录媒体上的记录装置，其特征在于，具有：

利用预定的标准化频率，把将提供的信号分离为包含全体的多个部分成分的信号进行标准化的标准化单元；和

将从上述标准化单元得到的上述信号的数字数据记录到上述记录媒体的上述多个记录区域中，将识别上述多个部分成分的组合的识别数据记录到任意的上述多个成分中的记录单元。

9. 一种用于将信号记录到具有多个记录区域的记录媒体上的记录方法，其特征在于：

利用预定的标准化频率，把将提供的信号分离为包含全体的多个部分成分的信号进行标准化，

将从上述标准化单元得到的上述信号的数字数据记录到上述记录媒体的上述多个记录区域中，

将识别上述多个部分成分的组合的识别数据记录到任意的上述多个成分中。

10. 一种从记录媒体再生信号的再生装置，上述记录媒体在多个记录区域记录了利用预定的标准化频率对将提供的信号分离为包含全体的多个部分成分的信号进行标准化而得到的数字数据，其特征在于，具有：

从上述记录媒体读取信号的读取单元；

将由上述读取单元从上述多个记录区域读取的信号进行信号处理的信号处理部；以及

根据已记录在上述记录媒体的识别多个部分成分的组合的识别数据，对有选择地再生被分离为上述部分成分的信号，或/和合成再生至少2个部分成分以上的信号进行控制的控制单元。

15. 一种从记录媒体上再生信号的再生方法，上述记录媒体在多个记录区域记录了利用预定的标准化频率对将提供的信号分离为包含全体的多个部分成分的信号进行标准化而得到的数字数据，其特征在于：

根据已记录在上述记录媒体的识别多个部分成分的组合的识别数据，对有选择地再生被分离为上述部分成分的信号，或/和合成再生至少2个部分成分以上的信号进行控制。

16. 一种记录媒体，该记录媒体具有将提供的信号的第1部分进行记录的第1记录区域和将上述提供的信号的第2部分进行记录的第2记录区域，其特征在于：

记录有识别信号，该识别信号表示是否至少将记录于上述第1记录区域的上述第1部分和记录于上述第2记录区域的上述第2部分进行相加或相减并输出。

20. 一种从记录媒体再生信号的记录媒体的再生方法，上述记录媒体具有将提供的信号的第1部分进行记录的第1记录区域和将上述提供的信号的第2部分进行记录的第2记录区域，其特征在于：

根据表示是否至少将上述第1部分和上述第2部分进行相加或相减并输出的识别信号，再生上述信号的上述第1部分和上述第2部分。

24. 一种再生装置，其特征在于，具有：

从提供的信号的第1部分被记录的第1记录区域和上述提供的信号的第2部分被记录的第2记录区域读取上述信号的第1部分及上述第2部分的读取单元；

将由上述读取单元从上述第1及第2记录区域读取的信号进行信号处理的信号处理部；以及

根据表示是否至少将上述第1部分和上述第2部分进行相加或相减并输出的识别信号，将读取的上述第1部分及上述第2部分的输出信号进行运算的运算单元。"

针对申请人提交的上述修改文本以及意见陈述，原实质审查部门于2004年11月5日作出驳回决定。该驳回决定认为，本申请的权利要求1、3、4、16、19均不具备新颖性，不符合专利法第22条第2款的规定；本申请的权利要求2、17、18、20、24均不具备创造性，不符合专利法第22条第3款的规定；并认为，产品权利要求是要通过结构、成分等来对其进行限定，对于本申请的记录媒体等一定要通过结构特征以及各个部件之间的连接关系进行进一步限定，而当区别仅仅在于其上记录了识别信息或者处理的为具有识别信息的数据的装置或者设备来说在结构上是与对比文件不具有任何区别，因此其相对于对比文件来说还是不具备新颖性和/或创造性的。

申请人（下称复审请求人）对上述驳回决定不服，于2005年2月8日向专利复审委员会提出复审请求，陈述了本申请符合专利法第22条第2、3款的规定的理由。复审请求人在提出复审请求时未对申请文本进行修改。

在复审请求书中，复审请求人认为：（1）本申请中的"识别数据"不同于对比文件1中的"音乐数据"，而且任何一篇对比文件也没有公开"基于本申请中的'识别数据'及其结构，用户无需特别的操作，就能获取所希望的音乐数据"这样的特殊效果；（2）驳回决定中并未评述本申请的发明点"在记录媒体的n个区域中分别设置的信号处理部"。因此，复审请求人认为本申请权利要求所记载的技术方案与对比文件相比具有新颖性或创造性。

经形式审查合格专利复审委员会依法受理了上述请求，于2005年3月16日向复审请求人发出了复审请求受理通知书，并将本案送至原审查部门进行前置审查。

原审查部门对上述复审请求做出前置审查意见，仍然坚持原驳回决定。

专利复审委员会依法组成合议组，对本复审请求案进行了审理。

针对驳回决定所依据的审查文本，专利复审委员会本案合议组于2007年1月16日发出复审通知书，指出：（1）本申请权利要求1、3、4、16、19的主题名称与其各自权利要求的技术内容并不相适应，由此导致权利要求1、3、4、16、19不能清楚、简要地表述请求保护的范围，不符合专利法实施细则第20条第1款；（2）本申请权利要求2、17相对于对比文件2不具备创造性，本申请权利要求18相对于对比文件3不具备创造性，本申请权利要求20、24相对于对比文件4不具备创造性，均不符合专利法第22条第3款的规定。

针对专利复审委员会发出的复审通知书，复审请求人于2007年2月28日向专利复审委员会提交了意见陈述书和权利要求书修改替换页，认为修改后的本申请符合专利法第22条第2、3款以及专利法实施细则第20条第1款的规定。复审请求人删除了有关记录媒体的权利要求1~4、16~19，但是对复审通知书中指出不具有创造性的原权利要求 20 和 24，未进行修改，修改后的权利要求书共包括 17 项权利要求，其中权利要求 12 和权利要求 16 分别对应于原权利要求 20 和权利要求 24。复审请求人认为：（1）复审请求人删除了有关记录媒体的权利要求 1~4、16~19，因此补正后的权利要求符合专利法实施细则第 20 条第 1 款的规定；（2）对权利要求进行了更具体的限定，补正后的权利要求中记载的技术特征在对比文件 2~4 中均未公开，所以本申请具有突出的实质性特点和显著的进步，具备创造性。

经过审理，本合议组认为本案事实已经清楚，可以依法作出复审决定。

二、决定的理由

1. 审查基础

本决定是在复审请求人于 2007 年 2 月 28 日提交的权利要求书第 1~17 项、于 2001 年 6 月 18 日提交的说明书第 1~17 页、说明书附图第 1~6 页、说明书摘要和摘要附图的基础上作出的。

2. 关于本申请独立权利要求 12、16 是否符合专利法第 22 条第 3 款的规定

专利法第 22 条第 3 款规定：创造性，是指同申请日以前已有的技术相比，该发明有突出的实质性特点和显著的进步，该实用新型有实质性特点和进步。

独立权利要求 12 请求保护一种再生方法，对比文件 4（CN1159245A）中公开了一种重放方法，其中作为记录介质的 CD-R 光盘具备记录数字音频信息的第一记录区域 3；记录对上述数字音频信息进行管理的信息的第一管理区域 2；记录与上述数字音频信息对应的数字音频信息的第二记录区域 6；记录用来对记录在第二记录区域 6 中的数字音频信息进行管理的信息的第二管理区域 5（说明书第 30 页第 25~31 行）；将第一记录区域 3 和第二记录区域 6 的数字音频信息分别读取至第一存储器 72 和第二存储器 73 中，根据第一管理区域 2 的管理信息进行控制来同步输出第一存储器 72 和第二存储器 73 中的数字音频信息（说明书第 31 页第 1~14 行）。

其中，对比文件 4 中的第一记录区域 3 和第二记录区域 6 分别对应于本申请独立权利要求 12 中的第 1 记录区域和第 2 记录区域，对比文件 4 中第一记录区域和第二记录区域所分别记录的数字音频信息对应于本申请独立权利要求 12 中的信号的第 1 部分和第 2 部分，对比文件 4 中输出记录在第一和第二记录区域中的数据的过程对应于本申请独立权利要求 12 中再生信号的第 1 部分和第 2 部分的过程。本申请独立权利要求 12 与对比文件 4 的区别在于：本申请独立权利要求 12 的技术方案具有用来表示是否将上述第 1 部分和第 2 部分进行相加或相减并输出的识别信号，而对比文件 4 中公开的是根据存储的管理信息进行控制来同步输出数字音频信息。

对比文件 4 已经公开了一种管理信息，根据管理信息可将两个数字音频信号同步进行输出，本领域技术人员可以理解这里的数字音频信息就是一种信息，用于将两个数字音频信号相加然后输出，所以，对比文件 4 中的管理信息就具有如本申请权利要求 12 中用来表示将两个信息进行相加并输出的识别信息的作用。对比文件 4 已经公开了一种根据特定信息对两个来源的信号进行相加处理并输出的方法，对于本领域普通技术人员来说，在已知一种根据特定信息来对两个信号进行相加处理再输出的方法情况下，根据需要将这种相加处理替换成相减处理，无需付出任何创造性劳动，而且进行这种替换之后也没有产生预料不到的技术效果。

由此可见，本申请独立权利要求 12 相对于对比文件 4 不具备突出的实质性特点和显著的进步，不具备创造性，不符合专利法第 22 条第 3 款的规定。

独立权利要求 16 要求保护一种再生装置，对比文件 4 中公开了一种重放装置，其中作为记录介质的 CD-R 光盘具备记录数字音频信息的第一记录区域 3；记录对上述数字音频信息进行管理的信息的第一管理区域 2；记录与上述数字音频信息对应的数字音频信息的第二记录区域 6；记录用来对记

录在第二记录区域6中的数字音频信息进行管理的信息的第二管理区域5（说明书第30页第25~31行）；重放装置具备光拾取器70、信号处理部分71、第一、第二判别部分74、75和控制部分76，光拾取器70将第一记录区域3和第二记录区域6的数字音频信息分别读取至第一存储器72和第二存储器73中，信号处理部分根据管理信息进行控制来同步输出第一存储器72和第二存储器73中的数字音频信息（说明书第31页第1~14行）。

其中，对比文件4中的第一记录区域3和第二记录区域6分别对应于本申请独立权利要求16中的第1记录区域和第2记录区域，对比文件4中第一记录区域和第二记录区域所分别记录的数字音频信息对应于本申请独立权利要求16中的信号的第1部分和第2部分，对比文件4中的光拾取器对应于本申请独立权利要求16中的读取单元，对比文件4中的信号处理部分71对应于本申请独立权利要求16中的信号处理部。本申请独立权利要求16与对比文件4的区别在于：本申请独立权利要求16的技术方案具有根据用来表示是否将上述第1部分和第2部分进行相加或相减并输出的识别信号来对所读取的输出信号进行运算的运算单元，而对比文件4中公开的是第一、第二判别部分74、75和控制部分76根据存储的管理信息对数字音频信息进行控制来实现同步输出。

对比文件4已经公开了一种管理信息，根据管理信息可将两个数字音频信号同步进行输出，本领域技术人员可以理解这里的数字音频信息就是一种信息，用于将两个数字音频信号相加然后输出，所以，对比文件4中的管理信息就具有如本申请权利要求16中用来表示将两个信息进行相加并输出的识别信息的作用。对比文件4已经公开了一种根据特定信息对两个来源的信号进行相加处理并输出的方法，对于本领域普通技术人员来说，在已知一种根据特定信息来对两个信号进行相加处理再输出的方法情况下，根据需要将这种相加处理替换成相减处理，无需付出任何创造性劳动，而且进行这种替换之后也没有得到预料不到的技术效果。虽然本申请独立权利要求16中所采用的具体部件的名称与对比文件4中所采用部件的名称不同，但是它们所完成的是基本相同的功能，而对于本领域普通技术人员来说，完成类似相加、相减处理，读取、输出处理的电子元件不仅可以是本申请独立权利要求16所述那样的运算单元和信号处理部，也可以是如对比文件4所述那样的信号处理部分、判别部分和控制部分。这些不同只是本领域普通技术人员在实现特定功能的时候所作出的常规选择，无需付出任何创造性劳动。

由此可见，本申请独立权利要求16相对于对比文件4不具备突出的实质性特点和显著的进步，不具备创造性，不符合专利法第22条第3款的规定。

基于上述理由，合议组作出下述决定。

三、决定

维持国家知识产权局于2004年11月5日作出的驳回00802289.5号发明专利申请的决定。

复审请求人对本决定不服的，可以根据专利法第41条第2款的规定，自收到本决定之日起三个月内向北京市第一中级人民法院起诉。

069

立式钢琴共振板的支承结构

复审请求审查决定（第10721号）

决　定　号　第10721号
决　定　日　2007年6月6日
发明创造名称　立式钢琴共振板的支承结构
国际分类号　G10C 3/06
复审请求人　雅马哈株式会社
申　请　号　97122581.8
申　请　日　1997年10月3日
优先权日　1996年10月3日
公　开　日　1998年6月10日
合议组组长　刘颖杰
主　审　员　瞿晓峰
参　审　员　杨军艳

法律依据　专利法第22条第3款
决定要点

复审请求人修改了权利要求书，删除了驳回决定指出的不具备创造性的权利要求，从而克服了驳回决定指出的缺陷。

一、案由

本复审请求涉及名称为“立式钢琴共振板的支承结构”的97122581.8号发明专利申请（下称本申请），申请人为雅马哈株式会社，申请日为1997年10月3日，优先权日为1996年10月3日，公开日为1998年6月10日。

国家知识产权局实质审查部门依法对本申请进行了实质审查，于2004年9月10日以本申请权利要求1、6、7不具备创造性为由驳回了本申请。

驳回决定针对的权利要求如下：

“1. 一种立式钢琴的共振板的支承结构，包含：

一包含多个支柱并且保持所述共振板是垂直的靠背框；

一插接板，其固定于立式钢琴的靠背框的上部；

一共振板支承垫架，其包含一上部，其前表面固定在立式钢琴的共振板的上部周边部分，和一底部、其前表面固定在所述共振板的下部周边部分，其中，共振板支承垫架定位于靠背框和共振板之

间，并位于插接板之下；以及

一变薄部分，其在共振板支承垫架的上部所处的一背后位置被形成作为所述靠背框的一局部切削的背后部分。

6. 一种立式钢琴的共振板的支承结构，包含：

一共振板支承垫架，其固定于共振板的一上部周边部分和一底部周边部分；

一靠背框，其具有第一厚度的第一部分和具有第二厚度的第二部分，所述的第二厚度比第一厚度薄，并且位于所述第一部分之下；

一插接板，其固定于立式钢琴的靠背框的上部；

其中，所述共振板支承垫架固定于所述靠背框的第二部分的一表面，并且位于所述插接板之下，以便保持所述共振板是垂直的。

7. 一种用于支撑立式钢琴的共振板的支承结构，其包括：

一包含多个支柱的靠背框；

一插接板，其被粘合到立式钢琴的靠背框的上部；

一共振板支承垫架，其前表面被粘合到立式钢琴的共振板的周边部分，其中，所述共振板支承垫架位于靠背框和共振板之间，并且位于插接板之下；和

一变薄部分，其在共振板支承垫架的上部所处的背后部分之处被形成作为所述靠背框的一局部切削的背后部分。"

驳回决定所引用的对比文件 1 为 US3311009A 号美国专利文献，其公开日为 1967 年 3 月 28 日；对比文件 2 为 US5339717A 号美国专利文献，其公开日为 1994 年 8 月 23 日。

驳回决定认为，权利要求 1、6、7 与对比文件 1 相比，分别具有区别技术特征，但是这些区别技术特征都已经被对比文件 2 公开了，本领域技术人员在对比文件 1 和 2 的基础上得到权利要求 1、6、7 所要求保护的技术方案是显而易见的，所以权利要求 1、6、7 不具备创造性，不符合专利法第 22 条第 3 款的规定。

申请人雅马哈株式会社（下称复审请求人）对该驳回决定不服，于 2004 年 12 月 24 日向专利复审委员会提出了复审请求。

经形式审查合格后，专利复审委员会受理了该复审请求，并于 2005 年 3 月 3 日向复审请求人发出复审请求受理通知书，同时向原审查部门发出前置审查通知书。

在前置审查意见书中，原审查部门坚持原驳回决定。

专利复审委员会依法成立合议组对本复审请求进行了审查。

合议组于 2007 年 3 月 28 日向复审请求人发出复审通知书。合议组认为，权利要求 1 与对比文件 1 相比，区别在于权利要求 1 中共振板为垂直设置，支承垫架包含一上部和一下部，插接板以及共振板支承垫架和靠背框是分开构成并粘接在一起，而这些区别技术特征已经被对比文件 2 公开了，本领域技术人员在对比文件 1 和 2 的基础上得到权利要求 1 的技术方案是显而易见的，所以权利要求 1 不具备创造性，不符合专利法第 22 条第 3 款的规定；权利要求 6 与对比文件 1 相比，区别在于权利要求 6 中插接板以及共振板支承垫架和靠背框是分开构成并粘接在一起，而这些区别技术特征已经被对比文件 2 公开了，本领域技术人员在对比文件 1 和 2 的基础上得到权利要求 6 的技术方案是显而易见的，所以权利要求 6 不具备创造性，不符合专利法第 22 条第 3 款的规定；权利要求 7 与对比文件 1 相比，区别在于权利要求 7 中插接板以及共振板支承垫架和靠背框是分开构成并粘接在一起，而这些区别技术特征已经被对比文件 2 公开了，本领域技术人员在对比文件 1 和 2 的基础上得到权利要求 7 的技术方案是显而易见的，所以权利要求 7 不具备创造性，不符合专利法第 22 条第 3 款的规定。

针对上述复审通知书，复审请求人于2007年5月11日提交了意见陈述书以及权利要求书和说明书的修改替换页。复审请求人删除了原权利要求书中的权利要求1、6、7，将原权利要求2~5调整为新权利要求1~4，同时根据修改后的权利要求书对说明书作了适应性修改。修改后的权利要求书如下：

“1. 一种立式钢琴的共振板的支承结构，包含：

一共振板支承垫架，其固定于共振板的周边部分；

一靠背框；

一插接板，其固定于靠背框的上部；

一支承件，设置于靠背框和插接板之间；其中，所述支承件包括一从所述支承件向下延伸的伸出部分，并且所述伸出部分通过一空间与所述靠背框分隔开，并且所述共振板支承垫架固定于与所述空间相对的所述伸出部分的表面。

2. 根据权利要求1所述立式钢琴的共振板支承结构，其中所述支承件是由具有高刚度的材料制成。

3. 根据权利要求1所述立式钢琴的共振板支承结构，其中所述支承件在越过所述插接板部分具有一第一厚度，并且所述伸出部分具有比所述第一厚度薄的第二厚度。

4. 根据权利要求1所述立式钢琴的共振板支承结构，其中所述支承件包括具有一致厚度的所述伸出部分，并且一凹形部分形成在靠背框中位于带有所述伸出部分的部位。”

至此，合议组认为本案事实清楚，可以作出审查决定。

二、决定的理由

复审请求人于2007年5月11日提交了权利要求书和说明书的修改替换页，经审查，该修改符合专利法实施细则第60条第1款的规定，并且没有违反专利法第33条的规定，因此，本决定所针对的文本为：复审请求人于2007年5月11日提交的权利要求第1~4项、说明书第1~5页，于1997年12月12日提交的附图第1、3页，于2004年7月13日提交的附图第2页，于1998年2月18日提交的说明书摘要，以及于1997年12月12日提交的摘要附图。

复审请求人在修改后的权利要求书中，删除了驳回决定及复审通知书指出的不具备创造性的原权利要求1、6、7，因此修改后的权利要求书已经克服了驳回决定所指出的缺陷。

三、决定

复审请求人通过修改专利申请文件，克服了驳回决定所指出的缺陷，在修改文本的基础上，撤销国家知识产权局于2004年9月10日对97122581.8号发明专利申请作出的驳回决定。由原审查部门以复审请求人于2007年5月11日提交的权利要求第1~4项、说明书第1~5页，于1997年12月12日提交的附图第1、3页，于2004年7月13日提交的附图第2页，于1998年2月18日提交的说明书摘要，以及于1997年12月12日提交的摘要附图为审查文本继续进行审查程序。

复审请求人对本决定不服的，可以根据专利法第41条第2款的规定，自收到本决定之日起三个月内向北京市第一中级人民法院起诉。

070

墨组合物、图案的形成方法及滤色膜

复审请求审查决定（第10725号）

决　定　号　第10725号
决　定　日　2007年5月15日
发明创造名称　墨组合物、图案的形成方法及滤色膜
国际分类号　C09D 11/00，H01J 29/32
复审请求人　株式会社东芝，富士色素株式会社
申　请　号　97100344.0
申　请　日　1997年1月9日
公　开　日　1997年10月1日
合议组组长　朱文广
主　审　员　刘　犟
参　审　员　赵　明

法律依据　专利法第33条
决定要点
如果申请的内容通过增加、改变和/或删除其中的一部分，致使所属技术领域的技术人员看到的信息与原申请公开的信息不同，而且又不能从原申请公开的信息中直接地、毫无疑义地导出，那么，这种修改就是不允许的。

一、案由

本复审请求涉及复审请求人株式会社东芝和富士色素株式会社于1997年1月9日申请，1997年10月1日公开，名称为“墨组合物、图案的形成方法及滤色膜”的97100344.0号发明专利申请（下称本申请）。

国家知识产权局实质审查部门于2000年2月25日发出第一次审查意见通知书，指出了本申请存在的一些缺陷，包括权利要求1~3不符合专利法第22条第2款有关新颖性的规定，权利要求4~18不符合专利法第22条第3款有关创造性的规定等。此外，国家知识产权局实质审查部门与申请人进行了电话会晤，指出本申请权利要求书存在一些错别字，术语不当。

申请人针对第一次审查意见通知书于2000年8月10日提交了意见陈述书及经修改的说明书及权利要求书替换页，认为修改后的权利要求符合专利法的规定。申请人针对第一次审查意见通知书及电话会晤于2002年6月21日提交了意见陈述书及权利要求书的修改替换页，对于“聚乙烯丙烯酸吡咯烷酮”这个术语进行了解释，认为聚乙烯丙烯酸吡咯烷酮是聚乙烯吡咯烷酮和二甲基氨基乙基甲基

丙烯酸酯的共聚物。

国家知识产权局实质审查部门于2003年8月22日发出第二次审查意见通知书，指出新文本中的“聚羧酸”不符合专利法第33条的规定；权利要求1中出现的“聚乙烯丙烯酸吡咯烷酮”是含义不清楚的术语，因此权利要求1不符合专利法实施细则第20条第1款的规定等。

申请人针对第二次审查意见通知书于2004年1月6日提交了意见陈述书及经修改的说明书第8页及权利要求书替换页，修改了本申请中存在的一些缺陷，其中包括将“聚乙烯丙烯酸吡咯烷酮”修改为“乙烯吡咯烷酮丙烯酸酯共聚物”。

国家知识产权局实质审查部门于2004年2月20日发出第三次审查意见通知书，指出申请人将“聚乙烯丙烯酸吡咯烷酮”修改为“乙烯吡咯烷酮丙烯酸酯共聚物”后，超出了原说明书和权利要求书记载的范围，不符合专利法第33条的规定。

申请人于2004年7月6日针对第三次审查意见通知书提交了意见陈述书及经修改的说明书第5、9、16页及权利要求书1~3的替换页，其中认为将“聚乙烯丙烯酸吡咯烷酮”修改为“乙烯吡咯烷酮和丙烯酸酯共聚物”并没有超出原始公开的范围，并将权利要求13和15以及说明书第5、9及16页中出现的“碳酸”变更为“羧酸”。

国家知识产权局于2005年1月28日驳回了本申请，理由是申请人将“聚乙烯丙烯酸吡咯烷酮”修改为“乙烯吡咯烷酮丙烯酸酯共聚物”后，超出了原说明书和权利要求书记载的范围，不符合专利法第33条的规定。

驳回决定所针对的权利要求书为：

“1. 一种在非纤维质基材上形成滤色膜的图案的方法，该方法包含如下步骤：

制备用于喷墨方法的墨组合物，该墨组合物包含溶剂，悬浮在该溶剂中的颜料，以及悬浮在前述溶剂中用于提高该溶剂和颜料之间亲和性的分散剂，其中，颜料与溶剂的量之比为1~30重量份：100重量份，分散剂与溶剂的量之比为1~100重量份：100重量份，其中，溶剂为选自由水和有机溶剂组成的组中的至少一种，颜料为选自无机颜料和有机颜料中的至少一种，分散剂至少为选自由丙烯酸类树脂、聚乙烯基丙烯酸吡咯烷酮、聚烷基吡咯烷酮、聚乙烯醇缩丁醛、聚乙烯吡啶、聚酰胺树脂、苯酚树脂、聚氨酯树脂及聚酯树脂组成的组中的一种物质；

将该墨组合物用喷墨方法从喷嘴中向着非纤维质基材的表面喷出，使得墨组合物的液滴附着在该基材表面上；以及

蒸发该每一个液滴中的溶剂，以形成在该基材上的图案，使得每一个液滴的V/S比率保持在最大，其中，V是基材上每一个液滴的体积，S是与气相接触的每一个液滴的表面积。

2. 如权利要求1所述的形成图案的方法，其中，所述的墨组合物在25℃时的表面张力为20.0达因/厘米~50.0达因/厘米，在25℃时粘度为1.5cp~20.0cp。

3. 如权利要求1所述的形成图案的方法，其中，所述非纤维质基材的表面是玻璃、陶瓷、聚酯树脂、二醋酸酯树脂、三醋酸酯树脂、丙烯酸类树脂、聚碳酸酯树脂、聚氯乙烯树脂、聚酰亚胺树脂、聚酰胺、赛璐玢或赛璐珞。

4. 如权利要求1所述的形成图案的方法，其中，所述的有机颜料选自由偶氮类颜料、酞花青类颜料、靛蓝类颜料、蒽醌类颜料、二萘嵌苯类颜料、非萘环类颜料、二噁嗪类颜料、喹吖啶酮类颜料、异吲哚满酮类颜料、酞酮类颜料、次甲基·甲亚胺类颜料和聚合多环类颜料中的至少一种颜料。

5. 如权利要求1所述的形成图案的方法，其中，所述的无机颜料选自由碳黑、石墨黑、铁黑、Cu-Fe-Mn黑、Co-Fe-Cr黑、Cu-Cr-Mn黑、钛黑、锰黑、钴黑、群青、钴蓝、硫化物荧光体、稀土

类氧化物荧光体和稀土类氧硫化物荧光体颜料组成的组中的至少一种，所述的颜料悬浮在溶剂中。

6. 如权利要求 1 所述的形成图案的方法，其中，所述的墨组合物为水基墨组合物，包含由水组成的溶剂。

7. 如权利要求 6 所述的形成图案的方法，其中，所述的水基墨组合物包含无机颜料，和一种选自由丙烯酸类树脂、聚乙烯基丙烯酸吡咯烷酮和聚乙烯基烷基吡咯烷酮组成的组中的分散剂。

8. 如权利要求 7 所述的形成图案的方法，其中，所述的水基墨组合物还包含选自由聚醚改性硅油、二烷基磺基丁二酸钠和氟类表面活性剂组成的组中的一种添加剂。

9. 如权利要求 6 所述的形成图案的方法，其中，所述的水基墨组合物包含有机颜料，和选自由丙烯酸类树脂、聚乙烯基丙烯酸吡咯烷酮和聚乙烯基烷基吡咯烷酮组成的组中的分散剂。

10. 如权利要求 9 所述的形成图案的方法，其中，所述的水基墨组合物还包含选自由聚醚改性硅油、二烷基磺基丁二酸钠和氟类表面活性剂组成的组中的一种添加剂。

11. 如权利要求 1 所述的形成图案的方法，其中，所述的墨组合物是基于有机溶剂的墨组合物，包含有机溶剂或者有机溶剂与水的混合物，该有机溶剂选自由烷醇类、酰胺类、酮类、酮醇类、醚类、聚二醇类、亚烷基二醇类、多价醇的低级烷醚类和酯类组成的组中的至少一种。

12. 如权利要求 11 所述的形成图案的方法，其中，所述的基于有机溶剂的墨组合物包含无机颜料，和选自由聚乙烯醇缩丁醛、丙烯酸类树脂、聚乙烯基丙烯酸吡咯烷酮组成的组中的分散剂。

13. 如权利要求 12 所述的形成图案的方法，其中，所述的基于无机溶剂的墨组合物还包含选自由硅酮树脂、丙烯酸类树脂、变性聚硅氧烷共聚体、聚羧酸、聚羧酸酯及不饱和聚羧酸组成的组中的一种添加剂。

14. 如权利要求 11 所述的形成图案的方法，其中，所述的基于有机溶剂的墨组合物包含有机颜料，和选自由聚乙烯醇缩丁醛、丙烯酸类树脂、聚乙烯吡啶、聚酰胺树脂、苯酚树脂和乙烯吡咯烷酮丙烯酸共聚物、聚氨酯树脂和聚酯树脂组成的组中的分散剂。

15. 如权利要求 14 所述的形成图案的方法，其中，所述的基于有机溶剂的墨组合物还包括一种选自由硅酮树脂、丙烯酸类树脂、变性聚硅氧烷共聚体、聚羧酸、聚羧酸酯及不饱和聚羧酸组成的组中的一种添加剂。

16. 如权利要求 1 所述的形成图案的方法，其中，所述的颜料是平均粒径在 0.001μm ~ 0.30μm 的范围内。

17. 如权利要求 1 所述的形成图案的方法，其中，所述的颜料是平均粒径在 0.5μm ~ 50μm 的范围内的荧光物质。

18. 如权利要求 1 所述的形成图案的方法，其中，所述的制备墨组合物的步骤包括用孔径为 0.5μm 的过滤器过滤该墨组合物的步骤。

19. 一种滤色，包含：

基材；

按照权利要求 1 所述的方法通过喷墨的方法在所述基材上形成的图案。

20. 包含如权利要求 19 所述的滤色膜的显示单元。

21. 包含如权利要求 19 所述的滤色膜的固体摄像元件。"

申请人（以下称请求人）对上述驳回决定不服，于 2005 年 5 月 11 日向专利复审委员会提出复审请求，其在提出复审请求的同时未提交新的专利申请文本。请求人认为"聚乙烯丙烯酸吡咯烷酮"至少是"鲜为人知或者最新出现的科技术语"，并且请求人在答复审查员电话会晤的意见中已经明确解释了其含义，因此国家知识产权局驳回的理由不成立。

形式审查合格后，专利复审委员会受理了该复审请求，并于2005年6月7日向请求人发出复审请求受理通知书，同时将本申请转送原实审部门进行前置审查。

原实审部门对本复审请求进行了前置审查，坚持原驳回决定。

专利复审委员会组成合议组，对本案复审请求进行了审理。于2006年1月17日向请求人发出复审通知书。复审通知书指出，权利要求1、3、7、9和12~15中出现了“丙烯酸类树脂”、“聚乙烯基丙烯酸吡咯烷酮”超出了原始说明书和权利要求书记载的范围；权利要求7“包含无机颜料”“和一种选自由丙烯酸类树脂、聚乙烯基丙烯酸吡咯烷酮和聚乙烯基烷基吡硌烷酮组成的组中的分散剂”也超出了原始说明书和权利要求书记载的范围；权利要求13中记载的“无机溶剂”，由于原始申请文件中从未出现过“无机溶剂”，因此上述的修改不可能从原始申请公开的信息中直接地、毫无疑义地导出。请求人的上述修改超出了原始说明书和权利要求书记载的范围，不符合专利法第33条的规定

针对复审通知书指出的问题，请求人于2006年2月28日提交了意见陈述书及经修改的说明书及权利要求书。

至此，合议组认为本案事实清楚，可以作出审查决定。

二、决定的理由

1. 本决定所针对的文本

本决定所针对的文本为请求人于2006年2月28日所提交的权利要求第1~21项，说明书第1~17页，申请日提交的说明书摘要及说明书附图第1~2页。

2. 关于专利法第33条

专利法第33条规定，申请人可以对其专利申请文件进行修改，但是，对发明和实用新型专利申请文件的修改不得超出原说明书和权利要求书记载的范围。

如果申请的内容通过增加、改变和/或删除其中的一部分，致使所属技术领域的技术人员看到的信息与原申请公开的信息不同，而且又不能从原申请公开的信息中直接地、毫无疑义地导出，那么，这种修改就是不允许的。

请求人于2006年2月28日所提交的权利要求13为：

“13. 如权利要求12所述的形成图案的方法，其中，所述的基于无机溶剂的墨组合物还包含选自由硅酮树脂、丙烯树脂、变性聚硅氧烷共聚体、聚羧酸、聚羧酸酯及不饱和聚羧酸组成的组中的一种添加剂。”

合议组认为：该权利要求记载了“无机溶剂的墨组合物还包含选自由硅酮树脂、丙烯树脂、变性聚硅氧烷共聚体、聚羧酸、聚羧酸酯及不饱和聚羧酸组成的组中的一种添加剂。”而在原始说明书中记载的是“当墨组合物为溶剂系统时，添加剂可适当地从由硅酮树脂、丙烯树脂、变性聚硅氧烷共聚体、聚碳酸、聚碳酸酯及不饱和聚碳酸组成的类别中至少选择一种物质。”（见原始申请说明书第8页），而在原始的权利要求15中记载的是“所述溶媒是有机溶媒或是所述有机溶媒与水的混合物，所述添加剂选自由硅酮树脂、丙烯树脂、变性聚硅氧烷共聚体、聚碳酸、聚碳酸酯及不饱和聚碳酸组成的组中的至少一种”。本领域技术人员公知上述原始说明书中的“溶剂系统”不能等同于“无机溶剂”，上述原始权利要求中的“有机溶媒或是所述有机溶媒与水的混合物”也不能等同于“无机溶剂”；并且原始说明书及权利要求书中均未出现过“无机溶剂”，就是说在原始说明书和权利要求书中均未提及墨组合物可以是“无机溶剂的墨组合物”。因此上述权利要求13中出现的“无机溶剂”的修改不能从原始申请公开的信息中直接地、毫无疑义地导出，因此请求人对权利要求13的上述修改超出了原始说明书和权利要求书记载的范围，不符合专利法第33条的规定。

根据以上事实和理由，本案合议组作出如下审查决定。

三、决定

维持国家知识产权局于2005年1月28日对97100344.0号发明专利申请作出的驳回决定。

复审请求人对本决定不服的，可以根据专利法第41条第2款的规定，自收到本决定之日起3个月内向北京市第一中级人民法院起诉。

071

放电表面处理用压坯电极及放电表面处理用压坯电极的制造方法

复审请求审查决定（第10742号）

决　定　号　第10742号
决　定　日　2007年6月1日
发明创造名称　放电表面处理用压坯电极及放电表面处理用压坯电极的制造方法
国际分类号　C23C 26/00
复审请求人　三菱电机株式会社
申　请　号　98813886.7
申　请　日　1998年3月11日
公　开　日　2001年3月7日
合议组组长　于　萍
主　审　员　刘　犟
参　审　员　崔　震

法律依据　专利法第26条第4款，专利法实施细则第20条第1款
决定要点

判断权利要求书是否得到了说明书的支持，要看权利要求书中的每一项权利要求所要求保护的技术方案对于所属技术领域的技术人员而言是否能够从说明书中公开的内容直接得到或者概括得出。所属领域的普通技术人员，根据申请文件公开的内容结合其所掌握的专业知识，是否容易想到该权利要求所概括的除申请说明书实施例以外的其他实施方式。

一、案由

本复审请求涉及申请人三菱电机株式会社于1998年3月11日申请，2001年3月7日公开，名称为“放电表面处理用压坯电极及放电表面处理用压坯电极的制造方法”的98813886.7号发明专利申请（下称本申请）。

国家知识产权局实审部门于2003年12月26日发出第一次审查意见通知书，该审查通知书是在本PCT申请进入中国国家知识产权局的国家阶段提交的文本的基础上进行的。在该通知书中，国家知识产权局实审部门指出了本申请存在的一些缺陷，其中包括权利要求1中记载了“混入Ag、Au、Pb、Sn、In中的至少一种粉末”，而原说明书和权利要求书中只记载了Ag，因此对权利要求1的修改不符合专利法第33条的规定。权利要求1、3、5、7、9中出现的电极所用材料“金属粉末或金属化

合物粉末”，而说明书中电极所用材料为 TiH_2，因此上述权利要求得不到说明书的支持，不符合专利法第 26 条第 4 款的规定。同时指出申请人应当将“混入 Ag、Au、Pb、Sn、In 中的至少一种粉末”限定为“Ag”，应当将“金属粉末或金属化合物粉末”限定为“TiH_2”。

申请人于 2004 年 4 月 30 日提交了意见陈述及经修改的权利要求书替换页，其中针对修改不符合专利法第 33 条规定的问题，申请人根据说明书的记载将“混入 Ag、Au、Pb、Sn、In 中的至少一种粉末修改为“混入软质金属”。同时申请人认为说明书中公开的电极所用材料除了有 TiH_2 以外还可使用 WC 等金属碳化物，因此权利要求中出现电极所用材料“金属粉末或金属化合物粉末”是可以得到说明书支持的。

国家知识产权局实审部门于 2004 年 6 月 11 日发出第二次审查意见通知书，指出了本申请存在的缺陷，包括权利要求 1、4 中出现的“软质金属粉末”是不清楚的概念，因此权利要求 1、4 不符合专利法实施细则第 20 条第 1 款的规定。权利要求 1、4 中出现的“软质金属粉末”以及“金属粉末或金属化合物粉末”得不到说明书的支持，不符合专利法第 26 条第 4 款的规定。

申请人于 2004 年 8 月 26 日提交了意见陈述及经修改的权利要求书、说明书第 1~3 页替换页，修改后的权利要求书包括权利要求 1、2，其中申请人将“软质金属粉末”修改为“金属粉末连接剂”、将“金属粉末或金属化合物粉末”限定为“作为硬质被膜材料物质”。

国家知识产权局实审部门于 2004 年 10 月 15 日驳回了本申请，理由是修改后的权利要求 1、2 中出现的“金属粉末连接剂”以及“金属粉末或金属化合物粉末”得不到说明书的支持，不符合专利法第 26 条第 4 款的规定。

驳回决定所针对的权利要求书内容如下：

“1. 放电表面处理用压坯电极，其特征在于，它是在作为硬质被膜材料物质的金属粉末或金属化合物粉末中混入金属粉末连接剂后的加压成型物，其中，所述金属粉末或金属化合物粉末的粒径为 1~40 微米，所述金属粉末连接剂的粒径为 1~100 微米，且所述金属粉末或金属化合物粉末与所述金属粉末连接剂的混合比以重量计为 10 : 1。

2. 放电表面处理用压坯电极的制造方法，其特征在于，它是在作为硬质被膜材料物质的金属粉末或金属化合物粉末中混入金属粉末连接剂，再用粉末成型模具加压成型，其中所述金属粉末或金属化合物粉末的粒径为 1~40 微米，所属金属粉末连接剂的粒径为 1~100 微米，且所述金属粉末或金属化合物粉末与所述金属粉末连接剂的混合比以重量计为 10 : 1。”

申请人（以下称请求人）对上述驳回决定不服，于 2005 年 1 月 17 日向专利复审委员会提出复审请求，请求人在提出复审请求的同时提交了权利要求书修改文本。请求人认为“TiH_2”和“Ag”是本发明最佳实施状态，而不应将本发明将“金属粉末或金属化合物粉末”和“金属粉末连接剂”解释为“TiH_2”和“Ag”，因此国家知识产权局驳回的理由不成立。

形式审查合格后，专利复审委员会受理了该复审请求，并于 2005 年 2 月 28 日向请求人发出《复审请求受理通知书》，同时将本申请转送原实审部门进行前置审查。

原实审部门对本复审请求进行了前置审查，并坚持原驳回决定。

专利复审委员会组成合议组，对本案的复审请求进行了审理。本案合议组于 2006 年 2 月 9 日向请求人发出《复审通知书》，指出：新修改的权利要求 1、3 中出现的“软质金属粉末”为含义不清楚的措辞，从而造成了权利要求请求保护的范围不清楚，不符合专利法实施细则第 20 条第 1 款的规定。

针对《复审通知书》指出的问题，请求人于 2006 年 3 月 3 日提交了意见陈述书及经修改的权利要求书。请求人认为新修改的权利要求中对软质金属进行了进一步限定，因此新修改后的权利要求得到了说明书的支持。

合议组于2007年3月16日向请求人再次发出《复审通知书》，指出新修改的权利要求1与驳回决定所针对的权利要求1相比，删除了“金属粉末或金属化合物粉末的粒径为1~40微米”和“所述金属粉末或金属化合物粉末与所述金属粉末连接剂的混合比以重量计为10：1”这些技术特征。由于驳回决定中所指出的本申请缺陷中并未涉及金属粉末或金属化合物粉末的粒径以及金属粉末或金属化合物粉末与所述金属粉末连接剂的混合比这些技术特征，即新修改的权利要求1将上述技术特征删除并非为消除驳回决定指出的本申请中的缺陷而进行的修改，因此新修改的权利要求1不符合专利法实施细则第60条第1款的规定。同理，新修改的权利要求3也存在上述问题。新修改的权利要求2和4相对于驳回决定所针对的权利要求书为新增加的权利要求，因此上述两个权利要求也不符合专利法实施细则第60条第1款的规定。

针对上述《复审通知书》指出的问题，请求人于2007年4月28日提交了意见陈述书及经过修改的权利要求书，新修改的权利要求书为：

“1. 放电表面处理用压坯电极，其特征在于，它是在放电表面处理时所用的放电表面处理用压坯电极，所述的放电表面处理是在金属粉末或金属化合物粉末加压成型而得的压坯电极和工件间产生放电，利用放电能量在工件表面形成由电极材料或电极材料因放电能量而反应生成的物质构成的被膜，

所述的放电表面处理用压坯电极是在粒径为1~40微米的作为被膜主成分的金属粉末或金属化合物粉末中混入软质金属粉末的加压成型物，

其中，所述的软质金属粉末是选自Ag、Au、Pb、Sn、In、Ni中任何一种的粒径为1~100μm的金属，且所述金属粉末或金属化合物粉末与所述软质金属粉末的混合比以重量计为10：1。

2. 放电表面处理用压坯电极的制造方法，其特征在于，它是在放电表面处理时所用的放电表面处理用压坯电极的制造方法，所述的放电表面处理是在金属粉末或金属化合物粉末加压成型而得的压坯电极和工件间产生放电，利用放电能量在工件表面形成由电极材料或电极材料因放电能量而反应生成的物质构成的被膜，

所述的放电表面处理用压坯电极的制造方法是在粒径为1~40μm作为被膜主成分的金属粉末或金属化合物粉末中混入软质金属粉末，再用粉末成型模具使所述金属粉末或金属化合物粉末和所述软质金属粉末的混合粉末加压成型，

其中，所述的软质金属粉末是选自Ag、Au、Pb、Sn、In、Ni中任何一种的粒径为1~100μm的金属，且所述金属粉末或金属化合物粉末与所述软质金属粉末的混合比以重量计为10：1。”

至此，合议组认为本案事实清楚，可以作出审查决定。

二、决定的理由

1. 审查的基础

请求人于2007年4月28日提交了权利要求1~2，该修改后的权利要求克服了《复审通知书》所指出的有关专利法实施细则第60条第1款的问题，并且该修改后的权利要求符合专利法第33条的规定。

本决定针对的文本为：2004年8月26日提交的说明书第1~3页、2000年9月11日提交的依据专利合作条约第41条修改的说明书第4~7页；按进入中国国家阶段时提交的国际申请文件的说明书附图第1~4页、说明书摘要及说明书摘要附图；2007年4月28日提交的权利要求1~2。

2. 关于专利法实施细则第20条第1款

专利法实施细则第20条第1款规定，权利要求书应当说明发明或者实用新型的技术特征，清楚、简要地表述请求保护的范围。

在2006年2月9日发出的复审通知书中，合议组指出权利要求中出现了“软质金属粉末”但没有对该软质金属粉末作出进一步的解释。由于“软质金属粉末”不属于国家统一规定的技术术语而是请求人自行编造的词语，同时请求人在说明书中并没对“软质金属粉末”作出清楚明确的定义，只是采用描述性的语言来描述软质金属粉末所具有的性能效果。因此软质金属粉末为含义不清楚的措辞，从而造成了上述权利要求请求保护的范围不清楚，不符合专利法实施细则第20条第1款的规定。

针对复审通知书指出的上述问题，请求人对权利要求进行了修改，在2007年4月28日提交的权利要求1和2中，请求人在上述权利要求中加入了“其中，所述的软质金属粉末是选自Ag、Au、Pb、Sn、In、Ni中任何一种的粒径为1~100μm的金属。”。合议组认为，修改后的上述权利要求对软质金属粉末作了进一步的限定，从而使得本领域技术人员可以确定出软质金属粉末为何种金属，清楚地表明了上述权利要求请求保护的范围，因此上述修改克服了复审通知书指出的缺陷，符合专利法实施细则第20条第1款的规定。

3. 关于专利法第26条第4款

专利法第26条第4款规定：权利要求书应当以说明书为依据，说明要求保护的范围。

判断权利要求书是否得到了说明书的支持，要看权利要求书中的每一项权利要求所要求保护的技术方案对于所属技术领域的技术人员而言是否能够从说明书中公开的内容直接得到或者概括得出。所属领域的普通技术人员，根据申请文件公开的内容结合其所掌握的专业知识，是否容易想到该权利要求所概括的除申请说明书实施例以外的其他实施方式。

（1）国家知识产权局实审部门在驳回决定中指出，金属粉末和金属化合物粉末的性质千差万别，因此不能由实施例中的TiH_2概括为原权利要求1、2中出现的作为硬质被膜材料物质的金属粉末或金属化合物粉末。在请求人于2007年4月28日提交的权利要求书中也有同样的概括，即权利要求1和2中包括作为被膜主成分的金属粉末或金属化合物粉末的描述。

合议组经审查后认为，本发明要解决的是降低放电表面处理用压坯电极加压成型过程中成型压较大的问题，发明点在于在压坯电极加压成型过程中，在作为硬质被膜材料物质的金属粉末或金属化合物粉末中添入了请求人所述的软质金属粉末（如：Ag、Au等），这样软质金属粉末会根据粒子间隙形状产生塑性变形，将粉体形成的电极结成块状，降低电极的电阻，即使以较低的成型压成型也可以获得放电表面处理用压坯电极必须具备的电极强度和电阻值，从而实现本发明的目的。也就是说，在本发明中主要利用了Ag、Au等软质金属粉末的性质，从而解决了压坯电极加压成型过程中成型压较大的问题。

作为硬质被膜材料物质的金属粉末或金属化合物粉末，正如国家知识产权局实审部门在驳回决定中所述这些物质是本领域公知的。同时本申请说明书的实施例还记载了在作为硬质被膜材料物质的金属化合物TiH_2粉末中加入了软质金属粉末Ag，从而降低了压坯电极加压成型过程的成型压力。此外，在本申请说明书中，还明确说明了可以使用作为硬质被膜材料物质的WC等金属碳化物。正如上文所述，本发明主要是利用了软质金属粉末Ag等的性质，从而解决了压坯电极加压成型过程中成型压较大的问题。这样，所属领域的普通技术人员面临其他作为硬质被膜材料物质的金属或金属粉末在加压成型压坯电极中成型压力较大的问题时，根据说明书的记载，很容易想到利用软质金属Ag等的性质，将软质金属Ag等加入到其他作为硬质被膜材料物质的金属或金属粉末中，并且所属领域的普通技术人员还可以合理预测上述技术方案可以解决成型压力的问题。也就是说所属领域的普通技术人员根据说明书公开的内容很容易想到该权利要求所概括的除申请说明书实施例以外的其他实施方式。

此外，国家知识产权局实质审查部门也没有举证说明在除了TiH_2以外其他作为硬质被膜材料物质的金属粉末或金属化合物粉末中加入软质金属粉末Ag等就不能实现本发明的目的，达不到本发明的技术效果。

综上所述，权利要求中出现的作为被膜主成分的金属粉末或金属化合物粉末得到了说明书的支持，符合专利法第26条第4款的规定。

（2）国家知识产权局实审部门在驳回决定中指出，驳回决定所针对的权利要求1、2中出现了“金属粉末连接剂”，而说明书仅公开了Ag作为金属粉末连接剂的技术方案，因此将Ag概括成为金属粉末连接剂得不到说明书的支持。

请求人于2007年4月28日提交的权利要求1和2中将原权利要求1和2中出现的“金属粉末连接剂”修改为“软质金属粉末”，并进一步限定了“所述的软质金属粉末是选自Ag、Au、Pb、Sn、In、Ni中任何一种的粒径为1~100μm的金属”。

合议组认为，在原始申请说明书第5页中明确记载了“软质金属粉末12的粒径在1~100μm左右”、“软质金属粉末12作为连接剂被填入金属粉末11的粒子间隙中”和“软质金属粉末12除了Ag之外，还可使用Au、Pb、Sn、In、Ni等软质金属”，并且所属领域的普通技术人员，根据申请文件公开的内容结合其所掌握的专业知识，很容易实施除Ag之外的Au、Pb、Sn、In、Ni等软质金属从而实现本发明的发明目的。因此修改后的权利要求1和2得到了说明书的支持，克服了驳回决定所指出的缺陷。

根据以上事实和理由，本案合议组作出如下审查决定。

三、决定

撤销国家知识产权局于2004年10月15日对98813886.7号发明专利申请作出的驳回决定。由原审查部门在本复审决定所针对的文本的基础上继续进行审查。

复审请求人对本决定不服的，可以根据专利法第41条第2款的规定，自收到本决定之日起3个月内向北京市第一中级人民法院起诉。

072

具有柔性手柄的响葫芦

复审请求审查决定（第10754号）

决　定　号　第10754号
决　定　日　2007年6月12日
发明创造名称　具有柔性手柄的响葫芦
国际分类号　G10K 3/00，G10D 13/06，A44C 25/00
复审请求人　威恩·苛恩
申　请　号　00812638.0
申　请　日　2000年9月11日
优先权日　1999年9月10日
公　开　日　2003年1月8日
合议组组长　张惠军
主　审　员　王琦琳
参　审　员　张　曦

法律依据　专利法第22条第3款
决定要点
如果一项技术方案同现有技术相比存在区别特征，但是现有技术针对该区别特征已经给出了足够的技术启示，本领域普通技术人员根据该技术启示无须付出创造性劳动就可以得到该技术方案，则该技术方案不具备突出的实质性特点和显著的进步，不符合专利法第22条第3款有关创造性的规定。

一、案由

本复审请求涉及名称为“具有柔性手柄的响葫芦”的00812638.0号发明专利申请（下称本申请），申请日为2000年9月11日，优先权日为1999年9月10日，申请人为威恩·苛恩。本申请公开时共有10项权利要求，其中权利要求1和权利要求9为独立权利要求。

应申请人的请求，国家知识产权局专利局实质审查部门依法对本申请进行了实质审查，并于2003年10月10日发出了第一次审查意见通知书，指出本申请的权利要求1~10均不具备创造性，不符合专利法第22条第3款的规定。在该审查意见通知书中，引用了如下3篇对比文件：

对比文件1：US5808215A号美国专利文献，其授权公告日为1998年9月15日；

对比文件2：US2364581号美国专利文献，其授权公告日为1944年12月5日；

对比文件3：CN85202050U号实用新型专利申请说明书，其公告日为1986年8月20日。

针对上述审查意见通知书，申请人于2004年2月13日提交了意见陈述书和权利要求书全文的修改替换页，修改后的权利要求书共包括10项权利要求。申请人认为：修改后的权利要求1~10符合专利法第22条第3款有关创造性的规定。

针对上述意见陈述及其所附修改文本，国家知识产权局专利局实质审查部门于2004年5月14日发出了第二次审查意见通知书，指出修改后的权利要求1~10仍不具备创造性，不符合专利法第22条第3款的规定。

针对上述审查意见通知书，申请人于2004年7月27日提交了意见陈述书，并提交了权利要求书全文以及说明书第1页的修改替换页，其中删除了权利要求1~8，未对权利要求9、10作实质性修改。申请人认为：修改后的权利要求1~2符合专利法第22条第3款有关创造性的规定。修改后的权利要求书共包括2项权利要求，如下：

"1. 一种用于钥匙链或钥匙圈的钥匙饰件，它包括一其中具有诸小球的连接于一狭长手柄的空心壳体，其中所述手柄由允许所述手柄弹性弯曲的柔性材料制成，所述饰件具有一小型响葫芦的外形，其总长对应于人手的近似宽度，所述饰件包括一孔，其尺寸能够容纳一钥匙圈或钥匙链部件。

2. 如权利要求1所述的钥匙饰件，其特征在于，所述孔形成在所述手柄的末端。"

国家知识产权局专利局实质审查部门于2004年9月3日以申请人所提交的权利要求1~2仍然不符合专利法第22条第3款的规定为由驳回了本申请。

该驳回决定认为，修改后的权利要求1相对于对比文件1、2、3的结合不具备创造性，而从属权利要求2的附加技术特征则被对比文件3完全公开，所以不具备创造性，因此修改后的权利要求书仍不符合专利法第22条第3款的规定；申请人提到的"对比文件2中的柔性手柄在使用后不能保持其形状"的观点没有依据；对于申请人提到的"婴儿玩具与钥匙饰件是两个完全不同的领域"，驳回决定认为将一种产品转用到装饰用的钥匙饰件，没有解决任何技术问题，没有带来任何技术效果，因而本申请不具备创造性。

申请人威恩·苛恩（下称复审请求人）对上述驳回决定不服，于2004年12月17日向专利复审委员会提出复审请求，陈述了其认为本申请符合专利法第22条第3款规定的理由。复审请求人在提出复审请求时，未对申请文件作进一步修改。

复审请求人认为：（1）对比文件1~3没有揭示用本发明权利要求1的技术特征"所述手柄由允许所述手柄弹性弯曲的柔性材料制成"来解决本发明的要解决的技术问题，也没有这方面的技术启示；（2）此外，对比文件均没有公开本发明权利要求1的技术特征"所述饰件具有一小型响葫芦的外形，其总长对应于人手的近似宽度"。

经形式审查合格后，专利复审委员会依法受理了上述复审请求，于2005年1月10日向复审请求人发出了复审请求受理通知书，并将本案送至原实质审查部门进行前置审查。

原实质审查部门对上述复审请求做出前置审查意见，仍然坚持原驳回决定。

专利复审委员会依法组成合议组，对本复审请求案进行了审理。

本案合议组于2006年7月21日发出复审通知书，指出本申请权利要求1~2不具备创造性，不符合专利法第22条第3款的规定。在该复审通知书中，针对复审请求人所陈述的理由，合议组认为：（1）对比文件2说明书第2栏第10行指出："手柄可用刚性或柔性材料制成"，其实质上是公开了两个技术方案，即手柄用刚性材料制成的技术方案和手柄用柔性材料制成的技术方案。正像与采用刚性材料来制作手柄会使得手柄本身牢固、稳定相对应的那样，采用柔性材料，那么手柄则具有可弹性弯曲的特性是显而易见的，对于本领域普通技术人员来说柔性材料本身就隐含了具备可弹性弯曲特性的意义，故，在对比文件2已经明示了手柄可用柔性材料制成的情况下，就应当视为实质上公开了"手柄可弹性弯曲"；（2）将本申请说明书附图的实施例与对比文件1或者2所公开的技术方案进行对比可知，它们的外形实质上是一样的。至于请求人所提到的饰件总长对应于人手的近似宽度，对于本领域普通技术人员来说是公知的，因为显而易见的是：一种饰件产品要得到适当的应用，应当与人手的大小近似，以便于抓握，对于本领域普通技术人员来说，在已知如对比文件 1~2 所公开的结构的时候，一旦限定了要将该结构用于饰件领域，就能够容易的想到要将具有这样结构的饰件的大小调整到与人手的大小相适应。

针对上述复审通知书，复审请求人于 2006 年 9 月 1 日提交了意见陈述书和权利要求书全文的修改替换页。复审请求人认为：修改后的权利要求符合专利法第 22 条第 3 款有关创造性的规定。修改后的权利要求书共包括 8 项权利要求，如下：

“1. 一种用于钥匙链或钥匙圈的钥匙饰件，包括其中装有诸多小球的连接于一狭长手柄的空心壳体，其特征在于，所述狭长手炳包括由可从橡胶、PVC 或 Santoprene® 中选出的较柔性的塑料材料制成的部分，使得所述狭长手炳可从直的弯曲到至少 15°的角度，所述狭长手炳为实心的或中空的或部分中空。

2. 根据权利要求 1 所述用于钥匙链或钥匙圈的钥匙饰件，其特征在于，所述空心壳体上有用于装入小球的开口以及瓶径延伸部（26），还包括可塞入开口的盖子（28）以及设置的手柄端部用于容纳盖子（28）及瓶径延伸部（26）的凹口部（30）。

3. 根据权利要求 1 所述用于钥匙链或钥匙圈的钥匙饰件，其特征在于，所述空心壳体由装入小球后彼此结合的蛋形壳体构件（44）和（46）组成，手柄上设有用于配合连接蛋形壳体构件（46）的凹口部（56）。

4. 根据权利要求 1 所述用于钥匙链或钥匙圈的钥匙饰件，其特征在于，所述手柄包括柔性的第一段手柄部分（66）和硬性的第二段手柄部分（68），其中第一段手柄部分（66）的一端与壳体相接，另一端与第二段手柄部分（68）相接。

5. 根据权利要求 1~4 中任何一项所述用于钥匙链或钥匙圈的钥匙饰件，其特征在于，所述饰件具有一小型响葫芦的外形，其总长对应于人手的近似宽度。

6. 根据权利要求 1~4 中任何一项所述用于钥匙链或钥匙圈的钥匙饰件，其特征在于，所述饰件包括通孔，其尺寸能够容纳一钥匙圈或钥匙链部件。

7. 根据权利要求 6 所述用于钥匙链或钥匙圈的钥匙饰件，其特征在于，所述通孔形成在所述手柄的末端。

8. 根据权利要求 1~4 中任何一项所述用于钥匙链或钥匙圈的钥匙饰件，其特征在于，所述空心壳体由硬塑料制成。”

复审请求人认为：（1）修改后的权利要求 1 和 2 突出了在手柄柔性方面的具体技术特征；（2）修改后的权利要求 3 强调了蛋形壳体的分段结构；（3）修改后的权利要求 4 强调了手柄的软硬两段设计；（4）手柄柔软性的准确把握，对实现本发明能摇动响葫芦产生声音又避免易折易断的目的而言是非常重要的。

本案合议组于 2007 年 3 月 19 日发出第二次复审通知书，指出修改后的权利要求 1~8 仍然不具备创造性，不符合专利法第 22 条第 3 款的规定。

在上述复审通知书中，合议组指出：对于复审请求人的上述意见（1）和（4），对比文件 2 同样涉及一种具备响葫芦结构的带手柄壳体，并且在其说明书第 2 栏第 10 行给出了可以用柔性材料制成手柄的启示，本领域技术人员应该了解，使用柔性材料必然使得手柄具备了可弹性弯曲的特性，也就是说对比文件 2 给出了用柔性材料制作手柄的启示，而复审请求人在独立权利要求 1 中所限定的具体柔性材料，也只不过是本领域常见的柔性材料，使用如权利要求 1 中所述橡胶、PVC 或 Santoprene®

那样的已知柔性材料来制作手柄，也仅仅利用了这些材料公知的具有柔性的特征，并未产生任何预料不到的技术效果，至于“狭长手柄可从直的弯曲到至少15°的角度”仅是对柔性材料可以弯曲的这一公知特性进行了弯曲程度方面的限定，在柔性材料制成的手柄可以弯曲这一特性属于公知常识并且使用了如上所述的常见柔性材料的情况下，势必能够使手柄弯曲到15°以上的程度，且该特征并未为本申请带来任何预料不到的技术效果。对于复审请求人的上述意见（2），对比文件1（说明书第1栏第22~45行，说明书附图1~3）公开了由虚线划分开来的两个部分组成的蛋形壳体，而且对比文件1（参见说明书附图4中标号为46的部分）也公开了在手柄上设置有与蛋形壳体配合连接用的凹口部，已经公开了权利要求3的附加技术特征。对于复审请求人的上述意见（3），对比文件2（说明书第2栏第10行）已经给出了用柔性材料制作手柄以克服手柄容易断裂的技术启示，对于本领域普通技术人员来说，在上述技术启示下，选用柔性材料来替代刚性手柄中容易断裂的连接壳体的一部分，从而得到权利要求4请求保护的技术方案，是很容易想到的。

针对上述复审通知书，复审请求人于2007年4月23日提交了意见陈述书，并提交了权利要求书全文的修改替换页，删除了权利要求5~8，并对独立权利要求1进行了修改。复审请求人认为：修改后的本申请权利要求符合专利法第22条第3款有关创造性的规定。修改后的权利要求书共包括4项权利要求，如下：

“1. 一种用于钥匙链或钥匙圈的钥匙饰件，包括其中装有诸多小球的连接于一狭长手柄的空心壳体，其特征在于，具有一小型响葫芦的外形，所述狭长手柄包括由可从橡胶、PVC或Santoprene®中选出的较柔性的塑料材料制成的部分，使得所述狭长手柄可从直的弯曲到至少15°的角度，所述狭长手柄为实心的或中空的或部分中空，还包括在所述狭长手柄末端的通孔，其尺寸能容纳一钥匙圈或钥匙链部件，所述空心壳体由硬塑料制成。

2. 根据权利要求1所述用于钥匙链或钥匙圈的钥匙饰件，其特征在于，所述空心壳体上有用于装入小球的开口以及瓶径延伸部（26），还包括可塞入开口的盖子（28）以及设置的手柄端部用于容纳盖子（28）及瓶径延伸部（26）的凹口部（30）。

3. 根据权利要求1所述用于钥匙链或钥匙圈的钥匙饰件，其特征在于，所述空心壳体由装入小球后彼此结合的蛋形壳体构件（44）和（46）组成，手柄上设有用于配合连接蛋形壳体构件（46）的凹口部（56）。

4. 根据权利要求1所述用于钥匙链或钥匙圈的钥匙饰件，其特征在于，所述手柄包括柔性的第一段手柄部分（66）和硬性的第二段手柄部分（68），其中第一段手柄部分（66）的一端与壳体相接，另一端与第二段手柄部分（68）相接。”

经过上述审理，本合议组认为本案事实已经清楚，可以依法作出复审决定。

二、决定的理由

1. 审查基础

本决定以复审请求人于2007年4月23日提交的权利要求第1~4项，2004年7月27日提交的说明书第1页和进入中国国家阶段时提交的国际申请文件的中文译文文本的说明书第2~3页、说明书附图第1~3页、说明书摘要及摘要附图作为审查基础。

2. 关于专利法第22条第3款

专利法第22条第3款规定：创造性，是指同申请日以前已有的技术相比，该发明有突出的实质性特点和显著的进步，该实用新型有实质性特点和进步。

本申请权利要求1请求保护一种用于钥匙链或钥匙圈的钥匙饰件。对比文件1（说明书第4栏第1~16行，附图3、4）公开了一种卵形的音乐摇动器，其具有小型响葫芦的外形，卵形壳体的内部具有小球，且在壳体外部上还带有一个手柄部，公开了本申请独立权利要求1所述的“包括其中装有诸多小球的连接于一狭长手柄的空心壳体”，还公开了蛋形外壳优选由硬质塑料材料形成（参见对比文件1说明书第3栏第40~43行）。

本申请独立权利要求1与对比文件1所公开的技术方案相比，其区别在于对比文件1没有公开权利要求1中的如下技术特征：（1）所述狭长手柄包括由可从橡胶、PVC或Santoprene®中选出的较柔性的塑料材料制成的部分，使得所述狭长手柄可从直的弯曲到至少15°的角度；（2）所述狭长手柄为实心的或中空的或部分中空；（3）包括在所述狭长手柄末端的通孔，其尺寸能容纳一钥匙圈或钥匙链部件。

对于上述区别特征（1），在对比文件2同样涉及一种具备响葫芦结构的带手柄壳体，并且在其说明书第2栏第10行给出了可以用柔性材料制成手柄的启示。本领域技术人员应该了解，使用柔性材料必然使得手柄具备了可弹性弯曲的特性，也就是说对比文件2给出了用柔性材料制作手柄的启示。而复审请求人在独立权利要求1中所限定的具体柔性材料，也只不过是本领域常见的柔性材料。使用如权利要求1中所述橡胶、PVC或Santoprene®那样的已知柔性材料来制作手柄，也仅仅利用了这些材料公知的具有柔性的特征，并未产生任何预料不到的技术效果。至于“狭长手柄可从直的弯曲到至少15°的角度”仅是对柔性材料可以弯曲的这一公知特性进行了弯曲程度方面的限定，在柔性材料制成的手柄可以弯曲这一特性属于公知常识并且使用了如上所述的常见柔性材料的情况下，势必能够使手柄弯曲到15°以上的程度，且该特征并未为本申请带来任何预料不到的技术效果。

对于上述B特征，对比文件2（说明书附图）已经公开了一种实心的手柄，其相当于区别特征（2）用“或”的方式概括的三种技术方案之一，也就相当于公开了区别特征（2）。另外，对比文件1（说明书第4栏1~16行、说明书附图4）也公开了一种手柄，虽然在说明书文字部分未明示手柄是中空或者部分中空的，但是从说明书附图4公开的内容来看，可以直接地、毫无疑义地看出该手柄也是部分中空的。此外，无论采用哪种手柄均不能为本发明带来预料不到的技术效果。

对于上述区别特征（3），对比文件3（权利要求1、说明书附图）涉及一种带电子装置的钥匙挂饰，其中给出了在钥匙饰件上设置通孔的技术启示，而且在其中的说明书附图2中还清楚公开了在挂饰的相对末端处设置通孔的技术方案，不仅对比文件3对此特征给出了一定技术启示，而且这种在饰件手柄末端设置通孔以容纳钥匙圈或钥匙链的方法也属于本领域的常用技术手段。

虽然对比文件1和对比文件2公开的均是响葫芦的结构，而本申请权利要求1请求保护的是一种用于钥匙链或钥匙圈的钥匙饰件，但是本申请权利要求1请求保护的钥匙饰件的结构与对比文件1和对比文件2所公开的响葫芦的结构一致，且它们属于相近的技术领域。本领域普通技术人员在对比文件1的技术方案的基础上结合对比文件2所给出的技术启示，无须付出创造性劳动即可得到与本申请权利要求1相同的结构，根据使用需要将其尺寸缩小，即可用作钥匙饰件，而且这种根据需要而进行的简单尺寸变更也是很容易想到的。综上所述，本申请独立权利要求1相对于对比文件1、2和3来说不具备突出的实质性特点和显著的进步，不符合专利法第22条第3款的规定。

从属权利要求2限定部分的附加技术特征是：“所述空心壳体上有用于装入小球的开口以及瓶颈延伸部（26），还包括可塞入开口的盖子（28）以及设置的手柄端部用于容纳盖子（28）及瓶颈延伸部（26）的凹口部（30）”。对比文件1（说明书第2栏第6~33行，说明书附图2~3）公开的音乐摇动器包括蛋形壳体（相当于本申请的空心壳体），其内密封有小球；该蛋形壳体包括两个部分，分别是第一大壳体部分和第二小壳体部分；第一大壳体部分具有一个开口和一个瓶颈延伸部分（相当于本申请的瓶颈延伸部）；第二小壳体部分具有一个盖以及用于容纳上述瓶颈延伸部分的枢轴部分（相当于本申请的凹口部），由此可见，对比文件1公开了从属权利要求2的附加技术特征，在本权利要求所引用的独立权利要求 1 不具备创造性的情况下，本权利要求也不具备创造性，不符合专利法第 22 条第 3 款的规定。

从属权利要求 3 限定部分的附加技术特征是：“所述空心壳体由装入小球后彼此结合的蛋形壳体构件（44）和（46）组成，手柄上设有用于配合连接蛋型壳体构件（46）的凹口部（56）。”对比文件 1（说明书第 1 栏第 22~45 行，说明书附图 1~3）公开了由虚线划分开来的两个部分组成的蛋形壳体，而且对比文件 1（参见说明书附图 4 中标号为 46 的部分）也公开了在手柄上设置有与蛋形壳体配合连接用的凹口部，已经公开了权利要求 3 的附加技术特征。在本权利要求所引用的独立权利要求 1 不具备创造性的情况下，本权利要求也不具备创造性，不符合专利法第 22 条第 3 款的规定。

从属权利要求 4 限定部分的附加技术特征是：“所述手柄包括柔性的第一段手柄部分（66）和硬性的第二段手柄部分（68），其中第一段手柄部分（66）的一端与壳体相接，另一端与第二段手柄部分（68）相接。”如上所述，对比文件 2（说明书第 2 栏第 10 行）已经给出了用柔性材料制作手柄以克服手柄容易断裂的技术启示。对于本领域普通技术人员来说，在上述技术启示下，选用柔性材料来替代刚性手柄中容易断裂的连接壳体的一部分，从而得到本权利要求请求保护的技术方案，是很容易想到的。所以，在本权利要求所引用的独立权利要求 1 不具备创造性的情况下，本权利要求也不具备创造性，不符合专利法第 22 条第 3 款的规定。

复审请求人在答复第二次复审意见通知书的意见陈述中认为：本申请与对比文件 1、2 不属于同一技术领域，且对比文件 1、2 没有覆盖本申请权利要求 1 的全部技术特征，尤其（1）本发明要解决的技术问题体现在对比文件 1，但本申请各个实施例均未被对比文件 1 揭示；（2）对比文件 2 没有披露把手可以是内部空心的以及采用哪一种柔性材料，对把手的弯曲程度也没有限定；在上述情况的基础上，认为本申请权利要求 1 具备创造性，相应的权利要求 2~4 也具备创造性。

针对复审请求人的上述意见，合议组认为：（1）对比文件 1 所没有揭示的特征或者是在对比文件 2 和对比文件 3 中给出了足够技术启示，或者属于公知常识，并且本申请与对比文件 1~3 属于相近技术领域且均涉及响葫芦的结构，本领域普通技术人员在面对所要解决的现有技术中的技术问题时，完全能够在相近技术领域中寻求解决该技术问题的技术手段。（2）本申请权利要求 1 中是以“或”的方式并列概括了关于把手实心、中空和部分中空的三种技术方案，在前面对权利要求 1 的评述中已经指出其中实心的一种被对比文件 2 直接公开，中空的部分也被对比文件 2 隐含公开，并且这种手柄的制作方式也本领域普通技术人员容易想到的；而本申请对柔性材料的具体限定，则属于本领域公知常识，并不具备预料不到的技术效果，至于把手的弯曲程度对于本领域普通技术人员来说，仅属于在正常可使用范围内的常规选择，也不具备预料不到的技术效果。因此，复审请求人的上述观点均不成立。

基于上述理由，合议组作出下述决定。

三、决定

维持国家知识产权局于 2004 年 9 月 3 日对 00812638.0 号发明专利申请作出的驳回决定。

复审请求人对本决定不服的，可以根据专利法第 41 条第 2 款的规定，自收到本决定之日起三个月内向北京市第一中级人民法院起诉。

073

发光块

复审请求审查决定（第10760号）

决　定　号　第10760号
决　定　日　2007年6月8日
发明创造名称　发光块
国际分类号　E04C 1/39，G09F 9/00，G09F 13/04，G09F 19/22
复审请求人　多川忠大
申　请　号　00814328.5
优先权日　1999年10月15日
申　请　日　2000年10月13日
公　开　日　2002年11月13日
合议组组长　黄　颖
主　审　员　刘瑞斌
参　审　员　刘敏飞

法律依据　专利法第22条第2款、第3款
决定要点
一项发明针对现有技术的改进所采用的技术手段被一篇对比文件公开，如果对于本领域技术人员来说将上述技术手段结合到现有技术中是显而易见的选择时，该发明不具备创造性。

一、案由

本复审请求涉及申请日为2000年10月13日，名称为“发光块”的发明专利申请，其申请号为00814328.5，申请人为多川忠大，在公开文本中共有19项权利要求，其中权利要求1为：

“1. 一种发光块，其特征在于，内藏有

配置得能够接收透过发光块表面部分的阳光从而产生电动势的太阳能电池、

贮存太阳能电池产生的电力的电气双层电容器、

配置为使发光面与要使其发光的发光块表面部分的背面相对的发光手段、

在周围照度低于预先设定的照度时自动为发光手段提供贮存在电气双层电容器内的电能，以使发光手段的发光面发光的发光控制手段。”

在实质审查程序中，国家知识产权局专利实质审查部门于2004年12月3日发出第一次审查意见通知书，指出相对于对比文件1（JP特开平11-175014A，公开日为1999年7月2日）本申请权利要求1不具备新颖性，权利要求1~5、8~19不具备创造性，权利要求6、7的附加技术特征被对比文件

2（JP 特开平 6-52467B2，公开日为 1994 年 7 月 6 日）中被公开，相对于对比文件 1 与 2 的结合本申请权利要求 6、7 不具备创造性。申请人于 2005 年 4 月 13 日提交了修改的权利要求 1~19 和说明书第 1~10 页以及意见陈述书，国家知识产权局专利实质审查部门于 2005 年 7 月 8 日发出第二次审查意见通知书，指出本申请修改后的权利要求 1 不具备新颖性，权利要求 1~19 不具备创造性，权利要求 1 的修改超范围。申请人于 2005 年 9 月 23 日再次提交了修改的权利要求 1~21 和意见陈述书，国家知识产权局专利审查部门于 2006 年 1 月 6 日以修改后的权利要求 1 不具备新颖性，权利要求 1~21 不具备创造性为由驳回了本申请，驳回决定所针对的权利要求 1 如下：

"1. 一种发光块，其特征在于，内藏有：

具有透明或半透明的块体、

配置得能够接收透过发光块表面部分的阳光从而产生电动势的太阳能电池、

贮存太阳能电池产生的电力的电气双层电容器、

配置为使发光面与要使其发光的发光块表面部分的背面相对的发光手段、

在周围照度低于预先设定的照度时自动为发光手段提供贮存在电气双层电容器内的电能，以使发光手段的发光面发光的发光控制手段。"

申请人多川忠大（下称复审请求人）对上述驳回决定不服，于 2006 年 4 月 20 日向专利复审委员会提出了复审请求，提出复审请求时并未提交修改文本。复审请求人在意见陈述中认为对比文件 1 只公开了盖子是透明或半透明的，没有公开整个外壳是透明或半透明的，而且根据对比文件 1 中砖的使用环境也不需要使整个砖是透明或半透明的。

经形式审查合格，专利复审委员会受理了该复审请求。并于 2006 年 6 月 2 日同时分别向复审请求人和专利实质审查部门发出了复审请求受理通知书和前置审查通知书。

专利实质审查部门于 2006 年 6 月 13 日作出前置审查意见书，坚持驳回决定。

专利复审委员会依法组成合议组，并于 2006 年 8 月 30 日发出复审通知书，指出本申请权利要求 1 不清楚；相对于对比文件 1（JP 特开平 11-175014，公开日为 1999 年 7 月 2 日）权利要求 1~19、21 不具备创造性，权利要求 20 不具备新颖性。

复审请求人于 2006 年 9 月 21 日针对上述复审通知书提交了意见陈述书和权利要求书的修改替换页，其修改后的权利要求书如下：

"1. 一种发光块，其特征在于，具有透明或半透明的块体，所述透明或半透明的块体中内藏有：

配置得能够接收透过发光块表面部分的阳光从而产生电动势的太阳能电池、

贮存太阳能电池产生的电力的电气双层电容器、

配置为使发光面与要使其发光的发光块表面部分的背面相对的发光手段、

在周围照度低于预先设定的照度时自动为发光手段提供贮存在电气双层电容器内的电能，以使发光手段的发光面发光的发光控制手段。

2. 根据权利要求 1 所述的发光块，其特征在于，所述发光块中，所述发光手段采用面状发光手段或点状发光手段。

3. 根据权利要求 2 所述的发光块，其特征在于，所述面状发光手段具有

以与发光块表面部分相平行的状态配置的透明板、从透明板端面一侧向透明板内，向面方向投射光线的投光手段、以透明板的靠近发光块表面部分的表面侧作为光散射面的光散射手段，以及以透明板的远离发光块表面部分的表面作为光反射面的光反射手段。

4. 根据权利要求 1 所述的发光块，其特征在于，形成所述太阳能电池与所述发光手段的面积比发光块表面部分小的结构。

5. 根据权利要求 2 所述的发光块，其特征在于，形成所述太阳能电池与所述发光手段的面积比发光块表面部分小的结构。

6. 根据权利要求 1 所述的发光块，其特征在于，所述太阳能电池形成使接收的太阳光的一部分原封不动地透过的半透明结构，而且形成所述发光手段的面积比发光块表面部分小的结构。

7. 根据权利要求 2 所述的发光块，其特征在于，所述太阳能电池形成使接收的太阳光的一部分原封不动地透过的半透明结构，而且形成所述发光手段的面积比发光块表面部分小的结构。

8. 根据权利要求 2 所述的发光块，其特征在于，所述面状发光手段的发光面上设置显示构件。

9. 根据权利要求 3 所述的发光块，其特征在于，所述面状发光手段的发光面上设置显示构件。

10. 根据权利要求 4 所述的发光块，其特征在于，所述面状发光手段的发光面上设置显示构件。

11. 根据权利要求 5 所述的发光块，其特征在于，所述面状发光手段的发光面上设置显示构件。

12. 根据权利要求 6 所述的发光块，其特征在于，所述面状发光手段的发光面上设置显示构件。

13. 根据权利要求 7 所述的发光块，其特征在于，所述面状发光手段的发光面上设置显示构件。

14. 根据权利要求 8 所述的发光块，其特征在于，所述显示构件利用透光区域与遮光区域的组合构成，同时在遮光区域的背面侧设置光线的反射面。

15. 根据权利要求 9 所述的发光块，其特征在于，所述显示构件利用透光区域与遮光区域的组合构成，同时在遮光区域的背面侧设置光线的反射面。

16. 根据权利要求 10 所述的发光块，其特征在于，所述显示构件利用透光区域与遮光区域的组合构成，同时在遮光区域的背面侧设置光线的反射面。

17. 根据权利要求 11 所述的发光块，其特征在于，所述显示构件利用透光区域与遮光区域的组合构成，同时在遮光区域的背面侧设置光线的反射面。

18. 根据权利要求 12 所述的发光块，其特征在于，所述显示构件利用透光区域与遮光区域的组合构成，同时在遮光区域的背面侧设置光线的反射面。

19. 根据权利要求 13 所述的发光块，其特征在于，所述显示构件利用透光区域与遮光区域的组合构成，同时在遮光区域的背面侧设置光线的反射面。

20. 一种发光块，其特征在于，内藏有：

配置得能够接收透过发光块表面部分的阳光从而产生电动势的太阳能电池、

贮存太阳能电池产生的电力的电气双层电容器、

配置为使发光面与要使其发光的发光块表面部分的背面相对的发光手段、

在周围照度低于预先设定的照度时自动为发光手段提供贮存在电气双层电容器内的电能，以使发光手段的发光面发光的发光控制手段，

其中，所述发光块的块体在包括附有太阳能电池的表面以及附有发光手段的表面的整体上为透明或半透明。

21. 一种发光块，其特征在于，具有透明或半透明的块体，所述透明或半透明的块体中内藏有：

配置得能够接收透过发光块表面部分的阳光从而产生电动势的太阳能电池、

贮存太阳能电池产生的电力的电气双层电容器、

配置为使发光面与要使其发光的发光块表面部分的背面相对的发光手段、

在周围照度低于预先设定的照度时自动为发光手段提供贮存在电气双层电容器内的电能，以使发光手段的发光面发光的发光控制手段，

其中，所述太阳能电池的总发电量确定为应对整天阴雨持续的日照量小的情况，并对应于这一整天发光手段要消耗的电力，

其中，所述电气双层电容器的容量设定为至少存储发光手段一天消耗的电能。”

至此，合议组认为本案事实已经清楚，可以作出审查决定。

二、决定理由

1. 关于文本

本决定针对的文本为：按进入中国国家阶段时提交的国际申请文件文本的说明书附图第1~8页，说明书摘要及说明书摘要附图各1页；2005年4月13日提交的说明书第1~10页；2006年9月21日提交的权利要求1~21。

2. 关于新颖性和创造性：

专利法第22条第2款规定，新颖性，是指在申请日以前没有同样的发明或者实用新型在国内外出版物上公开发表过、在国内公开使用过或者以其他方式为公众所知。

专利法第22条第3款规定，创造性，是指同申请日以前已有的技术相比，该发明有突出的实质性特点和显著的进步。

（1）本申请权利要求1请求保护一种发光块，对比文件1（JP特开平11-175014，公开日为1999年7月2日）公开了一种太阳电池砖，其中包括能够通过电池砖表面透过的阳光产生电动势的太阳能电池，储存太阳能电池电力的双层电容器，自动为发光二极管供电的发光控制手段，由透光部51内侧、发光二极管13和反射板15组成的发光手段的发光面与电池砖的表面部分即透光部51的表面的背面相对，并且该电池砖可以用于建筑物的外壁或内壁（说明书第4栏第0017和0018节以及附图4，说明书第10栏第0049节）；将权利要求1与对比文件1相比，二者的区别在于，本申请权利要求1中的发光块具有透明或半透明的块体，对比文件1中公开的太阳能电池砖的上表面是透明或半透明的；由于对比文件1中给出了太阳能电池砖可以用于墙体的内壁或外壁上的技术启示，同时现有技术中存在在墙体上使用玻璃砖增加室内采光的技术启示，另外，本申请说明书中也明确记载了使用透明或半透明的玻璃砖为室内采光是现有技术。因此本领域技术人员在上述技术启示下，可以容易地得出利用太阳光照射太阳能电池砖储备能量并且为室内提供照明的技术方案，而这一技术方案必然要求该太阳能电池砖位于室外的面和位于室内的面都是透明或半透明的，即太阳能电池砖具有透明或半透明块体，因此权利要求1相对于对比文件1不符合专利法第22条第3款有关创造性的规定。

（2）权利要求2的附加技术特征限定了发光手段为面状或点状，对比文件1中（说明书第4栏第0017和0018节以及附图4）由透光部51内侧、发光二极管13和反射板15组成的发光手段具有发光部51内侧，因此对比文件1中公开了面状发光手段；而本申请中公开的点状发光手段就是将发光二极管直射目的位置，而这对于本领域技术人员来讲属于公知常识，因此在其引用的权利要求1不具备创造性的前提下，权利要求2不符合专利法第22条第3款有关创造性的规定。

（3）权利要求3的附加技术特征限定了在面状发光手段中具有透明板并且限定了光线在透明板中的传播方式，对比文件1中（说明书第4栏第0017和0018节以及附图4）由透光部51内侧、发光二极管13和反射板15组成的发光手段公开了与上述附加技术特征完全相同的光线传播方式，其区别只在于对比文件1的发光手段中不含透明板，但是由于对比文件1中含有将太阳能电池置于透明树脂中并且光线通过树脂传递到太阳能电池的技术启示，因此本领域技术人员可以显而易见地在对比文件1中加入透明板而形成权利要求3请求保护的技术方案，另外虽然对比文件1中没有设置透明板，但对比文件1能够实现与权利要求3相同的光线传播的技术效果，从而透明板的设置并不能使权利要求3相对于对比文件1具有更有益的技术效果，因此在其引用的权利要求2不具备创造性的前提下，权利要求3不符合专利法第22条第3款有关创造性的规定。

（4）权利要求4、5的附加技术特征被对比文件1（附图4）公开，因此在其引用的权利要求不具备创造性的前提下，权利要求 4、5 不符合专利法第 22 条第 3 款有关创造性的规定。

（5）权利要求 6、7 的附加技术特征限定了一部分阳光原封不动的穿过半透明结构，发光手段的面积小于发光块表面的面积；现有技术中的玻璃砖即为光线穿过整个砖的透明或半透明结构，结合对比文件 1（附图 4）中太阳能电池砖的发光模式将玻璃砖改造成部分表面利用太阳能发光或者整个表面利用太阳能发光都是本领域技术人员显而易见的选择，因此在其引用的权利要求不具备创造性的前提下，权利要求 6、7 不符合专利法第 22 条第 3 款有关创造性的规定。

（6）权利要求 8~13 的附加技术特征被对比文件 1（附图 4）公开，因此在其引用的权利要求不具备创造性的前提下，权利要求 8~13 不符合专利法第 22 条第 3 款有关创造性的规定。

（7）权利要求 14~19 的附加技术特征限定了显示构件利用透光区域与遮光区域的组合构成，遮光区域的背面设置有反射面，对比文件 1 中公开了显示构件利用透光区域与遮光区域组合构成，而在遮光区背面设置反射面以增强透光光线的强度是本领域的公知常识，因此在其引用的权利要求不具备创造性的前提下，权利要求 14~19 不符合专利法第 22 条第 3 款有关创造性的规定。

（8）权利要求 20 请求保护一种发光块，对比文件 1（说明书第 4 栏第 0017 和 0018 节以及附图 4）中公开了一种太阳能电池砖，其中包括能够通过电池砖表面透过的阳光产生电动势的太阳能电池，储存太阳能电池电力的双层电容器，自动为发光二极管供电的发光控制手段，由透光部 51 内侧、发光二极管 13 和反射板 15 组成的发光手段的发光面与电池砖的表面部分即透光部 51 的表面的背面相对，具中该太阳能电池砖包括附有太阳能电池的表面和附有发光手段的表面即透光部 51 整体上是透明或半透明的，因此对比文件 1 公开了权利要求 20 的所有技术特征，两者技术方案相同，属于相同技术领域，产生了相同的技术效果，因此权利要求 20 相对于对比文件 1 不符合专利法第 22 条第 2 款有关新颖性的规定。

（9）权利要求 21 请求保护一种发光块，对比文件 1（说明书第 4 栏第 0017 和 0018 节以及附图 4）中公开了一种太阳能电池砖，其中包括能够通过电池砖表面透过的阳光产生电动势的太阳能电池，储存太阳能电池电力的双层电容器，自动为发光二极管供电的发光控制手段，由透光部 51 内侧、发光二极管 13 和反射板 15 组成的发光手段的发光面与电池砖的表面部分即透光部 51 的表面的背面相对；权利要求 21 与对比文件 1 相比二者的区别在于，①权利要求 21 中的发光块具有透明或半透明的块体，对比文件 1 中公开的太阳能电池砖的上表面是透明或半透明的；②权利要求 21 中还增加了技术特征“所述太阳能电池的总发电量确定为应对整天阴雨持续的日照量小的情况，并对应于这一整天发光手段要消耗的电力”和“所述电气双层电容器的容量设定为至少存储发光手段一天消耗的电能”；区别①已经在评价权利要求 1 的创造性时予以论述，区别②是本领域公知常识，因此权利要求 21 也不符合专利法第 22 条第 3 款有关创造性的规定。

复审请求人在意见陈述中认为对比文件 1 只公开了盖子是透明或半透明的，没有公开整个外壳是透明或半透明的，而且根据对比文件 1 中砖的使用环境也不需要使整个砖是透明或半透明的。合议组认为对比文件 1（说明书第 10 栏第 0049 节）公开了该砖可以用在墙体外侧或内侧，而当太阳能电池砖用在墙体内侧时，其接受阳光的面必然在墙体的外侧，也就是说该砖的两侧分别位于墙体的内外墙面上，根据上述用途并结合现有技术中采用玻璃砖用于室内采光的技术启示可以显而易见的得到将砖的外壳制成透明或半透明的技术方案。

根据上面的论述，合议组依法作出如下决定。

三、决定

维持国家知识产权局于 2006 年 1 月 6 日针对 00814328.5 号发明专利申请作出的驳回决定。

复审请求人对本决定不服的，可以根据专利法第 41 条第 2 款的规定，自收到本决定之日起 3 个月内向北京市第一中级人民法院起诉。

074

壁葬及壁葬柜

复审请求审查决定（第10764号）

决　　定　　号　第10764号
决　　定　　日　2007年6月1日
发明创造名称　壁葬及壁葬柜
国际分类号　E04H 13/00
复审请求人　许绍君
申　　请　　号　02132703.3
申　　请　　日　2002年7月31日
公　　开　　日　2003年2月5日
合议组组长　赵　明
主　　审　　员　王　博
参　　审　　员　刘瑞斌

法律依据　专利法第33条
决定要点

将某些不能从原说明书（包括附图）和/或权利要求书中直接明确认定的技术特征写入权利要求和/或说明书，属于不允许的修改。

一、案由

本复审请求涉及申请号为02132703.3，名称为“壁葬及壁葬柜”的发明专利申请（下称本申请），其申请人为许绍君，申请日为2002年7月31日，公开日为2003年2月5日。

2006年6月30日，国家知识产权局经实质审查后，驳回了本申请，驳回理由是本申请不符合专利法第22条第3款的规定。驳回决定针对的权利要求书如下：

“1. 壁葬柜，其特征是包括格式框架（2），纵向框架对应每个格都设有插式滑道，隔板（3）插入滑道内，格的两侧分别有插板（4），格的正面装面板（1），格的后面有挡板（5）。”

申请人许绍君（下称请求人）对上述驳回决定不服，于2006年9月20日向专利复审委员会提交了复审请求，请求人在提出复审请求时没有对申请文件进行修改。

形式审查合格后，专利复审委员会受理了该请求，并于2006年11月15日向请求人发出了复审请求受理通知书，同时向原审查部门发出前置审查通知书，并随该通知书将本申请案卷转送至国家知识产权局原审查部门进行前置审查。

原审查部门对本复审请求进行了前置审查，在前置审查意见书中，原审查部门坚持原驳回决定。

专利复审委员会依法成立合议组，对本复审请求案进行了审理。

合议组于2007年2月6日发出复审通知书，指出权利要求1相对于对比文件2（CN2246178Y）不具有创造性，不符合专利法第22条第3款的规定。

请求人于2007年3月10日提交意见陈述书，并提交了说明书第1页和权利要求书的替换页。修改后的权利要求1如下：

"1. 壁葬柜，其特征是用金属制作的，它包括格式框架（2），纵向框架对应每个格都设有插式滑道，隔板（3）插入滑道内，格的两侧分别有插板（4）格的正面装面板（1），格的后面有挡板（5）。"

针对上述意见陈述书及修改文本，合议组于2007年4月3日再次发出复审通知书，指出权利要求1及说明书中均增加了壁葬柜是"用金属制作"的这一限定，而这种增加属于专利法第33条规定的修改超范围。

请求人于2007年5月1日提交意见陈述书，请求人认为"用金属制作"这一特征在其提交的原始申请文件说明书附图中已明确标示，这既是国家标准的规定，也是人们熟知和惯用的绘图剖面线画法，因此修改没有超出原始申请文件记载的范围。

经审查，合议组认为本案事实清楚，可以作出复审决定。

二、决定的理由

1. 审查文本

本复审决定以请求人于2007年3月10日提交说明书第1页、权利要求书第1项、申请人于申请日提交的说明书附图第1页、说明书摘要及摘要附图为审查基础。

2. 关于专利法第33条

专利法第33条规定：申请人可以对其专利申请文件进行修改，但是修改不得超出原说明书和权利要求书记载的范围。

根据该规定，将某些不能从原说明书（包括附图）和/或权利要求书中直接明确认定的技术特征写入权利要求和/或说明书，属于不允许的修改。

请求人在修改文件中补入了"用金属制作"的这一技术特征，这一修改超出了原始申请文件的记载，不符合专利法第33条的规定。

原始申请文件中，没有任何文字直接或隐含公开了壁葬柜采用金属制作的特征。请求人曾在实质审查程序中进行过同样的修改，并提交国家标准剖面符号（GB4457.5-84）以佐证原申请文件附图中的剖面部分即表示金属材料。合议组在2007年4月3日发出的复审通知书中已明确告知请求人上述修改不符合专利法第33条的规定，同时告知其所提交的证据并不能支持其主张的理由。而请求人针对上述复审通知书于2007年5月1日提交的意见陈述书中也仅仅陈述了上面同样的理由。

对此，合议组认为，首先，专利法、专利法实施细则及审查指南中都没有要求专利说明书附图采用某种国家标准绘制的强制性规定；其次，原申请文件中也没有记载附图采用该国家标准，因此，本领域技术人员不能从附图中直接地、毫无疑义地确定该剖面部分为"金属材料制作"的特征。此外，即使剖面线可以公开材质，但在本专利附图2的剖面图中，仅有隔板3和挡板5部分绘有剖面线，也就是说只有这些部分能从图上反映出是金属材质的，而壁葬柜的其他部分，如纵向框架、插板4、面板1都没有绘制剖面线，因而也无法反映其材质，也就是说本领域技术人员不能从附图中直接地、毫无疑义地确定整个壁葬柜都是由金属制作的这一特征。

因此，上述修改超出了原始申请文件的记载范围，不符合专利法第33条的规定。

基于上述事实和理由，合议组作出如下决定。

三、决定

维持国家知识产权局于2006年6月30日针对02132703.3号发明专利申请作出的驳回决定。

复审请求人对本决定不服的，可以根据专利法第41条第2款的规定，自收到本决定之日起3个月内向北京市第一中级人民法院起诉。

075

在反应塔中物质的化学反应方法

复审请求审查决定（第10791号）

决　　定　号　第10791号
决　　定　日　2007年6月15日
发明创造名称　在反应塔中物质的化学反应方法
国 际 分 类 号　B01J 8/02
复 审 请 求 人　萨索尔德国有限公司
申　　请　号　97110992.3
申　　请　日　1997年4月29日
公　　开　日　1998年11月4日
合 议 组 组 长　任晓兰
主　　审　员　刘　亚
参　　审　员　李彦涛

法 律 依 据　专利法第22条第3款
决 定 要 点

在判断一项方法发明的创造性时，首先应将权利要求请求保护的技术方案与最接近的现有技术方案进行特征分析和对比，找出二者之间的区别技术特征，客观地确定发明实际解决的技术问题，然后从该最接近的现有技术和发明实际解决的技术问题出发，如果这些区别技术特征的引入使得该权利要求的技术方案对于所属领域的技术人员是非显而易见的，同时该权利要求的技术方案也产生了有益的技术效果，则认为该方法发明的权利要求具备创造性。

一、案由

本复审请求案涉及发明名称为“在反应塔中物质的化学反应方法”的97110992.3号发明专利申请（下称本申请），申请人为萨索尔德国有限公司（由德国泰克萨科股份公司变更为RWE-DEA股份公司，之后变更为萨索尔德国有限公司），申请日为1997年4月29日，公开日为1998年11月4日。

2003年7月18日，针对申请人于2002年6月17日提交的权利要求1~32、申请日提交的说明书第1~12页和附图第1页及说明书摘要，国家知识产权局以权利要求1和5相对于对比文件1（WO94/19079A1，公开日为1994年9月1日）不符合专利法第22条第3款的规定为由驳回了本申请。

驳回决定认为：

①对比文件1公开了一种连续进行化学反应的反应汽提方法（参见其附图、第9~18页），该方

法在反应塔中进行，反应中使用惰性气体物流提出低沸点反应产物，将惰性气体与反应产物的混合物从塔顶采出，其他产物从塔的下部采出。对比文件1与权利要求1的技术方案相比不同之处只是权利要求1中反应塔内的催化剂为固定床形式，而对比文件1中反应塔内的催化剂为塔板上的固定床，在操作过程中由于惰性气体的搅动而形成悬浮床。尽管申请人认为固定床催化剂在操作过程中并不像悬浮或液体催化剂那样自由流动，对比文件1中描述的塔板并不适合与固定床催化剂一起使用，但是，对本领域技术人员来说，在对比文件1所公开的内容的基础上，由于反应需要或操作条件所致，很容易使反应塔中的催化剂在操作过程中保持为固定床状态或者将反应塔中的催化剂设置成完全的固定床，即得到权利要求1的技术方案，这一过程并不需要花费创造性劳动，因此权利要求1不具备创造性，不符合专利法第22条第3款的规定。

②权利要求5为权利要求1的从属权利要求，进一步限定使用氮气作为汽提气体，由于对比文件1公开的方法中也将氮气作为优选的汽提气体，因此在对比文件1公开的内容的基础上，本领域技术人员也很容易得到权利要求5的技术方案，因此权利要求5不具备创造性，不符合专利法第22条第3款的规定。

驳回决定针对的权利要求1和5如下：

“1. 一种在反应塔中进行物质化学反应的方法，这种反应受到主反应不利的化学平衡位置或前面的化学平衡的影响，其中在反应过程中，用一种或多种辅助物质使一种或多种待分离的物质从反应混合物中连续移出，其特征在于，使用一种永久气体或永久气体混合物的汽提气体作为辅助物质通过装有以固定床形式布置的固体催化剂的反应塔，并调节温度和压力，以使反应塔中所有的离析物以液体或固体的溶液的形式存在，而待分离的物质主要为气体或蒸汽形式。”

“5. 根据权利要求1的方法，其特征在于，氮气用作汽提气体。”

2003年11月3日，申请人萨索尔德国有限公司（下称请求人）对上述驳回决定不服，向专利复审委员会提出复审请求，同时提交了修改的权利要求书。请求人将权利要求5中的“氮气”修改为“氢气”。修改后的权利要求5如下：

“5. 根据权利要求1的方法，其特征在于，氢气用作汽提气体。”

请求人认为：

①首先，本申请权利要求1使用固定床催化剂，对比文件1使用悬浮床催化剂，二者的催化剂床与反应器设计是不同的。对比文件1的催化剂悬浮于液体反应介质中或本身是液体催化剂，其中用来保留自由流动的催化剂的塔板并不适合与固定床催化剂一起使用，并且对比文件1也没有任何地方暗示或教导将可溶解的、流体或悬浮的催化剂用固定床催化剂来代替。第二，对比文件1公开的由丙酮和酚生产双酚A的方法中，丙酮不能在规定的反应条件下以液态存在，待分离的物质（水）不是主要以气体或蒸汽形式存在，故对比文件1没有公开本申请权利要求1的特征“所有原料以液体或固体溶液的形式存在”和“待分离的物质主要为气体或蒸汽形式”。因而本申请权利要求1与对比文件1在上述两方面存在实质性区别，权利要求1具有突出的实质性特点。此外，本申请权利要求1中的固定床催化剂具有许多意想不到的优点，即反应器设计简单且工作条件有利、高催化剂浓度允许短柱和短的平均停留时间、高转化率，而对比文件1既未公开也未暗示这些优点，因而权利要求1具有显著的进步。因此权利要求1具有创造性。

②在权利要求1具有创造性的基础上，从属权利要求5也具有创造性。

形式审查合格后，专利复审委员会受理了该请求，并于2004年3月2日向请求人发出了《复审请求受理通知书》，同时将本申请转送至国家知识产权局原审查部门进行前置审查。

在《前置审查意见书》中，国家知识产权局原审查部门坚持驳回决定。

专利复审委员会组成合议组，对本复审请求案进行了审理。

合议组以请求人提出复审请求时提交的权利要求书和驳回决定所针对的说明书和说明书附图及其摘要为基础，于2004年8月6日向请求人发出《复审通知书》，指出：权利要求1和5相对于对比文件1（WO94/19079A1，公开日为1994年9月1日）而言不具备专利法第22条第3款规定的创造性。复审通知书的主要意见如下：

（1）本申请权利要求1请求保护一种在反应塔中进行物质化学反应的方法，包括以下技术特征：①这种反应受到主反应不利的化学平衡位置或前面的化学平衡的影响；②在反应过程中，用一种永久气体或永久气体混合物的汽提气体作为辅助物质将待分离物质从反应混合物中连续移出；③反应塔中所有的离析物以液体或固体的溶液形式存在，而待分离的物质主要为气体或蒸汽形式；④反应塔内装有固定床形式布置的固体催化剂，并调节反应塔的温度和压力。

对比文件1公开了一种连续进行化学反应的反应汽提方法。权利要求1与对比文件1相比，二者均是使用汽提气体连续汽提出较低沸点的反应产物，打破化学平衡，使其朝生成产物的方向移动，因此权利要求1的技术特征①和②已被对比文件1公开。在对比文件1中，丙酮原料流可以是液体形式，另一原料苯酚也是液体，从附图2可看出待分离的水从塔顶排出，从塔顶排出的水必然是以气体或蒸汽形式存在，因此技术特征③实际上也已被对比文件1公开。对比文件1的技术方案虽然没有公开技术特征④“反应塔内装有固定床形式的固体催化剂”，但对比文件1的实施例中使用大孔磺化聚苯乙烯二乙烯基苯共聚物离子交换树脂，本申请使用的催化剂是酸性离子交换剂，而磺化聚苯乙烯二乙烯基苯共聚物离子交换树脂是酸性离子交换剂的下位概念。因此，请求人关于对比文件1中的催化剂是液体催化剂的论述不正确。二者的区别实质上在于：权利要求1中的固体催化剂为固定床形式，而对比文件1中的催化剂是塔板上的固定床，该催化剂固定床在操作过程中由于气体的搅拌作用而形成悬浮床。但在对比文件1的说明书背景技术部分第6页第33行述及固定床反应器一般用于生产双酚A，亦即用于进行可逆或在实际的反应条件下容易达成平衡的化学反应。因此，对于本领域的普通技术人员来说，根据反应和操作条件，很容易想到将反应塔中的催化剂在操作过程中保持为固定床状态或者将反应塔中的催化剂设置为完全的固定床，这一步骤不需经过创造性劳动就可以完成。另外，请求人在复审理由中陈述的关于固定床催化剂的优点是其本身所具有的，并不能作为本申请具有创造性的依据。至于调节反应塔的温度和压力，则是本领域技术人员的常规技术手段。

由于技术特征①~③已被对比文件1公开，而区别技术特征④在对比文件1中已有明确的启示，因此权利要求1的技术方案相对于对比文件1是显而易见的，且二者的技术效果相同。因此权利要求1不具备创造性，不符合专利法第22条第3款的规定。

（2）权利要求5进一步限定权利要求1的方法中氢气作为汽提气体。尽管对比文件1只是指出使用惰性气体例如氮气或氩气作为汽提气体，但从本申请的说明书看不出氢气作为汽提气体会带来何种预料不到的技术效果。因此权利要求5也不具备创造性，不符合专利法第22条第3款的规定。

针对上述《复审通知书》，请求人于2004年11月22日提交了意见陈述书，但未提交修改的申请文件。请求人认为，本申请权利要求1、尤其权利要求5的技术方案相对于对比文件1具备创造性，符合专利法第22条第3款的规定。其具体理由是：

①本申请权利要求1中所有原料为液体或固体的溶液的形式，而待分离的水主要为气体或蒸汽，但对比文件1的实施例中，丙酮总是并且只能是蒸汽，尽管水被汽提气体汽提，水自身则主要处于液态。因此没有任何对比文件教导了本申请权利要求1中关于特征③的内容。

②没有证据表明对比文件1中使用了固定床催化剂。虽然对比文件1的背景技术部分指出固定床催化剂被用于双酚A的生产，但对比文件1具体教导不要使用现有技术所教导的技术。对比文件1描

述的保留自由流动催化剂的塔板不适用于固定床催化剂，在不改变反应器设计的情况下，不可能将溶解的、液体或悬浮的催化剂替换为固定床催化剂。因此没有任何对比文件教导了本申请权利要求 1 中关于特征④的内容。另外，本申请权利要求 1 的固定床催化剂具有预料不到的优点，这些优点在对比文件 1 中未提及且没有任何暗示。

③从属权利要求 5 以氢气作为汽提气体，对比文件 1 仅仅公开用惰性气体例如氮气作为汽提气体，而氢气并非惰性气体，氢气比氮气具有更有利的扩散系数，较好的扩散系数将加速物质的传输和转化，并且氢也可以同时用作反应剂或用于异构化作用，此外在常规方法中也不经常用氢作为汽提气体。

2006 年 4 月 27 日，请求人再次提交了意见陈述书，同时提交了修改的权利要求书。请求人将权利要求 5 的附加技术特征补入权利要求 1，删除了权利要求 5~8，将权利要求书重新编号并相应地修改了从属权利要求的引用关系。修改后的权利要求 1 如下：

"1. 一种在反应塔中进行物质化学反应的方法，这种反应受到主反应不利的化学平衡位置或前面的化学平衡的影响，其中在反应过程中，用一种或多种辅助物质使一种或多种待分离的物质从反应混合物中连续移出，其特征在于，使用选自氢气的汽提气体作为辅助物质通过装有以固定床形式布置的固体催化剂的反应塔，并调节温度和压力，以使反应塔中所有的离析物以液体或固体的溶液的形式存在，而待分离的物质主要为气体或蒸汽形式。"

至此，合议组认为本案事实清楚，可以作出审查决定。

二、决定的理由

1. 关于审查文本

本复审决定是以请求人于 2006 年 4 月 27 日提交的权利要求书、申请日提交的说明书第 1~12 页和附图第 1 页及说明书摘要为基础作出的。

2. 关于创造性

专利法第 22 条第 3 款规定，创造性是指同申请日以前已有的技术相比，该发明有突出的实质性特点和显著的进步，该实用新型有实质性特点和进步。

在判断一项方法发明的创造性时，首先应将权利要求请求保护的技术方案与最接近的现有技术方案进行特征分析和对比，找出二者之间的区别技术特征，客观地确定发明实际解决的技术问题，然后从该最接近的现有技术和发明实际解决的技术问题出发，如果这些区别技术特征的引入使得该权利要求的技术方案相对于所属领域的技术人员是非显而易见的，同时该权利要求的技术方案也产生了有益的技术效果，则认为该方法发明的权利要求具备创造性。

就本案而言，请求人于 2006 年 4 月 27 日提交的权利要求 1 请求保护一种在反应塔中进行物质化学反应的方法（具体内容参见案由部分）。

对比文件 1（WO94/19079A1，公开日 1994 年 9 月 1 日）公开了一种连续进行化学反应的反应汽提方法，其中至少一种低沸点反应产物从较高沸点的反应混合物中分离出来，该反应为可逆反应或在实际的反应条件下容易达成平衡的化学反应，所述反应在具有多个蒸汽-液体接触塔板的反应塔内进行，液体反应物并流向下流过装有丝网和填有催化剂的多孔塔板，同时惰性气体流从底部经这些多孔塔板向上流动，惰性气体流将至少一种较低沸点的反应产物在反应塔的上部连续地汽提出来，而其余反应混合物则从反应塔的下部排出（参见第 1 页第 30~35 行、第 8 页第 5~25 行、第 9 页第 15 行至第 10 页第 2 行）。对比文件 1 具体公开了在作为催化剂的离子交换树脂的存在下由丙酮和苯酚缩合制备双酚 A 的连续反应方法，该反应在多段悬浮床反应汽提装置中进行，其中丙酮原料流可以是蒸汽或液体或其混合物形式，所采用的惰性气体可以是任何商购的惰性气体如氮气或氩气或其混合物，反应温度可以是约60～130℃，优选80～100℃（参见对比文件1第12页第7～35行、第15页第38行至第16页第1行、第16页第2～6行、第16页第37～38行）。

合议组认为，本申请与对比文件1属于完全相同的技术领域。将权利要求1与对比文件1公开的内容进行比较，其区别主要在于：权利要求1使用氢气作为汽提气体，对比文件1则采用诸如氮气之类的惰性气体作为汽提气体；权利要求1的固体催化剂是固定床形式，对比文件1采用的离子交换树脂是装在塔板上的固体催化剂，其在操作过程中由于惰性气体的搅拌作用而形成悬浮床。

因此，本申请实际要解决的技术问题是通过引入上述区别技术手段而构成不同于对比文件1的反应方法以有效地除去平衡反应中必须分离的物质，提高平衡反应的转化率。由于对比文件1仅指出以氮气、氩气等惰性气体作为汽提气体，并没有记载氢气这种在具体反应中有较大反应活性的气体也可作为汽提气体，另外，对比文件1所采用的多段悬浮床反应汽提装置与使用固定床催化剂的反应器明显不同，所以对比文件1没有教导连续反应以氢气作为汽提气体并结合固定床催化剂；同时也没有证据表明现有技术给出了在平衡反应中利用氢气作为汽提气体并使用固定床催化剂来提高反应效率的启示；因此就目前的证据来看，权利要求1的技术方案对于本领域技术人员来说是非显而易见的。而且，氢气作为汽提气体具有良好的扩散系数，可加速物质的传输和转化，有利于提高汽提效率，促使平衡反应向产物方向移动，从而提高反应的转化率，因而权利要求1的技术方案也获得了有益的技术效果。因此权利要求1相对于对比文件1具备突出的实质性特点和显著的进步，具备专利法第22条第3款规定的创造性。

由此，请求人于2006年4月27日提交的权利要求书已克服了驳回决定所指出的缺陷。

根据上述事实和理由，合议组依法作出如下审查决定。

三、决定

撤销国家知识产权局于2003年7月18日针对97110992.3号发明专利申请作出的驳回决定，由国家知识产权局原审查部门以请求人于2006年4月27日提交的权利要求1～28、申请日提交的说明书第1～12页和附图第1页及说明书摘要为基础继续审批程序。

复审请求人对本决定不服的，可以根据专利法第41条第2款的规定，自收到本决定之日起3个月内向北京市第一中级人民法院起诉。

076

微小气泡发生器及具有该发生器的微小气泡发生装置

复审请求审查决定（第10792号）

决　定　号　第10792号
决　定　日　2007年6月15日
发明创造名称　微小气泡发生器及具有该发生器的微小气泡发生装置
国 际 分 类 号　B01F 5/00，B01F 3/04，C02F 3/20
复 审 请 求 人　池田好明，藤里哲彦，张振家，马骏
申　请　号　01810497.5
优 先 权 日　2000年6月23日，2000年6月29日，2000年8月7日
申　请　日　2001年6月25日
公　开　日　2003年7月23日
合 议 组 组 长　朱文广
主　审　员　姜　岩
参　审　员　欧　岚

法 律 依 据　专利法第33条
决 定 要 点

复审请求人对申请文件进行了修改，其修改的内容均记载在原始申请的说明书中，因此该修改符合专利法第33条的规定。

一、案由

本复审请求涉及专利申请人池田好明、齐藤芳郎、藤里哲彦于2001年6月25日申请，2003年7月23日公开，名称为“微小气泡发生器及具有该发生器的微小气泡发生装置”的01810497.5号发明专利申请（下称本申请），后该案申请人变更为池田好明、藤里哲彦、张振家、马骏。

国家知识产权局实审部门于2004年12月10日发出第一次审查意见通知书，认为权利要求1、4、11、41不符合专利法实施细则第20条第1款的规定；权利要求1、14不符合专利法实施细则第21条第2款的规定；权利要求8不符合专利法第26条第4款的规定；权利要求13、24～32不符合专利法实施细则第23条的规定。

申请人于2005年4月8日提交了意见陈述及经修改的说明书1～107页及权利要求书1～44。

国家知识产权局于2005年5月13日发出第二次审查意见通知书，指出修改后的权利要求1和说明书不符合专利法第33条的规定，修改后的权利要求1不符合专利法第26条第4款的规定。

申请人于2005年7月1日提交了意见陈述书及权利要求书第1页的修改替换页和说明书第4页

的修改替换页。

国家知识产权局于2005年8月12日驳回了该申请，理由是权利要求1和说明书的修改仍然超出原说明书和权利要求书记载的范围，不符合专利法第33条的规定。

驳回决定所针对的权利要求1为：

"1. 一种微小气泡发生器，该微小气泡发生器包括容器，该容器具有中空部，该中空部按照基本保持旋转对称的方式形成，该中空部的垂直于旋转对称轴的截面的直径沿该旋转对称轴的轴向的一个方向或两个方向缩小；气液导入管，该气液导入管在所述容器上按照与所述容器的直径相垂直的方式固定；气液导入孔，该气液导入孔沿切线方向开口于上述容器的周壁部；气液导入管，该气液导入管在所述容器上按照与所述容器的直径相垂直的方式固定；气液喷射孔，该气液喷射孔沿上述中空部的旋转对称轴的方向开口，设置于上述中空部的直径缩小部分，上述气液喷射孔开设于从上述容器的中心轴，稍稍偏向与上述气液导入孔一侧相反的一侧的位置。"

申请人（以下称请求人）对上述驳回决定不服，于2005年11月3日向专利复审委员会提出复审请求，请求人认为，国家知识产权局驳回的理由不成立。

请求人在提出复审请求的同时提交了权利要求书第1页的修改替换页，其中对权利要求1进行了修改，修改后的权利要求1如下：

"1. 一种微小气泡发生器，该微小气泡发生器包括容器，该容器具有中空部，该中空部按照基本保持旋转对称的方式形成，气液导入孔，该气液导入孔沿切线方向开口于上述容器的周壁部；气液导入管，该气液导入管在所述容器上按照与所述容器的直径相垂直的方式固定并与上述气液导入孔相连接；气液喷射孔，该气液喷射孔沿上述中空部的旋转对称轴的方向开口，设置于上述中空部的直径缩小部分，上述气液喷射孔开设于从上述容器的中心轴，稍稍偏向与上述气液导入孔一侧相反的一侧的位置，上述中空部为球状，两个球部连接形成的形状、半球状、炮弹状、圆锥状、圆锥状的底面相连接而形成的形状、两个圆锥状体在中央的圆筒体部连通的形状、从中间部朝向两端部集中的蛋状，从后部侧朝向前端部集中的基本为圆锥台状中的任意一个形状。"

形式审查合格后，专利复审委员会受理了该复审请求，并于2005年11月23日向请求人发出《复审请求受理通知书》，随后将本申请移交原实审部门进行前置审查。

原实审部门对本复审请求进行了前置审查，坚持原驳回决定，理由如下：请求人提交了对权利要求书的修改，克服了驳回决定所指出的权利要求书修改超范围的缺陷，但是并未提交对说明书的修改，因此，说明书第3页（2005年4月8日申请人答复审查员第一次审查意见通知书时提交，驳回决定所依据的文本）仍存在"该中空部的垂直于旋转对称轴的截面的直径沿该旋转对称轴的轴向的一个方向或两个方向缩小"的表述，也就是说仍存在不符合专利法第33条的问题。

专利复审委员会组成合议组，对本案的复审请求进行了审理。

复审请求人于2007年5月28日提交了说明书第3、4页的修改替换页。

至此，合议组认为本案事实清楚，可以作出审查决定。

二、决定的理由

1. 审查基础

本复审决定以复审请求人在提出复审请求时提交的权利要求1~6，2005年4月8日提交的权利要求7~44，说明书第1~2、5~107页，2007年5月28日提交的说明书第3~4页，2002年12月2日提交的说明书附图第1~31页、说明书摘要及摘要附图为基础进行。

2. 关于专利法第33条的规定

专利法第33条规定：申请人可以对其专利申请文件进行修改，但是，对发明和实用新型专利申请文件的修改不得超出原说明书和权利要求书记载的范围。

驳回决定中具体指出“该中空部的垂直于旋转对称轴的截面的直径沿该旋转对称轴的轴向一个方向或两个方向缩小”超出原说明书和权利要求书记载的范围，因此权利要求1和说明书与之相对应部分的修改都超出了原说明书和权利要求书记载的范围，不符合专利法第33条的规定。

复审请求人在提出复审请求时提交的修改后的权利要求1中将原权利要求1中概括的中空部的形状根据说明书的内容具体限定为“上述中空部为球状，两个球部连接形成的形状、半球状、炮弹状、圆锥状、圆锥状的底面相连接而形成的形状、两个圆锥状体在中央的圆筒体部连通的形状、从中间部朝向两端部集中的蛋状，从后部侧朝向前端部集中的基本为圆锥台状中的任意一个形状”；增加了“气液导入管……并与上述气液导入孔相连接”的技术内容；删掉了与权利要求1中第7行中重复的技术内容“气液导入管，该气液导入管在所述容器上按照与所述容器的直径相垂直的方式固定”。同时为与权利要求1的修改相适应，复审请求人还对驳回决定所针对的说明书第3~4页进行了相应修改。

合议组经审查后认为：由于在原始提出的国际申请文件中说明书的第5页倒数第5行开始到倒数第2行中公开了“中空部的容器采用球状、半球状、炮弹状、圆锥状、通过圆筒部，或不通过圆筒部，将半球状的底面连接而形成的形状的类型。在采用圆锥状，或将圆锥状等的底面连接而形成的形状的容器的场合……”；第30页倒数第5~7行公开了两个球部连接形成的形状；在第32页第1、2行公开了“2个圆锥形状体5a1通过中间的圆筒体部5a2而连通的中空部的形状”；在第45页第10行及附图16公开了“从中间部，朝向两端部集中的蛋形状的，具有中空部的容器”；在第49页倒数第1、2行及附图20公开了“从后部侧，朝向前端部集中的，具有基本呈圆锥台形状的中空部的容器”；在第27页第2行到第5行及附图1公开了“标号1b表示气液导入管，该气液导入管按照与容器1a的直径相垂直的方式（沿切线方向）固定设置在容器1a上，标号1c表示沿上述容器1a的切线方向开口的气液导入管1b的气液导入孔”，即公开了气液导入孔与气液导出管相连接。因此以上对权利要求1和说明书的修改没有超出原说明书和权利要求书记载的范围，符合专利法第33条的规定，克服了驳回决定指出的修改超出了原说明书和权利要求书记载范围的缺陷。

根据以上事实和理由，本案合议组作出如下审查决定。

三、决定

撤销国家知识产权局于2005年8月12日对01810497.5号发明专利申请作出的驳回决定。由原审查部门在本决定针对的文本的基础上继续进行审查。

复审请求人对本决定不服的，可以根据专利法第41条第2款的规定，自收到本决定之日起3个月内向北京市第一中级人民法院起诉。

077

运用于过程控制网络中的维护接口装置

复审请求审查决定（第10793号）

决　　定　　号　第10793号
决　　定　　日　2007年6月15日
发明创造名称　运用于过程控制网络中的维护接口装置
国 际 分 类 号　G05B 23/02
复 审 请 求 人　费希尔控制产品国际有限公司
申　　请　　号　97198544.8
申　　请　　日　1997年10月3日
优 先 权 日　1996年10月4日
公　　开　　日　1999年10月20日
合 议 组 组 长　陈迎春
主　　审　　员　孙桂敏
参　　审　　员　宋　瑞

法 律 依 据　专利法第22条第3款
决 定 要 点

如果一项权利要求同现有技术相比存在区别特征，但是现有技术针对该区别特征已经给出了足够的技术启示，本领域普通技术人员根据该技术启示并结合公知常识无须付出创造性劳动就可以得到该项权利要求的技术方案，则该项权利要求不具备突出的实质性特点和显著的进步，不符合专利法第22条第3款的规定。

一、案由

本复审请求涉及名称为“运用于过程控制网络中的维护接口装置”的97198544.8号发明专利申请（下称本申请），申请日为1997年10月3日，优先权日为1996年10月4日，原申请人为费希尔控制国际公司，后于2003年4月11日变更为费希尔控制产品国际有限公司。

在实质审查程序中，国家知识产权局实质审查部门于2003年7月11日发出了第一次审查意见通知书，指出本申请的权利要求1~19不具备创造性，不符合专利法第22条第3款的规定，权利要求20~22不具备新颖性，不符合专利法第22条第2款的规定，权利要求1~3、5~7、13、18~21不符合专利法实施细则第20条第1款的规定。其中引用了两篇对比文件如下：

对比文件1：US5307346A号美国专利文献，其授权日为1994年4月26日；

对比文件2：EP0546339A1号欧洲专利申请文件，其公开日为1993年6月16日。

针对上述审查意见通知书，申请人于2003年11月26日提交了意见陈述书和权利要求书的全文修改替换页3页、说明书第1~4页的修改替换页。申请人认为，对比文件1和2无论在独立和组合的情况下都无法实现本申请的功能并解决本申请所要解决的问题，因此权利要求1和20相对于对比文件1和2具备创造性，修改后的申请文本符合专利法的相关规定。

国家知识产权局实质审查部门于2004年2月6日发出了第二次审查意见通知书，指出本申请权利要求1~22不具备创造性，不符合专利法第22条第3款的规定。

针对上述审查意见通知书，申请人于2004年6月21日提交了意见陈述书但未对申请文本进行修改。申请人认为，对比文件1和2中既没有揭示也没有暗示便携式的维护接口装置，故本申请技术方案解决了现有技术中存在的技术问题并产生了技术效果，因此具有创造性。

经再次审查，国家知识产权局实质审查部门以申请人所提交的权利要求第1~22项仍然不具备创造性，不符合专利法第22条第3款的规定为由，于2004年7月23日作出了驳回本申请的决定。

驳回决定认为，对比文件1图5中CPU布局所包括的用户接口60的布局或外观中（对比文件1图6）存在对“便携式”的启示，而且对比文件1公开的接口装置NFI所包括的用户接口就用于监控和报告其I/O接口资源的活动，其实际上就是一种维护接口装置，申请人关于权利要求具有创造性的理由不能接受。因此，本申请权利要求1~22相对于对比文件1和对比文件2的结合不具备创造性，不符合专利法第22条第3款的规定。

申请人费希尔控制产品国际有限公司（下称复审请求人）对上述驳回决定不服，于2004年11月8日向专利复审委员会提出复审请求，陈述了本申请符合专利法第22条第3款的规定的理由，未对申请文件进行修改。复审请求人认为，对比文件1中并未给出将“便携性”特征与“实现双线双通道环路供电数字通信协议的接口”这一特征进行结合的启示，这种结合对本领域普通技术人员不是显而易见的。

经形式审查合格，专利复审委员会依法受理了上述请求，于2004年12月15日向复审请求人发出了复审请求受理通知书，并将本案送至原专利局实质审查部门进行前置审查。

国家知识产权局专利局实质审查部门对上述复审请求作出前置审查意见，仍然坚持原驳回决定。

专利复审委员会依法成立合议组，对本复审请求案进行了审理。本案合议组于2006年8月9日向复审请求人发出了复审通知书，指出本申请权利要求1~22相对于对比文件1和对比文件2的结合不具备创造性，不符合专利法第22条第3款的规定，虽然对比文件1和对比文件2中没有明确公开“便携式”这一特征，但是“便携式”的特征是本领域普通技术人员根据接口装置是否需要便携而作出的常规选择和设计，因此，复审请求人的复审理由不能成立。

针对上述复审通知书，复审请求人于2006年9月25日向专利复审委员会提交了意见陈述书，同时，提交了修改后的权利要求书的替换页，将驳回文本中的权利要求11与权利要求1结合形成新的独立权利要求11，增加了从属于权利要求11的从属权利要求12，将驳回文本中的权利要求13与权利要求1结合形成新的独立权利要求14。修改后的权利要求书共包括23项权利要求，其中独立权利要求1、11、14、21以及增加的从属权利要求12如下：

“1. 在一个过程控制系统中采用的一种便携式维护接口装置，包括：

为连接到过程控制系统中的一个部件而实现双线的、双路的、环路供电的数字通信协议的一个接口；

耦合到所述接口的一个电力检测电路，该电路用于检测部件中的一个工作电力是否存在；和

耦合到电力检测电路的一个显示器，它基于部件中存在工作电力时显示工作电力的一个状态。

11. 在一个过程控制系统中采用的一种便携式维护接口装置，包括：

为连接到过程控制系统中的一个部件而实现双线的，双路的，环路供电的数字通信协议的一个接口；

耦合到所述接口的一个电力检测电路，该电路用于检测部件中的一个工作电力是否存在；和

耦合到电力检测电路的一个显示器，它基于部件中存在工作电力时显示工作电力的一个状态，其中，所述双线的，双路的，环路供电的数字通信协议包括 SP-50 通信协议。

12. 如权利要求 1 所述的便携式维护接口装置，其中，双线的，双路的，环路供电的数字通信协议还包括 Profibus 通信协议。

14. 一种便携式维护接口装置，包括：

为连接到过程控制系统中的部件而实现双线的，双路的，环路供电的数字通信协议的一个接口；

耦合到所述接口的一个电力检测电路，用于检测部件中的工作电力是否存在；

耦合到所述接口的一个模拟—数字转换器，用于连接到过程控制系统中的部件和获得数字通信信号；

耦合到所述电力检测电路和所述模拟—数字转换器的一个控制器，包括：

分析部件的工作电力的第一控制逻辑；

分析数字通信信号来检测部件中的数字通信信号是否存在的第二控制逻辑；以及

耦合到电力检测电路和所述控制器的一个显示器，它基于部件中存在工作电力时显示工作电力的一个状态，并显示部件中数字通信信号的存在状态。

21. 在一个过程控制系统中采用的一种便携式维护接口装置，其特征在于，包括：

为连接到过程控制系统中的部件而安现双线的、双路的、环路供电的数字通信协议的一个接口；

部件中的数字通信信号是否存在；和

耦合到数字通信信号检测电路的显示器，它显示部件中的数字通信信号的存在状态。”

复审请求人认为，对比文件 1 和 2 不属于与本申请权利要求 1~23 相同的技术领域，对比文件 2 中揭示的“电力中断测量装置 44”与权利要求 1 和 14 中的电力检测电路作用并不相同，而且对比文件 1 和 2 并未揭示如权利要求 1 和 14 所述的“耦合到电力检测电路的显示器”以及如权利要求 21 所述的“耦合到通信信号检测电路的显示器”，因此，本申请具备创造性。

经过上述审理，本合议组认为本案事实已经清楚，可以依法作出复审决定。

二、决定的理由

1. 审查基础

本决定是在复审请求人于 2006 年 9 月 25 日提交的权利要求书第 1~23 项，于 2003 年 11 月 26 日提交的说明书第 1~4 页和进入中国国家阶段即 1999 年 4 月 5 日提交的说明书第 5~18 页、说明书附图第 1~8 页、说明书摘要和摘要附图的基础上作出的。

2. 关于本申请权利要求是否符合专利法第 22 条第 3 款的规定

独立权利要求 1 请求保护在一个过程控制系统中采用的一种便携式维护接口装置，对比文件 1（US5307346A）公开了一种用于过程控制中的网络现场接口装置 NFI12，参见对比文件 1 的第 4 栏第 60 行至第 20 栏第 8 行以及说明书附图 1~8，这种接口装置 NFI 的主电路 50 包括：为连接到过程控制系统中的部件而实现双路、四线、环路供电的数字通信协议的串并行 I/O 接口，如 RS232 接口；监控和报告这些 I/O 接口资源活动的用户接口 60，该用户接口有显示这些 I/O 接口资源状态（包括活动和错误）的 LED66，还用于诊断监控其状态，根据上述内容可以直接推出，该用户接口必然有与这些接口资源耦合同时也与 LED 耦合以进行诊断测试的监控诊断部分。

由此可见，权利要求 1 与对比文件 1 的区别在于权利要求 1 还具有以下区别特征：（1）耦合到接

口检测部件中的工作电力是否存在的电力检测电路以及与该检测对应的显示器；（2）“便携式”。关于区别（1），对比文件2（EP0546339A1）公开了一种用于过程控制的分布式控制系统中采用的通信接口46，参见对比文件2的说明书附图2以及说明书第6栏第8~12行和第8栏第57行至第9栏第23行，这种接口接有一个电力中断持续时间检测装置44，该装置检测电力中断并调查电力中断的时间，对比文件2与对比文件1相同，均属于一种对控制系统进行控制的技术方案，其中均揭示了用接口装置对控制系统进行控制的方式，而本申请则是一个控制系统中采用的一种便携式维护接口装置，故本领域技术人员在对比文件1的基础上，结合对比文件2给出的监控电力中断情况的技术启示，容易为对比文件1中公开的接口装置增加实施电力检测功能的部件；而对比文件1已经给出了用LED来对配置监控结果进行显示的技术方案，本领域技术人员在上述启示之下，将其应用至电力检测功能之中，得到一个为电力检测功能部分配置显示部分的技术方案是无需付出任何创造性劳动就可以很容易想到的；关于区别（2），“便携式”的特征是本领域普通技术人员根据接口装置是否需要便携而作出的常规选择和设计，根据需要将接口装置作成便携式的，对于本领域普通技术人员来说无须付出创造性劳动，属于常规选择。因此，在对比文件1的基础上结合对比文件2和本领域公知常识得到本申请权利要求1的技术方案是显而易见的，本申请权利要求1不符合专利法第22条第3款规定的创造性。

复审请求人认为：（1）对比文件1和2不属于与本申请权利要求1~23相同的技术领域；（2）对比文件2中揭示的“电力中断测量装置44”与权利要求1和14中的电力检测电路作用并不相同；（3）对比文件1和2并未揭示如权利要求1和14所述的“耦合到电力检测电路的显示器”。

对此，合议组认为：（1）对比文件1与对比文件2均属于一种对控制系统网络进行控制的技术方案，其中均揭示了用接口装置对控制系统进行控制的方式，而本申请则是一个控制系统中采用的一种便携式维护接口装置，由此可见，对比文件1与对比文件2属于相同的技术领域，并且覆盖了本申请的技术领域；（2）对比文件2中的电力中断持续时间检测装置44检测电力中断并调查电力中断的时间，也就是说，其不仅检测电力是否中断还检测中断持续的时间，而检测电力是否中断就相当于检测电力是否存在，因此，对比文件2中的电力中断持续时间检测装置44与本申请中的电力检测电路实现了相同的功能；（3）对比文件1（说明书附图6）已经给出了用LED来对配置监控结果进行显示的技术方案，本领域技术人员在上述启示之下，将其应用至电力检测功能之中，得到一个为电力检测功能部分配置显示部分的技术方案是无须付出任何创造性劳动的。

复审请求人提交的修改文本中，新的独立权利要求11就是驳回文本中权利要求1和权利要求11的结合，新的独立权利要求14就是驳回文本中权利要求1与权利要求13的结合，它们的实质技术方案相同；而新的权利要求2~10、13、15~20也与驳回文本的上述权利要求实质相同，其附加技术特征或者在对比文件1中公开，或者是本领域的惯用技术手段，因此从属权利要求2~11、13~20仍然不具备创造性，不符合专利法第22条第3款的规定。

独立权利要求21请求保护在一个过程控制系统中采用的一种便携式维护接口装置，对比文件1（US5307346A）公开了一种用于过程控制中的网络现场接口装置NFI12，参见对比文件1的第4栏第60行至第20栏第8行以及说明书附图1~8，这种接口装置NFI的主电路50包括：为连接到过程控制系统中的部件而实现双路、四线、环路供电的数字通信协议的串并行I/O接口，如RS232接口；监控和报告这些I/O接口资源活动的用户接口60，该用户接口有显示这些I/O接口资源状态（包括活动和错误）的LED66，还用于诊断监控其状态，根据上述内容可以直接推出，该用户接口必然有与这些接口资源耦合同时也与LED耦合以进行诊断测试的监控诊断部分。

由此可见，权利要求21与对比文件1的区别仅在于权利要求21还具有以下区别特征：即，“便携式”。参见上述对独立权利要求 1 的评述可知，“便携式”的特征仅是本领域普通技术人员根据需要进行的一种常规选择，因此，在对比文件 1 的基础上结合本领域普通技术人员的公知常识得到本申请独立权利要求 21 所请求保护的技术方案是显而易见的，因此权利要求 21 不具备创造性，不符合专利法第 22 条第 3 款的规定。

从属权利要求 22 和 23 的附加技术特征在对比文件 1 的同一技术方案中公开，因此在独立权利要求 21 不具备创造性的情况下，从属权利要求 21 和 22 也不具备创造性，不符合专利法第 22 条第 3 款的规定。

3. 关于权利要求 12 是否符合专利法实施细则第 60 条第 1 款的规定

专利法实施细则第 60 条第 1 款规定：请求人在提出复审请求或者在对专利复审委员会的复审通知书作出答复时，可以修改专利申请文件；但是，修改应当仅限于消除驳回决定或者复审通知书指出的缺陷。

复审请求人增加的权利要求 12 并非针对驳回决定或者复审通知书所指出的缺陷而进行的修改，该修改不符合专利法实施细则第 60 条第 1 款的规定。

基于上述理由，合议组作出下述决定。

三、决定

维持国家知识产权局于 2004 年 7 月 23 日作出的驳回 97198544.8 号发明专利申请的决定。

复审请求人对本决定不服的，可以根据专利法第 41 条第 2 款的规定，自收到本决定之日起三个月内向北京市第一中级人民法院起诉。

078

运算装置、运算方法及记录了该运算方法的记录媒体

复审请求审查决定（第10794号）

决　定　号　第10794号
决　定　日　2007年6月20日
发明创造名称　运算装置、运算方法及记录了该运算方法的记录媒体
国际分类号　G09C 1/00，G06F 17/00
复审请求人　三菱电机株式会社
申　请　号　99800065.5
申　请　日　1999年1月21日
优先权日　1998年1月27日
公　开　日　2000年6月7日
合议组组长　张田勇
主　审　员　王琦琳
参　审　员　谢有成

法律依据　专利法第25条第1款第（2）项
决定要点

如果一项涉及程序的权利要求的解决方案执行程序的目的是为了解决技术问题，运行程序从而对外部或内部对象进行控制或处理所反映的是遵循自然规律的技术手段，并且由此获得符合自然规律的技术效果，则这种解决方案属于专利保护的客体。

一、案由

本复审请求涉及名称为“运算装置、运算方法及记录了该运算方法的记录媒体”的99800065.5号发明专利申请（下称本申请），申请日为1999年1月21日，优先权日为1998年1月27日，公开日为2000年6月7日，申请人为三菱电机株式会社。

国家知识产权局实质审查部门依法对本申请进行了实质审查，并于2002年12月13日发出了第一次审查意见通知书，指出本申请的权利要求1~21均属于专利法第25条第1款第（2）项规定的不授予专利权的情形。

针对上述审查意见通知书，申请人于2003年4月28日提交了意见陈述书和权利要求书的修改替换页，修改后的权利要求书共包括13项权利要求，申请人在意见陈述书中陈述了修改后的权利要求1~13应当受到专利保护的理由。

针对上述文本，国家知识产权局实质审查部门于2003年6月20日发出了第二次审查意见通知

书，指出本申请的修改后的权利要求1~13仍属于专利法第25条第1款第（2）项规定的不授予专利权的情形。

针对上述审查意见通知书，申请人于2003年9月5日提交了意见陈述书和权利要求书的修改替换页，修改后的权利要求书共包括12项权利要求，申请人在意见陈述书中陈述了修改后的权利要求1~12应当受到专利保护的理由。

国家知识产权局实质审查部门于2004年6月25日以申请人所提交的权利要求1~12仍然属于专利法第25条第1款第（2）项规定的情形为由驳回了本申请。

该驳回决定认为，本申请实质上就是一种进行余数运算的方法，本申请解决的是如何进行余数运算的问题，而如何进行余数运算并非指南中所说的"实现外部数据处理"的情况，不是技术问题；本申请中所谓的运算、存储、加减运算的处理等技术手段只是运算方法，只是用计算机实现一种运算方法。所以，修改后的权利要求1~12仍然属于专利法第25条第1款第（2）项规定的情形。

申请人（下称复审请求人）对上述驳回决定不服，于2004年9月27日向专利复审委员会提出复审请求，陈述了本申请不属于专利法第25条第1款第（2）项规定的不授权情形的理由。复审请求人在提出复审请求时，重新撰写了权利要求书，记载了与硬件的关系，并表示移位演算有演算时间比例于移位的位而增加的问题点，因而具有技术上的实际效果。修改后的权利要求书共包括1项权利要求，该权利要求如下：

"1. 一种信息处理装置，其特征在于：具有

处理器；和

存储器，存储控制用命令信息和数据信息，能够读出和写入；

上述处理器具有下述装置：

1）将由M位的N倍构成的数据Z，和由M位的L倍构成的数据I从外部输入的输入装置，其中M、N为正整数，L为小于或等于N的正整数；

2）将由该输入装置输入的数据Z从最低位的位向最高位的位分割为M位单位的块，并将这些块依次登记在存储区域W1、W2、W3……WL……WN中的存储器写入装置；

3）接着，从上述存储区域W1、W2、W3……WL……WN，以块单位，将数据依次读出的第1存储器读出装置；

4）在构成数据I的M位单位的第i个块的值是1时，从由上述存储器读出装置读出的W（i）的数据，减去由上述存储器读出装置读出的W（L）的数据，并将其结果输出作为W（i）的数据，从由上述存储器读出装置读出的W（i+1）的数据，减去由上述存储器读出装置读出的W（L+1）的数据，并将其结果输出作为W（i+1）的数据，从由上述存储器读出装置读出的W（i+2）的数据，减去由上述存储器读出装置读出的W（L+2）的数据，并将其结果输出作为W（i+2）的数据，……，从由上述存储器读出装置读出的W（i+N-L）的数据，减去由上述存储器读出装置读出的W（N）的数据，并将其结果输出作为W（i+N-L）的数据的运算装置；

5）将由上述运算装置输出的W（i）的数据写入存储区域W（i）中，将由上述运算装置输出的W（i+1）的数据写入存储区域W（i+1）中，将由上述运算装置输出的W（i+2）的数据写入存储区域W（i+2）中，……，将由上述运算装置输出的W（i+N-L）的数据写入存储区域W（i+N-L）中的第2存储器写入装置；

6）对上述存储器读出装置和运算装置及第2存储器写入装置作指示，以使上述2）~5）的处理，在i的值从1~L反覆执行，并取得其结果所输出的余数的控制装置；以及

7）将上述控制装置取得的余数输出，以使得从外部能够参照的输出装置。"

经形式审查合格，专利复审委员会受理了上述请求，于2004年11月15日向复审请求人发出了复审请求受理通知书，并将本案送至实质审查部门进行前置审查。

实质审查部门对上述复审请求做出前置审查意见，其认为，虽然复审请求人对权利要求书进行了修改，要求保护一种信息处理装置，表面上看是有硬件的特征，但是本领域普通技术人员都能明白其实质就是进行某种运算的计算机程序运行的过程，其所谓的硬件除了计算机本身的部件以外就是计算机内部的不同的功能区域，其本质仍然是一种纯数学运算方法或规则本身，未解决技术问题，所处理的对象和所获得的结果都是非技术的数值，因此修改后的权利要求书仍然没有克服驳回决定中所指出的问题，不符合专利法第25条的规定。

专利复审委员会依法组成合议组，对本复审请求案进行审理。

本案合议组于2006年7月21日向复审请求人发出复审通知书，在复审通知书中合议组指出：在请求人于提出复审请求时给出的作为本次意见基础的权利要求书中，对独立权利要求1进行了重新撰写，并记载了软件与硬件结合的方案。该权利要求要求保护一种信息处理装置，在权利要求所限定的保护范围内，仅仅描述了如何对数据进行处理，该处理包括：读出、写入、运算。即，在该权利要求中，仅仅请求保护一种使用新方法对数据进行运算的设备，这种除法运算方法、或者说余数求取办法如果没有应用到如本申请说明书所说的信息加密解密领域而得到一种软件硬件相结合的产品，那么只能说是得到了一种通过信息化设备实现特定数学运算方法的装置，其本质仍然是一种数学运算法则。综上所述，请求人提交的权利要求书的方案，没有解决技术问题，也没有获得技术效果，根据审查指南所规定的内容，本申请权利要求1属于专利法第25条第1款第（2）项规定的情形。

复审请求人未在专利复审委员会于2006年9月15日作出的延长期限审批通知书中指定的期限内答复，根据专利法实施细则第62条第1款的规定，该复审请求视为撤回，合议组于2006年11月27日向复审请求人发出复审案件结案通知书。

针对上述复审案件结案通知书，复审请求人于2006年12月25日向专利复审委员会提交了恢复权利请求书，按专利法实施细则第7条请求恢复本申请案，并表示针对专利复审委员会于2006年7月21日发出的复审通知书，复审请求人已于2006年11月3日进行了答复。

经形式审查合格，专利复审委员会受理了上述请求，于2007年2月5日再次向复审请求人发出了复审请求受理通知书。

复审请求人于2006年11月3日提交了意见陈述书，同时对权利要求书进行了修改并提交了修改替换页。在意见陈述书中，复审请求人陈述了修改后的权利要求不属于专利法第25条第1款第（二）项规定的情形的理由。修改后的权利要求书共包括1项权利要求，该权利要求如下：

"1. 一种用于通信系统的加密/解密装置，使用公开的密钥对发送的数据进行加密，而以秘密的密钥对接受的数据进行解密，该加密/解密装置包括一个信息处理装置，其特征在于：其具有

处理器；和

存储器，存储控制用命令信息和数据信息，能够读出和写入；

上述处理器具有下述装置：

1）将由M位的N倍构成的数据Z，和由M位的L倍构成的数据I从外部输入的输入装置，其中M、N为正整数，L为小于或等于N的正整数；

2）将由该输入装置输入的数据Z从最低位的位向最高位的位分割为M位单位的块，并将这些块依次登记在存储区域W1、W2、W3……WL……WN中的存储器写入装置；

3）接着，从上述存储区域W1、W2、W3……WL……WN，以块单位，将数据依次读出的第1存储器读出装置；

4）在构成数据I的M位单位的第i个块的值是1时，从由上述存储器读出装置读出的W（i）的数据，减去由上述存储器读出装置读出的W（L）的数据，并将其结果输出作为W（i）的数据，从由上述存储器读出装置读出的W（i+1）的数据，减去由上述存储器读出装置读出的W（L+1）的数据，并将其结果输出作为W（i+1）的数据，从由上述存储器读出装置读出的W（i+2）的数据，减去由上述存储器读出装置读出的W（L+2）的数据，并将其结果输出作为W（i+2）的数据，……，从由上述存储器读出装置读出的W（i+N-L）的数据，减去由上述存储器读出装置读出的W（N）的数据，并将其结果输出作为W（i+N-L）的数据的运算装置；

5）将由上述运算装置输出的W（i）的数据写入存储区域W（i）中，将由上述运算装置输出的W（i+1）的数据写入存储区域W（i+1）中，将由上述运算装置输出的W（i+2）的数据写入存储区域W（i+2）中，……，将由上述运算装置输出的W（i+N-L）的数据写入存储区域W（i+N-L）中的第2存储器写入装置；

6）对上述存储器读出装置和运算装置及第2存储器写入装置作指示，以使上述2）~5）的处理，在i的值从1~L反覆执行，并取得其结果所输出的余数的控制装置；以及

7）将上述控制装置取得的余数输出，以使得从外部能够参照的输出装置。”

复审请求人认为，本申请涉及的是具体技术手段在具体技术中的实际应用，本发明的具体目的是为了保持通信系统中通信数据的秘密，其手段是提供一种加密/解密装置，实现了比一般的加密/解密装置更高效的处理速度和更有效的加密/解密效果。尽管本申请包含的对数据的处理、对余数的计算等被认为是智力活动的规则和方法的内容，但就修改的权利要求1所表明的本申请却是一件具体的产品，其目的、手段和效果都是技术性的，相比于现有技术，本申请作出了实际的技术上的贡献，因此，该权利要求就整体而言并不是一种智力活动的规则和方法，不应当依据专利法第25条排除其获得专利权的可能性。

经过审理，本合议组认为本案事实已经清楚，可以依法作出复审决定。

二、决定的理由

1. 审查基础

本决定是在复审请求人于2006年11月3日提交的修改后的权利要求第1项和进入国家阶段时提交的说明书第1~19页、说明书附图第1~16页、说明书摘要、摘要附图的基础上进行审查的。

2. 关于专利法第25条

专利法第25条第1款规定：对下列各项，不授予专利权：

（1）科学发现；

（2）智力活动的规则和方法；

（3）疾病的诊断和治疗方法；

（4）动物和植物品种；

（5）用原子核变换方法获得的物质。

复审请求人于2006年11月3日提交的权利要求书修改替换页中，将独立权利要求1具体限定为“一种用于通信系统的加密/解密装置”，并且限定其加密/解密的技术手段为“使用公开的密钥对发送的数据进行加密，而以秘密的密钥对接收的数据进行解密”，即，在独立权利要求1中虽然包含智力活动的规则和方法的内容，即，余数运算方法；但是也包含了技术特征，即，运用密钥进行加密和解密的加密/解密装置及其包括的处理器、存储器、信息处理装置等；就整体而言，权利要求1的技术方案解决了在通信系统的通信活动中对通信数据进行保密的技术问题，采用了一种应用具体信息处理、存储等方法的加密/解密装置作为技术手段，实现了有效和快速进行加密/解密处理的技术效果，因此该权利要求

1 不属于智力活动的规则和方法，不应当依据专利法第 25 条排除其获得专利权的可能性。

由此可见，该修改文本克服了原驳回决定和复审通知书中指出的本申请权利要求属于专利法第 25 条第 1 款第（2）项规定的不授权情形的问题。

基于上述理由，合议组作出下述决定。

三、决定

撤销国家知识产权局于 2004 年 6 月 25 日作出的驳回 99800065.5 号发明专利申请的决定，由原审查部门以复审请求人于 2006 年 11 月 3 日提交的修改后的权利要求第 1 项和进入国家阶段时提交的说明书第 1~19 页、说明书附图第 1~16 页、说明书摘要、摘要附图为基础继续审查。

复审请求人对本决定不服的，可以根据专利法第 41 条第 2 款的规定，自收到本决定之日起三个月内向北京市第一中级人民法院起诉。

079

具有无光泽外观的塑料片材制品及其制备方法

复审请求审查决定（第10802号）

决　定　号　第10802号
决　定　日　2007年6月12日
发明创造名称　具有无光泽外观的塑料片材制品及其制备方法
国际分类号　B32B 27/18
复审请求人　CYRO工业公司
申　请　号　01807082.5
申　请　日　2001年3月26日
优先权日　2000年3月24日
公　开　日　2003年6月4日
合议组组长　刘瑞斌
主　审　员　郭建强
参　审　员　崔　震

法律依据　专利法第22条第2款、第3款、第33条
决定要点

复审请求人经过修改申请文件，克服了驳回决定和复审通知书中指出的本申请修改超范围和权利要求不具备新颖性的缺陷，但关于权利要求的创造性，由于原审查部门在实质审查和驳回决定中均没有涉及，因此专利复审委员会应该撤销驳回决定，由原审查部门继续对权利要求是否具备创造性进行审查。

一、案由

本复审请求涉及申请号为01807082.5、发明名称为“具有无光泽外观的塑料片材制品及其制备方法”的发明专利申请（下称本申请），申请人为CYRO工业公司，申请日为2001年3月26日，优先权日为2000年3月24日，公开日为2003年6月4日。

本申请原始权利要求书包括权利要求1~24，其中权利要求1如下：

“1. 一种具有无光泽表面的塑料片材制品，包括一第一热塑性聚合物的芯层和至少一置于和粘接到所述芯层的至少一个表面上的贴面组合物层，所述贴面组合物包括一具有一折射率的第二热塑性聚合物和含有大量的与第二热塑性聚合物不融和的并且分散在第二热塑性聚合物中的且具有一折射率的离散的颗粒，其中颗粒的折射率不同于第二热塑性聚合物的折射率。”

国家知识产权局原审查部门于2004年8月13日发出第一次审查意见通知书，引用了公开号为JP

特开平11-221882A的对比文件1（公开日为1999年8月17日），指出本申请的权利要求1~5、7~8、11、13~24相对于对比文件1不具备新颖性，权利要求6、9、10、12相对于对比文件1不具备创造性，分别不符合专利法第22条第2款和第3款的规定。

针对上述审查意见通知书，申请人于2004年12月28日提交了意见陈述书及经过修改的权利要求书，新的权利要求书包括权利要求1~28，其中权利要求1如下：

“1. 一种具有无光泽无孔表面的塑料片材制品，包括一第一热塑性聚合物的芯层和至少一置于和粘接到所述芯层的至少一个表面上的贴面组合物层，所述贴面组合物含有大量的与第二热塑性聚合物不融和的并且分散在第二热塑性聚合物中的离散的颗粒，该离散颗粒的直径在20至80μm，并具有硬质非弹性的交联聚合物组成。”

原审查部门于2005年1月28日发出第二次审查意见通知书，指出申请人对权利要求1、3、6的修改超出了原说明书和权利要求书记载的范围，不符合专利法第33条的规定，同时，还指出即使申请人克服了修改超范围的缺陷，本申请的权利要求1~28也将依然不具有专利法第22条第2款或第3款所规定的新颖性或创造性。

针对上述审查意见通知书，申请人于2005年4月12日再次提交了意见陈述书和权利要求书的修改文本，新的权利要求书包括权利要求1~23，其中权利要求1如下：

“1. 一种具有无光泽无孔表面的塑料片材制品，包括一第一热塑性聚合物的芯层和至少一置于和粘接到所述芯层的至少一个表面上的贴面组合物层，所述贴面组合物含有大量的与第二热塑性聚合物不融和的并且分散在第二热塑性聚合物中的离散的颗粒，该离散颗粒的直径30至60μm，该离散颗粒占贴面层4~30wt%，以及该贴面层最厚为400微米。”

原审查部门于2005年7月8日针对申请人于2005年4月12日提交的权利要求1~23以及进入中国国家阶段时提交的说明书第1~4页作出了驳回决定，指出：申请人在权利要求1中加入的特征“贴面层最厚为400微米”既没有记载在原始申请文件中，也不能由原说明书和权利要求书所记载的“贴面层的厚度为约10~400微米，优选大约150~300微米”中直接地、毫无疑义地确定，因此超出了原说明书和权利要求书记载的范围，对权利要求2和5的修改也超出了原权利要求书和说明书记载的范围，不符合专利法第33条的规定。此外，驳回决定中还指出，即使克服了修改超范围的缺陷，本申请权利要求1也依然不具有新颖性，权利要求2~23也不具有新颖性或创造性。

申请人CYRO工业公司（下称复审请求人）对上述驳回决定不服，于2005年10月20日向专利复审委员会提出了复审请求，同时提交了意见陈述书和修改后的权利要求书以及补充的试验结果，修改后的权利要求书包括权利要求1~8，其中独立权利要求1如下：

“1. 一种具有无光泽无孔表面的塑料片材制品，包括一第一热塑性聚合物的芯层和至少一置于和粘接到所述芯层的至少一个表面上的贴面组合物层，所述贴面组合物含有大量的与第二热塑性聚合物不融和的并且分散在第二热塑性聚合物中的离散的颗粒，该离散颗粒的直径在30至60μm，该离散颗粒占贴面层4~30wt%，该贴面层最厚为400微米，并且其中所述颗粒的折射率不同于第二热塑性聚合物的折射率，其差值的范围是0.001到0.030。”

复审请求人提交的附件如下：

附件1：补充试验结果；

附件2：美国Cyro工业公司在答复美国专利商标局审查意见时所提交的英文证言材料。

复审请求人认为：权利要求1中增加的特征“贴面层最厚为400微米”在说明书第3页第4行中有记载，因此没有超出原说明书和权利要求书的范围。权利要求书中其他的内容已经按照驳回决定的意见进行了修改，因此本次提交的修改文本符合专利法第33条的规定。本申请具备新颖性和创造性，符合专利法第22条第2款、第3款的规定，提交的附件1和附件2可以佐证。

经形式审查合格后，专利复审委员会受理了该复审请求，于2005年11月17日向复审请求人发出复审请求受理通知书，向原审查部门发出前置审查通知书，并将本案转送至原审查部门进行前置审查。

原审查部门作出了前置审查意见书，指出对权利要求1的修改仍然超出了原说明书和权利要求书记载的范围，不符合专利法第33条的规定，因此坚持了原驳回决定。

专利复审委员会依法组成合议组，对本复审请求案进行了审理。

合议组于2006年8月29日向复审请求人发出复审通知书，在复审请求人于2005年10月20日提交的权利要求1~8以及进入中国国家阶段时提交的说明书第1~4页的基础上提出以下复审意见：

（1）复审请求人在权利要求1中增加的特征“贴面层最厚为400微米”，其含义包括了“贴面层的厚度小于10微米”的范围，但该内容既没有记载在原说明书和权利要求书中，也不能由原说明书和权利要求书所记载的“贴面层的厚度可以是约10~400μm，优选大约150~300μm”（参见原说明书第3页第4行）中直接地、毫无疑义地确定，因此该修改超出了原说明书和权利要求书记载的范围，不符合专利法第33条的规定。

（2）即使复审请求人经过修改克服了上述修改超范围的缺陷，本申请也不具备新颖性和/或创造性。就本案而言，对比文件1（JP-特开平11-221882A）公开了一种具有无光泽表面的丙烯酸树脂层合板，并具体公开了以下的技术特征“该层合板包括丙烯酸类树脂的基层（相当于权利要求1中的芯层）和至少粘接到所述基层的一个表面上的由丙烯酸类树脂和分散在其中的一定量的离散颗粒组成的表面层（相当于权利要求1中的贴面组合物层），层合板的厚度为0.5~100mm，优选为2.5mm，表面层厚度为10~200μm；颗粒的直径优选2~50μm，最好为2~30μm；分散在表面层中颗粒的量优选为3~25重量%；表面层中颗粒和聚合物基质的折射率之差为0.02~0.2（参见对比文件1的说明书第7、10、13、22段和权利要求1）”。由此可见，对比文件1和本申请权利要求1在技术领域、所解决的技术问题、技术方案和预期效果四个方面实质上相同，属于同样的发明。因此，权利要求1所要求保护的技术方案不具备专利法第22条第2款所规定的新颖性。

同时由于对比文件1的公开，在独立权利要求1不具备新颖性的基础上，从属权利要求2、3、6~8也不具备新颖性，从属权利要求4和5不具备创造性。

关于复审请求人提交的附件1和2，由于其并不是针对对比文件1影响本申请权利要求新颖性和/或创造性这一事实的争辩性事由，因此合议组认为该附件不影响本申请的新颖性和/或创造性的判断。

复审请求人于2006年12月13日对上述复审通知书进行了答复，再次修改了权利要求书，新的权利要求书包括权利要求1~8，其中独立权利要求1如下：

“1. 一种具有无光泽无孔表面的塑料片材制品，包括一第一热塑性聚合物的芯层和至少一置于和粘接到所述芯层的至少一个表面上的贴面组合物层，所述贴面组合物含有大量的与第二热塑性聚合物不融和的并且分散在第二热塑性聚合物中的离散的颗粒，该离散颗粒的直径在30至60μm，该离散颗粒占贴面层4~30wt%，该贴面层厚度为10~400微米，并且其中所述颗粒的折射率不同于第二热塑性聚合物的折射率，其差值范围是0.001到低于0.020。”

复审请求人认为上述修改克服了原权利要求书修改超范围以及不具备新颖性或创造性的缺陷，符合专利法第33条以及第22条第2款、第3款的规定。

至此，合议组认为本案事实清楚，可以作出审查决定。

二、决定的理由

1. 关于审查的基础

本决定所依据的审查文本是请求人于 2006 年 12 月 13 日提交的权利要求 1~8 和进入中国国家阶段时所提交的说明书第 1~4 页。

2. 关于修改是否符合专利法第 33 条的规定

专利法第 33 条规定：申请人可以对其专利申请文件进行修改，但是，对发明和实用新型专利申请文件的修改不得超出原说明书和权利要求书记载的范围。

本案中，针对复审通知书所指出的问题，复审请求人于 2006 年 12 月 13 日提交了新修改的权利要求 1~8。合议组经审查后认为，复审请求人本次提交的修改文件中，将权利要求 1 中的“贴面层最厚为 400 微米”修改为“贴面层厚度为 10~400 微米”克服了复审通知书指出的缺陷，没有超出原说明书和权利要求书记载的范围（参见说明书第 3 页第 4 行）；将权利要求 1 中的“差值范围是 0.001 到 0.030”和权利要求 8 中的“差值范围是 0.005 到 0.020”修改为“差值范围是 0.001 到低于 0.020”和“差值范围是 0.005 到低于 0.020”，由于折射率差值为 0.020 在原说明书中有记载（参见说明书第 3 页第 14 行），因此也未超出原说明书和权利要求书记载的范围。综上，复审请求人本次提交的权利要求书克服了驳回决定和复审通知书中指出的原有的修改超范围的缺陷，同时也未出现新的修改超范围的缺陷，符合专利法第 33 条的规定。

3. 关于本申请的新颖性和创造性

专利法第 22 条第 1 款、第 2 款、第 3 款规定，发明应当具备新颖性和创造性。新颖性，是指在申请日以前没有同样的发明或者实用新型在国内外出版物上公开发表过、在国内公开使用过或者以其他方式为公众所知，也没有同样的发明或者实用新型由他人向国务院专利行政部门提出过申请并且记载在申请日以后公布的专利申请文件中。创造性，是指同申请日以前已有的技术相比，该发明有突出的实质性特点和显著的进步，该实用新型有实质性特点和进步。

本案中，新的独立权利要求 1 中将“折射率差值的范围”由以前的“0.001 到 0.030”修改为“0.001 到低于 0.020”，从而与对比文件 1 中公开的“折射率差值的范围 0.02 至 0.2”区别开，因此本申请权利要求 1 相对于对比文件 1 具备专利法第 22 条第 2 款所规定的新颖性，克服了原驳回决定和复审通知书中指出的本申请权利要求 1 不具备新颖性的缺陷。

由于本申请经复审请求人的修改，已经克服了驳回决定中所指出的修改超范围和权利要求 1 不具备新颖性的缺陷，同时由于原审查部门在实质审查以及驳回决定中均没有涉及本申请权利要求 1 的创造性，因此应该由原审查部门继续对权利要求 1 是否具备创造性进行审查；关于从属权利要求 2~8，由于其引用的独立权利要求 1 的内容发生了变化，因此原审查部门对其创造性需要作出进一步的认定。

根据以上事实和理由，本案合议组作出如下审查决定。

三、决定

撤销国家知识产权局于 2005 年 7 月 8 日作出的驳回决定，由原审查部门在复审请求人于 2006 年 12 月 13 日提交的权利要求 1~8 和进入中国国家阶段时提交的说明书第 1~4 页的基础上继续进行审批程序。

复审请求人对本决定不服的，可以根据专利法第 41 条第 2 款的规定，自收到本决定之日起 3 个月内向北京市第一中级人民法院起诉。

080

用于测量仪器的机构

复审请求审查决定（第10809号）

决　定　号　第10809号
决　定　日　2007年6月11日
发明创造名称　用于测量仪器的机构
国际分类号　G01L 7/08，A61B 5/022
复审请求人　韦尔奇阿林公司
申　请　号　98801911.6
申　请　日　1998年11月13日
优 先 权 日　1997年11月18日
公　开　日　2000年2月9日
合议组组长　耿　博
主　审　员　瞿晓峰
参　审　员　郭健国

法律依据　专利法第33条
决定要点
如果本领域技术人员根据原说明书记载的内容可以直接地、毫无疑义地得到修改后的技术特征，那么修改后的技术特征没有超出原说明书和权利要求书记载的范围，符合专利法第33条的规定。

一、案由

本复审请求涉及名称为“用于测量仪器的机构”的98801911.6号发明专利申请（下称本申请），申请人为韦尔奇阿林公司，申请日为1998年11月13日，优先权日为1997年11月18日，公开日为2000年2月9日。

2005年2月25日，国家知识产权局以本申请不符合专利法第33条的规定为由驳回了本申请。驳回决定指出，在申请人所指出的说明书的相关部分并没有明确记载第一实施例中的底帽部件122作为固定支承件，在使用过程中是静止或固定不动的，也不能从原始说明书关于第一实施例的详细描述中直接得出底帽部件122作为固定支承件。实际上，固定支承件仅在第二实施例的机构中使用。因此，权利要求2~5、9、10、15、16、19~22、26、27、32、33、36、37、39~45、49~54以及说明书第2页第20~27行将说明书第一实施例与第二实施例结合，这样的技术方案在原说明书和权利要求书中没有记载，修改超出了原说明书和权利要求书记载的范围，不符合专利法第33条的规定。

驳回决定涉及的独立权利要求如下：

“1. 一种运动机构，它包括：

一个轴部件，它具有相对的第一端和第二端以及在所述第一端和第二端之间限定的一个轴线；以及用于使所述轴部件的所述第一端在轴向上移动的轴向位移装置，所述机构的特征在于：至少一个弹簧件相对于所述轴部件的轴线同心布置，所述弹簧件在一端安装到所述轴部件的中部，在相对的另一端安装到一个固定支承件上，其中，所述弹簧件向着一静止位置偏压所述轴部件，所述位移装置引起所述轴部件在所述轴向上移动、所述弹簧件弯曲和所述轴部件转动。

18. 一种在测量仪器中使用的机构，所述的仪器包括一个壳体、安置在所述壳体中的位移装置及对所述位移装置作出反应的指示装置，所述指示装置根据所述位移装置的运动来指示参数值的变化，所述的运动机构包括：一个布置在所述壳体中位于所述指示装置与所述位移装置之间的轴部件，所述的轴部件具有相对的第一端和第二端，这两端限定了一条位于它们之间的轴线，其特征在于：它具有相对于所述轴部件轴线同心布置的至少一个弹簧件，所述的弹簧件具有安装到所述轴部件上的第一端和安装到一个固定支承件上的第二端，其中，所述弹簧件向着一静止位置偏压所述轴部件，所述位移装置导致所述的轴部件沿所述轴线方向移动、所述弹簧件弯曲和所述轴部件转动。

38. 一种用于血压计的机构，所述血压计包括一个感压组件，所述感压组件中装有一个位于一壳体内部一侧上的可移动构件，和一个位于所述壳体的相对侧上的刻度面板，所述机构包括：一个具有第一端和第二端的轴部件，所述第一端与所述的感压组件相接触，所述第二端上有一个安装于其上的指针，所述指针靠近所述刻度面板上的指示区，所述第一端和第二端限定了一个轴线，其特征在于：它具有一个沿着由所述的轴部件的两端限定的轴线同轴布置的弹簧件，所述弹簧件具有安装至所述轴部件中部的第一端和安装至一固定支承件的第二端，其中，所述弹簧件向着一静止位置偏压所述轴部件，所述感压组件的所述可移动构件的移动导致所述轴部件在轴向上移动、所述弹簧件弯曲和所述轴部件转动，以使得所述指针能够相对于所述刻度面板作圆周方向上的移动。”

申请人韦尔奇阿林公司（下称复审请求人）对该驳回决定不服，于2005年6月13日向专利复审委员会提出了复审请求并陈述了理由。在意见陈述中，复审请求人结合第一实施例的结构和操作原理论述了第一实施例中的底帽部件在操作过程中是静止或固定不动的，而第二实施例中的零位调节件在使用状态下也是静止或固定不动的，所以复审请求人认为本申请第一实施例和第二实施例均包含了“固定支承件”，在此基础上，复审请求人认为本申请的权利要求书和说明书均未超出原说明书和权利要求书记载的范围，因而符合专利法第33条的规定。

经形式审查合格后，专利复审委员会于2005年8月4日受理了该复审请求，向复审请求人发出复审请求受理通知书，同时向原审查部门发出前置审查通知书。

在前置审查意见书中，原审查部门坚持原驳回决定。

基于上述复审请求，专利复审委员会依法成立合议组对本复审请求进行了审查，合议组认为本案事实清楚，可以依法作出复审决定。

二、决定的理由

1. 审查文本

本决定针对的文本是驳回决定所依据的文本，即复审请求人于2003年11月18日提交的权利要求第1~46项和于2004年5月11日提交的权利要求第47~56项；于2003年11月18日提交的说明书第1~14页；于1999年9月14日提交的附图第1、2、4~6页和于2002年12月31日提交的附图第3页；于1999年7月19日提交的说明书摘要和于1999年9月14日提交的摘要附图。

2. 关于修改是否符合专利法第 33 条的规定

专利法第 33 条规定：申请人可以对其专利申请文件进行修改，但是，对发明和实用新型专利申请文件的修改不得超出原说明书和权利要求书记载的范围，对外观设计专利申请文件的修改不得超出原图片或者照片表示的范围。

驳回决定认为，在申请人所指出的说明书的相关部分并没有明确记载第一实施例中的底帽部件 122 作为固定支承件，在使用过程中是静止或固定不动的，也不能从原始说明书关于第一实施例的详细描述中直接得出底帽部件 122 作为固定支承件。

合议组经仔细分析本申请的说明书，认为本申请中的底帽部件 122 在工作过程中是静止不动的，属于固定支承件。理由如下：

首先，说明书记载的第一实施例具有第一位置调节装置，用于校正所述的机构 80 和用于使指针 92 与刻度面板 84 上的指示区 85 上的零位对准（参见原说明书第 10 页第 1~10 行）。该第一位置调节装置的具体操作过程为：用工具夹住平板 119 旋转，轴部件 96 被导致与管状衬套 110 及底帽部件 122 一道转动，进而使安装在轴部件 96 上的指针 92 一起转动，从而使指针 92 与刻度面板 84 上的零位对准。

合议组认为：假如管状衬套 110 与底帽部件 122 能够完全地相对转动，那么管状衬套 110 将无法带动底帽部件 122 转动，因此弹簧件 106 和轴部件 96 均不会转动，不能使指针 92 实现零位对准；假如管状衬套 110 与底帽部件 122 能够在一定范围内相对转动，那么管状衬套 110 只能在转过一定范围之后才能带动底帽部件 122 转动，进而再带动弹簧件 106 和轴部件 96 转动，使指针 92 实现零位对准，但是有可能在管状衬套 110 带动底帽部件 122 转动前的相对转动范围内指针都是指向零位，在这种情况下，第一位置调节装置已经没有任何意义了。因此，本领域技术人员根据第一位置调节装置的工作过程可以认定本申请中底帽部件 122 与管状衬套 110 应当是相对固定的。

其次，说明书还记载了第一实施例的具体工作过程（参见原说明书第 11 页第 7~16 行），即：在使用公知的方式对球胆部件 38 进行充气，感压组件 34 发生膨胀引起柔性体 40 的竖直位移，并且使顶部承压表面 54 碰撞轴部件 96 的末端 100。轴部件 96 被推动而在竖直方向上移动，由于弹簧件 106 的下端安装在底帽部件 122 上产生的限制，导致轴部件 96 随着弹簧件的松卷而沿着顺时针方向（向下看轴线 99）转动和移动。而轴部件 96 的转动引起安装在其顶端 104 上的指针 92 相对于刻度面板 84 上的指示区 85 在圆周方向上转动。

合议组认为，在测量仪器领域中，仪器在使用过程中的准确性和可靠性是考虑的重要因素。在本申请中，如果底帽部件 122 在使用过程中与管状衬套 110 可以相对转动，那么，弹簧件 106 伸长松卷所产生的能量在带动轴部件 96 转动的同时，也会促使底帽部件 122 顺着与轴部件转动方向相反的方向转动一定范围。由于底帽部件 122 的转动消耗了弹簧件 106 伸长松卷所产生的一部分能量，指针所示的数值将不能准确反映所测气体的实际压力。而且，一旦放气之后外力消除，指针也可能不能完全归零。所以，本领域技术人员根据第一实施例的工作过程可以认定本申请中底帽部件 122 与管状衬套 110 应当是相对固定的。

综上所述，合议组认为本领域技术人员根据说明书记载的内容可以直接地、毫无疑义地确定本申请中底帽部件 122 在工作过程中是静止不动的，属于固定支承件。因此，复审请求人在本申请中使用固定支承件概括底帽部件 122 并没有超出原说明书和权利要求书记载的范围，符合专利法第 33 条的规定。由于第一实施例中具有固定支承件，因此，也就不存在驳回决定所指出的“权利要求 2~5、9、10、15、16、19~22、26、27、32、33、36、37、39~45、49~54 以及说明书第 2 页第 20~27 行将说明书第一实施例与第二实施例结合，这样的技术方案在原说明书和权利要求书中没有记载”的缺陷。

三、决定

撤销国家知识产权局于 2005 年 2 月 25 日对 98801911.6 号发明专利申请作出的驳回决定。由原审查部门以复审请求人于 2003 年 11 月 18 日提交的权利要求第 1~46 项、于 2004 年 5 月 11 日提交的权利要求第 47~56 项、于 2003 年 11 月 18 日提交的说明书第 1~14 页、于 1999 年 9 月 14 日提交的附图第 1、2、4~6 页、于 2002 年 12 月 31 日提交的附图第 3 页、于 1999 年 7 月 19 日提交的说明书摘要以及于 1999 年 9 月 14 日提交的摘要附图为审查文本继续进行审查程序。

复审请求人对本决定不服的，可以根据专利法第 41 条第 2 款的规定，自收到本决定之日起三个月内向北京市第一中级人民法院起诉。

081

燃料油飞溅防止用叠层体

复审请求审查决定（第10820号）

决　定　号　第10820号
决　定　日　2007年6月14日
发明创造名称　燃料油飞溅防止用叠层体
国际分类号　B32B 15/14
复审请求人　冢田贤
申　请　号　00102352.7
申　请　日　2000年2月21日
公　开　日　2001年8月29日
合议组组长　朱文广
主　审　员　郭建强
参　审　员　崔　震

法律依据　专利法第33条
决定要点
如果申请的内容通过增加、改变和/或删除其中的一部分，致使所属技术领域的技术人员看到的信息与原申请记载的信息不同，而且又不能从原申请记载的信息中直接地、毫无疑义地确定，那么这种修改就是不允许的。

一、案由

本复审请求涉及申请人冢田贤于2000年2月21日申请，2001年8月29日公开，名称为“燃料油飞溅防止用叠层体”的00102352.7号发明专利申请（下称本申请）。

本申请权利要求书包括权利要求1~2，其内容如下：

“1. 燃料油飞溅防止用叠层体，可防止在船舶发动机室内因燃料油飞溅引起喷发式火灾，其特征在于，由从天然纤维、合成纤维、无机纤维、金属纤维、碳素纤维中的选出的1种或2种以上纤维形成的织布或无纺布作为基材，在该基材的一面或两面上粘接金属箔而构成。

2. 如权利要求1所述的燃料油飞溅防止用叠层体，其特征在于，上述基材是由芳族聚酰胺纤维构成的英式支数为#10~40支的纺织纱线形成的织布做成，该织布中，上述纺织线的编织密度为，纵20~150根/英寸，横20~150根/英寸；抗拉强度为，纵30~200kg，横30~200kg；延伸率为，纵3.5%~5.5%，横5.5%~7.5%。”

应申请人的请求，国家知识产权局原审查部门对本申请进行了实质审查，于2004年4月23日针对原始申请文件向申请人发出了第一次审查意见通知书，其中引用了对比文件1（CN88103416A，公开日为1988年12月21日），并指出：相对于对比文件1，权利要求1不具备专利法第22条第2款规定的新颖性，权利要求2不具备专利法第22条第3款规定的创造性。

申请人针对上述审查意见通知书于2004年9月6日提交了意见陈述书，并对权利要求1进行了修改，修改后的权利要求1如下：

“1. 燃料油飞溅防止用叠层体，可防止在船舶发动机室内因燃料油飞溅引起喷发式火灾，其特征在于，由从天然纤维、合成纤维、无机纤维、金属纤维、碳素纤维中的选出的1种或2种以上纤维形成的织布或无纺布作为基材，在该基材的一面或两面上粘接金属箔而构成；是卷绕在配管的接合部分的带。”

申请人认为，对比文件1所要解决的技术问题是提高印刷电路板用层压板的弯曲特性和焊锡耐热性，降低尺寸收缩率。而本申请是用于防止在船舶的发动机室内因燃料油飞溅引起的喷发式火灾，上述叠层体的新用途在对比文件1中没有公开。本发明的技术特征并不仅仅在于叠层体构造本身，还具有包括其用途的整体构成的技术特征。

国家知识产权局原审查部门于2005年3月4日针对申请人申请日提交的说明书第1~6页、附图第1~5页、说明书摘要和摘要附图以及2004年9月6日提交的权利要求第1~2项作出了驳回决定，驳回理由是：相对于对比文件1，权利要求1仍然不具备专利法第22条第2款规定的新颖性，权利要求2仍然不具备专利法第22条第3款规定的创造性。

申请人（下称复审请求人）对上述驳回决定不服，于2005年6月20日向专利复审委员会提出复审请求，并再次对权利要求1进行了修改，修改后的权利要求1如下：

“1. 燃料油飞溅防止用叠层体，可防止在船舶发动机室内因燃料油飞溅引起喷发式火灾，其特征在于，该叠层体由从天然纤维、合成纤维、无机纤维、金属纤维、碳素纤维中选出的1种或2种以上纤维形成的织布或无纺布作为基材，在该基材的一面或两面上粘接铝箔而构成；在上述叠层体的一方的面上设置硅类的粘着层。”

经形式审查合格，专利复审委员会受理了该复审请求，并于2005年9月5日向复审请求人发出了复审请求受理通知书，向国家知识产权局原审查部门发出了前置审查通知书，同时将本案案卷转送至原审查部门进行前置审查。

在前置审查中，国家知识产权局原审查部门坚持原驳回决定。

专利复审委员会依法组成合议组对该复审请求案进行了审理，并于2006年5月17日向复审请求人发出复审通知书，在复审请求人于申请日提交的说明书第1~6页、附图第1~5页、说明书摘要和摘要附图以及于2005年6月20日提交的权利要求1~2的基础上提出以下复审意见：

本申请权利要求1~2相对于现有技术来说没有突出的实质性特点和显著的进步，不具备专利法第22条第3款所规定的创造性。

复审请求人于2006年9月1日对上述复审通知书进行了答复，提交了意见陈述书和权利要求书替换页，以及用于解释“粘接剂粘接”的日语版《化学用语词典》共5页供合议组参考。修改后的权利要求书只包括权利要求1，如下：

“1. 一种燃料油飞溅防止用叠层体，该叠层体为带状，卷绕在配管的接合部分以防止燃料油飞溅，在所述配管的接合部分会发生所述燃料油飞溅而导致船舶的发动机室内发生喷发式火灾，其特征在于，由从天然纤维、合成纤维、无机纤维、碳素纤维中选出的一种纤维形成织布，在仅由该织布构成的基材的两面上，用粘接剂粘接0.01~1.0mm厚度的铝箔，在所述叠层体的一方的面上设置硅类的粘接层，上述织布的线的编织密度为，纵20~150根/英寸，横20~150根/英寸；抗拉强度为，纵

30~200kg，横 30~200kg；延伸率为，纵 3.5%~5.5%，横 5.5%~7.5%。”

复审请求人认为：修改后的本申请和对比文件 1 的结构明显不同，作用效果不同，因而具有新颖性和创造性。

本案合议组于 2006 年 12 月 26 日再次向复审请求人发出复审通知书，在复审请求人于申请日提交的说明书第 1~6 页、附图第 1~5 页、说明书摘要和摘要附图以及于 2006 年 9 月 1 日提交的权利要求书的基础上提出以下复审意见：

“修改后的权利要求 1 中对织布线的编织密度、抗拉强度和延伸率的限定，不能从原始说明书和权利要求书中直接地、毫无疑义地确定，因此权利要求 1 的修改超范围，不符合专利法第 33 条的规定。”

复审请求人于 2007 年 2 月 12 日对上述复审通知书进行了答复，没有对权利要求书进行修改，而是提交了说明书和说明书摘要的修改替换页。复审请求人认为权利要求 1 中对织布线的编织密度、抗拉强度和延伸率的限定，明确地记载在原权利要求 2 以及原说明书第 3 页到第 4 页中，符合专利法第 33 条的规定。

至此，合议组认为本案事实已经清楚，可以作出审查决定。

二、决定的理由

关于本申请的修改是否符合专利法第 33 条的规定。

专利法第 33 条规定：申请人可以对其专利申请文件进行修改，但是，对发明和实用新型专利申请文件的修改不得超出原说明书和权利要求书记载的范围。

根据该规定，如果申请的内容通过增加、改变和/或删除其中的一部分，致使所属技术领域的技术人员看到的信息与原申请记载的信息不同，而且又不能从原申请记载的信息中直接地、毫无疑义地确定，那么这种修改就是不允许的。

就本案而言，修改后的权利要求书为：

“1. 一种燃料油飞溅防止用叠层体，该叠层体为带状，卷绕在配管的接合部分以防止燃料油飞溅，在所述配管的接合部分会发生所述燃料油飞溅而导致船舶的发动机室内发生喷发式火灾，其特征在于，由从天然纤维、合成纤维、无机纤维、碳素纤维中选出的一种纤维形成织布，在仅由该织布构成的基材的两面上，用粘接剂粘接 0.01~1.0mm 厚度的铝箔，在所述叠层体的一方的面上设置硅类的粘接层，上述织布的线的编织密度为，纵 20~150 根/英寸，横 20~150 根/英寸；抗拉强度为，纵 30~200kg，横 30~200kg；延伸率为，纵 3.5%~5.5%，横 5.5%~7.5%。”

其中权利要求 1 中对织布线的编织密度、抗拉强度和延伸率进行了限定，却没有限定织布的种类，但在原说明书和权利要求中却明确限定了具有上述线的编织密度、抗拉强度和延伸率的织布是由芳族聚酰胺纤维形成的（参见原说明书第 3 页第 23 行至第 4 页第 2 行以及原权利要求 2），按照权利要求 1 目前的保护范围，包括了不是由芳族聚酰胺纤维形成的织布也具有上述的织布线的编织密度、抗拉强度和延伸率的情况，但该情况是不能从原始说明书和权利要求书中直接地、毫无疑义地确定的，即权利要求 1 中对织布线的编织密度、抗拉强度和延伸率的限定超出了原说明书和权利要求书记载的范围，不符合专利法第 33 条的规定。

根据以上事实和理由，本案合议组作出如下决定。

三、决定

维持国家知识产权局于 2005 年 3 月 4 日对 00102352.7 号发明专利申请作出的驳回决定。

复审请求人对本决定不服的，可以根据专利法第 41 条第 2 款的规定，自收到本决定之日起 3 个月内向北京市第一中级人民法院起诉。

082

玻璃纤维毡片及其在于密封层中的应用

复审请求审查决定（第10823号）

决　定　号　第10823号
决　定　日　2007年6月1日
发明创造名称　玻璃纤维毡片及其在于密封层中的应用
国 际 分 类 号　D21H 13/40，D21H 13/24，E04D 5/10，D04H 1/42
复 审 请 求 人　法国圣戈班韦特罗特斯有限公司
申　请　号　01804715.7
优 先 权 日　2000年2月9日
申　请　日　2001年1月31日
公　开　日　2003年2月19日
合 议 组 组 长　朱文广
主　审　员　王　冬
参　审　员　崔　震

法 律 依 据　专利法第22条第3款
决 定 要 点
判断一项发明权利要求相对于对比文件是否具有创造性，首先应当找出两者的区别技术特征，并确定发明实际解决的技术问题，然后再判断上述区别技术特征对本领域技术人员来说是否显而易见，如果本领域技术人员在现有技术的基础上仅仅通过合乎逻辑的分析、推理或者有限次的试验可以得到，则该权利要求是显而易见的，不具有突出的实质性特点。

一、案由

本复审请求涉及名称为“玻璃纤维毡片及其在于密封层中的应用”的第01804715.7号发明专利申请（下称本申请），申请人为法国圣戈班韦特罗特斯有限公司，申请日为2001年1月31日，优先权日为2000年2月9日，公开日为2003年2月19日。

2005年5月13日，针对申请人于2004年11月30日提交的权利要求书、于2002年8月8日（进入中国国家阶段日）提交的说明书及其摘要，国家知识产权局原审查部门驳回了本申请，理由是：权利要求1~6相对于对比文件2（US5154798A，公开日为1992年10月13日）不具有新颖性，不符合专利法第22条第2款的规定；权利要求7~8相对于对比文件2不具有创造性，权利要求9相对于对比文件2和对比文件3（GB1517595A，公开日为1978年7月12日）的结合不具有创造性，不符合专利法第22条第3款规定。

驳回决定针对的权利要求如下：

“1. 可用于制造沥青膜且具有基本上各向同性或无规结构的纤维基毡片，包括玻璃纤维、有机纤维和粘合剂，其中有机纤维在130℃下具有小于或等于5%的收缩率。

2. 权利要求1的毡片，其特征在于有机纤维在130℃下具有小于或等于3%的收缩率。

3. 权利要求1或2的毡片，其特征在于有机纤维是基于半结晶的聚合物。

4. 权利要求1或2的毡片，其特征在于有机纤维是聚酯纤维。

5. 权利要求4的毡片，其特征在于聚酯纤维是聚对苯二甲酸乙二酯纤维。

6. 权利要求1或2的毡片，其特征在于有机纤维的比例相对于纤维的总重量为5~30wt%。

7. 权利要求1或2的毡片，其特征在于粘合剂含量相对于毡片的总重量为15~30wt%。

8. 权利要求1或2的毡片，其特征在于毡片的克数为30~150g/m^2。

9. 含有用沥青基质涂布、覆盖或浸渍的基材的沥青膜，其特征在于基材是权利要求1或2的毡片。”

2005年8月29日，申请人法国圣戈班韦特罗特斯有限公司（下称请求人）对上述驳回决定不服，向专利复审委员会提出复审请求。请求人在提出复审请求时对权利要求书进行了修改，在权利要求1中加入了“粘合剂基于脲醛树脂”。修改后的权利要求1为：

“1. 可用于制造沥青膜且具有基本上各向同性或无规结构的纤维基毡片，包括玻璃纤维、有机纤维和粘合剂，其中有机纤维在130℃下具有小于或等于5%的收缩率，粘合剂基于脲醛树脂。”

请求人认为：修改后的权利要求1中使用的粘合剂为脲醛树脂，而对比文件2中则使用的是环氧树脂，因此，修改后的权利要求1~9具有新颖性、创造性。

经形式审查合格后，专利复审委员会受理了该请求，并于2005年10月18日向请求人发出了复审请求受理通知书，同时向前审部门发出了前置审查通知书，并将本申请转送至国家知识产权局前审部门进行前置审查。

在前置审查意见书中，国家知识产权局原审查部门坚持驳回决定。

专利复审委员会依法组成合议组，对本复审请求案进行了审理。

合议组于2006年3月29日向请求人发出复审通知书，指出：修改后的权利要求1相对于对比文件2和公知常识的结合不具有突出的实质性特点和显著的进步，不具有创造性，权利要求2~9相对于对比文件2和公知常识的结合也不具有创造性。

针对上述复审通知书所指出的问题，请求人于2006年5月11日提交了意见陈述书和修改后的权利要求书替换页，在权利要求1中加入了“并被切成6~30mm的长度，对于0.5~2dtex的线密度平均直径为7~25μm”。修改后的权利要求1为：

“1. 可用于制造沥青膜且具有基本上各向同性或无规结构的纤维基毡片，包括玻璃纤维、有机纤维和粘合剂，其中有机纤维在130℃下具有小于或等于5%的收缩率，并被切成6~30mm的长度，对于0.5~2dtex的线密度平均直径为7~25μm，粘合剂基于脲醛树脂。”

合议组于2007年3月1日向请求人发出复审通知书，指出：修改后的权利要求1相对于比文件2和公知常识的结合仍然不具有突出的实质性特点和显著的进步，不具有创造性，权利要求2~9相对于对比文件2和公知常识的结合也不具有创造性。

针对上述复审通知书所指出的问题，请求人于2007年4月16日提交了意见陈述书和修改后的权利要求书替换页，在权利要求1中加入了“且粘合剂的用量相对于毡片来说为15~30wt%的固含量”。修改后的权利要求1为：

“1. 可用于制造沥青膜且具有基本上各向同性或无规结构的纤维基毡片，包括玻璃纤维、有机纤维和粘合剂，其中有机纤维在130℃下具有小于或等于5%的收缩率，并被切成6~30mm的长度，对于0.5~2dtex的线密度平均直径为7~25μm，粘合剂基于脲醛树脂，且粘合剂的用量相对于毡片来说为15~30wt%的固含量。”

至此，合议组认为本案事实已经清楚，可以作出审查决定。

二、决定的理由

1. 关于审查文本

本复审决定以复审请求人于2007年4月16日提交的权利要求1~9，于2002年8月8日提交的说明书第1~6页和说明书摘要为审查文本。

2. 关于专利法第22条第3款

专利法第22条第3款规定：创造性，是指同申请日以前已有的技术相比，该发明有突出的实质性特点和显著的进步，该实用新型具有实质性特点和进步。

判断一项发明权利要求相对于对比文件是否具有创造性，首先应当找出两者的区别技术特征，并确定发明实际解决的技术问题，然后再判断上述区别技术特征对本领域技术人员来说是否显而易见，如果本领域技术人员在现有技术的基础上仅仅通过合乎逻辑的分析、推理或者有限次的试验可以得到，则该权利要求是显而易见的，不具有突出的实质性特点。

权利要求1要求保护一种纤维基毡片，包括玻璃纤维、有机纤维和粘合剂，其中有机纤维在130℃下具有小于或等于5%的收缩率并被切成6~30mm的长度，对于0.5~2dtex的线密度平均直径为7~25μm，粘合剂基于脲醛树脂，且粘合剂的用量相对于毡片来说为15~30wt%的固含量。对比文件2（US5154798A，公开日为1992年10月13日）公开了一种纤维基毡片，并具体公开了以下技术特征：所述毡片包括玻璃纤维、聚酯纤维（主要是聚对苯二甲酸乙二酯纤维（polyethyleneterephthalate））和涂布在所述玻璃纤维上的环氧树脂（相当于本发明的粘合剂）（参见权利要求1和说明书第2栏第25~27行）。该权利要求所要求保护的技术方案与对比文件2所公开的技术内容相比，其区别在于：该权利要求（1）在前序部分具体限定该毡片为各向同性或无规结构，（2）用参数——收缩率对有机纤维进行限定，（3）使用脲醛树脂作粘合剂，且粘合剂的用量相对于毡片来说为15~30wt%的固含量，（4）有机纤维的线密度和平均直径不同。对于第一个区别，合议组认为，由于本申请和对比文件2制备毡片的方法都采用了类似造纸技术，即首先制备切碎的玻璃纤维和有机纤维的含水悬浮液，再经过抽滤、干燥等步骤制备毡片（参见对比文件2说明书第1栏第12~15行和权利要求1），同时对比文件2所公开的玻璃纤维和未拉伸的有机纤维的长度均在本申请说明书所述相应长度的范围之内，因此，对比文件2所述毡片也应当具有基本上各向同性或无规结构。对于第二个区别，合议组认为，虽然该权利要求用收缩率这个参数对有机纤维进行了限定，但是由于对比文件2和权利要求1均使用聚酯有机纤维（且与本申请说明书实施例1中使用的有机纤维相同），因此本案中不能认为采用该参数定义的产品与对比文件2所述产品存在区别，同时复审请求人也未提供证据证明本申请在这一点上不同于对比文件2的产品。对于第三个区别，合议组认为，脲醛树脂和环氧树脂均是本领域常用的粘合剂（参见《高分子辞典》，冯新德主编，中国石化出版社，1998年6月，第232、492页），而且脲醛树脂是本领域技术人员常用的用于纤维毡片的粘合剂，例如美国专利US5851933A（公开日1998年12月22日）公开了一种纤维毡片，所述毡片即采用脲醛树脂作为粘合剂，因此，用脲醛树脂替换环氧树脂作粘合剂用于纤维毡片是本领域已知手段的等效替换，不需花费创造性劳动，且所述粘合剂含量的选择也处于本领域常规毡片相应参数的数值范围内，并且没有产生意想不到的技术效果。对于第四个区别，合议组认为，虽然权利要求1所述有机纤维的线密度与对比文件2中所述有机纤维线密度有所不同，并且对有机纤维直径作了进一步限定，但上述线密度和纤维直径范围都是在已知的、通常的范围内进行选取的，现有技术中存在着这种技术启示，使得本领域技术人员在现有技术中已有的有机纤维中选择出权利要求 1 所述的有机纤维，对本领域技术人员来说上述数值范围的选择是显而易见的，无需花费创造性劳动，同时，从本申请说明书中也看不出由于上述数值范围的选择使得权利要求 1 所要求保护的技术方案取得了意料不到的技术效果，该区别技术特征并没有使权利要求 1 要求保护的技术方案具有突出的实质性特点和显著的进步。综上，在对比文件 2 的基础上结合公知常识得出该权利要求所要求保护的技术方案，对所属技术领域的技术人员来说是显而易见的，因此该权利要求不具备突出的实质性特点和显著的进步，不符合专利法第 22 条第 3 款的规定。

权利要求 2 附加技术特征对有机纤维收缩率作了进一步限定，根据上述对权利要求 1 的评述，该权利要求相对于对比文件 2 和公知常识的结合也不具备突出的实质性特点和显著的进步，不符合专利法第 22 条第 3 款的规定。

权利要求 3~5 的附加技术特征在对比文件 2 中已经公开（参见权利要求 1 和 2），因此，在其引用的权利要求不具备创造性的条件下，上述权利要求也不具备创造性，不符合专利法第 22 条第 3 款的规定。

权利要求 6~8 的附加技术特征对所述毡片作了进一步限定，但上述限定参数均处于本领域常规毡片相应参数的数值范围内，并且没有产生意想不到的效果，因此，当其引用的权利要求不具有创造性时，上述权利要求也不具备突出的实质性特点和显著的进步，不符合专利法第 22 条第 3 款的规定。

权利要求 9 请求保护一种沥青膜，其特征在于用沥青涂布、覆盖或浸渍基于权利要求 1 或 2 所述的毡片。由于使用沥青涂布、覆盖或浸渍毡片制备沥青膜是所属领域技术人员的常用技术，例如美国专利 US5851933A（公开日 1998 年 12 月 22 日）公开了一种纤维毡片，所述毡片可以用沥青浸渍、覆盖制成沥青膜，因此，在权利要求 1 和 2 要求保护的毡片不具有创造性时，该权利要求请求保护的技术方案也不具备突出的实质性特点和显著的进步，不符合专利法第 22 条第 3 款的规定。

综上所述，本申请权利要求 1~9 相对于对比文件 2 和公知常识不具有创造性，不符合专利法第 22 条第 3 款的规定。

根据上述事实和理由，合议组作出如下审查决定。

三、决定

维持国家知识产权局于 2005 年 5 月 13 日针对 01804715. 7 号发明专利申请作出的驳回决定。

复审请求人对本决定不服的，可以根据专利法第 41 条第 2 款的规定，自收到本决定之日起 3 个月内向北京市第一中级人民法院起诉。

083

用于将燃料/液体混合物喷入燃烧器燃烧室的方法和装置

复审请求审查决定（第10832号）

决　定　号　第10832号
决　定　日　2007年5月24日
发明创造名称　用于将燃料/液体混合物喷入燃烧器燃烧室的方法和装置
国际分类号　F23D 11/16，F02C 3/30
复审请求人　阿尔斯通公司
申　请　号　98125591.4
优先权日　1997年12月17日
申　请　日　1998年12月17日
公　开　日　1999年6月23日
合议组组长　朱文广
主　审　员　姜　岩
参　审　员　欧　岚

法律依据　专利法第33条、第26条第3款，专利法实施细则第20条第1款
决定要点

复审程序中复审请求人提交的修改文本克服了原驳回决定指出的缺陷，应当撤销原驳回决定，由原审查部门继续进行审查程序。

一、案由

本复审请求涉及专利申请人亚瑞亚·勃朗勃威力有限公司于1998年12月17日申请，1999年6月23日公开，名称为“用于将燃料/液体混合物喷入燃烧器燃烧室的方法和装置”的98125591.4号发明专利申请（下称本申请），该案申请人变更为阿尔斯通公司。本申请的公开文本共有15项权利要求。

国家知识产权局实审部门于2003年3月28日发出第一次审查意见通知书，认为权利要求1、2不符合专利法第22条第3款的规定，权利要求1~15不符合专利法实施细则第20条的规定，理由是权利要求书中的“液体”限定不清楚，使权利要求的保护范围不清楚；权利要求13不符合专利法第26条第4款的规定；说明书不符合专利法第26条第3款的规定。

申请人于2003年6月21日提交了意见陈述书及经修改的说明书替换页第1~5页及权利要求书替换页第1~2页。其中将原权利要求1~3删除，将原权利要求4和6结合形成新的权利要求1，其他权利要求顺序编号。将原权利要求13的附加技术特征补入原说明书中。根据修改后的权利要求对说明

书进行了适应性修改。

国家知识产权局于2003年8月15日驳回了该申请，理由是2003年6月21日提交的权利要求书仍不符合专利法实施细则第20条的规定，说明书仍然不符合专利法第26条第3款的规定。具体为："燃料/水混合物"及"燃料/液体混合物"同时出现在说明书中，但说明书中对"液体"、"水"、"燃料"概念未描述清楚，实际上可以认为说明书中没有描述任何一种确定的燃料的实施例，也没有燃料和任何一种确定的液体比如说水混合的实施例。新的权利要求书中仍沿用"液体"这一限定，其要求保护的范围显然也是不清楚的。

驳回决定所针对的权利要求1为：

"1. 一种用于将一燃料/液体混合物喷入一燃烧器的燃烧室（2）的装置，该装置带有一个雾化喷嘴（1），此喷嘴设置有一喷嘴轴线、至少一个液体输送部件（8）和至少一个与该液体输送部件隔开的燃料输送部件（6），该装置还带有至少一个处于所述雾化喷嘴喷孔（5）上游的空腔（11），所述液体与所述燃料在其内相混合，其中，该空腔（11）设置在该雾化喷嘴喷孔（5）之前不远处，在至少一个液体输送部件（8）上设置有一个涡流发生构件（10），或液体输送部件（8）布置成液体流在与燃料相混合之前或相混合时被扰动，其特征在于：由该涡流发生构件（10）或由该输送部件（8）在该雾化喷嘴喷孔（5）上形成一围绕喷嘴轴线旋转的流动。"

申请人（以下称复审请求人）对上述驳回决定不服，于2003年12月1日向专利复审委员会提出复审请求。复审请求人同时提交新的专利申请文本，修改后的权利要求书和说明书中将所有的"液体"都用"水"代替。修改后的权利要求1为：

"1. 一种用于将一燃料/水混合物喷入一燃烧器的燃烧室（2）的装置，该装置带有一个雾化喷嘴（1），此喷嘴设置有一喷嘴轴线、至少一个水输送部件（8）和至少一个与该水输送部件隔开的燃料输送部件（6），该装置还带有至少一个处于所述雾化喷嘴喷孔（5）上游的空腔（11），所述水与所述燃料在其内相混合，其中，该空腔（11）设置在该雾化喷嘴喷孔（5）之前不远处，在至少一个水输送部件（8）上设置有一个涡流发生构件（10），或水输送部件（8）布置成水流在与燃料相混合之前或相混合时被扰动，其特征在于：由该涡流发生构件（10）或由该输送部件（8）在该雾化喷嘴喷孔（5）上形成一围绕喷嘴轴线旋转的流动。"

形式审查合格后，专利复审委员会受理了该复审请求，并于2003年12月29日向复审请求人发出《复审请求受理通知书》，同时向原审查部门发出了《前置审查通知书》。

原审查部门对本复审请求做出了前置审查意见，具体为：原始说明书的实施例部分只说燃料、液体，没有修改后的说明书中的"燃料/水"混合的实施例，而且从原始说明书中也不能直接得出"燃料/水"混合的方案，所以修改文本对实施例所作的修改不符合专利法第33条的规定。正如驳回通知中指出的由于原始申请文本中"液体"、"水"、"燃料"的混淆，本申请不符合专利法第26条第3款的规定。坚持原驳回决定。

在此基础上专利复审委员会成立合议组对本案进行审理。合议组在审阅全部案卷后认为本案事实已经清楚，可以作出审查决定。

二、决定的理由

1. 审查基础

本决定以复审请求人于2003年12月1日提交的权利要求1~11、说明书第1~5页、说明书摘要以及1998年12月17日提交的第附图1~3页、说明书摘要附图为基础进行。

2. 关于专利法第33条

专利法第33条规定：申请人可以对其专利申请文件进行修改，但是，对发明和实用新型专利申请文件的修改不得超出原说明书和权利要求书记载的范围。

合议组经审查后认为：复审请求人在提出复审请求时提交的修改文本中将所有的“液体”都用“水“代替，由于原说明书第4页最后一段中给出燃料和水进行混合的实施例，因此将原说明书和权利要求书中的燃料和液体混合全部替换为燃料与水混合没有超出原说明书和权利要求书记载的范围，审查员的前置意见不能成立。

3. 关于专利法第26条第3款。

专利法第26条第3款规定：说明书应当对发明或者实用新型作出清楚、完整的说明，以所属技术领域的技术人员能够实现为准。

合议组经合议后认为：修改后的说明书中将燃料/液体修改为燃料/水，因此驳回决定中所认定的“液体”、“水”、“燃料”概念不清楚从而导致说明书不符合专利法第26条第3款规定的缺陷已被克服。

4. 关于专利法实施细则第20条第1款

专利法实施细则第20条第1款规定：权利要求书应当说明发明或者实用新型的技术特征，清楚、简要地表述请求保护的范围。

与上述理由相同，由于修改后的权利要求书中将原来导致不清楚的“液体”全部替换为“水”，因此驳回决定中认定的“液体“不清楚不符合专利法实施细则第20条第1款规定的缺陷已被克服。

综上所述，合议组认为复审请求人提交的修改文本已克服驳回决定所指出的不符合专利法第26条第3款、专利法实施细则第20条第1款以及前置意见中指出的不符合专利法第33条的缺陷。

根据以上事实和理由，本案合议组作出如下审查决定。

三、决定

撤销国家知识产权局于2003年8月15日对98125591.4号发明专利申请作出的驳回决定。由原审查部门在本决定针对的审查文本的基础上继续进行审查。

复审请求人对本决定不服的，可以根据专利法第41条第2款的规定，自收到本决定之日起3个月内向北京市第一中级人民法院起诉。

084

有预制被动对准光学部件的光学波分多路复用器/去复用器

复审请求审查决定（第10853号）

决　　定　　号　第10853号
决　　定　　日　2007年6月20日
发明创造名称　有预制被动对准光学部件的光学波分多路复用器/去复用器
国 际 分 类 号　G02B 6/34
复 审 请 求 人　布雷兹网络产品公司
申　　请　　号　00809807.7
申　　请　　日　2000年6月13日
优 先 权 日　1999年7月2日
公　　开　　日　2002年7月17日
合 议 组 组 长　刘颖杰
主　　审　　员　张　曦
参　　审　　员　王琦琳

法 律 依 据　专利法实施细则第20条第1款、第21条第2款
决 定 要 点

如果一项独立权利要求从整体上反映了发明的技术方案，能够解决技术问题，使该技术方案与背景技术中所述的其他技术方案产生了区别，则应当认为该独立权利要求不缺少必要技术特征。

一、案由

本复审请求涉及申请号为00809807.7、名称为“有预制被动对准光学部件的光学波分多路复用器/去复用器”的PCT发明专利申请（下称本申请），其申请日为2000年6月13日，优先权日为1999年7月2日，公开日为2002年7月17日，申请人为布雷兹网络产品公司，本申请公开的权利要求书共包括14项权利要求，其中独立权利要求为权利要求1和10。

国家知识产权局专利局实质审查部门依法对本专利申请进行了实质审查，于2004年6月4日发出第一次审查意见通知书，指出本发明所要解决的技术问题是“避免否则要进行制造后的对准和光路的调节”，因此独立权利要求1中缺少“所述纤维光缆插座整体模制在所述模制的耦合组件中”、“所述准直透镜被整体模制在所述模制的耦合组件中”、“n个分立的法布里-珀罗滤波器”、“模制的耦合组件还包括一形成在其上表面中的对准槽，其中所述n个分立的法布里-珀罗滤波器被粘接固定在所述对准槽中”、“彼此相邻安装的分离的法布里-珀罗滤波器一个挨一个地设置”、“光路反射装置模制在耦合组件上”、“模制的耦合组件下表面上整体模制多个n非球面透镜表面” 的必要技术特征，

权利要求10也存在缺少必要技术特征的缺陷，因此权利要求1和10不符合专利法实施细则第21条第2款的规定；还指出独立权利要求10包含权利要求1的所有技术特征，不符合专利法实施细则第22条第3款的规定；权利要求1、5、10中存在限定不清楚的缺陷，不符合专利法实施细则第20条第1款的规定；权利要求5、6、10、11中的“分立”在说明书中为“分离”，不符合专利法实施细则第20条第3款的规定；说明书第4页倒数第4页，准直透镜65在附图1中没有附图标记，不符合专利法实施细则第19条第3款的规定。

申请人针对上述审查意见通知书于2004年10月19日提交了意见陈述书以及权利要求书全文、说明书全文、附图1和摘要附图的修改替换页。申请人在其意见陈述书中陈述了修改后的权利要求1不缺少必要技术特征的理由，同时删除了原权利要求10，并对原权利要求1、5、6中的缺陷进行了修改，将附图标记65增加到附图1和摘要附图中，在权利要求中的技术特征之后引用了说明书中相应的附图标记，并根据修改后的权利要求书对说明书发明内容部分进行了适应性修改。修改后的权利要求1如下：

“1. 一种用于单模或多模光纤通信系统的光学波分多路复用器/去复用器设备（10），其中通过单根纤维光缆传送具有n个不同波长（λ_1，……，λ_8）的n个信道（96a，……，96h），包括：一具有一平坦上表面（21）和一平坦下表面（22）的光学块（20），所述光学块的所述上表面上具有的一反射涂层（85），所述光学块的所述平坦下表面上具有的n个滤波器（40），所述滤波器适合于对所述n个不同波长进行分别滤波，一具有一下表面的模制的耦合组件，在该下表面上具有n个透镜表面（70），其中所述n个透镜中的每一个与所述n个滤波器中的每一个光学对准，一用于接纳单模或多模纤维光缆的端部的纤维光缆插座（80），一与所述纤维光缆插座光学对准的准直透镜（65），以及位于所述准直透镜与所述平坦上表面之间的光束反射装置（66），用于光学对准所述准直透镜与所述n个滤波器，从而通过所述纤维光缆引入的所述n个信道的光在所述光学块的上表面上的所述反射涂层与所述n个滤波器系列之间被反射，且其中n个信道中的每一个通过其中一个所述滤波器，并且通过其中一个所述n个透镜表面，其特征在于，所述透镜表面为非球面的，其特征还在于所述模制的耦合组件具有一平坦上表面（61），所述光学块的所述平坦下表面装在该平坦上表面（61）上，其中通过形成和连接预制的模制耦合组件和预制的光学块实现该设备的光耦合、透镜和对准，避免否则需要进行制造后的对准和光路的调节。”

经过上述审查程序后，国家知识产权局专利局实质审查部门于2005年7月8日作出了驳回本申请的决定，驳回的理由为修改后的权利要求1仍然缺少第一次审查意见通知书中所指出的必要技术特征，不符合专利法实施细则第21条第2款的规定。

申请人布雷兹网络产品公司（下称复审请求人）不服上述驳回决定，于2005年10月17日向专利复审委员会提出复审请求，复审请求人认为，修改后的权利要求1的前序部分中已经删除了驳回决定中认定的本发明所要解决的技术问题“避免否则要进行的制造后的对准和调节”，并且指出本发明所要解决的技术问题是提供一种“用于单模或多模光纤通信系统的设备”，考虑到本发明实际上要解决的技术问题，权利要求1具有提供一种“用于单模或多模光纤通信系统的设备”的全部必要技术特征，复审请求人还针对驳回决定中指出的权利要求1缺少必要技术特征的缺陷再次陈述了意见，并提交了权利要求书全文、说明书全文以及摘要的修改替换页。修改后的权利要求1如下：

“1. 一种用于单模或多模光纤通信系统的光学波分多路复用器/去复用器设备（10），其中通过单根纤维光缆传送具有n个不同波长（λ_1，……，λ_8）的n个信道（96a，……，96h），包括：一具有一平坦上表面（21）和一平坦下表面（22）的光学块（20），所述光学块的所述上表面上具有的一反射涂层（85），所述光学块的所述平坦下表面上具有的n个滤波器（40），所述滤波器适合于对所述n个不同波长进行分别滤波，一具有一下表面的模制的耦合组件，在该下表面上具有n个透镜表面（70），其中所述n个透镜中的每一个与所述n个滤波器中的每一个光学对准，一用于接纳单模或多模纤维光缆的端部的纤维光缆插座（80），一与所述纤维光缆插座光学对准的准直透镜（65），以及位于所述准直透镜与所述平坦上表面之间的光束反射装置（66），用于光学对准所述准直透镜与所述n个滤波器，由此所述纤维光缆引入的所述n个信道的光在所述光学块的上表面上的所述反射涂层与所述n个滤波器系列之间被反射，且其中n个信道中的每一个通过所述滤波器的一个，并且通过所述n个透镜表面的一个，其特征在于，所述透镜表面为非球面的，其特征还在于所述模制的耦合组件具有一平坦上表面（61），所述光学块的所述平坦下表面装在该平坦上表面（61）上，其中通过形成和连接预制的模制耦合组件和预制的光学块实现该设备的光耦合、透镜和对准，避免否则需要进行制造后的对准和光路的调节。”

经形式审查合格后，专利复审委员会受理了上述复审请求，于2005年11月9日发出复审请求受理通知书及前置审查通知书。

原实质审查部门对本复审请求做出前置审查意见，坚持原驳回决定。

专利复审委员会依法成立合议组对本复审请求案进行了审理，并于2006年9月1日与复审请求人的代理人进行了电话会晤，合议组指出，修改后的权利要求1的特征部分中存在“避免否则需要进行制造后的对准和光路的调节”的内容，采用了否定的方式对功能或效果进行了限定，而不是构成一项技术方案的技术特征，这种限定方式导致该技术方案的保护范围不清楚，不符合专利法实施细则第20条第1款的规定。

针对上述电话会晤的内容，复审请求人于2006年10月25日向专利复审委员会提交了意见陈述书，复审请求人根据合议组的意见，将权利要求1中的“避免否则需要进行制造后的对准和光路的调节”的内容删除，同时提交了权利要求第1~10项的替换页。修改后的权利要求1如下：

“1. 一种用于单模或多模光纤通信系统的光学波分多路复用器/去复用器设备（10），其中通过单根纤维光缆传送具有n个不同波长（λ_1，……，λ_8）的n个信道（96a，……，96h），包括：一具有一平坦上表面（21）和一平坦下表面（22）的光学块（20），所述光学块的所述上表面上具有的一反射涂层（85），所述光学块的所述平坦下表面上具有的n个滤波器（40），所述滤波器适合于对所述n个不同波长进行分别滤波，一具有一下表面的模制的耦合组件，在该下表面上具有n个透镜表面（70），其中所述n个透镜中的每一个与所述n个滤波器中的每一个光学对准，一用于接纳单模或多模纤维光缆的端部的纤维光缆插座（80），一与所述纤维光缆插座光学对准的准直透镜（65），以及位于所述准直透镜与所述平坦上表面之间的光束反射装置（66），用于光学对准所述准直透镜与所述n个滤波器，由此所述纤维光缆引入的所述n个信道的光在所述光学块的上表面上的所述反射涂层与所述n个滤波器系列之间被反射，且其中n个信道中的每一个通过所述滤波器的一个，并且通过所述n个透镜表面的一个，其特征在于，所述透镜表面为非球面的，其特征还在于所述模制的耦合组件具有一平坦上表面（61），所述光学块的所述平坦下表面装在该平坦上表面（61）上，其中通过形成和连接预制的模制耦合组件和预制的光学块实现该设备的光耦合、透镜和对准。”

至此，合议组认为本案事实已经清楚，依法作出复审决定。

二、决定的理由

1. 关于审查文本

本复审决定所针对的文本是复审请求人于2006年10月25日提交的权利要求第1~10项，2005年10月17日提出复审请求时提交的说明书第1~7页、说明书摘要，以及驳回决定所针对的说明书附图第 1~7 页和摘要附图。

2. 关于专利法实施细则第 20 条第 1 款

专利法实施细则第 20 条第 1 款规定：权利要求书应当说明发明或者实用新型的技术特征，清楚、简要地表述请求保护的范围。

复审请求人针对电话会晤中合议组指出的权利要求 1 不符合专利法实施细则第 20 条第 1 款的问题进行了修改，删除了其中的“避免否则需要进行制造后的对准和光路的调节”，因此修改后的权利要求 1 中已经不存在以否定的方式对功能或效果进行限定的内容，克服了合议组指出的权利要求 1 不符合专利法实施细则第 20 条第 1 款的规定的缺陷。

3. 关于专利法实施细则第 21 条第 2 款

专利法实施细则第 21 条第 2 款规定：独立权利要求应当从整体上反映发明或者实用新型的技术方案，记载解决技术问题的必要技术特征。

必要技术特征是指，发明或者实用新型为解决其技术问题所不可缺少的技术特征，其总和足以构成发明或者实用新型的技术方案，使之区别于背景技术中所述的其他技术方案。

根据本申请的说明书，本发明的主要目的在于提供一种小型和经济合算的光学多路复用器和去复用器。

针对上述技术问题，申请人提出了本申请权利要求 1 的技术方案，权利要求 1 请求保护的用于单模或多模光纤通信系统的光学波分多路复用器/去复用器设备中包括了上表面上具有反射涂层、下表面上具有 n 个滤波器的光学块，下表面上具有 n 个透镜表面的模制的耦合组件，并且 n 个透镜中的每一个与所述 n 个滤波器中的每一个光学对准，还包括纤维光缆插座，与该插座光学对准的准直透镜，以及位于准直透镜与光学块上表面之间的光束反射装置，以光学对准准直透镜与 n 个滤波器，光学块的平坦下表面装在模制的耦合组件的平坦上表面上，通过形成和连接预制的模制耦合组件和预制的光学块实现设备的光耦合、透镜和对准，权利要求 1 中还限定了 n 个信道在该装置内的传播以及透镜表面的技术特征。

通过对以上预制的光学块、预制的模制耦合组件、纤维光缆插座、准直透镜等部件以及各个部件之间连接关系、光路关系的限定，权利要求 1 已经构成了一种完整的光学波分多路复用器/去复用器设备，能够实现波分复用/去复用的效果，又因为该预制的光学块和预制的模制耦合组件上分别形成了反射涂层、滤波器、透镜表面等部件，势必使这种波分复用装置的集成度更高，整体的结构更加紧凑，相对而言该装置体积变小并能够节约成本，可见权利要求 1 的技术方案能够实现本发明提供一种小型和经济合算的光学多路复用器和去复用器的发明目的，能够解决所提出的技术问题，使之与背景技术中所述的其他技术方案构成了区别，因此权利要求 1 记载了解决技术问题的必要技术特征，权利要求 1 符合专利法实施细则第 21 条第 2 款规定。

至于“所述纤维光缆插座整体模制在所述模制的耦合组件中”、“所述准直透镜被整体模制在所述模制的耦合组件中”、“n 个分立的法布里-珀罗滤波器”、“模制的耦合组件还包括一形成在其上表面中的对准槽，其中所述 n 个分立的法布里-珀罗滤波器被粘接固定在所述对准槽中”、“彼此相邻安装的分离的法布里-珀罗滤波器一个挨一个地设置”、“光路反射装置模制在耦合组件上”和“模制的耦合组件下表面上整体模制多个 n 非球面透镜表面”等技术特征，合议组认为，上述技术手段均是在小型和经济合算的光学多路复用器和去复用器的基础上，对其进一步优化，为了使各个元件之间能够自动对准，避免在制造后进行对准和光路调节而提出的具体实施方式。对于一项发明专利申请而言，其可以解决多个技术问题、存在多个发明目的，独立权利要求可以是针对其中的一个或几个技术问题而提出的技术方案，也就是说独立权利要求不必涵盖解决所有技术问题所需的全部技术特征，权利要求1的技术方案已经解决了使光学多路复用器和去复用器小型和经济合算的技术问题，且复审请求人已删除了原权利要求1中“避免否则需要进行制造后的对准和光路的调节”这一限定，因而上述这些技术特征是否存在于权利要求1中不会影响权利要求1技术方案的实现和技术问题的解决，可以不必写入独立权利要求1中。因此，权利要求1符合专利法实施细则第21条第2款的规定。

基于上述理由，合议组作出下述决定。

三、决定

在复审请求人修改了申请文本的基础上，撤销国家知识产权局专利局于2005年7月8日对申请号为00809807.7的发明专利申请作出的驳回决定。由原审查部门在复审请求人于2006年10月25日提交的权利要求第1~10项，于2005年10月17日提出复审请求时提交的说明书第1~7页、说明书摘要，以及驳回决定所针对的说明书附图第1~7页和摘要附图的基础上继续进行审查程序。

复审请求人对本决定不服的，可以根据专利法第41条第2款的规定，自收到本决定之日起三个月内向北京市第一中级人民法院起诉。

085

烟气除灰脱硫和脱硫制高纯度石膏工艺

复审请求审查决定（第10856号）

决　定　号　第10856号
决　定　日　2007年6月20日
发明创造名称　烟气除灰脱硫和脱硫制高纯度石膏工艺
国际分类号　B01D 53/48，B01D 53/80，B01D 53/73，B01D 47/06
复审请求人　庄　雷
专利申请号　99122504.X
申　请　日　1999年11月5
公　开　日　2001年5月16
合议组组长　赵　明
主　审　员　徐伟锋
参　审　员　崔　震

法律依据　专利法第33条
决定要点

如果申请的内容通过增加、改变和/或删除其中的一部分，致使所属技术领域的技术人员看到的信息与原申请记载的信息不同，而且又不能从原申请记载的信息中直接地、毫无疑义地确定，那么，这种修改就是不允许的

一、案由

本复审请求涉及申请人庄雷于1999年11月5日申请，2001年5月16日公开，名称为"烟气除灰脱硫和脱硫制高纯度石膏工艺"的第99122504.X号发明专利申请（下称本申请）。

国家知识产权局于2004年6月4日驳回了本申请，理由是权利要求1不符合专利法实施细则第20条第1款的规定。

驳回决定所针对的权利要求书为：

"1. 一种烟气除灰脱硫和脱硫制高纯度石膏的工艺，包括；

烟气变相工艺（a）是用水或浆雾化喷淋，达到气液悬浮混合、降温到60~20℃的雾状气、液、固三相流烟气。

固硫工艺（b），是用碱性氧化物，如；石灰石、石灰、制成浆状脱硫剂，脱硫温度在60~20℃、脱硫时间大于10秒。

$Ca(HS0_3)$ 2·H_2O 氧化工艺（c），是用鼓风机将空气鼓入含有 $Ca(HS0_3)_2$·H_2O 水溶液的浆池（2）内，用空气氧化生成稳定的 $CaSO_4$。

气液固三相流烟气沉降分离工艺（d），变相后的气液固三相流雾状烟气在除灰脱硫塔（1）内，大部分含灰液珠和 $Ca(HS0_3)_2$·H_2O 和水的较大液珠从流动中的烟气中沉降到氧化池。

浆循环喷淋烟气工艺（f），是用循环泵（5）将浆池（2）内的浆升压到脱硫塔内分几层喷淋烟气，

气液固三相流烟气湿式静电分离工艺（g），气液固三相流雾状烟气湿式静电分离工艺（g）是用湿式静电器分离，湿式静电器是用冲洗水自上而下冲洗吸附极板。

用以上 6 种工艺组成用不同脱硫剂的 3 种相同工艺流程，

1abdcfg 烟气湿法除灰，用灰脱硫，制无灰烟气工艺流程，除灰效率 99.99%，脱硫>30%，

2abdcfg 烟气湿法除灰，用碱性氧化物湿法脱硫，脱硫效率>98%，除灰效率 99.99%，

3abdcfg 无灰烟气用石灰石脱硫，制高纯度石膏和无灰无硫烟气工艺流程，脱硫>98%，

其特征在于，烟气变相工艺（a）是用水或浆雾化喷淋，达到气液悬浮混合、降温到 60~20℃的雾状气、液、固三相流烟气。

其特征在于，烟气固硫工艺（b），是用碱性氧化物，如；石灰石、石灰、制成浆状脱硫剂，脱硫温度在 60~20℃、脱硫时间大于 10 秒。

其特征在于，气液固三相流雾状烟气湿式静电分离工艺（g）是用湿式静电器分离，湿式静电器是用冲洗水自上而下冲洗吸附极板。

其特征在于，用以上 6 种工艺组成用不同脱硫剂的 3 种相同工艺流程，，

1abdcfg 烟气湿法除灰，用灰脱硫，制无灰烟气工艺流程，除灰效率 99.99%，脱硫>30%，

2abdcfg 烟气湿法除灰，用碱性氧化物湿法脱硫，脱硫效率>98%，除灰效率 99.99%，

3abdcfg 无灰烟气用石灰石脱硫，制高纯度石膏和无灰无硫烟气工艺流程，脱硫>98%，

2. 根据“烟气除灰脱硫和脱硫制高纯度石膏工艺”权利要求 1 所述的工艺，其特征在于：烟气变相工艺（a）是用水或浆雾化喷淋，达到气液悬浮混合、降温到 60~20℃的雾状气、液、固三相流烟气。

3. 根据权利要求 1 所述的“烟气除灰脱硫和脱硫制高纯度石膏工艺”，其特征在于：烟气固硫工艺（b），是用碱性氧化物，如；石灰石、石灰、制成浆状脱硫剂，脱硫温度在 60~20℃、脱硫时间大于 10 秒。

4. 根据权利要求 1 所述的“烟气除灰脱硫和脱硫制高纯度石膏工艺”，其特征在于：气液固三相流雾状烟气湿式静电分离工艺（g）是用湿式静电器分离，湿式静电器是用冲洗水自上而下冲洗吸附极板。

5. 根据权利要求 1 所述的“烟气除灰脱硫和脱硫制高纯度石膏工艺”，其特征在于：烟气除灰脱硫基本工艺用；烟气变相工艺（a），固硫工艺（b），$Ca(HS03)_2$·H2O 氧化工艺（c），气液两相流烟气沉降分离工艺（d），浆循环喷淋烟气工艺（f），气液两相流烟气湿式静电分离工艺（g），用这 6 种工艺组成 3 种相同工艺流程的工艺，

1abdcfg 烟气除灰是用烟气中灰湿法除灰，同时湿法脱硫，制无灰烟气的工艺流程，除灰效率 99.99%，脱硫>30%，

2abdcfg 烟气湿法除灰，用烟气中灰和碱性氧化物湿法除灰，同时湿法脱硫，脱硫制无灰无硫烟气工艺流程，除灰效率 99.99%，脱硫效率>98%，

3abdcfg 无灰烟气用石灰石湿法脱硫，制高纯度石膏和无灰无硫烟气工艺流程，脱硫效率>98%，

无灰烟气是首先用 1 abdcfg 制备出无灰烟气。”

驳回决定指出：权利要求 1 不符合专利法实施细则第 20 条第 1 款的有关规定，主要理由如下：（1）主题名称“一种烟气除灰脱硫和脱硫制高纯度石膏的工艺”不清楚，所述“烟气除灰脱硫”和“脱硫制高纯度石膏”是两种不同的主题名称，其含义不同，申请人将其并列地写在一起造成权利要求的保护范围不清楚；（2）第 4 行使用“如”造成权利要求的保护范围不清楚；（3）第 11~12 行所述“分几层喷淋烟气”不清楚；（4）第 15~20 行所述“用 6 种工艺组成用不同脱硫剂的 3 种相同工艺流程”，并记载了除灰效率和脱硫率，其数值相差很大，说明效果是不同的，不知申请人想要保护哪一种工艺；（5）第 19~28 行记载的内容又是对前述内容的重复，造成权利要求不简明，不符合专利法实施细则第 20 条第 1 款的有关规定。

申请人（以下称请求人）对上述驳回决定不服，于 2004 年 7 月 22 日向专利复审委员会提出复审请求，请求人在提出复审请求的同时提交了新的专利申请文本。请求人认为审查员在通知书中没有涉及驳回的具体内容，因此国家知识产权局驳回的理由不成立。

形式审查合格后，专利复审委员会受理了该复审请求，并于 2004 年 8 月 2 日向请求人发出《复审请求受理通知书》，同时将本申请移交原实审部门进行前置审查。

原实审部门对本复审请求进行了前置审查，坚持原驳回决定。

专利复审委员会依法组成合议组，对本复审请求案进行了审理。

合议组于 2007 年 4 月 16 日向请求人发出复审通知书，指出：权利要求 1~3、7、9 和说明书的修改不符合专利法第 33 条的规定，请求人于 2004 年 7 月 22 日提交的修改文本不符合专利法实施细则第 60 条第 1 款的规定。

针对上述复审通知书所指出的问题，请求人于 2007 年 5 月 5 日提交了意见陈述书和修改后的申请文本全文替换页。

至此，合议组认为本案事实已经清楚，可以作出审查决定。

二、决定的理由

1. 关于审查文本

本决定以复审请求人于 2007 年 5 月 5 日提交的权利要求 1~9、说明书第 1~5 页、附图第 1 页、说明书摘要和摘要附图为审查文本。

2. 关于专利法第 33 条

专利法第 33 条规定：申请人可以对其专利申请文件进行修改，但是，对发明专利申请文件的修改不得超出原说明书和权利要求书记载的范围。

如果申请的内容通过增加、改变和/或删除其中的一部分，致使所属技术领域的技术人员看到的信息与原申请记载的信息不同，而且又不能从原申请记载的信息中直接地、毫无疑义地确定，那么，这种修改就是不允许的。

合议组在复审通知书中指出请求人在提出复审请求时提交的说明书第 2 页第 26 行所记载“烟气黑度从 1 级提高到小于 1 级”在原始申请文件中没有记载，不符合专利法第 33 条的规定。而请求人在答复复审通知书所提交的说明书修改文本中（说明书第 3 页倒数第 1 行和第 8 行）仍然存在“烟气黑度≤1 级”的原文中没有记载的表述，并且上述内容也不能从原申请记载的信息中直接地，毫无疑义地确定，因此请求人在答复复审通知书所提交的说明书修改文本未能克服复审通知书所指出的修改超范围的缺陷。

同时，说明书中还有多处新的修改超范围之处，例如：说明书第 2 页倒数第 5 行删除了原文中记载的“在 5 秒内经几次浆喷淋”，说明书第 3 页第 19 行至 21 行“脱硫总效率 30% +加石灰石脱硫效率 70% 的……脱硫效率 97.65%”在原文中没有记载，说明书第 2 页第 1 行“烧煤 60 吨，产生灰 25% =15 吨/小时”在原文中没有记载，将说明书气液两相流烟气沉降分离工艺（d）中“使>90% 的含灰液珠”改为“使>80% 的含灰液珠”，上述修改均超出了原始申请记载的范围，不符合专利法第 33 条的规定。

根据上述事实和理由，合议组作出如下审查决定。

三、决定

维持国家知识产权局于 2004 年 6 月 4 日针对 99122504.X 号发明专利申请作出的驳回决定。

复审请求人对本决定不服的，可以根据专利法第 41 条第 2 款的规定，自收到本决定之日起 3 个月内向北京市第一中级人民法院起诉。

086

光学近接修正的方法

复审请求审查决定（第 10859 号）

决　定　号　第 10859 号
决　定　日　2007 年 6 月 18 日
发明创造名称　光学近接修正的方法
国 际 分 类 号　G03F 7/20，G03F 7/22，G03F 1/08
复 审 请 求 人　旺宏电子股份有限公司
申　请　号　01129289. X
申　请　日　2001 年 6 月 20 日
公　开　日　2003 年 1 月 22 日
合 议 组 组 长　陈迎春
主　审　员　马　燕
参　审　员　张惠军

法 律 依 据　专利法第 26 条第 3 款
决 定 要 点

如果说明书中只给出一种设想，而未给出任何所属技术领域的技术人员能够实施的技术手段，本领域的技术人员按照说明书记载的内容，不能够实现该发明的技术方案，解决其技术问题，并且产生预期的技术效果，则该说明书不符合专利法第 26 条第 3 款的规定。

一、案由

本复审请求涉及申请号为 01129289. X、名称为“光学近接修正的方法”的发明专利申请（下称本申请），申请人为旺宏电子股份有限公司，申请日为 2001 年 6 月 20 日，公开日为 2003 年 1 月 22 日。

在实质审查程序中，国家知识产权局专利局于 2004 年 12 月 10 日发出第一次审查意见通知书，指出本申请的说明书不符合专利法第 26 条第 3 款的规定，具体理由为：本申请要解决的技术问题是通过相应于 P 偏振光或 S 偏振光方向的光罩图案的图形间距离进行光学近接修正，得到相应于 P 偏振光或 S 偏振光方向的总强度轮廓相同的光阻图案，但说明书中没有详细说明如何进行光学近接修正才能调整光罩图案的图形间距离至最终使相应于 P 偏振光或 S 偏振光方向的光阻图案的总强度轮廓相同，致使技术方案含混不清，本领域的普通技术人员根据说明书的内容无法实现本申请预期的技术效果。因此，本申请的说明书不符合专利法第 26 条第 3 款的规定。

申请人针对第一次审查意见通知书于 2005 年 4 月 11 日提交了意见陈述书和一份补充资料，未对申请文件进行修改。申请人认为，本申请主要解决不同走向（例如X方向或Y方向）的总强度轮廓的差异，根据本申请说明书第5页第2~3段的内容，以Y走向图案的图形间距离 c_Y 为比较的基准，由于X走向图案的总强度轮廓分布窄于图形距离相同的Y走向图案的总强度轮廓，因此，c_X 必须略大于 c_Y 才能使二者的总强度轮廓相同。另外，申请人结合补充资料举例说明在是否存在偏振光的情况下或偏振量相同但偏振方向不同的情况下会得到不同的垂直CD值，甚至在偏振量和偏振方向相同的情况下，光罩上水平方向与垂直方向的图形经微影工艺后仍然会得到不同的CD值。当CD值发生差异时，使用者可以利用本申请的方法进行校正。

2005年6月10日，国家知识产权局实质审查部门以本申请说明书不符合专利法第26条第3款的规定为由驳回了本申请。驳回决定认为：本申请的说明书没有详细地说明应当如何进行光学近接修正才能调整光罩图案的图形间距离至最终使相应于P偏振光或S偏振光方向的光阻图案的总强度轮廓相同，造成技术方案含混不清；另外，申请人在答复第一次审查意见通知书中认为，以Y走向图案的图形间距为比较的标准进行说明，要求对X走向图案的图形间距修正为“略大于”Y走向图案的图形间距。而“略大于”是一个模糊的概念，申请人仍然没有说明如何对X走向图案的图形间距进行修正才能使二者的总轮廓相同。此外，申请人提交的补充资料既不是申请日前的现有技术，也不能说明如何进行光学近接修正才能调整光罩图案的图形间距离至最终使相应于P偏振光或S偏振光方向的光阻图案的总强度轮廓相同。因此，本申请的说明书不符合专利法第26条第3款的规定。

申请人旺宏电子股份有限公司（下称复审请求人）不服上述驳回决定，于2005年9月21日向专利复审委员会提出复审请求，同时提交了说明书全文修改替换页。此外，复审请求人还提交了如下两份参考资料：

参考资料1：Frank M. Schellenberg，“Sub-Wavelength Lithography Using OPC”，Semiconductor Fabtech - 9th Edition P.205~209；

参考资料2：“OPC BASICS”

复审请求人认为：本申请说明书第5页第3段第1~4行已经清楚地描述了以Y走向图案的图形间距离 c_Y 为基准时，需使X走向图案的图形间距离 c_X 略大于 c_Y；并且基于同样的理由，以X走向图案的图形间距离 c_X 为基准时需使Y走向图案的图形间距离 c_Y 略小于 c_X；两份参考资料可以证实本领域普通技术人员在本申请之前已经有使用如电子显微镜等仪器来观察或量测实际形成的光阻图案以及有使用软件来仿真经光学近接修正所得到的光阻图案之正确性，并由此可证实本领域普通技术人员可以根据本申请说明书的描述配合上述既有技术来取得最佳的 c_Y 与 c_X 值。因此，本申请符合专利法第26条第3款的规定。

经形式审查合格后，专利复审委员会受理了该复审请求，并于2005年11月3日向复审请求人发出复审请求受理通知书，同日向原审查部门发出前置审查通知书。

原审查部门对本复审请求进行了前置审查，在前置审查中，原审查部门坚持原驳回决定。

针对上述复审请求，专利复审委员会依法成立合议组对本案进行了审查。

本案合议组于2007年3月29日发出复审通知书，指出：本申请的说明书只给出了一种构想，而未给出任何使所述技术领域的技术人员能够实施的技术手段；此外，关于复审请求人提交的两份参考资料，合议组认为仅凭这两份参考资料无法判断参考资料本身是否真实、是否是本领域的现有技术，且就这两份参考资料的内容来看，也不能证明本申请采用 c_X 略大于 c_Y 的技术方案能够解决本申请要解决的技术问题。因此，本申请的说明书不符合专利法第26条第3款的规定。

2007年5月10日，复审请求人针对上述复审通知书提交了意见陈述书，同时提交了权利要求书全文和说明书第3页的修改替换页。

在意见陈述书中，复审请求人认为：（1）本申请主要是将公知技术中使用仿真软件来决定光罩图案的流程加入对 P 偏振光和 S 偏振光的考虑来制作光罩，中国专利 01110413.9 号有通过把资料储存成计算机数据文件以及调整光学上的参数的内容，因此本领域的技术人员应该可以根据本申请记载的内容解决本申请要解决的技术问题；（2）复审请求人将“c_X 略大于 c_Y”中不明确的“略”字删除，并结合意见陈述书中的“实例”来说明本领域的技术人员可使用在本申请的申请日以前已经存在的光学近接修正技术，配合本申请对 P 偏振光和 S 偏振光的考虑来仿真得到光罩修正的数值，因此，本领域的技术人员根据本申请记载的内容并配合公知技术，可知该选取怎样的数值范围才能解决本申请要解决的技术问题。

至此，合议组认为本案事实已经清楚，依法作出本复审请求审查决定。

二、决定的理由

1. 审查文本

本复审请求审查决定以复审请求人于 2007 年 5 月 10 日提交的权利要求第 1~9 项、说明书第 3 页，于 2005 年 9 月 21 日提交的说明书第 1、2、4~6 页，申请日提交的说明书附图第 1~2 页、说明书摘要及摘要附图作为审查文本。

2. 关于专利法第 26 条第 3 款

专利法第 26 条第 3 款规定：说明书应当对发明或者实用新型作出清楚、完整的说明，以所属技术领域的技术人员能够实现为准。

具体就本案而言，本申请涉及一种光学近接修正的方法。根据说明书的记载，在现有技术中，由于在数值孔径大于 0.7 时，P 偏振光的穿透系数大于 S 偏振光的穿透系数，并且对于某一特定指向的图案而言，P 偏振光与 S 偏振光穿过光罩而在光阻层中造成的强度轮廓不相同，因此容易产生图案变形，即，在光罩图形距离相同的情况下，X 走向图案 104 的光阻图形间距离 b_X 会小于 Y 走向图案 102 的光阻图形间距离 b_Y。本申请要解决的技术问题是针对每个图案的图形指向而采用不同的光学近接修正模式，精确地计入 P 偏振光与 S 偏振光各自对图形指向互异的各图案的影响，并作出修正，使得各种指向的图案皆不会产生变形。

根据说明书的记载，尤其是具体实施方案部分的记载，本申请的光学近接修正方法是以 Y 走向图案 302 的图形间距离 c_Y 为比较的基准，由于现有技术中 X 走向图案 104 的总强度轮廓 214 分布窄于图形距离（a）相同的 Y 走向图案 102 的总强度轮廓 212（即 b_X 小于 b_Y），因此本申请使 X 走向图案 304 的图形距离 c_X 大于 c_Y，从而加宽 X 走向图案 304 的总强度轮廓 414，使其所产生的光阻图形具有预设的图形间距离或图形宽度 d。可见，在本申请的技术方案中仅指出使 c_X 大于 c_Y 就可以得到间隔/宽度相同的 Y 走向与 X 走向光阻图案，而就“c_X 大于 c_Y”的技术方案而言，“大于”是一个模糊的范围，不能清楚地界定，在“大于”这个范围内的值可能使 X 走向图案的总强度轮廓分布仍然窄于 Y 走向图案的总强度轮廓，或者使 X 走向图案的总强度轮廓分布宽于 Y 走向图案的总强度轮廓，即，本申请中并未给出 c_X 相对于 c_Y 的数值选取范围，本领域的技术人员根据本申请记载的内容不知道该选取怎样的数值范围以及如何选取才能解决本申请要解决的技术问题，并产生预期的技术效果。可见，本申请的说明书只给出了一种构想，而未给出任何所属技术领域的技术人员能够实施的技术手段。因此，本申请的说明书不符合专利法第 26 条第 3 款的规定。

复审请求人认为，本领域的技术人员根据本申请记载的内容并配合公知技术，可知道该选取怎样的数值范围才能解决本申请要解决的技术问题。因此本申请的说明书符合专利法第 26 条第 3 款的规定。

针对上述观点，合议组认为，虽然现有技术中采用了软件仿真技术来进行光学近接修正，但不能

证明本申请采用 c_X 大于 c_Y 的技术方案就能够解决本申请要解决的技术问题，而且，本申请中也没有记载将采用 c_X 大于 c_Y 的技术方案与现有技术中的软件仿真技术相结合以及如何结合来解决本申请要解决的技术问题，更没有记载如何将本申请说明书与现有技术配合来取得最佳的 c_Y 与 c_X 值。此外，即使将现有技术与本申请相结合，由于本申请的技术方案仅仅给出了“大于”的技术方案而没有给出一定的数值选取范围，因此本领域的技术人员仍然需采用现有技术的软件仿真技术进行重复地尝试，而非复审请求人所述本领域的技术人员根据本申请记载的内容并配合公知技术就可以知道选取怎样的数值范围。因此，复审请求人的主张不成立。

综上所述，本申请的说明书不符合专利法第 26 条第 3 款的规定，复审请求人的复审理由不成立。

三、决定

维持国家知识产权局于 2005 年 6 月 10 日对 01129289. X 号发明专利申请作出的驳回决定。

复审请求人对本决定不服的，可以根据专利法第 41 条第 2 款的规定，自收到本决定之日起三个月内向北京市第一中级人民法院起诉。

087

过滤装置及其维护方法和安装方法

复审请求审查决定（第10861号）

决　定　号　第10861号
决　定　日　2007年6月13日
发明创造名称　过滤装置及其维护方法和安装方法
国际分类号　B01D 46/42，B01D 46/52，B01D 46/24，B01D 25/24
复审请求人　唐纳森公司
申　请　号　00804289.6
优先权日　1999年2月26日
申　请　日　2000年2月23日
公　开　日　2002年3月20日
合议组组长　于　萍
主　审　员　王　森
参　审　员　刘瑞斌

法律依据　专利法第22条第3款
决定要点

如果两篇对比文件公开的部件的结构及工作方式均不相同，且由于两者结构的差异而使将其中一篇中公开的某结构应用到另一篇存在困难，则两者的结合是非显而易见的。

一、案由

本复审请求涉及申请号为00804289.6，名称为“过滤装置及其维护方法和安装方法”的发明专利申请（下称本申请），其申请人为唐纳森公司，申请日为2000年2月23日，公开日为2002年3月20日。

国家知识产权局实质审查部门于2003年3月7日发出了第一次审查意见通知书，指出本申请的权利要求1、2、7、8、14、16、18~20相对于对比文件1和2不符合专利法第22条第3款有关创造性的规定；权利要求10、11不符合专利法第31条第1款的规定；权利要求5、7~9、14、16~20不符合专利法实施细则第23条第2款的规定。通知书中引用的两篇对比文件如下：

对比文件1：US5820646 A（公开日为1998年10月13日）；

对比文件2：US4247316 A（公开日为1981年1月27日）。

针对第一次审查意见通知书，申请人于2003年9月22日提交了意见陈述书和权利要求书及说明书的修改文本。

国家知识产权局实质审查部门于2003年11月28日发出了第二次审查意见通知书，指出修改后的权利要求1~17相对于对比文件1和2不符合专利法第22条第3款有关创造性的规定。

针对第二次审查意见通知书，申请人于2004年4月8日提交了意见陈述书和权利要求书及说明书修改文本。

国家知识产权局实质审查部门于2004年6月11日以修改文本中权利要求1~14不符合专利法第22条第3款有关创造性的规定为由驳回了本申请。驳回决定所针对的权利要求书中包括如下三项独立权利要求：

“1. 一过滤装置，包括：

(a) 一具有彼此相对的第一端(20)和第二端(22)的过滤部件(10)；所述过滤部件包括：至少一瓦楞过滤介质层(123)；以及至少一靠近于所述至少一瓦楞介质的非瓦楞介质层(132)；

(i) 所述至少一瓦楞过滤介质层和所述至少一非瓦楞介质层彼此相连并具有一卷绕结构；

(ii) 所述至少一瓦楞过滤介质层包括交替出现的波峰(126)和波谷(128)以形成多条波纹(124)；

(A) 各所述波纹具有靠近于所述过滤部件第一端的第一端部，以及靠近于所述过滤部件第二端的第二端部；所述波纹纵向在所述第一端部和所述第二端部之间延伸；

(B) 某些所述波纹在所述第一端部开口并在第二端部被密封；和

(C) 某些所述波纹在所述第一端部被密封并在第二端部开口；

(b) 从所述过滤部件(10)的所述第一端(20)沿轴向凸出的一手柄部件(14)以操纵控制所述过滤部件；其特征在于，

所述手柄部件具有至少一个孔，所述孔在垂直于所述多个波纹纵向的一轴线周围。”

“11. 一用来维护如权利要求1所述过滤装置的方法，所述方法包括：

(a) 提供一具有安装在管道(110)内的过滤部件(10)的系统(100)，其中，所述过滤部件包括：相对的上游端和下游端；所述过滤部件具有多条波纹，各所述波纹具有一靠近于过滤部件上游端的第一端部，以及靠近于过滤部件下游端的第二端部；某些波纹在所述第一端部开口并在所述第二端部封闭；而某些波纹在所述第一端部封闭并在所述第二端部开口；

(b) 握住固定于所述过滤部件上的手柄(14)；以及

(c) 拉动手柄以将所述过滤部件从系统的管道中移出。”

“12. 一用来安装如权利要求1所述过滤装置的方法，所述方法包括：

(a) 提供一带管道(110)的系统(100)；

(b) 提供一包括：相对的下游端和上游端的过滤部件(10)；多条波纹，各所述波纹具有靠近于过滤部件上游端的第一端部以及靠近于过滤部件下游端的第二端部；某些波纹在所述第一端部开回并在所述第二端部封闭；而某些波纹在所述第一端部封闭并在所述第二端部开口；

(c) 握住固定于所述过滤部件上的手柄(14)；以及

(d) 用手柄将过滤部件定位在系统的管道中。”

申请人唐纳森公司(下称复审请求人)对上述驳回决定不服，于2004年9月9日向专利复审委员会提交了复审请求，并提交了经过修改后的权利要求1~17。修改后的权利要求书包括如下三项独立权利要求：

“1. 一过滤装置，包括：

(a) 一具有彼此相对的第一端(20)和第二端(22)的过滤部件(10)；所述过滤部件包括：至少一瓦楞过滤介质层(123)；以及至少一靠近于所述至少一瓦楞介质的非瓦楞介质层(132)；

(i) 所述至少一瓦楞过滤介质层和所述至少一非瓦楞介质层彼此相连并具有一卷绕结构；

(ii) 所述至少一瓦楞过滤介质层包括交替出现的波峰（126）和波谷（128）以形成多条波纹（124）；

(A) 各所述波纹具有靠近于所述过滤部件第一端的第一端部，以及靠近于所述过滤部件第二端的第二端部；

(B) 某些所述波纹在所述第一端部开口并在第二端部被密封；和

(C) 某些所述波纹在所述第一端部被密封并在第二端部开口；

(iii) 所述卷绕结构由至少一层瓦楞过滤介质和至少一层围绕所述芯部构件的非瓦楞过滤介质构成；

(iv) 所述芯部构件包括一细长的非圆形结构；

(b) 从所述过滤部件（10）的所述第一端（20）沿轴向凸出的一手柄部件（14），以操纵控制所述过滤部件；其特征在于，

(i) 所述手柄部件固定到所述芯部构件上。"

"14. 一用来维护如权利要求1所述过滤装置的方法，所述方法包括：

(a) 提供一具有安装在管道（110）内的过滤部件（10）的系统（100），其中，所述过滤部件包括：相对的上游端和下游端；所述过滤部件具有多条波纹，各所述波纹具有一靠近于过滤部件上游端的第一端部，以及靠近于过滤部件下游端的第二端部；某些波纹在所述第一端部开口并在所述第二端部封闭；而某些波纹在所述第一端部封闭并在所述第二端部开口；

(b) 握住固定于所述过滤部件上的手柄（14）；以及

(c) 拉动手柄以将所述过滤部件从系统的管道中移出。"

"15. 一用来安装如权利要求1所述过滤装置的方法，所述方法包括：

(a) 提供一带管道（110）的系统（100）；

(b) 提供一包括：相对的下游端和上游端的过滤部件（10）；多条波纹，各所述波纹具有靠近于过滤部件上游端的第一端部以及靠近于过滤部件下游端的第二端部；某些波纹在所述第一端部开回并在所述第二端部封闭；而某些波纹在所述第一端部封闭并在所述第二端部开口；

(c) 握住固定于所述过滤部件上的手柄（14）；以及

(d) 用手柄将过滤部件定位在系统的管道中。"

形式审查合格后，专利复审委员会受理了该请求，并于2004年10月28日向复审请求人发出了复审请求受理通知书，同时向原审查部门发出前置审查通知书，并随该通知书将本申请案卷转送至国家知识产权局原审查部门进行前置审查。

原审查部门对本复审请求进行了前置审查，在前置审查意见书中，原审查部门坚持原驳回决定。审查员认为对比文件2中给出了可以在过滤部件上安装手柄从而可方便拆卸过滤部件的启示，而在实践中根据实际需要选择适宜的芯部构件以及从各种手柄中选用适宜的形状和尺寸是本领域的技术人员容易想到并根据常规技术容易实现的，因此权利要求1相对于对比文件1和2的结合不具备创造性；由于带手柄的过滤部件组成的过滤装置不具备创造性，因此采用常规步骤操作该过滤装置的方法也不具备创造性，即权利要求14和15相对于对比文件1和2的结合也不具备创造性。

专利复审委员会依法成立合议组，对本复审请求案进行了审理。

经审查，合议组认为本申请事实清楚，可以作出复审决定。

二、决定的理由

1. 审查文本

本复审决定以复审请求人于2004年9月9日提交的权利要求1~17；2004年4月8日提交的说明

书第1~8页；2001年10月24日提交说明书附图1~5、说明书摘要附图，以及进入国家阶段时提交的说明书摘要为审查基础。

2. 关于专利法第22条第3款

专利法第22条第3款规定，创造性，是指同申请日以前已有的技术相比，该发明有突出的实质性特点和显著的进步。

判断发明是否具有突出的实质性特点，就是要判断对本领域的技术人员来说，要求保护的发明相对于现有技术是否显而易见。如果要求保护的发明相对于现有技术是非显而易见的，则具有突出的实质性特点。评价发明是否具有显著的进步时，主要应当考虑发明是否具有有益的技术效果。

如果两篇对比文件公开的部件的结构及工作方式均不相同，且由于两者结构的差异而使将其中一篇中公开的某结构应用到另一篇存在困难，则两者的结合是非显而易见的。

具体到本申请中，本申请的权利要求1为：

“1. 一过滤装置，包括：

（a）一具有彼此相对的第一端（20）和第二端（22）的过滤部件（10）；所述过滤部件包括：至少一瓦楞过滤介质层（123）；以及至少一靠近于所述至少一瓦楞介质的非瓦楞介质层（132）；

（i）所述至少一瓦楞过滤介质层和所述至少一非瓦楞介质层彼此相连并具有一卷绕结构；

（ii）所述至少一瓦楞过滤介质层包括交替出现的波峰（126）和波谷（128）以形成多条波纹（124）；

（A）各所述波纹具有靠近于所述过滤部件第一端的第一端部，以及靠近于所述过滤部件第二端的第二端部；

（B）某些所述波纹在所述第一端部开口并在第二端部被密封；和

（C）某些所述波纹在所述第一端部被密封并在第二端部开口；

（iii）所述卷绕结构由至少一层瓦楞过滤介质和至少一层围绕所述芯部构件的非瓦楞过滤介质构成；

（iv）所述芯部构件包括一细长的非圆形结构；

（b）从所述过滤部件（10）的所述第一端（20）沿轴向凸出的一手柄部件（14），以操纵控制所述过滤部件；其特征在于，

（i）所述手柄部件固定到所述芯部构件上。”

对比文件1公开了一种过滤装置，其中（见其附图1、24、25、26和说明书第22页第5栏1~24行）披露了以下技术特征：一具有彼此相对的第一端（附图26标记192）和第二端（附图26标记190）的过滤部件；所述过滤部件包括：至少一瓦楞过滤介质层（附图1标记30）；以及至少一靠近于所述至少一瓦楞过滤介质层的非瓦楞过滤介质层（附图1标记32B）；所述至少一瓦楞过滤介质层的和所述至少一非瓦楞介质层彼此相连并具有一卷绕结构（附图24、25、26）；所述至少一瓦楞过滤介质层包括交替出现的波峰（附图1标记26）和波谷（附图1标记28）以形成多条波纹（附图1标记24）；各所述波纹具有靠近于所述过滤部件第一端的第一端部，以及靠近于所述过滤部件第二端的第二端部；某些所述波纹在所述第一端部开口并在第二端部被密封；和某些所述波纹在所述第一端部被密封并在第二端部开口。其中的过滤部件并非直接置于管道内部来进行过滤，而是通过外壳62、夹子72、过渡件68以及夹形连接器70（图7）；或通过外壳66、带子76、过渡件68以及夹子70（图8）；或通过外壳132以及连接带140（图14）；或通过装入具有流体入口和出口的外壳（图17）来与管道进行连接。

对比文件2公开了一种带手柄的气体过滤装置，其中的过滤部件为平板形过滤部件，手柄通过贯

穿过滤部件的铆钉来固定。

将对比文件1公开的上述内容与本申请相比，权利要求1的下述技术特征没有被对比文件1公开：卷绕结构围绕细长的非圆形结构的芯部构件形成，从所述过滤部件的所述第一端沿轴向凸出的一手柄部件，以操作控制所述过滤部件，所述手柄部件固定到所述芯部构件上。而对比文件2公开的过滤部件直接置于管道中并通过手柄来进行方便地拆装，其与对比文件1中的过滤部件的结构以及使用方式均不相同，两者之间没有相互结合的技术启示。而且，本领域的技术人员从对比文件2公开的内容直接得到的技术启示是“可以通过贯穿过滤部件的铆钉来安装手柄从而可方便拆卸过滤部件”。然而，由于对比文件1公开的过滤部件的结构由瓦楞过滤介质层和非瓦楞过滤介质层卷绕构成，该过滤部件显然不能直接使用铆钉来安装手柄。因此所属技术领域的普通技术人员根据对比文件1、2公开的上述内容并不会获得将两者结合并进一步获得本申请权利要求1所述技术方案的技术启示。

驳回决定认为“对比文件2中给出了可以在过滤部件上安装手柄从而可方便拆卸过滤部件的启示，而在实践中根据实际需要选择适宜的芯部构件以及从各种手柄中选用适宜形状和尺寸是本领域的技术人员容易想到并根据常规技术容易实现的，在对比文件1的基础上结合对比文件2和上述常用技术得到权利要求1请求保护的技术方案对本领域普通技术人员来说是不需要经过创造性劳动的。”对此合议组认为本申请权利要求1的技术方案中采用细长的非圆形结构的芯部构件，再通过该芯部构件来安装手柄部件，由于对比文件2并没有给出可在具有卷绕结构的过滤部件中设置细长的非圆形结构的芯部构件，并将手柄与该芯部构件固定来方便拆卸过滤部件的技术启示，且“在具有卷绕结构的过滤部件中设置细长的非圆形结构的芯部构件，并将手柄与芯部构件固定”也不能被认定为公知常识，因此权利要求1请求保护的技术方案相对于对比文件1和2的结合是非显而易见的，权利要求1具有突出的实质性特点。

而且权利要求1请求保护的过滤装置能够方便地更换、维护过滤部件，因此权利要求1请求保护的技术方案具有有益的技术效果。因此依据对比文件1和对比文件2不足以认定本申请的权利要求1不具备专利法第22条第3款规定的创造性。

在权利要求1请求保护的技术方案具备创造性的前提下，引用权利要求1的从属权利要求1~13也同样具备创造性。

本申请的权利要求14为：

“14. 一用来维护如权利要求1所述过滤装置的方法，所述方法包括：

（a）提供一具有安装在管道（110）内的过滤部件（10）的系统（100），其中，所述过滤部件包括：相对的上游端和下游端；所述过滤部件具有多条波纹，各所述波纹具有一靠近于过滤部件上游端的第一端部，以及靠近于过滤部件下游端的第二端部；某些波纹在所述第一端部开口并在所述第二端部封闭；而某些波纹在所述第一端部封闭并在所述第二端部开口；

（b）握住固定于所述过滤部件上的手柄（14）；以及

（c）拉动手柄以将所述过滤部件从系统的管道中移出。”

权利要求14所要求保护的方法是对权利要求1请求保护的过滤装置进行维护操作的方法，因此其包含了权利要求1全部的技术特征，基于与上述同样的理由，权利要求14请求保护的技术方案相对于对比文件1和对比文件2的结合也具备专利法第22条第3款规定的创造性。

本申请的权利要求15为：

“15. 一用来安装如权利要求1所述过滤装置的方法，所述方法包括：

（a）提供一带管道（110）的系统（100）；

（b）提供一包括：相对的下游端和上游端的过滤部件（10）；多条波纹，各所述波纹具有靠近于过滤部件上游端的第一端部以及靠近于过滤部件下游端的第二端部；某些波纹在所述第一端部开回并在所述第二端部封闭；而某些波纹在所述第一端部封闭并在所述第二端部开口；

(c) 握住固定于所述过滤部件上的手柄 (14)；以及

(d) 用手柄将过滤部件定位在系统的管道中。"

权利要求 15 所要求保护的方法是对权利要求 1 请求保护的过滤装置进行安装操作的方法，因此其包含了权利要求 1 全部的技术特征，基于与上述同样的理由，权利要求 15 请求保护的技术方案相对于对比文件 1 和对比文件 2 的结合也具备专利法第 22 条第 3 款规定的创造性。

在权利要求 14 和 15 请求保护的技术方案具备创造性的前提下，引用权利要求 14 和 15 的从属权利要求 16 和 17 相对于对比文件 1 和对比文件 2 的结合也同样具备专利法第 22 条第 3 款规定的创造性。

基于上述事实和理由，合议组作出如下决定。

三、决定

撤销国家知识产权局于 2004 年 6 月 11 日对 00804289.6 号发明专利申请作出的驳回决定，由原审查部门在本复审决定所针对的文本的基础上继续进行审批程序。

复审请求人对本决定不服的，可以根据专利法第 41 条第 2 款的规定，自收到本决定之日起 3 个月内向北京市第一中级人民法院起诉。

088

跟唱学习评分装置及方法

复审请求审查决定（第10872号）

决　定　号　第10872号
决　定　日　2007年2月6日
发明创造名称　跟唱学习评分装置及方法
国际分类号　G10H 1/18
复审请求人　华邦电子股份有限公司
申　请　号　01110464.3
申　请　日　2001年4月11日
公　开　日　2002年11月20日
合议组组长　陈迎春
主　审　员　王琦琳
参　审　员　张田勇

法律依据　专利法第22条第3款
决定要点

如果一项发明是用已知手段对现有技术进行了替代，而且这种替代没有产生预料不到的技术效果，则该发明不具备创造性。

一、案由

本复审请求涉及名称为“跟唱学习评分装置及方法”的01110464.3号发明专利申请（下称本申请），申请日为2001年4月11日，申请人为华邦电子股份有限公司。

国家知识产权局专利局依法对该专利申请进行了实质审查，于2003年9月19日发出第一次审查意见通知书，指出本申请权利要求1～19相对于对比文件1不符合专利法第22条第3款的规定；审查员所引用的对比文件1如下：CN1161485A发明专利申请公开说明书，公开日为1997年10月8日。

针对上述审查意见通知书，申请人于2004年1月5日提交了意见陈述书。

经过审查，国家知识产权局专利局于2004年3月5日做出了驳回该专利申请的决定，其理由是：虽然申请人认为本申请的发明目的在于降低成本、适于家用，而对比文件1的发明目的在于在评分结果中加入一些有趣的特征，活络气氛，它们的发明目的不同，但是其所公开的技术方案所解决的技术问题实质上是相同的；虽然本申请和对比文件1的装置组成部件的名称不同，但是它们实现了相同的功能，达到相同的效果，应当视为等价的组件；本申请权利要求1的声道选择器等同于对比文件1的语音提取部分；另外，对比文件1同样给出了对数位信号进行处理的技术启示；根据上述内容，本申请的权利要求1~19相对于对比文件1均不具备创造性，不符合专利法第22条第3款的规定。

申请人（下称复审请求人）不服上述驳回决定，于2004年6月4日向专利复审委员会提出复审请求，并修改了权利要求，将从属权利要求3、5并入独立权利要求1，将从属权利要求19合并入独立权利要求15（修改后为权利要求13），复审请求人同时提交了权利要求书替换页3页，修改后的权利要求书共包括16项权利要求，其中独立权利要求1、13如下：

“1. 一种跟唱学习评分装置，用于一激光视盘机，其特征是：该装置包括：

一第一音量参数撷取电路，自该激光视盘机中接收一第一歌唱声音，该第一音量参数撷取电路包括一低通滤波器，滤除该第一歌唱声音的高频噪声，及一信号值检出器，比较该低通滤波器的输出与一既定值，借以得到一数字序列脉冲；

一第二音量参数撷取电路，自一麦克风接收一第二歌唱声音，该第二音量参数撷取电路包括一低通滤波器，滤除该第二歌唱声音的高频噪声，及一信号值检出器，比较该低通滤波器的输出与一既定值，借以得到一数字序列脉冲；

一声道选择器，用以决定该第一歌唱声音的输入声道；以及

一微处理器，根据该第一音量参数撷取电路及该第二音量参数撷取电路所接收歌唱声音的音量进行比对，借以判断该第二歌唱声音相对于该第一歌唱声音的相似程度并给予评分，并根据光盘片上的影音资料判定歌唱曲目在光盘片上的开始与结束地址，借以开启及关闭跟唱学习评分的功能。

13. 一种跟唱学习评分的方法，用于一激光视盘机中，其特征是：其步骤包括：

自该激光视盘机中接收一第一歌唱声音；

自一麦克风接收一第二歌唱声音；

决定该第一歌唱声音的输入声道；

根据该第一歌唱声音及该第二歌唱声音的音量进行比对，借以判断该第二歌唱声音相对于该第一歌唱声音的相似程度并给予评分；

在比对该第一声音及该第二歌唱声音的音量之前，还包括比较该第一歌唱声音及该第二歌唱声音与一既定值，借以分别得到一对应的数字序列脉冲；以及取样该第一歌唱声音及该第二歌唱声音所对应的数字序列脉冲以利于比对；以及

根据光盘片上的影音资料判定歌唱曲目在光盘片上的开始与结束地址，借以开启及关闭跟唱学习评分的功能。”

复审请求的理由是：经过修改的权利要求1技术方案与对比文件1相比具备创造性，在具体技术方案方面，本申请的信号值检出器与对比文件1的音量提取部分大不相同，在信号处理中，本申请是模数转换，而对比文件1则是模拟信号和模拟信号之间的转换；在技术效果方面，本申请也具有结构简单，电路成本小的有益效果。另外，新修改的独立权利要求13也因为上述同样的原因而具备创造性。

经形式审查合格后，专利复审委员会受理了上述请求，并于2004年6月29日发出了复审请求受理通知书及前置审查通知书。

原审查部门对该复审请求做出前置审查意见，仍然坚持原驳回决定。

专利复审委员会依法组成合议组对该复审请求进行审理，本案合议组于2006年7月28日向复审请求人发出复审通知书，指出：对比文件1和本申请分别采用了模拟信号直接比对和将模拟信号转换成数字信号再进行比对的技术手段，但是它们都是本领域的常用技术手段，其技术效果是可以预见的；因为采用了不同的技术手段，本申请使用微处理器这样的集成模块，而对比文件1则使用的是模拟电路，虽然具体结构有所不同，但是对于本领域普通技术人员来说，它们所要实现的目的基本相

同，是本领域普通技术人员无须付出任何创造性劳动就能想到的，根据上述具体理由，本申请权利要求1~16相对于对比文件1不符合专利法第22条第3款关于创造性的规定。

复审请求人于2006年8月28日向专利复审委员会提交了意见陈述书，并未对申请文件进行修改。复审请求人在意见陈述书中认为：（1）本申请发明目的是“降低成本”与对比文件1的发明目的不同，“比对原唱者和跟唱者的音量”不是本申请与对比文件1共同的发明目的，仅是技术方案具体设计中的一个环节；（2）本申请的微处理器不同于对比文件1的音程比较器和音量比较器，其还能够根据光盘片上的TOC参数及MPEG译码器译得的影音资料开启跟唱学习评分功能；（3）本申请与对比文件1的技术效果不同，对比文件1的评分精度不一定高于本申请的评分精度；（4）就本申请的“减少部件数量，降低成本”这一发明目的而言，对比文件1未给出任何关于“将模拟信号转换成数字信号再进行比对”技术启示。总之，本申请不同于对比文件1，本申请权利要求1~16相对于对比文件1具备创造性。

经过审理，本合议组认为本案事实已经清楚，可以依法作出复审决定。

二、决定的理由

1. 审查基础

本决定是在复审请求人2004年6月4日提交的权利要求书的基础上进行审查的。

2. 关于专利法第22条第2款

专利法第22条第3款规定：创造性，是指同申请日以前已有的技术相比，该发明有突出的实质性特点和显著的进步，该实用新型有实质性特点和进步。

审查指南第二部分第四章第4.6.2节指出：如果发明是相同功能的已知手段的等效替代，且没有产生预料不到的技术效果，则该发明不具备创造性。

本申请独立权利要求1涉及一种跟唱学习评分装置及方法，而对比文件1（CN1161485A）同样也公开了一种卡拉OK评分设备，其中（说明书第2页最后一段至第6页第2段以及说明书附图1~3）公开了该卡拉OK评分设备具备音量提取部分（相当于独立权利要求1的音量参数撷取电路）、滤除噪音的滤波器（相当于独立权利要求1的低通滤波器）、比较信号的音程比较器和音量比较器（相当于独立权利要求1的微处理器）。权利要求1所要求保护的技术方案与对比文件1所公开的技术方案相比，其区别在于：第一、第二音量参数撷取电路中的信号值检出器将输出信号和既定值进行比较得到数字序列脉冲；用声道选择器来决定第一歌唱声音的输入声道；微处理器根据光盘片上的影音资料判定歌唱曲目在光盘片上的开始与结束地址，借以开启及关闭跟唱学习评分的功能。但是，对比文件1中公开了通过对得到的语音信号进行处理以获得音程数据和音量数据的模块部件，该过程实质上等同于独立权利要求1中的得到数字序列脉冲的过程；对比文件1还公开了在预处理部分中具备语音提取部分11，其技术效果与独立权利要求1的声道选择器一致，而且对比文件1在说明书第8页第三段还公开了可采用带通滤波器来作为声道选择器；另外对比文件1虽然没有公开根据光盘片上的影音资料判定歌唱曲目在光盘片上的开始与结束地址，借以开启及关闭跟唱学习评分的功能的模块部件，但是其属于本领域的常用技术手段。综上所述，在对比文件1的基础上结合公知常识得到权利要求1所要求保护的技术方案对本领域普通技术人员来说是显而易见的，而且这种结合没有产生任何意料不到的技术效果，因此权利要求1所要求保护的技术方案与对比文件1所公开的技术方案相比不具备突出的实质性特点和显著的进步，不具备创造性，不符合专利法第22条第3款的规定。

复审请求人在意见陈述书中的意见主要针对的是独立权利要求1，复审请求人认为：（1）本申请的目的是“降低成本”，并非“比对原唱者与跟唱者的音量”，本申请的发明目的与对比文件1不同；（2）本申请的微处理器具备根据光盘片上的TOC参数及MPEG译码器译得的影音资料开启跟唱学习评分功能的功能，而对比文件 1 中的音程比较器和音量比较器不具备上述功能；（3）对比精度不是本申请的发明目的，而且对比文件 1 的评分精度并不一定高于本申请，本申请的技术效果与对比文件 1 不同；（4）对比文件 1 没有给出“将模拟信号转换成数字信号再进行比对”的技术启示。

合议组认为：（1）本申请和对比文件 1 均涉及跟唱评分设备及其方法，作为跟唱评分设备及其方法来说，比对原唱者与跟唱者的音量是必不可少的技术步骤。虽然复审请求人认为本申请能够实现“降低成本”的发明目的，但是“降低成本”不是技术问题，不属于创造性判断中所要考虑的因素；（2）本申请权利要求 1 中对“微处理器”采用的是功能性限定的方式，对比文件 1 中的音程比较器和音量比较器对应于微处理器完成音量比对和判断声音相似程度的功能，而对比文件 1 未直接公开的“微处理器根据光盘片上的影音资料判定歌唱曲目在光盘片上的开始与结束地址，借以开启及关闭跟唱学习评分的功能”属于本领域的常用技术手段；（3）复审请求人认为对比文件 1 的评分精度不一定高于本申请，认为本申请与对比文件 1 的技术效果不同。但是，本申请与对比文件技术效果的区别仅是对本领域常规技术手段的选择的结果，无论选择模拟信号进行比对，或者选择数字信号进行比对，对于本领域普通技术人员来说，均不会产生任何预想不到的技术效果；（4）直接将模拟信号进行比对或者将模拟信号转换成数字信号进行比对，仅是本领域普通技术人员的常规选择，这种选择应用，无须本领域普通技术人员付出任何创造性劳动，也不会产生任何预料不到的技术效果。

综上所述，本领域普通技术人员在对比文件 1 的基础上结合公知常识选择常规的技术手段，就可得到本申请权利要求 1 的技术方案，这种结合无须付出任何创造性劳动，而且这种结合并没有产生任何预料不到的技术效果。所以，本申请的独立权利要求 1 相对于对比文件 1 来说，不具备创造性，不符合专利法第 22 条第 3 款的规定。

从属权利要求 2 对独立权利要求 1 进行了进一步限定，然而对比文件 1 所公开技术方案中的用来处理话筒语音信号和典范语音信号的部分就分别对应于该限定部分中的跟唱者音量参数撷取电路和原唱者音量参数撷取电路，话筒语音信号和典范语音信号就分别对应于跟唱者和原唱者。因此，在其引用的权利要求 1 不具备创造性的前提下，本权利要求也不具备创造性，不符合专利法第 22 条第 3 款的规定。

从属权利要求 3 对权利要求 2 进行了进一步限定，然而在本申请的说明书和实施例部分都没有对整波器的具体功能进行详细描述，根据本领域普通技术人员的推断，该整波器是用于对得到的数字序列脉冲进行一些处理，排除产生了误差的脉冲的器件。对比文件 1 中公开了对得到的信号进行进一步处理的部件，该处理包括绝对值化、平滑化等。虽然在本申请和对比文件 1 中，两种器件的名字不同，但是它们要实现的技术效果相同，采用的技术手段都是本领域的常用技术手段，对于本领域的普通技术人员来说，为了实现整波的技术效果而采用多种技术手段中的一种只是简单选择而已。因此，在其引用的权利要求 2 不具备创造性的前提下，本权利要求也不具备创造性，不符合专利法第 22 条第 3 款的规定。

从属权利要求 4 限定部分的附加技术特征已经被对比文件 1 的说明书附图 2 所公开，在其引用的权利要求 1 不具备创造性的前提下，本权利要求也不具备创造性，不符合专利法第 22 条第 3 款的规定。

同理，从属权利要求 5 也不具备创造性，不符合专利法第 22 条第 3 款的规定。

从属权利要求 6 限定部分的附加技术特征已经被对比文件 1 说明书第 5 页第 2 段所公开。因此，在其引用的权利要求 1 不具备创造性的前提下，本权利要求也不具备创造性，不符合专利法第 22 条第 3 款的规定。

从属权利要求 7 限定部分的附加技术特征已经被对比文件 1 说明书第 5 页第 2 段所公开。因此，在其引用的权利要求1不具备创造性的前提下，本权利要求也不具备创造性，不符合专利法第22条第3款的规定。

从属权利要求8限定部分的附加技术特征已经被对比文件1说明书第3页第1段所公开。因此，在其引用的权利要求1不具备创造性的前提下，本权利要求也不具备创造性，不符合专利法第22条第3款的规定。

从属权利要求9~12分别对权利要求8作了进一步限定，其附加技术特征均为显示器的不同形式。而利用如：发光二极管面板、液晶显示器面板、真空荧光数码显示器面板、电视屏幕的图像菜单显示方式这样的显示方式都是本领域的公知常识。因此，在权利要求8不具备创造性的前提下，其从属权利要求9~12也不具备创造性，不符合专利法第22条第3款的规定。

本申请的独立权利要求13是与独立权利要求1对应的方法权利要求，作为与权利要求1并列的独立权利要求，其技术方案实质上与权利要求1完全相同，基于上述相同的理由，该权利要求相对于对比文件1来说也不具备创造性，不符合专利法第22条第3款的规定。

从属权利要求14是与从属权利要求2相对应的方法权利要求，参照上述对从属权利要求2的评述可知，在其引用的权利要求13不具备创造性的前提下，该权利要求也不具备创造性，不符合专利法第22条第3款的规定。

从属权利要求15限定部分的附加技术特征已经被对比文件1说明书附图2所公开，由此可见，在其引用的权利要求13不具备创造性的前提下，该项权利要求也不具备创造性，不符合专利法第22条第3款的规定。

从属权利要求16限定部分的附加技术特征已经被对比文件1说明书附图2所公开，由此可见，在其引用的权利要求13不具备创造性的前提下，该项权利要求也不具备创造性，不符合专利法第22条第3款的规定。

综上所述，复审请求人的复审请求理由不成立。

三、决定

维持国家知识产权局于2004年3月5日作出的驳回01110464.3号发明专利申请的决定。

复审请求人对本决定不服的，可以根据专利法第41条第2款的规定，自收到本决定之日起三个月内向北京市第一中级人民法院起诉。

089

印刷电路配线板检查工具上包覆导线的探针接触端子

复审请求审查决定（第10881号）

决　定　号　第10881号
决　定　日　2007年6月21日
发明创造名称　印刷电路配线板检查工具上包覆导线的探针接触端子
国际分类号　G01R 1/067，G01R 31/28
复审请求人　大西电子株式会社
申　请　号　02129075.X
申　请　日　2002年8月30日
优先权日　2002年3月20日
公　开　日　2003年10月1日
合议组组长　陈迎春
主　审　员　宋　瑞
参　审　员　李　礼

法律依据　专利法第22条第2款
决定要点

在复审程序中，如复审请求人提交的修改后的申请文件已经消除了原驳回决定中指出的缺陷，且上述修改符合专利法第33条的规定，可以撤销原驳回决定。

一、案由

本复审请求涉及申请号为02129075.X、发明名称为“印刷电路配线板检查工具上包覆导线的探针接触端子”的发明专利申请（下称本申请），其申请日为2002年8月30日，优先权日为2002年3月20日，公开日为2003年10月1日，申请人为大西电子株式会社。

在实质审查程序中，国家知识产权局专利局实质审查部门以本申请权利要求1、2不具备专利法第22条第2款所规定的新颖性为由，于2004年9月3日作出了驳回本申请的决定。

驳回决定所针对的申请文本是申请人于2002年8月30日提交的权利要求第1~2项、说明书第1~2页、说明书附图第1~2页以及说明书摘要和摘要附图，其中权利要求的具体内容为：

“1. 一种印刷电路配线板检查工具上包覆导线的探针接触端子，其特征在于：包覆导线探针的相邻末端从一端或侧面，经过冲压，形成由突缘头状或是扁平头状所构成的包覆导线探针接触端子。

2. 如权利要求1所述的印刷电路配线板检查工具上包覆导线的探针接触端子，其特征在于：在突缘头状或扁平头状的端面经过电镀处理所构成。”

驳回决定中引用一篇对比文件 CN1340713 A（下称对比文件 1），其申请日为 2001 年 8 月 21 日，公开日为 2002 年 3 月 20 日。

该驳回决定认为，权利要求 1、2 相对于对比文件 1 不具备专利法第 22 条第 2 款所规定的新颖性，具体理由为：权利要求 1 请求保护一种印刷电路配线板检查工具上包覆导线的探针接触端子。对比文件 1 公开了用于测量探针的探针头适配器（测量探针相当于印刷电路配线板检查工具，探针头适配器相当于印刷电路配线板检查工具上包覆导线的探针接触端子），其中披露了以下特征：对于软导电引线探针头适配器 174，所述坯件的探测触针端 184 经冲压，形成扁平部位 206 和锥形指片状 208（相当于包覆导线探针的相邻末端，经过冲压，形成扁平头状所构成的包覆导线探针接触端子，其中软导电引线探针头适配器相当于包覆导线探针接触端子）；探针头适配器 174，176 是同一具体实施方式公开的多个探针头适配器中的两个，探针头适配器 176 是一种具有突缘头状的探针头适配器（相当于具有突缘头状的印刷电路配线板检查工具上包覆导线的探针接触端子）。并且指出本申请中“包覆导线探针的相邻末端从一端或侧面，经过冲压”是对比文件 1 隐含公开的内容，对于所属技术领域的技术人员来说，可以从对比文件 1 中无歧义地直接导出的内容；由此可知该权利要求所要求保护的技术方案实质上被对比文件 1 披露，两者属于同一技术领域，采用相同的技术方案，解决的技术问题相同，预期效果相同，因此该权利要求不具备专利法第 22 条第 2 款规定的新颖性。所以对比文件 1 构成了该申请权利要求 1 的抵触申请，从而使权利要求 1 所要求保护的技术方案相对于对比文件 1 不具备专利法第 22 条第 2 款规定的新颖性。权利要求 2 的附加技术特征已经被对比文件 1 实质上公开：导电构件 224 和 226 经电镀处理（参见说明书第 9 页第 13 行）；因此当其引用的权利要求 1 不具备专利法第 22 条第 2 款规定的新颖性时，权利要求 2 所要求保护的技术方案也不具备专利法第 22 条第 2 款规定的新颖性。

申请人大西电子株式会社（下称复审请求人）不服上述驳回决定，于 2004 年 12 月 17 日向专利复审委员会提出复审请求，未对申请文件进行修改。其复审请求的理由为：本申请中端子与导线乃一体而成，受冲压者为导线本身，而对比文件 1 没有公开上述特征，因此对比文件 1 不足以证明本申请权利要求 1 不具备新颖性，进而权利要求 2 也具备新颖性。

经形式审查合格后，专利复审委员会受理了上述请求，并于 2005 年 1 月 25 日向复审请求人发出复审请求受理通知书，同时发出前置审查通知书，将本案送至原实质审查部门进行前置审查。

原审查部门对该复审请求做出前置审查意见，仍然坚持原驳回决定。

针对该复审请求，专利复审委员会依法成立合议组，对本案进行审理，本案合议组于 2006 年 8 月 15 日向复审请求人发出第一次复审通知书，指出：本申请权利要求 1、2 相对于对比文件 1 不具备专利法第 22 条第 2 款所规定的新颖性。对于复审请求人认为本申请中端子与导线乃一体而成，受冲压者为导线本身，而对比文件 1 没有公开上述特征的观点，合议组认为从本申请权利要求 1 所请求保护的技术方案中并不能唯一地导出端子与导线乃一体形成，端子与导线之间无接缝或其他扣合、夹合、嵌合等机械单元间非连续的结合结构等特征，这些技术特征没有明确限定在所请求保护的权利要求中。

针对上述复审通知书的意见，复审请求人先后于 2006 年 9 月 18 日和 2006 年 9 月 20 日分别提交了意见陈述书和权利要求书全文的修改替换页，认为修改后的权利要求已经克服了复审通知书中所指的全部缺陷。复审请求人于 2006 年 9 月 20 日提交的权利要求书内容如下：

“1. 一种印刷电路配线板检查工具上包覆导线的探针接触端子，其特征在于：包覆绝缘导线探针的相邻末端从一端或侧面，经过冲压，形成与绝缘导线互为一体的突缘头状或是扁平头状所构成的包覆绝缘导线探针接触端子。

2. 如权利要求 1 所述的印刷电路配线板检查工具上包覆绝缘导线的探针接触端子，其特征在于：在突缘头状或是扁平头状的端面经过电镀处理所构成。”

在此基础上，本案合议组于 2007 年 3 月 30 日发出了第二次复审通知书，指出将原权利要求 1、2 中的“导线”修改为“绝缘导线”，超出了原申请文件所记载的范围，不符合专利法第 33 条的规定；权利要求 1 第 1~2 行中“包覆绝缘导线探针的相邻末端”的描述不清楚，不符合专利法实施细则第 20 条第 1 款的规定。

针对上述第二次复审通知书的意见，复审请求人于 2007 年 5 月 8 日提交了意见陈述书和权利要求书全文的修改替换页。

复审请求人于 2007 年 5 月 23 日再次提交了意见陈述书和权利要求书全文的修改替换页，指出其于 2007 年 5 月 8 日提交的权利要求在叙述上还存在一定缺陷，因此重新提交修改后的权利要求书，认为经过上述修改后的权利要求已经完全克服了审查意见中所指出的全部缺陷，其中修改后的权利要求为：

“1. 一种印刷电路配线板检查工具上包覆导线的探针接触端子，其特征在于：包覆导线具有和探针相邻的一端，从该一端或该一端的侧面，经过冲压，形成互为一体的突缘头状或是扁平头状所构成的包覆导线探针接触端子。

2. 如权利要求 1 所述的印刷电路配线板检查工具上包覆导线的探针接触端子，其特征在于：在突缘头状或是扁平头状的端面经过电镀处理所构成。”

经过上述审查程序，本案合议组认为本案事实已经清楚，可以作出复审决定。

二、决定的理由

1. 关于审查文本

复审请求人于 2007 年 5 月 23 日提交了权利要求书全文的修改替换页，经审查，上述修改文本中删除了在先审查文本中修改超范围的部分，且权利要求 1 已清楚地限定了所述包覆导线和探针之间的关系以及探针接触端子的结构。因此上述修改符合专利法第 33 条和专利法实施细则第 60 条第 1 款的规定，同时克服了第二次复审通知书中所指出的关于不符合专利法第 33 条和专利法实施细则第 20 条第 1 款的缺陷。因此，本复审决定是以复审请求人于 2007 年 5 月 23 日提交的权利要求第 1~2 项，于 2002 年 8 月 30 日提交的说明书第 1~2 页、说明书附图第 1~2 页以及说明书摘要和摘要附图为基础作出的。

2. 关于专利法第 22 条第 2 款

专利法第 22 条第 2 款规定：新颖性，是指在申请日以前没有同样的发明或者实用新型在国内外出版物上公开发表过、在国内公开使用过或者以其他方式为公众所知，也没有同样的发明或者实用新型由他人向国务院专利行政部门提出过申请并且记载在申请日以后公布的专利申请文件中。

本申请权利要求 1 请求保护一种印刷电路配线板检查工具上包覆导线的探针接触端子，其特征在于包覆导线具有和探针相邻的一端，从该一端或该一端的侧面，经过冲压，形成互为一体的突缘头状或是扁平头状所构成的包覆导线探针接触端子。

对比文件 1 公开了一种测量探针的探针头适配器（参见对比文件 1 说明书全文，附图 1~7），其中披露了以下技术特征：探针头适配器 174、176 是同一具体实施方式公开的多个探针头适配器中的两个，从图 4C 中可以看出，适配器 174 有导电构件 180，其一端是具有斜边的孔 182，用导电弹性体 194 填充所述孔 182，所述坯件的探测触针端 184 经冲压，形成扁平部位 206 和锥形指状片 208，探针头适配器 176 是一种具有突缘头状的探针头适配器，其余结构和适配器 174 相似。

合议组认为，本申请权利要求 1 的包覆导线的探针接触端子是以包覆导线为基础，经冲压而成的，其与包覆导线是在一体材料上加工得到的，且不能与包覆导线分离，其用于和探针相接触；而对比文件 1 中的探针头适配器是探针的一种附件，根据所探测对象的不同，可插拔地选用不同形状的探针头适配器，适配器本身由不同材质、形状的导电构件、导电弹性体、构件紧固器等特别加工而成的部件构成，其目的是可以反复循环地与探针的低电容探针连接，并适应于各种配置。由此可见，权利要求 1 与对比文件 1 中的技术方案所使用的目的不完全相同，所采用的技术手段也存在区别，本申请权利要求 1 的包覆导线的探针接触端子在确保端子连接牢固的前提下，结构简化，降低了成本，与对比文件 1 的技术方案存在的上述区别并不属于惯用手段的直接置换。因此权利要求 1 相对于对比文件 1 具备专利法第 22 条第 2 款规定的新颖性。

在权利要求 1 具备新颖性的情况下，其从属权利要求 2 也具备专利法第 22 条第 2 款规定的新颖性。

综上所述，在复审过程中提交的申请文件已经消除了原驳回决定中指出的缺陷。因此，合议组作出以下复审请求审查决定。

三、决定

撤销国家知识产权局于 2004 年 9 月 3 日对 02129075. X 号发明专利申请作出的驳回决定，由原实质审查部门以本复审决定所依据的审查文本为基础继续进行审查。

复审请求人对本决定不服的，可根据专利法第 41 条第 2 款的规定，自收到本决定之日起三个月内向北京市第一中级人民法院起诉。

090

水电气能源消耗综合管理系统（无线遥控多功能自动电表）

复审请求审查决定（第 10882 号）

决　定　号　第 10882 号
决　定　日　2007 年 6 月 18 日
发明创造名称　水电气能源消耗综合管理系统（无线遥控多功能自动电表）
国际分类号　G01D 1/04
复审请求人　曲振兴
申　请　号　00110675.9
申　请　日　2000 年 7 月 18 日
公　开　日　2002 年 2 月 6 日
合议组组长　陈迎春
主　审　员　杨军艳
参　审　员　周　航

法律依据　专利法第 22 条第 3 款
决定要点

如果一项专利申请权利要求所述的技术方案与对比文件相比，其区别技术特征是本领域中已存在的公知技术，且其所达到的技术效果也是已知的，那么认为对本领域技术人员来说为追求上述技术效果而将上述区别技术特征结合到对比文件中，得到申请文件的技术方案是显而易见的，这样的技术方案相对于对比文件不具备创造性。

一、案由

本复审请求涉及申请号为 00110675.9、名称为“水电气能源消耗综合管理系统（无线遥控多功能自动电表）”的发明专利申请，其申请日为 2000 年 7 月 18 日，公开日为 2002 年 2 月 6 日，申请人为曲振兴。其公开的权利要求书为：

“1. 本发明是一个水电气能源消耗综合管理系统，将居民水电气视流管理与现代电子通信技术相结合，通过特制的无线遥控多功能自动电表采集和收发能源消耗数据及安全使用状态信息，为社会能源消耗管理和自动结算服务。

2. 如权利要求 1 所述的水电气能源消耗综合管理系统，将水、电、气、视流能源消耗管理和现代通信方式融为一体，将能源消耗数据控制中心与通信网络接通，实时传递能源监控和反馈信号，据以进行数理统计和费用结算。

3. 如权利要求 1 所述的水电气能源消耗综合管理系统，以特制的无线控制多功能自动电表为终端设备，将本表及水电气视流监控器接入外线管道和内线管路接口，进行现场能源消耗和安全使用情况监测。监控器将机械旋转信号转换成电子信号向本表传递，本表接收、存储、计算、显示使用量、费用额度及安全指标，转换成无线或有线讯号向系统发送。

4. 如权利要求 3 所述的无线遥控多功能自动电表，由外接电源、信号线、显示屏、控制按钮、插卡口、遥控器、监控器；内置信号接收、存储、计算、显示、发送装置所组成，终端显示并收发系统监控信号。

5. 如权利要求 3 所述的无线遥控多功能自动电表，具有无线和有线通信联络装置；本表以母机形式并接子机，子机可携持移动漫游通信，任一标准普通话机可以接入本表实施固定通信并自动计费。

6. 如权利要求 3 所述的无线遥控多功能自动电表，在不具备无线和有线通信能力条件下，可以授权转换为自控电表，通过插卡口插入专用磁卡自动运行，进行水电气视流现场监测和费用自动结算。”

在实质审查程序中，国家知识产权局于 2003 年 7 月 25 日发出第一次审查意见通知书，指出本申请权利要求 1~6 不符合专利法第 22 条第 3 款有关创造性的规定，其引用的对比文件如下：

对比文件 1：公开号为 CN1248695A 的发明专利申请公开说明书，其公开日为 2000 年 3 月 29 日；

对比文件 2：授权公告号为 CN2235123Y 的实用新型专利说明书，其授权公告日为 1996 年 9 月 11 日；

对比文件 3：授权公告号为 CN2210398Y 的实用新型专利说明书，其授权公告日为 1995 年 10 月 18 日。

2003 年 11 月 10 日，申请人针对上述审查意见通知书提交了意见陈述书，未对申请文本进行修改，其认为本申请与对比文件不能相提并论，具备创造性。

经过上述审查程序后，国家知识产权局专利局实质审查部门针对申请日提交的权利要求第 1~6 项，说明书第 1~2、4 页，说明书附图第 1~2 页，说明书摘要，摘要附图，以及 2001 年 7 月 18 日提交的说明书第 3 页，以本申请权利要求 1~6 不具备专利法第 22 条第 3 款规定的创造性为由，于 2004 年 1 月 9 日做出驳回该专利申请的决定。

申请人曲振兴（下称复审请求人）不服上述驳回决定，于 2004 年 3 月 17 日向专利复审委员会提出复审请求，其理由是本申请超前于现实、超越于其他现有技术，具备创造性。复审请求人在提交复审请求书的同时未修改申请文本。

经形式审查合格后，专利复审委员会受理了上述请求，并于 2004 年 5 月 25 日向复审请求人发出复审请求受理通知书，同时向原审查部门发出前置审查通知书。

原审查部门在前置审查中仍然坚持原驳回决定。

2004 年 12 月 8 日，复审请求人寄交了补正书，说明将权利要求书第 1 页第 1、5、9 行，说明书标题，说明书第 1 页第 2 行和说明书摘要第 1 页第 2 行中的“水电气能源消耗综合管理系统”均修改为“水电气视话能源消耗综合管理系统”，但未提交相应的修改替换页。

专利复审委员会依法成立合议组对该复审请求案进行了审理，于 2006 年 8 月 11 日发出复审通知书，以驳回决定依据的文本作为审查基础，指出本申请权利要求 1~6 相对于对比文件 1 和公知技术的结合不具备创造性，不符合专利法第 22 条第 3 款的规定。

2006 年 9 月 7 日，复审请求人针对上述复审通知书提交了意见陈述书，其认为本申请具有与对比文件不同的创造性。同时复审请求人提交了与 2004 年 12 月 8 日所交补正书对应的权利要求书、说明书第 1 页和说明书摘要的修改替换页。修改后的发明名称为“水电气视话能源消耗综合管理系统

（无线遥控多功能自动电表）”，权利要求书为：

“1. 本发明是一个水电气视话能源消耗综合管理系统，将居民水电气视话管理与现代电子通信技术相结合，通过特制的无线遥控多功能自动电表采集和收发能源消耗数据及安全使用状态信息，为社会能源消耗自动结算、安全监控和公众通信联络服务。

2. 如权利要求1所述的水电气视话能源消耗综合管理系统，将水、电、气、视、话能源消耗管理和现代通信方式融为一体，将能源消耗数据控制中心与通信网络接通，实时传递能源监控和反馈信号，据以进行数理统计和费用结算。

3. 如权利要求1所述的水电气视话能源消耗综合管理系统，以特制的无线控制多功能自动电表为终端设备，将本表及水电气视话流监控器接入外线管道和内线管路接口，进行现场能源消耗和安全使用情况监测。监控器将机械旋转信号转换成电子信号向本表传递。本表接收、存储、计算、显示使用量、费用额度及安全指标，转换成无线或有线信号向相应控制中心发送。

4. 如权利要求3所述的无线遥控多功能自动电表，由外接电源、信号线、显示屏、控制按钮、插卡口、遥控器、监控器；内置信号接收、存储、计算、显示、发送装置所组成，终端显示并收发系统监控信号。

5. 如权利要求3所述的无线遥控多功能自动电表，具有无线和有线通信联络装置；本表以母机形式并接子机，子机可携持移动漫游通信；任一标准普通话机可以接入本表实施固定通信并自动计费。

6. 如权利要求3所述的无线遥控多功能自动电表，在不具备无线和有线通信能力条件下，本表可以授权转换为自控电表，通过插卡口插入专用磁卡自动运行，进行水电气视流现场监测和费用自动结算。”

本案合议组经合议后，认为本案事实已清楚，现依法作出复审决定。

二、决定的理由

1. 关于审查基础

本复审决定以复审请求人于2006年9月7日提交的权利要求第1~6项、说明书第1页、说明书摘要，2001年7月18日提交的说明书第3页，以及申请日提交的说明书第2和4页、附图第1~2页、摘要附图作为审查基础。

2. 关于创造性

（1）关于权利要求1的创造性。

权利要求1请求保护一种水电气视话能源消耗综合管理系统，对比文件1披露了一种智能水、电、气三表电话网远程集中抄表系统，该系统能够远程采集三表的数据并对数据进行管理，还能够生成账单、告知用户，从而实现对这些能源消耗的管理。

对比文件1具体披露如下：一种水、电、气三表电话网智能集中抄表系统，充分利用现有的公共电话网实现信号通讯（见对比文件1说明书第1页第20~24行，在对比文件1中该抄表系统利用公共电话网这种现代电子通信技术来实现远程智能抄表，对水、电、气的能源消耗进行管理），通过特制的住户前端机采集和收发能源消耗数据，进行能源管理和自动结算（见对比文件1说明书第2页第2~12行，在对比文件1中每户的水、电、气三表分别连入每户的住户前端机，住户前端机包括专用数据采集和管理器，用于采集和管理每户三表数据，住户前端机还与物管中心计算机相互通讯，将采集到的数据传送到物管中心计算机，物管中心计算机将计算出的三表账单传回住户前端机，即住户前端机能够采集和收发数据，物管中心计算机能够自动结算，最终整个系统实现能源消耗的管理）。

权利要求1与对比文件1相比，区别在于：权利要求1中使用无线遥控多功能自动电表进行数据采集和收发，对比文件 1 中使用专门的住户前端机采集和收发数据，外接电表；权利要求 1 中能源还包括视流和话流，采集的数据还包括安全使用状态信息，对比文件 1 中能源不包括视流和话流，采集的数据不包括使用状态信息。

无论是单独设置数据采集装置还是将该装置与电表结合设置，该数据采集装置与电表均是各自完成其自身的功能，是独立的两个模块，因此权利要求 1 中将采集装置与电表相结合构成的无线遥控多功能电表其实质等同于对比文件 1 中住户前端机与电表的结合。此外，采集何种能源、何种数据是本领域技术人员根据实际需要决定的，当本领域技术人员需要采集视流、话流数据和安全使用状态信息时，将该数据和该信息包含在所采集的数据内是显而易见的。可见，对本领域技术人员来说，在对比文件 1 的基础上根据实际需求对系统结构和需采集的数据进行设计，得到本申请权利要求 1 的技术方案是显而易见的，其也没有产生预料不到的技术效果，因而权利要求 1 相对于对比文件 1 不具有突出的实质性特点和显著的进步，不具备创造性，不符合专利法第 22 条第 3 款的规定。

（2）关于权利要求 2 的创造性。

权利要求 2 进一步限定的附加技术特征是：将水、电、气、视、话能源消耗管理和现代通信方式融为一体，将能源消耗数据控制中心与通信网络接通，实时传递能源监控和反馈信号，据以进行数理统计和费用结算。上述附加技术特征在对比文件 1 中披露了（见对比文件 1 说明书第 1 页第 20~24 行，第 2 页第 1 行、第 9~12 行，第 3 页第 29 行至第 4 页第 19 行），在对比文件 1 中水、电、气抄表系统利用了现有的公共电话网来实现信号通讯，其物管中心计算机是整个系统的管理控制中心，相当于本申请中的能源消耗数据控制中心，该物管中心计算机通过公共电话网与住户前端机相互通讯，住户前端机传递数据，物管中心计算机反馈账单信息，进行费用结算。由于公共电话网总是处于连通状态，因此对比文件 1 中的系统能够实现实时通讯。此外，本领域技术人员根据实际需要能够对数据进行各种处理，包括数理统计。因此当它所引用的权利要求 1 不具备创造性时，权利要求 2 也不具备创造性，不符合专利法第 22 条第 3 款的规定。

（3）关于权利要求 3 的创造性。

权利要求 3 进一步限定的附加技术特征是：以特制的无线遥控多功能自动电表为终端设备，将本表及水电气视话流监控器接入外线管道和内线管路接口，进行现场能源消耗和安全使用情况监测。监控器将机械旋转信号转换成电子信号向本表传递。本表接收、存储、计算、显示使用量、费用额度及安全指标，转换成无线或有线信号向相应控制中心发送。对比文件 1 中披露了住户前端机为终端设备，与水、电、气三表相连，进行现场监测，住户前端机能够采集和存储三表数据、显示采集的数据，并通过公共电话网的电话线向物管中心计算机发送数据（见对比文件 1 第 2 页第 2 行至第 3 页第 7 行）。此外，水、电、气表接入外线管道和内线管路接口是现有的接表方式，它们可将机械旋转信号转换成电子信号进行传输是远程抄表系统普遍采用的技术。因此，当它所引用的权利要求 1 不具备创造性时，权利要求 3 也不具备创造性，不符合专利法第 22 条第 3 款的规定。

（4）关于权利要求 4 的创造性。

权利要求 4 进一步限定的附加技术特征是：无线遥控多功能自动电表由外接电源、信号线、显示屏、控制按钮、插卡口、遥控器、监控器；内置信号接收、存储、计算、显示、发送装置所组成，终端显示并收发系统监控信号。对比文件 1 中住户前端机与电表的组合相当于本申请中带有监控器的多功能自动电表，住户前端机与电表相连以便采集数据，因此必然具有信号线，住户前端机带有多个液晶显示屏、用户键盘 13（相当于控制按钮），该系统能够采集、存储和显示数据，向物管中心计算机发送数据，并接收物管中心计算机计算出的账单（见对比文件 1 第 2 页第 2 行至第 3 页第 7 行）。插卡口和遥控器在现有电表中已经具备，如对比文件 2 公开的电表带有插卡口，对比文件 3 公开的电表具有遥控功能。此外，由于电表与物管中心计算机之间能够方便、可靠地相互通讯，因此计算机功能设置在电表中还是设置在物管中心计算机内没有本质的区别。所以，当它引用的权利要求3不具备创造性时，权利要求4也不具备创造性，不符合专利法第22条第3款的规定。

（5）关于权利要求5。

权利要求5进一步限定的附加技术特征是：无线遥控多功能自动电表具有无线和有线通信联络装置；本表以母机形式并接子机，子机可携持移动漫游通信；任一标准普通话机可以接入本表实施固定通信并自动计费。通过无线通信或有线通信传输数据是远程抄表系统中很成熟的技术，电话机有子母机形式和普通固定电话机形式是本领域技术人员已知的。因此，当它所引用的权利要求3不具备创造性时，权利要求5也不具备创造性，不符合专利法第22条第3款的规定。

（6）关于权利要求6。

权利要求6进一步限定的附加技术特征是：无线遥控多功能自动电表在不具备无线和有线通信能力条件下，本表可以授权转换为自控电表，通过插卡口插入专用磁卡自动运行，进行水电气视流现场监测和费用自动结算。插卡式的自控电表在现有电表中已经存在，如对比文件2公开了使用电卡可以预付费、自动计算并实时显示的电表。自控电表如何授权转换这涉及许多人为因素，且是本领域技术人员根据实际需要可以做出的常规选择。因此，当它所引用的权利要求3不具备创造性时，权利要求6也不具备创造性，不符合专利法第22条第3款的规定。

针对复审请求人认为本申请在结构和功能上均与对比文件1不同的观点，合议组进行以下答复：对比文件1公开的技术方案中利用了有线传输的公共电话网，由住户前端机采集水、电、气三表的数据，并传递给物管中心计算机，由物管中心计算机自动结算，同时住户前端机可接收物管中心计算机的反馈信息，通知用户，可见对比文件1所公开的技术方案不需人工抄表，实现了三表数据的自动结算，且在一定程度上实现了水、电、气三种能源消耗的管理；虽然本申请与对比文件1相比采用了更多的信息传输技术、扩大了能源消耗的综合管理范围并增加了更多的功能，但是所采用的信息传输手段、所增加的管理范围和功能在本领域中均已存在，而且追求管理综合化和功能多样化对本领域技术人员来说是显而易见的，因此本领域技术人员为了达到更好的综合管理效果，容易想到在对比文件1的基础上结合各种已存在的现有技术得到本申请的技术方案，所以本申请相对于对比文件1不具备创造性，复审请求人的意见不能被接受。

综上所述，本申请权利要求1~6与现有技术相比不具备创造性，不符合专利法第22条第3款的规定。

三、决定

复审请求的理由不能成立，维持国家知识产权局于2004年1月9日对00110675.9号发明专利申请做出的驳回决定。

当事人对本决定不服的，可以根据专利法第41条第2款的规定，自收到本决定之日起三个月内向北京市第一中级人民法院起诉。

091

电致发光显示器件及其制造方法

复审请求审查决定（第10884号）

决　定　号　第10884号
决　定　日　2007年6月19日
发明创造名称　电致发光显示器件及其制造方法
国 际 分 类 号　G09G 3/12
复 审 请 求 人　株式会社半导体能源研究所
申　请　号　00121734.8
申　请　日　2000年7月24日
优 先 权 日　1999年7月23日
公　开　日　2001年1月31日
合 议 组 组 长　陈迎春
主　审　员　王琦琳
参　审　员　张田勇

法 律 依 据　专利法第26条第4款
决 定 要 点

在复审程序中，如果申请人通过对申请文件的修改克服了原驳回决定所指出的缺陷，且修改符合专利法第33条的规定，则可以撤销原驳回决定。

一、案由

本复审请求涉及名称为“电致发光显示器件及其制造方法”的00121734.8号发明专利申请（下称本申请），申请日为2000年7月24日，优先权日为1999年7月23日，申请人为株式会社半导体能源研究所。

在实质审查程序中，国家知识产权局专利局于2003年11月28日发出第一次审查意见通知书，指出本申请权利要求不符合专利法第22条第3款、专利法第26条第4款以及专利法实施细则第20条第1款的规定；审查员所引用的对比文件如下：

对比文件1：CN1217582A中国发明专利申请公开说明书，公开日为1999年5月26日；

对比文件2：非专利文献Polymer Light-Emitting Electrochemical Cells，公开日为1995年8月25日；

对比文件3：US5766779A美国专利说明书，公开日为1998年6月16日。

针对上述审查意见通知书，申请人于2004年3月26日提交了意见陈述书以及说明书和权利要求书的修改替换页。申请人认为：修改后的权利要求相对于对比文件 1~3 具有新颖性和创造性。修改后的权利要求书共包括 35 项权利要求，其中独立权利要求 14 和 18 分别是：

“14. 一种电致发光显示器件，包括：

包含第一区和第二区的一个衬底；

形成在第一区和第二区上的一个阳极、一个阴极和在上述阳极和阴极之间的电致发光层；

其中电致发光层至少包括在第二区上的第一部分和第二部分；

其中所述第一部分的一部分包含至少一种杂质，所述第二部分不搀杂，且

所述第一部分的所述部分与在阳极和电致发光层之间的第一界面和在阴极和电致发光层之间的第二界面之一相接触。”

“18. 一种电致发光显示器件，包括：

包含第一区和第二区的一个衬底；

形成在第一区和第二区上的一个阳极、一个阴极和在上述阳极和阴极之间的电致发光层；

其中电致发光层至少包括在第一区上的第一部分和在第二区上的第二部分；

其中所述第一部分的一部分包含至少一种杂质，所述第二部分不搀杂，且

所述第一部分的所述部分与在阳极和电致发光层之间的第一界面和在阴极和电致发光层之间的第二界面之一相接触；和

其中只有第一部分发光。”

经再次审查，国家知识产权局专利局以本申请权利要求 14、18 不符合专利法第 26 条第 4 款的规定为理由，于 2004 年 6 月 4 日做出了驳回本申请的决定。

驳回决定认为：根据说明书的记载，衬底是没有被搀杂的，被搀杂的是发光层，因此不存在“衬底的没有被搀杂的区（第一区）”或“衬底上的被搀杂的区域（第二区）”；而且将搀杂和未搀杂的区域分别定义为“第一区”和“第二区”是不能被接受的，所以，权利要求 14、18 仍然不符合专利法第 26 条第 4 款的规定。

申请人株式会社半导体能源研究所（下称复审请求人）不服上述驳回决定，于 2004 年 8 月 31 日向专利复审委员会提出复审请求，其理由是：复审请求人对驳回决定的驳回理由持有不同意见，其认为本领域技术人员参考说明书的描述完全可以明了权利要求 14、18 中“衬底的第一区”和“衬底的第二区”的含义。复审请求人同时提交了参考示意图 2 页。

经形式审查合格，专利复审委员会受理了上述请求，于 2004 年 10 月 28 日向复审请求人发出了复审请求受理通知书，并将本案送至原审查部门进行前置审查。

原审查部门对上述复审请求做出前置审查意见，仍然坚持原驳回决定。

专利复审委员会依法组成合议组，对本复审请求案进行了审理。

本案合议组于 2006 年 7 月 28 日向复审请求人发出了复审通知书，指出：本申请权利要求 14、18 中的“衬底的第一区”和“衬底的第二区”的说法仅能表示在衬底上存在两个区，该两个区具有不同的性质；上述“衬底的第一区”和“衬底的第二区”的说法不能清楚限定出第一区和第二区之间的区别。因此，权利要求 14 中“衬底的第一区”和“衬底的第二区”的限定方式，可以指衬底上任何性质不同的两个区域，而且无法确认该区域的具体性质如何，这种限定方式完全脱离了说明书中的各个具体实施例，扩大了本申请的保护范围；即，权利要求 14、18 中的“衬底的第一区”和“衬底的第二区”的说法无法得到说明书内容的支持，不符合专利法第 26 条第 4 款的规定。

针对上述复审通知书，复审请求人于 2006 年 8 月 29 日向专利复审委员会提交了意见陈述书以及权利要求书的替换页。复审请求人认为：其已在修改后的权利要求 14、18 中分别对“衬底的第一

区”和“衬底的第二区”作了进一步限定，因此修改后的权利要求14和18中的各个特征是清楚的，得到了说明书实施例的支持。同时复审请求人提出如果修改后的权利要求书仍不符合专利法或专利法实施细则的规定，希望再给予一次删除权利要求14、18的机会。修改后的权利要求书共35项权利要求，其中独立权利要求14、18分别为：

“14. 一种电致发光显示器件，包括：

包含第一区和第二区的一个衬底；

形成在第一区和第二区上的一个阳极、一个阴极和在上述阳极和阴极之间的电致发光层；

其中电致发光层至少包括在第二区上的第一部分和第二部分以及在第一区上的第三部分；

其中所述第一部分包含至少一种杂质，所述第二部分不被所述至少一个杂质搀杂；且

所述第三部分不被所述至少一个杂质搀杂；

所述第一部分与在阳极和电致发光层之间的第一界面和在阴极和电致发光层之间的第二界面之一相接触；和

所述第一部分与所述第二部分重叠。

18. 一种电致发光显示器件，包括：

包含第一区和第二区的一个衬底；

形成在第一区和第二区上的一个阳极、一个阴极和在上述阳极和阴极之间的电致发光层；

其中电致发光层至少包括在第一区上的第一部分和在第二区上的第二部分；

其中所述第一部分的一部分包含至少一种杂质，所述第二部分不被所述至少一个杂质搀杂，且

所述第一部分的所述一部分与在阳极和电致发光层之间的第一界面和在阴极和电致发光层之间的第二界面之一相接触；和

其中只有第一部分发光。”

合议组于2006年12月12日与复审请求人进行了电话讨论，指出：本申请权利要求14、18中的“衬底的第一区”和“衬底的第二区”的说法仍然无法得到说明书的支持，不符合专利法第26条第4款的规定。复审请求人表示将删除权利要求14、18及其从属权利要求，以克服本申请权利要求14、18不符合专利法第26条第4款的缺陷，并将尽快提交相应的修改文本。

复审请求人于2006年12月15日向专利复审委员会寄交了意见陈述书以及权利要求书替换页，删除了原权利要求14、18及其从属权利要求15~17、19~21，修改后的权利要求书共包括26项权利要求。

经过审理，合议组认为本案事实已经清楚，可以依法作出复审决定。

二、决定的理由

1. 审查基础

本决定是在复审请求人2006年12月15日寄交的权利要求书第1~26项，2004年3月26日提交的说明书第1~12页以及复审请求人于申请日提交的说明书附图第1~5页、摘要和摘要附图为基础进行审查的。

2. 关于专利法第26条第4款

专利法第26条第4款规定：权利要求书应当以说明书为依据，说明要求专利保护的范围。

国家知识产权局专利局于2006年6月4日作出的驳回决定指出：本申请权利要求14、18不符合专利法第26条第4款的规定。复审请求人不服上述驳回决定，于2004年8月31日向专利复审委员会提出复审请求，陈述了意见并同时提交了参考示意图2页。专利复审委员会本案合议组于2006年7月28日向向复审请求人发出的复审通知书指出：权利要求14、18中的“衬底的第一区”和“衬底

的第二区”的说法得不到说明书的支持，不符合专利法第26条第4款的规定。复审请求人于2006年8月29日向专利复审委员会提交了意见陈述书以及权利要求书的修改替换页。专利复审委员会本案合议组于2006年12月12日与复审请求人进行了电话讨论，合议组指出，本申请权利要求14、18仍然不符合专利法第26条第4款的规定；复审请求人表示将删除原权利要求14、18及其从属权利要求。复审请求人于2006年12月15日向专利复审委员会提交了意见陈述书以及权利要求书的修改替换页。

由于复审请求人于2006年12月15日寄交的修改后的权利要求书中，删除了权利要求14~21，所以，该修改文本克服了原驳回决定和复审通知书中指出的本申请权利要求14、18不符合专利法第26条第4款的规定的问题。

基于上述理由，合议组依法作出下述决定。

三、决定

撤销国家知识产权局于2004年6月4日作出的驳回00121734.8号发明专利申请的决定，由原审查部门以复审请求人于2006年12月15日提交的权利要求书第1~26项，2004年3月26日提交的说明书第1~12页以及复审请求人于申请日提交的说明书附图第1~5页、摘要和摘要附图为基础继续审查。

复审请求人对本决定不服的，可以根据专利法第41条第2款的规定，自收到本决定之日起三个月内向北京市第一中级人民法院起诉。

092

空气净化设备

复审请求审查决定（第 10886 号）

决　定　号　第 10886 号
决　定　日　2007 年 6 月 15 日
发明创造名称　空气净化设备
国 际 分 类 号　B03C 3/14，B03C 3/28
复 审 请 求 人　达尔文技术有限公司
申　请　号　00806175.0
申　请　日　2000 年 4 月 12 日
优 先 权 日　1999 年 4 月 12 日
公　开　日　2002 年 5 月 1 日
合 议 组 组 长　王桂莲
主　审　员　张惠军
参　审　员　马　燕

法 律 依 据　专利法第 22 条第 3 款
决 定 要 点

如果一项权利要求相对于现有技术存在区别技术特征，且现有技术中并未给出采用该区别技术特征的技术启示，而且该区别技术特征为该项权利要求的技术方案带来了有益的技术效果，则认为该项权利要求具备创造性。

一、案由

本复审请求涉及申请号为 00806175.0，名称为“空气净化设备”的发明专利申请（下称本申请），其申请人为达尔文技术有限公司，申请日为 2000 年 4 月 12 日，优先权日为 1999 年 4 月 12 日，公开日为 2002 年 5 月 1 日。

国家知识产权局实质审查部门依法对本申请进行了实质审查，于 2004 年 2 月 13 日以本申请权利要求 1~28 不符合专利法第 22 条第 3 款有关创造性的规定为由作出驳回本申请的决定。驳回决定所引用的对比文件为：

对比文件 1：US4，234，324A 号专利文献，其公开日为 1980 年 11 月 18 日；

对比文件 2：JP 昭 56-10314A 号公开特许公报，其公开日为 1981 年 2 月 2 日。

驳回决定所依据的文本为：申请人于 2003 年 12 月 24 日提交的权利要求第 1~28 项，于 2003 年 7 月 2 日提交的说明书第 1、2、6、7 页，本申请进入国家阶段时提交的说明书第 3~5、8~10、13~18

页，按国际初步审查报告附件所提交的说明书第11～12页，本申请进入国家阶段时提交的说明书附图第1～11页、说明书摘要及摘要附图。驳回决定所针对的权利要求书共包括28项权利要求，其中权利要求1为独立权利要求，具体为：

“1. 一种用于除去气流中携带的颗粒的颗粒沉积设备，包括一个通道阵列，气流可以相对较自由地通过所述通道阵列，所述通道是由塑料壁围住形成的；用于迫使气流通过所述阵列的装置，所述塑料壁具有与其接触且在通道外的导电材料区域；以及用于交错地向绝缘的导电材料区域施加高和低电位以便在阵列中提供充电的场所，从而从气流收集颗粒的装置。”

驳回决定中认为，本申请权利要求1与对比文件1的区别在于：所述通道阵列是由塑料壁围住形成的，所述塑料壁具有与其接触且在通道外的导电材料区域。但认为对比文件1的说明书已经揭示了，为避免所述两导电材料电极之间接触而高压击穿，可以向所述两电极表面喷射一层非导电材料，其基本目的也是为了绝缘并防高压击穿，这与本申请所用塑料壁围住电极，从而所述塑料壁具有与其接触且在通道外的导电材料区域所起的作用完全相同，且塑料是一种常用绝缘材料，因此认为本领域普通技术人员在对比文件1的基础上无须花费创造性劳动即可得到权利要求1要求保护的技术方案，因而权利要求1不具备创造性，其从属权利要求2～28的附加技术特征或者已被对比文件公开，或者属于本领域的公知常识，因而也不具备创造性。

申请人达尔文技术有限公司（下称复审请求人）对上述驳回决定不服，于2004年5月25日向专利复审委员会提出了复审请求，并提交了权利要求书第1页和说明书第2页的修改替换页。在权利要求1中增加了“所述通道阵列至少在导电材料的整个宽度上延伸”的技术特征，认为对比文件1并未公开具有由塑料壁围成的通道阵列的用于除去气流中携带的颗粒的颗粒沉积设备，在对比文件1中分隔件的功能只是使电极保持分开，而本申请中采用的是自立式刚性的塑料通道，通道采用塑料材料意味着存在一定程度的导电性，而通道在相邻电极的整个区域上延伸，保证了相邻电极的完全分开，借助塑料通道外的电极，电荷被引至塑料通道的内表面上。因此本申请权利要求1及其从属权利要求具备创造性，符合专利法第22条第3款的规定。修改后的权利要求1为：

“1. 一种用于除去气流中携带的颗粒的颗粒沉积设备，包括一个通道阵列，气流可以相对较自由地通过所述通道阵列，所述通道是由塑料壁围住形成的；用于迫使气流通过所述阵列的装置，所述塑料壁具有与其接触且在通道外的导电材料区域，所述通道阵列至少在导电材料的整个宽度上延伸；以及用于交错地向绝缘的导电材料区域施加高和低电位以便在阵列中提供充电的场所，从而从气流收集颗粒的装置。”

经形式审查合格后，专利复审委员会受理了该复审请求，并于2004年6月21日向复审请求人发出复审请求受理通知书，并于同日向原实质审查部门发出前置审查通知书。

原审查部门在前置审查意见书中坚持原驳回决定。

专利复审委员会依法成立合议组对本案进行审理。本案合议组经审查，于2006年8月9日向复审请求人发出复审通知书，指出目前的权利要求中存在明显的不符合专利法实施细则第20条第1款规定的缺陷，具体为：

（1）权利要求1中“所述通道是由塑料壁围住形成的”，其中“围住”所表述的含义不清楚，本领域技术人员不清楚通过“围住”形成的通道，与两侧的电位板内是气流导通的（如本申请附图13中所示的“V”字形通道），还是与电位板是气流不导通的（如本申请附图4B中所示的通道）；

（2）“用于交错地向绝缘的导电材料区域施加高电位和低电位以便在阵列中提供充电的场所，从而从气流中收集颗粒的装置”所表述的含义不清楚。首先，“交错地”所表述的含义不清楚，从字面上理解，“交错地”施加高电位和低电位指的是，首先应当存在多个电位板，并且按照高低高低……

（或低高低高……）的方式向多个电位板施加电位，从权利要求1记载的技术内容看，并没有公开交替层叠的多个导电材料区域（即电位板）；此外，当颗粒沉积设备包括多个彼此层叠的平行电位板时，高电位板相对于低电位板应保持一定的电势差（参见说明书第8页第1段的描述），由此判断出相邻电位板之间的电压应当是递增（或递减）的，不存在交替的高电位和低电位的情形。其次，该技术特征所限定的所述颗粒沉积设备的组成部件是“在阵列中提供充电的场所”还是“从气流中收集颗粒的装置”是不清楚的，而且根据本申请说明书的记载，施加高低电位的是对高电位和低电位板供电的高压电源，而并非“在阵列中提供充电的场所”和“从气流中收集颗粒的装置”；

（3）“绝缘的导电材料区域”中用“绝缘的”来限定“导电材料区域”，其含义是不清楚的。

针对上述复审通知书，请求人于2006年11月22日向复审委员会提交了意见陈述书及权利要求书第1页和说明书第2页的修改替换页，在权利要求书的修改替换页中，仅对独立权利要求1进行了修改，并陈述了修改后的权利要求1符合实施细则第20条第1款的规定的理由。修改后的权利要求1为：

“1. 一种用于除去气流中携带的颗粒的颗粒沉积设备，包括一个通道阵列，气流可以相对较自由地通过所述通道阵列，所述通道是由塑料壁围住形成的；用于迫使气流通过所述通道的装置，所述塑料壁具有与其接触且在通道外的导电材料区域，所述通道阵列至少在导电材料的整个宽度上延伸，所述导电材料区域形成多个导电材料层；以及用于交错地向所述多个导电材料层施加高电位和低电位的装置，其用于在通道阵列中提供充电的场所，从而从气流收集颗粒。”

至此，合议组认为本案事实已经清楚，可以作出复审请求审查决定。

二、决定的理由

1. 本决定所针对的审查文本

复审请求人在答复复审通知书时提交了权利要求书第1页和说明书第2页的修改替换页，经审查其符合专利法实施细则第60条第1款和专利法第33条的规定。本复审决定所针对的审查文本是：复审请求人于2006年11月22日提交的权利要求书第1页和说明书第2页，于2003年12月24日提交的权利要求书第2~3页，于2003年7月2日提交的说明书第1、6、7页，本申请进入国家阶段时提交的说明书3~5、8~10、13~18页，按国际初步审查报告附件所提交的说明书第11和12页，本申请进入国家阶段时提交的说明书附图第1至11页、说明书摘要及摘要附图。

2. 关于专利法实施细则第20条第1款

专利法实施细则第20条第1款规定：权利要求书应当说明发明或者实用新型的技术特征，清楚、简要地表述请求保护的范围。

复审通知书中认为，本申请权利要求1中：（1）“所述通道是由塑料壁围住形成的”，其中“围住”所表述的含义不清楚；（2）“用于交错地向绝缘的导电材料区域施加高电位和低电位以便在阵列中提供充电的场所，从而从气流中收集颗粒的装置”所表述的含义不清楚；和（3）“绝缘的导电材料区域”中用“绝缘的”来限定“导电材料区域”，其含义是不清楚的。

针对复审通知书中的第（1）点意见，复审请求人认为权利要求1中“所述通道是由塑料壁围住形成的”显然并不涉及本申请图13中所示的“V”字形通道，并将原权利要求1中“用于迫使气流通过所述阵列的装置”修改为“用于迫使气流通过所述通道的装置”。合议组经审查后认为，经修改后可以清楚地得出，权利要求1中所述的通道是由塑料壁围住的，是与电位板气流不导通，且导电材料区域设置在通道外部，其含义是清楚的。

针对复审通知书中的第（2）点意见，复审请求人将原权利要求1中“所述通道阵列至少在导电材料的整个宽度上延伸；以及用于交错地向绝缘的导电材料区域施加高和低电位以便在阵列中提供充电的场所，从而从气流收集颗粒的装置”修改为“所述通道阵列至少在导电材料的整个宽度上延伸，所述导电材料区域形成多个导电材料层；以及用于交错地向所述多个导电材料层施加高电位和低电位的装置，其用于在通道阵列中提供充电场所，从而从气流收集颗粒”，合议组经审查认为，这样修改之后，可以清楚地得出权利要求1的技术方案中设有层叠的多个导电材料层（此修改可得到本申请说明书附图6、7、8及说明书相关文字的支持），并设有向导电材料层施加高电位和低电位的装置，所述装置用于在通道阵列中提供充电的场所，其所表述的含义是清楚的。

针对复审通知书中的第（3）点意见，复审请求人将原权利要求1中的“绝缘的导电材料区域”修改为“导电材料层”，已经克服了用“绝缘”来限定“导电材料区域”所导致的不清楚的缺陷。

综上所述，合议组认为，经复审请求人修改权利要求1和陈述意见之后，目前的权利要求1请求保护的范围是清楚的，符合专利法实施细则第20条第1款的规定。

3. 关于创造性

专利法第22条第3款规定：创造性，是指同申请日以前已有的技术相比，该发明有突出的实质性特点和显著的进步，该实用新型有实质性特点和进步。

如果一项权利要求相对于现有技术存在区别技术特征，且现有技术中并未给出采用该区别技术特征的技术启示，而且该区别技术特征为该项权利要求的技术方案带来了有益的技术效果，则认为该项权利要求具备创造性。

本申请的权利要求1请求保护一种用于除去气流中携带的颗粒的颗粒沉积设备。对比文件1公开了一种用于空气净化颗粒沉积的静电过滤器设备，其具体公开了如下技术特征（参见对比文件1说明书第1栏第35行至第50行，第3栏第50行至第5栏第2行，摘要及附图1、3~6）：该静电过滤器包括通过非导电材料间隔件22分隔开的两片状导电材料电极16和18；由于间隔件的存在会阻碍过滤器的正常操作，因而间隔件22的宽度应当仅占过滤器宽度的一小部分，（参见对比文件1说明书第4栏第25~28行）；使空气流过过滤器的风扇（参见对比文件1说明书第4栏第66~67行），相当于本申请权利要求1中迫使气流通过所述通道的装置；与导电材料电极相连的电源（参见对比文件1说明书第4栏第57~59行），相当于本申请权利要求1中施加高电位和低电位的装置；由多个导电材料电极16和18构成的多个导电材料层（参见对比文件1附图3、5）。本申请权利要求1与对比文件1的区别在于：本申请权利要求1中具有一个通道阵列，该通道阵列由塑料壁围住形成，并且在导电材料的整个宽度上延伸，所述塑料壁具有与其接触且在通道外的导电材料区域。对比文件1中，间隔件是由非导电材料，诸如纸板、纸张制造而成，可由一层塑料等支撑材料对其进行加强（参见对比文件1说明书第3栏第67行至第4栏第2行），其间隔件的宽度只占过滤器宽度（即电极宽度）的一小部分，也即仅在过滤器宽度方向的两端分别存在一小段由间隔件形成的通道阵列，过滤器中央大部分区域整体上是一个大的空气通道，在该处并不存在空气通道阵列，因此对比文件1并不存在在导电材料的整个宽度上延伸的通道阵列。此外，从对比文件1的附图可以看出，对比文件1中由间隔件所形成的小段空气通道，其形成近似“V”字形，当气流流过其中时，与一侧的电极是气流导通的，而本申请权利要求1中所述的通道是由塑料材料围住而形成的，当气流流过其中时，与两侧的电极是气流不导通的，导电材料处于通道之外。本申请权利要求1的技术方案，通过采用沿整个电极宽度延伸的、由塑料材料围住的空气通道阵列，使得在使用时，通道阵列内可形成感应充电的场所，使气流中携带的微尘颗粒被吸附到通道内壁，这样不但可保证相对的两电极有效地绝缘，在使用后便于对过滤器进行清洗，而且通道的塑料壁可借助电极充电，有助于对气流中颗粒物的吸附（参见本申请说明书第9页第2段）。由于对比文件1没有公开上述区别技术特征，也没有给出任何技术启示，并且该区别技术特征为本申请权利要求1的技术方案带来了有益的技术效果，因此，权利要求1相对于对比文件1具备专利法第 22 条第 3 款规定的创造性。

驳回决定中认为，对比文件 1 说明书第 1 栏第 42~49 行背景技术部分揭示传统的空气净化颗粒沉积设备就是在一对绝缘的金属元件之间形成气流通道，因而认为采用通道阵列让气流流过以俘获颗粒是本领域普通技术人员经常采用的技术手段。对此合议组认为，对比文件 1 背景技术部分虽然提到了过滤器可包括复数个通道，但由于缺乏附图或者对通道的进一步解释，结合对比文件 1 说明书第 4 栏第 25~28 行公开的内容，在现有技术中倾向于使过滤器电极宽度方向的绝大部分整体上形成一个连通的大空气通道，而非通道阵列，因而对比文件 1 背景技术中提到的“复数个通道”合理的解释应为在每两层电极之间形成一个通道、在过滤器中包括多层电极、层与层之间的通道的集合构成复数个通道，类似于对比文件 1 附图 3 所示的结构，而且对比文件 1 也没有说明复数个通道是由塑料壁围住形成的、与两侧电极气流不导通，因此合议组认为，权利要求 1 中“围住的、在整个电极宽度延伸的通道阵列”并非本领域的公知常识。

在独立权利要求 1 具备创造性的情况下，其从属权利要求 2~28 也具备创造性，符合专利法第 22 条第 3 款的规定。

基于上述理由，合议组作出如下决定。

三、决定

在本复审请求审查决定所针对的审查文本的基础上撤销国家知识产权局于 2004 年 2 月 13 日对 00806175. 0 号发明专利申请做出的驳回决定。

复审请求人对本决定不服的，可以根据专利法第 41 条第 2 款的规定，自收到本决定之日起三个月内向北京市第一中级人民法院起诉。

093

带有含与聚合物共价键合的染料的着色层的逆向反射制品

复审请求审查决定（第10889号）

决　定　号　第10889号
决　定　日　2007年6月23日
发明创造名称　带有含与聚合物共价键合的染料的着色层的逆向反射制品
国际分类号　G02B 5/128
复审请求人　3M创新有限公司
申　请　号　99816622.7
申　请　日　1999年10月26日
优先权日　1999年6月17日
公　开　日　2002年5月22日
合议组组长　黄玉平
主　审　员　张惠军
参　审　员　陈　力

法律依据　专利法第22条第3款
决定要点

在创造性审查中，应当客观分析并确定发明相对于最接近的现有技术实际所要解决的技术问题，如果现有技术对于某一技术方案实际所要解决的技术问题的技术手段给出了技术启示，则应当认为该技术方案不具备创造性。

一、案由

本复审请求涉及申请号为99816622.7、发明名称为“带有含与聚合物共价键合的染料的着色层的逆向反射制品”的发明专利申请（下称本申请），其申请日是1999年10月26日，公开日是2002年5月22日，申请人是3M创新有限公司。在本申请进入中国国家阶段时，申请人根据国际初步审查报告的附件提交了权利要求书全文的修改替换页，修改后的权利要求书共包括11项权利要求，其中权利要求1和11为独立权利要求。

国家知识产权局实质审查部门对本申请进行了实质审查，于2003年2月14日发出第一次审查意见通知书，指出本申请权利要求1～11不具备创造性，不符合专利法第22条第3款的规定。其中所引用的对比文件如下：

对比文件1：US5，812，317A，其公开日为1998年9月22日；

对比文件2：WO99/21937A1，其公开日为1999年5月6日；

对比文件3：US5，620，613A，其公开日为1997年4月15日

该通知书中具体指出：本申请的独立权利要求1及从属权利要求2~9相对于对比文件1和2的结合、从属权利要求10相对于对比文件1、2和3的结合均不具备专利法第22条第3款规定的创造性；独立权利要求11也不具备创造性，不符合专利法第22条第3款的规定。

针对上述审查意见通知书，申请人于2003年6月16日提交了意见陈述书，同时提交了权利要求书全文和说明书第1、4、5页的修改替换页，认为修改后的权利要求1~11具备创造性。

经过上述审查程序后，国家知识产权局实质审查部门于2003年8月22日以申请人于2003年6月16日提交的权利要求1~11不具备专利法第22条第3款规定的创造性为由，对本申请作出了驳回决定。驳回决定认为：独立权利要求1与对比文件1相比，区别仅在于，在本申请的权利要求1中，其着色层包括与聚合物共价相连的染料。但对比文件2公开了该区别特征，本领域技术人员在对比文件1的基础上结合对比文件2，易于得出权利要求1要求保护的技术方案，因此权利要求1不具备创造性；基于与第一次审查意见通知书相同的意见，认为从属权利要求2~10以及独立权利要求11也不具备创造性。

申请人3M创新有限公司（下称复审请求人）对上述驳回决定不服，于2003年11月25日向专利复审委员会提出复审请求，同时提交了权利要求书全文的修改替换页，新增了一项从属权利要求、即从属权利要求11。修改后的权利要求书共包括12项权利要求，其中权利要求1和12为独立权利要求。权利要求书的具体内容如下：

“1. 一种露出透镜型逆向反射制品，它包括：

一层粘合剂层；

一层部分嵌入所述粘合剂层的光学元件；

在功能上位于光学元件层后面的的反射层；和

一层着色层，它包含与聚合物共价相连的染料，该着色层位于所述光学元件层和反射层之间。

2. 如权利要求1所述的露出透镜型逆向反射制品，其特征至于所述光学元件是透光微球，并且所述着色层紧靠微球的露出表面；并且

在漫射光线下所述制品呈现着色层的色彩，但在逆向反射条件下它呈现相对少的着色层色彩。

3. 如权利要求1所述的露出透镜型逆向反射制品，其特征在于所述光学元件是透光微球。

4. 如权利要求1~3中任何一项所述的露出透镜型逆向反射制品，其特征在于所述着色层还包括硅烷偶联剂。

5. 如权利要求4所述的露出透镜型逆向反射制品，其特征在于所述着色层主要由聚合物、染料和硅烷偶联剂组成，不含颜料。

6. 如权利要求1~5中任何一项所述的露出透镜型逆向反射制品，其特征在于所述聚合物包括聚酯，所述反射层是镜面反射的、蒸气沉积的金属层，它包括铝、银或锡。

7. 如权利要求1~6中任何一项所述的露出透镜型逆向反射制品，其特征在于所述粘合剂层包括由选自氨基甲酸乙酯、酯、醚、脲、环氧化物、碳酸酯、丙烯酸酯、丙烯酸、烯烃、氯乙烯、酰胺、醇酸及其混合物的单体单元制成的聚合物材料，粘合剂层的平均厚度约为50~150微米。

8. 如权利要求1~7中的任何一项所述的露出透镜型逆向反射制品，其特征在于经25次工业洗涤方法循环后，在标准CIE1931色度图中x和y色度坐标的变化均不超过0.010，Y下降不超过20%。

9. 如权利要求1~8中任何一项所述的露出透镜型逆向反射制品，其特征在于所述着色层是用使聚合物、低聚物或单体与化学活性染料反应的方法制得的。

10. 如权利要求1所述的露出透镜型逆向反射制品，其特征在于所述光学元件是透光微球，它还

包括位于第一着色层和反射层之间的第二着色层；

其中第一着色层和第二着色层具有不同的颜色；

第一着色层构造成可阅读的字符或图像，第二着色层向所述可阅读的字符或图像提供背景色。

11. 如前面任何一项权利要求所述的露出透镜型逆向反射制品，其特征在于所述着色层基本由单一相组成。

12. 一种衣物制品，它包括权利要求 1~11 中任何一项所述的露出透镜型逆向反射制品，所述逆向反射制品固定在该衣物制品的外表面上。”

复审请求人认为，(1) 根据《国际分类》第七版，对比文件 1 与对比文件 2 属于不同技术领域，非经创造性劳动，本领域普通技术人员不可能将分属于不同技术领域的对比文献相结合，得到本发明的技术方案；(2) 对比文件 1 和对比文件 2 均认为向对比文件 1 的中间层加入活性染料有碍洗涤耐久性，根据对比文件 1，由于活性染料会破坏聚合物上的官能团，本领域普通技术人员倾向于使用非活性染料，而根据对比文件 2，本领域普通技术人员倾向于将所述染料集中于聚合物的某一部分，从而本领域的普通技术人员不会将对比文件 1 与 2 相结合；(3) 对比文件 2 中的颜色的耐久性不等于洗涤耐久性，更不同于工业洗涤耐久性，因此认为由于对比文件 1 和 2 属于不同的技术领域，本领域的普通技术人员不可能将对比文件 1 和 2 相结合得到本发明的技术方案，即便本领域的普通技术人员偶尔得知这两篇对比文件，但由于其并未给出任何本发明的启示，因此也不可能将其结合得到本发明的技术方案，由此，复审请求人认为本发明具有非显而易见性，具备创造性。

经形式审查合格后，专利复审委员会依法受理了该复审请求，并于 2003 年 12 月 23 日向复审请求人发出复审请求受理通知书，并于同日向国家知识产权局原实质审查部门发出前置审查通知书。

国家知识产权局原实质审查部门在前置审查意见书中坚持原驳回决定。

专利复审委员会依法成立合议组对本复审请求进行了审查。本案合议组于 2005 年 4 月 6 日向复审请求人发出复审通知书，认为本申请权利要求 1~12 相对于上述对比文件 1~3 不具备专利法第 22 条第 3 款规定的创造性；此外，针对复审请求人的复审意见，合议组认为：(1) 对比文件 1 与本申请同属于 G02 分类，属于国际分类表意义上的相同技术领域。对比文件 2 与本申请属于内容密切相关的技术领域。权利要求 1 与对比文件 1 的区别技术特征为“其着色层包括与聚合物共价相连的染料”，其实际所要解决的技术问题是“当聚合物中加入与聚合物共价相连的染料时，可以增强颜色的耐久性”，针对上述技术问题，对比文件 2 中给出了其可用于安全器件、通过使聚合物与染料共价相连增强颜色耐久性的启示，而对比文件 1 的逆向反射制品正是为了安全功能而制作的制品。因此，利用对比文件 1 与对比文件 2 的结合评述本申请权利要求的创造性是适宜的；(2) 对比文件 1 并未明确表明染料添加剂就一定会影响洗涤的耐久性，也就是说对比文件 1 中并未排除使用染料。另外，虽然对比文件 1 和 2 结合公开的制品在微观结构上具有两个相，本申请制品的着色层具有单一相，但是它们都是利用染料与聚合物之间的共价相连加强染料与聚合物之间的结合力，从而增强颜色的耐久性。也就是说，尽管对比文件 1 与对比文件 2 结合得到的制品存在两个相，但是其所采用的染料与聚合物共价相连的技术手段与本申请中采用的技术手段相同，其在颜色耐久性方面带来的技术效果也必然相同或相近；(3) 颜色的耐久性和耐工业洗涤性均指发明效果，由于对比文件 1 与对比文件 2 结合得到的制品与本申请在增强颜色耐久性方面采用了相同的技术手段，即染料与聚合物共价相连，其所能达到的技术效果必然相同或相近；另外，对比文件 2 的聚合物用在道路安全标识、纤维、织物等方面，从中可以确定无疑地推知，其不仅具有耐候性，而且也具有耐洗涤性（在用作织物时），而所述的耐气候性，也即意味着耐一定温度和一定 pH 值降水的冲刷；而且，本申请中除将染料与聚合物共价相连来增强颜色耐久性以外，并未说明其他增强耐久性（耐工业洗涤性）的技术措施，从而本申请所产生的技术效果必然与对比文件1和2结合得到的制品的技术效果相同或相近。据此，合议组认为，本申请权利要求1~12均不具备创造性，不符合专利法第22条第3款的规定。

针对上述复审通知书，复审请求人于2005年5月12日提交了意见陈述书，同时提交了附件1作为参考资料，未对申请文件作出修改。复审请求人认为：（1）本申请中具体指出其技术效果是达到了耐工业洗涤性，而对比文件2中指出的技术效果是耐候性，耐工业洗涤性不同于耐候性，其条件非常严酷，相对于耐天候老化性而言，能够耐工业洗涤性是一种意想不到的效果；（2）对比文件2公开的是染料与聚合物共价相连必须发生在互穿聚合物网络的第二次要相中，而带有共价连接染料的单相聚合物会呈现出非常差的耐久性；（3）对比文件2中的“互穿聚合物网络”是指“由两种或多种互相贯穿的交联聚合物组成的共混物”，即它是多种聚合物相互贯穿形成的混合物，是一种多相物质，而“聚合物”是指“由一种单体经聚合反应而成的产物……根据参加聚合反应的单体种类，又可分为均聚物和共聚物”，即“聚合物”是一种均相物质，“互穿的聚合物网络”与聚合物是两种完全不同的物质。由于对比文件2明确指出单相聚合物中共价相连的染料会造成非常差的色彩耐久性，而本发明恰恰使用的是单相聚合物，因此本发明克服了技术偏见，具备创造性。并指出，附件1是请求人的原始试验记录的复印件，其描述了制备对比文件2所述互穿聚合物网络及其试验结果，该试验结果显示尽管通过对比文件2制备的产品的初始逆向反射亮度非常好，但是在工业洗涤后跌落至零，以此证明本申请与对比文件1和2的结合相比具备创造性。

经过上述审查过程，合议组认为，本案事实已经清楚，可以依法作出复审决定。

二、决定的理由

1. 决定所依据的文本

本复审决定以复审请求人于2003年11月25日提交的权利要求第1~12项，于2003年6月16日提交的说明书第1、4和5页，于进入中国国家阶段时提交的说明书第2、3、6~16页、附图第1页、说明书摘要及摘要附图作为审查基础。

2. 关于本申请是否符合专利法第22条第3款的规定

专利法第22条第3款规定：创造性，是指同申请日以前已有的技术相比，该发明有突出的实质性特点和显著的进步，该实用新型有实质性特点和进步。

在创造性审查中，应当客观分析并确定发明相对于最接近的现有技术实际所要解决的技术问题，如果现有技术对于某一技术方案实际所要解决的技术问题的技术手段给出了技术启示，则应当认为该技术方案不具备创造性。

合议组认为，本申请的权利要求1~12均不具备专利法第22条第3款规定的创造性，具体理由为：

（1）独立权利要求1要求保护一种露出透镜型逆向反射制品，对比文件1也公开了一种露出透镜型逆向反射制品，其中披露了以下技术特征（参见图1，说明书第3栏第36行至第5栏第56行）：该制品包括一层粘合剂层（附图标记14）；一层部分嵌入所述粘合剂层的光学元件（附图标记12）；在功能上位于光学元件层后面的反射层（附图标记16）；位于所述光学元件层和反射层之间的中间层（附图标记18），其可以含有聚合物（参见说明书第4栏第48~49行）和着色剂（参见说明书第5栏第32~37行），相当于权利要求1所述的着色层。

权利要求1所要求保护的技术方案与对比文件1公开的技术方案相比，其区别仅在于：本申请权利要求1的着色层包括与聚合物共价相连的染料，而对比文件1并未公开此特征。本申请权利要求1相对于对比文件1实际所要解决的技术问题是，通过使着色层中的染料与聚合物共价相连而增强颜色的耐久性。

对比文件2公开了一种通过控制染料环境提高染料耐久性的方法，与本申请属于相关的技术领域，并具体公开了以下技术特征（参见说明书第2页第26行至第3页第9行，和说明书第4页第17行至第5页第21行）：当聚合物中加入与聚合物共价相连的染料时，可以增强颜色的耐久性。

由于对比文件1和2属于密切相关的技术领域，且对比文件2给出了通过将聚合物与染料共价相连来提高颜色耐久性的技术启示，本领域普通技术人员在对比文件1的基础上，在解决如何增强颜色的耐久性问题时，很容易想到采用对比文件2给出的将聚合物与染料共价相连的技术手段，从而很容易得到本申请权利要求1要求保护的技术方案，因此权利要求1不具备突出的实质性特点和显著的进步，不具备专利法第22条第3款所规定的创造性。

针对复审请求人在答复复审通知书时的意见，合议组认为：①专利申请的保护范围以其权利要求所限定的技术方案为准，在本申请权利要求1中，只限定了着色层包含与聚合物共价相连的染料，并限定了该着色层的位置处于光学元件与反射层之间。而对比文件1限定了着色层设置在光学元件与反射层之间，并且限定了着色层中可包含聚合物和着色剂，只是没有限定聚合物与着色剂之间共价相连；但对比文件2给出了在安全器件中，通过使互穿聚合物与染料共价相连增强颜色耐久性的技术启示。至于本申请说明书中提到了“耐工业洗涤性”，而对比文件2中仅提到了“颜色耐久性”以及“耐气候性”的问题，对此合议组认为，不能脱离技术方案本身考虑其技术效果，由于本申请权利要求1中并没有体现出其能够实现“耐工业洗涤性”的、区别于对比文件1和2相结合所得到的技术方案的技术特征，因此应当认为权利要求1要求保护的逆向反射制品与结合对比文件1和2获得的逆向反射制品在“耐洗涤性”方面具有等同的技术效果；②正如复审请求人所述，对比文件2中染料处于互穿聚合物网络或半互穿聚合物网络的第二相中，但需要注意的是，无论染料在聚合物中的微观位置如何，对比文件2和本申请均是利用了染料与聚合物共价相连来改善颜色耐久性的，也即对比文件2给出了使着色层中的染料与聚合物共价相连提高颜色耐久性的技术启示；此外，从对比文件2的表2可以看出，当互穿聚合物网络的第一相采用EMAA、EAA或S-I-S时，如果不含第二相，其染料的耐久性会存在差异，但从表2也可以看出，当互穿聚合物网络的第一相采用PVC或LDPE时，其是否含有第二相对于染料的耐久性并不存在明显的影响，因此对比文件2并没有排除均相聚合物与染料共价相连提高染料耐久性的可能；③合议组认真考虑了复审请求人关于“互穿聚合物网络”与“聚合物”的概念不同的意见，并结合复审请求人所引用的《化工辞典（第四版）》的相关内容，认为“互穿聚合物网络”是由两种或多种互相贯穿的交联聚合物组成的共混物，“聚合物”是由一种单体经聚合反应而成的产物，“互穿聚合物网络”属于“聚合物”的一种，是一种共混高聚物，“互穿聚合物网络”与“聚合物”从定义上并不是两种截然不同的物质，可以认为，根据具体的分类原则，“聚合物”包括多种具体的聚合物，如低聚物和高聚物、均聚物和共聚物，其是“互穿聚合物网络”的上位概念，本申请权利要求1中限定的是“聚合物”，而对比文件2中披露的是其下位概念“互穿聚合物”，根据审查指南的相关规定，下位概念的公开必然导致与其对应的上位概念的公开，因此，复审请求人的上述理由均不成立。

复审请求人在答复复审通知书时，还提交了附件1，声称附件1是制备对比文件2所述互穿聚合物网络的试验结果。首先该试验结果是复印件，在缺少原件或其他能够证明其真实性的证据的情况下，该复印件的真实性难以确认；其次，该试验结果上并未记载对比文件2的专利申请号等能够与对比文件2相关联起来的信息，因而其与对比文件2缺乏关联性；最后，即使复审请求人能够证明该试验结果确系对比文件2的原始试验数据，由于其仅记录了部分试样的试验结果，不能完整的反映出对比文件2的技术效果，不能由此证明对比文件2所述的互穿聚合物网络耐工业洗涤性差。鉴于对比文件2中已经给出了聚合物与染料共价相连提高染料耐久性的技术启示，本领域普通技术人员在对比文件 1 的基础上，在面临需要增加逆向反射制品染料的耐工业洗涤性的技术问题时，易于想到采用对比文件 2 中给出的将聚合物与染料共价相连的技术手段，从而易于得到本申请权利要求 1 要求保护的技术方案。

综上所述，本申请权利要求 1 相对于对比文件 1 和 2 的结合不具有突出的实质性特点和显著进步，不具备专利法第 22 条第 3 款规定的创造性。

（2）权利要求 2 从属于独立权利要求 1，其附加技术特征也已被对比文件 1 所公开。对比文件 1 披露了以下技术特征（参见图 1，说明书第 3 栏第 56~58 行，第 4 栏第 62 行至第 5 栏第 2 行）：所述的光学元件是透光微球，并且所述着色层紧靠微球的露出表面。虽然权利要求 2 还记载了在漫射光线下所述制品呈现着色层的色彩，但在逆向反射条件下它呈现相对少的着色层色彩的技术特征。不过，在独立权利要求 1 没有创造性的前提下，对比文件 1 和 2 结合能得到的逆向反射制品与权利要求 2 所保护的逆向反射制品在结构上是相同的，由于产品的结构决定其性质或效果，因此二者在产品结构相同的情况下其性质和技术效果上不会有明显差异。所以，当所引用的权利要求 1 不具备创造性时，从属权利要求 2 也没有突出的实质性特点及显著的进步，不满足专利法第 22 条第 3 款有关创造性的规定。

（3）从属权利要求 3 和 4 的附加技术特征也已被对比文件 1 所公开，其披露了以下技术特征：所述的光学元件是透光微球（参见图 1，说明书第 3 栏第 56~58 行）；所述着色层还包括硅烷偶联剂（参见说明书第 4 栏第 15~22 行）。因此，当其所引用的权利要求 1 不具备创造性时，从属权利要求 3 和 4 也不满足专利法第 22 条第 3 款有关创造性的规定。

（4）权利要求 5 从属于权利要求 4，其附加技术特征也已被对比文件 1 和 2 所公开，对比文件 1 披露了以下技术特征：所述着色层主要可由聚合物，着色剂和硅烷偶联剂等组成（参见说明书第 4 栏第 15~22 行，第 5 栏第 32~41 行，第 3 栏第 56~58 行），对比文件 2 披露了使用与聚合物共价相连的染料时，可以增强保色性（即颜色的耐久性）的特征（参见说明书第 5 页第 4~10 行），因此，在解决颜色耐久性的问题时，本领域的普通技术人员会在对比文件 2 的基础上，得到不用颜料，而选用染料来解决这一问题的启示，所以，当其所引用的权利要求 4 不具备创造性时，从属权利要求 5 也不满足专利法第 22 条第 3 款有关创造性的规定。

（5）从属权利要求 6 的附加技术特征也已被对比文件 1 所公开，对比文件 1 披露了以下技术特征：所述聚合物包括聚酯，所述反射层是镜面反射的、蒸气沉积的金属层，它包括铝、银或锡（参见说明书第 5 栏第 3~15 行）。因此，当其所引用的权利要求 1~5 中任一项权利要求不具备创造性时，从属权利要求 6 也不满足专利法第 22 条第 3 款有关创造性的规定。

（6）从属权利要求 7 的附加技术特征也已经被对比文件 1 披露，对比文件 1 披露了以下技术特征：所述粘合剂层包括由选自氨基甲酸乙酯、酯、醚、脲、环氧化物、碳酸酯、丙烯酸酯、丙烯酸、烯烃、氯乙烯、酰胺、醇酸及其混合物的单体单元制成的聚合物材料（参见说明书第 4 栏第 15~24 行），粘合剂层的平均厚度约为 50~150 微米（参见说明书第 4 栏第 21~24 行，第 5 栏第 51~52 行）；因此，当其所引用的权利要求 1~6 中任一项权利要求不具备创造性时，从属权利要求 7 也不满足专利法第 22 条第 3 款有关创造性的规定。

（7）权利要求 8 从属于权利要求 1~7 中任何一项，其附加技术特征为：经 25 次工业洗涤方法循环后，在标准 CIE1931 色度图中 x 和 y 色度坐标的变化均不超过 0.010，Y 下降不超过 20% 的效果。可见，从属权利要求 8 进一步限定的内容是发明效果。不过，由于对比文件 1 和 2 相结合得到的逆向反射制品与权利要求 8 所要求保护的逆向反射制品在结构上是相同的，而产品的结构决定其性质和效果，因此二者在产品结构相同的情况下，其性质和技术效果上必然不会有明显差异。所以，当其所引用的权利要求 1~7 中任一项权利要求不具备创造性时，权利要求 8 没有突出的实质性特点及显著的进步，不满足专利法第 22 条第 3 款有关创造性的规定。

（8）从属权利要求 9 的附加技术特征也已被对比文件 2 所公开，对比文件 2（参见说明书第 36 页第 32 行至第 37 页第 8 行）披露了聚合物可与活性染料化学反应的特征，因此，在解决颜色耐久性的问题时，本领域的普通技术人员会在对比文件 1 的基础上，很容易得到利用该特征制成的着色层来解决这一问题的启示，所以，当其所引用的权利要求 1~8 任一项权利要求不具备创造性时，从属权利要求 9 也不满足专利法第 22 条第 3 款有关创造性的规定。

（9）从属权利要求 10 的附加技术特征已被对比文件 3 所公开，对比文件 3 公开了一种逆向反射转印片，其中（参见图 2，图 4，及说明书第 8 栏第 60 行至第 9 栏第 41 行，第 10 栏第 18~60 行）披露了所述光学元件是透光微球（附图标记 12、44），它还包括位于第一着色层（附图标记 47）和反射层之间的第二着色层（附图标记 49），第一着色层和第二着色层具有不同颜色，实现多色设计，显然可将一个着色层作为前景色，另一着色层作为背景色，而每个着色层必然有一定的形状，也即显示出一定形状的前景图像，本领域普通技术人员由此自然能够想道根据需要显示出的内容将第一着色层构造成可阅读的字符或图像。由于对比文件 3 与对比文件 1 属于同一领域，又与对比文件 2 属于密切相关的领域，所以本领域的普通技术人员，会在对比文件 1 和 2 的基础上，从对比文件 3 中获得将上述的特征应用到对比文件 1 和 2 中而得到权利要求 10 所要求保护的技术方案的启示，也就是说这样的结合对本领域技术人员来说是显而易见的，不具备突出的实质性特点和显著的进步。所以，当其所引用的权利要求 1 没有创造性时，其从属权利要求 10 也不满足专利法第 22 条第 3 款有关创造性的规定。

（10）从属权利要求 11 将露出透镜型逆向反射制品进一步限定为所述着色层基本由单一相组成。虽然对比文件 2 中包含染料的聚合物层具有两个聚合物相，染料存在于分散的第二相中，不过本申请与对比文件 2 中，都是利用染料与聚合物共价相连来提高制品的颜色稳定性，所基于的原理是相同的，而且染料分子不管是与单一相聚合物中的聚合物共价相连，还是与两相聚合物中的某一相也即岛中的聚合物共价相连，所实现的效果是相同的。因此，权利要求 11 将逆向反射制品中的着色层限定为单一相并不能为本申请的技术方案带来实质上的贡献以及突出的、意想不到的技术效果。所以，当其所引用的在先的任一项权利要求不具备创造性时，权利要求 11 也不满足专利法第 22 条第 3 款有关创造性的规定。

（11）权利要求 12 要求保护一种衣物制品，其特征部分中引用的权利要求 1~11 中任何一项所述的露出透镜型逆向反射制品的技术方案如前所述不具备创造性，而将逆向反射制品固定在该衣物制品的外表面的特征已在对比文件 1（参见图 3，及说明书第 6 栏第 54~61 行）中公开，因此，当其所包含的权利要求 1~11 中任一项权利要求的逆向反射制品不具备创造性时，权利要求 12 也没有突出的实质性特点和显著的进步，不满足专利法第 22 条第 3 款有关创造性的规定。

综上所述，本申请的权利要求 1~12 不符合专利法第 22 条第 3 款有关创造性的规定。

基于上述理由，合议组作出以下决定。

三、决定

维持国家知识产权局于 2003 年 8 月 22 日对 99816622.7 号发明专利申请作出的驳回决定。

复审请求人对本决定不服的，可以根据专利法第 41 条第 2 款的规定，自收到本决定之日起三个月内向北京市第一中级人民法院起诉。

094

液面控制装置

复审请求审查决定（第10901号）

决　定　号　第10901号
决　定　日　2007年6月21日
发明创造名称　液面控制装置
国际分类号　G08B 21/00
复审请求人　戈斯国际公司
申　请　号　99803627.7
优先权日　1998年1月15日
申　请　日　1999年1月15日
公　开　日　2001年4月25日
合议组组长　黄　颖
主　审　员　张田勇
参　审　员　钱　芸

法律依据　专利法第22条第3款
决定要点

一项权利要求请求保护的技术方案与一份对比文件相比存在区别技术特征，如果另一份对比文件给出了相应的技术启示，在该启示下本领域技术人员能够结合所属领域的公知常识得到该项权利要求请求保护的技术方案，则该项权利要求请求保护的技术方案不具备创造性。

一、案由

本复审请求涉及申请号为99803627.7、名称为“液面控制装置”的PCT发明专利申请（下称本申请），其申请日为1999年1月15日，优先权日为1998年1月15日，申请人原为戈斯绘图系统有限公司，后于2004年8月6日变更为戈斯国际公司。

国家知识产权局实质审查部门依法对该专利进行了实质审查，于2002年11月15日发出第一次审查意见通知书，指出本申请权利要求1、2不符合专利法第22条第2款的规定，权利要求3~19不符合专利法第22条第3款的规定；其中所引用的对比文件如下：

对比文件1：授权公告号为CN2146732Y的实用新型专利说明书，授权公告日为1993年11月17日；

对比文件2：CN87212150U号实用新型专利申请说明书，公告日为1988年5月18日。

申请人针对第一次审查意见通知书于2003年5月28日提交了意见陈述书和权利要求书全文的修

改替换页，其中删除了原权利要求1~5，保留原权利要求6~19并能够重新编号，修改后的权利要求书共包括14项权利要求，其中的独立权利要求1和独立权利要求8如下：

“1. 一种液面控制系统，它包括：

产生低压空气的调节式供应的机构；

一条空气供应管路，它与该低压空气产生机构连通并延伸向一个液体容器以便在该液体容器内的一个预选液面处将所述低压空气排入该液体容器中；

供应液体的机构，当液体低于在该液体容器内的该预选液面时，该供应液体的液体给该液体容器供应液体；

传感机构，它在该低压空气产生机构与该液体容器之间探测在该空气供应管路中的气压波动；

该传感机构在液体低于该预选液面时探测该空气供应管路中的第一气压并且在液体在该预选液面处或之上时探测出该空气供应管路中的第二较高气压，该传感机构与该液体供应机构连通，以便一旦探测到第二较高气压就给该液体供应机构发出一个信号，该液体供应机构正常地给该液体容器供应液体，但当该空气供应管路无论何时处于该第二较高压力时，该液体供应机构就响应于来自该传感机构的该信号地停止给所述液体容器供应液体；

该传感机构包括一个具有一浮子元件的空气流量测定仪，该浮子元件可以根据该空气供应管路中的气压在一个第一位置与一个第二位置之间移动，当该空气供应管路中的低压空气处于该第一气压时，该空气流量测定仪内的该浮子元件位于第一位置，当该空气供应管路中的该低压空气处于第二较高压力或之上时，该空气流量测定仪内的该浮子元件位于第二位置，该传感机构还包括一个邻近该浮子元件的第二位置的接近开关，该接近开关在该浮子元件布置在第二位置上时将所述信号发给该液体供应机构。

8. 一种油墨液面气动控制系统，它包括：

产生低压空气的调节式供应的机构；

一条空气供应管路，它与所述低压空气产生机构连通并延伸向一油墨容器，以便在该油墨容器内的一个预选液面上将所述低压空气排入油墨容器内；

供应油墨的机构，它在油墨低于该油墨容器内的该预选液面时给该油墨容器供应油墨；和

传感机构，它在该低压空气产生机构与该油墨容器之间探测该空气供应管路中的气压波动；

该传感机构在油墨低于该预选液面时探测该空气供应管路中的第一气压并且在油墨在该预选液面处或之上时探测该空气供应管路中的第二较高气压，该传感机构与所述油墨供应机构连通，以便一旦探测到该第二较高气压就将一个信号发送给该油墨供应机构，所述油墨供应机构正常地给该油墨容器供应油墨，但当该空气供应管路无论何时处于该第二较高压力时，该油墨供应机构就响应于来自该传感机构的该信号地停止给所述油墨容器供应油墨；

该传感机构包括一个具有一浮子元件的空气流量测定仪，该浮子元件可以根据该空气供应管路中的气压在一个第一位置与一个第二位置之间移动，当该空气供应管路中的低压空气处于第一气压时，该空气流量测定仪内的该浮子元件位于第一位置，当该空气供应管路中的低压空气处于第二较高压力或之上时，该空气流量测定仪内的该浮子元件位于第二位置，该传感机构还包括一个邻近该浮子元件的第二位置的接近开关，它在该浮子元件布置在第二位置上时将所述信号发送给该油墨供应机构。”

经过上述审查程序后，国家知识产权局实质审查部门以本申请权利要求第1~14项相对于对比文件1和2以及公知常识不符合专利法第22条第3款的规定为理由，于2003年8月8日做出了驳回决定。

申请人（下称复审请求人）不服上述驳回决定，于2003年11月24日向专利复审委员会提出复

审请求，未对申请文件进行修改。其复审请求的理由是：认为对比文件 1 没有披露采用其他形式的传感机构来测量气压，以及对比文件 2 没有披露串联于管路中的浮子流量仪可被用于除泄漏报警外的其他用途，且对比文件 2 没有披露可将接近开关用作浮子式流量计中的发讯手段，本领域普通技术人员很难将对比文件 1 和对比文件 2 结合起来得到本申请权利要求 1 的全部技术特征，因而本申请权利要求 1 具备创造性，同理权利要求 8 也具备创造性，它们的从属权利要求 2~7、9~14 也均具有创造性。

经形式审查合格后，专利复审委员会受理了该复审请求，于 2003 年 12 月 8 日发出复审请求受理通知书及前置审查通知书。

原实质审查部门对该复审请求做出前置审查意见，仍然坚持原驳回决定。

在此基础上，专利复审委员会依法组成合议组对本案进行审查。本案合议组于 2005 年 3 月 14 日向复审请求人发出了复审通知书，指出本申请独立权利要求 1、8 均相对于对比文件 1、2 以及公知常识的结合不具备创造性，对比文件 1 公开了从属权利要求 2、3、9、10 的附加技术特征，从属权利要求 6、7、13、14 的附加技术特征可由对比文件 1 所公开的内容导出，从属权利要求 4、5、11、12 属于所属技术领域的公知常识，因而本申请的上述从属权利要求也不具备创造性，即本申请权利要求 1~14均不符合专利法第 22 条第 3 款的规定。

复审请求人针对上述复审通知书，于 2005 年 4 月 23 日提交了意见陈述书，并提交了权利要求书全文的修改替换页，复审请求人认为：修改后的权利要求 1 所涉及的装置是测量压力，而对比文件 2 中所涉及的装置用于测量气体流量，且对比文件 2 中装置的输出只是根据流量情况接通电路以报警，与本申请权利要求 1 中的发出电信号不同；同时对比文件 1 明确教导用机械-光电式测量仪代替浮子式测量装置，其不同于本申请中的浮子式测量机构；此外，对于合议组认为的除了使用对比文件 1 所述的机械-光电式测量机构外还可以使用其他多种不同传感机构如浮子-接近开关等是公知常识的观点，复审请求人认为缺乏书面证据支持，且不认可将对比文件 2 公开的流量计用于控制液面控制器是公知的。由此，本申请新的权利要求 1 相对于对比文件 1 和对比文件 2 具备创造性，同理，独立权利要求 8 也具备创造性，在此基础上从属权利要求也均具有创造性。修改后的权利要求书内容如下：

“1. 一种液面控制系统，它包括：

产生低压空气的调节式供应的机构；

一条空气供应管路，它与该低压空气产生机构连通并延伸向一个液体容器以便在该液体容器内的一个预选液面处将所述低压空气排入该液体容器中；

液体供应机构，当液体低于在该液体容器内的该预选液面时，该液体供应机构给该液体容器供应液体；

传感机构，它在该低压空气产生机构与该液体容器之间探测在该空气供应管路中的气压波动；

该传感机构在该液体低于该预选液面时探测出该空气供应管路中的第一气压并且在该液体在该预选液面处或之上时探测出该空气供应管路中的第二较高气压，该传感机构具有与该液体供应机构连通的电信号输出，用于一旦探测到第二较高气压就给该液体供应机构发出信号，该液体供应机构正常地给该液体容器供应液体，但当该空气供应管路无论何时处于该第二较高压力时，该液体供应机构就响应于来自该传感机构的该信号地停止给所述液体容器供应液体；

该传感机构包括一个具有一浮子元件的空气压力传感器，该浮子元件可以根据该空气供应管路中的气压在一个第一位置与一个第二位置之间移动，当该空气供应管路中的低压空气处于该第一气压时，该空气压力传感器内的该浮子元件位于第一位置，当该空气供应管路中的该低压空气处于第二较高压力或之上时，该空气压力传感器内的该浮子元件位于第二位置，该传感机构还包括一个邻近该浮子元件的第二位置的接近开关，该接近开关在该浮子元件布置在第二位置上时将所述信号发给该液体供应机构。

2. 根据权利要求1的液面控制系统，其中，所述低压空气产生机构包括一个压力气源，该压力气源与所述传感机构上游的所述空气供应管路连通，并且所述浮子元件安置在一个V形的锥形腔内，所述锥形腔允许所述浮子元件无限制地浮动向所述第二位置。

3. 根据权利要求2的液面控制系统，其中，所述低压空气产生机构还包括一个气压调节阀，该阀与所述传感机构上游的所述空气供应管路连通。

4. 根据权利要求1的液面控制系统，其中，所述低压空气产生机构包括具有一排放管道的一个鼓风机，该排放管道与所述传感机构上游的所述空气供应管路连通，所述低压空气产生机构还包括与所述排放管道连接的一个节气阀，该节气闸的运转能调节所述低压空气的调节式供应。

5. 根据权利要求1的液面控制系统，其中，所述空气供应管路释放所述低压空气，低压空气从那里进入一个扩大的管形元件中，所述扩大的管形元件具有一闭合的上端和在所述液体容器内位于所述预选液面的一开放的下端，所述扩大的管形元件包括大体圆柱形的壁，所述壁从所述闭合的上端向下延伸到所述开放的下端，由此界定出一个低压空气接纳腔。

6. 一种油墨液面气动控制系统，它包括：

产生低压空气的调节式供应的机构；

一条空气供应管路，它与所述低压空气产生机构连通并延伸向一油墨容器，以便在该油墨容器内的一个预选液面上将所述低压空气排入油墨容器内；

供应油墨的机构，它在油墨低于该油墨容器内的该预选液面时给该油墨容器供应油墨；和

传感机构，它在该低压空气产生机构与该油墨容器之间探测该空气供应管路中的气压波动；

该传感机构在油墨低于该预选液面时探测该空气供应管路中的第一气压并且在油墨在该预选液面处或之上时探测该空气供应管路中的第二较高气压，该传感机构具有与所述油墨供应机构连通的并由电信号构成的输出，用于一旦探测到该第二较高气压就将该电信号发送给该油墨供应机构，所述油墨供应机构正常地给该油墨容器供应油墨，但当该空气供应管路无论何时处于该第二较高压力时，该油墨供应机构就响应于来自该传感机构的该信号地停止给所述油墨容器供应油墨；

该传感机构包括一个浮子元件，该浮子元件可以根据该空气供应管路中的气压在一个第一位置与一个第二位置之间移动，当该空气供应管路中的低压空气是处于第一气压时，该浮子元件位于第一位置，当该空气供应管路中的低压空气处于第二较高压力或之上时，该浮子元件位于第二位置，该传感机构还包括一个邻近该浮子元件的第二位置的接近开关，它在该浮子元件布置在第二位置上时将所述信号发送给该油墨供应机构。

7. 根据权利要求6的油墨液面气动控制系统，其中，所述低压空气产生机构包括一个压力气源，该压力气源与所述传感机构上游的所述空气供应管路连通，并且所述浮子元件安置在一个V形的锥形腔内，所述锥形腔的尺寸允许所述浮子元件做无限制移动。

8. 根据权利要求7的油墨液面气动控制系统，其中，所述低压空气产生机构还包括一个气压调节阀，该阀与所述传感机构上游的所述空气供应管路的连通。

9. 根据权利要求6的油墨液面气动控制系统，其中，所述低压空气产生机构包括具有一排放管道的一个鼓风机，该管道与所述传感机构的所述空气供应管路的上游连通。

10. 根据权利要求9的油墨液面气动控制系统，其中，所述低压空气产生机构还包括与所述鼓风机的所述排放管道连接的一个节气闸，用于保证低压空气的所述调节式供应。

11. 根据权利要求6的油墨液面气动控制系统，其中，所述空气供应管路释放所述低压空气，低压空气从那里进入一个扩大的管形元件中，该管形元件具有一闭合的上端和位于所述油墨容器内的所

述预选液面的一开放的下端。

12. 根据权利要求 11 的油墨液面气动控制系统，其中，所述扩大的管形元件包括大体圆柱形的壁，从所述闭合的上端向下延伸到所述开放的下端，以界定出一个低压空气接纳腔。”

至此，合议组经合议后认为，本案事实已经清楚，可以依法作出复审决定。

二、决定的理由

1. 审查的基础

本复审决定以复审请求人于 2005 年 4 月 23 日提交的权利要求第 1~12 项，于进入中国国家阶段时提交的说明书第 1~6 页、说明书附图第 1 页、说明书摘要、摘要附图为审查基础。

2. 关于专利法第 22 条第 3 款的问题

专利法第 22 条第 3 款规定：创造性，是指同申请日以前已有的技术相比，该发明有突出的实质性特点和显著的进步，该实用新型有实质性特点和进步。

（1）权利要求 1 不符合专利法第 22 条第 3 款的规定。

本申请权利要求 1 请求保护一种液面控制系统，对比文件 1 公开了一种微压差液面控制器，其中披露了以下技术特征：一种微压差液面控制器，其具有，压缩空气的定值器 2（相当于权利要求 1 中的产生低压空气的调节式供应的机构），将压缩空气输入到一根直径 10~12mm 的检测探头 1，检测探头 1 放置于被测液面 3 上（相当于权利要求 1 中的一条空气供应管路，它与该低压空气产生机构连通并延伸向一个液体容器以便在该液体容器的一个预选液面处将所述低压空气排入该液体容器中），当液面 3 降低时，电磁阀 12 打开，输入口 11 开通，液体开始流入（相当于权利要求 1 中的供应液体的机构，当液体低于在该液体容器内的该预选液面时，该供应液体的机构给该液体容器供应液体），从图 1 中可看出用于检测管路中气体压力的微压计 4 位于定值器 2 与放置在被测液面 3 上的检测探头 1 之间，即该微压计 4 位于压缩空气源与被检测液体之间（相当于权利要求 1 中的传感机构，它在该低压空气产生机构与该液体容器之间探测在该空气供应管路中的气压波动），随着被测液体从输入口的不断流入，液面 3 上升，当液面临近检测探头时，由于从检测探头喷出的压缩空气受到阻碍，检测探头中的空气压力增大，使微压计 4 的指针发生偏转，触发电子开关电路 9，使继电器 10 动作，控制截止阀 12 动作，使输入口关闭，液体不再流入；反之，当液面 3 降低时，检测探头 1 气压下降，微压计指针向原来方向偏转，触发电子开关电路，使之变到另一种状态，继电器 10 动作，电磁阀 12 打开，输入口 11 开通，液体开始流入（相当于权利要求 1 中的该传感机构在液体低于该预选液面时探测出该空气供应管路中的第一气压并且在该液体在该预选液面处或之上时探测出该空气供应管路中的第二较高气压，该传感机构具有与该液体供应机构连通的电信号输出，用于一旦探测到第二较高气压就给该液体供应机构发出信号，该液体供应机构正常地给该液体容器供应液体，但当该空气供应管路无论何时处于该第二较高压力时，该液体供应机构就响应于来自该传感机构的该信号停止给所述液体容器供应液体）。

权利要求 1 与对比文件 1 的区别在于，权利要求 1 中还包括：该传感机构包括一个具有一浮子元件的空气压力传感器，该浮子元件可以根据该空气供应管路中的气压在一个第一位置与一个第二位置之间移动，当该空气供应管路中的低压空气处于该第一气压时，该空气压力传感器内的该浮子元件位于第一位置，当该空气供应管路中的该低压空气处于第二较高压力或之上时，该空气压力传感器内的该浮子元件位于第二位置，该传感机构还包括一个邻近该浮子元件的第二位置的接近开关，该接近开关在该浮子元件布置在第二位置上时将所述信号发给该液体供应机构。即本申请中是利用浮子的位置变化来感知空气供应管内的气压变化，进而控制液体供应机构的开关；而在对比文件 1 中用于感知压力变化的部件是微压器，利用其检测出探头内的压力变化，以便检测被测液面位置变化进而控制液体的供给，该检测探头是一根中空的圆管构成，属于空气供应管道中的一部分，而微压器与检测探头是相连的，也就是在对比文件 1 中实质上也是对空气供应管内的空气压力进行测量，进而控制液体供应机构的开关，它们之间的区别仅仅是，在本申请中是利用可根据管内压力大小变化而发生位置上下移动的浮子元件来测量，而对比文件 1 中未公开利用浮子元件的测量方式。

对比文件 2（见对比文件 2 说明书第 3 页第 20 行至第 4 页第 13 行及附图 1~3）中披露了一种浮子流量计，其中气体从装置下端进入锥形管，在该锥形管内具有一浮子，当向上流动的气体对浮子的上托力，与浮子在介质中的重量相等时，浮子停留在某一位置，当气体流量发生变化时，气体对浮子所产生的上托力就会相应变大或变小，从而破坏原本上托力与浮子重力之间的平衡，导致浮子在锥形管中上升或降低，进而根据浮子所处位置可以得出该锥形管内气体流量的变化，当气体流量达到某一值时，浮子便紧贴在电触点，接通电路，使报警装置动作。

由此可知，对比文件 2 公开了基于浮子重力与气体上托力之间的关系测量管内气体流量的浮子流量计，该气体上托力是由于气体流动所产生而施加给浮子的，该浮子可在管内上下移动，在该浮子到达特定位置时能使发出报警信号的电路接通。而本申请中利用浮子元件测量管内压力变化的原理也是利用浮子元件重力与上托力之间的平衡关系，利用浮子元件的上下位移触发发出信号的电路。

因此，对比文件 2 给出了根据浮子元件在锥形管中的状态测量锥形管内相关参数的技术启示，而结合本领域公知常识，将这种浮子流量计的工作原理用于管内压力变化测量对于本领域技术人员来说是很容易想到的，将这种利用浮子元件测量压力变化的方式具体应用于对比文件 1 中，即将对比文件 2 中的浮子式传感装置替换对比文件 1 所公开的微压器，实现对该检测探头内的压力检测，浮子元件根据测量管路中的压力情况，在锥形管内上下移动，并在由该检测探头检测出其内压力高于预定值时，利用属于本领域常用技术手段的接近开关来触发对比文件 1 中的电子开关电路，进而停止液体供应，当测定压力小于预定值保持液体供应。上述方案正是本申请权利要求 1 请求保护的技术方案，也就是在对比文件 1 的基础上，结合对比文件 2 以及本领域的公知常识就可得到本申请权利要求 1 请求保护的技术方案。

复审请求人在意见陈述中认为：对比文件 2 所涉及的装置用于测量气体流量，而本申请权利要求 1 是测量压力，因此对比文件 2 中用于流量计的装置不能用作本申请中的气体压力指示器，且对比文件 2 只是根据流量情况来接通电路以报警，这与本申请中发出电信号不同；同时对比文件 1 中明确教导用机械-光电式测量仪来替代浮子式测量装置，对比文件 1 和 2 中没有给出将对比文件 2 中的浮子式传感器机构替代对比文件 1 中机械-光电式测量仪的启示；复审请求人认为，对比文件 2 公开的是一种特定结构的流量计，这样的流量计是否已经进入公知技术的领域还尚未可知，不能没有证据就断定它可被用于控制液面控制器是公知的，并且认为未给出任何书面证据证明使用其他多种不同传感机构如浮子-接近开关式属于公知常识。

对此，合议组认为：对比文件 1 公开了一种液面控制器，对比文件 2 公开了一种利用浮子装置测量气体流量的装置，如前所述，虽然对比文件 2 公开的是测量气体流量的装置，但其已给出了根据浮子元件在测量管内受力情况而测量该管内相关参数的技术启示，且其中的浮子元件也可在锥形管内上下移动以此反映测量结果，而本申请中利用浮子元件测量管内气压变化也是基于该浮子元件在所处管内的受力情况而发生位移的，作为本领域技术人员，利用所掌握的公知常识，在对比文件 2 所给出的技术启示下，将浮子元件用于测量管内气体压力是很容易实现的，而在对比文件 1 所公开的液面控制器的基础上，将利用浮子元件测量锥形管内气体压力变化的传感装置应用于对比文件 1 中，从而构成包括有浮子元件传感装置的液面控制器也是显而易见的，即对比文件 1 与对比文件 2 的结合对于所属技术领域的技术人员来说也是显而易见的。对于复审请求人不认可属于公知常识的部分，首先合议组认为，在对比文件 2 所给出的技术启示下，用浮子式流量计的触发装置控制其他执行机构，例如液面控制器的阀门，是显而易见的，而并非复审请求人在意见陈述书中所称的对比文件 2 中的流量计可被用于控制液面控制器是公知的；而对于接近开关，其属于一种公知的触发装置，而利用接近开关来触发电路也属于一种公知技术，已广泛应用于各种工业控制领域，其也称为“无触点行程开关”，比有触点行程开关精度高，当运动物体靠近到某一位置时会发出信号，可用于液面控制，用该公知技术替换对比文件 2 中所公开的电触点，起到相同的触发电路的技术效果，对于本领域技术人员来说是显而易见的。因此，复审请求人认为本申请权利要求 1 具备创造性的上述理由均不成立。

综上所述，在对比文件 1 的基础上结合对比文件 2 所给出的技术启示，并利用本领域的公知常识得到本申请权利要求 1 请求保护的技术方案，对本领域的普通技术人员来说是显而易见的，因此本申请权利要求 1 不符合专利法第 22 条第 3 款有关创造性的规定。

（2）权利要求 2 不符合专利法第 22 条第 3 款的规定。

从属权利要求 2 的附加技术特征为：其中，所述低压空气产生机构包括一个压力气源，该压力气源与所述传感机构上游的所述空气供应管路连通，并且所述浮子元件安置在一个 V 形的锥形腔内，所述锥形腔允许所述浮子元件无限制地浮动向所述第二位置。对比文件 1 中披露了定值器 2 选取气动定值器输出 0.2 公斤力/厘米^2~1.0 公斤力/厘米^2 的气压信号，压缩空气经定值器输入到检测探头，相当于其附加技术特征中的压力气源，而对比文件 2 公开了用于安装浮子的 V 形锥形腔，即上述附加技术特征均已被对比文件 1 和对比文件 2 所公开，因此当其引用的权利要求 1 不具备创造性时，本申请权利要求 2 也不符合专利法第 22 条第 3 款有关创造性的规定。

（3）权利要求 3 不符合专利法第 22 条第 3 款的规定。

从属权利要求 3 的附加技术特征为：其中，所述低压空气产生机构还包括一个气压调节阀，该阀与所述传感机构上游的所述空气供应管路连通。对比文件 1 中披露了定值器 2 选取气动定值器输出 0.2 公斤力/厘米^2~1.0 公斤力/厘米^2 的气压信号，压缩空气经定值器输入到检测探头，相当于上述附加技术特征中的气压调节阀，因此当其引用的权利要求 2 不具备创造性时，本申请权利要求 3 也不符合专利法第 22 条第 3 款有关创造性的规定。

（4）权利要求 4 不符合专利法第 22 条第 3 款的规定。

从属权利要求 4 的附加技术特征为：其中，所述低压空气产生机构包括具有一排放管道的一个鼓风机，该排放管道与所述传感机构上游的所述空气供应管路连通，所述低压空气产生机构还包括与所述排放管道连接的一个节气闸，该节气闸的运转能调节所述低压空气的调节式供应。由于鼓风机是用来产生空气流或气体流的装置，所以使用鼓风机产生低压气体对于本领域普通技术人员来说是显而易见的，而使用节气阀控制管路中的气体流量是本领域的公知常识，其与鼓风机相配合用于本发明，对于本领域普通技术人员来说是显而易见的，因此当其引用的权利要求 1 不具备创造性时，本申请权利要求 4 也不符合专利法第 22 条第 3 款有关创造性的规定。

（5）权利要求 5 不符合专利法第 22 条第 3 款的规定。

从属权利要求 5 的附加技术特征为：其中，所述空气供应管路释放所述低压空气，低压空气从那里进入一个扩大的管形元件中，所述扩大的管形元件具有一闭合的上端和在所述液体容器内位于所述预选液面的一开放的下端，所述扩大的管形元件包括大体圆柱形的壁，所述壁从所述闭合的上端向下延伸到所述开放的下端，由此界定出一个低压空气接纳腔。对比文件 1 中披露了压缩空气经定值器 2 输入到由一根直径 10~12mm 的钢玉管制成的检测探头，对比文件 1 中虽然没有明确说明该检测探头具有闭合的上端和开放的下端、大体圆柱形的壁从闭合的上端向下延伸到开放的下端，但本领域的普通技术人员从对比文件 1 的说明书及附图 1 中可以直接得出上述结论，因此当其引用的权利要求 1 不具备创造性时，本申请权利要求 5 也不符合专利法第 22 条第 3 款有关创造性的规定。

（6）权利要求 6 不符合专利法第 22 条第 3 款的规定。

本申请权利要求 6 请求保护一种油墨液面气动控制系统，其具体系统构成和工作方式均与权利要求 1 相同，对比文件 1 中披露了微差液面控制器可应用于液压比较平静的液面检测和控制上，因此，将其应用到粘性较大的油墨的液面检测中是本领域普通技术人员很容易想到的技术方案，结合上述对权利要求 1 的评述，在对比文件 1 的基础上结合对比文件 2 并使用本领域的公知常识得到权利要求 6 请求保护的技术方案，对本领域的普通技术人员来说是显而易见的，因此本申请权利要求 6 不符合专利法第 22 条第 3 款有关创造性的规定。

（7）权利要求 7 不符合专利法第 22 条第 3 款的规定。

从属权利要求 7 的附加技术特征为：其中，所述低压空气产生机构包括一个压力气源，该压力气源与所述传感机构上游的所述空气供应管路连通，并且所述浮子元件安置在一个 V 形的锥形腔内，所述锥形腔的尺寸允许所述浮子元件做无限制移动。对比文件 1 中披露了定值器 2 选取气动定值器输出 0.2 公斤力/厘米^2～1.0 公斤力/厘米^2 的气压信号，压缩空气经定值器输入到检测探头，相当于其附加技术特征中的压力气源，而对比文件 2 公开了用于安装浮子的 V 形锥形腔，即上述附加技术特征均已被对比文件 1 和对比文件 2 所公开，因此当其引用的权利要求 6 不具备创造性时，本申请权利要求 7 也不符合专利法第 22 条第 3 款有关创造性的规定。

（8）权利要求 8 不符合专利法第 22 条第 3 款的规定。

从属权利要求 8 的附加技术特征为：其中，所述低压空气产生机构还包括一个气压调节阀，该阀与所述传感机构上游的所述空气供应管路的连通。对比文件 1 中披露了定值器 2 选取气动定值器输出 0.2 公斤力/厘米^2～1.0 公斤力/厘米^2 的气压信号，压缩空气经定值器输入到检测探头，相当于上述附加技术特征中的气压调节阀，因此当其引用的权利要求 7 不具备创造性时，本申请权利要求 8 也不符合专利法第 22 条第 3 款有关创造性的规定。

（9）权利要求 9 不符合专利法第 22 条第 3 款的规定。

从属权利要求 9 的附加技术特征为：其中，所述低压空气产生机构包括具有一排放管道的一个鼓风机，该管道与所述传感机构的所述空气供应管路的上游连通。由于鼓风机是用来产生空气流或气体流的装置，所以使用鼓风机产生低压气体对于本领域普通技术人员来说是显而易见的，因此当其引用的权利要求 6 不具备创造性时，本申请权利要求 9 也不符合专利法第 22 条第 3 款有关创造性的规定。

（10）权利要求 10 不符合专利法第 22 条第 3 款的规定。

从属权利要求 10 的附加技术特征为：其中，所述低压空气产生机构还包括与所述鼓风机的所述排放管道连接的一个节气闸，用于保证低压空气的所述调节式供应。使用节气阀控制管路中的气体流量是本领域的公知常识，其与鼓风机相配合用于本发明，对于本领域普通技术人员来说是显而易见的，因此当其引用的权利要求 9 不具备创造性时，本申请权利要求 10 也不符合专利法第 22 条第 3 款有关创造性的规定。

（11）权利要求 11 不符合专利法第 22 条第 3 款的规定。

从属权利要求 11 的附加技术特征为：其中，所述空气供应管路释放所述低压空气，低压空气从那里进入一个扩大的管形元件中，该管形元件具有一闭合的上端和位于所述油墨容器内的所述预选液面的一开放的下端。对比文件 1 中披露了压缩空气经定值器 2 输入到由一根直径 10～12㎜ 的检测探头，对比文件 1 中虽然没有明确说明该检测探头具有闭合的上端和开放的下端，但本领域的普通技术人员从对比文件 1 的说明书及附图 1 中可以直接得出上述结论，因此当其引用的权利要求 6 不具备创造性时，本申请权利要求 11 也不符合专利法第 22 条第 3 款有关创造性的规定。

（12）权利要求 12 不符合专利法第 22 条第 3 款的规定。

从属权利要求 12 的附加技术特征为：其中，所述扩大的管形元件包括大体圆柱形的壁，从所述闭合的上端向下延伸到所述开放的下端，以界定出一个低压空气接纳腔。对比文件 1 中披露了压缩空气经定值器 2 输入到由一根直径 10~12mm 的钢玉管制成的检测探头，对比文件 1 中虽然没有明确说明大体圆柱形的壁从闭合的上端向下延伸到开放的下端，但本领域的普通技术人员从对比文件 1 的说明书及附图 1 中可以很容易地得出上述结论，因此当其引用的权利要求 11 不具备创造性时，本申请权利要求 12 也不符合专利法第 22 条第 3 款有关创造性的规定。

基于上述理由，合议组认为复审请求人于 2005 年 4 月 23 日提交的权利要求第 1~12 项仍不具备创造性，不符合专利法第 22 条第 3 款的规定。

根据上述事实和理由，本案合议组作出以下审查决定。

三、决定

复审请求的理由不成立，维持国家知识产权局于 2003 年 8 月 8 日对 99803627.7 号发明专利申请作出的驳回决定。

复审请求人对本决定不服的，可以根据专利法第 41 条第 2 款的规定，自收到本决定之日起三个月内向北京市第一中级人民法院起诉。

095

显示元件、显示元件透镜以及用于显示装置的面板

复审请求审查决定（第10916号）

决　定　号　第10916号
决　定　日　2007年6月22日
发明创造名称　显示元件、显示元件透镜以及用于显示装置的面板
国际分类号　G02B 27/09
复审请求人　富士通先端科技株式会社
申　请　号　97103387.0
申　请　日　1997年3月27日
优先权日　1996年3月28日，1996年10月30日
公　开　日　1997年11月12日
合议组组长　王桂莲
主　审　员　张　曦
参　审　员　张惠军

法律依据　专利法第26条第3款
决定要点
确定说明书是否对发明作出了清楚、完整的说明应当基于说明书公开的内容，而不能依据复审请求人对其中内容的进一步解释来考量所属技术领域的技术人员是否能够实现该发明。

一、案由

本复审请求涉及申请号为97103387.0、名称为“显示元件、显示元件透镜以及用于显示装置的面板”的发明专利申请（下称本申请），其申请日为1997年3月27日，优先权日为1996年3月28日和1996年10月30日，公开日为1997年11月12日，申请人为富士通机电株式会社，2002年12月28日变更为富士通先端科技株式会社，本申请公开的权利要求书共包括20项权利要求，其中权利要求1~3、7、8、11、12、15、16为独立权利要求。

国家知识产权局实质审查部门依法对本专利申请进行了实质审查，于2002年2月1日发出第一次审查意见通知书，指出本申请权利要求1和7相对于对比文件1不具备专利法第22条第2款规定的新颖性，权利要求3相对于对比文件2不具备专利法第22条第3款规定的创造性。权利要求11、15、16请求保护的表面面板，当其中的显示元件不具备新颖性时，将这种显示元件应用在显示面板上对于本领域的普通技术人员而言是容易想到的，因此不具备专利法第22条第3款规定的创造性，权利要求4~6、9、10、13、14、17~20的附加技术特征是本领域的惯用手段，当其引用的权利要求

不具备新颖性或创造性时，权利要求4~6、9、10、13、14、17~20也不符合专利法第22条第3款有关创造性的规定。另外指出，权利要求2、8、12中有关透镜的特征是“此透镜在光轴上垂直切割时，它在横跨该光轴的方向上为凸面，此透镜在光轴上水平切割时，它在横跨该光轴的方向上为凹面。”这种描述只是模糊地给出透镜的大概特征，而这些特征对于描述透镜的具体形状是不完全的，本领域普通技术人员不能清楚地理解透镜的具体形状和技术特性，而且说明书中技术方案、实施例和附图也没有清楚地描述这种透镜的形状，因此权利要求2、8、12不清楚，不符合专利法实施细则第20条第1款的规定。该审查意见通知书中引用的对比文件如下：

对比文件1：US4013915A，公开日为1977年3月22日；

对比文件2：CN85103531A，公开日为1986年12月31日。

申请人针对上述审查意见通知书于2002年6月17日提交了意见陈述书以及权利要求书的替换页。申请人删除了权利要求1、7、11、17、18，修改了原权利要求2、8、12，并认为图15~17反映出了原权利要求2、8、12中所述的透镜，该透镜从侧面看是凸透镜，而从上向下看时，是凹透镜，来自光源的光束水平发散，通过该透镜后垂直会聚，因此认为修改后的权利要求2、8、12清楚地限定了完整的技术方案，并且陈述了修改后的权利要求1~15相对于对比文件1和2具备新颖性和创造性的理由。修改后的权利要求书如下：

“1. 一种通过前开孔射出光的显示元件，其中一个透镜固定在前开孔上，使该透镜在光轴上垂直切割时，呈现横跨该光轴的凸面，该透镜在光轴上水平切割时，呈现横跨该光轴的凹面。

2. 一种通过前开孔射出光的显示元件，其中一个透镜固定在前开孔上，使该透镜在光轴上垂直切割时，它至少是在开孔外侧为凸面和在开孔内侧为凹面二者之一；以及一种介质充满在包含该透镜的显示元件内，所述介质的折射率大于透镜的折射率。

3. 根据权利要求1或2的显示元件，其中所述显示元件有多个被隔板分开的光源。

4. 根据权利要求1或2的显示元件，其中所述透镜是着色的，以修改从光源射出的光的颜色。

5. 根据权利要求1或2的显示元件，其中所述透镜有一条纹状掩模图案，此条纹状掩模图案至少是沿着水平方向和垂直方向二者之一的方向扩展的。

6. 一个显示元件透镜，它固定在显示元件的前开孔上，且向外射出从显示元件内光源射来的光，其中此透镜在光轴上垂直切割时，呈现横跨光轴的凸面，此透镜在光轴上水平切割时，呈现横跨光轴的凹面。

7. 根据权利要求6的显示元件透镜，其中所述透镜是着色的，以修改所述显示元件射出的光的颜色。

8. 根据权利要求6的显示元件透镜，其中所述透镜有一个条纹状掩模图案，此条纹状掩模图案至少是沿着水平方向和垂直方向二者之一的方向扩展的。

9. 一个显示装置表面面板，它放在显示装置内，通过前开孔射出光的多个显示元件固定在此表面面板上，并从它向外引出每个显示元件射出的光，其中一个面向每个显示元件的部分，在光轴上垂直切割时，它呈现横跨光轴的凸透镜，而在水平方向上沿光轴切割时，它呈现横跨光轴的凹透镜。

10. 根据权利要求9的显示装置表面面板包括：一种修改从显示元件射出光的颜色的功能。

11. 根据权利要求9的显示装置表面面板，其中所述面板有条纹状掩模图案，此图案沿着水平方向和垂直方向二者中至少一个方向扩展，该方向取决于显示元件的安排位置。

12. 一种显示装置表面面板，它放在显示装置内，并从它向外引出每个显示元件射出的光，其中一个面向每个显示元件的部分在光轴上水平切割时，它呈现横跨光轴的凹透镜；及具有透镜形状面的所述面板基于显示元件的安排位置而在横跨水平面上形成一条槽。

13. 一种显示装置表面面板，它放在显示装置内，并从它向外引出每个显示元件射出的光，其中一个面向每个显示元件的部分或面向显示设备中多个显示元件的部分，在光轴上水平切割时，呈现横跨光轴的凹透镜；及具有透镜形状面的所述面板基于显示元件的安排位置而在横跨水平面上形成一条槽。

14. 根据权利要求 12 或 13 的显示装置表面面板，其中所述面板基于显示元件的安排位置而至少有沿着水平方向扩展的条纹状掩模图案。

15. 根据权利要求 12 或 13 的显示装置表面面板，其中所述面板应用于以发光二极管作为显示元件的一种显示装置中。”

2003 年 5 月 9 日，国家知识产权局实质审查部门发出了第二次审查意见通知书，指出本申请权利要求 1 中对于透镜形状的限定不清楚，说明书也未清楚地描述透镜曲面的形状，导致不清楚透镜的形状以及一个曲面如何同时具有光线的垂直会聚和水平发散这两种光路效果，因此权利要求 1 不符合专利法实施细则第 20 条第 1 款的规定，同理权利要求 3~5（引用权利要求 1 时）、6~11 也存在不清楚的问题；独立权利要求 2 与独立权利要求 12、13 所要求保护的技术方案不属于一个总的发明构思，技术上无相互关联，没有相同或相应的特定技术特征，不具备单一性，不符合专利法第 31 条的规定；权利要求 12 和 13 相对于对比文件 3 不符合专利法第 22 条第 2 款有关新颖性的规定；从属权利要求 14 和 15 的附加技术特征属于公知常识，不符合专利法第 22 条第 3 款有关创造性的规定；说明书的撰写不符合专利法实施细则第 18 条的规定。该审查意见通知书中引用的对比文件如下（编号续前）：

“对比文件 3：CN1093814A，公开日为 1994 年 10 月 19 日。”

申请人针对上述审查意见通知书于 2003 年 9 月 15 日提交了意见陈述书，申请人认为根据附图 15~17已经清楚地描述了本发明的透镜形状，并且认为这种具有凹透镜和凸透镜功能的透镜具有新颖性；独立权利要求 2、12、13 的目的均在于沿显示装置的水平方向扩展视角，因此属于一个总的发明构思，具备单一性；本申请权利要求 12 中除包含当沿水平切开表面面板时获得的断面形状外，还包括在表面面板的断面形状与显示元件之间的定位关系，因此对比文件 3 未公开权利要求 12 和 13 的全部技术特征，权利要求 12 和 13 具备新颖性，因此权利要求 14 和 15 也具备创造性。申请人还提交了解释用附图共 2 页，说明书全文替换页共 15 页。

经过上述审查程序后，国家知识产权局实质审查部门以本申请权利要求 1 未清楚限定显示元件中的透镜形状，导致权利要求 1、3~5、6~11 的保护范围不清楚，不符合专利法实施细则第 20 条第 1 款的规定，以及独立权利要求 2 与独立权利要求 12、13 之间不具备单一性，不符合专利法第 31 条的规定为理由，于 2003 年 11 月 7 日做出了驳回本专利申请的决定。

申请人富士通先端科技株式会社（下称复审请求人）不服上述驳回决定，于 2004 年 2 月 20 日向专利复审委员会提出复审请求，关于权利要求 1 是否清楚的问题，请求人仍然坚持针对第二次审查意见通知书所陈述的意见，认为根据图 15~17，本申请的透镜形状是清楚的；关于权利要求 2 与权利要求 12 和 13 是否具备单一性的问题，请求人删除了权利要求 12~15，还修改了说明书第 8 页关于图 17 描述的打字错误。复审请求人提交了权利要求书的修改替换页、附图 17 的替换页和解释用附图共 2 页，修改后的权利要求书中共包括 11 项权利要求，其中权利要求 1、2、6、9 为独立权利要求。

经形式审查合格后，专利复审委员会受理了上述复审请求，于 2004 年 5 月 19 日向复审请求人发出复审请求受理通知书，并于同日向原实质审查部门发出前置审查通知书。

原实质审查部门对本复审请求做出前置审查意见，认为复审请求人仅删除了权利要求 12~15，未修改权利要求 1、3~11，并未克服权利要求 1、3~11 不清楚的缺陷，因此坚持原驳回决定。

专利复审委员会依法成立合议组对本复审请求案进行了审理。本案合议组于2006年7月4日向复审请求人发出复审通知书，复审通知书中指出：说明书第7页倒数第5行至第8页第1行，对图15所示的透镜形状的文字描述部分，其中记载了“在垂直方向沿光轴切割时，透镜部分6c在横跨光轴的方向上为凹面”，“以水平方向切割时，透镜部分6c的一侧在横跨光轴的方向上为凹面”，由此描述了本发明的透镜形状。合议组认为，说明书未能清楚、完整地说明本发明的技术方案，导致本领域技术人员无法实现，原因在于：（1）透镜的光轴一般是指该透镜的对称轴，对于光学系统而言，该光轴通常是唯一的，当在垂直方向沿着光轴切割透镜时，形成了一个截面，如果是凸透镜，则该截面与该透镜凸面的截线是外凸的，如果是凹透镜，则该截面与该透镜凹面的截线是内凹的，而该截面本身应当是平面，不存在凸面或者凹面的情况；（2）“横跨光轴的方向”是一种不清楚的表达方式，这个方向存在多种可能性，本领域技术人员在实施本发明的技术方案时，不能清楚地获知该方向应当是平行于光轴的方向，还是垂直于光轴的方向，而垂直于光轴的方向又存在多种可能性，如平行于水平面的方向和垂直于水平面的方向等，因此根据说明书中的上述表述，无法唯一而清楚地实现本发明的技术方案；（3）透镜的表面是连续的曲面，而本发明说明书中仅以光轴为基准，描述了垂直和平行两个方向上该透镜的形状，然而对于透镜表面上其他位置的曲面形状并没有描述，因此无法仅仅根据说明书中提供的这两个方向上的形状制造出能够实现本发明目的的透镜。同理，在说明书第8~15页中描述本发明各个实施例的透镜形状时，以及权利要求书中，均采用了类似于以上针对第一实施例的表述方式，对于本领域技术人员而言，这种表述是不清楚的，导致本发明的技术方案无法实现，因而不符合专利法第26条第3款的规定。

2006年8月21日，复审请求人针对上述复审通知书提交了意见陈述书，其中认为“在垂直方向沿光轴切割”可以理解为沿垂直方向，以包含光轴的平面切割，切割是沿光轴，而不是沿光轴方向，其切割方向是垂直方向；“透镜部分6c在横跨光轴的方向上为凸面”可以理解为以包含光轴的垂直平面切割后，所看到的在光轴的上下方向的区域内，切割面与透镜曲面的截线是凸的，因此“横跨光轴方向”与特定的切割相结合一起限定了一个特定的区域，即透镜部分6c的形状截线，此外图15也表示了透镜的具体形状，图16表示了该透镜在垂直方向引起光折射的情况。说明书中结合图15对透镜形状的描述为“在水平方向沿光轴切割时，透镜部分6c在横跨光轴的方向上为凹面。即，以水平方向切割时，透镜部分6c的一侧在横跨光轴的方向上为凹面”，该描述可以理解为沿水平方向，以包含光轴的平面切割后，所看到的在光轴的左右方向的区域内，切割面与透镜曲面的截线是凹的，这个切割是沿光轴，而不是沿光轴方向，其切割方向是水平方向，因此“横跨光轴的方向”与特定的切割相结合一起限定了一个特定的区域，即透镜部分6c的形状截线，此外图15也表示了透镜的具体形状，图17表示了该透镜在水平方向引起光折射的情况，说明书对透镜形状的限定是唯一的、清楚的，且能唯一清楚地实施该技术方案。透镜一般只有一个光轴，包含光轴的垂直切割平面数也只有一个，包含光轴的水平切割平面也只有一个，因此当“横跨光轴方向”与特定的切割相结合时，其含义清楚，不存在多种可能性。用包含光轴的垂直和水平平面切割后分别得到具有凸和凹形状的断面，能够降低沿垂直方向的光的散射，使光沿水平方向散射，有效地实现增大水平方向视角的目的，因此本发明的目的能够通过权利要求书限定的技术方案实现，而限定透镜其他位置的形状是不必要的，此外图15清楚地表明了透镜的整个形状。另外，对本发明类似于马鞍形透镜曲面的位置的限定是十分困难的，因此本申请中采用术语“光轴”结合特定的切割来限定透镜的形状。复审请求人未对申请文件做进一步修改。

经过上述审查程序，合议组认为，本案事实已经清楚，依法作出复审决定。

二、决定的理由

1. 审查基础

本决定以复审请求人提出复审请求时提交的权利要求第1~11项，附图第17页以及2003年9月15日提交的说明书第1~15页，于申请日提交的附图第1~16、18~40页，说明书摘要和摘要附图作为审查基础。

2. 关于专利法第26条第3款

专利法第26条第3款规定：说明书应当对发明或者实用新型作出清楚、完整的说明，以所属技术领域的技术人员能够实现为准。

本申请说明书第7页倒数第5行至第8页第1行，在对图15所示的透镜形状的文字描述部分记载了“在垂直方向沿光轴切割时，透镜部分6c在横跨光轴的方向上为凹面”，“以水平方向切割时，透镜部分6c的一侧在横跨光轴的方向上为凹面”，由此描述了本发明的透镜形状。复审请求人在答复复审通知书时将“在垂直方向沿光轴切割”解释为沿垂直方向，以包含光轴的平面切割，将“在水平方向沿光轴切割”解释为沿水平方向，以包含光轴的平面切割；将“透镜部分6c在横跨光轴的方向上为凸面”解释为以包含光轴的垂直平面切割后，所看到的在光轴的上下方向的区域内，切割面与透镜曲面的截线是凸的，将“透镜部分6c在横跨光轴的方向上为凹面”解释为以包含光轴的平面切割后，所看到的在光轴的左右方向的区域内，切割面与透镜曲面的截线是凹的；同时还认为，结合图15~17可以清楚地表达该透镜的形状和光线的折射情况。

对此，合议组认为，复审请求人有关切割方向及方式，以及切割后透镜形状的描述是对说明书的进一步解释，并未记载在说明书中，确定说明书是否对发明作出了清楚、完整的说明应当基于说明书公开的内容，而不能依据复审请求人对其中内容的进一步解释来考量所属技术领域的技术人员是否能够实现该发明。

根据本申请说明书和附图中的记载，所属技术领域技术人员无法清楚地获知该透镜的形状，导致本领域技术人员无法实现，原因在于：

（1）合议组认可复审请求人所述的透镜通常只有一条光轴，在复审通知书中也指出了透镜光轴一般是指该透镜的对称轴，通常是唯一的，但是当在垂直方向沿着光轴切割透镜时，形成了一个截面，如果是凸透镜，则该截面与该透镜凸面的截线是外凸的，如果是凹透镜，则该截面与该透镜凹面的截线是内凹的，而该截面本身应当是平面，不存在凸面或者凹面的情况，复审请求人对此的解释为切割面与透镜截面的截线形状为凸或凹，但就说明书本身公开的内容而言，并未涉及截面以及切割面与截面的截线形状的内容，也就不能清楚地理解说明书中所述的凸面和凹面所指代的是哪个面以及透镜本身是何种形状；

（2）“横跨光轴的方向”是一种不清楚的表达方式，这个方向存在多种可能性，本领域技术人员在实施本发明的技术方案时，不能清楚地获知该方向应当是平行于光轴的方向，还是垂直于光轴的方向，而垂直于光轴的方向又存在多种可能性，如平行于水平面的方向和垂直于水平面的方向等，这种不唯一且不清楚的表述方式，导致所属领域技术人员在实施本发明技术方案时，无法获知应选取哪个方向作为确定透镜形状的基准，也就更无法确定复审请求人所述的“横跨光轴的方向”与特定的切割相结合所限定的区域是指哪个区域，因此根据说明书中的上述表述，无法唯一而清楚地实现本发明的技术方案；

（3）透镜的表面是连续的曲面，复审请求人认为限定透镜其他位置的形状没有必要，但合议组不同意复审请求人的这种观点，对于透镜而言，其各个位置的形状均决定着该透镜的作用以及光线偏折的情况，沿光轴垂直或水平切割时所反映出的透镜形状不能够确定该透镜其他位置的形状，并不是仅有包含光轴的这两个方向上的部分才对光线起偏折作用，而本发明正是为了减小透镜垂直方向上的发散、增大透镜水平方向上的发散而提出的，如果透镜其他部分的形状不能实现上述作用，透镜整体上也无法达到说明书中宣称的技术效果，因此仅以光轴为基准描述垂直和平行两个方向上的透镜形状是不足以使所属领域技术人员清楚该透镜的整体形状，并实现发明目的的。复审请求人还认为本申请类似于马鞍形透镜的曲面的位置难以限定，但合议组认为正是由于本申请提出了一种不同于现有技术的透镜，来解决其技术问题，因此应将该透镜的形状描述清楚，以使该技术方案能够实现，因此复审请求人的理由不能成立。

另外附图 15~17 也仅仅能够表示出该透镜某些部分的形状及其对光线的偏折情况，无法清楚表示其他部分的形状，因此仅凭附图 15~17 也不能够使所属领域技术人员清楚地获知该透镜的形状。

同理，在说明书第 8~15 页中描述本发明各个实施例的透镜形状时，以及权利要求书中，均采用了类似于以上针对第一实施例的表述方式，对于本领域技术人员而言，这种表述是不清楚的，导致本发明的技术方案无法实现，因而本申请的说明书不符合专利法第 26 条第 3 款的规定。

基于上述理由，合议组作出下述决定。

三、决定

维持国家知识产权局专利局于 2003 年 11 月 7 日对申请号为 97103387.0 的发明专利申请作出的驳回决定。

复审请求人对本决定不服的，可以根据专利法第 41 条第 2 款的规定，自收到本决定之日起三个月内向北京市第一中级人民法院起诉。

096

鞣制皮革的生产及适宜于此的产品

复审请求审查决定（第 10923 号）

决　定　号　第 10923 号
决　定　日　2007 年 6 月 22 日
发明创造名称　鞣制皮革的生产及适宜于此的产品
国 际 分 类 号　C14C 3/20，C14C 3/28
复 审 请 求 人　克莱里安特财务（BVI）有限公司
申　请　号　02804099.6
优 先 权 日　2001 年 1 月 26 日
申　请　日　2002 年 1 月 25 日
公　开　日　2004 年 4 月 7 日
合 议 组 组 长　赵　明
主　审　员　巩克栋
参　审　员　董晓静

法 律 依 据　专利法第 33 条，专利法实施细则第 20 条第 1 款
决 定 要 点

申请人可以对其专利申请文件进行修改，但是，对发明和实用新型专利申请文件的修改不得超出原说明书和权利要求书记载的范围。

权利要求书应当说明发明或者实用新型的技术特征，清楚、简要地表述请求保护的范围。每项权利要求所确定的保护范围应当清楚，权利要求的保护范围应当根据其所用词语的含义来理解。

一、案由

本复审请求涉及名称为“鞣制皮革的生产及适宜于此的产品”的第 02804099.6 号发明专利申请（以下称本申请），申请人为克莱里安特财务（BVI）有限公司，申请日为 2002 年 1 月 25 日，优先权日为 2001 年 1 月 26 日，公开日为 2004 年 4 月 7 日。

2006 年 1 月 6 日，国家知识产权局针对本申请，以权利要求 1 不符合专利法实施细则第 20 条第 1 款为由，作出驳回决定。驳回决定所针对的权利要求书为：

“1. 一种生产鞣制和非必要地复鞣制皮革的方法，该方法包括：

以任何需要的顺序，采用

（A）醛基处理剂（F），其选自

（F1）巴豆醛或甲醛，

（F2）乙二醛、丙二醛、丁二醛或戊二醛，

（F3）缩醛、仲醛、甲基乙二醛、二羟乙酸或四羟甲基磷鎓盐，

或采用含氮甲醛基合成鞣剂（S），其选自

（S1）含缩合的含氮组分的、含磺基基团的酚类和/或萘类合成鞣剂，

（S2）甲醛与一种或多种含氮化合物的缩合物，其可以包含含磺基基团，

其中，含氮组分或化合物选自氨腈、双氰胺、脲、硫脲、胍、氨基脲、氨基胍、蜜胺、氨和胺及其盐，

和采用

（H）至少一种肼化合物，其是氨基脲或氨基胍或其盐（HS），

处理非必要地（预）鞣制动物生皮或毛皮。

2. 按照权利要求1的方法，其中（S）是甲醛与苯酚磺酸盐和脲的缩合产物或甲醛与萘磺酸盐的缩合产物。

3. 按照权利要求1或2的方法，其中（F）是四-羟基-甲基-鏻硫酸盐。

4. 按照权利要求1或2的方法，其中（H）是氨基胍碳酸氢盐。

5. 按照权利要求1或2的方法，其中（HS）是选自苯酚磺酸、萘磺酸和萘酚磺酸的芳族一元磺酸（MS）的氨基脲或氨基胍盐。

6. 按照权利要求1的方法，其中非必要地（预）鞣制动物生皮或毛皮按任何需要的顺序在水浴中用（S）进行处理和用（H）进行处理，或者用（S）与（H）的反应物（ES）进行处理。

7. 按照权利要求1或6的方法，其中（预）鞣制皮革用（S）或（ES）复鞣。

8. 一种适用于通过按照权利要求1或6的方法生产皮革的处理剂，其是以下物质的混合物：

选自苯酚磺酸、萘磺酸和萘酚磺酸的芳族一元磺酸的氨基脲或氨基胍盐，

与四羟甲基磷鎓盐，

或与

甲醛与苯酚磺酸盐和脲的缩合产物或甲醛与萘磺酸盐的缩合产物，

或者其是

所述甲醛与苯酚磺酸盐和脲的缩合产物或所述甲醛与萘磺酸盐的缩合产物与氨基胍碳酸氢盐的反应产物。”

驳回决定认为：权利要求1中记载了“采用（A）醛基处理剂（F），其选自……或采用含氮甲醛基合成鞣剂（S），其选自……和采用（H）至少一种肼化合物，其是……处理……”首先，无法确定（A）与（F）和（S）之间的关系，其次，“或”和“和”逻辑词的同时使用导致（F）、（S）以及（H）之间的关系不清楚，因此权利要求1的保护范围不清楚，不符合专利法实施细则第20条第1款的规定。

申请人（下称请求人）对上述驳回决定不服，于2006年4月21日向专利复审委员会提出了复审请求，并提交了权利要求1~8的替换页，其仅修改了权利要求1，修改后的权利要求1为：

“1. 一种生产鞣制和非必要地复鞣制皮革的方法，该方法包括：

以任何需要的顺序：

采用醛基处理剂（F），其选自巴豆醛、甲醛、乙二醛、丙醛、丁二醛、戊二醛、缩醛、仲醛、甲基乙二醛、二羟乙酸或四羟甲基磷鎓盐，

或采用含氮甲醛基合成鞣剂（S），其选自含缩合的含氮组分的、含磺基基团的酚类或萘类合成鞣剂，或者可以包含含磺基基团的甲醛与一种或多种含氮化合物的缩合物，其中含氮组分或化合物选

自氨腈、双氰胺、脲、硫脲、胍、氨基脲、氨基胍、蜜胺、氨和胺及其盐，

和采用

（H）至少一种肼化合物，其是氨基脲或氨基胍或其盐（HS），

处理非必要地（预）鞣制动物生皮或毛皮。”

请求人认为：修改后的权利要求1在文字描述上更易于理解，显然存在两种处理方法，即用（F）和（H）处理，或用（S）和（H）处理，因此符合专利法实施细则第20条第1款的规定。

经形式审查合格后，专利复审委员会受理了该复审请求，并于2006年7月5日向请求人发出复审请求受理通知书，同时向国家知识产权局原审查部门发出前置审查通知书，并将本申请案卷转送至原审查部门进行前置审查。

国家知识产权局原审查部门对本复审请求进行了前置审查，坚持原驳回决定。

专利复审委员会依法成立合议组，对本复审请求进行审查。

2007年3月1日，专利复审委员会向请求人发出复审通知书，指出：（1）权利要求1中记载有“丙醛”和“仲醛”，但这一修改内容在原说明书和权利要求书中没有记载，也不能由原申请的说明书和权利要求书直接地、毫无疑义地确定，因此该修改不符合专利法第33条的规定；（2）权利要求1、8出现“和”、“或”以及“与”的混用，导致其逻辑关系不清楚，例如权利要求1中“采用F，或采用S，和采用H”有几种不同的并列关系，即F或（S和H）、（F或S）和H，权利要求8中最后两行的“……缩合产物”或“……与萘磺酸盐的缩合产物与氨基胍碳酸氢盐的反应产物”也有几种不同的并列关系，即“……缩合产物”或“……与萘磺酸盐的缩合产物与氨基胍碳酸氢盐”的反应产物、（“……缩合产物”或“……与萘磺酸盐的缩合产物”）与“氨基胍碳酸氢盐的反应产物”；权利要求1~7中出现附图标记之外的括号，权利要求2~7中英文S、F、H、Hs、Ms和Es的含义不清楚，权利要求1中记载有表述不确定选择关系的“可以”，而且，权利要求1中限定“采用含氮甲醛基合成鞣剂”和“其选自含缩合的含氮组分的、含磺基基团的酚类或萘类合成鞣剂”，在权利要求2中又限定“其中（S）是……甲醛与萘磺酸盐的缩合产物”，由于“含磺基基团的酚类或萘类合成鞣剂”不含有“甲醛基”，“甲醛与萘磺酸盐的缩合产物”不含有“氮”，因此权利要求1~2的限定前后矛盾，导致其保护范围不清楚；因此权利要求1~8不符合专利法实施细则第20条第1款的规定。

针对复审通知书，请求人于2007年4月16日提交了意见陈述书及权利要求书的修改替换页。请求人认为修改后的权利要求已经克服了复审通知书指出的缺陷。修改后的权利要求书为：

“1. 一种生产鞣制和非必要地复鞣制皮革的方法，该方法包括：

以任何需要的顺序，

采用

A）四羟甲基磷鎓硫酸盐，以及氨基胍碳酸氢盐或氨基胍4-苯酚磺酸盐，

或采用

B）甲醛与苯酚磺酸盐和脲的缩合产物，以及氨基胍碳酸氢盐或氨基胍4-苯酚磺酸盐，

或采用

C）甲醛与萘磺酸盐的缩合产物，以及氨基胍碳酸氢盐或氨基胍4-苯酚磺酸盐，

处理非必要地预鞣制或鞣制动物生皮或毛皮。

2. 按照权利要求1的方法，其中非必要地预鞣制或鞣制动物生皮或毛皮在水浴中用A）、B）或C）进行处理。

3. 一种适用于通过按照权利要求1或2的方法生产皮革的处理剂，其是以下物质：

A）四羟甲基磷鎓硫酸盐，以及氨基胍碳酸氢盐或氨基胍4-苯酚磺酸盐，或

B）甲醛与苯酚磺酸盐和脲的缩合产物，以及氨基胍碳酸氢盐或氨基胍 4-苯酚磺酸盐，或

C）甲醛与萘磺酸盐的缩合产物，以及氨基胍碳酸氢盐或氨基胍 4-苯酚磺酸盐。”

经审查，合议组认为本案事实已经清楚，可以依法作出审查决定。

二、决定的理由

1. 关于文本

本决定所针对的文本为：请求人于 2005 年 9 月 28 日提交的说明书第 1~23 页，于 2007 年 4 月 16 日提交权利要求 1~3，以及 2005 年 9 月 28 日提交的说明书摘要。

2. 关于专利法第 33 条

根据专利法第 33 条的规定，申请人可以对其专利申请文件进行修改，但是，对发明和实用新型专利申请文件的修改不得超出原说明书和权利要求书记载的范围。

请求人在 2007 年 4 月 16 日提交的权利要求书中，删除了有关“丙醛”和“仲醛”的技术特征，复审通知书指出的修改超范围的内容已不存在，即克服了复审通知书所指出的修改不符合专利法第 33 条的缺陷，而且合议组经审查该修改文本，未发现其他不符合专利法第 33 条的缺陷，因此该修改可以允许。

3. 关于专利法实施细则第 20 条第 1 款

专利法实施细则第 20 条第 1 款规定：权利要求书应当说明发明或者实用新型的技术特征，清楚、简要地表述请求保护的范围。

在修改后的权利要求 1~3 中，A）、B）和 C）三种组分之间只有逻辑词“或”，因此三者之间是并列选择的逻辑关系；在 A）、B）和 C）中只有逻辑词“以及”、“或”和“和”，其中“以及”和“和”之间是并列的逻辑关系，“以及……或”的使用，清楚的表明“或”前后是并列选择关系，因此驳回决定和复审通知书指出的逻辑关系不清楚的缺陷已经克服。

修改后的权利要求 1~3 中，删除除附图标记之外的括号、无具体含义及指代关系的英文字符和表述不确定选择关系的“可以”的用语，同时，权利要求 1~3 删除了“采用含氮甲醛基合成鞣剂”、“其选自含缩合的含氮组分的、含磺基基团的酚类或萘类合成鞣剂”、“其中（S）是……甲醛与萘磺酸盐的缩合产物”等技术特征，因此驳回决定和复审通知书指出的保护范围不清楚的缺陷已经克服。

综上，修改后的权利要求 1~3 已经克服了驳回决定和复审通知书指出的本申请不符合专利法第 33 条、专利法实施细则第 20 条第 1 款有关规定的缺陷。

基于上述理由，本合议组作出如下决定。

三、决定

撤销国家知识产权局于 2006 年 1 月 6 日针对 02804099. 6 号发明专利申请作出的驳回决定，由国家知识产权局原审查部门在本复审请求审查决定针对的审查文本基础上继续进行审查程序。

复审请求人对本决定不服的，可以根据专利法第 41 条第 2 款的规定，自收到本决定之日起 3 个月内向北京市第一中级人民法院起诉。

097

带有应答器的车辆检测系统

复审请求审查决定（第10946号）

决　定　号　第10946号
决　定　日　2007年6月22日
发明创造名称　带有应答器的车辆检测系统
国际分类号　G08G 1/042
复审请求人　株式会社建伍，建伍ID株式会社
申　请　号　99800504.5
申　请　日　1999年4月2日
公　开　日　2000年8月16日
合议组组长　高　雪
主　审　员　齐宏涛
参　审　员　王丽颖

法律依据　专利法实施细则第20条第1款
决定要点
复审请求人提交的修改文本克服了驳回决定所指出的缺陷，因此予以接受，并撤销原驳回决定。

一、案由

本复审请求涉及申请日为1999年4月2日，公开日为2000年8月16日，发明名称为“带有应答器的车辆检测系统”的发明专利申请，其申请号为99800504.5，申请人为株式会社建伍和建伍ID株式会社。

经实质审查后，国家知识产权局于2004年10月15日对本申请作出了驳回决定，驳回理由是：本申请不符合专利法实施细则第20条第1款的规定。

驳回决定所针对的文本是申请人于2003年11月4日提交的权利要求第1~18项，2003年11月4日提交的说明书第1~18页，1999年12月8日提交的说明书附图第1~7页，2003年11月4日提交的说明书摘要以及1999年12月8日提交的摘要附图。该文本的权利要求书如下：

“1. 用于与预定车辆以非接触方式检测车辆到达的车辆检测系统，包括：

第一感应元件，用作发送和接收装置；

与第一感应元件相连的第一车辆检测电路；以及

安装在预定车辆上的应答器，用于存储识别预定车辆的信息，并且周期性地由第一感应元件所产生的磁场激励，周期性地将所存储的信息经第一感应元件传送到第一车辆检测电路中，

其特征在于：

第一车辆检测电路周期性地激励第一感应元件从而产生磁场，

当安装在车上的应答器已经进入第一感应元件周围的特定区域时，在第一感应元件的激励周期内驱动的应答器将存储的信息经处于第一感应元件的非激励周期内的第一感应元件传送到第一车辆检测电路上，以及

第一车辆检测电路通过使用从应答器上接收到的信息来检测预定车辆的到达。

2. 根据权利要求1所述的车辆检测系统，其中，第一感应元件埋在停车场入口的地下。

3. 根据权利要求1或2所述的车辆检测系统，包括带有与第一感应元件磁耦合的第二感应元件的第二车辆检测电路，其中该第二车辆检测电路，通过检查在第一感应元件附近出现车辆期间，第一感应元件的电参数变化来检测靠近第一感应元件是否存在车辆，因而车辆监测电路可以检测到安装有应答器的车和不带应答器的车并且可以鉴别这两种情况。

4. 根据权利要求3所述的车辆检测系统，包括控制器，它从第一车辆检测电路中接收车辆检测信号和周期性控制信号并且从第二车辆检测电路接收车辆检测信号，而使该控制器驱动用于将安装应答器的车和没有安装应答器的车分类的门电路装置。

5. 根据权利要求1或2所述的车辆检测系统，其中所述第一车辆检测电路包括：参考振荡器；用于接收来自参考振荡器的振荡输出并将该振荡频率分频为特定频率的频率倍减器；用于接收来自参考振荡器的振荡输出从而输出处理过的输出并且也输出带有对应于应答器充电周期的高电位输出周期的控制信号的计算单元；用于接收来自频率倍减器的分频输出以及充电周期高电位输出从而输出来自频率倍减器的分频输出的AND门；以及用于将来自AND门的输出进行功率放大从而将该功率放大后的输出提供给第一感应元件的功率放大器。

6. 根据权利要求5所述的车辆检测系统，其中第一车辆检测电路进一步包括：与第一感应元件串联连接并与其构成串联谐振电路的电容；由电阻和反向连接的并联二极管所组成的限幅器从而通过限制来自串联谐振电路的输出电压电平来保护后续电路；以及用于将从应答器经限幅器和电容所接收到的鉴别信息输出放大的放大器；以及用于将放大器输出解调的解调器，计算单元接收来自解调器的解调输出，通过执行诸如错误检测处理和解码处理这样的信号处理来确定鉴别信息是否表示车辆是预定的，并且输出鉴别信号。

7. 根据权利要求1所述的车辆检测系统，其中应答器包括：用于与第一感应元件磁耦合的线圈；与该线圈并联连接并与其构成并联谐振电路的电容；用于将在线圈中感应的电流整流的二极管；由通过二极管整流过的电流充电并且用作电源的电容；用于存储表示车辆是预定车的鉴别信息的存储器；以及通过用作电源的电容中的充电电压所操作的控制器，该控制器读出存储在存储器中的鉴别信息并经线圈传送该鉴别信息。

8. 根据权利要求5所述的车辆检测系统，其中第二车辆检测电路包括：具有小的线圈匝数并且设置在接近于第一感应元件以便于与第一电感元件磁耦合的第二电感元件；用于将在第二感应元件中感应到的信号相位与来自频率倍减器的输出信号相比较的相位比较器；将来自相位比较器输出的相位比较输出积分的积分器；以及用于将积分器的输出进行A/D转换从而输出A/D转换过的车辆检测信号的A/D转换器。

9. 根据权利要求8所述的车辆检测系统，其中控制器检测输出的电压电平的变化模式并且将检测到的模式与事先存储的模式比较，因此第二车辆检测电路可以检测到靠近第一电感元件的车辆的到达。

10. 根据权利要求1所述的车辆检测系统，使用FSK调制波来传送来自应答器的信息。

11. 一种车辆检测系统，用于检测带有应答器的预定车辆和不带有应答器的车辆的到达，上述车辆检测系统包括：

第一感应元件，由设置在停车场入口处的环形线圈构成，用作发送和接收装置，与第一感应元件相连的第一车辆检测电路，其中安装在预定的车辆上的所述应答器存储有标识预定车辆的信息，所述应答器被第一感应元件所产生的磁场周期性地启动，并且通过第一感应元件周期性地将所存储的信息发送到车辆检测电路，

其特征在于，

车辆检测电路间歇地激励感应元件产生磁场，

当安装有应答器的车辆进入到第一感应元件附近的区域时，车辆检测电路在第一感应元件的非激励期间，从应答器接收其中存储的信息，以识别预定的车辆，

车辆检测电路通过检测当在第一感应元件周围不存在车辆时的磁场和第一感应元件周围存在车辆时的磁场之间的相位变化，检测车辆的到达。

12. 根据权利要求 11 所述的车辆检测系统，其中车辆检测电路设有与第一感应元件磁耦合的第二感应元件，其中车辆检测电路通过检测在第二感应元件中感应的磁场和第一感应元件启动信号之间的相位差来检测在第一感应元件周围是否存在车辆。

13. 根据权利要求 12 所述的车辆检测系统，其中第二车辆检测电路包括：相位比较器，用于比较在第二感应元件中感应的信号的相位和从频率倍减器输出的信号的相位；第二感应元件，具有小的线圈匝数并且位于第一感应元件附近，从而与第一感应元件磁耦合；积分器，用于对相位比较器的相位比较输出进行积分；以及模/数转换器，用于对积分器的输出进行模/数转换，将经过模/数转换的车辆检测信号发送到控制器。

14. 根据权利要求 13 所述的车辆检测系统，其中控制器检测输出电压电平的变化模式，并且将检测到的变化模式与事先存储的模式比较，从而使得第二车辆检测电路能够检测在第一感测元件附近车辆的到达。

15. 根据权利要求 11 所述的车辆检测系统，其中车辆检测电路还包括与第一感测元件串联的电容，以与第一感测元件一起构成串联谐振电路。

16. 根据权利要求 11 所述的车辆检测系统，其中利用频移键控调制波从应答器发送信息。

17. 根据权利要求 11 所述的车辆检测系统，其中车辆检测电路包括用于比较第一感应元件中的磁场的相位和第一感应元件启动信号的相位的电路。

18. 一种停车场入口系统，包括：如权利要求 1 所述的车辆检测系统；售票机；入口门；以及控制器，其中控制器控制售票机和入口门，使得当车辆检测系统识别出预定的车辆时，入口门打开而售票机不发出停车票，当车辆检测系统检测到在第一感应元件附近出现车辆而出现的车辆不是预定的车辆时，售票机发出停车票后打开入口门。”

在驳回决定中，审查员指出：权利要求 9、13 中记载的“控制器”在其引用的权利要求中没有记载，导致上述权利要求的保护范围不清楚，不符合专利法实施细则第 20 条第 1 款的规定。

申请人（下称复审请求人）对上述驳回决定不服，于 2005 年 1 月 27 日向专利复审委员会提出了复审请求，并提交了权利要求书的修改文本，将权利要求 9 中的“控制器”修改为“第二车辆检测电路”，将权利要求 13 中的“控制器”修改为“用于打开车门的控制器”，将权利要求 14 中“控制器”修改为“第二车辆检测电路”。复审请求人认为：经过上述对权利要求书的修改，本申请已经克服了驳回决定所指出的缺陷，请求撤销原驳回决定。

经形式审查合格后，专利复审委员会受理了该复审请求，并于 2005 年 5 月 11 日向复审请求人发

出复审请求受理通知书，同时向原审查部门发出前置审查通知书。

原审查部门对本复审请求进行了前置审查，在前置审查意见书中，原审查部门坚持原驳回决定。

专利复审委员会依法成立合议组，对本案进行审理。经审查，合议组于 2006 年 11 月 28 日针对复审请求人提出复审请求时提交的权利要求书发出复审通知书，指出：复审请求人在提出复审请求时提交的修改文本中将权利要求 9 和 14 中的“控制器”修改为“第二检测电路”，而根据本申请说明书第 7 页第 1~2 行以及第 14 页第 11~13 行的记载可知，在本发明的技术方案中实现检测和比较功能的元件是“控制器”而不是“第二车辆检测电路”，因此上述修改超出了原始申请记载的范围，不符合专利法第 33 条的规定。

复审请求人于 2006 年 12 月 27 日针对上述复审通知书提交了意见陈述书以及修改后的权利要求第 1~18 项，将权利要求 9 和 14 中的“第二车辆检测电路”修改为“还包括控制器，用于”。复审请求人认为修改后的权利要求 9 和 14 与说明书中的描述一致，没有超出原始公开的范围。

合议组于 2007 年 3 月 20 日针对复审请求人于 2006 年 12 月 27 日提交的权利要求书发出第二次复审通知书，指出：权利要求 13 中的“控制器”在其引用的权利要求 12 和 11 中都没有记载，导致权利要求 13 的保护范围不清楚，不符合专利法实施细则第 20 条第 1 款的规定。

复审请求人于 2007 年 4 月 23 日针对上述复审通知书再次提交了意见陈述书以及修改后的权利要求第 1~18 项，将权利要求 13 中的“将经过模/数转换过的车辆检测信号发送到用于打开车门的控制器”修改为“并输出经过模/数转换过的车辆检测信号”，同时为了明确模/数转换器（A/D 转换器）与控制器之间的信号连接关系，将权利要求 9 和 14 中“输出的电压电平的变化模式”改为“来自所述 A/D 转换器（模/数转换器）的输出的电压电平的变化模式”。复审请求人认为修改后的权利要求书克服了复审通知书中所指出的缺陷，请求撤销驳回决定。

至此，合议组认为本案事实已经清楚，可以依法做出本复审请求决定。

二、决定的理由

1. 审查文本

2007 年 4 月 23 日，复审请求人提交了权利要求第 1~18 项的修改替换页，经审查，合议组认为其没有超出原说明书和权利要求书记载的范围，符合专利法第 33 条的规定，因此该修改文本应予接受。连同复审请求人于 2003 年 11 月 4 日提交的说明书第 1~18 页，1999 年 12 月 8 日提交的说明书附图第 1~7 页，2003 年 11 月 4 日提交的说明书摘要以及 1999 年 12 月 8 日提交的摘要附图作为本复审决定的审查文本。

2. 关于权利要求 9 和 13 是否符合专利法实施细则第 20 条第 1 款的规定

专利法实施细则第 20 条第 1 款规定：权利要求书应当说明发明或者实用新型的技术特征，清楚、简要地表述请求保护的范围。

具体到本案，复审请求人于 2007 年 4 月 23 日提交的权利要求 9、13 以及 14 如下：

“9. 根据权利要求 8 所述的车辆检测系统，其中还包括控制器，用于检测来自所述 A/D 转换器的输出的电压电平的变化模式并且将检测到的模式与事先存储的模式比较，因此第二车辆检测电路可以检测到靠近第一电感元件的车辆的到达。

13. 根据权利要求 12 所述的车辆检测系统，其中第二车辆检测电路包括：相位比较器，用于比较在第二感应元件中感应的信号的相位和从频率倍减器输出的信号的相位；第二感应元件，具有小的线圈匝数并且位于第一感应元件附近，从而与第一感应元件磁耦合；积分器，用于对相位比较器的相位比较输出进行积分；以及模/数转换器，用于对积分器的输出进行模/数转换，并输出经过模/数转换过的车辆检测信号。

14. 根据权利要求 13 所述的车辆检测系统，其中还包括控制器，用于检测来自所述模/数转换器的输出的电压电平的变化模式，并且将检测到的变化模式与事先存储的模式比较，从而使得第二车辆检测电路能够检测在第一感测元件附近车辆的到达。”

与驳回决定针对的文本相比，复审请求人将权利要求 9 和 14 中的“控制器”修改为“还包括控制器，用于”，将权利要求 13 中“将经过模/数转换过的车辆检测信号发送到用于打开车门的控制器”修改为“并输出经过模/数转换过的车辆检测信号”。经过上述修改，权利要求 13 请求保护的技术方案中不再包含“控制器”这一技术特征，该特征作为进一步限定的附加技术特征仅包含在权利要求 9 和 14 请求保护的技术方案，克服了驳回决定指出的缺少引用基础的缺陷。此外，复审请求人还将权利要求 9 和 14 中“输出的电压电平的变化模式”改为“来自所述 A/D 转换器（模/数转换器）的输出的电压电平的变化模式”，这一修改清楚地界定了模/数转换器（A/D 转换器）与控制器之间的信号连接关系，克服了原权利要求 9 和 14 有关这一技术特征描述不清楚的缺陷，同时也未超出原说明书记载的范围（参见原说明书第 11 页第 4 段第 8~9 行），因此也予以接受。

综上所述，修改后的权利要求 9 和 13 已经克服了驳回决定所指出的不符合专利法实施细则第 20 条第 1 款的缺陷。至于本申请是否存在其他缺陷，还有待原审查部门进一步审查。

三、决定

撤销国家知识产权局于 2004 年 10 月 15 日对 99800504. 5 号发明专利申请作出的驳回决定。

由原审查部门依据复审请求人于 2007 年 4 月 23 日提交的权利要求第 1~18 项，2003 年 11 月 4 日提交的说明书第 1~18 页，1999 年 12 月 8 日提交的说明书附图第 1~7 页，2003 年 11 月 4 日提交的说明书摘要以及 1999 年 12 月 8 日提交的摘要附图继续审查程序。

复审请求人对本决定不服的，可以根据专利法第 41 条第 2 款的规定，自收到本决定之日起三个月内向北京市第一中级人民法院起诉。

098

接地系统的监视装置

复审请求审查决定（第10950号）

决　　定　　号　第10950号
决　　定　　日　2007年6月25日
发明创造名称　接地系统的监视装置
国 际 分 类 号　G01R 27/20
复 审 请 求 人　杨学昌
申　　请　　号　99119156.0
申　　请　　日　1999年9月17日
公　　开　　日　2000年3月8日
合 议 组 组 长　张田勇
主　　审　　员　谢有成
参　　审　　员　王琦琳

法 律 依 据　专利法第22条第3款
决 定 要 点

在判断一项产品权利要求的技术方案的创造性时，要对该权利要求中限定的部件所起的具体作用进行考察，如果现有技术中没有公开与该权利要求中的部件所起作用相同的部件，则不能认为现有技术公开了这一部件。

一、案由

本复审请求涉及申请号为99119156.0、名称为“接地系统的监视装置”的发明专利申请（下称本申请），其申请日为1999年9月17日、申请人为杨学昌。

国家知识产权局专利局实质审查部门依法对本申请进行了实质审查，于2002年9月20日发出了第一次审查意见通知书，其依据的文本为：申请人于申请日即1999年9月17日提交的说明书第1~5页、说明书附图第1~3页、说明书摘要、摘要附图，于1999年12月30日提交的权利要求第1~4项，其中权利要求1如下：

“1. 一种接地系统的监测装置，其特征在于，包括含多个接地监测单元及一主控电脑装置，其中，该接地监测单元包括：

一电源供应器，是转换交流市电电源为系统所需的直流工作电源，并借以引入交流市电电源的一地线连接至该工作电源的接地端，而形成标准接地；

一初级检测电路，是连接待测静电接地的待测接地桩及待测接地汇流排，并以上述电源供应器的工作电源中的标准接地为依据，以初步检出该待测接地桩及待测接地汇流排相对标准接地的接地状态，并加以转换成相对的电气讯号输出；

一缓冲电路，是将上述初级检测电路所检出的待测接地桩、待测接地汇流排的接地状态的电气讯号予以缓冲及放大输出；

一显示装置，是用以显示上述由缓冲电路输出的待测接地桩、待测汇流排接地状态的电气讯号，可以接地电阻值、相对应的参数形态显示；

一比较电路及输入装置，比较电路的一输入端，是连接上述缓冲电路所输出的待测接地桩、待测接地汇流排接地状态的电气讯号，另一输入端则连接输入装置，以输入预设的静电接地控制目标值，并于比较后，由比较电路的输出端输出其结果；

一驱动装置及警报装置，驱动装置是受比较电路的输出端驱动，于所述待测接地桩、待测接地汇流排的接地状态超越装置所输入的预设静电接地控制目标值时，驱动警报装置发出接地异常警报；

一通讯电路，是将上述经缓冲电路输出及深入比较电路一输入端的待测接地桩及待测接地汇流排的静电接地状态的电气信号传送至所述的主控电脑装置，形成远距的接地监测系统。”

在此次审查意见通知书中引用了以下对比文件：

对比文件 1：US4859992 号美国专利文献，授权公开日为 1989 年 8 月 22 日；

对比文件 2：US4866391 号美国专利文献，授权公开日为 1989 年 9 月 12 日。

该通知书指出本申请权利要求 1~4 相对于对比文件 1 和对比文件 2 的结合不具备创造性，不符合专利法第 22 条第 3 款的规定。其具体理由为：对比文件 1 公开了一种静电监测系统，其包括静电监测器（相当于接地监测单元）和中央监测器（相当于主控电脑装置）及连接它们的线路（相当于通讯电路），静电监测器包括：将交流市电电源转换为直流电源的部分（相当于电源供应器）、含有驱动及警报装置的接地检测电路（相当于初级检测电路）。本申请权利要求 1 与对比文件 1 的区别在于对比文件 1 没有缓冲电路、显示装置、比较电路及输入装置，但是这些技术特征对于本领域普通技术人员来说是显而易见的，例如对比文件 2 公开了一种接地检测系统，其包括整流放大电路（相当于缓冲电路）、峰值电流表（相当于显示装置）、比较电路，因此，本申请权利要求 1 相对于对比文件 1 和 2 的结合不具备专利法第 22 条第 3 款规定的创造性。权利要求 2~4 分别是权利要求 1 的从属权利要求，其附加技术特征是本领域惯用手段，因此本申请权利要求 2~4 也不具备创造性。

申请人于 2003 年 1 月 30 日针对第一次审查意见通知书提交了意见陈述书，认为本申请与对比文件 1 相比，两者的技术领域、发明目的、解决的技术问题、技术方案均不同，对比文件 1 适用于短距离与人体静电有关的静电监测场合，没有揭露与本申请权利要求 1 相同或者相近的系统电路结构；与对比文件 2 相比，两者的发明目的、解决的技术问题、技术方案均不同，对比文件 2 适用于电力系统的接地线路的监测，要模拟雷击状态进行测试，如应用于本申请的场合则易于引起爆炸，其电路结构与本申请具有本质区别。因此，本申请权利要求 1~4 相对于对比文件 1 和 2 具备创造性。

经过上述审查程序后，国家知识产权局专利局实质审查部门于 2004 年 4 月 9 日作出了驳回决定。驳回决定认为，本申请权利要求 1 请求保护的接地系统监测装置所包含的多个监测单元均属于本领域的常规电路及装置，对比文件 1 和 2 与本申请均属于同等技术领域，所要实现的技术方案均属于监测系统，并且其中的各单元具有同样功能，因此对本领域技术人员来说，在对比文件 1 的基础上结合对比文件 2 得到本申请权利要求 1 请求保护的技术方案是显而易见的，申请人的理由不能接受。因此，本申请权利要求 1~4 相对于对比文件 1 和 2 的结合不具备创造性，不符合专利法第 22 条第 3 款的规定。

申请人（下称复审请求人）对上述驳回决定不服，于2004年7月23日向专利复审委员会提出了复审请求，其中对本申请权利要求1的修改进行了说明，将主控计算机装置改为远程主控计算机装置，但复审请求人并未提交修改文本；另外，复审请求人进一步阐述本申请与对比文件1和2相比，从技术方案的组成与结构关系、要解决的技术问题、技术效果等方面都不同，而且能够产生良好的社会效益和经济效益，因而，本申请权利要求1~4相对于对比文件1和2的结合具备创造性。

经形式审查合格，专利复审委员会依法受理了该复审请求，于2004年8月16日发出复审请求受理通知书，并于同一日向国家知识产权局专利局实质审查部门发出了前置审查通知书。

国家知识产权局专利局实质审查部门在前置审查意见中，仍然坚持原驳回决定。

专利复审委员会依法成立合议组，对该复审请求进行审查，合议组在仔细审阅了全部案卷后，现依法作出审查决定。

二、决定的理由

1. 审查的基础

由于复审请求人在提出复审请求时，仅对本申请权利要求书的修改进行了说明，未提交相应的修改替换页，所以本决定仍以驳回决定所依据的文本作为审查基础，即1999年12月30日提交的权利要求第1~4项、1999年9月17日提交的说明书第1~5页、说明书附图第1~3页、说明书摘要及摘要附图。

2. 关于创造性

专利法第22条第3款规定：创造性，是指同申请日以前已有的技术相比，该发明有突出的实质性特点和显著的进步，该实用新型有实质性特点和进步。

本申请权利要求1要求保护一种接地系统的监测装置，其能够测量接地线和接地桩本身阻抗、接地桩与土壤的接触阻抗以及土壤本身阻抗，也即有效测量接地桩的腐蚀或者接地桩与地面之间连线的断裂情况，是通过以交流市电中的地线为标准接地，将接地电流注入接地桩，测量接地桩的接地状态的电气信号，将该信号与输入的控制值比较，根据比较结果确定警报装置的启动，并且可将接地状态通过通讯电路传输到主控电脑，以便远距监控。

对比文件1公开了一种静电系统监测及其方法，涉及对静电控制系统的监测，以保证能够基本消除在固态电子电路的制造过程中的静电放电。其在概述部分（说明书第4栏第5行至第7栏第38行）公开了以下内容：（1）接地连续性测试，用于监测电性接地和大地之间的低阻抗连续性；（2）腕带测试，用于确定腕带的电阻；（3）导电性测试，用于探测导电工作台和地垫表面的电阻；（4）烙铁测试，用于测试烙铁尖端的感应AC电压；（5）中心监视器，静电系统监视器10通过电缆230接到中心监视器240（参见图2），组成一个监测系统。在具体电路描述部分（说明书第7栏第40行至第13栏第43行）公开了一测试电路，其电路结构和测试过程包括（参见图3）：由变压器208、二极管316等组成的电源供应器将交流电转变为直流电；由二极管394，电阻384、386、404、392，三极管Q1、Q2、Q3等元件测试腕带的电阻，端口160接腕带120（腕带另一端通过电线131接到大地接地端150上，参见附图1），若其电阻在预定值范围内，则二极管394导通，使得三极管Q2和Q3导通，指示器发光二极管170被激活，若电阻小于一定值（如腕带短接），则通过电阻404激活警报器130发出警报，若电阻大于一定值（腕带开路），则二极管394截止，导致Q2和Q3截止，指示器170和警报器130都不工作，这里二极管394起到触发开关的作用。

因此，对比文件1的技术领域是电子电路的制造过程中接地状态的监测，解决的技术问题是消除电路制造过程中的静电放电，是通过例如测试待测物如腕带的电阻，由起到触发开关作用的二极管来驱动指示器或者警报器工作。对比文件1与本申请权利要求1相比，对比文件1的测试方法与本申请权利要求 1 的不同，其电路结构也不同：对比文件 1 不需要将待测参数作为一个输出值输到比较电路，没有公开本申请权利要求 1 中的比较电路；对比文件 1 不需要输入一个标准预设值以便与待测参数进行比较，没有公开本申请权利要求 1 限定的用于输入标准预设值的输入装置；对比文件 1 中也没有公开本申请权利要求 1 限定的用于对电气讯号进行缓冲和放大的缓冲电路以及用于显示电气讯号的显示装置。

对比文件 2 涉及对电力传输和分布系统中电线杆的接地状况的监测，即确定每跟电线杆是否有效接地，其中每跟电线杆都具有用于连接电线杆的中线和地下导体的接地线。其监测方法为（参见图 1）：选择一根电线杆 10 作为基准杆，断开地下导体 24 和接地线 30，在它们之间连接一个电缆故障定位器脉冲产生器，将脉冲频率设为 5kHz 左右（闪电的频率），将一个探测装置通过电流拾波器耦合到基准杆的接地线上，施加脉冲，由该探测装置测量峰值电流，以确定该基准杆的有效接地电阻，然后不移动电缆故障定位器脉冲产生器，用该探测装置测量相邻 10~12 根电线杆的有效接地电阻（不需要断开相邻电线杆中线和地下导体之间的连接）。该探测装置的电路结构如图 2 所示，46~56 构成峰值电流测量电路，通过峰值电流来确定接地是否充分，其中 46 为电流转换拾取器，50 为电位计，52 为步进增益可调带通放大器，50 和 52 的作用一是提供信号的增益，二是区分频率，54 为全波整流器（绝对值电路），55 为峰值探测电路，56 为峰值电流计，另外，60~66为辅助自动复位电路，主要提供自动或者手动复位功能，以将峰值电流计 56 的数值归零，其中 60 为比较电路，62 为定时电路，64 为单触多频振荡器，66 为开关电路和延时器，脉冲每 6 秒发送一个，比较电路 60 将到来的脉冲信号解扣（trip）并且设置 5 秒定时器，定时器 62 在时间结束时将电流计归零。

因此，对比文件 2 的技术领域是对电力系统中电线杆接地状态的监测，解决的技术问题是使电线杆有效接地，以免在雷电天气下电力的中断，其是通过模拟雷击来测试电线杆的接地状态。对比文件 2 的电路结构与本申请权利要求 1 的也不同，其包括脉冲产生电路和探测电路，其中电源 40 是用于给脉冲产生器 42 产生模拟雷击的脉冲，本申请权利要求 1 中的电源是转换交流市电为系统所需的直流工作电源，并且通过将电源供应器的地线与工作电源的接地端而形成所需的标准接地，因此，对比文件 2 中的电源 40 所起的具体作用与本申请权利要求 1 中的不同，不能与本申请权利要求 1 中的电源供应器对应；对比文件 2 中的全波整流器 54 是探测电路中用于整流的元件，不是用于对电气讯号进行缓冲和放大，不能与本申请权利要求 1 中的缓冲电路对应；对比文件 2 中的比较电路 60 是与其他元件一起形成探测电路中的自动复位电路，不是用来比较待测值和标准预设值之间的大小，与本申请权利要求 1 中的比较电路所起的具体作用不同，因此也不能与本申请权利要求 1 中的比较电路对应；对比文件 2 没有公开本申请权利要求 1 中用于输入标准预设值以便与电气讯号进行比较的输入装置。因此，对比文件 2 没有公开本申请权利要求 1 中的上述部件。

综上所述，对比文件 2 未公开本申请权利要求 1 与对比文件 1 的区别技术特征，也未给出将上述区别技术特征应用于对比文件 1 以解决技术问题的技术启示，因此，本领域技术人员无法将对比文件 1 和 2 结合获得本申请权利要求 1 要求保护的技术方案。另外，虽然比较电路、输入装置、缓冲电路、显示装置本身对本领域技术人员而言是公知的，但是将其应用到本申请所述监测装置中并非显而易见，本申请的接地系统的监测装置具有有效测量接地桩的腐蚀或者接地桩与地面之间连线的断裂情况等技术效果。因此，本申请权利要求 1 相对于对比文件 1 和 2 的结合具备创造性。

权利要求 2~4 是权利要求 1 的从属权利要求，由于权利要求 1 相对于对比文件 1 和 2 具备创造性，因此本申请权利要求 2~4 相对于对比文件 1 和 2 也具备创造性，符合专利法第 22 条第 3 款的规定。

三、决定

复审请求的理由成立，撤销国家知识产权局于2004年4月9日对99119156.0号发明专利申请作出的驳回决定，以复审请求人于1999年12月30日提交的权利要求第1~4项、1999年9月17日提交的说明书第1~5页、说明书附图第1~3页、说明书摘要及摘要附图作为审查基础继续进行审批程序。

复审请求人对本决定不服的，可以根据专利法第41条第2款的规定，自收到本决定之日起三个月内向北京市第一中级人民法院起诉。

099

压缩机汽缸石棉垫涂料

复审请求审查决定（第 10951 号）

决　定　号　第 10951 号
决　定　日　2007 年 6 月 19 日
发明创造名称　压缩机汽缸石棉垫涂料
国 际 分 类 号　C09D 175/04
复 审 请 求 人　刘建军
申　请　号　00102089.7
申　请　日　2000 年 3 月 13 日
公　开　日　2001 年 9 月 19 日
合 议 组 组 长　崔　震
主　审　员　王　冬
参　审　员　姜　岩

法 律 依 据　专利法第 33 条
决 定 要 点

如果申请的内容通过增加、改变和/或删除其中的一部分，致使所属技术领域的技术人员看到的信息与原申请记载的信息不同，而且又不能从原申请记载的信息中直接地、毫无疑义地确定，那么，这种修改就是不允许的。

一、案由

本复审请求涉及名称为“压缩机汽缸石棉垫涂料”的第 00102089.7 号发明专利申请（下称本申请），申请人为刘建军，申请日为 2000 年 3 月 13 日，公开日为 2001 年 9 月 19 日。

2004 年 7 月 9 日，针对申请人于 2003 年 12 月 23 日提交的权利要求书、说明书及其摘要，国家知识产权局驳回了本申请，理由是：修改后的申请文件超出了原权利要求书和说明书记载的范围，不符合专利法第 33 条的规定。

驳回决定针对的权利要求 1 如下：

“工艺配方：醇酸稀料：聚氨酯清漆：100 目铜粉：100 目樟丹粉 = 2：1：5：2。”

2004 年 7 月 17 日，申请人刘建军（下称请求人）对上述驳回决定不服，向专利复审委员会提出复审请求，请求人在提出复审请求时没有对申请文件进行修改。

请求人认为：聚氨酯清漆是本领域所公知的，并提交了如下附件：

附件 1：从网上下载打印的中华人民共和国化工行业标准，HG2454-93，聚氨酯清漆（分装），共2页；

附件2：从 http：//www. xiongshi-patent. com/jinsheng/cpjgb. htm 网页下载打印的产品价格表，共4页；

附件3：从 http：//viewchina. org/fzhxqc/cpjs/4. htm 网页下载打印的聚氨酯漆类，共2页；

附件4：从中国试剂信息网华南站下载打印的产品目录，共1页；

附件5：从腾龙工业网下载打印的产品介绍；共1页；

附件6：从中国精细化工商务网下载打印的产品目录；共1页；

附件7：从中国工商协会网下载打印的标题为“聚氨酯清漆合格率仅为6成”的文章，共1页；

附件8：从千龙网下载打印的标题为“家装聚氨酯清漆合格率仅为6成”的文章，共1页。

经形式审查合格后，专利复审委员会受理了该请求，并于2006年8月15日向请求人发出了复审请求受理通知书，并向前审部门发出了前置审查通知书，同时将本申请转送至国家知识产权局前审部门进行前置审查。

在前置审查意见书中，国家知识产权局前审部门坚持驳回决定。

专利复审委员会依法组成合议组，对本复审请求案进行了审理。

合议组于2007年4月19日向请求人发出复审通知书，指出：（1）请求人在2003年12月23日提交的申请文件替换页中，将“200#聚氨酯清漆”改为“聚氨酯清漆”，超出了原权利要求书和说明书记载的范围，不符合专利法第33条的规定；（2）即使请求人将“聚氨酯清漆”改为原申请中的“200#聚氨酯清漆”，本领域技术人员根据本申请的记载不能实现本发明，说明书没有对本发明进行充分公开，本申请不符合专利法第26条第3款规定。

针对上述复审通知书所指出的问题，请求人于2007年5月26日提交了意见陈述书，请求人认为：本申请中所述“200#聚氨酯清漆”中的“200#”是200目的意思，200目对油漆来讲是最普通的目数，因此，200#聚氨酯清漆和聚氨酯清漆是相同的；聚氨酯清漆不是本申请配方中的主要成分。

至此，合议组认为本案事实已经清楚，可以作出审查决定。

二、决定的理由

1. 关于审查文本

本复审决定以复审请求人于2003年12月23日提交的权利要求书、说明书和说明书摘要以及于申请日提交的说明书附图及摘要附图，为审查文本。

2. 关于专利法第33条

专利法第33条规定：申请人可以对其专利申请文件进行修改，但是，对发明和实用新型专利申请文件的修改不得超出原说明书和权利要求书记载的范围。

如果申请的内容通过增加、改变和/或删除其中的一部分，致使所属技术领域的技术人员看到的信息与原申请记载的信息不同，而且又不能从原申请记载的信息中直接地、毫无疑义地确定，那么，这种修改就是不允许的。

请求人在2003年12月23日提交的申请文件替换页中，将“200#聚氨酯清漆”改为“聚氨酯清漆”，而使用“聚氨酯清漆”的技术方案并没有记载在原权利要求书和说明书中，因此，修改后的申请文件超出了原权利要求书和说明书记载的范围，不符合专利法第33条的规定。

3. 关于复审请求

请求人在提出复审请求时提交了8份附件用于证明聚氨酯清漆是本领域所公知的，对此，合议组认为，请求人提交的上述附件仅能证明在现有技术中聚氨酯清漆确实存在，但并不能证明所述“200#聚氨酯清漆”与“聚氨酯清漆”是同一种产品，因此，请求人在2003年12月23日提交的申请文件替换页中，将“200#聚氨酯清漆”改为“聚氨酯清漆”，而使用“聚氨酯清漆”的技术方案并没有记载在原权利要求书和说明书中，因此，这一修改超出了原权利要求书和说明书记载的范围，不符合专利法第33条的规定。

请求人于2007年5月26日提交的意见陈述书中认为：本申请中所述“200#聚氨酯清漆”中的“200#”是200目的意思，200目对油漆来讲是最普通的目数，因此，200#聚氨酯清漆和聚氨酯清漆是相同的。对此，合议组认为，首先，请求人没有提交证据证明其关于“200#聚氨酯清漆”中的“200#”的解释，其次，即使请求人的上述解释成立，则证明“200#聚氨酯清漆”应当仅属于“聚氨酯清漆”一种，因此，请求人将申请文件中所述“200#聚氨酯清漆”改为“聚氨酯清漆”，这一修改超出了原权利要求书和说明书记载的范围，不符合专利法第33条的规定。

根据上述事实和理由，合议组作出如下审查决定。

三、决定

维持国家知识产权局于2004年7月9日针对00102089.7号发明专利申请作出的驳回决定。

复审请求人对本决定不服的，可以根据专利法第41条第2款的规定，自收到本决定之日起3个月内向北京市第一中级人民法院起诉。

100

用于高电压的绝缘连接并具有电压和电流检测器的模块化系统

复审请求审查决定（第10955号）

决　定　号　第10955号
决　定　日　2007年6月25日
发明创造名称　用于高电压的绝缘连接并具有电压和电流检测器的模块化系统
国际分类号　G01R 15/14，H01B 17/26
复审请求人　奥马萨瓦尔集团股份有限公司
申　请　号　02800972.X
申　请　日　2002年3月21日
优先权日　2001年3月30日
公　开　日　2003年12月3日
合议组组长　李　隽
主　审　员　杜微科
参　审　员　田　华

法律依据　专利法第33条
决定要点
修改后的权利要求中的某个技术特征在原申请文件中没有记载，也不能由本领域技术人员根据原申请文件记载的内容直接地、毫无疑义地确定，则复审请求人对该权利要求的修改超出了原申请文件记载的范围。

一、案由

本复审请求涉及申请日为2002年3月21日，优先权日为2001年3月30日，公开日为2003年12月3日，发明名称为“用于高电压的绝缘连接并具有电压和电流检测器的模块化系统”的发明专利申请（下称本申请），其申请号是02800972.X，申请人为奥马萨瓦尔集团股份有限公司。

在本申请的实质审查过程中，国家知识产权局于2005年2月4日以本申请的权利要求1~3不具有创造性，不符合专利法第22条第3款的规定为由驳回了本申请。驳回决定所针对的文本是申请人于2002年11月29日提交的权利要求第1~3项、说明书第1~4页、说明书附图第1页，以及说明书摘要和摘要附图。驳回的具体理由是：权利要求1相对于对比文件1（EP0851442A2，公开日为1998年7月1日）和公知技术的结合不具有创造性，权利要求2~3相对于对比文件1、对比文件2（CN1135608A，公开日为1996年11月13日）以及公知技术的结合不具有创造性，不符合专利法第

22条第3款的规定。

驳回决定针对的权利要求1是：

“1. 用于高电压的绝缘连接并具有电压和电流检测器的模块化系统，该系统可用于提供从电缆到某设备的具有高水平保护的连接，同时提供相应连接点上的电流和电压值，并维持安全性、可靠性和绝缘水平，其特征在于该系统包含了直接集成到单元连接元件中的电流和电压检测器，特别是安装在连接部分的固定底座（2）上用于测量电流的电感性环形检测器，具体地说，是被集成到前述连接设备的固定底座（2）上的绝缘套管（5）中的，同时电压检测器（4）包括一个集成在终端（12）中的电阻性探头，其中终端（12）确定了可分离的连接器；系统提供了两种检测器到用于检测信号的电子电路（8）的连接，其中电子电路（8）包含内部处理信号的装置。”

申请人（下称复审请求人）不服该驳回决定，于2005年5月19日向国家知识产权局专利复审委员会提出复审请求，并提交了修改后的权利要求书，其中对权利要求1进行了修改，并增加了新的权利要求4。复审请求人认为修改后的权利要求1相对于对比文件1具有区别技术特征，这些区别技术特征分别提供了各自的技术优势，因此权利要求1相对于对比文件1具有创造性。

复审请求人提交的权利要求1、4如下：

“1. 用于高电压的绝缘连接并具有电压和电流检测器的模块化系统，该系统可用于提供从电缆到某设备的具有高水平保护的连接，同时提供相应连接点上的电流和电压值，并维持安全性、可靠性和绝缘水平，该系统包含了直接集成到所述连接系统中的电流和电压检测器，其特征在于所述电流检测器包括安装在连接部分的固定底座（2）上用于测量电流的电感性环形检测器，具体地说，其包围前述连接设备的固定底座（2）上的绝缘套管（5）的底座，同时电压检测器（4）包括一个集成在终端（12）中的电阻性检测器，其确定了可分离的连接器；系统提供了两种检测器到用于检测信号的电子电路（8）的连接，其中电子电路（8）包含内部处理信号的装置。”

4. 根据权利要求1所述的，用于高电压的绝缘连接并具有电压和电流检测器的模块化系统，其特征在于所述终端（12）是一个T型端子，其具有一个竖直分支以对应所述电缆（1），以及两个水平分支，其中之一耦合到所述绝缘套管（5），另一个容纳所述电压检测器（4）。”

经形式审查合格后，专利复审委员会受理了该复审请求，并于2005年6月15日向复审请求人发出复审请求受理通知书，同时将本案送至原实质审查部门进行前置审查。

原实质审查部门在前置审查意见书中认为，复审请求人对权利要求1、4的修改超出了原申请记载的范围，不符合专利法第33条的规定，因此坚持原驳回决定。

合议组于2006年9月22日向复审请求人发出复审通知书，指出：（1）修改后的权利要求1中的技术特征“其包围前述连接设备的固定底座（2）上的绝缘套管（5）的底座”在原申请中没有记载，本领域技术人员也不能根据原申请文件公开的内容直接地、毫无疑义地导出权利要求1中的上述内容，因此复审请求人对权利要求1的修改超出了原申请文件记载的内容，不符合专利法第33条的规定；（2）复审请求人在修改权利要求书时增加了新的权利要求4，而增加新的权利要求不属于消除驳回决定中指出的缺陷的情形，因此所述修改不符合专利法第60条第1款的规定；（3）本申请的说明书中只是指出了电子电路（8）具有的功能或希望达到的技术效果，没有记载其具体的结构特征或者为实现其功能可以采取的具体技术措施，说明书未能对本申请中的“用于提供保护、测量和/或控制的电子电路设备（8）”作出清楚、完整的说明，使得本领域技术人员仅根据说明书的记载无法在不付出创造性劳动的情况下实施本申请的技术方案，因此本申请不符合专利法第26条第3款的规定；（4）针对原驳回决定针对的权利要求书，合议组认为权利要求1不能得到说明书的支持，不符合专利法第26条第4款的规定，权利要求1~2不具有创造性，不符合专利法第22条第3款的规定。

复审请求人于2007年1月8日向复审委员会提交了意见陈述书，并对权利要求书进行了修改，将原权利要求4的技术特征加入到修改后的权利要求1中。复审请求人认为：（1）从本申请的附图1可以清楚地看出所述检测器是如何包围套管（5）的底座的，说明书第2页倒数第7~9行也记载了所述检测器包括一个环以及所述环被组装在所述对应固定底座或套管5上，由于所述检测器具有环形形状，则显然其被安装为包围所述套管。（2）关于本申请是否符合专利法第26条第3款，复审请求人认为“电子电路设备（8）”并不构成本发明的主体，并且认为说明书第4页中关于“电子电路设备（8）”的说明是充分、完整的，足以实施本发明的技术方案。（3）针对原驳回决定针对的权利要求书，复审请求人具体陈述了权利要求1能够得到说明书支持，权利要求1~2具有创造性的理由。

修改后的权利要求1为：

“1. 用于高电压的绝缘连接并具有电压和电流检测器的模块化系统，该系统可用于提供从电缆到某设备的具有高水平保护的连接，同时提供相应连接点上的电流和电压值，并维持安全性、可靠性和绝缘水平，该系统包含了直接集成到所述连接系统中的电流和电压检测器，其特征在于所述电流检测器包括安装在连接部分的固定底座（2）上用于测量电流的电感性环形检测器，具体地说，其包围前述连接设备的固定底座（2）上的绝缘套管（5）的底座，同时电压检测器（4）包括一个集成在终端（12）中的电阻性检测器，其确定了可分离的连接器；系统提供了两种检测器到用于检测信号的电子电路（8）的连接，其中电子电路（8）包含内部处理信号的装置，其特征在于所述终端（12）是一个T型端子，其具有一个竖直分支以对应所述电缆（1），以及两个水平分支，其中之一耦合到所述绝缘套管（5），另一个容纳所述电压检测器（4）。”

在上述工作的基础上，合议组认为本案事实已经清楚，可以依法作出复审决定。

二、决定的理由

1. 复审决定所依据的文本

本复审决定依据的文本为复审请求人于2007年1月8日提交的权利要求第1~3项，2002年11月29日提交的说明书第1~4页、说明书附图第1页、说明书摘要及摘要附图。

2. 关于专利法第33条

专利法第33条规定：申请人可以对其专利申请文件进行修改，但是，对发明和实用新型专利申请文件的修改不得超出原说明书和权利要求书记载的范围。

审查指南第二部分第八章5.2.1节规定，“原说明书和权利要求书记载的范围包括原说明书和权利要求书文字记载的内容和根据原说明书和权利要求书文字记载的内容以及说明书附图能直接地、毫无疑义地确定的内容”。

修改后的权利要求1中具有技术特征“其包围前述连接设备的固定底座（2）上的绝缘套管（5）的底座”。合议组认为，原申请文件中仅仅记载了“所述的电流检测器被安装在相应的固定底座或是高电压连接部分的套管上（参见说明书第2页倒数第7~8行）”，“所述的电流检测器被安装在绝缘套管（5）上或是在设备（2）连接的固定底座上（参见说明书第3页倒数第1~2行）”，以及“安装在连接部分的固定底座（2）上用于测量电流的电感性环形检测器，具体地说，是被集成到前述连接设备的固定底座（2）上的绝缘套管（5）中的”（参见原权利要求1）。原申请文件中没有记载与权利要求1中的“其包围前述连接设备的固定底座（2）上的绝缘套管（5）的底座”相同或相应的技术特征，并且本领域技术人员也不能根据原申请文件记载的内容直接地、毫无疑义地确定权利要求1中的上述技术特征，因此复审请求人对权利要求1的修改超出了原申请文件记载的范围，不符合专利法第 33 条的规定。

基于上述理由，合议组作出如下决定。

三、决定

复审请求不能成立，维持国家知识产权局实质审查部门于 2005 年 2 月 4 日作出的驳回决定。

复审请求人对本决定不服的，可以根据专利法第 41 条第 2 款的规定，自收到本决定之日起三个月内向北京市第一中级人民法院起诉。

101

用于测量电池容量的方法和设备

复审请求审查决定（第10956号）

决　定　号　第10956号
决　定　日　2007年6月25日
发明创造名称　用于测量电池容量的方法和设备
国际分类号　G01R 31/36，G01R 19/165
复审请求人　锦湖石油化学株式会社
申　请　号　99807422.5
申　请　日　1999年6月15日
优先权日　1998年6月16日，1998年6月25日
公　开　日　2001年7月25日
合议组组长　李　隽
主　审　员　王伟艳
参　审　员　耿　博

法律依据　专利法第26条第3款
决定要点

判断说明书是否满足专利法第26条第3款的规定时，应当以本领域技术人员应有的技术水平作为判断标准。尽管说明书文字没有记载阻抗模型参量与电池剩余容量怎样相关，但本领域技术人员可以通过常规实验手段确定与未知电池同一等级的电池阻抗模型参量和电池剩余容量之间的相关性。

一、案由

本复审请求涉及申请日为1999年6月15日，优先权日为1998年6月16日、1998年6月25日，进入国家阶段日期为2000年12月15日、名称为“用于测量电池容量的方法和设备”、申请号为99807422.5的发明专利申请，该申请于2001年7月25日公开。

在实质审查程序中，国家知识产权局于2004年6月25日发出第一次审查意见通知书，指出：申请的说明书仅说明了如何得到阻抗模型的参量和实时放电法测量的电池的容量，而没有说明其如何相关，更没有说明怎样得到或确定电池的未知容量，因此说明书未对发明作出清楚、完整的说明，致使所属技术领域人员不能实现该发明，不符合专利法第26条第3款的规定。

申请人于2004年11月8日针对一通进行答复，并陈述了本申请通过实施例1、2、3描述了阻抗模型的参量和实时放电法测量的电池容量的相关性，及如何得到或确定电池的未知容量。

2005年1月7日国家知识产权局作出驳回决定，驳回决定所依据的文本为进入中国国家阶段时提

交的国际申请文件的中文译文的说明书第1~19页、附图第1~14页、权利要求书第1~22项，1999年6月15日提交的摘要。驳回决定指出：说明书并没有给出阻抗模型的参量和实时放电法测量的电池的容量如何相关，以获得或确定电池的未知容量，即说明书根本未对发明作出清楚、完整的说明，故不符合专利法第26条第3款的规定。

驳回决定所针对的独立权利要求如下：

1. 一种使用由施加的电流或电压波形导致的一电压或电流响应信号来测量电池容量的方法，包括以下步骤：

（1）测量由施加至该电池的两端的电流或电压激励信号导致的作为一时间函数的一电压或电流响应信号；

（2）分析该测量的信号以确定预定的电池的阻抗模型的参量；

（3）检查参量与通过一实时放电法测量的该电池的容量的之间的一相关性；及

（4）根据该相关性，自对施加给带有未知容量的该电池的激励信号的响应获得的参量确定该电池的未知容量。

18. 一种用于测量电池容量的设备，包括：

一控制装置，用于生成由一非干扰正弦波与选择的频率或脉冲信号的重叠所导致的一扰动信号并将生成的激励波形作为控制信号传递给测量装置，该测量装置将该激励波形提供给电池，该控制装置还接收由测量装置检测的时间一变化响应信号，分析该信号以获得参量并确定该电池的容量；

一测量装置，用于将控制装置中生成的扰动波形信号提供给一测试电池并检测由该施加的扰动电流信号或定义的脉冲信号导致的该测试电池的时间一变化电流和电压响应信号，还将其传送给控制装置，该扰动波形信号由非干扰选择的频率或定义的脉冲信号组成。

申请人（下称复审请求人）对上述驳回决定不服，于2005年4月19日向专利复审委员会提出了复审请求。在复审请求中，复审请求人认为本申请通过实施例1、2、3描述了阻抗模型的参量和实时放电法测量的电池容量的相关性，及如何得到或确定电池的未知容量。

经形式审查合格，专利复审委员会受理了该复审请求，并于2005年5月26日发出了复审请求受理通知书及前置审查通知书。

在前置审查中，针对复审请求人的复审理由，国家知识产权局原审查部门认为：说明书仅说明了模型参数与剩余容量之间有相关性，而没有其怎样相关的任何文字记载，同时，根据申请人的意见陈述以及说明书的记载，其只是说明可以容易预测电池的剩余容量，或是非常精确地确定未知电池的剩余容量，但其中根本就没有记载靠什么手段得到剩余容量，即如何实现获得未知电池的剩余容量的发明目的。因此，坚持原驳回决定。

在上述工作的基础上，合议组作出如下审查决定。

二、决定的理由

1. 关于审查文本的认定

由于复审请求人在请求复审时未提交权利要求书和说明书的修改文本，因此，此次复审所依据的文本是进入中国国家阶段时提交的国际申请文件的中文译文的说明书第1~19页、附图第1~14页、权利要求书第1~22项，说明书摘要以及摘要附图。

2. 关于专利法第26条第3款

专利法第26条第3款规定：说明书应当对发明或实用新型作出清楚、完整的说明，以所属技术领域的技术人员能够实现为准。

本申请的目的是提供一种非破坏性地测量电池剩余容量的方法和设备，该方法和设备进行测量的时间少于实时放电法且具有可靠性。根据独立权利要求，其采取的技术方案是通过对该电池的两端施加电流或电压激励信号，根据施加的输入信号来测量和分析输出信号，以确定电池的阻抗模型的参量，检查参量与通过实时放电法测量的该电池的容量的之间的相关性，利用该相关性，根据施加给带有未知容量的该电池的激励信号的响应获得的参量确定电池的未知容量。

根据说明书公开的内容，本申请通过信号发生单元 21 生成电流激励信号，并将该激励信号加到测试电池 30，将测量得到的电池 30 的电流响应信号和电压响应信号进行傅立叶变换以测量阻抗频谱，然后将测量的阻抗频谱通过线性回归或非线性最小平方拟合法拟合至附图 4 所示的等效电路中来计算模型参量如伪电容 Cps 等。然后检查模型参量与电池剩余容量之间的相关性，该相关性的获得方法在实施例中进行了具体的描述，如实施例 2 中所述，该模型参量与由实时放电法在恒定电流下达 5 小时测量的各放电状态中的剩余容量的比较，展现出该模型参量与该剩余容量之间的紧密的相关性。由此可见，上述相关性的确定是通过实验方法预先确定的，也就是说本领域技术人员通过测量计算得到的模型参量，与通过实时放电法得到的剩余容量比较，得到两者相关性（图 7，图 11a 所示）。最后，根据该相关性以及计算所得的模型参量来获得电池的剩余容量。

由此可见，本申请的说明书不仅描述了如何得到阻抗模型的参量和实时放电法测量的电池剩余容量，还公开了得到阻抗模型参量与电池剩余容量相关性的方法以及得到剩余容量的方法。因此，本领域技术人员根据说明书公开的内容能够实现其技术方案，达到根据阻抗模型参量快速、非破坏性地获得未知电池剩余容量的发明目的，本申请符合专利法第 26 条第 3 款的规定。

判断说明书是否满足专利法第 26 条第 3 款的规定时，应当以本领域技术人员应有的技术水平作为判断标准。尽管说明书文字没有记载阻抗模型参量与电池剩余容量怎样相关，但通过实时放电法测量电池剩余容量是现有技术，当要确定某一未知电池的剩余容量时，获知申请日之前或优先权日之前所属技术领域中的所有现有技术，并具有应用该日期之前常规实验手段的能力的本领域技术人员可以通过常规实验手段确定与未知电池同一等级的电池阻抗模型参量和电池剩余容量之间的相关性。

三、决定

撤销国家知识产权局于 2005 年 1 月 7 日对 99807422.5 号发明专利申请作出的驳回决定。在复审请求人于进入中国国家阶段时提交的国际申请文件的中文译文的说明书第 1~19 页、附图第 1~14 页、权利要求书第 1~22 项，说明书摘要以及摘要附图的基础上，由原审查部门继续进行审批程序。

复审请求人如对本复审决定不服，可根据专利法第 41 条第 2 款的规定，在收到本决定之日起三个月内向北京市第一中级人民法院起诉。

102

金属渗镀方法和使用该方法制造的改进型产品

复审请求审查决定（第10969号）

决　定　号　第10969号
决　定　日　2007年6月25日
发明创造名称　金属渗镀方法和使用该方法制造的改进型产品
国际分类号　C23C 10/34，C23C 10/42
复审请求人　BWXTY-12公司
申　请　号　02803894.0
优先权日　2001年1月18日
申　请　日　2002年1月18日
公　开　日　2004年10月6日
合议组组长　于　萍
主　审　员　巩克栋
参　审　员　崔　震

法律依据　专利法第33条
决定要点

如果修改后的内容在原说明书和权利要求书文字记载的范围内，或根据原说明书和权利要求书文字记载的内容以及说明书附图能直接地、毫无疑义地确定，则该修改未超出原说明书和权利要求书记载的范围。

一、案由

本复审请求涉及名称为“金属渗镀方法和使用该方法制造的改进型产品”的02803894.0号发明专利申请（以下称本申请），申请人为BWXTY-12公司，申请日为2002年1月18日，优先权日为2001年1月18日，公开日为2004年10月6日。

2006年2月10日，针对本申请，国家知识产权局以本申请权利要求7、10~11不符合专利法第33条为由作出驳回决定。驳回决定所针对的权利要求为：

“1. 一种将金属渗镀进入成型金属部件表面的方法，其包括以下步骤：

将所述成型金属部件放置于其中散布有所述渗镀金属的绝热材料内，

将微波直接导入所述绝热材料中，达到一个足以使所述渗镀金属渗镀进入所述成型金属部件表面区域而使其特性产生变化的温度。

2. 如权利要求1所述的方法，其中：所述成型金属部件装在一容纳有所述绝热材料和所述渗镀金属的容器中。

……

7. 如权利要求2所述的方法，其中：所述容器置于微波发生器空腔中，其中微波发生器空腔中的气体气氛是除去氧气的。

……

10. 如权利要求7所述的方法，其中：所述绝热材料包含卤化物活化剂。

11. 如权利要求10所述的方法，其中：所述卤化物活化剂是氯化物。"

驳回决定认为：权利要求7中记载的"微波发生器空腔中的气体气氛是除去氧气的"未记载在原申请说明书和权利要求书中，原说明书中记载了以氯化铵为吸气剂除去氧气，实施例中记载了将微波发生器空腔抽成真空，需要时充入惰性气体，而在"微波发生器空腔中的气体气氛是除去氧气的"中该气体气氛不含氧气，其可以是真空、惰性气体、水蒸气或者还原性气体气氛，由此可知，修改后的权利要求7记载的气体气氛超出原申请说明书和权利要求书记载的范围。由于权利要求10~11直接或间接引用权利要求7，因此权利要求7、10~11不符合专利法第33条的规定。

申请人（下称请求人）对上述驳回决定不服，于2006年5月8日向专利复审委员会提出了复审请求，并提交了权利要求1~11的替换页。请求人认为：针对驳回决定，请求人依据说明书第3页第32行至第4页第1行的记载，该微波发生器空腔可为真空或在需要时充入惰性气体，并且可以是用氯化铵处理除去氧气的气氛，据此修改了权利要求7，修改后的权利要求7符合专利法第33条的规定，从而对于权利要求10~11的驳回理由也相应消除。修改后的权利要求为：

"1. 一种将金属渗镀进入成型金属部件表面的方法，其包括以下步骤：

将所述成型金属部件放置于其中散布有所述渗镀金属的绝热材料内，

将微波直接导入所述绝热材料中，达到一个足以使所述渗镀金属渗镀进入所述成型金属部件表面区域而使其特性产生变化的温度。

2. 如权利要求1所述的方法，其中：所述成型金属部件装在一容纳有所述绝热材料和所述渗镀金属的容器中。

……

7. 如权利要求2所述的方法，其中：所述容器置于微波发生器空腔中，其中微波发生器空腔中的气体气氛是真空或者是惰性气体或者是用氯化铵处理除去氧气的气氛。

……

10. 如权利要求7所述的方法，其中：所述绝热材料包含卤化物活化剂。

11. 如权利要求10所述的方法，其中：所述卤化物活化剂是氯化物。"

经形式审查合格后，专利复审委员会受理了该复审请求，并于2006年6月8日向请求人发出复审请求受理通知书，同时向国家知识产权局原审查部门发出前置审查通知书。

国家知识产权局原审查部门对本复审请求进行了前置审查，坚持原驳回决定。

专利复审委员会依法成立合议组，对本复审请求进行审查。

2006年9月7日，专利复审委员会向请求人发出复审通知书，指出：复审请求人在权利要求7的修改中，增加了"微波发生器空腔中的气体气氛……或者是惰性气体或者是用氯化铵处理除去氧气的气氛"。首先，上述语句在原始申请的说明书和权利要求书中均没有记载。其次，原始申请说明书关于"惰性气体"仅记载如下："微波发生器空腔1可用泵23抽至真空，并且如果需要时该围绕物可通过进气口25适当充入惰性气体"（见原始申请说明书第3页倒数第1行至第4页第1行）。由该语句可知，微波发生器可"抽真空"或"抽真空并且适当充入惰性气体"，而权利要求7却修改成

“微波发生器空腔中的气体气氛……或者是惰性气体”，这就包括了不经抽真空步骤直接“适当充入惰性气体”，例如用惰性气体直接将微波发生器空腔中的气体全部置换，因此由原始申请的说明书和权利要求书不能直接地毫无疑义地确定“微波发生器空腔中的气体气氛……或者是惰性气体”这一方案。再次，原始申请说明书关于“氯化铵”仅记载如下：“本发明方法中使用一种活化剂与绝热体混合……活化剂最好是氯化铵（NH_4Cl）。活化剂的功能是作为吸气剂，除去氧气同时诱发二价铬卤化物的形成反应”（见原始申请说明书第3页第3段）。由该语句可知：氯化铵与绝热体混合，除去氧气。其除去氧气的对象并未直接地、毫无疑义地确定，可能是绝热体，也可能是微波发生器空腔。因此由原始申请的说明书和权利要求书不能直接地、毫无疑义地确定“微波发生器空腔中的气体气氛……是用氯化铵处理除去氧气的气氛”。权利要求7的修改超出原始申请说明书和权利要求书的记载范围，不符合专利法第33条的规定。

针对复审通知书，请求人于2006年10月17日提交了意见陈述书及权利要求1~13。请求人依据说明书第3页倒数第1行记载的“微波发生器空腔1可用泵23抽至真空”、说明书第4页第1行记载的“如果需要时该围绕物可通过进气口25适当充入惰性气体”、说明书第3页第3段记载的“使用一种活化剂与绝热体混合，活化剂的功能是作为吸气剂，除去氧气”，将权利要求7修改为3个从属技术方案，相应地修改了权利要求10~11的引用关系。请求人认为修改后的权利要求已经克服了复审通知书指出的缺陷。

2006年10月20日，请求人提交了意见陈述书及权利要求1~13。请求人的意见陈述与2006年10月17日的意见陈述相同，仅修改了权利要求12~13的引用关系。

2007年5月9日，请求人对权利要求书进行了主动补正，提交了意见陈述书及权利要求第1~13项，对权利要求9进行了修改。

2007年5月29日，请求人再次对权利要求书进行了主动补正，提交了意见陈述书及权利要求第1~13项，再次对权利要求9进行了修改。补正后的权利要求书为：

“1. 一种将金属渗镀进入成型金属部件表面的方法，其包括以下步骤：

将所述成型金属部件放置于其中散布有所述渗镀金属的绝热材料内，

将微波直接导入所述绝热材料中，达到一个足以使所述渗镀金属渗镀进入所述成型金属部件表面区域而使其特性产生变化的温度。

2. 如权利要求1所述的方法，其中：所述成型金属部件装在一容纳有所述绝热材料和所述渗镀金属的容器中。

3. 如权利要求1所述的方法，其中：所述渗镀金属从铬、铝、镍、钒、硼、铁及其合金和混合物组成的组中进行选择。

4. 如权利要求1所述的方法，其中：所述成型金属部件是碳钢。

5. 如权利要求1所述的方法，其中：所述绝热材料混有卤化物活化剂。

6. 如权利要求5所述的方法，其中：所述卤化物活化剂是氯化物。

7. 如权利要求6所述的方法，其中：所述氯化物是氯化铵。

8. 如权利要求2所述的方法，其中：所述容器置于微波发生器空腔中，其中微波发生器空腔中的气体气氛是真空。

9. 如权利要求2所述的方法，其中：所述容器置于微波发生器空腔中，其中所述微波发生器空腔被抽至真空，然后适当充入惰性气体。

10. 如权利要求2所述的方法，其中：所述渗镀金属从铬、镍、钒、硼、铝、铁及其合金和混合物组成的组中进行选择。

11. 如权利要求 2 所述的方法，其中所述成型金属部件是碳钢。

12. 如权利要求 8~9 中任一项所述的方法，其中：所述绝热材料包含卤化物活化剂。

13. 如权利要求 12 所述的方法，其中：所述卤化物活化剂是氯化物。”

经审查，合议组认为本案事实已经清楚，可以依法作出审查决定。

二、决定的理由

1. 关于文本

本决定所针对的文本为：请求人于 2003 年 7 月 18 日提交的说明书第 1~4 页；于 2007 年 5 月 29 日提交权利要求 1~13；于 2003 年 7 月 18 日提交的附图第 1~3 页，以及 2003 年 7 月 18 日提交的说明书摘要和 2003 年 9 月 1 日提交的摘要附图。

2. 关于专利法第 33 条

根据专利法第 33 条的规定，申请人可以对其专利申请文件进行修改，但是，对发明和实用新型专利申请文件的修改不得超出原说明书和权利要求书记载的范围。

如果修改后的内容在原说明书和权利要求书文字记载的范围内，或根据原说明书和权利要求书文字记载的内容以及说明书附图能直接地、毫无疑义地确定，则该修改未超出原说明书和权利要求书记载的范围。

针对驳回决定及复审通知书指出的本申请不符合专利法第 33 条规定的问题，请求人修改了权利要求书。在修改后的权利要求书中，请求人将“微波发生器空腔中的气体气氛……或者是用氯化铵处理除去氧气的气氛”修改为引用权利要求 6 的权利要求 7，其附加技术特征为“所述氯化物是氯化铵”。原说明书第 3 页第 3 段记载有“本发明方法中使用一种活化剂与绝热体混合。尽管也可使用其他卤化物或氯化物，但所用活化剂最好是氯化铵（NH_4Cl）。”由此可知，该修改在原说明书文字记载的内容范围内，未超出原说明书和权利要求书的记载范围。

另外，在修改后的权利要求书中，请求人将“微波发生器空腔中的气体气氛……或者是惰性气体”修改为引用权利要求 2 的权利要求 9，其附加技术特征为“所述容器置于微波发生器空腔中，其中所述微波发生器空腔被抽至真空，然后适当充入惰性气体。”原说明书第 3 页倒数第 1 段第 8 行至第 4 页第 1 行记载有“微波发生器空腔 1 可用泵 23 抽至真空，并且如果需要时该围绕物可通过进气口 25 适当充入惰性气体”，由此可知，微波发生器空腔在抽至真空后，可以根据需要适当充入或不充入惰性气体，由此可直接地、毫无疑义地确定权利要求 9 的附加技术特征，因此该修改也未超出原说明书和权利要求书的记载范围。

综上，上述修改符合专利法第 33 条的规定，修改后的权利要求已经克服了驳回决定和复审通知书指出的所有缺陷。

基于上述理由，本合议组作出如下决定。

三、决定

撤销国家知识产权局于 2006 年 2 月 10 日针对 02803894.0 号发明专利申请作出的驳回决定，由国家知识产权局原审查部门在本复审请求审查决定针对的审查文本基础上继续进行审查程序。

复审请求人对本决定不服的，可以根据专利法第 41 条第 2 款的规定，自收到本决定之日起 3 个月内向北京市第一中级人民法院起诉。

103

电子地图装置和电子地图显示方法

复审请求审查决定（第11028号）

决　　定　　号　第11028号
决　　定　　日　2007年6月21日
发明创造名称　电子地图装置和电子地图显示方法
国 际 分 类 号　G01C 21/26
复 审 请 求 人　索尼公司
申　　请　　号　00106868.7
申　　请　　日　2000年4月21日
优 先 权 日　1999年4月21日
公　　开　　日　2000年10月25日
合 议 组 组 长　王丽颖
主　　审　　员　余心蕾
参　　审　　员　杜微科

法 律 依 据　专利法第22条第3款
决 定 要 点

即使一项权利要求请求保护的技术方案所要解决的技术问题和现有技术中所要解决的问题不同、获得的技术效果不同，但本领域技术人员根据现有技术的启示，不需要付出创造性劳动即可获得解决该技术问题的技术手段，并可取得相同的技术效果，则该权利要求请求保护的技术方案仍不具有专利法第22条第3款规定的创造性。

一、案由

本复审请求涉及申请人索尼公司于2000年4月21日提交的申请号为00106868.7、发明名称为“电子地图装置和电子地图显示方法”的发明专利申请（下称本申请），优先权日为1999年4月21日，公开日为2000年10月25日。

国家知识产权局实审部门于2005年5月13日以该申请的权利要求1~14均不符合专利法第22条第3款规定的创造性为由作出了驳回决定。驳回决定针对的文本是：申请人于2000年4月21日提交的说明书附图第1、4页，说明书摘要、摘要附图；2004年6月10日提交的说明书第1~5页、说明书附图第2~3页；2004年6月14日提交的权利要求书第1~14项。其中独立权利要求1、8为：

“1. 一种电子地图装置，包括：

数据提取装置，用于从用于存储地图数据的介质提取所述地图数据，以便被显示为地图；

显示设备，用于根据所述地图数据以透视图显示所述地图；和

微计算机，用于处理用于在透视图上显示等距曲线的圆圈或弧线的显示数据，所述等距曲线呈现距所述地图的特定点实际地理恒定距离的显示点，

其中当所述地图以所述透视图显示在所述显示设备上时，基于由所述微计算机处理的所述圆圈或所述弧线的显示数据来显示等距曲线的所述圆圈或所述弧线，叠加在以所述透视图显示在所述显示设备的所述地图上。

8. 一种电子地图显示方法，包括以下步骤：

从用于存储地图数据的预定介质提取所述地图数据，以便被显示为地图；

根据所述地图数据以透视图在显示设备上显示所述地图；和

显示用于在透视图上显示等距曲线的圆圈或弧线，所述等距曲线呈现距所述地图的特定点实际地理恒定距离的显示点。”

驳回决定认为：独立权利要求 1 与对比文件 4（JP9-237035A，公开日为 1997 年 9 月 9 日）的区别在于：权利要求 1 中的等距线是以地图的特定点为圆心的圆圈或弧线，是曲线而非直线。而对比文件 5（US5212643A，公开日为 1993 年 5 月 18 日）公开了一种电子地图装置，其中披露了：在地图上以地图的特定点为圆心的圆圈或弧线来表示实际地理距离恒定的等距线，其在对比文件 5 和在本申请中都是起“可以直观和迅速的知道到目的地的地理距离”的作用，故其给出了将该技术特征应用到对比文件 4 以解决相应技术问题的技术启示，权利要求 1 不具备创造性；同理，其相应的方法独立权利要求 8 亦不具备创造性，从属权利要求 2~7、9~14 直接或间接的引用了权利要求 1 或 8，其附加技术特征或被对比文件 4、5 公开，或属于公知常识，均不具备创造性。

申请人（下称复审请求人）对上述驳回决定不服，于 2005 年 8 月 10 日向专利复审委员会提交了复审请求，复审请求人在提出复审请求时未对申请文件进行修改，其提出复审请求的理由主要是：对比文件 4 中的等距线和本申请中的等距曲线不同，对比文件 4 中的等距线是指各横向或纵向等距（直）线之间的距离相同，而本申请中的等距曲线表示与地图上特定点实际地理距离相同的点构成的曲线；对比文件 5 中公开的是普通平面地图的显示方法，而本申请中是在以透视图显示的地图上叠加等距曲线，故不经过创造性的劳动，在对比文件 4 的基础上结合对比文件 5 无法得到权利要求 1 请求保护的技术方案，该权利要求有创造性。同理，权利要求 8 也有创造性，相应地，权利要求 1、8 的从属权利要求亦有创造性。

经形式审查合格后，专利复审委员会于 2005 年 9 月 7 日受理了该请求，并于同日向复审请求人发出了复审请求受理通知书，同时向国家知识产权局原审查部门发出了前置审查通知书。

在前置审查意见书中，国家知识产权局原审查部门坚持驳回决定。

专利复审委员会依法组成合议组，对本复审请求案进行了审理。

合议组于 2006 年 12 月 26 日发出了复审通知书，指出：（1）对比文件 4 公开了权利要求 1 的大部分技术特征，二者的区别在于：权利要求 1 中在透视图上叠加的等距线是距离地图上特定点实际地理距离恒定的等距曲线，而对比文件 4 中在透视图上叠加的是等距直线。对比文件 5 公开了在地图上以特定点为圆心的等距弧线来表示到特定点实际地理距离恒定的点的技术特征，故对比文件 5 给出了将上述技术特征应用到对比文件 4 公开的技术方案中以解决其技术问题的技术启示，权利要求 1 相对于对比文件 4、5 的结合不具有专利法第 22 条第 3 款规定的创造性；（2）独立权利要求 8 为与装置权利要求 1 相对应的方法权利要求，基于权利要求 1 评述中类似的理由，权利要求 8 也不具有专利法第 22 条第 3 款规定的创造性；（3）从属权利要求 2~7、9~14 的附加技术特征或被对比文件 4、5 公开，或属于公知常识，故在其引用的权利要求 1、8 不具有创造性的情况下，从属权利要求 2~7、9~14均

不具有创造性。

复审请求人于2007年3月23日针对复审通知书提交了复审意见陈述书以及权利要求书全文的修改替换页，认为修改后的权利要求1~14具有创造性。

合议组于2007年4月26日向复审请求人发出合议组成员告知通知书，同时发出口头审理通知书，拟定于2007年5月21日进行口头审理。合议组在口头审理通知书附页中指出：复审请求人于2007年3月23日提交的权利要求书的修改文本中存在多处修改超范围的问题，不符合专利法第33条的规定，同时修改后的权利要求1还存在不符合专利法实施细则第20条第1款规定的问题。

因故口头审理改于2007年5月30日举行。复审请求人出席了口头审理，并对合议组成员无回避请求，合议组在此情况下就本复审请求进行了庭审调查：

复审请求人当厅提交了权利要求书全文的修改替换页，合议组经过审理对复审请求人当厅提交的权利要求书的修改文本予以接受，并在该修改文本的基础上对本申请权利要求1~14的创造性进行审查。修改后的权利要求书如下：

“1. 一种电子地图装置，包括：

数据提取装置，用于从用于存储地图数据的介质提取所述地图数据，以便被显示为地图；

显示设备，用于根据所述地图数据以透视图显示所述地图；和

微计算机，用于处理弧线的显示数据，该弧线是距所述地图上特定点处的中心的等距曲线，并且连接了所述透视图上的、对应于距所述中心的实际道路距离的恒定距离处的地图上的等距点，

其中所述微机算机被配置来在所述显示设备上显示所述透视图或顶视图，其中根据所述透视图，基于所述弧线的显示数据显示所述等距曲线的弧线，叠加在显示在所述显示设备的所述地图上，以及在所述平面视图中，在多个所述等距曲线的弧线之一上显示距所述等距曲线的弧线的中心的对应距离；

其中，所述微机算机处理被配置来处理表示距所述中心不同的地理距离的多个弧线的数据，所述弧线每个都叠加在所显示的所述地图上；

其中，所述微机算机被配置来输出一些数字，每个数字指明了从所述中心到所述弧线之一的地理距离，且在靠近所述弧线的圆周的位置显示每个所述数字，由所述数字指明所述弧线的地理距离；

其中，所述微计算机被配置来改变在所述显示设备上显示的地图的缩小比例，且根据所述地图的缩小比例，修改从所述中心到所述弧线的所述地理距离和所述弧线的数目；

其中，所述微机算机被配置来将所述弧线的颜色改变为已绘制部分的互补色；以及

其中，所述微机算机被配置来输出第一字符或第一符号，用于表示第一方向。

2. 如权利要求1所述的电子地图装置，其中所述微计算机处理多个所述圆圈或所述弧线的数据，所述圆圈或所述弧线表示到所述中心的不同地理距离，所述圆圈或所述弧线都叠加在以透视图显示的所述地图上。

3. 如权利要求2所述的电子地图装置，其中所述微计算机输出一些数字，每个数字指明了从所述中心到所述圆圈或所述弧线之一的地理距离，且在靠近所述圆圈或所述弧线的圆周的位置显示每个所述的数字，由所述数字指明所述圆圈或所述弧线的地理距离。

4. 如权利要求2所述的电子地图装置，其中所述微计算机改变以透视图在所述显示设备上显示的地图的缩小比例，且根据所述地图的缩小比例，修改从所述中心到所述圆圈或所述弧线的所述地理距离和所述圆圈或所述弧线的数目。

5. 如权利要求1所述的电子地图装置，其中所述电子地图装置是安装在车辆上的导航装置；所述特定点是所述车辆的位置；包括所述车辆的所述位置的地图的地图数据从所述介质读出；且所述地

图根据从所述介质读出的所述地图数据以透视图显示。

6. 如权利要求 1 所述的电子地图装置，其中所述特定点是在地图上由用户指明的一个点。

7. 如权利要求 2 所述的电子地图装置，其中以透视图显示所述地图，在所述特定点处显示一表示第二方向的第二字符或第二符号。

8. 一种电子地图显示方法，包括以下步骤：

从用于存储地图数据的预定介质提取所述地图数据，以便被显示为地图；

根据所述地图数据以透视图在显示设备上显示所述地图；

显示弧线，该弧线是距所述地图上特定点处的中心的等距曲线，并且连接了所述透视图上的、对应于距所述中心的实际道路距离的恒定距离处的地图上的等距点，以及在所述显示设备上显示所述透视图或顶视图，基于所述弧线的显示数据显示所述等距曲线的弧线，叠加在显示在所述显示设备的所述地图上，以及在所述顶视图中，在多个所述等距曲线的弧线之一上显示距所述等距曲线的弧线的中心的对应距离；

显示表示距所述中心不同地理距离的多个弧线，并且在所述地图上显示弧线；

在靠近所述弧线之一的周围的位置处，显示一些数字，每个数字指明了从所述中心到所述弧线的地理距离；

根据所述地图的缩小比例，修改从所述中心到所述弧线的所述地理距离和所述弧线的数目；

将所述弧线的颜色改变为已绘制部分的互补色；以及

输出第一字符或第一符号，用于表示第一方向。

9. 如权利要求 8 所述的电子地图显示方法，其中多个所述圆圈或所述弧线表示到所述中心的不同地理距离，所述圆圈或所述弧线都显示在以透视图显示的所述地图上。

10. 如权利要求 9 所述的电子地图显示方法，其中在靠近所述圆圈或所述弧线的圆周的位置显示了一些数字，每个数字指明了从所述中心到所述圆圈或所述弧线之一的地理距离。

11. 如权利要求 9 所述的电子地图显示方法，其中根据所述地图的缩小比例，改变从所述中心到所述圆圈或所述弧线的所述地理距离和所述圆圈或所述弧线的数目。

12. 如权利要求 8 所述的电子地图显示方法，其中其上安装导航装置的车辆的位置被指明为所述特定点；包括所述车辆的所述位置的地图的地图数据从所述介质读出；且所述地图根据从所述介质读出的所述地图数据以透视图显示。

13. 如权利要求 8 所述的电子地图显示方法，其中地图上的一点由用户指明作为所述特定点。

14. 如权利要求 8 所述的电子地图显示方法，其中所述地图以透视图显示，在所述特定点显示一表示方向的字符和符号。”

上述修改文本较之驳回决定所针对的文本所做的修改如下：权利要求 1 中增加了如下技术特征：“所述微计算机被配置来在所述显示设备上显示所述透视图或顶视图”，“所述微计算机被配置来将所述弧线的颜色改变为已绘制部分的互补色”，“以及在所述平面视图中，在多个所述等距曲线的弧线之一上显示距所述等距曲线的弧线的中心的对应距离”；权利要求 7 的附加技术特征修改为：“其中以透视图显示所述地图，在所述特定点处显示一表示第二方向的第二字符或第二符号”。权利要求 8 所作修改与权利要求 1 类似。复审请求人主张权利要求 1、8 中的第一方向指的是附图 2B 左上角的符号，起到指北针的作用，权利要求 7 中的第二字符或第二符号指的是附图 2B 中的附图标记 41。

合议组告知复审请求人“第二符号”在复审通知书中已经评价过，复审请求人表示接受。此外，复审请求人认为权利要求 1 中的第一符号是一定需要并且必然存在的。合议组告知复审请求人对比文件 4 公开了“选择顶视图和透视图”的特征，对比文件 5 中的附图 3 公开了本申请的平面图，请求人对上述内容予以认可，并认为权利要求1中的互补色是相邻两个圆弧部分由于颜色不同而造成的，对于权利要求8与权利要求1存在相同的问题也表示认可。

复审请求人当庭提交了口头审理意见陈述书，针对当庭提交的权利要求1~14的创造性充分陈述了意见。在此基础上，合议组认为本案事实已经调查清楚，现依法作出本决定。

二、决定的理由

1. 关于审查文本

本复审决定针对的文本是：复审请求人于2000年4月21日提交的说明书摘要、摘要附图，附图第1、4页；2004年6月10日提交的说明书第1~5页，附图第2~3页；2007年5月30日提交的权利要求第1~14项。

2. 关于创造性

（1）权利要求1的创造性。

权利要求1请求保护一种电子地图装置，对比文件4：JP9237035A涉及一种电子地图装置，其中公开了如下技术内容（具体参见对比文件4说明书第3栏第10行至第4栏第27行，第7栏第46行至第8栏第5行，附图1、2、4、5）：地图记忆存储器2，由一个CD-ROM和它的读出装置（相当于权利要求1中的“数据提取装置”）组成，该读出设备用于从存储有地图数据的CD-ROM中提取地图数据，以便被显示为地图；显示装置8（相当于权利要求1中的“显示设备”），用于以透视图显示地图；控制部件3（相当于权利要求1中的“微计算机”）控制整个装置，并与包括存储等距直线数据的存储器9、显示装置8在内的其他部件相连；输入装置4可进行显示模式的选择（透视图显示模式和平面图显示模式）；其中当所述地图以透视图显示在显示装置上时，该多个等距直线叠加在以透视图显示的地图上。本领域技术人员根据上述记载，可以直接地、毫无疑义地确定：该控制部件从存储器9中提取并处理多个等距线的数据从而将该些等距线叠加在以透视图形式显示的地图上，并且在显示设备上显示所述透视图或顶视图必然是通过控制部件3来进行控制的（相当于“所述微机算机被配置来在所述显示设备上显示所述透视图或平面图”）。

将权利要求1所要求保护的技术方案与对比文件4公开的技术方案相比，其区别之处在于：权利要求1中，在透视图上叠加的是多个距所述中心不同地理距离的等距曲线，每个等距曲线连接了距离特定点实际地理距离恒定的点，用于在透视图中直观地显示某点到特定点的大致地理距离，而对比文件4中，在透视图上显示的是多条等距直线，用于在透视图中直观地显示距离恒定的若干条横纵直线；另外权利要求1还包括了如下技术特征：在所述平面视图中，在多个所述等距曲线的弧线之一上显示距所述等距曲线的弧线的中心的对应距离；所述微计算机被配置来输出一些数字，每个数字指明了从所述中心到所述弧线之一的地理距离，且在靠近所述弧线的圆周的位置显示每个所述数字，由所述数字指明所述弧线的地理距离；其中所述微计算机被配置来改变在所述显示的地图的缩小比例，且根据所述地图的缩小比例，修改从所述中心到所述弧线的所述地理距离和所述弧线的数目；其中所述微计算机被配置来将所述弧线的颜色改变为已绘制部分的互补色；其中所述微计算机被配置来输出第一字符或第一符号，用于表示第一方向。

对比文件5：US5212643A涉及一种电子地图装置，并具体公开了如下技术内容（具体参见说明书第3栏第55行至第4栏第27行及附图1、3）：该装置具有显示控制单元10；在地图上以特定点为圆心的多个圆圈或弧线状的等距线，用于表示多个距所述中心不同地理距离的等距曲线，其中每个等距曲线连接了距离特定点实际地理距离恒定的点，直观地显示地图上某点到特定点的地理距离；该平面视图中，每个数字指明了从所述中心到所述圆圈或所述弧线之一的地理距离，且在靠近所述圆圈或所述弧线的圆周的位置显示每个所述的数字，由所述数字指明所述中心到所述弧线之一的地理距离，本领域技术人员据此可以直接地、毫无疑义地确定：该数字必然是经由显示控制单元10处理后输出的；附图3图示了“放大”和“缩小”两项，其中“放大”转换模式产生一个控制信号来放大显示比例以便显示一个更小的范围，而“缩小”转换模式产生一个控制信号来缩小显示比例以便显示一个更大的范围，并且所述改变是通过触摸与显示控制单元相连的触摸屏9实现的。本领域技术人员根据上述记载可以很容易地想到根据地图的缩小比例修改从地图中心到所述圆圈或弧线的地理距离和所述圆圈或弧线的数目，并且无须付出创造性劳动即可实现。

上述技术内容在对比文件5中所起的作用与其在权利要求1中所起的作用相同：可以直观地显示某点到特定点的距离，并能放大、缩小地图以满足不同情况下查找地图资料的需要。可见对比文件5给出了将上述技术特征应用到对比文件4公开的技术方案中以解决相应技术问题的技术启示，并且该些特征和对比文件4公开的透视图的结合必然使得以圆圈或弧线表示的等距曲线在透视图中因视角的改变而从正圆型变为椭圆型曲线，从而提供对地图上显示的实际地理距离相同的点的直观感受，并能直观了解不同弧线到特定点的地理距离，从而实现在透视图显示的地图中也可以直观和容易地知道到目的地的大致地理距离的有益效果，此外，还能根据不同的需要来采用不同缩放比例来方便查看地图。

而在相邻区域采用互补色来更直观的区分不同区域是本领域常用的技术手段，就本案而言，本领域技术人员也很容易想到在相邻的区域采用互补色来区分不同区域从而更清晰、直观地区别不同的距离区域。另外，正如请求人在口头审理中所述，地图必然需要在其上标识出东南西北的方向，这是本领域的公知常识，而采用一个符号或字符来进行方向的标识是本领域常用的技术手段，是本领域技术人员根据具体的需要很容易想到并实现的，不需要付出创造性劳动。

综上所述，本领域技术人员在对比文件4的基础上结合对比文件5和公知常识不需要创造性劳动，即可得到权利要求1所要求保护的技术方案，故权利要求1所要求保护的技术方案不具备突出的实质性特点和显著的进步，不符合专利法第22条第3款规定的创造性。

此外，复审请求人在口头审理和口审陈述书中认为：①权利要求1请求保护的技术方案所要解决的技术问题和对比文件4、5所要解决的技术问题不同：权利要求1请求保护的技术方案所要解决的技术问题即是对比文件4公开的技术方案中存在的不足——在棋盘状透视图中由于单位长度距离随位置和方向而变化从而导致难以直观和迅速地知道实际的地理距离，而对比文件5公开的是顶视图，同样也无法解决本发明所要解决的在透视图中的问题；②对比文件5公开的是在顶视图中显示等距曲线的方法，但是不同于在透视图中可以根据视角不同而变化显示等距曲线，它不能提供更真实的视觉感受，也不能显示车辆前向更多的等距线，权利要求1相对对比文件4存在的区别技术特征并未全部在对比文件5中得到技术启示，故本领域技术人员不经过创造性劳动无法得到权利要求1请求保护的技术方案；③权利要求1请求保护的技术方案取得了对比文件4、5所无法达到的有益技术效果。

针对上述意见，合议组认为：根据审查指南第二部分第四章的规定，判断一项权利要求是否具有创造性，并不取决于其和对比文件所解决的技术问题是否完全相同，而是在于对于本领域技术人员而言，要求保护的发明相对于现有技术是否显而易见，有没有取得预料不到的技术效果。而就本案而言，尽管权利要求1所要解决的技术问题是对比文件4所客观存在的不足，但对比文件5公开的“等距曲线”同样能解决直观显示某点到中心点的距离，从而给出了技术启示，那么本领域技术人员为了解决透视图中难以直观显示某点到特定点的距离的技术问题，很容易从对比文件5中得到技术启示，将“等距曲线”应用到对比文件4公开的透视图中去，二者的结合必然产生以透视图显示的等距曲线，从而能显示车辆前向更多的等距线并带来相应的技术效果，而“采用互补色”和“字符或符号表示方向”的技术特征是本领域的公知常识，其在本权利要求请求保护的技术方案中所起的技术效果也是可以预见的，故权利要求1请求保护的技术方案对于本领域技术人员人员来说是显而易见的，也没有取得预料不到的技术效果，请求人认为权利要求1要解决的技术问题与现有技术不同、区别特征在对比文件5中没有得到启示从而使得权利要求1具有创造性的理由不能被接受。另外，关于“在透视图中可以根据视角不同而变化显示等距曲线”，在权利要求1中并没有记载，合议组不能认可请求人的该意见。

（2）权利要求2~4不具有创造性。

从属权利要求2~4的附加技术特征分别进一步限定了微计算机机处理、显示，数字指明和微机算机修改的是“多个圆圈或弧线”，而该技术特征已经在对比文件5中公开（见该对比文件图3）：多个圆圈或弧线表示到所述中心的不同地理距离。故在其引用的权利要求不具有创造性的情况下，从属权利要求2~4也不具有专利法第22条第3款规定的创造性。

（3）权利要求5不具有创造性。

权利要求5是权利要求1的从属权利要求，其附加技术特征是：“其中所述电子地图装置是安装在车辆上的导航装置；所述特定点是所述车辆的位置；包括所述车辆的所述位置的地图的地图数据从所述介质读出；且所述地图根据从所述介质读出的所述地图数据以透视图显示。”

对比文件5公开了如下技术内容（参见该对比文件说明书第1栏第5~10行、19~38行，第3栏第57~59行，附图2~4、6）：其中所述电子地图装置是安装在车辆上的导航装置；附图标记12指示了当前车辆的位置及其运动方向；包括所述车辆的所述位置的地图的地图数据从所述介质读出。对比文件4公开了如下特征（参见该对比文件说明书第3栏第10行至第4栏第27栏，附图1、2）：从用于存储地图数据的介质中提取地图数据，并以透视图显示该地图。即权利要求5的附加技术特征已被对比文件4、5公开，故在其引用的权利要求1不具备创造性的情况下，权利要求5同样也不具备专利法第22条第3款规定的创造性。

（4）权利要求6不具有创造性。

权利要求6是权利要求1的从属权利要求，其附加技术特征是：“所述特定点是在地图上由用户指明的一个点。”

合议组认为，特定点的确定是为了在地图上确定一参考点并以此为圆心构建等距曲线，对比文件5已经公开了采取读取车辆位置的方法来标识该车辆在地图上的位置并以此为参考点构建等距曲线的技术内容（参见该对比文件说明书第1栏第5~10行、19~38行，附图3），本领域技术人员在此基础上很容易想到直接由用户指明一个点并据此构建等距曲线，并且无须付出创造性劳动即可实现。同时由本申请说明书也无法得出由用户指明参考点能够带来任何意想不到的技术效果，故在其引用的权利要求1不具备创造性的情况下，权利要求6同样也不具备专利法第22条第3款规定的创造性。

（5）权利要求7不具有创造性。

权利要求7是权利要求1的从属权利要求，其附加技术特征是：“其中所述地图以透视图显示，在所述特定点显示一表示第二方向的第二字符或第二符号。”

请求人在口头审理中主张第二字符指的是附图2B中的标记41，即位于所述中心的用于指明车辆运动方向的符号。对比文件4公开了如下技术内容（参见该对比文件附图2）：“以透视图显示所述地图”。对比文件5公开了如下技术内容（参见该对比文件附图3）：“所述特定点显示一表示方向的符号”。可见从属权利要求7的附加技术特征已被对比文件4、5公开，在其引用的权利要求1不具备创造性的情况下，从属权利要求7同样也不具备专利法第22条第3款规定的创造性。

（6）权利要求 8 不具有创造性。

权利要求 8 请求保护一种电子地图的显示方法，对比文件 4 公开了如下技术内容（具体参见对比文件 4 说明书第 3 栏第 10 行至第 4 栏第 27 行，第 7 栏第 46 行至第 8 栏第 5 行，附图 1、2、4、5）：地图记忆存储器 2 存储了与平面地图相关的数据，由一个 CD-ROM 和它的读出装置组成；显示装置 8（相当于权利要求 1 中的“显示设备”），用于以透视图显示地图；显示用于在透视图上显示的多个等距直线；控制部件 3 控制整个装置，并与包括存储器 2、显示装置 8 在内的其他部件相连；输入装置 4 可进行显示模式的选择（透视图显示模式和平面图显示模式）；其中当所述地图以透视图显示在显示装置上时，该多个等距直线叠加在以透视图显示的地图上。本领域技术人员根据上述记载，可以直接地、毫无疑义地确定：该读出装置可从用于存储地图数据的 CD-ROM 中提取所述的地图数据，以便被显示为地图；控制部件根据地图记忆存储器 2 中的地图数据以透视图在显示设备上显示所述地图；在显示装置上显示所述透视图或平面图（相当于权利要求 1 中的“顶视图”）。

权利要求 8 请求保护的技术方案和对比文件 4 公开的技术方案的区别之处在于：权利要求 8 中，在透视图上叠加的是多个距所述中心不同地理距离的等距曲线，每个等距曲线连接了距离特定点实际地理距离恒定的点，用于在透视图中直观地显示某点到特定点的大致地理距离，而对比文件 4 中，在透视图上显示的是多条等距直线，用于在透视图中直观地显示距离恒定的若干条横纵直线；另外，权利要求 8 还包括如下技术特征：在所述顶视图中，在多个所述等距曲线的弧线之一上显示距所述等距曲线的弧线的中心的对应距离；在靠近所述弧线之一的周围的位置处，显示一些数字，每个数字指明了从所述中心到所述弧线之一的地理距离；根据所述地图的缩小比例，修改从所述中心到所述弧线的所述地理距离和所述弧线的数目；将所述弧线的颜色改变为已绘制部分的互补色；其输出第一字符或第一符号，用于表示第一方向。

对比文件 5：US5212643A 涉及一种电子地图装置，并具体公开了如下技术内容（具体参见说明书第 3 栏第 55 行至第 4 栏第 27 行及附图 1、3）：在地图上以特定点为圆心的多个圆圈或弧线状的等距线，用于表示距所述地图的特定点实际地理距离恒定的点，直观地显示地图上某点到特定点的地理距离；该平面视图中，每个数字指明了从所述中心到所述圆圈或所述弧线之一的地理距离，且在靠近所述圆圈或所述弧线的圆周的位置显示每个所述的数字，由所述数字指明所述圆圈或所述弧线的地理距离；附图 3 图示了“放大”和“缩小”两个选项，其中“放大”转换模式产生一个控制信号来放大显示比例以便显示一个更小的范围，而“缩小”转换模式产生一个控制信号来缩小显示比例以便显示一个更大的范围。本领域技术人员根据上述记载可以很容易地想到根据地图的缩小比例修改从地图中心到所述圆圈或所述弧线的地理距离和所述圆圈或弧线的数目，并且无须付出创造性劳动即可实现。可见对比文件 5 给出了将上述技术特征应用到对比文件 4 公开的技术方案以解决相应技术问题的技术启示，并且该些特征和对比文件 4 公开的透视图的结合必然使得以圆圈或弧线表示的等距曲线在透视图中因视角的改变而从正圆型变为椭圆型曲线，从而提供对地图上显示的实际地理距离相同的点的直观感受，并能直观了解不同弧线到特定点的地理距离，从而实现在透视图显示的地图中也可以直观和容易地知道到目的地的大致地理距离的有益效果，此外，还能根据不同的需要来采用不同缩放比例来方便查看地图。

而在相邻区域采用互补色来更直观的区分不同区域是本领域常用的技术手段，就本案而言，本领域技术人员也很容易想到在相邻的区域采用互补色来区分不同区域从而更清晰、直观的区别不同的距离区域。另外，正如请求人在口头审理中所述，地图必然需要在其上标识出东南西北的方向，这是本领域的公知常识，而采用一个符号或字符来进行方向的标识是本领域常用的技术手段，是本领域技术人员根据具体的需要可以很容易想到并实现的，不需要付出创造性劳动。

故本领域技术人员在对比文件4的基础上结合对比文件5和公知常识不需要创造性劳动，即可得到权利要求8所要求保护的技术方案，故权利要求1所要求保护的技术方案不具备突出的实质性特点和显著的进步，不符合专利法第22条第3款规定的创造性。

（7）权利要求9~12不具有创造性。

权利要求9~12的附加技术特征分别进一步限定了微计算机机处理、显示，数字指明和微机算机修改的是“多个圆圈或弧线”，而该技术特征已经在对比文件5中公开（见该对比文件图3）：多个圆圈或弧线表示到所述中心的不同地理距离。故在其引用的权利要求不具有创造性的情况下，权利要求9~13也不具有专利法第22条第3款规定的创造性。

（8）权利要求13不具有创造性。

权利要求13是权利要求8的从属权利要求，其附加技术特征是：“所述特定点是在地图上由用户指明的一个点。”

合议组认为，权利要求13中特定点的确定是为了在地图上确定一参考点并以此为圆心构建等距曲线，对比文件5已经公开了采取读取车辆位置的方法来标识该车辆在地图上的位置并以此为参考点构建等距曲线的技术内容（参见该对比文件说明书第1栏第5~10行、19~38行，附图3），本领域技术人员在此基础上很容易想到直接由用户指明一个点并据此构建等距曲线，并且无须付出创造性劳动即可实现。同时由本申请说明书也无法得出由用户指明参考点能够带来任何意想不到的技术效果，故在其引用的权利要求8不具备创造性的情况下，从属权利要求13同样也不具备专利法第22条第3款规定的创造性。

（9）权利要求14不具有创造性。

权利要求14是权利要求8的从属权利要求，其附加技术特征是：“其中所述地图以透视图显示，在所述特定点显示一表示方向的字符或符号。”

对比文件4公开了如下技术内容（参见该对比文件附图2）：以透视图显示所述地图。对比文件5公开了如下技术内容（参见该对比文件附图3）：所述特定点显示一表示方向的符号。权利要求14的附加技术特征已被对比文件4、5公开，故在其引用的权利要求8不具备创造性的情况下，从属权利要求14同样也不具备专利法第22条第3款规定的创造性。

综上所述，权利要求1~14相对于对比文件4、5和公知常识的结合不具有创造性，不符合专利法第22条第3款的规定，故此，本合议组作出决定如下。

三、决定

复审请求不成立，维持国家知识产权局于2005年5月13日作出的驳回00106868.7号发明专利申请的决定。

复审请求人对本决定不服的，可以根据专利法第41条第2款的规定，自收到本决定之日起三个月内向北京市第一中级人民法院起诉。

104

携带式电子设备及携带式电子设备控制方法

复审请求审查决定（第11030号）

决　定　号　第11030号
决　定　日　2007年6月25日
发明创造名称　携带式电子设备及携带式电子设备控制方法
国际分类号　G04C 10/00
复审请求人　精工爱普生株式会社
申　请　号　99127730.9
申　请　日　1999年12月3日
优先权日　1998年12月4日，1998年12月15日，1999年10月1日
公　开　日　2000年6月14日
合议组组长　黄　颖
主　审　员　张田勇
参　审　员　王桂莲

法律依据　专利法第22条第3款、第26条第4款
决定要点

如果一项权利要求与一篇对比文件之间存在区别技术特征，且另一篇对比文件没有公开该技术特征，也没有给出该技术启示，则认为该项权利要求相对于这两篇对比文件的结合具备创造性，符合专利法第22条第3款的规定。

一、案由

本复审请求涉及申请号为99127730.9、名称为“携带式电子设备及携带式电子设备控制方法”的发明专利申请（下称本申请），申请人为精工爱普生株式会社，申请日为1999年12月3日，优先权日为1998年12月4日、1998年12月15日、1999年10月1日，公开日为2000年6月14日。

2003年8月8日，国家知识产权局实质审查部门针对2003年6月16日提交的权利要求1~19项、说明书第1~5页、说明书摘要，申请日提交的说明书第6~28页、附图第1~11页和摘要附图，以本申请权利要求1~4不符合专利法第22条第3款规定的创造性为由驳回了本申请。驳回决定所针对的权利要求1~4如下：

“1. 一种携带式电子设备，其特征在于，备有：电源装置，用于蓄存电能；被驱动装置，由从上述电源装置供给的电能驱动；操作装置，用于由用户等操作者进行各种操作；操作状态判断装置，用于判断上述操作装置的操作状态是否是指示向减低上述被驱动装置的耗电量的节电模式转移的预定操作状

态；及动作模式控制装置，根据上述操作状态判断装置的判断结果，将动作模式转移到上述节电模式；

上述操作装置，备有上述操作者进行操作的操作件及检测上述操作件位置的位置检测装置；

当使上述操作件的位置从第1位置移动到第2位置、然后在预定的规定时间内从上述第2位置返回上述第1位置时，上述操作状态判断装置，判定为是指示向上述节电模式转移的操作状态。

2. 根据权利要求1所述的携带式电子设备，其特征在于：备有检测上述携带式电子设备是否处在被携带着的携带状态的携带检测装置，上述动作模式控制装置，根据上述携带检测装置的检测结果，将上述被驱动装置的动作模式从上述常规动作模式转移到上述节电模式，以便在上述电子设备处在非携带状态时减低上述被驱动装置的耗电量。

3. 根据权利要求2所述的携带式电子设备，其特征在于：备有发电装置，通过将第1能量变换为作为第2能量的电能进行发电；上述电能是通过上述发电获得的。

4. 根据权利要求3所述的携带式电子设备，其特征在于：上述携带检测装置，根据上述发电装置的发电状态检测上述携带式电子设备是否处在被携带着的携带状态。”

驳回决定中引用了如下2篇对比文件：

对比文件1：EP0836263A1号专利文献，公开日为1998年4月15日；

对比文件2：US4615625号专利文献，公开日为1986年10月7日。

驳回决定的具体理由为：本申请权利要求1~4相对于对比文件1、2的结合不具备创造性，不符合专利法第22条第3款的规定。

申请人精工爱普生株式会社（下称复审请求人）不服上述驳回决定，于2003年11月24日向专利复审委员会提出复审请求，同时提交了权利要求书的修改替换页，修改后的权利要求书共包括19项权利要求，其中权利要求1、2、12、13为独立权利要求。修改后的独立权利要求1、2、12、13如下：

“1. 一种携带式电子设备，其特征在于，备有：电源装置，用于蓄存电能；被驱动装置，由从上述电源装置供给的电能驱动；操作装置，具有用于由用户等操作者进行各种操作的操作件及检测上述操作件位置的位置检测装置；操作状态判断装置，用于判断上述操作装置的操作状态是否是指示向减低上述被驱动装置的耗电量的节电模式转移的预定操作状态；携带检测装置，检测上述携带式电子设备是否处在被携带着的携带状态；及动作模式控制装置，将动作模式从常规动作模式转移到上述节电模式；

当上述操作状态判断装置判定上述操作件的位置从为上述常规动作模式的位置的第1位置移动到第2位置、并且在预定的规定时间内从上述第2位置返回上述第1位置时，或上述携带检测装置检出上述电子设备处在非携带状态时，上述动作模式控制装置应要减低上述被驱动装置的耗电量，而将上述被驱动装置的动作模式从上述常规动作模式转移到上述节电模式。

2. 一种携带式电子设备，其特征在于，备有：发电装置，通过将第1能量变换为是第2能量的电能而进行发电；电源装置，用于蓄存从上述发电得到的电能；被驱动装置，由从上述电源装置供给的电能驱动；操作装置，具有用于由用户等操作者进行各种操作的操作件及检测上述操作件位置的位置检测装置；操作状态判断装置，用于判断上述操作装置的操作状态是否是指示向减低上述被驱动装置的耗电量的节电模式转移的预定操作状态；发电状态检测装置，检出上述发电装置的发电状态；及动作模式控制装置，将动作模式从常规动作模式转移到上述节电模式；

当上述操作状态判断装置判定上述操作件的位置从为上述常规动作模式的位置的第1位置移动到第2位置、并且在预定的规定时间内从上述第2位置返回上述第1位置时，或上述发电检测装置检出上述发电装置处在非携带状态时，上述动作模式控制装置应要减低上述被驱动装置的耗电量，而将上述被驱动装置的动作模式从上述常规动作模式转移到上述节电模式。

12. 一种携带式电子设备控制方法，该携带式电子设备具有用于由用户等操作者进行各种操作的操作件、蓄存电能的电源装置及由上述电能驱动的被驱动装置，该携带式电子设备控制方法的特征在于，包括：操作状态判断工序，判断上述操作件的操作状态是否是指示向减低上述被驱动装置的耗电量的节电模式转移的预定操作状态；携带检测工序，检测上述携带式电子设备是否处在被携带着的携带状态及动作模式控制工序，将动作模式从常规动作模式转移到上述节电模式；

上述操作状态判断工序，包括检测上述操作件的位置从为上述常规动作模式的位置的第1位置移动到第2位置的位置检测工序；和

判定在预定的规定时间内从上述第2位置返回上述第1位置的位置判定工序；

在上述动作模式控制工序中，根据上述位置检测工序的检测结果，检出上述操作件的位置从为上述常规动作模式位置的第1位置转移到第2位置，并根据上述位置检测工序的判定结果，判定在预定的规定时间内从上述第2位置返回上述第1位置时，或根据上述携带检测工序的检测结果，上述携带或电子设备处于非携带状态时，将上述被驱动装置的动作模式从上述常规动作模式转移到上述节电模式。

13. 一种携带式电子设备控制方法，该携带式电子设备具有用于由用户等操作者进行各种操作的操作件、通过将第1能量变换为是第2能量的电能而进行发电的发电装置；蓄存上述电能的电源装置；及由上述电能驱动的被驱动装置，该携带式电子设备控制方法的特征在于，包括：操作状态判断工序，判断上述操作件的操作状态是否是指示向减低上述被驱动装置的耗电量的节电模式转移的预定操作状态；发电检测工序，检测上述发电装置是否在发电中；及动作模式控制工序，将动作模式从常规动作模式转移到上述节电模式；

上述操作状态判断工序，包括检测上述操作件的位置从为上述常规动作模式的位置的第1位置移动到第2位置的位置检测工序；和

判定在预定的规定时间内从上述第2位置返回上述第1位置的位置判定工序；

在上述动作模式控制工序中，根据上述位置检测工序的检测结果，检出上述操作件的位置从为上述常规动作模式位置的第1位置转移到第2位置，并根据上述位置检测工序的判定结果，判定在预定的规定时间内从上述第2位置返回上述第1位置时，或根据上述发电检测工序的检测结果，上述发电装置处于非发电状态时，将上述被驱动装置的动作模式从上述常规动作模式转移到上述节电模式。”

复审请求人的具体复审请求理由为：对比文件1没有公开将动作模式从常规动作模式转移到节电模式的技术思想，也没有实现该技术构思的具体手段；对比文件2几乎完全没有公开关于由外部操作部件而转移到节电模式的装置是怎样的技术，并且没有公开根据携带检测，或发电状态检测的结果，从常规动作模式转移到节电模式；在权利要求2中，具有“发电状态检测”的功能，在没有检出发电时，将上述被驱动装置的动作模式从上述常规动作模式转移到上述节电模式。因此，本申请具有创造性，符合专利法第22条第3款的规定。

经形式审查合格后，专利复审委员会受理了该复审请求，并于2003年12月22日向复审请求人发出复审请求受理通知书，同日向原审查部门发出前置审查通知书。

原审查部门对本复审请求进行了前置审查，在前置审查中，原审查部门坚持原驳回决定。

针对上述复审请求，专利复审委员会依法成立合议组对本案进行了审查。

本案合议组于2005年4月14日发出复审通知书，指出：(1) 权利要求1请求保护一种携带式电子设备，本申请的技术方案仅涉及带有模拟指针的携带式电子控制计时装置，而权利要求1的保护范围涉及了所有的携带式电子设备，所属技术领域的技术人员在说明书中给出内容的基础上，难以简单

地将说明书公开的内容的应用范围扩展到目前权利要求1的保护范围，因此，权利要求1不符合专利法第26条第4款的规定，基于同样的原因，权利要求2~19也不符合专利法第26条第4款的规定；(2)权利要求1限定了“携带检测装置，检测上述携带式电子设备是否处在被携带着的携带状态”，但根据本申请说明书记载的内容，本申请仅公开了使用发电装置和发电状态检测装置完成上述“携带检测装置”的功能，因此，权利要求1不符合专利法第26条第4款的规定，基于同样的原因，与权利要求1对应的权利要求12也不符合专利法第26条第4款的规定。

2005年5月21日，复审请求人针对上述复审通知书进行了意见陈述，并提交了权利要求书的修改替换页，其中删除了提出复审请求时提交的权利要求1、3、4、6、12、14、15，即删除了记载有关携带检测装置或工序的权利要求，并且将提出复审请求时提交的权利要求2的下数第4行和权利要求13的下数第3行的“或”修改为“而且”，将权利要求1~8的主题修改为“一种带有模拟指针的携带式电子控制计时器”。修改后的权利要求书共包括12项权利要求，其中权利要求1、8是独立权利要求，修改后的权利要求1、8如下：

“1. 一种带有模拟指针的携带式电子控制计时器，其特征在于，备有：发电单元，通过将第1能量变换为是第2能量的电能而进行发电；电源单元，用于蓄存从上述发电得到的电能；被驱动单元，由从上述电源单元供给的电能驱动；操作单元，具有用于由用户等操作者进行各种操作的操作件及检测上述操作件位置的位置检测单元；操作状态判断单元，用于判断上述操作单元的操作状态是否是指示向减低上述被驱动单元的耗电量的节电模式转移的预定操作状态；发电状态检测单元，检出上述发电单元的发电状态；及动作模式控制单元，将动作模式从常规动作模式转移到上述节电模式；

当上述操作状态判断单元判定上述操作件的位置从为上述常规动作模式的位置的第1位置移动到第2位置、并在预定的规定时间内从上述第2位置返回上述第1位置时，而且上述发电状态检测单元检出上述发电单元处在非发电状态时，上述动作模式控制单元应要减低上述被驱动单元的耗电量，而将上述被驱动单元的动作模式从上述常规动作模式转移到上述节电模式。

8. 一种带有模拟指针的携带式电子控制计时器控制方法，该携带式电子控制计时器具有用于由用户等操作者进行各种操作的操作件、通过将第1能量变换为是第2能量的电能而进行发电的发电单元；蓄存上述电能的电源单元；及由上述电能驱动的被驱动单元，该携带式电子控制计时器控制方法的特征在于，包括：操作状态判断工序，判断上述操作件的操作状态是否是指示向减低上述被驱动单元的耗电量的节电模式转移的预定操作状态；发电检测工序，检测上述发电单元是否在发电中；及动作模式控制工序，将动作模式从常规动作模式转移到上述节电模式；

上述操作状态判断工序，包括检测上述操作件的位置从为上述常规动作模式位置的第1位置移动到第2位置的位置检测工序；和

判定在预定的规定时间内从上述第2位置返回上述第1位置的位置判定工序；

在上述动作模式控制工序中，根据上述位置检测工序的检测结果，检出上述操作件的位置从为上述常规动作模式位置的第1位置转移到第2位置，并根据上述位置检测工序的判定结果，判定在预定的规定时间内从上述第2位置返回上述第1位置时，而且根据上述发电检测工序的检测结果，上述发电单元处于非发电状态时，将上述被驱动单元的动作模式从上述常规动作模式转移到上述节电模式。”

至此，合议组认为本案事实已经清楚，现依法做出本复审请求审查决定。

二、决定的理由

1. 决定所依据的文本

本复审请求审查决定以复审请求人于2005年5月21日提交的权利要求第1~12项；于2003年6月16日提交的说明书第1~5页、说明书摘要；于申请日提交的说明书第6~28页、说明书附图第

1~11页及摘要附图作为审查基础。

2. 关于专利法第26条第4款

专利法第26条第4款规定：权利要求书应当以说明书为依据，说明要求专利保护的范围。

具体就本案而言，本案合议组在复审通知书中指出：（1）权利要求1请求保护一种携带式电子设备，本申请的技术方案仅涉及带有模拟指针的携带式电子控制计时装置，而权利要求1的保护范围涉及了所有的携带式电子设备，所属技术领域的技术人员在说明书中给出内容的基础上，难以简单地将说明书公开的内容的应用范围扩展到目前权利要求1的保护范围，因此，权利要求1不符合专利法第26条第4款的规定，基于同样的原因，权利要求2~19也不符合专利法第26条第4款的规定；（2）权利要求1限定了“携带检测装置，检测上述携带式电子设备是否处在被携带着的携带状态”，但根据本申请说明书记载的内容，本申请仅公开了使用发电装置和发电状态检测装置完成上述“携带检测装置”的功能，因此，权利要求1不符合专利法第26条第4款的规定，基于同样的原因，与权利要求1对应的权利要求12也不符合专利法第26条第4款的规定。

复审请求人在答复复审通知书时提交了权利要求书的修改替换页，其中删除了提交复审请求时提交的权利要求1、3、4、6、12、14、15，即删除了记载有关携带检测装置或工序的权利要求，并且将其余权利要求的主题由“一种携带式电子设备”修改为“一种带有模拟指针的携带式电子控制计时器”，经审查，修改后的权利要求1~12已经克服了复审通知书中指出的缺陷，符合专利法第26条第4款的规定。

3. 关于专利法第22条第3款

专利法第22条第3款规定：创造性，是指同申请日以前已有的技术相比，该发明有突出的实质性特点和显著的进步，该实用新型有实质性特点和进步。

具体就本案而言，独立权利要求1请求保护一种带有模拟指针的携带式电子控制计时器，对比文件2（参见说明书第1栏第5~12行、第1栏第60行至第8栏第68行，图2a至6）公开了一种带有模拟指针的电子计时器，并具体公开了以下技术特征：该电子计时器包括电源，用于蓄存电能；模拟表针（相当于本申请权利要求1中的“被驱动单元”），由电源供给的电能驱动；时间设定柄（相当于本申请权利要求1中的“操作件”），用户等操作者可将其拉出到第一拉出位置（相当于本申请权利要求1中的“第2位置”）或推进到正常工作位置（相当于本申请权利要求1中的“第1位置”）；开关20（相当于本申请权利要求1中的“位置检测单元”），在将时间设定柄推进时，开关20断开，此时步进电机和振荡器电路正常工作，将时间设定柄拉出时，开关20闭合，步进电机和/或振荡器电路停止工作；1/16计数器19、复位信号整形电路21、反相器25和反相器26（这四个元件相当于本申请权利要求1中的“操作状态判断单元”）；NAND栅极8（相当于本申请权利要求1中的“动作模式控制单元”），当时间设定柄拉出时，步进电机停止工作，同时1/16计数器19开始每隔20秒对单个脉冲进行计数，当计数到16个脉冲时，即320秒之后，1/16计数器19的输出变为高，在1/16计数器19的输出经反相器26反相之后向NAND栅极提供低的SC信号，使NAND栅极8截止，从而使振荡器电路17停止，在时间设定柄拉出的时间短于320秒时，1/16计数器19在计数16个脉冲之前复位，SC信号保持为高，振荡不停止。

权利要求1请求保护的带有模拟指针的携带式电子控制计时器与对比文件2公开的带有模拟指针的电子计时器相比，其区别在于：（1）权利要求1中包括发电单元，该发电单元通过将第1能量变换为是第2能量的电能而进行发电；（2）权利要求1中包括发电状态检测单元，检出发电单元的发电状态；（3）在权利要求1中，当上述操作状态判断单元判定上述操作件的位置从为上述常规动作模式的位置的第1位置移动到第2位置、并在预定的规定时间内从上述第2位置返回上述第1位置时，而且上述发电状态检测单元检出上述发电单元处在非发电状态时，上述动作模式控制单元应要减低上述被驱动单元的耗电量，而将上述被驱动单元的动作模式从上述常规动作模式转移到上述节电模式。

对比文件1（参见对比文件1说明书第1栏第11~53行，图3）公开了一种电子计时器的供电结构，并具体公开了以下技术特征：该供电结构包括电力生成部分1（相当于本申请权利要求1中的“发电单元”），其中有旋转装置11、加速振荡轮2、转子13和发电线圈14，旋转装置11对应于用户的摇手动作而旋转时，该旋转被加速轮12加速并传递到转子13，转子13的旋转在发电线圈14中生成AC电流；电池部分3（相当于本申请权利要求1中的“电源单元”），其由大容量电容器组成，蓄存电力生成部分1所产生的电能；计时器电路6。可见，对比文件1公开了上述区别技术特征（1），而未公开上述区别技术特征（2）和（3），并且该对比文件1涉及一种电子计时器的供电单元，未披露有关从常规动作模式转移到节电模式的技术内容，因此，对比文件1没有公开区别技术特征（2）和（3），并且未给出该技术启示。此外，对比文件2是通过判断时间设定柄从正常工作位置移动到第一拉出位置，并经过预定的时间将振荡器停止，从而使该计时器转移到节电模式，根据对比文件2公开的内容得到将时间设定并从正常工作位置移动到第一拉出位置，并在预定的规定时间内从第一拉出位置返回到正常工作位置的技术内容是需要付出创造性努力的。因此，权利要求1相对于对比文件1、2的结合具备创造性，符合专利法第22条第3款的规定。

基于同样的理由，与权利要求1对应的权利要求8相对于对比文件1、2的结合也具备创造性，在权利要求1、8具备创造性的情况下，其从属权利要求2~7、9~12也具备创造性，符合专利法第22条第3款的规定。

综上所述，本申请权利要求1~12具备创造性，符合专利法第22条第3款的规定。

根据上述事实和理由，本案合议组做出以下审查决定。

三、决定

在复审请求人于2005年5月21日提交的权利要求第1~12项；于2003年6月16日提交的说明书第1~5页、说明书摘要；于申请日提交的说明书第6~28页、说明书附图第1~11页及摘要附图的基础上撤销国家知识产权局于2003年8月8日对99127730.9号发明专利申请作出的驳回决定。

复审请求人对本决定不服的，可以根据专利法第41条第2款的规定，自收到本决定之日起三个月内向北京市第一中级人民法院起诉。

105

真空吸尘器的排气过滤器的锁定设备

复审请求审查决定（第 11031 号）

决　定　号　第 11031 号
决　定　日　2007 年 6 月 22 日
发明创造名称　真空吸尘器的排气过滤器的锁定设备
国 际 分 类 号　A47L 9/10
复 审 请 求 人　LG 电子株式会社
申　请　号　02120610.4
优 先 权 日　2001 年 12 月 20 日
申　请　日　2002 年 5 月 23 日
公　开　日　2003 年 7 月 2 日
合 议 组 组 长　高　栋
主　审　员　刘　鹏
参　审　员　左　一

法 律 依 据　专利法第 22 条第 3 款
决 定 要 点

如果一项权利要求的技术方案与现有技术相比，区别技术特征为公知常识，则对于本领域的普通技术人员来说该权利要求的技术方案是显而易见的，该权利要求的技术方案不具有突出的实质性特点和显著的进步，因此不具有专利法第 22 条第 3 款规定的创造性。

一、案由

本复审请求涉及申请日为 2002 年 5 月 23 日、公开日为 2003 年 7 月 2 日、优先权日为 2001 年 12 月 20 日、名称为“真空吸尘器的排气过滤器的锁定设备”的发明专利申请（下称本申请），申请号为 02120610.4，申请人为 LG 电子株式会社。

国家知识产权局实质审查部门以本申请不符合专利法第 22 条第 3 款的规定为由于 2005 年 2 月 4 日作出驳回决定。驳回决定所针对的文本是：申请人于 2002 年 5 月 23 日提交的附图第 1~3 页；于 2004 年 12 月 9 日提交的权利要求第 1~3 项、说明书第 1~4 页；于 2002 年 5 月 23 日提交的说明书摘要和摘要附图。

驳回决定所针对的权利要求书的内容如下：

“1. 一种用于真空吸尘器的排气过滤器的锁定设备，包括：

一个排气过滤器罩（10），它安装在真空吸尘器主体的一个侧面上，且包括一组排气孔（12）和位于所述罩的中心处的环形固定圈（14），其中在所述固定圈（14）的圆柱形侧壁（15）的内表面上形成有多个固定凹槽（16）；以及

一个过滤器（20），包括一个用于过滤空气的过滤部，和在过滤器的圆柱外围表面（22）上形成的配合凸起（26），配合凸起（26）分别被有弹性地锁在固定凹槽里，从而过滤器（20）有弹性地锁在排气过滤器罩（10）里。

2. 如权利要求1所述的锁定设备，其特征在于，固定凹槽（16）为┐形，配合凸起（26）被插入相应的固定凹槽，然后沿预定方向旋转以锁在相应的凹槽中。

3. 如权利要求2所述的锁定设备，其特征在于，配合卡榫（16a）分别就在┐形固定凹槽的末端前形成，以维持配合凸起进入相应固定凹槽末端的状态。”

驳回决定引用的对比文件如下：

对比文件1：WO0119227A1，公开日为2001年3月22日。

驳回决定的具体理由是：（1）根据对比文件1公开的技术方案，很容易想到用将在圆柱外表面具有凸起的过滤器与圆柱侧壁内表面上具有凹槽的排气过滤器罩相互配合，从而实现过滤器与过滤器罩的固定连接，也就是用过滤器替换对比文件1中的排气孔中心轴，从而与引导部分通过对比文件1公开的凹槽与凸起配合连接起来，对于本领域普通技术人员来说，上述替换是本领域的惯用手段，是显而易见的，因此权利要求1不具备创造性；（2）对比文件1公开了权利要求2和3的附加技术特征，因此权利要求2和3也不具备创造性。

申请人（下称请求人）对上述驳回决定不服，于2005年5月19日向专利复审委员会提出复审请求并提交了权利要求书替换页。复审请求的理由如下：权利要求1的技术特征“固定凹槽为┐形”以及“配合卡榫分别就在┐形固定凹槽的末端前形成”并未被对比文件1公开。

修改后的权利要求书的内容如下：

“1. 一种用于真空吸尘器的排气过滤器的锁定设备，包括：

一个排气过滤器罩（10），它安装在真空吸尘器主体的一个侧面上，且包括一组排气孔（12）和位于所述罩的中心处的环形固定圈（14），其中在所述固定圈（14）的圆柱形侧壁（15）的内表面上形成有多个固定凹槽（16）；以及

一个过滤器（20），包括一个用于过滤空气的过滤部，和在过滤器的圆柱外围表面（22）上形成的配合凸起（26），配合凸起（26）分别被有弹性地锁在固定凹槽里，从而过滤器（20）有弹性地锁在排气过滤器罩（10）里，其中，固定凹槽（16）为┐形，配合凸起（26）被插入相应的固定凹槽，然后沿预定方向旋转以锁在相应的凹槽中，而配合卡榫（16a）分别就在┐形固定凹槽的末端前形成，以维持配合凸起进入相应固定凹槽末端的状态。”

经形式审查合格后，专利复审委员会受理了上述复审请求，并于2005年6月23日发出复审请求受理通知书和前置审查通知书。

原实质审查部门对该复审请求进行了前置审查，仍然坚持驳回决定。

专利复审委员会依法组成合议组对本案进行审查。

合议组于2007年3月2日发出了复审通知书。该复审通知书所依据的文本是：请求人于2002年5月23日提交的附图第1~3页、说明书摘要和摘要附图；于2004年12月9日提交的说明书第1~4页；于2005年5月19日提交的权利要求第1项。该通知书指出：权利要求1相对于对比文件1仍然不具备专利法第22条第3款规定的创造性。针对请求人的复审请求理由，合议组认为：为了防止凸起和凹槽脱离导致松动，将固定凹槽为┐形，配合凸起被插入相应的固定凹槽，然后按预定方向旋转以锁在相应的凹槽中，而配合卡榫分别就在┐形固定凹槽的末端前形成，以维持配合凸起进入相应固

定凹槽末端的状态也是本领域通常采用的技术手段。

请求人于2007年4月9日提交了意见陈述书，其主要理由为：（1）凸起和凹槽的配置在真空吸尘器领域的现有技术中没有任何提示；（2）配合凸起部的结构，尤其是“配合卡榫分别就在┐形固定凹槽的末端前形成，以维持配合凸起进入相应固定凹槽末端的状态”可以更安全的锁住排气过滤器，完全防止噪音，消除任意分离的可能性，取得了显著的技术效果。

至此，合议组认为本案事实已经清楚，可以依法作出本复审请求审查决定。

二、决定的理由

1. 审查文本

经合议组审查，未发现请求人于2005年5月19日提交的权利要求1存在不符合专利法第33条和实施细则第60条规定的缺陷，因此对其予以接受。本复审决定所依据的文本是：复审请求人于2002年5月23日提交的附图第1~3页、说明书摘要、摘要附图；于2004年12月9日提交的说明书第1~4页；于2005年5月19日提交的权利要求第1项。

2. 关于创造性

专利法第22条第3款规定：创造性，是指同申请日以前已有的技术相比，该发明有突出的实质性特点和显著的进步，该实用新型有实质性特点和进步。

判断发明是否具有突出的实质性特点，就是要判断对本领域的技术人员来说，要求保护的发明相对于现有技术是否显而易见；在评价发明是否具有显著的进步时，主要应当考虑发明是否具有有益的技术效果。

本复审决定所引用的对比文件与驳回决定所引用的对比文件相同，即：对比文件1：WO0119227A1，公开日为2001年3月22日。

权利要求1要求保护一种用于真空吸尘器的排气过滤器的锁定设备，对比文件1公开了一种真空吸尘器的排气装置，并具体公开了以下技术特征：在主体100的一侧具有排气孔101，在排气孔101上安装有由空气过滤器161（相当于权利要求1中的用于过滤空气的过滤器20）、引导部分162（相当于权利要求1中的排气过滤罩10）和滚动部分163组成的轮子160，并且由图7可见引导部分162位于主体的一侧，在引导部分162上具有若干个排气孔（相当于权利要求1中的排气过滤器罩包括的排气孔），引导部分162有一个外圆周用于容纳排气过滤器161（外圆周相当于权利要求1中过滤器罩的环形固定圈），并且本领域人员可直接推导出该外圆周上必然有一个圆柱形侧壁，在引导部分162的外圆周上设有像一个凸起162b或者一个卡子162c的一个锁件，该凸起或卡子与锁定孔102a（即凹槽）配合以便锁定导向凸件102（参见对比文件1说明书第6~13页，附图5-7）。权利要求1与对比文件1的区别在于：在圆柱形侧壁的内表面上形成多个固定凹槽，在过滤器的圆柱外围表面上形成有配合凸起，配合凸起分别被有弹性地锁在固定凹槽里，从而过滤器锁在排气过滤器罩里，其中，固定凹槽为┐形，配合凸起被插入相应的固定凹槽，然后按预定方向旋转以锁在相应的凹槽中，而配合卡榫分别就在┐形固定凹槽的末端前形成，以维持配合凸起进入相应固定凹槽末端的状态。

对于以上区别技术特征，用凸起和凹槽来配合完成机械元件之间的锁定是本领域的公知常识，不论是用于对比文件1中的引导部分162与导向凸件102之间还是用于本权利要求1中的过滤器和过滤器罩之间，其所起作用都是锁定两个元件。为进行固定在本领域中大量使用这种凸起和凹槽之间的配合，因此很容易想到应用于过滤器和过滤器罩之间以起到固定过滤器的作用。由于过滤器罩的环形固定圈就是用来容纳过滤器的，所以只有在环形固定圈的侧壁内表面上形成凹槽并且在过滤器的外围表面上设置凸起以便表面与环形固定圈紧密贴合对于本领域技术人员来说是显而易见的，┐形固定凹槽以及配合卡榫也是本领域通常采用的技术手段，因而权利要求1所要求保护的技术方案相对于对比文件 1 不具有突出的实质性特点，并且没有带来有益的技术效果，因此权利要求 1 所要求保护的技术方案也不具有显著的进步。

针对请求人的复审请求理由以及答复复审通知书的意见陈述，合议组认为：为了防止凸起和凹槽脱离导致松动，将固定凹槽为┐形，配合凸起被插入相应的固定凹槽，然后按预定方向旋转以锁在相应的凹槽中，而配合卡榫分别就在┐形固定凹槽的末端前形成，以维持配合凸起进入相应固定凹槽末端的状态也是本领域通常采用的技术手段；用凸起和凹槽来配合完成机械元件之间的锁定是本领域的公知常识，而在真空吸尘器中的固定圈与过滤器之间的配合也属于机械元件之间的锁定，因此请求人的理由不充分，对于请求人提出的配合凸起所引起的技术效果也是该配合结构所应当有的技术效果，并没有产生预料不到的技术效果，因此权利要求 1 不具备专利法第 22 条第 3 款所规定的创造性。

三、决定

维持国家知识产权局于 2005 年 2 月 4 日针对 02120610.4 号发明专利申请作出的驳回决定。

当事人对本决定不服的，可以根据专利法第 41 条第 2 款的规定，自收到本决定之日起 3 个月内向北京市第一中级人民法院起诉。

106

用于监控技术设备的装置及操作方法

复审请求审查决定（第11106号）

决　定　号　第11106号
决　定　日　2007年6月28日
发明创造名称　用于监控技术设备的装置及操作方法
国际分类号　G05B 23/02
复审请求人　西门子公司
申　请　号　01805620.2
申　请　日　2001年2月2日
优先权日　2000年2月25日
公　开　日　2003年3月26日
合议组组长　张田勇
主　审　员　沈乐平
参　审　员　刘亚斌

法律依据　专利法第25条第1款第（2）项
决定要点

如果涉及计算机程序的发明专利申请的解决方案执行计算机程序的目的是解决技术问题，在计算机上运行计算机程序从而对外部对象进行控制或处理所反映的是遵循自然规律的技术手段，并且由此获得符合自然规律的技术效果，则不应当依据专利法第25条排除其获得专利权的可能。

一、案由

本复审请求涉及申请号为01805620.2、名称为“用于监控技术设备的装置及操作方法”的PCT发明专利申请（下称本申请），申请日为2001年2月2日，优先权日为2000年2月25日，申请人为西门子公司。本申请公开时权利要求书包括3项权利要求，其中权利要求1、3为独立权利要求。

国家知识产权局实质审查部门依法对本申请进行了实质审查，于2004年3月19日发出第一次审查意见通知书，指出本申请权利要求1、3不符合专利法实施细则第20条第1款的规定，说明书不符合专利法实施细则第18条第2款的规定。

申请人于2004年8月3日提交了权利要求第1~3项、说明书第1~5页的修改替换页，并提交了意见陈述书，认为修改后的申请文件克服了第一次审查意见通知书指出的缺陷。

修改后的权利要求书为：

"1. 一种技术设备的操作方法，其中，所述技术设备具有多个用于解决不同管理任务的系统（1，2，…，n），其具有下述步骤：a）为该技术设备预先定义相关的任务；b）为了处理各系统为实现其任务而探测到的不同的信息值，预先定义信息变量；c）预先将所述信息变量配属于多个导出的信息变量的层次结构（15，17，19，21），其中，一个较高层的信息变量是由紧低于该层的至少一个信息变量构成的，并且对不同层的信息变量间的关系进行记录；d）将信息变量和导出的信息变量在系统中的位置（30）和表达方式相对应，在其中将产生后续运行中待处理的值；e）为每个信息变量和导出的信息变量确定一个有效值范围；f）系统在运行期间提供完成其任务所使用的信息变量和导出的信息变量的当前值或记录值；g）当所提供的信息变量或导出的信息变量的值位于有效值范围内时，将该信息变量或导出的信息变量标明；h）与标明的信息变量（IV）或导出的信息变量（IV'，$\overline{IV}$，$\tilde{IV}$））相关的任务也将被标明；以及 i）至少有一个最低层信息变量的值是导致一个信息变量或导出的信息变量的值落入有效值范围的原因，或者该最低层信息变量的发生位置可以通过对至少一个标明的任务逐步逐层向下回推标明的导出的信息变量（IV'，$\overline{IV}$，$\tilde{IV}$），直至至少确定一个标明的最低层信息变量（IV）来确定。

2. 根据权利要求 1 所述的方法，其中，将所述位置（30）与辅助信息（35）相关联，这些辅助信息可以在通过标明的导出的信息变量（IV'，$\overline{IV}$，$\tilde{IV}$）从至少一个标明的任务回推直至至少一个最低层的标明的信息变量（IV）时有目的地被调用。

3. 一种监控技术设备的装置，所述技术设备具有多个用于解决不同管理任务的系统，其中 a）每个系统为了完成所定义的任务配有一个计算级（1，2，…，n）；b）在每个计算级中定义用于处理为完成任务而待探测的值的信息变量；c）在计算级中，将所述信息变量配属于多个导出的信息变量的层次结构（15，17，19，21），其中，一个较高层的信息变量是由紧低于该层的至少一个信息变量构成的，并且对不同层的信息变量间的关系进行记录，d）将计算级中包含的信息变量和导出的信息变量的在技术设备运行时在其上产生待处理的值的位置（30），与该位置的表达方式在计算级中相对应；e）在计算级中为每个信息变量和导出的信息变量确定一个有效值范围；f）在计算级中，在运行期间可对完成其任务所使用的信息变量或导出的信息变量的当前值或记录值进行探测；g）所述计算级能够标明那些其被探测到的当前值或记录值处于有效值范围内的信息变量或导出的信息变量；h）在每个计算级中，当该级包含标明的信息变量（IV）或导出的信息变量（IV'，$\overline{IV}$，$\tilde{IV}$）时，可以将属于该级的标记激活；以及 i）在一个监控级（5）中，可以有目的地确定至少一个作为导致信息变量或导出的信息变量的值落入有效值范围的原因的最低层信息变量的值和其发生位置，其中该监控级通过对标明的导出的信息变量（IV'，$\overline{IV}$，$\tilde{IV}$）逐步逐层地向下回推至少一个所设置的标记直至找到至少一个标明的最低层信息变量（IV）。"

国家知识产权局实质审查部门于 2004 年 9 月 3 日发出第二次审查意见通知书，指出本申请权利要求第 1~3 项属于专利法第 25 条第 1 款第（二）项规定的不授予专利权的范围。

针对上述审查意见通知书，申请人于 2004 年 12 月 20 日提交了意见陈述书，没有对申请文件进行修改，申请人坚持认为本申请权利要求 1~3 是可以授予专利权的。

经过上述实质审查程序后，国家知识产权局实质审查部门以本申请权利要求第 1~3 项不符合专利法第 25 条第 1 款第（2）项的规定为由，于 2005 年 11 月 4 日做出了驳回决定，驳回决定依据的文本是：2004 年 8 月 3 日提交的权利要求第 1~3 项、说明书第 1~5 页，进入中国国家阶段时提交的说明书附图第1页、摘要及摘要附图。具体的驳回理由如下：权利要求1及其从属权利要求2请求保护的方法属于利用计算机程序对信息数据进行处理的方法，实质描述的是计算机程序，因此属于专利法第25条第1款第（2）项规定的不授予专利权的客体。权利要求3请求保护的装置包括一个公知的计算机、一个数据库和一个用于对相关信息进行管理的计算机程序，权利要求3的方案是利用计算机程序控制所述公知计算机对数据库中的信息数据进行处理，其实质为对相关信息进行管理的计算机程序，因此属于专利法第25条第1款第（2）项规定的不授予专利权的客体。

申请人（下称复审请求人）不服上述驳回决定，于2006年2月20日向专利复审委员会提出复审请求，其复审请求的理由是：本发明要解决的技术问题是，提供一种技术设备的操作方法，其中可以将分散在不同系统中的信息按照相互间的关系集中在一起；权利要求1提供的解决方案是一种技术设备的操作方法，特别在该方法的步骤d）和f）中提到了是在技术设备运行期间通过不同的系统与技术设备关联，该方法离开技术设备及其运行的联系就无法工作，按照本发明的方法可以有目的地追踪事件的原因。因此，权利要求1的方法是利用技术手段解决技术问题的技术方案，并具有技术效果，而非智力活动规则和方法。根据相似的理由，权利要求3也不属于智力活动规则和方法。复审请求人未对本申请进行任何修改。

经形式审查合格后，专利复审委员会依法受理了上述请求，并于2006年4月4日向复审请求人发出了复审请求受理通知书，于同日向原审查部门发出前置审查通知书。

原审查部门对该复审请求做出前置审查意见，仍然坚持原驳回决定。

专利复审委员会依法成立合议组对本复审请求案进行审理。经过审理，本案合议组认为本案事实已经清楚，可以依法作出审查决定。

二、决定的理由

1. 关于审查文本

本次复审请求审查决定所针对的审查文本与驳回决定所针对的文本相同，即2004年8月3日提交的权利要求第1~3项、说明书第1~5页，进入中国国家阶段时提交的说明书附图第1页、摘要及摘要附图。

2. 关于专利法第25条第1款第（2）项

专利法第25条第1款规定，对下列各项，不授予专利权：（1）科学发现；（2）智力活动的规则和方法；（3）疾病的诊断和治疗方法；（4）动物和植物品种；（5）用原子核变换方法获得的物质。

（1）本申请权利要求1是否属于专利法第25条第1款第（2）项规定的不授予专利权的客体。

本申请权利要求1请求保护的主题是一种技术设备的操作方法，该方法包括从a）到i）共9个步骤，其要解决的问题是：将分散在所述技术设备的不同系统中的信息按照相互间的关系集中在一起，是技术问题。为解决上述技术问题，本申请的权利要求1提供了一种解决方案，该方案从技术设备探测到不同信息的值，处理成预先定义的信息变量，预先将所述信息变量配属于多个导出的信息变量，按照预定的层次结构传送，定义不同层次的信息变量之间的关系，在技术设备运行期间如果变量信息或导出的信息变量的当前值或记录值落入一个有效值，则该信息变量或导出的信息变量被标明，从而可以逐层地向下回推，直至最后确定最低层的信息变量，利用的是遵循自然规律的技术手段。特别地，在该方法的步骤d）和f）中提到了是在技术设备运行期间通过不同的系统与技术设备关联，该方法离开技术设备及其运行的联系就无法工作了。因此该解决方案是利用计算机对技术设备进行信号事件的追踪的技术方案。按照本申请权利要求1的方法可以有目的地追踪信号事件的原因，而无须在系统间进行切换，因此，该解决方案获得的效果是技术效果。

通过上述分析可以知道，本申请权利要求1的方案利用技术手段解决了技术问题，获得了技术效果，因此不属于专利法第 25 条第 1 款第（2）项规定的不授予专利权的范围。

（2）本申请权利要求 2、3 是否属于专利法第 25 条第 1 款第（2）项规定的不授予专利权的范围。

本申请权利要求 2 从属于权利要求 1，因为权利要求 1 不属于专利法第 25 条第 1 款第（2）项规定的不授予专利权的范围，因此，权利要求 2 也不属于专利法第 25 条第 1 款第（2）项规定的不授予专利权的范围。

本申请权利要求 3 请求保护一种监控技术设备的装置，是与权利要求 1 对应的产品权利要求，基于评述权利要求 1 不属于专利法第 25 条第 1 款第（2）项规定的不授予专利权的范围的理由，权利要求 3 也不属于专利法第 25 条第 1 款第（2）项规定的不授予专利权的范围。

综上所述，本申请权利要求 1~3 不属于专利法第 25 条第 1 款第（2）项规定的不授予专利权的范围。

根据上述事实和理由，本案合议组依法做出以下审查决定。

三、决定

撤销国家知识产权局于 2005 年 11 月 4 日对 01805620.2 号 PCT 发明专利申请作出的驳回决定，由原审查部门以本决定依据的文本作为审查基础继续进行审查程序。

复审请求人对本决定不服的，可以根据专利法第 41 条第 2 款的规定，自收到本决定之日起三个月内向北京市第一中级人民法院起诉。

107

石英砂和石英粉的制备与提纯工艺及其产品

复审请求审查决定（第11162号）

决　定　号　第11162号
决　定　日　2007年7月2日
发明创造名称　石英砂和石英粉的制备与提纯工艺及其产品
国际分类号　C01B 33/113
复审请求人　刘少云
申　请　号　200410044471.9
申　请　日　2004年5月12日
公　开　日　2005年1月26日
合议组组长　赵　明
主　审　员　王　冬
参　审　员　郭建强

法律依据　专利法第33条
决定要点

如果申请的内容通过增加、改变和/或删除其中的一部分，致使所属技术领域的技术人员看到的信息与原申请公开的信息不同，而且又不能从原申请公开的信息中直接地、毫无疑义地确定，则这种修改是不允许的。

一、案由

本复审请求涉及名称为“石英砂和石英粉的制备与提纯工艺及其产品”的200410044471.9号发明专利申请（下称本申请），申请人为刘少云，申请日为2004年5月12日，公开日为2005年1月26日。

2006年8月11日，针对申请人于2006年6月21日提交的权利要求1~9、说明书第1~5页以及2004年5月12日提交的说明书摘要，国家知识产权局驳回了本申请，理由是：申请人对说明书的修改超出了原说明书和权利要求书记载的范围，不符合专利法第33条的规定。

2006年8月29日，申请人刘少云（下称请求人）对上述驳回决定不服，向专利复审委员会提出复审请求，请求人在提出复审请求时没有对申请文件进行修改。

请求人认为：本领域技术人员能够理解将说明书中“ml”修改为“L”属于改正打印错误，上述修改符合专利法第33条的规定。

经形式审查合格后，专利复审委员会受理了该请求，并于2006年9月26日向请求人发出了复审请求受理通知书，向国家知识产权局原审查部门发出了前置审查通知书，同时将本申请转送至国家知识产权局原审查部门进行前置审查。

在前置审查意见书中，国家知识产权局原审查部门坚持驳回决定。

专利复审委员会依法组成合议组，对本复审请求案进行了审理。

合议组于2007年4月6日向请求人发出复审通知书，指出：请求人于2006年6月21日提交了权利要求书和说明书的修改替换页，其中将权利要求2、3、7以及说明书第4页中草酸或柠檬酸的单位“ml”改成“L”，但对权利要求书和说明书的上述修改超出了原说明书和权利要求书记载的范围，不符合专利法第33条的规定。

针对上述复审通知书所指出的问题，请求人于2007年5月21日提交了意见陈述书，并提交了“用草酸浸出法除铁以生产高纯石英砂的研究”的文章，作者是F. 维格里奥等（下称附件4）。

请求人认为：原说明书和权利要求书中记载的将1~4吨石英砂用100~300ml、200~700ml、150~600ml草酸或柠檬酸进行酸洗，这种砂酸比例必定是错误的，本领域技术人员能够认定上述错误是将“L”打印成“ml”造成的，因此，将“ml”改成“L”符合专利法第33条的规定。此外，根据附件4的记载可以推算出其中的砂酸比例为2.6~1.3公斤石英砂加入500ml草酸溶液，由此可推知，本专利采用将1~4吨石英砂用100~300L、200~700L、150~600L草酸或柠檬酸进行酸洗也是可行的。

至此，合议组认为本案事实已经清楚，可以作出审查决定。

二、决定的理由

1. 关于审查文本

请求人在复审请求审查程序中没有对申请文件进行修改，因此，本复审决定以请求人于2006年6月21日提交的权利要求1~9、说明书第1~5页以及2004年5月12日提交的说明书摘要为审查文本。

2. 关于专利法第33条

专利法第33条规定：申请人可以对其专利申请文件进行修改，但是，对发明和实用新型专利申请文件的修改不得超出原说明书和权利要求书记载的范围。

如果申请的内容通过增加、改变和/或删除其中的一部分，致使所属技术领域的技术人员看到的信息与原申请公开的信息不同，而且又不能从原申请公开的信息中直接地、毫无疑义地确定，则这种修改是不允许的。

请求人于2006年6月21日提交了权利要求书和说明书的修改替换页，将权利要求2、3、7以及说明书第4页中草酸或柠檬酸的单位“ml”改成“L”，从而将原始申请中原料与酸的比例由“（1~4吨）：（100~300ml）”改成“（1~4吨）：（100~300L）”。请求人曾经在答复原审查部门通知书时对申请文件进行了多次修改，原料与酸的比例由原始公开的“（1~4吨）：（100ml~300ml）”先后修改成了①“（1~4千克）：（1000ml~3000ml）”、②“（0.1~0.4千克）：（100ml~300ml）”和③“（1~4吨）：（100~300L）”三种形式。换算后，这三种形式给出了两种不同的比例，即①和②的（1000~4000千克）：（1000L~3000L）以及③的（1000~4000千克）：（100L~300L）。虽然合议组认为原始申请文件中石英颗粒与酸的比例有误，但并不能从原说明书和/或权利要求书中直接地、明确地认定可以将“ml”改为“L”；此外，根据请求人的答复意见及对申请文件的多次修改也可以看出，将上述比例改为合理的比例范围时也存在多种可能，将“ml”改为“L”也只是多种可能中的一种。因此，权利要求书和说明书的上述修改超出了原说明书和权利要求书记载的范围，不符合专利法第33条的规定。

请求人于2006年6月21日提供了附件1和3用来证明说明书中所述“ml”是“L”的打字错误。附件1是2006年6月13日由江西省广丰永丰陶少林打字复印社的打字员陈兰英出具的证言，声称2004年5月12日上午刘少云到该打字社打印专利申请文件，打印文件中“ml”是“L”的打字错误，对此，合议组认为，附件1仅仅是陈兰英在事隔两年后出具的一份证言，且没有其他证据予以佐证，因此，仅根据该证言尚不足以认定本申请说明书中所述“ml”是“L”的打字错误。

附件3是2002年9月20日出版的《非金属矿》（第5期）标题为“用石英岩制备高纯石英的工艺研究”的文章，在其第3栏中指出：酸浸试验可选择HCL、HNO_3、H2SO$_4$、HF_4等，采用混合酸浸出能使各种酸间产生协同效应，单酸的酸浸效果没有混酸好，混合酸的浓度为石英：混合酸Ⅰ＝100∶55，石英：混合酸Ⅱ＝100∶60。请求人认为，将本专利申请文件中的“ml”改为“L”后，石英颗粒与酸的比例“（1～4吨）：（100～300L）／（200～700L）”与附件3的上述比例相当，本领域技术人员根据附件3和常识可以认定申请文件中所述“ml”是“L”的打字错误。对此，合议组认为，附件3中使用HCL、HNO_3、H2SO$_4$、HF_4等强酸的混合酸来浸泡石英颗粒，并说明“采用混合酸浸出能使各种酸间产生协同效应，这是单一种酸的酸浸所不能比拟的”，而本申请则采用草酸或柠檬酸的单一弱酸，这与附件3中酸的使用条件是完全不同的，二者不具备可比性，因此，本领域技术人员根据附件3的教导并不能得知附件3中混合酸的浓度也适用于本申请。由此可见，本领域技术人员根据附件3和常识无法确认说明书中所述“ml”是“L”的打字错误。

针对复审通知书的意见，请求人认为，原说明书和权利要求书中将1～4吨石英砂用100～300ml、200～700ml、150～600ml草酸或柠檬酸进行酸洗，这种砂酸比例必定是错误的，本领域技术人员能够认定上述错误是将“L”误打印成“ml”造成的，因此，将“ml”改成“L”符合专利法第33条的规定。对此，合议组认为，请求人的意见陈述仅能说明原说明书和权利要求书中记载的1～4吨石英砂用100～300ml、200～700ml、150～600ml草酸或柠檬酸进行酸洗的这种砂酸比例是错误的，而将“ml”改成“L”后新的砂酸比例是可行的，但并不能证明这种修改是唯一确定的修改方式，根据上述分析可知，还存在其他的可行的修改方式使得砂酸比例符合要求，因此，合议组对请求人的上述主张不予支持。

请求人在答复复审通知书的同时提交了附件4—标题为“用草酸浸出法除铁以生产高纯石英砂的研究”的文章，请求人认为，根据附件4的记载可以推算出其砂酸比例为：2.6～1.3公斤石英砂加入500ml草酸溶液，由此可推知，本专利采用将1～4吨石英砂用100～300L、200～700L、150～600L草酸或柠檬酸进行酸洗也是可行的。对此，合议组认为，由附件4虽然能够推知本专利采用1～4吨石英砂与100～300L、200～700L、150～600L草酸或柠檬酸这种砂酸比例进行酸洗是可行的，但并不能由此推知该比例是唯一的选择，根据上述分析可知，还存在其他的可行的砂酸比例，因此，本领域技术人员根据附件4无法确认说明书中所述“ml”是“L”的打字错误。

根据上述事实和理由，合议组作出如下审查决定。

三、决定

维持国家知识产权局于2006年8月11日针对200410044471.9号发明专利申请作出的驳回决定。

复审请求人对本决定不服的，可以根据专利法第41条第2款的规定，自收到本决定之日起3个月内向北京市第一中级人民法院起诉。

北京市第一中级人民法院
行政判决书

（2007）一中行初字第1354号

原告刘少云，男，1965年8月7日出生，汉族，江西省月兔硅材料公司经理，住江西省广丰县永丰镇三岩路5号。

委托代理人韩富钢，北京知本村知识产权代理事务所专利代理人。

被告国家知识产权局专利复审委员会，住所地北京市海淀区北四环西路9号银谷大厦10~12层。

法定代表人廖涛，副主任。

委托代理人王冬，男，国家知识产权局专利复审委员会审查员。

委托代理人隋璐，女，国家知识产权局专利复审委员会审查员。

原告刘少云不服被告国家知识产权局专利复审委员会作出的第11162号复审请求审查决定（以下简称复审决定），向本院提起行政诉讼。本院受理后依法组成合议庭，并于2007年11月14日公开开庭审理了本案，原告的委托代理人韩富钢、被告的委托代理人王冬和隋璐到庭参加了诉讼。本案现已审理终结。被告针对原告提出的复审请求于2007年7月2日作出复审决定，其主要内容如下：本复审请求涉及第200410044471.9号发明专利申请、名称为“石英砂和石英粉的制备与提纯工艺及其产品”（以下简称本申请），申请日为2004年5月12日，公开日为2005年1月26日，申请人为原告。针对本申请及国家知识产权局的驳回决定，原告于2006年8月29日向被告申请复审。被告经审查后认为：（1）关于审查文本本复审决定以原告于2006年6月21日提交的权利要求第1~9项、说明书第1~5页以及2004年5月12日提交的说明书摘要为审查文本。（2）关于《中华人民共和国专利法》（以下简称《专利法》）第三十三条原告于2006年6月21日提交了权利要求书和说明书的修改替换页，将权利要求2、3、7以及说明书第4页中草酸或柠檬酸的单位“ml”改成“L”，从而将原始申请中原料与酸的比例由“（1~4吨）：（100ml~300ml）”改成“（1~4吨）：（100~300L）”。原告曾经在答复原审查部门通知书时对申请文件进行了多次修改，原料与酸的比例由原始公开的“（1~4吨）：（100~300ml）”先后修改成了①“（1~4千克）：（1 000~3 000ml）”、②“（0.1~0.4千克）：（100~300ml）”和③“（1~4吨）：（100~300L）”三种形式。换算后，这三种形式给出了两种不同的比例，即①和②的（1 000~4 000千克）：（1 000L~3 000L）以及③的（1 000~4 000千克）：（100L~300L）。虽然被告合议组认为原始申请文件中石英颗粒与酸的比例有误，但并不能从原说明书和/或权利要求书中直接地、明确地认定可以将“ml”改为“L”；此外，根据原告的答复意见及对申请文件的多次修改也可以看出，将上述比例改为合理的比例范围时也存在多种可能，将“ml”改为“L”也只是多种可能中的一种。因此，权利要求书和说明书的上述修改超出了原说明书和权利要求书记载的范围，不符合《专利法》第三十三条的规定。原告于2006年6月21日提供了附件1和附件3用来证明说明书中所述“ml”是“L”的打字错误。附件1是2006年6月13日由江西省广丰永丰陶少林打字复印社的打字员陈兰英出具的证言，声称2004年5月12日上午刘少云到该打字社打印专利申请文件，打印文件中“ml”是“L”的打字错误，对此，被告合议组认为，附件1仅仅是陈兰英在事隔两年后出具的一份证言，且没有其他证据予以佐证，因此，仅根据该证言尚不足以认定本申请说明书中所述“ml”是“L”的打字错误。附件3是2002年9月20日出版的《非金属矿》（第5期）标题为“用石英岩制备高纯石英的工艺研究”的文章，在其第3栏中指出：酸浸试验可选择HCL、

HNO_3、$H2SO_4$、HF_4 等，采用混合酸浸出能使各种酸间产生协同效应，单酸的酸浸效果没有混酸好，混合酸的浓度为石英：混合酸 I = 100：55，石英：混合酸 II = 100：60。原告认为，将本申请文件中的“ml”改为“L”后，石英颗粒与酸的比例“（1~4 吨）：（100~300L）/（200~700L）”与附件 3 的上述比例相当，本领域技术人员根据附件 3 和常识可以认定申请文件中所述“ml”是“L”的打字错误。对此，被告合议组认为，附件 3 中使用 HCL、HNO_3、$H2SO_4$、HF_4 等强酸的混合酸来浸泡石英颗粒，并说明“采用混合酸浸出能使各种酸间产生协同效应，这是单一种酸的酸浸所不能比拟的”，而本申请则采用草酸或柠檬酸的单一弱酸，这与附件 3 中酸的使用条件是完全不同的，二者不具备可比性，因此，本领域技术人员根据附件 3 的教导并不能得知附件 3 中混合酸的浓度也适用于本申请。由此可见，本领域技术人员根据附件 3 和常识无法确认说明书中所述“ml”是“L”的打字错误。针对复审通知书的意见，原告认为，原说明书和权利要求书中将 1~4 吨石英砂用 100~300ml、200~700ml、150~600ml 草酸或柠檬酸进行酸洗，这种砂酸比例必定是错误的，本领域技术人员能够认定上述错误是将“L”误打印成“ml”造成的，因此，将“ml”改成“L”符合《专利法》第三十三条的规定。对此，被告合议组认为，原告的意见陈述仅能说明原说明书和权利要求书中记载的 1~4 吨石英砂用 100~300ml、200~700ml、150~600ml 草酸或柠檬酸进行酸洗的这种砂酸比例是错误的，而将“ml”改成“L”后新的砂酸比例是可行的，但并不能证明这种修改是唯一确定的修改方式，根据上述分析可知，还存在其他可行的修改方式使得砂酸比例符合要求，因此，被告合议组对原告的上述主张不予支持。原告在答复复审通知书的同时提交了附件 4——标题为“用草酸浸出法除铁以生产高纯石英砂的研究”的文章，原告认为，根据附件 4 的记载可以推算出其砂酸比例为：2.6~1.3 公斤石英砂加入 500ml 草酸溶液，由此可推知，本申请采用将 1~4 吨石英砂用 100~300L、200~700L、150~600L 草酸或柠檬酸进行酸洗也是可行的。对此，被告合议组认为，由附件 4 虽然能够推知本申请采用 1~4 吨石英砂与 100~300L、200~700L、150~600L 草酸或柠檬酸这种砂酸比例进行酸洗是可行的，但并不能由此推知该比例是唯一的选择，根据上述分析可知，还存在其他可行的砂酸比例，因此，本领域技术人员根据附件 4 无法确认说明书中所述“ml”是“L”的打字错误。被告依照《专利法》第三十三条的规定，维持国家知识产权局于 2006 年 8 月 11 日针对本申请作出的驳回决定。被告为证明复审决定的合法性，向本院提交了下列证据，用于证明复审决定认定事实清楚、理由正确合法：（1）本申请原始申请文本；（2）复审决定针对的文本；（3）复审通知书。原告诉称：由于打字错误，将申请文本中酸洗剂的配比计量单位错打为“ml”，原告将“ml”修改为“L”是唯一的选择，没有其他修改的可能性，该修改符合《专利法》的规定。原告请求法院判决撤销复审决定。原告向本院提交了下列证据：（1）本申请原始申请文件（请求书、说明书摘要、权利要求书、说明书），证明公开的内容；（2）“用草酸浸出法除铁以生产高纯石英砂的研究”，证明配比关系属于现有技术；（3）打印证明，证明配比的错误属于打印失误造成。被告辩称，复审决定认定的事实清楚、适用法律正确、程序合法，被告坚持复审决定的理由，请求法院判决维持复审决定。

经庭审质证，原告对于被告提交证据没有异议；对于原告提交的证据，被告对证据 1 没有异议，对于证据 2、证据 3 的关联性、合法性、真实性没有异议，对其证明作用持有异议。本院根据最高人民法院《关于行政诉讼证据若干问题的规定》，对当事人提交的证据认证如下：被告及原告提交的证据符合关联性、合法性、真实性的要求，可以证明原告提出专利申请、国家知识产权局驳回申请、原告申请复审、被告作出复审决定以及原告修改本申请等情况，本院予以确认。

依据上述有效证据以及均无异议的当事人陈述，本院认定事实如下：

原告于 2004 年 5 月 12 日向国家知识产权局申请名称为“石英砂和石英粉的制备与提纯工艺及其产品”的第 200410044471.9 号发明专利申请（即本申请），公开日为 2005 年 1 月 26 日。

2006年8月11日，国家知识产权局驳回了本申请，理由是：原告对说明书的修改超出了原说明书和权利要求书记载的范围，不符合《专利法》第三十三条的规定。

原告不服驳回决定，于2006年8月29日向被告提出复审请求，原告认为，本领域技术人员能够理解将说明书中“ml”修改为“L”属于改正打印错误，上述修改符合《专利法》第三十三条的规定。原告在提出复审请求时没有对申请文件进行修改。

经形式审查合格后，被告受理了该请求，并向原告发出了复审请求受理通知书，向国家知识产权局原审查部门发出了前置审查通知书，同时将本申请转送至国家知识产权局原审查部门进行前置审查。

在前置审查意见书中，国家知识产权局原审查部门坚持驳回决定。

被告依法组成合议组，对本复审请求案进行了审理。

被告于2007年4月6日向原告发出复审通知书，指出原告于2006年6月21日提交了权利要求书和说明书的修改替换页，其中将权利要求2、3、7以及说明书第4页中草酸或柠檬酸的单位“ml”改成“L”，但对权利要求书和说明书的上述修改超出了原说明书和权利要求书记载的范围，不符合《专利法》第三十三条的规定。

针对复审通知书所指出的问题，原告向被告提交了意见陈述书，并提交了“用草酸浸出法除铁以生产高纯石英砂的研究”的文章，作者是F. 维格里奥等（即附件4）。

原告认为原说明书和权利要求书中记载的将1～4吨石英砂用100～300ml、200～700ml、150～600ml草酸或柠檬酸进行酸洗，这种砂酸比例必定是错误的，本领域技术人员能够认定上述错误是将“L”打印成“ml”造成的，因此，将“ml”改成“L”符合《专利法》第三十三条的规定。此外，根据附件4的记载可以推算出其中的砂酸比例为2.6～1.3公斤石英砂加入500ml草酸溶液，由此可推知，本专利采用将1～4吨石英砂用100～300L、200～700L、150～600L草酸或柠檬酸进行酸洗也是可行的。

被告经审查作出被诉复审决定。原告不服复审决定，向本院提起行政诉讼。

原告在法庭审理中确认，其对复审决定书案由部分载明的事实、理由部分关于审查文本的确定以及被告审查程序、法律依据，均没有异议。

本院认为：根据《专利法》第四十一条第一款的规定，被告具有受理复审请求和作出复审决定的法定职权。经各方当事人确认，本案的争议焦点是：原告对权利要求书和说明书的修改是否符合《专利法》第三十三条规定。

根据《专利法》第三十三条的规定，申请人可以对其专利申请文件进行修改，但是，对发明和实用新型专利申请文件的修改不得超出原说明书和权利要求书记载的范围。根据《审查指南》的规定，原说明书和权利要求书记载的范围包括原说明书和权利要求书文字记载的内容和根据原说明书和权利要求书文字记载的内容以及说明书附图能直接地、毫无疑义地确定的内容。

本案中，原告于2004年5月12日提出本申请，并提交了原始申请文本。原告于2006年6月21日提交了权利要求书和说明书的修改替换页，将权利要求2、3、7以及说明书第4页中草酸或柠檬酸的单位“ml”改成“L”，从而将原始申请中原料与酸的比例由“（1～4吨）：（100～300ml）”改成“（1～4吨）：（100～300L）”。原告在答复原审查部门通知书时对申请文件进行了多次修改，即：原料与酸的比例由原始公开的“（1～4吨）：（100～300ml）”先后修改成了①“（1～4千克）：（1000～3000ml）”、

②“（0.1～0.4千克）：（100～300ml）”和③“（1～4吨）：（100～300L）”三种形式。根据原告的答复意见及对申请文件的多次修改，将上述比例改为合理的比例范围时存在多种可能，将

“ml”改为“L”只是多种可能中的一种。从原始文本的权利要求书和说明书中不能直接地、毫无疑义地确定可以将“ml”改为“L”。因此，原告对权利要求书和说明书的修改超出了原说明书和权利要求书记载的范围，不符合《专利法》第三十三条的规定。本领域普通技术人员根据现有技术和公知常识亦无法确认本申请权利要求书和说明书中所述“ml”系打字错误，原告关于修改前的文本系打印错误的诉讼主张与其对申请文本的多次修改相矛盾，本院不予支持。

综上所述，被告作出的复审决定认定的事实清楚，适用法律正确，程序合法。原告的诉讼请求缺乏事实和法律依据，本院不予支持。据此，本院依照《中华人民共和国行政诉讼法》第五十四条第（一）项的规定，判决如下：

维持被告国家知识产权局专利复审委员会于二〇〇七年七月二日作出的第11162号复审请求审查决定。案件受理费100元，由原告刘少云负担（已交纳）。

如不服本判决，当事人可在本判决书送达之日起15日内向本院递交上诉状，并按对方当事人人数提交副本，上诉于北京市高级人民法院。

审 判 长 齐 莹
代理审判员 乔 军
代理审判员 杨一平
二〇〇七年十二月二十日
书 记 员 曹 炜

108

显示器中的扫描结构，驱动显示器的方法，及其制造方法

复审请求审查决定（第 11164 号）

决　定　号　第 11164 号
决　定　日　2007 年 7 月 13 日
发明创造名称　显示器中的扫描结构，驱动显示器的方法，及其制造方法
国际分类号　G09G 3/30
复审请求人　LG 电子株式会社
申　请　号　02123704.2
优先权日　2001 年 5 月 4 日
申　请　日　2002 年 5 月 4 日
公　开　日　2003 年 1 月 1 日
合议组组长　张　曦
主　审　员　关　刚
参　审　员　王琦琳

法律依据　专利法第 26 条第 4 款、第 22 条第 2 款、第 3 款
决定要点
如果一项权利要求的技术方案能从说明书（包括附图）记载的内容毫无疑义地得到，则该技术方案能得到说明书的实质支持，符合专利法第 26 条第 4 款的规定。

一、案由

本复审请求涉及申请号为 02123704.2、名称为“显示器中的扫描结构，驱动显示器的方法，及其制造方法”的发明专利申请（下称本申请），申请人为 LG 电子株式会社，申请日为 2002 年 5 月 4 日，优先权日为 2001 年 5 月 4 日，公开日为 2003 年 1 月 1 日。本申请公开文本包括 16 项权利要求，其中权利要求 1、5~10、13、14、16 为独立权利要求。

国家知识产权局实质审查部门依法对本申请进行了实质审查，于 2004 年 6 月 4 日发出了第一次审查意见通知书，指出本申请权利要求 1、5~9、12、14、15 不符合专利法第 26 条第 4 款的规定，权利要求 1、5~9；10、13、14、16 不符合专利法第 31 条第 1 款的规定，权利要求 1~3、5~14、16 不符合专利法实施细则第 20 条第 1 款的规定，权利要求 1、5 不符合专利法实施细则第 21 条第 2 款的规定，权利要求 5~8、10、13、14、16 不符合专利法实施细则第 22 条第 3 款的规定，说明书的部分内容不符合专利法实施细则第 18 条第 3 款的规定。

针对上述第一次审查意见通知书，申请人于 2004 年 10 月 18 日提交了意见陈述书及权利要求书

全文替换页和说明书全文替换页，修改后的权利要求书包括14项权利要求，其中权利要求1、4、6、8、9、13为独立权利要求。

国家知识产权局实质审查部门于2004年12月17日发出第二次审查意见通知书，指出权利要求1、2、4、5、9~12不具备专利法第22条第2款规定的新颖性，权利要求3、6~8、13、14不具备专利法第22条第3款规定的创造性，权利要求3不符合专利法第26条第4款的规定，权利要求1~3不符合专利法实施细则第20条第1款的规定。其中引用了1篇对比文件：

对比文件1：公开号为CN1115535 A的发明专利申请公开说明书，其公开日为1996年1月24日。

针对上述第二次审查意见通知书，申请人于2005年2月28日提交了意见陈述书及权利要求书全文替换页和说明书全文替换页。修改后的权利要求书共包括9项权利要求，其中权利要求1~5如下：

“1. 一种显示器，该显示器具有一个方向上形成的多条数据线，垂直于多条数据线形成的多条单位扫描线，包括：

至少两个像素，所述至少两个像素通过将至少一条由两条扫描线形成的单位扫描线和至少两条数据线形成为矩阵类型而在所述至少一条单位扫描线和所述至少两条数据线的交叉点上形成；并且

所述至少两个像素中的奇数像素连接到所述至少两条数据线中的一条数据线上，而偶数像素连接到另一条数据线上，通过在单位扫描线和数据线上施加信号来独立地操纵像素。

2. 根据权利要求1所述的显示器，其特征在于，单位扫描线被阻挡壁分隔。

3. 一种显示器的扫描结构，包括：

通过将至少一条由两条扫描线形成的单位扫描线和至少两条数据线彼此交叉而形成的至少两个像素，所述至少两个像素分成奇数象素和偶数像素，用于分别连接到所述两条数据线上；

数据驱动器，用于将数据信号加载到奇数像素或偶数像素上；和

扫描驱动器，用于将扫描信号加载到所述至少一条单位扫描线上。

4. 一种具有有机EL面板的显示器的扫描结构，包括：

通过将至少一条由两条扫描线形成的单位扫描线和至少两条数据线彼此交叉而形成的至少两个像素，所述至少两个像素分成奇数像素和偶数像素，用于分别连接到所述至少两条数据线上；

数据驱动器，用于将数据信号加载到根据数据线的方向识别的奇数像素或偶数像素上；以及

扫描驱动器，用于将扫描信号加载到至少一条扫描线上。

5. 一种通过电流驱动的显示器的扫描结构，包括：

通过将至少一条由两条扫描线形成的单位扫描线和至少两条数据线彼此交叉而形成的至少两个像素，所述至少两个像素分成奇数像素和偶数像素，用于分别连接到所述至少两条数据线上；

数据驱动器，用于将数据信号加载到根据数据线的方向识别的奇数像素或偶数像素上；以及

扫描驱动器，用于将扫描信号加载到至少一条单位扫描线上。”

经过上述实质审查程序后，国家知识产权局实质审查部门以本申请权利要求1、3相对于对比文件1不具备专利法第22条第2条规定的新颖性，权利要求4、5不具备专利法第22条第3款规定的创造性，权利要求2不符合专利法第26条第4款的规定为由，于2005年9月9日做出了驳回本申请的决定。驳回决定认为：虽然申请人在意见陈述书中认为对比文件1的方案是一根扫描线和一根数据线构成一个像素，而本申请是由一根单位扫描线分别与两根数据线构成两个像素。但是，事实上，由于对比文件1中每个像素行由两根扫描线构成一组，而每一组相当于本申请中的单位扫描线，因此对比文件1中实际上是一组扫描线（由两根构成）分别和两条数据线构成两个像素，权利要求1的技术方案与对比文件1所公开的内容实质相同。

申请人LG电子株式会社（下称复审请求人）不服上述驳回决定，于2005年12月13日向专利

复审委员会提出复审请求，复审请求人认为，对比文件1中驱动电路结构是按每一像素配置的一根数据信号线和按每一像素配置的两根一组的扫描信号线，各像素与两根一组的扫描信号线交错地连接形成的，因此其仍然是单独一根扫描线和一根数据线构成一个像素，并不是如本申请所公开的，由一根单位扫描线分别与两根数据线构成两个像素，因此权利要求1相对于对比文件1具备新颖性和创造性；另外从说明书附图10中可以清楚地看出，由交叉剖面线所表示的单位扫描线之间具有阻挡壁30，显然可以看出单位扫描线由阻挡壁分隔，因此权利要求2可以得到说明书的支持。复审请求人未对申请文件进行进一步修改。

经形式审查合格后，专利复审委员会依法受理了上述请求，并于2006年1月19日向复审请求人发出了复审请求受理通知书，同时向原审查部门发出前置审查通知书。

原审查部门对本复审请求做出前置审查意见，仍然坚持原驳回决定。

专利复审委员会依法成立合议组对本复审请求案进行审理。本案合议组在仔细审阅了全部案卷后，认为本案事实已经清楚，现依法作出复审决定。

二、决定的理由

1. 关于审查文本

由于复审请求人在提出复审请求时未对申请文件进行修改，因此，本复审请求审查决定所针对的审查文本与驳回决定所针对的文本相同，即复审请求人于申请日提交的说明书附图第1~11页、说明书摘要、摘要附图，2005年2月28日提交的说明书第1~9页、权利要求第1~9项。

2. 关于本申请权利要求2是否符合专利法第26条第4款的规定

专利法第26条第4款规定：权利要求书应当以说明书为依据，说明要求专利保护的范围。

驱回决定中指出，权利要求2的附加技术特征得不到说明书的支持，在说明书中只是指出“具有至少一个辅助金属电极40的阻挡壁30，垂直于辅助金属电极40形成”，而说明书对附图10的说明中没有清楚地指出“交叉面线”表示的就是“单位扫描线”，同时说明书的实施例中也没有明确指出阻挡壁分隔了单位扫描线，因此权利要求2得不到说明书的支持。

复审请求人认为，从说明书附图10中可清楚看出，由交叉剖面线所表示的单位扫描线之间具有阻挡壁30，可以看出单位扫描线由阻挡壁分隔。

对此，合议组认为，在本申请说明书中，附图3为本申请第一实施例的显示器的扫描结构视图，附图5~10是本申请的显示面板的制造步骤的视图，根据本申请说明书记载，附图3中附图标记50a表示单位扫描线（参见说明书第5页第18行），附图8中附图标记30表示阻挡壁（参见说明书第7页第15行），而从说明书附图3中能明显看出，附图标记50a表示的单位扫描线被以附图标记30表示的阻挡壁分隔开。因此，权利要求2的附加技术特征“单位扫描线被阻挡壁分隔”能得到说明书的实质支持，符合专利法第26条第4款的规定。

3. 关于权利要求1、3的新颖性

专利法第22条第2款规定：新颖性，是指在申请日以前没有同样的发明或者实用新型在国内外出版物上公开发表过、在国内公开使用过或者以其他方式为公众所知，也没有同样的发明或者实用新型由他人向国务院专利行政部门提出过申请并且记载在申请日以后公布的专利申请文件中。

（1）权利要求1请求保护一种显示器，该显示器具有一个方向上形成的多条数据线，垂直于多条数据线形成的多条单位扫描线，包括：至少两个像素，所述至少两个像素通过将至少一条由两条扫描线形成的单位扫描线和至少两条数据线形成为矩阵类型而在所述至少一条单位扫描线和所述至少两条数据线的交叉点上形成；并且所述至少两个像素中的奇数像素连接到所述至少两条数据线中的一条数据线上，而偶数像素连接到另一条数据线上，通过在单位扫描线和数据线上施加信号来独立地操纵像素。

对比文件 1（CN1115535 A）公开了一种图像显示装置，其所要解决的技术问题是：为了防止液晶电容 CL 性能在进行显示器驱动时变差，而需要在每个水平扫描期间进行极性反转的交流驱动，从而使电功率消耗大，对各构成像素的元件的耐压性能要求高的技术问题。该对比文件 1 具体公开了如下内容（参见说明书第 23~27 页实施例 1，附图 5、6）：由开关元件 SW 和像素电路 C1 构成的各个像素配制成矩阵状并且按每一像素配置的一根数据信号线 SLm 和按每一个像素行配置的两根一组的扫描信号线 GL1n 和 GL2n，各像素与两根一组的扫描线交错连接，通过向数据线和扫描线分别施加控制信号来操纵像素。

对比文件 1 的显示器虽然同样具有一个方向上形成的多条数据线和垂直于多条数据线形成的多条扫描线，以及向数据线和扫描线施加控制信号的数据驱动电路和扫描驱动电路。但是，对比文件 1 与权利要求 1 中的由数据线和扫描线配置的扫描结构不相同。对比文件 1 所描述的“在每列上述像素上按一根形成的数据信号线和在每行上述像素上按两根一组形成的扫描信号线对”是利用两根扫描线驱动一个像素行，通过将扫描线的数量增加至两倍（参见对比文件 1 说明书第 26 页第 9~10 行）使得能够以不同极性的信号分别驱动奇数像素列和偶数像素列，从而可以不需要在每个水平扫描期间对数据线进行极性反转的交流驱动，因此减小电功率消耗，降低对各构成像素的元件耐压性能的要求。而权利要求 1 的技术特征“所述至少两个像素通过将至少一条由两条扫描线形成的单位扫描线和至少两条数据线形成为矩阵类型而在所述至少一条单位扫描线和所述至少两条数据线的交叉点上形成”所限定的是两个像素行的扫描线形成单位扫描线，即一条单位扫描线驱动两个像素行，以两条数据线驱动一个像素列，即增大了数据线的数量，减小了扫描线的数量，其所起的作用是增大每条扫描线的扫描时间 Ts，从而减少功耗，容易控制每个电极亮度。换句话说，对于具有 M×N 分辨率的显示面板，对比文件 1 的技术方案需要 2M 根扫描线和 N 根数据线，即通过增大扫描线的数量使得在每个水平扫描期间不需要对数据线进行极性反转的交流驱动，而权利要求 1 的技术方案需要 M/2 根单位扫描线和 2N 根数据线，即通过增大数据线的数量并实质上减小扫描线的数量从而增大每条扫描线的扫描时间。由此可见，权利要求 1 与对比文件 1 相比，技术方案不同，所达到的技术效果也不同，因此，权利要求 1 相对于对比文件 1 具有专利法第 22 条第 2 款规定的新颖性。

（2）权利要求 3 请求保护一种显示器的扫描结构，其中限定了技术特征“通过将至少一条由两条扫描线形成的单位扫描线和至少两条数据线彼此交叉而形成的至少两个像素，所述至少两个像素分成奇数像素和偶数像素，用于分别连接到所述两条数据线上”，该技术特征与权利要求 1 中的技术特征“所述至少两个像素通过将至少一条由两条扫描线形成的单位扫描线和至少两条数据线形成为矩阵类型而在所述至少一条单位扫描线和所述至少两条数据线的交叉点上形成”对应。因此，如评权利要求 1 的理由可知，该技术特征与对比文件 1 所公开的内容不同，所达到的技术效果也不同，因此权利要求 3 相对于对比文件 1 具有专利法第 22 条第 2 款规定的新颖性。

4. 关于权利要求 4、5 的创造性

专利法第 22 条第 3 款规定：创造性，是指同申请日以前已有的技术相比，该发明有突出的实质性特点和显著的进步，该实用新型有实质性特点和进步。

（1）权利要求 4 请求保护一种具有有机 EL 面板的显示器的扫描结构，包括：通过将至少一条由两条扫描线形成的单位扫描线和至少两条数据线彼此交叉而形成的至少两个像素，所述至少两个像素分成奇数像素和偶数像素，用于分别连接到所述至少两条数据线上；数据驱动器，用于将数据信号加载到根据数据线的方向识别的奇数像素或偶数像素上；以及扫描驱动器，用于将扫描信号加载到至少一条扫描线上。

由上述评述权利要求1、3时的理由可知，权利要求4中所限定的技术特征“通过将至少一条由两条扫描线形成的单位扫描线和至少两条数据线彼此交叉而形成的至少两个像素，所述至少两个像素分成奇数像素和偶数像素，用于分别连接到所述两条数据线上”与对比文件1所公开的内容不同，而且，权利要求4的上述技术特征所限定的是两个像素行的扫描线形成单位扫描线，即一条单位扫描线驱动两个像素行，以两条数据线驱动一个像素列，即增大了数据线的数量，减小了扫描线的数量，其所起的作用是增大每条扫描线的扫描时间Ts；而对比文件1的扫描结构是两根扫描线驱动一个像素行，通过将扫描线的数量增加至两倍（参见对比文件1说明书第26页第10行）使得能够以不同极性的信号分别驱动奇数像素列和偶数像素列，从而可以不需要在每个水平扫描期间对数据线进行极性反转的交流驱动。由上述相同的理由可知，权利要求4与对比文件1相比，由于所要解决的技术问题不同，所采用的技术方案不同，而且所达到的技术效果也不同，本领域普通技术人员不会从对比文件1中的通过增加扫描线的数量使得不需要在每个水平扫描期间对数据线进行极性反转的交流驱动的技术方案中获得技术启示，从而得到权利要求4的通过增加数据线的数量，实际减少扫描线的数量而增大每条扫描线的扫描时间的技术方案，因此权利要求4相对于对比文件1具有实出的实质性特点和显著的进步，具备专利法第22条第3款规定的创造性。

（2）权利要求5请求保护一种通过电流驱动的显示器的扫描结构，其与权利要求4具有相同的技术特征“通过将至少一条由两条扫描线形成的单位扫描线和至少两条数据线彼此交叉而形成的至少两个像素，所述至少两个像素分成奇数像素和偶数像素，用于分别连接到所述两条数据线上”，由上述评述权利要求4相同的理由可知，权利要求5相对于对比文件1也具有突出的实质性特点和显著的进步，具备专利法第22条第3款规定的创造性。

综上所述，本申请权利要求2符合专利法第26条第4款的规定；权利要求1、3相对于对比文件1符合专利法第22条第2款的规定；权利要求4、5相对于对比文件1符合专利法第22条第3款的规定。

根据上述事实和理由，本案合议组依法做出以下审查决定。

三、决定

撤销国家知识产权局于2005年9月9日对02123704.2号发明专利申请作出的驳回决定，由原审查部门以本决定所依据的文本作为审查基础继续进行审查程序。

复审请求人对本决定不服的，可以根据专利法第41条第2款的规定，自收到本决定之日起三个月内向北京市第一中级人民法院起诉。

109

医疗系统和患者使用该系统进行自我医疗的控制方法

复审请求审查决定（第11165号）

决　定　号　第11165号
决　定　日　2007年7月16日
发明创造名称　医疗系统和患者使用该系统进行自我医疗的控制方法
国 际 分 类 号　A61B 5/00，G06F 19/00
复 审 请 求 人　诺沃挪第克公司
申　请　号　99813914.9
申　请　日　1999年11月30日
优 先 权 日　1998年11月30日
公　开　日　2002年1月2日
合 议 组 组 长　杨军艳
主　审　员　熊　茜
参　审　员　刘　畅

法 律 依 据　专利法第22条第3款、第25条第1款第（3）项
决 定 要 点

在判断创造性的过程中，要确定现有技术整体上是否存在某种技术启示。如果所述区别特征为与最接近的现有技术相关的技术手段，例如，同一份对比文件其他部分披露的技术手段，该技术手段在该其他部分所起的作用与该区别特征在要求保护的发明中为解决其技术问题所起的作用相同，应当认为现有技术中存在技术启示。

一、案由

本复审请求涉及于2001年5月30日进入国家阶段的、申请号为99813914.9、名称为“医疗系统和患者使用该系统进行自我医疗的控制方法”的PCT发明专利申请（下称本申请），其申请日为1999年11月30日，优先权日为1998年11月30日，申请人为诺沃挪第克公司。

在实质审查程序中，国家知识产权局实质审查部门于2005年3月11日发出第一次审查意见通知书。通知书中引用了两篇对比文件，分别为：对比文件1：US5536249A号美国专利文献，其公开日期为1996年7月16日；对比文件2：US5545145A号美国专利文献，其公开日期为1996年8月13日（下称对比文件2）。通知书中指出权利要求1~12属于专利法第25条第1款第（3）项规定的情形，不能授予专利权，权利要求13~34不具有专利法第22条第3款规定的创造性。

申请人针对上述审查意见通知书于2005年7月25日提交了意见陈述书，没有对申请文件进行修

改。申请人认为权利要求1~12符合专利法第25条的规定且权利要求13~34具有创造性，主要原因为：（1）该方法直指用于控制由患者为了自我治疗所使用的多个便携式设备之间的数据信息，不涉及直接针对疾病的医治；（2）该方法的步骤无一涉及要求医生而不是技术人员为医生后续诊断提供基础所执行的任何阶段或测量，该方法也不包括由医务人员实施的或者由医生负责的基本步骤；（3）权利要求13与对比文件1相比，区别在于对比文件1是单一功能的装置，不具有如当前的权利要求13所述的各具独特功能的多个装置；（4）对比文件1中CPU对于集成BGM和注射装置是公用的，因此，对于相互数据通信的控制和监视程序而言，信息具有固定的优先权并且主模块是静态的，亦即主模块不是动态指定的；（5）对比文件1没有公开权利要求13所述的“所述的功能主模块依据请求来启动和控制在所述的多个便携式设备之间的尝试性数据通信”。

经过上述审查程序后，国家知识产权局实质审查部门以本申请权利要求1~12属于专利法第25条第1款第（3）项规定的不能授予专利权的客体和权利要求13~34不符合专利法第22条第3款有关创造性的规定为由，于2005年12月9日针对按国际初审报告的附件提交的权利要求1~34项，进入中国国家阶段时提交的国际申请文件的说明书1~17页、说明书附图1~11页、摘要及摘要附图所构成的申请文件作出了驳回本申请的决定。

驳回决定所针对的独立权利要求1和13分别为：

“1. 一种控制患者用于自我治疗的若干便携式设备（10；20；30；40；50；60；7l；72；73；74；80；90；501；601）之间的数据信息的方法，所述治疗包括第一操作和至少一个另一操作，所述多个便携式设备包括执行第一操作的第一设备，以及执行第二操作的至少一个另一设备，每个设备包括一个或多个下述装置：存储装置（12），发射装置（12），接收装置（12），处理装置（12）及显示信息装置（11；32；503；603），其特征在于：

在所述设备（10；20；30；40；50；60；7l；72；73；74；80；90；501；601）的至少两个设备中，动态指定一个设备作为功能主模块，所述至少两个设备处于运行状态，并在通信范围之内，

应请求启动所述设备（10；20；30；40；50；60；71；72；73；74；80；90；501；601）之间的尝试性数据通信，所述通信由所述功能主模块控制，及

接收在至少一个设备（10；20；30；40；50；60；71；72；73：74；80；90；501；601）中产生的相关信息，并将其存储在所述功能主模块中。

13. 一种患者用于自我治疗的医疗系统，所述医疗系统包括多个便携式设备（10；20；30；40；50；60；71；72；73；74；80；90；501；601），所述治疗包括第一操作和至少一个另一操作，所述系统包括执行第一操作的第一设备（10；20；30；40；50；60；71；72；73；74；80；90；501；601），以及执行第二操作的第二设备（10；20；30；40；50；60；71；72；73；74；80；90；501；601），每个设备（10；20；30；40；50；60；71；72；73；74；80；90；501；601）包括存储装置（12），处理装置（12）和/或显示信息的装置（11；32；503；603），并包括发射信息的装置（12）和接收信息的装置（12），从而每个设备能够和属于自我医疗系统的任意其他当前和/或有效设备（10；20；30；40；50；60；71；72；73；74；80；90；501；601）交换数据，其特征在于：

至少两个所述设备（10；20；30；40；50；60；71；72；73；74；80；90；501；601）为可能的功能主模块，

所述可能的功能主模块之一被动态指定为功能主模块，所述功能主模块适于控制所述设备（10；20，30；40；50，60；71；72；73；74；80；90；501；601）之间的，应请求启动的尝试性数据通信，并且适于接收并保存在至少一个设备（10；20，30；40；50，60；71；72；73；74；80；90；

501；601）中产生的相关信息。”

驳回具体理由为：

（1）权利要求1~12请求保护控制患者用于自我治疗的若干便携式设备之间的数据信息的方法。从该权利要求的主题名称和其包含的技术特征："所述治疗包括第一操作和至少一个另一操作"，可以看出该方法的确是以治疗疾病为直接目的、在有生命的人体或动物体上实施的方法，属于疾病的治疗方法范畴，是专利法第25条第1款第（3）项规定的不能授予专利权的客体。

（2）独立权利要求13相对于对比文件1结合本领域的常规选择不具有创造性；从属权利要求14~22、24~26、29、33~34的附加技术特征在对比文件1中公开，从属权利要求23、27~28、31~32的附加技术特征是本领域常用技术手段或公知常识，从属权利要求30的附加技术特征在对比文件2中公开，因此当其引用的权利要求不具有创造性时，权利要求14~34也不具有创造性。

（3）针对申请人的意见陈述（1）和（2），驳回决定认为该方法是通过控制便携设备，实现患者的自我治疗，不论这种治疗是对疾病的间接医疗还是对疾病的直接医疗，其最终目的都是为了患者的治疗，是属于治疗方法范畴的；任何具有治疗目的或者治疗性质的方法，不论其是由医务人员实施还是由患者自己实施抑或由第三方的技术人员实施均属于疾病的治疗方法。

（4）针对申请人的意见陈述（3）、（4）和（5），驳回决定认为权利要求13中并没有记载"各具独特功能的多个装置"，只记载了"执行第一操作的第一设备以及执行第二操作的第二设备"，而对比文件1公开了相当于上述两设备的对应的装置；对比文件1给出了两个实施例——注射装置和腕表式血液监视器，这两种设备均有各自的控制器，可以各自独立执行相应的功能，并互传数据，因此功能主模块不是静态的，而是根据为执行各自不同的功能而随时动态指定的，两者的结合破坏了权利要求13的创造性；权利要求13只记载了"所述功能主模块适于控制所述设备之间的，应请求启动的尝试性数据通信"，该特征在对比文件1中已经公开，对比文件1中公开了注射装置和腕表式血液监视器可以互传数据，作为一个完整技术方案而言的权利要求13在对比文件1的基础上结合本领域的常规选择对于本领域的技术人员来说是显而易见的。

申请人（下称复审请求人）不服上述驳回决定，于2006年3月23日向专利复审委员会提出复审请求，进行了意见陈述，并提交了修改后的权利要求1~34项和说明书修改替换页第1~3、7、8页，并于2006年4月5日提交了复审请求书的补充说明。修改后的独立权利要求1和13分别为：

"1. 一种用于控制由患者为了自我治疗所使用的多个便携式设备（10；20；30；40；50；60；71；72；73；74；80；90；501；601）之间的数据信息的方法，所述的治疗包括：第一操作和至少一个第二操作，所述的多个便携式设备包括：一个用于执行所述第一操作的第一设备和用于执行所述第二操作的至少一个第二设备，每个设备包括用于以下功能的一个或多个装置：用于存储的装置（12），用于发射的装置（12），用于接收的装置（12），用于处理的装置（12）和用于显示信息的装置（11；32；503；603），所述的多个便携式设备之中至少两个是一种可能的主模块，所述方法的特征在于，包括以下步骤：

在处于运行状态并在通信范围之内的所述可能的主模块（10；20；30；40；50；60；71；72；73；74；80；90；501；601）之中，指定一个设备作为功能主模块，

根据请求，启动所述设备（10；20；30；40；50；60；71；72；73；74；80；90；501；601）之间的尝试性数据通信，所述的通信由所述功能主模块控制，和

接收在至少一个设备（10；20；30；40；50；60；71；72；73：74；80；90；501；601）中产生的相关信息，并将其存储在所述功能主模块中。

13. 一种由患者用于自我治疗的医疗系统，所述医疗系统包括多个便携式设备（10；20；30；

40；50；60；71；72；73；74；80；90；501；601），所述治疗包括：第一操作和至少一个第二操作，所述系统包括：用于执行所述第一操作的第一设备（10；20；30；40；50；60；71；72；73；74；80；90；501；601）和用于执行所述第二操作的第二设备（10；20；30；40；50；60；71；72；73；74；80；90；501；601），每个设备（10；20；30；40；50；60；71；72；73；74；80；90；501；601）包括：用于存储的装置（12），用于处理的装置（12）和/或用于显示信息的装置（11；32；503；603），还包括：用于发射信息的装置（12）和用于接收信息的装置（12），以使每个设备能够与属于自我医疗的任意其他当前和/或运行的设备（10；20；30；40；50；60；71；72；73；74；80；90；501；601）交换数据，其特征在于：

至少两个所述的设备（10；20；30；40；50；60；71；72；73；74；80；90；501；601）是可能的功能主模块，

每个所述可能的功能主模块能够被指定为功能主模块，和

所述功能主模块适合于控制在所述设备（10；20；30；40：50：60；71；72；73；74；80；90；501；601）之间根据请求而启动的尝试性数据通信，还适合于接收并保存在至少一个所述设备（10；20；30；40；50；60；71；72；73；74；80；90；501；601）中产生的相关信息。”

复审请求人的理由是：（1）权利要求1所述方法的直接实施对象不是有生命的人体或动物体，而是多个便携式设备，因此根据2001版审查指南第二部分第一章第3.3节的规定不属于专利法第25条第1款第（3）项所规定的范畴；（2）权利要求13与对比文件1~2的重要区别在于权利要求13有技术特征“至少两个所述的设备是可能的功能主模块，每个所述可能的功能主模块能够被指定为功能主模块，所述的功能主模块控制所述的设备之间的数据通信”以允许所述的设备被组装成用户最适合的组态结构。

经形式审查合格后，专利复审委员会依法受理了上述复审请求，并于2006年5月17日向复审请求人发出了复审请求受理通知书，同日向原审查部门发出了前置审查通知书。

原实质审查部门对本复审请求做出前置审查意见，仍然坚持原驳回决定。

专利复审委员会依法成立合议组，对本复审请求案进行了审理，于2006年9月11日向请求人发出复审通知书。复审通知书中指出，本申请的权利要求1~12属于专利法第25条第1款第（3）项所规定的不授权的范围，同时权利要求13~34不符合专利法第22条第3款的规定，具体理由为：

（1）本发明权利要求1~12请求保护一种用于控制由患者为了自我治疗所使用的多个便携式设备之间的数据信息的方法。从该权利要求的主题名称和其包含的技术特征：“所述治疗包括第一操作和至少一个第二操作”，可以看出该方法的确是以治疗疾病为直接目的、在有生命的人体或动物体上实施的方法，属于疾病的治疗方法范畴，是专利法第25条第1款第（3）项规定的不能授予专利权的客体。

（2）独立权利要求13相对于对比文件1图14~15对应的具体实施方式和附图22~23以及说明书第16栏第23~29行对应的另一具体实施方式的结合不具有创造性；从属权利要求14~22、24~26、29、33~34的附加技术特征在对比文件1中公开，从属权利要求23、27~28、31~32的附加技术特征是本领域常用技术手段或公知常识，从属权利要求30的附加技术特征在对比文件2中公开，因此当其引用的权利要求不具有创造性时，权利要求14~34也不具有创造性。

（3）针对复审请求人在提出复审请求时的意见陈述（1），合议组认为权利要求1的主题名称“一种用于控制由患者为了自我治疗所使用的多个便携式设备之间的数据信息的方法”和权利要求1包含的技术特征：“所述治疗包括第一操作和至少一个第二操作”中的“治疗”的直接实施对象就是有生命的人体或动物体即患者，因此权利要求1~12的方法包括了上述这样的内容，是符合2006版

审查指南第二部分第一章第4.3节关于疾病的治疗方法的定义的，是属于治疗方法范畴的；

（4）针对复审请求人在提出复审请求时的意见陈述（2），合议组认为由于根据本申请说明书第7页第4段的记载，“功能主模块”指的是一个预定的设备被选为控制、协调和监督所有设备之间的相互通信的优先权最高的有效器件，而对比文件1公开了上述技术特征，因此也必然允许所述的设备被组装成用户最适合的组态结构。

2006年10月26日，复审请求人针对上述复审通知书提交了意见陈述书和权利要求书的全文修改替换页和说明书第2、3页的修改替换页，其中删除了原权利要求1~12，修改后的权利要求书共有22项权利要求，其独立权利要求1为：

“1. 一种医疗系统，包括：由患者用于自我治疗的多个便携式设备，所述治疗包括：

一个第一操作和至少一个第二操作，一个用于执行所述第一操作的第一设备，和一个用于执行所述第二操作的第二设备，每个设备包括：用于存储、处理和/或用于显示信息的装置；和用于发射和接收信息，以使每个设备能够与属于自我医疗的任何其他当前和/或运行的设备交换数据的装置，

其特征在于：

至少两个所述的设备是可能的功能主模块，每个所述可能的功能主模块能够被指定作为功能主模块，所述的功能主模块被接受用于根据请求来控制在所述设备之间的尝试性数据通信，并且适合于接收和存储在至少一个所述设备中一个产生的相关信息。”

复审请求人在意见陈述书中认为：（1）由于新的权利要求书删除原方法权利要求1~12，因此克服了权利要求1~12不符合关于专利法第25条第1款第（3）项的规定的缺陷；（2）对比文件1从未公开过几个装置的每个都具有自己的功能可使一个单一的设备在至少两个现行的设备之间在通信范围内动态指定一个单一的设备作为功能主模块。

经过上述审查程序，本案合议组经合议后，认为本案事实已清楚，现依法作出复审决定。

二、决定的理由

1. 审查文本

本决定是基于复审请求人于2006年10月26日提交的权利要求第1~22项、说明书第2、3页，2006年3月23日提交的说明书第1、7、8页，以及按进入中国国家阶段时提交的国际申请文件的说明书第4~6、9~17页、说明书附图第1~11页、说明书摘要以及摘要附图而作出的。

2. 关于专利法第25条第1款第（3）项

专利法第25条第1款第（3）项规定：对疾病的诊断和治疗方法，不授予专利权。

针对驳回决定和复审通知书中所指出的原权利要求1~12属于疾病的治疗方法范畴，是专利法第25条第1款第（3）项规定的不能授予专利权的客体，复审请求人修改了权利要求书，删除了原权利要求1~12，因此克服了驳回决定和复审通知书中所指出的权利要求属于专利法第25条第1款第（3）项规定的不能授予专利权的客体的缺陷。

3. 关于专利法第22条第3款

专利法第22条第3款规定：创造性，是指同申请日以前已有的技术相比，该发明有突出的实质性特点和显著的进步，该实用新型有实质性特点和进步。

权利要求1请求保护一种医疗系统，对比文件1（US5536249A）中的图14~15对应的具体实施方式也公开了一种医疗系统（附图14、15，说明书第11栏32行至第12栏19行），并具体公开了如下内容：所述系统由带有血液特征监控器（202，相当于权利要求1中的第二设备）的笔式注射器（200，相当于权利要求1中的第一设备）组成，笔式注射器用于注射药物（相当于权利要求1中的第一操作），血液特征监控器用于分析血液样本（相当于权利要求1中的第二操作），所述的注射药

物和分析血液样本都属于治疗的范畴，笔式注射器和血液特征监控器都属于由患者用于自我治疗的设备（说明书第 11 栏第 49～52 行）；并且笔式注射器和血液特征监控器都包括处理器（32）、存储器（42、44）、显示器（34）以及用于和外部设备进行传输数据的数据输入/输出端口（46，相当于权利要求 1 中的用于发射信息的装置和用于接收信息的装置），当执行药物注射时注射器工作，从而注射器实际执行了相当于该申请权利要求 1 中的功能主模块的功能，当执行血液分析时，血液特征监控器工作，从而血液特征监控器执行了相当于该申请权利要求 1 中的功能主模块的功能；笔式注射器与血液特征监测器之间可以相互发送/接收彼此的信息，例如笔式注射器能够存储附加程序来操纵和控制血液特征监控器（说明书第 11 栏第 57～59 行），也能将来自于血液特征监控器的结果存储于 RAM（44）（说明书第 11 栏第 59～61 行）中，因此当注射器执行功能主模块的功能时或当血液特征监控器执行功能主模块的功能时都适合于控制注射器和血液特征监控器之间根据请求而启动的尝试性数据通信，还适合于接收并保存在注射器或血液特征监控器中产生的相关信息。因此，权利要求 1 和对比文件 1 的图 14～15 对应的具体实施方式区别之处在于：权利要求 1 的技术方案为所述设备是多个便携式的设备，而对比文件 1 图 14～15 对应的具体实施方式中公开的技术方案是将笔式注射器和血液特征监控器两个设备集成在一个装置上。该区别特征已被对比文件 1 附图 22～23 以及说明书第 16 栏第 23～29 行对应的具体实施方式公开：有一个便携式设备腕表式血液监测器，并且它可以和笔式注射器（也是一个便携式设备）联合使用（说明书第 16 栏第 23～29 行）。而且该特征在对比文件 1 附图 22～23 以及说明书第 16 栏第 23～29 行对应的具体实施方式中所起的作用与其在权利要求 1 中为解决其技术问题所起的作用相同，都是用于单独便携地使用，也就是说对比文件 1 附图 22～23 以及说明书第 16 栏第 23～29 行对应的具体实施方式给出了将该技术特征用于该对比文件 1 图 14～15 对应的具体实施方式以解决其技术问题的启示。由此可知，在对比文件 1 图 14～15 对应的具体实施方式的基础上结合附图 22～23 以及说明书第 16 栏第 23～29 行对应的具体实施方式得出该权利要求所要求保护的技术方案，对本领域的技术人员来说是显而易见的，因此该权利要求所要求保护的技术方案不具有突出的实质性特点和显著的进步，因而不具备创造性。

权利要求 2 对独立权利要求 1 做了进一步的限定，其附加技术特征是：所述功能主模块包括相对于所述设备之间的相互数据通信的控制和监视，具有最高优先级的程序信息。对比文件 1 图 14～15 对应的具体实施方式中（说明书第 11 栏第 32～67 行，图 14）公开了笔式注射器（200）含有微处理器（32）并且其能够存储附加程序来操纵和控制血液特征监控器，因而具有最高优先级程序信息。可见对比文件 1 公开了权利要求 2 全部的附加特征并且作用相同，因此当独立权利要求 1 不具有创造性时，其从属权利要求 2 也不具有创造性。

权利要求 3 和权利要求 4 的附加技术特征分别是如果当前指定的功能主模块无效，则所述可能的功能主模块其中之一被指定为新的功能主模块；所述功能主模块包括用于保存信息，向外部设备/系统发射信息，从外部设备/系统接收和/或显示已发送的信息的装置。对比文件 1 中（说明书 16 栏 23～29行）记载了当不进行药物注射而执行血液分析时，血液特征监控器（300）可以下载笔式注射器（10）的注射器信息，并执行血液分析的功能，这就起到功能主模块的作用。对比文件 1（附图 4、15、23，说明书第 2 栏第 65 行至第 16 栏第 29 行）中的笔式注射器和血液特征监控器都具有保存信息（42、44，322，324），向外部设备/系统发射信息（46，320），从外部设备/系统接收信息（46，320），以及显示已发送的信息的装置（34，308）。可见对比文件 1 公开了权利要求 3、4 全部的附加特征并且作用相同，因此当其引用的权利要求不具有创造性时，其从属权利要求 3 和 4 也不具有创造性。

权利要求 5 的附加特征是预调所述装置，以便处理一组常见的预定测量和信息表示。对比文件 1

（说明书第6栏第21~38行）中公开的具体实施方式中有多个按键供使用者预调信息，并且含有输入输出口来预置程序或参数，以便进行处理。可见对比文件1公开了权利要求5的全部附加特征并且作用相同，当其引用的权利要求不具有创造性时，其从属权利要求5也不具有创造性。

权利要求6的附加特征是所述设备包括当包含优先级最高的程序信息的所述设备在通信范围之外或者无效时，存储所述一组常见的测量和信息表示中的一个或多个表述的存储装置。对比文件1（附图4、15、23，说明书第11栏第64~67行、第14栏第16~21行）公开的腕表式血液监控器当其不与笔式注射器通信时可以存储一组常见的测量和信息。因此对比文件1公开了权利要求6的全部附加特征并且作用相同，当其引用的权利要求不具有创造性时，其从属权利要求6也不具有创造性。

权利要求7、8的附加技术特征分别为一个或多个常见的测量信息以及测量涉及的一种或多种药物，但是对比文件1实施例中（附图4、15、23，说明书第11栏第64~67行、第14栏第16~21行）公开了时间标记等测量信息和胰岛素等药物。而其他测量信息例如药物数量、药物类型、体液浓度、食物数量、体征等等和其他药物如生长激素、OHA、HRT等都是本领域常用的测量信息或使用药物。因此当其引用的权利要求不具有创造性时，其从属权利要求7和8也不具有创造性。

权利要求9的附加特征在于整体主模块包括保存信息，向外部设备发射信息，从外部设备接收信息，以及显示信息的装置。对比文件1（附图4、15、23，说明书第2栏65行至第16栏29行）中的笔式注射器和血液特征监控器都具有保存信息（42、44，322，324），向外部设备/系统发射信息（46，320），从外部设备/系统接收信息（46，320），以及显示已发送的信息的装置（34，308）。可见对比文件1公开了权利要求9全部的附加特征并且作用相同，因此当其引用的权利要求不具有创造性时，其从属权利要求9也不具有创造性。

权利要求10、11的附加特征分别是：所述外部设备是计算机以及数据库。对比文件1（说明书第6栏第30~38行）公开的具体实施方式中外部设备就是计算机，并且外部设备是数据库也是本领域中常用的设备。因此当其引用的权利要求不具有创造性时，其从属权利要求10、11也不具有创造性。

权利要求12的附加特征是所述设备选自：刺血装置；体液分析器；把预定剂量的药物加入患者体内的给药系统；获取体征的传感器。对比文件1（附图4、15、23，说明书第2栏第65行至第16栏第29行）公开的设备中包括了刺血装置（注射器）、体液分析器（血液特征监控器）等。并且其他的把预定剂量的药物加入患者体内的给药系统以及获取体征的传感器也是本领域中常用的装置。因此当其引用的权利要求不具有创造性时，其从属权利要求12也不具有创造性。

权利要求13、14、15、16的附加特征分别是体液浓度是血糖浓度、体液分析器是血糖监测器、体液分析器是脂质监测器、所述体征是体重和血压之一或更多。对比文件1（附图4、15、23，说明书第2栏第65行至第16栏第29行）公开的具体实施方式中测量的体液浓度就是血糖浓度，体液分析器就是血糖监测器。并且脂质监测器是本领域中是常用的监测装置，体重、血压也是本领域中普通常用的体征项目。因此当其引用的权利要求不具有创造性时，权利要求13~16也不具有创造性。

权利要求17的附加特征是所述给药系统选自：胰岛素注射器；吸入器；和药片分配器。对比文件1（附图4、15、23，说明书第2栏第65行至第16栏第29行）公开的笔式注射器就包括胰岛素注射器（说明书第5栏第26行）。而其他吸入器和药片分配器是本领域中常用的装置。因此当其引用的权利要求不具有创造性时，权利要求17也不具有创造性。

权利要求18的附加特征是所述设备具有存储一个或多个下述备用物的一个或多个存储容器：体液分析器或血糖监测器用的备用刺血针，体液分析器或血糖监测器用的备用测试条，额外的胰岛素备用物（药筒），备用针头。对比文件2（US5545145A）公开了一种笔式针头分配器（说明书3栏第17

行至第5栏第40行，图1~8)，其技术方案中就有备用刺血针头，作用与权利要求18的附加特征的作用相同，对比文件2与对比文件1及本申请的领域相同，在对比文件1的基础上结合对比文件2得到权利要求18所要求保护的技术方案对于本领域的技术人员来说是显而易见的。并且其他装置如备用测试条、额外的胰岛素备用物等等是本领域中常用的装置。因此当其引用的权利要求不具有创造性时，其从属权利要求18也不具有创造性。

权利要求19、20的附加特征在于所述血糖监测器包括保存，传输，接收和/或显示血糖水平和/或时间标记的装置；所述血糖监测器包括保存，传输，接收和/或显示药物的单位数目，药物类型和/或时间标记的装置。对比文件1（说明书第14栏第5~48行，图23等）公开的血糖监测器包括能够保存，传输，接收，显示血糖水平、药物的单位数目，药物类型，时间标记等的装置。因此当其引用的权利要求不具有创造性时，权利要求19、20也不具有创造性。

权利要求21的附加特征是所述一个或多个存储容器包括保存，传输，接收和/或显示存货补给的装置。对比文件1（说明书第8栏第43行至第9栏第16行）公开的笔式注射器包括存储药品的容器，并且能够保存，传输，接收，显示药品的注射情况及剩余情况。因此对比文件1公开了权利要求21的全部附加特征，当前其引用的权利要求不具有创造性时，其从属权利要求也不具有创造性。

权利要求22的附加特征是所述系统包括给定情况下，向患者呈现多种选择的装置，所述呈现依赖于所述患者以前的选择。对比文件1（说明书第2栏第65行至第16栏第29行）公开的技术方案中就有笔式注射器及血糖监测器等多种选择，并且其呈现依赖于患者以前的选择。可见对比文件1公开了权利要求22的全部附加特征，当其引用的权利要求不具有创造性时，从属权利要求22也不具有创造性。

复审请求人在答复复审通知书的意见陈述书中认为权利要求1及其从属权利要求2~22具有创造性的主要理由在于：对比文件1与本申请权利要求1的区别是：对比文件1从未公开过几个装置的每个都具有自己的功能，可使一个单一的设备在至少两个现行的设备之间在通信范围内动态指定一个单一的设备作为功能主模块；对比文件1也未公开过动态指定的功能主模块根据请求在两个所述的设备之间起始一次尝试性的数据通信；对比文件1还未公开过接收在至少一个设备中所产生的相关信息并将所述的相关信息存储在所述的功能主模块中。对此合议组认为：对比文件1中的腕表式血液特征监控器用于血液测试分析（说明书第3栏第53行），注射器用于注射，因此腕表式血液监测器和笔式注射器都具有自己的功能，又由于根据本申请说明书第7页第4段记载的“功能主模块”指的是一个预定的设备被选为控制、协调和监督所有设备之间的相互通信的优先权最高的有效器件，所以对比文件1公开了复审请求人陈述的上述“几个装置的每个都具有自己的功能，可使一个单一的设备在至少两个现行的设备之间在通信范围内动态指定一个单一的设备作为功能主模块”和“动态指定的功能主模块根据请求在两个所述的设备之间起始一次尝试性的数据通信”的技术特征（具体分析可参见前面关于权利要求1的评述）：当执行药物注射时注射器工作，因此注射器此时优先权最高，从而注射器实际执行了相当于本申请权利要求1中的功能主模块的功能，当执行血液分析时血液特征监控器工作，因此血液特征监控器此时优先权最高，从而血液特征监控器执行了相当于该申请权利要求1中的功能主模块的功能；笔式注射器与血液特征监测器之间可以相互发送/接收彼此的信息，例如笔式注射器能够存储附加程序来操纵和控制血液特征监控器（说明书第11栏第57~59行），也能将来自于血液特征监控器的结果存储于RAM（44）（说明书第11栏第59~61行）中，因此当注射器执行功能主模块的功能时或当血液特征监控器执行功能主模块的功能时都适合于控制注射器和血液特征监控器之间根据请求而启动的一次尝试性数据通信，还适合于接收并保存在注射器或血液特征监控器中产生的相关信息，可见腕表式血液监测器和笔式注射器，这两种设备均有各自的控制器，可以各自独立执行相应的功能，并互传数据，因此功能主模块不是静态的，而是根据为执行各自不同的功能而随时动态指定的，同时上述的对比文件 1 的“笔式注射器……也能将来自于血液特征监控器的结果存储于 RAM（说明书第 11 栏第 59~61 行）中”公开了复审请求人陈述的上述“接收在至少一个设备中所产生的相关信息并将所述的相关信息存储在所述的功能主模块中”，因此对比文件 1 公开了复审请求人所认为的区别内容，复审请求人的复审理由不能成立。

综上所述，本申请的权利要求 1~22 不符合专利法第 22 条第 3 款的规定，据此，合议组作出如下决定。

三、决定

维持国家知识产权局于 2005 年 12 月 9 日对 99813914.9 号发明专利申请作出的驳回决定。

复审请求人对本决定不服的，可以根据专利法第 41 条第 2 款的规定，自收到本决定之日起三个月内向北京市第一中级人民法院起诉。

110

太阳能空调热水器

复审请求审查决定（第 11167 号）

决　定　号　第 11167 号
决　定　日　2007 年 5 月 29 日
发明创造名称　太阳能空调热水器
国 际 分 类 号　F24F 5/00，F24J 2/05
复 审 请 求 人　耿玉顺
申　请　号　02125296.3
申　请　日　2002 年 8 月 2 日
公　开　日　2003 年 1 月 8 日
合 议 组 组 长　刘瑞斌
主　审　员　王　博
参　审　员　郭建强

法 律 依 据　专利法第 22 条第 3 款
决 定 要 点

在判断一项权利要求是否具备创造性时，首先要将权利要求所述的技术方案和最接近的现有技术进行特征对比分析，确定两者之间的区别技术特征，进而考察对于所属技术领域的普通技术人员而言在最接近的现有技术的基础上引入上述区别技术特征从而获得权利要求所要保护的技术方案是否显而易见，如果不是，则该权利要求具备创造性。

一、案由

本复审请求涉及申请号为 02125296.3，名称为“太阳能空调热水器”的发明专利申请（下称本申请），其申请人为耿玉顺，申请日为 2002 年 8 月 2 日，公开日为 2003 年 1 月 8 日，其中包括 10 个权利要求。

申请人于 2002 年 8 月 23 日修改了申请文件，提交了说明书第 3 页替换页，在第 16 行增加了对控制阀 9 用途的描述“用于调节冷媒体流量、流向”。

国家知识产权局实质审查部门于 2004 年 12 月 3 日发出第一次审查意见通知书，指出申请人于 2002 年 8 月 23 日提交的说明书第 3 页替换页修改超范围，权利要求 1 相对于对比文件 1（CN2489250Y，公开日 2002 年 5 月 1 日）与公知常识的结合不具有创造性，权利要求 2~4 相对于对比文件 1、对比文件 2（CN2399679Y，公开日 2000 年 10 月 4 日）及公知常识的结合不具有创造性，权利要求 5~10 相对于对比文件 1 与公知常识的结合不具有创造性。

申请人于2004年12月25日针对第一次审查意见陈述书提交了意见陈述，陈述了本申请具有创造性的理由。同时申请人还提交了修改后的权利要求1~6，该修改文本与原始文本相比，保留了原权利要求1~5，删除了原权利要求6~10，增加了新从属权利要求6。此外，申请人在意见陈述中认为其于2002年8月23日提交的说明书第3页替换页修改没有超范围，并要求以该替换页为审查文本。

国家知识产权局实质审查部门于2005年2月18日驳回了本申请，驳回理由是本申请权利要求1~6不符合专利法第22条第3款的规定。驳回决定所针对的文本是申请人于申请日提交的说明书第1~5页、说明书附图第1~2页、说明书摘要、摘要附图，以及申请人于2004年12月25日提交的权利要求1~6。

其中驳回决定所针对的独立权利要求1为："一种太阳能空调热水器，包括支架、水箱、集热器，水箱内设有电加热器，其特征在于，水箱上连接设置有集热器，水箱内设置有冷媒加热管；水箱的下部，或上部、侧部、室内设置有冷凝水箱，冷凝水箱内设置有冷凝管，冷媒加热管的一端与冷凝管连通，冷凝管的另一端与蒸发散热器连通，蒸发散热器的另一端由管道、循环装置与冷媒加热管连通。"

驳回决定认为：权利要求1相对于对比文件1与公知常识的结合不具有创造性，权利要求2~4相对于对比文件1、对比文件2及公知常识的结合不具有创造性，权利要求5、6相对于对比文件1与公知常识的结合不具有创造性。其中关于权利要求1的理由为：对比文件1涉及一种家庭型太阳能空调机，主要是由太阳能吸热体（1）、氨发生器（2）、集热连接器（3）、汽液分离器（4）、高压喷射器（5）、冷凝器（7）、蒸发器（9）、吸收储存器（10）、逆流管（14）等部件组成；其利用太阳能吸热体（1），逐渐升温加热激活氨发生器（2），通过汽液分离器（4）使汽液分离，加热后的氨蒸汽送入冷凝器（7），进入冷凝器（7）的氨蒸汽被冷凝成液氨经节流膨胀器（8）的膨胀作用进入蒸发器（9）进行汽化，吸收蒸发器（9）内的待冷却物质的热量，从而达到降温制冷的目的；当太阳能吸热体（1）不能提供热源时，设在集热连接器（3）内的电加热器（12）会应急启动提供热源激活氨发生器（2）工作。权利要求1与对比文件1之间的区别为：权利要求1中冷媒加热管设在太阳能水箱中。但是对比文件1记载了利用太阳能吸热体加热氨发生器，即对比文件1给出了"使用太阳能对冷媒管进行加热"的技术启示，而且对于本领域普通技术人员来讲，将太阳能的热量先传递给水箱，再在水箱中对冷媒管进行加热显然是不需要花费创造性劳动的。因此，该权利要求1不具有创造性。

申请人耿玉顺（下称复审请求人）对上述驳回决定不服，于2005年5月12日向专利复审委员会提交了复审请求，请求人在提出复审请求时没有对申请文件进行修改。在复审请求书中，请求人针对关于权利要求1的驳回理由，主要陈述了以下意见：本申请权利要求1的技术特征少于对比文件1技术方案中的技术特征，属于要素省略的发明；本申请与对比文件1的冷媒加热体的形状构造不同；冷凝体的形状、构造不同，且功能效果也不同。

经形式审查合格后，专利复审委员会受理了该请求，并于2005年6月22日向请求人发出了复审请求受理通知书，同时向国家知识产权局原审查部门发出前置审查通知书，并随该通知书将本申请案卷转送至国家知识产权局原审查部门进行前置审查。

原审查部门对本复审请求进行了前置审查，在前置审查意见书中，原审查部门坚持原驳回决定。

复审请求人于2007年4月12日向专利复审委员会提交了补正书，要求放弃其于2002年8月20日（实际递交日为2002年8月23日）提交的说明书第3页替换页，并以申请日提交的说明书为审查文本。

专利复审委员会依法成立合议组，对本复审请求案进行了审理。

经审查，合议组认为本案事实清楚，可以作出复审决定。

二、决定的理由

1. 审查文本

本复审决定以下列文本为审查基础，即 2004 年 12 月 25 日提交的权利要求 1~6、申请日提交的说明书第 1~5 页、说明书附图第 1~2 页、说明书摘要及摘要附图。

2. 关于专利法第 22 条第 3 款

专利法第 22 条第 3 款规定，创造性，是指同申请日以前已有的技术相比，该发明有突出的实质性特点和显著的进步，该实用新型有实质性特点和进步。

根据该规定，在判断一项权利要求是否具备创造性时，首先要将权利要求所述的技术方案和最接近的现有技术进行特征对比分析，确定两者之间的区别技术特征，进而考察对于所属技术领域的普通技术人员而言在最接近的现有技术的基础上引入上述区别技术特征从而获得权利要求所要保护的技术方案是否显而易见，如果不是，则该权利要求具备创造性。

本申请权利要求 1 记载的方案涉及一种太阳能空调热水器。对比文件 1 公开了一种家庭型太阳能空调机，主要是由太阳能吸热体（1）、氨发生器（2）、集热连接器（3）、汽液分离器（4）、高压喷射器（5）、冷凝器（7）、蒸发器（9）、吸收储存器（10）、逆流管（14）等部件组成；其利用太阳能吸热体（1），逐渐升温加热激活氨发生器（2），通过汽液分离器（4）使汽液分离，加热后的氨蒸汽送入冷凝器（7），进入冷凝器（7）的氨蒸汽被冷凝成液氨经节流膨胀器（8）的膨胀作用进入蒸发器（9）进行汽化，吸收蒸发器（9）内的待冷却物质的热量，从而达到降温制冷的目的；当太阳能吸热体（1）不能提供热源时，设在集热连接器（3）内的电加热器（12）会应急启动提供热源激活氨发生器（2）工作（参见对比文件 1 说明书第 1 页第 22 行至第 2 页第 3 行及附图 1）。将本申请权利要求 1 中的技术方案与对比文件 1 中的技术方案进行对比，其区别在于：本申请水箱的下部，或上部、侧部、室内设置有冷凝水箱，冷凝水箱内设置有冷凝管。关于该区别特征，对比文件 1 中仅公开了采用冷凝器，而没有公开冷凝器的具体形式。本申请中将冷凝管置于冷凝水箱中，通过热交换使水箱中的水加温，从而实现热水器的功能，而对比文件 1 中则既没有公开这方面的内容，也没有给出将冷凝管中释放的热量用于洗浴的启示。另外，对比文件 2 仅涉及一种直流分体式太阳能-电复合热水器，其中也没有关于冷凝器置于冷凝水箱中的特征。因此，权利要求 1 的技术方案相对于对比文件 1 和 2 是非显而易见的，具有突出的实质性特点和有益的技术效果，因而具有创造性，符合专利法第 22 条第 3 款的规定。

综上所述，合议组认为：权利要求 1 相对于对比文件 1、2 或其结合具有创造性，其从属权利要求 2~6 因此也具有创造性。

基于上述事实和理由，合议组作出如下决定。

三、决定

撤销国家知识产权局于 2005 年 2 月 18 日对 02125296.3 号发明专利申请作出的驳回决定，由原审查部门在本复审决定所针对的文本的基础上继续进行审批程序。

复审请求人对本决定不服的，可以根据专利法第 41 条第 2 款的规定，自收到本决定之日起 3 个月内向北京市第一中级人民法院起诉。

111

测磁场的方法、产生梯度线圈方法、梯度线圈和磁共振成像设备

复审请求审查决定（第11193号）

决　定　号　第11193号
决　定　日　2007年7月23日
发明创造名称　测磁场的方法、产生梯度线圈方法、梯度线圈和磁共振成像设备
国际分类号　G01R 33/20，G01R 33/32
复审请求人　GE医疗系统环球技术有限公司
申　请　号　01119654.8
申　请　日　2001年4月18日
优先权日　2000年4月19日
公　开　日　2002年2月20日
合议组组长　杨军艳
主　审　员　刘亚斌
参　审　员　王琦琳

法律依据　专利法第33条、第26条第3款，专利法实施细则第21条第2款
决定要点

如果申请的内容通过增加、改变和/或删除其中的一部分，致使所属技术领域的技术人员看到的信息与原申请记载的信息不同，而且又不能从原申请记载的信息中直接地、毫无疑义地确定，那么，这种修改就是不允许的。

必要技术特征是指，发明或者实用新型为解决其技术问题所不可缺少的技术特征，其总和足以构成发明或者实用新型的技术方案，使之区别于背景技术中所述的其他技术方案。

一、案由

本复审请求涉及申请号为01119654.8，名称为“测磁场的方法、产生梯度线圈方法、梯度线圈和磁共振成像设备”的发明专利申请（下称本申请），申请人为GE医疗系统环球技术有限公司。本申请的申请日为2001年4月18日，优先权日为2000年4月19日，公开日为2002年2月20日。

国家知识产权局实质审查部门依法对本申请进行了实质审查，于2004年11月5日以本申请的权利要求6~10和说明书的修改不符合专利法第33条的规定、权利要求1和4不符合专利法实施细则第21条第2款的规定为由作出驳回决定，其具体理由是：权利要求6~7中关于所述“第二磁共振样品”、“第二样品”以及在其基础上进行的操作的内容超出了原说明书和权利要求书记载的范围，权

利要求 8~10 中关于所述“第二梯度线圈”以及在其基础上进行的操作的内容超出了原说明书和权利要求书记载的范围，并且说明书发明内容部分与权利要求 6~10 对应的记载也超出了原说明书和权利要求书记载的范围，因而导致权利要求 6~10 以及说明书的修改不符合专利法第 33 条的规定；权利要求 1 和 4 缺少必要技术特征“在所述 FID 信号的相位微分基础上，通过数学式 $Grm=\frac{1}{r^{r0}}\cdot\frac{d\phi\ (t)}{dt}$ 计算所述测点处的磁场强度”和“测量是在多个测点上完成的”，因而不符合专利法实施细则第 21 条第 2 款的规定。

驳回决定所依据的文本为：复审请求人于 2004 年 4 月 16 日提交的权利要求第 1~10 项、说明书第 1~16 页，于申请日提交的说明书附图第 1~11 页、说明书摘要和摘要附图。驳回决定所针对的权利要求书如下：

“1. 一种用于磁场测量的方法，包括以下步骤：

在测量空间的虚球表面的测点上安放一个磁共振样品；

间歇性施加梯度磁场而该梯度从一个极性的最大梯度到反极性的最大梯度之间连续变化，然后从所述反极性的最大梯度到所述第一极性的最大梯度之间连续改变所述梯度；

在所述梯度磁场的间歇期执行射频（RF）激发，以测量由所述样品生成的 FID 信号；

计算所述 FID 信号的相位微分；

在所述完成伴随一个梯度回合的相位微分的差的磁滞基础上计算所述测点的磁场强度；和

将所述磁场强度拟合为表示测量空间的磁场强度分布的球面函数。

2. 根据权利要求 1 的方法，其中所述测量是在多个测点上完成的。

3. 根据权利要求 1 的方法，还包括在所述球体的中心放置另一个磁共振样品的步骤，其中所述计算微分包括计算由所述测点的样品和所述球的中心的样品生成的 FID 信号的相位微分的差。

4. 一种用于磁场测量的方法，包括以下步骤：

在测量空间的虚球表面的测点上安放一个磁共振样品；

将一个梯度磁场施加到所述测量空间；

在停止所述梯度磁场的施加后执行 RF 激发，以计算由所述样品生成的 FID 信号；

在所述 FID 信号的相位微分基础上计算所述测点处的磁场强度；

将所述磁场强度拟合成表示所述测量空间的磁场强度分布的球面函数；和

在所述球体的中心放置另一个磁共振样品；

其中所述计算微分基于由所述测点的样品和所述球的中心的样品生成的 FID 信号的相位微分的差。

5. 根据权利要求 4 的方法，其中所述测量是在多个测点上连续完成的。

6. 一种用于磁场测量的方法，包括以下步骤：

在测量空间的虚球表面上安放一个磁共振样品，在与所述第一样品有关的一个不同的点上安放第二个磁共振样品；

将一个梯度磁场施加到所述测量空间；

在停止所述梯度磁场的施加后执行 RF 激发，以计算由所述第一和第二样品生成的 FID 信号；

将所述磁场强度拟合成表示所述测量空间的磁场强度分布的球面函数。

7. 根据权利要求 6 的方法，其中所述测量是在多个测点上连续完成的。

8. 一种制作梯度线圈的方法，包括以下步骤：

计算由在空间的虚球表面上的第一梯度线圈和在不同于所述第一梯度线圈占据的一个点上的第二梯度线圈生成的磁场；

将所述磁场拟合为球面函数；和

确定所述第一和第二梯度线圈的电流通道，从而保持一个小的高阶项，该高阶项对应于进行过所述拟合的所述球面函数中的最高阶项，并代表所述计算的磁场测量。

9. 梯度线圈，用于通过流经一个电流通道的电流产生梯度磁场，所述电流通道由以下方式确定：

计算由在空间的虚球表面上的第一梯度线圈和在不同位置的第二梯度线圈生成的磁场；

将所述磁场拟合为球面函数；和

确定所述第一和第二梯度线圈的电流通道，从而保持一个小的高阶项，该高阶项对应于进行过所述拟合的所述球面函数中的最高阶项，并代表所述计算的磁场测量。

10. 一种磁共振成像设备，包括：

提供静磁场的装置；

提供梯度磁场的装置；和

提供高频磁场的装置；

其中所述提供梯度磁场的装置包括具有电流通道的梯度线圈，所述电流通道由以下方式确定：

计算由在虚球表面上的第一梯度线圈和在不同位置的第二梯度线圈生成的磁场；

将所述磁场拟合为球面函数；和

确定所述第一和第二梯度线圈的电流通道，从而在进行过所述拟合的所述球面函数中保持一个小的高阶项，并代表所述计算的磁场测量。”

申请人（下称复审请求人）对上述驳回决定不服，于2005年2月15日向专利复审委员会提出复审请求，在提出复审请求时未对申请文本进行修改。复审请求人认为：本申请权利要求6~7中所述的“第二样品”在说明书第10页30行至第11页第5行有记载，因此权利要求6~7是得到说明书支持的；权利要求8~10的技术特征参见说明书和附图13的说明，其中解释了如何采用不同半径 r_1，r_2，…，rM的线圈来确定何时线圈满足所需的条件，因此说明书中描述了将多个线圈放在多个位置，因此权利要求8~10是得到说明书的支持的；权利要求1和4已经包含了实现发明目的的必要技术特征，其中计算磁场强度的公式不是唯一的，例如说明书中描述了公式（4）和（5）都可以用于计算磁场强度，因此不需要将某个计算公式加入到权利要求中，另外如说明书所述，虽然在每个测点采用两个探针，但是并不需要一个以上的测点，可以仅限定一个测点，因此“测量是在多个测点上完成的”也不是必要技术特征，因此权利要求1和4符合专利法实施细则第21条第2款的规定。

经形式审查合格，专利复审委员会依法受理了该复审请求，并于2005年3月14日向复审请求人发出了复审请求受理通知书，同日向原审查部门发出前置审查通知书。

原审查部门在前置审查意见书中认为：说明书中仅记载了“Z线圈208具有多个构成同心圆的电流通道。所有这些电流通道都是主通道。主通道的半径，从内向外的顺序依次为 r_1，r_2，…，r_M；r_M 是Z线圈208的外径”，其中没有记载复审请求人所述的“不同半径 r_1，r_2，…，r_M 的线圈”，也没有关于将多个线圈放在多个位置的记载，因此权利要求8~10的修改仍然超出了原说明书和权利要求书的范围；另外，说明书中所述的公式（5）是公式（4）的特例，二者实质上是同一个公式，因此说明书中实质上仅给出了唯一的一个计算磁场强度的公式，因而该公式是权利要求1和4的必要技术特征；而且，复审请求人关于“如说明书所述，虽然在每个测点采用两个探针，但是并不需要一个以上的测点”的观点在说明书中并没有相关的记载，因此该观点也不能成立。因此，原审查部门坚持原驳回决定。

针对上述复审请求，专利复审委员会依法成立合议组对本案进行审理，并于2007年3月20日向复审请求人发出复审通知书，指出：权利要求6~7中所述的“在与所述第一样品有关的一个不同的点上安放第二个磁共振样品”超出了原说明书和权利要求书记载的范围，不符合专利法第 33 条的规定；权利要求 8 所述的“在不同于所述第一梯度线圈占据的一个点上的第二梯度线圈”和“确定所述第一和第二梯度线圈的电流通道，从而保持一个小的高阶项，该高阶项对应于进行过所述拟合的所述球面函数中的最高阶项，并代表所述计算的磁场测量”超出了原说明书和权利要求书记载的范围，不符合专利法第 33 条的规定；权利要求 9 所述的“在不同位置的第二梯度线圈”和“确定所述第一和第二梯度线圈的电流通道，从而保持一个小的高阶项，该高阶项对应于进行过所述拟合的所述球面函数中的最高阶项，并代表所述计算的磁场测量”超出了原说明书和权利要求书记载的范围，不符合专利法第 33 条的规定；权利要求 10 所述的“在不同位置的第二梯度线圈”和“确定所述第一和第二梯度线圈的电流通道，从而在进行过所述拟合的所述球面函数中保持一个小的高阶项，并代表所述计算的磁场测量”超出了原说明书和权利要求书记载的范围，不符合专利法第 33 条的规定；说明书第 5 页第 6 行至第 6 页第 8 行中与权利要求 6~10 相应的内容也超出了原说明书和权利要求书记载的范围，不符合专利法第 33 条的规定；说明书第 9~12 页中记载的公式（4）~（8）、（10）~（12）中的参数“r”和公式（1）、（4）、（5）中的参数“r_0”都没有相应的参数说明，导致这些参数的含义不清楚，进而导致上述公式的含义不清楚，致使无法实现本发明，因而说明书不符合专利法第 26 条第 3 款的规定；权利要求 1 和 4 中没有记载具体怎样实现所述的计算磁场强度，即说明书中所述的公式（4）“$Grm=\frac{1}{r^{r0}}\cdot\frac{d\phi(t)}{dt}$”，导致本领域技术人员无法实现本发明，进而无法解决其所要解决的技术问题，不符合专利法实施细则第 21 条第 2 款的规定；此外，权利要求 1 和 4 中还缺少必要技术特征“测量是在多个测点上完成的”，也导致本发明无法实现，无法解决其所要解决的技术问题，不符合专利法实施细则第 21 条第 2 款的规定。

针对上述复审通知书，复审请求人于 2007 年 6 月 22 日提交了意见陈述书，未修改申请文件。复审请求人重申了其提出复审请求时的观点，认为权利要求 6~10 能够得到说明书的支持，权利要求 1 和 4 已经包含了实现发明目的的必要技术特征。

在上述程序的基础上，合议组认为本案事实已经清楚，可以作出审查决定。

二、决定的理由

1. 关于审查文本

由于复审请求人在提出复审请求和答复复审通知书时均未对申请文本作修改，因此本决定针对的是实质审查阶段驳回决定所依据的文本，即复审请求人于 2004 年 4 月 16 日提交的权利要求第 1~10 项、说明书第 1~16 页，于申请日提交的说明书附图第 1~11 页、说明书摘要和摘要附图。

2. 关于专利法第 33 条

专利法第 33 条规定：申请人可以对其专利申请文件进行修改，但是，对发明和实用新型专利申请文件的修改不得超出原说明书和权利要求书记载的范围，对外观设计专利申请文件的修改不得超出原图片或者照片表示的范围。

审查指南第二部分第八章第 5.2.3 节规定：如果申请的内容通过增加、改变和/或删除其中的一部分，致使所属技术领域的技术人员看到的信息与原申请记载的信息不同，而且又不能从原申请记载的信息中直接地、毫无疑义地确定，那么，这种修改就是不允许的。

（1）权利要求 6~7 不符合专利法第 33 条的规定。

权利要求 6 中记载了“在测量空间的虚球表面上安放一个磁共振样品，在与所述第一样品有关的一个不同的点上安放第二个磁共振样品”，然而在原说明书中（参见第 2 页第 4~5 行和 24~25 行等）仅记载了“在测量空间的虚球表面的测点上，放置一个磁共振样品；把另一个磁共振样品安放在球的中心”，其中并未记载可以在与第一样品位置不同的任意其他位置上放置第二个磁共振样品；另外，在说明书第 3 页第 5 行和第 8 页第 21~30 行等处虽然记载了测量多个测点，但是并未记载同时使用多个样品测量的方案，更没有公开仅使用两个样品的方案。因此，根据原说明书和权利要求书中的记载不能直接地、毫无疑义地确定“在与所述第一样品有关的一个不同的点上安放第二个磁共振样品”的技术方案，因而权利要求 6 的修改超出了原说明书和权利要求书记载的范围，不符合专利法第 33 条的规定。

权利要求 7 是权利要求 6 的从属权利要求，因而在权利要求 6 超出原说明书和权利要求书记载的范围的情况下，其从属权利要求 7 也超出了原说明书和权利要求书记载的范围，不符合专利法第 33 条的规定。

（2）权利要求 8 不符合专利法第 33 条的规定。

权利要求 8 中记载了“在不同于所述第一梯度线圈占据的一个点上的第二梯度线圈”，然而在原说明书中（参见第 5 页第 1~4 行）仅记载了“线圈部分是呈一对具有间隙的相对的单元。所有这些对基本上都是盘状的、围绕一个共同的中轴放置”，其中并未记载可以在不同于第一梯度线圈的任意其他位置上放置第二梯度线圈，并且根据原说明书和权利要求书中的记载也不能直接地、毫无疑义地确定上述修改后的内容，因而超出了原说明书和权利要求书记载的范围，不符合专利法第 33 条的规定。

此外，权利要求 8 中还记载了“确定所述第一和第二梯度线圈的电流通道，从而保持一个小的高阶项，该高阶项对应于进行过所述拟合的所述球面函数中的最高阶项，并代表所述计算的磁场测量”，但是原说明书和权利要求书中（参见说明书第 3 页第 9~12 行和原权利要求 6）记载的是判断线圈的电流通道，从而保持较小的、去掉进行过所述拟合的球面函数的高阶项，去掉对应于代表根据（1）~（5）的任意一种方法测量的磁场的球面函数中最高阶项的高阶项。根据原说明书和权利要求书中记载的内容不能直接地、毫无疑义地确定该修改后的内容，因而也超出了原说明书和权利要求书记载的范围，不符合专利法第 33 条的规定。

复审请求人在意见陈述书中认为，附图 13 说明的方法解释了如何采用不同半径 r_1，r_2，…，r_M 的线圈来确定何时线圈满足所需的条件，从而描述了将多个线圈放置在多个位置。对此，合议组认为，由原说明书第 8 页第 19~20 行可知，Z 线圈具有多个构成同心圆的电流通道，而 r_1，r_2，…，r_M 分别是这些电流通道的半径，因此附图 13 及其在说明书中文字说明部分仅仅是描述了 Z 线圈本身所具有的多个电流通道的半径，而并非是多个不同半径的线圈，所以复审请求人的上述理由不能成立。

（3）权利要求 9 不符合专利法第 33 条的规定。

权利要求 9 中记载了“在不同位置的第二梯度线圈”，然而在原说明书中（参见第 5 页 1~4 行）仅记载了“线圈部分是呈一对具有间隙的相对的单元。所有这些对基本上都是盘状的、围绕一个共同的中轴放置”，其中并未记载可以在不同于第一梯度线圈的任意其他位置上放置第二梯度线圈，并且根据原说明书和权利要求书中的记载也不能直接地、毫无疑义地确定该修改后的内容，因而超出了原说明书和权利要求书记载的范围，不符合专利法第 33 条的规定。

此外，权利要求 9 中还记载了“确定所述第一和第二梯度线圈的电流通道，从而保持一个小的高阶项，该高阶项对应于进行过所述拟合的所述球面函数中的最高阶项，并代表所述计算的磁场测量”，但是原说明书和权利要求书中（参见说明书第 3 页第 21~23 行和原权利要求 7）记载的是确定线圈的电流通道从而保持较小的、去掉进行过拟合的球面函数的高阶项，去掉对应于代表根据(1) ~（5）的任意一种方法测量的磁场的球面函数中最高阶项的高阶项。根据原说明书和权利要求书中记载的内容不能直接地、毫无疑义地确定该修改后的内容，因而也超出了原说明书和权利要求书记载的范围，不符合专利法第33条的规定。

（4）权利要求10不符合专利法第33条的规定。

权利要求10中记载了“在不同位置的第二梯度线圈”，然而在原说明书中（参见第5页第1~4行）仅记载了“线圈部分是呈一对具有间隙的相对的单元。所有这些对基本上都是盘状的、围绕一个共同的中轴放置”，其中并未记载可以在不同于第一梯度线圈的任意其他位置上放置第二梯度线圈，并且根据原说明书和权利要求书中的记载也不能直接地、毫无疑义地确定该修改后的内容，因而超出了原说明书和权利要求书记载的范围，不符合专利法第33条的规定。

此外，权利要求10中还记载了“确定所述第一和第二梯度线圈的电流通道，从而在进行过所述拟合的所述球面函数中保持一个小的高阶项，并代表所述计算的磁场测量”，但是原说明书和权利要求书中（参见说明书第4页第3~5行和权利要求8）记载的是确定线圈的电流通道从而保持较小的、去掉进行过所述拟合的球面函数的高阶项，去掉对应于代表根据（1）~（5）的任意一种方法测量的磁场的球面函数中最高阶项的高阶项。根据原说明书和权利要求书中记载的内容不能直接地、毫无疑义地确定该修改后的内容，因而也超出了原说明书和权利要求书记载的范围，不符合专利法第33条的规定。

（5）说明书的修改不符合专利法第33条的规定。

说明书第5页第6行至第6页第8行中增加了与权利要求6~10相应的内容，在权利要求6~10的修改超出了原说明书和权利要求书记载的范围的情况下，说明书上述部分也超出了原说明书和权利要求书记载的范围，不符合专利法第33条的规定。

3. 关于专利法第26条第3款

专利法第26条第3款规定：说明书应当对发明或者实用新型作出清楚、完整的说明，以所属技术领域的技术人员能够实现为准；必要的时候，应当有附图。摘要应当简要说明发明或者实用新型的技术要点。

审查指南第二部分第二章第2.1.3节规定，如果说明书中给出了技术手段，但对所属技术领域的技术人员来说，该手段是含糊不清的，根据说明书记载的内容无法具体实施，那么说明书就没有对发明或者实用新型作出清楚、完整的说明。

本申请涉及一种测量磁场的方法和制作梯度线圈的方法及其设备，其中关于计算磁场强度和球面拟合的步骤是本发明的关键步骤，但是说明书第9~12页中记载的公式（4）~（8）、（10）~（12）中的参数“r”和公式（1）、（4）、（5）中的参数“r_0”都没有相应的参数说明，导致这些参数的含义不清楚，进而导致上述公式的含义不清楚，使得本发明不能实现。也就是说，说明书中虽然给出了技术手段，但是该手段是含糊不清的，根据说明书记载的内容无法实施本发明，因此，本申请的说明书不符合专利法第26条第3款的规定。

4. 关于专利法实施细则第21条第2款

专利法实施细则第21条第2款规定：独立权利要求应当从整体上反映发明或者实用新型的技术方案，记载解决技术问题的必要技术特征。

审查指南第二部分第二章第3.1.2节指出：必要技术特征是指，发明或者实用新型为解决其技术问题所不可缺少的技术特征，其总和足以构成发明或者实用新型的技术方案，使之区别于背景技术中所述的其他技术方案。

（1）权利要求1不符合专利法实施细则第21条第2款的规定。

权利要求1请求保护一种用于磁场测量的方法，所要解决的技术问题是如何在停止施加梯度磁场后进行剩磁场的测量，其中记载了“在所述完成伴随一个梯度回合的相位微分的差的磁滞基础上计算所述测点的磁场强度”，但是没有记载具体怎样实现所述的计算磁场强度，即说明书中所述的公式（4）“$Grm=\frac{1}{r^{r0}}\cdot\frac{d\phi(t)}{dt}$”，而该根据相位微分来计算磁场强度的公式是该方案中所必不可少，该特征的缺少将导致本领域技术人员无法实现本发明，因而该公式属于权利要求1的必要技术特征。因此，权利要求1不符合专利法实施细则第21条第2款的规定。

复审请求人在意见陈述书中认为，也可能采用其他的计算公式来计算磁场强度，例如说明书中的公式（5）“$Grm=\frac{1}{r^{r0}}\left[\frac{d\phi(t)}{dt}-\frac{d\phi_0(t)}{dt}\right]$”。对此，合议组认为，公式（5）实质上是公式（4）在考虑静磁场存在情况下的特例，二者实质上是一个公式，因此，复审请求人的这一理由不能成立。

（2）权利要求4不符合专利法实施细则第21条第2款的规定。

权利要求4请求保护一种用于磁场测量的方法，其中也没有记载具体怎样实现所述的计算磁场强度，不符合专利法实施细则第21条第2款的规定，其具体评述理由与上述权利要求1类似，在此不再赘述。

三、决定

维持国家知识产权局于2004年11月5日对本申请作出的驳回决定。

复审请求人如对本决定不服的，可以根据专利法第41条第2款的规定，自收到本决定之日起三个月内向北京市第一中级人民法院起诉。

112

静电电容检测装置

复审请求审查决定（第11224号）

决　定　号　第11224号
决　定　日　2007年7月24日
发明创造名称　静电电容检测装置
国际分类号　G01B 7/28
复审请求人　精工爱普生株式会社
申　请　号　200410035310.3
申　请　日　2004年4月15日
优先权日　2003年4月17日，2004年2月25日
公　开　日　2004年10月20日
合议组组长　刘颖杰
主　审　员　李晓娜
参　审　员　高桂莲

法律依据　专利法实施细则第20条第1款
决定要点

一项权利要求的类型清楚，其中所用词语的含义确定，保护范围也清楚，则认为该权利要求符合专利法实施细则第20条第1款的规定。

一、案由

本复审请求涉及申请号为200410035310.3，名称为“静电电容检测装置”的发明专利申请（下称本申请），其申请人为精工爱普生株式会社，申请日为2004年4月15日，优先权日为2003年4月17日和2004年2月25日，公开日为2004年10月20日。本申请公开时权利要求共有13项，其中权利要求1和10为独立权利要求，权利要求1、2、10的具体内容如下：

“1. 一种静电电容检测装置，其通过检测根据与对象物的距离而变化的静电电容，读取该对象物的表面形状，其特征在于，

包括配置成M行N列矩阵状的M根个别电源线、N根个别输出线和设置在该个别电源线与该个别输出线的交点上的静电电容检测元件；

该静电电容检测元件包括信号检测元件和信号放大元件；

该信号检测元件包括电容检测电极、电容检测电介质膜和基准电容器，该基准电容器由基准电容器第一电极、基准电容器电介质膜和基准电容器第二电极所构成；

该信号放大元件由栅电极、栅绝缘膜和半导体膜所构成的信号放大用 MIS 型薄膜半导体装置来构成。

2. 根据权利要求 1 所述的静电电容检测装置，其特征在于，

所述信号放大用 MIS 型薄膜半导体装置的漏区域与所述个别电源线和基准电容器第一电极电连接；所述信号放大用栅电极与所述电容检测电极和基准电容器第二电极连接。

……

10. 一种静电电容检测装置，其通过检测根据与对象物的距离而变化的静电电容，读取该对象物的表面形状，其特征在于，

该静电电容检测装置包括配置成 M 行 N 列矩阵状的 M 根个别电源线、N 根个别输出线和设置在该个别电源线与该个别输出线的交点上的静电电容检测元件；

该静电电容检测元件包括信号检测元件和信号放大元件；

该信号检测元件包括电容检测电极、电容检测电介质膜和基准电容器，该基准电容器由基准电容器第一电极、基准电容器电介质膜和基准电容器第二电极所构成；

该信号放大元件由栅电极、栅绝缘膜和半导体膜所构成的信号放大用 MIS 型薄膜半导体装置来构成；

该信号放大用 MIS 型薄膜半导体装置的漏区域的一部分和该栅电极的一部分通过介入该栅绝缘膜形成重叠部，该重叠部形成该基准电容器。”

国家知识产权局专利实质审查部门依法对本申请进行了实质审查，于 2005 年 4 月 29 日发出第一次审查意见通知书，其中指出本申请权利要求 1、10 中所述信号放大用 MIS 型薄膜半导体装置与静电电容检测装置其他各部件之间的连接关系，以及其中 M 和 N 的数值范围对于本领域技术人员来说是不清楚的，因此不符合专利法实施细则第 20 条第 1 款的规定，申请人应将“信号放大用 MIS 型薄膜半导体装置的源区域与个别输出线连接”、M 和 N 的具体数值范围和权利要求 2 的附加技术特征补入权利要求 1 和 10 中；同时还指出本申请权利要求 1 不符合专利法第 22 条第 3 款有关创造性的规定，权利要求 2、6、8~13 不符合实施细则第 20 条第 1 款的规定，权利要求 4~6 和 9 不符合专利法实施细则第 23 条第 2 款的规定。

针对第一次审查意见通知书，申请人于 2005 年 9 月 12 日提交了意见陈述书以及权利要求书和说明书第 1~7 页的修改替换页，其中删除了原权利要求 2，将原独立权利要求 10 的编号改为独立权利要求 9，同时将特征“信号放大用 MIS 型薄膜半导体装置的源区域与个别输出线电连接”和 M 和 N 的具体数值范围补入独立权利要求 1 和 9 中，将原权利要求 2 的附加技术特征补入权利要求 1 中，但并未将原权利要求 2 的附加技术特征补入权利要求 9 中，修改后的权利要求共有 13 项，其中权利要求 1 和 9 如下：

“1. 一种静电电容检测装置，其通过检测根据与对象物的距离而变化的静电电容，读取该对象物的表面形状，其特征在于，

包括配置成 M 行 N 列矩阵状的 M 根个别电源线、N 根个别输出线和设置在该个别电源线与该个别输出线的交点上的静电电容检测元件，M 和 N 均为 1 以上的整数；

该静电电容检测元件包括信号检测元件和信号放大元件；

该信号检测元件包括电容检测电极、电容检测电介质膜和基准电容器，该基准电容器由基准电容器第一电极、基准电容器电介质膜和基准电容器第二电极所构成；

该信号放大元件由栅电极、栅绝缘膜和半导体膜所构成的信号放大用 MIS 型薄膜半导体装置来构成；

所述信号放大用MIS型薄膜半导体装置，其漏区域与所述个别电源线和基准电容器第一电极电连接；其源区域与个别输出线电连接，所述栅电极与所述电容检测电极和基准电容器第二电极连接。

……

9. 一种静电电容检测装置，其通过检测根据与对象物的距离而变化的静电电容，读取该对象物的表面形状，其特征在于，

该静电电容检测装置包括配置成M行N列矩阵状的M根个别电源线、N根个别输出线和设置在该个别电源线与该个别输出线的交点上的静电电容检测元件，M和N均为1以上的整数；

该静电电容检测元件包括信号检测元件和信号放大元件；

该信号检测元件包括电容检测电极、电容检测电介质膜和基准电容器，该基准电容器由基准电容器第一电极、基准电容器电介质膜和基准电容器第二电极所构成；

该信号放大元件由栅电极、栅绝缘膜和半导体膜所构成的信号放大用MIS型薄膜半导体装置来构成；

该信号放大用MIS型薄膜半导体装置的漏区域的一部分和该栅电极的一部分通过介入该栅绝缘膜形成重叠部，该重叠部形成该基准电容器；

该信号放大用MIS型薄膜半导体装置的源区域与所述个别输出线电连接。”

原实质审查部门于2006年2月24日发出驳回决定，针对申请人于2005年9月12日提交的权利要求第1~12项、说明书第1~7页，以及申请日提交的说明书第8~23页、说明书附图第1~11页、说明书摘要以及摘要附图，驳回了本发明专利申请，其理由是：申请人未按照第一次审查意见通知书中的内容将原权利要求2的附加技术特征补入权利要求9，因此权利要求9中信号放大用MIS型薄膜半导体装置的漏区域和栅电极与静电电容检测装置中其他各部件之间的连接关系对于本领域技术人员来说仍然不清楚，造成权利要求9的保护范围不清楚，因此其不符合专利法实施细则第20条第1款的规定。

申请人（下称复审请求人）对上述驳回决定不服，于2006年6月12日向专利复审委员会提出了复审请求。复审请求人认为：权利要求9中存在“该信号放大用MIS型薄膜半导体装置的漏区域的一部分和该栅电极的一部分通过介入该栅绝缘膜形成重叠部，该重叠部形成该基准电容器”的描述，该描述中表现出了如下关系：（1）漏区域与基准电容器第一电极电连接；（2）栅绝缘膜作为基准电容器电介质膜；（3）所述信号放大用栅电极与基准电容器第二电极连接”，上述（1）、（3）的关系正是原权利要求2的附加技术特征，因此权利要求9的保护范围清楚，符合专利法实施细则第20条第1款的规定。

经形式审查合格，专利复审委员会依法受理了该复审请求，并于2006年7月20日将其转送至原实质审查部门进行前置审查。

原实质审查部门在前置审查意见书中坚持原驳回决定。

针对上述复审请求，专利复审委员会依法成立合议组对本案进行了审理，本案合议组于2007年4月23日发出复审通知书，其中指出：权利要求9中并未限定所述信号放大用MIS型薄膜半导体装置与电容检测电极的连接关系以及其与电源线的连接关系，由此所述信号放大用MIS型薄膜半导体装置的栅电极是否与电容检测电极具有相同电位，其漏区域是否与电源线相连以提供电压，进而权利要求9的静电电容检测装置是否能将检测电容的变化输入到所述信号放大用MIS型薄膜半导体装置并产生相应的输出电流信号，这些对于本领域技术人员来说都是不清楚的，因此权利要求9的保护范围不清楚，不符合专利法实施细则第20条第1款的规定。对于复审请求人认为权利要求9的保护范围清楚的观点，合议组认为：请求人所述的（1）、（3）的连接关系并非“正是原权利要求2的附加技术

特征”，除了所述（1）、（3）的连接关系之外，权利要求2中还包括“信号放大用MIS型薄膜半导体装置的漏区域与个别电源线连接，其栅电极与所述电容检测电极连接”这样的技术特征；也即现在的权利要求9仅限定了“漏区域与基准电容器第一电极连接、栅电极与基准电容器第二电极连接”，却并未对“漏区域与电源线连接、栅电极与电容检测电极连接”的技术特征进行限定，因而请求人的主张不能成立。

针对上述复审通知书，复审请求人于2007年6月7日提交了意见陈述书以及权利要求书和说明书第4页的修改替换页，其中对权利要求9进行了修改，修改后的权利要求9如下：

“9. 一种静电电容检测装置，其通过检测根据与对象物的距离而变化的静电电容，读取该对象物的表面形状，其特征在于，

该静电电容检测装置包括配置成M行N列矩阵状的M根个别电源线、N根个别输出线和设置在该个别电源线与该个别输出线的交点上的静电电容检测元件，M和N均为1以上的整数；

该静电电容检测元件包括信号检测元件和信号放大元件；

该信号检测元件包括电容检测电极、电容检测电介质膜和基准电容器，该基准电容器由基准电容器第一电极、基准电容器电介质膜和基准电容器第二电极所构成；

该信号放大元件由栅电极、栅绝缘膜和半导体膜所构成的信号放大用MIS型薄膜半导体装置来构成；

该信号放大用MIS型薄膜半导体装置的漏区域的一部分和该栅电极的一部分通过介入该栅绝缘膜形成重叠部，该重叠部形成该基准电容器；

该信号放大用MIS型薄膜半导体装置的源区域与所述个别输出线电连接，其漏区域与所述个别电源线电连接，其栅电极与所述电容检测电极连接。”

复审请求人在意见陈述书中认为，根据复审通知书的意见，对权利要求9的上述修改使得权利要求9的保护范围清楚，因此符合专利法实施细则第20条第1款的规定。

在上述程序的基础上，合议组认为本案事实已经清楚，现依法作出审查决定。

二、决定的理由

1. 本决定所针对的审查文本

复审请求人于2007年6月7日提交了权利要求书和说明书第4页的修改替换页，经合议组审查，上述修改文本符合专利法实施细则第60条第1款的规定，并且未发现其存在不符合专利法第33条规定之处，因此本复审决定所针对的审查文本是：复审请求人于2007年6月7日提交的权利要求第1~12项和说明书第4页，2005年9月12日提交的说明书第1~3、5~7页，以及申请日提交的说明书第8~23页、说明书附图第1~11页、说明书摘要以及摘要附图。

2. 关于专利法实施细则第20条第1款

请求人按照复审通知书的意见，在独立权利要求书9中添加了“其漏区域与所述个别电源线电连接，其栅电极与所述电容检测电极连接”，由此在该权利要求9限定的技术方案中，信号放大用MIS型薄膜半导体装置的漏区域与电源线相连从而提供了电压，其栅电极与电容检测电极具有相同电位，所述的静电电容检测装置就可将检测电容的变化输入到所述信号放大用MIS型薄膜半导体装置并产生相应的输出电流信号，因此该新的权利要求9的保护范围清楚，克服了驳回决定和复审通知书所指出的缺陷。

基于上述理由，合议组作出如下决定。

三、决定

专利申请文件经复审请求人修改克服了驳回决定所指出的缺陷，因此在修改文本的基础上撤销国

家知识产权局于2006年2月24日对200410035310.3号发明专利申请做出的驳回决定，由原审查部门以本复审决定所针对的文本为审查基础继续进行审查程序。

复审请求人对本决定不服的，可以根据专利法第41条第2款的规定，自收到本决定之日起三个月内向北京市第一中级人民法院起诉。

113

一种建筑消防设施智能测试分析方法

复审请求审查决定（第11227号）

决　定　号　第11227号
决　定　日　2007年7月20日
发明创造名称　一种建筑消防设施智能测试分析方法
国际分类号　G09C 1/00　G06K 5/00
复审请求人　蔡南贤
申　请　号　01107623.2
申　请　日　2001年3月6日
公　开　日　2002年10月9日
合议组组长　刘颖杰
主　审　员　刘　畅
参　审　员　周　航

法律依据　专利法第25条第1款第（2）项，专利法实施细则第2条第1款
决定要点

如果一项发明专利申请所请求保护的技术方案是采用了利用自然规律的技术手段，解决了技术问题，并取得了技术效果，那么该申请的权利要求符合专利法实施细则第2条第1款的规定，不属于专利法第25条第1款第（2）项规定的情形。

一、案由

本复审请求涉及申请号为01107623.2、名称为“一种建筑消防设施智能测试分析方法”的发明专利申请（下称本申请），其申请日为2001年3月6日，公开日为2002年10月9日，申请人为蔡南贤。

本申请公开时的权利要求书为：

“1. 一种建筑消防设施智能测试分析方法，其特征在于：

（1）建立消防测试标准词典存储器（1）及工程表格存储器（12）；

（2）将工程编码输入到中心处理器（3），处理器（3）从工程表格存储器（12）读出空白检测记录表；将消防测试数据（2）输入中心处理器（3）的空白检测记录表，同时与词典存储器（1）的标准数据进行对比分析处理；

（3）中心处理器（3）将分析处理结果输出到输出设备（4），同时将结果输入工程档案存储器（6）。

2. 根据权利要求 1 所述的方法，其特征在于：第一次处理分析结果经复检后产生的数据（5）输入中心处理器（3），中心处理器（3）读出存储器（6）中同一工程档案，将数据（5）更换相应的旧数据，再与词典存储器（1）的标准数据对比分析处理后再输出到输出设备（4），同时再输入到存储器（6）。

3. 根据权利要求 2 所述的方法，其特征在于：建立单项复检收费词典存储器（8），在中心处理器（3）中将数据（5）与收费词典存储器（8）中相同编码的项目进行的数据对比分析后处理后输出到输出设备（4）。

4. 根据权利要求 1~3 所述的任一方法，其特征在于：词典存储器（1）的词典编码方法为三级数字编码，第一级为消防系统，第二级为受检设备，第三级为检测项目。

5. 根据权利要求 4 所述的方法，其特征在于：在中心处理器（3）中读取处理结果，按整合模块（9）中设定的格式进行整合后，输出到输出设备（4）。

6. 根据权利要求 4 所述的方法，其特征在于：在数据（2）或复检后产生的数据（5）输入中心处理器（3）之前经过安全指令模块（10）进行分级别操作安全处理。

7. 根据权利要求 5 所述的方法，其特征在于：经模块（9）整合后的结果再经安全指令模块（11）进行级别操作安全处理。”

国家知识产权局专利局实质审查部门依申请人的请求对本申请进行了实质审查，于 2005 年 2 月 18 日发出第一次审查意见通知书，指出本申请权利要求 1~7 所请求保护的技术方案实质上是对相关信息进行管理的计算机程序，而不是一种利用自然规律和自然力的技术方案，因而属于专利法第 25 条第 1 款第（2）项规定的智力活动的规则和方法的范围，不能被授予专利权。

申请人针对上述审查意见通知书于 2005 年 3 月 21 日提交了意见陈述书，指出：本申请是对工业产权范围的消防设施进行测试分析的方法，并非信息管理的计算机程序，也不是管理方法，而是一种工业方法，本申请完成了对属于工业设施范围的建筑、消防设施的测试效果，并非工业产权以外的社会效果，因而本申请不属于专利法第 25 条规定的智力活动的规则和方法的范围。

经过上述审查程序后，国家知识产权局专利局实质审查部门于 2005 年 7 月 8 日以本申请属于专利法第 25 条第 1 款规定的情形为理由驳回了本申请。驳回决定认为：权利要求 1~7 请求保护一种建筑消防设施智能测试分析的方法，由说明书中的记载可知，本申请将消防设施的标准存储在计算机的存储系统中，再将现场工人采集的各消防设施检测数据输入中心处理器与存储器的标准数据进行对比分析，判定其合格与否，同时该检测数据写入检测记录表中，再进行分类统计，得出合格率情况，最后存储备案，因而其内容是一种管理方法，即一种用于对检测消防设施所得出的数据进行管理的方法，其实质是对相关信息进行管理的计算机程序，而不是一种利用自然规律和自然力的技术方案，解决的不是技术问题，所获得的也不是技术效果。所以本申请属于专利法第 25 条第 1 款第（2）项所述的智力活动的规则和方法的范围，不能被授予专利权。针对申请人的意见陈述，审查员认为：本申请的核心是建立标准词典存储器，其实质上是一存储有各消防设施的标准的数据库。利用该标准词典存储器对所采集的检测数据进行对比分析，本质就是对所采集的检测数据进行分析、管理的计算机程序；数据的采集不是本申请相对于现有技术所作出的贡献，一般的对数据或信息进行管理的方法都包括数据的采集的步骤；通常的对数据或信息进行管理的方法都是通过建立一标准的数据库、采集数据、对数据或信息进行分析得出结论等步骤来完成的，因此本申请仍然是属于对相关信息进行管理的计算机程序，而不是一种利用自然规律和自然力的技术方案，解决的不是技术问题，所获的也不是技术效果。

申请人蔡南贤（下称复审请求人）不服上述驳回决定，于 2005 年 8 月 10 日向专利复审委员会提出复审请求，复审请求人指出：本申请是一种涉及建筑消防设施的测试分析方法，这完全是为了解决本申请提出的四个目的，并部分以计算机程序处理流程为基础的解决方案，本申请并非智力活动规则和方法，而是具体完整的技术方案；本申请符合专利法实施细则第2条第1款的规定，是一种将旧有的，借助各种单独的测量工具，完全是以手工劳动完成的，对建筑消防设施进行检测分析的方法改变为：借助各种单独的测量工具进行检测，以人工采集数据，通过计算机进行分析处理的方法，从而大大提高了检测速度的新的技术方案；本申请属于用于外部数据处理的涉及计算机程序的发明专利申请；本申请不属于管理或控制方法。

经形式审查合格后，专利复审委员会于2005年9月13日受理了上述请求，并于同日向复审请求人发出复审请求受理通知书，同时向原审查部门发出前置审查通知书。

原审查部门对该复审请求做出前置审查意见，仍然认为本申请不属于可给予专利保护的客体，坚持原驳回决定。

专利复审委员会依法成立合议组对该复审请求案进行了审理。本案合议组于2007年3月23日向复审请求人发出口头审理通知书，告知复审请求人本案合议组将于2007年5月21日对本案的具体复审理由进行口头审理。

口头审理如期举行，在口头审理过程中，复审请求人指出：现有技术方案是纯技术性的，通过人工收集数据检测和对比来判断建筑的消防设施是否合格，而本申请是用计算机程序代替了一部分人工的工作，本申请是完整的技术方案。本申请是于2001年版审查指南实施的时候提出的，而且完全符合该指南的规定。本申请也符合2006年版审查指南第二部分第九章中“按照自然规律完成对技术数据实施的一系列技术数据处理，从而获得符合自然规律的技术处理效果”的规定。本申请是通过计算机的CPU对人工采集来的数据进行数据的对照。其目的是解决传统消防设施检测过程中只能依靠纯手工进行分析的这一技术问题，采用了通过计算机对消防设施检测过程中的各项参数进行分析处理的技术手段，并取得了节约时间、人力、物力的技术效果。数据的采集是现有的公知的方法，本申请是用计算机代替了数据比对的过程，计算机的数据库设计是程序中的特征，本申请是一个完整的技术方案，人工采集的工作和计算机处里的工作都不是一种管理程序，而是一种测试过程。复审请求人还认为：自然规律是人与物的关系，而管理软件解决的是人与人的关系，本申请中涉及的消防设施是人与物的关系，人工采集到数据后利用计算机将数据进行比对，这也是人与物的关系，即自然规律。因而本申请符合专利法第25条第1款以及专利法实施细则第2条第1款的有关规定。

至此合议组认为本案事实清楚，现依法作出复审决定。

二、决定的理由

1. 审查文本

由于复审请求人在提出复审请求时未对申请文件进行修改，因此本复审决定以驳回决定针对的文本为基础，即复审请求人于申请日（2001年3月6日）提交的权利要求第1~7项及说明书第1~7页、说明书附图第1~4页、摘要和摘要附图。

2. 关于专利法第25条第1款及专利法实施细则第2条第1款

专利法第25条第1款规定：对下列各项，不授予专利权：（1）科学发现；（2）智力活动的规则和方法；（3）疾病的诊断和治疗方法；（4）动物和植物品种；（5）用原子核变换方法获得的物质。

专利法实施细则第2条第1款规定：专利法所称发明，是指对产品、方法或者其改进所提出的新的技术方案。

审查指南第二部分第一章第4.2节规定：智力活动，是指人的思维运动，它源于人的思维，经过推理、分析和判断产生出抽象的结果，或者必须经过人的思维运动作为媒介，间接地作用于自然产生结果。智力活动的规则和方法是指导人们进行思维、表述、判断和记忆的规则和方法。由于其没有采用技术手段或者利用自然规律，也未解决技术问题和产生技术效果，因而不构成技术方案。它既不符合专利法实施细则第 2 条第 1 款的规定，又属于专利法第 25 条第 1 款第（2）项规定的情形。因此，指导人们进行这类活动的规则和方法不能被授予专利权。

审查指南第二部分第九章第 2 节规定：如果涉及计算机程序的发明专利申请的解决方案执行计算机程序的目的是为了处理一种外部技术数据，通过计算机执行一种技术数据处理程序，按照自然规律完成对该技术数据实施的一系列技术处理，从而获得符合自然规律的技术数据处理效果，则这种解决方案属于专利法实施细则第 2 条第 1 款所说的技术方案，属于专利保护的客体。

就本案而言，本申请的权利要求 1~7 请求保护一种建筑消防设施智能测试分析方法，其采用计算机对人工所采集的消防设施的各项参数数据进行分析比对的方法，也就是使用计算机对外部技术数据进行处理，从而得到符合自然规律的技术数据处理效果，因此这一手段属于专利法实施细则第 2 条第 1 款所说的技术手段；由于本申请采用了上述技术手段，因而可以解决现有技术中存在的“耗费大量人工、时间，且纠错工作及其繁杂，容易出现较多误差，加上各环节主观因素的干扰，从而导致严重影响检测结果的公平公正的科学性、全面合理的严密性”这一技术问题，并取得了节约时间，节省人力、物力的技术效果。综上，本申请所请求保护的技术方案是采用了利用自然规律的技术手段，解决了技术问题，并取得了技术效果，本申请的权利要求 1~7 符合专利法实施细则第 2 条第 1 款的规定，也不属于专利法第 25 条第 1 款第（2）项规定的不授予专利权的情形。

三、决定

复审请求成立，撤销国家知识产权局于 2005 年 7 月 8 日对申请号为 01107623.2 的发明专利申请作出的驳回决定，由原审查部门在 2001 年 3 月 6 日提交的权利要求第 1~7 项及说明书第 1~7 页、说明书附图第 1~4 页、摘要和摘要附图的审查文本基础上继续审查。

复审请求人对本决定不服的，可以根据专利法第 41 条第 2 款的规定，自收到本决定之日起三个月内向北京市第一中级人民法院起诉。

114

一种乳化柴油汽油不分层的配方

复审请求审查决定（第11261号）

决　定　号　第11261号
决　定　日　2007年6月28日
发明创造名称　一种乳化柴油汽油不分层的配方
国际分类号　C10G 31/08
复审请求人　方维吾
申　请　号　01102846.7
申　请　日　2001年2月8日
公　开　日　2002年9月11日
合议组组长　李广峰
主　审　员　巩克栋
参　审　员　朱文广

法律依据　专利法第33条
决定要点

如果修改后的内容未记载在原说明书和权利要求书文字记载的内容范围内，或根据原说明书和权利要求书文字记载的内容以及说明书附图不能直接地、毫无疑义地确定，则该修改超出原说明书和权利要求书记载的范围，是不允许的。

一、案由

本复审请求涉及名称为“一种乳化柴油汽油不分层的配方”的01102846.7号发明专利申请（以下称本申请），申请人为方维吾，申请日为2001年2月8日，公开日为2002年9月11日。

2006年3月10日，针对本申请，国家知识产权局以本申请权利要求1的修改不符合专利法第33条为由作出驳回决定。驳回决定所针对的权利要求书为：

“乳化柴油在水、表面活性剂、柴油之外加入助溶剂可使其透明、均匀，不分层，该助溶剂是乳酸酯，乙醇酸酯和适当碳数的醇类 助溶剂的用量为添加剂的3%～100%。”

驳回决定认为：修改后的权利要求1限定助溶剂是乳酸酯、乙醇酸酯和适当碳数的醇类，用量为添加剂的3%～100%，没有限定水和表面活性剂的用量。在原始申请中记载的添加剂配方为：水0%～40%，用作助溶剂的含氧碳氢物3%～100%，表面活性剂0%～30%，该技术方案限定了三种组分组成的添加剂中各组分的用量，即水在0%～40%的范围内，表面活性剂的用量在0%～30%范围内，用作助溶剂的含氧碳氢物才可以在3%～100%范围内。但修改后的权利要求1中只限定了助溶剂的用量为3%~100%，意味着水和表面活性剂的用量可以为任意值，该修改超出了原申请说明书和权利要求书的记载范围，不符合专利法第33条的规定。

申请人（下称请求人）对上述驳回决定不服，于2006年6月6日向国家知识产权局专利复审委员会提出了复审请求。请求人认为：（1）本申请采用新的助溶剂，因此本申请具有创新性；（2）本申请采用乳酸酯和乙醇酸酯作为助溶剂，其对微乳柴油具有创新性，而且助溶剂乳酸酯、乙醇酸酯可以和几十种表面活性剂相匹配和衍生出上百种配方，所以根据柴油的动力性能，十几项指标均能满足的配方是根据试验鉴定再修正而得出的百种表面活性剂和几十种助溶剂都有不同的匹配方案，所以乳酸酯、乙醇酸酯助溶剂可以和多种表面活性剂匹配，所属技术领域的技术人员具有相应地知识和能力得出配方，因而不必将配方列入本申请。

经形式审查合格后，专利复审委员会受理了该复审请求，并于2006年7月12日向请求人发出复审请求受理通知书，同时向国家知识产权局原审查部门发出前置审查通知书。

国家知识产权局原审查部门对本复审请求进行了前置审查，坚持原驳回决定。

专利复审委员会依法成立合议组，对本复审请求进行审查。

2006年9月28日，专利复审委员会向请求人发出复审通知书，指出：权利要求1和说明书的修改不符合专利法第33条的规定，原始权利要求1相对于对比文件1（US 5259851 A）不具备创造性。复审通知书具体指出：请求人于2005年10月15日提交的权利要求1为："乳化柴油在水、表面活性剂、柴油之外加入助溶剂可使其透明、均匀，不分层，该助溶剂是乳酸酯，乙醇酸酯和适当碳数的醇类 助溶剂的用量为添加剂的3%~100%。"同日提交的说明书第1页第7段为"助溶剂的用量为添加剂的3%~100%"。合议组认为，首先，上述内容在原始申请的说明书和权利要求书中没有记载；其次，原始申请的权利要求书与说明书中关于组份含量的记载为：本发明柴油、汽油添加剂的制造配方为：水0%~40%，含O的碳氢物3%~100%，表面活性剂0%~30%"（见原权利要求书和原说明书第2页）。即，原始申请记载的是一个特定配方，在助溶剂的含量为3%~100%时，水的含量为0%~40%，表面活性剂为0%~30%。而修改后的权利要求1关于配方的限定，仅限定助溶剂的用量为添加剂的3%~100%，而添加剂组分中的"水"和"表面活性剂"可以取任意适合的含量，因此权利要求1所要求保护的技术方案和说明书第7段所记载的技术方案，在原始申请的说明书和权利要求书中没有记载，也不能由原始申请的说明书和权利要求书直接地毫无疑义地导出，超出原说明书和权利要求书记载的范围，不符合专利法第33条的规定。

针对复审通知书，请求人于2006年11月13日提交了意见陈述书。请求人认为：（1）本申请的创新点在新助溶剂的采用，已经将表面活性剂和水的配方数字删除，即修改后的说明书和权利要求书中已经不存在表面活性剂和水的配方数字；（2）助溶剂的比例在3%~100%之间可以适用于多个技术方案；（3）权利要求1相对于对比文件1和对比文件2具备创造性。

经审查，合议组认为本案事实已经清楚，可以依法作出审查决定。

二、决定的理由

1. 关于文本

本决定所针对的文本为：请求人于2005年10月15日提交的说明书第1页；于2005年10月15日提交权利要求第1项；以及于2005年1月20日提交的说明书摘要。

2. 关于专利法第33条

根据专利法第33条的规定，申请人可以对其专利申请文件进行修改，但是，对发明和实用新型专利申请文件的修改不得超出原说明书和权利要求书记载的范围。

如果修改后的内容未记载在原说明书和权利要求书文字记载的内容范围内，或根据原说明书和权利要求书文字记载的内容以及说明书附图不能直接地、毫无疑义地确定，则该修改超出原说明书和权利要求书记载的范围，是不允许的。

请求人于2005年10月15日提交的权利要求1为："乳化柴油在水、表面活性剂、柴油之外加入助溶剂可使其透明、均匀，不分层，该助溶剂是乳酸酯，乙醇酸酯和适当碳数的醇类 助溶剂的用量为添加剂的3%～100%。"同日提交的说明书第1页第7段为"助溶剂的用量为添加剂的3%～100%"。

合议组认为，首先，上述内容未记载在原始申请的说明书和权利要求书文字记载的内容中；其次，原始申请的权利要求书与说明书中关于组份含量的记载为：本发明柴油、汽油添加剂的制造配方为：水0%～40%，含O的碳氢物3%～100%，表面活性剂0～30%"（见原始申请权利要求书和原说明书第2页）。即，原始申请记载的是一个特定配方，在助溶剂的含量为3%～100%时，水的含量为0%～40%，表面活性剂为0%～30%。而修改后的权利要求1和说明书关于配方的限定，仅限定助溶剂的用量为添加剂的3%～100%，而添加剂组分中的"水"和"表面活性剂"可以取任意的含量，该含量可以超出各组分的上限：水40%、表面活性剂30%，因此权利要求1所要求保护的技术方案和说明书第7段所记载的技术方案，在原始申请的说明书和权利要求书中没有记载，也不能由原始申请的说明书和权利要求书直接地毫无疑义地导出，超出原始申请说明书和权利要求书记载的范围，不符合专利法第33条的规定。

请求人在意见陈述书中关于本申请创新点和创造性的陈述，与专利法第33条无关，本决定不予评述。如请求人所述，助溶剂在3%～100%之间适用于多个技术方案，但如前所述，上述"多个技术方案"超出原说明书和权利要求书的记载范围，因此该修改不符合专利法第33条的规定。

综上，权利要求1和说明书的修改不符合专利法第33条的规定。

基于上述理由，本合议组作出如下决定。

三、决定

维持国家知识产权局于2006年3月10日针对01102846.7号发明专利申请作出的驳回决定。

复审请求人对本决定不服的，可以根据专利法第41条第2款的规定，自收到本决定之日起3个月内向北京市第一中级人民法院起诉。

115

估算压缩声频中的信号功率

复审请求审查决定（第11292号）

决　定　号　第11292号
决　定　日　2007年7月22日
发明创造名称　估算压缩声频中的信号功率
国际分类号　G10L 11/02，H04H 9/00，H04B 1/66
复审请求人　皇家菲利浦电子有限公司
申　请　号　02801550.9
申　请　日　2002年5月8日
优先权日　2001年5月11日
公　开　日　2003年12月17日
合议组组长　张田勇
主　审　员　佟仲明
参　审　员　高桂莲

法律依据　专利法第26条第4款
决定要点

当本领域普通技术人员从说明书记载的方法中能直接地、毫无疑义地确定该方法的每个步骤都可以通过编程以功能模块的方式或者通过电路设计以专用集成电路的方式实现，则与该方法的各个步骤完全对应一致的装置权利要求是得到说明书支持的。

一、案由

本复审请求涉及申请号为02801550.9、名称为“估算压缩声频中的信号功率”的PCT发明专利申请（下称本申请），申请人为皇家菲利浦电子有限公司，申请日为2002年5月8日，优先权日为2001年5月11日，公开日为2003年12月17日，公开时的权利要求书共包括10项权利要求，其中权利要求1、8、9、10为独立权利要求。

国家知识产权局实质审查部门依法对本申请进行了实质审查，于2004年11月5日发出了第一次审查意见通知书，指出本申请的权利要求1、8、9不具备新颖性，不符合专利法第22条第2款的规定；权利要求2~7和10不具备创造性，不符合专利法第22条第3款的规定。

申请人针对上述审查意见通知书于2005年3月2日提交了意见陈述书以及权利要求1~10的修改替换页。申请人在意见陈述书中认为，修改后的权利要求1~10具备新颖性、创造性。

国家知识产权局实质审查部门于2005年4月8日发出第二次审查意见通知书，指出申请人提交的修改后的权利要求8~10不符合专利法第26条第4款的规定，权利要求5~9不符合专利法实施细则第20条第1款的规定，说明书不符合专利法实施细则第18条第1款的规定。

申请人针对上述审查意见通知书于2005年8月17日提交了意见陈述书以及权利要求1~10项的修改替换页和说明书第1页的修改替换页。修改后的独立权利要求1、8~10如下：

"1. 一种检测压缩声频信号中存在的一种给定类型节目内容的出现的方法，

(a) 接收压缩声频信号，该声频信号包括量化的样本块，一个既定块有一比例因数集；

(b) 从压缩声频信号中提取比例因数集；

(c) 根据比例因数的组合估算既定块中的信号功率；以及

(d) 通过分析信号的本地功率电平、信号中无声期的持续时间以及下列条件中的至少一个：无声期期间的本地功率电平线性偏移、无声期之前的本地功率电平下降速率、无声期结束时的本地功率电平上升速率，从而检测给定类型的节目内容的出现。

8. 一种检测压缩声频信号中存在的一种给定类型节目内容的出现的设备，该声频信号包括量化的样本块，一个既定块有一比例因数集，该设备包括：

从压缩声频信号中提取比例因数集的装置；

根据比例因数的组合估算既定块中信号功率电平的装置；以及

用于检测所述给定类型节目内容的出现的装置，所述检测所述给定类型节目内容的出现是通过分析信号的本地功率电平、信号中无声期的持续时间以及下列条件中的至少一个：无声期期间的本地功率电平线性偏移、无声期之前的本地功率电平下降速率、无声期结束时的本地功率电平上升速率而进行的。

9. 一种包括如权利要求8所述的设备的无声检测器。

10. 一种接收压缩声频信号的接收器，该接收器包括如权利要求9所述的无声检测器。"

2005年11月25日，国家知识产权局实质审查部门以本申请权利要求8~10不符合专利法第26条第4款的规定为由驳回了本申请，具体理由是：本申请的说明书中仅记载了一种检测压缩声频信号中存在的一种给定类型节目内容的出现的方法的具体步骤，而没有关于设备的结构特征，因此独立权利要求8得不到说明书的支持；说明书中也没有记载无声检测器的实施方式，因此独立权利要求9得不到说明书的支持；在权利要求9得不到说明书的支持的情况下，以包括如权利要求9中所述的无声检测器为特征的权利要求10也得不到说明书的支持。驳回决定所依据的文本是：申请人于2005年8月17日提交的权利要求第1~10项、说明书第1页、2003年1月7日进入中国国家阶段时提交的说明书第2~11页、说明书附图第1~5页、摘要和摘要附图。

皇家菲利浦电子有限公司（下称复审请求人）不服上述驳回决定，于2006年2月27日向专利复审委员会提出复审请求，未对申请文件进行修改。

复审请求人的具体复审请求理由为：权利要求8~10记载的设备是本领域普通技术人员能够从本申请的说明书中所得出的，并且足以让本领域的技术人员去实现本发明。

经形式审查合格，专利复审委员会依法受理了该复审请求，并于2006年3月29日向复审请求人发出复审请求受理通知书，同时向原审查部门发出前置审查通知书。

原审查部门对本复审请求进行了前置审查，在前置审查意见书中，原审查部门坚持原驳回决定。

专利复审委员会依法成立合议组对该复审请求案进行审查，合议组在仔细审阅了全部案卷后，做出本审查决定。

二、决定的理由

1. 决定所依据的文本

由于复审请求人在提出复审请求时未对申请文件进行修改，因此本复审决定以驳回决定所依据的文本，即复审请求人于 2005 年 8 月 17 日提交的权利要求第 1~10 项、说明书第 1 页、2003 年 1 月 7 日进入中国国家阶段时提交的说明书第 2~11 页、说明书附图第 1~5 页、摘要和摘要附图作为审查基础。

2. 关于专利法第 26 条第 4 款

专利法第 26 条第 4 款规定：权利要求书应当以说明书为依据，说明要求专利保护的范围。

本申请说明书实施例部分公开了一种用于接收压缩声频信号的接收器 1，该接收器 1 包括用于检测压缩声频信号中的无声的无声检测器 11 以及用于根据对无声的检测来影响声频信号的影响块 12，可以增强所述无声检测器 11 以便形成商业广告检测器。其后，本申请说明书中针对检测器如何在压缩声频信号中检测是否存在一种给定类型节目内容的出现的方法进行了描述，该方法包括以下步骤：从压缩声频信号中提取比例因数集；根据比例因数的组合估算既定块中信号功率电平；以及通过分析信号的本地功率电平、信号中无声期的持续时间以及下列条件中的至少一个：无声期期间的本地功率电平线性偏移、无声期之前的本地功率电平下降速率、无声期结束时的本地功率电平上升速率，从而检测给定类型的节目内容的出现。

本申请的独立权利要求 8 要求保护一种检测压缩声频信号中存在的一种给定类型节目内容的出现的设备。而根据说明书的描述，本领域普通技术人员可以直接地、毫无疑义地确定，根据本领域的已有技术，该方法的每个步骤都可以通过编程以功能模块的方式或者通过电路设计以专用集成电路的方式实现，从而，可以得到一种其各组成部分与本申请公开的方法的各个步骤完全对应一致的装置。而权利要求 8 所要求保护的装置的各个组件与本申请公开的方法的各个步骤完全对应一致，因此应当认为权利要求 8 的装置权利要求得到了说明书的支持，符合专利法第 26 条第 4 款的规定。

独立权利要求 9 请求保护一种无声检测器，包括有如权利要求 8 的装置。独立权利要求 10 请求保护一种接收压缩声频信号的接收器，该接收器包括如权利要求 9 所述的无声检测器。而由于权利要求 8 符合专利法第 26 条第 4 款的规定，并且权利要求 9、10 要求保护的装置是记载在本申请说明书实施例部分中的，因此该权利要求 9、10 也同样可以得到说明书的支持，符合专利法第 26 条第 4 款的规定。

根据上述事实和理由，本案合议组做出以下审查决定。

三、决定

撤销国家知识产权局于 2005 年 11 月 25 日对 02801550.9 号发明专利申请作出的驳回决定。

由原审查部门以本复审决定所依据的文本继续进行审查程序。

复审请求人对本决定不服的，可以根据专利法第 41 条第 2 款的规定，自收到本决定之日起三个月内向北京市第一中级人民法院起诉。

116

玻璃、釉或搪瓷釉的含硼新原料

复审请求审查决定（第11307号）

决　定　号　第11307号
决　定　日　2007年8月10日
发明创造名称　玻璃、釉或搪瓷釉的含硼新原料
国际分类号　C03C 6/00，C03C 8/00，C03C 13/00，C01B 35/04
复审请求人　张喜凤
申　请　号　99123790.0
申　请　日　1999年11月23日
公　开　日　2000年6月21日
合议组组长　刘　静
主　审　员　周英姿
参　审　员　李　娟

法律依据　专利法实施细则第20条第1款
决定要点

每项权利要求的类型应当清楚。权利要求的主题名称应当能够清楚地表明该权利要求的类型是产品权利要求还是方法权利要求。每项权利要求所确定的保护范围应当清楚，权利要求中不得使用含义不确定的用语。

一、案由

本复审请求涉及名称为“玻璃、釉、或搪瓷釉的含硼新原料”的99123790.0号发明专利申请（下称本申请），申请人为张喜凤，申请日为1999年11月23日，公开日为2000年6月21日。

2003年9月12日，针对申请人于2003年7月23日提交的权利要求书第1~10项、申请日提交的说明书及摘要，国家知识产权局以本申请权利要求1~10不符合专利法第22条第3款，权利要求3、5、7、8、10不符合专利法第26条第4款，权利要求1、5、8不符合专利法实施细则第20条第1款、权利要求1不符合专利法实施细则第21条第2款、权利要求1~10不符合专利法实施细则第22条、第23条的相关规定为由驳回了本申请。被驳回的权利要求如下：

“1. 本专利阐述‘玻璃、釉或搪瓷釉的含硼新原料’ $xCaO \cdot yB_2O_3 \cdot zH_2O$，这类硼酸钙其特征是：微熔于水，可为非晶态、超细粉末、含硼量高的晶体或其混合物；与其他硅酸盐原料配合，不必先期熔融制玻璃球、熔块，在较低温度一步直接熔融或烧成非晶态或含非晶态制品，可制备较高强度、耐急冷急热、热稳定性较高的制品；这类硼酸钙是非晶态制品的强助熔剂；代替铅化物制陶

瓷釉；

现有方案采用的硼砂、硼酸晶体易溶于水，制备以上非晶体产品须两步（第一步制玻璃球、熔块）加热熔融，挥发率高；硼镁矿、偏硼酸钙晶体微溶于水，含硼量低，熔融温度高；硬硼钙石晶体含硼量也较低，熔融温度高，且含 As_2O_3 量高。

2. 权利要求1的 $xCaO \cdot yB_2O_3 \cdot H_2O$ 中 x、y=1、2、3……20，Z=0、1、2、3……20，可统称为硼酸钙，此类硼酸钙微溶于水。

3. 权利要求1的这类硼酸钙可为42%~67% B_2O_3 晶体，28%~67% B_2O_3 非晶态、≤0.5μm超细粉末，或由其组成的混合物。

4. 权利要求1非晶态或含非晶态制品是指玻璃、玻璃纤维、陶瓷釉、搪瓷釉、琉璃、珐琅。

5. 权利要求1~3这类硼酸钙与其他硅酸盐原料配合，在1460~1540℃熔融、降温制成耐压、耐热玻璃制品。如直径小于300mm，可耐压0.3Mpa，耐急冷急热210℃。

6. 权利要求1~3这类硼酸钙与其他硅酸盐原料配给，在1460~1540℃熔融，在1160~1210℃拉丝，可制备抗拉强度320~350Kg/mm^{2}的玻璃纤维。

7. 权利要求1~3这类硼酸钙与其他硅酸盐原料配合，用于中国国内"球法"玻璃窑改造，可一步加热熔融在1490~1550℃下制备玻璃纤维，抗拉强度300~320Kg/mm^2。

8. 权利要求1~3这类硼酸钙可全部或部分取代铅化物、含有铅化物的化合物，取代 PbO：B_2O_3 =1：0.5~1.5mol（最佳0.8~1.2mol），与其他硅酸盐原料配合，在950~1060℃氧化或还原气氛制无铅陶瓷釉。

9. 权利要求1~3这类硼酸钙可与其他硅酸盐原料配合，以生料粉形式烧制搪瓷制品，配料不必考虑硼挥发率。

10. 权利要求1~3这类硼酸钙代替硬硼钙石、偏硼酸钙、硼镁矿、硼酸可在池窑、波歇窑、马蹄窑、横火焰窑制玻璃纤维。"

驳回决定认为：(1) 对比文件1、2或3都公开了一种使用含有CaO、B_2O_3 和水的原料制造玻璃、陶瓷、釉料制品的工艺，其中公开了加热、熔融、烧结等步骤。权利要求1与这些对比文件的内容相比，所不同的是权利要求1强调硼酸钙是"非晶态"，而这仅仅是以原料名称的差别作为区别特征，权利要求2~10与上述现有技术相比并没有意想不到的效果，因而权利要求1~10不具备突出的实质性特点和显著的进步，权利要求1~10不具备专利法第22条第3款规定的创造性。(2) 权利要求3、5、7~8、10的描述中含有说明书中未记载的部分，因而得不到说明书的支持，不符合专利法第26条第4款之规定。(3) 权利要求1、5和8的撰写形式不符合专利法实施细则第20条第1款有关清楚的规定；权利要求1中未对X、Y和Z定义，缺少必要技术特征，不符合专利法实施细则第21条第2款的规定；权利要求1~10的撰写不规范，不符合专利法实施细则第22~23条的相关规定。

申请人张喜凤（下称复审请求人）对上述驳回决定不服，于2003年12月26日向国家知产权局专利复审委员会提交了复审请求，复审请求人在提出复审请求时提交了新修改的权利要求书。

复审请求人提交的新权利要求书为：

"1. 本申请书阐述'玻璃、釉、或搪瓷釉的含硼新原料' $xCaO \cdot yB_2O_3 \cdot zH_2O$，x、y=1、2、3……20，z=0、1、2、3……20，可统称为硼酸钙。这类硼酸钙其特征是：微熔于水，可为非晶态、超细粉末、含硼量高的晶体或其混合物；与其他硅酸盐原料配合，不必先期熔融制玻璃球、熔块，在较低温度一步直接熔融或烧成非晶态或含非晶态制品，可制备较高强度、耐急冷急热、热稳定性较高的制品；这类硼酸钙是非晶态制品的强助熔剂；代替铅化物制陶瓷釉。

目前采用的硼砂、硼酸晶体易溶于水，制备以上非晶体产品须两步：第一步制玻璃球、熔块，两次加热熔融，挥发率高；硼镁矿、偏硼酸钙晶体微溶于水，含硼量低，熔融温度高；硬硼钙石晶体含硼量也较低，熔融温度高，且含 As_2O_3 量高。

2. 权利要求 1 的这类硼酸钙可为 42%～67% B_2O_3 晶体，28%～67% B_2O_3 非晶态、≤0.5μm 超细粉末，或由其组成的混合物。

3. 权利要求 1 非晶态或含非晶态制品是指玻璃、玻璃纤维、陶瓷釉、搪瓷釉、琉璃、珐琅。

4. 权利要求 1～3 这类硼酸钙与其他硅酸盐原料配合，在 1460～1540℃熔融、降温制成耐压、耐热玻璃制品。直径小于 300mm，可耐压 0.3Mpa，耐急冷急热 210℃。

5. 权利要求 1～3 这类硼酸钙与其他硅酸盐原料配给，在 1460～1540℃熔融，在 1160～1210℃拉丝，可制备抗拉强度 320～350Kg/mm^2 的玻璃纤维。

6. 权利要求 1～3 这类硼酸钙与其他硅酸盐原料配合，用于中国国内“球法”玻璃窑改造，可一步加热熔融在 1490～1550℃下制备玻璃纤维，抗拉强度 300～320Kg/mm^2。

7. 权利要求 1～3 这类硼酸钙可全部或部分取代铅化物、含有铅化物的化合物，取代 PbO：B_2O_3＝1：0.5～1.5mol，与其他硅酸盐原料配合，在 950～1060℃氧化或还原气氛制无铅陶瓷釉。

8. 权利要求 1～3 这类硼酸钙可与其他硅酸盐原料配合，以生料粉形式烧制搪瓷制品，配料不必考虑硼挥发率。

9. 权利要求 1～3 这类硼酸钙代替硬硼钙石、偏硼酸钙、硼镁矿、硼酸可在池窑、波歇窑、马蹄窑、横火焰窑制玻璃纤维。”

复审请求人陈述的复审理由为：（1）对于权利要求的创造性，复审请求人认为具有相同化学元素物质的不同结构状态也具有奇异特点，非晶态玻璃制品应用范围大，价值高。相同化学组成的非晶态和晶体物质内能不同，非晶态内能高，用非晶原料制造玻璃、釉、或搪瓷釉的熔融温度低，强度高；硼酸钙不同于 CaO、B_2O_3，硼酸钙化合物比单纯氧化物易熔；硼酸钙为≤0.5μm 的超细粉末，本申请解决了目前玻璃、釉、或搪瓷领域存在的一些关键问题，因此本申请具备突出的实质性特点和显著的进步，符合专利法第 22 条第 3 款之规定。（2）有关原权利要求 3、5、7～8、10 得不到说明书支持，其内容在说明书相应部分得到记载，因而可以得到说明书的支持，符合专利法第 26 条第 4 款的规定。此外，复审请求人对权利要求书进行了修改。故复审请求人认为，国家知识产权局驳回的理由不成立。

形式审查合格后，专利复审委员会受理了该复审请求，并于 2004 年 1 月 18 日向复审请求人发出了《复审请求受理通知书》，同时将本申请案卷移交原审查部门进行前置审查。

原审查部门对本复审请求进行了前置审查。在前置审查中，原审查部门认为申请人仅克服一部分驳回决定指出的缺陷，如删除了权利要求 1 中的括号，但又出现了新的不清楚的缺陷，例如一项权利要求存在两个句号，并且其他缺陷基本未克服。因此，坚持原驳回决定。

合议组于 2005 年 1 月 20 日向复审请求人发出了《复审通知书》，指出：（1）①权利要求 1 存在不清楚的缺陷，因而不符合专利法实施细则第 20 条第 1 款的规定。其中包括：权利要求 1 保护的类型以及保护主题和保护内容不清楚；权利要求 1 中包含的“本申请书阐述”以及所述“目前采用的硼砂、硼酸晶体易溶于水……”不属于权利要求 1 所要求保护的技术方案的技术特征；权利要求 1 出现的“可统称为”、“可为”、“微溶于水”、“超细粉末”、“含硼量高”、“较低温度”、“较高强度”、“热稳定性较高”等描述语的含义不确定；该权利要求 1 存在多个句号；所述的“含硼新原料 $xCaO \cdot yB_2O_3 \cdot zH_2O$，x、y＝1、2、3……20，z＝0、1、2、3……20”中含硼量是随 X、Y、Z（特别是 Y）的取值不同而高低不同，因此“含硼量高”中“高”与上述变量取值之间的关系不清楚；所述“可为非晶态、超细粉末、含硼量高的晶体或其混合物”，导致本领域技术人员不能理解所要求保护的是硼酸钙，还是非晶态材料，或是晶体材料，或是粉末或它们的混合物；②权利要求 2 中的“可为”、“28% ~67% B_2O_3 的非晶体，和 42% ~67% 的晶体”等的含义不清楚，权利要求 2 所要求保护的权利要求类型不清楚，权利要求 2 保护范围不清楚，因而不符合专利法实施细则第 20 条第 1 款的规定。③权利要求 3~9 的权利要求类型不清楚，权利要求 1~3 之间的关系也不清楚；权利要求 4 中含有两个句号；权利要求 5~9 中所述“可”的含义不确定，因而不清楚；权利要求 9 所述“权利要求 1~3 这类硼酸钙代替偏硼酸钙”不清楚。由此可见，权利要求 3~9 不符合专利法实施细则第 20 条第 1 款之规定款之规定；（2）权利要求 2 所述“这类硼酸钙可为 42% ~67% B_2O_3 晶体，28% ~67% B_2O_3 非晶态、≤0.5μm 超细粉末，或由其组成的混合物”与说明书第 2 页倒数第 3 行的记载不一致，因此权利要求 2 得不到说明书的支持，不符合专利法第 26 条第 4 款之规定。

针对《复审通知书》中指出的问题，复审请求人于 2005 年 2 月 24 日向专利复审委员会提交了意见陈述书和经修改的权利要求书（即 2 页权利要求书替换页）。复审请求人意见陈述如下：（1）将主题名称明确地修改为“非晶态、超细硼酸钙及其作为非晶态制品的应用”；（2）非晶态、超细硼酸钙作为原料应用具有良好的效果，用其生产的非晶态制品强度高、热稳定性高，加热熔融改为一次；而且其应用效果不能从组成或结构相似的偏硼酸钙、硬硼酸钙石、硼镁矿、硼砂或硼酸与石灰石预见到，也未见到既能降低加热温度又能提高强度、热稳定性的相似专利；并且对超细粉末作进一步解释，其实际测试时间在申请日之前。

修改后的权利要求如下：

“1. 本申请阐述非晶态、超细硼酸钙：化学式 $xCaO \cdot yB_2O_3 \cdot zH_2O$，x、y=2、3、4……20，z=0、1、2、3……20，统称硼酸钙；这类硼酸钙其特征是：为含 28% ~67% B_2O_3 非晶态硼酸钙、且又为≤0.5μm 超细硼酸钙粉末；这类硼酸钙作为非晶态制品的应用具有良好的效果，不必先期熔融制玻璃球、熔块，一步直接熔融或烧成非晶态或含非晶态制品；这类硼酸钙是非晶态制品的强助溶剂。

2. 权利要求 1 非晶态或含非晶态制品是指玻璃、玻璃纤维、陶瓷釉、搪瓷釉、琉璃釉、珐琅釉。

3. 权利要求 1 的硼酸钙作原料引入时不必第一步熔融、烧结、烧成先制成玻璃球、熔块，第二步再加热制成品；而直接一步熔融、烧结、烧成，再急冷制成玻璃纤维、陶瓷釉、搪瓷釉、琉璃釉、珐琅釉。

4. 权利要求 1 这类硼酸钙与其他硅酸盐原料配合生产玻璃制品，在 1460~1540℃熔融、降温制成耐压、耐热玻璃制品；5000 毫升细口玻璃瓶耐压 0.3MPa，1000 毫升烧杯耐室温至 210℃急冷三次不炸裂。

5. 权利要求 1 这类硼酸钙与其他硅酸盐原料配合制备玻璃纤维在 1460~1540℃熔融，在 1160~1210℃拉丝，抗拉强度达 320~350Kg/mm^2。

6. 权利要求 1 这类硼酸钙与其他硅酸盐原料配合，用于先加热制玻璃球，再次加热拉制玻璃纤维的改进，一步加热熔融在 1490~1550℃下制备玻璃纤维，抗拉强度提高到 300~320Kg/mm^2。

7. 权利要求 1 这类硼酸钙全部或部分取代含铅化合物，取代 PbO：B2O3=1：0.5~1.5mol，与其他硅酸盐原料配合，在 950~1050℃氧化或还原气氛制无铅陶瓷釉，急冷急热 20~220℃三次无裂纹。

8. 权利要求 1 这类硼酸钙可与其他硅酸盐原料配合烧制搪瓷制品，以生料粉形式烧制搪瓷制品，配料不必考虑硼挥发率。

9. 权利要求 1 这类硼酸钙代替硬硼钙石、硼镁矿、硼酸、硼砂应用于玻璃、釉、或搪瓷釉行业领域。”

至此，合议组认为本案事实已调查清楚，可以依法作出审查决定。

二、决定的理由

专利法实施细则第 20 条第 1 款规定：权利要求书应当说明发明或者实用新型的技术特征，清楚、简要地表述请求保护的范围。

每项权利要求的类型应当清楚。权利要求的主题名称应当能够清楚地表明该权利要求的类型是产品权利要求还是方法权利要求。每项权利要求所确定的保护范围应当清楚，权利要求中不得使用含义不确定的用语。

复审请求人于 2007 年 2 月 24 日提交的经修改的权利要求书中仍然存在权利要求 1~8 的保护范围不清楚的缺陷：

首先，新提交的权利要求 1 阐述的是一种“非晶态、超细硼酸钙”，虽然复审请求人在答复复审通知的意见陈述中明确指出本申请的主题名称修改为：非晶态、超细硼酸钙及其作为非晶态制品的应用，但是该权利要求实质上为一项产品权利要求。通常应采用产品的结构特征描述产品权利要求，特殊情况下允许使用参数特征或方法特征表征，但正如《复审通知书》中所指出的，权利要求 1 中的“本申请阐述”、“这类硼酸钙作为非晶态制品的应用具有良好的效果”不属于所要保护的技术方案的技术特征，导致该权利要求的保护范围不清楚，不符合专利法实施细则第 20 条第 1 款的规定。

其次，权利要求 2 对“非晶态或含非晶态制品”作了进一步解释，权利要求 3 描述了将权利要求 1 的硼酸钙作为原料制备成品等的方法，但是，这两项权利要求没有明确的主题名称，致使本领域技术人员无法确定权利要求 2 和 3 是作为权利要求 1 的从属权利要求要求保护硼酸钙产品，还是要求保护非晶态或含非晶态制品和制备方法，因此，权利要求 2 和 3 要求保护的主题名称及类型不清楚，从而导致上述权利要求的保护范围不清楚，权利要求 2 和 3 不符合专利法实施细则第 20 条第 1 款的规定。

最后，权利要求 4~8 描述了权利要求 1 的硼酸钙和其他硅酸盐配合，在生产玻璃制品、玻璃纤维、无铅陶瓷釉、搪瓷制品等的内容。权利要求 4~8 的上述撰写方式没有明确的主题名称，致使本领域技术人员无法确定权利要求 4~8 的类型是产品还是产品的应用，即不清楚权利要求 4~8 要求保护所述的硼酸钙，还是要求保护所述硼酸钙制备相应成品的方法，或者要求保护由硼酸钙制成的相应产品。权利要求 4~8 所要保护的技术方案不清楚，不符合专利法实施细则第 20 条第 1 款的规定。

由此可见，本申请权利要求 1~8 仍然不符合专利法实施细则第 20 条第 1 款的规定。

基于上述理由，合议组作出如下决定。

三、决定

维持国家知识产权局于 2003 年 9 月 12 日对 99123790.0 作出的驳回决定。

复审请求人对本决定不服的，可以根据专利法第 41 条第 2 款的规定，自收到本决定之日起三个月内向北京市第一中级人民法院起诉。

117

产生振荡器信号的装置

复审请求审查决定（第11312号）

决　定　号　第11312号
决　定　日　2007年8月20日
发明创造名称　产生振荡器信号的装置
国 际 分 类 号　G01S 13/76，G01S 13/02
复 审 请 求 人　西米奥有限责任公司
申　请　号　01812388.0
申　请　日　2001年6月26日
优 先 权 日　2000年7月6日
公　开　日　2003年9月3日
合 议 组 组 长　黄玉平
主　审　员　张梅珍
参　审　员　王琦琳

法 律 依 据　专利法第26条第3款
决 定 要 点

如果本领域技术人员根据说明书的记载，能够实现说明书中所述的技术方案，解决其技术问题，则应当认为说明书公开充分，符合专利法第26条第3款的规定。

一、案由

本复审请求涉及申请日为2001年6月26日、名称为“产生振荡器信号的装置”的PCT发明专利申请，其申请号为01812388.0，申请人为西门子公司，后于2007年3月16日变更为西米奥有限责任公司。本申请进入国家阶段的日期为2003年1月6日，公开日为2003年9月3日，优先权日为2000年7月6日。

应申请人的请求，国家知识产权局实质审查部门依法对本申请进行了实质审查，于2005年6月3日发出了第一次审查意见通知书，指出本申请说明书不符合专利法第26条第3款的规定，具体理由如下：本申请涉及一种产生振荡器信号的装置和方法，其中采用了主动振荡器，利用自身的准相干源近于无噪声地主动地构成振荡器信号，然后再向回发射。然而说明书中对该振荡器结构的说明仅描述了“所述的振荡器构成得使之一方面不通过热噪声激励起振，而另一方面在其上耦连进的基本信号A足以激励对基本信号A准相位相干的振荡”，并且虽然给出了附图5表示将该振荡器实施为谐振电路的形式，但是图5中所示结构是现有技术中所有通用振荡器的基本原理，而说明书中所述“如果把振荡器与天线5连接，对所述的原理是特别合适的”表明只需要在该结构中加入一个天线就可以实现本发明而解决其技术问题，然而在现有技术中的这种结构是不能实现本发明所述的功能并且也不能解决其技术问题的。也就是说，说明书中只给出任务和设想，其中给出的技术手段并不能解决所述的技术问题，致使所属技术领域的技术人员根据说明书中的记载，不能实现该发明。

申请人于2005年9月22日针对第一次审查意见通知书提交了意见陈述书，指出说明书第10页1~6行对振荡器的构成进行了描述，图5也示出了振荡器的结构，此外说明书第7页27~31行以及第7页20~21行具体阐明了如何利用振荡器和天线发送和接收信号，并实现准相位相干，因此认为本申请的说明书具体详实，本领域技术人员能够实现，说明书符合专利法第26条第3款的规定。

经过上述程序，国家知识产权局原审查部门于2005年12月9日依据以下文本作出了驳回决定：进入国家阶段时申请人提交的国际申请文件的说明书第1~10页、权利要求第1~15项、说明书附图第1~2页、说明书摘要以及摘要附图。在驳回决定中，原审查部门认为说明书仍旧不符合专利法第26条第3款的有关规定，理由同第一次审查意见通知书所述，并认为：说明书第10页第1~6行的描述仅是现有技术中所有通用振荡器的基本原理，并不能实现本发明所述主动振荡器的功能。说明书第7页第27~31行以及第7页第20~21行仅是描述了该转发器/背散射器系统的结构和工作流程，而并没有对该振荡器的构成和工作原理进行说明，例如没有说明如何实现“所述的振荡器构成得使之一方面不通过热噪音激励起振，而另一方面在其上耦连进的基本信号A足以激励对基本信号A准相位相干的振荡”。

申请人西门子公司（下称复审请求人）对上述驳回决定不服，于2006年3月13日向专利复审委员会提出了复审请求，同时提交了权利要求书和说明书全文的修改替换页，其中将原权利要求2的附加技术特征分别引入到原权利要求1、15中，并对说明书进行了适应性修改。复审请求人坚持认为驳回决定的意见不能成立，认为本发明完全符合专利法第26条第3款的规定，同时对本申请如何实现准相位相干作了进一步解释。

经形式审查合格，专利复审委员会受理了该复审请求，并于2006年4月11日发出复审请求受理通知书和前置审查通知书。

国家知识产权局原实质审查部门作出前置审查意见，基于与驳回决定相同的理由，坚持原驳回决定。

2007年3月16日申请人由西门子公司变更为西米奥有限责任公司。

在此基础上专利复审委员会依法成立合议组，对本案进行审查。

合议组经审查认为，本案事实已经清楚，可以作出审查决定。

二、决定的理由

1. 关于审查文本

复审请求人于2006年3月13日向专利复审委员会提交了权利要求书和说明书全文的修改替换页，经审查，上述修改符合专利法第33条以及专利法实施细则第60条第1款的有关规定，因此本复审决定针对的文本为：复审请求人于2006年3月13日提交的权利要求第1~14项、说明书第1~10页，进入国家阶段时提交的说明书附图第1~2页以及说明书摘要、摘要附图。

2. 关于本申请是否符合专利法第26条第3款的规定

专利法第26条第3款规定：说明书应当对发明或者实用新型作出清楚、完整的说明，以所属技术领域的技术人员能够实现为准；必要的时候，应当有附图。摘要应当简要说明发明或者实用新型的技术要点。审查指南第二部分第二章第2.1.3节指出，所属技术领域的技术人员能够实现，是指所属技术领域的技术人员按照说明书记载的内容，就能够实现该发明或者实用新型的技术方案，解决其技术问题，并且产生预期的技术效果。

在本案中，根据说明书的记载，对于来自基站的基本信号和转发器产生的比较信号而言，二者在频率和相位方面具有准确的关系对于简单地抗干扰地检出信号是有利的。现有技术的方法中有的需要昂贵的设备，有的实现相位相干非常复杂，为此本发明提供一种特别简单的方法，能够实现基本信号和比较信号的准相位相干，其中准相位相干指的是相对于所考虑的通信或者测量任务而言相位差小。所采取的具体措施是在转发器方提供主动振荡器，该振荡器不采用通常的热噪声起振，而采用来自基站的基本信号作为起振信号，从而使转发器方的主动振荡器产生的振荡信号与该基本信号实现准相位相干。根据物理学原理，如果振荡器用热噪声起振，也就是说振荡器用随机的相位和幅度起振从而按照其谐振电路确定的频率进行振荡，而如果在振荡器接通时注入其频率在谐振电路的频带内并且功率在噪声功率之上的外部激励信号，则振荡器就不再随机振荡，而是与激励的基本信号在相位上同步了。本申请正是利用上述原理，以基站的基本信号作为外部激励信号使振荡器起振，从而保证产生的振荡信号与该基本信号基本同步，即实现准相位相干。由此可见，本申请的说明书不仅给出了任务和设想，还提供了具体的实现手段，本领域技术人员根据说明书的描述能够实现本发明，因此本申请的说明书符合专利法第 26 条第 3 款的规定。

原驳回决定认为，本申请说明书没有给出该主动振荡器的结构，并认为说明书所描述的以及附图 5 所表示的均为现有技术中通用的振荡器结构，不能实现本申请所要解决的技术问题。对此，合议组认为，本申请的目的并不是在于改进振荡器本身的结构，而是要实现基站的基本信号与转发器的比较信号的准相位相干，如上文所述，只要使用基本信号使振荡器起振，就能实现振荡器产生的信号与该基本信号的准相位相干，而不管振荡器具体采用何种结构。

综上所述，本申请说明书已对本发明作出了清楚、完整的说明，本领域技术人员能够实施，说明书符合专利法第 26 条第 3 款的规定，故本案合议组经合议作出如下决定。

三、决定

撤销国家知识产权局于 2005 年 12 月 9 日对 01812388.0 号发明专利申请作出的驳回决定，由原审查部门依据本复审决定所针对的审查文本继续审查。

复审请求人对本决定不服的，可以根据专利法第 41 条第 2 款的规定，自收到本决定之日起三个月内向北京市第一中级人民法院起诉。

118

金属的植酸盐转化膜剂

复审请求审查决定（第11333号）

决 定 号 第11333号
决 定 日 2007年8月15日
发明创造名称 金属的植酸盐转化膜剂
国际分类号 C23C 22/48
复审请求人 赵家文
申 请 号 00109338.X
申 请 日 2000年5月29日
公 开 日 2001年12月12日
合议组组长 刘 静
主 审 员 侯秋霞
参 审 员 黄 强

法律依据 专利法第33条
决定要点

如果申请文件修改后的内容与原申请记载的信息不同，并且根据原申请文件记载的内容也不能直接地、毫无疑义地确定修改后的内容，则该修改超出了原说明书和权利要求书记载的范围。

一、案由

本复审请求涉及申请人于2000年5月29日申请，2001年12月12日公开，名称为“金属的植酸盐转化膜剂”的第00109338.X号发明专利申请（下称本申请）。申请人为赵家文。

国家知识产权局于2003年10月31日发出《第一次审查意见通知书》，指出：权利要求1相对于对比文件1（CN1141964A，公开日为1997年2月5日）和对比文件3（JP2-252771A，公开日为1990年10月11日），或者对比文件2（CN1171455A，公开日为1998年1月28日）和对比文件3（JP2252771A，公开日为1990年10月11日）不具有突出的实质性特点和显著的进步，不符合专利法第22条第3款的规定；权利要求2~6对权利要求1做了进一步的限定，然而其与对比文件1~3所公开的技术相比不具有意想不到的效果，不具备突出的实质性特点和显著的进步，因而不符合专利法第22条第3款的规定。

申请人于2004年2月18日针对《第一次审查意见通知书》提交了意见陈述书和附件1~9，请求人认为：（1）本申请采用的是生物植酸、生物植酸盐，产生的机理是C和OH组成的活性基团，是两种电子链转移中间产物的数量和活性增加的同时在金属基体表面形成单分子致密、坚固难溶性络合物、与金属离子产生螯合体，切断原电池使钢铁持久抗氧化，该反应过程称生物化学。而对比文件1采用的为普通植酸、植酸盐形成的膜层过程，称热动力学。本申请与对比文件1的反应过程所产生的结果截然不同，不能相提并论。（2）提供的附件证明了本申请植酸膜的创造性，其应用给社会带来经济效益。申请人提交的附件1~9为：

附件1：申请人声称的题目为“金属表面防腐蚀处理绿色环保材料——生物植酸及其盐类问世”的新闻稿，共3页；

附件2：《CCATA全国防腐蚀科学技术进步奖证书》，2001年5月10日，复印件1页；

附件3：《优秀技术报告证书》，2001年5月10日，复印件共1页；

附件4：四份检测报告，复印件共14页；

附件4.1：国家涂料质量监督检验中心出具的编号为TW031079-1W2的检验报告，产品名称为植化膜层金属板（镀锌）；

附件4.2：国家涂料质量监督检验中心出具的编号为TW031079-3W1的检验报告，产品名称为植化膜层金属板；

附件4.3：国家涂料质量监督检验中心出具的编号为TW031079-2W1的检验报告，产品名称为植化膜层金属板（冷轧）；

附件4.4：国家建筑材料测试中心出具的中心编号为200312748的检验报告，样品名称为金属的植酸盐化学转化膜剂；

附件5：中国化工放腐蚀技术协会发布的关于推荐绿色环保新型防腐蚀金属表面处理剂的函，2001年12月12日，复印件共1页；

附件6：抬头内容为：“北京络力螯生物技术发展中心　你单位生产的‘络力螯’牌PA系列生物植酸盐化学转化膜产品，经审核入编《中国主要建材企业及知名建材产品》，特向全国建筑工程推荐使用”的书面材料，2002年1月，复印件1页；

附件7：盖有江苏省科学技术厅印章的《高新技术产品认定证书》，复印件1页；

附件8：盖有中国化工防腐蚀技术协会印章的《鉴定证书》，编号（2000）化防腐鉴字001号，2000年4月18日，复印件共8页；

附件9：中国化工信息中心出具的关于“生物植酸PA化学转化膜”的查新报告，复印件共4页。

国家知识产权局于2004年8月13日驳回了该申请，理由是：（1）对比文件1或对比文件2都公开了一种金属表面防腐膜，所说的防腐膜含有植酸、植酸盐和溶剂水（没有提及植酸磷），对比文件3也公开了一种金属防腐膜，其含有植酸和植酸盐以及成膜粘结剂和增塑剂，权利要求1所要求保护的技术方案与这些对比文件中任意一篇所公开的技术内容相比，其区别仅在于所说的是“生物”植酸以及“生物植酸磷”，由整个申请文件中都看不出所说的“生物植酸”和现有技术所公开的“植酸”有何差别，由于植酸的分子式中含有磷，而整个申请文件中都没有说明“植酸磷”与“植酸”的区别，由于上述区别只是一种名称的差别，不具有突出的实质性特定和显著的技术进步，权利要求1因而不具备创造性；（2）从属权利要求2~6进一步限定了独立权利要求1所说的植酸盐转化膜剂，然而其所述内容与对比文件1~3所公开的现有技术相比是显而易见的，且没有显示意想不到的效果，因而这些权利要求都不具备突出的实质性特点和显著的技术进步，因而不具备创造性。驳回决定所针对的权利要求书为：

“1. 一种金属的植酸盐转化膜剂，其特征在于：它由生物植酸、生物植酸磷、生物植酸盐、生物植酸钙、生物植酸锌、水组成，其各组分所占的重量百分比为生物植酸0.1%~5%，生物植酸磷25%~32%，生物植酸盐0.1%~5%，生物植酸钙0.1%~2.5%，生物植酸锌0.5%~5%，水

60% ~ 72%。

2. 根据权利要求 1 所述的金属的植酸盐转化膜剂，其特征在于：所述的生物植酸盐为生物植酸钠，同时加有明胶。

3. 根据权利要求 1 所述的金属的植酸盐转化膜剂，其特征在于：所述的生物植酸盐为生物植酸铝，同时加有明胶。

4. 根据权利要求 2 所述的金属的植酸盐转化膜剂，其特征在于：所述的各组分的重量百分含量为生物植酸 3%，生物植酸磷 30%，生物植酸钠 0.1%，生物植酸钙 0.2%，生物植酸锌 1%，水 65.2%，明胶 0.5%。

5. 根据权利要求 3 所述的金属的植酸盐转化膜剂，其特征在于：所述的各组分的重量百分含量为生物植酸 4%，生物植酸磷 25%，生物植酸铝 0.5%，生物植酸钙 0.5%，生物植酸锌 0.5%，水 69%，明胶 0.5%。

6. 根据权利要求 1 所述的金属的植酸盐转化膜剂，其特征在于：所述的各组份的重量百分含量为生物植酸 0.3%，生物植酸磷 32%，生物植酸钠 0.1%，生物植酸钙 2.5%，生物植酸锌 1%，水 64.1%。"

申请人赵家文（以下称请求人）对上述驳回决定不服，于 2004 年 9 月 23 日向专利复审委员会提出复审请求，请求人认为：（1）对比文件 1、2 公开的均是一种金属表面除锈防锈剂，主配方中均由市场上能买到的普通的植酸和植酸盐，以及溶剂组成，其中植酸含量范围均不超 4%，植酸盐含量不超 3%，和本申请配方中的组分以及组分的含量都不同；（2）在对比文件 1、2 金属表面除锈防锈剂的配比和使用条件下，其只是发生热运动时发生的化学反应，生成的产品仅能是一种处理剂而已，而本发明通过生物化学所需要的活性基团结合与金属离子产生电子链，使生物分子从小到大的链变，在金属基体表面形成一层致密、坚固生物化学转化膜，对比文件 1、2 的产品性能和本申请不同；（3）"生物植酸和生物植酸磷是通过生物植酸酶降解成磷酸，将磷酸中含的环乙六醇分离过程中通过植酸稀释液喷撒在温度 30~40℃，回收容积中将蒸发的植酸及磷进行冷却回收与水生成植酸磷，将植酸磷浓缩到 70% 取 25~32kg，与 5% 的植酸组成 30~37kg 的浓度的溶剂，扩增溶剂的浓度及磷的含量与辅助因子（金属离子）产生聚合时氧化过程中释放的能量，经三次磷分子量组合植酸磷在水解中产品"~"高能键，高能键与磷酸相连产生高能磷酸键"~P"，这种高能键磷酸"~P"产生的氧化磷酸化和底物水平磷酸化链变效率比普通植酸高 10 的 7 次方-10 的 13 次方的倍数，在快速链变中金属表面形成一层难溶性的络合物，络合物致密紧固，与树脂有优良的相配匹性能，这就是和普通植酸的根本区别"。请求人在提出复审请求时，没有修改申请文件，提交了下列附件：

附件 10：《热喷涂及相关标准汇编》，中国标准出版社第三编辑室编，中国标准出版社，1996 年 10 月第一版第一次印刷，首页、出版信息页和附录 A，复印件共 3 页；

附件 11：《饲料中有毒有害物质的控制与测定》，杨曙明　张辉编，北京农业大学出版社，1994 年 6 月第 1 版第一次印刷，首页、出版信息页和第 139~142 页，复印件共 6 页；

附件 12：《饲料标准资料汇编（1）》，国家饲料质量监督检验测试中心（北京）崔淑文　陈必芳编，中国标准出版社，1994 年 5 月第二次印刷，首页、出版信息页和第 275~277 页，复印件共 6 页；

附件 13：中国化工信息中心出具的关于"生物植酸 PA 化学转化膜"的查新报告，复印件共 4 页；（同附件 9）

附件 14：盖有中国化工防腐蚀技术协会印章的《鉴定证书》，2000 年 4 月 18 日，复印件共 8 页；（同附件 8）

附件15：《优秀技术报告证书》，2001年5月10日，复印件共1页；

附件16：《CCATA全国防腐蚀科学技术进步奖证书》，2001年5月10日，复印件1页；（同附件2）

附件17：盖有江苏省科学技术厅印章的《高新技术产品认定证书》，复印件1页；（同附件7）

形式审查合格后，专利复审委员会受理了该复审请求，并于2004年12月1日向请求人发出《复审请求受理通知书》，随后将本申请移交原审查部门进行前置审查。

原实审部门对本复审请求进行了前置审查，坚持原驳回决定。

专利复审委员会组成合议组，对本案的复审请求进行了审理，并于2005年10月25日向请求人发出《复审通知书》。《复审通知书》指出，（1）根据原说明书中对生物植酸的定义可知，生物植酸包括两种分子，其中一种是分子式结构$C_6H_{18}O_{24}P_6$，分子量660.08，其分子式和分子量和植酸的是相同的，另外一种分子式结构$C_6H_{24}O_{27}P_6$，分子量714.13，在说明书中只公开了上述第二种物质的分子式，没有记载其他的信息，例如分子结构图等，因此本领域技术人员不能得知第二种物质的具体结构，说明书没有记载生物植酸和这两种化学物质间的关系（说明书中没有记载生物植酸是上述两种物质的任一种物质，还是它们的组合物，如果是上述两种物质的组合物，说明书中也没有记载这两种化学物质间的比例关系），以及生物植酸的制备方法、测试方法等，同时现有技术中也没有记载“生物植酸”的有关信息。（2）原说明书中对植酸磷没有说明，申请人在提复审请求时用来说明“生物植酸磷的提取方法、检测方法、计算方法、植酸磷的含量”所参考的文献中的相应内容也是针对“植酸磷”的（参见请求人提交的附件11和附件12）。通过现有技术可知，技术术语“植酸磷”只出现在在饲料领域，并且“植酸磷”指在植酸中含有的磷，这一术语的提出是为了和饲料中的其他形式的“磷”相区别，从而可知术语“植酸磷”是一个特定环境下的特定名词，它并不和某种具体化学物质（如单质无机磷）相对应，而在本申请的权利要求书中出现的术语“生物植酸磷”显然是用来表示一种具体的化学物质，现有技术中所记载的内容和本申请没有关联性，因此无法用来解释本申请中出现的术语“生物植酸磷”，在这种情况下，本领域技术人员依据现有技术无法得知该术语所表示的化学物质是什么，也无法得到生物植酸磷。（3）关于请求人所述的生物植酸、生物植酸磷的制备方法，即“生物植酸和生物植酸磷是通过生物植酸酶降解成磷酸，将磷酸中含的环乙六醇分离过程中通过植酸稀释液喷撒在温度30~40℃……在快速链变中金属表面形成一层难溶性的络合物，络合物致密紧固，与树脂有优良的想配匹性能，这就是和普通植酸的根本区别”，由于没有证据表明申请人所述的生物植酸和生物植酸磷的制备方法是在本申请的申请日之前完成的，因此，上述内容不能用来证明本发明的充分公开。（4）请求人在提复审请求时提交了附件13，上述文件指出化学转化膜剂的配方是：植酸、植酸锌、植酸钠、植酸锰、植酸铝、植酸磷。其中将生物植酸等同与植酸，将生物植酸磷等同于植酸磷。申请人将上述文件作为证明本申请创造性的佐证，这显然与申请人在答复一通和提出复审请求的意见陈述中强调生物植酸与植酸是不同的是相矛盾的。综上所述，本领域技术人员无法获知技术术语“生物植酸”和“生物植酸磷”的技术含义，从而导致本领域技术人员不能实现本发明，本申请不符合专利法第26条第3款的规定。

针对《复审通知书》指出的问题，请求人于2005年12月9日提交了意见陈述书及修改后的说明书、说明书摘要及权利要求书，所做的修改为将文本中的植酸、植酸盐、植酸磷前的定语“生物”删除。修改后的权利要求书为：

“1. 一种金属的植酸盐转化膜剂，其特征在于：它由植酸、植酸磷、植酸盐、植酸钙、植酸锌、水组成，其各组份所占的重量百分比为植酸0.1%~5%，植酸磷25%~32%，植酸盐0.1%~5%，植酸钙0.1%~2.5%，植酸锌0.5%~5%，水60%~72%。

2. 根据权利要求 1 所述的金属的植酸盐转化膜剂，其特征在于：所述的植酸盐为植酸钠，同时加有明胶。

3. 根据权利要求 1 所述的金属的植酸盐转化膜剂，其特征在于：所述的植酸盐为植酸铝，同时加有明胶。

4. 根据权利要求 2 所述的金属的植酸盐转化膜剂，其特征在于：所述的各组份的重量百分含量为植酸 3%，植酸磷 30%，植酸钠 0.1%，植酸钙 0.2%，植酸锌 1%，水 65.2%，明胶 0.5%。

5. 根据权利要求 3 所述的金属的植酸盐转化膜剂，其特征在于：所述的各组份的重量百分含量为植酸 4%，植酸磷 25%，植酸铝 0.5%，植酸钙 0.5%，植酸锌 0.5%，水 69%，明胶 0.5%。

6. 根据权利要求 1 所述的金属的植酸盐转化膜剂，其特征在于：所述的各组份的重量百分含量为植酸 0.3%，植酸磷 32%，植酸钠 0.1%，植酸钙 2.5%，植酸锌 1%，水 64.1%。”

请求人认为：（1）本发明最终产品膜剂是由植酸盐转化而来，只不过植酸盐提取的途径很多，并不是所有的植酸盐都能用来达到本发明的目的，故本发明限定了采用的植酸、植酸盐是“从生物的细胞核中提取的纯天然、精细化工产品，具有两种化学结构……这种生物的生物基因产生两种化学结构，两种分子量，因而对金属表面具有强螯合，强渗透、强络合”，因而属于生物化学工程，本发明用“生物”来限定植酸、植酸盐及植酸磷的起因是采用生物工程技术“发酵”工程完成提取的，改变了初期用水浸的制造工艺，为了避免“生物”引起非议，将其删除；（2）本申请生物植酸、生物植酸磷可以由附件 11 来进行概述说明；（3）植酸磷的制备是将蒸发的磷酸蒸气进入稀酸溶液或稀碱溶液进行冷却回收，从而确保磷酸分子结构和磷酸分子量不产生变化，植酸属于卤类，卤类的负电位大于单质磷的负电位，因单质磷在与卤盐产生化合时产生的电荷为正三价或正五价，所以他们能结合在一起；植酸在很宽的 pH 值内带负电荷，可于水中的二价或者三价离子螯合存在水合物中产生稳定；（4）将“生物”删除，不管加有“生物”还是去除“生物”，本申请与提供的对比文件相比都具有创造性，已在提交复审时对创造性做了说明。

专利复审委员会本案合议组于 2007 年 4 月 13 日向请求人发出《第二次复审通知书》，指出：尽管请求人在答复《复审通知书》中将生物植酸、生物植酸盐和生物植酸磷修改为植酸、植酸盐和植酸磷，但请求人在本案申请过程中始终认为本申请的原申请文件中的“生物植酸、生物植酸盐、生物植酸磷”、答复复审通知书时修改的“植酸、植酸盐、植酸磷”不同于现有技术中所述的植酸、植酸盐、植酸磷，在没有反证足以说明本申请原申请文件中的“生物植酸、生物植酸盐、生物植酸磷”的技术含义等同于现有技术中已知的“植酸、植酸盐、植酸磷”的技术含义的情况下，本领域技术人员根据原说明书和权利要求书记载的内容不能直接地、毫无疑义地确定本申请原始说明书和权利要求书中的生物植酸、生物植酸盐和生物植酸磷分别为现有技术中已知的植酸、植酸盐和植酸磷，本申请关于文本的修改超出了原说明书和权利要求书记载的范围，不符合专利法第 33 条的规定。

针对《第二次复审通知书》指出的问题，请求人于 2007 年 5 月 21 日提交了意见陈述书和说明书第 1~4 页的修改替换页，以及 8 份附件，其中包括请求人已经提交过的附件 4.2、附件 4.4 和附件 15，以及下列附件：

附件 18：国家涂料质量监督检验中心出具的编号为 TW07144-2Y1 的检验报告，复印件共 3 页；

附件 19：国家建筑工程质量监督检验中心出具的编号为 BETC-NH-2004-87 的检验报告，复印件共 6 页；

附件 20：国家涂料质量监督检验中心出具的编号为 TW04270-3W1 的检验报告，复印件共 3 页；

附件 21：编号为 GB11376-89、名称为金属的磷酸盐转化膜的中华人民共和国国家标准，复印件共 5 页；

附件22：编号为GB9800-88、名称为电镀锌和电镀镉层的铬酸盐转化膜的中华人民共和国国家标准，复印件共2页。

请求人认为：（1）申请书中提供的两种植酸盐及其盐类结构式出现了分子量的变化的依据是依照“生物化学理论”不同来源的生物材料有效成分的含量不一样，即使是同种生物材料选择的部位和生长期不同，有效成分也不同。（2）“生物”定语是按“生物化学”中化学变化的结构和性质确定形成“金属的植酸盐转化膜剂”的第一科学依据，但在第一次《复审通知书》产生了误区，在没有违背“生物化学”和“物理学”的库仑定律的科学依据的前提下，改回原植物中的定义词“植酸磷”，仍属“生物化合物”的定论。（3）生物植酸、生物植酸盐、生物植酸磷与对比文件不同，本申请的“转化膜剂”采用的是植物结构是中的结构和性质<C. H. O. P>的螯合性，负电荷两种重新组成符合国标GB11373-89磷酸盐转化膜所需的“质量与能量”的生物植酸、生物植酸盐，生物植酸磷的结构中的“性质”适合申请文件转化膜形成的“质量与能量”。本申请转化膜剂与对比文件采用的同类植酸及其盐类是无异的，其不同表现在申请书转化膜是替代、创新国标GB11373-89金属的磷酸盐转化膜“耐蚀性”质量。对比文件“植酸除锈剂”4%的植酸盐类的总量，只符合植物生长需求量，而是具备体现生物化学“结构和性质”，没有产生本申请中的除锈功能，这就是转化膜与对比文件运用核酸及其盐类产生的两种技术类型的不同之处。（4）关于单质磷是否能与植酸中的磷相结合，“植酸盐类”的结构性能是按着生物化学和物理学的定律《库仑定律》确定的植酸盐类的性能，是螯合两价或三价金属离子和矿物质的定论，所以申请文件中没有任何记载。（5）申请人在意见陈述中补充了“生物植酸磷”的制备方法。（6）随本次意见陈述提交的附件证明了本申请相对于对比文件具有创造性。（7）生物植酸盐的制备方法不是我们研究及保护范围，申请人只是申请了生物植酸盐、生物植酸磷作为原材料，现将搜集到的内容补充到申请文件的背景技术中。所购买的原材料是供应商的技术，而非申请人的技术，原材料的来源有实物为证。

至此，合议组认为本案事实清楚，可以作出审查决定。

二、决定的理由

（一）关于文本

本复审决定所针对的文本是申请人于2005年12月9日提交权利要求1~6及说明书摘要，于2007年5月21日提交的说明书第1~4页。

（二）关于专利法第33条

专利法第33条规定：申请人可以对其专利申请文件进行修改，但是，对发明和实用新型专利申请文件的修改不得超出原说明书和权利要求书记载的范围。

原说明书和权利要求书记载的范围包括原说明书和权利要求书文字记载的内容和根据原说明书和权利要求书文字记载的内容以及说明书附图能直接地、毫无疑义地确定的内容。如果申请文件修改后的内容与原申请记载的信息不同，并且根据原申请文件记载的内容也不能直接地、毫无疑义地确定修改后的内容，则该修改超出了原说明书和权利要求书记载的范围。

本申请的说明书以及权利要求书的修改均不符合专利法第33条的规定，具体理由如下：

1.《第二次复审通知书》指出：请求人答复《复审通知书》时，修改了说明书、说明书摘要及权利要求书，分别将其中的生物植酸、生物植酸盐和生物植酸磷前的定语“生物”删除，修改为植酸、植酸盐和植酸磷，本申请关于文本的上述修改超出了原说明书和权利要求书记载的范围，不符合专利法第33条的规定。

请求人在答复《第二次复审通知书》时提交了修改后的说明书第1~4页，其中将植酸、植酸盐和植酸磷修改为原说明书中的生物植酸、生物植酸盐和生物植酸磷。但请求人没有相应地修改权利要求书和说明书摘要，因此上述部分仍然存在不符合专利法第33条的缺陷。具体理由如下：

（1）关于生物植酸、生物植酸盐。

根据原说明书中对生物植酸的定义可知，“生物植酸及其盐类，是从生物的细胞核中提取的纯天然、精细化工产品，具有两种化学结构：①分子式结构 $C_6H_{18}O_{24}P_6$，分子量660.08；②另外一种分子式结构 $C_6H_{24}O_{27}P_6$，分子量714.13，P26.00%，采用植酸盐类合成的转化膜可产生链的变化。生物植酸及其盐类共同的特性是在很宽的PH值内带负电荷，这种生物的生理基因产生两种化学结构，两种分子量，因而对金属表面具有强螯合，强渗透、强络合”（参见说明书第1页）。而现有技术的植酸只有一种结构 $C_6H_{18}O_{24}P_6$，由此可见本申请关于生物植酸、生物植酸盐的定义不同于现有技术对植酸、植酸盐的定义。

此外，请求人在答复第二次复审之前的意见陈述中都坚持认为本申请的生物植酸、生物植酸盐、生物植酸磷不同于现有技术的植酸、植酸盐、生物植酸磷，例如，请求人答复第一次复审通知书时，指出并不是所有的植酸盐都能达到本发明的目的，本申请的组分是用生物技术“发酵”工艺完成提取的；由此进一步说明，本申请的生物植酸、生物植酸盐不同于现有技术的植酸和植酸盐。

（2）关于植酸磷。

原说明书中对生物植酸磷没有说明，通过现有技术可知，技术术语“植酸磷”只出现在饲料领域，并且“植酸磷”指在植酸中含有的磷，这一术语的提出是为了和饲料中的其他形式的“磷”相区别，从而可知术语“植酸磷”是一个特定环境下的特定名词，它并不和某种具体化学物质（如单质无机磷）相对应，而在发明的权利要求书中出现的术语“生物植酸磷”显然是用来表示一种具体的化学物质，因此可知生物植酸磷和植酸磷不同。

请求人在提出复审请求时指出：生物植酸和生物植酸磷是通过生物植酸酶降解成磷酸，将磷酸中含的环乙六醇分离过程中通过植酸稀释液喷撒在温度30~40℃，回收容积中将蒸发的植酸及磷进行冷却回收与水生成植酸磷。请求人在答复《复审通知书》指出：生物植酸磷的制备是将蒸发的磷酸蒸气进入稀酸溶液或稀碱溶液进行冷却回收，从而确保磷分子结构合磷酸分子量不产生变化，植酸属于卤类，卤类的负电位大于单质磷的负电位，因单质磷在与卤盐产生化合时产生的电荷为正三价或正五价，所以他们能结合在一起。对此，合议组在第二次复审通知书中也已经指出：原申请文件中没有记载上述内容，同时也没有记载生物植酸磷的制备方法、分子结构以及确认结构的实验数据等内容，而且现有技术中没有任何证据表明生物植酸磷可以修改为植酸磷。

（3）关于答复《第二次复审通知书》时的意见。

请求人在答复《第二次复审通知书》时指出：①申请书中提供的两种植酸盐及其盐类结构式出现了分子量的变化的依据是依照“生物化学理论”不同来源的生物材料有效成分的含量不一样，即使是同种生物材料选择的部位和生长期不同，有效成分也不同。②“生物”定语是按“生物化学”中化学变化的结构和性质确定形成“金属的植酸盐转化膜剂”的第一科学依据，但在第一次《复审通知书》产生了误区，在没有违背“生物化学”和“物理学”的库仑定律的科学依据的前提下，改回原植物中的定义词“植酸磷”，仍属“生物化合物”的定论。③本申请转化膜剂与对比文件采用的同类植酸及其盐类是无异的，其不同表现在申请书转化膜是替代、创新国标GB11373-89金属的磷酸盐转化膜“耐蚀性”质量。④所购买的原材料生物植酸盐、生物植酸磷是供应商的技术，而非申请人的技术，原材料的来源有实物为证。

合议组认为：无论申请人是否主张本申请的“生物植酸、生物植酸盐、生物植酸磷”与现有技术中“植酸、植酸盐、植酸磷”相同，在没有证据足以说明本申请原申请文件中的“生物植酸、生物植酸盐、生物植酸磷”的技术含义等同于现有技术中已知的“植酸、植酸盐、植酸磷”的技术含义的情况下，本领域技术人员根据原说明书和权利要求书记载的内容不能直接地、毫无疑义地确定本申请原始说明书和权利要求书中的生物植酸、生物植酸盐和生物植酸磷分别为现有技术中已知的植酸、植酸盐和植酸磷。

至于申请人关于原材料生物植酸盐、生物植酸磷是从供应商处获得，并且在意见陈述中多次陈述到生物植酸磷的制备方法的意见。合议组认为：在没有现有技术予以支持，并且说明书对生物植酸的描述和现有技术对植酸的描述差异很大、说明书中没有描述生物植酸磷的情况下，申请人的上述意见不足以证明本申请的生物植酸、生物植酸盐、生物植酸磷属于现有技术，并且其技术含义等同于现有技术中已知的“植酸、植酸盐、植酸磷”的技术含义。

综上所述，本申请关于权利要求书和说明书摘要的修改超出了原说明书和权利要求书记载的范围，不符合专利法第 33 条的规定。

另外，申请人在说明书第 1~4 页的替换页中除了将植酸、植酸盐和植酸磷修改为原说明书中的生物植酸、生物植酸盐和生物植酸磷外，还进行了如下修改：①说明书第 1 页背景技术部分增加了“涉及生物工程技术的一些原材料：如生物植酸盐、生物植酸磷的相关制备方法如下……冷却水喷洒在转化器表面冷却到 30~40 摄氏度的产品，成为生物植酸磷。”②说明书第 2 页第 2 段关于金属的植酸盐转化膜剂组成的内容由“其各组份所占的重量百分比为生物植酸 0.1%~5%，生物植酸磷25%~32%，生物植酸盐 0.1%~5%，生物植酸钙 0.1%~2.5%，生物植酸锌 0.5~5%，水 60%~72%”修改为“其各组份所占的重量百分比为生物植酸盐 0.1%~5%，生物植酸钙 0.1%~2.5%，生物植酸锌 0.5%~5%，水 60%~72%”。

上述①的修改内容在原说明书和权利要求书中没有记载，并且没有证据表明上述内容是申请日前已经公知的现有技术；上述②的修改改变了原申请文件所记载的金属的植酸盐转化膜剂的组成。上述修改导致所属技术人员看到的信息与原申请记载的信息不同，而且又不能从原申请记载的信息中直接地、毫无疑义地确定，因此上述修改的内容不符合专利法第 33 条的规定。

（三）关于申请人提供的证据

申请人在本案的审查过程中，提交了多篇附件，但所有附件既不能证明本申请说明书中的“生物植酸、生物植酸盐、生物植酸磷”属于本申请申请日前的现有技术，也不能证明本申请原申请文件中的“生物植酸、生物植酸盐、生物植酸磷”的技术含义等同于现有技术中已知的“植酸、植酸盐、植酸磷”的技术含义，不能用来证明本申请符合专利法第 33 条。

根据以上事实和理由，本案合议组作出如下审查决定。

三、决定

维持国家知识产权局于 2004 年 8 月 13 日对 00109338.X 号发明专利申请作出的驳回决定。

复审请求人对本决定不服的，可以根据专利法第 41 条第 2 款的规定，自收到本决定之日起 3 个月内向北京市第一中级人民法院起诉。

119

家用机械

复审请求审查决定（第 11357 号）

决　定　号　第 11357 号
决　定　日　2007 年 8 月 27 日
发明创造名称　家用机械
国 际 分 类 号　A47J 43/07
复 审 请 求 人　BSH 博施及西门子家用器具有限公司
申　请　号　01807520.7
优 先 权 日　2000 年 3 月 31 日
申　请　日　2001 年 2 月 26 日
公　开　日　2003 年 5 月 28 日
合 议 组 组 长　王晓云
主　审　员　刘　磊
参　审　员　危　峰

法 律 依 据　专利法实施细则第 21 条第 2 款
决 定 要 点

专利法实施细则第 21 条第 2 款规定：独立权利要求应当从整体上反映发明的技术方案，记载解决技术问题的必要技术特征。

在发明为解决现有技术中存在的问题所必不可少的技术特征未记载在独立权利要求中的情况下，应认为该权利要求缺乏必要技术特征，不符合专利法实施细则第 21 条第 2 款的规定。

一、案由

本复审请求案涉及发明名称为“家用机械”的第 01807520.7 号发明专利申请（下称本申请），申请人为 BSH 博施及西门子家用器具有限公司，申请日为 2001 年 2 月 26 日，优先权日为 2000 年 3 月 31 日，公开日为 2003 年 5 月 28 日。

2004 年 9 月 3 日，针对申请人于进入中国国家阶段时提交的说明书第 1~5 页和附图第 1~3 页、于 2004 年 3 月 29 日提交的权利要求第 1~12 项以及于 2002 年 9 月 29 日提交的说明书摘要，国家知识产权局以本申请权利要求 1 不符合专利法实施细则第 21 条第 2 款规定为由驳回了本申请。

驳回决定所针对的权利要求 1 如下：“1. 家用机械，其具有一个由至少两个可组装的外壳部分（1、2）组成的外壳，在该外壳中安装有一个电工作元件（11），其电路包含一个可用安置在外壳外面的操作元件（22）进行操作的控制装置（23），其特征在于：控制装置（23）被固定在一个可摆动地直接或间接安置在一个外壳部分（1）上的支承部件（9）上；在另一个外壳部分（2）上至少设置一个校准元件（3），该校准元件在组装两个外壳部分（1、2）时同一个安置在支承部件（9）上的反向校准元件（17；19）相啮合；在另一个外壳部分（2）上的校准元件（3）的位置与一个在此外壳部分（2）上为安置操作元件（22）所设置的安装孔（5）相对应。”

驳回决定认为：本发明所要解决的技术问题是，通过合理的设置校准元件（3）和反校准元件，将操作元件（22）准确地连接到控制装置（23）上，即，解决该类家用机械中在电连接和机械连接方面存在的问题。由说明书可知，操作元件（22）在外壳外面，控制装置（23）在支承部件（9）上，支承部件（9）可摆动的设置在一个外壳部分（1）上，支承部件（9）上的反向校准元件即井筒17和销19，与外壳部分（2）上的校准元件（3）相啮合，支承部件9通过支承臂10咬合在U形钩件14的U形支脚13上，支承臂10可以在U形支脚13上沿水平方向移动。因此，校准元件（3）和反校准元件的相应构造，是本发明解决其技术问题的必要技术特征，不是本领域技术人员所能够想到的，权利要求1不符合专利法实施细则第21条第2款的规定。

2004年10月25日，申请人BSH博施及西门子家用器具有限公司（下称请求人）对上述驳回决定不服，向专利复审委员会提出复审请求，请求人在提出复审请求时没有陈述具体意见，仅对申请文件进行了修改，在权利要求1中补入了一些技术特征，以及在说明书的每一部分之前加上了小标题。

修改后的权利要求1为："1、家用机械，其具有一个由至少两个可组装的外壳部分（1、2）组成的外壳，在该外壳中安装有一个电工作元件（11），其电路包含一个可用安置在外壳外面的操作元件（22）进行操作的控制装置（23），其特征在于：控制装置（23）被固定在一个可摆动地直接或间接安置在一个外壳部分（1）上的支承部件（9）上；在另一个外壳部分（2）上至少设置一个Y形的校准元件（3），该Y形的校准元件在组装两个外壳部分（1、2）时同一个安置在支承部件（9）上的由井筒（17）和销（19）组成的反向校准元件相啮合；在另一个外壳部分（2）上的Y形的校准元件（3）的位置与一个在此外壳部分（2）上为安置操作元件（22）所设置的安装孔（5）相对应。”

形式审查合格后，专利复审委员会受理了该请求，并于2004年12月7日向请求人发出了《复审请求受理通知书》，同时将本申请转送至国家知识产权局原审查部门进行前置审查。

在《前置审查意见书》中，国家知识产权局原审查部门认为：由于反校准元件在支承部件（9）上，因此，该支承部件（9）在该家用机械内部的设置，即"支承部件9通过支承臂10咬合在U形钩件14的U形支脚13上，支承臂10可以在U形支脚13上沿水平方向移动"也属于"校准元件（3）和反校准元件的相应构造"，是解决本发明的技术问题"将操作元件准确的连接到控制装置"的必要技术特征。因此，权利要求1仍不符合专利法实施细则第21条第2款的规定，坚持驳回决定。

专利复审委员会组成合议组，对本复审请求案进行了审理。合议组于2007年2月28日向请求人发出《复审通知书》，指出：由于反校准元件安置在支承部件（9）上，因此支承部件（9）在所述家用机械内部的设置，也是解决本发明技术问题的必要技术特征，因此，权利要求1由于缺少该必要技术特征仍不符合专利法实施细则第21条第2款的规定。

2007年6月14日，请求人针对上述《复审通知书》提交了意见陈述书，并提交了附件1（EP1272081B1）和附件2（US6588322B2）用以说明本发明在欧洲和美国已经获得授权，但未提交新的修改文本。请求人认为：不应简单地将实施例中的技术特征直接认定为必要技术特征；合议组将现有技术中存在的技术问题确定为"通过合理的设置校准元件（3）和反校准元件，将操作元件（22）准确地连接到控制装置（23）上"是错误的，现有技术中存在的技术问题为本申请说明书的背景技术部分中所介绍的现有技术存在的缺点"家用机械，例如电动厨房用具，通常都具有一个由两个可组装的外壳部分构成的外壳。在一个外壳部分（外壳下部）上例如作为工作元件安置了一个驱动电动机；在另一个外壳部分（外壳上部）上安置了一个操作按钮或旋钮，以之用于操作一个作为控制装置而安置在驱动电动机的电路中的开关。从空间位置上说，该开关既可以安置在外壳下部上或者安置在设置在外壳下部上的驱动电动机的外边，或者也可以安置在外壳上部的内边。按最后一种情况说，在开关和驱动电动机之间建立电连接方面存在着某些困难。按另一种情况说，驱动电动机和开关之间的电连接固然由于它们直接邻近而易于建立，但操作按钮或旋钮在开关上的联接由于在组装两个外壳部分时存在着容许偏差而导致一些问题"；本发明为了解决现有技术中存在的问题而提出的发明目的为"本发明的任务是如此提出文首所述类家用机械，使得它既不会处于工作元件的电路中的控制装置的电连接方面遇到困难，也不会在操作元件在控制装置上的机械联接方面遇到困难"；目前的权利要求 1 已经能够解决上述技术问题，因此权利要求 1 符合专利法实施细则第 21 条第 2 款的规定。

经过上述审查程序，合议组认为本案事实已经清楚，可以作出审查决定。

二、决定的理由

专利法实施细则第 21 条第 2 款规定：独立权利要求应当从整体上反映发明的技术方案，记载解决技术问题的必要技术特征。

所谓"解决技术问题"，是指发明要解决现有技术中存在的技术问题；"必要技术特征"是指，发明为解决其技术问题所必不可少的技术特征，其总和足以构成发明的技术方案，使之区别于背景技术中所述的其他技术方案。在发明为解决现有技术中存在的问题所必不可少的技术特征未记载在独立权利要求中的情况下，应认为该权利要求缺乏必要技术特征，不符合专利法实施细则第 21 条第 2 款的规定。

就本申请而言，发明要解决的现有技术中存在的技术问题是：通过合理的设置校准元件（3）和反校准元件，将操作元件（22）准确地连接到控制装置（23）上，也即，解决该类家用机械中在电连接和机械连接方面存在的问题。因此，校准元件（3）和反校准元件的具体构造，以及这些元件在所述家用机械内部的设置，是本发明解决其技术问题的必要技术特征。

虽然请求人在提出复审请求时提交的权利要求 1 中加入了校准元件（3）和反校准元件（17、19）的具体构造，但是由于反校准元件安置在支承部件（9）上，因此该支承部件（9）在该家用机械内部的设置，即"支承部件（9）上安置有支承臂 10，支承臂 10 咬合在 U 形钩部 14 的 U 形支脚 13 上，支承臂 10 能够在 U 形支脚 13 上沿水平方向移动"也属于"校准元件（3）和反校准元件的相应构造"，也是解决本发明技术问题的必要技术特征，缺少了这些特征，就难以实现该发明的目的。故，合议组认为，权利要求 1 在缺少上述必要技术特征的情况下未能从整体上反映本申请的技术方案，不符合专利法实施细则第 21 条第 2 款的规定。

请求人在答复复审通知书时认为：不应简单地将实施例中的技术特征直接认定为必要技术特征，并认为本申请要解决的技术问题为说明书背景技术部分所述的问题（参见说明书第 1 页第 2 段），其发明目的为"本发明的任务是如此提出文首所述类家用机械，使得它既不会在处于工作元件的电路中的控制装置的电连接遇到困难，也不会在操作元件在控制装置上的机械联接方面遇到困难"。对此，合议组认为，判断某一技术特征是否为必要技术特征，应当从所要解决的技术问题出发，本申请说明书中所记载的发明任务与合议组所认定的技术问题并无矛盾之处，即，为了解决该类家用机械中在电连接和机械连接方面存在的技术问题。如前所述，通过合理的设置校准元件和反校准元件，使得操作元件（22）准确地连接到控制装置（23）上，由于反校准元件安置在支承部件（9）上，因此，该支承部件（9）在所述家用机械内部的设置也是解决本发明技术问题的必要技术特征。此外，请求人提交的附件 1 和 2 分别为本申请在欧洲和美国的授权文本，上述附件不足以证明本申请权利要求 1

符合专利法实施细则第 21 条第 2 款的规定，因此，请求人的该复审理由不能成立。

基于上述事实和理由，合议组作出下述决定。

三、决定

维持国家知识产权局于 2004 年 9 月 3 日针对第 01807520.7 号发明专利申请作出的驳回决定。

复审请求人对本决定不服的，可以根据专利法第 41 条第 2 款的规定，自收到本决定之日起三个月内向北京市第一中级人民法院起诉。

120

从热气体中分离颗粒的方法和设备

复审请求审查决定（第11365号）

决　定　号　第11365号
决　定　日　2007年8月27日
发明创造名称　从热气体中分离颗粒的方法和设备
国际分类号　B01D 45/12，B04C 5/20，B01J 8/00，F23C 10/08，F23J 15/02
复审请求人　福斯特韦勒能源股份公司
申　请　号　01810814.8
申　请　日　2001年4月6日
公　开　日　2003年8月6日
优先权日　2000年4月7日
合议组组长　崔　震
主　审　员　刘小静
参　审　员　赵　明

法律依据　专利法第22条第3款
决定要点

在创造性的判断中，如果要求保护的发明的技术方案与最接近的现有技术方案之间的区别特征是所属领域的技术人员在现有技术的基础上通过逻辑分析、推理或者有限的实验就可以确定的，则认为要求保护的发明对本领域技术人员来说是显而易见的。

一、案由

本复审请求涉及申请日为2001年4月6日、优先权日为2000年4月7日、发明名称为“从热气体中分离颗粒的方法和设备”、申请号为01810814.8的发明专利申请（下称本申请），申请人为福斯特韦勒能源股份公司。

国家知识产权局于2005年9月30日以权利要求1~9不符合专利法第22条第3款的规定为由驳回了本申请。驳回决定针对的权利要求如下：

“1. 一种从流化床反应器（10）的反应室（20）排出的气体中分离出固体颗粒的离心分离器组件（40），该分离器组件包括：

一涡流室（70，70′，70″），该涡流室在水平方向上由垂直延伸的外壁（60，66，68，86，88）限定，这些外壁由平的水管板构成，这些外壁形成多个转角，所述外壁的内表面至少部分地设置有耐火衬并且在该涡流室中限定出一个气体空间，在该气体空间里形成至少一个垂直的气体涡流

（84，84′）；

用于将该反应室中的气体和该固体颗粒引入该气体空间中的至少一个进口（32，82，82′）；

从该气体空间排出净化气体的至少一出口（48）；以及

把从该气体空间分离出来的固体颗粒经一个回管排出到该反应室的至少一个出口（44）；

其特征在于，该涡流室的所述的垂直延伸的外壁形成一个正多边形，并且所述转角的数量为5至10，由所述垂直延伸外壁构成的每一转角通过在该外壁的内侧上的耐火衬变圆。

2. 如权利要求1所述的离心分离器组件，其特征在于，至少一个所述转角由该外壁内侧上的一耐火衬变圆，该圆的曲率半径为 r_1，并且至少一个所述转角被变圆成其圆形的曲率半径 r_1 不同。

3. 如权利要求1所述的离心分离器组件，其特征在于，由所述外壁构成的角度为108°~135°。

4. 如权利要求3所述的离心分离器组件，其特征在于，由所述外壁构成的角度为135°。

5. 如权利要求1所述的离心分离器组件，其特征在于，该离心分离器组件包括两个共有一共有壁（74，74′）的分离器。

6. 如权利要求1所述的离心分离器组件，其特征在于，该分离器和该反应器共有一个共有壁（72）。

7. 如权利要求1所述的离心分离器组件，其特征在于，该离心分离器组件包括两个分离器，在所述两个分离器之间留有一个三角形自由空间，在该自由空间中设有该反应器的支承结构（78）或一个供应管道（80）或计量管道。

8. 如权利要求1所述的离心分离器组件，其特征在于，在该分离器与该反应器之间留有一个三角形自由空间，在该自由空间中设有一个用于从该反应室排出的气体的进口管道（82，82′）或供应管道（80′）或计量管道。

9. 如权利要求1所述的离心分离器组件，其特征在于，该分离器的底部是不对称的并且形成一个与该反应室和该回管成一体的单元。”

驳回决定认为：（1）对比文件1（US5281398A，公开日为1994年1月25日）公开了一种用于分离气体中固体颗粒的离心分离器组件，包括：涡流室，该涡流室在水平方向上由垂直延伸的外壁限定，这些外壁由平的水管板构成，板内表面形成涡流空间，各板之间形成转角；用于将反应室中的气体和该固体颗粒引入气体空间中的至少一个进口；从该气体空间排出净化气体的至少一个出口；把从该气体空间分离出来的固体颗粒经一个回管排出到该反应室的至少一个出口；所述涡流室的所述垂直延伸的外壁形成一个正多边形。权利要求1和对比文件1的区别在于：权利要求1的技术方案限定出涡流室转角的数量为5-10个，并且每一个转角通过该外壁内侧上的耐火衬变圆。而对比文件1中涡流室的圆形度 $X \geqslant 1$（圆形，$X=1$，方形，$X=1.273$），因此对比文件1给出了将所述涡流室做成转角数量为5~10的启示。同时，对比文件2（WO9628237A1，公开日为1996年9月19日）公开了一种用于分离气体中固体颗粒的离心分离器，其中在壁内表面设置有耐火衬，该耐火衬使转角变圆。因此，对比文件2给出了将对比文件1中的转角由耐火衬变圆的启示，而变圆带来的技术效果也是本领域的普通技术人员容易想到的。因此，对本领域的技术人员来说，结合对比文件1和2得到权利要求1的技术方案是显而易见的。（2）从属权利要求2~4、7、8的附加技术特征是本领域技术人员显而易见的，从属权利要求5、6、9的附加技术特征被对比文件1公开，在权利要求1不具备创造性的情况下，权利要求2~9也不具备创造性，不符合专利法第22条第3款的规定。

申请人（下称复审请求人）对上述驳回决定不服，于2006年1月10日向专利复审委员会提出复审请求，请求人在提出复审请求时没有对申请文件进行修改。

复审请求人认为对比文件1的主要教导是气体空间的横截面是非圆形，不是将涡流室的所有转角变圆。对比文件 2 中也只是用耐火衬使涡流室的气流入口处的一个转角变圆。

因此本领域的技术人员无法结合对比文件 1 和 2 显而易见地获得权利要求 1 的技术方案。

经形式审查合格，专利复审委员会受理了该复审请求，并于 2006 年 3 月 1 日向复审请求人发出了复审请求受理通知书、同时向前审部门发出了前置审查通知书，将案卷转送至国家知识产权局原审查部门进行前置审查。

在前置审查意见书中，原审查部门坚持原驳回决定，其理由为：对比文件 1 公开了平壁构成的离心分离器，其中涡流室内侧衬有耐火材料薄层，涡流室侧壁圆形度 X≥1，而且转角越多，越接近圆形，相应的壁厚的变化就越小，所需的耐火衬层越薄。对比文件 2 的涡流室在壁内表面设置有耐火衬，在气体入口处的转角变圆的作用是，防止颗粒在转角处进行分离和沉积。为了提高整体的分离效率，对于本领域的技术人员来说，容易想到使对比文件 1 的耐火材料薄层的所有转角都变圆。

专利复审委员会依法成立合议组对本复审请求案进行了审理，于 2007 年 3 月 23 日向复审请求人发出复审通知书，在复审通知书中指出：权利要求 1~9 相对于对比文件 1 和 2 不具备创造性，不符合专利法第 22 条第 3 款的规定。关于对比文件 1 和 2 是否有结合的启示问题，合议组认为：虽然对比文件 1 中明确说明了其气体空间的横截面是非圆形的，但是对比文件 2 说明书第 3 页第 20 至第 36 行明确说明了对比文件 2 中离心分离器气流空间的横截面是明显的非圆形，并且其圆度优选大于 1.3。因此对比文件 2 明确给出了将对比文件 1 的非圆形截面和对比文件 2 的转角耐火衬里结合的启示；关于对比文件 2 中是否有使涡流室的所有转角变圆的启示问题，对比文件 2 只是在喷射气流 65 的入口处设置了耐火衬 33′，该耐火衬减小了喷射气流 65 和涡流 66 的干涉作用，从而实现了增强涡流 66 速度的目的，这和本发明的目的是相同的。而对比文件 2 能够实现上述目的实际上就是通过设置耐火衬 33′使涡流 66 以流畅的流动方式实现了气体流向的改变，这和本发明设置耐火衬使转角变圆从而引导气流转向的原理相同。因此，对比文件 2 采用的技术原理和达到的目的实际上和本发明相同，在此基础上，为了进一步减小壁面转角对涡流速度的影响，本领域的技术人员很容易想到在每一个转角处都设置耐火衬。

复审请求人针对上述复审通知书，于 2007 年 5 月 3 日提交了意见陈述书和权利要求书的修改替换页。修改后的权利要求 1~9 如下：

“1. 一种从流化床反应器（10）的反应室（20）排出的气体中分离出固体颗粒的离心分离器组件（40），该分离器组件包括：

一涡流室（70，70′，70″），该涡流室在水平方向上由垂直延伸的外壁（60，66，68，86，88）限定，这些外壁由平的水管板构成，这些外壁形成多个转角，所述外壁的内表面至少部分地设置有耐火衬并且在该涡流室中限定出一个气体空间，在该气体空间里形成至少一个垂直的气体涡流（84，84′）；

用于将该反应室中的气体和该固体颗粒引入该气体空间中的至少一个进口（32，82，82′）；

从该气体空间排出净化气体的至少一个出口（48）；以及

把从该气体空间分离出来的固体颗粒经一个回管排出到该反应室的至少一个出口（44）；

其特征在于，该涡流室的所述的垂直延伸的外壁形成一个正多边形，并且所述转角的数量为 5 至 10，由所述垂直延伸外壁构成的每一转角通过在该外壁的内侧上的耐火衬变圆，其中由该变圆所形成的圆的曲率半径小于在涡流室中形成的涡流的中心与涡流室内壁之间的距离，但至少是所述距离的三分之一，并且在各变圆的部分之间保留直的内壁表面。

2. 如权利要求 1 所述的离心分离器组件，其特征在于，至少一个所述转角由该外壁内侧上的一耐火衬变圆，该圆的曲率半径为 r_1，并且至少一个所述转角被变圆成其圆形的曲率半径与 r_1 不同。

3. 如权利要求1所述的离心分离器组件，其特征在于，由所述外壁构成的角度为108°~135°。

4. 如权利要求3所述的离心分离器组件，其特征在于，由所述外壁构成的角度为135°。

5. 如权利要求1所述的离心分离器组件，其特征在于，该离心分离器组件包括两个共有一共有壁（74，74′）的分离器。

6. 如权利要求1所述的离心分离器组件，其特征在于，该分离器和该反应器共有一个共有壁（72）。

7. 如权利要求1所述的离心分离器组件，其特征在于，该离心分离器组件包括两个分离器，在所述两个分离器之间留有一个三角形自由空间，在该自由空间中设有该反应器的支承结构（78）或一个供应管道（80）或计量管道。

8. 如权利要求1所述的离心分离器组件，其特征在于，在该分离器与该反应器之间留有一个三角形自由空间，在该自由空间中设有一个用于从该反应室排出的气体的进口管道（82，82′）或供应管道（80′）或计量管道。

9. 如权利要求1所述的离心分离器组件，其特征在于，该分离器的底部是不对称的并且形成一个与该反应室和该回管成一体的单元。”

经过上述审查程序，合议组认为本案事实已经清楚，可以作出复审决定。

二、决定的理由

专利法第22条第3款规定，创造性，是指同申请日以前已有的技术相比，发明有突出的实质性特点和显著的进步。

在创造性的判断中，如果要求保护的发明的技术方案与最接近的现有技术方案之间的区别特征是所属领域的技术人员在现有技术的基础上通过逻辑分析、推理或者有限的实验就可以确定的，则认为要求保护的发明对本领域技术人员来说是显而易见的。

1. 关于权利要求1

对比文件1公开了一种用于从循环流化床反应器排出的气体中分离固体颗粒的离心分离器组件，该分离器组件包括（见说明书第7栏第14行至第11栏第24行、权利要求1和附图）：构成分离器12的涡流室，由附图1可以看到该涡流室在水平方向上由垂直延伸的外壁构成，这些外壁由平的水管板构成，板内表面形成涡流空间，各板之间形成转角；用于将反应室中的气体和固体颗粒引入该气体空间中的至少一个进口；从该气体空间排出净化气体的至少一个出口；把从该气体空间分离出来的固体颗粒经回管排出到该反应室的至少一个出口；所述涡流室的所述垂直延伸的外壁构成多边形（如说明书第11栏第2段所述可以为六边形或八边形）。由上可知，权利要求1的技术方案与对比文件1的区别在于：权利要求1具体限定了：（1）所述涡流室转角的数量为5至10个；（2）每一个转角通过在该外壁的内侧上的耐火衬变圆；（3）其中由该圆所形成的圆的曲率半径小于在涡流室中形成的涡流的中心与涡流室内壁之间的距离，但至少是所述距离的三分之一，并且在各变圆的部门之间保留直的内壁表面。

关于区别（1），对比文件1（见第3栏第44~56行）中公开的涡流室的圆度X≥1.15（圆形，X=1，方形，X=1.273）。在对比文件1公开上述信息的基础上，本领域的技术人员根据常识或者有限次常规试验就会想到使所述涡流室的转角为5至10个，即对比文件1给出了将所述涡流室做成转角数量为5~10的启示。关于区别（2），对比文件2公开了一种用于分离气体中固体颗粒的离心分离器，其中在壁内表面转角处设置有耐火衬33′，该耐火衬33′在壁内形成了圆弧形的表面47，即该转角通过耐火衬变圆，并且对比文件2中设置耐火衬的作用和本发明相同，都是为了增大涡流的漩流速度，或者说是减小垂直外壁的转角对气流漩流作用的影响（见对比文件2说明书第10

页第 1 段和附图)。为进一步减小壁面转角对涡流速度的影响，本领域的技术人员很容易想到在每一个转角处设置耐火衬，使转角变圆，从而使涡流以流畅的方式流动。并且上述装置方式也没有产生任何意想不到的技术效果。关于区别（3），本领域的技术人员根据常识可以知晓：所述各个转角处耐火衬形成的圆弧半径越小，转角处各段耐火衬的厚度就会越小，并且耐火衬需要延伸的距离就会越短，从而就可以留出变圆部分之间的区段，使其为直的壁面。当然，如果耐火衬圆的半径过小的话，即其延伸的距离太短，则其使多边形外壁变成圆形的效果大大降低，这就无法达到设置耐火衬的目的和意义。在上述常识的基础上，本领域的技术人员根据经验或者有限次的常规试验很容易确定使耐火衬圆的曲率半径小于在涡流室中形成的涡流的中心与涡流室内壁之间的距离，但至少是所述距离的三分之一，并且在各变圆的部分之间保留直的内壁表面。这无需付出创造性的劳动，并且上述限定也没有产生意想不到的技术效果。因此，权利要求 1 的技术方案对本领域的技术人员而言是显而易见的，所以权利要求 1 不具备突出的实质性特点和显著的进步，不符合专利法第 22 条第 3 款有关创造性的规定。

在 2007 年 5 月 3 日提交的意见陈述书中复审请求人陈述了权利要求 1 的技术方案带来的有益效果，即显著地减小了所使用的耐火衬的厚度和总质量，从而降低了离心分离器的成本。合议组认为，减小耐火衬圆的曲率半径会减小耐火衬延伸的距离和厚度，这是本领域的常识，而减少耐火衬的距离和厚度自然会减小耐火衬的总质量，从而自然也会降低分离器的成本。因此，上述技术效果是本领域的技术人员可以预期到的，而不是意想不到的。

2. 关于权利要求 2

权利要求 2 对耐火衬圆的曲率半径作了进一步限定，由上述评述可知对比文件 2 给出了将对比文件 1 中的转角由耐火衬变圆的技术启示，且由于转角变动的特点，不同转角上的圆的曲率半径也不同，因此，当权利要求 1 不具有创造性时，该权利要求也不具有突出的实质性特点和显著的进步，不符合专利法第 22 条第 3 款有关创造性的规定。

3. 关于权利要求 3、4

权利要求 3~4 对转角度数作了进一步的限定（权利要求 3 的附加技术特征即为转角为 5~8 个；权利要求 4 转角为 8 个），由上面对权利要求 1 的评述可知，对比文件 1 给出了采用多边形外壁的启示，在此基础上，本领域的技术人员根据常识或者经过有限次的试验就能够得到权利要求 3~4 的技术方案，而无需付出创造性的劳动。因此，在权利要求 1 不具备创造性的情况下，权利要求 3~4 也不符合专利法第 22 条第 3 款有关创造性的规定。

4. 关于权利要求 5、6、9

对比文件 1 附图 5A 和附图 8 公开了权利要求 5~6 的附加技术特征，附图 1 公开了权利要求 9 的附加技术特征，且这些特征在对比文件 1 中所起的作用和解决的技术问题与权利要求 5、6、9 的相同，因此，当权利要求 1 不具有创造性时，上述权利要求也不符合专利法第 22 条第 3 款有关创造性的规定。

5. 关于权利要求 7、8

权利要求 7~8 的附加技术特征对本领域普通技术人员来说是常用手段，并且上述技术特征也没有使权利要求 7、8 的技术方案产生意想不到的效果，所以本领域的技术人员无需花费创造性劳动即可得到权利要求 7、8 的技术方案。因此，当权利要求 1 不具备创造性时，上述权利要求也不符合专利法第 22 条第 3 款有关创造性的规定。

基于上述理由，合议组作出下述决定。

三、决定

维持中华人民共和国国家知识产权局于 2005 年 9 月 30 日针对 01810814.8 号发明专利申请作出

的驳回决定。

复审请求人对本决定不服的，可以根据专利法第41条第2款的规定，自收到本决定之日起3个月内向北京市第一中级人民法院起诉。

北京市第一中级人民法院
行政判决书

（2008）一中行初字第516号

原告福斯特韦勒能源股份有限公司，住所地芬兰赫尔辛基耐乍麦斯坦泰3。

法定代表人艾莫·艾斯凯南、海瑞·埃若南，销售服务项目经理、生产经理。

委托代理人刘华联，中国专利代理（香港）有限公司专利代理人。

委托代理人王刚，中国专利代理（香港）有限公司专利代理人。

被告中华人民共和国国家知识产权局专利复审委员会，住所地中华人民共和国北京市海淀区北四环西路9号银谷大厦10~12层。

法定代表人廖涛，副主任。

委托代理人赵明，男，中华人民共和国国家知识产权局专利复审委员会审查员。

委托代理人瞿晓峰，男，中华人民共和国国家知识产权局专利复审委员会审查员。

原告福斯特韦勒能源股份有限公司不服被告中华人民共和国国家知识产权局专利复审委员会作出的第11365号复审请求审查决定（以下简称复审决定），向本院提起行政诉讼。本院受理后依法组成合议庭，并于2008年6月18日公开开庭审理了本案，原告的委托代理人刘华联和王刚、被告的委托代理人赵明和瞿晓峰到庭参加了诉讼。本案现已审理终结。

被告针对原告提出的复审请求于2007年8月27日作出复审决定，其主要内容如下：

本复审请求涉及申请号为01810814.8号、名称为“从热气体中分离颗粒的方法和设备”的发明专利申请（以下简称本申请），申请日为2001年4月6日，优先权日为2000年4月7日，申请人为原告。

针对本申请及中华人民共和国国家知识产权局（以下简称知识产权局）的驳回决定，原告于2006年3月1日向被告申请复审。被告经审查后认为：

1. 关于本申请权利要求1

第US5281398号专利文件（以下简称对比文件1）公开了一种用于从循环流化床反应器排出的气体中分离固体颗粒的离心分离器组件，该分离器组件包括（见说明书第7栏第14行至第11栏第24行、权利要求1和附图）：构成分离器12的涡流室，由附图1可以看到该涡流室在水平方向上由垂直延伸的外壁构成，这些外壁由平的水管板构成，板内表面形成涡流空间，各板之间形成转角；用于将反应室中的气体和固体颗粒引入该气体空间中的至少一个进口；从该气体空间排出净化气体的至少一个出口；把从该气体空间分离出来的固体颗粒经回管排出到该反应室的至少一个出口；所述涡流室的所述垂直延伸的外壁构成多边形（如说明书第11栏第2段所述可以为六边形或八边形）。由上可知，权利要求1的技术方案与对比文件1的区别在于：权利要求1具体限定了（1）所述涡流室转角的数量为5至10个；（2）每一个转角通过在该外壁的内侧上的耐火衬变圆；（3）其中由该圆所形成的圆的曲率半径小于在涡流室中形成的涡流的中心与涡流室内壁之间的距离，但至少是所述距离的三分之一，并且在各变圆的部门之间保留直的内壁表面。

关于区别（1），对比文件 1（见第 3 栏第 44~56 行）中公开的涡流室的圆度 X≥1.15（圆形，X=1，方形，X=1.273）。在对比文件 1 公开上述信息的基础上，本领域的技术人员根据常识或者有限次常规试验就会想到使所述涡流室的转角为 5~10 个，即对比文件 1 给出了将所述涡流室做成转角数量为 5-10 的启示。关于区别（2），第 W096/28237 号专利文件（以下简称对比文件 2）公开了一种用于分离气体中固体颗粒的离心分离器，其中在壁内表面转角处设置有耐火衬 33′，该耐火衬 33′在壁内形成了圆弧形的表面 47，即该转角通过耐火衬变圆，并且对比文件 2 中设置耐火衬的作用和本发明相同，都是为了增大涡流的漩流速度，或者说是减小垂直外壁的转角对气流漩流作用的影响（见对比文件 2 说明书第 10 页第 1 段和附图）。为进一步减小壁面转角对涡流速度的影响，本领域的技术人员很容易想到在每一个转角处设置耐火衬，使转角变圆，从而使涡流以流畅的方式流动。并且上述装置方式也没有产生任何意想不到的技术效果。关于区别（3），本领域的技术人员根据常识可以知晓：所述各个转角处耐火衬形成的圆弧半径越小，转角处各段耐火衬的厚度就会越小，并且耐火衬需要延伸的距离就会越短，从而就可以留出变圆部分之间的区段，使其为直的壁面。当然，如果耐火衬圆的半径过小的话，即其延伸的距离太短，则其使多边形外壁变成圆形的效果大大降低，这就无法达到设置耐火衬的目的和意义。在上述常识的基础上，本领域的技术人员根据经验或者有限次的常规试验很容易确定使耐火衬圆的曲率半径小于在涡流室中形成的涡流的中心与涡流室内壁之间的距离，但至少是所述距离的三分之一，并且在各变圆的部分之间保留直的内壁表面。这无需付出创造性的劳动，并且上述限定也没有产生意想不到的技术效果。因此，权利要求 1 的技术方案对本领域的技术人员而言是显而易见的，所以权利要求 1 不具备突出的实质性特点和显著的进步，不符合《中华人民共和国专利法》（以下简称《专利法》）第二十二条第三款有关创造性的规定。

在 2007 年 5 月 3 日提交的意见陈述书中原告陈述了权利要求 1 的技术方案带来的有益效果，即显著地减小了所使用的耐火衬的厚度和总质量，从而降低了离心分离器的成本。被告认为，减小耐火衬圆的曲率半径会减小耐火衬延伸的距离和厚度，这是本领域的常识，而减少耐火衬的距离和厚度自然会减小耐火衬的总质量，从而自然也会降低分离器的成本。因此，上述技术效果是本领域的技术人员可以预期到的，而不是意想不到的。

2. 关于本申请权利要求 2

权利要求 2 对耐火衬圆的曲率半径作了进一步限定，由上述评述可知对比文件 2 给出了将对比文件 1 中的转角由耐火衬变圆的技术启示，且由于转角变动的特点，不同转角上的圆的曲率半径也不同，因此，当权利要求 1 不具有创造性时，该权利要求也不具有突出的实质性特点和显著的进步，不符合《专利法》第二十二条第三款有关创造性的规定。

3. 关于本申请权利要求 3、4

权利要求 3、4 对转角度数作了进一步的限定（权利要求 3 的附加技术特征即为转角为 5~8 个；权利要求 4 转角为 8 个），由上面对权利要求 1 的评述可知，对比文件 1 给出了采用多边形外壁的启示，在此基础上，本领域的技术人员根据常识或者经过有限次的试验就能够得到权利要求 3、4 的技术方案，而无需付出创造性的劳动。因此，在权利要求 1 不具备创造性的情况下，权利要求 3、4 也不符合《专利法》第二十二条第三款有关创造性的规定。

4. 关于本申请权利要求 5、6、9

对比文件 1 附图 5A 和附图 8 公开了权利要求 5、6 的附加技术特征，附图 1 公开了权利要求 9 的附加技术特征，且这些特征在对比文件 1 中所起的作用和解决的技术问题与权利要求 5、6、9 相同，因此，当权利要求 1 不具有创造性时，上述权利要求也不符合《专利法》第二十二条第三款有关创造性的规定。

5. 关于本申请权利要求7、8

权利要求7、8的附加技术特征对本领域普通技术人员来说是常用手段，并且上述技术特征也没有使权利要求7、8的技术方案产生意想不到的效果，所以本领域的技术人员无需花费创造性劳动即可得到权利要求7、8的技术方案。因此，当权利要求1不具备创造性时，上述权利要求也不符合《专利法》第二十二条第三款有关创造性的规定。

被告根据《专利法》第二十二条第三款的规定，决定维持知识产权局于2005年9月30日针对本申请作出的驳回决定。

被告为证明复审决定的合法性，向本院提交了下列证据，用于证明复审决定认定事实清楚、适用法律正确、审查程序合法：（1）第01810814.8号发明专利申请公开说明书（即本申请）；（2）原告于2007年5月3日提交的意见陈述书及权利要求书替换页；（3）原告于2005年1月29日提交的说明书替换页；（4）US5281398专利说明书（即对比文件1）；（5）WO96/28237专利说明书（即对比文件2）；（6）2006年1月10日原告提交的复审请求书；（7）2007年3月23日发出的复审通知书。

原告诉称：（1）对比文件1所披露的结构中，作为一项重要技术特征是涡流腔外壁之间的所有转角都是非圆的，本领域技术人员从对比文件1中得到的技术启示是非圆的转角不仅不是问题，而且体现为离心分离器的一项有利特征，被告对于对比文件1的技术方案理解有误；（2）对比文件2所述的"靠近入口处的那一个转角"所针对的技术问题是阻止该转角处的颗粒分离并通过这一技术手段增强分离器的涡流，本领域技术人员没有任何理由将多边形的分离器中所有转角都圆化，相反，对比文件2的技术启示是如果所有转角都圆化将使颗粒分离受到阻碍并影响分离器的工作；（3）被告对于区别技术特征3的认定，违反了《审查指南》关于创造性步骤及显而易见、意想不到的技术效果的规定；（4）本申请在商业技术上取得了较大成功并在其他国家得到专利授权，从侧面证明了本申请权利要求1具备创造性。原告认为本申请权利要求1相对于对比文件1、2及公知常识的结合，具有创造性，其从属权利要求2~9亦具有创造性。原告请求法院判决撤销复审决定、判令被告重新作出复审决定。

原告向本院提交了下列证据，证明被告事实认定、法律适用错误：（1）发明专利申请说明书（本申请原始文本）；（2）第一次审查意见通知书复印件（包括对比文件1、2及部分中文译文）；（3）第一次意见陈述书复印件（包括复审决定审查文本说明书）；（4）第二次审查意见通知书复印件；（5）第二次意见陈述书复印件；（6）驳回决定复印件；（7）复审请求书复印件；（8）复审通知书复印件；（9）复审意见陈述书复印件（包括复审决定审查文本）。

被告辩称，原告没有提交证据证明本申请在商业上获得了重大成功，也没有证据证明这种成功是由于本申请的技术特征所直接导致，因此不能作为判断创造性的依据。复审决定认定的事实清楚、适用法律正确、程序合法，被告坚持复审决定的理由，请求法院判决维持复审决定。

经庭审质证，原告和被告对于对方提交证据的关联性、合法性、真实性没有异议，对其证明作用均持有异议。本院根据最高人民法院《关于行政诉讼证据若干问题的规定》，对当事人提交的证据认证如下：因当事人对于对方提交证据的关联性、合法性、真实性均没有异议，本院予以确认；原告和被告提交的证据可以证明本申请、对比文件、原告在复审程序中提交的相关材料以及被告作出复审决定的相关情况。

依据上述有效证据以及均无异议的当事人陈述，本院认定事实如下：

本复审请求涉及申请日为2001年4月6日、优先权日为2000年4月7日、发明名称为"从热气体中分离颗粒的方法和设备"、申请号为01810814.8的发明专利申请（即本申请），申请人为原告。

知识产权局于2005年9月30日以本申请权利要求1~9相对于对比文件1（US5281398，公开日为1994年1月25日）、对比文件2（W096/28237，公开日为1996年9月19日）不符合《专利法》第二十二条第三款的规定为由驳回了本申请。

原告对不服驳回决定，于2006年1月10日向被告提出复审请求。经形式审查合格，被告受理了该复审请求，并向原告发出了复审请求受理通知书、同时向前审部门发出了前置审查通知书，将案卷转送至知识产权局原审查部门进行前置审查。

在前置审查意见书中，原审查部门坚持原驳回决定。

被告依法成立合议组对本复审请求案进行了审理，于2007年3月23日向原告发出复审通知书，原告针对复审通知书，于2007年5月3日向被告提交了意见陈述书和权利要求书的修改替换页。修改后的权利要求1~9如下：

“1. 一种从流化床反应器（10）的反应室（20）排出的气体中分离出固体颗粒的离心分离器组件（40），该分离器组件包括：

一涡流室（70，70′，70″），该涡流室在水平方向上由垂直延伸的外壁（60，66，68，86，88）限定，这些外壁由平的水管板构成，这些外壁形成多个转角，所述外壁的内表面至少部分地设置有耐火衬并且在该涡流室中限定出一个气体空间，在该气体空间里形成至少一个垂直的气体涡流（84，84′）；

用于将该反应室中的气体和该固体颗粒引入该气体空间中的至少一个进口（32，82，82′）；

从该气体空间排出净化气体的至少一个出口（48）；以及

把从该气体空间分离出来的固体颗粒经一个回管排出到该反应室的至少一个出口（44）；

其特征在于，该涡流室的所述的垂直延伸的外壁形成一个正多边形，并且所述转角的数量为5至10，由所述垂直延伸外壁构成的每一转角通过在该外壁的内侧上的耐火衬变圆，其中由该变圆所形成圆的曲率半径小于在涡流室中形成涡流的中心与涡流室内壁之间的距离，但至少是所述距离的三分之一，并且在各变圆的部分之间保留直的内壁表面。

2. 如权利要求1所述的离心分离器组件，其特征在于，至少一个所述转角由该外壁内侧上的一耐火衬变圆，该圆的曲率半径为r_1，并且至少一个所述转角被变圆成其圆形的曲率半径与r_1不同。

3. 如权利要求1所述的离心分离器组件，其特征在于，由所述外壁构成的角度为108°~135°。

4. 如权利要求3所述的离心分离器组件，其特征在于，由所述外壁构成的角度为135°。

5. 如权利要求1所述的离心分离器组件，其特征在于，该离心分离器组件包括两个共有一共有壁（74，74′）的分离器。

6. 如权利要求1所述的离心分离器组件，其特征在于，该分离器和该反应器共有一个共有壁（72）。

7. 如权利要求1所述的离心分离器组件，其特征在于，该离心分离器组件包括两个分离器，在所述两个分离器之间留有一个三角形自由空间，在该自由空间中设有该反应器的支承结构（78）或一个供应管道（80）或计量管道。

8. 如权利要求1所述的离心分离器组件，其特征在于，在该分离器与该反应器之间留有一个三角形自由空间，在该自由空间中设有一个用于从该反应室排出气体的进口管道（82，82′）或供应管道（80′）或计量管道。

9. 如权利要求1所述的离心分离器组件，其特征在于，该分离器的底部是不对称的并且形成一个与该反应室和该回管成一体的单元。”

被告经审查后作出复审决定。原告不服复审决定，向本院提起行政诉讼。

另，原告在本院庭审中明确：对于复审决定书案由部分载明的事实、被告的审查程序以及复审决定所针对的审查文本均没有异议。

本院认为：根据《专利法》第四十一条第一款的规定，被告具有受理复审请求和作出复审决定的法定职权。对于当事人均无争议的事实，本院经审查对其合法性予以确认。经各方当事人确认，本案的争议焦点是：（1）被告对于区别技术特征3的认定是否符合《审查指南》关于创造性审查判断方法的规定；（2）本申请权利要求1相对于对比文件1、2是否具有创造性。

（1）根据《审查指南》第二部分第四章的规定，审查发明是否具备创造性，应当审查发明是否具有突出的实质性特点，同时还应当审查发明是否具有显著的进步；在评价发明是否具备创造性时，审查员不仅要考虑发明的技术方案本身，而且还要考虑发明所述技术领域、所要解决的技术问题和所产生的技术效果，将发明作为一个整体看待；判断方法通常可以按照三个步骤进行：①确定最接近的现有技术，②确定发明的区别特征和发明实际解决的技术问题，③判断要求保护的发明对本领域技术人员来说是否显而易见。

本案中，被告首先确定了最接近的现有技术、确定本申请与对比文件的区别特征和发明实际解决的技术问题，并认定本领域的技术人员根据经验或者有限次的常规试验很容易确定使耐火衬圆的曲率半径小于在涡流室中形成涡流的中心与涡流室内壁之间的距离，但至少是所述距离的三分之一，并且在各变圆的部分之间保留直的内壁表面，这即是显而易见并无需付出创造性的劳动，并且上述限定也没有产生意想不到的技术效果。被告对于区别技术特征3的认定没有违反《审查指南》关于创造性审查的规定。

（2）根据《专利法》第二十二条第三款的规定，创造性是指同申请日以前已有的技术相比，该发明有突出的实质性特点和显著的进步。

对比文件1公开了一种用于从循环流化床反应器排出的气体中分离固体颗粒的离心分离器组件，该分离器组件包括：构成分离器12的涡流室，由附图1可以看到该涡流室在水平方向上由垂直延伸的外壁构成，这些外壁由平的水管板构成，板内表面形成涡流空间，各板之间形成转角；用于将反应室中的气体和固体颗粒引入该气体空间中的至少一个进口；从该气体空间排出净化气体的至少一个出口；把从该气体空间分离出来的固体颗粒经回管排出到该反应室的至少一个出口；所述涡流室的所述垂直延伸的外壁构成多边形。因此，本申请权利要求1的技术方案与对比文件1的区别在于：权利要求1具体限定了①所述涡流室转角的数量为5至10个；②每一个转角通过在该外壁的内侧上的耐火衬变圆；③其中由该圆所形成的圆的曲率半径小于在涡流室中形成涡流的中心与涡流室内壁之间的距离，但至少是所述距离的三分之一，并且在各变圆的部门之间保留直的内壁表面。

关于区别①，对比文件1中公开的涡流室的圆度 $X \geqslant 1.15$（圆形，$X = 1$，方形，$X = 1.273$）。在对比文件1公开上述信息的基础上，本领域的技术人员根据常识或者有限次常规试验就会想到使所述涡流室的转角为5至10个，即对比文件1给出了将所述涡流室做成转角数量为5~10的启示。

关于区别②，对比文件2公开了一种用于分离气体中固体颗粒的离心分离器，其中在壁内表面转角处设置有耐火衬33′，该耐火衬33′在壁内形成了圆弧形的表面47，即该转角通过耐火衬变圆，并且对比文件2中设置耐火衬的作用和本申请相同，都是为了增大涡流的漩流速度，或者说是减小垂直外壁的转角对气流漩流作用的影响。为进一步减小壁面转角对涡流速度的影响，本领域的技术人员很容易想到在每一个转角处设置耐火衬，使转角变圆，从而使涡流以流畅的方式流动。并且上述装置方式也没有产生任何意想不到的技术效果。

关于区别③，本领域的技术人员根据常识可以知晓：所述各个转角处耐火衬形成的圆弧半径越小，转角处各段耐火衬的厚度就会越小，并且耐火衬需要延伸的距离就会越短，从而就可以留出变圆部分之间的区段，使其为直的壁面。当然，如果耐火衬圆的半径过小的话，即其延伸的距离太短，则其使多边形外壁变成圆形的效果大大降低，这就无法达到设置耐火衬的目的和意义。在上述常识的基础上，本领域的技术人员根据经验或者有限次的常规试验很容易确定使耐火衬圆的曲率半径小于在涡流室中形成涡流的中心与涡流室内壁之间的距离，但至少是所述距离的三分之一，并且在各变圆的部分之间保留直的内壁表面。这无需付出创造性的劳动，并且上述限定也没有产生意想不到的技术效果。因此，权利要求 1 的技术方案对本领域的技术人员而言是显而易见的，所以权利要求 1 不具备突出的实质性特点和显著的进步，被告认定本申请权利要求 1 不符合《专利法》第二十二条第三款有关创造性规定的结论正确。

综上所述，被告作出的复审决定认定的事实清楚，适用法律正确，程序合法。原告关于本申请获得商业上重大成功及在其他国家得到专利授权证明本申请权利要求 1 具备创造性的诉讼主张，因原告未就该主张向法院提交证据，故本院对于原告的诉讼主张不予支持。原告的诉讼请求缺乏事实和法律依据，本院不予支持。据此，本院依照《中华人民共和国行政诉讼法》第五十四条第（一）项的规定，判决如下：

维持被告中华人民共和国国家知识产权局专利复审委员会于二〇〇七年八月二十七日作出的第 11365 号复审请求审查决定。

案件受理费人民币 100 元，由原告福斯特韦勒能源股份有限公司负担（已交纳）。

如不服本判决，原告福斯特韦勒能源股份有限公司可在本判决书送达之日起 30 日内、被告中华人民共和国国家知识产权局专利复审委员会可在本判决书送达之日起 15 日内，向本院递交上诉状，并按对方当事人的人数提交副本，预交上诉费人民币 100 元，上诉于中华人民共和国北京市高级人民法院。

审 判 长 齐 莹
代理审判员 乔 军
人民陪审员 陈 辉
二〇〇八年六月二十日
书 记 员 曹 炜

121

液晶显示器的脉冲驱动方法和装置

复审请求审查决定（第11384号）

决　定　号　第11384号
决　定　日　2007年8月29日
发明创造名称　液晶显示器的脉冲驱动方法和装置
国 际 分 类 号　G09G 3/36
复 审 请 求 人　三星电子株式会社
申　请　号　01143144.X
申　请　日　2001年11月2日
优 先 权 日　2001年2月14日
公　开　日　2002年9月25日
合 议 组 组 长　杨军艳
主　审　员　王琦琳
参　审　员　佟仲明

法 律 依 据　专利法第33条
决 定 要 点
在复审程序中，如果复审请求人对申请文件进行了修改，该修改的内容记载在原说明书中，则该修改克服了原驳回决定所指出的修改超范围的缺陷，符合专利法第33条的规定。

一、案由

本复审请求涉及名称为“液晶显示器的脉冲驱动方法和装置”的01143144.X号发明专利申请（下称本申请），申请日为2001年11月2日，优先权日为2001年2月14日，公开日为2002年9月25日，申请人为三星电子株式会社。

国家知识产权局实质审查部门依法对本申请进行了实质审查，并于2005年7月15日发出了第一次审查意见通知书，指出本申请说明书未对本申请技术方案作出完整的说明，致使所述技术领域的技术人员不能实现该技术方案，不符合专利法第26条第3款的规定。

针对上述审查意见通知书，申请人于2005年11月30日提交了意见陈述书和说明书第1、3、4页的修改替换页，申请人认为：本申请说明书清楚完整地记载了本申请技术方案，所述技术领域的技术人员根据说明书中的记载，能够实现本申请技术方案，本申请说明书符合专利法第26条第3款的规定；并且申请人表示对说明书中存在的打字错误进行了适应性修改。

国家知识产权局实质审查部门于2006年4月28日发出了第二次审查意见通知书，指出申请人将说明书第4页第7行的“线性控制器”修改成了“线存储器”，其既未明确地记载在原说明书和权利要求书中，而且由原说明书和权利要求书所记载的内容也不能直接导出“线性控制器”就是“线存储器”，因此这种修改超出了原说明书和权利要求书记载的范围，不符合专利法第33条的规定。

针对上述审查意见通知书，申请人于2006年7月13日提交了意见陈述书，未对申请文件进行修改。申请人认为：原始说明书全文中仅在说明书第4页第7行中唯一地出现了“线性控制器”，并且本领域普通技术人员根据说明书第4页第7~8行和第23~26行的内容可以推知“线性控制器”是明显的笔误，且作为参考的英文原始说明书也可证实上述“线性控制器”是翻译时的笔误。

国家知识产权局实质审查部门于2006年8月11日以申请人于2005年11月30日提交的修改文本不符合专利法第33条的规定为由，驳回了本申请。

该驳回决定认为，计时控制器可以包括线性存储器和/或线存储器，并不能唯一导出“线性控制器”就是“线存储器”，因此本申请的修改超出了原说明书和权利要求书记载的范围。驳回决定所依据的文本是申请人于2005年11月30日提交的说明书第1、3、4页，于2002年2月9日提交的说明书附图第1、6页以及于2001年11月2日提交的权利要求书、说明书第2、5~7页和说明书附图第2~5页、说明书摘要、摘要附图。

申请人三星电子株式会社（下称复审请求人）对上述驳回决定不服，于2006年11月13日向专利复审委员会提出复审请求，陈述了本申请符合专利法第33条的规定的理由。复审请求人在提出复审请求时，未对申请文件进行修改。

复审请求人认为，纯字面意义的“线性控制器”应与本申请的具体技术内容无关，而且根据说明书第4页第7~8行、第23~26行所披露的内容，从技术特征的包含关系、数据信号的流动关系等来看都可以明显推知原始说明书中的“线性控制器”实际上为“线存储器”，因而从实质上和从技术层面上来说，上述修改谈不上超出了原始公开范围。

经形式审查合格后，专利复审委员会依法受理了上述请求，于2006年12月12日向复审请求人发出了复审请求受理通知书，并将本案送至原审查部门进行前置审查。

原审查部门对上述复审请求做出前置审查意见，仍然坚持原驳回决定。

专利复审委员会依法组成合议组，对本复审请求案进行审理。

本案合议组于2007年6月21日向复审请求人发出复审通知书指出：从原申请说明书及权利要求书记载的内容中可以直接地、毫无疑义地推导出来的内容是，计时控制器100中所包括的线性控制器是一种线性器件，其完成控制功能；线存储器是一种线性存储器件，其完成存储功能；而复审请求人将“线性控制器”改成“线存储器”的修改超出了原说明书和权利要求书记载的范围，不符合专利法第33条的规定。

针对上述复审通知书，复审请求人于2007年8月6日提交了意见陈述书以及权利要求书全文和说明书第4页的修改替换页。复审请求人将说明书第4页中的“线存储器”改回到原始公开的“线性控制器”，并且对权利要求书中存在的形式缺陷进行了修改，将独立权利要求1第1行所述的“一种液晶显示器（LCD）”部分中括号里的内容删去，改成了“一种液晶显示器”；将权利要求5第3~4行所述的“并在门打开信号提供到用于开关接通的n/k（k为2或2以上的整数）门线上的，顺序地向第一门线提供门打开信号”部分中括号里面的内容改到括号外面，改成了“并在门打开信号提供到用于开关接通的n/k门线上时，顺序地向第一门线提供门打开信号，其中k为2或2以上的整数”；将权利要求15第2~4行所述的“顺序地向在液晶显示器面板上的排列的n（n为正整数）个门线提供一门打开信号，并在门打开信号提供到用于开关接通的n/k（k为大于2的整数）个门线上时，顺序地向第一门线提供门打开信号”部分中括号里面的内容改到了括号外面，改成了“顺序地向在液晶显示器面板上的排列的 n 个门线提供一门打开信号，并在门打开信号提供到用于开关接通的 n/k 个门线上时，顺序地向第一门线提供门打开信号，其中 n 为正整数，k 为大于 2 的整数”。

经过审理，合议组认为本案事实已经清楚，现依法作出复审决定。

二、决定的理由

1. 审查基础

本决定是在复审请求人于 2007 年 8 月 6 日提交的权利要求书、说明书第 4 页，于 2005 年 11 月 30 日提交的说明书第 1、3 页，2002 年 2 月 9 日提交的说明书附图第 1、6 页以及 2001 年 11 月 2 日提交的说明书第 2、5~7 页和说明书附图第 2~5 页、说明书摘要、摘要附图的基础上作出的。

2. 关于专利法第 33 条

专利法第 33 条规定：申请人可以对其专利申请文件进行修改，但是，对发明和实用新型专利申请文件的修改不得超出原说明书和权利要求书记载的范围，对外观设计专利申请文件的修改不得超出原图片或者照片表示的范围。

驳回决定和复审通知书均指出，计时控制器可以包括线性存储器和/或线存储器，并不能唯一导出“线性控制器”就是“线存储器”，因此复审请求人针对本申请于 2005 年 11 月 30 日提交的修改文本中的修改超出了原说明书和权利要求书记载的范围。复审请求人针对上述意见，于 2007 年 8 月 6 日提交了修改后的文本，其中将说明书第 4 页第 7 行中的“线存储器”改回到原始公开时记载的“线性控制器”，因此，该修改文本克服了驳回决定和复审通知书中指出的缺陷，本申请的上述修改符合专利法第 33 条的规定。

基于上述理由，合议组作出下述决定。

三、决定

在复审请求人于 2007 年 8 月 6 日提交的修改文本的基础上，撤销国家知识产权局于 2006 年 8 月 11 日作出的驳回 01143144. X 号发明专利申请的决定，由原审查部门以复审请求人于 2007 年 8 月 6 日提交的权利要求书、说明书第 4 页，于 2005 年 11 月 30 日提交的说明书第 1、3 页，2002 年 2 月 9 日提交的说明书附图第 1、6 页以及 2001 年 11 月 2 日提交的说明书第 2、5~7 页和说明书附图第 2~5 页、说明书摘要、摘要附图为基础继续审查。

复审请求人对本决定不服的，可以根据专利法第 41 条第 2 款的规定，自收到本决定之日起三个月内向北京市第一中级人民法院起诉。

122

压力测量防堵塞方法及装置

复审请求审查决定（第11385号）

决　定　号　第11385号
决　定　日　2007年8月24日
发明创造名称　压力测量防堵塞方法及装置
国际分类号　G01L 7/00
复审请求人　谢心良
申　请　号　99125568.2
申　请　日　1999年12月6日
公　开　日　2000年5月10日
合议组组长　张梅珍
主　审　员　马　燕
参　审　员　宋　瑞

法律依据　专利法第26条第3款
决定要点

如果说明书中给出了技术手段，但所属技术领域的技术人员采用该手段并不能解决该申请所要解决的技术问题，则该申请的说明书不符合专利法第26条第3款的规定。

一、案由

本复审请求涉及申请号为99125568.2、名称为“压力测量防堵塞方法及装置”的发明专利申请（下称本申请），申请人为谢心良，申请日为1999年12月6日，公开日为2000年5月10日。

应申请人的请求，国家知识产权局实质审查部门依法对本申请进行了实质审查，于2002年2月1日发出第一次审查意见通知书，指出本申请的说明书仅有1页，其中没有记载采取怎样的具体手段使得取样孔处的测量压力与炉1的内压力相等，从而解决本申请所要解决的技术问题，因此，说明书公开不充分，不符合专利法第26条第3款的规定；权利要求1~6没有以说明书为依据，不符合专利法第26条第4款的规定。

申请人针对第一次审查意见通知书于2002年2月7日提交了补正书以及原始申请文件中未包括在内的说明书第2页。申请人未针对第一次审查意见通知书的具体审查意见进行陈述。

国家知识产权局实质审查部门于2002年7月12日发出第二次审查意见通知书，指出：说明书补正页的内容在原说明书和权利要求书中没有记载，超出了原说明书和权利要求书记载的范围，不符合专利法第33条的规定，不能被接受，因此第二次审查意见通知书仍对原始申请文件（即申请日提交的权利要求第1~6项、说明书文字部分第1页、附图第1页、摘要和摘要附图）进行审查；说明书不符合专利法第26条第3款的规定，权利要求1~6不符合专利法第26条第4款的规定，具体理由与第一次审查意见通知书相同。

申请人针对第二次审查意见通知书于2002年8月15日提交了意见陈述书，认为第二次审查意见通知书所述内容和意见是由于说明书缺页造成的，由于说明书只有1页，不能充分支持专利申请，并且认为说明书缺页，专利局是有责任的。除此之外，申请人未针对第二次审查意见通知书的具体审查意见进行陈述。

2003年1月17日，国家知识产权局实质审查部门以本申请说明书的修改不符合专利法第33条、说明书不符合专利法第26条第3款、权利要求1~6不符合专利法第26条第4款的规定为由驳回了本申请。驳回决定依据的文本是：申请人于2002年2月7日提交的说明书第2页；于申请日提交的权利要求第1~6项、说明书第1页、说明书附图第1页、说明书摘要及摘要附图。驳回决定认为：（1）申请人提交的说明书补正页中的公式推导过程和具体实施方式在申请日提交的原说明书和权利要求书中没有记载，因此，说明书的修改不符合专利法第33条的规定；（2）本申请所要解决的技术问题是：提供了一种运行可靠、调整方便、测量精度极高、不堵塞的压力测量系统方法和装置，说明书第1页的技术内容没有公开具体如何调整气体的通过截面，使得取样孔处的测量压力与炉1的内压力相等，因此，说明书公开不充分，不符合专利法第26条第3款的规定；（3）权利要求1~6没有以说明书为依据，不符合专利法第26条第4款的规定；（4）对于本申请，国家知识产权局于1999年12月6日发出的专利申请受理通知书中已明确写明："经核实确认国家知识产权局专利局收到如下文件：说明书每份页数：1. 份数：2"，申请人并未对此提出异议，说明申请人在申请日提交的说明书只有1页，因此，申请人在意见陈述书中指出的"说明书缺页，专利局是有责任的"不能被接受。

申请人谢心良（下称复审请求人）不服上述驳回决定，于2003年7月2日向专利复审委员会提出复审请求，未对申请文件进行修改。复审请求人认为：（1）复审请求人所提交的申请文件中的说明书每份2页是事实，具体理由为：①申请人是委托专利局所属的劳服公司给打字、复印、装订的发明专利申请文件，现申请人手中有劳服公司制作的发明专利申请文件的原件，该原件可以证明申请人要向专利局提交的说明书是2页；②申请人是按专利局的固定格式填写、提交的专利申请文件，提交给专利局的发明专利请求书中的第（14）项栏目中和第（16）项栏目中都标明说明书是每份2页，证明申请人提交给专利局的说明书就是每份2页；③申请人提交的说明书本身也可以证明所提交的说明书是2页，因为假如申请人提交的说明书只有1页，那么从该第1页结尾处可明显感觉到材料中断，应该有下页；④专利局发给申请人的专利申请受理通知书、发明专利申请初步审查合格通知书，可以从另一个方面证明申请人提交给专利局的发明专利请求书中的说明书是每份2页，因为如果发明专利请求书中的第（14）栏项目中和第（16）栏项目中标明说明书是每份2页与实际材料数不符，首先专利局不会受理申请，其次初审也不会合格通过；（2）复审请求人指出，在收到了国家知识产权局受理后发出的专利申请通知书时，由于疏忽而没有发现在该通知书中将说明书写成每份1页的笔误，导致没有及时更正，并且复审请求人认为国家知识产权局以此断定复审请求人在申请日提交的说明书只有1页、不准复审请求人把丢失的一页说明书补上、还以说明书对发明公开的不充分、说明的不清楚、不完整为由驳回了复审请求人的申请显失公正和客观。

经形式审查合格后，专利复审委员会受理了该复审请求，并于2003年10月14日向复审请求人发出复审请求受理通知书，同日向原实质审查部门发出前置审查通知书，将本案案卷转送给原实质审查部门进行前置审查。

原实质审查部门对本复审请求进行了前置审查，坚持原驳回决定。

针对上述复审请求，专利复审委员会依法成立合议组对本案进行了审查。

本案合议组于2004年9月10日发出复审通知书（下称第一次复审通知书），指出：（1）复审请求人无法证明其当时递交给专利局的申请文件与委托专利局所属劳服公司打印、装订的发明专利申请文件完全相同，即无法证明申请日递交给专利局的说明书有两页；（2）发明专利请求书第（14）栏、第（16）栏所标注的说明书页数是申请人自己所写，由此也无法证明递交给专利局的说明书就是两页；（3）受理通知书表明专利局收到了申请人递交的申请文件，并核实了收到文件的份数及页数，由该受理通知书可知专利局收到的说明书每份一页；发明专利初步审查合格通知书表明该申请通过了审查指南第一章第1节规定的初步审查的相关要求，而这样的审查是在申请人递交的申请文件的基础上进行的，由该初步审查合格通知书也无法确定申请人于申请日递交的说明书包括两页；（4）尽管从本申请说明书的内容可以看出说明书应当不只一页，但是由于申请人在申请日仅仅递交了一页，所造成的说明书缺页这一缺陷是无法弥补的；（5）由于申请日递交的说明书仅有第一页，因此存在说明书公开不充分及权利要求1~6得不到说明书支持的缺陷，而上述的缺陷是无法补救的，否则将造成修改不符合专利法第33条的规定。

2004年10月9日，复审请求人针对第一次复审通知书提交的意见陈述书，坚持其于申请日递交的说明书有两页，复审请求人未对申请文件进行修改。

2005年4月15日，专利复审委员会收到复审请求人再次针对第一次复审通知书提交的意见陈述书和权利要求书、说明书、说明书附图、说明书摘要的全文修改替换页，以及如下附件：

附件1：高等教育出版社出版并于2003年9月印刷的《流体力学（1）》的复印件共4页；

附件2：高等教育出版社于1986年11月出版并于2003年6月印刷的《流体力学（第二版）》的复印件共13页。

复审请求人认为，（1）修改后的申请文件没有超出原始申请文件记载的范围，并能够从原申请公开的信息中直接且毫无疑义地导出，符合专利法第33条的规定。（2）附件1第119~120页记载了沿程损失hf、局部能量损失hj和整个管道的总能量损失hw，其分别表示为$hf=\lambda\frac{L}{d}\frac{V^2}{2g}$；$hj=✕\frac{v^2}{2g}$；$hw=\sum hf+\sum hj$，式中：λ为沿程损失系数，✕为局部阻力系数，二者均为零量纲系数，由实验确定，L为管道长度，d为管道内径；附件2第293页也记载了总水头损失hf，其表示为$\mathrm{hf}=(✕_e+\sum✕)\frac{V^2}{2g}=\xi\frac{V^2}{2g}$，式中$\xi=✕_e+\sum✕$，称为管路的总阻力系数。根据以上公知常识，可以认定本申请的“管路阻力系数ξ”和“阻力消耗能”就是本领域通常意义上的“总阻力系数”和“总水头（能量）损失”，本领域的技术人员可以相信，在本发明中，通过实验确定了管路阻力系数ξ，以长度作为量纲的阻力消耗能应被定义为$\mathrm{hw}=\xi\frac{V_2^2}{2g}$。此外，在本申请中，$Z_1$与$Z_2$之间的高度差是可以忽略为零的，因此根据伯努利方程式，在忽略高度差即$Z_1-Z_2=0$且$\mathrm{hw}=\xi\frac{V_2^2}{2g}$的情况下，可以得出测量引出管内端通至炉内的截面II–II处的压力P_2=取样孔处的截面I–I的压力P_1，可见，通过检测取样孔的截面I–I处（测量取样点）的压力，就能得到测量引出管的截面II–II处的压力，即，通过检测测量取样点的压力，就能够得到炉内的压力，因此本申请符合专利法第26条第3款的规定。（3）修改后的权利要求1~9记载的技术方案在修改后的说明书中均有记载，符合专利法第26条第4款的规定。

2005年12月31日专利复审委员会第三次收到复审请求人针对第一次复审通知书提交的意见陈述

书和权利要求书、说明书、说明书摘要的全文修改替换页，以及如下附件：

附件3：化学工业出版社于1981年7月出版印刷的《化工测量及仪表》的复印件共5页。

复审请求人认为，（1）此次修改是将2005年4月15日修改的权利要求2的技术特征补充到权利要求1中，并对说明书的发明内容部分进行了适应性修改，对申请文件的修改符合专利法第33条的规定。（2）如果缺失的第2页不能作为本申请原始披露内容的一部分，则该第2页中记载的内容同样也不能够作为用来判断说明书是否充分公开的依据。（3）本申请说明书第1页第2段介绍了现有技术中存在的问题，正如附件3第31页第6~22和图1~11所介绍的，现有技术中普遍采用的是差压法以反吹气方式来测量，需要连续通入气体以防止灰尘颗粒溅入堵塞，但会引起测试误差，而通过本申请则克服了这一缺陷。根据说明书的记载，通过改变变径调节取样阀的取样孔处的气体通过截面，使流经取样孔的截面I-I处的气体流速 v_1 和流经测量引出管内端的截面II-II处的气体流速 v_2 满足 $v_1=v_2\sqrt{1+\xi}$，那么根据伯努利方程式，在 $Z_1-Z_2=0$ 且 $hw=\xi\frac{V_2^2}{2g}$ 的情况下，可以得出 $P_2=P_1$，即通过检测测量取样点的压力，就能够得到炉内的压力，可见本申请符合专利法第26条第3款的规定；（4）此次修改的权利要求1~8所记载的技术方案在此次修改的说明书中均有相应的记载，符合专利法第26条第4款的规定。

2007年3月7日，本案合议组再次发出复审通知书（下称第二次复审通知书），指出：（1）复审请求人于2005年12月31日提交的权利要求1~3、5~7，以及说明书第2页第25行、第4页第5段、第6段的修改超出了原说明书和权利要求书记载的范围，因此修改后的申请文件不符合专利法第33条的规定；（2）说明书第3页记载只要满足 $v_1=v_2\sqrt{1+\xi}$，P_1 就等于 P_2，但说明书中没有阐述该关系式的由来，而该关系式也不是所属技术领域的技术人员能够从现有技术直接、唯一地得出的有关内容；此外，尽管说明书中将 $v_1=v_2\sqrt{1+\xi}$ 代入伯努利方程进行了推导，但最终得出的方程式是 $P_2-P_1=\left(\frac{V_2^2\cdot\xi}{2g}+Z_1-Z_2-hw\right)\cdot\gamma$，而不是 $P_2-P_1=0$，并且由于说明书中未记载 $Z_1-Z_2=0$ 且 $hw=\xi\frac{V_2^2}{2g}$，因此最终不能得出 $P_2=P_1$，也就是说不能解决本申请所要解决的技术问题，因此说明书不符合专利法第26条第3款的规定。

2007年6月22日，专利复审委员会收到复审请求人针对第二次复审通知书提交的意见陈述书以及权利要求书、说明书、说明书附图、说明书摘要的全文修改替换页。

复审请求人认为：（1）权利要求书、说明书的修改符合专利法第33条的规定；（2）对于本申请所要求保护的装置而言，按照原始公开文本的记载，任何一个本领域技术人员均可据此制造出这一装置，实现本发明；对于本申请所要保护的测量方法而言，通过改变变径调节取样阀3的取样孔4处的气体通过截面，使流经变径调节取样阀3的取样孔4处的截面I-I处的气体流速 v_1 以及流经测量引出管内端的截面II-II处的气体流速 v_2 满足 $v_1=v_2\sqrt{1+\xi}$，截面I-I处的压力 P_1 即等于截面II-II处的压力 P_2，而不受管路中气体流量的影响；对于确定的管路和流体而言，其管路阻力系数 ξ 为一定值，且可以通过常规实验测得；本申请文件中记载的伯努利方程及此前意见陈述中围绕该方程所做的种种推导和讨论，仅仅是对上述测量方法的一种理论验证，但本领域技术人员都清楚，对于一项机械装置及使用该装置的测量方法发明而言，其是否能够为该领域技术人员实现并不依赖于该发明是否能够得到理论上的验证，即，此前就伯努利方程的所有讨论均只涉及对本发明的补充理论验证，而非对实现本发明的技术手段的描述，对于所属技术领域的技术人员而言，根据修改后的说明书中记载的技术内容，能够准确地理解本发明，并且无须付出创造性的劳动即能够顺利地实现本发明，因此，本申请符合专利法第26条第3款的规定。

至此，合议组认为本案事实已经清楚，依法做出本复审请求审查决定。

二、决定的理由

1. 审查文本

本复审请求审查决定以专利复审委员会于2007年6月22日收到的复审请求人提交的权利要求第1~9项、说明书第1~4页、说明书附图第1页、说明书摘要，申请日提交的摘要附图作为审查文本。

2. 关于专利法第26条第3款

专利法第26条第3款规定：说明书应当对发明或者实用新型作出清楚、完整的说明，以所属技术领域的技术人员能够实现为准。

具体就本案而言，本申请要解决在目前的多尘、易堵塞测量管路如炉床的压力测量中压力测试点及管路极易堵塞同时引起测试误差的技术问题，提供了一种测量精度极高、不堵塞的压力测量系统方法和装置。为此将一个测量引出管的内端通至待测压的炉内，外端连接一个具有取样孔的变径调节取样阀，说明书第3页记载，本申请的发明人经过实验发现，只要改变变径调节取样阀的取样孔处的气体通过截面面积，使流经该取样孔截面I-I处的气体流速v_1以及流经测量引出管内端截面II-II处的气体流速v_2满足$v_1=v_2\sqrt{1+\xi}$，该截面I-I处的压力P_1即等于截面II-II处的压力P_2，而不受管路中气体流量的影响，这样，通过测量取样孔处的压力就得到了炉内的压力，其中，v_1、v_2、ξ可由已知的任何方法测量得到。但说明书中没有阐述如何根据气体流速v_1、v_2的关系式，得到$P_1=P_2$的结论。而本领域技术人员在将$v_1=v_2\sqrt{1+\xi}$代入伯努利方程$\frac{P_1}{\gamma}+\frac{v_1^2}{2g}+Z_1=\frac{P_2}{\gamma}+\frac{v_2^2}{2g}+Z_2+hw$时，最终得到的是$P_2-P_1=\left(\frac{V_2^2\cdot\xi}{2g}+Z_1-Z_2-hw\right)\cdot\gamma$，而不是$P_2-P_1=0$。也就是说，不能证明只要满足$v_1=v_2\sqrt{1+\xi}$，$P_1$就等于$P_2$，因此不能证明所测取样孔的压力就是炉内压力。可见，说明书记载的方案不能解决本申请所要解决的技术问题，因此，说明书不符合专利法第26条第3款的规定。

复审请求人在意见陈述书中指出，（1）对于本申请所要求保护的装置而言，按照原始公开文本的记载，任何一个本领域技术人员均可据此制造出这一装置，实现本发明；对于本申请所要保护的测量方法而言，只要使截面I-I处的气体流速v1以及截面II-II处的气体流速v_2满足$v_1=v_2\sqrt{1+\xi}$，截面I-I处的压力P_1即等于截面II-II处的压力P_2，而不受管路中气体流量的影响；（2）本申请文件中记载的伯努利方程及此前意见陈述中围绕该方程所做的种种推导和讨论，仅仅是对上述测量方法的一种理论验证，而非对实现本发明的技术手段的描述，对于所属技术领域的技术人员而言，根据修改后的说明书中记载的技术内容，能够准确地理解本发明，并且无须付出创造性的劳动即能够顺利地实现本发明，因此，本申请符合专利法第26条第3款的规定。

对此，合议组认为，一个技术方案必然有其理论基础，且其理论基础必然是正确且经得起推敲的，在实践当中，确实也存在考虑到各种因素而忽略该理论基础中的某个或某几个条件，或取其近似结果的情况。具体于本案，本申请的说明书中指出，本申请各参数之间的关系满足伯努利方程，并且经过实验，只要改变变径调节取样阀3的取样孔4处的气体通过截面面积，使v_1和v_2满足$v_1=v_2\sqrt{1+\xi}$，就可以得到$P_2-P_1=0$。说明书中并未提及可以忽略某个或某些条件。在现有的说明书的记载中，根据伯努利方程和$v_1=v_2\sqrt{1+\xi}$，最终得到的是$P_2-P_1=\left(\frac{V_2^2\cdot\xi}{2g}+Z_1-Z_2-hw\right)\cdot\gamma$，而不是$P_2-P_1=0$。继续推导发现，为了使$P_2-P_1=0$，还必须满足$Z_1-Z_2=0$和$hw=\xi\frac{V_2^2}{2g}$。而在本申请的说明书中，仅提及$\xi$可由已知的任何方法测量得到，却没有记载这两个条件，并且这两个条件不能从说明书记载的内容直接且毫无疑义地确定。专利复审委员会于2005年4月15日收到的复审请求人提交的意见陈述书中认为，本领域的技术人员可以相信，在本申请中，通过实验确定了管路阻力系数ξ，以长度作为量纲的阻力消耗能应被定义为 $hw=\xi\frac{V_2^2}{2g}$，并且在本申请中高度差 Z_1-Z_2 可以忽略为零。但复审请求人并未提供相应的证据证明工程实践当中 $Z_1-Z_2=0$，并且，根据附件1仅能知道总能量损失 $hw=\sum hf+\sum hj$（其中，hf是沿程损失），根据附件2仅能知道总水头损失 $hf=\xi\frac{V^2}{2g}$，并不能得出本申请的阻力消耗能 $hw=\xi\frac{V_2^2}{2g}$。

此外，合议组认为，本领域的技术人员可以根据本申请的技术方案制造出一种装置，但该装置并不能实现 $P_2=P_1$，因此不能解决本申请要解决的技术问题；对于本申请所要保护的测量方法也是如此，根据本申请说明书记载的技术方案，不能证明截面I-I处的压力 P_1 即等于截面II-II处的压力 P_2；而且，虽然管路阻力系数ξ可以通过常规实验测得，但也不能证明本申请的技术方案能够实现 $P_2=P_1$。

可见，由于说明书中并未记载 $Z_1-Z_2=0$ 和 $hw=\xi\frac{V_2^2}{2g}$，并且复审请求人未提供本领域的普通技术人员在实践当中对这两个条件如何认定的相关证据，因此，根据本申请说明书提供的技术方案不能得出 $P_2=P_1$，即不能解决本申请所要解决的技术问题，因此说明书不符合专利法第26条第3款的规定。

三、决定

维持国家知识产权局于2003年1月17日对99125568.2号发明专利申请作出的驳回决定。

复审请求人对本决定不服的，可以根据专利法第41条第2款的规定，自收到本决定之日起三个月内向北京市第一中级人民法院起诉。

北京市第一中级人民法院
行政判决书

（2008）一中行初字第55号

原告谢心良，男，汉族，1941年9月22日出生，住址辽宁省大连市大连沙区盖州街16号。

委托代理人周志舰，男，大连智慧专利事务所专利代理人。

委托代理人李春，男，北京燕化公司运保中心仪表一部职员。

被告国家知识产权局专利复审委员会，住所地北京市海淀区北四环西路9号银谷大厦。

法定代表人廖涛，副主任。

委托代理人马燕，女，国家知识产权局专利复审委员会审查员。

委托代理人齐宏涛，男，国家知识产权局专利复审委员会审查员。

原告谢心良不服被告国家知识产权局专利复审委员会于2007年8月24日作出、于同年9月4日邮寄送达的第11385号复审请求审查决定（以下简称第11385号决定），于2007年12月3日向本院提起行政诉讼。本院受理后，依法组成合议庭，向被告送达了起诉状副本和应诉通知书，于2008年2月28日公开开庭审理了本案。原告谢心良及其委托代理人周志舰、李春，被告的委托代理人马燕、齐宏涛到庭参加了诉讼。本案现已审理终结。

第11385号决定根据《中华人民共和国专利法》（以下简称《专利法》）第二十六条第三款的规定，维持国家知识产权局于2003年1月17日对99125568.2号发明专利申请作出的驳回决定。

为证明第11385号决定的合法性，被告在法定期限内向本院提交了下列证据：（1）第11385号决定；（2）2004年9月7日发出的复审通知书；（3）专利申请受理通知书；（4）发明专利请求书；（5）原始申请文本。

原告诉称：（1）被告及实审部门之前一再强调原告对说明书和权利要求书的修改违反《专利法》第三十三条，且本申请不符合《专利法》第二十六条第四款的规定，第11385号决定虽以原告2007年6月22日提交的材料为审查文本，却没有说明理由，该决定对《专利法》第二十六条第四款的理解和适用存在着明显的错误，明显偏袒国家知识产权局工作人员的严重失职行为。（2）原告于申请日提交的说明书为2页而非1页，文件系由国家知识产权局受理后被其工作人员丢失，理由是：①原告委托国家知识产权局专利局所属劳服公司制作的申请文件原件可证明原告提交的说明书是2页；②原告提交的发明专利请求书中第（14）栏和第（16）栏均标明说明书是每份2页，根据审查指南规定，国家知识产权局的审查员在接到申请文件后作出受理通知书前应核对原告请求书中所载文件及其页数与原告实际提交的文件及其页数是否一致，如果不一致，其不会发出受理通知书，而会先要求原告补齐；③被告在第一次复审通知书中承认"从该说明书本身可以看出说明书不只一页"，如原告仅提交1页，即使国家知识产权局在受理时因其工作人员疏忽而未发现，审查员初审时也会发现缺页情况，并通知原告补齐，而国家知识产权局却通过了初审，并将原告专利技术予以公开；④国家知识产权局留存的原告申请文件中说明书页数一栏有涂改，即将"2"页改为"1"页。（3）即使原告于申请日提交的说明书仅有1页，国家知识产权局亦存在严重工作失误，而该后果不应完全由原告来承担，理由是：①按审查指南第五部分第三章第2.3.1节规定的受理程序，审查员在发出受理通知书前须核实请求书中注明的申请文件和其他文件的名称及页数；按《专利法实施细则》第四十四条、《专利法》第二十六条，审查员应对说明书是否对专利作出清楚、完整的说明进行初审，如果存在缺页缺陷，审查员初审时应当能够发现，根据审查指南第一部分第一章第1节，初审发现存在可以补正的缺陷时，审查员应通知申请人以补正的方式消除缺陷，使其符合公布的条件；②虽然专利申请受理通知书中，将说明书写成"每份页数：1；份数：2"，原告因疏忽未发现该笔误而要求其更正，但对申请材料进行审查是国家知识产权局应履行的法定职责和义务，被告不能因原告自身疏忽就将该不利后果完全转嫁给原告。（4）被告以原告未能用伯努利方程推导出本申请技术方案为由，得出本领域内技术人员无法采用原告说明书中给出的技术手段解决该申请要解决的技术问题的结论，进而驳回原告申请，是对《专利法》第二十六条第三款规定的错误理解和适用，理由如下：①"本领域技术人员能够实现"并不依赖于该发明能用理论推导得出，或者本领域技术人员能够理解该发明在理论上的推导；②说明书中记载的伯努利方程及此前围绕该方程的讨论，仅仅是为了让审查员更好的理解本发明而对本发明所涉测量方法的一种辅助性的理论验证，而并不是对实现本发明技术手段的描述部分的内容，这种理论公式的推导只是对通过说明书中对技术手段描述而实现的技术效果进行理论上的揭示，这种理论揭示并不是发明创造本身，也不是所达到的技术效果本身；③被告仅仅因为根据说明书的记载和伯努利方程无法从理论上推导出 $P_1=P_2$，就认为说明书提供的技术方案无法在实践中达到 $P_1=P_2$ 是完全错误的，根据说明书中对技术手段的描述，只要调整变径调节取样阀3改变气体通过截面，就能使测量取样点的压力与炉内的压力相等，即 $P_1=P_2$，这个过程只要本领域技术人员实际操作就一定能够实现，并不需要理论推导证明；④被告曾于2000年7月18日作出第2333号无效宣告请求审查决定，明确认定"尽管说明书在所述治疗仪的治疗机理方面存在不清楚的缺陷，但是治疗机理是否清楚不是涉及治疗装置的申请获得专利授权的必要条件，不能因为某些机理不清楚而否定发明专利中有关装置构成的整体技术方案，而且该专利说明书对包括其声称的微通道板在内的有关复合治疗仪装置构成的技术方案的描述是清楚和完整的，所属领域的技术人员是能够实现的”；（5）被告得出本申请装置及方法不能实现通过调整变径调节取样阀使测量取样点的压力即为炉内的压力的结论，没有事实依据。被告没有依照法律的规定，站在所属技术领域技术人员的角度，按说明书指示技术手段实际操作，也没有要求申请人实际操作。原告在说明书和陈述意见中，一再强调“经过实验发现，只要改变变径调节取样阀取样孔处的气体通过截面面积，就能使测量取样点的压力即为炉内的压力”，但是被告一直未对“实际操作调整变径调节取样阀，是否能使测量取样点的压力即为炉内的压力”的问题进行审理。（6）本申请说明书的技术方案能够实现 $P_1=P_2$，符合《专利法》第二十六条第三款的规定，理由如下：①被告在决定中承认根据本申请能够制造出该装置，也没有对实现本申请方法技术方案提出问题，这已经充分表明被告对本申请技术方案及各手段是认可的，本申请说明书明确说明只要调整变径调节取样阀 3 改变气体通过截面，就能使测量取样点的压力即为炉内的压力，即 $P_1=P_2$，完全可以不需要理论的推导证明；②本申请理论公式能够清楚证明装置及方法能实现 $P_1=P_2$。本申请说明书给出了理论公式 $\frac{P_1}{r}+Z_1+\frac{V_1^2}{2g}=\frac{P_2}{r}+Z_2+\frac{V_2^2}{2g}+hw$ 调整变径调节取样阀，就是调整 P_1 和 V_1 的相对变化，而且是一个连续的变化过程，不论初始是 $P_1<P_2$ 还是 $P_1>P_2$，都可以使 P_1 提高或降低，实现 $P_1=P_2$ 使测量取样点的压力即为炉内的压力。该公式中 Z_1、Z_2、V_2、r、P_2、g、hw 是不变的量或忽略微小量，在该恒等式中调整变量 V_1 变化必然引起另一个变量 P_1 变化，初始 $P_1>P_2$，V_1 变化逐渐增大必然引起另一个变量 P_1 逐渐减小，必然能够达到 $P_1=P_2$；③被告承认，在实践中确实存在着忽略理论基础的某个和某几个条件或取其近似结果的情况，但是，被告在得知本申请公式结果后，并没有站在本领域的普通技术人员角度，按照本领域的基础知识忽略微小的势能差，得到 $Z_1-Z_2=0$。本领域的普通技术人员应当知晓涉及本领域的基础流体力学，也就应当知道阻力消耗能 $hw=\xi\frac{V_2^2}{2g}$ 同样的专利申请“补偿式风压测量防堵吹扫装置”同样没有详细的理论说明 $P_1=P_2$，却由国家知识产权局授予专利权。综上，请求撤销第 11385 号决定。

原告在指定的举证期限内向本院提交了下列证据：（1）发明专利请求书复印件，证明 1999 年 12 月 6 日原告向国家知识产权局提交的发明专利请求书的（14）栏和（16）栏中明确注明说明书页数为 2 页；（2）原告 2007 年 6 月 22 日提及相关材料，证明被告作出复审决定依据的是原告于 2007 年 6 月 22 日提交的说明书替换页等材料，而在该份说明书中原告明确指出只要调整变径调节取样阀 3 改变气体通过截面，就能使测量取样点的压力与炉内的压力相等；（3）第 11385 号复审决定书；（4）第2333 号无效宣告请求决定书，证明被告对“理论上不能得到证明”并不等于“本领域技术人员无法实现”这一点是非常清楚的；（5）压力测量防堵装置使用报告，证明本申请装置及方法按说明书实际使用操作能够实现；（6）《流体力学》（第二版），张也影编著，高等教育出版社 1986 年第 1 版、1999 年 6 月第 2 版，2003 年 6 月第 5 次印刷，封面、版权页、第 166 页～167 页、第 272 页～293 页，证明①气体压力测量时忽略不计位能差（Z_1-Z_2），即 $Z_1-Z_2=0$ 是本技术领域内的公知常识；②总能量损失和总水头损失、阻力消耗能表示的是同一个含义，$hw=\xi\frac{V^2}{2g}$ 这也是本技术领域内的公知常识；（7）《流体力学和热工理论基础》（上海机械学院钟声玉、哈尔滨工业大学王克光主编，机械工业出版社 1980 年 3 月北京第一版），封二、版权页、第 53 页～第 56 页、第 60 页，证明①气体压力测量时忽略不计位能差（Z_1-Z_2），即 $Z_1-Z_2=0$ 是本技术领域内的公知常识；②总能量损失和总水头损失、阻力消耗能表示的是同一个含义，$hw=\xi\frac{V^2}{2g}$这也是本技术领域内的公知常识；（8）《化工测量及仪表》（华东石油学院等合编、范玉久主编，化学工业出版社 1981 年 7 月北京第一版），封二、版权页、第 31 页；（9）《气压传动及控制》（东北工学院郑洪生主编，机械工业出版社 1988 年 6 月北京第二版），封二、版权页、第 11 页～第 12 页；（10）《流化催化裂化》（陆庆云主编、朱吉人审订，烃加工出版社 1989 年 8 月北京第一版），第 382 页～383 页；证据 8－证据 10 证明《流化催化裂化》节选；气体压力测量时忽略不计位能差（Z_1-Z_2），即 $Z_1-Z_2=0$ 是本技术领域内的公知常识；（11）第 200420026876.5 号"补偿式风压测量防堵吹扫装置"实用新型专利说明书；（12）电力规划设计总院文件电规发电［2004］237 号补偿式风压测量防堵吹扫装置科技成果技术评审证书函及证书；证据 11、证据 12 证明与本申请专利同样的专利申请"补偿式风压测量防堵吹扫装置"也没有详细的理论证明 $P_1=P_2$，国家知识产权局却在确认符合《专利法》第二十六条第三款规定前提下授予专利权，这也证明了只要装置能做出，实际操作就能够解决相应的问题，即符合《专利法》第二十六条第三款规定；（13）用户应用情况表；（14）压力测量堵装置使用报告；（15）防堵装置使用情况；（16）本申请实例实物。

被告辩称：（1）关于专利申请的文本。原告认为其于申请时提交的说明书为 2 页而非 1 页，且第 2 页系由国家知识产权局受理后被工作人员丢失，即使原告于申请日提交的说明书仅有 1 页，国家知识产权局亦存在严重工作失误，而后果不应完全由原告来承担。被告认为，在复审程序中已就此问题向原告作出了说明，具体如下：①原告委托国家知识产权局专利局所属劳服公司打印、装订的发明专利申请文件，但是该文件无法证明原告当时提交给专利局的申请文件与该文件完全相同，即无法证明申请日递交给专利局的说明书有 2 页；②发明专利请求书第（14）栏、（16）栏所标注的说明书页数是原告所写，由此也无法证明递交给专利局的说明书就是 2 页。（2）关于本申请是否符合《专利法》第二十六条第三款的规定，被告认为原告的诉讼理由不能成立，具体理由参见第 11385 号决定。原告引用第 2333 号无效宣告请求审查决定中的认定，认为"理论上不能得到证明"并不等同于"本领域技术人员无法实现"，同样的专利申请"补偿式风压测量防堵吹扫装置"同样没有详细的理论说明却由国家知识产权局授予专利权，证明了只要装置能做出，实际操作就能解决相应的问题。被告认为原告的上述观点不能成立，第 2333 号无效宣告请求审查决定以及"补偿式风压测量防堵吹扫装置"与本申请是否符合《专利法》第二十六条第三款没有关联。原告认为"Z_1-Z_2"以及"$hw=\xi\frac{V_2^2}{2g}$"属于本领域的公知技术，被告认为原告的上述观点不能成立，原告在复审审查过程中并未提交相关的证明文件对此予以证明。综上所述，第 11385 号决定认定事实清楚、适用法律正确，审理程序合法，请求人民法院在查明事实的基础上，依法驳回原告的诉讼请求，维持第 11385 号决定。

经庭审质证，原告对被告的证据的真实性无异议，本院经审查认为，除证据 1 为本案被诉具体行政行为，不属于证据外，被告的其他证据与本案有关联且真实、合法，本院予以采纳。关于原告的证据，被告认为，原告的证据 1 无原件、不是向国家知识产权局提交的，与本案无关；证据 4、5 与本案无关；证据 6 中第 166 页～167 页、证据 7、证据 9 至证据 16 未在复审程序中提交，与本案无关。本院经审查认为，原告证据 1 不能证明是曾向国家知识产权局提交过的文件，其真实性不能确认，本院不予采纳；证据 3 为本案被诉具体行政行为，不属于证据；证据 4 为被告作出的其他行政行为，与本案无关，本院不予采纳；证据 5、证据 11～证据 16 不属于被告作出第 11385 号决定时应当审查的范围，与本案无关，本院不予采纳；证据 2、证据 6～证据 10 与本案有关且合法、真实，本院予以采纳；虽然证据 6 一部分、证据 7、证据 9、证据 10 未在复审程序中提交，但鉴于原告用上述证据来证明其在复审程序中已经主张过的本技术领域的公知常识，且应当推定被告审查员在作出复审决定时知晓这些公知常识，因此对原告在诉讼中提交的用于反驳复审决定理由的公知常识性证据，本院应予考虑。

根据上述有效证据及当事人陈述，本院确认如下事实：

原告向国家知识产权局提出名称为“压力测量防堵塞方法及装置”的发明专利申请（即本申请），国家知识产权局于1999年12月6日向原告发出《专利申请受理通知书》，确定申请号为99125568.2，确认本申请说明书为1页。但本申请《发明专利请求书》中说明书页数处有涂改。本申请公开日为2000年5月10日。国家知识产权局实质审查部门于2002年2月1日向原告发出第一次审查意见通知书，指出本申请的说明书仅有1页，其中没有记载采取怎样的具体手段使得取样孔处的测量压力与炉1的内压力相等，从而解决本申请所要解决的技术问题，因此说明书公开不充分，不符合《专利法》第二十六条第三款的规定；权利要求1~6没有以说明书为依据，不符合《专利法》第二十六条第四款。原告于2002年2月7日提交了补正书以及说明书第2页。国家知识产权局实质审查部门于2002年7月12日发出第二次审查意见通知书，指出：说明书补正页的内容在原说明书和权利要求书中没有记载，超出了原说明书和权利要求书记载的范围，不符合《专利法》第三十三条的规定，不能被接受，因此第二次审查意见通知书仍对原始申请文件（即申请日提交的权利要求第1~6项、说明书文字部分第1页、附图第1页、摘要和摘要附图）进行审查；说明书不符合《专利法》第二十六条第三款的规定，权利要求1~6不符合《专利法》第二十六条第四款的规定，具体理由与第一次审查意见通知书相同。原告于2002年8月15日提交了意见陈述书，认为第二次审查意见通知书所述内容和意见是由于说明书缺页造成的，由于说明书只有1页，不能充分支持专利申请，并且认为说明书缺页，国家知识产权局是有责任的。2003年1月17日，国家知识产权局实质审查部门以本申请说明书的修改不符合《专利法》第三十三条、说明书不符合《专利法》第二十六条第三款、权利要求1~6不符合《专利法》第二十六条第四款的规定为由驳回了本申请。驳回决定认为：（1）申请人提交的说明书补正页中的公式推导过程和具体实施方式在申请日提交的原说明书和权利要求书中没有记载，因此，说明书的修改不符合《专利法》第三十三条的规定（2）本申请所要解决的技术问题是：提供了一种运行可靠、调整方便、测量精度极高、不堵塞的压力测量系统方法和装置，说明书第1页的技术内容没有公开具体如何调整气体的通过截面，使得取样孔处的测量压力与炉1的内压力相等，因此，说明书公开不充分，不符合《专利法》第二十六条第三款的规定；（3）权利要求1~6没有以说明书为依据，不符合《专利法》第二十六条第四款；（4）对于本申请，国家知识产权局于1999年12月6日发出的专利申请受理通知书中已明确写明：“经核实确认国家知识产权局专利局收到如下文件：说明书每份页数：1份数：2”，申请人并未对此提出异议，说明申请人在申请日提交的说明书只有1页，因此，申请人在意见陈述书中指出的“说明书缺页，专利局是有责任的”不能被接受。

原告不服上述驳回决定，于2003年7月2日向被告提出复审请求。原告认为：（1）其提交的申请文件中的说明书每份2页是事实；（2）其由于疏忽而没有发现在该通知书中将说明书写成每份1页的笔误，导致没有及时更正，国家知识产权局以此断定其在申请日提交的说明书只有1页、不准其把丢失的一页说明书补上、还以说明书对发明公开的不充分、说明的不清楚、不完整为由驳回其申请显失公正和客观。被告受理了该复审请求，原实质审查部门在前置审查中坚持原驳回决定。被告于2004年9月10日发出第一次复审通知书，指出：（1）复审请求人无法证明申请日递交给专利局的说明书有两页；（2）发明专利请求书第（14）栏、第（16）栏所标注的说明书页数是申请人自己所写，由此也无法证明递交给专利局的说明书就是两页；（3）受理通知书表明专利局收到了申请人递交的申请文件，并核实了收到文件的份数及页数，由该受理通知书可知专利局收到的说明书每份一页；发明专利初步审查合格通知书表明该申请通过了审查指南第一章第 1 节规定的初步审查的相关要求，而这样的审查是在申请人递交的申请文件的基础上进行的，由该初步审查合格通知书也无法确定申请人于申请日递交的说明书包括两页；（4）尽管从本申请说明书的内容可以看出说明书应当不止一页，但是由于申请人在申请日仅仅递交了一页，所造成的说明书缺页这一缺陷是无法弥补的；（5）由于申请日递交的说明书仅有第一页，因此存在说明书公开不充分及权利要求 1~6 得不到说明书支持的缺陷，而上述的缺陷是无法补救的，否则将造成修改不符合《专利法》第三十三条的规定。原告于 2004 年 10 月 9 日提交的意见陈述书，坚持其于申请日递交的说明书有两页。被告于 2005 年 4 月 15 日收到原告再次提交的意见陈述书和权利要求书、说明书、说明书附图、说明书摘要的全文修改替换页，以及附件 1：高等教育出版社出版并于 2003 年 9 月印刷的《流体力学（1）》的复印件共 4 页；附件 2：高等教育出版社于 1986 年 11 月出版并于 2003 年 6 月印刷的《流体力学（第二版）》的复印件共 13 页。原告认为：（1）修改后的申请文件没有超出原始申请文件记载的范围，并能够从原申请公开的信息中直接且毫无疑义地导出，符合《专利法》第三十三条的规定；（2）附件 1 第 119~120 页记载了沿程损失 hf、局部能量损失 hj 和整个管道的总能量损失 hw，其分别表示为 $hf=\lambda\frac{L}{d}\frac{V^2}{2g}$；$hf=\text{✖}\frac{V^2}{2g}$；$hw=\sum hf+\sum hj$ 式中：λ 为沿程损失系数，ζ 为局部阻力系数，二者均为零量纲系数，由实验确定，L 为管道长度，d 为管道内径；附件 2 第 293 页也记载了总水头损失 hf，其表示为 $hf=(\text{✖}_e+\sum\text{✖})\frac{V^2}{2g}=\xi\frac{V^2}{2g}$，式中 $\zeta=\text{✖}_e+\sum\text{✖}$，称为管路的总阻力系数。根据以上公知常识，可以认定本申请的“管路阻力系数 ξ”和“阻力消耗能”就是本领域通常意义上的“总阻力系数”和“总水头（能量）损失”，本领域的技术人员可以相信，在本发明中，通过实验确定了管路阻力系数 ξ，以长度作为量纲的阻力消耗能应被定义为 $hw=\xi\frac{V_2^2}{2g}$此外，在本申请中，Z_1 与 Z_2 之间的高度差是可以忽略为零的，因此根据伯努利方程式，在忽略高度差即 $Z_1-Z_2=0$ 且 $hw=\xi\frac{V_2^2}{2g}$的情况下，可以得出测量引出管内端通至炉内的截面 II-II 处的压力 P_1 = 取样孔处的截面 I-I 的压力 P_1，可见，通过检测取样孔的截面 I-I 处（测量取样点）的压力，就能得到测量引出管的截面 II-II 处的压力，即，通过检测测量取样点的压力，就能够得到炉内的压力，因此本申请符合《专利法》第二十六条第三款的规定；（3）修改后的权利要求 1~9 记载的技术方案在修改后的说明书中均有记载，符合《专利法》第二十六条第四款的规定。2005 年 12 月 31 日被告第三次收到复审原告意见陈述书和权利要求书、说明书、说明书摘要的全文修改替换页，以及附件 3：化学工业出版社于 1981 年 7 月出版印刷的《化工测量及仪表》的复印件共 5 页。原告认为：（1）此次修改是将 2005 年 4 月 15 日修改的权利要求 2 的技术特征补充到权利要求 1 中，并对说明书的发明内容部分进行了适应性修改，对申请文件的修改符合《专利法》第三十三条的规定；（2）如果缺失的第 2 页不能作为本申请原始披露内容的一部分，则该第 2 页中记载的内容同样也不能够作为用来判断说明书是否充分公开的依据；（3）本申请说明书第 1 页第 2 段介绍了现有技术中存在的问题，正如附件 3 第 31 页第 6~22 行和图 1~11 所介绍的，现有技术中普遍采用的是差压法以反吹气方式来测量，需要连续通入气体以防止灰尘颗粒溅入堵塞，但会引起测试误差，而通过本申请则克服了这一缺陷。根据说明书的记载，通过改变变径调节取样阀的取样孔处的气体通过截面，使流经取样孔的截面 I-I 处的气体流速 v_1 和流经测量引出管内端的截面 II-II 处的气体流速 v_1 满足 $V_1=V_2\sqrt{1+\xi}$，那么根据伯努利方程式，在 $Z_1-Z_2=0$ 且 $hw=\xi\frac{V_2^2}{2g}$的情况下，可以得出 P_2 =

P_1，即通过检测测量取样点的压力，就能够得到炉内的压力，可见本申请符合《专利法》第二十六条第三款的规定；（4）此次修改的权利要求 1~8 所记载的技术方案在此次修改的说明书中均有相应的记载，符合《专利法》第二十六条第四款的规定。被告于 2007 年 3 月 7 日发出第二次复审通知书，指出：（1）2005 年 12 月 31 日提交的权利要求 1~3、5~7，以及说明书第 2 页第 25 行、第 4 页第 5 段、第 6 段的修改超出了原说明书和权利要求书记载的范围，因此修改后的申请文件不符合《专利法》第三十三条的规定；（2）说明书第 3 页记载只要满足 $V_1=V_2\sqrt{1+\xi}$，P_1 就等于 P_2 但说明书中没有阐述该关系式的由来，而该关系式也不是所属技术领域的技术人员能够从现有技术直接、唯一地得出的有关内容；此外，尽管说明书中将 $V_1=V_2\sqrt{1+\xi}$ 代入伯努利方程进行了推导，但最终得出的方程式是 $P_2-P_1=\left(\frac{V_2^2\cdot\xi}{2g}+Z_1-Z_2-hw\right)\cdot\gamma$，而不是 $P_2-P_1=0$，并且由于说明书中未记载 $Z_1-Z_2=0$ 且 $hw=\xi\frac{V_2^2}{2g}$，因此最终不能得出 $P_2=P_1$，也就是说不能解决本申请所要解决的技术问题，因此说明书不符合《专利法》第二十六条第三款的规定。被告于 2007 年 6 月 22 日收到原告提交的意见陈述书以及权利要求书、说明书、说明书附图、说明书摘要的全文修改替换页。原告认为：（1）权利要求书、说明书的修改符合《专利法》第三十三条的规定；（2）对于本申请所要求保护的装置而言，按照原始公开文本的记载，任何一个本领域技术人员均可据此制造出这一装置，实现本发明；对于本申请所要保护的测量方法而言，通过改变变径调节取样阀 3 的取样孔 4 处的气体通过截面，使流经变径调节取样阀 3 的取样孔 4 处的截面 I-I 处的气体流速 V_1 以及流经测量引出管内端的截面 II-II 处的气体流速 V_1 满足 $V_1=V_2\sqrt{1+\xi}$，截面 I-I 处的压力 P_1 即等于截面 II-II 处的压力 P_1，而不受管路中气体流量的影响；对于确定的管路和流体而言，其管路阻力系数 ξ 为一定值，且可以通过常规实验测得；本申请文件中记载的伯努利方程及此前意见陈述中围绕该方程所做的种种推导和讨论，仅仅是对上述测量方法的一种理论验证，但本领域技术人员都清楚，对于一项机械装置及使用该装置的测量方法发明而言，其是否能够为该领域技术人员实现并不依赖于该发明是否能够得到理论上的验证，即，此前就伯努利方程的所有讨论均只涉及对本发明的补充理论验证，而非对实现本发明的技术手段的描述，对于所属技术领域的技术人员而言，根据修改后的说明书中记载的技术内容，能够准确地理解本发明，并且无须付出创造性的劳动即能够顺利地实现本发明，因此，本申请符合《专利法》第二十六条第三款的规定。

被告作出决定认为：

（1）审查文本本决定以被告于 2007 年 6 月 22 日收到的原告提交的权利要求第 1~9 项、说明书第 1~4 页、说明书附图第 1 页、说明书摘要，申请日提交的摘要附图作为审查文本。

（2）关于《专利法》第二十六条第三款。

《专利法》第二十六条第三款规定，说明书应当对发明或者实用新型作出清楚、完整的说明，以所属技术领域的技术人员能够实现为准。

本申请要解决在目前的多尘、易堵塞测量管路如炉床的压力测量中压力测试点及管路极易堵塞同时引起测试误差的技术问题，提供了一种测量精度极高、不堵塞的压力测量系统方法和装置。为此将一个测量引出管的内端通至待测压的炉内，外端连接一个具有取样孔的变径调节取样阀，说明书第 3 页记载，本申请的发明人经过实验发现，只要改变变径调节取样阀的取样孔处的气体通过截面面积，使流经该取样孔截面 I-I 处的气体流速 V_1 以及流经测量引出管内端截面 II-II 处的气体流速 V_2 满足 $V_1=V_2\sqrt{1+\xi}$，该截面 I-I 处的压力即等于截面 II-II 处的压力 P_2，而不受管路中气体流量的影响，这样，通过测量取样孔处的压力就得到了炉内的压力，其中，V_1、V_2、ξ 可由已知的任何方法测量得到。但说明书中没有阐述如何根据气体流速 V_1、V_2 的关系式，得到 $P_1=P_2$ 的结论。而本领域技术人员在将 $V_1=V_2\sqrt{1+\xi}$ 代入伯努利方程 $\frac{P_1}{r}+Z_1+\frac{V_1^2}{2g}=\frac{P_2}{r}+Z_2+\frac{V_2^2}{2g}+hw$ 时，最终得到的是 $P_2-P_1=\left(\frac{V_2^2\cdot\xi}{2g}+Z_1-Z_2-hw\right)\cdot\gamma$，而不是 $P_1-P_1=0$。也就是说，不能证明只要满足 $V_1=V_2\sqrt{1+\xi}$，P_1 就等于 P_2，因此不能证明所测取样孔的压力就是炉内压力。可见，说明书记载的方案不能解决本申请所要解决的技术问题，因此，说明书不符合《专利法》第二十六条第三款的规定。

一个技术方案必然有其理论基础，且其理论基础必然是正确且经得起推敲的，在实践当中，确实也存在考虑到各种因素而忽略该理论基础中的某个或某几个条件，或取其近似结果的情况。本申请的说明书中指出，本申请各参数之间的关系满足伯努利方程，并且经过实验，只要改变变径调节取样阀3的取样孔4处的气体通过截面面积，使 V_1 和 V_2 满足 $V_1=V_2\sqrt{1+\xi}$，就可以得到 $P_2-P_1=0$。说明书中并未提及可以忽略某个或某些条件。在现有的说明书的记载中，根据伯努利方程和 $V_1=V_2\sqrt{1+\xi}$，最终得到的是 $P_2-P_1=\left(\frac{V_2^2\cdot\xi}{2g}+Z_1-Z_2-hw\right)\cdot\gamma$，而不是 $P_2-P_1=0$。继续推导发现，为了使 $P_2-P_1=0$，还必须满足 $Z_1-Z_2=0$ 和 $hw=\xi\frac{v_2^2}{2g}$。而在本申请的说明书中，仅提及 ξ 可由已知的任何方法测量得到，却没有记载这两个条件，并且这两个条件不能从说明书记载的内容直接且毫无疑义地确定。原告未提供相应的证据证明工程实践当中 $Z_1-Z_2=0$，并且，根据附件1仅能知道总能量损失 $hw=\sum hf+\sum hj$（其中，hf 是沿程损失），根据附件2仅能知道总水头损失 $hf=\xi\frac{v^2}{2g}$，并不能得出本申请的阻力消耗能 $hw=\xi\frac{V_2^2}{2g}$。本领域的技术人员可以根据本申请的技术方案制造出一种装置，但该装置并不能实现 $P_2=P_1$，因此不能解决本申请要解决的技术问题；对于本申请所要保护的测量方法也是如此，根据本申请说明书记载的技术方案，不能证明截面 I-I 处的压力 P_1 即等于截面 II-II 处的压力 P_2；而且，虽然管路阻力系数 ξ 可以通过常规实验测得，但也不能证明本申请的技术方案能够实现 $P_2=P_1$。因此说明书不符合《专利法》第二十六条第三款的规定。据此，被告决定维持国家知识产权局于2003年1月17日对99125568.2号发明专利申请作出的驳回决定。

本院认为：当事人对本申请说明书的页数存在争议，而本申请《发明专利请求书》中说明书页数处确有涂改。根据《专利法实施细则》规定，各类申请文件不得涂改，如有涂改应不予受理并通知申请人。虽然《专利申请受理通知书》中记载说明书为1页，原告亦未在指定期限内陈述意见要求更正，但鉴于涂改情形不明，被告认定原告在申请日递交的说明书仅1页缺乏充分的证据支持。

本案驳回决定的理由之一是说明书的修改不符合《专利法》第三十三条的规定，而原告在复审程序中又提交了说明书新的修改文本，根据审查指南的规定，复审应对驳回决定的上述理由及修改文本进行审查，但被告对此未予查明。

根据《专利法》第二十六条第三款规定，说明书应当对发明或者实用新型作出清楚、完整的说明，以所属技术领域的技术人员能够实现为准。被告认为本申请说明书不符合上述规定的理由是：说明书未记载 $Z_1-Z_1=0$ 和 $hw=\xi\frac{v_2^2}{2g}$ 且原告未提供本领域的普通技术人员在实践当中对这两个条件如何认定的相关证据。但是原告提供的证据表明，在流体力学技术领域存在如下公知常识：（1）因气流的质量较小，在气体流动过程中，位能或者位能的变化一般均忽略不计；（2）总水头损失为沿程能量损失与局部能量损失之和，沿程能量损失可表示为 $hf=\lambda\frac{L}{d}\frac{V^2}{2g}$，局部能量损失可表示为 $hf=\xi\frac{V^2}{2g}$总水头损失（整个管道上的能量损失）可表示为 $hw=\sum_{hf}+\sum_{hj}$；总水头损失也可表示为 $hf=$（✖$_e$+Σ✖）$\frac{v^2}{2g}=\xi\frac{v^2}{2g}$。据此，本领域技术人员应当能理解 $Z_1-Z_2=0$ 和 $hw=\xi\frac{v_2^2}{2g}$，因此，被告认为根据本申请说明书提供的技术方案不能得出 $P_2=P_1$，即不能解决本申请所要解决的技术问题，缺乏事实根据。

综上，第 11385 号决定主要证据不足，本院应予撤销。依照《中华人民共和国行政诉讼法》第五十四条第（二）项，判决如下：

撤销被告国家知识产权局专利复审委员会作出的第 11385 号复审请求审查决定。

案件受理费 100 元，由被告国家知识产权局专利复审委员会负担（于本判决生效后 7 日内交纳）。

如不服本判决，可在本判决书送达之日起 15 日内，向本院提交上诉状，并按对方当事人的人数提交副本，预交上诉案件受理费 100 元，上诉于北京市高级人民法院。上诉人在上诉期限内未预交上诉案件受理费，又不提出缓交申请的，按自动撤回上诉处理。

审　判　长　吴　月
代理审判员　胡华峰
人民陪审员　欧万雄
二〇〇九年一月二十日
书　记　员　郎莉萍

北京市高级人民法院
行政判决书

（2009）高行终字第 496 号

上诉人（一审被告）国家知识产权局专利复审委员会，住所地北京市海淀区北四环西路 9 号银谷大厦。

法定代表人廖涛，副主任。

委托代理人马燕，女，国家知识产权局专利复审委员会审查员。

委托代理人齐宏涛，男，国家知识产权局专利复审委员会审查员。

被上诉人（一审原告）谢心良，男，汉族，1941 年 9 月 22 日出生，住辽宁省大连市沙河口区盖州街 16 号。

委托代理人李春，男，汉族，1970 年 3 月 5 日出生，北京燕化公司运保中心仪表一部职员，住北京市房山区燕山栗园东里 18 楼 1 门 303 号。

上诉人国家知识产权局专利复审委员会（以下简称复审委）因复审请求审查决定一案，不服北京市第一中级人民法院（2008）一中行初字第 55 号行政判决，向本院提起上诉。本院受理后，依法组成合议庭，公开开庭审理了本案。上诉人复审委的委托代理人马燕、齐宏涛，被上诉人谢心良及其委托代理人李春到庭参加了诉讼。本案现已审理终结。

2007 年 8 月 24 日，复审委依据《中华人民共和国专利法》（以下简称《专利法》）第二十六条第三款的规定，作出第 11385 号决定，维持了国家知识产权局（以下简称国知局）于 2003 年 1 月 17

日对 99125568.2 号发明专利申请作出的驳回决定。谢心良不服该决定，向北京市第一中级人民法院（以下简称一审法院）提起行政诉讼。

一审法院经审理认为，本申请发明专利请求书中说明书的页数处确有涂改。根据《中华人民共和国专利法实施细则》（以下简称《实施细则》）规定，各类申请文件不得涂改，如有涂改应不予受理并通知申请人。虽然《专利申请受理通知书》中记载了说明书为 1 页，谢心良亦未在指定期限内陈述意见要求更正，但鉴于涂改情形不明，复审委认定谢心良在申请日递交的说明书仅 1 页缺乏充分的证据支持。

本案驳回决定的理由之一是说明书的修改不符合《专利法》第三十三条的规定，而谢心良在复审程序中提交了新的说明书修改文本，根据审查指南的规定，复审应对驳回决定的理由及修改文本进行审查，但复审委对此未予查明。复审委认为本申请说明书未记载 $Z_1-Z_2=0$ 和 $hw=\xi\frac{V_2^2}{2g}$，且谢心良未提供本领域的普通技术人员在实践当中对这两个条件如何认定的相关证据。但是谢心良提供的证据表明，在流体力学技术领域存在如下公知常识：（1）因气流的质量较小，在气体流动过程中，位能或者位能的变化一般均忽略不计；（2）总水头损失为沿程能量损失与局部能量损失之和，沿程能量损失可表示为 $\mathrm{hf}=\frac{\mathrm{L}}{\mathrm{d}}\frac{\mathrm{V}^2}{2\mathrm{g}}$局部能量损失可表示为 $\mathrm{hj}=\times\frac{\mathrm{V}^2}{2\mathrm{g}}$总水头损失（整个管道上的能量损失）可表示为 $\mathrm{hw}=\sum\mathrm{hf}+\sum\mathrm{hj}$ 总水头损失也可表示为 $hf=(\times_e+\sum\times)\frac{V^2}{2g}=\xi\frac{V^2}{2g}$。据此，本领域技术人员应当能理解 $\mathrm{Z_1-Z_2=0}$ 和 $\mathrm{hw}=\xi\frac{\mathrm{V}_2^2}{2\mathrm{g}}$，因此，复审委认为根据本申请说明书提供的技术方案不能得出 $\mathrm{P_2=P_1}$ 即不能解决本申请所要解决的技术问题，缺乏事实根据。

一审法院综上认为，第 11385 号决定主要证据不足，应予撤销。依照《中华人民共和国行政诉讼法》第五十四条第（二）项，判决撤销了第 11385 号决定。

复审委不服一审判决，提起上诉。复审委认为，第 11385 号决定的理由仅为本申请不符合《专利法》第二十六条第三款，所针对的审查文本也未涉及申请日提交的申请文件，因此，一审法院对上述问题的认定超出了本案的审理范围。

关于申请日提交的申请文件页数，虽非第 11385 号决定审理的对象，但鉴于在复审程序中，该委向谢心良发出第一次复审通知书时，曾就该问题给出了审查意见，因此，复审委坚持认为专利局认定谢心良于申请日提交的申请文件仅为 1 页并无不当。理由如下：（1）专利局发出的专利申请受理通知书表明该局收到了谢心良提交的申请文件，并核实了收到文件的份数及页数，该受理通知书记载专利局收到的说明书每份 1 页，由该受理通知书可知专利局收到的说明书每份 1 页；（2）在专利申请受理通知书的注意事项中有“四、申请人如发现受理通知书中的著录项目与提交的请求书不符，可在收到本通知书之日起一个月内，提出意见陈述，寄回专利局。专利局将据此核对专利申请文件并办理更改手续”。谢心良并未在指定期限内提出意见陈述，表明其对专利局收到的申请文件页数予以认可。（3）谢心良直至本申请被依法公开进入实质审查程序后，才主张其说明书应为 2 页，显然未尽到申请人的审慎义务，对此问题负有重要责任。（4）谢心良在复审阶段提交了本申请的修改文本，其中将说明书修改为 4 页，从该文本可知，其修改的基础是申请日提交的说明书第 1 页及权利要求书，由此可见，谢心良也已经认可了申请日提交的说明书仅为 1 页的事实。综上，一审判决认为“复审委认定谢心良在申请日提交的说明书仅 1 页缺乏充分的证据支持”缺少事实及法律依据，显属不当。综上，该委认为一审判决认定事实错误，适用法律不当，请求予以撤销。

谢心良答辩认为，专利局于 2000 年 2 月 18 日对本申请初审合格，2000 年 6 月 9 日对本申请予以公开，2002 年 2 月 1 日作出第一次实体审查意见书，提出说明书缺失第二页，公开不充分，不符合《专利法》的规定。其本人在提交意见陈述书时进行了陈述，并补上了说明书第二页。但专利局作出的第二次审查意见书仍以不符合《专利法》第三十三条的规定为由不接收补交的第二页。为此，其本人到专利局查找缺失说明书第二页的原因，发现其提交的说明书页数处有明显的由 2 该为 1 的涂改情况，而且其提交的《发明专利请求书》中的第（14）项、（16）项都记有每份 2 页，当时专利局的人员也表示惊讶，其本人向专利局负责人反映了该情况。但专利局仍以说明书公开不充分、说明书缺页为由驳回了其本申请。复审期间，其曾请求口审，但复审委仍以所属技术领域的技术人员采用该手段不能解决该申请所要求的技术问题为由，维持了专利局的驳回决定。

《实施细则》规定，各类申请文件不得涂改，如有涂改应不予受理并通知申请人。其本人在提交申请后，专利局已经初审合格并予以公开，充分证明了其提交的说明书在页数处注明了页数为 2 页，没有涂改的情况，否则，专利局应对其申请不予受理并通知自己。在其查证的过程中，专利局也承认从说明书内容可以看出说明书不应当只有 1 页，更进一步说明，说明书第 2 页的丢失和页数的涂改发生在本申请公开之后。

关于丢失的第 2 页，其内容是用伯努利方程式论证本申请在理论上成立的依据。其与专利局之前围绕伯努利方程式的讨论，仅仅是对申请的测量方法和装置的一种理论验证。该理论验证并不影响所属技术领域的技术人员依据说明书第 1 页及说明书附图和权利要求书中给出的说明去实现该测量方法和装置。由于丢失的说明书第 2 页全部内容只涉及对本发明的补充理论验证，而非对实现本申请的技术手段的描述。因此，复审委关于说明书公开不充分的确认缺乏事实依据。

在实质审查和复审期间，其曾依据说明书所存第一页及附图对原说明书进行修改并将新的修改文本提交给专利局和复审委，但复审委对此未予查明。复审委关于说明书未记载 $Z_1-Z_2=0$ 和 $hw=\xi\dfrac{V_2^2}{2g}$，未提供本领域的普通技术人员在实践中对这两个条件如何认定的相关证据。此理由足以证明复审委仍纠缠于用伯努利方程式对本申请测量方法和装置进行理论验证，违背了《专利法》第二十六条第三款规定的能够实现的标准。对此。一审判决已有认定。

由于复审委是以说明书缺页，公开不充分为由作出的决定，因此，复审委关于一审法院是否超出审理范围的观点不能成立。综上，谢心良认为一审判决正确，请求予以维持。

一审法院审理期间，复审委提交了：

（1）复审委于 2004 年 9 月 7 日发出的复审通知书；

（2）专利申请受理通知书；

（3）发明专利请求书；

（4）原始申请文本。

谢心良补充提交了：

（1）发明专利请求书复印件，证明 1999 年 12 月 6 日谢心良向国知局提交的发明专利请求书的（14）栏和（16）栏中明确注明说明书页数为 2 页；

（2）谢心良于 2007 年 6 月 22 日提交的意见陈述书及相关材料；

（3）第 2333 号无效宣告请求决定书，证明复审委对“理论上不能得到证明”并不等于“本领域技术人员无法实现”这一点是非常清楚的；

（4）压力测量防堵装置使用报告，证明本申请装置及方法按说明书实际使用操作能够实现

（5）《流体力学》（第二版），张也影编著，高等教育出版社 1986 年第 1 版、1999 年 6 月第 2 版，2003 年 6 月第 5 次印刷，封面、版权页、第 166 页~167 页、第 272 页~293 页，证明①气体压力测量

时忽略不计位能差（Z_1-Z_2），即 $Z_1-Z_2=0$ 是本技术领域内的公知常识；②总能量损失和总水头损失、阻力消耗能表示的是同一个含义，$hw=\xi\frac{V_2^2}{2g}$这也是本技术领域内的公知常识；

（6）《流体力学和热工理论基础》（上海机械学院钟声玉、哈尔滨工业大学王克光主编，机械工业出版社 1980 年 3 月北京第一版），封二、版权页、第 53 页~第 56 页、第 60 页，证明①气体压力测量时忽略不计位能差（Z_1-Z_2），即 $Z_1-Z_2=0$ 是本技术领域内的公知常识；②总能量损失和总水头损失、阻力消耗能表示的是同一个含义，$hw=\xi\frac{V_2^2}{2g}$这也是本技术领域内的公知常识；

（7）《化工测量及仪表》（华东石油学院等合编、范玉久主编，化学工业出版社 1981 年 7 月北京第一版），封二、版权页、第 31 页；

（8）《气压传动及控制》（东北工学院郑洪生主编，机械工业出版社 1988 年 6 月北京第二版），封二、版权页、第 11 页~第 12 页；

（9）《流化催化裂化》（陆庆云主编、朱吉人审订，烃加工出版社 1989 年 8 月北京第一版），第 382 页~383 页；

（10）第 200420026876.5 号“补偿式风压测量防堵吹扫装置”实用新型专利说明书；

（11）电力规划设计总院文件电规发电［2004］237 号补偿式风压测量防堵吹扫装置科技成果技术评审证书函及证书；

（12）用户应用情况表；

（13）压力测量防堵装置使用报告；

（14）防堵装置使用情况；

（15）本申请实例实物。

上述证据已随案移送本院。经审查，复审委提交的证据 1~4、谢心良提交的证据 2 来源及提交合法，内容真实，能够证明本案复审期间谢心良的相关意见、复审委的审查程序以及相关事实；谢心良在诉讼期间补充提交的证据 5~9 为该技术领域的公知常识，其内容与本案争议事实具有关联性，提交程序合法；谢心良提交的证据 1 的真实性无法确认，证据 3、4、10、11 与本案无关，证据 12~15 在复审期间未提交，不能作为本案的审查依据。据此，本院同意一审法院对上述证据的确认。

经审理查明，本申请系由谢心良于 1999 年 12 月 6 日向国知局提出的名称为“压力测量防堵塞方法及装置”的发明专利申请，国知局于当日向谢心良发出《专利申请受理通知书》，专利申请号为 99125568.2，确认本申请说明书为 1 页。但本申请《发明专利请求书》中说明书页数处有涂改。本申请公开日为 2000 年 5 月 10 日。

国知局经审查，于 2002 年 2 月 1 日向谢心良发出第一次审查意见通知书，指出本申请的说明书仅有 1 页，其中没有记载采取怎样的具体手段使得取样孔处的测量压力与炉 1 的内压力相等，从而解决本申请所要解决的技术问题，因此说明书公开不充分，不符合《专利法》第二十六条第三款的规定；权利要求 1~6 没有以说明书为依据，不符合《专利法》第二十六条第四款的规定。谢心良于 2002 年 2 月 7 日提交了补正书以及说明书第 2 页。

国知局于 2002 年 7 月 12 日发出第二次审查意见通知书，指出：说明书补正页的内容在原说明书和权利要求书中没有记载，超出了原说明书和权利要求书记载的范围，不符合《专利法》第三十三条的规定，不能被接受，因此第二次审查意见通知书仍针对原始申请文件（即申请日提交的权利要求第 1~6 项、说明书文字部分第 1 页、附图第 1 页、摘要和摘要附图）进行审查；说明书不符合《专利法》第二十六条第三款的规定，权利要求 1~6 不符合《专利法》第二十六条第四款的规定，具体理由与第一次审查意见通知书相同。谢心良于2002年8月15日提交了意见陈述书，认为第二次审查意见通知书所述内容和意见是由于说明书缺页造成的，由于说明书只有1页，不能充分支持专利申请，并称说明书缺页，国知局有责任。

2003年1月17日，国知局以本申请说明书的修改不符合《专利法》第三十三条、说明书不符合《专利法》第二十六条第三款、权利要求1~6不符合《专利法》第二十六条第四款的规定为由驳回了本申请。驳回决定认为：（1）谢心良提交的说明书补正页中的公式推导过程和具体实施方式在申请日提交的原说明书和权利要求书中没有记载，因此，说明书的修改不符合《专利法》第三十三条的规定；（2）本申请所要解决的技术问题是：提供了一种运行可靠、调整方便、测量精度极高、不堵塞的压力测量系统方法和装置，说明书第1页的技术内容没有公开具体如何调整气体的通过截面，使得取样孔处的测量压力与炉1的内压力相等，因此，说明书公开不充分，不符合《专利法》第二十六条第三款的规定；（3）权利要求1~6没有以说明书为依据，不符合《专利法》第二十六条第四款的规定；（4）对于本申请，国知局于1999年12月6日发出的专利申请受理通知书中已明确写明："经核实确认国家知识产权局专利局收到如下文件：说明书每份页数：1. 份数：2"，谢心良对此并未提出异议，说明其在申请日提交的说明书只有1页，因此，谢心良在意见陈述书中指出的"说明书缺页，国知局有责任"不能被接受。

谢心良不服上述驳回决定，于2003年7月2日向复审委提出复审请求。谢心良认为：（1）其提交的申请文件中的说明书每份2页是事实；（2）其由于疏忽而没有发现在该通知书中将说明书写成每份1页的笔误，导致没有及时更正，国知局以此断定其在申请日提交的说明书只有1页、不准其把丢失的一页说明书补上、还以说明书对发明公开的不充分、说明的不清楚、不完整为由驳回其申请显失公正和客观。

复审委受理了该复审请求，国知局实质审查部门在前置审查中坚持原驳回决定。复审委于2004年9月10日发出第一次复审通知书，指出：

（1）谢心良无法证明申请日递交给专利局的说明书有两页；

（2）发明专利请求书第（14）栏、第（16）栏所标注的说明书页数是谢心良自己所写，由此也无法证明递交给专利局的说明书就是两页；

（3）受理通知书表明专利局收到了谢心良递交的申请文件，并核实了收到文件的份数及页数，由该受理通知书可知专利局收到的说明书每份一页；发明专利初步审查合格通知书表明该申请通过了审查指南第一章第1节规定的初步审查的相关要求，而这样的审查是在谢心良递交的申请文件的基础上进行的，由该初步审查合格通知书也无法确定谢心良于申请日递交的说明书包括两页；

（4）尽管从本申请说明书的内容可以看出说明书应当不止一页，但是由于谢心良在申请日仅仅递交了一页，所造成的说明书缺页这一缺陷是无法弥补的；

（5）由于申请日递交的说明书仅有第一页，因此存在说明书公开不充分及权利要求1~6得不到说明书支持的缺陷，而上述缺陷是无法补救的，否则将造成修改不符合《专利法》第三十三条的规定。

针对该审查意见通知书，谢心良于2004年10月9日提交了意见陈述书，坚持其于申请日递交的说明书有两页。2005年4月15日，谢心良提交了第二份意见陈述书和权利要求书、说明书、说明书附图、说明书摘要的全文修改替换页，以及：

附件1、高等教育出版社出版并于2003年9月印刷的《流体力学（1）》的复印件共4页；

附件2、高等教育出版社于1986年11月出版并于2003年6月印刷的《流体力学（第二版）》的复印件共13页。

谢心良认为，（1）修改后的申请文件没有超出原始申请文件记载的范围，并能够从原申请公开的信息中直接且毫无疑义地导出，符合《专利法》第三十三条的规定；（2）附件1第119~120页记载了沿程损失hf、局部能量损失hj和整个管道的总能量损失hw，其分别表示为 $hw=\lambda\frac{L}{d}\frac{V^2}{2g}$；$hj=\times\frac{V^2}{2g}$；$hw=\sum hf+\sum hj$，式中：λ为沿程损失系数，ζ为局部阻力系数，二者均为零量纲系数，由实验确定，L为管道长度，d为管道内径；附件2第293页也记载了总水头损失hf，其表示为 $hf=(\times_e+\sum\times)\frac{V^2}{2g}=\xi\frac{V^2}{2g}$，式中 $\zeta=\times_e+\sum\times$，称为管路的总阻力系数。根据以上公知常识，可以认定本申请的“管路阻力系数ξ”和“阻力消耗能”就是本领域通常意义上的“总阻力系数”和“总水头（能量）损失”，本领域的技术人员可以相信，在本发明中，通过实验确定了管路阻力系数ξ，以长度作为量纲的阻力消耗能应被定义为 $hw=\xi\frac{V_2^2}{2g}$，此外，在本申请中，Z_1 与 Z_2 之间的高度差是可以忽略为零的，因此根据伯努利方程式，在忽略高度差即 $Z_1-Z_2=0$ 且 $hw=\frac{V_2^2}{2g}$ 的情况下，可以得出测量引出管内端通至炉内的截面Ⅱ-Ⅱ处的压力 P_1 = 取样孔处的截面I-I的压力 P_1，可见，通过检测取样孔的截面I-I处（测量取样点）的压力，就能得到测量引出管的截面Ⅱ-Ⅱ处的压力，即，通过检测测量取样点的压力，就能够得到炉内的压力，因此本申请符合《专利法》第二十六条第三款的规定；（3）修改后的权利要求1~9记载的技术方案在修改后的说明书中均有记载，符合《专利法》第二十六条第四款的规定。

2005年12月31日，谢心良提交了第三份意见陈述书和权利要求书、说明书、说明书摘要的全文修改替换页，以及附件3：化学工业出版社于1981年7月出版印刷的《化工测量及仪表》的复印件共5页。谢心良认为：（1）此次修改是将2005年4月15日修改的权利要求2的技术特征补充到权利要求1中，并对说明书的发明内容部分进行了适应性修改，对申请文件的修改符合《专利法》第三十三条的规定；（2）如果缺失的第2页不能作为本申请原始披露内容的一部分，则该第2页中记载的内容同样也不能够作为用来判断说明书是否充分公开的依据；（3）本申请说明书第1页第2段介绍了现有技术中存在的问题，正如附件3第31页第6~22和图1~11所介绍的，现有技术中普遍采用的是差压法以反吹气方式来测量，需要连续通入气体以防止灰尘颗粒溅入堵塞，但会引起测试误差，而通过本申请则克服了这一缺陷。根据说明书的记载，通过改变变径调节取样阀的取样孔处的气体通过截面，使流经取样孔的截面I-I处的气体流速 v_1 和流经测量引出管内端的截面Ⅱ-Ⅱ处的气体流速 v_1 满足 $V_1=V_2\sqrt{1+\xi}$ 那么根据伯努利方程式，在 $Z_1-Z_2=0$ 且 $hw=\xi\frac{V_2^2}{2g}$ 的情况下，可以得出 $P_2=P_1$，即通过检测测量取样点的压力，就能够得到炉内的压力，可见本申请符合《专利法》第二十六条第三款的规定；（4）此次修改的权利要求1~8所记载的技术方案在此次修改的说明书中均有相应的记载，符合《专利法》第二十六条第四款的规定。

复审委于2007年3月7日发出第二次复审通知书，指出：（1）2005年12月31日提交的权利要求1~3、5~7，以及说明书第2页第25行、第4页第5段、第6段的修改超出了原说明书和权利要求书记载的范围，因此修改后的申请文件不符合《专利法》第三十三条的规定；（2）说明书第3页记载只要满足 $V_1=V_2\sqrt{1+\xi}$，P_1 就等于 P_2，但说明书中没有阐述该关系式的由来，而该关系式也不是所属技术领域的技术人员能够从现有技术直接、唯一地得出的有关内容；此外，尽管说

明书中将 $V_1 = V_2\sqrt{1+\xi}$ 代入伯努利方程进行了推导，但最终得出的方程式是 $P_2 - P_1 = \left(\frac{V_2^2 \cdot \xi}{2g}+Z_1-Z_2-hw\right)\cdot \gamma$，而不是 $P_2-P_1=0$，并且由于说明书中未记载 $Z_1-Z_2=0$ 且 $hw=\xi\frac{V_2^2}{2g}$，因此最终不能得出 $P_2=P_1$，也就是说不能解决本申请所要解决的技术问题，因此说明书不符合《专利法》第二十六条第三款的规定。

针对该审查意见通知书，谢心良于 2007 年 6 月 22 日第四次提交了意见陈述书以及权利要求书、说明书、说明书附图、说明书摘要的全文修改替换页。谢心良认为：（1）权利要求书、说明书的修改符合《专利法》第三十三条的规定；（2）对于本申请所要求保护的装置而言，按照原始公开文本的记载，任何一个本领域技术人员均可据此制造出这一装置，实现本发明；对于本申请所要保护的测量方法而言，通过改变变径调节取样阀 3 的取样孔 4 处的气体通过截面，使流经变径调节取样阀 3 的取样孔 4 处的截面 I–I 处的气体流速 V_1 以及流经测量引出管内端的截面Ⅱ–Ⅱ处的气体流速 V_2 满足 $V_1=V_2\sqrt{1+\xi}$，截面 I–I 处的压力 P_1 即等于截面 II–II 处的压力 P_2，而不受管路中气体流量的影响；对于确定的管路和流体而言，其管路阻力系数 ξ 为一定值，且可以通过常规实验测得；本申请文件中记载的伯努利方程及此前意见陈述中围绕该方程所做的种种推导和讨论，仅仅是对上述测量方法的一种理论验证，但本领域技术人员都清楚，对于一项机械装置及使用该装置的测量方法发明而言，其是否能够为该领域技术人员实现并不依赖于该发明是否能够得到理论上的验证，即，此前就伯努利方程的所有讨论均只涉及对本发明的补充理论验证，而非对实现本发明的技术手段的描述，对于所属技术领域的技术人员而言，根据修改后的说明书中记载的技术内容，能够准确地理解本发明，并且无须付出创造性的劳动即能够顺利地实现本发明，因此，本申请符合《专利法》第二十六条第三款的规定。

复审委经审查认为，本决定以谢心良于 2007 年 6 月 22 日提交的权利要求第 1~9 项、说明书第 1~4页、说明书附图第 1 页、说明书摘要，申请日提交的摘要附图作为审查文本。

本申请要解决在目前的多尘、易堵塞测量管路如炉床的压力测量中压力测试点及管路极易堵塞同时引起测试误差的技术问题，提供了一种测量精度极高、不堵塞的压力测量系统方法和装置。为此将一个测量引出管的内端通至待测压的炉内，外端连接一个具有取样孔的变径调节取样阀，说明书第 3 页记载，谢心良经过实验发现，只要改变变径调节取样阀的取样孔处的气体通过截面面积，使流经该取样孔截面Ⅰ–Ⅰ处的气体流速 V_1 以及流经测量引出管内端截面Ⅱ–Ⅱ处的气体流速 V_2 满足 $V_1=V_2\sqrt{1+\xi}$，该截面 I–I 处的压力 P_1 即等于截面Ⅱ–Ⅱ处的压力 P_2，而不受管路中气体流量的影响，这样，通过测量取样孔处的压力就得到了炉内的压力，其中，V_1、V_2、ξ 可由已知的任何方法测量得到。但说明书中没有阐述如何根据气体流速 V_1、V_2 的关系式，得到 $P_1=P_2$ 的结论。而本领域技术人员在将 $V_1=V_2\sqrt{1+\xi}$ 代入伯努利方程 $\frac{P_1}{\gamma}+\frac{V_1^2}{2g}=\frac{P_2}{\gamma}+\frac{V_2^2}{2g}+Z_2+hw$ 时，最终得到的是 $P_2-P_1=\left(\frac{V_2^2\cdot\xi}{2g}+Z_1-Z_2-hw\right)\cdot\gamma$，而不是 $P_2-P_1=0$，也就是说，不能证明只要满足 $V_1=V_2\sqrt{1+\xi}$，P_1 就等于 P_2，因此不能证明所测取样孔的压力就是炉内压力。可见，说明书记载的方案不能解决本申请所要解决的技术问题，因此，说明书不符合《专利法》第二十六条第三款的规定。

一个技术方案必然有其理论基础，且其理论基础必然是正确且经得起推敲的，在实践当中，确实也存在考虑到各种因素而忽略该理论基础中的某个或某几个条件，或取其近似结果的情况。本申请的说明书中指出，本申请各参数之间的关系满足伯努利方程，并且经过实验，只要改变变径调节取样阀 3 的取样孔 4 处的气体通过截面面积，使 V_1 和 V_2 满足 $V_1=V_2\sqrt{1+\xi}$ 就可以得到 $P_2-P_1=0$，说明书中并未提及可以忽略某个或某些条件。在现有的说明书的记载中，根据伯努利方程和 $V_1=V_2\sqrt{1+\xi}$，最终得到的是 $P_2-P_1=\left(\frac{V_2^2\cdot\xi}{2g}+Z_1-Z_2-hw\right)\cdot\gamma$，而不是 $P_2-P_1=0$。继续推导发现，为了使 $P_2-P_1=0$，还必须满足 $Z_1-Z_2=0$ 和 $hw=\xi\frac{V_2^2}{2g}$。而在本申请的说明书中，仅提及 ξ 可由已知的任何方法测量得到，却没有记载这两个条件，并且这两个条件不能从说明书记载的内容直接且毫无疑义地确定。谢心良未提供相应的证据证明工程实践当中 $Z_1-Z_2=0$，并且，根据附件 1 仅能知道总能量损失 $hw=\sum hf+\sum hj$（其中，hf 是沿程损失），根据附件 2 仅能知道总水头损失 $hf=\xi\frac{V^2}{2g}$并不能得出本申请的阻力消耗能 $hw=\xi\frac{V_2^2}{2g}$。

本领域的技术人员可以根据本申请的技术方案制造出一种装置，但该装置并不能实现 $P_2=P_1$，因此不能解决本申请要解决的技术问题；对于本申请所要保护的测量方法也是如此，根据本申请说明书记载的技术方案，不能证明截面 I–I 处的压力 P_1 即等于截面Ⅱ－Ⅱ处的压力 P_2；而且，虽然管路阻力系数 ξ 可以通过常规实验测得，但也不能证明本申请的技术方案能够实现 $P_2=P_1$。因此说明书不符合《专利法》第二十六条第三款的规定。

据此，复审委决定维持国知局作出的驳回决定。

本院审理期间，复审委认可一审法院关于本申请中涉及的下述内容为公知常识：（1）因气流的质量较小，在气体流动过程中，位能或者位能的变化一般均忽略不计；（2）总水头损失为沿程能量损失与局部能量损失之和，沿程能量损失可表示为 $hf=\lambda\frac{L}{d}\frac{V^2}{2g}$局部能量损失可表示为 $hw=\times\frac{V_2^2}{2g}$总水头损失（整个管道上的能量损失）可表示为 $hw=\sum_{hf}+\sum_{hj}$总水头损失也可表示为 $hf=(\times_e+\sum\times)\frac{V^2}{2g}=\xi\frac{V^2}{2g}$据此，本领域技术人员应当能理解 $Z_1-Z_2=0$ 和 $hw=\xi\frac{V_2^2}{2g}$。

本院认为，鉴于谢心良对第 11385 号决定适用法律及审查程序没有异议，复审委对一审判决就上述“公知常识”部分内容的确认也予认可，且经本院审查，上述无争议内容的合法性能够被确认，故本院对上述事实的确认不再赘述。

关于本申请发明专利请求书中说明书页数的涂改一节，虽然复审委在答辩中强调认为专利局认定谢心良于申请日提交的申请文件仅为 1 页并无不当，但该委在第 11385 号决定中曾明确该决定针对的审查文本为谢心良于 2007 年 6 月 22 日即复审期间最后一次提交的权利要求第 1～9 项、说明书第 1～4 页、说明书附图第 1 页、说明书摘要，申请日提交的摘要附图，该行为说明复审委已经接纳并认可了谢心良修改/补充文本的行为，从而也表明了复审委未将谢心良提交申请文件页数涂改之争议作为驳回专利申请的事实依据或理由，复审委的上述行为维护了谢心良的相应权利。因此，复审委的上诉意见与其第 11385 号决定中关于申请文件页数涂改问题所采取的处理方式冲突，故，对复审委的该项上诉意见本院不予支持。

虽然一审法院对申请文本页数涂改争议的确认确无必要，但基于复审委对一审判决就前述“公知常识”的确认并无异议，故一审法院的该项确认并未影响其判决结果的正确，故本院就谢心良提交申请文本页数涂改之争议以及一审判决是否超出本案审查范围的事实不再给予确认。

综上，一审判决的基本事实清楚，适用法律正确，程序合法，符合《中华人民共和国行政诉讼法》第五十四条第（二）项第 1 目的规定；复审委的上诉主张不能成立，本院不予支持。据此，依据《中华人民共和国行政诉讼法》第六十一条第（一）项的规定，判决如下：

驳回上诉，维持一审判决。

二审案件受理费人民币 100 元，由国家知识产权局专利复审委员会负担（已交纳）。

本判决为终审判决。

审 判 长　郭　宜
审 判 员　张学磊
代理审判员　朱海宏
二〇〇九年六月十九日
书 记 员　程钰玮

123

显示子场图像用的单元及方法

复审请求审查决定（第11409号）

决　　定　　号　第11409号
决　　定　　日　2007年9月3日
发明创造名称　显示子场图像用的单元及方法
国 际 分 类 号　G09G 3/28，G09G 3/34
复 审 请 求 人　皇家菲利浦电子有限公司
申　　请　　号　00802801.X
申　　请　　日　2000年8月21日
优 先 权 日　1999年9月17日
公　　开　　日　2002年2月20日
合 议 组 组 长　杨军艳
主　　审　　员　沈乐平
参　　审　　员　张　曦

法 律 依 据　专利法第26条第4款
决 定 要 点

如果一项权利要求的概括使所属技术领域的普通技术人员有理由怀疑该上位概括所包含的一种或多种下位概念不能解决本发明要解决的技术问题，并达到相同的技术效果，则应当认为该权利要求没有得到说明书支持。

一、案由

本复审请求涉及申请号为00802801.X、名称为“显示子场图像用的单元及方法”的发明专利申请（下称本申请），申请日为2000年8月21日，优先权日为1999年9月17日，申请人为皇家菲利浦电子有限公司。本申请公开时权利要求书包括10项权利要求，其中权利要求1、7、10为独立权利要求。

国家知识产权局实质审查部门依法对本申请进行了实质审查，于2003年3月14日发出第一次审查意见通知书，指出本申请权利要求1、7缺少解决技术问题的必要技术特征，不符合专利法实施细则第21条第2款的规定，申请人应将与“扩展子场期”有关的技术特征及权利要求2~5的附加技术特征补充到权利要求1中，应将与“扩展子场期”有关的技术特征及权利要求5、8、9的附加技术特征补充到权利要求7中；权利要求10中记载的“如权利要求7、8、9中的一个图像显示单元”没有清楚、明确地限定其结构技术特征，不符合专利法实施细则第20条第1款有关权利要求应当清楚的规定。

针对上述审查意见通知书，申请人于2003年7月29日提交了意见陈述书和权利要求书的修改替换页。申请人在意见陈述书中认为：本发明解决当必须通过一个最高有效位的变化来实现两个像素之间的亮度变化时在等离子体显示板和其他子场期驱动显示中出现的问题；在本发明中产生子场期组合的冗余集合以便对于希望的亮度，可以从两个或多个可用的组合中进行选择；扩展的子场期是在最小严格数量的子场期以外的子场期；该特征是公知的并且在权利要求1中被描述成“这些强度值中的至少一个能够由诸子场期的多种组合产生出来”；通过将权利要求2与权利要求1合并可克服第一次审查意见通知书中指出的缺少“怎样选择组合”的问题；权利要求3、5的附加技术特征对本发明不是必须的只是实施例；权利要求7作了与权利要求1类似的修改；修改了权利要求10使其包含显示单元的结构特征。修改后的权利要求书共包括8项权利要求，其中涉及的独立权利要求1、6、8的具体内容如下：

“1. 一种在一个显示器件上以多个子场期显示图像的方法，每个子场期用于由该显示器件输出一个有关的亮度级，其中，图像中包括有多个像素，每个像素具有一个强度值集合中有关的一个强度值，这些强度值中的至少一个能够由诸子场期的多种组合产生出来，该方法包含有步骤：

对一个具体的像素根据其强度值选择一种子场期组合；以及

向该显示器件传送一个所选择之组合的代表信号，用于显示该具体的像素；

其特征在于，对于具体像素的子场期组合的选择，是以对于图像中至少一个其他的像素的子场期组合的选择为基础的，因此，对于具体的像素其子场期组合的选择，要尽可能多地包含有像该至少一个其他像素的子场期组合中那样地相同的一些子场期，并最好与其输出最高亮度级的子场期相同。

……

6. 一种图像显示单元，用于在一个显示器件上以多个子场期显示图像，每个子场期用于由该显示器件输出一个有关的亮度级，其中，图像中包括有多个像素，每个像素具有一个强度值集合中有关的一个强度值，其中，这些强度值中的至少一个能够由诸子场期多种组合方式产生出来，该图像显示单元包含有：

一个选择装置，用于对具体像素选择一个符合于其强度值的一种子场期组合；以及

一个传送装置，用于向显示器件传送一个所选择之子场期组合的代表信号，以显示该具体像素；

其特征在于，选择装置安排成对具体像素之子场期组合的选择，是以对于图像上至少一个其他像素所选择之子场期组合为基础的并且选择装置安排成对于具体的像素其子场期组合的选择，要尽可能多地包含有像该至少一个其他像素之子场期组合中那样地相同的一些子场期，并最好与其输出最高亮度级的子场期相同。

……

8. 一种用于显示图像的图像显示装置，包含有：

一个接收装置，用于接收一个代表该图像的信号；

一个图像显示单元，用于在一个显示器件上以多个子场期显示该图像，每个子场期用于由该显示器件输出一个有关的亮度级，其中，图像中包括有多个像素，每个像素具有一个强度值集合中有关的一个强度值，其中，这些强度值中的至少一个能够由诸子场期多种组合方式产生出来，该图像显示单元包含有：

一个选择装置，用于对具体像素选择一个符合于其强度值的一种子场期组合；以及，

一个传送装置，用于向显示器件传送一个所选择之子场期组合的代表信号，以显示该具体像素；以及，

显示器件，用于显示该图像。”

经过上述实质审查程序后，国家知识产权局实质审查部门以本申请权利要求1、6、8不符合专利法实施细则第21条第2款的规定为由，于2003年9月5日做出了驳回本申请的决定，驳回决定认

为：从权利要求1中记载的“这些强度值中的至少一个能够由诸子场期的多种组合产生出来”中并不能清楚的看出来有关“扩展子场期”的启示；并且基于目前的技术只有选择该具体像素周围的像素的子场期组合为基础才是可实现的，因此修改后的权利要求1中“对于具体像素其子场期组合的选择……相同”这种功能性限定仍是不可接受的。因此权利要求1缺少解决技术问题的必要技术特征，不符合专利法实施细则第21条第2款的规定。权利要求6、8也存在与权利要求1相似的问题，因此也不符合专利法实施细则第21条第2款的规定。

申请人皇家菲利浦电子有限公司（下称复审请求人）不服上述驳回决定，于2003年12月22日向专利复审委员会提出复审请求，其复审请求的理由是：本发明的一个必要技术特征是可以由子场期的两个或多个不同的组合容易地实现一个特定的所希望的亮度，扩展的子场期不是必需的，因为特定的亮度级可以通过不同的子场期的组合来实现，这个特征可以通过适当定义子场期的加权系数来实现，根据该定义，可用的子场期的一些组合将具有复本而一些其他组将不具有复本；并且本领域的普通技术人员知道其必须限定一组子场期的组合来实现将要被显示的图像的像素的强度级，知道子场期可以实现某一特定的亮度级并且知道由各个子场期实现的亮度级别，因此，本领域的普通技术人员知道哪个子场期可以实现比其他子场期实现的更高的亮度级。复审请求人未对本申请进行任何修改。

经形式审查合格后，专利复审委员会依法受理了上述请求，并于2004年2月25日向复审请求人发出了复审请求受理通知书，同时向原审查部门发出前置审查通知书。

原审查部门对该复审请求做出前置审查意见，仍然坚持原驳回决定。

专利复审委员会依法成立合议组，对该复审请求进行审查，于2007年3月14日发出复审通知书，指出：（1）权利要求1记载的内容无法实现每一个像素的强度值都可选择最佳的子场期组合，从而无法实现权利要求1特征部分所记载的“对具体子像素的子场期组合的选择”步骤；另外，如果任意选择一个像素作为“具体像素的子场期组合”的选择基础，则可能由于两像素位置相距遥远不能解决所存在的“赝像”问题；再有，如果一个像素的强度值的组合方式有多种，则对组合方式的选择有赖于判断条件的增加；基于上述三点理由，权利要求1得不到说明书的支持，不符合专利法第26条第4款的规定。（2）权利要求6请求保护一种图像显示单元，该权利要求是与权利要求1对应的产品权利要求，因而基于与评述权利要求1相似的理由，权利要求6不符合专利法第26条第4款的规定。（3）与权利要求6相比，权利要求8中图像显示单元所包含的选择装置少了权利要求6特征部分所记载的技术特征，即权利要求8中图像显示单元的概括比权利要求6更上位，因此类似于评述权利要求6的理由，权利要求8也不符合专利法第26条第4款的规定。

针对上述复审通知书，复审请求人于2007年4月29日提交了意见陈述书和说明书全文以及权利要求书的修改替换页。复审请求人在意见陈述书中认为，扩展的子场期仅仅是一个实施例，其他备选的方案也是可能的；在“其他像素”更加远离具体像素的情况下，降低赝像的效果可能不太显著，但是仍然存在；并解释了权利要求1最后一部分的意思。修改后的权利要求书共包括8项权利要求，涉及的权利要求1、6、8的具体内容如下：

“1. 一种在一个显示器件上以多个子场期显示图像的方法，每个子场期用于由该显示器件输出一个有关的亮度级，其中，图像中包括有多个像素，每个像素具有一个强度值集合中有关的一个强度值，这些强度值中的至少一个能够由诸子场期的多种组合产生出来，该方法包含有步骤：

对一个具体的像素根据其强度值选择一种子场期组合；以及

向该显示器件传送一个所选择之组合的代表信号，用于显示该具体的像素；

其特征在于，对于具体像素的子场期组合的选择，是以对于图像中至少一个其他的像素的子场期组合为基础的，因此，对于具体的像素其子场期组合的选择，要尽可能多地包含有像该至少一个其他像素的子场期组合中那样地相同的一些子场期，并最好与在至少一个其他像素中存在的输出最高亮度级的子场期相同。

……

6. 一种图像显示单元，用于在一个显示器件上以多个子场期显示图像，每个子场期用于由该显示器件输出一个有关的亮度级，其中，图像中包括有多个像素，每个像素具有一个强度值集合中有关的一个强度值，其中，这些强度值中的至少一个能够由诸子场期的多种组合方式产生出来，该图像显示单元包含有：

一个选择装置，用于对具体像素选择一个符合于其强度值的一种子场期组合；以及

一个传送装置，用于向显示器件传送一个所选择之子场期组合的代表信号，以显示该具体像素；

其特征在于，选择装置安排成对具体像素之子场期组合的选择，是以对于图像中至少一个其他像素所选择之子场期组合为基础的并且选择装置安排成对于具体的像素其子场期组合的选择，要尽可能多地包含有像该至少一个其他像素之子场期组合中那样地相同的一些子场期，并最好与在至少一个其他像素中存在的输出最高亮度级的子场期相同。

……

8. 一种用于显示图像的图像显示装置，包含有：

一个接收装置，用于接收一个代表该图像的信号；

一个用于显示图像的显示器件，和

如权利要求 6 所述的一个图像显示单元。”

至此，合议组认为本案事实已经清楚，现依法作出复审决定。

二、决定的理由

1. 关于审查文本

本决定以复审请求人于 2001 年 7 月 13 日进入中国国家阶段时提交的说明书摘要、摘要附图和说明书附图 1~4 页，以及 2007 年 4 月 29 日提交的说明书 1~11 页、权利要求第 1~8 项为基础。

2. 关于专利法第 26 条第 4 款

（1）权利要求 1 不符合专利法第 26 条第 4 款的规定。

根据本申请说明书中的描述以及申请人在实质审查阶段答复第一次审查意见通知书时的陈述，本申请要解决的技术问题是：解决当必须通过一个最高有效位的变化来实现两个像素之间的亮度变化时，在等离子体显示板和其他子场期驱动显示中出现的问题。本申请说明书实施例中披露的解决上述技术问题的方案为：给多个必需的子场期设定不同的加权系数，设置一个不是必需的子场期的扩展子场期，该扩展的子场期的加权系数不同于上述必需的子场期；对于一希望的亮度必需的子场期产生一个确定的子场期的组合，扩展的子场期与部分必需的子场期一起产生子场期组合的冗余集合，以便对于希望的亮度可以从两个可用的组合中进行选择；从说明书第 8 页最后 1 段至第 10 页第 5 段提供了子场期组合的具体选择方法，这些方法中具体子场期组合的选择都不是任意的，例如当当前的子像素使用了最高位的子场期时，在下一个子像素中尽量使用该最高有效位；当当前的子像素没有使用最高有效位的子场期时，在下一个子像素中尽量避免使用最高有效位，以尽可能减少最高有效位的切换次数，避免临界过渡的发生，从而减少赝像的产生。

合议组认为：①根据说明书的记载，本申请中像素的强度值通过选择最佳的子场期组合而确定，以达到减少赝像的目的，这就需要强度值集合中每个强度值都应能够由诸子场期的多种组合产生。权利要求 1 记载的“强度值中的至少一个能够由诸子场期的多种组合产生出来”意味着不是强度值集合中的所有强度值都由诸子场期的多种组合产生出来，而是只有某一个或部分像素的强度值有冗余组

合。在这种情况下，如果一个像素在强度值集合中所对应的有关强度值没有冗余组合，则该像素的强度值无法选择最佳的子场期组合，也无法实现权利要求1特征部分所记载的“对具体子像素的子场期组合的选择”步骤。

②据说明书的记载，相邻像素之间强度值的变化涉及了最高子场期的切换时“赝像”最为显著，本发明所要解决的技术问题也是相邻像素之间的临界过渡造成的赝像，本发明中所述的最高位子场期切换仅涉及相邻像素之间的切换。可见，如果一幅图像中包含了多个像素，在显示平面上相距遥远的两个像素即使其强度值使用及未使用最高位子场期的情况，也可能不会导致“赝像”的产生，并且这种情况不是本申请说明书所涉及的内容，因此，如果按照权利要求1记载的“对于具体像素的子场期组合的选择，以对于图像中至少一个其他的像素的子场期组合的选择为基础”，选择一个像素的子场期组合作为“具体像素的子场期组合”的选择基础而选择任意的其他像素的子场期组合，则可能由于两像素位置相距遥远不能解决所存在的“赝像”问题。

基于以上理由，从说明书公开的内容中无法概括得出权利要求1的技术方案，权利要求1得不到说明书的支持，不符合专利法第26条第4款的规定。

复审请求人在答复复审通知书中陈述到：①并不是对于强度值集合中每个强度值都应能够由诸子场期的多种组合产生，说明书描述的是“这些强度值中的至少一个值能够由诸子场期内的多种组合产生出来”，如在说明书表II的实施例中其他部分所示的，特别是在最高有效位将被切换的强度值周围，重要的是从子场期的不同组合中进行选择；②在“其他像素”更加远离具体像素的情况下，降低赝像的效果可能不太显著，但是仍然存在，另外，例如在图像的大部分上或者对于小显示来讲，图像具有均匀或者类似强度时，赝像降低仍然是显著的。

对于复审请求人的上述陈述，合议组认为：①权利要求1中记载的“这些强度值中的至少一个值能够由诸子场期内的多种组合产生出来”说明只有部分强度值（极端情况下只有一个强度值）能够由子场期的多种组合产生出来，权利要求1中并没有限定能够由多种子场期的多种组合产生出来的强度值是在最高有效位将被切换的强度值周围，因此当在在最高有效位将被切换的强度值周围的强度值没有多种组合可以选择时，将无法实现“子场期组合的选择”；②即使是小尺寸显示器，由于像素（像元）的尺寸相对于显示器而言小得多，也会产生赝像的问题，而赝像是由相邻像素在一定时间内同时显示强度相近的光而造成的，相距遥远的像素强度使用及未使用最高位子场期并不能解决相邻像素的赝像问题，也就是说，根据权利要求1的限定并不能解决本发明所要解决的技术问题。基于上述理由，合议组认为复审请求人的上述陈述不足以证明权利要求1请求保护的技术方案得到了说明书的支持。

（2）权利要求6不符合专利法第26条第4款的规定。

权利要求6请求保护一种图像显示单元，该权利要求是与权利要求1对应的产品权利要求，因而基于与评述权利要求1相似的理由，权利要求6不符合专利法第26条第4款的规定。

（3）权利要求8不符合专利法第26条第4款的规定。

权利要求8请求保护一种用于显示图像的图像显示装置，该图像显示装置中包含了权利要求6的显示单元，因此类似于评述权利要求6的理由，权利要求8也不符合专利法第26条第4款的规定。

综上所述，本专利权利要求1、6、8不符合专利法第26条第4款的规定。

根据上述事实和理由，本案合议组依法做出以下审查决定。

三、决定

维持国家知识产权局于2003年9月5日对00802801. X号发明专利申请作出的驳回决定。

复审请求人对本决定不服的，可以根据专利法第41条第2款的规定，自收到本决定之日起三个月内向北京市第一中级人民法院起诉。

124

多光源照明系统

复审请求审查决定（第11410号）

决　　定　　号　第11410号
决　　定　　日　2007年9月10日
发明创造名称　多光源照明系统
国 际 分 类 号　G02B 27/16，G03B 21/20，G03B 21/28
复 审 请 求 人　台达电子工业股份有限公司
申　　请　　号　02149270.0
申　　请　　日　2002年11月8日
公　　开　　日　2004年5月26日
合 议 组 组 长　张　曦
主　　审　　员　关　刚
参　　审　　员　谢有成

法 律 依 据　专利法第22条第3款
决 定 要 点

如果一项权利要求与对比文件相比，其所要解决的技术问题相同，但所采用的技术方案不同，而现有技术又未给出利用权利要求中的技术方案解决其所要解决的技术问题的技术启示，则该权利要求相对于该对比文件具备创造性。

一、案由

本复审请求涉及申请号为02149270.0、名称为“多光源照明系统”的发明专利申请，申请人为台达电子工业股份有限公司，申请日为2002年11月8日，公开日为2004年5月26日。本申请公开时包括22项权利要求，其中独立权利要求1、12如下：

“1. 一种多光源照明系统，其特征在于包括有：

一分光器，其一侧设有一分光器反射面，另一侧设有一光输出面；以及

二导光装置，是分别配置于该分光器的其余两侧，每一导光装置包括有：

一灯源；以及

一光导管，其于靠近该灯源的一侧设有一端面反射面且于该端面反射面上开设有一入射孔，而该光导管的另一侧则与该分光器相接；

其中该每一灯源所发出的光线会聚于其所对应的光导管的该端面反射面后，经由该入射孔进入该对应的光导管内，再经由该所对应的光导管由其另一侧输出至该分光器中，最后由该分光器的该光输

出面输出。

……

12. 一种多光源照明系统，其特征在于包括有：

一分光器，其中一侧设有一光输出面；以及

三组导光装置，是分别配置于该分光器的其余三侧，每一导光装置包括有：

一灯源；以及

一光导管，其于靠近该灯源的一侧设有一端面反射面且于该端面反射面上开设有一入射孔，而该光导管的另一侧则与该分光器相接；

其中该每一灯源所发出的光线会聚于其所对应的光导管的该端面反射面后，会经由该入射孔进入该对应的光导管内，并经由该所对应的光导管由其另一侧输出至该分光器中，最后由该分光器的该光输出面输出。”

国家知识产权局实质审查部门依法对本申请进行了实质审查，于 2005 年 6 月 3 日发出了第一次审查意见通知书，指出对比文件 1 公开了与本申请最接近的现有技术，本申请的权利要求 1 与对比文件 1 的区别在于“权利要求 1 具有分光器，并且，在灯源和分光器之间还具有光导管”，但是，根据本领域技术人员经验，将对比文件 1 中所公开的分光滤色片作简单变化，制成权利要求 1 的具有反射面的立方体分光器结构是显而易见的，而在发光元件和分光器之间设置光导管属于本领域公知常识，因此权利要求 1 相对于对比文件 1 不具备突出的实质性特点和显著的进步，不具备专利法第 22 条第 3 款规定的创造性。同理，将对比文件 1 结合本领域技术经验作简单改进，即可得到权利要求 12 所保护的多光源照明系统，因此独立权利要求 12 也不具备专利法第 22 条第 3 款规定的创造性。从属权利要求 2~10、13~22 相对于对比文件 1 也不具备专利法第 22 条第 3 款规定的创造性。其中引用的对比文件 1 如下：

对比文件 1：公开号为 CN1300953 A 的发明专利申请公开说明书，其公开日为 2001 年 6 月 27 日。

针对上述审查意见通知书，申请人于 2005 年 10 月 14 日提交了意见陈述书，认为对比文件 1 中公开的分光滤色片是将光线中的特定颜色的光线滤除并将特定颜色的光线予以反射，即对比文件 1 中分光滤色片的作用仅为“分光”，而本申请中分光器具有分光器反射面、两光导管接合面、光输出面四个侧面，是通过光学系统的合光作用以及光线再汇集的原理，将多个光源的光合成一个面输出，即本申请的分光器具有“合光”的作用；另外，本申请的光导管与普通光导管不同，是一端面设有反射面的光导管，因此，本申请权利要求具备专利法第 22 条第 3 款规定的创造性。申请人未对申请文件进行修改。

国家知识产权局实质审查部门在此基础上继续审查，并于 2005 年 12 月 2 日发出第二次审查意见通知书，指出对比文件 1 中的分光滤色片也是一种分光器，本领域技术人员很容易想到将对比文件 1 中的分光滤色片做成本申请中的立方体结构，并在一面设置有反射面的分光器。另外，审查员补充检索到了对比文件 2，对比文件 2 公开了在靠近光源的一端具有一端面，在端面上开有小孔，光源发射的光由小孔入射，并在管内具有一反射面的光导管，审查员认为本领域技术人员为了提高光的利用率，在对比文件 2 的基础上在光导管的一端面上设置反射面是显而易见的。其中引用的对比文件 2 如下：

对比文件 2：公告号为 US6243149 B1 的美国专利说明书，其公开日为 2001 年 6 月 5 日。

针对第二次审查意见通知书，申请人于 2006 年 2 月 15 日提交了意见陈述书，认为对比文件 1 中用于提高亮度的光源模块完全不同于本申请中采用的技术手段；另外，对比文件 2 中公开的光导管也不同于本申请中的光导管；本申请是通过光导管与分光器的配合达到使用较低流明的灯达到更高流明的发光效率。申请人未对申请文件进行修改。

经过上述实质审查程序后，国家知识产权局实质审查部门以本申请权利要求1~22不具备专利法第22条第3条规定的创造性为由，于2006年5月19日做出了驳回本申请的决定。驳回决定所针对的文本是，申请日提交的权利要求第1~22项、说明书第1~8页、附图第1~4页、说明书摘要以及摘要附图。驳回决定中指出，权利要求1与对比文件1的区别在于权利要求1中还具有分光器，并且在光源和分光器之间还具有光导管，而根据本领域技术人员经验，将对比文件1中分光滤色片作简单变化，将其制作成一具有反射面的立方体分光器结构，并替换对比文件1中的光线组合棱镜，即可达到整合发光元件发出的光束的目的，同时，为了对发光元件发出的光束进行整形，并提高利用效率，而在发光元件和分光器之间设置本领域常用的光导管对本领域技术人员是显而易见的。

申请人台达电子工业股份有限公司（下称复审请求人）不服上述驳回决定，于2006年8月24日向专利复审委员会提出复审请求。复审请求人认为，权利要求1具有分光器，以及光源与分光器之间的光导管，分光器的分光面和反射面以及光导管的端面反射面共同作用，起到合光、提高光输出率的效果；而对比文件1中的分光滤色片所起的作用是分光，没有给出分光滤色片可以用来合光的技术启示，也没有给出可以将分光滤色片制成立体结构用来合光的技术启示；另外，光导管除了起到通常的导光作用外，重要的是与分光器配合，将光反射至分光器内，所以分光器与光导管在功能上是彼此支持的，而非简单的组合，并且达到了提高光输出率，更好合光的技术效果。复审请求人未对申请文件进行修改。

经形式审查合格后，专利复审委员会依法受理了上述请求，并于2006年9月21日向复审请求人发出了复审请求受理通知书，同时向原审查部门发出前置审查通知书。

原审查部门对本复审请求做出前置审查意见，仍然坚持原驳回决定。

专利复审委员会依法成立合议组对本复审请求案进行审理。本案合议组在仔细审阅了全部案卷后，认为本案事实已经清楚，现依法作出复审决定。

二、决定的理由

1. 关于审查文本

由于复审请求人在提出复审请求时未对申请文件进行修改，因此，本复审请求审查决定所针对的审查文本与驳回决定所针对的文本相同，即申请日提交的权利要求第1~22项、说明书第1~8页、附图第1~4页、说明书摘要、摘要附图。

2. 关于专利法第22条第3款

专利法第22条第3款规定：创造性，是指同申请日以前已有的技术相比，该发明有突出的实质性特点和显著的进步，该实用新型有实质性特点和进步。

如果一项权利要求与对比文件相比，其所要解决的技术问题相同，但所采用的技术方案不同，而现有技术又未给出利用权利要求中的技术方案解决其所要解决的技术问题的技术启示，则该权利要求相对于该对比文件具备创造性。

本申请涉及一种多光源照明系统，其所要解决的技术问题是：单光源系统的投影机为获得高输出流明数需要大功率灯泡，而大功率灯泡存在寿命低、发光效率低、零件成本高。本申请权利要求1请求保护一种多光源照明系统，其特征在于包括有：（1）一分光器，其一侧设有一分光器反射面，另一侧设有一光输出面；以及（2）二导光装置，是分别配置于该分光器的其余两侧，每一导光装置包括有：（3）一灯源；以及（4）一光导管，其于靠近该灯源的一侧设有一端面反射面且于该端面反射面上开设有一入射孔，而该光导管的另一侧则与该分光器相接；（5）其中该每一灯源所发出的光线会聚于其所对应的光导管的该端面反射面后，经由该入射孔进入该对应的光导管内，再经由该所对应的光导管由其另一侧输出至该分光器中，最后由该分光器的该光输出面输出。

对比文件1（CN1300953 A）公开了一种具有双灯结构的液晶投影机，其所要解决的技术问题是，液晶投影机中采用单一发光元件光源亮度有限，不能满足将图像投射在面积较大且距离较远的屏幕上的需要。其中具体公开了如下技术特征（参见对比文件1说明书第4页第23行至第5页第21行，图3、4）：一种具有双灯结构的液晶投影机，包括一光源模块和一光学模块，所述光学模块包括多组分光滤色片、多组反射镜、多组液晶面板、一混色器以及一投射透镜；所述光源模块包括两发光元件、包括前端透镜阵列和后端透镜阵列的透镜阵列组、配置于前端透镜阵列和后端透镜阵列之间以将发光元件发出的光线折射到后端透镜阵列的棱镜或反射镜，以及聚光镜。

经审查，对比文件1和权利要求1技术领域相同，所要解决的技术问题也相同，都是为了解决投影机中单光源系统亮度不足的技术问题，而采用多光源照明系统。权利要求1中的多光源照明系统是由包括光源和光导管的导光装置，以及分光器构成，通过两个光导管与分光器之间定义好的角度连接，以及光导管上的端面反射面和分光器中的反射面和分光面，将多个光源的光限制在光导管和分光器中，使两个光导管中的光线直接或通过多次反射最终从分光器的一个光输出面输出，从而达到使来自不同光源的光束合光，提高光输出效率的作用。对比文件1的双灯结构的液晶投影机中的光源模块（即照明系统），是由发光元件，邻近发光元件的前端透镜阵列和距离发光元件预定距离的后端透镜阵列，以及配置于前端透镜阵列和后端透镜阵列之间以将光线折射到后端透镜阵列的反射镜或棱镜组成，其中反射镜和棱镜的作用是将多个发光元件的光折射为朝向同一方向传输。由此可见，对比文件1没有公开权利要求1中的（1）分光器、（4）光导管，以及（5）光导管与分光器之间配合的结构关系的技术特征。

合议组认为，对比文件1中分光滤色片120、140是用于将光束中不同颜色的光分离的，其是用于实现投射作用的光学模块中的，而不是用于作为光源的光源模块中，其所起的作用与权利要求1中的分光器不同，权利要求1中的分光器不仅具有分光的作用，还配置有与光导管中的端面反射面配合的反射面、光输出面，其与两个光导管以一定的结构配置，使得两个光源发出的光通过一系列的透射反射最终从一个光输出面输出，从而提高了输出光的亮度。由于对比文件1的分光滤色片与权利要求1中的分光器所起的作用不同，其结构和功能也不同，对于本领域技术人员而言，不存在将对比文件1中用于将不同颜色的光分离的分光滤色片制作成本申请权利要求1中用于“合光”的分光器的技术启示；另外，本申请权利要求1中的光导管在靠近光源的一侧设有端面反射面并且于该端面反射面上开设有一入射孔，对比文件1中没有公开光导管，也没有证据证明权利要求1中所采用的在光源一端有端面反射面并在端面反射面上开设入射孔的光导管是本领域公知的。本申请权利要求1的技术方案是利用光导管和分光器中的反射面配合，限制光束从一个光输出面输出，从而达到利用低功率灯泡输出流明数高的光的技术效果，即本申请权利要求1中限定了两个光导管与分光器之间配合的结构关系。对比文件1没有公开本申请权利要求1中的分光器、光导管，也不存在将两个光导管的端面反射面与分光器的反射面和分光面的配合以实现两个光源的光从一个输出面输出，进而提高输出光的亮度的技术启示。由上所述，对比文件1没有公开本申请权利要求1中的分光器、光导管，以及光导管与分光器之间配合的结构关系，也不存在如何得到本申请权利要求1中的分光器、光导管，以及利用光导管与分光器之间配合的结构关系以达到提高输出光流明数的技术启示。因此本申请权利要求1相对于对比文件1具备突出的实质性特点和显著的进步，具备专利法第22条第3款规定的创造性。

驳回决定中指出：（1）根据本领域技术人员经验，将对比文件1中分光滤色片作简单变化，将其制作成一具有反射面的立方体分光器结构，并替换光线组合棱镜，即可达到整合发光元件L1、L2发出的光束的目的；（2）同时，为了对发光元件发出的光束进行整形，并提高光利用效率，而在发光元件和分光器之间设置本领域常用的光导管，这些都是显而易见的。

合议组认为：对比文件 1 中的分光滤色片仅仅包括分光面，其作用是将光束中不同颜色的光分离，而本申请权利要求 1 中的分光器是包括分光面、反射面、光输出面的立体结构，其除了分光面的分光作用外，还通过反射面与光导管的反射面配合，使来自多个光源的光最终从一个输出面输出，即本申请权利要求 1 中的分光器除分光面的分光作用外，整体上起着合光的作用。因此，对于本领域技术人员来说，要将对比文件 1 中仅用作分光的分光滤色片制作成的整体上起着合光的作用的立方体分光器并非显而易见的。另外，本申请权利要求 1 中的光导管在靠近光源的一侧设有端面反射面并且于该端面反射面上开设有一入射孔，即本申请权利要求 1 中的光导管是由特殊结构和功能的光导管，并非本领域常用的公知光导管。因此对比文件 1 没有给出如何得到本申请权利要求 1 的分光器和光导管的技术启示，更没有给出光导管和分光器之间配合的技术启示。

同样，独立权利要求 12 请求保护一种多光源照明系统，其为配置了三个灯源的技术方案，该技术方案中包括与独立权利要求 1 相同的分光器、光导管，并且也限定了分光器和光导管间配合的结构关系。根据与上述评价权利要求 1 创造性时相同的理由，对比文件 1 未公开分光器、光导管、以及分光器和光导管间配合的结构关系，也未给出将上述技术特征应用到对比文件 1 解决以低功率灯泡产生高流明数的输出光的技术问题的技术启示，因此，独立权利要求 12 相对于对比文件 1 具备专利法第 22 条第 3 款规定的创造性。

另外在第二次审查意见通知书中引用了对比文件 2（US6243149 B），指出对比文件 2 公开了本发明中的光导管。对比文件 2 公开了一种利用液晶显示装置成像的方法，其中公开了如下技术特征（参见对比文件 2 说明书第 17 栏第 27~41 行，图 19）：显示系统 300 包括光导管 330，其靠近光源一端具有遮光板 320，遮光板 320 上具有孔 324，光束通过孔 324 进入光导管 330 并从另一端 340 出射。对比文件 2 仅仅公开了用于传输光的光导管 330，而没有公开光导管的入射侧具有反射面，更没有给出光导管的反射面与分光器的反射面和分光面如何配合以提高输出光的流明数的技术启示。

本申请的权利要求 2~11、13~22 分别是对独立权利要求 1、12 进一步限定的从属权利要求，当权利要求 1、12 具备创造性时，权利要求 2~11、13~22 也具有专利法第 22 条第 3 款规定的创造性。

根据上述事实和理由，本案合议组依法做出以下审查决定。

三、决定

撤销国家知识产权局于 2006 年 5 月 19 日对 02149270.0 号发明专利申请作出的驳回决定，由原审查部门以本决定所依据的文本，即申请日提交的权利要求第 1~22 项、说明书第 1~8 页、附图第 1~4页、说明书摘要、摘要附图作为审查基础继续进行审查程序。

复审请求人对本决定不服的，可以根据专利法第 41 条第 2 款的规定，自收到本决定之日起三个月内向北京市第一中级人民法院起诉。

125

切块方法、防护玻璃、液晶板、液晶投影仪、摄像装置及数字图像识别装置

复审请求审查决定（第11422号）

决　定　号 第11422号
决　定　日 2007年9月4日
发明创造名称 切块方法、防护玻璃、液晶板、液晶投影仪、摄像装置及数字图像识别装置
国 际 分 类 号 C03B 33/02，B28D 5/00，H01L 21/304，G02F 1/133，G02B 27/18，H04N 5/335
复 审 请 求 人 精工爱普生株式会社
申　请　号 200310101522.2
申　请　日 2003年10月1日
公　开　日 2004年5月19日
合 议 组 组 长 李广峰
主　审　员 董晓静
参　审　员 刘　犟

法 律 依 据 专利法第26条第4款
决 定 要 点
如果所属技术领域的技术人员可以合理预测说明书给出的实施方式的所有等同替代方式或明显变型方式都能解决发明要解决的技术问题，并达到相同的技术效果，则应当允许申请人将权利要求的保护范围概括至覆盖其所有的等同替代或明显变型的方式。

一、案由

本复审请求案涉及发明名称为“切块方法、防护玻璃、液晶板、液晶投影仪、摄像装置及数字图像识别装置”的200310101522.2号发明专利申请（下称本申请），申请人为精工爱普生株式会社，申请日为2003年10月1日，公开日为2004年5月19日。

国家知识产权局实质审查部门对本申请进行了实质审查，于2005年4月15日发出第一次审查意见通知书，指出权利要求1记载的上位概念“底基板”概括了较宽的保护范围，所属技术领域的技术人员难于预见到该上位概念概括的所有方式均能达到发明目的，因此权利要求1不符合专利法第26条第4款的规定，并指出申请人应当将“底基板”具体限定为“厚度为0.5~2.0毫米的玻璃基板”。

针对上述第一次审查意见通知书，申请人于2005年7月19日提交了意见陈述及修改后的说明书

第 1 页的替换页。申请人在意见陈述书中引用说明书第 16 页记载的“可以根据玻璃基板的用途来设定合适的厚度”和“本发明的切块方法可以应用于对半导体电路进行集成的半导体晶片”，认为本发明并不局限于切割厚度为 0.5~2.0 毫米的玻璃基板，没有必要在独立权利要求中将“底基板”限定为“厚度为 0.5~2.0 毫米的玻璃基板”。

2005 年 12 月 2 日，国家知识产权局实质审查部门针对申请人于申请日提交的权利要求 1~13、说明书第 2~16 页、附图第 1~14 页、摘要和摘要附图以及 2005 年 7 月 19 日提交的说明书第 1 页，驳回了本申请。驳回决定针对的权利要求书为：

“1. 一种切块方法，其特征是，包括：中间切块工序，在底基板的一面侧沿着规定的切割线设置深度小于所述底基板厚度的中间切块槽，同时在中间切块槽的开口部的两侧设置倾斜面；粘贴工序，在所述底基板形成所述中间切块槽的一面上粘贴胶带；和分割切块工序，在所述底基板的形成所述中间切块槽的相反面上，沿着所述中间切块槽形成到达所述中间切块槽的切断切块槽，沿着所述切割线分割所述底基板。

2. 如权利要求 1 所述的切块方法，其特征是，在所述中间切块工序，在底基板的一面侧沿着规定的切割线形成两侧具有倾斜面的锥形槽后，通过设置中间切块槽，在中间切块槽的开口部的两侧设置倾斜面。

3. 一种切块方法，其特征是，包括：中间切块工序，在底基板的一面侧沿着规定的切割线设置深度小于所述底基板厚度的中间切块槽；粘贴工序，在所述底基板形成所述中间切块槽的一面上粘贴胶带；锥形槽形成工序，在形成所述中间切块槽的相反面上，沿着所述中间切块槽设置两侧具有倾斜面的锥形槽；和分割切块工序，沿着所述锥形槽的大致中心，形成宽度比所述锥形槽窄并且到达所述中间切块槽的切断切块槽，沿着所述切割线分割所述底基板。

4. 如权利要求 1~3 中任一项所述的切块方法，其特征是，在所述中间切块工序之前，具有如下第 1 粘贴工序：在用于把所述底基板固定在切块装置上的框状夹具的一方开口上粘贴第 1 胶带，同时把所述底基板的另一面侧固定粘接在所述第 1 胶带上，中间切块工序之后的所述粘贴工序成为第 2 粘贴工序，在该第 2 粘贴工序，横跨所述夹具的另一方开口，粘贴所述胶带即第 2 胶带，同时在形成所述中间切块槽的面上粘贴第 2 胶带，剥离所述第 1 胶带。

5. 如权利要求 1~4 中任一项所述的切块方法，其特征是，所述底基板是玻璃基板。

6. 如权利要求 5 所述的切块方法，其特征是，所述玻璃基板的厚度大于等于 0.5mm 小于等于 2.0mm。

7. 如权利要求 5 或 6 所述的切块方法，其特征是，在所述玻璃基板设有所述中间切块槽的一面上设置有防反射膜。

8. 如权利要求 7 所述的切块方法，其特征是，包括如下检测工序：在中间切块工序之后的所述粘贴工序之后，向粘贴有所述胶带的玻璃基板照射光，根据玻璃基板的反射光或透射光检测所述中间切块槽的位置。

9. 一种防护玻璃，其特征是，使用权利要求 1~8 中任一项所述的切块方法加工而成。

10. 一种液晶板，在一对基板间密封有电光学物质，其特征是，在所述基板上安装有权利要求 9 所述的防护玻璃。

11. 一种液晶投影仪，其特征是，使用了权利要求 10 所述的液晶板。

12. 一种固体摄像装置，其特征是，具有：形成有开口的壳体；容纳在该壳体内的固体摄像元件；和权利要求 9 所述的防护玻璃，该防护玻璃与该固体摄像元件相对配置，用于堵塞所述壳体的开口。

13. 一种数字图像识别装置，其特征是，具有权利要求 12 所述的固体摄像装置。”

驳回决定认为，“本申请的独立权利要求（包括 1 和 3；9~13 是相应的用途权利要求）记载的切块方法没有限定为玻璃基板，也就是说，在独立权利要求 1 和 3 及其从属权利要求中记载的方法可以用于任何材质的基板，这显然得不到说明书的支持，因此不符合专利法第 26 条第 4 款的规定，这是其一。其二是申请文件中‘根据玻璃基板的用途来设定适合的厚度’，其意是指在 0.5~2.0 毫米的范围内。在申请文件中（参见说明书第 5 页第 9~11 行），特别是在第 1~3 实施方案中都是在上述的厚度范围内。所以申请人将上述独立权利要求的基板的厚度扩大到上述范围以外的任意厚度，显然得不到说明书的支持，不符合专利法第 26 条第 4 款的规定”。

申请人（下称请求人）不服上述驳回决定，于 2006 年 3 月 3 日向专利复审委员会提出复审请求，请求人在提出复审请求时对权利要求书进行了修改，修改方式是将权利要求书中的“底基板”全部修改为“玻璃基板”，删除了权利要求 5，并相应调整了原权利要求 6~13 的权利要求编号和所引用权利要求的编号。

请求人认为，（1）本申请的发明目的是提供一种不受切块刀片刀刃的磨损影响，有效防止崩边的切块方法，其实现是通过设置中间切块槽，并在中间切块槽或与其相对的锥形槽两侧设置倒角（参见说明书第 4 页第 10~16 行），新修改的独立权利要求 1 已经记载了实现本申请基本目的的技术特征；（2）本申请说明书多次提到玻璃基板厚度不限于 0.5~2.0mm，可根据用途设定合适厚度（参见说明书第 16 页第 3~5 行）；（3）所述基板的厚度范围是为了在玻璃基板用作光学元件的防护玻璃时，防止上面附着的尘埃离焦（参见说明书第 5 页第 9~13 行，第 12 页第 12~15 行），与防止崩边的发明目的没有直接关系，只是从玻璃光学性能角度考虑而进行的设置，那么当用于其他用途的基板时无需设定在上述厚度范围内，本领域技术人员完全可以根据实际应用决定基板厚度。

经形式审查合格后，专利复审委员会受理了该请求，并于 2006 年 4 月 25 日向请求人发出了复审请求受理通知书，向国家知识产权局原审查部门发出了前置审查通知书，同时将本案案卷转送至国家知识产权局原审查部门进行前置审查。

原审查部门进行了前置审查，在前置审查意见书中指出说明书第 16 页第 3~5 行的表述是“上述各实施方式的玻璃基板厚度大于等于 0.5 毫米小于等于 2.0 毫米，但并限定于该范围，可以根据玻璃基板的用途来设定合适的厚度”，因此本申请请求保护的方法只适用于该厚度范围内的玻璃基板，没有任何证据表明可用于上述厚度范围外的玻璃基板，故坚持驳回决定。

专利复审委员会依法组成合议组，对本复审请求案进行了审理。

合议组于 2007 年 4 月 9 日发出复审通知书，指出：（1）权利要求 8 请求保护权利要求 1~7 所述切块方法加工而成的防护玻璃，其中权利要求 1~4 所述的切块方法对防护玻璃的厚度没有任何限制，导致权利要求 8 概括了较宽的保护范围，而说明书对防护玻璃的描述是（参见说明书第 5 页第 10~13 行）“把玻璃基板的厚度设为大于等于 0.5mm 小于等于 2.0mm，在把玻璃基板用作安装于光学元件上的防护玻璃时，可以使附着在防护玻璃上的尘埃等离焦。即，可以实现不破坏光学原件的光学特性的防护玻璃”，未记载其他厚度的玻璃基板也可以用作防护玻璃，所属技术领域的技术人员据此记载也难以预测其他厚度的玻璃都可以用作防护玻璃并实现使尘埃离焦的效果，因此权利要求 8 不符合专利法第 26 条第 4 款的规定；（2）在权利要求 8 不符合专利法第 26 条第 4 款规定的基础上，分别请求保护安装了权利要求 8 所述防护玻璃的液晶板、液晶投影仪、固体摄像装置和数字图像识别装置的权利要求 9~12 也不符合专利法第 26 条第 4 款的规定。

2007 年 5 月 18 日，请求人提交了意见陈述书和修改的权利要求书。其修改方式是将权利要求 8 修改为仅引用权利要求 5~7。修改后的权利要求书为：

“1. 一种切块方法，其特征是，包括：中间切块工序，在玻璃基板的一面侧沿着规定的切割线设置深度小于所述玻璃基板厚度的中间切块槽，同时在中间切块槽的开口部的两侧设置倾斜面；粘贴工序，在所述玻璃基板形成所述中间切块槽的一面上粘贴胶带；和分割切块工序，在所述玻璃基板的形成所述中间切块槽的相反面上，沿着所述中间切块槽形成到达所述中间切块槽的切断切块槽，沿着所述切割线分割所述玻璃基板。

2. 如权利要求 1 所述的切块方法，其特征是，在所述中间切块工序，在玻璃基板的一面侧沿着规定的切割线形成两侧具有倾斜面的锥形槽后，通过设置中间切块槽，在中间切块槽的开口部的两侧设置倾斜面。

3. 一种切块方法，其特征是，包括：中间切块工序，在玻璃基板的一面侧沿着规定的切割线设置深度小于所述玻璃基板厚度的中间切块槽；粘贴工序，在所述玻璃基板形成所述中间切块槽的一面上粘贴胶带；锥形槽形成工序，在形成所述中间切块槽的相反面上，沿着所述中间切块槽设置两侧具有倾斜面的锥形槽；和分割切块工序，沿着所述锥形槽的大致中心，形成宽度比所述锥形槽窄并且到达所述中间切块槽的切断切块槽，沿着所述切割线分割所述玻璃基板。

4. 如权利要求 1~3 中任一项所述的切块方法，其特征是，在所述中间切块工序之前，具有如下第 1 粘贴工序：在用于把所述玻璃基板固定在切块装置上的框状夹具的一方开口上粘贴第 1 胶带，同时把所述玻璃基板的另一面侧固定粘接在所述第 1 胶带上，中间切块工序之后的所述粘贴工序成为第 2 粘贴工序，在该第 2 粘贴工序，横跨所述夹具的另一方开口，粘贴所述胶带即第 2 胶带，同时在形成所述中间切块槽的面上粘贴第 2 胶带，剥离所述第 1 胶带。

5. 如权利要求 1~4 所述的切块方法，其特征是，所述玻璃基板的厚度大于等于 0.5mm 小于等于 2.0mm。

6. 如权利要求 5 所述的切块方法，其特征是，在所述玻璃基板设有所述中间切块槽的一面上设置有防反射膜。

7. 如权利要求 6 所述的切块方法，其特征是，包括如下检测工序：在中间切块工序之后的所述粘贴工序之后，向粘贴有所述胶带的玻璃基板照射光，根据玻璃基板的反射光或透射光检测所述中间切块槽的位置。

8. 一种防护玻璃，其特征是，使用权利要求 5~7 中任一项所述的切块方法加工而成。

9. 一种液晶板，在一对基板间密封有电光学物质，其特征是，在所述基板上安装有权利要求 8 所述的防护玻璃。

10. 一种液晶投影仪，其特征是，使用了权利要求 9 所述的液晶板。

11. 一种固体摄像装置，其特征是，具有：形成有开口的壳体；容纳在该壳体内的固体摄像元件；和权利要求 8 所述的防护玻璃，该防护玻璃与该固体摄像元件相对配置，用于堵塞所述壳体的开口。

12. 一种数字图像识别装置，其特征是，具有权利要求 11 所述的固体摄像装置。”

至此，合议组认为本案事实清楚，可以作出审查决定。

二、决定的理由

1. 关于文本

请求人于 2007 年 5 月 18 日提交的权利要求书，经合议组审查，未发现不符合专利法第 33 条和专利法实施细则第 60 条第 1 款的缺陷。因此，本复审请求审查决定针对的文本是请求人于 2007 年 5 月 18 日提交的权利要求 1~12，2005 年 7 月 19 日提交的说明书第 1 页，以及申请日提交的说明书第 2~16 页、附图第 1~14 页和说明书摘要、摘要附图。

2. 关于专利法第 26 条第 4 款

专利法第 26 条第 4 款规定，权利要求书应当以说明书为依据，说明要求专利保护的范围。

如果所属技术领域的技术人员可以合理预测说明书给出的实施方式的所有等同替代方式或明显变型方式都能解决发明要解决的技术问题，并达到相同的技术效果，则应当允许申请人将权利要求的保护范围概括至覆盖其所有的等同替代或明显变型的方式。

针对合议组在复审通知书中指出的所属技术领域的技术人员不能预测到其他厚度的玻璃基板也能用作防护玻璃并实现使尘埃离焦的效果，因此请求保护防护玻璃、液晶板、液晶投影仪、固体摄像装置和数字图像识别装置的权利要求 8~12 不符合专利法第 26 条第 4 款的规定的意见，请求人于 2007 年 5 月 18 日提交的权利要求 8 通过引用权利要求 5~7 而将其请求保护的防护玻璃的厚度限定为大于等于 0.5mm 小于等于 2.0mm，权利要求 9~12 通过对权利要求 8 的直接或间接的引用也限定了所述玻璃基板的厚度。因此，权利要求书经请求人修改，已经克服了复审通知书指出的不符合专利法第 26 条第 4 款的缺陷。

驳回决定认为根据说明书的记载，本申请的切块方法只适用于厚度为 0.5~2.0mm 的玻璃基板，而独立权利要求中却将厚度扩大到上述范围以外的任意厚度，显然得不到说明书的支持。对此，合议组认为，首先，本申请要解决的技术问题是以往玻璃基板的一次切块法存在崩边、缺口、难以清洗以及刀片磨损时容易残余和更换成本高等缺陷，发明目的是“提供一种不受切块刀刃的磨损影响的切块方法”，而说明书对大于等于 0.5mm 小于等于 2mm 这一厚度范围的相应描述为“玻璃基板的厚度优选大于等于 0.5mm 小于等于 2mm。这样，根据本发明，把玻璃基板的厚度设为大于等于 0.5mm 小于等于 2mm，在把玻璃基板用作安装于光学元件上的防护玻璃时，可以使附着在防护玻璃上的尘埃等离焦。即，可以实现不破坏光学原件的光学特性的防护玻璃”（参见说明书第 5 页第 9~13 行，还可参见说明书第 12 页第 12~15 行），由此可知，这一特定的厚度范围是为了进一步实现“不破坏光学原件的光学特性的防护玻璃”的一个实施方式，不是实现前述“提供一种不受切块刀刃的磨损影响的切块方法”所必须满足的一个条件。其次，根据本申请说明书背景技术部分所引用的作为现有技术的专利文献可知，用刀片切断玻璃基板是现有技术，由此本领域技术人员可以合理预测本申请的切块方法也可用于其他厚度的玻璃基板。另外，合议组注意到，原审查部门在驳回决定和前置审查意见中引用了本申请说明书第 16 页第 3~5 行的表述“上述各实施方式的玻璃基板厚度大于等于 0.5mm 小于等于 2.0mm，但并限定于该范围，可以根据玻璃基板的厚度来设定合适的厚度”，认为这一表述是指在大于等于 0.5mm 小于等于 2.0mm 的范围内选择合适的厚度。对此，合议组认为，对该表述的理解应当综合考虑申请文件整体及其上下文，鉴于其中的“但”是转折连词，而且说明书其他类似表述均为“但不限定于此”（例如参见说明书第 7 页第 10 行、第 15 页第 19 行、第 16 页第 1 行），因此该表述不足以证明所述切块方法只能用于特定厚度的玻璃基板。综上，权利要求书经请求人修改，已经克服了驳回决定所指出的不符合专利法第 26 条第 4 款的缺陷。

根据上述事实和理由，合议组作出如下审查决定。

三、决定

撤销国家知识产权局于 2005 年 12 月 2 日针对 200310101522.2 号发明专利申请作出的驳回决定，由国家知识产权局原审查部门以本复审决定所针对的文本为基础继续审批程序。

复审请求人对本决定不服的，可以根据专利法第 41 条第 2 款的规定，自收到本决定之日其 3 个月内向北京市第一中级人民法院起诉。

126

投影机

复审请求审查决定（第 11452 号）

决　定　号　第 11452 号
决　定　日　2007 年 9 月 4 日
发明创造名称　投影机
国 际 分 类 号　G02B 27/18，G02B 27/28，G02B 5/30，G03B 21/14
复 审 请 求 人　精工爱普生株式会社
申　请　号　200310113475. 3
申　请　日　2003 年 11 月 11 日
优 先 权 日　2002 年 11 月 15 日
公　开　日　2004 年 6 月 2 日
合 议 组 组 长　张　曦
主　审　员　谢有成
参　审　员　张梅珍

法 律 依 据　专利法第 26 条第 3 款
决 定 要 点

说明书中给出了技术手段，并记载了该技术手段能够产生技术效果，但该技术手段能够产生所述技术效果必须依赖于某前提条件，即，若该前提条件不成立，则该技术手段就不能达到说明书所述的技术效果，如果说明书中没有论述该前提条件成立的原因以及实现该前提条件的手段，以致于本领域技术人员不能确定该前提条件是否成立，从而不能确定采取该技术手段是否能够达到所述技术效果，那么说明书公开不充分。

一、案由

本复审请求涉及申请号为 200310113475. 3、名称为“投影机”的发明专利申请（下称本申请），其申请日为 2003 年 11 月 11 日，优先权日为 2002 年 11 月 15 日，申请人为精工爱普生株式会社。

国家知识产权局实质审查部门依法对本申请进行了实质审查，于 2005 年 12 月 9 日针对下述文本作出驳回决定：申请人于申请日提交的原始申请文件的权利要求第 1 ~ 14 项、说明书第 1 ~ 20 页、说明书附图第 1 ~ 9 页、说明书摘要及摘要附图。驳回的理由是本申请的权利要求 1 ~ 14 相对于对比文件 1 和 2 的结合不具备创造性，不符合中国专利法第 22 条第 3 款的规定。其中引用的对比文件 1 和 2 如下：

对比文件 1：JP2001-255605A，公开日为 2001 年 9 月 21 日；

对比文件2：JP7-43658A，公开日为1995年2月14日。

申请人精工爱普生株式会社（下称复审请求人）不服上述驳回决定，于2006年2月21日向专利复审委员会提出复审请求，同时提交了权利要求书全文和说明书第1~3页的替换页，修改后的权利要求书共包括9项权利要求。

复审请求人在复审请求书中认为：驳回决定中关于原权利要求5的附加技术特征“以上述第一色分离光学元件反射而分离的色光，包含从上述光源射出的色光内光强度最小的色光”是容易想到的审查意见没有给出依据；另外，对比文件也没有公开这一技术特征，对比文件1中公开的是分色镜31R透射光源中光强小的红色光而反射其他色光，对比文件2中没有任何关于如何处理光强度小的色光的记载，而目前的权利要求1包含上述技术特征，因此，即使将对比文件1和2结合，也得不到本发明的技术方案，从而本申请的权利要求1具备新颖性和创造性，其余从属权利要求也都具备新颖性和创造性。

经形式审查合格，专利复审委员会依法受理了上述请求，并于2006年4月4日向复审请求人发出了复审请求受理通知书，同时向实质审查部门发出前置审查通知书。

原审查部门在前置审查意见中，仍然坚持驳回决定。

专利复审委员会依法成立合议组，对该复审请求进行审查。合议组于2007年6月5日发出复审通知书，指出本申请在说明书中没有充分论述为何“在分色镜中与透射率相比，容易提高反射率”，如果该前提不成立，那么本申请采取“以上述第一色分离光学元件反射而分离的色光，包含从上述光源射出的色光内光强度最小的色光”这一技术手段就不能达到说明书中所述的技术效果，因此本申请说明书公开不充分，不符合专利法第26条第3款的规定。

针对上述复审通知书，复审请求人于2007年7月13日提交了意见陈述书。复审请求人在意见陈述书中作出如下解释：分色镜一般为折射率不同的电介质多层镜结构，当光入射折射率不同的界面时，根据物理学原理，必然产生光反射，反射率为 $(n_2-n_1)2/(n_2+n_1)2$，在分色镜中，通过电介质膜的不同结构形式，可以或提高光的透射率，或提高反射率，由于在折射率不同的界面光的反射必然不为零，使得反射率比透射率高就非常容易做到。

至此，合议组认为本案事实已清楚，现依法作出审查决定。

二、决定理由

1. 关于审查文本

复审请求人在2006年2月21日提出复审请求时提交了申请文本的修改替换页，经审查，该修改符合专利法第33条以及专利法实施细则第60条第1款的规定，因此，本复审决定以复审请求人于2006年2月21日提交的权利要求第1~9项和说明书第1~3页，于申请日提交的说明书第4~20页、说明书附图第1~9页、摘要及摘要附图作为审查基础。

2. 关于专利法第26条第3款

专利法第26条第3款规定：说明书应当对发明或者实用新型作出清楚、完整的说明，以所属技术领域的技术人员能够实现为准。

说明书中给出了技术手段，并记载了该技术手段能够产生技术效果，但该技术手段能够产生所述技术效果必须依赖于某前提条件，即，若该前提条件不成立，则该技术手段就不能达到说明书所述的技术效果，如果说明书中没有论述该前提条件成立的原因以及实现该前提条件的手段，以至于本领域技术人员不能确定该前提条件是否成立，从而不能确定采取该技术手段是否能够达到所述技术效果，那么说明书公开不充分。

本申请说明书的发明内容部分（说明书第4页倒数第1~5行）记载了“希望将由第1色分离光

学元件反射而被分离的色光设定为包含从光源射出的色光内光强度最小的色光。由于可提高色分离光学系统或色合成光学系统中的反射面上的反射率，故在与其他的色光之间容易取得强度的平衡，实现了可扩大色表现区域而不使光利用效率下降，从而可实现在色平衡方面良好的明亮的投影图像”，在说明书具体实施方式部分也记载了（说明书第10页）：“在此，使被分色镜23R和分色镜21反射并分离的色光成为从光源射出的色光内光强度最小的色光或包括该色光的多条色光。其原因是，一般来说，由于在分色镜中与透射率相比，容易提高反射率，故如果作成使光强度最小的色光反射的形态，则可有效地降低该色光的光损耗，可取得色平衡而不使其他的色光的光强度下降。由此，可兼顾利用效率的提高和色表现区域的扩大，实现了在色平衡方面良好的明亮的投影图像”，也即，从整个说明书来看，本申请为达到各色光之间的强度的平衡，提高光利用效率等上述技术效果，采取了使以第1色分离光学元件反射而分离的色光包含从光源射出的色光内光强度最小的色光这一技术手段，而之所以采取这一技术手段，是基于本申请说明书中所述的“在分色镜中与透射率相比，容易提高反射率”这一前提条件。

但是，本申请在说明书中没有充分论述为何“在分色镜中与透射率相比，容易提高反射率”，并未给出反射率容易提高的原理以及具体的技术手段，仅是人为设定了这样一种前提条件，因此，如果这一前提条件不能成立，则本发明采取所述技术手段就不能达到所述的技术效果，因此本申请说明书公开不充分，不符合专利法第26条第3款的规定。

针对复审请求人于2007年7月13日提交的意见陈述，合议组认为，复审请求人仅仅指出，光入射到分色镜中各个折射率不同的界面时，光反射必然不会为零，由此非常容易做到使反射率比透射率高，并没有解释“在分色镜中与透射率相比，容易提高反射率”即在分色镜中反射率比透射率容易提高的原因，光反射不为零并不意味着反射率比透射率容易提高，反射是否存在与反射率是否容易提高之间并不存在必然的因果关系。因此，复审请求人的上述意见并不能说明其申请符合专利法第26条第3款的规定。

根据上述事实和理由，本案合议组依法做出以下审查决定。

三、决定

维持国家知识产权局于2005年12月9日对200310113475.3号发明专利申请作出的驳回决定。

复审请求人对本决定不服的，可以根据专利法第41条第2款的规定，自收到本决定之日起三个月内向北京市第一中级人民法院起诉。

127

多功能型材及其门窗

复审请求审查决定（第11507号）

决　定　号　第11507号
决　定　日　2007年9月26日
发明创造名称　多功能型材及其门窗
国际分类号　E06B 3/32，E06B 9/06，E06B 3/04
复审请求人　余述萍
申　请　号　98112020.2
申　请　日　1998年5月19日
公　开　日　1999年11月24日
合议组组长　张梅珍
主　审　员　马　燕
参　审　员　李　礼

法律依据　专利法第22条第3款
决定要点

如果权利要求中使用了特定含义的用语，仅从该权利要求的字面看来并不能得知其结构，但是在说明书文字部分对该特定含义的用语进行了解释，并在说明书附图中示出了其具体形状，则应以说明书和附图的相应内容来解释该权利要求的保护范围。

如果一项权利要求与一篇对比文件之间存在区别技术特征，而该份对比文件并未给出相关的技术启示，则该项权利要求符合专利法第22条第3款的规定。

一、案由

本复审请求涉及申请号为98112020.2、名称为“多功能型材及其门窗”的发明专利申请（下称本申请），申请人为余述萍，申请日为1998年5月19日。

在初步审查程序中，申请人于1998年6月6日补充提交了摘要附图，于1998年10月23日提交了权利要求书全文和说明书第1、3页的修改替换页，修改后的权利要求书共包括6项权利要求。

本申请于1999年11月24日公开，其公开时的权利要求书为：

“1. 一种多功能型材及其门窗，其特征是所用的型材有A型铰链型材，B型铰链型材，C型空心铰链轴，D型密封型材、F1型滑轨型材、（F2型滑轨型材，室内和曲线门窗用）、H型固定（玻璃等）及连接型材、其中A和C型材组成了AC型铰链组合型材，而B和C型材组成了BC型铰链组合型材；另外还有附件：可调式滚轮、弹簧式滚轮、可调销轴和门窗框连接架、门窗芯连接架；这种结构的型材根据不同的组合、装配方式不同可得到不同结构的型材门窗，可应用于多种不同的用途；

2. 上述的多功能型材及其门窗，其特征是使用F1型滑轨型材或F2滑轨型材与门窗框联接架组成了门或窗的外框；

3. 根据其权利要求1所述的多功能型材及其门窗，其特征是用的AC组合铰链型材或BC组合铰链型材加上H型材组成门或窗芯的四边；

4. 根据权利要求1所述的多功能型材及其门窗，其特征是门或窗芯的结构为附图3，用AC铰链型材、BC铰链型材、H型固定玻璃及连接型材组成了折叠式门窗，可以是单开式、单开折叠式（图3)、对开折叠式（图5)、竖装翻开式（图6)、横竖混装式、圆弧轨道门窗（图7)、转弯轨道门窗（图8）框内安装玻璃或其他材料；

5. 根据权利要求1所述的多功能型材及其门窗，其特征是门或窗的结构为图3，其中门窗芯固定端的A型铰链型材上、下端用可调销轴固定在门窗框上，活动端A型铰链型上、下端装上可调式滚轮，AC型铰链组合型材空心铰链轴两端装上弹簧式滚轮；

6. 根据权利要求1所述的多功能型材及其门窗，其特征是型材的制作的材料可以是不锈钢型材，也可以是铝合金、钢铁、其他金属和合金、塑料和合成材料制作成的型材。”

在实质审查程序中，国家知识产权局实质审查部门于2002年9月13日发出第一次审查意见通知书，指出本申请权利要求1~6不具备创造性，不符合专利法第22条第3款的规定，通知书中所引用的对比文件如下：

对比文件1：US5274955A，公开日为1994年1月4日。

第一次审查意见通知书中指出：（1）本申请权利要求1与对比文件1之间的区别在于权利要求1将型材划分为A、B、C等多种型号，并列举了多种门窗附件的类型，而上述对型材的划分只是一种人为的划分和规定，并且根据这种人为的规定也无法得知产品的结构特征，而型材的类型只是本领域普通技术人员的公知常识，所使用的门窗附件的类型是本领域普通技术人员根据设计要求或实际工程需要在规范所允许的范围内任意选择的，因此，在对比文件1的基础上结合其公知常识和常规选择而得到如权利要求1所请求保护的技术方案是不需要付出创造性的劳动的，因此本申请权利要求1不具备创造性，不符合专利法第22条第3款的规定。(2）权利要求2~6的附加技术特征只是本领域普通技术人员根据设计要求或施工需要等在规范所允许的条件下所作的常规选择，因此，当其引用的权利要求1不具备创造性的前提下，权利要求2~6不具备创造性，不符合专利法第22条第3款的规定。

申请人针对第一次审查意见通知书于2003年4月18日提交了意见陈述书，申请人在意见陈述书中认为，(1）对比文件1的推拉窗的装配结构用了8~10种型材装配而成，主要型材的结构十分复杂，并且该型材又采用中空多腔结构，型材截面非常复杂；（2）对比文件1装配的窗户只能有两扇，只能开启窗户的45%以下面积；（3）其他的本领域普通技术人员在本申请之前至今也没有发明或设计出一种同功能的技术方案，在本申请公开后，也没有人制造出一种同功能门窗结构样品，因为市场上没有这样结构的型材供其选择；（4）本申请的权利要求1中的A型铰链型材、B型铰链型材、C型空心铰链轴、D、H等内容，是与说明书附图1和其他附图相配合，是代表特定的结构的型材和装配的型材门、窗结构内容。此外，申请人列表比较了对比文件1和本申请的技术方案，认为二者存在多处区别。因此，申请人认为本申请具有创造性，符合专利法第22条第3款的规定。

国家知识产权局实质审查部门于2003年7月11日针对申请人于1998年10月23日提交的权利要求1~6项、说明书第1、3页、于1998年6月6日提交的摘要附图、于申请日提交的说明书第2、

4~7页、附图第1~8页和说明书摘要，以本申请权利要求1~6不符合专利法第22条第3款规定的创造性为由驳回了本申请。具体理由与第一次审查意见通知书所述相同，此外，关于申请人在意见陈述书中指出对比文件1与本申请的技术方案在应用范围、制作材料等许多方面存在差异，驳回决定中认为实际上申请人对于对比文件1的理解不全面，本申请与对比文件1的特征对比表中的内容不确切，例如，对比文件1中的型材的应用范围不限于两扇窗户，它可根据实际需要应用于多扇门、窗、屏风、隔断等，这对本领域普通技术人员来说是显而易见的，并且，申请人在表中所列举的诸多区别并不涉及型材自身的结构特征，所述对比表对判断本申请的权利要求是否具有创造性并无意义，因此，权利要求1~6仍不具备创造性，不符合专利法第22条第3款的规定。

申请人余述萍（下称复审请求人）不服上述驳回决定，于2003年10月24日向专利复审委员会提出复审请求，同时提交了如下资料：

资料1：贵阳省贵阳技术咨询评估论证中心于2001年8月6日编制的“多功能型材及门窗中试项目立项技术咨询评估报告书”（黔技咨评字［2001］21号）复印件，以及贵州省经济贸易委员会于2002年5月10日发布的“关于下达2002年贵州省技术创新项目工作计划的通知”（黔经贸技装［2002］276号）复印件，共33页；

资料2：贵阳市科学技术委员会于2001年5月10日出具的“关于对‘牛黄上清滴丸的研制’等项目进行评估的委托函”及附表的复印件共2页，以及贵阳市科学技术局、贵阳市财政局于2001年12月19日发布的“关于将‘多功能型材及门窗中试’项目列入市科技计划的通知”复印件共1页；

资料3：中国发明协会于2001年9月颁发的多功能型材及其门窗的项目在第十三届全国发明展览会上荣获铜奖的、编号为F147的证书复印件，共1页；

资料4：贵州电视台关于《多功能型材及其门窗》报道的VCD光盘；

资料5：贵州省建筑科学研究检测中心于2002年1月22日出具的《建筑门窗检测报告》复印件，共2页。

复审请求人的具体复审请求理由为：（1）专利申请文件中的说明书、权利要求书和附图是一个整体，而且工程结构图是设计工程师的语言，一定要结合附图才能全面理解发明专利申请的三性；（2）本发明创造中的结构、部件名称分类肯定是“人为规定”的，这些分类和名称在权利要求书中是有它们的特定含义的；（3）对于门窗型材，当门窗尺寸确定后每一段型材就是一个有确定尺寸的零件，借助特定的附件将它们组合成门窗，这里没有任意选择附件的余地，每一种类型材要求设计自己一套专用附件，本申请的所有附件是专门为本申请的型材所设计，为其组合成的门窗达到多功能的目的；（4）对比文件1的结构十分复杂，本申请的几种型材能制造安装成的门窗，开启度可以达到90%以上，窗子能转弯开、关，适应多种场合使用；（5）资料1~5也用于证明本申请具备创造性。因此，本申请具备创造性，符合专利法第22条第3款的规定。

经形式审查合格后，专利复审委员会受理了该复审请求，并于2003年12月5日向复审请求人发出复审请求受理通知书，同日向原审查部门发出前置审查通知书。

原审查部门作出前置审查意见，坚持原驳回决定。

针对上述复审请求，专利复审委员会依法成立合议组对本案进行了审查。

专利复审委员会于2004年11月17日收到复审请求人提交的关于复审请求的有关资料，包括资料3~5，报纸复印件1份，本申请与对比文件1的对比表以及多张门窗的照片，同时对资料1、2进行了完善。

复审请求人于2006年6月1日提交了意见陈述书以及权利要求书全文、说明书第6、7页的修改替换页，修改后的权利要求书如下：

“1. 一种制作门窗的多功能型材，其特征是所用的型材有A型铰链型材，B型铰链型材、C型空心铰链轴，D型密封型材、F1型滑轨型材、室内和曲线门窗用的F2型滑轨型材、H型固定及连接型材、其中A型和C型型材组成了AC型铰链组合型材，而B型和C型型材组成了BC型铰链组合型材，另外还有附件：可调式滚轮、弹簧式滚轮、可调销轴和门窗框连接架、门窗芯连接架，用以上结构的型材和附件根据不同的组合和装配方式可得到不同结构的型材门窗。

2. 根据权利要求1所述的多功能型材制作的门窗，其特征是门或窗芯的结构为用AC铰链型材、BC铰链型材、H型固定玻璃及连接型材和附件组成了折叠式门窗，它可以是单开式、单开折叠式、对开折叠式、竖装翻开式、横竖混装式、圆弧轨道门窗、转弯轨道门窗，门窗芯内安装玻璃。

3. 根据权利要求2所述的多功能型材制作的门窗，其特征是使用F1型滑轨型材或F2滑轨型材与门窗框连接架组成了门或窗的外框。

4. 根据权利要求2所述的多功能型材制作的门窗，其特征是用的AC组合铰链型材或BC组合铰链型材加上H型材组成门或窗芯的四边。

5. 根据权利要求2所述的多功能型材制作的门窗，其特征是门或窗的结构为，其中门窗芯固定端的A型铰链型材上端和下端用可调销轴固定在门窗框上，活动端A型铰链型材上端和下端装上可调式滚轮，AC型铰链组合型材的空心铰链轴C两端装上弹簧式滚轮。

6. 根据权利要求1所述的制作门窗的多功能型材，其特征是型材的制作的材料可以是不锈钢，也可以是铝合金、钢铁、其他金属和合金、塑料和合成材料制作成的型材。”

复审请求人在意见陈述书中对本申请说明书附图1中的A型、B型、C型、D型、F1型、F2型、H型、AC型和BC型的型材做了解释说明。

至此，合议组认为本案事实已经清楚，现依法做出本复审请求审查决定。

二、决定的理由

1. 决定所依据的文本

本复审请求审查决定以复审请求人于2006年6月1日提交的权利要求第1~6项、说明书第6、7页；于1998年10月23日提交的说明书第1、3页；于1998年6月6日提交的摘要附图；于申请日提交的说明书第2、4、5页、说明书附图第1~8页及说明书摘要作为审查基础。

2. 关于专利法第22条第3款

专利法第22条第3款规定：创造性，是指同申请日以前已有的技术相比，该发明有突出的实质性特点和显著的进步，该实用新型有实质性特点和进步。

具体就本案而言，独立权利要求1请求保护一种制作门窗的多功能型材，对比文件1（参见说明书第4栏第30行至第9栏第68行，图1至10A）公开了一种由型材制成的门窗，并具体公开了以下技术特征：该门窗由多种型材组成，且具有枢销34和主框架20（相当于本申请权利要求1中的“可调销轴和门窗框连接架”）、上窗框30和下窗框28（相当于本申请权利要求1中的“门窗芯连接架”）。

权利要求1请求保护的多功能型材与对比文件1公开的门窗中的型材相比，其区别在于：(1) 权利要求1中所用的型材有A型铰链型材、B型铰链型材、C型空心铰链轴、D型密封型材、F1型滑轨型材、F2型滑轨型材、H型固定及连接型材、AC型铰链组合型材和BC型铰链组合型材；(2) 权利要求1中还具有可调式滚轮、弹簧式滚轮。

驳回决定中认为，权利要求1将型材划分为A、B、C等多种型号，并列举了多种门窗附件的类型，而上述对型材的划分只是一种人为的划分和规定，并且根据这种人为的规定也无法得知产品的结构特征，而型材的类型只是本领域普通技术人员的公知常识，所使用的门窗附件的类型是本领域普通技术人员根据设计要求或实际工程需要在规范所允许的范围内任意选择的。因此，本领域普通技术人员在对比文件 1 的基础上结合其公知常识和常规选择而得到如权利要求 1 所请求保护的技术方案是不需要付出创造性劳动的，因而权利要求 1 不具备创造性，不符合专利法第 22 条第 3 款的规定。

经审查，合议组认为：（1）专利法第 56 条第 1 款规定，发明或者实用新型专利权的保护范围以其权利要求的内容为准，说明书及附图可以用于解释权利要求。审查指南第二部分第二章第 3.2.2 节规定，在特定情况下，如果说明书中指明了某词具有特定的含义，并且使用了该词的权利要求的保护范围由于说明书中对该词的说明而被限定得足够清楚，这种情况也是允许的。本案中，权利要求 1 请求保护的多功能型材包括 A 型铰链型材、B 型铰链型材、C 型空心铰链轴、D 型密封型材、F1 型滑轨型材、F2 型滑轨型材、H 型固定及连接型材、AC 型铰链组合型材和 BC 型铰链组合型材，虽然这些种类的型材不是本领域通用的术语，但是在本申请说明书文字部分对上述种类的型材进行了解释，并在说明书附图中示出了其具体的结构形状，从说明书附图可以看出，这些种类的型材具有特定形状，使用图形限定比语言表达更能直观、清楚地体现其结构特征，因此，权利要求 1 中限定的 A 型铰链型材、B 型铰链型材、C 型空心铰链轴、D 型密封型材、F1 型滑轨型材、F2 型滑轨型材、H 型固定及连接型材、AC 型铰链组合型材和 BC 型铰链组合型材应解释为说明书及附图中涉及的对应型材。（2）对比文件 1 要解决的技术问题是型材的刚性不够、水平滑动窗需要增加机轮组件，以及不能提供足够的有效防风雨表面，在其具体实施方式中，所采用的型材结构复杂，由这些型材所制成的门窗包括垂直或水平排列的两扇窗户，这两扇之一能够滑动与另一扇窗户重叠，或可绕枢销 34 转动，门窗的开启度最大为 50%。而本申请主要解决门窗的开启度不超过门窗面积的二分之一的技术问题，并为此特别设计了上述 A 型铰链型材、B 型铰链型材等多种型材及其组合型材，这些型材的构形简单，与对比文件 1 中公开的型材的构形明显不同，本申请还使用了可调式滚轮和弹簧式滚轮，将本申请的上述多种型材组合制成用于多种不同用途的不同结构的型材门窗，如单开门（窗）式、推开式（双开）、对开折叠式、单开折叠式等，门窗的开启度可达 90%。可见，对比文件 1 所要解决的技术问题与本申请所要解决的技术问题不同，所采用的技术手段也不同，现有技术也不存在任何技术启示将上述特别设计的 A、B 等型材和可调式滚轮、弹簧式滚轮应用于对比文件 1 中，并且权利要求 1 请求保护的多功能型材获得了结构简单、组合制成的门窗的开启度高的技术效果，而空心铰链轴上下分别装有弹簧式滚轮和可调式滚轮使得门、窗开户和关闭轻便灵活、安全可靠。可见权利要求 1 相对于对比文件 1 与本领域公知常识的结合具备突出的实质性特点和显著的进步，具备专利法第 22 条第 3 款规定的创造性。

权利要求 2 请求保护一种根据权利要求 1 所述的多功能型材制作的门窗，如上所述，本申请的 A 型铰链型材、B 型铰链型材等以及由 A 型、C 型型材组成的 AC 型铰链组合型材、B 型和 C 型型材组成的 BC 型铰链组合型材等与对比文件 1 中公开的型材或组合型材的构形明显不同，本申请还使用了可调式滚轮和弹簧式滚轮等附件，将本申请的上述多种型材组合制成用于多种不同用途的不同结构的型材门窗，如单开式、单开折叠式等。而对比文件 1 中并未公开上述结构，且现有技术也不存在任何技术启示将上述特别设计的多种型材与可调式滚轮、弹簧式滚轮应用于对比文件 1 中。因此，权利要求 2 相对于对比文件 1 与本领域公知常识的结合具备突出的实质性特点和显著的进步，具备专利法第 22 条第 3 款规定的创造性。

在权利要求 1、2 具备创造性的情况下，其从属权利要求 3~6 也具备创造性，符合专利法第 22 条第 3 款的规定。

综上所述，本申请权利要求 1~6 具备创造性，符合专利法第 22 条第 3 款的规定，因此本案合议组做出以下审查决定。

三、决定

在本决定所针对的审查文本的基础上撤销国家知识产权局于2003年7月11日对98112020.2号发明专利申请作出的驳回决定，由原审查部门依据本复审决定所针对的审查文本继续审查。

复审请求人对本决定不服的，可以根据专利法第41条第2款的规定，自收到本决定之日起三个月内向北京市第一中级人民法院起诉。

128

气流处理

复审请求审查决定（第11508号）

决　　定　　号　第11508号
决　　定　　日　2007年9月13日
发明创造名称　气流处理
国 际 分 类 号　B01D 53/34，C01B 17/04
复 审 请 求 人　英国氧气集团有限公司
申　　请　　号　93105696.9
申　　请　　日　1993年4月6日
优 先 权 日　1992年4月6日
公　　开　　日　1994年5月11日
合 议 组 组 长　李广峰
主　　审　　员　刘　亚
参　　审　　员　任晓兰

法 律 依 据　专利法第22条第3款
决 定 要 点
在判断一项发明专利申请权利要求的创造性时，需将其所属技术领域、所要解决的技术问题、采取的技术方案及相应的技术效果与现有技术公开的最接近技术方案进行对比分析。如果二者在所属技术领域、所要解决的技术问题方面相同，技术方案的实际区别仅为本领域常规技术手段的选择，且没有证据表明二者的效果存在显著差异，则该权利要求不具备创造性。

一、案由

本复审请求案涉及发明名称为“气流处理”的93105696.9号发明专利申请（下称本申请），申请人为英国氧气集团有限公司，申请日为1993年4月6日，最早的优先权日为1992年4月6日，公开日为1994年5月11日。

国家知识产权局原审查部门对本申请进行了实质审查，于1996年7月12日发出《第一次审查意见通知书》，指出：权利要求1~16相对于对比文件1（US4849203A，公布日为1989年7月18日）而言不具备专利法第22条第3款规定的创造性。

针对《第一次审查意见通知书》，申请人于1997年1月4日提交了意见陈述书，同时提交了修改的权利要求书，申请人认为修改的权利要求1~16具备创造性。

国家知识产权局原审查部门于1997年5月22日发出了《第二次审查意见通知书》，坚持认为权利要求 1~16 不具备创造性，同时还指出了权利要求书中存在的其他缺陷。

针对《第二次审查意见通知书》，申请人于 1997 年 7 月 21 日提交了意见陈述书，同时提交了修改的权利要求书和说明书第 1 页替换页，申请人认为修改后的权利要求 1~14 具备创造性，并已克服了审查员所指出的其他缺陷。

1998 年 8 月 6 日，针对申请人于 1993 年 4 月 6 日提交的说明书第 2~22 页和摘要附图、1993 年 5 月 27 日提交的说明书附图第 1~5 页、1993 年 11 月 22 日提交的说明书摘要、1997 年 7 月 21 日提交的权利要求 1~14 和说明书第 1 页，国家知识产权局以权利要求 1~14 不具备专利法第 22 条第 3 款规定的创造性为由驳回了本申请。

驳回决定认为：（1）对比文件 1（US4849203A，公布日为 1989 年 7 月 18 日）公开了一种从含硫化氢的气流中回收硫的方法，包括：①用富氧气体与含硫化氢的气流燃烧，生成含硫化氢、二氧化硫的气体，②所述生成气在 Claus 反应器中反应，形成含硫化氢、二氧化硫、元素硫的气流，③冷凝回收元素硫，冷凝后的气流分为循环气流和尾气两部分，④将循环气流中所有的硫转化为硫化氢，⑤冷凝除去水，⑥将至少一部分干燥气流返回步骤①；本申请权利要求 1 与对比文件 1 相比，只有本申请的步骤（f）有区别，而步骤（f）仅仅为一般的排放步骤，因而权利要求 1 与对比文件 1 相比不具备创造性，不符合专利法第 22 条第 3 款的规定。（2）权利要求 2~4、8 也存在与权利要求 1 同样的问题，不符合专利法第 22 条第 3 款的规定。（3）权利要求 5~7、9~14 是权利要求 1~4 中某一项的从属权利要求，只涉及反应步骤的具体条件，而这些特征是本领域技术人员根据对比文件 1 所能推断的，在权利要求 1~4 丧失了创造性后，这些权利要求也丧失了创造性。

驳回决定针对的权利要求书如下：

“1. 一种处理含硫化氢原料气流的方法，包括步骤：

a）在第一反应器中将原料气流中的部分硫化氢转变成二氧化硫，并使所生成的二氧化硫与剩余的硫化氢反应生成硫蒸汽和水蒸汽，以便生成含硫化氢，二氧化硫，水蒸汽和硫蒸汽的含硫气流；

b）从含硫气流中提取硫蒸汽；

c）在第二反应器中将已提取硫蒸汽的气流中的二氧化硫还原成硫化氢；

d）提取还原气流中的水蒸汽，以便生成含硫化氢的第二气流；

e）将部分第二气流返回到第一反应器，并取另一部分第二气流作为净化气流；和

f）排放净化气流，其特征在于，在步骤（b）中形成的气流已经历过像进入步骤（c）的气流一样程度的硫化氢和二氧化硫间的反应。

2. 一种处理含硫化氢原料气流的方法，包括步骤：

a）在第一反应器中将原料气流中的部分硫化氢转变成二氧化硫，并使所生成的二氧化硫与剩余的硫化氢反应而生成硫蒸汽和水蒸汽，以便生成含硫化氢，二氧化硫，水蒸汽和硫蒸气的含硫气流；

b）从含硫气流中提取硫蒸汽；

c）在第二反应器中将已提取硫蒸汽的气流中的二氧化硫还原成硫化氢；

d）提取还原气流中的水蒸汽，以便生成含硫化氢的第二气流；

e）将第二气流返回到第一反应器；

f）形成预净化气流，其特征在于，在步骤（b）中形成的气流已经历过像进入步骤（c）的气流一样程度的硫化氢和二氧化硫间的反应，从中间步骤（b）和（c）取该预净化气流，和在排气上游的至少另一个反应器中，该预净化气流中的硫化氢与二氧化硫反应，接着，排放形成的硫蒸汽。

3. 一种处理含硫化氢原料气流的方法，包括步骤：

a）在第一反应器中将原料气流中的部分硫化氢转变成二氧化硫，并使所生成的二氧化硫与剩余

的硫化氢反应生成硫蒸汽和水蒸汽，以便生成含硫化氢，二氧化硫，水蒸汽和硫蒸汽的含硫气流；

b）从含硫气流中提取硫蒸汽；

c）在第二反应器中将已提取硫蒸汽的气流中的二氧化硫还原成硫化氢；

d）提取还原气流中的水蒸汽，以便生成含硫化氢的第二气流；

e）将第二气流作为净化气流；和

f）排放净化气流，其特征在于，在步骤（b）中形成的气流已经历过像进入步骤（c）的气流一样程度的硫化氢和二氧化硫间的反应，和在排放上游的至少另一个反应器中，净化气流中的硫化氢与二氧化硫反应，接着，排放形成的硫蒸汽。

4. 一种处理含硫化氢原料气流的方法，包括步骤：

a）在第一反应器中将原料气流中的部分硫化氢转变成二氧化硫，并使所生成的二氧化硫与剩余的硫化氢反应生成硫蒸汽和水蒸汽，以便生成含硫化氢，二氧化硫，水蒸汽和硫蒸汽的含硫气流；

b）从含硫气流中提取硫蒸汽；

c）在第二反应器中将已提取硫蒸汽的气流中的二氧化硫还原成硫化氢；

d）提取还原气流中的水蒸汽，以便生成含硫化氢的第二气流；

e）将第二气流返回到第一反应器；

f）形成预净化气流，其特征在于，在步骤（b）中形成的气流已经历过像进入步骤（c）的气流一样程度的硫化氢和二氧化硫间的反应，从第一反应器取含硫化氢、二氧化硫、硫蒸汽和水蒸汽的气流作为预净化气流，和在排气上游的至少另一个反应器中，净化气流中的硫化氢与二氧化硫反应，接着，排放形成的硫蒸汽。

5. 根据权利要求 2 的方法，其中所述的原料气流中的部分硫化氢通过由氧气或富氧空气支持的燃烧转变成二氧化硫，和硫化氢与进入第一反应器的有效氧气间的摩尔比为 1.8~2.2：1。

6. 根据权利要求 5 的方法，其中在另一反应器中的反应含有催化剂。

7. 根据权利要求 1 的方法，其中所述的原料气流中的部分硫化氢通过由氧气或富氧空气支持的燃烧转变成二氧化硫，和硫化氢与进入第一反应器的有效氧气间的摩尔比大于 2.2：1。

8. 一种处理含硫化氢原料气流的方法，包括步骤：

a）在第一反应器中将原料气流中的部分硫化氢转变成二氧化硫，并使所生成的二氧化硫与剩余的硫化氢反应生成硫蒸汽和水蒸汽，以便生成含硫化氢，二氧化硫，水蒸汽和硫蒸汽的含硫气流；

b）从含硫气流中提取硫蒸汽；

c）在第二反应器中将已提取硫蒸汽的气流中的二氧化硫还原成硫化氢；

d）提取还原气流中的水蒸汽，以便生成含硫化氢的第二气流；

e）将部分第二气流返回到第一反应器，并取另一部分第二气流作为预净化气流；和

f）在步骤（b）中形成的气流已经历过像进入步骤（c）的气流一样程度的硫化氢和二氧化硫间的反应，该预净化气流通过至少另一个反应器，其中部分硫化氢转变成二氧化硫和所形成的二氧化硫与硫化氢反应形成另外的硫蒸汽；氧或富氧空气用于支持预净化气流中该部分硫化氢的燃烧以便转变成二氧化硫；提取该另外的硫蒸汽和含硫化氢和二氧化硫的剩余气流经历至少一步硫化氢和硫蒸汽间的催化反应，形成又另外的硫蒸汽，提取又另外的硫蒸汽和剩余的气体作为净化气体排放到大气中。

9. 根据权利要求 1 的方法，其中返回第一反应器的一种或两种原料气流及部分第二气流被预热至 100~500℃。

10. 根据权利要求 4 的方法，其中该预净化气流从第一反应器的中间区域取出，和该预净化气流中硫化氢与二氧化硫的摩尔比小于第一反应器下游端的摩尔比。

11. 根据权利要求 4 的方法，其中返回第一反应器的至少部分第二气流由旁路绕过硫化氢燃烧的火焰区。

12. 根据权利要求 11 的方法，其中该预净化气流从第一反应器中火焰区的下游和第一反应器的上游的区域取出，第二气体混合物在此与从火焰区域流出的气体相混合。

13. 根据权利要求 11 的方法，其中一些原料气流由旁路绕过火焰区。

14. 根据权利要求 4 的方法，其中一些第二气流被引入到预净化气流中。”

1998 年 11 月 9 日，申请人英国氧气集团有限公司（下称请求人）对上述驳回决定不服，向专利复审委员会提出复审请求，请求人在提出复审请求时对权利要求 1~4 和 8~9 进行了修改，将权利要求 1 的步骤（e）中的“取另一部分第二气流作为净化气流”移至该权利要求的特征部分，并且同样地修改了权利要求 3，另外还修改了权利要求 2~4 中步骤（f）的表述以及权利要求 8 的特征部分和权利要求 9 的限定部分，在权利要求 4 中增加了“提取该预净化气流中的硫蒸气，此与所述的步骤（b）分开”的特征。经修改的权利要求 1~4 和 8~9 如下：

“1. 一种处理含硫化氢原料气流的方法，包括步骤：

a）在第一反应器中将原料气流中的部分硫化氢转变成二氧化硫，并使所生成的二氧化硫与剩余的硫化氢反应生成硫蒸气和水蒸汽，以生成含硫化氢、二氧化硫、水蒸汽和硫蒸气的含硫气流；

b）从含硫气流中提取硫蒸气；

c）在第二反应器中将已提取硫蒸气的气流中的二氧化硫还原成硫化氢；

d）提取还原气流中的水蒸汽，以便生成含硫化氢的第二气流；

e）使部分第二气流返回到第一反应器，和

f）排放净化气流，其特征在于，另一部分第二气流被作为净化气流，而且，在步骤（b）中形成的气流已经历过像进入步骤（c）的气流一样程度的硫化氢和二氧化硫间的反应。

2. 一种处理含硫化氢原料气流的方法，包括步骤：

a）在第一反应器中将原料气流中的部分硫化氢转变成二氧化硫，并使所生成的二氧化硫与剩余的硫化氢反应生成硫蒸气和水蒸汽，以便生成含硫化氢、二氧化硫、水蒸汽和硫蒸气的含硫气流；

b）从含硫气流中提取硫蒸气；

c）在第二反应器中将已提取硫蒸气的气流中的二氧化硫还原成硫化氢；

d）提取还原气流中的水蒸汽，以便生成含硫化氢的第二气流；

e）使至少部分第二气流返回到第一反应器；

f）形成预净化气流，其特征在于，在步骤（b）中形成的气流已经历过像进入步骤（c）的气流一样程度的硫化氢和二氧化硫间的反应，从中间步骤（b）和（c）取该预净化气流，使该预净化气流中的硫化氢与二氧化硫在至少另一个反应器中反应，接着，除去形成的硫蒸气，然后作为净化气流排放至大气中。

3. 一种处理含硫化氢原料气流的方法，包括步骤：

a）在第一反应器中将原料气流中的部分硫化氢转变成二氧化硫，并使所生成的二氧化硫与剩余的硫化氢反应生成硫蒸气和水蒸汽，以便生成含硫化氢、二氧化硫、水蒸汽和硫蒸气的含硫气流；

b）从含硫气流中提取硫蒸气；

c）在第二反应器中将已提取硫蒸气的气流中的二氧化硫还原成硫化氢；

d）提取还原气流中的水蒸汽，以便生成含硫化氢的第二气流；

e）排放净化气流，其特征在于，将第二气流作为预净化气流，在步骤（b）中形成的气流已经历过像进入步骤（c）的气流一样程度的硫化氢和二氧化硫间的反应，以及使预净化气流中的硫化氢与二氧化硫在至少另一个反应器中反应，接着，除去形成的硫蒸气以形成净化气流。

4. 一种处理含硫化氢原料气流的方法，包括步骤：

a）在第一反应器中将原料气流中的部分硫化氢转变成二氧化硫，并使所生成的二氧化硫与剩余的硫化氢反应生成硫蒸气和水蒸汽，以便生成含硫化氢、二氧化硫、水蒸汽和硫蒸气的含硫气流；

b）从含硫气流中提取硫蒸气；

c）在第二反应器中将已提取硫蒸气的气流中的二氧化硫还原成硫化氢；

d）提取还原气流中的水蒸汽，以便生成含硫化氢的第二气流；

e）使第二气流返回到第一反应器；

f）形成预净化气流，其特征在于，在步骤（b）中形成的气流已经历过像进入步骤（c）的气流一样程度的硫化氢和二氧化硫间的反应，从第一反应器取含硫化氢、二氧化硫、硫蒸气和水蒸汽的气流作为预净化气流，提取该预净化气流中的硫蒸气，此与所述的步骤（b）分开，使预净化气流中的硫化氢与二氧化硫在至少另一个反应器中反应，接着，除去形成的硫蒸气，然后作为净化气流排放至大气中。”

“8. 一种处理含硫化氢原料气流的方法，包括步骤：

a）在第一反应器中将原料气流中的部分硫化氢转变成二氧化硫，并使所生成的二氧化硫与剩余的硫化氢反应生成硫蒸气和水蒸汽，以便生成含硫化氢、二氧化硫、水蒸汽和硫蒸气的含硫气流；

b）从含硫气流中提取硫蒸气；

c）在第二反应器中将已提取硫蒸气的气流中的二氧化硫还原成硫化氢；

d）提取还原气流中的水蒸汽，以便生成含硫化氢的第二气流；

e）使部分第二气流返回到第一反应器，其特征在于：

f）将另一部分第二气流作为预净化气流，在步骤（b）中形成的气流已经历过像进入步骤（c）的气流一样程度的硫化氢和二氧化硫间的反应，该预净化气流通过至少另一个反应器，其中部分硫化氢转变成二氧化硫以及所形成的二氧化硫与硫化氢反应形成另外的硫蒸气；氧或富氧空气用于支持预净化气流中该部分硫化氢的燃烧以将其转变成二氧化硫；提取所述另外的硫蒸气，使含硫化氢和二氧化硫的剩余气流经历至少一步硫化氢和硫蒸气间的催化反应，再次形成硫蒸气，提取该再次形成的硫蒸气，剩余的气体作为净化气体排放到大气中。

9. 根据权利要求 1 的方法，其中返回第一反应器的原料气流和部分第二气流之一或这两者被预热至 100~500℃。”

请求人认为：对比文件 1 指出“Claus 热反应器”和“一个或多个 Claus 催化反应区”，对比文件 1 的步骤①实际上还包括将生成的硫冷凝的中间步骤，对比文件 1 的步骤④代表了本领域所称的“尾气处理”，本申请权利要求 1 意在概括由说明书附图 4 所例证的方法实施例，该实施例未采用催化 Claus 反应器，对比文件 1 在涉及尾气净化方法时被还原的气体中二氧化硫的浓度低，而本申请中还原是在气体混合物中的二氧化硫浓度相当高的阶段进行，由此降低了催化转化的量或完全消除了对催化转化的需要，因此，对比文件 1 所公开的回收硫的方法与本申请处理含硫化氢原料气流的方法显然不同，所产生的效果亦不同，本领域技术人员根据包括对比文件 1 在内的现有技术的教导，不经过创造性劳动不可能得出本申请权利要求的方法，权利要求 1~4 和 8 具有专利法第 22 条第 3 款规定的创造性，相应地，从属权利要求 5~7 和 9~14 也具有专利法第 22 条第 3 款规定的创造性。

经形式审查合格后，专利复审委员会受理了该请求，并于 1998 年 12 月 9 日向请求人发出了《复审请求受理通知书》，同时将本申请转送至国家知识产权局原审查部门进行前置审查。在《前置审查意见书》中，国家知识产权局原审查部门认为申请人作出的修改未能克服原有缺陷，所陈述的理由也不能说明其具有创造性，因此坚持驳回决定。

专利复审委员会组成合议组，对本复审请求案进行审理。合议组于2001年5月24日向请求人发出《复审通知书》，指出：请求人提复审请求时提交了修改的权利要求书，在权利要求1步骤c）中，将原始公开的“至少部分硫还原”修改为“二氧化硫还原”，删除了“至少部分”这一限定，在权利要求1的步骤f）中增加了“在步骤（b）中形成的气流已经历过象进入步骤（c）的气流一样程度的硫化氢和二氧化硫间的反应”，该增加的内容在原始申请文件中没有相应的记载，因此上述修改均不符合专利法第33条的规定；同样，权利要求2~4和8的修改也不符合专利法第33条的规定；驳回决定所针对的权利要求书亦存在同样的缺陷。

针对上述《复审通知书》，请求人于2001年7月20日提交了意见陈述书，同时提交了修改的权利要求书（包括第1~14项），修改后的权利要求书为：

“1. 一种处理含硫化氢原料气流的方法，包括步骤：

a）在第一反应器中将原料气流中的部分硫化氢转变成二氧化硫，并使所生成的二氧化硫与剩余的硫化氢反应生成硫蒸气和水蒸汽，以生成含硫化氢、二氧化硫、水蒸汽和硫蒸气的含硫气流；

b）从含硫气流中提取硫蒸气；

c）在第二反应器中将已提取硫蒸气的气流中的二氧化硫还原成硫化氢；

d）提取还原气流中的水蒸汽，以便生成含硫化氢的第二气流；

e）使部分第二气流返回到第一反应器，和

f）排放净化气流，其特征在于，另一部分第二气流被作为净化气流，而且，进入步骤（c）的气流就是在步骤（b）中形成的气流，在步骤（b）和（c）之间再加热气流。

2. 一种处理含硫化氢原料气流的方法，包括步骤：

a）在第一反应器中将原料气流中的部分硫化氢转变成二氧化硫，并使所生成的二氧化硫与剩余的硫化氢反应生成硫蒸气和水蒸汽，以便生成含硫化氢、二氧化硫、水蒸汽和硫蒸气的含硫气流；

b）从含硫气流中提取硫蒸气；

c）在第二反应器中将已提取硫蒸气的气流中的二氧化硫还原成硫化氢；

d）提取还原气流中的水蒸汽，以便生成含硫化氢的第二气流；

e）使至少部分第二气流返回到第一反应器；

f）形成预净化气流，其特征在于，进入步骤（c）的气流就是在步骤（b）中形成的气流，在步骤（b）和（c）之间再加热气流，从中间步骤（b）和（c）取该预净化气流，使该预净化气流中的硫化氢与二氧化硫在至少另一个反应器中反应，接着，除去形成的硫蒸气，然后作为净化气流排放至大气中。

3. 一种处理含硫化氢原料气流的方法，包括步骤：

a）在第一反应器中将原料气流中的部分硫化氢转变成二氧化硫，并使所生成的二氧化硫与剩余的硫化氢反应生成硫蒸气和水蒸汽，以便生成含硫化氢、二氧化硫、水蒸汽和硫蒸气的含硫气流；

b）从含硫气流中提取硫蒸气；

c）在第二反应器中将已提取硫蒸气的气流中的二氧化硫还原成硫化氢；

d）提取还原气流中的水蒸汽，以便生成含硫化氢的第二气流；

e）排放净化气流，其特征在于，将第二气流作为预净化气流，进入步骤（c）的气流就是在步骤（b）中形成的气流，在步骤（b）和（c）之间再加热气流，以及使预净化气流中的硫化氢与二氧化硫在至少另一个反应器中反应，接着，除去形成的硫蒸气以形成净化气流。

4. 一种处理含硫化氢原料气流的方法，包括步骤：

a）在第一反应器中将原料气流中的部分硫化氢转变成二氧化硫，并使所生成的二氧化硫与剩余的硫化氢反应生成硫蒸气和水蒸汽，以便生成含硫化氢、二氧化硫、水蒸汽和硫蒸气的含硫气流；

b）从含硫气流中提取硫蒸气；

c）在第二反应器中将已提取硫蒸气的气流中的二氧化硫还原成硫化氢；

d）提取还原气流中的水蒸汽，以便生成含硫化氢的第二气流；

e）使第二气流返回到第一反应器；

f）形成预净化气流，其特征在于，进入步骤（c）的气流就是在步骤（b）中形成的气流，在步骤（b）和（c）之间再加热气流，从第一反应器取含硫化氢、二氧化硫、硫蒸气和水蒸汽的气流作为预净化气流，提取该预净化气流中的硫蒸气，此与所述的步骤（b）分开，使预净化气流中的硫化氢与二氧化硫在至少另一个反应器中反应，接着，除去形成的硫蒸气，然后作为净化气流排放至大气中。

5. 根据权利要求 2 的方法，其中所述的原料气流中的部分硫化氢通过由氧气或富氧空气支持的燃烧转变成二氧化硫，和硫化氢与进入第一反应器的有效氧气间的摩尔比为 1.8~2.2：1。

6. 根据权利要求 5 的方法，其中在另一反应器中的反应含有催化剂。

7. 根据权利要求 1 的方法，其中所述的原料气流中的部分硫化氢通过由氧气或富氧空气支持的燃烧转变成二氧化硫，和硫化氢与进入第一反应器的有效氧气间的摩尔比大于 2.2：1。

8. 一种处理含硫化氢原料气流的方法，包括步骤：

a）在第一反应器中将原料气流中的部分硫化氢转变成二氧化硫，并使所生成的二氧化硫与剩余的硫化氢反应生成硫蒸气和水蒸汽，以便生成含硫化氢、二氧化硫、水蒸汽和硫蒸气的含硫气流；

b）从含硫气流中提取硫蒸气；

c）在第二反应器中将已提取硫蒸气的气流中的二氧化硫还原成硫化氢；

d）提取还原气流中的水蒸汽，以便生成含硫化氢的第二气流；

e）使部分第二气流返回到第一反应器，其特征在于：

f）将另一部分第二气流作为预净化气流，进入步骤（c）的气流就是在步骤（b）中形成的气流，在步骤（b）和（c）之间再加热气流，该预净化气流通过至少另一个反应器，其中部分硫化氢转变成二氧化硫以及所形成的二氧化硫与硫化氢反应形成另外的硫蒸气；氧或富氧空气用于支持预净化气流中该部分硫化氢的燃烧以将其转变成二氧化硫；提取所述另外的硫蒸气，使含硫化氢和二氧化硫的剩余气流经历至少一步硫化氢和硫蒸气间的催化反应，再次形成硫蒸气，提取该再次形成的硫蒸气，剩余的气体作为净化气体排放到大气中。

9. 根据权利要求 1 的方法，其中返回第一反应器的原料气流和部分第二气流之一或这两者被预热至 100~500℃。

10. 根据权利要求 4 的方法，其中该预净化气流从第一反应器的中间区域取出，和该预净化气流中硫化氢与二氧化硫的摩尔比小于第一反应器下游端的摩尔比。

11. 根据权利要求 4 的方法，其中返回第一反应器的至少部分第二气流由旁路绕过硫化氢燃烧的火焰区。

12. 根据权利要求 11 的方法，其中该预净化气流从第一反应器中火焰区的下游和第一反应器的上游的区域取出，第二气体混合物在此与从火焰区域流出的气体相混合。

13. 根据权利要求 11 的方法，其中一些原料气流由旁路绕过火焰区。

14. 根据权利要求 4 的方法，其中一些第二气流被引入到预净化气流中。”

请求人认为：将权利要求1~4和8中特征部分的描述由“在步骤（b）中形成的气流已经历过象进入步骤（c）的气流一样程度的硫化氢和二氧化硫间的反应”修改为“进入步骤（c）的气流就是在步骤（b）中的气流，在步骤（b）和（c）之间再加热气流”，以使其含义更明确，使本申请与对比文件1的区别更加清楚；将权利要求1步骤（c）中“至少部分”删除的依据可参见说明书附图4、附图2和第3页倒数第2段；对权利要求1~4和8的修改可以由原始公开的说明书包括附图和原权利要求书记载的内容明确而合理地推出，因此符合专利法第33条的规定。

合议组于2003年5月12日再次向请求人发出《复审通知书》，指出权利要求1相对于对比文件1而言不具备专利法第22条第3款规定的创造性。该复审通知书的主要内容如下：

本申请权利要求1请求保护一种处理含硫化氢原料气流的方法，包括步骤（a）~（f）。对比文件1（US4849203A，公开日为1989年7月18日）的权利要求1也公开了一种从含硫化氢的气流中回收硫的方法。将二者进行比较后可以看出，二者所属的技术领域及所要解决的技术问题完全相同。技术方案上的区别分为两种，一种仅仅是对于同一技术特征所使用的表述方式不同。例如，本申请对于步骤a）记载为：在第一反应器中将原料气流中的部分硫化氢转变成二氧化硫，并使所生成的二氧化硫与剩余的硫化氢反应生成硫蒸气和水蒸汽，以便生成含硫化氢，二氧化硫，水蒸汽和硫蒸气的含硫气流。对比文件1的技术方案则记载了在Claus催化反应器中进行上述转化，由此生成的Claus气态物流，含有硫化氢、二氧化硫、二氧化碳、水和元素硫，该组成与本申请步骤a）所得到的物流的组成相同。此外，由于两种方法得到的物流中都还含有硫化氢，故此原料物流中的硫化氢都是被部分转化的。再如，本申请权利要求1的技术特征“进入步骤（c）的气流就是在步骤（b）中形成的气流”在对比文件1中虽无文字记载，但对比文件1并未提及相应于本申请步骤（b）和（c）的两步骤之间的气流不相同，也没有提及在两步骤之间采取其他技术手段。因此，该技术特征已被对比文件1公开。至于“步骤（b）和（c）之间再加热气流”的技术特征，对比文件1明确记载了对脱硫后气流进行加氢前使用转化装置预热器，因此该技术特征也已经被对比文件1公开。本申请权利要求1与对比文件1的不同只是对比文件1将脱硫后的物流分为循环气流部分和尾气部分，而本申请在步骤b）中未分出尾气，而是对所有的脱硫后气流继续进行处理。然而，本申请这一技术手段的使用及其获得的技术效果对于本领域技术人员来说是显而易见的。本申请与对比文件1所要解决的技术问题相同，所采取的技术方案基本上相同，在没有证据表明二者的预期效果存在实质性不同的情况下，不能认定本申请权利要求1相对于对比文件1具备创造性。

针对上述《复审通知书》，请求人于2003年7月15日提交了意见陈述书，但未修改申请文件。请求人认为对比文件1公开的方法在步骤（D）中，离开Claus催化反应器的气流“组成”与可由本申请权利要求1的步骤（a）得到的物流并不“相同”，对比文件1的步骤（E）中形成的气体不等同于在本发明的步骤（b）中形成的气体，“……进入步骤（c）的气体就是在步骤（b）中形成的气流……”事实上没有被对比文件1公开，因此权利要求1的技术方案与对比文件1相比具备专利法第22条第3款规定的创造性。另外，请求人表示同意审查员关于本申请权利要求1特征部分中所述的再加热步骤已在对比文件1中公开的意见，而且请求人还认为取出净化气流的位置对本发明来说不重要，其他权利要求涉及在第二反应器的上游而不是下游形成该净化气流。

2007年7月18日，专利复审委员会向请求人发出《合议组成员告知通知书》，将本案合议组成员的变更情况告知了请求人。请求人逾期未答复。

至此，合议组认为本案事实清楚，可以作出审查决定。

二、决定的理由

1. 关于审查文本

本复审决定是以下述文本为基础作出的请求人于1993年4月6日提交的说明书第2~22页和摘要附图，1993年5月27日提交的说明书附图第1~5页，1993年11月22日提交的说明书摘要，1997年7月21日提交的说明书第1页，2001年7月20日提交的权利要求1~14。

2. 关于创造性

专利法第22条第3款规定，创造性，是指同申请日以前已有的技术相比，该发明有突出的实质性特点和显著的进步，该实用新型有实质性特点和进步。

在判断一项发明专利申请权利要求的创造性时，需将其所属技术领域、所要解决的技术问题、采取的技术方案及相应的技术效果与现有技术公开的最接近技术方案进行对比分析。如果二者在所属技术领域、所要解决的技术问题方面相同，技术方案的实际区别仅为本领域常规技术手段的选择，且没有证据表明二者的效果存在显著差异，则该权利要求不具备创造性。

（1）在本案中，权利要求1请求保护一种处理含硫化氢原料气流的方法，包括步骤（a）~（f）。对比文件1（US4849203A，公开日为1989年7月18日）也公开了一种从含硫化氢的气流中回收硫的方法（参见对比文件1的权利要求1），将二者对比如下：

本申请权利要求1	对比文件1权利要求1
主题：一种处理含硫化氢原料气流的方法，包括步骤：	主题：一种从含硫化氢的气流中回收硫的方法，包括步骤：
a）在第一反应器中将原料气流中的部分硫化氢转变成二氧化硫，并使所生成的二氧化硫与剩余的硫化氢反应生成硫蒸气和水蒸汽，以便生成含硫化氢，二氧化硫，水蒸汽和硫蒸气的含硫气流；	A）向Claus炉的燃烧区引入一种热反应混合物，该混合物含有①含有硫化氢的气流，②空气的富氧气流或纯氧； B）在Claus炉中燃烧该热反应混合物，产生含有硫化氢、二氧化硫、二氧化碳、水和元素硫的热燃烧气体； C）将该热燃烧气体引入Claus催化反应器； D）在Claus反应条件及Claus催化剂的存在下，使该热燃烧气体在所述催化反应器中生成Claus气态物流，该气态物流含有硫化氢、二氧化硫、二氧化碳、水和元素硫；
b）从含硫气流中提取硫蒸气；	E）将所述Claus气态物流引入一个冷凝器中，使其产生液态硫和气态冷凝物流，并将该部分硫回收，所述气态冷凝物流含有硫化氢、二氧化硫、二氧化碳和水，将该物流分为循环部分和尾气部分；
c）在第二反应器中将已提取硫蒸气的气流中的二氧化硫还原成硫化氢；	F）将所述气态冷凝物流的循环部分中的几乎所有的硫成分转化为硫化氢，由此形成含有硫化氢、二氧化碳和水的冷凝物流；
d）提取还原气流中的水蒸汽，以便生成含硫化氢的第二气流；	G）从所述步骤F）中得到的所述冷凝物流的循环部分除去水；

本申请权利要求 1	对比文件 1 权利要求 1
e）使部分第二气流返回到第一反应器，和	H）通过将来自步骤 G）的、经干燥的循环冷凝物流的至少一部分作为稀释物流返还至上述步骤 A）中的 Claus 炉的燃烧区，以调节所述 Claus 炉中的温度。
f）排放净化气流，其特征在于，另一部分第二气流被作为净化气流，而且，进入步骤（c）的气流就是在步骤（b）中形成的气流，在步骤（b）和（c）之间再加热气流。	

由上述对比可以看出，二者所属的技术领域相同，所要解决的技术问题也相同，即通过从含硫化氢的气流中回收硫处理含硫化氢气体。

至于方法的各个步骤，本申请权利要求 1 的步骤 a）与对比文件 1 相比仅仅是表述方式不同。本申请权利要求 1 步骤 a）记载为，在第一反应器中将原料气流中的部分硫化氢转变成二氧化硫，并使所生成的二氧化硫与剩余的硫化氢反应生成硫蒸气和水蒸汽，以便生成含硫化氢、二氧化硫、水蒸汽和硫蒸气的含硫气流。对比文件 1 的权利要求 1 则记载了在 Claus 炉和 Claus 催化反应器中进行上述转化，首先将含硫化氢的气流与富氧空气或纯氧在 Claus 炉中燃烧，接着将得到的燃烧气体引入 Claus 催化反应器继续进行反应，由此生成含有硫化氢、二氧化硫、二氧化碳、水和元素硫的 Claus 气态物流。显然，对比文件 1 所述的 Claus 气态物流在组成成分上与本申请步骤 a）的含硫气流相同，而且二者得到的气态物流中都含有硫化氢，因而原料物流中的硫化氢都是被部分转化的。虽然本申请权利要求 1 是由本申请说明书附图 4 的方法实施例概括得到的，该实施例中不使用 Claus 催化反应器，而使用燃烧器 2 和炉 4，但是附图 4 的方法实施例只是权利要求 1 所概括的技术方案的一个具体实施方式，权利要求 1 本身并未具体说明第一反应器的构成，更未限定第一反应器只是一个或多个 Claus 炉，同时也未限定步骤 a）所得到的含硫化氢、二氧化硫、水蒸汽和硫蒸气的含硫气流中硫化氢和二氧化硫以及硫蒸气的比例，因此权利要求 1 的步骤 a）所得到的含硫气流与对比文件 1 步骤 D）得到的 Claus 气态物流并未体现出本质上的不同。故此，权利要求 1 的步骤 a）已经被对比文件 1 公开。

本申请权利要求 1 的步骤 b）、c）、d）、e）、f）与对比文件 1 的步骤 E）、F）、G）、H）相比，本申请步骤 b）和对比文件 1 步骤 E）都达到了提取或回收元素硫的目的；本申请步骤 c）和对比文件 1 步骤 F）都是将气态物流中的二氧化硫还原为硫化氢，只不过本申请步骤 c）是对所有脱硫后的气流进行还原反应，而对比文件 1 的步骤 E）则是将脱硫后的气态物流分为循环部分和尾气部分，并对循环气流进行还原反应；本申请步骤 d）和对比文件 1 步骤 G）都是从来自上一步骤的经还原的气流中除去水；本申请步骤 e）、f）是将脱水后的气流分为两部分，一部分返回第一反应器，另一部分作为净化气流排放，而对比文件 1 步骤 H）则是将脱水后的气流的至少一部分返回步骤 A）的 Claus 炉燃烧区。由此可见，上述多个步骤的实际区别在于对比文件 1 在还原反应的上游分出尾气部分，本申请权利要求 1 是在还原反应的下游分出净化气流。然而，在还原反应的上游工序或下游工序取出尾气或净化气流均属于本领域常规技术手段，本领域技术人员根据工艺条件和工艺要求不难确定尾气或净化气流的取出时机和取出位置，在答复第二次复审通知书的意见陈述中请求人也认为本申请取出净化气流的位置并不重要，另外，对所有脱硫后的气流进行还原反应所能达到的效果也是本领域技术人员根据现有技术能够预期的，因此该区别对于本领域技术人员来说是显而易见的。需要说明的是，本申请权利要求 1 并未限定第一反应器的具体构成，故此权利要求 1 的净化气流与对比文件 1 的尾气相比仅仅是表达方式不同而已。

至于本申请权利要求 1 的技术特征“进入步骤（c）的气流就是在步骤（b）中形成的气流”，由上述分析可知，对比文件 1 中进入步骤 F）的气流来自于步骤 E），也就是说，对比文件 1 进入步骤 F）（相应于本申请步骤（c））的气流正是在步骤 E）（相应于本申请步骤 b））中形成的气流，而且对比文件 1 并未提及步骤 E）和 F）之间的气流不相同，也没有提及在这两个步骤之间采取其他技术手段，因而上述技术特征已经被对比文件 1 公开。

至于本申请权利要求 1 的技术特征“步骤（b）和（c）之间再加热气流”，由于对比文件 1 明确记载了对脱硫后气流进行加氢前使用转化装置预热器 46（参见对比文件 1 第 9 栏第 39~40 行），因而该技术特征也已经被对比文件 1 公开。

因此，在对比文件 1 的基础上结合本领域常规技术手段的选择而获得权利要求 1 的技术方案对于本领域技术人员来说是显而易见的，此外，本申请并无证据表明权利要求 1 与对比文件 1 的预期效果存在实质性差异，故而权利要求 1 不具备突出的实质性特点和显著的进步，不具备专利法第 22 条第 3 款规定的创造性。

（2）在答复第二次《复审通知书》的意见陈述书中请求人认为，对比文件 1 公开的方法在步骤（D）中，离开 Claus 催化反应器的气流“组成”与可由本申请权利要求 1 的步骤（a）得到的物流并不“相同”，对比文件 1 的步骤（E）中形成的气体不等同于在本发明的步骤（b）中形成的气体。其具体理由是：

①在炉中不可能使进入该炉中的总硫化氢量的超过 70% 转化为硫，本发明方法的步骤（c）中用于还原的物流不可避免地含有至少 30% 进入步骤（a）的炉的总硫原子数，这意味着硫化氢至炉的循环率比在对比文件 1 的方法中大得多，结果本发明方法可以在炉（即第一反应器）中实现高得多的有效转化率。

②对比文件 1 由于在炉和氢化反应器之间使用至少一个 Claus 催化反应器，使得对比文件 1 中进入氢化反应器的原硫原子比例比本发明低得多，从而硫化氢由氢化反应器至炉的循环率大幅降低，因此对比文件 1 中硫化氢向硫的有效转化比本发明的方法少得多。

③如果假设炉的新（非循环）进料中有 2/3 的硫化氢分子被转化为硫，则最多剩余 1/3 的硫化氢分子用于循环，约有 2/3 的这些循环分子也将被转化为硫。因此在单位时间内每有 9 个进入炉的硫化氢分子，就可以得到 8 个硫（$9\times2/3+9\times1/3\times2/3=8$）。但是如果在炉与还原反应器之间有 Claus 催化阶段，由于在 Claus 催化阶段进一步转化，原有的 9 个硫化氢分子中最多只有 1 个可循环回炉。因此，炉的新非循环进料的每 9 个分子中只有（6+2/3）的硫蒸气离开炉（$9\times2/3+1\times2/3$）。由此可见，作为对比文件 1 所述方法的必要特征的 Claus 催化转化器对所述方法的总转化率只有很小的影响，它可以被省略而不会使转化率有任何实质性损失。

对此，合议组注意到，请求人的上述争辩意见实际上有一个前提，即以 Claus 炉作为本申请的第一反应器，在此前提下得出对比文件 1 步骤（D）中离开 Claus 催化反应器的气流组成与由本申请权利要求 1 步骤（a）得到的物流不相同，对比文件 1 步骤（E）中形成的气体不等同于在本发明步骤（b）中形成的气体，并进一步得出本申请权利要求 1 具备创造性的结论。然而，本申请权利要求 1 并未限定第一反应器的构成，虽然本申请说明书的实施例中使用的第一反应器可以是炉，但是权利要求 1 并未限定第一反应器为一个 Claus 炉，由于请求人的这个前提不存在，由此得出的结论也就不能成立。因此如以上（1）中所述，本申请权利要求 1 相对于对比文件 1 不具备创造性。

另外，即使如请求人所述，合议组认为对比文件 1 的方法获得的总转化率也并不比本申请权利要求 1 的方法得到的总转化率低，本申请权利要求 1 相对于对比文件 1 并未取得任何预料不到的技术效果。上述③举出的例子中，本申请权利要求 1 的方法以炉为第一反应器，炉的新进料中 2/3 的硫化氢分子被转化为硫，剩余 1/3 的硫化氢分子用于循环，约有 2/3 的这些循环分子也将被转化为硫，因而在单位时间内每有 9 个进入炉的硫化氢分子就可以得到 8 个硫（$9\times2/3+9\times1/3\times2/3=8$）；而对比文件 1 在炉与还原反应器之间有 Claus 催化阶段，炉的新进料中 2/3 的硫化氢分子被转化为硫，剩余 1/3 的硫化氢分子进入 Claus 催化反应器进行反应，然后原有的 9 个硫化氢分子最终只有 1 个分子用于循环回炉，2/3 的循环分子也将被转化为硫；那么，对比文件 1 中炉的新进料的每 9 个硫化氢分子实际上应当得到了（$9\times2/3+9\times1/3-1+1\times2/3$）的硫，显然，对比文件 1 的方法获得的总转化率与本申请权利要求 1 的方法得到的总转化率相当。而且，请求人认为对比文件 1 的 Claus 催化转化器对所述方法的总转化率只有很小的影响、它可以被省略而不会使转化率有任何实质性损失的主张不能成立。

根据上述事实和理由，合议组作出如下审查决定。

三、决定

维持国家知识产权局于 1998 年 8 月 6 日针对 93105696.9 号发明专利申请作出的驳回决定。

复审请求人对本决定不服的，可以根据专利法第 41 条第 2 款的规定，自收到本决定之日起 3 个月内向北京市第一中级人民法院起诉。

129

制备液晶薄膜和椭圆偏光器的方法

复审请求审查决定（第11569号）

决　定　号　第11569号
决　定　日　2007年9月26日
发明创造名称　制备液晶薄膜和椭圆偏光器的方法
国际分类号　G02B 5/30，C08J 5/18，C09J 7/00，B29C 41/12
复审请求人　新日本石油株式会社
申　请　号　02820595.2
申　请　日　2002年10月11日
优先权日　2001年10月11日
公　开　日　2005年1月26日
合议组组长　王桂莲
主　审　员　关　刚
参　审　员　马　燕

法律依据　专利法第22条第3款
决定要点

如果一项权利要求相对于对比文件1的区别技术特征在对比文件2中被公开，但该区别技术特征在对比文件2中所要解决的技术问题与在本申请中所要解决的技术问题不同，所达到的技术效果也不同，而现有技术也不存在将该区别技术特征应用于对比文件1以解决本申请所要解决的技术问题的技术启示，则该项权利要求相对于对比文件1和2的结合具备专利法第22条第3款规定的创造性。

一、案由

本复审请求涉及申请号为02820595.2，名称为"制备液晶薄膜和椭圆偏光器的方法"的发明专利申请（下称本申请），其申请日为2002年10月11日，优先权日为2001年10月11日，公开日为2005年1月26日，申请人为新日本石油株式会社。本申请公开时包括4项权利要求，其中权利要求1、2为独立权利要求。

国家知识产权局实质审查部门依法对本申请进行了实质审查，于2005年5月13日发出第一次审查意见通知书，指出本申请权利要求1~4相对于对比文件1和2的结合不符合专利法第22条第3款规定的创造性。其中所引用的对比文件1和2如下：

对比文件1：JP特开平8-278491 A，（公开日为1996年10月22日）；

对比文件2：JP特开平7-26223 A，（公开日为1995年1月27日）。

针对上述审查意见通知书，申请人于2005年9月27日提交了意见陈述书，认为本申请权利要求1~4相对于对比文件1和2的结合具备创造性，申请人未对申请文件进行修改。

经过上述实质审查程序后，国家知识产权局实质审查部门以本申请权利要求1~4不符合专利法第22条第3款的规定为由，于2006年6月9日做出了驳回本申请的决定。驳回决定中指出，权利要求1与对比文件1的区别在于“所述可剥离基板由单轴拉伸聚酯薄膜形成”，而对比文件2中公开了高透明度轻粘着抗静电保护膜中的基板薄膜由单轴拉伸聚对苯二甲酸乙二醇酯薄膜形成，并且所述抗静电层与基板薄膜之间具有轻黏着力，也就是说所述基板薄膜具有可剥离性，同时对于本领域普通技术人员来说所述单轴拉伸聚对苯二甲酸乙二醇酯薄膜具有优良的可剥离性和机械强度应是这种材料的固有属性，因此存在将对比文件2中公开的聚对苯二甲酸乙二醇酯薄膜用作对比文件1中的可剥离基板的技术启示。

申请人新日本石油株式会社（下称复审请求人）对上述驳回决定不服，于2006年9月14日向国家知识产权局专利复审委员会提出了复审请求。复审请求人认为，对比文件1没有公开或者暗示拉伸作为可剥离基板的聚酯，也没有公开和暗示这种聚酯能被用作检测液晶薄膜中光学缺陷的基板。而对比文件2中使用单轴拉伸聚对苯二甲酸乙二醇酯薄膜是利用了其与三乙酰基纤维素的折射率接近的特性，能减小在薄膜界面处以及偏振板处的光折射，其虽然公开了单轴拉伸的聚对苯二甲酸乙二醇酯薄膜，但并没有公开其用于液晶薄膜制备过程中的可剥离基板，因此不存在将其应用于对比文件1中作为可剥离基板的技术启示，也不能获得本申请提供可剥离性能和机械强度同时方便检测光学缺陷的有益效果。同时复审请求人提交了修改后的权利要求书全文替换页，在独立权利要求1和2中增加了技术特征“所述单轴拉伸聚酯薄膜可提供优良的可剥离性能和机械强度并方便对液晶薄膜执行光学缺陷检测”。修改后的权利要求书如下：

“1. 一种制备液晶薄膜的方法，其中该方法包括：通过黏合剂使液晶材料层与由单轴拉伸聚酯薄膜形成的可剥离基板相结合，所述液晶材料层具有固定的配向结构并形成在配向基板上，所述单轴拉伸聚酯薄膜可提供优良的可剥离性能和机械强度并方便对液晶薄膜执行光学缺陷检测；通过剥离所述配向基板，将所述液晶材料层转移至所述可剥离基板；以及从所述液晶材料层上剥离所述可剥离基板。

2. 一种制备椭圆偏光器的方法，其中该方法包括：通过黏合剂使液晶材料层与由单轴拉伸聚酯薄膜形成的可剥离基板相结合，所述液晶材料层具有固定的配向结构并形成在配向基板上，所述单轴拉伸聚酯薄膜可提供优良的可剥离性能和机械强度并方便对液晶薄膜执行光学缺陷检测；通过剥离所述配向基板，将所述液晶材料层转移至所述可剥离基板；以及在剥离所述可剥离基板后使一偏光器结合到所述液晶材料层上。

3. 如权利要求1所述的方法，其中所述单轴拉伸聚酯由聚对苯二甲酸乙二醇酯或由以聚对苯二甲酸乙二醇酯作为主要成分的聚酯形成。

4. 如权利要求2所述的方法，其中所述单轴拉伸聚酯由聚对苯二甲酸乙二醇酯或由以聚对苯二甲酸乙二醇酯作为主要成分的聚酯形成。”

经形式审查合格后，专利复审委员会依法受理了上述请求，并于2006年11月15日向复审请求人发出复审请求受理通知书，于同日向国家知识产权局原实质审查部门发出了前置审查通知书。

原实质审查部门对本复审请求做出前置审查意见，仍然坚持原驳回决定。

专利复审委员会依法成立合议组对本复审请求案进行审理。本案合议组在仔细审阅了全部案卷后，认为本案事实已经清楚，现依法作出复审决定。

二、决定的理由

1. 审查的基础

本复审决定所针对的文本是复审请求人于2006年9月14日提交的权利要求第1~4项、进入中国国家阶段时提交的说明书第1~16页、说明书摘要。

2. 关于专利法第22条第3款

专利法第22条第3款规定：创造性，是指同申请日以前已有的技术相比，该发明有突出的实质性特点和显著的进步，该实用新型有实质性特点和进步。

经审查，本申请涉及一种制备液晶薄膜和椭圆偏光器的方法，其所要解决的技术问题是：现有技术中作为可剥离基板的光学各向同性薄膜的剥离性、抗热性、强度以及薄膜厚度达不到要求，而以双轴拉伸的光学各向异性薄膜作为可剥离基板时由于双折射的影响难以检测液晶材料层的光学缺陷。为了解决这一技术问题，本申请在制造液晶薄膜的过程中利用具有优良剥离性能和机械强度、无双折射的单轴拉伸聚酯薄膜作为可剥离基板，以满足对于可剥离基板可剥离性能和机械强度的要求，并且便于光学缺陷的检测。

对比文件1：JP特开平8-278491 A公开了一种液晶高分子膜的制造方法，其与本申请都涉及液晶薄膜的制造方法，两者技术领域相同。对比文件1具体公开了如下技术特征（参见说明书第55栏第9行至第23行［0101］，图1）：可剥离基板14通过粘接剂13与以一定配向结构形成在配向基板11上的液晶聚合物薄膜层12粘接，随后，从液晶聚合物薄膜层12上剥离取向基板11，通过粘接剂15将液晶聚合物薄膜层12与透明基板16粘接，剥离所述可剥离基板14将液晶聚合物薄膜层12转印到透明基板16。

权利要求1请求保护的技术方案与对比文件1公开的技术方案相比，其区别在于，在权利要求1中包含如下技术特征：“由单轴拉伸聚酯薄膜形成可剥离基板，所述单轴拉伸聚酯薄膜可提供优良的可剥离性能和机械强度并方便对液晶薄膜执行光学缺陷检测”。

对比文件2：JP特开平7-26223 A公开了一种具有抗静电能力的轻黏着力高透明度保护膜，其中具体公开了如下技术特征（参见对比文件2说明书第2栏第1~28行）：所述保护膜包括单轴拉伸聚对苯二甲酸乙二醇酯薄膜形成的基板1，抗静电层2，丙烯酸系黏合剂层3。对比文件2为了解决现有技术中作为保护膜的基板材料的双轴拉伸聚对苯二甲酸乙二醇酯薄膜的折射率（约为1.66）与形成偏振片前表面的材料三乙酰基纤维素的折射率（约为1.49）相差较大，而由于该折射率差在基板和偏振板间产生的反射会影响其间缺陷检测的技术问题，以折射率约为1.50的单轴拉伸聚对苯二甲酸乙二醇酯薄膜作为保护膜的基板，从而减小基板与偏振板之间的反射，以便于其间的缺陷检测。另外用于获得轻黏着特性的丙烯酸系黏合剂层3是用于保护膜（包括基板1和抗静电层2）与光学元件（如偏振板）之间的粘贴，其轻黏着特性的作用是使保护膜粘贴失败时，还可以很好地再次进行粘贴。

合议组认为，对比文件2中公开的单轴拉伸聚对苯二甲酸乙二醇酯薄膜用作保护膜的基板，利用其折射率与形成偏光板前表面的三乙酰基纤维素的折射率接近的特点，起到减小基板与偏光板之间产生反射的作用。另外对比文件2中的轻黏着力是由保护膜（包括基板1和抗静电层2）与光学元件（如偏振板）之间的丙烯酸系黏合剂层3提供的，基板1与抗静电层2之间不需要剥离，因此不能推断出基板1具有可剥离性。可见，对比文件2中虽然公开了单轴拉伸聚对苯二甲酸乙二醇酯薄膜，但其在对比文件2中是作为保护膜的基板而不是作为可剥离基板，其被剥离时是与抗静电层2作为一个整体与光学元件剥离开，而不是与抗静电层2剥离，因此对比文件2中没有给出将单轴拉伸聚对苯二甲酸乙二醇酯薄膜作为制造液晶薄膜过程中的可剥离基板的技术启示，而本申请利用单轴拉伸聚酯薄膜作为可剥离基板获得了可剥离性能和机械强度优良，以及便于光学缺陷的检测的技术效果。同时，在对比文件 1 和 2 并未给出明确的教导，也未给出任何启示或暗示的情况下，简单认定单轴拉伸聚酯薄膜具有优良的可剥离性和机械强度是其固有属性，其可方便对液晶薄膜执行光学缺陷检测也是其固有性能的一个具体应用，由此得出将聚酯薄膜用于可剥离基板属于本领域公知常识是缺乏依据的。由上所述，权利要求 1 相对于对比文件 1 和 2 的结合具备突出的实质性特点和显著的进步，符合专利法第 22 条第 3 款规定的创造性。

另外，权利要求 2 请求保护一种制备椭圆偏光器的方法，权利要求 2 与对比文件 1 的区别在于权利要求 2 包含如下技术特征：（1）“由单轴拉伸聚酯薄膜形成可剥离基板，所述单轴拉伸聚酯薄膜可提供优良的可剥离性能和机械强度并方便对液晶薄膜执行光学缺陷检测”；（2）“在剥离所述可剥离基板后使偏光器结合到所述液晶材料层上”。

对于区别技术特征（2），由于对比文件 1 也公开了剥离所述可剥离基板 14 将液晶聚合物薄膜层 12 转印到透明基板 16（即光学元件）的技术特征，因此对于本领域普通技术人员来说，将液晶聚合物薄膜层转印到其他光学元件（如偏光器）上是显而易见的。而对于区别技术特征（1），基于上述理由可知，对比文件 2 没有公开该区别技术特征，并且也没有给出任何技术启示，因此，独立权利要求 2 相对于对比文件 1 和 2 的结合也具备突出的实质性特点和显著的进步，符合专利法第 22 条第 3 款规定的创造性。

本申请的权利要求 3 和 4 是分别对权利要求 1 和 2 进一步限定的从属权利要求，当权利要求 1 和 2 具备创造性时，其从属权利要求也具备专利法第 22 条第 3 款规定的创造性。

根据上述事实和理由，本案合议组依法做出以下审查决定。

三、决定

撤销国家知识产权局于 2006 年 6 月 9 日作出的驳回决定，在本复审决定所依据的文本的基础上继续进行审批程序，即：2006 年 9 月 14 日提交的权利要求第 1~4 项、进入中国国家阶段时提交的说明书第 1~16 页、说明书摘要。

复审请求人对本决定不服的，可以根据专利法第 41 条第 2 款的规定，自收到本决定之日起三个月内向北京市第一中级人民法院起诉。

130

采用基于字典的词类概率的自然语言语法分析程序

复审请求审查决定（第11573号）

决　定　号　第11573号
决　定　日　2007年9月28日
发明创造名称　采用基于字典的词类概率的自然语言语法分析程序
国 际 分 类 号　G10L 3/00，G10L 3/02，G10L 5/02，G10L 7/02
复 审 请 求 人　微软公司
申　请　号　97195968.4
申　请　日　1997年6月25日
优 先 权 日　1996年6月28日
公　开　日　1999年9月1日
合 议 组 组 长　张梅珍
主　审　员　刘亚斌
参　审　员　关　刚

法 律 依 据　专利法实施细则第2条第1款
决 定 要 点

如果涉及计算机程序的发明专利申请的解决方案执行计算机程序的目的不是解决技术问题，或者在计算机上运行计算机程序从而对外部或内部对象进行控制或处理所采用的不是利用自然规律的技术手段，或者获得的不是受自然规律约束的效果，则这种解决方案不属于专利法实施细则第2条第1款所说的技术方案，不属于专利保护的客体。

一、案由

本复审请求涉及申请号为97195968.4，名称为“采用基于字典的词类概率的自然语言语法分析程序”的PCT发明专利申请。申请人为微软公司。本申请的申请日为1997年6月25日，优先权日为1996年6月28日，进入中国国家阶段日为1998年12月28日，公开日为1999年9月1日。

经实质审查，国家知识产权局实质审查部门于2004年1月30日发出驳回决定，驳回了本发明专利申请，其理由是：本申请不符合专利法第31条第1款的规定。驳回决定所依据的文本为：申请人于2003年7月18日提交的权利要求第1~33项，于进入中国国家阶段时提交的说明书第1~15页、说明书附图第1~6页、说明书摘要和摘要附图。驳回决定所针对的权利要求书共有33项权利要求，其中包含9项独立权利要求内容如下：

“1. 一自然语言处理系统的语法分析程序中的方法，包括步骤：

对一字典中的相应单词检验个别的字典条目；

对一个别字典条目，计数在此字典条目中列举的与一词类相关的多个意义；和

根据与一特定词类相关的意义数推导一指明一字典条目是一特定词类的可能性程度的词类概率。

10. 在用于确定一单词在一自然语言正文中可能为哪一词类的自然语言处理系统中，该单词带有归因于它的多个意义地被列举在一字典中，这些意义反映此单词在不同上下文中可能呈现的多个不同词类，一方法包括步骤：

计数对此单词可能呈现的各词类在此字典中列举的意义数；和

根据结合一特定词类被计数的意义数推导一表明此单词是该特定词类的可能程度的词类概率。

14. 在用于确定一单词在一自然语言正文中可能是哪一词类的自然语言处理系统中，该单词带有归因于它的多重意义地列举在一字典中，这些意义反映此单词在不同上下文中可呈现的多个不同词类，一方法包括步骤：

计数对此单词可能呈现的各词类在字典中所列举的意义数；和

使用对各词类计数的意义数作为一该单词是一特定词类的可能性程度的指示。

16. 在一自然语言处理系统中，一方法包括以下步骤：

对在一字典中作为字典条目列举的语义，生成此些语义的词尾变化的形式；

对各语义，计数此字典中可归因于此语义的各词类的意义数；

对各词尾变化的形式，计数可归因于此词尾变化的形式的各词类的意义数且对各词类，将可归因于词尾变化的形式的意义数与可归因于由其生成此词尾变化的形式的语义的意义数相加；和

根据在所述计数步骤中计数的意义，对各语义和词尾变化的形式，推导一指明此语义或词尾变化的形式是一特定词类的可能性程度的词类概率。

22. 一种用于对一自然语言正文进行语法分析的方法，包括根据被推导的作为与词类相关的被列举在一字典中的意义的数量的函数的词类概率，选择用于该正文中一单词的一词类的步骤。

25. 一用于对自然语言正文进行语法分析以确定一单词在此正文中所呈现的词类的方法，包括为一起始语法分析选择该单词的与字典中所列举的最大意义数相关的一词类的步骤。

26. 一用于确定一单词在一自然语言正文中可能为哪一词类的设备，其包括：

一意义计数器，从一机器可读字典扫描单词并对各单词计数与可归因于此单词的各词类相关的意义数；和

一计算单元，根据由该意义计数器计数得的意义数，为各单词计算指明该单词是一特定词类的可能性程度的词类概率。

30. 一计算机化的基于规则的语法分析处理系统，包括：

处理器，以及

用于确定在自然语言正文中一个单词很可能是哪种词类的装置，包括：

意义计数器，从一机器可读字典扫描单词并对各单词计数与可归因于此单词的各词类相关的意义数；和

计算单元，根据由该意义计数器计数的意义数，为各单词计算指明该单词是一特定词类的可能性程度的词类概率，

其中该意义计数器与计算单元由该处理器来实施。

31. 一用于对自然语言正文进行语法分析以确定单词在此正文内呈现哪一词类的语法分析器，此语法分析器被配置成执行下列过程：

根据一对应于在此正文中一单词的词类的词类概率，选择该单词的哪一词类进行初始试用，此词

类概率是根据一字典中所列举的与此词类相关的意义数被推导出。”

申请人（下称复审请求人）对上述驳回决定不服，于 2004 年 5 月 13 日向专利复审委员会提出了复审请求，并且未对申请文本进行修改。复审请求人认为，本申请的独立权利要求均包含相应的特定技术特征，因而符合专利法第 31 条第 1 款的规定。

经形式审查合格，专利复审委员会依法受理了该复审请求，并于 2004 年 5 月 31 日向复审请求人发出了复审请求受理通知书，同日向原审查部门发出前置审查通知书。

原审查部门在前置审查意见书中坚持原驳回决定。

随后，专利复审委员会依法成立合议组对本案进行审理。

合议组于 2007 年 3 月 28 日向复审请求人发出复审通知书，指出权利要求 1~33 不符合专利法实施细则第 2 条第 1 款的规定。具体意见是：本申请的权利要求 1 请求保护一种自然语言处理系统的语法分析程序中的方法，该方案是利用公知的计算机对字典中一个条目的相关词类的意义数量进行计数并计算其词类概率。该方案虽然是通过计算机来实现对于字典条目的词类概率的计算，并且还涉及了使用一计算装置读取计算机可读字典，但是该计算机和具有读取功能的计算装置是公知的技术设备，对于字典条目的意义数量的统计和词类概率的计算既没有给计算机和计算装置的内部性能带来改进，也没有给计算机和计算装置的构成或功能带来任何技术上的改变；该方案解决的问题是如何计算一个字典条目是一特定词类的词类概率，不构成技术问题；所采用的手段是根据人为制定的规则对意义数量计数并进而计算概率，属于数学计算方法，而未利用技术手段；该方案是根据人为制定的规则来计算一个字典条目的词类概率，所获得的不是符合自然规律的技术效果。因此，权利要求 1 所要求保护的方案不属于专利法实施细则第 2 条第 1 款规定的技术方案，不属于专利保护的客体。同理，其从属权利要求 2~9 也不符合专利法实施细则第 2 条第 1 款的规定。同样，权利要求 10~33 也不符合专利法实施细则第 2 条第 1 款的规定。

复审请求人于 2007 年 7 月 12 日提交了意见陈述书，同时提交了权利要求书和说明书的全文修改替换页，其中对全部权利要求的主题进行了修改，并对说明书发明内容部分进行了适应性修改。修改后的权利要求书共有 33 项权利要求，其中包含 9 项独立权利要求内容如下：

“1. 一自然语言处理系统的计算机化正文串解释程序和语言合成程序中的方法，包括步骤：

对一字典中的相应单词检验个别的字典条目；

对一个别字典条目，计数在此字典条目中列举的与一词类相关的多个意义；和

根据与一特定词类相关的意义数推导一指明一字典条目是一特定词类的可能性程度的词类概率。

10. 在自然语言处理系统中的用于确定一单词在一自然语言正文中可能为哪一词类的计算机化正文串解释程序和语言合成程序中，该单词带有归因于它的多个意义地被列举在一字典中，这些意义反映此单词在不同上下文中可能呈现的多个不同词类，一方法包括步骤：

计数对此单词可能呈现的各词类在此字典中列举的意义数；和

根据结合一特定词类被计数的意义数推导一表明此单词是该特定词类的可能程度的词类概率。

14. 在自然语言处理系统中的用于确定一单词在一自然语言正文中可能是哪一词类的计算机化正文串解释程序和语言合成程序中，该单词带有归因于它的多重意义地列举在一字典中，这些意义反映此单词在不同上下文中可呈现的多个不同词类，一方法包括步骤：

计数对此单词可能呈现的各词类在字典中所列举的意义数；和

使用对各词类计数的意义数作为一该单词是一特定词类的可能性程度的指示。

16. 在一自然语言处理系统中，用于计算机化正文串解释程序和语言合成程序的一方法包括以下步骤：

对在一字典中作为字典条目列举的语义，生成此些语义的词尾变化的形式；

对各语义，计数此字典中可归因于此语义的各词类的意义数；

对各词尾变化的形式，计数可归因于此词尾变化的形式的各词类的意义数且对各词类，将可归因于词尾变化的形式的意义数与可归因于由其生成此词尾变化的形式的语义的意义数相加；和

根据在所述计数步骤中计数的意义，对各语义和词尾变化的形式，推导一指明此语义或词尾变化的形式是一特定词类的可能性程度的词类概率。

22. 一种用于计算机化正文串解释程序和语言合成程序以对一自然语言正文进行语法分析的方法，包括根据被推导的作为与词类相关的被列举在一字典中的意义的数量的函数的词类概率，选择用于该正文中一单词的一词类的步骤。

25. 一用于计算机化正文串解释程序和语言合成程序以对自然语言正文进行语法分析以确定一单词在此正文中所呈现的词类的方法，包括为一起始语法分析选择该单词的与字典中所列举的最大意义数相关的一词类的步骤。

26. 一用于计算机化正文串解释程序和语言合成程序以确定一单词在一自然语言正文中可能为哪一词类的设备，其包括：

一意义计数器，从一机器可读字典扫描单词并对各单词计数与可归因于此单词的各词类相关的意义数；和

一计算单元，根据由该意义计数器计数得的意义数，为各单词计算指明该单词是一特定词类的可能性程度的词类概率。

30. 一计算机化的基于规则的语法分析处理系统，包括：

处理器，以及

用于计算机化正文串解释程序和语言合成程序以确定在自然语言正文中一个单词很可能是哪种词类的装置，包括：

意义计数器，从一机器可读字典扫描单词并对各单词计数与可归因于此单词的各词类相关的意义数；和

计算单元，根据由该意义计数器计数的意义数，为各单词计算指明该单词是一特定词类的可能性程度的词类概率，

其中该意义计数器与计算单元由该处理器来实施。

31. 一用于对自然语言正文进行语法分析以确定单词在此正文内呈现哪一词类的计算机化正文串解释器和语言合成器，此计算机化正文串解释器和语言合成器被配置成执行下列过程：

根据一对应于在此正文中一单词的词类的词类概率，选择该单词的哪一词类进行初始试用，此词类概率是根据一字典中所列举的与此词类相关的意义数被推导出。”

复审请求人认为：修改后的权利要求 1~33 引述有“计算机化正文串解释程序和语言合成程序”，该特征不属于人为制定的规则，也不属于数学算法，是本领域技术人员显见的技术手段；该技术手段在拼写差错器、文法检验器、语音识别模块、语音合成模块、计算语言引擎和信息检索系统中有许多实际的应用；本发明对于解释用户以自然语言格式键入的检索串是非常实用的，能够理解该自然语言的问题和构成灵巧的关键字检索用于内部执行 MSN 或 Google 检索，以及将检索结果形成灵巧的原文应答以显示（讲）给用户，因此本发明在实际应用中产生了明显的技术效果。因此复审请求人认为权利要求 1~33 属于专利法实施细则第 2 条第 1 款规定的技术方案，属于专利保护的客体。

在上述程序的基础上，合议组认为本案事实已经清楚，可以作出审查决定。

二、决定的理由

1. 审查文本的认定

本审查决定针对的文本是：复审请求人于 2007 年 7 月 12 日提交的权利要求第 1~33 项、说明书第 1~17 页，于进入中国国家阶段时提交的说明书附图第 1~6 页、说明书摘要和摘要附图。

2. 关于专利法实施细则第 2 条第 1 款

专利法实施细则第 2 条第 1 款规定：专利法所称发明，是指对产品、方法或者其改进所提出的新的技术方案。

审查指南第二部分第九章第 2 节指出：如果涉及计算机程序的发明专利申请的解决方案执行计算机程序的目的不是解决技术问题，或者在计算机上运行计算机程序从而对外部或内部对象进行控制或处理所反映的不是利用自然规律的技术手段，或者获得的不是受自然规律约束的效果，则这种解决方案不属于专利法实施细则第 2 条第 1 款所说的技术方案，不属于专利保护的客体。

（1）权利要求 1~9 不符合专利法实施细则第 2 条第 1 款的规定。

权利要求 1~9 请求保护一自然语言处理系统的计算机化正文串解释程序和语言合成程序中的方法，该方案是利用公知的计算机对字典中一个条目的相关词类的意义数量进行计数并计算其词类概率。该方案虽然是通过计算机来实现对于字典条目的词类概率的计算，并且还涉及了使用一计算装置读取计算机可读字典，但是该计算机和具有读取功能的计算装置是公知的技术设备，对于字典条目的意义数量的统计和词类概率的计算既没有给计算机和计算装置的内部性能带来改进，也没有给计算机和计算装置的构成或功能带来任何技术上的改变。该方案解决的问题是如何计算一个字典条目是一特定词类的词类概率，不构成技术问题；所采用的手段是根据人为制定的规则对意义数量计数并进而计算概率，属于数学计算方法，而未利用技术手段；该方案是根据人为制定的规则来计算一个字典条目的词类概率，所获得的不是符合自然规律的技术效果。因此，权利要求 1~9 所要求保护的方案不属于专利法实施细则第 2 条第 1 款规定的技术方案，不属于专利保护的客体。

关于复审请求人在意见陈述书中的意见，合议组认为，复审请求人把权利要求 1 的主题名称由“一自然语言处理系统的语法分析程序中的方法”修改为“一自然语言处理系统的计算机化正文串解释程序和语言合成程序中的方法”，仅仅是改变了该方法所适用的领域，并未给该方法的具体方案带来实质性改变；而且，所述“计算机化正文串解释程序和语言合成程序”本身仅仅是一类计算机程序的泛指，其仅给出了该方法适用的范围，而不是该方法本身所采用的具体的技术手段；复审请求人所述的技术效果实质上是解释检索串的程序所产生的效果，并非权利要求 1 的方案的效果，实施权利要求 1 的方案所得到的结果是获得一字典条目是一特定词类的可能性程度的词类概率，其仅仅是根据人为制定的规则计算得到的结果，而不是受自然规律约束的技术效果。因此，合议组认为，复审请求人的上述主张不能成立。

（2）权利要求 10~13 不符合专利法实施细则第 2 条第 1 款的规定。

权利要求 10~13 请求保护一种在自然语言处理系统中的用于确定一单词在一自然语言正文中可能为哪一词类的计算机化正文串解释程序和语言合成程序中的方法，该方案是利用公知的计算机对一个单词在字典中各词类的意义数量进行计数并计算其词类概率。该方案虽然是通过计算机来实现对于字典中一个单词的词类概率的计算，但是该计算机是公知的技术设备，对于单词在字典中各词类的意义数量的统计和词类概率的计算既没有给计算机的内部性能带来改进，也没有给计算机的构成或功能带来任何技术上的改变。该方案解决的问题是如何计算字典中的一个单词是一特定词类的词类概率，不构成技术问题；所采用的手段是根据人为制定的规则对意义数量计数并进而计算概率，属于数学计算方法，而未利用技术手段；该方案是根据人为制定的规则来计算一个单词在字典中的词类概率，所获得的不是符合自然规律的技术效果。因此，权利要求 10~13 所要求保护的方案不属于专利法实施细则第 2 条第 1 款规定的技术方案，不属于专利保护的客体。

（3）权利要求 14~15 不符合专利法实施细则第 2 条第 1 款的规定。

权利要求 14~15 请求保护一种在自然语言处理系统中的用于确定一单词在一自然语言正文中可能是哪一词类的计算机化正文串解释程序和语言合成程序中的方法，该方案是利用公知的计算机对一个单词在字典中各词类的意义数量进行计数并使用该意义数来指示该单词是一特定词类的可能性程度。该方案虽然是通过计算机来获得对于字典中一个单词的词类可能性的指示，但是该计算机是公知的技术设备，对于单词在字典中各词类的意义数量的统计既没有给计算机的内部性能带来改进，也没有给计算机的构成或功能带来任何技术上的改变。该方案解决的问题是如何得到字典中的一个单词是一特定词类的可能性指示，不构成技术问题；所采用的手段是根据人为制定的规则对意义数量计数并用来指示词类可能性，属于数学计算方法，而未利用技术手段；该方案是根据人为制定的规则来获得一个单词在字典中的词类可能性，所获得的不是符合自然规律的技术效果。因此，权利要求 14、15 所要求保护的方案不属于专利法实施细则第 2 条第 1 款规定的技术方案，不属于专利保护的客体。

（4）权利要求 16~21 不符合专利法实施细则第 2 条第 1 款的规定。

权利要求 16~21 请求保护一种在一自然语言处理系统中用于计算机化正文串解释程序和语言合成程序的方法，该方案是利用公知的计算机对各个语义和各个词尾变化形式在字典中对应的各词类的意义数量进行计数并计算其词类概率。该方案虽然是通过计算机来实现对于字典中各个语义和各个词尾变化形式的词类概率的计算，并且还涉及使用一计算装置读取计算机可读字典，但是该计算机和计算装置是公知的技术设备，对于在字典中各词类的意义数量的统计和词类概率的计算既没有给计算机和计算装置的内部性能带来改进，也没有给计算机和计算装置的构成或功能带来任何技术上的改变。该方案解决的问题是如何计算字典中的一个语义或词尾变化形式是一特定词类的词类概率，不构成技术问题；所采用的手段是根据人为制定的规则对意义数量计数并进而计算概率，属于数学计算方法，而未利用技术手段；该方案是根据人为制定的规则来计算一个语义或词尾变化形式在字典中的词类概率，所获得的不是符合自然规律的技术效果。因此，权利要求 16~21 所要求保护的方案不属于专利法实施细则第 2 条第 1 款规定的技术方案，不属于专利保护的客体。

（5）权利要求 22~24 不符合专利法实施细则第 2 条第 1 款的规定。

权利要求 22~24 请求保护一种用于计算机化正文串解释程序和语言合成程序以对一自然语言正文进行语法分析的方法，该方案是利用公知的计算机根据一个单词在字典中所列举的与词类相关的意义数量的函数来计算词类概率，以选择该单词的词类。该方案虽然是通过计算机来实现对于字典中一个单词的词类概率的计算和词类选择，但是该计算机是公知的技术设备，对于单词在字典中各词类的意义数量及其词类概率的计算既没有给计算机的内部性能带来改进，也没有给计算机的构成或功能带来任何技术上的改变。该方案解决的问题是如何通过计算字典中的一个单词是一特定词类的词类概率来选择其词类，不构成技术问题；所采用的手段是根据人为制定的规则对意义数量计数并进而计算概率，属于数学计算方法，而未利用技术手段；该方案是根据人为制定的规则来计算一个单词在字典中的词类概率并进而确定其词类，所获得的不是符合自然规律的技术效果。因此，权利要求 22~24 所要求保护的方案不属于专利法实施细则第 2 条第 1 款规定的技术方案，不属于专利保护的客体。

（6）权利要求 25 不符合专利法实施细则第 2 条第 1 款的规定。

权利要求 25 请求保护一种用于计算机化正文串解释程序和语言合成程序以对自然语言正文进行语法分析以确定一单词在此正文中所呈现的词类的方法，该方案是利用公知的计算机根据一个单词在字典中所列举的最大意义数来选择其相关的词类。该方案虽然是通过计算机来实现对于字典中一个单词的词类选择，但是该计算机是公知的技术设备，对于单词在字典中各词类的意义数量的计算和词类选择既没有给计算机的内部性能带来改进，也没有给计算机的构成或功能带来任何技术上的改变。该方案解决的问题是如何通过计算单词在字典中的意义数量来选择其词类，不构成技术问题；所采用的手段是根据人为制定的规则对意义数量计数并进而选择词类，属于数学计算方法，而未利用技术手段；该方案是根据人为制定的规则来计算一个单词在字典中的意义数量并进而确定其词类，所获得的不是符合自然规律的技术效果。因此，该权利要求 25 所要求保护的方案不属于专利法实施细则第 2 条第 1 款规定的技术方案，不属于专利保护的客体。

（7）权利要求 26~29 不符合专利法实施细则第 2 条第 1 款的规定。

权利要求 26~29 请求保护一种用于计算机化正文串解释程序和语言合成程序以确定一单词在一自然语言正文中可能为哪一词类的设备，该方案是利用意义计数器对各单词的各词类相关的意义数进行计数，和利用计算单元根据意义数计算各单词的词类概率。该方案虽然是通过上述装置来实现对于字典中各单词的意义数计数和词类概率计算，但是这些装置是公知的技术设备，对于单词在字典中各词类的意义数量及其词类概率的计算既没有给上述装置的内部性能带来改进，也没有给上述装置的构成或功能带来任何技术上的改变。该方案解决的问题是如何根据各单词在字典中的各词类的意义数来计算其词类概率，不构成技术问题；所采用的手段是根据人为制定的规则对意义数量计数并进而计算概率，属于数学计算方法，而未利用技术手段；该方案是根据人为制定的规则来计算各单词在字典中的词类概率，所获得的不是符合自然规律的技术效果。因此，权利要求 26~29 所要求保护的方案不属于专利法实施细则第 2 条第 1 款规定的技术方案，不属于专利保护的客体。

（8）权利要求 30 不符合专利法实施细则第 2 条第 1 款的规定。

权利要求 30 请求保护一种计算机化的基于规则的语法分析处理系统，该方案涉及处理器以及用于计算机化正文串解释程序和语言合成程序以确定单词词类的装置，该用于计算机化正文串解释程序和语言合成程序以确定单词词类的装置包括用于对各单词的各词类相关的意义数进行计数的意义计数器和用于根据意义数计算各单词的词类概率的计算单元。该方案虽然是通过上述装置来实现对于字典中各单词的意义数计数和词类概率计算，但是这些装置是公知的技术设备，对于单词在字典中各词类的意义数量及其词类概率的计算既没有给上述装置的内部性能带来改进，也没有给上述装置的构成或功能带来任何技术上的改变。该方案解决的问题是如何根据各单词在字典中的各词类的意义数来计算其词类概率，不构成技术问题；所采用的手段是根据人为制定的规则对意义数量计数并进而计算概率，属于数学计算方法，而未利用技术手段；该方案是根据人为制定的规则来计算各单词在字典中的词类概率，所获得的不是符合自然规律的技术效果。因此，该权利要求 30 所要求保护的方案不属于专利法实施细则第 2 条第 1 款规定的技术方案，不属于专利保护的客体。

（9）权利要求 31~33 不符合专利法实施细则第 2 条第 1 款的规定。

权利要求 31~33 请求保护一种用于对自然语言正文进行语法分析以确定单词在此正文内呈现哪一词类的计算机化正文串解释器和语言合成器，该方案是利用公知的计算机根据一个单词在字典中所列举的与词类相关的意义数来计算词类概率，以选择该单词的词类。该方案虽然是通过计算机来实现对于字典中一个单词的词类概率的计算和词类选择，但是该计算机是公知的技术设备，对于单词在字典中各词类的意义数量及其词类概率的计算既没有给计算机的内部性能带来改进，也没有给计算机的构成或功能带来任何技术上的改变。该方案解决的问题是如何通过计算字典中的一个单词是一特定词类的词类概率来选择其词类，不构成技术问题；所采用的手段是根据人为制定的规则对意义数量计数并进而计算概率，属于数学计算方法，而未利用技术手段；该方案是根据人为制定的规则来计算一个单词在字典中的词类概率并进而确定其词类，所获得的不是符合自然规律的技术效果。因此，权利要求 31~33 所要求保护的方案不属于专利法实施细则第 2 条第 1 款规定的技术方案，不属于专利保护的客体。

综上所述，本申请的权利要求 1~33 均不符合专利法实施细则第 2 条第 1 款的规定，不属于专利保护的客体。

基于上述事实和理由，本案合议组依法作出以下审查决定。

三、决定

维持国家知识产权局于 2004 年 1 月 30 日对本申请作出的驳回决定。

复审请求人对本决定不服的，可以根据专利法第 41 条第 2 款的规定，自收到本决定之日起三个月内向北京市第一中级人民法院起诉。

131

建立自动化对象和在工程系统中嵌入该自动化对象的方法

复审请求审查决定（第11576号）

决　定　号　第11576号
决　定　日　2007年9月28日
发明创造名称　建立自动化对象和在工程系统中嵌入该自动化对象的方法
国际分类号　G05B 19/05
复审请求人　西门子公司
申　请　号　00807256.6
申　请　日　2000年3月9日
优先权日　1999年3月9日
公　开　日　2002年5月15日
合议组组长　黄玉平
主　审　员　宋　瑞
参　审　员　杨军艳

法律依据　专利法第26条第3款
决定要点

如果一件专利申请的说明书中缺少对实现该申请技术方案所必需的技术内容的必要描述，导致本领域技术人员不进行创造性劳动无法实现本申请的技术方案，解决其技术问题，并无法产生预期的技术效果，则该申请说明书不符合专利法第26条第3款的规定。

一、案由

本复审请求涉及申请号为00807256.6、提交申请时发明名称为“具有由模件组元构成自动化对象的自动化系统”的PCT发明专利申请（下称本申请），其申请日为2000年3月9日，优先权日为1999年3月9日，公开日为2002年5月15日，申请人为西门子公司。

在实质审查程序中，国家知识产权局专利实质审查部门以本申请说明书不符合专利法第26条第3款的规定为由，于2003年10月24日作出了驳回本申请的决定。

驳回决定所针对的申请文本是申请人于2003年7月25日提交的权利要求第1~11项、说明书第1~5页、说明书附图第1页，于2001年11月6日（即进入中国国家阶段时）提交的说明书附图第2页、说明书摘要和摘要附图。

驳回决定认为，本申请的发明点在于要将第二组元设计成标准模件，可用于对不同厂商的自动化对象进行管理，包括进行连接和/或参数化。但说明书中并没有描述出采用何种方法或手段，以及采用何种标准设计第二组元的标准模件，从而使不同的自动化对象具有“统一且清晰的数据块”，“用于管理和/或存储具有从属模件的自动化对象”。并且说明书中也没有清楚描述出如何将一个自动化对象转化为一个一般的自动化对象并对其技术功能进行补充。

申请人西门子公司（下称复审请求人）不服上述驳回决定，于2004年2月6日向专利复审委员会提出复审请求，同时提交了权利要求书、说明书的全文修改替换页和著录项目变更申报书，将本申请的发明名称修改为“建立自动化对象和在工程系统中嵌入该自动化对象的方法”。其复审请求的理由为：复审请求人修改了权利要求书和说明书，修改后的权利要求直接得到了说明书的支持，附图3和4以及对其的相关描述清楚地说明了工程系统是如何与自动化对象及其模件进行通信的。本领域的技术人员根据权利要求、说明书和附图的描述完全能够理解本发明并实现本发明的技术方案，因此，说明书的公开是充分的。

经形式审查合格后，专利复审委员会受理了上述复审请求，并于2004年2月16日向复审请求人发出复审请求受理通知书，同时发出前置审查通知书，将本案送至原实质审查部门进行前置审查。

原审查部门对该复审请求做出前置审查意见，仍然坚持原驳回决定。

针对该复审请求，专利复审委员会依法成立合议组，对本案进行审理。本案合议组于2007年4月17日向复审请求人发出复审通知书，指出：根据本申请说明书中的记载，本申请的目的在于提供一种开放且分布式的自动化方案，尤其能够采用不同生产厂商的自动化对象。考虑到对自动化基本要求的统一，即，将第二组元设计成标准模件并规定用于自动化对象的连接和/或参数化（参见说明书发明内容部分）。显然，将第二组元设计成标准模件是理解和实现本申请所述自动化方案必不可少的技术内容，但是在本申请说明书中并没有说明要采用何种方法或手段、以及采用何种标准设计第二组元的标准模件。针对复审请求人的复审理由，合议组认为，不管是本申请说明书实施例部分还是附图1~4中，都没有说明第二组元是如何设计成标准模件的，附图2中虽然标有标准模件，但是也没有对如何设计标准模件给出任何信息。因此，说明书中没有清楚地说明如何构成一个自动化对象，所属技术领域的技术人员根据说明书的描述无法实现其技术方案，解决其技术问题，且无法产生预期的技术效果，本申请说明书不符合专利法第26条第3款的规定。

针对上述复审通知书的意见，复审请求人于2007年6月4日提交了意见陈述书，认为在提出复审请求时已删除了关于第二组元实现为标准模件的原权利要求2。修改后的当前权利要求书中并不包含该被认为公开不充分的特征。此外，当前权利要求1的技术方案仍然能够解决本发明所要解决的提供开放且分布式的自动化方案，尤其能够采用不同生产厂商的自动化对象的技术问题。这一点也在说明书中结合附图3的描述中给出。因此复审请求人认为本申请说明书公开是充分的，符合专利法第26条第3款的规定。

经过上述审查程序，本案合议组认为本案事实已经清楚，可以作出复审决定。

二、决定的理由

1. 关于审查文本

本复审决定是以复审请求人于2004年2月6日提交的权利要求第1~7项、说明书第1~5页，于2003年7月25日提交的说明书附图第1页，于2001年11月6日提交的说明书附图第2页以及说明书摘要和摘要附图为审查基础作出的。

2. 关于专利法第26条第3款

专利法第26条第3款规定：说明书应当对发明或者实用新型作出清楚、完整的说明，以所属技术领域的技术人员能够实现为准；必要的时候，应当有附图。

具体到本案中，根据本申请说明书的记载，在本申请之前的现有技术中，一个生产厂商的自动化对象要求有一个自己的工程系统，而不能在有其他生产厂商的自动化对象的其他系统中使用。本申请的目的在于提供一种开放且分布式的自动化方案，它尤其能够采用不同生产厂商的自动化对象。在本申请中，上述目的是通过以如下方式建立自动化对象为基础来实现的，即一个自动化对象包含用于产生系统功能的第一组元、用于产生基本功能的第二组元和用于管理至少一个模件的第三组元，其中第一组元主要为其他部分提供一个实施基础，将第二组元设计成标准模件并规定用于自动化对象的连接和/或参数化，第三组元构成模件管理，为所有包含在模件中的技术功能提供服务。

不同生产厂商的自动化对象一般都具有不同的连接通信方式和参数化标准，显然将上述第二组元设计成标准模件是实现本申请所述开放且分布式自动化方案所必不可少的技术内容，但是在本申请说明书中并没有说明要采用何种方法或手段，以及采用何种标准将第二组元设计为标准模件，说明书中也没有清楚地说明如何将一个自动化对象转化为一个一般的自动化对象并对其技术功能进行补充的。因此，说明书中没有清楚地说明如何构成一个自动化对象，所属技术领域的技术人员根据说明书的描述不进行创造性劳动无法实现其技术方案，解决其技术问题，并无法产生预期的技术效果，因此本申请说明书不符合专利法第26条第3款的规定。

复审请求人在答复复审通知书的意见陈述中认为，将所述第二组元作为标准模件是可选特性，并不是必需的。另外，根据当前的独立权利要求1的技术方案仍然能够解决本申请所要解决的提供开放且分布式的自动化方案，尤其能够采用不同生产厂商的自动化对象的技术问题。

对此，本案合议组认为，复审请求人并没有从正面解释在本申请中，如果不是将第二组元设计成标准模件，那又是如何实现采用不同生产厂商的自动化对象的，复审请求人仅仅强调“第二组元作为标准模件”不是必须的，缺乏说服力。独立权利要求1请求保护一种用于建立自动化对象（$A_1 \cdots A_n$）和在工程系统（E，$E_1 \cdots E_3$）中嵌入该自动化对象（$A_1 \cdots A_n$）的方法，根据本申请说明书的记载，上述方法是在建立如上所述的包含第一组元、第二组元和第三组元的自动化对象的基础上进行的，也就是说，本申请的上述方法同样无法回避对构成自动化系统的自动化对象的设计，也就同样需要将第二组元设计成标准模件，从而确保能够采用不同厂商的自动化对象。而本申请说明书恰恰缺少对如何将第二组元设计成标准模件的描述，从而导致本申请说明书中缺乏一个完整的技术方案。因此复审请求人意见陈述书中的上述观点不成立。

综上所述，本申请说明书不符合专利法第26条第3款的规定。因此，合议组作出以下复审请求审查决定。

三、决定

维持国家知识产权局于2003年10月24日对00807256.6号发明专利申请作出的驳回决定。

复审请求人对本决定不服的，可根据专利法第41条第2款的规定，自收到本决定之日起三个月内向北京市第一中级人民法院起诉。

132

音响发生装置及其制造方法

复审请求审查决定（第11577号）

决　　定　　号　第11577号
决　　定　　日　2007年10月8日
发明创造名称　音响发生装置及其制造方法
国 际 分 类 号　G10K 15/04，G10L 11/00 // G10L101：00
复 审 请 求 人　石井达矢
申　　请　　号　00807996.X
申　　请　　日　2000年5月24日
优 先 权 日　1999年5月24日，2000年3月10日
公　　开　　日　2002年5月29日
合 议 组 组 长　张梅珍
主　　审　　员　刘亚斌
参　　审　　员　马　燕

法 律 依 据　专利法第22条第2款、第3款
决 定 要 点
对于包含使用方法特征的产品权利要求，如果所属技术领域的技术人员根据该使用方法无法将要求保护的产品与对比文件产品区分开，且复审请求人未能证明二者在结构和/或组成上不同，则可推定要求保护的产品与对比文件产品相同，该产品权利要求不具备新颖性。

一、案由

本复审请求涉及申请号为00807996.X，名称为“音响发生装置及其制造方法”的发明专利PCT申请（下称本申请）。申请人为石井达矢。本申请的申请日为2000年5月24日，优先权日为1999年5月24日和2000年3月10日，进入中国国家阶段的日期为2001年11月23日，公开日为2002年5月29日。

经实质审查，国家知识产权局实质审查部门于2006年6月9日依据以下文本作出了驳回本申请的决定：申请人于2004年11月24日提交的权利要求第1~11项，于进入中国国家阶段时提交的说明书第1~8页、说明书附图第1~9页和说明书摘要。驳回决定所针对的权利要求书如下：

“1. 一种具有记录媒体的音响发生装置，其中，选择待表现的音响，发生并记录该音响，进行该音响的频谱分析，相对于频率和时间绘制出所述音响的多个频率分量，并且表现为图像，将根据所述频谱分析得到的所述图像记录在所述记录媒体上，通过摩擦该记录媒体上所述图像的表面，来产生音响。

2. 根据权利要求1所述的音响发生装置，其中，所述图像是印刷的根据所述频谱分析得到的多个频率分量的图形。

3. 根据权利要求1所述的音响发生装置，其中所述音响包括声音，所述根据所述频谱分析得到的图像包括声音印迹。

4. 一种音响发生器，包括：

在振动元件上的至少一个图形，所述振动元件谐振以产生具有多个频率分量的音响，其中所述音响经过频谱分析，在频谱分析中，所述多个频率分量形成图像，以产生至少一个图形；以及

其中，摩擦所述至少一个图形的表面使得在所述振动元件上的至少一个图形谐振。

5. 根据权利要求4所述的音响发生器，其中所述在所述振动元件上的至少一个图形是多个频率分量的图像的一部分。

6. 根据权利要求5所述的音响发生器，其中所述振动元件是纸，所述图像印刷在所述纸上。

7. 根据权利要求4所述的音响发生器，其中所述至少一个图形与所述振动元件的摩擦特性不同。

8. 一种音响发生器，包括：

记录在记录媒体上的至少一个图像，所述图像代表经过频谱分析的音响，在所述频谱分析中，绘制出音响的多个频率分量的频率和时间的表，以产生所述图像，

其中，摩擦在所述记录媒体上的所述图像的表面，产生声音。

9. 根据权利要求8所述的音响发生器，其中所述图像具有多个图形部分，所述图形部分与所述记录媒体的摩擦特性不同，并且所述图形部分印刷在所述记录媒体上。

10. 根据权利要求9所述的音响发生器，其中所述记录媒体是纸，所述图形部分被印刷在所述纸上。

11. 根据权利要求10所述的音响发生器，其中所述纸是光泽纸，所述图形分量是印刷在所述光泽纸上的油性墨水。”

驳回决定中引用了如下两篇对比文件：

对比文件1：日本专利公开特许公报昭57-40705A，公开日为1982年3月6日；

对比文件2：日本专利公开实用新案公报平1-181100U，公开日为1989年12月27日。

驳回理由是：（1）权利要求3~5、7~9的修改不符合专利法第33条的规定。从属权利要求3、5、7的附加特征、权利要求4所述的音响发生器、在振动元件上有至少一个图形、通过谐振来发出声音、权利要求8所述的音响发生器、在振动元件上有至少一个图像、绘制出多个频率分量的频率和时间的表、权利要求9所述的“图像具有多个图形部分，所述图形部分与所述记录媒体的摩擦特性不同”在原申请文本中没有记载，不符合专利法第33条的规定。（2）本申请的权利要求1、2、6、10、11不具备专利法第22条第3款规定的创造性。权利要求1要求保护一种音响发生装置，对比文件2公开了一种声音再生装置，其中披露了对于待表现的声音和其他音响的发声，用对声音的符号化手段的输出对应的声音信号的图像结果印刷到记录媒体上，其中该声音符号化手段的输出表现出了声音的频谱的图案，并且该图案是相对于频率和时间制出的很多频率分量；权利要求1和对比文件2的区别仅在于权利要求1中是通过摩擦该记录媒体的表面发出声音；而对比文件1公开了一种类似于带或者类似于薄片的声音记录媒体，其中公开了声音记录媒体能够通过手指的或者其他东西的滑动产生音响效果，并且对比文件1和2与本申请属于同一个领域，因此本领域技术人员根据对比文件1和2的结合想到本申请权利要求1要求保护的技术方案是显而易见的，因此权利要求1不具备专利法第22条第3款规定的创造性。从属权利要求2、6、10、11的附加技术特征或者被对比文件2公开或者是公知常识，因此也不具备专利法第22条第3款规定的创造性。

申请人石井达矢（下称复审请求人）对上述驳回决定不服，于2006年9月25日向专利复审委员会提出了复审请求，没有提交修改文本。复审请求人认为，关于创造性，对比文件1中是通过指甲卡在凹凸中进行滑动发声，与其说是纸的发声不如说是指甲的发声，而本申请中是将音响频谱的图像印刷到媒体上，并不存在凹凸，当手指摩擦媒体时通过媒体振动重放音响频谱的声音；对比文件2中印刷到纸上的不是音响频谱，而是声音编码装置的输出，并且需要光头和驱动器来重放印刷到纸上的信息，其中没有公开用手指摩擦印刷到纸上的频谱图像、使纸张振动并重放声音的构思，因此对比文件1和2没有教导本申请的发明点，权利要求1~11相对于对比文件1和2具有创造性。此外，复审请求人还认为，权利要求3~5、7~9中的内容实质上并没有超出原说明书和权利要求书的范围，符合专利法第33条的规定。

经形式审查合格，专利复审委员会依法受理了该复审请求，并于2006年12月5日向复审请求人发出了复审请求受理通知书，同日向原审查部门发出前置审查通知书。

原审查部门在前置审查意见书中坚持原驳回决定。

随后，专利复审委员会依法成立合议组对本案进行审理。

合议组于2007年1月22日向复审请求人发出复审请求口头审理通知书，定于2007年3月7日举行口头审理，并在通知书正文中指出：（1）本申请的权利要求3、4、7~9的修改不符合专利法第33条的规定。权利要求3所述“根据频谱分析得到的图像包括声音印迹”中的“声音印迹”在原说明书和权利要求书中没有记载；权利要求4中的“所述振动元件谐振以产生……”和“摩擦……使得在所述振动元件上的至少一个图形谐振”中使用了“谐振”，而原说明书和权利要求书中仅记载了“振动”；权利要求7中记载了“所述至少一个图形与所述振动元件的摩擦特性不同”，而在原说明书和权利要求书中仅记载了关于“振动特性”的内容，并没有关于“摩擦特性”的记载；权利要求8所述“绘制出音响的多个频率分量的频率和时间的表，以产生所述图像”中的“绘制出音响的多个频率分量的频率和时间的表”在原说明书和权利要求书中没有记载；权利要求9中描述了“所述图形部分与所述记录媒体的摩擦特性不同”，而在原说明书和权利要求书中仅记载了关于“振动特性”的内容，并没有关于“摩擦特性”的记载。（2）说明书不符合专利法第26条第3款的规定。说明书中没有给出能够将图像的声音信息置换为振动的技术手段，而仅仅描述了通过用手指进行摩擦来使印刷面振动的方式，并且声称手指具有重放该图像信息的能力，但是本领域技术人员根据该说明书中的记载，仅仅能够使所述印刷面产生振动，并不能再现该印刷面上的图像信息所表示的声音，更不能“相当忠实地再现声音”，从而利用说明书中的技术手段并不能解决本发明所要解决的技术问题，即通过在记录媒体上记录对声音进行频谱分析的图像以及通过摩擦该图像来再现该声音，所以不符合专利法第26条第3款的规定；说明书中没有解释“与浊音相反的表面加工”的具体含义以及如何实施该技术手段，本领域技术人员根据说明书中的记载，无法清楚地得知所述“与浊音相反的表面加工”的具体含义，也无法实施该技术手段，因此说明书中给出的该技术手段是含糊不清的，不符合专利法第26条第3款的规定。

口头审理如期举行，复审请求人参加了口头审理。在口头审理中，复审请求人表示认可口头审理通知书中关于本申请不符合专利法第33条规定的意见，并表示随后将提交权利要求书的修改替换页；复审请求人介绍了本申请的技术方案、发音原理和产品制作方法，当庭出示了本申请的浊音发生装置的样品，利用该样品进行了通过手指摩擦发声的演示，并针对口头审理通知书中指出的不符合专利法第26条第3款的问题充分发表了意见。

复审请求人于2007年3月16日提交了针对复审请求口头审理通知书的意见陈述书，同时提交了权利要求书的全文修改替换页，其中将权利要求3中的“声音印记”修改为“声纹”，将权利要求4

中的“谐振”修改为“振动”，将权利要求7和9中的“摩擦特性”修改为“振动特性”，此外还将权利要求书中出现的所有“音响”替换为“浊音”。关于专利法第26条第3款，复审请求人认为，本申请所述发明的发音原理是通过在记录介质上打印频谱，在记录介质的表面上形成了微观上的凹凸不平的三维结构，当手指摩擦印刷有频谱的打印介质时，打印介质振动发出声音；本发明是一项开创性发明，在不需要专门的电子或机械装置的情况下，能够基本忠实地再现浊音。

合议组于2007年5月16日发出复审通知书，指出：权利要求8所述“绘制出浊音的多个频率分量的频率和时间的表”超出了原说明书和权利要求书记载的范围，不符合专利法第33条的规定；权利要求1、2、4~7不具备新颖性，权利要求3不具备创造性；同时还指出，即使复审请求人将权利要求8中的“表”修改为“频谱图”从而克服了不符合专利法第33条规定的缺陷，该权利要求8及其从属权利要求9~10也不具备新颖性，其从属权利要求11也不具备创造性。

复审请求人于2007年8月17日提交了意见陈述书，同时提交了权利要求书的全文修改替换页，其中将权利要求8中的“绘制出浊音的多个频率分量的频率和时间的表”修改为“绘制出浊音的多个频率分量的频率和时间的频谱图”。修改后的权利要求书包括如下11项权利要求：

“1. 一种具有记录媒体的浊音发生装置，其中，选择待表现的浊音，发生并记录该浊音，进行该浊音的频谱分析，相对于频率和时间绘制出所述浊音的多个频率分量，并且表现为图像，将根据所述频谱分析得到的所述图像记录在所述记录媒体上，通过摩擦该记录媒体上所述图像的表面，来产生浊音。

2. 根据权利要求1所述的浊音发生装置，其中，所述图像是印刷的根据所述频谱分析得到的多个频率分量的图形。

3. 根据权利要求1所述的浊音发生装置，其中所述根据所述频谱分析得到的图像包括声纹。

4. 一种浊音发生器，包括：

在振动元件上的至少一个图形，所述振动元件振动以产生具有多个频率分量的浊音，其中所述浊音经过频谱分析，在频谱分析中，所述多个频率分量形成图像，以产生至少一个图形；以及

其中，摩擦所述至少一个图形的表面使得在所述振动元件上的至少一个图形振动。

5. 根据权利要求4所述的浊音发生器，其中所述在所述振动元件上的至少一个图形是多个频率分量的图像的一部分。

6. 根据权利要求5所述的浊音发生器，其中所述振动元件是纸，所述图像印刷在所述纸上。

7. 根据权利要求4所述的浊音发生器，其中所述至少一个图形与所述振动元件的振动特性不同。

8. 一种浊音发生器，包括：

记录在记录媒体上的至少一个图像，所述图象代表经过频谱分析的浊音，在所述频谱分析中，绘制出浊音的多个频率分量的频率和时间的频谱图，以产生所述图像，

其中，摩擦在所述记录媒体上的所述图像的表面，产生声音。

9. 根据权利要求8所述的浊音发生器，其中所述图像具有多个图形部分，所述图形部分与所述记录媒体的振动特性不同，并且所述图形部分印刷在所述记录媒体上。

10. 根据权利要求9所述的浊音发生器，其中所述记录媒体是纸，所述图形部分被印刷在所述纸上。

11. 根据权利要求10所述的浊音发生器，其中所述纸是光泽纸，所述图形分量是印刷在所述光泽纸上的油性墨水。”

复审请求人认为，对比文件2的声音再生装置和本申请权利要求1的浊音发生装置之间存在如下区别：（1）对比文件2的声音再生装置包括记录媒体和再生仪器，而本申请权利要求1的浊音发生装

置仅包括记录媒体，（2）对比文件 2 是通过专用的再生仪器读取记录媒体上的频谱分析结果来电子地再生声音，而本申请权利要求 1 中是通过摩擦频谱图像的表面再生声音，即通过机械振动再生浊音，因此认为权利要求 1 具有新颖性，并且还认为本申请的技术效果是不需要电子装置、由简单构成的浊音发生装置来发出所希望的浊音，从而其从属权利要求 2~3 也具有新颖性和创造性；同理认为权利要求 4~11 相对于对比文件 2 也具有新颖性和创造性。

在上述程序的基础上，合议组认为本案事实已经清楚，可以作出审查决定。

二、决定的理由

1. 关于审查文本

复审请求人于 2007 年 8 月 17 日提交了权利要求书的修改替换页，经审查，修改后的权利要求书符合专利法第 33 条的规定，因此，本决定针对的文本是：复审请求人于 2007 年 8 月 17 日提交的权利要求第 1~11 项，于进入中国国家阶段时提交的说明书第 1~8 页、附图第 1~9 页以及说明书摘要。

2. 关于专利法第 22 条第 2~3 款

专利法第 22 条第 2 款规定：新颖性，是指在申请日以前没有同样的发明或者实用新型在国内外出版物上公开发表过、在国内公开使用过或者以其他方式为公众所知，也没有同样的发明或者实用新型由他人向国务院专利行政部门提出过申请并且记载在申请日以后公布的专利申请文件中。

专利法第 22 条第 3 款规定：创造性，是指同申请日以前已有的技术相比，该发明有突出的实质性特点和显著的进步，该实用新型有实质性特点和进步。

审查指南第二部分第三章第 3.2.5 节规定，对于包含性能、参数特征的产品权利要求，应当考虑权利要求中的性能、参数特征是否隐含了要求保护的产品具有某种特定结构和/或组成。如果该性能、参数隐含了要求保护的产品具有区别于对比文件产品的结构和/或组成，则该权利要求具备新颖性；相反，如果所属技术领域的技术人员根据该性能、参数无法将要求保护的产品与对比文件产品区分开，则可推定要求保护的产品与对比文件产品相同，因此申请的权利要求不具备新颖性，除非申请人能够根据申请文件或现有技术证明权利要求中包含性能、参数特征的产品与对比文件产品在结构和/或组成上不同。

（1）权利要求 1 不具备专利法第 22 条第 2 款规定的新颖性。

权利要求 1 请求保护一种具有记录媒体的浊音发生装置，对比文件 2 公开了一种声音再生装置，其中（参见说明书第 4 页第 8 行至第 5 页倒数第 2 行，图 1~4）公开了通过对接收的声音进行频谱分析，在时间轴上以图像形式绘制出该声音的多个频率分量，并且记录在纸上（相当于权利要求 1 所述的记录媒体）。

由上可知，权利要求 1 所请求保护的技术方案未被对比文件 2 公开的内容是：权利要求 1 中是通过摩擦该记录媒体上所述图像的表面来产生浊音。

对此，合议组认为，上述内容仅仅是限定了该浊音发生装置的使用方法，而该使用方法（摩擦图像表面）是利用了该浊音发生装置（印刷有图像的纸张）本身固有的振动特性来实现的，其实质上是体现了该浊音发生装置的一种性能，并没有使该浊音发生装置的结构产生任何改变，而该装置的全部结构特征均已被对比文件 2 公开，从而可以直接地、毫无疑义地推定对比文件 2 中印有声音频谱图的纸张也具有与权利要求 1 所述的浊音发生装置相同的振动特性，因此包含这种体现浊音发生装置性能的特征限定的权利要求 1 相对于对比文件 2 的装置不具备专利法第 22 条第 2 款规定的新颖性。

复审请求人认为，对比文件 2 的声音再生装置和本申请权利要求 1 的浊音发生装置之间存在如下区别：①对比文件 2 的声音再生装置包括记录媒体和再生仪器，而本申请权利要求 1 的浊音发生装置仅包括记录媒体，②对比文件 2 是通过专用的再生仪器读取记录媒体上的频谱分析结果来电子地再生声音，而本申请权利要求 1 中是通过摩擦频谱图像的表面再生声音，即通过机械振动再生浊音。本申请的技术效果是不需要电子装置、由简单构成的浊音发生装置来发出所希望的浊音。对此，合议组认为，关于上述区别①，本申请权利要求 1 的浊音发生装置实质上就是记录有声音频谱图像的记录媒体，这就相当于对比文件 2 的声音再生装置的记录媒体即印有声音频谱图的纸张；关于上述区别②，对比文件 2 中虽然没有明确记载通过摩擦频谱图像的表面来再生声音，即复审请求人所述的通过机械振动再生浊音，但是由上面的评述可知，该特征实质上是仅仅限定了权利要求 1 所述浊音发生装置的使用方法的性能特征，其并没有使该浊音发生装置的结构产生任何改变，而该装置的全部结构特征均已被对比文件 2 中印有声音频谱图的纸张公开，并且也没有证据表明二者在结构或组成上有何不同，因此可以直接地、毫无疑义地推定对比文件 2 中所述印有声音频谱图的纸张也应当具有与权利要求 1 所述浊音发生装置相同的振动特性，也就是说，不利用电子装置而仅通过摩擦对比文件 2 中记录媒体上的频谱图像表面也可以再生声音。因此复审请求人的上述第②点区别特征也不成立。

（2）从属权利要求 2 不具备专利法第 22 条第 2 款规定的新颖性。

从属权利要求 2 的附加技术特征是“所述图像是印刷的根据所述频谱分析得到的多个频率分量的图形”，而该特征也已经被对比文件 2 所披露（参见说明书第 4 页第 8 行至第 5 页倒数第 2 行以及图 1、2），因此，在权利要求 1 不具备新颖性的情况下，其从属权利要求 2 相对于对比文件 2 也不具备专利法第 22 条第 2 款规定的新颖性。

（3）从属权利要求 3 不具备专利法第 22 条第 3 款规定的创造性。

从属权利要求 3 的附加技术特征是“所述根据所述频谱分析得到的图像包括声纹”，而声纹是声音信号处理领域中常用的频谱分析特征，属于本领域的公知常识，因此，在权利要求 1 不具备新颖性的情况下，其从属权利要求 3 相对于对比文件 2 和公知常识的结合也不具备专利法第 22 条第 3 款规定的创造性。

（4）权利要求 4 不具备专利法第 22 条第 2 款规定的新颖性。

权利要求 4 请求保护一种浊音发生器，对比文件 2 公开了一种声音再生装置，其中（参见说明书第 4 页第 8 行至第 5 页倒数第 2 行，图 1~4）公开了在纸上（相当于权利要求 4 所述的振动元件）包括印刷的图形，并且该图形是通过对接收的声音进行频谱分析得到多个频率分量并以图像形式绘制出来的。

由上可知，权利要求 4 所请求保护的技术方案未被对比文件 2 公开的内容是：权利要求 4 中还包括通过摩擦所述图形的表面来使得振动元件上的图形振动以产生浊音。

但是，该内容实质上与上述权利要求 1 所请求保护的技术方案中未被对比文件 2 公开的内容相同，由上文中对于权利要求 1 的评述可知，该内容实质上是仅仅限定了该浊音发生器的使用方法的性能特征，其并没有使该浊音发生器的结构产生任何改变，因此权利要求 4 相对于对比文件 2 不具备专利法第 22 条第 2 款规定的新颖性。

（5）从属权利要求 5 不具备专利法第 22 条第 2 款规定的新颖性。

从属权利要求 5 的附加技术特征是“所述在所述振动元件上的至少一个图形是多个频率分量的图象的一部分”，而该特征也已经被对比文件 2 所披露（参见说明书第 4 页第 8 行至第 5 页倒数第 2 行以及图 1、2），因此，在权利要求 4 不具备新颖性的情况下，其从属权利要求 5 相对于对比文件 2 也不具备专利法第 22 条第 2 款规定的新颖性。

（6）从属权利要求 6 不具备专利法第 22 条第 2 款规定的新颖性。

从属权利要求 6 的附加技术特征是“所述振动元件是纸，所述图像印刷在所述纸上”，而该特征也已经被对比文件 2 所披露（参见说明书第 4 页第 8 行至第 5 页倒数第 2 行以及图 1、2），因此，在权利要求5不具备新颖性的情况下，其从属权利要求6相对于对比文件2也不具备专利法第22条第2款规定的新颖性。

（7）从属权利要求7不具备专利法第22条第2款规定的新颖性。

从属权利要求7的附加技术特征是“所述至少一个图形与所述振动元件的振动特性不同”，而该特征是由印刷有图像的纸张本身固有的振动特性所决定的，其并没有使该装置的结构产生任何改变，因此，在权利要求4不具备新颖性的情况下，其从属权利要求7相对于对比文件2也不具备专利法第22条第2款规定的新颖性。

（8）权利要求8请求保护一种浊音发生器，对比文件2公开了一种声音再生装置，其中（参见说明书第4页第8行至第5页倒数第2行，图1~4）公开了包括印刷在纸上（相当于权利要求8所述的记录媒体）的图像，该图像是对接收的声音进行频谱分析所得到的结果，在该频谱分析中绘制出声音的多个频率分量的频谱图。

由上可知，权利要求8所请求保护的技术方案未被对比文件2公开的内容是：权利要求8中还包括通过摩擦所述记录媒体上的图像的表面来产生声音。

但是，该内容实质上与上述权利要求1所请求保护的技术方案中未被对比文件2公开的内容相同，由上文中对于权利要求1的评述可知，该内容实质上仅仅限定了该浊音发生器的使用方法的性能特征，并没有使该浊音发生器的结构产生任何改变，因此该权利要求8相对于对比文件2不具备专利法第22条第2款规定的新颖性。

（9）从属权利要求9的附加技术特征是“所述图像具有多个图形部分，所述图形部分与所述记录媒体的振动特性不同，并且所述图形部分印刷在所述记录媒体上”，其中“图像具有多个图形部分”和“图形部分印刷在所述记录媒体上”的特征均已被对比文件2所公开（参见说明书第4页第8行至第5页倒数第2行，图1~4），而特征“所述图形部分与所述记录媒体的振动特性不同”是由印刷有图像的纸张本身固有的振动特性所决定的，其并没有使该装置的结构产生任何改变，因此，在权利要求8不具备新颖性的情况下，其从属权利要求9相对于对比文件2也不具备专利法第22条第2款规定的新颖性。

（10）从属权利要求10的附加技术特征是“所述记录媒体是纸，所述图形部分被印刷在所述纸上”，而该特征也已经被对比文件2所披露（参见说明书第4页第8行至第5页倒数第2行以及图1、2），因此，在权利要求8不具备新颖性的情况下，其从属权利要求10相对于对比文件2也不具备专利法第22条第2款规定的新颖性。

（11）从属权利要求11的附加技术特征是“所述纸是光泽纸，所述图形分量是印刷在所述光泽纸上的油性墨水”，而使用光泽纸和油性墨水进行印刷是本领域中常用的技术手段，属于本领域的公知常识，因此，在权利要求8不具备新颖性的情况下，其从属权利要求11相对于对比文件2和公知常识的结合也不具备专利法第22条第3款规定的创造性。

综上所述，本申请权利要求1、2、4~10不符合专利法第22条第2款的规定，权利要求3、11不符合专利法第22条第3款的规定，故本案合议组依法作出以下审查决定。

三、决定

维持国家知识产权局于2006年6月9日对本申请作出的驳回决定。

复审请求人如对本决定不服的，可以根据专利法第41条第2款的规定，自收到本决定之日起三个月内向北京市第一中级人民法院起诉。

133

支承孩子的肩安全带

复审请求审查决定（第11580号）

决　定　号　第11580号
决　定　日　2007年9月30日
发明创造名称　支承孩子的肩安全带
国际分类号　A47D 13/02
复审请求人　比约恩婴儿用品公司
申　请　号　02813045.6
优先权日　2001年6月28日
申　请　日　2002年6月18日
公　开　日　2004年10月13日
合议组组长　翁晓君
主　审　员　朱明雅
参　审　员　张　琳

法律依据　专利法第22条第3款
决定要点

权利要求相对于对比文件的区别技术特征都是公知常识，本领域技术人员无须付出创造性劳动即可得到权利要求所要保护的技术方案，因此权利要求相对于对比文件和公知常识的结合不具有专利法第22条第3款规定的创造性。

一、案由

本复审请求涉及名称为"支承孩子的肩安全带"的02813045.6号发明专利申请（下称本申请），其进入中国国家阶段日期为2003年12月29日，申请日为2002年6月18日，优先权日为2001年6月28日，申请人为比约恩婴儿用品公司。

国家知识产权局实质审查部门于2005年9月9日驳回了本申请，其驳回理由是本申请的权利要求第1~10项不具备创造性。驳回决定所依据的文本为：本申请进入中国国家阶段时提交的附图第1~4页，2003年12月29日提交的摘要以及摘要附图，2005年7月30日提交的权利要求第1~10项、说明书第1~7页。其中驳回决定所依据的权利要求1的内容如下：

"1. 一种支承孩子的肩安全带，包括安全带装置（10、11、12、14、31、36、37），其包括胸带（31）和前件（22），其中，所述前件至少在其上部是柔性的，其中所述前件的下部连接到该安全带下部，且在其横向分开的侧边缘（25）处与该胸带连接，这样形成支承孩子的袋，其特征在于：可选择性地调节长度的连接装置（60、60′、60″）具有第一端部（61、62）和第二端部（69），它们在相互横向分开且具有基本上相互距离的位置连接到前件（22）；且该连接装置（60）包括使所述两个端部（62、69）之间的有效距离可以选择性地设置的调节配件（61）；

在将各胸带（31）连接到前件的邻近侧边缘（25）的固定装置（41、32）之上的位置，可释放的联接或者带扣（70、80）将前件的上边缘部分（122）的横向端部（125）连接到邻近的胸带（31）的邻近部分；

该连接装置（60″）在其固定装置（41、32）处连接到该前件的横向部分。”

申请人（下称复审请求人）不服原实质审查部门做出的驳回决定，于2005年12月21日提出复审请求，并提交了修改后的权利要求第1~11项。请求人修改了权利要求3并增加了从属权利要求4。请求人在意见陈述书中认为，对比文件2公开的带有长度可变的带装置的帽子，其与本申请涉及的是完全不同的问题。本申请所要解决的问题是由于孩子的头部可能楔向其安全带的侧面而可能引起不舒服。因此，从对比文件1和2所公开的内容并不能自然而然地得出本发明的技术方案。

经形式审查合格后，专利复审委员会受理了该复审请求，并于2006年1月25日向复审请求人发出复审请求受理通知书，同时向原实质审查部门发出前置审查意见通知书。原实质审查部门在前置审查意见中坚持原驳回决定。

专利复审委员会依法成立合议组对本案进行审理。于2006年5月23日发出复审通知书，指出：请求人提交的修改后的权利要求1~11仍不具备创造性，不符合专利法第22条第3款的规定。

2006年7月5日，复审请求人针对上述复审意见通知书进行了意见陈述，并提交了修改后的权利要求第1~11项。其中，修改后的权利要求1的内容如下：

“1. 一种支承孩子的肩安全带，包括安全带装置（10、11、12、14、31、36、37），其包括胸带（31）和前件（22），其中，所述前件至少在其上部是柔性的，其中所述前件的下部连接到该安全带下部，且在其横向分开的侧边缘（25）处与该胸带连接，这样形成支承孩子的袋，

其特征在于：可选择性地调节长度的连接装置（60、60′、60″）具有第一端部（61、62）和第二端部（69），它们在相互横向分开且具有基本上相互距离的位置连接到前件（22）；且该连接装置（60）包括使所述两个端部（62、69）之间的有效距离可以选择性地设置的调节配件（61）；

在将各胸带（31）连接到前件的邻近侧边缘（25）的固定装置（41、32）之上的位置，可释放的联接或者带扣（70、80）将前件的上边缘部分（122）的横向端部（125）连接到邻近的胸带（31）的邻近部分；

该连接装置（60″）在其固定装置（41、32）处连接到该前件的横向部分；

该前件在连接装置（60）的紧固位置（62，69）之间具有两个垂直的和水平分隔开的折线（127，128），从而当连接装置（60）缩短时该前件的上横向部分弯曲成为一个预定的图形。”

本案合议组针对上述意见陈述书和修改后的申请文件，于2006年8月28日再次发出复审通知书，指出：复审请求人对权利要求书进行的修改仍不符合专利法第22条第3款的规定。

2006年12月11日，复审请求人针对上述复审意见通知书再次进行了意见陈述，但没有提交申请文件的修改文本。复审请求人主张权利要求1提供的新颖和实质性的信息所涉及的是连接装置定位的具体位置、紧固位置、连接装置的朝向以及婴儿安全带前件中的折线，这些特征提供了具有创造性的技术效果；对比文件1中的垫27中的折线是一种事后的认识，故本申请权利要求均具有创造性。

至此，合议组认为本案事实已经清楚，依法做出本复审请求决定。

二、决定的理由

1. 审查文本

本复审决定所依据的文本为申请日进入中国国家阶段时提交的附图第1~4页、摘要以及摘要附图，2005年7月30日提交的说明书第1~7页，2006年7月5日提交的权利要求第1~11项。

2. 关于创造性的问题

根据专利法第22条第3款规定，创造性，是指同申请日以前已有的技术相比，该发明具有突出的实质性特点和显著的技术进步，该实用新型具有实质性特点和进步。

合议组评价本申请创造性所引用的对比文件与实质审查过程中所引用的对比文件相同，即对比文件1：US5490620 A，公开日1996年2月13日；

对比文件2 CN 2342629Y，公开日1999年10月13日。

（1）权利要求1不具备创造性。权利要求1请求保护一种支承孩子的肩安全带，对比文件1也公开了一种支承孩子的肩安全带，该肩安全带包括胸带1和前件2，所述前件的下部的两个环21连接到该安全带下部，且在其横向分开的侧边缘处与该胸带下部的固定装置3连接，这样形成支承孩子的带，在将各胸带连接到前件的邻近侧边缘的固定装置之上的位置，可释放的连接或者带扣将前件的上边缘部分的横向端部23和24连接到邻近的胸带的邻近部分12；其中上部宽度的调节采用了固定装置23和24，通过分别与胸带上的按扣固定装置12相连，从而达到调整前件上部宽度的作用；下部宽度的调节采用了按扣固定装置33和34，通过与连接装置11的不同连接方式，实现下部宽度的调节（参见对比文件1说明书以及附图1、4、5、8、9）。

权利要求1所要求保护的技术方案与对比文件1公开的技术内容相比，区别在于：①权利要求1中所述前件至少在其上部是柔软的。②权利要求1使用的是两个端部之间的有效距离可以选择性地设置的调节配件，而对比文件1中的固定装置只能调整两个固定宽度，即23与12相连时一个宽度、24与12相连时一个宽度。③权利要求1的前件在连接装置的紧固位置之间具有两个垂直的和水平分隔开的折线，从而当连接装置缩短时该前件的上横向部分弯曲成为一个预定的图形。但这些区别特征都是本领域的公知常识：对于区别特征①，用于与孩子头部相接触的材料就应当是柔软的是本领域的公知常识；对于区别特征②，由于本领域中经常会使用到有效距离可以选择性地设置的调节配件，例如在对比文件2中用以调节帽子宽度的调节配件，以及在各种背包、服装中广泛使用的调节长度的调节配件，因此，本领域技术人员容易想到采用权利要求1所述的调节配件来替代对比文件1中所述的固定装置，从而起到有效距离可以选择性设置的作用；对于区别特征③，由于本申请安全带装置的前件具有可调整长度的连接装置，当调整连接装置收缩到一定程度时，前件必然会发生变形，且变形部分必然会依照折线凸起形成一定空间，这些特征是使用可调整长度的连接装置时会发生的必然现象，因为这种必然现象，本领域技术人员会在易变形区设置折线以满足该变形，例如对比文件1中垫27中间两条竖向折线就是该作用，故其是本领域的公知常识。即权利要求1相对于对比文件1和公知常识的结合仍不具备创造性，不符合专利法第22条第3款的规定。

（2）权利要求2是权利要求1的从属权利要求，其附加技术特征中“该连接装置（60）包括延伸通过调节配件（61）的拉伸带（66）”所述的拉伸带，是本领域连接装置中经常具有的结构，是本领域公知常识，在其所引用的权利要求1不具备创造性的情况下，权利要求2也不具备专利法第22条第3款规定的创造性。

（3）权利要求3、4的附加技术特征也是本领域的公知常识：在调整宽度的情况下，在被调整的部件发生变形出现若干个折线，且这些折线保持平行，是调整部件宽度经常出现的现象，是本领域的公知常识。因此，在它们所引用的权利要求不具备创造性的情况下，权利要求3、4也不具备专利法

第22条第3款规定的创造性。

（4）权利要求5的附加技术特征已经被对比文件1公开：从对比文件1的附图1中可以看出，对比文件1中的横向端部23和24相当于权利要求5的联接装置70，对比文件1中的11或12相当于权利要求5的联接装置80，其连接部位以及相互间角度与权利要求5都相同，且对比文件1的连接也可以单手完成，因此，权利要求5的附加技术特征都已经被对比文件1公开，在其引用的权利要求1不具备创造性的情况下，权利要求5也不具备专利法第22条第3款规定的创造性。

（5）权利要求6的附加技术特征已经被对比文件1公开：从对比文件1的附图1中可以看出，对比文件1的前件的上边缘的每个横向端部都通过固定装置23、24或33、34、35与胸带相连，这些固定装置就相当于权利要求6中的连接装置60和连接部分70。因此，在其引用的权利要求5不具备创造性的情况下，权利要求6也不具备专利法第22条第3款规定的创造性。

（6）权利要求7的附加技术特征已经被对比文件1公开：从对比文件1的附图4、5中可以看出，对比文件1中前件的上边缘也是可以折叠的，其折线22就相当于权利要求7中的折线124，也是大致水平的，且对比文件1中部件的连接位置与权利要求7也相同，因此，在其引用的权利要求1不具备创造性的情况下，权利要求7也不具备专利法第22条第3款规定的创造性。

（7）权利要求8~11的附加技术特征都是本领域的公知常识：权利要求8~10所述的连接部分是本领域中经常使用的连接装置，其结构以及装置间如何连接都是本领域所公知的；权利要求11所述的连接装置的位置也是本领域技术人员所公知的，因此，在它们所引用的权利要求不具备创造性的情况下，权利要求8~11也不具备专利法第22条第3款规定的创造性。

针对请求人在答复第二次复审意见通知书中所述的观点，合议组认为，权利要求1所述的连接装置定位的具体位置、紧固位置、连接装置的朝向以及婴儿安全带前件中的折线这些特征或是被对比文件1和2所公开，或者是本领域中常用的技术手段，因此，它们的结合并未带来更有益的技术效果；而对比文件1中的垫27中的折线，不论对比文件1的发明点是否在折线上，该折线都完成了本申请中折线所完成的功能，并且采用这种折线所能取得的效果对本领域技术人员来说是容易想到的，因此，采用折线这种技术手段不是一种事后的认识。合议组对请求人的上述主张不予支持。

综上所述，合议组认为本申请权利要求1~11均不符合专利法第22条第3款有关创造性的规定。

根据上述事实和理由，本案合议组做出以下审查决定。

三、决定

维持国家知识产权局于2005年9月9日对02813045.6号发明专利申请作出的驳回决定。

复审请求人对本决定不服的，可以根据专利法第41条第2款的规定，自收到本决定之日起3个月内向北京市第一中级人民法院起诉。

134

包含至少一种吸氢金属间化合物的光纤和光纤光缆

复审请求审查决定（第 11583 号）

决　定　号　第 11583 号
决　定　日　2007 年 10 月 8 日
发明创造名称　包含至少一种吸氢金属间化合物的光纤和光纤光缆
国 际 分 类 号　G02B 6/44
复 审 请 求 人　阿尔卡塔尔公司
申　请　号　00817551.9
申　请　日　2000 年 12 月 7 日
优 先 权 日　1999 年 12 月 22 日
公　开　日　2003 年 4 月 23 日
合 议 组 组 长　张　曦
主　审　员　李晓娜
参　审　员　宋　瑞

法 律 依 据　专利法第 22 条第 3 款、第 33 条
决 定 要 点

如果权利要求的技术方案与对比文件的公开内容相比具有区别技术特征，而对比文件中均未给出采用该技术方案以解决其技术问题的启示，且该技术方案能产生有益的技术效果，则该技术方案相对于现有技术具备突出的实质性特点和显著的进步，具有专利法第 22 条第 3 款规定的创造性。

一、案由

本复审请求涉及申请号为 00817551.9、名称为“包含至少一种吸氢金属间化合物的光纤和光纤光缆”的 PCT 发明专利申请（下称本申请），其申请人为阿尔卡塔尔公司，申请日为 2000 年 12 月 7 日，优先权日为 1999 年 12 月 22 日，进入中国国家阶段的日期为 2002 年 6 月 21 日，公开日为 2003 年 4 月 23 日。

经实质审查，国家知识产权局实质审查部门于 2005 年 5 月 13 日发出驳回决定，以本申请权利要求 1、3、6~9、11、14~18 不符合专利法第 22 条第 3 款的规定为由驳回了本申请，驳回决定所依据的文本为申请人于 2004 年 9 月 23 日提交的权利要求书第 1~18 项、说明书第 3 页以及进入中国国家阶段时提交的说明书第 1、2、4~6 页、说明书附图第 1 页、说明书摘要和摘要附图。驳回决定所针对的权利要求 1、3、6~9、11、14~18 中，独立权利要求 1 和 9 的内容如下：

“1. 包括光导部分和位于该光导部分周围的周边部分的光纤，所述周边部分由至少一个保护覆层

构成，所述光纤在位于其光导部分外侧的覆层中包括至少一种由至少两种金属构成的晶态金属间化合物，所述化合物在氢化物形成期间的平稳压强低于等于 5×10^{-2}atm，该压强值在 30℃ 下采用压力组成温度法测得，而且，所述化合物具有 AB_xM_y 形式，其中：

· A 为至少一种选自于元素周期表分类中的 IIa，IIIb，或 IVb 族元素；

· B 为至少一种选自于元素周期表分类中的 Vb，VIII，或 IIIa 族元素；

· M 包括至少一种元素周期表分类中的 VIb，VIIb，Ib 或 IIb 族元素；

而且，

· $0\leq x\leq10$；

· $0\leq y\leq3$，如果 A 只包含 IIa 族元素；

· $0.2\leq y\leq3$，如果 A 包含至少一种 IIIb 或 IVb 族元素。

……

9. 具有至少一个光纤的光纤光缆，所述光缆在光纤之光导部分之外部分包括至少一种晶态金属间化合物，所述化合物由至少两种金属形成，其在氢化物形成期间的平稳压强小于或等于 5×10^{-2}atm，该压强值采用压力组成温度法在 30℃ 下测得，所述化合物具有 AB_xM_y 形式，其中：

· A 由至少一种选自于元素周期表分类中的 IIa，IIIb，或 IVb 族元素构成；

· B 由至少一种选自于元素周期表分类中的 Vb，VIII，或 IIIa 族元素构成；

· M 包括至少一种选自于元素周期表分类中的 VIb，VIIb，Ib 或 IIb 族元素；

而且：

· $0\leq x\leq10$；

· $0\leq y\leq3$，如果 A 只包含 IIa 族元素；

· $0.2\leq y\leq3$，如果 A 包含至少一种 IIIb 或 IVb 族元素。"

驳回决定中引用了如下 3 篇对比文件：

对比文件 1：US4718747 号美国专利说明书，公开日为 1988 年 1 月 12 日；

对比文件 2：JP 昭 63-282226A 号日本公开特许公报，公开日为 1988 年 11 月 18 日；

对比文件 3：GB2144878A 号英国专利申请说明书，公开日为 1985 年 3 月 13 日。

驳回决定中指出：（1）本申请权利要求 1 与对比文件 1 的区别技术特征在于：权利要求 1 中所述的晶态金属间化合物在氢化物形成期间的平稳压力低于等于 5×10^{-2}atm，该压力值在 30℃ 下采用压力组成温度法测得，且所述化合物具有权利要求 1 所限定的 AB_xM_y 形式；而对比文件 2 公开了结构式为（$Ti_{1-y}Zr_y)_xCr_{2-z-u}Fe_zMn_uCu_w$ 的吸氢合金（其实质上为权利要求 1 所述 AB_xM_y 形式的化合物），该合金在氢化物形成期间的平衡压强在 -20℃ 下测得小于等于 $20kg/cm^2$（即 2×10^{-2}Pa，即使换算到 30℃ 下，仍然小于权利要求 1 中的 5×10^{-2}atm），对比文件 3 也公开了一种光纤，其具有由紧密排列晶体结构的合金构成的阻氢包层，对比文件 1、2、3 中公开的合金都包含Ⅲ、Ⅳ族金属元素，本领域技术人员在对比文件 1、2、3 公开的基础上不需要付出创造性的劳动就容易得到权利要求 1 的技术方案，因此权利要求 1 不具备创造性，其他权利要求 3、6~9、11、14~18 也不具备创造性，不符合专利法第 22 条第 3 款的规定。

申请人阿尔卡塔尔公司（下称复审请求人）对上述驳回决定不服，于 2005 年 8 月 11 日向专利复审委员会提出复审请求，同时提交了权利要求书全文和说明书第 2、3 页的修改替换页，其中仅对独立权利要求 1 和 9 进行了修改，对其他权利要求并未进行修改，对说明书第 2、3 页也进行了适应性修改，修改后的权利要求书 1 和 9 的内容如下：

"1. 包括光导部分和位于该光导部分周围的周边部分的光纤，所述周边部分由至少一个保护覆层构成，所述光纤在位于其光导部分外侧的覆层中包括至少一种由至少两种金属构成的晶态金属间化合物，所述化合物在氢化物形成期间的平稳压强低于等于 5×10^{-2}atm，该压强值在 30℃下采用压力组成温度法测得，而且，所述化合物具有 AB_xM_y 形式，其中：

· A 为至少一种选自于元素周期表分类中的 IIa，IIIb，或 IVb 族元素；

· B 为至少一种选自于元素周期表分类中的 Vb，VIII，或 IIIa 族元素；

· M 包括至少一种元素周期表分类中的 VIb，VIIb，Ib 或 IIb 族元素；

而且，

· $0\leqslant x\leqslant10$；

· $0\leqslant y\leqslant3$，如果 A 只包含 IIa 族元素；

· $0.2\leqslant y\leqslant3$，如果 A 包含至少一种 IIIb 或 IVb 族元素；

而且所述化合物不包括具有（$Ti_{1-q}Zr_q$）$_pCr_{2-z-u}Fe_zMn_uCu_w$ 形式的化合物，

其中 $0.7\leqslant p\leqslant1.4$，$0<q<1.0$，$0<z\leqslant1.5$，$0<u\leqslant0.4$，且 $0<w\leqslant0.2$。

……

9. 具有至少一个光纤的光纤光缆，所述光缆在光纤之光导部分之外部分包括至少一种晶态金属间化合物，所述化合物由至少两种金属形成，其在氢化物形成期间的平稳压强小于或等于 5×10^{-2}atm，该压强值采用压力组成温度法在 30℃下测得，所述化合物具有 AB_xM_y 形式，其中：

· A 由至少一种选自于元素周期表分类中的 IIa，IIIb，或 IVb 族元素构成；

· B 由至少一种选自于元素周期表分类中的 Vb，VIII，或 IIIa 族元素构成；

· M 包括至少一种选自于元素周期表分类中的 VIb，VIIb，Ib 或 IIb 族元素；

而且：

· $0\leqslant x\leqslant10$；

· $0\leqslant y\leqslant3$，如果 A 只包含 IIa 族元素；

· $0.2\leqslant y\leqslant3$，如果 A 包含至少一种 IIIb 或 IVb 族元素；

而且所述化合物不包括具有（$Ti_{1-q}Zr_q$）$_pCr_{2-z-u}Fe_zMn_uCu_w$ 形式的化合物，

其中 $0.7\leqslant p\leqslant1.4$，$0<q<1.0$，$0<z\leqslant1.5$，$0<u\leqslant0.4$，且 $0<w\leqslant0.2$。”

复审请求人在复审请求理由中认为：（1）对比文件 1 属于光纤领域，其中没有公开权利要求 1 所述的金属间化合物，对比文件 2 虽然公开了这种具体的合金（AB_xM_y），但其属于与对比文件 1 相距甚远、完全不同的冶金技术领域，因此光纤领域的技术人员决不会考虑冶金技术文献中的教导；（2）对比文件 3 涉及光缆，包括由金属合金构成的阻氢覆层，然而该对比文件 3 涉及的不是吸氢的金属合金，而是阻氢的金属合金，光纤领域的技术人员决不会将对比文件 3 与对比文件 2 相结合；因此修改后的权利要求 1 相对于对比文件 1～3 的每一个或者它们的组合都具有创造性，修改后的其他权利要求也都具备创造性。

经形式审查合格，专利复审委员会于 2005 年 12 月 14 日依法受理了该复审请求，并于同日将案卷转送至原实质审查部门进行前置审查。

原实质审查部门在前置审查意见书中仍然坚持原驳回决定。

针对上述复审请求，专利复审委员会依法成立合议组对本案进行了审理，本案合议组于 2007 年 6 月 6 日发出复审通知书，其中指出：（1）原说明书和权利要求书中没有记载满足 AB_xM_y 形式的、具有（$Ti_{1-q}Zr_q$）$_pCr_{2-z-u}Fe_zMn_uCu_w$ 形式的化合物，而对比文件 2 公开的（$Ti_{1-y}Zr_y$）$_xCr_{2-z-u}Fe_zMn_uCu_w$ 形式的化合物影响了原权利要求 1 的创造性，由此请求人采用具体“放弃”的方式，从原权利要求 1 中 AB_xM_y 形式所限定的化合物中排除了对比文件 2 公开的化合物，使得修改后的权利要求 1 中 AB_xM_y

形式所限定的化合物从整体上看来明显不包括对比文件2公开的化合物，然而根据审查指南第二部分第八章第5.2.3.3节的规定，由于所述AB_xM_y形式的化合物取经上述具体“放弃”后的化合物时即修改后的本权利要求1所对应的技术方案仍不具备专利法第22条第3款规定的创造性，故对权利要求1的这种修改超出了原说明书和权利要求书记载的范围，不符合专利法第33条的规定；(2)修改后的权利要求1不具备创造性的具体理由为：权利要求1与对比文件1的区别在于权利要求1光纤覆层中的晶态金属间化合物在氢化物形成期间的平稳压强低于等于5×10^{-2}atm，该压强值在30℃下采用压强组成温度法测得，所述化合物具有权利要求1所限定的AB_xM_y形式，且不包括$(Ti_{1-q}Zr_q)_pCr_{2-z-u}Fe_zMn_uCu_w$形式的化合物；由该区别技术特征可确定出，本申请实际解决的技术问题是提供一种具有性能更恒定（由于平稳压强低）、吸氢效果更好的吸氢覆层的光纤；而对比文件2公开了结构式为$(Ti_{1-y}Zr_y)_xCr_{2-z-u}Fe_zMn_uCu_w$的吸氢合金（其属于权利要求1所述的$AB_xM_y$形式的化合物），由附图3可知，所述合金在氢化物形成期间的平衡压强（即平稳压强）在-20℃下为小于等于$20kg/cm^2$（即约2×10^{-2}Pa），根据热力学定律换算出同样体积时，30℃下的所述平衡压强为2.4×10^{-2}Pa（仍然低于权利要求1中的5×10^{-2}atm），而该压强值的测定方法对化合物和该权利要求1所要求保护的光纤并没有产生任何影响；由于对比文件2给出了AB_xM_y形式的吸氢合金具有性能更恒定、且吸氢效果更好的技术启示，对比文件3又给出了应用于光纤包层中的阻氢合金（与吸氢合金作用相同）为紧密排列的晶态结构的技术启示，因此在本申请申请日以前，本领域技术人员在对比文件1、2、3的启示下，就已经能够解决本申请所要解决的技术问题，虽然权利要求1将对比文件2公开的具有$(Ti_{1-y}Zr_y)_xCr_{2-z-u}Fe_zMn_uCu_w$形式的化合物排除在外，但这仅仅是为了避开现有技术；也就是说，目前权利要求1的光纤与采用对比文件2公开的化合物所得的光纤在解决上述技术问题上并未具有更优越的性能、以使之与现有技术构成实质性差别；而且本申请的原始申请文件中也并未记载采用满足AB_xM_y形式但不包括对比文件2公开的化合物时所得的光纤与采用对比文件2公开化合物的光纤相比有何种预料不到的效果；因而上述将对比文件2公开的化合物排除在外的技术特征，没有为权利要求1的技术方案带来突出的实质性特点和显著的进步，权利要求1的技术方案相对于对比文件1、2和3的结合不具备专利法第22条第3款规定的创造性；(3)复审请求人也采用具体“放弃”的方式修改了权利要求9，基于与权利要求1相同的审查意见和理由，对权利要求9的修改也超范围，此外说明书第2、3页中存在与权利要求1、9相对应的部分，因此也超出了原申请文件记载的范围，不符合专利法第33条的规定。

针对上述复审通知书，复审请求人于2007年7月9日提交了意见陈述书、权利要求书全文和说明书第2、3页的修改替换页以及附件1即《日汉机电工程词典》第2440~2441页的复印件，其中仅对独立权利要求1和9进行了修改，对其他权利要求并未进行修改，对说明书第2、3页也进行了适应性修改，修改后的权利要求书1和9的内容如下：

“1. 包括光导部分和位于该光导部分周围的周边部分的光纤，所述周边部分由至少一个保护覆层构成，所述光纤在位于其光导部分外侧的覆层中包括至少一种由至少两种金属构成的晶态金属间化合物，所述化合物在氢化物形成期间的平稳压强低于等于5×10^{-2}atm，该压强值在30℃下采用压力组成温度法测得，而且，所述化合物具有AB_xM_y形式，其中：

· A为至少一种选自于元素周期表分类中的IIa，IIIb，或IVb族元素；

· B为至少一种选自于元素周期表分类中的Vb，VIII，或IIIa族元素；

· M包括至少一种元素周期表分类中的VIb，VIIb，Ib或IIb族元素；

而且，

· $0\leqslant x\leqslant10$；

·$0 \leqslant y \leqslant 3$，如果 A 只包含 IIa 族元素；

·$0.2 \leqslant y \leqslant 3$，如果 A 包含至少一种 IIIb 或 IVb 族元素。

……

9. 具有至少一个光纤的光纤光缆，所述光缆在光纤之光导部分之外部分包括至少一种晶态金属间化合物，所述化合物由至少两种金属形成，其在氢化物形成期间的平稳压强小于或等于 5×10^{-2}atm，该压强值采用压力组成温度法在 30℃下测得，所述化合物具有 AB_xM_y 形式，其中：

·A 由至少一种选自于元素周期表分类中的 IIa，IIIb，或 IVb 族元素构成；

·B 由至少一种选自于元素周期表分类中的 Vb，VIII，或 IIIa 族元素构成；

·M 包括至少一种选自于元素周期表分类中的 VIb，VIIb，Ib 或 IIb 族元素；

而且：

·$0 \leqslant x \leqslant 10$；

·$0 \leqslant y \leqslant 3$，如果 A 只包含 IIa 族元素；

·$0.2 \leqslant y \leqslant 3$，如果 A 包含至少一种 IIIb 或 IVb 族元素。”

复审请求人在意见陈述书中认为：修改后的权利要求书和驳回所依据的权利要求书一致，因此符合专利法第 33 条和专利法实施细则第 60 条的规定；对于修改后的权利要求 1 的创造性问题，复审请求人认为复审通知书中的“由附图 3 可知，所述合金在氢化物形成期间的平衡压强在-20℃下为小于等于 20kg/cm^2（即约 2×10^{-2}Pa）”是不正确的，根据附件 1 列出的压强单位换算公式，20kg/cm^2 应等于 2×10^6Pa，由此对比文件 2 中的合金的平衡压强应该是 2.4×10^6Pa，为本申请权利要求 1 中化合物所要求压强 5×10^{-2}atm（即 5066.25Pa）的大约 480 倍，因此即使结合对比文件 1 和 2，本领域技术人员也不能想到其在氢化物形成期间的平稳压力小于或等于 5×10^{-2}atm 的晶态金属间化合物 AB_xM_y，但由此本领域技术人员会被教导从而寻找在氢化物形成期间具有很高平稳压强（例如 2.4×10^6Pa）的化合物，对比文件 3 根本没有提到平稳压强的问题，而且本发明人发现了 5×10^{-2}atm 是一个阈值，如果平稳压强低于该阈值，游离氢的浓度就足够低，因此该金属间化合物对光纤的保护就足够好，因此即使结合对比文件 1、2 和 3，本领域技术人员不经过创造性的劳动也不会得到本申请权利要求 1 的技术方案，权利要求 1 具备创造性，其他权利要求也具备创造性，符合专利法第 22 条第 3 款的规定。

在上述程序的基础上，合议组认为本案事实已经清楚，可以作出审查决定。

二、决定的理由

1. 本复审决定所针对的审查文本

本复审决定所针对的审查文本是：复审请求人于 2007 年 7 月 9 日提交的权利要求第 1~18 项、说明书第 2、3 页以及于本申请进入中国国家阶段时提交的说明书第 1、4~6 页、说明书附图第 1 页、说明书摘要和摘要附图。

2. 关于专利法第 33 条和专利法实施细则第 60 条第 1 款

专利法第 33 条规定：申请人可以对其专利申请文件进行修改，但是，对发明和实用新型专利申请文件的修改不得超出原说明书和权利要求书记载的范围，对外观设计专利申请文件的修改不得超出原图片或者照片表示的范围。

专利法实施细则第 60 条第 1 款规定：请求人在提出复审请求或者在对专利复审委员会的复审通知书作出答复时，可以修改专利申请文件；但是，修改应当仅限于消除驳回决定或者复审通知书指出的缺陷。

本案中，复审请求人于 2007 年 7 月 9 日提交的修改后的权利要求书全文与驳回决定所依据的权利要求书的内容完全相同，并且未超出原始申请文件记载的范围，同时修改后的说明书第 2、3 页的内容也与本申请原始说明书第2、3页的内容相同，因此复审请求人对权利要求书和说明书第2、3页的修改没有超出原说明书和权利要求书记载的范围，符合专利法第33条的规定，克服了复审通知书中指出的缺陷。同时该修改文本也符合专利法实施细则第60条第1款的规定。

3. 关于专利法第22条第3款

专利法第22条第3款规定的关于发明的创造性，是指同申请日以前已有的技术相比，该发明有突出的实质性特点和显著的进步。

如果权利要求的技术方案与对比文件的公开内容相比具有区别技术特征，而对比文件中均未给出采用该技术方案以解决其技术问题的启示，且该技术方案能产生有益的技术效果，则该技术方案相对于现有技术具备突出的实质性特点和显著的进步，具有专利法第22条第3款规定的创造性。

就本案而言，独立权利要求1涉及一种光纤，其包括光导部分和位于该光导部分周围的周边部分，所述周边部分由至少一个保护覆层构成，所述光纤在位于其光导部分外侧的覆层中包括至少一种金属间化合物，该金属间化合物具备以下3个特征：（1）该化合物在氢化物形成期间的平稳压强低于等于5×10^{-2}atm，该压强值在30℃下采用压力组成温度法测得，（2）该化合物由至少两种金属构成、并具有权利要求1所限定的AB_xM_y形式，（3）该化合物为晶态金属间化合物。其中所述平稳压强（或平稳压力）这一参数在本领域是公知的（如本申请背景技术记载了美国专利4718747中“VIII族元素的化合物一般存在高的平稳压力”），光纤覆层中的化合物在其形成氢化物期间的平稳压强越低，光纤覆层的吸氢效果就越好，对光纤纤芯中光导部分的保护就越好。

对比文件1（参见其说明书摘要、第1栏16~17行，40~45行，第3栏17~49行，第4栏46~56行，第5栏43~55行以及附图1~5）公开了一种具有吸氢覆层的光纤，其包括传输信号的纤芯（相当于“光导部分”）、位于纤芯外侧周围的至少一层保护覆层，所述覆层中包括由元素周期表中第Ⅲ、Ⅳ、Ⅴ、Ⅷ族金属中的一种或更多种组成的吸氢合金或金属间化合物。

权利要求1的技术方案对比文件1的公开内容相比，其区别在于：权利要求1中的晶态金属间化合物在氢化物形成期间的平稳压强低于等于5×10^{-2}atm，该压强值在30℃下采用压强组成温度法测得，所述化合物具有AB_xM_y形式，其中，A为至少一种选自于元素周期表分类中的IIa、IIIb、或IVb族元素，B为至少一种选自于元素周期表分类中的Vb、VIII、或IIIa族元素，M包括至少一种元素周期表分类中的VIb、VIIb、Ib或IIb族元素，$0\leqslant x\leqslant10$，如果A只包含IIa族元素时$0\leqslant y\leqslant3$，如果A包含至少一种IIIb或IVb族元素时$0.2\leqslant y\leqslant3$。因而对比文件1没有公开具备上述特征（1）、（2）、（3）的金属间化合物。

对比文件2（参见其说明书第2页右栏第23~32行以及图1~3）公开了一种吸氢合金，其结构式为$(Ti_{1-y}Zr_y)_xCr_{2-z-u}Fe_zMn_uCu$（其中IVb族的Ti、Zr相当于权利要求1中的A，VIII族的Fe相当于权利要求1中的B，VIb族的Cr、VIIb族的Mn、Ib族的Cu相当于权利要求1中的M，因而上述结构式可写为$A_xB_zM_{2-z+w}$，即$AB_{\frac{z}{x}}M_{\frac{2-z+w}{x}}$），其中$0.7\leqslant x\leqslant1.4$，$0<y<1.0$，$0<z\leqslant1.5$，$0<u\leqslant0.4$，$0<w\leqslant0.2$（由于Ti、Zr均为IVb族元素，因而对比文件2实质上公开了一种权利要求1所述的AB_xM_y形式的化合物，其中$0<x\leqslant2.14$，当A包含至少一种IIIb或IVb元素时$0.33<y<3.14$），由附图3可知，所述合金在氢化物形成期间的平衡压强（即平稳压强）在-20℃（绝对温度T为253K）下为小于等于$20kg/cm^2$，根据《日汉机电工程词典》中的压强单位换算公式$1kg/cm^2=9.80665\times10^4Pa$，换算出$20kg/cm^2=2\times10^6Pa$；由热力学定律可知，对于平衡状态下的任何一种物质，（压强×体积）/温度=常数，由此换算出同样体积时，30℃（绝对温度T为303K）下的所述平衡压强为2.4×10^6Pa（由303×2×106/253得到），该数值远远高于权利要求1中的5×10^{-2}atm（即$0.05\times101325Pa=5066.25Pa$）。由此可知，从结构上看，对比文件2公开的合金$(Ti_{1-y}Zr_y)_xCr_{2-z-u}Fe_zMn_uCu_w$具备上述特征（2），但其不具备上述特

征（1）和特征（3）。

对比文件3中公开了应用于光纤包层中的阻氢合金包含Ⅲ、Ⅳ族金属元素，并且其为紧密排列的晶态结构。由此可知，对比文件3公开的合金具备上述特征（3），但不具备上述特征（1）和（2）。

综上可知，对比文件1、2和3都没有公开具备上述特征（1）（该化合物在氢化物形成期间的平稳压强低于等于5×10^{-2}atm）的金属间化合物，即对比文件1~3均没有公开由上述特征（1）、（2）、（3）共同限定的化合物。而本申请光纤覆层中的金属间化合物正是由于具备了上述特征（1），其在氢化物形成期间的平稳压强低，由此其与氢气的反应达到平衡时，光纤中残余游离氢的分压低，其氢化物所结合的氢较多，因而本申请的金属间化合物具有更好的吸氢特性，获得了更高的减少氢在光纤内存在的能力，从而解决了本发明所要解决的问题。而对比文件1、2、3的技术方案均不能解决上述问题，同时没有相应的技术启示，因此即使将对比文件1、2和3相结合，本领域技术人员也不能得到权利要求1的技术方案，也就是说该权利要求1相对于对比文件1、2和3的结合具有非显而易见性和有益的技术效果。故权利要求1相对于对比文件1、2和3的结合具有突出的实质性特点和显著的进步，符合专利法第22条第3款的规定。

独立权利要求9请求保护一种光缆，所述光缆在光纤的光导部分之外包括至少一种金属间化合物，该金属间化合物也具以下3个特征：（1）该化合物在氢化物形成期间的平稳压强低于等于5×10^{-2}atm，该压强值在30℃下采用压力组成温度法测得，（2）该化合物由至少两种金属构成、并具有权利要求1所限定的AB_xM_y形式，（3）该化合物为晶态金属间化合物。

基于以上相同的理由，由于对比文件1、2、3都没有公开具备上述特征（1）的金属间化合物，而本申请的金属间化合物正是由于具备了上述特征（1），使得能够到达光纤光缆中纤芯的游离氢的量少，光纤光缆的寿命增加，因而即使将对比文件1、2和3相结合时，也不能得到权利要求9的技术方案。故权利要求9相对于相对于对比文件1、2和3的结合具有突出的实质性特点和显著的进步，符合专利法第22条第3款的规定。

在独立权利要求1和9相对于对比文件1、2和3的结合具备创造性的情况下，其相应的从属权利要求3、6~8和11、14~18相对于对比文件1、2和3的结合也符合专利法第22条第3款有关创造性的规定。

综上所述，本申请的权利要求1、3、6~9、11、14~18相对于对比文件1、2和3的结合都符合专利法第22条第3款有关创造性的规定。

基于上述理由，合议组作出如下决定。

三、决定

撤销国家知识产权局于2005年5月13日对00817551. 9号发明专利申请做出的驳回决定，由原审查部门以本复审决定所针对的文本为审查基础继续进行审查程序。

复审请求人对本决定不服的，可以根据专利法第41条第2款的规定，自收到本决定之日起三个月内向北京市第一中级人民法院起诉。

135

测量电机速度的方法

复审请求审查决定（第11599号）

决　　定　　号　第11599号
决　　定　　日　2007年10月9日
发明创造名称　测量电机速度的方法
国 际 分 类 号　G01P 3/481
复 审 请 求 人　德昌电机股份有限公司
申　　请　　号　02156362.4
申　　请　　日　2002年12月18日
优 先 权 日　2001年12月18日
公　　开　　日　2003年7月2日
合 议 组 组 长　张梅珍
主　　审　　员　陈　力
参　　审　　员　宋　瑞

法 律 依 据　专利法第22条第3款
决 定 要 点

如果一项权利要求相对于现有技术存在区别技术特征，且现有技术中并未给出采用该区别技术特征解决本发明所要解决的技术问题的技术启示，则该权利要求具备创造性。

一、案由

本复审请求涉及申请号为02156362.4、发明名称为“测量电机速度的方法”的发明专利申请（下称本申请），其申请日为2002年12月18日，优先权日为2001年12月18日，公开日为2003年7月2日，其申请人为德昌电机股份有限公司。本申请共包括13项权利要求，其内容为：

“1. 一种方法，用于产生表示PMDC电机转速的信号，该电机包括一个绕线式转子，所述方法包括以下步骤：

通过测量所述电机的电磁发射来产生生信号（21）；和

通过对该生信号滤波以隔离所述绕线转子的作用来产生第二信号（25），所述绕线转子的作用包括与换向有关的尖峰；其特征在于

通过处理所述第二信号（25），将尖峰改变为方脉冲，从而产生输出信号（27）。

2. 根据权利要求1的方法，其中所述方脉冲具有预定的恒定脉宽。

3. 根据权利要求1的方法，其中所述输出信号被放大以产生具有预定输出电压的一个脉冲序列。

4. 根据权利要求 1 的方法，其中所述生信号（21）是通过将线圈（20）放置在所述转子附近并且在该转子的电磁场内而产生的。

5. 根据权利要求 4 的方法，其中用钢棒作为所述线圈（20）的铁芯。

6. 根据权利要求 1 的方法，其中所述第二信号是通过使生信号通过一个高通滤波器（24）而产生的。

7. 根据权利要求 6 的方法，其中所述生信号（21）在通过所述高通滤波器（24）之前被放大器（22）放大。

8. 一种 PMDC 电机，包括：

一个永磁定子；

与所述定子对应的绕线转子；

一个速度传感器，包括一个传感器线圈（20），该线圈的位置与转子隔开，但是在该转子产生的电磁场中，并且当电机工作时产生一个生的输入信号；以及

一个信号处理电路，连接到所述线圈（20），用于接收所述生输入信号（21），并产生一个指示电机速度的输出信号（27），所述电路包括一个滤波器，用于对所述输入信号（21）滤波和一个信号整形器，以便将经过滤波的信号（25）转换为输出信号（27）。

其特征在于，该信号整形器包括一个方波脉冲发生器（26），由所述经滤波的信号（25）中的尖峰触发，产生脉冲序列作为输出信号（27）。

9. 根据权利要求 8 的电机，其中所述滤波器包括放大器（22），用于放大所述生信号（21），还包括一个高通滤波器（24），用于消除低频噪声。

10. 根据权利要求 8 的电机，其中所述方波脉冲发生器（26）产生预定恒定脉宽的脉冲。

11. 根据权利要求 8 的电机，其中所述输出信号（27）与 TTL 兼容。

12. 根据权利要求 8 的电机，其中所述线圈（20）具有铁氧体铁芯。

13. 根据权利要求 8~12 中任一项的电机，其中所述线圈（20）是芯片式线圈。”

应申请人的请求，国家知识产权局实质审查部门依法对本申请进行了实质审查，并于 2005 年 4 月 29 日发出了第一次审查意见通知书，指出本申请的权利要求 1~13 不具备创造性，不符合专利法第 22 条第 3 款的规定。

其中引用的对比文件如下：

对比文件 1：授权公告号为 CN2298519Y 的中国实用新型专利说明书，授权公告日为 1998 年 11 月 25 日；

对比文件 2：授权公告号为 CN2232587Y 的中国实用新型专利说明书，授权公告日为 1996 年 8 月 7 日。

该通知书具体指出：对于权利要求 1，对比文件 1 公开了以下技术特征：磁电机/发电机并带有绕线式转子；以发电机交流电波为取样对象的脉冲信号；双稳态触发电路，权利要求 1 与对比文件 1 相比区别特征在于：脉冲整形电路来产生输出信号，但该特征已被对比文件 2 公开了，因此权利要求 1 相对于对比文件 1 和 2 的结合不具备创造性。权利要求 2~7 是权利要求 1 的从属权利要求，其附加技术特征也已被对比文件 1、2 公开，因此权利要求 2~7 相对于对比文件 1 和 2 的结合也不具备创造性。权利要求 8~13 的技术方案也已被对比文件 1、2 的结合所公开，因此也不具备创造性。

针对第一次审查意见通知书，申请人于 2005 年 8 月 30 日提交了意见陈述书，但没有对申请文件进行修改。申请人认为本发明涉及测量小型直流电动机速度的方法，其通过测量所述电机的电磁发射来产生生信号，对比文件 1 涉及一种用于发电机的速度控制器，控制电路仅仅有一个抽头引入所述产

生的功率信号，并测量交流功率输出的频率，没有用于检测电机电磁发射的拾波线圈，而对比文件2涉及一定的波形整形技术，通过将频率信号变换为电压信号来按照一定标准读取，其属于交流发电机领域，由此认为本发明与对比文件1、2领域不同，工作原理不同，因此权利要求1~13具备创造性。

国家知识产权局实质审查部门于2006年3月10日以本申请权利要求1~13项不符合专利法第22条第3款有关创造性的规定为由驳回了本申请。驳回决定除了坚持第一次审查意见通知书中的意见外还指出：根据申请人的意见陈述书，审查员仍然认为电动机和发电机是属于相近的工程领域。申请人认为权利要求1中的“通过测量所述电机的电磁发射来产生生信号”在对比文件1中没有公开，但是对比文件2的摘要及权利要求书的权利要求2中公开了“转速信号和电路供电均由磁电机提供，而且用非接触方式获取转速信号；电路供电和转速信号均取自发动机的磁电机线圈，磁电机线圈的感应电压经整流滤波稳压电路形成稳定的直流电作为转速信号处理单元的工作电源，同时作为转速信号处理单元的输入信号”，由此可见，对比文件2已经公开了由电磁发射来产生生信号的特征以及转子磁场中置有传感器线圈的启示，所以权利要求1不具备创造性。

申请人德昌电机股份有限公司（下称复审请求人）对上述驳回决定不服，于2006年6月13日向专利复审委员会提出复审请求，认为权利要求1~13具备创造性，其理由是本发明的小型PMDC电机的速度传感器是个分立的器件，用于检测电机在使用时产生的磁场中的变化，以确定电机的转速，而对比文件1、2都涉及产生商业供电电源的发电厂中使用的大型电机，其速度信号就是发电机所产生的实际电源，这些大型电机不需要额外的速度传感器，本发明与对比文件1、2技术领域和技术方案均不相同，由此认为权利要求1~13具备创造性。复审请求人没有对申请文件进行修改。

经形式审查合格，专利复审委员会依法受理了上述请求，并于2006年7月25日向复审请求人发出了复审请求受理通知书，并将本案送至原实质审查部门进行前置审查。

原实质审查部门对上述复审请求进行了前置审查，仍然坚持原驳回决定。

专利复审委员会依法成立合议组，对本复审请求案进行了审理。

经过审理，本合议组认为本案事实已经清楚，可以依法作出复审决定。

二、决定的理由

1. 审查基础

本决定是在复审请求人于申请日提交的申请文本的基础上进行审查的。

2. 关于权利要求1~13是否符合专利法第22条第3款的规定

专利法第22条第3款规定：创造性，是指同申请日以前已有的技术相比，该发明有突出的实质性特点和显著的进步，该实用新型有实质性特点和进步。

审查指南第二部分第四章第3.2节对发明创造性的审查基准作出了明确规定，在判断要求保护的发明与现有技术相比有无突出的实质性特点，即是否为非显而易见时，通常可按以下三个步骤进行：(1) 确定最接近的现有技术，(2) 确定发明的区别特征和其实际解决的技术问题，(3) 判断要求保护的发明对本领域的技术人员来说是否显而易见；评价发明是否具有显著的进步，主要应当考虑发明是否具有有益的技术效果。

具体到本案中，权利要求1请求保护一种方法，用于产生表示PMDC电机转速的信号，对比文件1公开了一种交流发电机频率/转速测量器及其测量该发电机频率/转速的方法（参见说明书第1~3页及说明书附图），其包括取样电路1、定时器2、时钟基准电路3、计数器4、运算器6和显示器5，其中计数器4在定时器2所控制的周期中计数标准时钟脉冲信号数与取样脉冲信号数对应关系的数值，并将该数值送入运算器6中，经运算后得到可在显示器中直接显示的转速或频率值，取样电路1是一种以发电机交流电波为取样对象，所发出的取样脉冲信号的宽度与发电机交流电波周期相等，将电压信号转换为脉冲信号的信号转换电路。该转速测量器的优点在于：取样对象发生根本性的改变，省略了现有技术中必需的机-电信号传感器、信号倍频电路、信号整形电路等。

权利要求 1 与对比文件 1 相比，其区别在于：(1) 权利要求 1 请求保护的是一种用于产生 PMDC 电机转速信号的方法，该电机包括一个绕线式转子；(2) 权利要求 1 中的方法还包括通过测量所述电机的电磁发射来产生生信号；(3) 权利要求 1 中的方法还包括通过对该生信号进行滤波以隔离所述绕线转子的作用来产生第二信号，所述绕线转子的作用包括与换向有关的尖峰，然后通过处理所述第二信号，将尖峰改变为方脉冲，从而产生输出信号。

经审查，合议组认为，对于区别特征 (1)，PMDC（直流永磁）电机与发电机的工作原理类似，两者属于相似的技术领域，并且两者中都必然包括绕线式转子，这一点对于本领域技术人员来说是公知技术。对于区别特征 (2)，对比文件 2 公开了一种发动机转速表，尤其是交流发动机的转速表（参见说明书 1~2 页，附图 1、2），其目的是解决现有技术中依靠机械装置进行转速检测精度不高的问题，交流发动机与 PMDC 电机的工作原理类似，两者属于相似的技术领域，该对比文件 2 中的发动机转速表利用发动机交流磁电机的输出电压频率与发动机转速的一定对应关系，将转速信号由磁电机线圈引出经电路处理形成与发动机转速成线性关系的电压量或电流量输出，驱动线性电磁指针式显示发动机运转转速，具体由整流滤波稳压电路、信号整形电路、微分电路、脉冲整形电路、单稳态电路、频率——电压转换电路及显示单元构成。也就是说，对比文件 2 公开了利用磁电机线圈来感应电机的电磁发射由此产生最初的转速信号的方式，可见对比文件 2 公开了上述区别特征 (2)。对于区别特征 (3)，对比文件 2 没有公开该区别特征，且没有证据表明将感应得到的信号滤波，以隔离与换向有关的尖峰，并将其改变为方脉冲，从而产生输出信号的技术属于公知技术。因此对比文件 1 和对比文件 2 无论单独使用还是结合使用均未给出将上述区别特征 (3) 应用到现有技术中以解决与本申请中相同的技术问题的启示。综上所述，权利要求 1 请求保护的技术方案相对于对比文件 1 和 2 的结合不是显而易见的，具有突出的实质性特点和显著的进步，具备创造性，符合专利法第 22 条第 3 款的规定。

由于权利要求 1 具备创造性，因此引用该权利要求 1 的从属权利要求 2~7 也具备创造性。

权利要求 8 请求保护一种 PMDC 电机，对比文件 1 公开了一种发电机频率/转速测量器（参见说明书第 1~3 页及说明书附图），其包括取样电路 1、定时器 2、时钟基准电路 3、计数器 4、运算器 6 和显示器 5，其中计数器 4 在定时器 2 所控制的周期中计数标准时钟脉冲信号数与取样脉冲信号数对应关系的数值，并将该数值送入运算器 6 中，经运算后得到可在显示器中直接显示的转速或频率值，取样电路 1 是一种以发电机交流电波为取样对象，所发出的取样脉冲信号的宽度与发电机交流电波周期相等，将电压信号转换为脉冲信号的信号转换电路。该转速测量器的优点在于：取样对象发生根本性的改变，省略了现有技术中必需的机-电信号传感器、信号倍频电路、信号整形电路等。

权利要求 8 与对比文件 1 相比，其区别在于：(1) 权利要求 8 请求保护的是一种 PMDC 电机，该电机包括一个永磁定子；与所述定子对应的绕线转子；(2) 权利要求 8 中的 PMDC 电机还包括一个速度传感器，包括一个传感器线圈，该线圈的位置与转子隔开，但是在该转子产生的电磁场中，并且当电机工作时产生一个生的输入信号；以及一个信号处理电路，连接到所述线圈，用于接收所述生输入信号，并产生一个指示电机速度的输出信号；(3) 权利要求 8 中的 PMDC 电机的信号处理电路还包括一个滤波器，用于对所述输入信号滤波和一个信号整形器，以便将经过滤波的信号转换为输出信号，该信号整形器包括一个方波脉冲发生器，由所述经滤波的信号中的尖峰触发，产生脉冲序列作为输出信号。

经审查，合议组认为，对于区别特征 (1)，PMDC（直流永磁）电机与发电机的工作原理类似，两者属于相似的技术领域，并且两种电机中都必然包括永磁定子和绕线转子，这对于本领域技术人员来说是公知技术。对于区别特征（2），对比文件2公开了一种发动机转速表，尤其是交流发动机的转速表（参见说明书1~2页，附图1、2），其目的是解决现有技术中依靠机械装置进行转速检测精度不高的问题，交流发动机与PMDC电机的工作原理类似，两者属于相似的技术领域，该对比文件2中的发动机转速表利用发动机交流磁电机的输出电压频率与发动机转速的一定对应关系，将转速信号由磁电机线圈引出经电路处理形成与发动机转速成线性关系的电压量或电流量输出，驱动线性电磁指针式显示发动机运转转速，具体由整流滤波稳压电路、信号整形电路、微分电路、脉冲整形电路、单稳态电路、频率——电压转换电路及显示单元构成。也就是说，对比文件2公开了利用磁电机线圈来感应发动机电机的电磁发射由此产生转速信号，并将该信号经电路引出处理，其中由于该转速信号是由线圈感应出来的则线圈必然与所感应的转子隔开并且由于信号是由电路引出的则线圈必然与处理该信号的电路连接，由此可见对比文件2公开了上述区别特征（2）；对于区别特征（3），对比文件2没有公开该区别特征，尽管对比文件2公开了整流滤波稳压电路，但是该整流滤波稳压电路是用于将交流电信号变换为直流电信号，其目的是给转速信号处理单元提供直流稳定电压，属于稳压电源中常规的组成部分，而本申请权利要求8中的滤波器是信号处理装置，用于清除测量信号中的噪声，并不是用于向如对比文件2中所述的转速信号处理单元提供电源。因此对比文件2中的整流滤波稳压电路不管是功能、结构还是作用都与该权利要求8中的滤波器不同。此外没有证据表明，将感应得到的信号滤波，以隔离与换向有关的尖峰，并将其改变为方脉冲作为输出信号的技术属于公知技术。因此对比文件1和对比文件2无论单独使用还是结合使用均未给出将上述区别特征（3）应用到现有技术中以解决与本申请中相同的技术问题的启示。因此，权利要求8请求保护的技术方案相对于对比文件1和对比文件2的结合不是显而易见的，具有突出的实质性特点和显著的进步，具备创造性，符合专利法第22条第3款的规定。

由于权利要求8具备创造性，因此引用该权利要求8的从属权利要求9~13也具备创造性。

基于上述理由，合议组作出下述决定。

三、决定

撤销国家知识产权局于2006年3月10日针对02156362.4号发明专利申请作出的驳回决定。

由原审查部门以本复审决定所依据的文本，即复审请求人于申请日提交的权利要求第1~13项、说明书第1~3页，附图第1页、说明书摘要以及摘要附图为基础继续审查。

复审请求人对本决定不服的，可以根据专利法第41条第2款的规定，自收到本决之日起三个月内向北京市第一中级人民法院起诉。

136

合成木制品及通过多层共挤压制造其的方法

复审请求审查决定（第11605号）

决　定　号　第11605号
决　定　日　2007年10月10日
发明创造名称　合成木制品及通过多层共挤压制造其的方法
国际分类号　B29C 47/06，B32B 37/12，B32B 37/14，D21J 3/00
复审请求人　LG化学株式会社
申　请　号　200310124384.X
优先权日　2003年3月12日
申　请　日　2003年12月30日
公　开　日　2004年9月22日
合议组组长　刘　犟
主　审　员　王　冬
参　审　员　董晓静

法律依据　专利法第33条
决定要点
如果申请的内容通过增加、改变和/或删除其中的一部分，使所属技术领域的技术人员看到的信息与原申请公开的信息相同，或能够从原申请公开的信息中直接地、毫无疑义地确定，则这种修改是允许的。

一、案由

本复审请求涉及名称为“合成木制品及通过多层共挤压制造其的方法”的200310124384.X号发明专利申请（下称本申请），申请人为LG化学株式会社，申请日为2003年12月30日，优先权日为2003年3月12日，公开日为2004年9月22日。

应申请人提出的实质审查请求，国家知识产权局实质审查部门对本申请进行了实质审查，并于2005年7月29日发出了第一次审查意见通知书，指出本申请的说明书存在不清楚之处，致使本领域普通技术人员无法实现本发明，不符合专利法第26条第3款的规定，其具体理由是：在树脂组合物中，当无酚类化合物的天然纤维材料的重量含量取其最高值即20%时，其他所有组分的重量含量即便取最低值（分别为70%、5%、5%、3%、2%），其和依然高达85%，显然该方案无实现的可能。

针对上述审查意见通知书，申请人于2005年12月12日提交了意见陈述书和申请文本修改替换页，将说明书和权利要求书中的“3~20重量%的无酚类化合物的天然纤维材料”改为“3~15重量% 的无酚类化合物的天然纤维材料”。

经审查，国家知识产权局实质审查部门于 2006 年 1 月 27 日发出第二次审查意见通知书，指出上述修改超出了原说明书和权利要求书记载的范围，不符合专利法第 33 条的规定，理由是无论是“3-15%”这一范围还是“15%”这一端点值在原说明书和权利要求书中均未记载。

针对第二次审查意见通知书，申请人于 2006 年 4 月 7 日提交了意见陈述书，认为上述修改未超出原说明书和原权利要求书记载的范围，理由是尽管“15%”这一上限值没有明确记载在原说明书和原权利要求书中，但是可以从原说明书和权利要求书中直接地、毫无疑义地导出。

2006 年 6 月 9 日，针对申请人于 2005 年 12 月 12 日提交的权利要求 1~11、说明书第 4、6~7 页及其摘要，于申请日提交的说明书第 1~3、5、8~17 页及其附图第 1 页，国家知识产权局驳回了本申请，理由是：修改后的权利要求 1 和说明书将“无酚类化合物的天然纤维材料”的重量百分含量由“3%~20%”修改为“3%~15%”，但上述修改超出了原说明书和权利要求书记载的范围，不符合专利法第 33 条的规定。

驳回决定针对的权利要求 1 如下：

“1. 通过多层共挤压方法以改善机械性能和表面性质的制造至少由三层组成的合成木制品的方法，

其中至少一层由用于合成木材的树脂组合物形成，所述用于合成木材的树脂组合物包含 70~80 重量% 的热塑性树脂，5~10 重量% 的抗冲击改性剂，5~15 重量% 的填充剂，3~7.5 重量% 的稳定剂复合物，2~8 重量% 的色素和 3~15 重量% 的无酚类化合物的天然纤维材料，并且所述多层共挤压方法通过将从至少三个挤出机送入一个挤压模具中的彼此相同或不同的树脂粘合起来而进行。”

2006 年 8 月 31 日，申请人 LG 化学株式会社（下称请求人）对上述驳回决定不服，向专利复审委员会提出复审请求，请求人在提出复审请求时没有对申请文件进行修改。

请求人认为：由于本申请中当无酚类化合物的天然纤维材料的重量百分含量取>15 重量% 至 20 重量% 的数值时，各组份含量之和大于 100%，发明无法实施，因此，将上述无酚类化合物的天然纤维材料的重量百分含量由“3~20 重量%”修改为“3~15 重量%”应当是被允许的放弃式修改，符合专利法第 33 条的规定。

经形式审查合格后，专利复审委员会受理了该请求，并于 2006 年 11 月 1 日向请求人发出了复审请求受理通知书，并向原实质审查部门发出了前置审查通知书，将本申请转送至国家知识产权局原实质审查部门进行前置审查。

在前置审查意见书中，国家知识产权局实质审查部门坚持驳回决定。

专利复审委员会依法组成合议组，对本复审请求案进行了审理。

请求人于 2007 年 7 月 27 日主动提交了意见陈述书和修改后的权利要求书 1~2、说明书第 4 页的替换页，修改后的权利要求 1 和说明书第 4 页将“无酚类化合物的天然纤维材料”的重量百分含量由“3~15 重量%”修改为“3~20 重量%”，同时在权利要求 1 和说明书相应部分加入“所述树脂组合物的所有组分的总量为 100 重量%”。请求人认为：上述经修改的权利要求 1 和说明书没有超出原说明书和权利要求书记载的范围，符合专利法第 33 条的规定，同时，修改的说明书也克服了国家知识产权局原实质审查部门在第一次审查意见通知书中指出的本申请说明书存在上述不清楚之处，不符合专利法第 26 条第 3 款规定的问题。

修改后的权利要求 1 如下：

“1. 通过多层共挤压方法以改善机械性能和表面性质的制造至少由三层组成的合成木制品的方法，

其中至少一层由用于合成木材的树脂组合物形成，所述用于合成木材的树脂组合物包含 70~80 重量% 的热塑性树脂，5~10 重量% 的抗冲击改性剂，5~15 重量% 的填充剂，3~7.5 重量% 的稳定剂复合物，2~8 重量% 的色素和 3~20 重量% 的无酚类化合物的天然纤维材料，所述树脂组合物的所有组分的总量为 100 重量%，并且所述多层共挤压方法通过将从至少三个挤出机送入一个挤压模具中的彼此相同或不同的树脂粘合起来而进行。”

经合议，合议组认为本案事实清楚，可以作出审查决定。

二、决定的理由

1. 关于审查文本

本复审决定以复审请求人于 2007 年 7 月 27 日提交的权利要求 1~11、说明书第 4 页，于 2005 年 12 月 12 日提交的说明书第 6~7 页和说明书摘要，以及申请日提交的说明书第 1~3、5、8~17 页、附图第 1 页为审查文本。

2. 关于专利法第 33 条

专利法第 33 条规定：申请人可以对其专利申请文件进行修改，但是，对发明和实用新型专利申请文件的修改不得超出原说明书和权利要求书记载的范围。

如果申请的内容通过增加、改变和/或删除其中的一部分，使所属技术领域的技术人员看到的信息与原申请公开的信息相同，或能够从原申请公开的信息中直接地、毫无疑义地确定，则这种修改是允许的。

驳回决定中指出：申请人于 2005 年 12 月 12 日提交的修改后的权利要求书、说明书（第 4 页第 2 段倒数第 2 行）将“无酚类化合物的天然纤维材料”的重量百分含量由“3-20 重量%”修改为“3-15 重量%”，但无论是“3-15 重量%”这一范围还是“15 重量%”这一端点值在原说明书和原权利要求书中均未记载，而且又不能从原说明书和原权利要求书公开的信息中直接地、毫无疑义地导出，因此，上述修改超出了原说明书和权利要求书记载的范围，不符合专利法第 33 条的规定。

在提出复审请求后，请求人于 2007 年 7 月 27 日主动提交了权利要求书和说明书相应部分的修改替换页，修改后的权利要求 1 和说明书将“无酚类化合物的天然纤维材料”的重量百分含量由“3-15 重量%”修改为“3-20 重量%”，而修改后的上述技术方案已经记载在原说明书和权利要求书中，因此，上述修改没有超出原说明书和权利要求书记载的范围；同时，修改后的权利要求 1 和说明书在相应部分加入“所述树脂组合物的所有组分的总量为 100 重量%”，对于所增加的该内容而言，由于权利要求 1 中所述的树脂组合物是各组份含量呈连续数值变化的组合物，本领域技术人员在所述各成分的含量范围内配制该组合物时，其各成分之和必定为 100%，不可能配制出各组份之和不为 100% 的组合物。本领域技术人员根据一般常识和/或原申请公开内容是可以直接地、毫无疑义地导出这一内容的，并且这一内容的加入也不会对原有权利要求的保护范围产生实质性的影响，还会使权利要求更加清楚，因此在权利要求中添加了“所述树脂组合物的所有组分的总量为 100 重量%”，从而排除了所述合成木材的树脂组合物各组份重量百分比之和不为 100% 的不能实现的技术方案，因此，上述修改也没有超出原说明书和权利要求书记载的范围。综上所述，合议组认为，修改后的权利要求书和说明书已经克服了驳回决定中指出的不符合专利法第 33 条的缺陷。

由于请求人在 2007 年 7 月 27 日主动提交的说明书修改替换页的相应部分添加了“所述树脂组合物的所有组分的总量为 100 重量%”，根据上述评述可以得出，这一修改排除了所述合成木材的树脂组合物各组份重量百分比之和不为 100% 的不能实现的技术方案，本领域技术人员根据说明书的记载能够实现本发明，因此，修改后的说明书克服了国家知识产权局实质审查部门在第一次审查意见通知书中所指出的本申请说明书不符合专利法第 26 条第 3 款的缺陷。

根据上述事实和理由，合议组作出如下审查决定。

三、决定

撤销国家知识产权局于2006年6月9日针对200310124384.X号发明专利申请作出的驳回决定，由国家知识产权局原实质审查部门以本复审决定针对的文本为基础继续审批程序。

复审请求人对本决定不服的，可以根据专利法第41条第2款的规定，自收到本决定之日起3个月内向北京市第一中级人民法院起诉。

137

在速率可变的声码器中选择编码速率的方法和装置

复审请求审查决定（第11627号）

决　定　号　第11627号
决　定　日　2007年10月12日
发明创造名称　在速率可变的声码器中选择编码速率的方法和装置
国际分类号　G10L 19/14，G10L 19/02
复审请求人　高通股份有限公司
申　请　号　200410001663.1
申　请　日　1995年8月1日
优先权日　1994年8月10日
公　开　日　2004年7月14日
合议组组长　陈迎春
主　审　员　陈　力
参　审　员　宋　瑞

法律依据　专利法实施细则第43条第1款、第21条第2款
决定要点
如果分案申请修改后的文本没有增加原母案申请说明书和权利要求书中未记载且又不能直接推出的内容，则修改后的文本符合专利法实施细则第43条第1款的规定。

一、案由

本复审请求涉及申请号为200410001663.1，名称为“在速率可变的声码器中选择编码速率的方法和装置”的发明专利申请（下称本申请），其申请日为1995年8月1日，优先权日为1994年8月10日，公开日为2004年7月14日，其为95190717.4号专利申请的分案申请，申请人原为夸尔柯姆股份有限公司，后于2004年5月28日变更为高通股份有限公司。

国家知识产权局实质审查部门依法对本申请进行了实质审查，并于2004年11月26日发出第一次审查意见通知书，指出申请人对本申请权利要求1~21的修改内容超出了原申请公开的范围，不符合专利法实施细则第43条第1款的规定。

针对第一次审查意见通知书，申请人于2005年6月13日提交了意见陈述书以及权利要求和说明书的全部修改替换页，其中申请人将权利要求书以及说明书发明内容部分中的“拖尾帧”修改为“释放延迟帧”，并在独立权利要求1、8中添加了特征“从要被解码的输入信号确定的信噪比”，对“信噪比”作出了限定，申请人认为权利要求1~21的内容以及发明内容部分中的

内容在原申请说明书第 7 页倒数第 2 段和公式 8 中均有记载，因此符合专利法实施细则第 43 条第 1 款的规定。

在此基础上，国家知识产权局实质审查部门于 2005 年 11 月 4 日以申请人于 2005 年 6 月 13 日提交的修改后的申请文件不符合专利法实施细则第 43 条第 1 款的规定为由驳回了本申请。

驳回决定认为：(1) 在分案申请的说明书第 3 页第 2~3 段记载的内容在原申请中没有公开，因此不符合专利法实施细则第 43 条第 1 款的规定。(2) 权利要求 1 中的“第一速率是高于第二速率的”、“判断下一连续帧应以小于所述第一速率的第二速率被编码”、“以所述下一连续帧为起点，选择一定数量的连续的释放延迟帧，该一定数量是从要被解码的输入信号确定的信噪比的函数”、“从要被解码的输入信号确定的信噪比”特征在原申请中没有公开，因此不符合专利法实施细则第 43 条第 1 款的规定。由于独立权利要求 1 超出了原申请公开的范围，其从属权利要求 2~7 也超出了原申请公开的范围，权利要求 8~21 是与权利要求 1~7 相对应的，因此权利要求 8~21 也超出了原申请文件公开的范围。

申请人高通股份有限公司（下称复审请求人）对上述驳回决定不服，于 2006 年 1 月 27 日向专利复审委员会提出复审请求，认为对权利要求 1~21 和说明书发明内容部分的修改没有超出原申请公开的范围，符合专利法实施细则第 43 条第 1 款的规定，其理由是：权利要求 1 中的特征“检测预定数量的连续帧已以第一速率被编码”在说明书第 7 页倒数第 2 段第 1 句话中有记载；“判断下一连续帧应以小于所述第一速率的第二速率被编码”在说明书第 7 页倒数第 2 段第 1 和第 2 句有记载；“以所述下一连续帧为起点，选择一定数量的连续的释放延迟帧，该一定数量是信噪比的函数”在说明书第 7 页最后一段至第 8 页第 4 行有记载；权利要求 2 的附加技术特征在说明书第 7 页倒数第 2 段第 1 句有记载；权利要求 3 的附加技术特征在说明书第 7 页倒数第 2 段有记载；权利要求 4 的附加技术特征可以直接从说明书中推导得出；权利要求 5 的附加技术特征在说明书第 7 页倒数第 2 段有记载；权利要求 6、7 在说明书的公式 8 中有记载；权利要求 8~21 与权利要求 1~7 是对应的，因此同样在说明书中也有记载。请求人没有修改申请文件。

经形式审查合格后，专利复审委员会受理了上述复审请求，于 2006 年 3 月 1 日向复审请求人发出了复审请求受理通知书，并将本案送至原实质审查部门进行前置审查。

原实质审查部门对上述复审请求做出前置审查意见，仍然坚持原驳回决定。

针对上述复审请求，专利复审委员会依法成立合议组，对本复审请求案进行了审理。本案合议组于 2007 年 2 月 15 日向复审请求人发出了复审通知书。复审通知书指出：(1) 权利要求 1、8 缺少最后将释放延迟帧的编码速率设置到全速率的必要技术特征，不符合专利法实施细则第 21 条第 2 款的规定。(2) 权利要求 2~5、9~12、15~21 的修改超出原母案申请公开的范围，不符合专利法实施细则第 43 条第 1 款的规定。权利要求 2 中的“最大可支持速率”、权利要求 3 中的“该速率为将归类为含有活动性语音的帧进行编码的速率”、权利要求 4 的“最小可支持速率”、权利要求 5 的附加技术特征在原母案申请中均没有记载；同理，由于权利要求 9~12 的附加技术特征与权利要求 2~5 的附加技术特征相对应，因此对权利要求 9~12 的修改也超出了原母案申请公开的范围，不符合专利法实施细则第 43 条第 1 款的规定；权利要求 15 的附加技术特征在原母案申请中也没有记载，因此也超出了原母案申请公开的范围；由于权利要求 16~20 均是引用在前的权利要求 15、权利要求 21 引用在前的权利要求 20，因此上述从属权利要求也超出了原母案申请公开的范围，不符合专利法实施细则第 43 条第 1 款的规定。

针对上述复审通知书，复审请求人于 2007 年 6 月 4 日提交了意见陈述书，同时提交了权利要求书的修改替换页。请求人修改了独立权利要求 1 和 8，将其中的“第一速率”全部修改为“全速率”，将“选择一定数量的连续的释放帧”修改为“选择一定数量的连续的释放延迟帧以全速率进行编码”；请求人修改了权利要求2和9，将“预定数量的”修改为“至少四个”并将“最大可支持的速率”修改为“全速率”；请求人修改了权利要求4和11，将“最小可支持速率”修改为“半速率”；请求人修改了权利要求5和12，将“一速率”修改为“八分之一速率”，并删除了“其中该速率为将归类为含有噪声或无绳的帧进行编码的速率”；请求人删除了权利要求3、10和15~21，认为修改后的权利要求符合专利法实施细则第21条第2款和专利法实施细则第43条第1款的规定。

随后，复审请求人于2007年7月3日再次提交了意见陈述书和权利要求书的修改替换页，其中请求人将从属权利要求2和8中的“至少”删除。修改后的权利要求书共有12项权利要求，具体如下：

“1. 一种将释放延迟帧添加到由声码器编码的多个帧的方法，其特征在于，所述方法包括：

检测步骤，检测预定数量的连续帧已以全速率被编码；

判断步骤，判断下一连续帧应以小于所述全速率的一速率被编码；以及

选择步骤，以所述下一连续帧为起点，选择一定数量的连续的释放延迟帧以全速率进行编码，该一定数量是从要被解码的输入信号确定的信噪比的函数。

2. 如权利要求1所述的方法，其特征在于，所述检测步骤包括检测四个连续帧已以全速率被编码。

3. 如权利要求1所述的方法，其特征在于，所述判断步骤包括判断下一连续帧应以半速率被编码。

4. 如权利要求1所述的方法，其特征在于，所述判断步骤包括判断下一连续帧应以八分之一速率进行编码。

5. 如权利要求1所述的方法，其特征在于，还包括生成背景噪声电平的估计值的步骤。

6. 如权利要求5所述的方法，其特征在于，还包括根据背景噪声电平的估计值来计算所述信噪比的步骤。

7. 一种将释放延迟帧添加到由声码器编码的多个帧的装置，其特征在于，该装置包括：

检测装置，用于检测预定数量的连续帧已以全速率被编码；

判断装置，用于判断下一连续帧应以小于所述全速率的一速率被编码；以及

选择装置，用于以所述下一连续帧为起点，选择一定数量的连续的释放延迟帧以全速率进行编码，该一定数量是从要被解码的输入信号确定的信噪比的函数。

8. 如权利要求7所述的将释放延迟帧添加到由声码器编码的多个帧的装置，其特征在于，所述检测装置包括检测四个连续帧已以全速率被编码的装置。

9. 如权利要求7所述的将释放延迟帧添加到由声码器编码的多个帧的装置，其特征在于，所述判断装置包括判断下一连续帧应以半速率被编码的装置。

10. 如权利要求7所述的将释放延迟帧添加到由声码器编码的多个帧的装置，其特征在于，所述判断装置包括判断下一连续帧应以八分之一速率进行编码的装置。

11. 如权利要求7所述的将释放延迟帧添加到由声码器编码的多个帧的装置，其特征在于，还包括生成背景噪声电平的估计值的装置。

12. 如权利要求11所述的将释放延迟帧添加到由声码器编码的多个帧的装置，其特征在于，还包括根据背景噪声电平的估计值来计算所述信噪比的装置。”

经过上述审查，合议组认为，本案事实已经清楚，可以依法作出复审决定。

二、决定的理由

1. 审查的基础

本决定以复审请求人于 2007 年 7 月 3 日提交的权利要求第 1～12 项以及 2005 年 6 月 13 日提交的说明书第 1～8 页、2004 年 1 月 12 日提交的说明书附图第 1 页、说明书摘要、摘要附图作为审查基础。

2. 关于专利法实施细则第 43 条第 1 款

专利法实施细则第 43 条第 1 款规定：依照本细则第 42 条规定提出的分案申请，可以保留原申请日，享有优先权的，可以保留优先权日，但是不得超出原申请公开的范围。

审查指南第二部分第六章第 3.2 节第（2）项规定：分案申请的内容不得超出原申请公开的范围，此处“公开的范围”应当理解为专利法第 33 条所述“记载的范围”。

专利法第 33 条规定：申请人可以对其专利申请文件进行修改，但是，对发明和实用新型专利申请文件的修改不得超出原说明书和权利要求书记载的范围，对外观设计专利申请文件的修改不得超出原图片或者照片表示的范围。

审查指南第二部分第八章第 5.2.1 节规定：原说明书和权利要求书记载的范围包括原说明书和权利要求书文字记载的内容和根据原说明书和权利要求书文字记载的内容以及说明书附图能直接地、毫无疑义地确定的内容。

权利要求 1 请求保护一种将释放延迟帧添加到由声码器编码的多个帧的方法，本发明原母案说明书第 8 页倒数第 3 段记载了：“在一个较佳实施例中，当跟了一串全速率话音帧时产生释放延迟情况，则检测低速率帧。在一个典型的实施例中，当在对四个连续的话音帧以全速率进行编码后跟一幅把编码速率设置到小于全速率的速率，并且计算得到的信噪比小于预定最小的 SNR 的帧时，把该帧的编码速率设置到全速率。在一个典型的实施例中，如在公式 8 中定义的那样，预定最小 SNR 为 27.5dB。”并且，说明书第 8 页倒数第 2 段记载了“在一个较佳实施例中，释放延迟的帧数是信噪比的函数。”该两段话记载了一种将释放延迟帧添加到由声码器编码的多个帧的方法，其中根据“当在对四个连续的话音帧以全速率进行编码后跟一幅把编码速率设置到小于全速率的速率，并且计算得到的信噪比小于预定最小的 SNR 的帧时，把该帧的编码速率设置到全速率”可知，首先是要对四个连续的话音帧以全速率进行编码，编码后再进行下面的步骤，而确定这个步骤必然需要检测步骤来检测这些连续的话音帧是否已以全速率被编码了；确定了这个步骤后，跟一副把编码速率设置为小于全速率的速率的话音帧，然后再进行下面的步骤，而确定这个步骤是否完成必然需要判断步骤来判断已被全速率编码的连续帧的下一帧是否以小于全速率的速率被编码了；如果是这样，那么当计算得到的信噪比小于预定最小的 SNR 的帧时，必然是从这些小于全速率被编码的帧开始，也就是从上述的下一帧为起点将这些小于全速率被编码的一定数量的连续的释放延迟帧的编码速率设置到全速率，即将其以全速率进行编码，这个步骤由于涉及对需要变速的帧的起点的选择，所以必然属于选择性步骤；此外，根据“在一个较佳实施例中，释放延迟的帧数是信噪比的函数”，可知得到上述一定数量的连续的释放延迟帧是信噪比的函数；并且，根据说明书第 2 页倒数第 3～2 行记载的“根据输入信号的信噪比（SNR）的估计值来设定声音检测阈值”和说明书第 6 页第 3～4 段，第 7 页第 1 行的公式（8）$SNR_t 10 \cdot \log\left[\frac{S_L}{BGN_L}\right]$，可以得知信噪比 SNR 是由要被解码的输入信号确定的。综上所述，权利要求 1 的技术方案已记载在原母案申请中，对权利要求 1 的修改没有超出原母案申请公开的范围，符合专利法实施细则第 43 条第 1 款的规定。

从属权利要求 2 的附加技术特征已在本申请原母案说明书第 8 页倒数第 3 段第 2 行记载了；从属

权利要求 3 的附加技术特征已在本申请原母案说明书第 8 页倒数第 3 段以及说明书第 5 页第 4 行的公式（5）记载了；从属权利要求 4 的附加技术特征已在本申请原母案说明书第 8 页倒数第 3 段以及说明书第 5 页第 3 行（4）记载了；从属权利要求 5、6 的附加技术特征已在本申请原母案说明书第 8 页倒数第 3 段以及说明书第 6 页第 3~4 段，第 7 页第 1 行的公式（8）$SNR_L 10 \cdot \log\left[\frac{S_L}{BGN_L}\right]$中记载了。综上所述，从属权利要求 2~6 的附加技术特征也在原母案申请中记载了，因此其修改也没有超出原母案申请公开的范围，符合专利法实施细则第 43 条第 1 款的规定。

权利要求 7~12 与权利要求 1~6 是对应的，其区别仅在于权利要求 7~12 要求保护的是与权利要求 1~6 的方法相对应的装置，但是这些装置不涉及具体的结构部件，只为实现所述方法的各个步骤提供所需的功能。而且，本申请原母案提供的是一种在速率可变的声码器中选择编码速率的方法和装置，其是根据所记载的方法的需要来提供相应的装置，因此在本申请方法类权利要求 1~6 修改没有超出原母案申请公开的范围的情况下，根据原母案申请说明书第 8 页倒数第 3、2 段的记载以及第 5 第 3~4 行、第 6 页第 3~4 段、第 7 页第 1 行的相应记载，本领域技术人员可以直接地、毫无疑义地得出权利要求 7~12 的技术方案，因此权利要求 7~12 修改也没有超出原母案申请公开的范围，符合专利法实施细则第 43 条第 1 款的规定。

驳回决定中认为本申请说明书第 3 页第 2~3 段的内容不符合专利法实施细则第 43 条第 1 款的规定，经合议组审查，说明书该部分内容没有超出原母案申请公开的范围，具体理由如下：

（1）对于本申请说明书第 3 页第 2 段的内容，本申请原母案说明书第 8 页倒数第 3 段记载了："在一个较佳实施例中，当跟了一串全速率话音帧时产生释放延迟情况，则检测低速率帧。在一个典型的实施例中，当在对四个连续的话音帧以全速率进行编码后跟一幅把编码速率设置到小于全速率的速率，并且计算得到的信噪比小于预定最小的 SNR 的帧时，把该帧的编码速率设置到全速率。在一个典型的实施例中，如在公式 8 中定义的那样，预定最小 SNR 为 27. 5dB。"并且，原母案说明书第 8 页倒数第 2 段记载了"在一个较佳实施例中，释放延迟的帧数是信噪比的函数。"该两段话记载了一种将释放延迟帧添加到由声码器编码的多个帧的方法，其中根据"当在对四个连续的话音帧以全速率进行编码后跟一幅把编码速率设置到小于全速率的速率，并且计算得到的信噪比小于预定最小的 SNR 的帧时，把该帧的编码速率设置到全速率"可以毫无疑义地得知，首先是要对四个（根据需要可以是预定数量的）连续的话音帧以全速率（也就是根据需要以某一第一速率）进行编码，编码后再进行下面的步骤，而确定这个步骤必然需要检测步骤来检测这些连续的话音帧是否已以全速率（也就是第一速率）被编码了；确定了这个步骤后，跟一副把编码速率设置为小于全速率的速率（也就是某一第二速率）的话音帧，然后再进行下面的步骤，而确定这个步骤是否完成必然需要判断步骤来判断已被全速率编码的连续帧的下一帧是否以小于全速率（也就是以小于某一第一速率）的速率被编码了；如果是这样，那么当计算得到的信噪比小于预定最小的 SNR 的帧时，必然是从这些小于全速率被编码的帧开始，也就是从上述的下一帧为起点将这些小于全速率被编码的一定数量的连续的释放延迟帧的编码速率设置到全速率，这个步骤由于涉及对需要变速的帧的起点的选择，所以必然属于选择性步骤；此外，根据"在一个较佳实施例中，释放延迟的帧数是信噪比的函数"，可知得到上述一定数量的连续的释放延迟帧是信噪比的函数。因此，本申请说明书第 3 页第 2 段中的内容已经记载在原母案申请中。

（2）对于本申请说明书第 3 页第 3 段的内容，其描述的是与本申请说明书第 3 页第 2 段的方法相对应的装置，但是这些装置不涉及具体的结构部件，只为实现所述方法的各个步骤提供所需的功能。而且，本申请原母案提供的是一种在速率可变的声码器中选择编码速率的方法和装置，其是根据所记载的方法的需要来提供相应的装置，同理，根据原母案申请说明书第8页倒数第3、2段的记载以及第5页第3~4行、第6页第3~4段、第7页第1行的相应记载，本领域技术人员可以直接地、毫无疑义地得出本申请说明书第3页第3段的内容，因此本申请说明书该部分的技术方案也记载在原母案申请中了。

综上所述，本分案申请说明书第3页第2~3段的修改没有超出原母案申请公开的范围，符合专利法实施细则第43条第1款的规定。

3. 关于专利法实施细则第21条第2款

专利法实施细则第21条第2款规定：独立权利要求应当从整体上反映发明或者实用新型的技术方案，记载解决技术问题的必要技术特征。

合议组在复审通知书中指出：本申请涉及一种将释放延迟帧添加到由声码器编码的多个帧的方法和装置，其所要解决的技术问题是：如何将释放延迟帧添加到由声码器编码的多个帧中，以处理这些帧。基于这种理解，以及说明书第7页倒数2段~第8页第1段的记载，要实现本发明的目的，关于最后将释放延迟帧的编码速率设置到全速率的技术特征是必不可少的，而独立权利要求1、8缺少该最后将释放延迟帧的编码速率设置到全速率的技术特征，因此不符合专利法实施细则第21条第2款的规定。

请求人在答复该次复审通知书时提交了权利要求书的修改替换页，其中修改了独立权利要求1和8，修改后的独立要求1和8包含了技术特征“选择一定数量的连续的释放延迟帧以全速率进行编码”，由此独立权利要求1、8所记载的技术方案已经对如何将释放延迟帧添加到由声码器编码的多个帧的问题进行了详细的描述，本领域技术人员根据该技术方案可以解决所述的技术问题。因此，权利要求1、8从整体上反映了本发明的技术方案，不缺少必要技术特征，符合专利法实施细则第21条第2款的规定。

三、决定

在复审请求人于2007年7月3日提交的修改文本的基础上，撤销国家知识产权局于2005年11月4日针对200410001663.1号发明专利申请作出的驳回决定。

由原审查部门以本复审决定所依据的文本作为审查基础继续进行审查。

复审请求人对本决定不服的，可以根据专利法第41条第2款的规定，自收到本决定之日起三个月内向北京市第一中级人民法院起诉。

138

砂浆、混凝土防水剂及其制造技术

复审请求审查决定（第11633号）

决　定　号　第11633号
决　定　日　2007年8月31日
发明创造名称　砂浆、混凝土防水剂及其制造技术
国际分类号　C04B 22/06，C04B 24/00，C04B 24/28
复审请求人　尚启水
申　请　号　02104116.4
申　请　日　2002年3月6日
公　开　日　2003年9月17日
合议组组长　崔　震
主　审　员　巩克栋
参　审　员　赵　明

法律依据　专利法第33条、第26条第4款，专利法实施细则第20条第1款
决定要点
原说明书和权利要求书记载的范围包括原说明书和权利要求书文字记载的内容和根据原说明书和权利要求书文字记载的内容以及说明书附图能直接地、毫无疑义地确定的内容。

一、案由

本复审请求涉及名称为“砂浆、混凝土防水剂及其制造技术”的02104116.4号发明专利申请（下称本申请），申请人为尚启水，申请日为2002年3月6日，公开日为2003年9月17日。

2006年3月31日，针对本申请，国家知识产权局作出驳回决定。驳回决定所针对的权利要求书如下：

“1. 本砂浆、混凝土防水剂属无机硅防水剂，主要有效成分及用量：

A. 硅溶胶是制造防水剂的主要材料，又称胶体二氧化硅，硅酸多分子聚合物的胶体溶液，一般呈乳白色半透明液体，粒径小，渗透力好，通过毛细管渗入到孔隙中，二氧化硅与水泥中氢氧化钙生成硅酸钙水不溶物，堵塞水泥基层微孔，防潮、防漏、抗渗，用量：4~5重量%，

B. 十八烷酸，别名硬脂酸：一级纯白色，憎水剂，用量：1~1.8重量%，

C. 三乙醇胺：TEA，无色粘稠液体，乳化剂，用量：5~5.4重量%，

D. 聚丙烯酸钠：无色粉末，分子量数百万，是优良的有机高分子材料，遇水膨胀，形成透明的凝胶状粘稠液体，堵塞砂浆混凝土的微孔，用量：0.1~0.15重量%，

E. 十二烷基苯磺酸钠：白色粉末，表面活性剂，用量：0.12~0.16 重量%，

F. 乙醇：无色液体，分散剂，用量：1.6~2%，

G. 水：用量 87.73~85.94 重量%，

2. 砂浆混凝土防水剂产品配方：

原材料名称	规格	配方重量%				
		1	2	3	4	5
硅溶胶	35%	4	4.3	4.5	4.8	5.0
硬脂酸	一级	1	1.2	1.4	1.6	1.8
三乙醇胺	10%	5	5.1	5.2	5.3	5.4
聚丙烯酸钠		0.15	0.14	0.13	0.12	0.10
十二烷基苯磺酸钠		0.12	0.13	0.14	0.15	0.16
乙醇	90%	2	1.9	1.8	1.7	1.6
水	自来水	87.73	87.23	86.83	86.33	85.94

”

驳回决定认为：权利要求 1~2 中组分 A~G 的用量及配方中各物料的用量在说明书中没有相关记载，因此权利要求 1~2 未以说明书为依据，不符合专利法第 26 条第 4 款的规定。权利要求 2 涉及一种砂浆混凝土防水剂的配方，无法看出该权利要求是方法权利要求还是产品权利要求，因此权利要求 2 的主题名称不清楚，不符合专利法实施细则第 20 条第 1 款的规定。

申请人尚启水（下称请求人）对上述驳回决定不服，于 2006 年 5 月 20 日向国家知识产权局专利复审委员会提出了复审请求。请求人在提出复审请求时，提交了说明书、权利要求书及说明书摘要的修改替换页。请求人认为：修改后的文本已经将驳回决定指出的缺陷克服。

形式审查合格后，专利复审委员会受理了该复审请求，于 2006 年 6 月 23 日向请求人发出复审请求受理通知书，并将本案转送至原审查部门进行前置审查。

国家知识产权局原审查部门对本复审请求进行了前置审查，坚持原驳回决定。

专利复审委员会依法成立合议组，对本复审请求进行审查。

本案合议组于 2006 年 11 月 1 日发出复审通知书，指出：(1) 在修改后的权利要求 1 中，限定硅溶胶的用量为 4 重量%，三乙醇胺的用量为 5 重量%，乙醇的用量为 2 重量%，上述修改后的内容在原始申请的说明书和权利要求书中没有记载。而原权利要求 2 记载的内容是：规格为 35% 的硅溶胶用量为 4 重量%，规格为 10% 的三乙醇胺用量为 5 重量%，规格为 90% 的乙醇用量为 2 重量%，即硅溶胶用量实际为 35%×4%＝1.4 重量%，三乙醇胺的用量为 10%×5%＝0.5 重量%，乙醇用量为 90%×2%＝1.8 重量%，且采用特定规格的硅溶胶、三乙醇胺和乙醇；原说明书的记载为“滴加 10% 的三乙醇胺水溶液 5kg”，“90% 的乙醇 2kg”，“35% 的硅溶胶 4kg”。由此可知，修改后的内容也不能由原说明书和权利要求书直接地、毫无疑义地确定，因此权利要求 1 的修改超出原权利要求书和说明书记载的范围，不符合专利法第 33 条的规定。(2) 在修改后的说明书第 1 段中出现“我们研制开发了 QS 奇水牌绿色环保国际新型的复合防水材料”；在第 2 段中，所有组份的计量单位由“kg”或“g”修改为“份”，在不锈钢反应釜中加入温热水的量修改为“30 份”，加适量水的量修改为“57.73 份”。上述修改后的内容在原权利要求书和说明书中没有相应记载。原说明书中仅提及“本防水剂是由优质有机高分子材料和优质无机材料复合而成”，与“QS 奇水牌绿色环保国际新型的复合防水材料”没有任何的关联；原说明书中在不锈钢反应釜中加入温热水的量为 80kg，加适量水的量

为100kg，与修改后的“30份”和“57.73份”没有任何关联；原说明书中所有组份的计量单位为“kg”或“g”，各组份的量为一个确定的值，而修改后所有组份的计量单位变为“份”，即变为一个比值，这就包括了原说明书记载之外的组份含量，例如将原说明书记载的所有组份的量同比放大或缩小，因此修改后的内容也不能由原说明书和权利要求书直接地、毫无疑义地确定，说明书的修改超出原说明书和权利要求书记载的范围，不符合专利法第33条的规定。(3) 本申请还存在如下缺陷：本申请权利要求1所要求保护的技术方案在说明书中没有相应的记载，因此也就不能从说明书充分公开的内容中得到或概括得出，因此权利要求1未以说明书为依据，不符合专利法第26条第4款的规定。

请求人于2006年12月6日提交了意见陈述书和说明书第1~2页、权利要求1~3，及说明书摘要的修改替换页。

2007年1月25日，请求人做了主动补正，提交了说明书第1~2页、权利要求第1项及说明书摘要的修改替换页。请求人提交的权利要求书为：

“1. 本砂浆、混凝土防水剂属无机硅防水剂，主要有效成分：

A. 溶胶是制造防水剂的主要材料，又称胶体二氧化硅，硅酸多分子聚合物的胶体溶液，一般呈乳白色半透明液体，粒径小，渗透力好，通过毛细管渗入到孔隙中，二氧化硅与水泥中氢氧化钙生成硅酸钙水不溶物，堵塞水泥基层微孔，防潮、防漏、抗渗，

B. 十八烷酸，别名硬脂酸：一级纯白色，憎水剂，

C. 三乙醇胺：TEA，无色粘稠液体，乳化剂，

D. 聚丙烯酸钠：无色粉末，分子量数百万，是优良的有机高分子材料，遇水膨胀，形成透明的凝胶状粘稠液体，堵塞砂浆混凝土的微孔，

E. 十二烷基苯磺酸钠：白色粉末，表面活性剂，

F. 乙醇：无色液体，为分散剂，

所述砂浆、混凝土防水剂产品配方为之一，

原材料名称	规格	配方重量%				
		1	2	3	4	5
硅溶胶	35%	4	4.3	4.5	4.8	5.0
硬脂酸	一级	1	1.2	1.4	1.6	1.8
三乙醇胺	10%	5	5.1	5.2	5.3	5.4
聚丙烯酸钠		0.15	0.14	0.13	0.12	0.10
十二烷基苯磺酸钠		0.12	0.13	0.14	0.15	0.16
乙醇	90%	2	1.9	1.8	1.7	1.6
水	自来水	87.73	87.23	86.83	86.33	85.94

”

请求人认为：上次提交的修改文本中防水剂有效成分用量得不到说明书支持，现将缺陷克服，退回到原说明书中的用量。

经过上述审查程序，本案合议组认为，本案事实已经清楚，可以作出复审决定。

二、决定的理由

1. 关于文本

本决定所针对的文本为：请求人于2007年1月25日提交的说明书第1~2页、权利要求第1项及说明书摘要。

2. 关于专利法第 33 条

根据专利法第 33 条的规定，申请人可以对其专利申请文件进行修改，但是，对发明和实用新型专利申请文件的修改不得超出原说明书和权利要求书记载的范围。

原说明书和权利要求书记载的范围包括原说明书和权利要求书文字记载的内容和根据原说明书和权利要求书文字记载的内容以及说明书附图能直接地、毫无疑义地确定的内容。

请求人在 2007 年 1 月 25 日提交的权利要求 1 中，针对复审通知书指出的“硅溶胶的用量为 4 重量%、三乙醇胺的用量为 5 重量%、乙醇的用量为 2 重量%”的修改不符合专利法第 33 条的缺陷，将原始申请权利要求 1 和 2 合并成新的权利要求 1，复审通知书指出的修改超范围的内容已不存在，即克服了复审通知书指出的权利要求 1 的修改不符合专利法第 33 条的缺陷。

请求人在 2007 年 1 月 25 日提交的说明书中，将“我们研制开发了 QS 奇水牌绿色环保国际新型的复合防水材料”从说明书中删除；将计量单位由“份”修改为原始申请说明书所记载的“kg”或“g”；将“在不锈钢反应釜中加入 30 份温热水”修改为原始申请说明书记载的“在不锈钢反应釜中加入 80kg 温热水”；将“加适量水至 57.73 份”修改为“加适量水 7.73kg”，由于原始申请说明书第 2 段记载有“加适量水至 100kg”，用该 100kg 减去其他组分的添加量后，“适量水”的添加量就是 7.73kg，因此该修改可以直接地、毫无疑义地由原始申请说明书确定。因此请求人对说明书的上述修改克服了复审通知书指出的说明书修改不符合专利法第 33 条的缺陷。

在修改后的权利要求 1 中，记载有“溶胶是制造防水剂的主要材料，又称胶体二氧化硅，硅酸多分子聚合物的胶体溶液，一般呈乳白色半透明液体”，而原始申请权利要求 1 记载的是“硅溶胶是制造防水剂的主要材料，又称胶体二氧化硅，硅酸多分子聚合物的胶体溶液。一般呈乳白色半透明液体”。对于所属技术领域的技术人员来说，胶体二氧化硅又称为硅溶胶，硅酸缩合成多分子聚合物也称为硅溶胶，是硅胶涂料的主要原料，而溶胶是一大类物质，不同分散质与不同介质形成的溶胶，其作用、颜色和相态不同。因此，所属技术领域的技术人员根据权利要求 1 的描述，可以理解其中的“溶胶”应是“硅溶胶”，并且“溶胶”应为“硅溶胶”是所属技术领域的技术人员能从权利要求书整体及上下文看出的唯一正确答案。

3. 关于专利法第 26 条第 4 款

专利法第 26 条第 4 款规定：权利要求书应当以说明书为依据，说明要求专利保护的范围。

权利要求书中的每一项权利要求所要求保护的技术方案应当是所属技术领域的技术人员能够从说明书充分公开的内容中得到或概括得出的技术方案，并且不得超出说明书公开的范围。

本申请修改后权利要求书只有一项权利要求，该权利要求的全部内容记载在修改后的说明书第 1 页倒数第 1 段和说明书第 2 页第 1 段中，权利要求 1 的技术方案是所属技术领域技术人员能够从说明书充分公开的内容中可以得到的技术方案，因此修改后的权利要求 1 克服了驳回决定和复审通知书指出的不符合专利法第 26 条第 4 款的缺陷。

4. 关于专利法实施细则第 20 条第 1 款

专利法实施细则第 20 条第 1 款规定：权利要求书应当说明发明或者实用新型的技术特征，清楚、简要地表述请求保护的范围。

每项权利要求的类型应当清楚。权利要求的主题名称应当能够清楚地表明该权利要求的类型是产品权利要求还是方法权利要求。

本申请修改后，请求人将原权利要求 2 删除，将其内容合并入原权利要求 1 形成新的权利要求 1，因此本申请权利要求书已经不存在驳回决定所针对的权利要求，同时权利要求 1 的主题名称为“本砂浆、混凝土防水剂”，已经清楚地表明权利要求 1 的类型是产品权利要求，因此权利要求 1 的类型清楚，克服了驳回决定指出的不符合专利法实施细则第 20 条第 1 款的缺陷。

综上，修改后的权利要求 1 和说明书已经克服了驳回决定和复审通知书指出的本申请不符合专利法第 33 条、专利法第 26 条第 4 款和专利法实施细则第 20 条第 1 款有关规定的缺陷。

基于上述理由，本合议组作出如下决定。

三、决定

撤销国家知识产权局于 2006 年 3 月 31 日针对 02104116.4 号发明专利申请作出的驳回决定，由国家知识产权局原审查部门在本复审请求审查决定针对的审查文本基础上继续进行审查程序。

复审请求人对本决定不服的，可以根据专利法第 41 条第 2 款的规定，自收到本决定之日起 3 个月内向北京市第一中级人民法院起诉。

139

绞干装置

复审请求审查决定（第11635号）

决　定　号　第11635号
决　定　日　2007年10月12日
发明创造名称　绞干装置
国际分类号　A47L13/58
复审请求人　卡尔·弗罗伊登伯格公司
申　请　号　02102040.X
优先权日　2001年1月18日
申　请　日　2002年1月17日
公　开　日　2002年8月28日
合议组组长　刘　静
主　审　员　郭鹏鹏
参　审　员　吴红权

法律依据　专利法第22条第3款
决定要点

专利法第22条第3款规定：创造性，是指同申请日之前已有的技术相比，该发明有突出的实质性特点和显著的进步。

如果发明是所属技术领域的技术人员在现有技术的基础上结合本领域的常用技术手段可以显而易见地得到，并且由此获得的技术效果也是能够预见的，则该发明不具备创造性。

一、案由

本复审请求涉及申请人卡尔·弗罗伊登伯格公司于2002年1月17日申请，2002年8月28日公开，名称为“绞干装置”的第02102040.X号发明专利申请（下称本申请），其优先权日为2001年1月18日。

2004年5月21日，针对申请人2002年10月21日提交的说明书第2、2a页，申请日提交的说明书第1、3~5页，说明书附图1~2页，申请日提交的权利要求第1~9项、说明书摘要和摘要附图，国家知识产权局原审查部门以权利要求1~9不符合专利法第22条第3款为由，驳回了本申请。

驳回决定所针对的权利要求书为：

“1. 用于含水和潮湿擦拭器具的清洁元件的绞干装置，包括一个可通流水分的容槽（1），该容槽通过一个固定框（5）固定在存水桶（6）上，在容槽中清洁元件可通过挤压被绞干，其特征在于，清洁元件穿过与容槽分离的导入漏斗（2）可送入容槽，该导入漏斗可固定在固定框上。

2. 如权利要求 1 所述的装置，其特征在于，所述导入漏斗（2）包括一个锥形外壳件（7）和一个成形支撑框架（3），该支撑框架与固定框（5）固定连接。

3. 如权利要求 2 所述的装置，其特征在于，该锥形外壳件（7）与支撑框架（3）由聚合材料构成一个整体。

4. 如权利要求 3 所述的装置，其特征在于，该锥形外壳件（7）和/或支撑框架（3）具有孔洞（15）。

5. 如权利要求 2~4 中任一项所述的装置，其特征在于，所述锥形外壳件（7）与水平面（12）之间形成 15°至 70°的夹角（14）。

6. 如权利要求 2~5 中任一项所述的装置，其特征在于，所述锥形外壳件（7）的下沿（8）围成一个下通过面（18），该通过面全等于或小于容槽（1）的上沿（9）。

7. 如权利要求 6 所述的装置，其特征在于，该锥形外壳件（7）和支撑框架（3）绕轴线（12）旋转对称地构成，并且外壳件（7）的上沿（17）直径大于下通过面（18）直径的 1.2~2 倍。

8. 如上述任一项权利要求所述的装置，其特征在于，所述容槽（1）具有可成型的薄板件（10），其内径宽度在挤压清洁元件时缩小（图 1）或扩大（图 2）。

9. 如权利要求 8 所述的装置，其特征在于，该薄板件（10）设计成具有凸起弯曲的弹性元件（图 2）。”

驳回决定认为：（1）权利要求 1 要求保护一种用于含水和潮湿擦拭器具的清洁元件的绞干装置，对比文件 1（EP0489237A，公开日为 1992 年 6 月 10 日）公开了一种绞干装置，权利要求 1 要求保护的技术方案与对比文件的区别在于：清洁元件穿过与容槽分离的导入漏斗可送入容槽，该导入漏斗可固定在固定框上；对比文件 2（DE-GM7814317，公开日为 1978 年 8 月 24 日）公开了一种用于墩布等的绞干装置，其具有一个带有一个上部的、平滑的、向上张开的锥形入口部件的绞干筐，这一锥形入口部件与权利要求 1 中的导入漏斗作用完全相同，将导入部件根据需要设计为可与容槽分离并可固定的固定框上是本领域技术人员很容易想到的，因此，在对比文件 1 的基础上结合对比文件 2 得出权利要求 1 要求保护的技术方案，对于本领域技术人员而言不需要创造性劳动，所以权利要求 1 相对于对比文件 1 和 2 不具备创造性。（2）权利要求 2~7、9 的附加技术特征都是本领域技术人员容易想到的，在其引用的权利要求 1 不具备创造性的前提下，权利要求 2~7、9 也不具备创造性。（3）权利要求 8 的附加技术特征已经被对比文件 1 公开，在其引用的权利要求不具备创造性的前提下，权利要求 8 也不具备创造性。

申请人卡尔·弗罗伊登伯格公司（下称请求人）对上述驳回决定不服，于 2004 年 9 月 2 日向专利复审委员会提出复审请求，请求人在提出复审请求时未对申请文件进行修改。请求人认为：（1）对比文件 1 没有公开与容槽结构上分开的导入漏斗，对比文件 2 的入口部件与绞干筐在材料及结构上做成一体，而使得其结构设计的可能性受到很大局限，这样的入口部件无法以结构模块的型式适配于特定的墩布形状（和大小）；本发明中导入漏斗和容槽做成相互分开的结构，从而实现各自功能与其结构设计的最佳匹配，使两个部件所对应的技术条件之间的制约减至最小；而且，这两者的组合带来了意想不到的技术效果。（2）本申请的平行专利申请在德国和美国均已获授权。

形式审查合格后，专利复审委员会受理了该复审请求，并于 2004 年 10 月 18 日向请求人发出《复审请求受理通知书》，随后将本申请移交国家知识产权局原审查部门进行前置审查。

国家知识产权局原审查部门对本复审请求进行了前置审查，坚持原驳回决定。

专利复审委员会组成合议组，对本案的复审请求进行了审理，于 2007 年 3 月 16 日向请求人发出

《复审通知书》。《复审通知书》指出：（1）权利要求1要求保护一种绞干装置。对比文件1（EP 0489237A1，公开日1992年6月10日）也公开了一种绞干装置，与对比文件1相比，权利要求1要求保护的技术方案的区别在于，权利要求1中的清洁元件穿过与容槽分离的导入漏斗可送入容槽，该导入漏斗可固定在固定框上。对比文件2（DE-GM7814317，公开日1978年8月24日）也公开了一种用于墩布或其他类似清洁用具的绞干装置，该绞干装置上有一个顶部具有一个锥形向上扩展的导入部分的绞干筐，该导入部分起到的作用是将墩布引入到绞干筐里（参见对比文件2说明书第4页第25行至第5页）。对比文件2给出了这样的教导：在绞干装置的顶部设置一个开口向上的锥形漏斗状导入部分，可以使用这种绞干装置时使尺寸大于绞干容槽或绞干筐的墩布等清洁装置更容易地被收纳并送入绞干部位（容槽）中。对于本领域技术人员来说，为了节省空间便于运输、存储的目的而将形状特殊的部件做成可拆卸并可组装使用的不同部分，是一种常规的技术手段。所以权利要求1不符合专利法第22条第3款关于创造性的规定。（2）权利要求2~7的附加技术特征均是本领域的常规技术手段，在其引用的权利要求不具备创造性的前提下，权利要求2~7也不具备创造性。（3）权利要求8~9的附加技术特征已经被对比文件1公开，所以在其引用的权利要求不具备创造性的前提下，权利要求8~9也不具备创造性。

针对《复审通知书》指出的问题，请求人于2007年4月29日提交了意见陈述书，请求人认为：（1）对比文件1的绞干装置存在着难于将墩布头导入多部段式容槽中的问题，对比文件2的导入部分设计并不适合用于对比文件1的绞干装置；（2）导入漏斗与绞干装置的分体设计不应属于本领域的公知常识或常用手段；（3）本发明还规定了导入漏斗的连接方式，对比文件和现有技术都未涉及这一具体特征，且“分离设计”解决了功能与结构优化设计的难题。

经过上述审查程序，本案合议组认为，本案事实清楚，可以作出复审决定。

二、决定的理由

1. 关于审查文本

本复审决定是以下述文本为基础作出的：请求人于2002年10月21日提交的说明书第2、2a页，申请日提交的说明书第1、3~5页、说明书附图1~2页，申请日提交的权利要求第1~9项、说明书摘要和摘要附图。

2. 关于创造性问题

专利法第22条第3款规定：创造性，是指同申请日之前已有的技术相比，该发明有突出的实质性特点和显著的进步。

如果发明是所属技术领域的技术人员在现有技术的基础上结合本领域的常用技术手段可以显而易见地得到，并且由此获得的技术效果也是能够预见的，则该发明不具备创造性。

就本申请而言，权利要求1~9请求保护一种用于含水和潮湿擦拭器具的清洁元件的绞干装置。

权利要求1请求保护一种用于含水和潮湿擦拭器具的清洁元件的绞干装置，包括一个可通流水分的容槽（1），该容槽通过一个固定框（5）固定在存水桶（6）上，在容槽中清洁元件可通过挤压被绞干，其特征在于，清洁元件穿过与容槽分离的导入漏斗（2）可送入容槽，该导入漏斗可固定在固定框上。对比文件1（EP 0489237A1，公开日1992年6月10日）也公开了一种绞干装置，具体公开了：一个容纳体（相当于本申请中的可通流水分的容槽），该容纳体通过一个固定框固定在清洁桶（相当于本申请中的存水桶）上，在该容纳体中清洁元件可通过挤压被绞干（参见对比文件1说明书第4栏第29行至47行及附图1）。与对比文件1相比，权利要求1要求保护的技术方案的区别在于，权利要求1中的清洁元件穿过与容槽分离的导入漏斗可送入容槽，该导入漏斗可固定在固定框上。对比文件2（DE-GM7814317，公开日1978年8月24日）也公开了一种用于墩布或其他类似清洁用具的绞干装置，该绞干装置上有一个绞干筐，该绞干筐的顶部具有一个锥形向上扩展的导入部分，该导入部分起到的作用是将墩布引入到绞干筐里（参见对比文件2说明书第4页第25行至第5页）。即，对比文件2给出了这样的教导：在绞干装置的顶部设置一个开口向上的锥形漏斗状导入部分，使用这种绞干装置时可以使尺寸大于绞干容槽或绞干筐的墩布等清洁装置更容易地被收纳并送入绞干部位（容槽）中。虽然对比文件2并没有教导导入漏斗可以是分离式的，但对于本领域技术人员来说，为了节省空间便于运输和存储而将形状特殊的部件做成可拆卸并可组装使用的不同部分，是一种常规的技术手段。所以，在对比文件1的基础上，结合对比文件2及本领域的公知常识，得到本申请权利要求1要求保护的技术方案并预期其具备相同的技术效果，对本领域技术人员来说是显而易见的。因此，权利要求1不符合专利法第22条第3款关于创造性的规定。

权利要求2引用权利要求1，附加技术特征是"所述导入漏斗（2）包括一个锥形外壳件（7）和一个成形支撑框架（3），该支撑框架与固定框（5）固定连接"。对于本领域技术人员来说，在将锥形漏斗状部件衔接于水平的其他部件上时，采用成形框架连接，并将其固定在水平固定框上，是一种常规的技术手段。因此在其引用的权利要求1不具备创造性的前提下，权利要求2也不符合专利法第22条第3款关于创造性的规定。

权利要求3引用权利要求2，附加技术特征是"该锥形外壳件（7）与支撑框架（3）由聚合材料构成一个整体"。对于本领域技术人员来说，将一个部件与其支撑部件由聚合材料模制成整体是一种常规的技术手段。因此在其引用的权利要求2不具备创造性的前提下，权利要求3也不符合专利法第22条第3款关于创造性的规定。

权利要求4引用权利要求3，附加技术特征是"该锥形外壳件（7）和/或支撑框架（3）具有孔洞（15）"。对于本领域技术人员来说，为了便于墩布送进绞干容槽的中心，或者在产品上表现出公司标识或墩布形状，或为了节省材料和减轻重量的目的，而在该锥形壳件或支撑框架上配上孔洞，是常规的技术手段。因此在其引用的权利要求3不具备创造性的前提下，权利要求4也不符合专利法第22条第3款关于创造性的规定。

权利要求5引用权利要求2~4，附加技术特征为"所述锥形外壳件（7）与水平面（12）之间形成15°~70°的夹角（14）"。该倾斜角度是类似锥形漏斗的常规选择范围，且并未带来任何意想不到的技术效果。因此在其引用的权利要求2~4不具备创造性的前提下，权利要求5也不符合专利法第22条第3款关于创造性的规定。

权利要求6引用权利要求2~5，附加技术特征为"所述锥形外壳件（7）的下沿（8）围成一个下通过面（18），该通过面全等于或小于容槽（1）的上沿（9）"。为了使被该锥形壳件导入的清洁元件充分接触容槽的中心并能够充分被容槽挤压达到有效绞干的目的，该锥形壳件的下沿通过面必定需要等于或小于该容槽的中心，即，该技术特征是本领域技术人员的常规技术手段。因此，在其引用的权利要求2~5不具备创造性的前提下，权利要求6也不符合专利法第22条第3款关于创造性的规定。

权利要求7引用权利要求6，附加技术特征为"该锥形外壳件（7）和支撑框架（3）绕轴线（12）旋转对称地构成，并且外壳件（7）的上沿（17）直径大于下通过面（18）直径的1.2~2倍"。锥形漏斗围绕中心轴线呈轴对称，以及上沿大于下沿直径，都是本领域的常规技术，上沿直径与下沿直径的比例，也是本领域的常规选择范围，且该选择并未给本领域技术人员带来任何意想不到的技术效果。因此，在其引用的权利要求6不具备创造性的前提下，权利要求7也不符合专利法第22条第3款关于创造性的规定。

权利要求8引用权利要求1~7，附加技术特征为"所述容槽（1）具有可成型的薄板件（10），其内径宽度在挤压清洁元件时缩小（图 1）或扩大（图 2）”。该技术特征已经被对比文件 1 公开（参见对比文件 1 说明书第 4 栏第 29 行至第 5 栏第 13 行及附图 1）。因此，在其引用的权利要求 1~7 不具备创造性的前提下，权利要求 8 也不符合专利法第 22 条第 3 款关于创造性的规定。

权利要求 9 引用权利要求 8，附加技术特征为“该薄板件（10）设计成具有凸起弯曲的弹性元件（图 2）”。该技术特征已经被对比文件 1 公开（参见对比文件 1 说明书第 4 栏第 29~47 行及附图 1）。因此，在其引用的权利要求 8 不具备创造性的前提下，权利要求 9 也不符合专利法第 22 条第 3 款关于创造性的规定。

对于请求人在答复《复审通知书》时陈述的意见，合议组认为：对比文件 2 公开的技术方案给了本领域技术人员这样的教导：在绞干装置的顶部设置一个开口向上的如锥形漏斗状的导入部分，可以使用这种绞干装置时使尺寸大于绞干容槽或绞干筐的墩布等清洁装置更容易地被收纳并送入绞干部位（容槽）中。正如请求人在意见陈述时所述，对比文件 1 中的装置存在着墩布头难于导入的技术问题，这就使得本领域技术人员有将对比文件 2 给出的锥形导入部分的教导应用到对比文件 1 中的装置之上以解决该技术问题的动机。至于漏斗可以是分离式的，对于本领域技术人员来说，将形状特殊的部件做成可拆卸并可组装使用的不同部分，是一种常规的技术手段；所以，在对比文件 2 的教导下，结合本领域的公知常识，本领域技术人员很容易想到，将锥形的导入部分做成与绞干部位相分离的、可拆卸的独立部分，并将其应用至对比文件 1 公开的装置上。所以，在对比文件 1 的基础上，结合对比文件 2 及本领域的公知常识，得到本申请权利要求 1 要求保护的技术方案并预期其具备相同的技术效果，对本领域技术人员来说是显而易见的。因此，权利要求 1 不符合专利法第 22 条第 3 款关于创造性的规定。

根据以上事实和理由，本案合议组作出如下审查决定。

三、决定

维持国家知识产权局于 2004 年 5 月 21 日对 02102040. X 号发明专利申请作出的驳回决定。

复审请求人对本决定不服的，可以根据专利法第 41 条第 2 款的规定，自收到本决定之日起三个月内向北京市第一中级人民法院起诉。

140

彩色发光装置和方法以及图像投影装置及其使用方法

复审请求审查决定（第11643号）

决　定　号　第11643号
决　定　日　2007年10月25日
发明创造名称　彩色发光装置和方法以及图像投影装置及其使用方法
国 际 分 类 号　G02B 27/18，G02B 27/10，G02B 3/10
复 审 请 求 人　三星电子株式会社
申　请　号　200310120933.6
申　请　日　2003年11月26日
优 先 权 日　2002年11月26日
公　开　日　2004年6月9日
合 议 组 组 长　张　曦
主　审　员　谢有成
参　审　员　王琦琳

法 律 依 据　专利法第22条第3款
决 定 要 点
一项权利要求的技术方案和对比文件存在区别技术特征，如果现有技术没有给出将该区别技术特征应用到对比文件中的技术启示，那么该项权利要求具备专利法第22条第3款规定的创造性。

一、案由

本复审请求案涉及申请号为200310120933.6、名称为“彩色发光装置和方法以及图像投影装置及其使用方法”的发明专利申请（下称本申请），其申请日为2003年11月26日，优先权日为2002年11月26日，申请人为三星电子株式会社。

国家知识产权局实质审查部门依法对本申请进行了实质审查，于2005年10月28日以申请人在答复第一次审查意见通知书也即2005年9月13日提交的权利要求第1~30项，于申请日提交的说明书第1~11页、说明书附图第1~11页、说明书摘要和摘要附图为基础作出驳回决定。其中权利要求1和17为独立权利要求，分别如下：

“1. 一种彩色发光系统，包括：

一个发射光的光源；

一个彩色光束分解器，按照预定的波段分解从光源发射的入射光束并以不同的角度传播所述分解的光束；

一个第一聚光透镜，会聚所述分解的光束；

一个滚动单元，改变所述会聚的光束传播路径，使光束呈彩色条状并在不同位置，并滚动光束传播路径的变化，从而周期性地滚动彩色条，

一个第二聚光透镜，会聚从滚动单元出射的光，和

一个均匀光形成单元，使得从滚动单元出射的光成为均匀光。

……

17. 一种图像投影系统，包括：

一个发射光束的光源；

一个彩色光束分解器，按照预定的波段分解从光源发射的入射光束并以不同的角度传播所述分解的光束；

一个第一聚光透镜，会聚所述分解的光束；和

一个滚动单元，改变所述会聚的光束的传播路径，以在不同的位置上形成彩色条，并滚动所会聚光束传播路径的变化，从而周期性地滚动彩色条；

一个第二聚光透镜，会聚所述从滚动单元出射的光；

一个均匀光形成单元，将所述从滚动单元出射的光转变为均匀光；和

一个图像形成装置，由所述均匀光形成单元出射的光形成图像；和

一个投影透镜单元，将所述图象形成装置产生的图像放大并投影在屏幕上。”

驳回决定指出：独立权利要求 1 和 17 相对于对比文件 1 的区别技术特征均在于本申请具备一个均匀光形成单元，其使得从滚动单元出射的光成为均匀光，但该技术特征是本领域常用的技术手段，因此权利要求 1 和 17 相对于对比文件 1 均不具备创造性；从属权利要求 11、12 和 14 以及 23、24 和 26 的对滚动单元进行限定的附加技术特征被对比文件 2 公开，因此这些权利要求相对于对比文件 1 和 2 的结合不具备创造性；其余的从属权利要求相对于对比文件 1 均不具备创造性。

驳回决定中引用的 2 篇对比文件如下：

对比文件 1：EP1253787A2 号专利文献，其公开日为 2002 年 10 月 30 日；

对比文件 2：WO00/60397A2 号专利文献，其公开日为 2000 年 10 月 12 日。

申请人三星电子株式会社（下称复审请求人）不服上述驳回决定，于 2005 年 12 月 26 日向专利复审委员会提出复审请求，同时提交了权利要求书全文的修改替换页，修改后的权利要求书共包括 31 项权利要求，其中权利要求 1 和 18 为独立权利要求，分别如下：

“1. 一种彩色发光系统，包括：

一个发射光的光源；

一个彩色光束分解器，按照预定的波段分解从光源发射的入射光束并以不同的角度传播所述分解的光束；

一个第一聚光透镜，会聚所述分解的光束；和

一个滚动单元，改变所述会聚的光束传播路径，使光束呈彩色条状并在不同位置，并滚动光束传播路径的变化，从而周期性地滚动彩色条，

其中，所述滚动单元包括可移动柱形阵列透镜。

……

18. 一种图像投影系统，包括：

一个发射光束的光源；

一个彩色光束分解器，按照预定的波段分解从光源发射的入射光束并以不同的角度传播所述分解

的光束；

一个第一聚光透镜，会聚所述分解的光束；和

一个滚动单元，改变所述会聚的光束的传播路径，以在不同的位置上形成彩色条，并滚动所会聚光束传播路径的变化，从而周期性地滚动彩色条；

一个第二聚光透镜，会聚所述从滚动单元出射的光；

一个均匀光形成单元，将所述从滚动单元出射的光转变为均匀光；和

一个图象形成装置，由所述均匀光形成单元出射的光形成图像；和

一个投影透镜单元，将所述图像形成装置产生的图像放大并投影在屏幕上，

其中，所述滚动单元包括可移动柱形阵列透镜。”

复审请求人在复审请求书中认为，在对比文件 2 中，不同颜色的光束是以不同的高度入射在预聚焦透镜 12 上的，透镜 12、13 和扫描元件 10 共同起到根据彩色光束的入射高度对彩色光束进行滚动的作用，而在本发明中，不同颜色的光束是以不同的入射角入射在第一聚光透镜 81 上的，并且聚光透镜 81、82 和滚动单元 90 共同起到根据彩色光束的入射角度对彩色光束进行滚动的作用，因此本领域技术人员很难想到将对比文件 2 的技术特征“可移动柱形阵列透镜”与对比文件 1 的技术方案结合而得到本申请的技术方案，因此，修改后的本申请权利要求相对于对比文件 1 和 2 具备创造性。

经形式审查合格，专利复审委员会依法受理了该复审请求，于 2006 年 1 月 19 日发出复审请求受理通知书，并于同一日向国家知识产权局实质审查部门发出了前置审查通知书。

国家知识产权局实质审查部门在前置审查意见中，仍然坚持原驳回决定。

专利复审委员会依法成立合议组，对该复审请求进行审查。本案合议组于 2007 年 3 月 26 日以复审请求人在提出复审请求时提交的权利要求第 1～31 项以及驳回决定针对的说明书第 1～11 页、说明书附图第 1～11 页、说明书摘要和摘要附图为基础发出复审通知书，指出本申请独立权利要求 1 与对比文件 1 的区别在于权利要求 1 限定了“所述滚动单元包括可移动柱形阵列透镜”，而对比文件 2 给出了将这一技术特征应用到对比文件 1 中的技术启示，因此其相对于对比文件 1 和 2 的结合不具备创造性，独立权利要求 18 与对比文件 1 的区别在于权利要求 18 限定了“一个均匀光形成单元，将所述从滚动单元出射的光转变为均匀光”和“所述滚动单元包括可移动柱形阵列透镜”，而前者是本领域的公知常识，后者被对比文件 2 公开，因此其相对于对比文件 1 和对比文件 2 的结合不具备创造性，其余相应的从属权利要求相对于对比文件 1 和对比文件 2 的结合也均不具备创造性。

针对上述复审通知书，复审请求人于 2007 年 5 月 10 日提交了意见陈述书，同时提交了权利要求书全文的修改替换页，修改后的权利要求书共包括 23 项权利要求，其中权利要求 1 和 14 为独立权利要求，分别如下：

“1. 一种彩色发光系统，包括：

一个发射光的光源；

一个彩色光束分解器，按照预定的波段分解从光源发射的入射光束并以不同的角度传播所述分解的光束；

一个第一聚光透镜，会聚所述分解的光束；

一个滚动单元，改变所述会聚的光束传播路径，使光束呈彩色条状并在不同位置，并滚动光束传播路径的变化，从而周期性地滚动彩色条；和

一个第二聚光透镜，会聚从所述滚动单元出射的光，

其中，所述滚动单元包括：一个旋转柱形阵列透镜，旋转地沿入射在滚动单元上的光的光路设置，包括沿旋转柱形阵列透镜的外围部分相邻设置的多个柱形透镜，其具有圆柱形形状；和一个驱动

单元，旋转地驱动旋转柱形阵列透镜，并且

所述第二聚光透镜包括：第一区域，其与所述相邻设置的多个柱形透镜中的外部透镜相对；和第二区域，其与所述相邻设置的多个柱形透镜中的内部透镜相对，该第一区域和第二区域的曲率互不相同。

……

14. 一种图像投影系统，包括：

一个发射光束的光源；

一个彩色光束分解器，按照预定的波段分解从光源发射的入射光束并以不同的角度传播所述分解的光束；

一个第一聚光透镜，会聚所述分解的光束；和

一个滚动单元，改变所述会聚的光束的传播路径，以在不同的位置上形成彩色条，并滚动所会聚光束传播路径的变化，从而周期性地滚动彩色条；

一个第二聚光透镜，会聚所述从滚动单元出射的光；

一个均匀光形成单元，将所述从滚动单元出射的光转变为均匀光；和

一个图像形成装置，由所述均匀光形成单元出射的光形成图像；和

一个投影透镜单元，将所述图像形成装置产生的图像放大并投影在屏幕上，

其中，所述滚动单元包括：一个旋转柱形阵列透镜，旋转地沿入射在滚动单元上的光的光路设置，包括沿旋转柱形阵列透镜的外围部分相邻设置的多个柱形透镜，其具有圆柱形形状；和一个驱动单元，旋转地驱动旋转柱形阵列透镜，并且

所述第二聚光透镜包括：第一区域，其与所述相邻设置的多个柱形透镜中的外部透镜相对；和第二区域，其与所述相邻设置的多个柱形透镜中的内部透镜相对，该第一区域和第二区域的曲率互不相同。”

在意见陈述书中，复审请求人认为，修改后的权利要求 1 中至少以下特征未被对比文件公开：“所述第二聚光透镜包括：第一区域，其与所述相邻设置的多个柱形透镜中的外部透镜相对；和第二区域，其与所述相邻设置的多个柱形透镜中的内部透镜相对，该第一区域和第二区域的曲率互不相同”，且该特征可以带来有益的技术效果，因此，权利要求 1 具有创造性。同理，独立权利要求 14 也满足创造性要求。从而，相应的从属权利要求也都满足创造性要求。

至此，合议组认为本案事实已清楚，现依法作出审查决定。

二、决定的理由

1. 审查文本

复审请求人在 2007 年 5 月 10 日提交的意见陈述书中对权利要求书进行了修改，经审查，该修改符合专利法第 33 条以及专利法实施细则第 60 条第 1 款的规定，因此，本决定是在复审请求人于 2007 年 5 月 10 日提交的权利要求第 1~23 项，于申请日提交的说明书第 1~11 页、说明书附图第 1~11 页、说明书摘要和摘要附图的基础上作出的。

2. 关于创造性

专利法第 22 条第 3 款规定：创造性，是指同申请日以前已有的技术相比，该发明有突出的实质性特点和显著的进步，该实用新型有实质性特点和进步。

一项权利要求的技术方案和对比文件存在区别技术特征，如果现有技术没有给出将该区别技术特征应用到对比文件中的技术启示，那么该项权利要求具备专利法第 22 条第 3 款规定的创造性。

本申请权利要求 1 请求保护一种彩色发光系统，对比文件 1 公开了一种光学单元及图像显示设备（参见说明书第 5 栏第 8 行至第 6 栏第 36 行，图 3~5），其包括：一个发射光的光源 1（相当于权利要求 1 的光源）；一个二向色镜组 7a，7b，7c（相当于权利要求 1 的彩色光束分解器），按照预定的

波段分解从光源 1 发射的入射光束并以不同的角度传播所述分解的光束；一个会聚透镜 6a（相当于权利要求 1 的第一聚光透镜），会聚所述分解的光束；和一个反射型转动多面体元件 43（相当于权利要求 1 中的滚动单元），其改变所述会聚的光束传播路径，使光束呈彩色条状并在不同位置，并滚动改变所会聚光束的传播路径，以周期性地滚动彩色条；一个会聚透镜 6b（相当于权利要求 1 中的第二聚光透镜），用于会聚从反射型转动多面体元件 43 出射的光。并且，所述反射型转动多面体元件 43 的转动显然是通过驱动单元来实现的，因此，对比文件 1 隐含公开了用于驱动该反射型转动多面体元件 43 的驱动单元。

权利要求 1 相对于对比文件 1 的区别技术特征在于：①所述滚动单元包括：一个旋转柱形阵列透镜，旋转地沿入射在滚动单元上的光的光路设置，包括沿旋转柱形阵列透镜的外围部分相邻设置的多个柱形透镜，其具有圆柱形形状；②第二聚光透镜包括：第一区域，其与所述相邻设置的多个柱形透镜中的外部透镜相对；和第二区域，其与所述相邻设置的多个柱形透镜中的内部透镜相对，该第一区域和第二区域的曲率互不相同。

对比文件 2 公开了一种具有柱形透镜的光学扫描器（参见说明书第 13 页第 5~29 行，第 15 页第 17~33 行，图 1、9），其包括分色镜、前聚焦圆柱形透镜 12、由负透镜 14 和 15 组成的扫描元件 10、后聚焦柱面透镜 13。其中扫描元件 10 用于改变所述会聚的光束传播路径，滚动改变所会聚光束的传播路径，以周期性地滚动彩色条，其相当于本申请权利要求 1 中的滚动单元，并且该扫描元件包括由旋转结构 45 驱动的柱形阵列透镜 41（参见图 9），该柱形阵列透镜 41 旋转地沿入射在滚动单元上的光的光路设置，包括沿旋转柱形阵列透镜的外围部分相邻设置的多个柱形透镜，具有圆柱形形状，因此该柱形阵列透镜 41 相当于本申请权利要求 1 中滚动单元所包括的旋转柱形阵列透镜。由上可知，对比文件 2 公开了上述区别技术特征①。

但是，对比文件 2 没有公开本申请权利要求 1 相对于对比文件 1 的区别技术特征②。并且，也没有证据表明该技术特征②是本领域的公知常识。因此，现有技术没有给出将技术特征②应用到对比文件 1 中的技术启示。即使将对比文件 1 和 2 结合，也无法获得包括具有技术特征②的彩色发光系统，也即得不到本申请权利要求 1 请求保护的技术方案。另外，本申请权利要求 1 中对第二聚光透镜的限定使得通过第二聚光透镜第一区域的光和第二区域的光能够聚焦在相同的平面上，因而不会造成因该透镜为一简单的柱面透镜而产生像差，使得出现光聚焦在不同的平面上等不利的结果，因此，本申请权利要求 1 中这种结构的第二聚光透镜产生了有益的技术效果。因此，本申请权利要求 1 相对于对比文件 1 和 2 的结合具有突出的实质性特点和显著的进步，具备创造性，符合专利法第 22 条第 3 款的规定。

独立权利要求 14 中也包括技术特征②，同理，对比文件 1 和对比文件 2 均未给出将该技术特征应用到对比文件 1 中的技术启示，权利要求 14 相对于对比文件 1 和 2 的结合也具有突出的实质性特点和显著的进步，具备创造性，符合专利法第 22 条第 3 款的规定。

在独立权利要求 1 和 14 具备创造性的情况下，其相应的从属权利要求 2~13 以及 15~23 也都具备创造性，符合专利法第 22 条第 3 款的规定。

基于上述理由，本案合议组依法作出以下审查决定。

三、决定

撤销国家知识产权局于 2005 年 10 月 28 日对 200310120933.6 号发明专利申请作出的驳回决定，以复审请求人于 2007 年 5 月 10 日提交的权利要求第 1~23 项，于申请日提交的说明书第 1~11 页、说明书附图第 1~11 页、说明书摘要和摘要附图作为审查基础继续进行审批程序。

复审请求人对本决定不服的，可以根据专利法第 41 条第 2 款的规定，自收到本决定之日起三个月内向北京市第一中级人民法院起诉。

141

任意面静水面压测量仪

复审请求审查决定（第 11663 号）

决　　定　　号　第 11663 号
决　　定　　日　2007 年 10 月 30 日
发明创造名称　任意面静水面压测量仪
国 际 分 类 号　G01L 7/00，G09B 23/12
复 审 请 求 人　河海大学
申　　请　　号　200310106528.9
申　　请　　日　2003 年 12 月 4 日
公　　开　　日　2004 年 11 月 17 日
合 议 组 组 长　杨军艳
主　　审　　员　马　燕
参　　审　　员　王琦琳

法 律 依 据　专利法第 26 条第 3 款、第 33 条
决 定 要 点
如果说明书对发明作出了清楚、完整的说明，使所属技术领域的技术人员能够实现，则该说明书符合专利法第 26 条第 3 款的规定。

一、案由

本复审请求涉及申请号为 200310106528.9、名称为“任意面静水面压测量仪”的发明专利申请（下称本申请），申请人为河海大学，申请日为 2003 年 12 月 4 日，公开日为 2004 年 11 月 17 日，本申请公开时的权利要求书仅有 1 项权利要求。

国家知识产权局实质审查部门依法对本申请进行了实质审查，于 2005 年 10 月 14 日以本申请说明书不符合专利法第 26 条第 3 款的规定为由驳回了本申请。驳回决定所依据的文本为：申请人于 2005 年 8 月 15 日提交的说明书第 4 页，于申请日提交的权利要求第 1 项、说明书第 1～3 页、说明书附图第 1～2 页、说明书摘要和摘要附图。该驳回决定认为：本申请技术方案不能被清楚理解，主要是说明书第 4 页第（4）步骤中的各面与力的关系描述不清楚，而且在附图中也不能找到所对应的各面，因此本申请说明书不符合专利法第 26 条第 3 款的规定。

申请人河海大学（下称复审请求人）不服上述驳回决定，于 2005 年 11 月 18 日向专利复审委员会提出复审请求，同时提交了说明书全文、说明书附图第 1～2 页的修改替换页。复审请求人认为：从说明书和说明书附图中能找到所对应的各面，所述各面指铅直面、柱面、曲面，得知了上述各面就

不难理解各面与力的关系。复审请求人在意见陈述书中还对本申请的实测程序作了进一步陈述。

经形式审查合格后，专利复审委员会受理了该复审请求，并于2006年1月12日向复审请求人发出复审请求受理通知书，同日向原实质审查部门发出前置审查通知书，将本案案卷转送给原实质审查部门进行前置审查。

原实质审查部门对本复审请求进行了前置审查，前置审查意见指出：仍不能清楚理解本申请的技术方案；说明书第2页第14~15行的修改超出了原始公开的范围，坚持原驳回决定。

针对上述复审请求，专利复审委员会依法成立合议组对本案进行了审理。

本案合议组于2007年4月10日发出复审通知书，指出：本申请涉及一种任意面静水面压测量仪，但根据说明书实施例部分的记载，本申请的技术方案仅仅涉及对特定形状且位于水中特定位置的组合体所受的静水水压力进行测量和分析，即仅仅涉及对1/4柱面体且水位没有超过该柱面体的ad边时该柱面体所受的静水水压力进行测量和分析，而没有关于任意形状表面位于静水中任意位置时所受的静水水压力的测量和分析。因此，本领域的技术人员根据说明书记载的技术手段不能解决本申请所要解决的测量任意形状表面所受静水水压力的技术问题，因而本申请的说明书不符合专利法第26条第3款的规定。

复审请求人针对上述复审通知书于2007年4月30日提交了意见陈述书以及说明书摘要、权利要求书全文、说明书全文的修改替换页。复审请求人在意见陈述书中指出，此次修改将原始申请文件中的发明名称、权利要求1、说明书摘要中的“任意面静水面压测量仪”修改成“投影为无重叠矩形二元面，部分在静水中面压测量仪”，将原始申请文件中的说明书第1页第1行、第3行、第8~9行、第16~17行中的“任意”修改成“投影为无重叠矩形二元面，部分在静水中”，复审请求人还详细地描述了本申请技术方案的思路。

复审请求人于2007年8月3日再次提交了意见陈述书以及说明书摘要、权利要求书全文、说明书全文的修改替换页。此次修改，复审请求人将原始申请文件中的说明书摘要和权利要求书中的“任意面”、“曲面的组合体”分别修改为“1/4柱面”、“柱面的组合体”；将原始申请文件中的说明书中的“任意面”、“任意形状表面”和“任意形状的表面”修改为“1/4柱面”、将“曲面的组合体”修改为“柱面的组合体”、将“铅直面1”修改为“铅直面abcd（图2）”、将“柱面2”修改为“柱平面EbaF及hcdG（图2）”、将“曲面3”修改为“柱面Ebch（图2）”，等。

至此，合议组认为本案事实已经清楚，依法做出本复审请求审查决定。

二、决定的理由

1. 审查文本

本复审请求审查决定以复审请求人于2007年8月3日提交的权利要求第1项、说明书第1~4页、说明书摘要；于2005年11月18日提交的说明书附图第1~2页，以及于申请日提交的摘要附图作为审查基础。

2. 关于专利法第33条

专利法第33条规定：申请人可以对其专利申请文件进行修改，但是，对发明和实用新型专利申请文件的修改不得超出原说明书和权利要求书记载的范围，对外观设计专利申请文件的修改不得超出原图片或者照片表示的范围。

具体就本案而言，前置审查意见指出，复审请求人于提出复审请求时提交的说明书的第2页第14~15行的修改超出了原始公开的范围。其修改的内容是“12是柱面（图2中的Ebaf面、hcdG面）、13是曲面（图2中的Ebch面）、14是铅直面/平面（图2中的abcd面）”。

在复审请求人于2007年8月3日提交的修改后的说明书第2页中，相应的内容为“abcd是平面、

Ebch、adGF 是柱面”，而原始申请说明书的相应内容为“abcd 是平面、Ebch、adGF 是曲面”，可见最终的修改文本关于这部分内容的修改仅在于将“曲面”修改为“柱面”。根据原始申请说明书第 4 页第 3、4 行关于“Ebch、adGF”的定义和图 2 所示的内容可以直接地、毫无疑义地确定面 Ebch、adGF 就是一般意义上，特别是几何领域公知的柱面。因此，将原始申请说明书中的“曲面”修改为“柱面”是可以从原始申请文件中直接地、毫无疑义地确定的，上述修改内容符合专利法第 33 条的规定。

3. 关于专利法第 26 条第 3 款

专利法第 26 条第 3 款规定：说明书应当对发明或者实用新型作出清楚、完整的说明，以所属技术领域的技术人员能够实现为准；必要的时候，应当有附图。摘要应当简要说明发明或者实用新型的技术要点。

具体就本案而言，本申请提供了一种在静水中测量 1/4 柱面静水面压测量仪。其说明书中描述了该测量仪的结构，在附图中显示出该测量仪的各个面及其受力情况，并且结合附图对上述内容进行了具体描述，说明书还提供了具体实施方式，详细介绍了使用该测量仪测 1/4 柱面组合体一柱面压力的实测程序。并且，说明书的实测程序中明确记载了对水浸在组合投影体的 9cm 处该组合投影体所受的力进行测量。

根据说明书中的描述，该实测程序的主要步骤如下：（1）调整水箱的位置，使其处于水平状态。（2）设定滑动位置 L_1、L_2，使带有刻度的杠杆在这两个滑动位置均处于水平状态。（3）将水浸在1/4 柱面组合压力体的 9cm 处，在滑动位置 L_1 处，通过在砝码垂杆加砝码使杠杆达到水平，计入此时的砝码重量，由于 1/4 柱面组合压力体的水平方向被水包围，水平合力为零，则该 1/4 柱面组合压力体只受铅直力的作用，于是将该 1/4 柱面组合压力体所受的力替换成只有铅直力作用于该 1/4 柱面组合压力体；在滑动位置 L_2 处，按照同样的方法将该 1/4 柱面组合压力体所受的力替换成只有铅直力作用于该 1/4 柱面组合压力体，根据两次的替换来计算出该 1/4 柱面组合压力体所受的铅直力 G_{10}，由于 1/4 柱面组合压力体中，铅直面、柱平面不受铅直力，柱面 FadG 未浸水，不受铅直力，因此，G_{10} 为柱面 Ebch 所受的铅直力。（4）设带有所求 1/4 柱面的一组合投影体，该组合投影体由铅直面 abcd、垂直于铅直面 abcd 的两个柱平面 EbaF 和 hcdG，以及两个柱面 Ebch 和 FadG 组成，其中，①铅直面 abcd 所受的铅直力为零，仅受水平力 F_1 的作用，因此，该铅直面 abcd 对圆心轴（支点轴）的力矩为水平力 F_1 与其对支点轴的力臂 Y 之乘积，即 $F_1 \times Y$；②两个柱平面 EbaF 和 hcdG 所受的水平力相互抵消，因此这两个柱平面仅受铅直力 w_1 的作用，这两个柱平面对支点轴的力矩为 W_1 与其到支点轴力臂 L_{10}的乘积，即 $W_1 \times L_{10}$；③根据说明书的记载和附图的展示，在水浸在组合投影体的 9cm 处时柱面 FadG 位于水面上，因此其不受水压力的作用，柱面 Ebch 是等半径面，水对其作用力的方向是经过圆心轴（支点轴）的，因此，柱面 Ebch 对支点轴的力矩为 0，综上，该组合投影体对支点轴的力矩包括：铅直面 abcd 所受的水平力对支点轴的力矩 $F_1 \times Y$ 和两个柱平面所受的铅直力对支点轴的力矩 $W_1 \times L_{10}$，此外系统中还包括砝码 G_3 对支点轴的力矩 $G_3 \times 27.5$，由于该组合投影体在水中时整个系统保持平衡，根据力矩平衡得到：$W_1 \times L_{10} + F_1 \times Y = G_3 \times 27.5$，由于两个柱平面 EbaF 和 hcdG 在铅直方向不受水压力的作用，因此 W_1 为 0，经过实测，Y=6，从而根据上述力矩平衡的方程式可计算出铅直面 abcd 所受的水平力 F_1，由于两个柱平面 EbaF 和 hcdG 所受水平力相抵，且 1/4 柱面组合压力体水平合力为 0，因此该铅直面所受水平力等于柱面 Ebch 所受的水平力。（5）由柱面 Ebch 所受的铅直力 G_{10}和所受的水平力 F_1 求合力 $R_1^2 = G_{10}^2 + F_1^2$，R_1 即为 1/4 柱面 Ebch 所受的力。

根据说明书记载的方案可知，本申请详细记载了测 1/4 柱面静水面压测量仪的结构及测量过程，根据说明书的记载使用该测量仪能够测出 1/4 柱面所受的静水面压力。可见，本申请的说明书已经对使用 1/4 柱面静水面压测量仪测量浸入水中的一 1/4 柱面所受的力的技术方案作出了清楚、完整的说明，本领域的技术人员根据说明书中的描述能够实施该测量仪，并能够使用其测量处于静水中的一 1/4 柱面所受的压力，因此，本申请的说明书符合专利法第 26 条第 3 款的规定。

三、决定

在本决定所针对的审查文本的基础上撤销国家知识产权局于 2005 年 10 月 14 日对 200310106528.9 号发明专利申请作出的驳回决定，由原审查部门依据本复审决定所针对的审查文本继续审查。

复审请求人对本决定不服的，可以根据专利法第 41 条第 2 款的规定，自收到本决定之日起三个月内向北京市第一中级人民法院起诉。

142

检测装置、检测方法和检测组件

复审请求审查决定（第11664号）

决　　定　　号　第11664号
决　　定　　日　2007年10月26日
发明创造名称　检测装置、检测方法和检测组件
国 际 分 类 号　G01R 31/02
复 审 请 求 人　OHT株式会社
申　　请　　号　01800044.4
申　　请　　日　2001年2月9日
优 先 权 日　2000年2月10日
公　　开　　日　2002年7月10日
合 议 组 组 长　张田勇
主　　审　　员　马　燕
参　　审　　员　陈　力

法 律 依 据　专利法第22条第3款
决 定 要 点

如果一项权利要求与一篇对比文件之间存在区别技术特征，且另一篇对比文件没有公开该技术特征，也没有给出相应的技术启示，则该项权利要求相对于这两篇对比文件的结合具备创造性，符合专利法第22条第3款的规定。

一、案由

本复审请求涉及申请号为01800044.4、名称为“检测装置、检测方法和检测组件”的发明专利申请（下称本申请），申请人为OHT株式会社，申请日为2001年2月9日，优先权日为2000年2月10日，本申请公开时共有24项权利要求，其中权利要求1、18、24为独立权利要求。

应申请人的请求，国家知识产权局实质审查部门依法对本申请进行了实质审查，以原始提交的国际申请的中文译本作为审查基础，于2003年7月18日发出了第一次审查意见通知书，指出本申请的权利要求1、18与对比文件1相比仅仅是文字表达上略有差别，其技术方案实质上是相同的，因此权利要求1、18相对于对比文件1不具备专利法第22条第2款规定的新颖性；在对比文件1公开的相关技术内容的基础上结合本领域普通技术人员应具备的技术知识得出权利要求2~17、19~24的技术方案是显而易见的，因此权利要求2~17、19~24不具备创造性；权利要求10~16、22、23不符合专利法实施细则第23条的规定。审查员所引用的对比文件如下：

对比文件1：JP特开2000-19213A，公开日为2000年1月21日。

申请人针对第一次审查意见通知书于2003年11月26日提交了意见陈述书和权利要求书的全文修改替换页。修改后的权利要求书共包括28项权利要求，其中原独立权利要求1、18、24分别对应于修改后的独立权利要求1、19、28。申请人在意见陈述书中认为，修改后的独立权利要求1、19与对比文件1在技术方案和发明效果方面均不同，因此具备专利法第22条第2款规定的新颖性；在对比文件1的基础上结合普通技术人员的技术知识不能轻易得到本申请的技术方案，因此，修改后的权利要求2~18、20~28具备专利法第22条第3款规定的创造性。修改后的独立权利要求1、19、28如下：

"1. 一种对回路基板上的导电图形实施非接触式检测用的检测装置，其特征在于具有：

按照相互隔离方式配置的、若干个具有导电性的单元；

向所述单元供给随时间变化的检测信号的供给装置；

对出现在所述单元的输出信号进行处理的处理装置；

将所述各个单元分别连接至所述供给装置或所述处理装置的切换装置；以及

对所述切换装置进行控制的控制装置，

所述单元和所述导电图形不接触利用电容结合进行检查。

19. 一种对回路基板上的导电图形实施非接触式检测用的检测组件，其特征在于具有：

按照相互隔离方式配置的、若干个具有导电性的单元；

向所述单元输入检测信号的输入端子；

从所述单元输出信号的输出端子；

输入用于对所述单元实施选择的控制信号的控制端子；以及

依据所述控制信号，将所述各个单元分别连接至所述输入端子或所述输出端子的切换装置，

所述单元和所述导电图形不接触利用电容结合进行检查。

28. 一种对回路基板上的导电图形实施非接触式检测用的检测方法，包括：

将若干个具有导电性的单元按照相互隔离方式沿着所述导电图形实施配置的工序；

向至少一个所述单元供给随时间变化的检测信号的工序；

通过供给所述检测信号，借助所述导电图形，测出出现在其他所述单元的输出信号的工序；以及

依据测出的所述输出信号，对所述导电图形实施检测的工序。"

国家知识产权局实质审查部门对本申请继续进行审查，补充检索了对比文件2，于2004年1月2日发出了第二次审查意见通知书，指出根据对比文件2公开的内容及其技术教导结合本领域技术人员应具有的技术知识得出权利要求1~28所要求保护的技术方案是显而易见的，因此，权利要求1~28不具备专利法第22条第3款规定的创造性；此外，审查员提醒申请人在进行修改时应注意对现有技术的限制。审查员所引用的对比文件2如下：

对比文件2：JP特开平8-278342A，其公开日为1996年10月22日。

申请人针对第二次审查意见通知书于2004年3月17日提交了意见陈述书，认为：权利要求1、19、28中记载了"切换装置"、"控制装置"和"输入端子、输出端子、控制端子"，这些特征在对比文件2中没有记载，且本申请中用"切换装置、控制装置……"代替对比文件2中的"扫描导体电路基板的移动机构"带来了构造简单且成本低的技术效果；此外，对比文件2公开的相关技术指导结合所属技术领域人员应具有的技术知识不能得出权利要求2~18、20~27请求保护的技术方案，因此，权利要求1~28具备专利法第22条第3款规定的创造性。申请人未对申请文件进行修改。

2004年5月28日，国家知识产权局实质审查部门以本申请权利要求1、19、28不符合专利法第

22 条第 3 款的规定为由，作出了驳回本申请的决定。驳回决定所依据的文本为：于 2003 年 11 月 26 日提交的权利要求第 1~28 项；按进入中国国家阶段时提交的说明书第 1~13 页、说明书附图第 1~15 页、摘要和摘要附图。具体驳回理由为：在第二次审查意见通知书中已明确指明“申请人在进行修改时应注意现有技术的限制”，申请人以本申请因采用了“为进行检测而应具有的用于向被测部分施加随时间变化信号，和将所述被检测部分的输出信号供给处理装置和变换被测部分的切换装置以及用于控制上述装置的控制装置等”，这些以上位概念形式限定的实属该技术领域测量技术人员所熟知习用的技术手段在对比文件 2 中没有被记载为由，而坚持本申请具有创造性，对此认定无论如何不能令审查员信服。

申请人 OHT 株式会社（下称复审请求人）不服上述驳回决定，于 2004 年 9 月 13 日向专利复审委员会提出复审请求，未对申请文件进行修改。复审请求人认为：本申请的技术方案相对于对比文件的技术方案结构不同，产生的技术效果不同，解决了具体技术问题，这一点并非是将本领域的技术知识结合对比文件就能得出的，并且指出将随后补充复审请求人进一步的争辩。

经形式审查合格后，专利复审委员会受理了上述复审请求，并于 2004 年 9 月 22 日向复审请求人发出复审请求受理通知书，同日向原审查部门发出前置审查通知书。

原审查部门对本复审请求进行了前置审查，在前置审查意见书中，原审查部门坚持原驳回决定。

复审请求人于 2004 年 12 月 6 日再次提交了意见陈述书，并提供了本申请在美国获得专利权的专利文献 US6703849B2 作为参考。复审请求人在意见陈述书中认为：（1）本申请与对比文件 2 相比，检测装置的结构不同、检测原理及检测效果不同；（2）本申请由于可以“分别地切换各个检测部分”，可以选择任意多个单元群，因此不仅可以简单地判断断路、短路或欠缺，而且可以简单地进行是否发生断路、短路或欠缺的判断，或在哪个部位发生断路、短路或欠缺，或怎样发生断路、短路或欠缺；另外，可以切换为“与上述供给装置或上述处理装置连接”不是现有技术。因此复审请求人认为本申请符合专利法第 22 条第 3 款的规定。

针对上述复审请求，专利复审委员会依法成立合议组对本案进行审查。

本案合议组于 2007 年 4 月 24 日发出复审通知书，指出：本申请权利要求 28 的全部技术特征都在对比文件 2 中公开，且两者属于相同的技术领域，解决相同的技术问题，并且具有相同的技术效果，因此，权利要求 28 不具备新颖性，不符合专利法第 22 条第 2 款的规定。

针对上述复审通知书，复审请求人于 2007 年 5 月 25 日提交了意见陈述书和权利要求书的全文修改替换页，其中仅对权利要求 28 做了修改。复审请求人认为修改后的权利要求 28 体现出了其技术方案与对比文件 2 的技术方案的区别，即，体现出本申请的切换电路的作用与对比文件 2 的多路转换器的作用不同。

合议组于 2007 年 7 月 17 日与复审请求人进行了电话讨论，在电话讨论中，合议组告知复审请求人修改后的权利要求 28 的表述有歧义，致使该权利要求的保护范围不清楚。复审请求人同意将其修改为清楚的表述。

针对上述电话讨论，复审请求人于 2007 年 7 月 18 日再次提交了意见陈述书和权利要求书的全文修改替换页，其中删除了原权利要求 28，修改后的权利要求书共包括 27 项权利要求，其中权利要求 1、19 为独立权利要求。

至此，合议组认为本案事实已经清楚，现依法做出复审决定。

二、决定的理由

1. 决定所依据的文本

本复审请求审查决定以复审请求人于 2007 年 7 月 18 日提交的权利要求第 1~27 项；于进入中国

国家阶段时提交的国际申请文件中的说明书第1~13页、说明书附图第1~15页、说明书摘要及摘要附图作为审查基础。

2. 关于专利法第22条第3款

专利法第22条第3款规定：创造性，是指同申请日以前已有的技术相比，该发明有突出的实质性特点和显著的进步，该实用新型有实质性特点和进步。

具体就本案而言，本申请权利要求1请求保护一种对回路基板上的导电图形实施非接触式检测用的检测装置，对比文件2（JP8-278342A）（参见对比文件2说明书第8栏第［24］段至第15栏第［47］段，图1~5）公开了一种导体回路基板的检测装置，其中披露了以下技术特征：该检测装置包括（1）传感器/激励器单元11，其位于电路板46的导电图形45的上方，该单元11具有位于中部的传感器阵列31，位于传感器阵列31两侧的激励器32A、32B，其中传感器阵列31包括多个传感器21，传感器阵列31、激励器32A、32B分别相互隔开（参见第10栏第［29］段，图3，其中"传感器阵列31、激励器32A、32B"相当于本申请权利要求1中的"按照相互隔离方式配置的、若干个具有导电性的单元"）；（2）信号发生器10（参见第8栏第［24］段，图5，相当于本申请权利要求1中的"供给装置"），其与激励器32A、32B相连，并向这两个激励器提供交流正弦波信号；（3）多路转换器22，两个或多个传感器21分别连接到多路转换器22的输入端；（4）阻抗变换型放大器24连接到所述多路转换器22的输出端，该阻抗变换型放大器24的输出27供给A/D转换器12，经由A/D转换器12进行模数转换以及经由DSP13进行处理后输出给计算机16（"阻抗变换型放大器24"、"A/D转换器12"、"DSP13"相当于本申请权利要求1中的"处理装置"，"计算机16"相当于本申请权利要求1中的"控制装置"）；激励器32A、32B与导电图形45形成电容结合（参见图5中的"C1"、"C5"），传感器21与导电图形45形成电容结合（参见图5中的"C3"）（相当于本申请权利要求1中的"所述单元和所述导电图形不接触利用电容结合进行检查"）；在检测时，移动装置使传感器/激励器单元11与电路板46之间产生相对位移，传感器阵列31中的传感器21检测电路板46上的导电图形45中产生的位移电流的量；该位移电流的量经传感器接口电路20中的多路转换器22送至阻抗变换型放大器24，由该放大器输出至A/D转换器12进行模数转换随后经由DSP13进行处理再输出给计算机16，计算机将该输出与预先验证的标准图形进行比较，从而分析和判断电路板46上的导电图形45是否存在故障。

对比文件2的检测装置中包括多路转换器22，其输入端与各个传感器21相连，其输出端与阻抗变换型放大器24相连，其在对比文件2中所起的作用是减少信号检测时所需的放大器的数量，并且由于在对比文件2中，多路转换器22仅与各个传感器21相连，而激励器与信号发生器相连，因此多路转换器并不具有将激励器切换成与阻抗变换型放大器相连同时将传感器切换成与信号发生器相连的作用，即，对比文件2的多路转换器不具有将传感器切换成输入电信号状态或输出电信号状态的功能。因此合议组认为，对比文件2未公开权利要求1中的切换装置，本申请权利要求1请求保护的检测装置与对比文件2公开的检测装置相比，其区别在于：（1）权利要求1中的检测装置具有切换装置，该切换装置将各个单元分别连接至供给装置或处理装置；（2）权利要求1中的控制器对切换装置进行控制。

关于上述区别技术特征，合议组认为，虽然在现有技术中使用控制器对切换装置进行控制是本领域的公知常识，但是本申请权利要求1中所用的切换装置可以选择将任意的单元分别切换至供给装置或处理装置，而现有技术中并未给出这种技术启示，并且通过选择将任意的单元分别切换成输入电信号状态或输出电信号状态的切换装置，本申请权利要求1请求保护的检测装置达到了简单地判断断路、短路或欠缺等故障的技术效果，因此，本申请权利要求1相对于对比文件2与本领域公知常识的结合具备创造性，符合专利法第22条第3款的规定。

独立权利要求 19 请求保护一种对回路基板上的导电图形实施非接触式检测用的检测组件，对比文件 2 公开了一种导体回路基板的检测装置，其中披露了以下技术特征：该检测装置包括（1）传感器/激励器单元 11，该单元 11 具有包括多个传感器 21 的传感器阵列 31，位于传感器阵列 31 两侧的激励器 32A、32B，传感器阵列 31、激励器 32A、32B 分别相互隔开；（2）信号发生器 10，其向激励器 32A、32B 提供交流正弦波信号（信号发生器 10 向激励器 32A、32B 提供信号的那一端相当于本申请权利要求 19 中的“输入端子”）；（3）两个或多个传感器 21 分别连接到多路转换器 22 的输入端，并将其检测到的位移电流的量输出到多路转换器 22 的输入端（传感器 21 输出位移电流量的那一端相当于本申请权利要求 19 中的“输出端子”）；（4）计算机 16 向 DSP13 发出命令，对 DSP13 进行控制（计算机 16 输入控制信号的那一端相当于“控制端子”）；激励器 32A、32B 与导电图形 45 形成电容结合（参见图 5 中的“C1”、“C5”），传感器 21 与导电图形 45 形成电容结合（参见图 5 中的“C3”）；在检测时，移动装置使传感器/激励器单元 11 与电路板 46 之间产生相对位移，传感器阵列 31 中的传感器 21 检测电路板 46 上的导电图形 45 中产生的位移电流的量；该位移电流的量经传感器接口电路 20 中的多路转换器 22 送至阻抗变换型放大器 24，由该放大器输出至 A/D 转换器 12 进行模数转换随后经由 DSP13 进行处理再输出给计算机 16，计算机将该输出与预先验证的标准图形进行比较，从而分析和判断电路板 46 上的导电图形 45 是否存在故障。

根据上面的分析可知，本申请独立权利要求 19 请求保护的检测组件与对比文件 2 公开的检测装置相比，其区别在于：（1）权利要求 19 中的检测组件具有切换装置，该切换装置将各个单元分别连接至输入端子或输出端子；（2）权利要求 19 中的控制端子输入用于对所述单元实施选择的控制信号。虽然在现有技术中使用控制器对切换装置进行控制是本领域的公知常识，但是本申请权利要求 19 中所用的切换装置可以选择将任意的单元分别切换至供给装置或处理装置，而现有技术中并未给出这种技术启示，并且通过选择将任意的单元分别切换成输入电信号状态或输出电信号状态的切换装置，本申请权利要求 19 请求保护的检测装置达到了简单地判断断路、短路或欠缺等故障的技术效果，因此，本申请权利要求 19 相对于对比文件 2 与本领域公知常识的结合具备创造性，符合专利法第 22 条第 3 款的规定。

在独立权利要求 1、19 相对于对比文件 2 和公知常识的结合具备创造性的情况下，其从属权利要求 2~18、20~27 相对于对比文件 2 和公知常识的结合也具备创造性，符合专利法第 22 条第 3 款的规定。

3. 关于专利法第 22 条第 2 款

专利法第 22 条第 2 款规定：新颖性，是指在申请日以前没有同样的发明或者实用新型在国内外出版物上公开发表过、在国内公开使用过或者以其他方式为公众所知，也没有同样的发明或者实用新型由他人向国务院专利行政部门提出过申请并且记载在申请日以后公布的专利申请文件中。

具体于本案，合议组在复审通知书中指出本申请权利要求 28 相对于对比文件 2 不具备新颖性，不符合专利法第 22 条第 2 款的规定。鉴于复审请求人在 2007 年 7 月 18 日提交的权利要求书中删除了权利要求 28，因此克服了复审通知书中指出的权利要求 28 相对于对比文件 2 不具备新颖性的缺陷。

综上所述，本申请权利要求 1~27 具备创造性，符合专利法第 22 条第 3 款的规定。

根据上述事实和理由，本案合议组做出以下审查决定。

三、决定

撤销国家知识产权局于 2004 年 5 月 28 日对 01800044.4 号发明专利申请作出的驳回决定，由原审查部门以本决定依据的文本为基础继续进行审查程序。

复审请求人对本决定不服的，可以根据专利法第 41 条第 2 款的规定，自收到本决定之日起三个月内向北京市第一中级人民法院起诉。

143

连续框架金属门及其制造方法

复审请求审查决定（第11670号）

决　　定　　号　第11670号
决　　定　　日　2007年10月29日
发明创造名称　连续框架金属门及其制造方法
国 际 分 类 号　A47B 13/08
复 审 请 求 人　斯坦利公司
申　　请　　号　98805232.6
申　　请　　日　1998年3月27日
优 先 权 日　1997年4月4日
公　　开　　日　2000年6月14日
合 议 组 组 长　高　雪
主　　审　　员　刘　妍
参　　审　　员　程　强

法 律 依 据　专利法第26条第4款
决 定 要 点

如果一项权利要求所要求保护的技术方案在说明书中有明确记载，所属技术领域的技术人员能够从说明书充分公开的内容中得到或概括得出该技术方案，则该技术方案能够得到说明书实质上的支持，符合专利法第26条第4款的规定。

一、案由

本复审请求涉及申请日为1998年3月27日，公开日为2000年6月14日，优先权日为1997年4月4日，名称为“连续框架金属门及其制造方法”的第98805232.6号发明专利申请（下称本申请），其申请人为斯坦利公司。

国家知识产权局于2003年7月4日发出第一次审查意见通知书，其中认为：（1）权利要求1~4、13~16、18~20不具备专利法第22条第3款规定的创造性；（2）从属权利要求8的“不超过30°”在说明书中没有记载，也无法从说明书中推导出来，不符合专利法第26条第4款的规定；（3）权利要求1~5、9、13、15、18不符合专利法实施细则第20~23条的规定。

针对第一次审查意见通知书，申请人于2004年4月8日提交了意见陈述书、经修改的权利要求书和说明书，其中申请人将“该尾部37的末端上的末段34以不超过约30°的角度向内延伸”的技术内容加入了说明书实施例部分，同时指出上述技术特征在原说明书第2页第2段已经有描述。

国家知识产权局于2004年8月6日驳回了本申请，理由是：（1）从属权利要求8中的“不超过30°”在说明书中没有记载，也无法从说明书中推导出来，未以说明书为依据，不符合专利法第26条第4款的规定；（2）对于申请人的意见陈述和修改，虽然能使该权利要求形式上得到说明书的支持，但并不能使该权利要求实质上得到说明书的支持。

驳回决定所针对的从属权利要求8，及其相关权利要求如下：

“1. 一种金属门，包括：

一个连续的具有竖框和横梁的矩形框架，和

一对与所述框架接合的矩形面板，其中每个面板具有一个围绕着该面板延伸的侧边缘和一个从所述侧边缘延伸的突缘，

所述框架包括一个具有均匀横截面整体形成的连续一体金属框架部件，该框架部件具有一对外边缘部分沿该框架相对的侧边延伸，在所述框架部件的一个外表面上形成的一个平面的中心部分和一对凹槽，其中所述凹槽之一位于所述平面的中心部分和所述成对的边缘部分中一个之间，而所述凹槽中的另一个位于所述平面的中心部分和所述成对边缘部分中的一个相对的边缘部分之间，其中每个边缘部分具有一个向内延伸的尾部，

其中，所述面板之一定位成与所述边缘部分之一相邻，从而所述突缘重叠在所述边缘部分的一部分上，并且接合在所述的凹槽之一中，以将所述面板固定于所述框架，

其中所述面板中的另一个定位成与相对的边缘部分相邻，从而所述突缘重叠在所述边缘部分的一部分上，并且结合在所述凹槽的另一个中，以将所述另一个面板固定于所述框架。

3. 如权利要求1所述的金属门，其特征在于，所述边缘部分从所述平面的中心部分向内偏离，所述面板的突缘在所述边缘部分上延伸。

4. 如权利要求3所述的金属门，其特征在于，所述面板的突缘具有延伸到所述凹槽中的唇缘。

7. 如权利要求4所述的金属门，其特征在于，沿所述边缘部分的外边缘延伸的指向内的尾部，该尾部与所述中心部分间隔开，并且沿面板的内表面延伸。

8. 如权利要求7所述的金属门，其特征在于，所述尾部包括末端，它与面板的平面成不超过30°的夹角并倾斜。”

申请人斯坦利公司（下称请求人）对上述驳回决定不服，于2004年11月19日向专利复审委员会提出复审请求，请求人认为：（1）正在审查的权利要求8与原始提交的权利要求8相同，其中的技术特征“不超过30°”已经记载在原始提交的中文译文的权利要求8以及说明书中，并且通过说明书附图也可以清楚地观察到上述角度关系；（2）申请人不同意驳回理由中的权利要求8“不能在实质上得到说明书的支持”。请求人认为从属权利要求8的技术方案已经记载在了原始文件（包括说明书）中。此外，权利要求8限定的“所述尾部包括末端，它与面板的平面成不超过30°的夹角”作为一个优选的实施方式本身就是一个清楚、完整的技术方案，将该权利要求书中记载的内容补入到说明书中，并不需要补入其他在原说明书中未记载的内容；并且本领域技术人员从说明书中可以获知该技术方案能够解决本发明的技术问题并实现本发明的技术效果；（3）本领域的普通技术人员显然可以理解权利要求8的技术方案可以实现本发明的目的，并且带来本发明相对于现有技术的有益效果。说明书具体实施方式部分中记载了末端向内倾斜17.5°可使接合最佳，任何一名本领域的普通技术人员在阅读了说明书全文，显然可以理解其他的角度，如本申请记载的30°的角度也可以达到类似的效果，只不过17.5°是最佳的。

经形式审查合格，专利复审委员会受理了该复审请求，并于2004年12月16日向请求人发出复审请求受理通知书，随后将本申请案卷移交原审查部门进行前置审查。

原审查部门对本复审请求进行了前置审查，坚持原驳回决定。

至此，合议组认为本案事实清楚，可以作出审查决定。

二、决定的理由

1. 审查文本

复审请求人在提起复审请求时并未提交修改文本，因此，本复审请求审查决定所针对的文本与驳回决定所针对的文本相同，为请求人于 2004 年 4 月 8 日提交的权利要求第 1～20 项、说明书 1～6 页，进入中国国家阶段时提交的说明书附图和摘要。

2. 关于专利法第 26 条第 4 款

专利法第 26 条第 4 款规定：权利要求书应当以说明书为依据，说明要求专利法保护的范围。

根据该款的规定，权利要求书应当以说明书为依据，是指权利要求应当得到说明书的支持。权利要求书中的每一项权利要求所要求保护的技术方案应当是所属技术领域的技术人员能够从说明书充分公开的内容中得到或概括得出的技术方案，并且不得超出说明书公开的范围。

本申请涉及一种连续框架金属门及其制造方法。该金属门包括一个矩形框架、一对与所述框架接合的矩形面板以及在面板空腔中填充的多孔合成树脂芯。其中每个面板具有一个侧边缘，边缘部分具有指向内的突缘或沿其外边缘的尾部和在尾部的末端上的末段，该末段与尾部的主体成一定角度。

驳回决定中认为：从属权利要求 8 中的末段“与面板的平面成不超过 30°的夹角并倾斜”的技术特征在说明书中没有记载，也无法从说明书中推导出来，未以说明书为依据，不符合专利法第 26 条第 4 款的规定。

合议组认为：（1）驳回决定所针对的权利要求 8 与原权利要求 8 相同，均为“如权利要求 7 所述的金属门，其特征在于，所述尾部包括末段，它与面板的平面成不超过 30°的夹角并倾斜”；同时，根据原说明书的记载：“在优选实施例中，框架部件的横截面包括指向内的尾部，该尾部从边缘部分的外侧延伸，并且沿面板内表面以相互间隔开的方式延伸。该尾部包括末端，该末段与面板的平面呈不超过约 30°角倾斜”（参见说明书第 2 页第 4～6 行）。可见，原始权利要求书和说明书实际上记载了“末段与面板的平面成不超过约 30°的夹角并倾斜”的技术方案，也就是说，权利要求 8 能够得到说明书形式上的支持；（2）根据说明书的记载，权利要求 8 所要求保护的末段与面板的平面成一定夹角的技术方案在本申请中所起的作用是为了便于将面板固定到框架上，并且提供期间的隔绝（参见说明书第 2 页第 7～8 行）。根据说明书具体实施方式的记载“边缘部分 33 具有指向内的突缘或沿其外边缘的尾部 37 和在尾部 37 的末端上的末段 34，该末段 34 与尾部的主体成约 17.5°角向内伸展”，“由框架 2 和面板 5 限定的空间其余部分填充多孔合成树脂芯 3。如果引入一种通过加热而膨胀或定位的珠或珠球来提供芯 3，则芯 3 的膨胀材料在框架 2 的尾部 37 和向内突出的末段 12 之间伸展，并使其接合，以加强和固定门 1，以及提供期间的隔绝。已经发现末段 37 向内倾斜 17.5 度可使结合最佳”，同时结合说明书附图 4～7，本领域的技术人员能够理解，边缘的尾部末段与面板之间成不超过 30 度的夹角在本申请中能够起到便于将面板固定到框架上并提供其间的隔绝的作用，而且其中夹角为 17.5 度是最佳实施方案（参见说明书第 3 页第 24～26 行，第 4 页第 17～21 行，图 4～7）。可见，如权利要求 8 的附加技术特征所限定的该角度不超过 30°能够实现本发明的目的，是对于该角度的合理概括，实施例所选择的 17.5°为最佳选择。本领域技术人员能够从说明书充分公开的内容中得到或概括得出权利要求 8 的技术方案，因此，权利要求 8 能够得到说明书实质上的支持。

综上，权利要求 8 所要求保护的技术方案不仅在形式上得到原说明书的支持，实质上也能够得到说明书的支持，权利要求 8 并不存在驳回决定中所指出的不符合专利法第 26 条第 4 款的规定的缺陷。复审请求人的请求能够成立。

三、决定

撤销国家知识产权局于2004年8月6日对98805232.6号发明专利申请作出的驳回决定。由原审查部门在本复审请求审查决定所针对的文本的基础上继续进行审查程序。

复审请求人对本决定不服的，可以根据专利法第41条第2款的规定，自收到本决定之日起三个月内向北京市第一中级人民法院起诉。

144

改进的聚酰亚胺分离膜的生产和用途

复审请求审查决定（第11729号）

决　　定　　号　第11729号
决　　定　　日　2007年10月17日
发明创造名称　改进的聚酰亚胺分离膜的生产和用途
国 际 分 类 号　B01D 71/64
复 审 请 求 人　液态空气-乔治克罗德方法研究监督及咨询股份有限公司
申　　请　　号　00132915.4
优 先 权 日　1999年9月24日
申　　请　　日　2000年9月22日
公　　开　　日　2001年5月2日
合议组组长　崔　震
主　　审　　员　董晓静
参　　审　　员　刘　翚

法 律 依 据　专利法第33条
决 定 要 点

如果申请文件修改后的内容，落入原说明书和权利要求书文字记载的内容，或者根据原说明书和权利要求书文字记载的内容以及说明书附图能直接地、毫无疑义地确定的内容的范围内，则该修改符合专利法第33条的规定。

一、案由

本复审请求涉及发明名称为“改进的聚酰亚胺分离膜的生产和用途”的00132915.4号发明专利申请（下称本申请），申请人为液态空气-乔治克罗德方法研究监督及咨询股份有限公司（申请人由普拉塞尔技术有限公司变更为普莱克斯技术有限公司，又变更为液态空气-乔治克罗德方法研究监督及咨询股份有限公司），申请日为2000年9月22日，优先权日为1999年9月24日，公开日为2001年5月2日。

国家知识产权局于2005年9月23日以权利要求1~11不符合专利法第33条的规定为由，驳回了本申请。驳回决定针对的权利要求书中，独立权利要求1如下：

“1. 从聚酰胺酸盐膜前体形成聚酰亚胺膜的方法，其中包括：

（a）将六氟亚异丙基二苯胺、至少一种溶剂和一种选自二苯甲酮二酸酐和氧-4，4′-二苯胺的芳香族二酸酐结合形成聚酰胺酸溶液；

（b）让所述聚酰胺酸溶液反应 3 到 24 小时以形成一种粘稠的聚酰胺酸溶液；

（c）在所述粘稠的聚酰胺酸溶液中加入一种选自 1，4-二氮杂-二环-［2，2，2］辛烷、三丁基胺、三己基胺和二甲基十二烷基胺的化合物；

（d）让所述粘稠的聚酰胺酸溶液反应 3 到 24 小时以形成一种聚酰胺酸盐前体；

（e）从所述聚酰胺酸盐前体形成聚酰胺酸盐膜前体；以及

（f）将从所述聚酰胺酸盐膜前体通过一种选自热处理和化学处理的方法转变成所述的聚酰亚胺膜。”

驳回决定认为，（1）权利要求 1 的（a）步骤所述“一种溶剂”不同于原始说明书记载的“非质子值传递溶剂”和实施例记载的“非质子溶剂 NMP”，所述“芳香族二酸酐选自氧-4，4′-二苯胺”没有记载在原始申请文件中，（b）、（d）步骤所述反应时间的数值范围“3 到 24 小时”不同于实施例的数值点值，也不能根据原始说明书和权利要求书直接地、毫无疑义地确定，因此不符合专利法第 33 条的规定；（2）权利要求 2~11 直接或间接地引用权利要求 1，在权利要求 1 不符合专利法第 33 条的情况下，权利要求 2~11 也不符合专利法第 33 条的规定。

申请人液态空气-乔治克罗德方法研究监督及咨询股份有限公司（下称请求人）不服上述驳回决定，于 2005 年 11 月 28 日向专利复审委员会提出复审请求。请求人在提出复审请求时修改了权利要求书，修改方式是将权利要求 1 中的“一种溶剂”、“芳香族二酸酐”分别改为“一种极性溶剂”和“化合物”，并删除“3 到 24 小时”的表述。

形式审查合格后，专利复审委员会受理了该请求，并于 2006 年 2 月 22 日向请求人发出了复审请求受理通知书，同时向原审查部门发出前置审查通知书，并将本申请移交国家知识产权局原审查部门进行前置审查。

原审查部门在前置审查意见书中坚持原驳回决定，理由是权利要求 1 的“至少一种极性溶剂”与说明书的“非质子值传递溶剂”是不同的概念，不能直接地、毫无疑义地导出，修改后的权利要求 1~11 仍不符合专利法第 33 条的规定。

专利复审委员会依法组成合议组，对本复审请求案进行了审理，并于 2007 年 5 月 16 日向请求人发出复审通知书，指出，权利要求 1 所限定的“将六氟亚异丙基二苯胺、至少一种极性溶剂和一种选自二苯甲酮二酸酐和氧-4，4′-二苯胺的化合物结合形成聚酰胺酸溶液”未记载在原始申请文件中，而且包括了两个技术方案，即“将六氟亚异丙基二苯胺、至少一种极性溶剂和二苯甲酮二酸酐结合形成聚酰胺酸溶液”，和“将六氟亚异丙基二苯胺和氧-4，4′-二苯胺结合形成聚酰胺酸溶液”，第二个方案中，显然，六氟亚异丙基二苯胺和氧-4，4′-二苯胺这两种芳族二胺不能反应得到酰胺基从而形成聚酰胺酸；第一个方案中，由于芳族二酸酐和芳族二胺的反应属于亲核取代，本申请说明书描述的反应方式又是溶液缩聚，因此反应溶剂是否存在溶剂效应等对最终产物的性质例如分子量分布有着十分重要的影响，在说明书关于芳香族二酐和二胺反应的溶剂已经明确限定为非质子传递溶剂，实施例也采用具体非质子溶剂的情况下，所属技术领域的技术人员不能直接地、毫无疑义地确定上述第二种方案的特定反应物可以在除了“非质子传递溶剂”之外的其他极性溶剂如质子溶剂中反应形成聚酰胺酸，从而最终制得聚酰亚胺膜。因此，权利要求 1 不符合专利法第 33 条的规定。

针对上述复审通知书，请求人于 2007 年 6 月 25 日提交了意见陈述书，以及权利要求书和说明书第 4、5 页的修改替换页。其对权利要求书的修改方式是将权利要求 1 中的（a）步骤修改为“将六氟亚异丙基二苯胺、至少一种非质子传递溶剂和二苯甲酮四羧酸二酐结合形成聚酰胺酸溶液或者将六氟亚异丙基二酸酐、至少一种非质子传递溶剂和氧-4，4′-二苯胺结合形成聚酰胺酸溶液”，对说明书的修改方式是将说明书第 4 页的“二苯甲酮二酸酐（BTDA）”修改为“二苯甲酮四羧酸二酐（BTDA）”，将说明书第 5 页的“非质子值传递溶剂”修改为“非质子传递溶剂”。修改后的权利要求 1 为：

“1. 从聚酰胺酸盐膜前体形成聚酰亚胺膜的方法，其中包括：

（a）将六氟亚异丙基二苯胺、至少一种非质子传递溶剂和二苯甲酮四羧酸二酐结合形成聚酰胺酸溶液或者将六氟亚异丙基二酸酐、至少一种非质子传递溶剂和氧-4，4′-二苯胺结合形成聚酰胺酸溶液；

（b）让所述聚酰胺酸溶液反应以形成一种粘稠的聚酰胺酸溶液；

（c）在所述粘稠的聚酰胺酸溶液中加入一种选自 1，4-二氮杂-二环-［2，2，2］辛烷、三丁基胺、三己基胺和二甲基十二烷基胺的化合物；

（d）让所述粘稠的聚酰胺酸溶液反应以形成一种聚酰胺酸盐前体；

（e）从所述聚酰胺酸盐前体形成聚酰胺酸盐膜前体；以及

（f）将从所述聚酰胺酸盐膜前体通过一种选自热处理和化学处理的方法转变成所述的聚酰亚胺膜。”

至此，合议组认为本案事实清楚，可以作出审查决定。

二、决定的理由

1. 关于文本

本复审请求审查决定针对的文本是复审请求人于 2007 年 6 月 25 日提交的权利要求 1~11 和说明书第 4、5 页，2004 年 12 月 4 日提交的说明书第 1、2 页，以及申请日提交的说明书第 3、6~18 页、说明书摘要、说明书摘要附图和说明书附图第 1~9 页。

2. 关于专利法第 33 条

专利法第 33 条规定，申请人可以对其专利申请文件进行修改，但是，对发明和实用新型专利申请文件的修改不得超出原说明书和权利要求书记载的范围。

具体地说，如果申请文件修改后的内容，落入原说明书和权利要求书文字记载的内容，或者根据原说明书和权利要求书文字记载的内容以及说明书附图能直接地、毫无疑义地确定的内容的范围内，则该修改符合专利法第 33 条的规定。

请求人于 2007 年 6 月 25 日提交的权利要求 1 中，删除了（a）步骤芳香族二酸酐选自氧-4，4′-二苯胺的描述，删除了（b）、（d）步骤反应时间为 3 到 24 小时的描述，从而克服了驳回决定针对这两处表述提出的修改超范围的缺陷。将（a）步骤的“一种溶剂”修改为“非质子传递溶剂”，限定“六氟亚异丙基二苯胺、至少一种非质子传递溶剂和二苯甲酮四羧酸二酐结合形成聚酰胺酸溶液”，从而克服了驳回决定和复审通知书指出的“一种溶剂”修改超范围的缺陷。此外，请求人还限定“将六氟亚异丙基二酸酐、至少一种非质子传递溶剂和氧-4，4′-二苯胺结合形成聚酰胺酸溶液”，这一修改可以根据原始说明书的实施例 3 以及第 5 页第 2 段直接地、毫无疑义地确定，因此克服了复审通知书指出的氧-4，4′-二苯胺和六氟亚异丙基二苯胺不能反应形成聚酰胺酸的缺陷。

针对请求人将说明书第 4 页的“二苯甲酮二酸酐（BTDA）”修改为“二苯甲酮四羧酸二酐（BTDA）”，合议组认为，它们是同一物质的两种表述名称，请求人为统一名称所进行的上述修改不违反专利法第 33 条的规定。此外，针对请求人将说明书第 5 页的“非质子值传递溶剂”修改为“非质子传递溶剂”，合议组认为，由于修改后的内容已明确记载在原说明书第 5 页和第 8 行，因此也不违反专利法第 33 条的规定。

根据上述事实和理由，合议组作出如下审查决定。

三、决定

撤销国家知识产权局于 2005 年 9 月 23 日针对 00132915.4 号发明专利申请作出的驳回决定，由原审查部门在本复审决定所针对的文本基础上继续进行审查。

复审请求人对本决定不服的，可以根据专利法第 41 条第 2 款的规定，自收到本决定之日起 3 个月内向北京市第一中级人民法院起诉。

145

洗净机

复审请求审查决定（第11737号）

决　　定　　号　第11737号
决　　定　　日　2007年10月24日
发明创造名称　洗净机
国 际 分 类 号　A47L 15/00
复 审 请 求 人　株式会社东芝
申　　请　　号　98109604.2
优 先 权 日　1997年6月3日
申　　请　　日　1998年6月3日
公　　开　　日　1998年12月23日
合 议 组 组 长　刘瑞斌
主　　审　　员　欧　岚
参　　审　　员　王　森

法 律 依 据　专利法第33条
决 定 要 点

如果申请的内容通过增加、改变和/或删除其中的一部分，致使所属技术领域的技术人员看到的信息与原申请记载的信息不同，而且又不能从原申请记载的信息中直接地、毫无疑义地确定，那么，这种修改就是不允许的。

一、案由

本复审请求涉及的是申请日为1998年6月3日、优先权日为1997年6月3日、发明名称是“洗净机”的发明专利申请（下称本申请），其申请号为98109604.2，申请人是株式会社东芝。本申请的原始公开文本中共有19项权利要求。

国家知识产权局专利局实质审查部门对本申请进行了实质审查，并于2002年8月23日发出了第一次审查意见通知书，通知书引用了对比文件1（CN1150194A，公开日：1997年5月21日），其中指出：权利要求1、12相对于对比文件1不具有专利法第22条第2款所规定的新颖性，权利要求2、4相对于对比文件1不具有专利法第22条第3款所规定的创造性，权利要求7、8得不到说明书的支持，不符合专利法第26条第4款的规定。

申请人于2003年1月14日针对第一次审查意见通知书提交了意见陈述书和权利要求书、说明书第1~3页的修改替换页，修改后的权利要求书中对权利要求7、8进行了修改，并陈述了权利要求1

相对于对比文件 1 具有新颖性和创造性的理由，以及修改后的权利要求 7、8 得到说明书支持的理由。

国家知识产权局专利局实质审查部门于 2003 年 7 月 18 日发出第二次审查意见通知书，其中又引用了对比文件 2（CN2174160Y，公开日：1994 年 8 月 17 日），指出：权利要求 1、2、4~6、13 相对于对比文件 1 和 2 的结合不具有专利法第 22 条第 3 款所规定的创造性。

针对第二次审查意见通知书，申请人于 2003 年 10 月 8 日再次提交了意见陈述书，陈述了权利要求 1 相对于对比文件 1 和 2 具有创造性的理由。

经过上述审查程序后，国家知识产权局专利局实质审查部门于 2003 年 12 月 5 日作出驳回决定，理由是权利要求 1、2、4~6、13 相对于对比文件 1 和 2 的结合不具有专利法第 22 条第 3 款所规定的创造性。

株式会社东芝（以下称复审请求人）不服上述驳回决定，于 2004 年 3 月 22 日向专利复审委员会提出了复审请求，在提出复审请求时没有提交修改文本。

经审查合格，专利复审委员会受理了上述复审请求，并于 2004 年 4 月 12 日向复审请求人发出了复审请求受理通知书，同时向原实质审查部门发出了前置审查通知书。原实质审查部门对该复审请求作出前置审查意见，仍然坚持原驳回决定。

专利复审委员会依法成立合议组对本复审请求案进行了审理，于 2007 年 4 月 3 日向复审请求人发出复审通知书，复审通知书中指出：本申请权利要求 1、2、4~6、13 相对于对比文件 1 和 2 的结合不具有专利法第 22 条第 3 款所规定的创造性。

复审请求人于 2007 年 5 月 17 日针对上述复审通知书提交了意见陈述书和权利要求书及说明书第 1~18 页的修改替换页。复审请求人陈述了修改后的权利要求书符合专利法第 22 条第 2 款、第 3 款规定的理由。

经审查，专利复审委员会于 2007 年 7 月 30 日发出第二次复审通知书，指出修改后的权利要求 1 不符合专利法第 33 条的规定，权利要求 4、5 不符合专利法实施细则第 60 条第 1 款的规定。

复审请求人于 2007 年 9 月 13 日针对上述复审通知书再次提交了意见陈述书和权利要求书及说明书第 1 页的修改替换页。修改后的权利要求书为：

“1. 一种洗净机，其包括：

上面具有开口部的洗槽；

在洗槽的内部洗净被洗物的洗净机构；

可开闭所述洗槽的开口部的盖，其一端侧可上下转动地枢支着，且可以折成两折，打开时折叠起来，关闭时伸展开以覆盖所述洗槽的开口部；

设在该可两折部分附近两端的两个锁定用接合部件，通过滑动与所述洗槽可脱离地接合着、将盖锁定于关闭状态；

用于操作上述两个锁定用接合部件的操作部件；以及

把该操作部件向着一个方向的动作变换为所述两个锁定用接合部件的向着各自相反的方向的水平方向滑动的变换机构。

2. 如权利要求 1 所述的洗净机，其特征在于，在洗槽侧设有供锁定用接合部件接合用的接合部，同时设有弹性体，该弹性体推压锁定用接合部件，使其常态地向盖外方伸出；在锁定用接合部件的前端部设有导引部，使该导引部与所述接合部接合。

3. 如权利要求 1 所述的洗净机，其特征在于，在盖的前端部设有第 2 卡接部，与其对应地，在洗槽侧设有供第 2 卡接部弹性接合的第 2 接合部。

4. 如权利要求 1 所述的洗净机，其特征在于，销定用接合部件可滑动地与洗槽侧接合或脱离，操作部件可水平地转动，并设有把该操作部件的水平转动变换为所述锁定用接合部件的滑动的耦合机构或小齿轮-齿条机构。

5. 如权利要求 1 所述的洗净机，其特征在于，锁定用接合部件可滑动地与洗槽侧接合或脱离，操作部件可上下转动，并设有把该操作部件的上下转动变换为锁定用接合部件的滑动的耦合机构或小齿轮-齿条机构。

6. 如权利要求 1 所述的洗净机，其特征在于，盖做成中空状，在其内部配设着锁定用接合部件，该锁定用接合部件可滑动地与洗槽侧接合或脱离，用盖的上壁和下壁夹住可滑动的锁定用接合部件。

7. 如权利要求 1 所述的洗净机，其特征在于，锁定用接合部件可滑动地与洗槽侧接合或脱离，同时，在盖上设有导引锁定用接合部件滑动的导引部。

8. 如权利要求 1 所述的洗净机，其特征在于，在盖的可两折部分的对接部分，设有第 2 水封部件。

9. 如权利要求 1 所述的洗净机，其特征在于，在盖的可两折部分的对接部分，设有从洗槽内通向外方的排气口。”

经过上述审查程序，合议组认为本案事实已经清楚，现依法作出复审决定。

二、决定的理由

1. 审查基础

本决定以复审请求人于 2007 年 9 月 13 日提交的权利要求书 1～9 和说明书第 1 页、2007 年 5 月 17 日提交的说明书第 2～18 页以及申请日提交的说明书附图第 1～15 页、说明书摘要、摘要附图作为审查基础。

2. 关于专利法第 33 条

专利法第 33 条规定，申请人可以对其专利申请文件进行修改，但是，对发明专利申请文件的修改不得超出原说明书和权利要求书记载的范围。

审查指南第二部分第八章 5.2.3 作出进一步解释，作为一个原则，凡是对说明书（及其附图）和权利要求书作出不符合专利法第 33 条规定的修改，均是不允许的。具体地说，如果申请的内容通过增加、改变和/或删除其中的一部分，致使所属技术领域的技术人员看到的信息与原申请记载的信息不同，而且又不能从原申请记载的信息中直接地、毫无疑义地确定，那么，这种修改就是不允许的。这里所说的申请内容，是指原说明书（及其附图）和权利要求书记载的内容，不包括任何优先权文件的内容。

本案中，合议组在第二次复审通知书中告知了复审请求人，由于权利要求 1 增加了技术特征“把该操作部件向着一个方向的动作变换为所述两个锁定用接合部件的向着各自相反的方向的滑动的变换机构”，上述技术特征涵盖了原申请文件中未记载的技术方案，且不能从原申请文件直接地、毫无疑义地确定，因此不符合专利法第 33 条规定。复审请求人将该技术特征修改为：“把该操作部件向着一个方向的动作变换为所述两个锁定用接合部件的向着各自相反的方向的水平方向滑动的变换机构”。合议组经审查认为，修改后的技术特征在原申请中没有明确的文字记载，而且仍然涵盖了原申请未记载的其他技术方案，致使所属技术领域的技术人员看到的信息与原申请记载的信息不同，而且又不能从原申请记载的信息中直接地、毫无疑义地确定，故权利要求 1 仍不符合专利法第 33 条的规定。

基于上述事实和理由，合议组作出下述决定。

三、决定

维持国家知识产权局专利局于 2003 年 12 月 5 日作出的驳回 98109604.2 号发明专利申请的决定。

复审请求人对本决定不服的，可以根据专利法第 41 条第 2 款的规定，自收到本决定之日起 3 个月内向北京市第一中级人民法院起诉。

146

一种采用膜分离技术提取稀土氧化物的方法

复审请求审查决定（第11742号）

决　定　号　第11742号
决　定　日　2007年11月12日
发明创造名称　一种采用膜分离技术提取稀土氧化物的方法
国际分类号　C22B 3/20，B01D 61/02//C22B 59：00
复审请求人　凯能高科技工程（上海）有限公司
申　请　号　02157733.1
申　请　日　2002年12月25日
公　开　日　2004年7月7日
合议组组长　崔　震
主　审　员　董晓静
参　审　员　朱文广

法律依据　专利法第22条第3款
决定要点
如果发明是所属技术领域的技术人员在现有技术的基础上仅仅通过合乎逻辑的分析、推理或者有限的实验可以得到的，则该发明是显而易见的，不具备创造性。

一、案由

本复审请求涉及名称为“一种采用膜分离技术提取稀土氧化物的方法”的02157733.1号发明专利申请（下称本申请），申请人为凯能高科技工程（上海）有限公司，申请日为2002年12月25日，公开日为2004年7月7日。

2005年9月9日，国家知识产权局以本申请的权利要求1~6不具备专利法第22条第3款规定的创造性为由，驳回了本申请。驳回决定针对的权利要求书为：

“1. 一种采用膜分离技术提取稀土氧化物的方法，其特征在于包括如下步骤：

（1）风化壳淋积型稀土矿的浸出液经纳滤或反渗透膜浓缩；

（2）浓缩液采用碳铵沉淀、草酸沉淀或萃取分离，得到得到稀土盐或单一稀土氧化物。

2. 根据权利要求1所述的方法，其特征在于浸出液含有稀土氧化物0.5~5克/升。

3. 根据权利要求1所述的方法，其特征在于纳滤或反渗透膜过滤的操作压力为10~40kg/cm^2。

4. 根据权利要求1所述的方法，其特征在于经纳滤或反渗透膜浓缩后将料液浓缩到稀土氧化物浓度为7~30克/升。

5. 根据权利要求1所述的方法，其特征在于，纳滤或反渗透处理过在常温下进行。

6. 根据权利要求1~5任一项所述的方法，其特征在于，经过膜的透过液、沉淀上清液及萃余液回用于原矿渗浸。"

申请人凯能高科技工程（上海）有限公司（以下称请求人）对上述驳回决定不服，于2005年11月18日向专利复审委员会提出复审请求，请求人在提出复审请求时没有对申请文件进行修改。请求人同时提交以下附件：

附件1：刘茉娥编著、化学工业出版社出版、2001年第1版的《膜分离技术应用手册》第1~15页的复印件；

附件2："稀土的提取分离工艺研究现状与发展动向"，《四川化工与腐蚀控制》，第3卷第4期，2000年，第21~25页的复印件；

附件3："风化壳淋积型稀土矿的化学提取技术研究进展及发展方向"，《南方冶金学院学报》，第23卷第5期，2002年9月，第1~6页的复印件。

请求人的复审理由可概括为：（1）本申请与对比文件1完全不同，本申请采用纳滤或反渗透，大幅减少沉淀剂和废水量，而对比文件1采用萃取和沉淀，大量废水和沉淀剂导致环境污染，其中的钪根本不存在于稀土矿物中，而是从钨矿或钛矿中回收；（2）本申请与对比文件2存在实质性差别，本申请将浸出液的稀土离子经纳滤或反渗透液液分离浓缩之后再采用沉淀法和固液分离，而对比文件2是直接将浸出液加入沉淀剂再采用超滤/微滤实现固液分离，附件1证明纳滤或反渗透技术与超滤/微滤技术在膜结构、分离原理、技术指标、操作压力、应用领域均不同，附件2证明溶液中稀土的浓度以RE2O3的形式表示并不意味着其存在形式为氧化物，附件3表明稀土元素以离子状态吸附于粘土矿物中，直接浸取即可获得混合稀土氧化物；（3）本申请的有益效果显著，减少了废液体积和耗水量等，因此本申请权利要求1相对于对比文件1和2具备创造性。

形式审查合格后，专利复审委员会受理了该复审请求，并于2005年12月15日向请求人发出《复审请求受理通知书》，同时向国家知识产权局原审查部门发出《前置审查通知书》，并随该通知书将本申请案卷转送给原审查部门进行前置审查。

国家知识产权局原审查部门对本复审请求进行了前置审查，在《前置审查意见书》中认为对比文件2采用膜分离技术的目的同样是对悬浮液进行浓缩或增稠，请求人强调的膜结构、孔径等未体现在本申请中，因此坚持驳回决定。

专利复审委员会依法组成合议组，对本复审请求案进行了审理，并于2007年5月8日向请求人发出复审通知书，认为权利要求1相对于对比文件1和附件1的结合不具备创造性，其从属权利要求2~6的技术方案也是本领域技术人员显而易见的，也不具备创造性。

针对上述复审通知书，请求人于2007年6月5日提交了意见陈述书和权利要求书的修改替换页。其修改方式主要是将权利要求2、3、4合并为独立权利要求1，并将浸出液的稀土氧化物浓度修改为0.5~2克/升。请求人认为修改后的权利要求具备创造性，理由是附件1没有给出将纳滤膜或反渗透膜用于浓缩风化壳淋积型稀土矿渗浸液的启示。修改后的权利要求书为：

"1. 一种采用膜分离技术提取稀土氧化物的方法，其特征在于包括如下步骤：

（1）风化壳淋积型稀土矿的浸出液经纳滤或反渗透膜浓缩；

（2）浓缩液采用碳铵沉淀、草酸沉淀或萃取分离，得到稀土盐或单一稀土氧化物，浸出液含有稀土氧化物0.5~2克/升，纳滤或反渗透膜过滤的操作压力为10~40kg/cm^2，经纳滤或反渗透膜浓缩后将料液浓缩到稀土氧化物7~30克/升。

2. 根据权利要求1所述的方法，其特征在于，纳滤或反渗透处理过程在常温下进行。

3. 根据权利要求1~2任一项所述的方法，其特征在于，经过膜的透过液、沉淀上清液及萃余液回用于原矿渗浸。”

经审查，合议组认为本案事实清楚，可以作出审查决定。

二、决定的理由

1. 关于文本

本复审请求审查决定针对的文本是专利权人于2007年6月5日提交的权利要求1~3，申请日提交的说明书第1~3页、说明书附图、摘要和摘要附图。

2. 关于创造性

专利法第22条第3款规定，创造性，是指同申请日以前已有的技术相比，该发明有突出的实质性特点和显著的进步，该实用新型有实质性特点和进步。

如果发明是所属技术领域的技术人员在现有技术的基础上仅仅通过合乎逻辑的分析、推理或者有限的实验可以得到的，则该发明是显而易见的，不具备创造性。

（1）关于权利要求1的创造性。

本申请权利要求1请求保护一种采用膜分离技术提取稀土氧化物的方法，而对比文件1（CN85106255A，公开日1987年2月11日）也公开了一种从稀土矿中提炼钪的工艺方法，先用盐酸、氯化铵等把矿石中的钪、稀土元素分解或游离出来，得到母液，然后用环烷酸等萃取法从母液中分离和富集钪及稀土元素，使之进入萃余液或反萃液，再选用草酸溶液、草酸铵溶液、氨水、烧碱溶液等沉淀法回收钪、稀土的氧化物和氯化物产品（参见对比文件1的权利要求1和说明书第2、7页）。

权利要求1相对于对比文件1的区别技术特征在于，权利要求1的方法使浸出液先经纳滤或反渗透膜浓缩，然后碳铵或草酸沉淀与萃取择一进行，并限定了浸出液的浓度、浓缩后的料液浓度以及膜过滤的操作压力范围，而对比文件1的方法不包括膜浓缩步骤，萃取和草酸铵或草酸沉淀分离两个步骤先后进行，未公开碳铵作为沉淀剂。

但是，附件1公开了已工业应用的膜过程的基本特性，反渗透膜用于溶剂脱溶质、含小分子溶质溶液浓缩，压力差为1 000~10 000kPa（参见第2~3页），纳滤膜是在反渗透膜的基础上发展而来，本体带有电荷例如正电荷膜和负电荷膜，基于Donnan效应而对低价和高价离子的分离方面有独特性能（参见第12页）；它们可用于苦咸水淡化、废水处理等用途（参见第12页）。由此可见附件1公开了纳滤膜或反渗透膜在溶剂脱溶质例如分离不同电荷的离子方面的应用，其公开的反渗透膜推动压力差与本申请权利要求1所限定的膜过滤操作压力范围部分重叠。而且，对比文件1公开了沉淀剂可以是草酸铵、氨水、碳酸钠等，本领域技术人员也能显而易见地将碳铵作为沉淀剂。因此权利要求1相对于对比文件1和附件1是显而易见的。

对所属技术领域的技术人员来说，膜分离技术与常规分离方法相比具有能耗低、单级分离效率高、过程简单、不污染环境等优点是已知的，鉴于对比文件1待分离的稀土氧化物浸出液也是离子状态的溶液，由此容易想到用可以从溶剂中脱溶质或者分离不同电荷离子的纳滤膜或反渗透膜来改进附件1，也显而易见根据具体工艺要求通过选择膜材质、操作压力、工艺等条件和根据膜过滤后的浓度来简化后续的萃取和沉淀步骤，包括采用碳铵作为沉淀剂。而且，就技术效果而言，本申请对纳滤膜或者反渗透膜的应用仍是利用了附件1所述的纳滤膜或反渗透膜对离子截留率的不同，并没有产生预料不到的技术效果。

请求人在意见陈述书中强调纳滤或反渗透用于稀土离子溶液是发明者经过创造性劳动才得以实现，因为膜的截流能力与被截流物种的大小、空间结构、对应离子种类和浓度有关，虽然纳滤和反渗透作为水处理领域浓缩脱水是公知技术，但仍需创造性劳动才能确定其是否能用于浓缩其他领域的物料、浓缩程度、操作条件及耐污染性、恢复性，例如一般认为温度升高对膜浓缩有利，本申请用纳滤技术分离硫酸稀土时，由于硫酸稀土的溶解度随温度升高变差，因此可以在最大溶解度下操作。对此，合议组认为，附件1公开了反渗透膜和纳滤膜的分离机理和用途领域，也指出了纳滤膜对不同价态离子截留率上的差别许多情况下由Donnan效应所致，在此基础上，所属技术领域的技术人员通过合乎逻辑的分析、推理和有限次的实验即可根据待处理物料中含有的离子状态来判断能否采用反渗透膜和纳滤膜并确定操作条件、膜材质和膜载荷等，而且请求人陈述的在硫酸稀土溶解度最大的情况下进行纳滤膜分离也是基于膜分离机理容易想到的，并不需要付出创造性劳动，也没有产生预料不到的效果。

综上，权利要求1相对于对比文件1和附件1的结合不具备创造性。

（2）关于从属权利要求2、3的创造性。

权利要求2、3引用权利要求1，分别限定纳滤或反渗透处理在常温下进行以及经过膜的透过液、沉淀上清液及萃余液回用于原矿渗浸。由于常温膜过滤是所属技术领域的常用手段，对比文件1教导了余液可以综合利用（参见图1-2、1-3），因此在权利要求1不具备创造性的基础上，权利要求2、3也不具备创造性。

根据以上事实和理由，本案合议组作出如下审查决定。

三、决定

维持国家知识产权局2005年9月9日对02157733.1号发明专利申请作出的驳回决定。

复审请求人对本决定不服的，可以根据专利法第41条第2款的规定，自收到本决定之日起3个月内向北京市第一中级人民法院起诉。

147

采用适于多种光盘的物镜的光学头

复审请求审查决定（第11789号）

决　定　号　第11789号
决　定　日　2007年11月9日
发明创造名称　采用适于多种光盘的物镜的光学头
国 际 分 类 号　G02B 26/10，G11B 7/135
复 审 请 求 人　三星电子株式会社
申　请　号　98126939.7
申　请　日　1998年12月5日
优 先 权 日　1997年12月5日
公　开　日　1999年9月29日
合 议 组 组 长　张　曦
主　审　员　谢有成
参　审　员　刘　畅

法 律 依 据　专利法第22条第3款
决 定 要 点
一项发明是否具备创造性，应当基于本领域技术人员的知识和能力进行评价；如果一项发明和一篇对比文件存在区别特征，而本领域技术人员可以通过对比文件和公知常识给出的技术启示很容易地获得所述区别特征，那么该项发明不具备创造性。

一、案由

本复审请求涉及申请号为98126939.7、名称为“采用适于多种光盘的物镜的光学头”的发明专利申请（下称本申请），其申请日为1998年12月5日，优先权日为1997年12月5日，申请人为三星电子株式会社。

国家知识产权局实质审查部门依法对本申请进行了实质审查，于2003年10月24日以申请人于2003年8月19日提交的权利要求第1~19项，于2003年3月6日提交的说明书第1~7页和说明书摘要，于1998年12月5日提交的说明书附图第1~5页和摘要附图为基础作出驳回决定。其中权利要求1、4和13为独立权利要求，分别如下：

“1. 一种物镜，用于将激光源发出的光束选择性地聚焦在具有不同厚度的第一光学记录载体和第二光学记录载体上，其特征在于，该物镜包括：

具有非球面表面的第一透镜区域，用以将所述激光源发出的光束聚焦在所述第一光学记录载体和所述第二光学记录载体上；

具有非球面表面的第二透镜区域，用以将所述激光源发出的光束聚焦在所述第二光学记录载体上；和

具有非球面表面的第三透镜区域，用以将所述激光源发出的光束聚焦在所述第一光学记录载体上，

其中所述第一透镜区域减小对于第一光学记录载体和第二光学记录载体的光学象差，第二透镜区域减小对于第二光学记录载体的光学象差，且第三透镜区域减小对于第一光学记录载体的光学象差。

……

4. 一种光学头，用于对具有不同厚度的第一光学记录载体和第二光学记录载体进行记录和/或再现，其特征在于，它包括：

激光源，用于选择性地发射光束至第一光学记录载体和第二光学记录载体上，

物镜，具有第一透镜区域、第二透镜区域和第三透镜区域，用于对该激光源发出的光束进行聚焦，

其中所述第一透镜区域具有对应于第一光学记录载体和第二光学记录载体的非球面表面，所述第二透镜区域具有对应于第二光学记录载体的非球面表面，所述第三透镜区域具有对应于第一光学记录载体的非球面表面。

……

13. 一种光学头，用于对具有不同厚度的第一光学记录载体和第二光学记录载体进行记录和再现，其特征在于，该光学头包括：

激光源，用于发射具有第一波长和第二波长的光束，该第一波长不等于第二波长；

物镜，具有一第一透镜区域、一第二透镜区域和一第三透镜区域，用以对所述激光源发出的光束进行聚焦，

所述第一透镜区域与第三透镜区域具有第一高度差，与第二透镜区域具有第二高度差，并且具有对应于第一光学记录载体和第二光学记录载体的非球面表面，所述第二透镜区域具有对应于第二光学记录载体的非球面表面，所述第三透镜区域具有对应于第一光学记录载体的非球面表面；和

光电探测器，用于检测从所述第一光学记录载体和第二光学记录载体反射的光束，

其中所述第一高度差产生的光程差是所述第一波长的整数倍，所述第二高度差产生的光程差是所述第二波长的整数倍。”

驳回决定中引用了如下 5 篇对比文件：

对比文件 1：GB2310308A（公开日为 1997 年 8 月 20 日）；

对比文件 2：JP 特开平 9-237431A（公开日为 1997 年 9 月 9 日）；

对比文件 3：JP 特开平 9-184975A（公开日为 1997 年 7 月 15 日）；

对比文件 4：JP 特开平 9-145995A（公开日为 1997 年 6 月 6 日）；

对比文件 5：EP0776004A2（公开日为 1997 年 5 月 28 日）。

驳回决定指出：本申请权利要求 1~9 相对于对比文件 1 不具备新颖性，不符合专利法第 22 条第 2 款的规定；从属权利要求 10 相对于对比文件 1 和 2 的结合，从属权利要求 11~12 相对于对比文件 1、2 和 3 的结合不具备创造性，不符合专利法第 22 条第 3 款的规定；独立权利要求 13 与对比文件 1 的区别“第一透镜区域和第二透镜区域之间存在一个激光源发出的波长整数倍的高度差”是本领域的惯用技术手段，比如对比文件 4 和 5 都披露了这一区别技术特征，因此权利要求 13 相对于对比文件 1 和公知常识不具备创造性，不符合专利法第 22 条第 3 款的规定；从属于权利要求 13 的权利要求 14~19 的附加技术

特征均被对比文件1公开，因此这些权利要求均不符合专利法第22条第3款的规定。

申请人三星电子株式会社（下称复审请求人）不服上述驳回决定，于2004年1月20日向专利复审委员会提出复审请求，复审请求人认为：对比文件1没有公开权利要求13中的能够发出两种不同波长光束的激光源，对比文件4和5所公开的有关高度差这一技术特征是为了使用同一光束形成两个焦点，而不是为了减小象差，对比文件1、4和5均仅针对使用一种波长的光进行设计，未建议或者暗示使用两种波长的光，因此权利要求13具备创造性；其余的权利要求也具备新颖性和创造性。复审请求人没有修改申请文件。

经形式审查合格，专利复审委员会依法受理了上述请求，并于2004年2月9日向复审请求人发出了复审请求受理通知书，同时向国家知识产权局实质审查部门发出前置审查通知书。

国家知识产权局实质审查部门在前置审查意见中，仍然坚持驳回决定。

基于上述复审请求，专利复审委员会依法成立合议组，对该复审请求案进行审查。合议组于2007年4月26日发出复审通知书，指出：本申请权利要求1~8相对于对比文件1不具备新颖性，不符合专利法第22条第2款的规定；从属权利要求9和10相对于对比文件1和2的结合，从属权利要求11~12相对于对比文件1、2和3的结合不具备创造性，不符合专利法第22条第3款的规定；独立权利要求13相对于对比文件1的区别技术特征为（1）所述激光源用于发射具有波长不等的第一波长和第二波长的光束，（2）第一透镜区域与第三透镜区域具有第一高度差，与第二透镜区域具有第二高度差，第一高度差产生的光程差是第一波长的整数倍，第二高度产生的光程差是第二波长的整数倍，区别技术特征（1）为本领域的公知常识，区别技术特征（2）可从对比文件1或者对比文件5中获得启示，因此，权利要求13不具备创造性，不符合专利法第22条第3款的规定；从属权利要求14~19的附加技术特征均被对比文件公开或者为公知常识，因此均不具备创造性，不符合专利法第22条第3款的规定。

2007年8月3日，复审请求人提交了意见陈述书，删去了权利要求1~12，保留了权利要求13~19，将其序号对应地调整为1~7，其内容未发生变化，如下：

“1. 一种光学头，用于对具有不同厚度的第一光学记录载体和第二光学记录载体进行记录和再现，其特征在于，该光学头包括：

激光源，用于发射具有第一波长和第二波长的光束，该第一波长不等于第二波长；

物镜，具有一第一透镜区域、一第二透镜区域和一第三透镜区域，用以对所述激光源发出的光束进行聚焦，

所述第一透镜区域与第三透镜区域具有第一高度差，与第二透镜区域具有第二高度差，并且具有对应于第一光学记录载体和第二光学记录载体的非球面表面，所述第二透镜区域具有对应于第二光学记录载体的非球面表面，所述第三透镜区域具有对应于第一光学记录载体的非球面表面；和

光电探测器，用于检测从所述第一光学记录载体和第二光学记录载体反射的光束，

其中所述第一高度差产生的光程差是所述第一波长的整数倍，所述第二高度差产生的光程差是所述第二波长的整数倍。

2. 如权利要求1所述的光学头，其特征在于，所述第一透镜区域、第二透镜区域和第三透镜区域以物镜关于光轴对中。

3. 如权利要求1所述的光学头，其特征在于，对应于再现第一光学记录载体的信息，所述光电探测器检测由第一透镜区域和第三透镜区域聚焦的光束；对应于再现第二光学记录载体的信息，所述光电探测器检测由第一透镜区域和第二透镜区域聚焦的光束。

4. 如权利要求1所述的光学头，其特征在于，还包括一个象散透镜，相对于所述光电探测器设

置，使得从所述非球面表面反射的光束聚焦于光电探测器。

5. 如权利要求1所述的光学头，其特征在于，还包括：

分束器，位于所述激光源和物镜之间，用于接收激光源发出的光束；和

准直透镜，用于将所述分束器接收的光束准直成平行光束，并将该平行光束透射至物镜。

6. 如权利要求5所述的光学头，其特征在于，还包括一个反射镜，用于将来自准直透镜的平行光束反射向物镜。

7. 如权利要求6所述的光学头，其特征在于，还包括一个衍射光栅，用于对激光源发出的光束加以衍射。”

复审请求人在意见陈述书中强调本申请是使用具有不同波长的多个激光源，针对该不同波长来确定物镜各个区域的布置，而对比文件仅是根据不同的光盘厚度来确定物镜各个区域的布置，因此对比文件没有公开或教导本申请权利要求1（也即修改前的权利要求13）中的“激光源，用于发射具有第一波长和第二波长的光束，该第一波长不等于第二波长”、“所述第一透镜区域与第三透镜区域具有第一高度差，与第二透镜区域具有第二高度差”和“述第一高度差产生的光程差是所述第一波长的整数倍，所述第二高度差产生的光程差是所述第二波长的整数倍”的技术特征，因此本申请权利要求1具备新颖性和创造性，从而从属权利要求2~7也具备新颖性和创造性。

2007年9月14日，专利复审委员会向复审请求人发出合议组成员告知通知书，告知合议组成员变更情况，复审请求人如对上述合议组成员有回避请求的，请于收到本通知之日起7日内提交书面的请求书，并且说明理由，必要时附具有关证据，逾期未答复，视为无回避请求。复审请求人在指定期限内未答复。

至此，合议组认为本案事实已清楚，现依法作出审查决定。

二、决定理由

1. 关于审查文本

复审请求人在答复复审通知书时提交了权利要求书的修改替换页，经审查，该修改符合专利法第33条以及专利法实施细则第60条第1款的规定，因此本复审通知书以复审请求人于2007年8月3日提交的权利要求第1~7项，于2003年3月6日提交的说明书第1~7页和说明书摘要，以及于1998年12月5日提交的说明书附图第1~5页和摘要附图作为审查基础。

2. 关于专利法第22条第3款

专利法第22条第3款规定：创造性是指同申请日以前已有的技术相比，该发明有突出的实质性特点和显著的进步，该实用新型有实质性特点和进步。

一项发明是否具备创造性，应当基于本领域技术人员的知识和能力进行评价；如果一项发明和一篇对比文件存在区别特征，而本领域技术人员可以通过对比文件和公知常识给出的技术启示容易地获得所述区别特征，那么该项发明不具备创造性。

（1）权利要求1不符合专利法第22条第3款的规定。

权利要求1请求保护一种光学头，对比文件1公开了一种光学拾取装置（说明书第5页第1行至第8页第8行，附图3~7），用于对具有不同厚度的薄盘DVD（相当于本申请中的第一光学记录载体）和厚盘CD（相当于本申请中的第二光学记录载体）进行记录和/或再现，该光学拾取装置包括：激光源80；物镜20，具有第一透镜区域A1、第二透镜区域A2和第三透镜区域A3，用于对激光源发出的光束进行聚焦；第一透镜区域A1具有对应于薄盘和厚盘的非球面表面，第二透镜区域A2具有对应于厚盘的非球面表面，第三透镜区域A3具有对应于薄盘的非球面表面。另外，对比文件1还公开了光电探测器90，用于探测从薄盘和厚盘反射的光束。

权利要求 1 与对比文件 1 的区别在于：①所述激光源用于发射具有波长不等的第一波长和第二波长的光束；②第一透镜区域与第三透镜区域具有第一高度差，与第二透镜区域具有第二高度差，第一高度差产生的光程差是第一波长的整数倍，第二高度产生的光程差是第二波长的整数倍。

但是，上述区别技术特征①属于本领域的公知常识，具体而言，在光记录和再现这一技术领域中，光学拾取装置具有各种类型，比如双物镜型光学拾取装置（双激光器双物镜型、单激光器双物镜型）、单物镜型光学拾取装置（刻环型物镜、全息型物镜等）、基于双波长集成半导体激光器光学拾取装置等，因此，采用什么样的激光源或者几个激光源可以根据需要而改变，并且因此对其中的元件和结构作出适应性的调整。对于上述区别技术特征②，从对比文件 1 附图 7 中可以直接地、毫无疑义地看出，在物镜 20 的区域 A2 和区域 A3 之间形成了一个高度差，虽然对比文件 1 说明书中没有涉及对该高度差的描述，但是对比文件 1 主要涉及消除球差的问题，并且本领域公知的一个事实是，如果光程差为波长的整数倍，那么会形成干涉现象，从而可使得光通过物镜后以增强的强度聚焦在光学载体上，由此可以减小或者消除球差，因此，本领域技术人员根据对比文件 1 公开的内容以及上述公知的事实可知，使得该高度差对应于上述光程差，即可消除读盘时产生的球差，因此，该高度差可使物镜适于记录和再现盘厚不同的 CD 和 DVD。另外，对比文件 5 也给出了应用上述区别技术特征②的技术启示，对比文件 5 公开了一种用于记录和再现光记录介质的光学系统，其包括（说明书第 49 页第 6 行~第 50 页第 16 行，附图 5~8）用于 DVD 和 CD 的物镜 16，物镜上的不同区域之间存在高度差，该高度差是波长的整数倍，即 $\Delta = m\lambda$（第 50 页第 4~16 行），通过形成该高度差，可以利用干涉性而使通过物镜的光的强度增加，聚焦更准，这样产生的光学象差更小。因此，在对比文件 1 或者对比文件 5 和本领域公知常识的基础上，本领域技术人员容易想到采用发出不同波长的两个激光源作为光源，并且在物镜的不同区域上针对这两种波长形成不同的高度差：在用于记录和再现 DVD 的第一区域 A1 和第三区域 A3 之间形成适用于 DVD 的波长的高度差，在用于记录和再现 CD 的第一区域 A1 和第二区域 A2 之间形成适用于 CD 的波长的高度差，这样就可以减小该透镜对不同波长光束的球差，满足记录和再现盘厚不同的 CD 和 DVD 的要求。因此，权利要求 1 要求保护的技术方案可以在现有技术的基础上结合本领域的公知常识显而易见地获得，其不具备突出的实质性特点和显著的进步，不符合专利法第 22 条第 3 款有关创造性的规定。

针对复审请求人于 2007 年 8 月 3 日提交的意见陈述，合议组认为：本申请中的光学头应用于记录和再现盘厚不同的光学记录载体 CD 和 DVD 的场合，因此物镜的设计需要满足由于 CD、DVD 厚度不同而产生的对于光束聚焦位置的要求，也即需要将物镜设计成具有多个区域，以适于记录和再现盘厚不同的 CD 和 DVD，虽然复审请求人强调本申请是“针对不同波长确定物镜各个区域的布置”，但实质上最终还是为实现使物镜各个区域的布置适于记录和再现盘厚不同的 CD 和 DVD 这个目的，采用一个或者两个激光源只是实现这一目的的不同手段；如前所述，一方面，对比文件 1 将物镜设计成具有三个区域 A1、A2 和 A3，使得该物镜适于记录和再现盘厚不同的 CD 和 DVD，对比文件 5 将物镜设计成具有多个区域以适于记录和再现盘厚不同的 CD 和 DVD，因此，虽然都是采用一个激光源，但是对比文件都给出了为使物镜适于记录和再现盘厚不同的光学记录载体 CD 和 DVD 而将其设计成多个区域的技术启示，另一方面，使用多个激光源是本领域的惯用技术手段，比如双激光器双物镜型光学拾取装置就使用了两个激光源，本领域技术人员很容易想到根据所针对的媒质的不同而在光学头中使用两个或多个不同波长的激光源，因此本领域的公知常识给出了使用多个激光源的技术启示，因此，本领域技术人员容易想到结合上述两方面中的技术启示，在对比文件 1 的基础上，将其中的激光源变为 2 个，并根据激光源发出的不同的波长而将物镜设计成具有多个区域，使这些区域适于记录和再现盘厚不同的光学记录载体 CD 和 DVD。因此，复审请求人的上述理由均不成立。

（2）权利要求2不符合专利法第22条第3款的规定。

权利要求2是权利要求1的从属权利要求，其进一步限定透镜区域相对于光轴对中。但对比文件1附图6披露了权利要求2的附加技术特征：第一、二、三透镜区域相对于光轴中心对称。因此，当其引用的权利要求1不具备创造性时，从属权利要求2也不具备专利法第22条第3款规定的创造性。

（3）权利要求3不符合专利法第22条第3款的规定。

权利要求3是权利要求1的从属权利要求，其对光电探测器作出进一步限定。对比文件1公开了（说明书第5页第24~29行）在再现厚盘CD的信息时光电探测器90仅仅接收通过物镜20的中心区域A1和中间区域A2的光，还公开了（说明书第6页第3~7行）在再现薄盘DVD上的信息时光通过物镜20的中心区域A1和外围区域A3并且在薄盘DVD30a上形成焦点，这里“再现”指的是光从薄盘30a上反射后由光电探测器90接收，因此，对比文件1公开了权利要求3的附加技术特征，在其引用的权利要求不具备创造性时，权利要求3不具备专利法第22条第3款规定的创造性。

（4）权利要求4不符合专利法第22条第3款的规定。

权利要求4是权利要求1的从属权利要求，其进一步限定光学头包括一个象散透镜。对比文件2公开了（说明书第26段，第35~36段）是利用象散法来获得检测信号的，由此可知，对比文件2中的聚光透镜700可以以象散透镜的形式来实现，因此权利要求4的附加技术特征可从对比文件2中获得，在其引用的权利要求不具备创造性时，权利要求4不具备专利法第22条第3款规定的创造性。

（5）权利要求5~7不符合专利法第22条第3款的规定。

权利要求5引用权利要求1，进一步限定该光学头还包括分束器和准直透镜，权利要求6引用权利要求5，进一步限定该光学头还包括反射镜，权利要求7引用权利要求6，进一步限定该光学头还包括衍射光栅。对本领域技术人员来说，这些光学元件的设置方式以及作用都是众所周知的。此外，对权利要求5而言，对比文件2也公开了（说明书第26段，附图8）以下技术特征：分束器600，其位于激光源900和物镜200之间，用于接收激光源发出的光束；准直透镜500，用于将分束器600接收的光束准直成平行光束，并将其投射至物镜200。在对比文件2中，分束器和准直透镜的设置方式和作用与本申请中的相同，因此对比文件2给出了在所述光学头中设置分束器和准直透镜以及如何设置的技术启示，在其引用的权利要求1不具备创造性时，权利要求5也不具备专利法第22条第3款规定的创造性。对权利要求6而言，对比文件3公开了反射镜15（附图16），其起到使光束偏折的作用，显然，为了适应各种光学系统的需要，可以将反射镜设置在任何合适的位置，本领域技术人员易于想到将其设置在准直透镜后，用于将来自准直透镜的平行光反射到物镜，而且这种设置实现起来没有任何困难，且并未带来预料不到的技术效果。因此，权利要求6不具备专利法第22条第3款规定的创造性。对权利要求7而言，对比文件1（附图1、2）和对比文件2（附图1、2）都公开了全息透镜1，其上具有网格图案11，作用在于对激光源发出的光束加以衍射。因此在本领域的现有技术的基础上获得权利要求7的技术方案是显而易见的，权利要求7不具备专利法第22条第3款规定的创造性。

综上所述，权利要求1~7均不具备创造性，不符合专利法第22条第3款的规定。

根据上述事实和理由，本案合议组依法做出以下审查决定。

三、决定

维持国家知识产权局于2003年10月24日对98126939.7号发明专利申请作出的驳回决定。

复审请求人对本决定不服的，可以根据专利法第41条第2款的规定，自收到本决定之日起三个月内向北京市第一中级人民法院起诉。

148

辅助眼镜的安装方法及装置

复审请求审查决定（第11790号）

决　　定　　号　第11790号
决　　定　　日　2007年8月31日
发明创造名称　辅助眼镜的安装方法及装置
国 际 分 类 号　G02C 9/00
复 审 请 求 人　革命眼镜公司
申　　请　　号　03146638.9
申　　请　　日　1999年10月28日
公　　开　　日　2004年5月19日
合 议 组 组 长　左　一
主　　审　　员　李玲玲
参　　审　　员　武　磊

法 律 依 据　专利法第33条
决 定 要 点

对于一件发明专利申请，如果请求人提交的修改文本的内容能够从原申请文件中直接、毫无疑义地确定，则该修改文本符合专利法第33条的规定，应予以接受。

一、案由

本复审请求涉及申请日为1999年10月28日、优先权日为1998年11月2日、分案提交日为2003年7月10日、公开日为2004年5月19日、名称为“辅助眼镜的安装方法及装置”、申请号为03146638.9的发明专利申请（下称本申请），申请人为革命眼镜公司。

在实质审查阶段，国家知识产权局实质审查部门于2006年9月1日针对申请人于2006年5月15日提交的权利要求第1至11项，分案提交日提交的说明书第1至9页、说明书附图第1至4页、说明书摘要以及摘要附图，以本申请权利要求1至11的修改超出了原说明书和权利要求书记载的范围，不符合专利法第33条的规定为由，驳回了本申请。驳回决定所针对的权利要求书中的独立权利要求1、8至11内容如下：

“1. 一种将辅助眼镜固定在普通眼镜上的装置，包括：所述辅助眼镜上的磁性材料，所述磁性材料适于固定在所述普通眼镜上的磁性材料下方并与其相配合，其特征在于，所述辅助眼镜以可拆卸的方式固定于普通眼镜上。”

“8. 一种用于将辅助眼镜与普通眼镜相连接的装置，包括：

在所述普通眼镜上的眼镜腿延伸部分，所述延伸部分设置有磁性材料，所述磁性材料具有配合面；

在所述辅助眼镜上的附件，所述附件上设置有磁性材料，所述磁性材料具有配合面；以及

所述辅助眼镜上的磁性材料的配合面由磁性材料固定在所述普通眼镜上的磁性材料的配合面的下方，从而使所述辅助眼镜能够以可拆卸的方式固定于所述普通眼镜上。

9. 一种将辅助眼镜与普通眼镜相连接的方法，包括：

在所述的辅助眼镜上设置磁性材料，所述磁性材料适于固定在所述普通眼镜上的磁性材料的下方并与其相配合；从而使所述辅助眼镜以可拆卸的方式固定于所述普通眼镜。

10. 一种用于将辅助眼镜与普通眼镜相连接的装置，包括：

在所述普通眼镜上的眼镜腿延伸部分，所述眼镜腿延伸部分设有槽；

在所述辅助眼镜上的附件，所述附件设有槽；

所述普通眼镜或所述辅助眼镜上的磁性材料适于将所述附件的槽设置在所述眼镜腿延伸部分的槽下方，

从而使所述辅助眼镜能够以可拆卸的方式固定于所述普通眼镜。

11. 一种用于将辅助眼镜与普通眼镜相连接的装置，包括：

在所述普通眼镜上的眼镜腿延伸部分，所述眼镜腿延伸部分设有槽；

在所述辅助眼镜上的附件，所述附件设有槽；

所述附件的槽由于所述普通眼镜和所述辅助眼镜的至少其中之一上的磁性材料的磁性吸引而设置于所述眼镜腿延伸部分的槽下方，

从而使所述辅助眼镜能够以可拆卸的方式固定于所述普通眼镜上。”

驳回决定的具体理由是：

（1）独立权利要求 1、8、9、10、11 都将原权利要求书中的“磁铁”改为“磁性材料”，这一修改导致扩大了保护范围，申请人的这种修改超出了原说明书和权利要求书记载的范围。由于权利要求 2 至 7 是权利要求 1 的从属权利要求，因此，也超出了原说明书和权利要求书记载的范围。

（2）权利要求 1 删除了以下多个技术特征：将多个磁铁安装到普通眼镜的安装装置、将多个磁铁安装到辅助眼镜的安装装置、普通眼镜上的磁铁与辅助眼镜上的磁铁被定向，以便所述磁铁之间的最大磁吸力能竖直取向并平行于普通眼镜中的镜片、辅助眼镜上的磁铁能够对辅助眼镜的向下移动构成最大的阻力，防止辅助眼镜与普通眼镜脱离。权利要求 1 中只以“辅助眼镜以可拆卸的方式固定于普通眼镜上”取代了上述技术特征，没有其他关于辅助眼镜与普通眼镜连接方式的描述，这种描述用一种功能性的术语来代替具体结构特征的部件，扩大了保护范围。而这一技术方案在原权利要求和说明书中没有记载，这种修改不能由原说明书和权利要求书所记载的内容直接地、毫无疑义地确定，因此超出了原说明书和权利要求书记载的范围。同理，权利要求 9 也删除多个技术特征，只以“辅助眼镜以可拆卸的方式固定于普通眼镜上”取代了删除的技术特征，因此也超出了原说明书和权利要求书记载的范围。

（3）权利要求 8、10、11 中描述了一些技术特征，如腿延伸部分，附件、槽等，但是原权利要求书和说明书相应的技术方案中的“多个磁铁”、“磁铁的最大磁吸力的竖直取向平行于镜片”、“防止辅助眼镜向下移动和错位”也没有写在这些独立权利要求中，只以“辅助眼镜以可拆卸的方式固定于普通眼镜”取代了上述技术特征，没有其他关于辅助眼镜与普通眼镜连接方式的描述，这种描述用一种功能性的术语来代替具体结构特征的部件，这种修改不能由原说明书和权利要求书所记载的内容直接确定，因此超出了原说明书和权利要求书记载的范围。权利要求 1 至 11 不符合专利法第 33 条

的规定。

申请人（下称复审请求人）对上述驳回决定不服，于2006年12月18日向专利复审委员会提出复审请求，同时提交了权利要求书替换页，对权利要求书的修改主要包括：将权利要求书中的“磁性材料”修改为“磁铁”，对独立权利要求1、8、9、10、11的技术方案进行进一步限定，将其中的普通眼镜和辅助眼镜上的磁铁取向限定为竖直取向。修改后的权利要求书中的独立权利要求1、8至11内容如下：

“1. 一种将辅助眼镜固定在普通眼镜上的装置，包括：位于所述辅助眼镜两侧的磁铁，位于所述普通眼镜两侧的磁铁，所述辅助眼镜上的磁铁适于固定在所述普通眼镜上的磁铁的下方并与其相配合，所述的磁铁竖直取向，从而使所述辅助眼镜以可拆卸的方式固定于所述普通眼镜上。”

“8. 一种用于将辅助眼镜与普通眼镜相连接的装置，包括：

在所述普通眼镜上的眼镜腿延伸部分，所述延伸部分设置有磁铁，所述磁铁具有配合面；

在所述辅助眼镜上的附件，所述附件上设置有磁铁，所述磁铁具有配合面；以及

所述辅助眼镜上的磁铁的配合面通过磁性吸引固定在所述普通眼镜上的磁铁的配合面的下方，所述的磁铁竖直取向，从而使所述辅助眼镜能够以可拆卸的方式固定于所述普通眼镜上。

9. 一种将辅助眼镜与普通眼镜相连接的方法，包括：

在所述的辅助眼镜上设置磁铁，所述磁铁适于固定在所述普通眼镜上的磁铁的下方并与其相配合，所述的磁铁竖直取向；从而使所述辅助眼镜以可拆卸的方式固定于所述普通眼镜。

10. 一种用于将辅助眼镜与普通眼镜相连接的装置，包括：

在所述普通眼镜上的眼镜腿延伸部分，所述眼镜腿延伸部分设有槽；

在所述辅助眼镜上的附件，所述附件设有槽；

所述普通眼镜或所述辅助眼镜上的磁铁适于将所述附件的槽设置在所述眼镜腿延伸部分的槽下方，所述的磁铁竖直取向，

从而使所述辅助眼镜能够以可拆卸的方式固定于所述普通眼镜。

11. 一种用于将辅助眼镜与普通眼镜相连接的装置，包括：

在所述普通眼镜上的眼镜腿延伸部分，所述眼镜腿延伸部分设有槽；

在所述辅助眼镜上的附件，所述附件设有槽；

所述附件的槽通过所述普通眼镜和所述辅助眼镜的至少其中之一上的磁铁的磁性吸引而设置于所述眼镜腿延伸部分的槽下方，所述磁铁竖直取向，

从而使所述辅助眼镜能够以可拆卸的方式固定于所述普通眼镜上。”

复审请求人在复审请求书中陈述的理由主要有：（1）修改后的权利要求1的技术方案可以从说明书第6页第11至14行、第27至28行、第7页第2至5行以及说明书附图1至3中直接得到，因此权利要求1的技术方案未超出原说明书和权利要求书记载的范围。驳回决定中把“可拆卸方式”理解为功能性描述，只是单独从字面意义上得出的结论，而本申请权利要求中的“可拆卸方式”需要与其他技术特征结合起来看，实际上是指通过磁铁的设置所实现的“可拆卸方式”，并非普通意义上的功能性限定。（2）权利要求2至7的附件技术特征在说明书所描述的具体实施方式中有明确记载，与权利要求1的理由相似，权利要求2至7也未超出原说明书和权利要求书记载的范围。（3）与权利要求1的理由相同，权利要求8、9、10、11也未超出原说明书和权利要求书记载的范围。修改后的独立权利要求1、8、9、10、11已经清楚地限定磁铁为竖直取向，由此可以得知所述磁铁之间的最大磁吸力为竖直取向且平行于镜片，因此，也就没有必要再在权利要求中记载“所述磁铁之间的最大磁吸力竖直取向且平行于镜片”这一技术特征。因此，修改后的权利要求1至11符合专利法第

33 条的规定。

经形式审查合格，专利复审委员会受理了该复审请求，并向复审请求人发出了复审请求受理通知书，同时向原实质审查部门发出了前置审查通知书。

在前置审查意见书中，原实质审查部门认为：复审请求人的修改仅克服了驳回决定的部分缺陷，但独立权利要求 1、8~11 仍不符合专利法第 33 条的规定，修改超出了原说明书和权利要求书记载的范围。理由如下：

（1）权利要求 1 请求保护一种将辅助眼镜固定在普通眼镜上的装置，虽然复审请求人加入了磁铁竖直取向这一技术特征，但与原权利要求书和说明书相应的技术方案的装置相比，权利要求 1 删除了以下多个技术特征：将多个磁铁安装到普通眼镜的安装装置、将多个磁铁安装到辅助眼镜的安装装置、普通眼镜上的磁铁与辅助眼镜上的磁铁被定向，以便所述磁铁之间的最大磁吸力平行于镜片、辅助眼镜上的磁铁能够对辅助眼镜的向下移动构成最大的阻力，防止辅助眼镜与普通眼镜脱离。权利要求 1 中只以“辅助眼镜以可拆卸的方式固定于普通眼镜上”取代了上述技术特征，没有其他关于辅助眼镜与普通眼镜连接方式的描述。这种描述用一种功能性的术语来代替具体结构特征的部件，扩大了保护范围。而这一技术方案在原权利要求和说明书中没有记载，这种修改不能由原说明书和权利要求书所记载的内容直接地、毫无疑义地确定，因此超出了原说明书和权利要求书记载的范围。

（2）权利要求 8~11 的修改与权利要求 1 的修改相同，只是加入了磁铁竖直取向的描述。基于与上述第 1）点相同的理由，这种修改不能由原说明书和权利要求书所记载的内容直接地、毫无疑义地确定，因此超出了原说明书和权利要求书记载的范围。

（3）复审请求人在复审请求书中认为：权利要求 1 的技术方案可以从说明书记载的内容直接得出，并列举了说明书中的位置和内容。权利要求 1 未构成一个新的技术方案，“可拆卸方式”并非普通意义上的功能性描述，需要与其他技术特征结合起来看，实际上是通过磁铁的设置实现“可拆卸方式”。

权利要求 1 中的这些技术特征虽然在说明书中各有描述，但是上述技术特征概括的技术方案在原权利要求书和说明书中都没有描述，权利要求 1 与原权利要求的技术特征各不相同，明显是不同的保护范围，这一重新确定的保护范围不能由原说明书和权利要求书所记载的内容直接地、毫无疑义地确定。“可拆卸方式”就是一种功能性的描述，通过磁铁连接与“可拆卸的方式”并不是等同的含义。因而坚持原驳回决定。

专利复审委员会依法成立合议组，对本复审请求案进行审查。经审查，合议组认为本案事实已经清楚，可依法作出复审请求审查决定。

二、决定的理由

1. 审查文本

复审请求人于 2006 年 12 月 18 日提交了权利要求第 1 至 11 项的替换页，经合议组审查，上述修改文本符合专利法实施细则第 60 条第 1 款的规定，本复审请求审查决定以复审请求人于 2006 年 12 月 18 日提交的权利要求第 1 至 11 项，分案提交日 2003 年 7 月 10 日提交的说明书第 1 至 9 页，说明书附图第 1 至 4 页，说明书摘要以及摘要附图为基础。

2. 关于专利法第 33 条的规定

根据专利法第 33 条的规定，申请人可以对其专利申请文件进行修改，但是，对发明和实用新型专利申请文件的修改不得超出原说明书和权利要求书记载的范围。

根据本申请原说明书第 2 页第 1 至 2 段的记载：本申请所要解决的技术问题是：（1）辅助眼镜仅依靠磁铁的强度被保持在普通眼镜的前部，由于没有用来防止辅助眼镜相对于常规镜架的垂直移动的支撑部件，因此，当在剧烈的运动中（如慢跑或锻炼）使用该辅助眼镜时，它可能会滑落并与常规镜架脱离。(2) 仅使用磁铁不能够将辅助眼镜有效地固定在普通眼镜上。

为此，本申请原说明书中图 1 至 3，图 4 至 6，图 7 至 10 分别记载了三个将辅助眼镜安装到普通眼镜上的实施例，即图 1 至 3 的实施例中使用磁铁将辅助眼镜固定在普通眼镜上，磁铁具有一定方向以使得它们的最大磁吸力竖直取向或平行于普通眼镜架，该磁铁足以将辅助眼镜牢固地固定在普通眼镜上；图 4 至 10 的实施例中将夹子和磁铁结合使用以便将辅助眼镜安装到普通眼镜上。可见，本申请所记载的上述三个实施例中，辅助眼镜既可通过磁铁和夹子固定在普通眼镜上，也可以方便地取下来。

此外，根据本申请原说明书第 8 页倒数第一段的记载："对于大多数运动和锻炼来说，图 1 至图 3 所示的结构便足以将辅助眼镜 10 安装到普通眼镜架 12 上"，"在大多数情况下，只有平行于磁铁 26 和 30 之间分界面的剪力可以取下辅助眼镜 10"。可见，原说明书中有明确的文字记载所述辅助眼镜可以从普通眼镜架上取下，由此本领域技术人员从本申请说明书中可以直接地、毫无疑义地确定辅助眼镜是以可拆卸的方式固定于普通眼镜上。

因此，权利要求 1 中的上述修改内容"辅助眼镜以可拆卸的方式固定于普通眼镜上"能够从原申请文件中直接、毫无疑义地确定，上述修改内容没有超出原说明书记载的范围，符合专利法第 33 条的规定。

针对驳回决定中的理由（2）和前置审查意见书中的理由（1），合议组认为：权利要求 1 中记载了装置的具体结构特征"位于所述辅助眼镜两侧的磁铁，位于所述普通眼镜两侧的磁铁，所述辅助眼镜上的磁铁适于固定在所述普通眼镜上的磁铁的下方并与其相配合，所述的磁铁竖直取向"，而"从而使所述辅助眼镜以可拆卸的方式固定于所述普通眼镜上"正是上述产品结构产生的功能或效果，尽管修改后的权利要求 1 的技术方案相对于复审请求人于分案提交日提交的权利要求 1 的保护范围有所扩大，但上述权利要求书实质上是源于复审请求人在收到专利局发出的发明专利申请进入实质审查阶段通知书之日起的三个月内对本申请主动提出修改的基础上进行的修改，由于复审请求人修改后的权利要求 1 的内容"辅助眼镜以可拆卸的方式固定于所述普通眼镜上"可以从本申请说明书中直接、毫无疑义地确定，因此，并没有超出原说明书记载的范围。

基于与评述权利要求 1 相同的理由，本申请权利要求 2 至 11 也符合专利法第 33 条的规定。

至于本申请是否还存在其他的缺陷，留待原审查部门进一步审查。

三、决定

撤销国家知识产权局于 2006 年 9 月 1 日对 03146638.9 号发明专利申请作出的驳回决定，由原审查部门在复审请求人于 2006 年 12 月 18 日提交的权利要求第 1 至 11 项，分案提交日 2003 年 7 月 10 日提交的说明书第 1 至 9 页，说明书附图第 1 至 4 页、说明书摘要以及摘要附图的基础上继续进行审批程序。

复审请求人如对本复审决定不服，可根据专利法第 41 条第 2 款的规定，自收到本决定之日起 3 个月内向北京市第一中级人民法院起诉。

149

逐渐增厚的透镜

复审请求审查决定（第11798号）

决　定　号　第11798号
决　定　日　2007年11月16日
发明创造名称　逐渐增厚的透镜
国际分类号　G02C 7/02
复审请求人　埃西勒国际通用光学公司
申　请　号　00815377.9
申　请　日　2000年8月25日
优先权日　1999年9月5日
公　开　日　2002年12月25日
合议组组长　张　曦
主　审　员　关　刚
参　审　员　马　燕

法律依据　专利法实施细则第20条第1款、第62条第2款
决定要点

如果复审请求人经过修改的专利申请文件消除了原驳回决定指出的缺陷，则应当撤销原驳回决定，由原审查部门继续进行审查程序。

一、案由

本复审请求涉及申请号为00815377.9、名称为“逐渐增厚的透镜”的发明专利PCT申请（下称本申请），申请人为庄臣及庄臣视力保护公司，后于2006年11月20日变更为埃西勒国际通用光学公司，申请日为2000年8月25日，优先权日为1999年9月5日，进入中国国家阶段日为2002年5月8日。本申请公开时的权利要求书包括12项权利要求，其中权利要求1、11和12为独立权利要求。

国家知识产权局实质审查部门依法对本申请进行了实质审查，于2004年7月16日发出第一次审查意见通知书，指出本申请权利要求1~12中一些词汇未采用本领域中通常使用的技术术语，表述不清楚，不符合专利法实施细则第20条第1款的规定；说明书未对发明作出清楚的说明，不符合专利法第26条第3款的规定；权利要求5、10未以说明书为依据，不符合专利法第26条第4款的规定；并要求申请人提交《改正译文错误请求书》以根据原始提交的国际申请文件对中文译文进行修改。

针对上述审查意见通知书，申请人于2005年1月31日提交了意见陈述书以及说明书全文和权利要求书全文修改替换页。申请人声称其修改了说明书和权利要求书中的相应描述，并按照本领域中通

常使用的技术术语对相应术语进行了替换，使这些修改和替换有利于本领域技术人员的阅读和理解，其修改克服了审查意见中指出的缺陷。

国家知识产权局实质审查部门对本申请继续审查，于2005年4月8日发出第二次审查意见通知书，指出（1）申请文件修改超范围，不符合专利法第33条的规定，再次要求申请人提交《改正译文错误请求书》；（2）权利要求5、10的内容在说明书中没有记载，不符合专利法第26条第4款的规定；（3）权利要求11、12采用方法来限定产品，没有用产品的具体结构对其进行限定，是不清楚的，另外权利要求11将“表面”作为主题名称导致权利要求保护范围不能清楚确定，因此权利要求11、12不符合专利法实施细则第20条第1款的规定。

针对上述第二次审查意见通知书，申请人于2005年6月23日提交了意见陈述书和《改正译文错误请求书》，并提交了说明书全文和权利要求书全文修改替换页。其中将2005年1月31日提交的权利要求11和12分别修改为新的权利要求11~14，并声称将本发明的具体结构特征结合到这些新的权利要求中，另外修改了权利要求1和5并对说明书进行了适应性修改，以使权利要求所限定的技术方案能够得到说明书的支持。

经过上述实质审查程序后，国家知识产权局实质审查部门以本申请权利要求11、12不符合专利法实施细则第20条第1款的规定为由，于2005年12月30日做出了驳回本申请的决定。驳回决定所针对的文本为申请人于2005年6月23日提交的权利要求第1~14项、说明书第1~9页、进入中国国家阶段时提交的附图第1~8页。其中所针对的权利要求书如下：

“1. 一种用于设计渐变附加式的表面的方法，该方法包括如下步骤：a）设计第一渐变的表面，它包括至少一个第一局部最大的有害像散区域；b）设计第二渐变的表面，它包括至少一个第二局部最大的有害像散区域；c）把第一渐变的表面和第二渐变的表面结合起来，以形成一个复合的渐变的表面设计，其中至少一个第一局部最大的有害像散区域和至少一个第二局部最大的有害像散区域是不重合的。

2. 按照权利要求1所述的方法，其特征在于，第一和第二渐变的表面设计中的每一个是硬设计、软设计，或者它们的结合中的一种。

3. 按照权利要求1所述的方法，其特征在于，第一和第二渐变的表面设计中的每一个是硬设计。

4. 按照权利要求1所述的方法，其特征在于，第一和第二渐变的表面设计中的每一个是软设计。

5. 按照权利要求1所述的方法，其特征在于，其还包括设计第三渐变的表面，它包括至少一个第三局部最大的有害像散区域，并把第一渐变的表面、第二渐变的表面和第三渐变的表面结合起来，形成一个复合的渐变的表面设计，其中至少一个第一局部最大的有害像散区域、至少一个第二局部最大的有害像散区域和至少一个第三局部最大的有害像散区域是不重合的。

6. 按照权利要求1所述的方法，其特征在于，由复合表面设计形成的表面展现的局部最大的有害像散比结合起来的表面的最大值之和至少要小大约0.125屈光度。

7. 按照权利要求1所述的方法，其特征在于，复合表面设计在复合表面的通道的每一侧包括多个的局部最大的有害像散区域。

8. 按照权利要求1所述的方法，其特征在于，把第一和第二渐变的表面设计表示成偏离一个基准曲率的凹下值。

9. 按照权利要求8所述的方法，其特征在于，基准曲率为一个凹形曲率或者一个凸形曲率。

10. 按照权利要求1所述的方法，其特征在于，步骤c）的进行是通过按照下列公式实现第一与第二渐变的表面设计的凹下值的叠加：

$$Z(x, y) = Z'(x, y) + Z''(x, y) + Z'''(x, y) + \cdots$$

其中 Z 是复合表面在点（x，y）处偏离基准曲率的凹下值，Z′是被结合起来的第一渐变的表面在点（x，y）处的凹下值，而 Z′′是被结合起来的第二渐变的表面在点（x，y）处的凹下值。

11. 一种用于透镜的渐变附加式的表面，所述表面包括：第一渐变的表面，其包括至少一个第一局部最大的有害像散区域；第二渐变的表面，其包括至少一个第二局部最大的有害像散区域；所述第一渐变的表面和第二渐变的表面结合起来以形成一个复合的渐变的表面，其中至少一个第一局部最大的有害像散区域和至少一个第二局部最大的有害像散区域是不重合的。

12. 按照权利要求 11 所述的渐变附加式的表面，其特征在于，其还包括：第三渐变的表面，其包括至少一个第一局部最大的有害像散区域；所述第一渐变的表面、所述第二渐变的表面和第三渐变的表面结合起来以形成一个复合的渐变的表面，其中至少一个局部第一最大的有害像散区域、至少一个第二局部最大的有害像散区域和至少一个第三局部最大的有害像散区域是不重合的。

13. 一种眼镜透镜，它包括至少一个渐变附加式的表面，每个所述渐变附加式的表面包括：第一渐变的表面，其包括至少一个第一局部最大的有害像散区域；第二渐变的表面，其包括至少一个第二局部最大的有害像散区域；所述第一渐变的表面和第二渐变的表面结合起来以形成一个复合的渐变的表面，其中至少一个第一局部最大的有害像散区域和至少一个第二局部最大的有害像散区域是不重合的。

14. 按照权利要求 13 所述的眼镜透镜，其特征在于，其还包括：第三渐变的表面，其包括至少一个第一局部最大的有害像散区域；所述第一渐变的表面、所述第二渐变的表面和第三渐变的表面结合起来以形成一个复合的渐变的表面，其中至少一个第一局部最大的有害像散区域、至少一个第二局部最大的有害像散区域和至少一个第三局部最大的有害像散区域是不重合的。”

驳回决定中指出：权利要求 11、12 的主题名称为“表面”，而表面并非一种清楚的产品名称，将“表面”作为主题名称导致权利要求保护范围不能清楚确定，是不允许的，因此权利要求 11、12 不符合专利法实施细则第 20 条第 1 款的规定。

申请人庄臣及庄臣视力保护公司（后于 2006 年 11 月 20 日变更为埃西勒国际通用光学公司（下称复审请求人））不服上述驳回决定，于 2006 年 4 月 12 日向专利复审委员会提出复审请求，并提交了权利要求书全文修改替换页。其中复审请求人删除了驳回决定中所针对的权利要求 11 和 12，删除了权利要求 14，将独立权利要求 13 进行了修改并重新编号为权利要求 11，对权利要求 1~10 进行了文字表述上的修改，并将技术特征“渐变的表面”统一修改为“渐变附加式的表面”，将权利要求 10 中的技术特征“Z（x，y）= Z′（x，y）+Z″（x，y）+Z‴（x，y）+⋯”修改为“Z（x，y）= Z′（x，y）+Z″（x，y）”。修改后的权利要求书如下：

“1. 一种用于设计渐变附加式的表面的方法，所述方法包括如下步骤：

a）设计第一渐变附加式的表面，它包括至少一个带有第一局部最大的有害像散的区域；

b）设计第二渐变附加式的表面，它包括至少一个带有第二局部最大的有害像散的区域；

c）把所述第一和第二渐变附加式的表面结合起来，以形成一个复合的渐变附加式的表面；

其中，带有局部最大的有害像散的所述第一区域和第二区域是不重合的。

2. 按照权利要求 1 所述的方法，其特征在于，所述第一和第二渐变附加式的表面的每一个是属于硬设计、软设计，或者它们的结合。

3. 按照权利要求 1 所述的方法，其特征在于，所述第一和第二渐变附加式的表面中的每一个属于硬设计。

4. 按照权利要求 1 所述的方法，其特征在于，所述第一和第二渐变的表面中的每一个属于软设计。

5. 按照权利要求 1 所述的方法，其特征在于，其还包括：

设计第三渐变附加式的表面，它包括至少一个带有第三局部最大的有害像散的区域；

把所述第一渐变附加式的表面、所述第二渐变附加式的表面和所述第三渐变附加式的表面结合起来，以形成一个复合的渐变附加式的表面；

其中，至少一个第一、第二和第三局部最大的有害像散区域是不重合的。

6. 按照权利要求 1 所述的方法，其特征在于，所述复合表面展现的局部最大的有害像散比所述第一和第二渐变附加式的表面的局部的有害像散的相应最大值之和至少要小大约 0.125 屈光度。

7. 按照权利要求 1 所述的方法，其特征在于，所述复合表面在复合表面的通道的每一侧包括多个带有局部最大的有害像散的区域。

8. 按照权利要求 1 所述的方法，其特征在于，把所述第一和第二渐变附加式的表面表示成偏离一个基准曲率的凹下值。

9. 按照权利要求 8 所述的方法，其特征在于，所述基准曲率为一个凹形曲率或者一个凸形曲率。

10. 按照权利要求 1 所述的方法，其特征在于，步骤 c）的进行是通过按照下列公式实现所述第一与第二渐变附加式的表面的凹下值的叠加：

$Z(x, y) = Z'(x, y) + Z''(x, y)$

其中 Z 是所述复合表面在点（x，y）处偏离基准曲率的凹下值，Z′是被结合起来的第一渐变附加式的表面在点（x，y）处的凹下值，而 Z″是被结合起来的第二渐变附加式的表面在点（x，y）处的凹下值。

11. 一种眼镜透镜，它包括至少一个渐变附加式的表面，所述渐变附加式的表面是通过实施如权利要求 1~10 中任一项用于设计渐变附加式的表面的方法所获得的复合的渐变的表面。”

经形式审查合格后，专利复审委员会依法受理了上述请求，并于 2006 年 5 月 17 日向复审请求人发出了复审请求受理通知书，同时向原审查部门发出前置审查通知书。

原审查部门对该复审请求做出前置审查意见，认为复审请求人提交的修改文本仍存在实质性缺陷，因此坚持原驳回决定。

针对上述复审请求，专利复审委员会依法成立合议组对该复审请求案进行审理。

合议组对复审请求人提交的修改文本进行了审查，于 2006 年 12 月 19 日与复审请求人进行了电话讨论，指出复审请求人删除了驳回决定所针对的原权利要求 11、12，克服了驳回决定所指出的缺陷，但新修改的权利要求 11 引用权利要求 1~10 中设计渐变附加式的表面的方法技术特征来限定眼镜透镜的产品权利要求，而眼镜透镜的产品权利要求完全是可以通过其具体结构来限定清楚的，因此复审请求人利用方法特征来表征眼镜透镜的产品权利要求，致使新的权利要求 11 限定的眼镜透镜的产品权利要求不清楚，不符合专利法实施细则第 20 条第 1 款的规定。复审请求人认同合议组的意见，同意对权利要求进行修改。

专利复审委员会于 2007 年 1 月 22 日收到复审请求人提交的意见陈述书以及说明书全文和权利要求书全文修改替换页。其中复审请求人将权利要求 11 删除，同时增加了答复第二次审查意见时提交的权利要求 13 和 14 作为新的权利要求 11 和 12，并对说明书进行了相应修改。修改后的权利要求书共包括 12 项权利要求，其中权利要求 1、11、12 如下：

“1. 一种用于设计渐变附加式的表面的方法，所述方法包括如下步骤：

a）设计第一渐变附加式的表面，它包括至少一个带有第一局部最大的有害像散的区域；

b）设计第二渐变附加式的表面，它包括至少一个带有第二局部最大的有害像散的区域；

c）把所述第一和第二渐变附加式的表面结合起来，以形成一个复合的渐变附加式的表面；

其中，带有局部最大的有害像散的所述第一区域和第二区域是不重合的。

……

11. 一种眼镜透镜，它包括至少一个渐变附加式的表面，每个所述渐变附加式的表面包括：第一渐变附加式的表面，其包括至少一个带有第一局部最大的有害像散区域；第二渐变附加式的表面，其包括至少一个带有第二局部最大的有害像散区域；所述第一渐变附加式的表面和第二渐变附加式的表面结合起来，以形成一个复合的渐变附加式的表面，其中带有局部最大的有害像散的所述第一区域和第二区域是不重合的。

12. 按照权利要求 11 所述的眼镜透镜，其特征在于，其还包括：第三渐变附加式的表面，其包括至少一个带有第三局部最大的有害像散的区域；所述第一渐变附加式的表面、所述第二渐变附加式的表面和所述第三渐变附加式的表面结合起来，以形成一个复合的渐变附加式的表面；其中，至少一个第一、第二和第三局部最大的有害像散区域是不重合的。”

本案合议组在仔细审阅了全部案卷后，认为本案事实已经清楚，现依法作出复审决定。

二、决定的理由

1. 关于审查文本

本复审请求审查决定所针对的审查文本是专利复审委员会于 2007 年 1 月 22 日收到的复审请求人提交的权利要求第 1~12 项、说明书第 1~9 页、于进入中国国家阶段时提交的说明书附图第 1~8 页、摘要和摘要附图。

2. 专利法实施细则第 20 条第 1 款，专利法实施细则第 62 条第 2 款

专利法实施细则第 20 条第 1 款规定：权利要求书应当说明发明或者实用新型的技术特征，清楚、简要地表述请求保护的范围。

审查指南第二部分第二章第 3.2.2 节规定，产品权利要求适用于产品发明或者实用新型，通常应当用产品的结构特征来描述。特殊情况下，当产品权利要求中的一个或多个技术特征无法用结构特征予以清楚表征时，允许借助物理或化学参数表征；当无法用结构特征并且也不能用参数特征予以清楚地表征时，允许借助于方法特征表征。

专利法实施细则第 62 条第 2 款规定：专利复审委员会进行复审后，认为原驳回决定不符合专利法和本细则有关规定的，或者认为经过修改的专利申请文件消除了原驳回决定指出的缺陷的，应当撤销原驳回决定，由原审查部门继续进行审查程序。

经审查，复审请求人于提出复审请求时对申请文件进行的修改，（1）删除了驳回决定中所针对的不符合专利法实施细则第 20 条第 1 款规定的权利要求 11 和 12，消除了原驳回决定指出的缺陷；（2）对权利要求 1~10 进行的文字表述上的修改，经审查这些修改没有超出原说明书和权利要求书记载的范围；（3）将技术特征“渐变的表面”统一修改为“渐变附加式的表面”，由于技术特征“渐变附加式的表面”在原说明书中有明确记载（见复审请求人在改正译文错误时所提交的说明书第 3 页第 7~10 行），因此将技术特征“渐变的表面”统一修改为“渐变附加式的表面”没有超出原说明书和权利要求书所记载的范围；（4）由于权利要求 10 中仅涉及两个渐变附加式的表面的结合，因此将技术特征“$Z(x, y)=Z'(x, y)+Z''(x, y)+Z'''(x, y)+\cdots$”修改为“$Z(x, y)=Z'(x, y)+Z''(x, y)$”，即删除表示第三个以及其以上渐变附加式的表面的项“$Z'''(x, y)+\cdots$”，是针对权利要求 10 具体限定的技术特征进行的适应性修改，可毫无疑义地导出，没有超出原说明书和权利要求书记载的范围，符合专利法第 33 条的规定；（5）但是，此次修改中新增加的权利要求 11 仍然不清楚，其仅仅是通过引用权利要求 1~10 中设计渐变附加式的表面的方法特征来限定眼镜透镜的产品权利要求，而根据本申请说明书中记载的内容，眼镜透镜的产品权利要求完全是可以通过眼镜透镜

的具体结构来限定清楚的，因此复审请求人利用方法特征来表征眼镜透镜的产品权利要求，不属于审查指南中所规定的可用方法特征表征产品权利要求的特殊情况，其未能清楚限定出所述眼镜透镜的结构、性能等特征，从而不能准确限定出其保护范围，致使权利要求 11 所限定的眼镜透镜的产品权利要求不清楚，不符合专利法实施细则第 20 条第 1 款的规定。

在专利复审委员会于 2007 年 1 月 22 日收到的复审请求人提交的权利要求书和说明书的全文修改替换页中，复审请求人将其于提出复审请求时提交的限定不清楚的产品权利要求 11 修改为新的产品权利要求 11 和 12。经审查，修改后的权利要求 11 和 12 没有超出原说明书和权利要求书记载的范围，并且是针对电话讨论中指出的缺陷进行的适应性修改，符合专利法第 33 条以及专利法实施细则第 60 条第 1 款的规定。

修改后的权利要求 11 和 12 均涉及一种眼镜透镜，其中限定了该眼镜透镜的渐变附加式表面所包含的具体结构特征，因此其利用了具体结构特征来对眼镜透镜的产品权利要求进行限定，其对眼镜透镜的产品权利要求的限定是清楚的，符合专利法实施细则第 20 条第 1 款的规定，克服了驳回决定和电话讨论中指出的权利要求所存在的缺陷。因此，根据专利法实施细则第 62 条第 2 款的规定，在专利复审委员会于 2007 年 1 月 22 日收到的权利要求书全文修改替换页的基础上，应当撤销原驳回决定，由原审查部门继续进行审查程序。

根据上述事实和理由，本案合议组依法做出以下审查决定。

三、决定

撤销国家知识产权局于 2005 年 12 月 30 日对 00815377.9 号发明专利 PCT 申请作出的驳回决定，由原审查部门以本决定所依据的文本，即专利复审委员会于 2007 年 1 月 22 日收到的复审请求人提交的权利要求第 1~12 项、说明书第 1~9 页、于进入中国国家阶段时提交的说明书附图第 1~8 页、摘要和摘要附图，作为审查基础继续进行审查程序。

复审请求人对本决定不服的，可以根据专利法第 41 条第 2 款的规定，自收到本决定之日起三个月内向北京市第一中级人民法院起诉。

150

伞 模

复审请求审查决定（第 11802 号）

决　定　号　第 11802 号
决　定　日　2007 年 11 月 14 日
发明创造名称　伞　模
国际分类号　E04G 13/02
复审请求人　魏纯玉
申　请　号　03272457.8
申　请　日　2003 年 6 月 17 日
合议组组长　朱文广
主　审　员　郭建强
参　审　员　赵　明

法律依据　专利法第 33 条，专利法实施细则第 19 条第 3 款
决定要点

申请人可以对其专利申请文件进行修改，但是，对发明和实用新型专利申请文件的修改不得超出原说明书和权利要求书记载的范围。

申请文件中表示同一组成部分的附图标记应当一致。

一、案由

本复审请求涉及申请人魏纯玉于 2003 年 6 月 17 日申请，名称为“伞模”的 03272457.8 号实用新型专利申请（下称本申请）。

申请人于 2003 年 6 月 17 日以及 2003 年 8 月 20 日分别以意见陈述的方式要求对原始申请文件进行修改，但都没有提交修改替换页。

国家知识产权局实用新型审查部门依法对本申请进行了初步审查，于 2004 年 3 月 19 日针对原始申请文件向申请人发出了第一次补正通知书，指出：（1）申请人于 2003 年 6 月 17 日提出的修改不符合专利法实施细则第 120 条第 1 款关于书写规则的规定；于 2003 年 8 月 20 日提出的修改，日期超出了 2 个月的主动修改期限，不符合专利法实施细则第 51 条第 2 款的规定。（2）原始申请文件中存在较多的缺陷，不能一一指出，请申请人按照专利法第 26 条第 4 款以及专利法实施细则第 20 条至第 23 条的规定修改权利要求，按照专利法第 26 条第 3 款以及专利法实施细则第 18 条的规定修改说明书，按照专利法实施细则第 19 条的规定修改说明书附图。并附撰写示例一份供修改文件时参考。

申请人于 2004 年 4 月 29 日对第一次补正通知书进行了答复，提交了权利要求书、说明书以及说

明书附图的替换页。

国家知识产权局实用新型审查部于2004年6月11日在申请人申请日提交的申请文件以及2004年4月29日提交的补正文件的基础上发出了第二次补正通知书，指出：本申请仍然不符合专利法实施细则第18条、第19条、第20条、第24条以及第120条的规定，其中权利要求1~9中存在有关方法，用途、动作、工作原理、工作过程、工作对象等内容，申请人应该删除，以产品的形状、构造特征来限定实用新型；说明书的技术方案不清楚；申请文件中表示同一组成部分的附图标记不一致。

申请人于2004年7月20日对第二次补正通知书进行了答复，提交了权利要求书，说明书，说明书附图，说明书摘要以及摘要附图的全部替换页。

国家知识产权局实用新型审查部于2004年9月10日在申请人申请日提交的申请文件以及2004年7月20日提交的补正文件的基础上发出了第三次补正通知书，指出：修改文件中增加的附图2.3′和2.5′超范围，同时本申请仍然不符合专利法实施细则第18条、第19条、第20条、第24条以及第120条的规定，理由同上次补正通知书。

申请人于2004年11月11日对第三次补正通知书进行了答复，提交了权利要求书，说明书，说明书附图，说明书摘要以及摘要附图的全部替换页。

国家知识产权局实用新型审查部于2005年1月28日针对申请人申请日提交的申请文件以及2004年11月11日提交的补正文件发出了第四次补正通知书，指出：本申请仍然不符合专利法实施细则第18条、第19条、第20条的规定，理由仍同上次补正通知书。

申请人于2005年3月30日对第四次补正通知书进行了答复，提交了权利要求书，说明书，说明书附图，说明书摘要以及摘要附图的全部替换页。

国家知识产权局原审查部门于2005年5月20日在申请人于2005年3月30日提交的补正文件的基础上作出了驳回决定。驳回的理由是：本申请经过四次补正后，仍然不符合专利法实施细则第18条、第19条、第20条的规定。说明书的发明内容部分对技术方案的描述不清楚，说明书附图的附图标记前后不一致，如附图标记6等，权利要求书多处包含有关使用方法和效果，工作过程和工作原理等的描述，不能清楚地表述保护范围。

申请人（下称复审请求人）对上述驳回决定不服，于2005年6月4日向专利复审委员会提出复审请求，没有对申请文件进行修改，复审请求人的复审请求理由概括如下：伞模是比较复杂的体系，如果新颖性，创造性，实用性不存在问题，不能因为撰写不当而予以驳回。

经形式审查合格，专利复审委员会受理了该复审请求，并于2005年8月3日向复审请求人发出了复审请求受理通知书，向国家知识产权局原审查部门发出了前置审查通知书，并将本案案卷转送到原审查部门进行前置审查。

在前置审查中，国家知识产权局原审查部门认为本申请仍然不符合专利法实施细则第18条、第19条、第20条的规定，从而坚持原驳回决定。

复审请求人于2005年8月19日主动提交了本申请权利要求1~10，说明书第1页的替换页，同时在意见陈述书中还要求对说明书其他部分进行修改，但没有提交其他部分的替换页。

专利复审委员会依法组成合议组对该复审请求案进行了审理，并于2007年8月14日向复审请求人发出复审通知书，提出了以下复审意见：（1）关于审查文本。复审请求人于2005年8月19日提交修改文本的修改时机不符合专利法实施细则第60条第1款的规定，而且所作修改明显不是针对驳回决定所指出的缺陷，因此合议组不予接受。因此本通知书是在驳回决定所针对的文本，即复审请求人于2005年3月30日提交的权利要求1~10、说明书第1~7页、说明书附图第1~5页、说明书摘要和摘要附图的基础上作出的。（2）复审请求人于2005年3月30日提交的修改文本中说明书附图38及其在说明书第 4、6 页中相应的文字说明在原说明书和权利要求书中没有记载，也不能从原说明书和权利要求书记载的内容中直接地、毫无疑义地确定，因此上述修改内容超范围，不符合专利法第 33 条的规定。（3）权利要求 1 要求保护的主题名称不明确，前序部分和特征部分的语言普遍缺乏逻辑性，出现了“等”类似的用语，导致本领域的技术人员阅读完权利要求 1 的文字以后，无法确定权利要求 1 的保护范围，因此权利要求 1 不清楚，不符合专利法实施细则第 20 条第 1 款的规定。权利要求 2~10 同样存在如权利要求 1 一样的保护范围不清楚的缺陷，不符合专利法实施细则第 20 条第 1 款的规定。（4）发明内容部分中的技术方案同样也存在如权利要求书一样的缺陷，导致本领域的技术人员阅读完发明内容的文字以后，无法清楚地理解出技术方案，因此本申请说明书关于发明内容的撰写不符合专利法实施细则第 18 条第 1 款的规定。（5）说明书中大量出现附图标记使用混乱的情况，如“铰销 6”、“窄机架 6”、“防尘罩 6”和“限止环 6”、“弹簧 7”、“滑动盘 7”、“角模 7”、“拉簧 7”和“扁钢 7”等，因此本申请说明书的撰写也不符合专利法实施细则第 19 条第 3 款的规定。

复审通知书还告知复审请求人，如果复审请求人在答复本通知书时所提交的文本仍然存在不符合专利法第 33 条、专利法实施细则第 20 条第 1 款、第 18 条第 1 款、第 19 条第 3 款的缺陷，合议组将作出维持驳回决定的复审决定。

复审请求人于 2007 年 9 月 10 日对上述复审通知书进行了答复，提交了意见陈述书和权利要求书以及说明书第 1 页的替换页。

至此，合议组认为本案事实已经清楚，可以作出审查决定。

二、决定的理由

1. 关于审查文本

复审请求人于 2007 年 9 月 10 日提交了权利要求书（包括权利要求 1~10）以及说明书第 1 页的替换页，因此本决定是在复审请求人于 2005 年 3 月 30 日提交的说明书第 2~7 页、说明书附图第 1~5 页、说明书摘要和摘要附图以及 2007 年 9 月 10 日提交的权利要求第 1~10 项、说明书第 1 页的基础上作出的。

2. 关于专利法第 33 条

专利法第 33 条规定：申请人可以对其专利申请文件进行修改，但是，对发明和实用新型专利申请文件的修改不得超出原说明书和权利要求书记载的范围。

本案中，复审请求人于 2005 年 3 月 30 日提交的修改文本中的说明书附图 38 及其在说明书第 4、6 页中相应的文字说明在原说明书和权利要求书中没有记载，也不能从原说明书和权利要求书记载的内容中直接地、毫无疑义地确定，因此上述修改内容超范围，不符合专利法第 33 条的规定。

3. 关于专利法实施细则第 19 条第 3 款

专利法实施细则第 19 条第 3 款规定，申请文件中表示同一组成部分的附图标记应当一致。

本案中，说明书中大量出现附图标记使用混乱的情况，如“铰销 6”、“窄机架 6”、“防尘罩 6”和“限止环 6”、“弹簧 7”、“滑动盘 7”、“角模 7”、“拉簧 7”和“扁钢 7”等。因此本申请说明书的撰写也不符合专利法实施细则第 19 条第 3 款的规定。

根据以上事实和理由，本案合议组作出如下决定。

三、决定

维持国家知识产权局于 2005 年 5 月 20 日针对 03272457.8 号实用新型专利申请作出的驳回决定。

复审请求人对本决定不服的，可以根据专利法第 41 条第 2 款的规定，自收到本决定之日起 3 个月内向北京市第一中级人民法院起诉。

151

使用阴影心轴和偏轴曝光印制亚光刻图像

复审请求审查决定（第11806号）

决　定　号　第11806号
决　定　日　2007年11月20日
发明创造名称　使用阴影心轴和偏轴曝光印制亚光刻图像
国际分类号　G03F 7/00，H01L 21/30，H01L 21/82
复审请求人　国际商业机器公司
申　请　号　99121520.6
申　请　日　1999年10月14日
优先权日　1998年10月30日
公　开　日　2000年5月17日
合议组组长　张　曦
主　审　员　李晓娜
参　审　员　王琦琳

法律依据　专利法第26条第4款，专利法实施细则第20条第1款、第21条第2款
决定要点

判断一项独立权利要求是否缺少必要技术特征，要从本领域技术人员的角度、结合其应具备的所属领域的常识加以判断：如果一项申请的独立权利要求中所记载的技术方案已经能够解决本申请的技术问题，则应当认为该独立权利要求不缺少必要技术特征。

一、案由

本复审请求涉及申请号为99121520.6，名称为“使用阴影心轴和偏轴曝光印制亚光刻图像”的发明专利申请（下称本申请），其申请人为国际商业机器公司，申请日为1999年10月14日，优先权日为1998年10月30日，公开日为2000年5月17日。本申请公开时权利要求共有50项，权利要求1、25和39为独立权利要求，其中权利要求25如下：

“25. 一种在半导体晶片上形成结构的方法，包括以下步骤：

a. 在半导体晶片的表面上淀积结构材料层；

b. 在结构材料层上淀积阴影心轴层；

c. 穿过阴影心轴层腐蚀出具有底部和侧面的沟槽；

d. 在阴影心轴上施加保形的光致抗蚀剂层；

e. 使用离子注入曝光光致抗蚀剂层，使至少沟槽的一侧在沟槽的底部投射出阴影，阴影投射在

沟槽底部的第一部分中，由此第一部分中的光致抗蚀剂未曝光，同时其余的光致抗蚀剂被曝光；

f. 显影光致抗蚀剂，仅留下沟槽底部第一部分中未曝光的光致抗蚀剂，并除去曝光的光致抗蚀剂；

g. 除去阴影心轴层；以及

h. 除了投射出阴影的第一部分以外，从晶片的表面除去结构材料。”

国家知识产权局专利局原实质审查部门依法对本申请进行了实质审查，于2005年2月4日发出第一次审查意见通知书，其中指出：(1) 本申请独立权利要求1中缺少与“在半导体晶片的表面上淀积结构材料层”和“根据方法中采用的光致抗蚀剂是正型还是负型，而采用那些具体步骤使阴影图像限定和形成结构的步骤”相关的必要技术特征，因此不符合专利法实施细则第21条第2款的规定；独立权利要求25和39中都缺少与“以不垂直晶片表面而使阴影投射在沟槽底部的角度，进行离子注入以曝光光致抗蚀剂层”相关的必要技术特征，因此不符合专利法实施细则第21条第2款的规定；(2) 权利要求25的步骤d中，所述在“阴影心轴”上施加保形的光致抗蚀剂，与说明书中的相应描述即在“阴影心轴层”和“沟槽的底部和侧壁表面”施加保形的光致抗蚀剂不一致，因而得不到说明书的支持，不符合专利法第26条第4款的规定，同时权利要求25中还存在不清楚之处，因此不符合专利法实施细则第20条第1款的规定；(3) 权利要求37和49中所述的沟槽的至少一个角落垂直于“曝光”不清楚，因此不符合专利法实施细则第20条第1款的规定 (4) 此外该通知书中还指出了权利要求27、32和39不符合专利法第26条第4款的规定，权利要求36、38、39、43~48、50不符合专利法实施细则第20条第1款的规定，权利要求28、40和41不符合专利法实施细则第4条第1款的规定。

针对第一次审查意见通知书，申请人于2005年6月20日提交了意见陈述书以及权利要求书全文和说明书第9、10页的修改替换页。修改后的权利要求书共包括50项权利要求，其中权利要求1、25、37、38、49、50如下：

“1. 一种在衬底上限定结构的方法，包括以下步骤：

a. 在衬底上淀积阴影心轴层；

b. 在阴影心轴层中腐蚀出沟槽，沟槽具有侧壁和底部；

c. 在阴影心轴层和沟槽上淀积光致抗蚀剂层；

d. 以一定角度曝光光致抗蚀剂层，使得沟槽底部第一部分的光致抗蚀剂被曝光，和沟槽底部第二部分的光致抗蚀剂由沟槽侧壁阻挡并且不被曝光；

e. 显影光致抗蚀剂层；以及

f. 使用显影的光致抗蚀剂层限定结构。

……

25. 一种在半导体晶片上形成结构的方法，包括以下步骤：

a. 在半导体晶片的表面上淀积结构材料层；

b. 在结构材料层上淀积阴影心轴层；

c. 在阴影心轴层中腐蚀出具有底部和侧面的沟槽；

d. 在阻影心轴上施加保形的正型光致抗蚀剂层；

e. 使用离子注入曝光光致抗蚀剂层，使至少沟槽的一侧在沟槽的底部投射出阴影，所述阴影部分作为沟槽底部的第一部分中，由此第一部分中的光致抗蚀剂未曝光，同时沟槽底部其余的光致抗蚀剂被曝光；

f. 显影光致抗蚀剂，仅留下沟槽底部第一部分中未曝光的光致抗蚀剂，并除去曝光的光致抗蚀剂；

g. 除去阴影心轴层；以及

h. 除了与第一部分相关的结构材料以外，从晶片的表面除去其余结构材料。

……

37. 根据权利要求 25 的方法，其中沟槽沿两个轴延伸，并具有多个角落，其中曝光光致抗蚀剂的步骤还包括曝光光致抗蚀剂，通过曝光使沟槽的至少一个角落二等分，并且沟槽的至少一个角落垂直于曝光。

38. 根据权利要求 37 的方法，还包括在曝光光致抗蚀剂层的步骤期间，用阻挡掩模抗蚀剂图案在垂直于曝光的角落阻挡沟槽的底部形成连续的阴影图像。

……

49. 根据权利要求 39 的方法，其中沟槽沿两个轴延伸，并具有多个角落，其中曝光光致抗蚀剂的步骤还包括曝光光致抗蚀剂，通过曝光使沟槽的至少一个角落二等分，并且沟槽的至少一个角落垂直于曝光。

50. 根据权利要求 49 的方法，还包括在曝光光致抗蚀剂层的步骤期间，用阻挡掩模蚀剂图案在垂直于曝光的角落阻挡沟槽的底部形成连续的阴影图像。”

针对第一次审查意见通知书中指出的问题，申请人在意见陈述书中认为：（1）“结构材料层”、“采用的光致抗蚀剂是正型还是负型”以及相关的“使阴影图像限定结构”的具体步骤都不是必要技术特征，独立权利要求 1 并不缺少必要技术特征，独立权利要求 25 和 39 也不缺少必要技术特征；（2）关于权利要求 25，由于阴影心轴层包括沟槽，所以当在步骤 d 中阴影心轴层被施加光致抗蚀剂层时，作为阴影心轴层一部分的沟槽的侧面和底面当然也被施加了光致抗蚀剂，因此修改后的权利要求 25 能够得到说明书的支持；（3）修改后的权利要求书满足专利法及专利法实施细则的相关规定。

经过上述程序，国家知识产权局专利局原实质审查部门于 2005 年 7 月 29 日以本申请权利要求 1 不符合专利法实施细则第 21 条第 2 款的规定为由做出驳回决定，驳回决定所针对的文本为：申请人于 2005 年 6 月 20 日提交的权利要求第 1~50 项、说明书第 9、10 页，申请日提交的说明书第 1~8、11 页、说明书附图第 1~12 页、说明书摘要及摘要附图。驳回决定的具体理由为：本申请所要解决的技术问题是通过在称作阴影心轴层的材料层中腐蚀出沟槽，利用沟槽的一侧在其底部透射出阴影，再利用该阴影图像限定和形成结构，从而达到减小器件的尺寸和增加芯片的操作速度的目的；由于“结构材料层”是为了能够在半导体衬底上限定和形成结构所必须存在的层，没有该层时无法在半导体衬底上限定和形成结构，因而“结构材料层”是必要技术特征；而且，本申请解决技术问题的整体技术方案是根据阴影技术在半导体衬底上“限定和形成图案”，在使用了阴影技术并显影光致抗蚀剂层之后，还必然要根据所用抗蚀剂种类的不同采用具体步骤才能实现在半导体衬底上限定和形成图案，因而与“根据方法中采用的光致抗蚀是正型还是负型，而采用那些具体步骤使阴影图像限定和形成结构的步骤”相关的技术特征也是必不可少的技术特征；因此独立权利要求 1 缺少必要技术特征，不符合专利法实施细则第 21 条第 2 款的规定。

申请人国际商业机器公司（下称复审请求人）对上述驳回决定不服，于 2005 年 10 月 28 日向专利复审委员会提出了复审请求，并未提交修改文本。复审请求人在意见陈述书中认为：本申请所要解决的技术问题是“超越传统光刻的下限使逻辑电路元件的尺寸减小，由此增加所得半导体芯片的操作速度”，为了解决这个问题，本申请提出的方案是以一定角度曝光光致抗蚀剂层，使得沟槽底部能够被区分为被曝光的第一部分和不被曝光的第二部分，这也是本申请的发明点，因此只有与该技术特征直接或密切相关的内容才必须被写入独立权利要求中；对于“结构材料”特征，在说明书实施例中描述了“在晶片的表面淀积或生长合适的结构材料”以及“在晶片的表面上淀积存储层和阴影心轴”，但是所述“结构材料”并未直接参与到“以一定角度曝光”的工艺中，对该工艺没有起到任何不可或缺的作用，忽略这一特征并不会对理解本申请的发明点产生任何影响；对于“根据方法中采用的光致抗蚀是正型还是负型，而采用那些具体步骤使阴影图像限定和形成结构的步骤”相关的技术特征，并非本申请的发明点（无论正型还是负型都可以使用权利要求中所述的方法进行结构限定，相应的“限定结构”的步骤也不必须拘泥于某种特定的过程），其对本申请的发明点也没有起到不可或缺的作用，并且本领域的普通技术人员可以理解，无论正型、负型光致抗蚀剂，只要通过“以一定角度曝光”的方式，就一定能实现减小半导体器件尺寸的发明目的；因此上述特征都不是本申请的必要技术特征，权利要求 1 满足专利法实施细则第 21 条第 2 款的规定。

经形式审查合格后，专利复审委员会受理了该复审请求，并于 2005 年 11 月 29 日发出复审请求受理通知书以及前置审查通知书。

原实质审查部门在前置审查意见书中仍坚持原驳回决定。

基于上述复审请求，专利复审委员会依法成立合议组对本案进行了审理，本案合议组于 2007 年 6 月 15 日发出复审通知书，其中指出：（1）权利要求 25 步骤 d 中有关在阴影心轴上施加保形的正型光致抗蚀剂的限定不清楚，步骤 e 中存在的“所述阴影部分作为沟槽底部的第一部分中”表述不通顺、句意也不清楚，不符合专利法实施细则第 20 条第 1 款的规定；同时说明书中记载的是在阴影心轴层 1010 的表面和沟槽的底部及侧面都施加了保形的正型光致抗蚀剂，这与权利要求 25 步骤 d 中的限定不一致，因此权利要求 25 也不符合专利法第 26 条第 4 款的规定；（2）权利要求 37 和 49 中均存在“沟槽沿两个轴延伸”，然而这两个轴是指心轴、偏轴还是指其他的什么轴不清楚；这两个权利要求中还都存在“通过曝光使沟槽的至少一个角落二等分，并且沟槽的至少一个角落垂直于曝光”，权利要求 38 和 50 中也存在“垂直于曝光的角落”，而其中沟槽的角落如何垂直于曝光是不清楚的，因此权利要求 37、38、49 和 50 都不符合专利法实施细则第 20 条第 1 款的规定。

针对上述复审通知书，复审请求人于 2007 年 7 月 19 日提交了权利要求书全文的修改替换页，其中仅对权利要求 25、37、38、49 和 50 进行了修改；复审请求人在意见陈述书认为：将权利要求 25 的步骤 d 改为“在阴影心轴层的表面和所述沟槽的底部和侧面上施加保形的正型光致抗蚀剂层”，将原步骤 e 中存在的“所述阴影部分作为沟槽底部的第一部分中”改为“所述阴影部分作为所述沟槽的底部的第一部分”，同时将权利要求 37 和 49 中的“沟槽沿两个轴”改为“其中沟槽沿半导体晶片的表面上的两个方向”，删除了权利要求 37 和 49 中的“并且沟槽的至少一个角落垂直于曝光”，将权利要求 38 和 50 中的“垂直于曝光的角落”改为“至少一个角落”。修改后的权利要求 25 如下：

“25. 一种在半导体晶片上形成结构的方法，包括以下步骤：

a. 在半导体晶片的表面上淀积结构材料层；

b. 在结构材料层上淀积阴影心轴层；

c. 在阴影心轴层中腐蚀出具有底部和侧面的沟槽；

d. 在阻影心轴层的表面和所述沟槽的底部和侧面上施加保形的正型光致抗蚀剂层；

e. 使用离子注入曝光光致抗蚀剂层，使至少沟槽的一侧在沟槽的底部投射出阴影，所述阴影部分作为沟槽底部的第一部分，由此第一部分中的光致抗蚀剂未曝光，同时沟槽底部其余的光致抗蚀剂被曝光；

f. 显影光致抗蚀剂，仅留下沟槽底部第一部分中未曝光的光致抗蚀剂，并除去曝光的光致抗蚀剂；

g. 除去阴影心轴层；以及

h. 除了与第一部分相关的结构材料以外，从晶片的表面除去其余结构材料。”

复审请求人在意见陈述书中认为，修改后的权利要求25符合专利法第26条第4款和专利法实施细则第20条第1款的规定；同时造成权利要求37、49不清楚的特征“并且沟槽的至少一个角落垂直于曝光”、造成权利要求38、50不清楚的限定特征“垂直于曝光的”已经被删除，因此权利要求37、38、49、50均符合专利法实施细则第20条第1款的规定。

本案合议组于2007年8月5日与复审请求人进行了电话会晤，告知复审请求人仅将权利要求37、38、49、50中导致不清楚的特征删除，造成了这些权利要求保护范围的不适当扩大，因而不符合专利法实施细则第60条第1款的规定；并要求复审请求人针对复审通知书中指出的上述权利要求中有关“沟槽的角落如何垂直于曝光”的不清楚问题进行进一步的阐述。

复审请求人于2007年8月10日提交了意见陈述书和权利要求书全文的修改替换页，其中仅对权利要求37、38、49和50进行了修改，在这些权利要求中保留了答复复审通知书时被删除的技术特征，修改后的权利要求37、38、49和50如下：

“37. 根据权利要求25的方法，其中沟槽沿半导体晶片的表面上的两个方向延伸，并具有多个角落，其中曝光光致抗蚀剂的步骤还包括曝光光致抗蚀剂，通过曝光使沟槽的至少一个角落二等分，并且沟槽的至少一个角落垂至于曝光。

38. 根据权利要求37的方法，还包括在曝光光致抗蚀剂层的步骤期间，用阻挡掩模抗蚀剂图案在所述垂至于曝光的至少一个角落阻挡沟槽的底部形成连续的阴影图像。

49. 根据权利要求39的方法，其中沟槽沿半导体晶片的表面上的两个方向延伸，并具有多个角落，其中曝光光致抗蚀剂的步骤还包括曝光光致抗蚀剂，通过曝光使沟槽的至少一个角落二等分，并且沟槽的至少一个角落垂至于曝光。

50. 根据权利要求49的方法，还包括在曝光光致抗蚀剂层的步骤期间，用阻挡掩模蚀剂图案在所述垂至于曝光的至少一个角落阻挡沟槽的底部形成连续的阴影图像。”

复审请求人在意见陈述书中对复审通知书中指出的有关“沟槽的角落如何垂直于曝光”技术特征不清楚的问题作了进一步解释，其认为：根据说明书的内容，本领域的普通技术人员参考图17可以理解，在图17所列举的具体实施方案中，角1600和1602属于“通过曝光使沟槽的至少一个角落二等分”的角落，角1604和1606属于“垂直于曝光”的角落，“垂直于曝光”的含义是指角落的中心线（如附图17中的角1604的中心线）与离子注入束（如1510）相垂直/正交，因此对本领域技术人员而言，权利要求37和49是清楚的，它们相应的从属权利要求38和50也是清楚的。

经过上述审查程序，本案合议组仔细研究了本申请和复审请求人的意见陈述后认为，本案事实已经清楚，现依法作出审查决定。

二、决定的理由

1. 本复审决定所针对的审查文本

复审请求人于2007年8月10日提交了权利要求书全文的修改替换页，因此本复审决定所针对的审查文本是：复审请求人于2007年8月10日提交的权利要求第1~50项，于2005年6月20日提交说明书第9、10页，于申请日提交的说明书第1~8、11页、说明书附图第1~12页、说明书摘要及摘要附图。

2. 关于专利法第33条和专利法实施细则第60条第1款

专利法第33条规定：申请人可以对其专利申请文件进行修改，但是，对发明和实用新型专利申请文件的修改不得超出原说明书和权利要求书记载的范围，对外观设计专利申请文件的修改不得超出原图片或者照片表示的范围。

专利法实施细则第60条第1款规定：请求人在提出复审请求或者在对专利复审委员会的复审通

知书作出答复时，可以修改专利申请文件；但是，修改应当仅限于消除驳回决定或者复审通知书指出的缺陷。

在复审阶段，复审请求人对权利要求 25、37、38、49、50 进行了修改。

合议组经审查认为，如复审请求人在意见陈述书中所述，修改后的权利要求 25 中限定了步骤 d 为在阴影心轴层的表面和所述沟槽的底部和侧面上施加保形的正型光致抗蚀剂层，还限定了“e. 使用离子注入曝光光致抗蚀剂层，使至少沟槽的一侧在沟槽的底部投射出阴影，所述阴影部分作为沟槽底部的第一部分，由此第一部分中的光致抗蚀剂未曝光，同时沟槽底部其余的光致抗蚀剂被曝光”；该修改后的内容记载在本申请说明书第 8 页第 9~32 行中，且可由附图 10、11 直接地、毫无疑义地确定，因此对权利要求 25 的修改没有超出原说明书记载的范围，符合专利法第 33 条的规定。

修改后的权利要求 37 和 49 中均限定了“其中沟槽沿半导体晶片的表面上的两个方向延伸”和“并且沟槽的至少一个角落垂直于曝光”，该修改后的内容分别记载在说明书第 10 页第 3 段和倒数第 1 段中，且可由附图 15、16、17 直接地、毫无疑义地确定，因此对权利要求 37 和 49 的修改没有超出原说明书记载的范围，符合专利法第 33 条的规定。

权利要求 38 和 50 分别为权利要求 37 和 49 的从属权利要求，修改后的权利要求 38 和 50 中都限定了“用阻挡掩模抗蚀剂图案在所述垂直于曝光的至少一个角落阻挡沟槽的底部形成连续的阴影图像”，该修改后的内容记载在本申请说明书第 10 页倒数第 1 段和第 11 页第 1 段中，且可由附图 17、18 直接地、毫无疑义地确定；因此对权利要求 38、50 的修改没有超出原说明书记载的范围，符合专利法第 33 条的规定。

而且，对权利要求 25、37、38、49、50 的修改均属于为消除审通知书所指出的缺陷而进行的修改，因此也符合专利法实施细则第 60 条第 1 款的规定。

3. 关于专利法实施细则第 20 条第 1 款和专利法第 26 条第 4 款

专利法实施细则第 20 条第 1 款规定：权利要求书应当说明发明或者实用新型的技术特征，清楚、简要地表述请求保护的范围。

专利法第 26 条第 4 款规定：权利要求书应当以说明书为依据，说明要求专利保护的范围。

如复审请求人在意见陈述书中所述，修改后的权利要求 25 中限定了步骤 d 为在阴影心轴层的表面和所述沟槽的底部和侧面上施加保形的正型光致抗蚀剂层，还限定了“e. 使用离子注入曝光光致抗蚀剂层，使至少沟槽的一侧在沟槽的底部投射出阴影，所述阴影部分作为沟槽底部的第一部分，由此第一部分中的光致抗蚀剂未曝光，同时沟槽底部其余的光致抗蚀剂被曝光”；合议组认为，在该权利要求 25 所请求保护的在半导体晶片上形成结构的方法中，首先在半导体晶片的表面上依次淀积结构材料层和阴影心轴层，然后在 c 步骤中，在阴影心轴层中腐蚀出具有底部和侧面的沟槽，在 d 步骤中，在阴影心轴层和沟槽的底部和侧面上都施加保形的正型光致抗蚀剂层，在 e 步骤中，使用离子注入曝光所施加的光致抗蚀剂层，使至少沟槽的一侧在沟槽底部投射出阴影，所述阴影部分作为沟槽底部的第一部分，由此第一部分中的光致抗蚀剂未曝光，同时沟槽底部其余的光致抗蚀剂被曝光，随后在 f~h 步骤中，再利用该阴影部分的图像限定和形成结构；因此该权利要求 25 的该部分限定内容清楚地表述了请求保护的范围，克服了复审通知书中指出的其不符合专利法实施细则第 20 条第 1 款的规定的缺陷。

同时，该权利要求 25 所限定的技术方案与本申请说明书第二示例性实施例所记载的技术方案一致，得到了说明书的支持，因而克服了复审通知书中指出的其不符合专利法第 26 条第 4 款的规定的缺陷。

修改后的权利要求 37 和 49 的附加技术特征完全相同，其中将“沟槽沿两个轴延伸”修改为

"沟槽沿半导体晶片的表面上的两个方向"延伸，由此清楚限定了半导体晶片上的阴影心轴层中的沟槽所延伸的方向；这两个权利要求中还都存在"通过曝光使沟槽的至少一个角落二等分，并且沟槽的至少一个角落垂直于曝光"，复审请求人认为，根据本申请说明书第10页倒数第1段的记载及附图17的内容，所述"角落垂直于曝光"的含义是指角落的中心线与离子注入束相垂直/正交，对本领域技术人员而言，以上表述是清楚的；对此合议组经审查认为，在权利要求37和49所限定的方法中，在阴影心轴层中形成的沟槽沿着晶片表面上的两个方向延伸，其具有多个角落，曝光阴影心轴层上的光致抗蚀剂时，曝光束（对应于说明书中的"离子注入束"）使沟槽的至少一个角落二等分，同时曝光束与沟槽的至少一个角落的中心线相垂直/正交，由此利用曝光形成阴影部分从而限定和形成结构；因而对本领域技术人员而言，权利要求37和49的该部分限定内容清楚地表述了请求保护的范围，克服了复审通知书中指出的不符合专利法实施细则第20条第1款的规定的缺陷。

权利要求37和49的从属权利要求38和50中也存在"垂直于曝光"的用语，基于上述相同的审查理由，该用语的含义对本领域技术人员而言也是清楚的，由此，它们也清楚地表述了请求保护的范围，因此修改后的权利要求38和50也克服了复审通知书中指出的不符合专利法实施细则第20条第1款的规定的缺陷。

4. 关于专利法实施细则第21条第2款

专利法实施细则第21条第2款规定：独立权利要求应当从整体上反映发明或者实用新型的技术方案，记载解决技术问题的必要技术特征。

审查指南第二部分第二章第3.1.2节进一步明确了：判断某一技术特征是否为必要技术特征，应当从所要解决的技术问题出发并考虑说明书描述的整体内容，不应简单地将实施例中的技术特征直接认定为必要技术特征。

具体来说，判断一项独立权利要求是否缺少必要技术特征，要从本领域技术人员的角度、结合其应具备的所属领域的常识来加以判断：如果一项申请的独立权利要求中所记载的技术解决方案已经能够解决本申请的技术问题，则应当认为该独立权利要求不缺少必要技术特征。

根据本申请的内容，本申请所要解决的技术问题是超越传统光刻的下限使逻辑电路元件的尺寸减小，由此增加所得半导体芯片的操作速度；为解决该技术问题所采用的技术方案是提供一种在衬底上限定结构的方法，其中首先在衬底上淀积阴影心轴层，并在阴影心轴层中腐蚀出具有侧壁和底部的沟槽，然后在阴影心轴层和沟槽上淀积光致抗蚀剂层，以一定角度曝光光致抗蚀剂层，使得沟槽底部第一部分的光致抗蚀剂被曝光、沟槽底部第二部分的光致抗蚀剂由沟槽侧壁阻挡并且不被曝光（即，使沟槽的一侧在其底部投射出阴影图像），随后显影光致抗蚀剂层，并利用显影的光致抗蚀剂层限定结构。

因此，合议组认为，在权利要求1中已经限定了以一定角度曝光沟槽从而在其底部得到阴影图像的技术特征的基础上，本领域技术人员可以根据本申请的教导采用各种常规的工艺或材料实现权利要求1的方法中所限定的各个步骤并解决所要解决的技术问题。对于与在半导体晶片的表面上淀积结构材料层相关的技术特征，虽然说明书实施例中描述了"在晶片的表面淀积或生长合适的结构材料"，但是所述"结构材料"并未直接参与到"以一定角度曝光沟槽"的工艺中，即使权利要求1的技术方案中不限定这些特征，本领域技术人员也能明了其技术方案能解决上述问题；对于"根据方法中采用的光致抗蚀是正型还是负型，而采用那些具体步骤使阴影图像限定和形成结构的步骤"相关的技术特征，本领域的普通技术人员可以理解，无论使用正型还是负型光致抗蚀剂，只要使用权利要求1中所述的方法、通过"以一定角度曝光"的方式进行结构限定，就一定能减小半导体器件尺寸，从而解决本申请所述的技术问题，因而在选定了所使用的抗蚀剂类型之后，本领域技术人员必然能够根据选择对具体的手段进行适应性变化，这对于所属领域的技术人员而言是应具备的常识，权利要求1中是否限定上述技术特征并不影响技术问题的解决；因此上述特征都不是本申请的必要技术特征，没有这些特征并不影响技术方案的实现以及技术问题的解决，本申请独立权利要求1符合专利法实施细则第21条第2款的规定。

基于上述理由，合议组依法作出如下决定。

三、决定

撤销国家知识产权局于2005年7月29日对99121520.6号发明专利申请做出的驳回决定，由原审查部门以本复审决定所针对的文本为审查基础继续进行审查程序。

复审请求人对本决定不服的，可以根据专利法第41条第2款的规定，自收到本决定之日起三个月内向北京市第一中级人民法院起诉。

152

制造锥形的光聚合波导阵列的方法

复审请求审查决定（第11807号）

决　定　号　第11807号
决　定　日　2007年11月16日
发明创造名称　制造锥形的光聚合波导阵列的方法
国际分类号　G03F 7/00，G02B 6/10
复审请求人　联合讯号公司
申　请　号　94194800.5
申　请　日　1994年10月18日
优先权日　1993年11月8日
公　开　日　1997年1月22日
合议组组长　张　曦
主　审　员　李晓娜
参　审　员　李　礼

法律依据　专利法第22条第3款
决定要点
如果两篇对比文件之间存在结合的技术启示，要求保护的发明的技术方案相对于这两篇对比文件的结合对本领域的技术人员而言是显而易见的，则该发明不具有突出的实质性特点；如果其相对于现有技术不具有有益的技术效果，则该发明不具备显著的进步；因此不具备创造性。

一、案由

本复审请求涉及申请号为94194800.5、名称为“制造锥形的光聚合波导阵列的方法”的PCT发明专利申请（下称本申请），其申请人为联合讯号公司，申请日为1994年10月18日，优先权日为1993年11月8日，于1996年7月8日进入中国国家阶段，同时根据PCT条约第34条提交了权利要求书全文和说明书第5、16页的修改替换页，其中修改后的权利要求书共有12项权利要求，权利要求1为独立权利要求。

国家知识产权局实质审查部门依法对本申请进行了实质审查，于2000年6月16日发出第一次审查意见通知书，指出本申请权利要求1、2、4~12相对于对比文件1和对比文件2的结合不具备专利法第22条第3款规定的创造性，权利要求3相对于对比文件1、对比文件2和对比文件3的结合不具备专利法第22条第3款规定的创造性，还指出了权利要求1~3、7、8不符合专利法实施细则第20条第1款的规定，权利要求11、12不符合专利法实施细则第21条第3款的规定，说明书不符合专利法实施细则第4条的规定；其中所引用的对比文件如下：

对比文件1：JP57-128301A，其公开日为1982年8月9日；

对比文件2：US4101324A，其公开日为1978年7月18日；

对比文件3：CN1018406B，其公开日为1992年9月30日。

针对第一次审查意见通知书，申请人于2000年10月24日提交了意见陈述书以及权利要求书全文和说明书第7、8页的修改替换页，其中修改了原权利要求1的主题名称，并将原从属权利要求11、12修改为独立权利要求，同时对说明书进行适应性修改，修改后的权利要求1~12如下：

“1. 一种制造光聚合波导阵列的方法方法，其中包括在基底（2）上放置一层厚度基本上均匀的可光聚合混合物（18），该混合物包含至少一种活性单体和光引发剂，将所述基底置于与具有不透明区（12）和透明区（14）的光掩模（8）牢固接触的位置，将混合物（18）和基底（2）保持在相对于光化辐射（26）基本上固定的平面上，同时，通过光掩模（8）的透明区（14）使混合物（18）受到基本上准直的光化辐射（26）曝光，曝光的时间足以使混合物（18）的曝光区（28）发生聚合，从基底（2）上除去光掩模（8）和实际上未被光化辐射（26）聚合的可光聚合混合物（18），该方法的特征在于，所述光引发剂的用量足以在曝光期间中沿可光聚合混合物（18）的整个厚度形成基本上准直的光化辐射梯度，从而形成锥形波导阵列（28），其中：

（i）所述各波导的锥形端从基底（2）向外延伸，

（ii）所述各波导均有一个与基底（2）相邻的光输入表面（38）和一个远离光输入表面的光输出表面（40），并且

（iii）所述各波导的光输入表面（38）的面积大于其光输出表面（40）的面积。

2. 权利要求1的方法，其中在所述曝光步骤之后，在所述厚度基本上均匀的可光聚合混合物（18）上放置一块盖板（20）。

3. 权利要求1的方法，其中还包括最后一个步骤：在所述各锥形的光聚合波导（28）之间涂覆吸光物质。

4. 权利要求1的方法，其中的所述光化辐射（26）是紫外光。

5. 权利要求1的方法，其中所述的单体是选自甲基丙烯酸甲酯、丙烯酸丁酯、丙烯酸2-（乙基己基）酯、丙烯酸异癸酯、丙烯酸2-（羟乙基）酯、丙烯酸2-（羟丙基）酯、丙烯酸环己酯、1，4-丁二醇二丙烯酸酯、乙氧基化双酚A二丙烯酸酯、新戊基乙二醇二丙烯酸酯、二甘醇二丙烯酸酯、二甘醇二甲基丙烯酸酯、1，6-己二醇二丙烯酸酯、三羟甲基丙烷三丙烯酸酯、季戊四醇三丙烯酸酯、季戊四醇四丙烯酸酯及其混合物。

6. 权利要求1的方法，其中所述的单体是乙氧基化双酚A二丙烯酸酯和三羟甲基丙烷三丙烯酸酯的混合物。

7. 权利要求1的方法，其中所述的光引发剂选自苯偶酰二甲基酮缩醇、α，α-二乙氧基苯乙酮、α，α-二甲氧基-α-羟基苯乙酮、50% 1-羟基环己基苯基酮和50%二苯甲酮、l-羟基-环已基-苯基酮、1-［4-（2-羟基乙氧基）苯基］-2-羟基-2-甲基-丙烷-1-酮、2-甲基-1-［4-（甲硫基）苯基］-2-吗啉代-丙烷-1-酮，以及2-苄基-2-二甲氨基-1-（4-吗啉代苯基）丁烷-1-酮。

8. 权利要求1的方法，其中所述的光引发剂选自苯偶酰二甲基酮缩醇、α，α-二甲氧基-α-羟基苯乙酮、50% 1-羟基环已基苯基酮和50%二苯甲酮、1-羟基-环己基-苯基酮、以及1-［4-（2-羟基乙氧基）苯基］-2-羟基-2-甲基-丙烷-1-酮。

9. 权利要求1的方法，其中所述光引发剂的用量占可光聚合混合物总重量的约0.5%至约12%。

10. 权利要求1的方法，其中所述光引发剂的用量占可光聚合混合物总重量的约0.5%至约8%。

11. 一种制造光聚合波导阵列的方法方法，其中包括在基底（2）上放置一层厚度基本上均匀的可光聚合混合物（18），该混合物包含至少一种活性单体和光引发剂，将所述基底置于与具有不透明区（12）和透明区（14）的光掩模（8）牢固接触的位置，将混合物（18）和基底（2）保持在相对于光化辐射（26）基本上固定的平面上，同时，通过光掩模（8）的透明区（14）使混合物（18）受到基本上准直的光化辐射（26）曝光，曝光的时间足以使混合物（18）的曝光区（28）发生聚合，从基底（2）上除去光掩模（8）和实际上未被光化辐射（26）聚合的可光聚合混合物（18），该方法的特征在于，所述光引发剂的用量足以在曝光期间沿可光聚合混合物（18）的整个厚度形成基本上准直的光化辐射梯度，从而形成锥形波导阵列（28），其中：

（i）所述各波导的锥形端从基底（2）向外延伸，

（ii）所述各波导均有一个与基底（2）相邻的光输入表面（38）和一个远离光输入表面的光输出表面（40），并且

（iii）所述各波导的光输入表面（38）的面积大于其光输出表面（40）的面积，并且其中可光聚合的混合物（18）直接放在光掩模（8）上，而不用基底（2）。

12. 一种制造光聚合波导阵列的方法方法，其中包括在基底（2）上放置一层厚度基本上均匀的可光聚合混合物（18），该混合物包含至少一种活性单体和光引发剂，将所述基底置于与具有不透明区（12）和透明区（14）的光掩模（8）牢固接触的位置，将混合物（18）和基底（2）保持在相对于光化辐射（26）基本上固定的平面上，同时，通过光掩模（8）的透明区（14）使混合物（18）受到基本上准直的光化辐射（26）曝光，曝光的时间足以使混合物（18）的曝光区（28）发生聚合，从基底（2）上除去光掩模（8）和实际上未被光化辐射（26）聚合的可光聚合混合物（18），该方法的特征在于，所述光引发剂的用量足以在曝光期间沿可光聚合混合物（18）的整个厚度形成基本上准直的光化辐射梯度，从而形成锥形波导阵列（28），其中：

（i）所述各波导的锥形端从基底（2）向外延伸，

（ii）所述各波导均有一个与基底（2）相邻的光输入表面（38）和一个远离光输入表面的光输出表面（40），并且

（iii）所述各波导的光输入表面（38）的面积大于其光输出表面（40）的面积，其中可光聚合的混合物（18）直接放在光掩模（8）上，而不用基底（2），并且其中所述光掩模不从锥形的光聚合波导（28）上除去。”

申请人在意见陈述书中认为：本申请涉及一种通过光聚合作用来制造光学波导阵列的方法，本申请作为光学波导应用方面的发明点在于锥形凸起的结构和定位，本申请权利要求1与对比文件1之间存在实质性的区别技术特征：（1）使用了沿可光聚合混合物的整个厚度形成基本上准直的光化辐射梯度和（2）在光聚合进行期间将基底置于与光掩模牢固接触的位置；本领域技术人员不会有任何动机将对比文件1和对比文件2进行结合，而且即使结合对比文件1和对比文件2的技术也没有达到上述权利要求1中限定的两点实质性技术特征：因此本申请权利要求1具备创造性，其从属权利要求2~12也具备创造性。

经过上述审查程序后，国家知识产权局实质审查部门以申请人于2000年10月24日提交的权利要求第1~12项、说明书第7、8页，于1996年7月9日提交的说明书摘要和摘要附图、于1996年7月8日提交的说明书第5、16页、于申请日提交的说明书第1~4、6、9~15、17~18页、说明书附图第1~18页为基础，于2001年1月5日以本申请权利要求1~12不符合专利法第22条第3款的规定为由作出驳回决定。驳回决定的具体理由是：权利要求1与对比文件1的区别在于权利要求1中限定了在曝光期间沿感光液体的厚度形成基本准直的光化辐射梯度以及基板与光掩模牢固接触；然而对比文

件2中公开了掩模9与膜3在曝光过程中不分离（相当于权利要求1中的牢固接触），辐射光的强度向光聚合层的远端方向（相当于权利要求1中沿可光聚合混合物18的整个厚度方向）呈梯度降低，即对比文件1和对比文件2披露了权利要求1的全部技术特征，且这两点区别技术特征在对比文件2中所起的作用与其在本申请中所起的作用相同，都是为了形成锥形凸起，因此权利要求1相对于对比文件1和2的结合不具备创造性；其他权利要求2~12也都没有克服不具备创造性的缺陷，其所陈述的理由也不足以说明本申请具备创造性。

申请人联合讯号公司（下称复审请求人）对上述驳回决定不服，于2001年4月20日向专利复审委员会提出复审请求，并提交了权利要求书全文的修改替换页，其中在权利要求1中进一步限定了“所述基本上准直的光化辐射（26）在照射所述可光聚合混合物（18）之前通过所述基底（2）”，同时对权利要求11和12进行了修改，修改后的独立权利要求1、11、12如下：

“1. 一种制造锥形的光聚合波导阵列的方法，其中包括在基底（2）上放置一层厚度基本上均匀的可光聚合混合物（18），该混合物包含至少一种活性单体和光引发剂，将所述基底置于与具有不透明区（12）和透明区（14）的光掩模（8）牢固接触的位置，将混合物（18）和基底（2）保持在相对于光化辐射（26）基本上固定的平面上，同时，通过光掩模（8）的透明区（14）使混合物（18）受到基本上准直的光化辐射（26）曝光，曝光的时间足以使混合物（18）的曝光区（28）发生聚合，从基底（2）上除去光掩模（8）和实际上未被光化辐射（26）聚合的可光聚合混合物（18），该方法的特征在于，所述基本上准直的光化辐射（26）在照射所述可光聚合混合物（18）之前通过所述基底（2），并且所述光引发剂的用量足以在曝光期间沿可光聚合混合物（18）的整个厚度形成基本上准直的光化辐射梯度，从而形成基本上平衡的锥形波导阵列（28），其中：

（i）所述各波导的锥形端从基底（2）向外延伸，

（ii）所述各波导均有一个与基底（2）相邻的光输入表面（38）和一个远离光输入表面（38）的光输出表面（40），并且

（iii）所述各波导的光输入表面（38）的面积大于其光输出表面（40）的面积。

……

11. 一种制造锥形的光聚合波导阵列的方法，其中包括在一层厚度基本上均匀的可光聚合混合物（18）上放置一种具有不透明区（12）和透明区（14）的光掩模（8），所述混合物包含至少一种活性单体和光引发剂，将混合物（18）保持在相对于光化辐射（26）基本上固定的平面上，同时，通过光掩模（8）的透明区（14）使混合物（18）受到基本上准直的光化辐射（26）曝光，曝光的时间足以使混合物（18）的曝光区（28）发生聚合，从锥形的光聚合波导阵列上除去光掩模（8）和实际上未被光化辐射（26）聚合的可光聚合混合物（18），该方法的特征在于，所述可光聚合的混合物（18）直接放在光掩模（8）上，并且所述光引发剂的用量足以在曝光期间沿可光聚合混合物（18）的整个厚度形成基本上准直的光化辐射梯度，从而形成基本上平衡的锥形波导阵列（28），其中在所述曝光完成后：

（i）所述各波导的锥形端从光掩模（8）向外延伸，

（ii）所述各波导均有一个与光掩模（8）相邻的光输入表面（38）和一个远离光输入表面（38）的光输出表面（40），

如此，所述各波导的光输入表面（38）的面积大于其光输出表面（40）的面积。

12. 一种制造锥形的光聚合波导阵列的方法，其中包括在一层厚度基本上均匀的可光聚合混合物（18）上放置一种具有不透明区（12）和透明区（14）的光掩模（8），所述混合物包含至少一种活性单体和光引发剂，将混合物（18）保持在相对于光化辐射（26）基本上固定的平面上，同时，通

过光掩模（8）的透明区（14）使混合物（18）受到基本上准直的光化辐射（26）曝光，曝光的时间足以使混合物（18）的曝光区（28）发生聚合，从锥形的光聚合波导阵列上除去实际上未被光化辐射（26）聚合的可光聚合混合物（18），该方法的特征在于，所述可光聚合的混合物（18）直接放在光掩模（8）上，并且所述光引发剂的用量足以在曝光期间沿可光聚合混合物（18）的整个厚度形成基本上准直的光化辐射梯度，从而形成基本上平衡的锥形波导阵列（28），其中：

（i）所述光掩模（8）不从基本上平衡的锥形的光聚合波导上除去，

（ii）所述各波导的锥形端从光掩模（8）向外延伸，并且

（iii）所述各波导均有一个与光掩模（8）相邻的光输入表面（38）和一个远离光输入表面（38）的光输出表面（40），

如此，所述各波导的光输入表面（38）的面积大于其光输出表面（40）的面积。”

复审请求人认为：修改后权利要求1与对比文件1和2的区别主要在于，权利要求1中限定了“基本上准直的光化辐射（26）在照射所述可光聚合混合物（18）之前通过所述基底（2）”、“曝光的时间足以使混合物（18）的曝光区（28）发生聚合”、“基底置于与……光掩模（8）牢固接触的位置（不需要移动基底）”和“所述光引发剂的用量足以在曝光期间沿可光聚合混合物（18）的整个厚度形成基本上准直的光化辐射梯度”的综合特征；而对比文件1和2中对制造锥形的光聚合波导阵列的方法未作出如上全部的限定，相反对比文件1与2两者之间并不适合于对方，由此，权利要求1的技术方案对本领域技术人员而言是非显而易见的；而且权利要求1所达到的效果即得到的光聚合波导是锥形的并且各个光聚合波导之间是保持基本上平衡的，与对比文件1和2相比，得到了进步并是意想不到的，因此权利要求1具备创造性；修改后的权利要求11和12的技术方案与权利要求1所不同的是没有使用基底，然而这两个权利要求中锥形凸起的取向与照射方向之间的关系与权利要求1是相同的，因此权利要求11、12也具备创造性，相应地，从属权利要求2~10也具备创造性。

经形式审查合格，专利复审委员会依法受理了该复审请求，于2001年5月30日发出复审请求受理通知书，并于同日向原审查部门发出了前置审查通知书。

原审查部门在前置审查意见书中认为新的权利要求1~12仍不具备创造性，坚持驳回决定。

针对上述复审请求，专利复审委员会依法成立合议组对本案进行了审理，本案合议组于2005年7月7日发出第一次复审通知书，其中指出：（1）对比文件1与权利要求1相比，区别在于对比文件1中未公开：光化辐射在照射所述感光液体之前通过基底，在曝光期间沿感光液体的厚度形成基本准直的光化辐射梯度，基底与光掩模不是牢固接触的，以及锥形波导阵列基本上是平衡的，由此可见，权利要求1相对于对比文件1实际要解决的技术问题，是在保持基底与光掩模牢固接触的条件下，用光辐射通过基底照射可光聚合混合物，并且在可光聚合混合物中形成基本准直的光化辐射梯度，从而形成基本平衡的锥形波导阵列；然而对比文件2已经披露了上述区别技术特征，在对比文件2中辐射光的强度向光聚合层的远端方向呈梯度降低的作用与本申请沿可光聚合混合物18的整个厚度方向形成基本准直的光化辐射梯度的作用一样，都是为了形成锥形凸起；因而对比文件2给出了解决所述技术问题的技术启示，在对比文件1的基础上结合对比文件2得出权利要求1所请求保护的技术方案，对于本领域的普通技术人员来讲，无须付出创造性的劳动，而且两者的结合没有产生预料不到的技术效果，因而该权利要求1不具备突出的实质性特点和显著的进步，不具备创造性；（2）权利要求2、4~12相对于对比文件1和2的结合不具备创造性，权利要求3相对于对比文件1、2与公知常识的结合也不具备创造性。

针对第一次复审通知书，复审请求人于2005年10月19日提交了意见陈述书，其中认为权利要求1与对比文件1之间存在多项实质的区别，至少包括以下四项区别：（1）将基底置于与光掩模

（8）牢固接触的位置，（2）通过光掩模（8）的透明区（14）使混合物（18）受到基本上准直的光化辐射（26）的梯度曝光，（3）将混合物（18）和基底（2）保持在相对于光化辐射（26）基本上固定的平面上，（4）基本上准直的光化辐射（26）在照射所述可光聚合物混合物（18）之前通过所述基底（2）；而对比文件2涉及的完全是不同的技术领域，其中没有制备波导，没有提及准直的光线，更没有提及准直的光线的梯度；对比文件2提及的光化辐射的强度随着其进入树脂层的深度而降低，并不代表所用光线的梯度；因此从对比文件1的内容无法得到任何启示来将其与对比文件2结合从而得到本申请权利要求中的技术方案。复审请求人未对申请文件进行进一步修改。

经再次审查，本案合议组于2007年4月23日向复审请求人发出第二次复审通知书，其中指出：权利要求1与对比文件1的技术方案相比，其区别在于对比文件1没有披露权利要求1中的以下技术特征：（1）基底与光掩模牢固接触，（2）在曝光期间混合物和基底保持在相对于光化辐射固定的平面上，（3）所述光引发剂的用量足以在曝光期间沿可光聚合混合物的整个厚度上形成基本上准直的光化辐射梯度，从而形成基本上平衡的锥形波导阵列，（4）光化辐射在照射所述感光液体之前通过基底；权利要求1相对于对比文件1实际要解决的技术问题，是在保持基底与光掩模牢固接触且在可光聚合混合物和基底在曝光期间保持固定的条件下，用准直光辐射通过基底照射可光聚合混合物，并且在可光聚合混合物中形成基本准直的光化辐射梯度，从而形成基本平衡的锥形波导阵列；然而对比文件2实质上公开了区别技术特征（1），也披露了区别技术特征（2）和（4），而且对于区别技术特征（3），本申请权利要求1中在曝光期间在可光聚合混合物中形成基本准直的光化辐射梯度所基于的机理与对比文件2形成小锥形及与光聚合层厚度相应的锥形的机理完全相同，因此对比文件2披露了在可光聚合混合物中形成基本上准直的光化辐射梯度，从而形成基本上平衡的锥形波导阵列，并给出了可在光聚合物的整个厚度上形成基本上准直的锥形阵列的技术启示；因此对比文件2给出了解决本申请权利要求1实际所要解决的技术问题的技术启示，在对比文件1的基础上结合对比文件2得出该权利要求1的技术方案，对于本领域的普通技术人员来讲，无须付出创造性的劳动，而且两者的结合没有产生预料不到的技术效果，权利要求1不具备专利法第22条第3款规定的创造性，复审请求人的理由不能被接受；权利要求2、4~12相对于对比文件1和2的结合不具备创造性，从属权利要求3相对于对比文件1、2与公知常识的结合也不具备创造性。

针对第二次复审通知书，复审请求人于2007年6月7日提交了意见陈述书，其中认为：（1）就权利要求1而言，对比文件1和2的国际分类号分别是G02B和G03C，对比文件2涉及的技术领域完全不同于本申请和对比文件1的技术领域；对比文件2提及的光化辐射的强度随着其在光敏树脂内前进而减小，并不相应于所使用光线的梯度，而且对比文件2中没有提到过准直的光线和准直的光线梯度；此外对比文件2中没有提供任何波导的相关信息，波导自身是能够透光和转送光线的，对比文件2中制备的印刷板具有凸起，这些凸起不能转送光线，与对比文件1形成的波导不等同也不相似，从对比文件1的内容无法得到任何启示来将其与对比文件2结合从而得到本申请权利要求1中的技术方案；因此权利要求1不具备创造性，其从属权利要求也不具备创造性；（2）权利要求11和12中都不使用基底，然而对比文件1中的基底是一种必要的载体元件，对比文件2中具体公开了其凸起曝光量是基于载体即基底的透明度而改变的，使用光掩模代替载体明显会改变透明度并导致曝光上的变化，因此权利要求11和12提供了不同的结构和不同的效果，具备创造性，其他权利要求也具备创造性。复审请求人未对申请文件进行进一步修改。

本案合议组于2007年7月10日向复审请求人发出合议组成员告知通知书，告知复审请求人本案合议组成员的变更情况，并告知复审请求人，逾期未答复，视为无回避请求。

复审请求人期满未答复。

在上述程序的基础上，合议组认为本案事实已经清楚，现依法作出审查决定。

二、决定的理由

1. 审查基础

本复审决定所针对的审查文本是：复审请求人于2001年4月20日提交的权利要求第1~12项、于2000年10月24日提交的说明书第7、8页，于1996年7月8日提交的说明书第1~6、9~18页，说明书附图第1~18页，说明书摘要和摘要附图。

2. 专利法第22条第3款

专利法第22条第3款规定：创造性，是指同申请日以前已有的技术相比，该发明有突出的实质性特点和显著的进步，该实用新型有实质性特点和进步。

如果两篇对比文件之间存在结合的技术启示，要求保护的发明的技术方案相对于这两篇对比文件的结合对本领域的技术人员而言是显而易见的，则发明不具有突出的实质性特点；如果发明相对于现有技术不具有有益的技术效果，则发明不具备显著的进步；因此不具备创造性。

就本案而言，权利要求1~12不具备专利法第22条第3款规定的创造性，具体理由如下。

（1）独立权利要求1不具备创造性。

权利要求1要求保护一种制造锥形的光聚合波导阵列的方法。对比文件1披露了一种采用光聚合法制造波导阵列的方法（参见其说明书第1~10栏，附图1~7），包括在基板15上设有厚度基本均匀的包括单体和光引发剂的感光液体11（感光液体11相当于权利要求1中的可光聚合混合物18），使用具有透明区和不透明区的掩模13，基本上准直的光辐射透过掩模13的透明区对感光液体11进行曝光，曝光时间足以使曝光区发生光聚合固化，然后除去掩模13和未固化的部分，形成锥形波导阵列，该波导端部从基板15向外延伸，具有与基板15相邻的表面和远离该表面且其面积小于该表面面积的另一表面。

权利要求1与对比文件1的技术方案相比，其区别在于对比文件1没有披露权利要求1中的以下技术特征：①基底位于与光掩模牢固接触的位置，②在曝光期间可光聚合混合物和基底保持在相对于光化辐射基本上固定的平面上；③所述光引发剂的用量足以在曝光期间沿可光聚合混合物的整个厚度上形成基本上准直的光化辐射梯度，从而形成基本上平衡的锥形波导阵列；④光化辐射在照射所述感光液体之前通过基底。权利要求1相对于对比文件1实际要解决的技术问题，是在保持基底与光掩模牢固接触且在可光聚合混合物和基底在曝光期间保持固定的条件下，用基本上准直的光辐射通过基底照射可光聚合混合物，并在可光聚合混合物中形成基本准直的光化辐射梯度，从而形成基本平衡的锥形波导阵列。

在对比文件2中披露了一种印刷板的制造方法，其中采用光聚合法制造印刷板的锥形小凸起4（参见其说明书第5栏第22~43行，第5栏第48~51行，第7栏第50~64行，附图2），该方法包括用基本准直的光辐射7透过掩模9的透明区对基底3上的可光聚合层6进行光辐射固化，光辐射7在照射可光聚合层6之前通过基底3，在可光聚合层的被照射部分固化之后除去掩模9和未固化的部分，形成平衡的锥形凸起4，该锥形凸起锥形端从基底3向外延伸，具有与基底3相邻的表面（相当于权利要求1中光输入表面38）和远离该表面并且面积小于该表面的另一表面（相当于权利要求1中光输出表面40），掩模9与基底3在曝光过程中紧密接触（参见说明书第5栏第17~21行，第8栏第59~64行），随着辐射光在光聚合物中向前传播，其光强度减小，从而在可光聚合树脂层中形成锥形的固化部分（参见说明书第7栏第55~64行）；在曝光过程中，基底和可光聚合混合物相对于光辐射7保持固定，即相对于光辐射保持在固定的平面上；对比文件2中（参见其说明书第7栏第65行至第8栏第3行，及第5栏第30~31行）也公开了当通过掩模9的曝光量非常大时，小锥形凸起可形成与光聚合层的厚度相应的高度。可见，对比文件2已经披露了上述区别技术特征②和④。此外，对比文件2披露了在曝光过程中掩模9与基底3紧密接触，以保证在曝光期间掩模与基底之间不易于发生相对运动，从而保证曝光图像的精确再现，这与本申请权利要求1中保持基底与掩模牢固接触所起的作用和所达到的技术效果均相同，因而对比文件2实质上公开了上述区别技术特征①。对于上述区别技术特征③，即光引发剂的用量足以在曝光期间沿可光聚合混合物的整个厚度上形成基本上准直的光化辐射梯度，从而形成基本上平衡的锥形波导阵列，虽然对比文件2的方法中采用的是仅在可光聚合混合物的一部分厚度上形成基本上准直的光化辐射梯度，从而形成基本上平衡的锥形阵列4，但是对比文件2（参见说明书第7栏第65行至第8栏第3行，及第5栏第30~31行）中已经明确指出，当通过掩模9的曝光量非常大时，小锥形凸起可形成与光聚合层的厚度相应的高度，即对比文件2给出了沿可光聚合混合物的整个厚度上形成基本上平衡的锥形凸起陈列的技术启示，而且在本领域中光引发剂的用量选择是本领域技术人员应当具备的常识，通过适当分析、简单计算或有限试验即可得出；关于“基本上准直的光化辐射梯度”，本申请说明书第11页第3段记载了“可光聚合混合物18内可用来引发光反应的光化辐射量，会由于可光聚合混合物18的一定的吸收作用而从光掩模8一边向盖板一边减少。这种光化辐射梯度使得沿可光聚合混合物18的整个厚度发生的光聚合反应量形成梯度变化，这就使所开发的波导结构具有独特的锥形几何形状”，可见，本申请权利要求1中于曝光期间在可光聚合混合物中形成基本准直的光化辐射梯度所基于的机理与对比文件2形成小锥形凸起的机理完全相同。由此可见，对比文件2披露了在可光聚合混合物中形成基本上准直的光化辐射梯度，从而形成基本上平衡的锥形波导阵列，并给出了可在光聚合物的整个厚度上形成基本上准直的锥形凸起阵列的技术启示，因而对比文件2实质上给出了上述区别技术特征③的教导。

复审请求人认为，对比文件1和2的国际分类号分别是G02B和G03C，对比文件2涉及的技术领域完全不同于本申请和对比文件1的技术领域；而且，对比文件2中没有提供任何波导的相关信息，波导自身能够透光和转送光线，对比文件2中制备的印刷板具有凸起，这些凸起不能转送光线，与对比文件1形成的波导不等同也不相似，从对比文件1的内容无法得到任何启示来将其与对比文件2结合从而得到本申请权利要求1中的技术方案；此外，权利要求1所达到的效果即得到的光聚合波导是锥形的并且各个光聚合波导之间是保持基本上平衡的，与对比文件1和2相比，得到了进步并是意想不到的，因此权利要求1具备创造性。对此，合议组认为，对比文件1涉及的是制备光波导阵列的方法，对比文件2涉及的是印刷板的制备方法，复审请求人所述不同的国际分类号仅是按照由这两篇对比文件的方法所制备的产品不同而进行的应用分类，尽管相应产品光波导阵列和印刷板不同，但是光波导阵列和印刷板中的小锥形凸起均具有相似的结构特征即锥形凸起，就两者形成的方法而言，也均是利用光掩模对可光聚合物进行曝光随后显影的光刻方法，从而完成锥形凸起的结构形成和定位，即如果按功能分类，对比文件1和2属于相近的技术领域；而且如上所述，对比文件1披露了通过光刻方法形成锥形光波导阵列，对比文件2公开了利用光刻方法形成锥形小凸起，且其中锥形小凸起可形成与光聚合层厚度相应的高度，由此本领域普通技术人员在对比文件1的启示下，根据对比文件2公开的教导，容易想到通过在适于形成波导的光聚合物层的整个厚度上形成基本准直的锥形凸起阵列来制造锥形光波导阵列；同时由复审请求人在实审阶段答复第一次审查意见通知书时的意见陈述可知，本申请作为光学波导应用方面的发明点在于锥形凸起的结构和定位，由于对比文件2中已经公开了锥形小凸起的结构和定位，即如复审请求人所述的本申请的发明点已经是本领域的现有技术，而将对比文件1中制备光波导所用的光聚合材料用于对比文件2中从而得到锥形光波导也无须本领域技术人员付出创造性的劳动；因而对比文件1与对比文件2之间存在结合的技术启示，将两者结合得到权利要求1的技术方案对本领域技术人员是显而易见的；而且复审请求人所述的权利要求1所达到的效果完全是本领域技术人员可以预见得到的，因而并非是意想不到的。

复审请求人认为，对比文件2完全没有提及准直光线，也没有提及光线的梯度，对比文件2中提及的光化辐射的强度随着其进入树脂层的深度而降低，并不相应于所使用光线的梯度。对此合议组认为，从对比文件2的附图2可以看出，其使用的辐射光线7是准直光线，关于光线的梯度，首先在本申请权利要求1中并未给出光化辐射梯度的具体定义，而如上所述，根据本申请说明书披露的内容（参照说明书第11页第3段），本申请中所指的光化辐射梯度是由于可光混合聚合物18的一定吸收作用而使光化辐射量从光掩模向盖板一侧逐渐减少，由此可见，本申请中所指的“光化辐射梯度”与对比文件2中披露的“光化辐射的强度随着其进入树脂层的深度而降低”仅是相同意思的不同表述，两者实质上所表达的含义均是随着光辐射的前进曝光量逐渐减少，并无差异；因此复审请求人的该主张不能被接受。

综上所述，对比文件2给出了解决本申请权利要求1实际所要解决的技术问题的技术启示，在对比文件1的基础上结合对比文件2得出该权利要求所请求保护的技术方案，对于本领域的普通技术人员而言，无须付出创造性的劳动，同时两者的结合没有产生预料不到的技术效果；因此权利要求1相对于对比文件1和2的结合不具备突出的实质性特点和显著的进步，不具备专利法第22条第3款规定的创造性。

（2）从属权利要求2~10不具备创造性。

从属权利要求2限定部分的所述盖板没有给该技术方案带来本领域普通技术人员预料不到的显著效果。因此当其引用的独立权利要求1的技术方案相对于对比文件1和2的结合不具备创造性时，该权利要求2的技术方案也不具备专利法第22条第3款规定的创造性。

从属权利要求3限定部分中采用涂覆吸光物质以减少背景光来提高对比度，这是本领域普通技术人员的公知常识，因此当其引用的独立权利要求1的技术方案相对于对比文件1和2的结合不具备创造性时，该权利要求3的技术方案相对于对比文件1、2和该公知常识的结合也不具备专利法第22条第3款规定的创造性。

从属权利要求4和5对独立权利要求1中所述光源和活性单体作了进一步限定，从属权利要求9和10对独立权利要求1中所述光引发剂的用量作了进一步限定。但是对比文件1中已经披露，所用辐射光源可以是紫外光源（见其说明书第1栏第8行），以及披露了从属权利要求5中所述的单体（见其说明书第7栏第16行）。对比文件2中也披露所用辐射光源可以是紫外光源（见其说明书第9栏第16~21行）以及从属权利要求5中所述的单体（见其说明书第5栏第57行至第6栏第8行，实施例1，3，25，32）。另外在对比文件2中已经披露，所述光引发剂的用量可以是0.83%或1.41%（见其实施例1和32），这两个数值均落入从属权利要求9和10所要求保护的数值范围内。因此当其引用的独立权利要求1的技术方案不具备创造性时，上述从属权利要求4、5、9、10相对于对比文件1和2的结合也不具备专利法第22条第3款规定的创造性。

从属权利要求6~8对独立权利要求1中所述活性单体混合物和光引发剂作了进一步限定。但是对比本领域普通技术人员来讲，这些限定与对比文件2说明书第5栏第57行至第6栏第15行中所披露内容相比，只是常用手段的等效替代，并且没有产生预料不到的技术效果，因此当其引用的独立权利要求1的技术方案不具备创造性时，从属权利要求6~8相对于对比文件1和2的结合也不具备专利法第22条第3款规定的创造性。

（3）独立权利要求11不具备创造性。

独立权利要求11要求保护一种制造锥形的光聚合波导阵列的方法，该方法与独立权利要求1的差别仅在于在制造光波导阵列时不使用基底，而是将可光聚合混合物直接放置在光掩模上。如上所述，对比文件 1 披露了一种采用光聚合法制造波导阵列的方法（参见其说明书第 1~10 栏，附图 5~7）。权利要求 11 与对比文件 1 的技术方案相比，其区别在于对比文件 1 没有披露权利要求 11 中的以下技术特征：①不使用基底，将可光聚合混合物直接置于光掩模上；②在曝光期间可光聚合混合物保持在相对于光化辐射固定的平面上；③所述光引发剂的用量足以在曝光期间沿可光聚合混合物的整个厚度上形成基本上准直的光化辐射梯度，从而形成基本上平衡的锥形波导阵列。

在对比文件 2 中披露了一种印刷板的制造方法，其中采用光聚合法制造印刷板的锥形小凸起 4（参见其说明书第 5 栏第 17~43 行，第 5 栏第 48~51 行，第 7 栏第 50~64 行，第 8 栏第 59~64 行，附图 2）。根据评述权利要求 1 时的审查理由，对比文件 2 已经披露了上述区别技术特征②。对于上述区别技术特征③，对比文件 2 披露了在可光聚合混合物中形成基本上准直的光化辐射梯度，从而形成基本上平衡的锥形波导阵列，并给出了可在光聚合物的整个厚度上形成基本上准直的锥形凸起阵列的技术启示，同时在本领域中光引发剂的用量选择是本领域技术人员通过适当分析、简单计算或有限试验即可得出的，因而对比文件 2 实质上给出了上述区别技术特征③的教导。

对于上述区别技术特征①，复审请求人认为，对比文件 1 中的基底是一种必要的载体元件，对比文件 2 中具体公开了其凸起曝光量是基于载体即基底的透明度而改变的，与同时使用光掩模和基底相比，使用光掩模代替载体明显会改变透明度并导致曝光上的变化，因此权利要求 11 提供了不同的结构和不同的效果，从而具备创造性。对此，合议组经审查认为，对于本领域的普通技术人员而言，基底的作用在于承载可光聚合混合物、作为可光聚合混合物的载体。当不使用基底时，由于光掩模本身就是一个平面，自然可以承载可光聚合混合物、作为载体使用，这是无须质疑的；虽然不使用基底会改变透明度并导致曝光上的变化，但由此产生的曝光变化是光线整体上的变化，这并不影响锥形小凸起的形成，对其技术效果也没有实质性的影响，因而本申请不使用基底没有产生本领域普通技术人员预料不到的技术效果。

由此，结合对比文件 1 和对比文件 2 得出该权利要求 11 所请求保护的技术方案，对于本领域的普通技术人员而言，无须付出创造性的劳动，因而权利要求 11 相对于对比文件 1 和对比文件 2 的结合不具备突出的实质性特点和显著的进步，不具备专利法第 22 条第 3 款规定的创造性。

（4）独立权利要求 12 不具备创造性。

独立权利要求 12 要求保护一种制造锥形的光聚合波导阵列的方法，该方法与独立权利要求 1 的差别在于在制造光波导阵列时不使用基底，而是将可光聚合混合物直接放置在光掩模上，并且曝光后不去除光掩模。如上所述，对比文件 1 披露了一种采用光聚合法制造波导阵列的方法（参见其说明书第 1~10 栏，附图 1~7）。权利要求 12 与对比文件 1 的技术方案相比，其区别在于对比文件 1 没有披露权利要求 12 中的以下技术特征：①不使用基底，将可光聚合混合物直接置于光掩模上，且曝光后不去除光掩模，②在曝光期间可光聚合混合物保持在相对于光化辐射固定的平面上；③所述光引发剂的用量足以在曝光期间沿可光聚合混合物的整个厚度上形成基本上准直的光化辐射梯度，从而形成基本上平衡的锥形波导阵列。

对比文件 2 披露了一种印刷板的制造方法，其中采用光聚合法制造印刷板的锥形小凸起 4（参见其说明书第 5 栏第 17~43 行，第 5 栏第 48~51 行，第 7 栏第 50~64 行，第 8 栏第 59~64 行，附图 2）。根据评述权利要求 1 时的审查理由，对比文件 2 已经披露了上述区别技术特征②。对于上述区别技术特征③，对比文件 2 披露了在可光聚合混合物中形成基本上准直的光化辐射梯度，从而形成基本上平衡的锥形波导阵列，并给出了可在光聚合物的整个厚度上形成基本上准直的锥形凸起阵列的技术启示，同时在本领域中光引发剂的用量选择是本领域技术人员通过适当分析、简单计算或有限试验即可得出的，因而对比文件 2 实质上给出了上述区别技术特征③的教导。

对于上述区别技术特征①，复审请求人认为，与同时使用光掩模和基底相比，使用光掩模代替载体明显会改变透明度并导致曝光上的变化，因此权利要求 12 提供了不同的结构和不同的效果，从而具备创造性。对此合议组认为，对于本领域的普通技术人员而言，基底的作用在于承载可光聚合混合物、作为可光聚合混合物的载体，当不使用基底时，由于光掩模本身就是一个平面，自然可以承载可光聚合混合物、作为载体使用，这是无须质疑的；虽然不使用基底会改变透明度并导致曝光上的变化，但由此产生的曝光变化是光线整体上的变化，这并不影响小锥形凸起的形成，对其技术效果也没有实质性的影响，因而本申请不使用基底没有产生本领域普通技术人员预料不到的技术效果；关于是否将光掩模从锥形波导上除去这一点，因为只有对应于光掩模上透明区的可光聚合混合物才能接受光辐射，从而发生光聚合反应形成波导，因而波导所对应的光掩模区域必然是透明的，所以很显然，无论该光掩模是否除去，都不会影响光入射至波导内。而且不从锥形的光聚合波导上除去光掩模也没有产生本领域普通技术人员预料不到的显著效果。

由此，结合对比文件 1 和对比文件 2 得出该权利要求 12 所请求保护的技术方案，对于本领域的普通技术人员而言，无须付出创造性的劳动，因此权利要求 12 相对于对比文件 1 和对比文件 2 的结合不具备突出的实质性特点和显著的进步，不具备专利法第 22 条第 3 款规定的创造性。

综上所述，本申请权利要求 1~12 均不具备专利法第 22 条第 3 款规定的创造性。

基于上述理由，合议组作出如下决定。

三、决定

复审理由不成立，维持国家知识产权局于 2001 年 1 月 5 日对 94194800.5 号发明专利申请做出的驳回决定。

复审请求人对本决定不服的，可以根据专利法第 41 条第 2 款的规定，自收到本决定之日起三个月内向北京市第一中级人民法院起诉。

153

空气调节器

复审请求审查决定（第11962号）

决　定　号　第11962号
决　定　日　2007年12月8日
发明创造名称　空气调节器
国际分类号　F24F 3/06，F24F 12/00
复审请求人　LG电子株式会社
申　请　号　03160264.9
优先权日　2002年12月10日，2002年12月18日
申　请　日　2003年9月10日
公　开　日　2004年6月23日
合议组组长　刘　犟
主　审　员　姜　岩
参　审　员　欧　岚

法律依据　专利法实施细则第62条第2款
决定要点

专利申请文件经复审请求人修改，克服了驳回决定所指出的缺陷，则专利复审委员会可以在修改文本的基础上撤销驳回决定，由原审查部门继续进行审批程序。

一、案由

本复审请求涉及名称为“空气调节器”的03160264.9号发明专利申请（下称本申请），申请人为LG电子株式会社，申请日为2003年9月10日，优先权日为2002年12月10日、2002年12月18日，公开日为2004年6月23日。

国家知识产权局实审部门于2005年3月18日发出第一次审查意见通知书，指出权利要求1、2、6~9、11、12相对于对比文件1（CN1288233A）不具备专利法第22条第2款规定的新颖性；权利要求3~5、13、14、19不具备专利法第22条第3款规定的创造性。

申请人于2005年7月29日提交了意见陈述书，在该陈述书中陈述了该申请的独立权利要求相对于对比文件具备新颖性和创造性的理由，未对申请文件进行修改。

国家知识产权局于2006年8月18日驳回了该申请，理由是权利要求1、2、6~9、11、12不具备专利法第22条第2款规定的新颖性；权利要求3~5、10、13、14、19不具备专利法第22条第3款规定的创造性。

申请人（以下称复审请求人）对上述驳回决定不服，于 2006 年 11 月 17 日向专利复审委员会提出复审请求，同时对权利要求进行了修改。权利要求书的修改方式为，删除了原权利要求 1~5，将原权利要求书中间接引用独立权利要求 6 的从属权利要求 24 的内容加入到原独立权利要求 6 中形成了新的独立权利要求 1，其他的权利要求顺序编号。这样，修改后的权利要求书共 42 项权利要求。复审请求人认为修改后的权利要求具有新颖性和创造性。

形式审查合格后，专利复审委员会受理了该复审请求，并于 2007 年 1 月 8 日向复审请求人发出复审请求受理通知书，同时将本申请移交原实审部门进行前置审查。

原实质审查部门对本复审请求进行了前置审查，坚持原驳回决定，理由是：原独立权利要求 6 相对于对比文件 1 不具备新颖性，原从属权利要求 24 的附加技术特征也被对比文件 1 中公开，因此修改后的权利要求 1 相对于对比文件 1 仍不具备专利法第 22 条第 2 款规定的新颖性。

至此，合议组认为本案事实清楚，可以作出审查决定。

二、决定的理由

1. 审查基础

复审请求人在提出复审请求时对权利要求进行了修改，权利要求的修改方式为：删除了原权利要求 1~5，将原权利要求书中间接引用独立权利要求 6 的从属权利要求 24 的内容加入到原独立权利要求 6 中形成了新的独立权利要求 1，其他的权利要求顺序编号。该修改符合审查指南中有关修改时机的规定，而且这种修改是为了消除驳回决定中指出的缺陷，合议组经核对后未发现修改后的权利要求不符合专利法第 33 条的规定及专利法实施细则第 60 条第 1 款的规定。因此，本复审请求审查决定所针对的文本是，复审请求人于 2006 年 11 月 7 日提交的权利要求 1~42，申请日提交的说明书第 1~21 页，附图第 1~15 页，说明书摘要及摘要附图。

2. 关于专利法实施细则第 62 条第 2 款的规定。

专利法实施细则第 62 条第 2 款规定，专利复审委员会进行复审后，认为原驳回决定不符合专利法和本细则有关规定的，或者认为经过修改的专利申请文件消除了原驳回决定指出的缺陷的，应当撤销原驳回决定，由原审查部门继续进行审查程序。

专利申请文件经复审请求人修改，克服了驳回决定所指出的缺陷，则专利复审委员会可以在修改文本的基础上撤销驳回决定，由原审查部门继续进行审批程序。

本案中，针对原实质审查部门发出的意见通知书以及驳回决定中指出的缺陷，复审请求人对权利要求书进行了修改，具体修改方式为：删除权利要求 1~5，将原权利要求书中间接引用独立权利要求 6 的从属权利要求 24 的内容加入到权利要求 6 中形成了新的独立权利要求 1，其他权利要求顺序编号。由于在驳回决定以及之前发出的审查意见通知书中并未指出原权利要求 24 具有何种缺陷，即修改后的权利要求克服了驳回决定中指出的缺陷。因此，本案合议组认为可以在此文本的基础上撤销驳回决定。需要指出的是，申请文件是否还存在其他缺陷，应由原实质审查部门再继续进行审查。

根据以上事实和理由，本案合议组作出如下审查决定。

三、决定

撤销国家知识产权局于 2006 年 8 月 18 日对 03160264. 9 号发明专利申请作出的驳回决定。由原实质审查部门在复审请求人于 2006 年 11 月 17 日提交的权利要求 1~42、申请日提交的说明书第 1~21 页、附图 1~15 页、说明书摘要及摘要附图的基础上继续进行审查。

复审请求人对本决定不服的，可以根据专利法第 41 条第 2 款的规定，自收到本决定之日起 3 个月内向北京市第一中级人民法院起诉。

154

带有可重复使用的生物传感器的便携式手动仪器

复审请求审查决定（第11966号）

决　定　号　第11966号
决　定　日　2007年12月11日
发明创造名称　带有可重复使用的生物传感器的便携式手动仪器
国 际 分 类 号　G01N 33/48
复 审 请 求 人　ABT先进生物分析技术有限责任公司
申　请　号　01806128.1
优 先 权 日　2000年1月5日
申　请　日　2001年1月5日
公　开　日　2003年5月7日
合 议 组 组 长　张梅珍
主　审　员　高桂莲
参　审　员　刘亚斌

法 律 依 据　专利法第22条第3款，专利法第33条
决 定 要 点
发明有突出的实质性特点，是指对所属技术领域的技术人员来说，发明相对于现有技术是非显而易见的。如果发明是所属技术领域的技术人员在现有技术的基础上仅仅通过合乎逻辑的分析、推理或者有限的试验可以得到的，则该发明是显而易见的，也就不具备突出的实质性特点。

一、案由

本复审请求涉及申请号为01806128.1，名称为“带有可重复使用的生物传感器的便携式手动仪器”的发明专利申请（下称本申请）。申请人为ABT先进生物分析技术有限责任公司。本申请的申请日为2001年1月5日，优先权日为2000年1月5日，公开日为2003年5月7日。本申请公开时的权利要求书包括6项权利要求，如下：

“1. 带有可重复使用的生物传感器的、特别是用于分散确定原始的生物溶液的可携式手动仪器，其特征为包括：一电流测量的生物传感器（11），

一测量室，

用于新鲜的和用过的系统溶液的贮存袋（19）和废物袋（18），

一泵（4），

一软管输送系统，

一样品开口（20）和一样品通道，
一具有阀功能的功能轮（8），
一用于更换传感器的操作杆（9），
一显示器，
四个操作元件（12，13，14，15），
一 9 伏蓄电池，
一太阳能电池（13），
一用于测量信号和测量过程的整个流程的处理单元（2），和
一壳体（16）。

2. 按权利要求 1 所述的可携式手动仪器，其特征为：生物传感器（11）位于样品开口（20）正下方。

3. 按权利要求 1 或 2 所述的可携式手动仪器，其特征为：装入的泵（4）用手或使用电能开动。

4. 按权利要求 1~3 所述的可携式手动仪器，其特征为，对于贮存袋（19）和所属的废物袋（18）采用焊接的聚乙烯薄膜，两个袋子相互焊接在一起，重叠放置并在清洗液的贮量用完后一起清除掉。

5. 按权利要求 1~4 所述的可携式手动仪器，其特征为：电极的供电通过蓄电池实现，蓄电池通过太阳能电池（3）或电网运行充电器充电。

6. 按权利要求 1~5 所述的可携式手动仪器，其特征为：仪器的重量小于 500 克。”

应申请人的要求，国家知识产权局实质审查部门依法对本申请进行了实质审查，于 2003 年 12 月 5 日发出第一次审查意见通知书，指出本申请权利要求 1~6 相对于如下对比文件 1 不符合专利法第 22 条第 3 款有关创造性的规定：

对比文件 1：公开号为 CN1194035A，公开日为 1998 年 9 月 23 日的中国发明专利申请公开说明书。

针对上述审查意见通知书，申请人于 2004 年 4 月 20 日提交了意见陈述书和权利要求书的修改替换页，将权利要求 1 中的“一具有阀功能的功能轮（8）”修改为“一具有阀和泵功能的功能轮（8）”，修改后的权利要求书包括 6 项权利要求。

针对申请人上述意见陈述，实质审查部门于 2004 年 6 月 18 日发出第二次审查意见通知书，指出申请人对本申请权利要求 1 的修改超出了原权利要求书和说明书记载的范围，不符合专利法第 33 条的规定。

针对第二次审查意见通知书，申请人于 2004 年 10 月 5 日提交了意见陈述书和说明书第 1~5 页以及权利要求书的修改替换页，将权利要求 1 中的“太阳能电池（13）”修改为“太阳能电池（3）”，并对“显示器”补充了附图标记“（1）”，修改后的权利要求书共包括 6 项权利要求。申请人在意见陈述书中认为，其权利要求书中的技术特征“一具有阀和泵功能的功能轮”可以从原始说明书第 2 页第 21~29 行中的有关内容以及图 1、2 确定，符合专利法第 33 条的规定。

经过上述实质审查程序后，国家知识产权局实质审查部门针对申请人于 2004 年 10 月 5 日提交的权利要求书 1~6、说明书第 1~5 页、2002 年 9 月 5 日提交的说明书附图第 1~2 页以及摘要和摘要附图，以本申请权利要求 1~6 不符合专利法第 33 条的规定为由，于 2005 年 2 月 18 日做出了驳回本申请的决定，具体的驳回理由如下：

在修改的权利要求书中，将原权利要求 1 中的特征“一具有阀功能的功能轮”修改为“一具有阀和泵功能的功能轮”，但原说明书和权利要求书中并没有记载该功能轮同时具有阀功能和泵功能，

本领域技术人员根据说明书公开的内容，也不能得出该功能轮同时具有阀功能和泵功能这一结论。而根据说明书第2页第21~29行记载的内容也仅能得出：通过转动功能轮的位置，能导致生物传感器被取自内部液体袋的供应的内部溶液清洗，但并不能直接得出这种内部液体是通过液体系统被泵动，在申请人陈述意见依据的图1及2中也没有直接显示其具有泵的功能，因而这种修改不符合专利法第33条有关修改的有关规定。

申请人ABT先进生物分析技术有限责任公司（下称复审请求人）不服上述驳回决定，于2005年6月6日向专利复审委员会提出复审请求，其复审请求的理由是坚持答复第二次审查意见通知书的意见，认为从原说明书第2页第21~29行中的内容可以推知权利要求1的上述修改并不超范围，同时认为内部液体自下而上的流动是需要通过液体系统被泵动的。复审请求人未对本申请进行任何修改。

经形式审查合格后，专利复审委员会依法受理了上述请求，并于2005年8月4日向复审请求人发出了复审请求受理通知书，同时向原实质审查部门发出前置审查通知书。

原实质审查部门对该复审请求做出前置审查意见，仍然坚持原驳回决定。

针对上述复审请求，专利复审委员会依法成立合议组，对本案进行审查，于2007年5月17日发出复审通知书（下称第一次复审通知书），指出：①由原说明书第2页第21~29行记载的内容仅能够得出：通过将功能轮转到位置A可在测量结束后对传感器进行清洗，即功能轮具有阀的功能，不能得到功能轮具有泵的功能，而且在原说明书的其余部分和原权利要求书中也找不到复审请求人所认为的上述描述。至于复审请求人主张的“内部液体自下而上的流动是需要通过液体系统被泵动”，合议组认为，由于原说明书第2页第7~10行、第30行和原权利要求1都记载了本申请的技术方案包含有一泵（4），并结合图2所示的原理图可以得知该泵（4）的作用即为驱动内部液体的流动，其中并未记载利用功能轮来实现泵的功能，因此复审请求人的上述理由不成立，权利要求1中对功能轮的修改超出了原申请说明书和权利要求书公开的范围，不符合专利法第33条的规定。②由于从属权利要求2~6分别引用了权利要求1，在权利要求1不符合专利法第33条的规定的情况下，上述从属权利要求2~6也均不符合专利法第33条的规定。③即使复审请求人对权利要求1进行修改，将功能轮重新限定为“具有阀功能的功能轮”，合议组仍认为该权利要求1的技术方案与对比文件1相比不具备创造性，其从属权利要求2~6相对于对比文件1也都不具备创造性。

针对上述第一次复审通知书，复审请求人于2007年8月1日提交了意见陈述书和说明书全文以及权利要求书的替换页，对权利要求1中的“功能轮”重新进行了限定，具体为“一具有阀和泵控制功能的功能轮（8）”，其余从属权利要求未作修改，修改后的权利要求书共包括6项权利要求，其中独立权利要求1为：

“1. 带有可重复使用的生物传感器的、特别是用于分散确定原始的生物溶液的可携式手动仪器，其特征为包括：一电流测量的生物传感器（11），

一测量室，

用于新鲜的和用过的系统溶液的贮存袋（19）和废物袋（18），

一泵（4），

一软管输送系统，

一样品开口（20）和一样品通道，

一具有阀和泵控制功能的功能轮（8），

一用于更换传感器的操作杆（9），

一显示器（1），

四个操作元件（12，13，14，15），

一9伏蓄电池，
一太阳能电池（3），
一用于测量信号和测量过程的整个流程的处理单元（2），和
一壳体（16）。”

复审请求人在意见陈述书中认为，该功能轮实际上并不发挥泵功能，而是控制该泵，并且原说明书中有相关描述，因此符合专利法第33条的规定；同时还认为本申请与现有技术的不同之处在于，本申请可以用同一装置测量许多不同的样品，这使得样品测量能够以很低的成本进行，并且发生故障的可能性减小，在整个约为4年的使用寿命期间不必更换功能轮。

经审查，本案合议组于2007年9月11日再次发出复审通知书（下称第二次复审通知书），指出本申请的权利要求1相对于对比文件1的区别仅在于：权利要求1中的功能轮具有阀和泵控制功能，操作元件为4个；对比文件1的操作杆8具有阀功能，其唧筒的旋转由操作者控制，操作元件为3个。而对比文件1中试样的检测和仪器的清洗操作过程也是通过控制操作杆并同时控制唧筒的旋转实现，因此对本领域技术人员来说将上述两个部件的操作控制整合为一步操作同时实现阀和泵控制功能属于本领域常用的技术手段，而且这种简单的元件设置没有给本申请带来意想不到的技术效果。此外，操作元件数量的增置是本领域的常用技术手段，是本领域技术人员容易想到的；并且合议组认为，对比文件1的技术方案同样能够进行多种样品的测量，同样具有较低的运行成本，因此复审请求人所强调的复审意见不能成立。由此认为，在对比文件1的基础上，结合常用技术手段，本领域普通技术人员无须付出创造性劳动就可得出本申请权利要求1的技术方案，即该权利要求不符合专利法第22条第3款有关创造性的规定。此外，从属权利要求2~6的附加技术特征或者被对比文件1公开或者为公知常识，因此权利要求2~6也均不具备专利法第22条第3款的创造性。

针对上述第二次复审通知书，复审请求人于2007年10月26日提交了意见陈述书，在该意见陈述书中，复审请求人认可本申请权利要求1的技术方案与对比文件1的区别在于，功能轮具有阀和泵控制功能，但是认为对比文件1中测量本身和测量之后的清洗是通过两个彼此平行、完全独立工作的操作元件实现的，但是在实际操作过程中这两步操作有可能因为先后顺序的不同而导致误操作；而本申请将上述两个功能集成到一个功能轮上，操作元件的数量减少了，并因为只能进行线性操作，致使测量和清洗只能以正确的顺序先后被实现，据此认为本申请具备非显而易见性。

至此，合议组认为本案事实已经清楚，现依法作出复审决定。

二、决定的理由

1. 关于审查文本

本复审决定以复审请求人于2007年8月1日提交的权利要求1~6、说明书第1~5页，2002年9月5日进入中国国家阶段时提交的国际申请文件中文译文的说明书附图第1~2页、说明书摘要及摘要附图作为审查基础。

2. 关于专利法第33条

专利法第33条规定：申请人可以对其专利申请文件进行修改，但是，对发明和实用新型专利申请文件的修改不得超出原说明书和权利要求书记载的范围，对外观设计专利申请文件的修改不得超出原图片或者照片表示的范围。

复审请求人于2007年8月1日提交的修改文本中，将原始权利要求1中的“一具有阀功能的功能轮”修改为“一具有阀和泵控制功能的功能轮”。合议组认为，根据原始说明书第2页第9段中“待分析样品通过将毛细管插入手动仪器的位于生物传感器正上方的样品开口输入。接着将功能轮转到位置C（7）（繁忙），从而将待测量样品输送到传感器之前。在进行测量以后，在显示器上要求取

出毛细管并清洗系统。毛细管被使用者取出，随着功能轮转到位置 A，传感器便得到清洗并显示测量值”，以及说明书附图 1~2 和说明书第 3 页中 “在测量结束后在显示器（1）上要求操作者取出毛细管和清洗系统。为此从开口（20）中取出毛细管样品，将功能轮（8）重新转到位置（A）（5）。这是I）在显示器（1）上显示测量值，II）将系统溶液从贮存袋（19）中通过软管系统经过包含传感器的测量室送入废物袋（18）。生物传感器与清洗溶液接触使传感器得到清洗”，本领域技术人员可以推知该功能轮具有泵控制功能，因此复审请求人有关权利要求 1 的上述修改可以从原始说明书中予以确定，符合专利法第 33 条的规定。

3. 关于专利法第 22 条第 3 款

专利法第 22 条第 3 款规定：创造性，是指同申请日以前已有的技术相比，该发明有突出的实质性特点和显著的进步，该实用新型有实质性特点和进步。

发明有突出的实质性特点，是指对所属技术领域的技术人员来说，发明相对于现有技术是非显而易见的。如果发明是所属技术领域的技术人员在现有技术的基础上仅仅通过合乎逻辑的分析、推理或者有限的试验可以得到的，则该发明是显而易见的，也就不具备突出的实质性特点。

（1）本案中，权利要求 1 请求保护一种带有生物传感器的便携式手动仪器，对比文件 1（参见对比文件 1 的说明书第 1~3 页以及附图 1、2）公开了一种带有生物传感器的便携式手动仪器，其具体公开的特征有：该仪器包括一个测量系统，一个电流测量的生物传感器（33），新鲜的系统溶液的存储袋和用过的系统溶液的废液袋，一个唧筒（相当于权利要求 1 的泵），一软管输送系统，一个试样孔和试样通道，一个具有阀功能的操作杆，一个生物膜更换装置（相当于权利要求 1 的操作杆 9），一个显示器，三个操作元件，一个 9 伏蓄电池，一个太阳能电池或交流电源，一个信号采集和测量整个过程的估算单元，一个外壳。

将权利要求 1 的技术方案与对比文件 1 相比，其区别在于：权利要求 1 中的功能轮具有阀和泵控制功能，操作元件为 4 个；对比文件 1 的操作杆 8 具有阀功能，其唧筒的旋转由操作者控制，操作元件为 3 个。

由于对比文件 1（参见对比文件 1 的说明书第 2 页第 11~20 行）公开了 “操作杆由静止位置 B（9）移动到位置 A（10），于是流动系统打开，通过将唧筒转到位置 Ⅰ，电极……随着操作杆放回到位置 B，清洗系统重新关闭。清洗本身通过唧筒的徐徐旋转来实现”，可见，试样的检测和仪器的清洗操作过程是通过控制操作杆并同时控制唧筒的旋转实现，因此对本领域技术人员来说将上述两个部件的操作控制整合为一步操作同时实现阀和泵控制功能属于本领域常用的技术手段，是本领域技术人员在对比文件 1 的基础上通过逻辑分析和有限的实验可以得到的，换句话说，这种集成步骤带来的效果是本领域技术人员在对比文件 1 的基础上可以预期的。并且，操作元件数量的增置是本领域的常用技术手段，是本领域技术人员容易想到的。因此，在对比文件 1 的基础上，结合常用技术手段，本领域普通技术人员得出本申请权利要求 1 的技术方案是显而易见的，即该权利要求 1 不符合专利法第 22 条第 3 款有关创造性的规定。

而复审请求人认为本申请权利要求 1 只能进行线性操作，使得测量和清洗只能以正确的顺序先后进行。对此合议组认为仅就目前权利要求 1 记载的内容来看，有关测量和清洗步骤的技术内容仅在于 “一具有阀和泵控制功能的功能轮（8）”，但是从上述技术内容中根本得不到实际操作中测量和清洗的正确顺序是什么，也即是说根据目前的权利要求 1 限定的技术内容无法得到复审请求人所声称其可以达到的技术效果，因此对其观点合议组不予支持。

（2）权利要求 2 对权利要求 1 进一步限定的附加技术特征是：生物传感器位于样品开口正下方，该特征在对比文件 1 中已经被公开（参见对比文件 1 的权利要求 2），当权利要求 1 不具备创造性时，该权利要求也不符合专利法第 22 条第 3 款有关创造性的规定。

（3）权利要求 3 对权利要求 1 与 2 进一步限定的附加技术特征是泵的手动或电能开动方式，该方式是本领域的公知常识，当引用的权利要求 1 与 2 不具备创造性时，该权利要求也不符合专利法第 22 条第 3 款有关创造性的规定。

（4）权利要求 4 对权利要求 1~3 进一步限定的附加技术特征是储存袋和废液袋的构成和清除方式，该特征在对比文件 1 中已经被公开（参见对比文件 1 的权利要求 4，说明书第 2 页第 4~8 行），当引用的权利要求 1~3 都不具备创造性时，该权利要求也不符合专利法第 22 条第 3 款有关创造性的规定。

（5）权利要求 5 对权利要求 1~4 进一步限定的附加技术特征是电源的选择，该特征在对比文件 1 中已经被公开（参见对比文件 1 的权利要求 5，说明书第 2 页第 26~27 行），当引用的权利要求 1~4 都不备创造性时，该权利要求也不符合专利法第 22 条第 3 款有关创造性的规定。

（6）权利要求 6 对权利要求 1~5 进一步限定的附加技术特征是仪器的重量，该特征在对比文件 1 中已经被公开（参见对比文件 1 的权利要求 6），当引用的权利要求 1~5 都不备创造性时，该权利要求也不符合专利法第 22 条第 3 款有关创造性的规定。

综上所述，本申请的权利要求 1~6 不符合专利法第 22 条第 3 款有关创造性的规定，本案合议组依法做出以下审查决定。

三、决定

维持国家知识产权局于 2005 年 2 月 18 日对 01806128.1 号发明专利申请作出的驳回决定。

复审请求人对本决定不服的，可以根据专利法第 41 条第 2 款的规定，自收到本决定之日起 3 个月内向北京市第一中级人民法院起诉。

155

固定片连接装置

复审请求审查决定（第12065号）

决　　定　　号　第12065号
决　　定　　日　2007年12月11日
发明创造名称　固定片连接装置
国 际 分 类 号　A47G 27/04，A47G 27/02
复 审 请 求 人　塔克-法斯特系统有限公司
申　　请　　号　00811475.7
申　　请　　日　2000年6月7日
优 先 权 日　1999年6月7日
公　　开　　日　2002年9月25日
合 议 组 组 长　郭健国
主　　审　　员　郭鹏鹏
参　　审　　员　杨存吉

法 律 依 据　专利法第33条
决 定 要 点

专利法第33条规定，申请人可以对其专利申请文件进行修改，但是，对发明和实用新型专利申请文件的修改不得超出原说明书和权利要求书记载的范围。

如果申请的内容通过增加、改变和/或删除其中的一部分，致使所属技术领域的技术人员看到的信息与原申请记载的信息不同，而且又不能从原申请记载的信息中直接地、毫无疑义地确定，那么，这种修改就因为超出了原始记载的范围而不符合专利法第33条的规定。

一、案由

本复审请求涉及申请人塔克-法斯特系统有限公司于2000年6月7日申请，2002年9月25日公开，名称为“固定片连接装置”的00811475.7号发明专利申请（下称本申请），其优先权日为1999年6月7日。

2004年9月3日，针对申请人于2004年6月7日提交的权利要求第1~39项和国际初步审查报告附件中文译文的说明书第1、1a页、进入中国国家阶段提交的国际申请文件译文的说明书第2~7页、说明书附图第1~5页以及2002年2月7日提交的说明书摘要和摘要附图，国家知识产权局以申请文件不符合专利法第33条、权利要求83不符合专利法第26条第4款的规定为由驳回了本申请。

驳回决定认为：申请人对本申请权利要求的修改，如其中的“第一弹性层”、“第二弹性层”、

“以便在相邻的固定片之间形成有一个间隙，以允许膨胀和收缩”、“该第二部分具有一个由一可弯曲的刚性层覆盖的下表面，和该第二部分具有至少一个弹性层”、“将固定片置放在地板上，从而在相邻的固定片之间有间隙”等超出了原始申请文件记载的范围，不符合专利法第33条的规定；“圆形凹入部分、圆形的完整的切除部分”事实上不是圆形而是扇形，所以权利要求18中的部分内容得不到说明书的支持，不符合专利法第26条第4款的规定。

塔克-法斯特系统有限公司（下称请求人）对上述驳回决定不服，于2004年12月20日向专利复审委员会提出复审请求，同时提交了修改的权利要求第1~38项。2004年12月24日，请求人再次提交了新修改的权利要求第1~38项、说明书1~12页的修改替换页。请求人认为：（1）权利要求书中的“第一弹性层”和“第二弹性层”是指一种垫子，对于本领域技术人员来讲，将本发明中的一个垫子设置在相应的结构中，而将其视为结构中的一层是完全可以理解的，请求人将权利要求中的“弹性层”修改为“衬垫”。（2）对于“以便在相邻的固定片之间形成有一个间隙，以允许膨胀和收缩”以及“该第二部分具有一个由一可弯曲的刚性层覆盖的下表面，和该第二部分具有至少一个弹性层”，有关“间隙”和“膨胀和收缩”的内容在原始说明书第6页以及第2页中均有描述。（3）请求人修改了有关“该第二部分具有一个由一可弯曲的刚性层覆盖的下表面，和该第二部分具有至少一个弹性层”相应的描述。（4）关于“圆形凹入部分、圆形的完整的切除部分”，请求人将其修改为“一部分圆形”。经过上述修改后，请求人认为本发明权利要求书限定的特征在原始文件中均有相应的描述。

形式审查合格后，专利复审委员会受理了该复审请求，并于2005年1月4日向请求人发出复审请求受理通知书，随后将本申请移交国家知识产权局原审查部门进行前置审查。

国家知识产权局原审查部门对本复审请求进行了前置审查，坚持原驳回决定。

专利复审委员会组成合议组对复审请求进行了审理，于2007年6月13日向请求人发出复审通知书。复审通知书指出，在请求人2004年12月24日提交的权利要求书全文和说明书全文的修改替换页中：

（1）在修改后的权利要求4、8、11、12、17、18、27中，相对于原始申请的文本，出现了新的限定“弹性层”和“弹性衬垫”，原始申请文件中并没有与此一致的描述。原说明书中与此相关的部分是第4页第1~5行的“固定片1还包含垫子5，从而为固定片和装饰覆盖物比如覆盖在固定片的顶部上的地毯提供弹性……在其他实施例中，垫子5也可以用具有大致与垫子5大体相当的弹性的构件来代替。”在本领域的通常理解，“弹性层”或“弹性衬垫”是指该层结构或衬垫构成材料为弹性材料，而“弹性材料”涵盖所有当导致形变的负荷去除之后能够迅速回复到原来尺寸和形状的材料。原说明书中的“为……提供弹性”是指该结构的功能，该垫子的功能是“提供弹性”的技术方案，并不必然唯一得到该垫子是由弹性材料制成的，所以，由说明书的记载无法导出上述权利要求中的“弹性衬垫”、“弹性层”的技术方案，请求人对权利要求4、8、11、12、17、18、27的修改超出了原始申请记载的范围，不符合专利法第33条的规定。权利要求5~7、9~11、19~20直接或间接引用了上述权利要求，基于同样的理由，也不符合专利法第33条的规定。

（2）在修改后的权利要求5、7、34中，相对于原始申请文本，出现了新的限定“……在相邻的固定片之间形成有一个空隙，以允许膨胀和收缩”、“将固定片布置在地板上，使得在相邻的固定片之间形成有一个空隙”。原始申请文件中并没有明确出现上述技术方案，原说明书中与此相关的内容是原说明书第6页“……角部件的上部39的半径将小于切除部分41，以允许固定片的大气膨胀”和对附图6的描述。说明书中的用来处理固定片膨胀的“间隙”和“空隙”，是指在固定片与角部件之间，由于角部件的半径小于固定片上的切除部分，而导致在形状上不是完全紧密匹配，从而在搭接之后固定片和角部件之间存在空隙，这种空隙允许固定片相对于角部件移动且可以处理膨胀。对于本领域技术人员来说，固定片与角部件之间的空隙，并不等于固定片之间存在空隙。本申请原始文件中没有任何信息可以使本领域技术人员唯一地确定，相邻固定片之间存在空隙并且该空隙是用来允许膨胀和收缩的技术方案，所以上述权利要求的修改超出了原始申请文件记载的范围，不符合专利法第33条的规定。

（3）在修改后的权利要求18、36和19、37中，分别出现了“该固定片具有0.020~0.75英寸的厚度”、“固定片具有0.062~0.75英寸的厚度”，原始申请文件中并没有与之一致的表述；说明书中没有明确记载固定片尺寸厚度为0.020~0.75英寸或0.062~0.75英寸的技术方案。从说明书的记载中，也只能得出固定片的厚度不小于0.020英寸或不低于0.062英寸，以及该厚度可以达到0.75英寸；这并不能唯一得出固定片的厚度就在0.020英寸至0.75英寸或0.062~0.75英寸之内。所以上述权利要求的修改超出了原始申请文本记载的范围，不符合专利法第33条的规定。

（4）修改后的权利要求28出现了下述限定“该固定片是注射模制成形的”。原始申请文件中并没有与此一致的描述，原说明书中与此相关的内容是第7页第14行“固定片模块可由挤制的或模制的材料制成……”也就是说，说明书中仅仅记载了，该固定片可以由能够被挤制或模制的材料制成；该部分内容仅能表明，该固定片的制备材料；对于本领域技术人员来说，一个模块的制备材料与其制备方式并不是一一对应的关系，所以，根据本申请说明书中记载的方案不能唯一确定，该模块的制备方法就是挤制或模制。本申请原始文件并没有记载任何该固定片制备方法的信息，从说明书中公开的材料信息，本领域技术人员也无法得到具体的该固定片的制备方法，更无法得到该固定片由注射模制的方法得到的技术方案。所以，权利要求28超出了原始公开的范围，不符合专利法第33条的规定。修改后的权利要求35出现了下述限定“该固定片和钩由单个注射模制的塑料件形成”。同样，原说明书中没有记载任何该固定片由塑料件形成的信息，也没有记载任何该固定片的制备方法的信息。基于上述同样的理由，权利要求35超出了原始申请文本公开的范围，不符合专利法第33条的规定。权利要求29、36~38直接或间接引用了权利要求28、35，基于上述相同的理由，也不符合专利法第33条的规定。

（5）请求人2004年12月24日提交的说明书中，第3页第26行至第7页第20行，是新增加的内容，这些内容在原始申请文件中没有出现过，其中包括的技术方案也没有记载在原始申请文件中，全部超出了原始申请文件的范围；所以，请求人对说明书的修改不符合专利法第33条的规定。请求人应在答复本通知书时将所有超出原申请文件范围的内容删除。

2007年9月28日，请求人针对上述复审通知书提交了意见陈述书，提交了新修改的权利要求第1~37项。

请求人在意见陈述中指出：（1）权利要求4、8、11、12、17、18和27中的“弹性层”和“弹性衬垫”修改为“衬垫”，这一修改得到说明书的支持。（2）对权利要求5、7、34中的“……在相邻的固定片之间形成有一个空隙”作出相应修改。（3）权利要求18、19、36和37中关于固定片厚度已作出相应修改。（4）权利要求28和35中的“注射模制”可以得到说明书第2页第3段、第7页第4段和5段的支持。（5）说明书第3页第26页至第7页第20行的内容是与权利要求书相对应的技术方案，加入到说明书中是为了在形式上支持权利要求书，这种修改是可以接受的。

经过上述审查程序，本案合议组认为，本案事实清楚，可以作出决定。

二、决定的理由

1. 关于审查文本

本决定是以下述文本为基础作出的：请求人于2007年9月28日提交的权利要求第1~37项和

2004年12月24日提交的说明书1~12页、进入中国国家阶段提交的国际申请文件译文的说明书附图第1~5页以及2002年2月7日提交的说明书摘要和摘要附图。

2. 关于修改超范围

专利法第33条规定，申请人可以对其专利申请文件进行修改，但是，对发明和实用新型专利申请文件的修改不得超出原说明书和权利要求书记载的范围。

如果申请的内容通过增加、改变和/或删除其中的一部分，致使所属技术领域的技术人员看到的信息与原申请记载的信息不同，而且又不能从原申请记载的信息中直接地、毫无疑义地确定，那么，这种修改就因为超出了原始记载的范围而不符合专利法第33条的规定。

请求人2004年12月24日提交的说明书第3页第26行至第7页第20行，是新增加的内容，这些内容在原始申请文件中没有出现过，其中包括的技术方案也没有记载在原始申请文件中。

在说明书第3页第26行至第7页第20行的内容中，相对于原申请文件，出现了新的限定："弹性层"和"弹性衬垫"、"……在相邻的固定片之间形成有一个空隙，以允许膨胀和收缩"、"将固定片布置在地板上，使得在相邻的固定片之间形成有一个空隙"、"该固定片具有0.020~0.75英寸的厚度"、"固定片具有0.062~0.75英寸的厚度"。

（1）原申请文件中并没有记载"弹性层"和"弹性衬垫"的技术特征。与此相关的部分是原说明书第4页第1~5行的"固定片1还包含垫子5，从而为固定片和装饰覆盖物比如覆盖在固定片的顶部上的地毯提供弹性……在其他实施例中，垫子5也可以用具有大致与垫子5大体相当的弹性的构件来代替。"而按照本领域的通常理解，"弹性层"或"弹性衬垫"这样的限定，是指该层结构或衬垫构成材料为弹性材料，而"弹性材料"涵盖所有当导致形变的负荷去除之后能够迅速回复到原来尺寸和形状的材料。首先，本申请中并没有记载任何关于该固定片或其他结构的构成材料的信息；其次，原说明书中公开的"为……提供弹性"是指该结构的功能，该垫子的功能是"提供弹性"的技术方案，并不必然唯一得到该垫子是由弹性材料制成的，对本领域技术人员来说，由刚性材料制成的装置可以由于其特定结构而具备一定弹性的性质（例如，由金属做成的弹簧）；所以，由原说明书的记载无法导出上述权利要求中的"弹性衬垫"、"弹性层"的技术方案。因此，说明书中的上述限定超出了原申请文件记载的范围。

（2）原申请文件中并没有明确出现"……在相邻的固定片之间形成有一个空隙，以允许膨胀和收缩"、"将固定片布置在地板上，使得在相邻的固定片之间形成有一个空隙"的技术特征。原说明书中与此相关的内容是原说明书第6页"……角部件的上部39的半径将小于切除部分41，以允许固定片的大气膨胀。"和对附图6的描述中的"……若在固定片55和角部件51之间的间隔已形成有间隙或空隙，固定片55可以自由地跨置在两个角部件51之间……因为角部件保持固定向下，而不需将它们连接在下面的地板上，所以允许固定片相对于角部件移动，包括处理大气膨胀。"由此可见，原说明书中的用来处理固定片膨胀的"间隙"和"空隙"，是指在固定片与角部件之间，由于角部件的半径小于固定片上的切除部分，而导致在形状上不是完全紧密匹配，从而在搭接之后固定片和角部件之间存在空隙，这种空隙允许固定片相对于角部件移动且可以处理膨胀。对于本领域技术人员来说，固定片与角部件之间的空隙，并不等于固定片之间存在空隙。本申请原始文件中没有任何信息可以使本领域技术人员唯一地确定，相邻固定片之间存在空隙并且该空隙是用来允许膨胀和收缩的技术方案，所以说明书中的上述限定超出了原申请文件记载的范围。

（3）原申请文件中也并没有明确出现"该固定片具有0.020~0.75英寸的厚度"、"固定片具有0.062~0.75英寸的厚度"的技术特征；与此相关的内容是原说明书第4页第二自然段中的"……厚度A基本上应不小于0.020英寸，且通常应不低于0.062英寸……但厚度A可以达到0.75英寸，例如在替换为厚地板，或者需要使用厚固定片，以用来与相邻的表面形成水平面的情况中”。对于本领域技术人员来说，从原说明书的记载中，也只能得出固定片的厚度不小于 0. 020 英寸或不低于 0. 062 英寸，以及在优选的状况下该厚度可以是 0. 75 英寸，这三个技术方案；这并不意味着，可以唯一得出固定片的厚度就在 0. 020～0. 75 英寸或 0. 062～0. 75 英寸之内。所以说明书中的上述限定超出了原申请文件记载的范围。

请求人在答复复审通知书时认为，上述说明书第 3 页第 26 行至第 7 页第 20 行的内容是与权利要求书相对应的技术方案，加入到说明书中是为了在形式上支持权利要求书，因此是可以接受的。

对此，合议组认为，本申请说明书第 3 页第 26 行至第 7 页第 20 行的内容是请求人将其在 2004 年 12 月 24 日提交的权利要求书的补入了说明书中；正如复审通知书所指出，请求人在 2004 年 12 月 24 日提交的权利要求书本身就是一个超范围的文本，存在着不符合专利法第 33 条规定的缺陷，其本身就是不能被接受的；在这种情况下，请求人将一个超范围的权利要求文本加入说明书中，并不能使该权利要求书克服超范围的缺陷，同样也不能使加入了超范围内容的说明书符合专利法第 33 条的规定。

根据以上事实和理由，本案合议组作出如下决定。

三、决定

维持国家知识产权局于 2004 年 9 月 3 日对 00811475. 7 号发明专利申请作出的驳回决定。

复审请求人对本决定不服的，可以根据专利法第 41 条第 2 款的规定，自收到本决定之日起三个月内向北京市第一中级人民法院起诉。

156

无接触式测量轨道横断面或轨距的方法

复审请求审查决定（第12140号）

决　定　号　第12140号
决　定　日　2007年12月18日
发明创造名称　无接触式测量轨道横断面或轨距的方法
国际分类号　E01B 35/04
复审请求人　弗兰茨普拉塞铁路机械工业股份有限公司
申　请　号　200310102683.3
申　请　日　2003年10月29日
优先权日　2002年10月29日
公　开　日　2004年5月26日
合议组组长　杨军艳
主　审　员　瞿晓峰
参　审　员　张　曦

法律依据　专利法第25条第1款第（2）项
决定要点

如果一项权利要求在对其进行限定的全部内容中包含了技术特征，则该权利要求就不属于智力活动的规则和方法，不应当依据专利法第25条排除其获得专利权的可能性。

一、案由

本复审请求涉及申请号为200310102683.3、名称为“无接触式测量轨道横断面或轨距的方法”的发明专利申请（下称本申请），申请人为弗兰茨普拉塞铁路机械工业股份有限公司，申请日为2003年10月29日，优先权日为2002年10月29日，公开日为2004年5月26日。

经实质审查，国家知识产权局于2005年11月18日以本申请权利要求1、2属于专利法第25条第1款第（2）项规定的不授予专利权的范围为由驳回了本申请。驳回决定所依据的文本为：2005年8月19日提交的权利要求第1~4项、说明书第1页，申请日提交的说明书第2~4页、附图第1~2页、说明书摘要和摘要附图。驳回决定所针对的权利要求1、2如下：

“1. 一种以无接触方式测量铁道各钢轨横断面或轨距的方法，其特征在于该方法包括下列步骤：

a）利用一个位于钢轨（6）上方的、连续沿轨道纵向移动的并在一个垂直于轨道纵向的探测平面（20）内进行扫描的测距传感器（16）探测每根钢轨（6），

b）在一个极坐标系统中记录易发生危险的、对道岔几何图形具有决定性意义的钢轨待测点

（25）作为测量值，

c）将测量值的极坐标换算成直角坐标，并在利用计程轮（22）连续计算路程的情况下，将测量值储存起来，

d）根据记录的测量值计算出道岔（1）的横断面，

e）将所述待测点（25）上测定的实际测量值与储存的给定值进行比较，在下列参数中，至少要对两项参数进行比较，即：槽距、连续切痕、辙叉心工作边与护轮轨工作边之间的最小距离，轨距和/或护轮轨导向面间距，并由此确定偏离给定值的程度。

2. 根据权利要求1所述的方法，其特征在于：如果待测点（25）的容许误差值被超过，就会提供个别缺陷报告。”

驳回决定中引用了一篇对比文件，即WO9600159A1号专利文献（下称对比文件1），其公开日为1996年1月4日。驳回决定认为：权利要求1所请求保护的技术方案与对比文件1公开的技术内容相比，区别仅在于：在一个极坐标系统中记录易发生危险的、对道岔几何图形具有决定性意义的钢轨待测点作为测量值，将测量值的极坐标换算成直角坐标，并储存起来，根据记录的测量值计算出道岔的横断面，将某些待测点上测定的实际测量值与储存的给定值进行比较，由此确定偏离给定值的程度。这种区别技术特征是本申请对现有技术作出贡献的特征，但是该区别特征属于智力活动的规则和方法，属于专利法第25条第1款第（2）项规定的不授予专利权的范围。权利要求2是权利要求1的从属权利要求，其附加技术特征是本领域技术人员的公知常识，相应地，权利要求2也属于专利法第25条第1款第（2）项规定的不授予专利权的范围。

申请人弗兰茨普拉塞铁路机械工业股份有限公司（下称复审请求人）不服上述驳回决定，于2006年2月9日向专利复审委员会提出了复审请求。复审请求人认为：权利要求1的区别技术特征不是纯粹的数学方法，也不是以人的抽象思维、主观意念或者感觉为特征的非技术方案，所以权利要求1不属于智力活动的规则和方法，其从属权利要求2也不属于智力活动的规则和方法。复审请求人未修改申请文件。

经形式审查合格，专利复审委员会依法受理了该复审请求，于2006年3月15日发出受理通知书和前置审查通知书，将其转送至原审查部门进行前置审查。

原审查部门在前置审查意见书中以与驳回决定相同的理由坚持原驳回决定。

针对上述复审请求，专利复审委员会依法成立合议组对本案进行审理。

经审查，合议组认为本案事实已经清楚，可以作出复审请求审查决定。

二、决定的理由

1. 审查文本

由于复审请求人在提出复审请求时未修改申请文件，因此，本决定所依据的文本与驳回决定依据的文本相同，即：复审请求人于2005年8月19日提交的权利要求第1~4项、说明书第1页，于申请日提交的说明书第2~4页、附图第1~2页、说明书摘要和摘要附图。

2. 权利要求1~2是否属于专利法第25条第1款第（2）项规定的不授予专利权的范围

专利法第25条第1款规定：对下列各项，不授予专利权：（1）科学发现；（2）智力活动的规则和方法；（3）疾病的诊断和治疗方法；（4）动物和植物品种；（5）用原子核变换方法获得的物质。

如果一项权利要求在对其进行限定的全部内容中包含了技术特征，则该权利要求不属于智力活动的规则和方法，不应当依据专利法第25条排除其获得专利权的可能性。

本申请权利要求1请求保护一种以无接触方式测量铁道各钢轨横断面或轨距的方法，该方法利用一个测距传感器探测每根钢轨，将易发生危险的、对道岔几何图形有决定性意义的钢轨待测点作为测

量值记录在一个极坐标系统中，然后将测量值的极坐标转换成直角坐标，并利用记程轮连续计算路程的情况下储存测量值，然后根据测量值计算道岔的横断面，最后对槽距、连续切痕等一些参数的实际测量值与储存的给定值进行比较，由此确定偏离给定值的程度。该方法可以较快较准确地确定和评估对道岔状态起决定性作用的测量值，以解决测量轨道、特别是道岔区轨道的横断面或轨距这一技术问题。在权利要求 1 所限定的方法中，包含了“利用一个位于钢轨（6）上方的、连续沿轨道纵向移动的并在一个垂直于轨道纵向的探测平面（20）内进行扫描的测距传感器（16）探测每根钢轨（6），在一个极座标系统中记录易发生危险的、对道岔几何图形具有决定性意义的钢轨待测点（25）作为测量值，利用计程轮（22）连续计算路程的情况下，将测量值储存起来，根据记录的测量值计算出道岔（1）的横断面，将所述待测点（25）上测定的实际测量值与储存的给定值进行比较，在下列参数中，至少要对两项参数进行比较，即：槽距、连续切痕、辙叉心工作边与护轮轨工作边之间的最小距离，轨距和/或护轮轨导向面间距，并由此确定偏离给定值的程度”等技术特征，所以权利要求 1 就整体而言不是一种智力活动的规则和方法，不属于专利法第 25 条第 1 款第（2）项规定的不授予专利权的范围。权利要求 1 限定的方法为了解决对道岔进行更快、更准确测量的技术问题，采用了测距传感器对钢轨道岔进行测量，将测量值进行坐标变换以及与给定值比较等技术手段，并能够达到较快、较准确地确定和评估对道岔状态起决定性作用的测量值的技术效果，所以，权利要求 1 限定的方法构成了技术方案。

权利要求 2 是权利要求 1 的从属权利要求，其技术方案中也包含了权利要求 1 中的那些技术特征，所以，权利要求 2 不属于专利法第 25 条第 1 款第（2）项规定的不授予专利权的范围。

三、决定

撤销国家知识产权局于 2005 年 11 月 18 日对本申请作出的驳回决定。由国家知识产权局原审查部门在复审请求人于 2005 年 8 月 19 日提交的权利要求第 1~4 项、说明书第 1 页，于申请日提交的说明书第 2~4 页、附图第 1~2 页、说明书摘要和摘要附图的基础上对本发明专利申请继续审查。

复审请求人对本决定不服的，可以根据专利法第 41 条第 2 款的规定，自收到本决定之日起三个月内向北京市第一中级人民法院起诉。

157

对装饰纸浸渍的方法

复审请求审查决定（第12209号）

决　定　号　第12209号
决　定　日　2007年12月7日
发明创造名称　对装饰纸浸渍的方法
国际分类号　D21H 23/72
复审请求人　克劳诺斯潘技术有限公司
申　请　号　99803930.6
申　请　日　1999年1月26日
公　开　日　2001年4月25日
合议组组长　马文霞
主　审　员　黄　强
参　审　员　孙跃飞

法律依据　专利法第22条第3款
决定要点

评价一项发明是否具有创造性时，如果现有技术没有给出将权利要求与最接近的现有技术之间的区别技术特征应用到该最接近的现有技术以解决其存在的技术问题的启示，则该权利要求是非显而易见的；同时，如果该权利要求取得了有益的技术效果，则该权利要求具备突出的实质性特点和显著的进步，具有创造性。

一、案由

本复审请求案涉及发明名称为“对装饰纸浸渍的方法”的第99803930.6号发明专利申请（下称本申请），申请人为克劳诺斯潘技术有限公司（下称请求人），申请日为1999年1月26日，公开日为2001年4月25日。

2002年9月27日，国家知识产权局原审查部门对本申请进行了实质审查，发出了《第一次审查意见通知书》，其中引用了以下两篇对比文献：（1）EP0732449 A，公开日为1996年9月18日（下称对比文件1）；（2）DE2110605 A，公开日为1972年9月14日（下称对比文件2），指出本申请权利要求1、3、5相对于对比文件1和2的结合不具备专利法第22条第3款规定的创造性，说明书中存在未清楚描述“分离剂”等缺陷，导致说明书不符合专利法第26条第3款的规定，并指出了权利要求2、6不清楚，不符合专利法实施细则第20条第1款的规定。

2003年3月26日，请求人针对《第一次审查意见通知书》进行了意见陈述，同时提交了权利要求书和说明书的全文修改替换页。请求人认为：（1）权利要求1的方法与对比文件1采用的涂布方法不同，权利要求1中为“喷涂”，对比文件1中网状辊涂敷，因而解决了现有技术中为避免混合物中固体颗粒的沉降而在混合物中添加纤维素衍生物，导致制备得到的材料表面无光泽的这一技术问题；对比文件2的方法涉及对经树脂浸渍处理的膜片材料面上撒布被研磨的很细的物质方法，该方法就物质颗粒的粘着程度和分布的均匀性方面必然存在缺陷，而权利要求1的方法能够制备获得特别透明和光亮的复合地板材料表面，并且可以实现较高的耐磨强度和较快的浸渍速度，因此权利要求1相对于对比文件1和2具备创造性；（2）权利要求3、5分别从属于权利要求1，在权利要求1具备创造性的基础上，权利要求3和5也具备创造性；（3）分离剂属于公知常识，因此不存在公开不充分的问题。

2003年5月30日，原审查部门发出《第二次审查意见通知书》，指出：（1）权利要求1和对比文件1的主要区别特征不在于喷涂与涂敷，而在于“含有诸如金刚砂颗粒等耐磨体的分散剂在涂敷前通过滚动而被彻底的搅拌”，这对于本领域技术人员而言是必然采用的技术措施，因此修改后的权利要求1~8依然不具备创造性；（2）说明书不符合专利法第26条第3款的规定；（3）权利要求1、2中存在含义不确定的措辞，不符合专利法实施细则第20条第1款的规定；（4）权利要求2各组分的数值范围得不到说明书实施例的支持，不符合专利法第26条第4款的规定。

2003年8月13日，请求人针对《第二次审查意见通知书》进行了意见陈述，同时提交了权利要求书和说明书的全文修改替换页。请求人认为：（1）将“喷涂前将含有耐磨物质的分散剂通过滚动实现彻底的搅拌”这一技术特征加入权利要求1中，并对权利要求1进行了语言调整，除坚持答复一通时关于创造性的意见陈述外，请求人还特别指出本申请采用彻底搅拌和喷涂相结合的工艺，解决了多年来存在的为提高粘稠度必须使用纤维素，而导致产品表面无光泽的技术问题，实现了预想不到的技术效果，即可以获得特别透明和光亮的复合地板材料表面，并提高了生产加工速度，因而权利要求1~8具备创造性；（2）通过对权利要求书和说明书的修改，克服了《第二次审查意见通知书》中指出的各种不清楚的缺陷。

2004年1月16日，国家知识产权局驳回了本申请，驳回决定针对的文本为请求人于2003年8月13日提交的权利要求第1~8项，说明书第1~4页以及进入中国国家阶段时提交的说明书摘要，驳回决定认为：修改后的权利要求1与该申请进入中国国家阶段时提交的权利要求1基本相同，如以上所述，与对比文件1和2相比，均不具备创造性，因此予以驳回。此外，在驳回决定正文中还提及修改后的申请文件不符合专利法第33条的规定，同时指出其不符合专利法第26条以及专利法实施细则第20条第1款的规定，但未陈述具体理由。

驳回决定针对的权利要求书如下：

“1. 一种对制备高耐磨复合地板材料采用的装饰纸浸渍的方法，其中首先用氨基树脂对装饰纸进行润湿并从而实现浸渍，其中用定量辊对树脂的量度进行调整，其特征在于，喷涂前对含有耐磨物质的分散剂通过滚动实现持续彻底的搅拌，对经润湿的湿的装饰纸上附加喷涂一层在特定分散剂内的氨基树脂，其中每平方米成品装饰纸的克数是每平方米经浸渍处理并在干燥后求出的原料纸克数的1~2.5倍。

2. 按照权利要求1所述的方法，其特征在于，采用的分散剂由100份氨基树脂、40份耐磨物质、0.45份硅烷粘合促进剂、12.5份助流物质、0.75份湿润剂、0.2份分离剂和0.75份氨基树脂硬化剂构成。

3. 按照权利要求1或2所述的方法，其特征在于，采用三聚氰胺树脂作为氨基树脂。

4. 按照权利要求2所述的方法，其特征在于，采用聚乙二醇醚、E-己内酰胺或丁二醇作为助流物质。

5. 按照权利要求2所述的方法，其特征在于，采用平均粒度为60至160μm的碳化硅作为耐磨物质。

6. 按照权利要求 2 所述的方法，其特征在于，采用氧化铝作为耐磨物质。

7. 按照权利要求 6 所述的方法，其特征在于，所述氧化铝的平均粒度为 60 至 160μm。

8. 按照权利要求 2 所述的方法，其特征在于，采用任意混合比的碳化硅和氧化铝的混合物作为耐磨物质。”

2004 年 4 月 16 日，请求人对上述驳回决定不服，向专利复审委员会提出复审请求，未对申请文件进行修改，同时提交了与本申请同族的已经授权的欧洲专利文本 EP1068394B1 和 EP1270811B1 的复印件作为参考文献，请求人坚持认为与对比文件 1 和 2 相比，本申请的权利要求 1~8 具备创造性。

2004 年 5 月 11 日，经形式审查合格后，专利复审委员会受理了该请求，向请求人发出了《复审请求受理通知书》，同时向国家知识产权局原审查部门发出了前置审查意见通知书。

在《前置审查意见书》中，国家知识产权局原审查部门仍认为请求人在提交复审时陈述的理由不能成立，本申请的方法不具备创造性，故坚持原驳回决定。在《前置审查意见书》中对原驳回决定中提及的创造性以外的其他缺陷没有发表意见。

专利复审委员会组成合议组，对本复审请求案进行了审理。

2005 年 3 月 7 日，请求人提交了权利要求书和说明书的全文替换页。

2005 年 5 月 24 日，请求人再次提交了权利要求书和说明书的全文替换页，并对修改之处进行了说明，同时提交了以下四份参考资料：

附件 1：《德汉工程词典》，国防工业出版社，复印件共 2 页；

附件 2：《英汉机电工程词典》，机械工业出版社，复印件共 2 页；

附件 3：《英汉科学技术词典》，国防工业出版社，复印件共 2 页；

附件 4：《英汉汽车工程词典》，机械工业出版社，复印件共 2 页。

修改后的权利要求书如下：

“1. 一种对制备高耐磨复合地板材料采用的装饰纸浸渍的方法，其中首先用氨基树脂对装饰纸进行润湿并从而实现浸渍，其中用定量辊对树脂的量度进行调整，其特征在于，喷涂前对含有耐磨物质的分散剂通过滚动实现持续彻底的搅拌，对经润湿的湿的装饰纸上附加喷涂一层在特定分散剂内的氨基树脂，其中每平方米成品装饰纸的克数是每平方米经浸渍处理并在干燥后求出的原料纸克数的 1~2. 5倍。

2. 按照权利要求 1 所述的方法，其特征在于，采用的分散剂由 100 重量份氨基树脂、40 重量份耐磨物质、0. 45 重量份硅烷粘合促进剂、12. 5 重量份助流物质、0. 75 重量份湿润剂、0. 2 重量份分离剂、0. 75 重量份氨基树脂硬化剂和 5 重量份水构成。

3. 按照权利要求 1 或 2 所述的方法，其特征在于，采用三聚氰胺树脂作为氨基树脂。

4. 按照权利要求 2 所述的方法，其特征在于，采用聚乙二醇醚、6-已内酰胺或丁二醇作为助流物质。

5. 按照权利要求 2 所述的方法，其特征在于，采用平均粒度为 60~160μm 的碳化硅作为耐磨物质。

6. 按照权利要求 2 所述的方法，其特征在于，采用氧化铝作为耐磨物质。

7. 按照权利要求 6 所述的方法，其特征在于，所述氧化铝的平均粒度为 60~160μm。

8. 按照权利要求 2 所述的方法，其特征在于，采用任意混合比的碳化硅和氧化铝的混合物作为耐磨物质。”

至此，本案合议组经合议后认为本案事实清楚，现依法作出复审决定。

二、决定的理由

1. 关于文本

本复审决定针对的文本是复审请求人进入中国国家阶段时提交的摘要，以及 2005 年 5 月 24 日提交的权利要求书第 1~8 项、说明书第 1~4 页。经合议组审查，与本申请的原始申请文本相比，2005 年 5 月 24 日提交的修改文本符合专利法第 33 条的规定。

2. 关于专利法第 22 条第 3 款

专利法第 22 条第 3 款规定：创造性，是指同申请日以前已有的技术相比，该发明有突出的实质性特点和显著的进步。

评价一项发明是否具有创造性时，如果现有技术没有给出将权利要求与最接近的现有技术之间的区别技术特征应用到该最接近的现有技术以解决其存在的技术问题的启示，则该权利要求是非显而易见的；同时，如果该权利要求取得了有益的技术效果，则该权利要求具备突出的实质性特点和显著的进步，具有创造性。

就本申请而言，权利要求 1 的技术方案是“一种对制备高耐磨复合地板材料采用的装饰纸浸渍的方法，其中首先用氨基树脂对装饰纸进行润湿并从而实现浸渍，其中用定量辊对树脂的量度进行调整，其特征在于，喷涂前对含有耐磨物质的分散剂通过滚动实现持续彻底的搅拌，对经润湿的湿的装饰纸上附加喷涂一层在特定分散剂内的氨基树脂，其中每平方米成品装饰纸的克数是每平方米经浸渍处理并在干燥后求出的原料纸克数的 1~2.5 倍”。对比文件 1 是最接近的现有技术，其公开了一种生产用于制造耐磨的层压材料的方法，它包括将具有粘稠的细粒矿物组分的组合物施加到装饰纸的可见表面，该混合物包括：（a）三聚氰胺树脂，（b）基于混合物总重量的 15~25 重量% 的 α-纤维素，（c）作为耐磨物质的金刚砂，（d）添加剂和（e）水。将这些材料充分地混合至预定的粘度，然后将所得到的混合物施加到已被树脂饱和的装饰片上，干燥至预定湿度，所用的量应使干燥达到最后湿度后得到一层 20~65μm 的厚度。与对比文件 1 相比，权利要求 1 的主要区别特征在于：（1）对比文件 1 中的混合物中有 15~25 重量% 的 α-纤维素，而权利要求 1 中没有此特征，（2）权利要求 1 中明确限定了“喷涂前对含有耐磨物质的分散剂通过滚动实现持续彻底的搅拌，对经润湿的湿的装饰纸上附加喷涂”这一技术特征，而对比文件 1 中对此并没有进行具体描述。基于这两个区别技术特征，权利要求 1 的技术方案实际解决的技术问题是通过特定的工艺，避免采用纤维素类衍生物，从而在保证均匀度和速度的前提下，提高表面光泽度。

对比文件 2 公开了一种对冲压板涂层的方法，首先用一种树脂对一种由透明的 α-纤维素纸或玻璃纤维无纺布构成的薄膜进行浸渍或喷洒处理，然后对所述薄膜的外侧用微细颗粒的物料进行撒布，所述薄膜经过干燥处理后覆着在作为冲压板体的最外面的覆层的装饰层上。显然，对比文件 2 中并没有公开上述区别特征，更没有将上述区别特征应用到对比文件 1 的技术方案中以解决其存在的技术问题的启示，因此与对比文件 1 和 2 的结合相比，权利要求 1 的技术方案是非显而易见的。此外，从发明所要解决的技术问题和所产生的技术效果来看，根据本申请说明书的描述，现有技术在对装饰纸进行加工时应用涂敷辊对物料进行涂敷，但是由于含有金刚砂的物料在此过程中仅有微量的移动，因而使得金刚砂颗粒迅速沉降，导致金刚砂涂层不均匀，采用此种方法制备的复合地板材料耐磨强度有大幅度的变化，因此，需要在含有金刚砂的物料中添加纤维素衍生物（对比文件 1 中的 α-纤维素即属于此类物质）提高混合物的粘度，以克服金刚砂颗粒迅速沉降的缺陷，但是由此导致采用纤维素衍生物制备的复合地板材料的表面无光泽，而本申请采用在对含有耐磨物质的分散剂通过滚动实现持续彻底的搅拌后喷涂的方式，避免了现有技术中存在的缺陷，能够制备得到透明而光亮的复合地板材料表面，并可以提高生产加工速度，具有有益的技术效果，因此权利要求 1 与对比文件 1 和 2 的结合相比，具有突出的实质性特点和显著的进步，具备专利法第 22 条第 3 款的创造性。

从属权利要求 2~8 分别直接或者间接引用了权利要求 1，在独立权利要求 1 具备创造性的基础上，从属权利要求 2~8 也具备创造性。

驳回决定所指出的驳回理由是本申请不具备创造性，虽然驳回决定正文还顺便提及本申请存在不符合专利法第 26 条和专利法实施细则第 20 条第 1 款的缺陷，但由于这些在驳回决定中并未阐述具体理由，故合议组对此不予考虑。

根据上述事实和理由，合议组作出如下审查决定。

三、决定

撤销国家知识产权局于 2004 年 1 月 16 日针对第 99803930.6 号发明专利申请作出的驳回决定，由国家知识产权局原审查部门以请求人 2005 年 5 月 24 日提交的文本为基础继续审批程序。

复审请求人对本决定不服的，可以根据专利法第 41 条第 2 款的规定，自收到本决定之日起三个月内向北京市第一中级人民法院起诉。

158

用于根据初级屈光异常测量值获取整体角膜轮廓数据和视觉波阵面数据制作柔软接触眼镜的系统和方法

复审请求审查决定（第12218号）

决 定 号 第12218号

决 定 日 2007年12月21日

发明创造名称 用于根据初级屈光异常测量值获取整体角膜轮廓数据和视觉波阵面数据制作柔软接触眼镜的系统和方法

国际分类号 G02C 7/04，A61B 3/107，B29D 11/00

复审请求人 庄臣及庄臣视力保护公司

申 请 号 00811549.4

申 请 日 2000年8月8日

公 开 日 2002年9月11日

合议组组长 石 竞

主 审 员 王丽颖

参 审 员 瞿晓峰

法律依据 专利法第33条

决定要点

专利申请文件经复审请求人修改，克服了驳回决定所指出的缺陷，在修改文本的基础上撤销驳回决定。

一、案由

本复审请求涉及名称为“用于根据初级屈光异常测量值获取整体角膜轮廓数据和视觉波阵面数据制作柔软接触眼镜的系统和方法”的00811549.4号发明专利申请（下称本申请），申请人为庄臣及庄臣视力保护公司，申请日为2000年8月8日，公开日为2002年9月11日。

2004年10月15日，国家知识产权局以本申请的修改由于增加了附图1～3超出了原始申请文本记载的范围，因此不符合专利法第33条的规定为由驳回了本申请。

申请人庄臣及庄臣视力保护公司（下称请求人）对该驳回决定不服，于2004年12月30日向专利复审委员会提出了复审请求，其针对驳回决定中指出的本专利不符合专利法第33条的驳回理由，主要观点为：

提交附图替换页时提交的说明书附图1～3在原始申请文本的附图说明部分已作了说明，所以它们可以加入原始申请文本之中，新附图没有超出原文本的范围。

形式审查合格后，专利复审委员会受理了该复审请求，于2005年3月3日向请求人发出了复审请求受理通知书，并将本案转发至原审查部门进行前置审查。

在前置审查意见书中，原审查部门坚持原驳回决定。

专利复审委员会组成合议组，对本复审请求案进行了审查，并于2007年4月26日向请求人发出了复审通知书，提出复审意见如下：

专利法第33条规定：申请人可以对其专利申请文件进行修改，但是，对发明和实用新型专利申请文件的修改不得超出原说明书和权利要求书记载的范围，对外观设计专利申请文件的修改不得超出原图片或者照片表示的范围。

审查指南第二部分第八章第5.2.3节不允许的修改的第5.2.3.1不允许的增加小节第（7）项下规定：增补原说明书中未提及的附图，一般是不允许的；如果增补背景技术的附图，或者将原附图中的公知技术附图更换为最接近现有技术的附图，则应当允许。

本申请在后提交的附图1~3在原说明书中并未记载，且其既不是增补背景技术的附图，也不是更换公知技术附图，因此也不属于上述第（7）项下应当允许的增加的情况，因此按照专利法及审查指南的上述规定，本申请在后提交的附图1~3是不能被接受的，该申请不符合专利法第33条的规定。

审查指南第一部分第一章第4.2节还规定了：说明书文字部分写有附图说明但说明书无附图或者缺少相应附图的，应当通知申请人删除说明书文字部分的附图说明，或者在指定的期限内补交相应附图。申请人补交附图的，以向专利局提交或者邮寄补交附图之日为申请日，申请人删除相应附图说明的，保留原申请日。

根据上述规定，申请人可以删除说明书文字部分的附图说明及上述附图1~3，以克服驳回决定所指出的缺陷。

请求人于2007年7月25日提交了说明书的修改文本，与驳回决定所依据的文本相比，删除了说明书附图1~3以及说明书中对这些附图的描述。

至此，合议组认为本案事实清楚，可以作出复审决定。

二、决定的理由

请求人于2007年7月25日提交的说明书的修改文本，与驳回决定所依据的文本相比，删除了说明书附图1~3以及说明书中对这些附图的相应描述，该修改并未超出原始申请文本记载的范围，符合专利法第33条关于修改的规定，因此对该文本予以接受。即请求人所提交的该修改文本已经克服了驳回决定所指出的缺陷。

基于上述理由，合议组作出如下决定。

三、决定

撤销国家知识产权局于2004年10月15日对本申请作出的驳回决定。由原审查部门在请求人于2007年7月25日提交的说明书第1~4页，进入国家阶段时提交的权利要求第1~14项的基础上继续审查。

复审请求人对本决定不服的，可以根据专利法第41条第2款的规定，自收到本决定之日起三个月内向北京市第一中级人民法院起诉。

159

可橡皮擦除的水性墨水和使用该墨水的书写材料

复审请求审查决定（第12227号）

决　定　号　第12227号
决　定　日　2007年12月13日
发明创造名称　可橡皮擦除的水性墨水和使用该墨水的书写材料
国际分类号　C09D 11/16
复审请求人　百乐墨水株式会社
申　请　号　99125562.3
申　请　日　1999年12月3日
优 先 权 日　1998年12月3日，1999年5月6日
公　开　日　2000年6月14日
合议组组长　于　萍
主　审　员　董晓静
参　审　员　徐伟锋

法 律 依 据　专利法第31条第1款
决 定 要 点

如果某种用途的产品，在现有技术中存在着两种不同但近似的技术方案，这两种方案中形成某作用的成分是相类似的。发明人发现上述两种方案中具有所述作用的成分，如果其物理尺寸限定在一特定范围内，则产品某方面的性能直接得到改善，从而解决了现有的两种方案中存在的同样的技术问题。那么基于上述两不同现有技术、包含了上述相应成分的尺寸限定的两项独立权利要求，他们解决的技术问题相同，且作用机理相同，则该两项权利要求之间具有相应的特定技术特征，属于一个总的发明构思，具有单一性，符合专利法第31条第1款的规定。

一、案由

本复审请求涉及名称为“可橡皮擦除的水性墨水和使用该墨水的书写材料”的99125562.3号发明专利申请（下称本申请），申请人为百乐墨水株式会社（由帕勒特·英克株式会社变更为百乐墨水株式会社），申请日为1999年12月3日，优先权日为1998年12月3日和1999年5月6日，公开日为2000年6月14日。

2004年9月10日，国家知识产权局以独立权利要求1、14之间不具备单一性，不符合专利法第31条第1款为由驳回了本申请。驳回决定依据的审查文本为申请人于申请日提交的权利要求书第1、2、5页（含权利要求1~10、20~24），说明书第1~12、14、15、19、21~25、27、29、30、32~40、

43～74 页和附图第 1～3 页，以及申请人于 2003 年 6 月 6 日答复第一次审查意见通知书时提交的权利要求书第 3～4、6～7 页（含权利要求第 11～19、25～35 项）和说明书第 13、16～18、20、26、28、31、41～42 页。驳回决定所涉及的权利要求 1 和 14 分别为：

"1. 一种用于书写材料组合物的可橡皮擦除的水性墨水，其包括水、水溶性极性溶剂、和颗粒状粘性着色树脂，所述颗粒状粘性着色树脂包括颜料和粘性树脂，而且其至少一部分表面是粘性的，该颗粒状粘性着色树脂的粒径分布是粒径在 2～20μm 范围内的颗粒的量占所有颗粒重量的 70% 以上。"

"14. 一种用于书写材料组合物的可橡皮擦除的水性墨水，其包括颗粒状粘性树脂、水、水溶性极性试剂、和包含颜料的颗粒状着色树脂，所述颗粒状着色树脂和颗粒状粘性树脂的粒径分布分别是粒径在 2～20μm 范围内的颗粒的量占相应颗粒所有重量的 70% 以上。"

驳回决定认为权利要求 1、14 不具备相同或者相应的技术特征，并具体指出：（1）虽然申请人通过比较已经看出权利要求 1、14 之间具备共同技术特征"粒径分布是粒径在 2～20μm 范围内的颗粒的量占所有颗粒重量的 70% 以上"，但是申请人忽略了该特征的主体，实际上该特征不是一个完整的技术特征，从说明书可以看出上述特征的主体必须是特定的主体才能使本发明相对现有技术具有新颖性和创造性；（2）即使该共同技术特征增加主体（例如权利要求 1 的"颗粒状粘性着色树脂"和权利要求 14 的"颗粒状粘性树脂及颗粒状着色树脂"），该技术特征也不是被认为特定技术特征，因为"颗粒状粘性着色树脂"和"颗粒状粘性树脂及颗粒状着色树脂"属于完全不同的特征，在"颗粒状树脂"的概念上出现两种完全不同的分支，涉及解决本发明问题的两种完全不同的技术方案，本领域普通技术人员完全不能在其中一种情形的基础上设想到另一情形，因此"颗粒状树脂的粒径分布是粒径在 2～20μm 范围内的颗粒的量占所有颗粒重量的 70% 以上"仍不足以构成特定技术特征。

申请人百乐墨水株式会社（以下称复审请求人）对上述驳回决定不服，于 2004 年 12 月 24 日向专利复审委员会提交了复审请求。复审请求人在提出复审请求时未对申请文件进行修改。复审请求人的理由可概括为，（1）权利要求 1、14 具有相同的特定技术特征"粒径分布是粒径在 2～20μm 范围内的颗粒的量占所有颗粒重量的 70% 以上"，因为从本申请对现有技术的贡献来说，现有技术已经公布了使用"颗粒状粘性着色树脂"或"颗粒状粘性树脂及颗粒状着色树脂"的技术方案，本申请对现有技术的贡献在于所使用的颗粒状粘性着色树脂或颗粒状粘性树脂及颗粒状着色树脂的"粒径分布是粒径在 2～20μm 范围内的颗粒的量占所有颗粒重量的 70% 以上"；（2）退一步讲，即使认为权利要求 1、14 的特定技术特征分别是颗粒状粘性着色树脂的粒径分布，以及颗粒状粘性树脂及颗粒状着色树脂的粒径分布，它们也应被认为是相应的特定技术特征，因为本申请说明书已经指出"颗粒状粘性着色树脂本身具有两种功能，即粘合和着色功能"，本领域技术人员阅读说明书后应能知道"颗粒状粘性着色树脂"和"颗粒状粘性树脂及颗粒状着色树脂"具有相同的功能，在实施权利要求 1 的技术方案时可以联想到颗粒状粘性树脂和颗粒状着色树脂，因此权利要求 1、14 属于一个总的发明构思，在技术上相互关联。

形式审查合格后，专利复审委员会受理了该复审请求，并于 2005 年 1 月 24 日向请求人发出复审请求受理通知书，向原审查部门发出前置审查通知书，同时将本申请案卷转送至国家知识产权局原审查部门进行前置审查。

原审查部门对本复审请求进行了前置审查，坚持原驳回决定。

专利复审委员会依法组成合议组，对本复审请求案进行了审查。合议组认为本案事实清楚，可以作出复审决定。

二、决定的理由

1. 审查文本

请求人在提出复审请求时未修改申请文件，本决定所依据的审查文本同驳回决定所依据的文本。

2. 关于单一性

专利法第 31 条第 1 款规定，一件发明或者实用新型专利申请应当限于一项发明或者实用新型。属于一个总的发明构思的两项以上的发明或者实用新型，可以作为一件申请提出。

一件申请中要求保护的两项以上的发明属于一个总的发明构思，是指它们在技术上必须相互关联，这种相互关联可以以相同或相应的特定技术特征的形式存在于它们的权利要求中，所述特定技术特征是体现发明对现有技术作出贡献的技术特征。因此，如果专利申请要求保护的一组发明包含相应的特定技术特征，则符合专利法第 31 条第 1 款的规定。

如果某种用途的产品，在现有技术中存在着两种不同但近似的技术方案，这两种方案中形成某作用的成分是相类似的。发明人发现上述两种方案中具有所述作用的成分，如果其物理尺寸限定在一特定范围内，则产品某方面的性能直接得到改善，从而解决了现有的两种方案中存在的同样的技术问题。那么基于上述两不同现有技术、包含了上述相应成分的尺寸限定的两项独立权利要求，他们解决的技术问题相同，且作用机理相同，则该两项权利要求之间具有相应的特定技术特征，属于一个总的发明构思，具有单一性，符合专利法第 31 条第 1 款的规定。

本申请要求保护独立权利要求 1、14 各自所述的用于书写材料组合物的可橡皮擦除的水性墨水，因此需首先判断这两项技术方案对现有技术作出贡献的技术特征。根据本申请说明书对背景技术部分的描述，水性墨水组合物是指包括溶解于作为主要溶剂的水中的色料和载体的一类墨水组合物，现有技术的第 5，661，197 号美国专利公开了含包胶色料的墨水组合物，第 5，621，021 号美国专利公开了含粘度为 5~35mPa・s 且成膜温度和玻璃转化温度不超过 0℃ 的树脂、粒径 1~20μm 的颗粒状染色树脂和水的墨水组合物。此外，根据国家知识产权局原审查部门在实质审查阶段的检索报告，也仅引用前述第 5，661，197 号美国专利作为背景技术。从这些文献的技术内容可知，现有技术从整体上已经存在含水、水溶性极性溶剂、颗粒状粘性着色树脂的墨水组合物，和含水、水溶性极性溶剂、颗粒状粘性树脂、颗粒状着色树脂的墨水组合物的两种技术方案，而且颗粒状粘性着色树脂本身以及颗粒状粘性树脂、颗粒状着色树脂二者的结合均是为墨水提供粘性和着色功能。

根据这些文献可知本专利权利要求 1、14 对现有技术作出的贡献并不在于选择组分，而在于确定了具备某些特定性能的组分的粒径分布范围，即权利要求 1 的特定技术特征是“颗粒状粘性着色树脂的粒径分布是粒径在 2~20μm 范围内的颗粒的量占所有颗粒重量的 70% 以上”，权利要求 14 的特定技术特征是“颗粒状着色树脂和颗粒状粘性树脂的粒径分布分别是粒径在 2~20μm 范围内的颗粒的量占相应颗粒所有重量的 70% 以上”。由于两特定技术特征所述的颗粒不同，因此二者并非相同的特定技术特征。然而，两特征所述的颗粒“颗粒状粘性着色树脂” 和 “颗粒状粘性树脂和颗粒状着色树脂” 均是为了提供粘性和着色功能，所属技术领域的技术人员根据本领域知识即可预见它们对于要求保护的技术方案来说是作用、功能或效果相同或相似的一类物质，而且它们各自的粒径分布也均满足每种颗粒中的粒径在 2~20μm 范围内的颗粒量占所有重量的 70% 以上的条件，体现了技术上的相互关联，使得权利要求 1、14 对现有技术作出的贡献存在相互对应性。特别是，根据本专利说明书的描述，请求人提出上述两项技术方案实质上出于解决相同技术问题的考虑，即，请求人认为现有技术的第 5661197 号美国专利存在因细色料颗粒较深地渗透入纸中，并被纸固定住，导致墨水组合物难以用橡皮擦除的缺陷；第 5621021 号美国专利也存在因所用颗粒树脂粒径不合适，可较深地渗透入纸中的缺陷，而请求人发现这一缺陷的解决手段就是使起着色作用和粘合作用的颗粒具有特定的粒径，就能够使它们不太深地渗透入纸中或者能够容易地防止它们本身较深地渗透入纸中，在权利要求 1 的方案中，起粘合作用和着色作用的是颗粒状粘性着色树脂，而在权利要求 14 中则是颗粒状粘性树脂和颗粒状着色树脂。由此可见权利要求 1、14 的技术方案存在相互关联。因此，合议组经综合考虑，相对于本申请所记载的和原审查部门检索报告所列的现有技术的内容，可以认为权利要求 1、14 的特定技术特征是相应的，二者属于一个总的发明构思，符合专利法第 31 条第 1 款的规定。

对于原审查部门在驳回决定中指出的“颗粒状粘性着色树脂”和“颗粒状粘性树脂及颗粒状着色树脂”是“颗粒状树脂”概念的两种完全不同的分支，本领域普通技术人员完全不能在其中一种情形的基础上设想到另一情形的意见，合议组认为：在本案的特定情况下，对可橡皮擦除的墨水组合物而言，显然既需要着色又需要有一定粘性将着色物与纸粘结在一起以形成字迹，而“颗粒状粘性着色树脂”和“颗粒状粘性树脂和颗粒状着色树脂”都是现有技术中为水性墨水组合物提供粘合和着色功能的两种方案，都可能因颗粒的渗透作用而导致可橡皮擦除性不佳，而防渗透的方法要么在墨水组合物中加入防渗透试剂，要么选择树脂颗粒的分布和大小，使其均匀稳定而不能渗入纸孔隙，而请求人总的构思就是基于对树脂粒径大小和分布的选择。因此所属技术领域的技术人员可以从技术上来将二者相关联。

基于上述理由，合议组特作出如下决定。

三、决定

撤销国家知识产权局于 2004 年 9 月 10 日对 99125562.3 号发明专利申请作出的驳回决定。由原审查部门根据驳回决定针对的文本继续审查程序。

复审请求人对本决定不服的，可以根据专利法第 41 条第 2 款的规定，自收到本决定之日其 3 个月内向北京市第一中级人民法院起诉。

160

渐进附加透镜

复审请求审查决定（第12276号）

决　定　号　第12276号
决　定　日　2007年12月24日
发明创造名称　渐进附加透镜
国际分类号　G02C 7/06
复审请求人　埃西勒国际通用光学公司
申　请　号　99122065.X
申　请　日　1999年9月3日
优先权日　1998年9月3日
公　开　日　2000年4月12日
合议组组长　耿　博
主　审　员　王　婧
参　审　员　隋　璐

法律依据　专利法第26条第4款
决定要点

当权利要求相对于背景技术的改进涉及数值范围时，虽然审查指南中规定通常应给出两端值附近（最好是两端值）的实施例，但这并非意味着在没有给出两端值附近的实施例时，权利要求书就必然得不到说明书的支持，只要本领域技术人员在说明书公开的内容的基础上，结合本领域普通技术知识认为该数值范围能够实施，并能解决其技术问题、达到其技术效果，就应当认为该范围得到了说明书的实质支持。

一、案由

本复审请求涉及名称为"渐进附加透镜"的99122065.X号发明专利申请（下称本申请），申请人为庄臣及庄臣视力产品有限公司（后变更为埃西勒国际通用光学公司），申请日为1999年9月3日，优先权日为1998年9月3日，公开日为2000年4月12日。申请人于申请日提交的权利要求书共包括10项权利要求，其中权利要求1、6为独立权利要求。

2001年8月30日申请人提出了实审请求，并于2002年1月19日提交了经主动修改的权利要求书，共包括22项权利要求，其中权利要求1、9、12、20为独立权利要求。

国家知识产权局以申请人于2002年1月19日提交的权利要求1~22项，以及申请人于申请日提交的说明书第1~9页、附图第1~8页、说明书摘要和摘要附图为审查文本，于2003年4月4日发出第一次审查意见通知书。通知书中指出：权利要求 1、3、6~12、14、17~22 不符合专利法第 26 条第 4 款的规定；权利要求 1、5、10、12、22 不符合专利法实施细则第 20 条第 1 款的规定；说明书及附图存在不清楚的问题，不符合专利法实施细则第 18 条和第 19 条的规定。

针对第一次审查意见通知书，申请人于 2003 年 8 月 22 日提交了意见陈述书以及权利要求书、说明书第 1~10 页及附图第 4、8 页的修改替换页，修改后的权利要求书包括 22 项权利要求。

2003 年 10 月 24 日国家知识产权局发出第二次审查意见通知书，指出修改后的权利要求 1、7~10、12、18~21 不符合专利法第 26 条第 4 款和专利法实施细则第 20 条第 1 款的规定。

针对第二次审查意见通知书，申请人于 2004 年 1 月 6 日提交了意见陈述书以及权利要求第 1~22 项的修改替换页。申请人在意见陈述书中指出：独立权利要求 1 和 9 中所限定的“+0.01 至+3.00 屈光度”的取值范围是能够得到说明书支持的，因为该范围在说明书中有明确的文字记载，申请人在答复第一次审查意见通知书时已经具体指出了上述取值范围在说明书的哪些地方得到支持，并且说明书中也提供了好几个优选的实施例，但这些实施例仅仅起示范性作用，而不是起限定性作用，本发明的权利要求书并不应该受到仅仅是已有的示范性的实施例的限制。因此，权利要求 1、9、12、20 中所述的“第一、第二视度增量”的数值范围和权利要求 7~8、10、18~19、21 中所限定的“第一、第二、第三视度增量”的数值范围能够得到说明书中已有记载内容实质上的支持。

2004 年 9 月 10 日，国家知识产权局以本申请权利要求 1、7~9、12、18~20 得不到说明书实质上的支持，不符合专利法第 26 条第 4 款的规定为由驳回了本申请。驳回决定所针对的文本是申请人于 2004 年 1 月 6 日提交的权利要求 1~22 项、2003 年 8 月 22 日提交的说明书第 1~10 页和附图第 4、8 页，以及申请日提交的附图 1~3 页和 5~7 页、说明书摘要和摘要附图。

驳回决定所针对的权利要求 1 如下：

1. 一种透镜，其包括：

a）一个包括有一个近视区和一个第一视度增量的渐进附加表面的光学预制坯料，并且，所述第一视度增量是从+0.01 屈光度至+3.00 屈光度；

b）一个或多个具有一个第二视度增量的连续的光学单元，其中所述一个或多个连续光学单元中至少有一个连续光学单元被安排成覆盖所述近视区，并且，所述第二视度增量是从+0.01 屈光度至+3.00 屈光度；

其特征在于：所述透镜的视度增量是所述第一和第二视度增量的总和。

驳回决定认为：本申请的说明书中，对应于权利要求 1、9 的是附图 8~10 的实施例，其中具体描述了参数——“第一、第二视度增量”的数值范围：具有渐进附加表面的光学预制坯料的第一视度增量分别为+1.6、+1.5、+1.0 屈光度，连续光学单元的第二视度增量分别为+0.4、+0.5、+1.0 屈光度。由此无法概括得出权利要求 1、9 限定的“+0.01 至+3.00 屈光度”或“+1.00 至+3.00 屈光度”的取值；并且申请人概括第一视度增量的数值+0.01 与说明书的具体实施例相比，二者相差两个数量级，如此大的差距必然会对产品的技术效果产生影响。至于说明书发明内容部分公开的内容只是在形式上与权利要求 1、9 的内容产生了对应，但由包括具体实施例部分的说明书全文来看，上述权利要求的概括仍然是不适当的，即它们得不到说明书实质上的支持。同样的情况，权利要求 7~8、12、18~20 也得不到说明书的支持。

申请人庄臣及庄臣视力产品有限公司（下称请求人）对该驳回决定不服，于 2004 年 12 月 30 日向专利复审委员会提出了复审请求，但未对申请文件进行修改。请求人对驳回决定中关于独立权利要求 1、9、12、20 中所限定的“+0.01 至+3.00 屈光度”或“+1.00 至+3.00”的取值范围得不到说明书支持的观点，持有不同意见，具体理由与答复第二次审查意见通知书时所陈述的意见基本一致。

形式审查合格后，专利复审委员会受理了该复审请求，并于2005年3月4日向请求人发出了复审请求受理通知书，并将本案转送至国家知识产权局原实质审查部门进行前置审查。

在前置审查意见书中，原实质审查部门仍然坚持原驳回决定。

2006年9月8日，复审请求人由庄臣及庄臣视力产品有限公司变更为埃西勒国际通用光学公司。

专利复审委员会组成合议组，对本复审请求案进行了审查，并于2007年7月10日发出了口头审理通知书，定于2007年8月21日对本复审请求进行口头审理，后该口头审理因故改期，变更为2007年9月19日。

口头审理如期举行，请求人出席了口头审理，并当庭提交了权利要求书的修改替换页。请求人以说明书为依据，具体说明了修改后的权利要求书能够得到说明书的支持，符合专利法第26条第4款规定的理由。

修改后的权利要求书如下：

1. 一种眼镜透镜，其包括：

a）一个包括有一个中心的近视区的渐进附加表面的光学预制坯料，所述渐进附加表面具有一个+1.00至+2.75屈光度的第一视度增量；

b）一个或多个具有一个中心和一个从+0.25至+2.00屈光度第二视度增量的连续光学单元，

所述一个或多个连续光学单元中至少有一个连续光学单元被安排为使所述连续光学单元的中心与所述近视区的中心重叠，以及所述一个或多个连续光学单元是在一个与所述渐进附加表面相反的表面上、在所述渐进附加表面和与所述渐进附加表面相反的表面之间的一个镀层内、或者在它们的组合中；

其特征在于：所述透镜的视度增量是第一和第二视度增量的总和。

2. 根据权利要求1所述的眼镜透镜，其特征在于：其还包括两个或多个具有一个中心和一个从+0.25到+2.00屈光度的第三视度增量的不连续光学单元，其中所述两个或多个不连续光学单元中至少有一个不连续光学单元被安排为使其中心与所述近视区的中心重叠，且所述透镜的视度增量是所述第一、第二和第三视度增量的总和。

3. 根据权利要求2所述的眼镜透镜，其特征在于：所述两个或多个不连续光学单元被安排在所述渐进附加表面上、在一个与所述渐进附加表面相反的表面上、在所述渐进附加表面和与所述渐进附加表面相反的表面之间的一个镀层内、或者在它们的组合中。

4. 一种眼镜透镜，其包括：

a）一个包括有一个中心的近视区的渐进附加表面的光学预制坯料，所述渐进附加表面具有一个+1.00至+2.75屈光度的第一视度增量；

b）两个或多个具有一个中心和一个从+0.25至+2.00屈光度的第二视度增量的不连续光学单元，

所述两个或多个不连续光学单元中至少有一个不连续光学单元的中心被安排成与所述近视区的中心重叠，以及所述两个或多个不连续光学单元被安排在所述渐进附加表面上、一个与所述渐进附加表面相反的表面上、在所述渐进附加表面和与所述渐进附加表面相反的表面之间的一个镀层内、或者在它们的组合中

其特征在于：所述透镜的视度增量是第一和第二视度增量的总和。

5. 根据权利要求4所述的眼镜透镜，其特征在于：其还包括一个或多个具有一个从+0.25到+2.00屈光度的第三视度增量的连续光学单元，其中，所述透镜的视度增量是所述第一、第二和第三视度增量的总和。

6. 根据权利要求5所述的眼镜透镜，其特征在于：所述一个或多个连续光学单元被安排在一个

与所述渐进附加表面相反的表面上、在所述渐进附加表面和与所述渐进附加表面相反的表面之间的一个镀层内、或者在它们的组合中。

至此，合议组认为本案事实清楚，可以做出复审决定。

二、决定的理由

1. 关于审查文本

经审查，请求人于口头审理时提交的权利要求书的修改文本符合专利法第 33 条的规定，合议组对此次修改文本予以接受。因此，本复审请求审查决定针对的文本是请求人于 2007 年 9 月 19 日提交的权利要求书第 1~6 项、于 2003 年 8 月 22 日提交的说明书第 1~10 页及附图第 4 页和第 8 页，以及请求人于申请日提交的附图第 1~3 页和 5~7 页、说明书摘要和摘要附图。

2. 关于专利法第 26 条第 4 款

专利法第 26 条第 4 款规定：权利要求书应当以说明书为依据，说明要求专利保护的范围。

审查指南第二部分第二章 3.2.1 节规定，权利要求应当以说明书为依据，是指权利要求应当得到说明书的支持。权利要求书中的每一项权利要求所要求保护的技术方案应当是所属技术领域的技术人员能够从说明书充分公开的内容中得到或概括得出的技术方案，并且不得超出说明书公开的范围。同时，审查指南第二部分第二章 2.2.6 节规定，实施例是对发明的优选的具体实施方式的举例说明。实施例的数量应当根据发明的性质、所属技术领域、现有技术状况以及要求保护的范围来确定。

针对本案，合议组认为：

(1) 关于第一视度增量的数值范围。

首先，本申请说明书第 3 页倒数第 3 段已经记载了“渐进附加表面的视度增量可以从大约+0.01 屈光度至大约+3.00 屈光度，优选为从大约+0.01 屈光度至大约+2.75 屈光度”。

其次，在说明书第 6 页最后一段至第 7 页第 2 段，以及第 7 页倒数第 2 段，对应图 1 和图 2 所示的实施例中，渐进附加表面的视度增量为+1.00；在说明书第 8 页最后一段，图 5 所示实施例中，渐进附加表面的视度增量为 1.50；在说明书第 5 页第 4 段，图 6 所示实施例中，渐进附加表面的视度增量为+1.25；在说明书第 9 页倒数第 2 段，图 8 所示实施例中，渐进附加表面的视度增量为+1.60。

综上所述，在说明书具体实施方式部分，公开了第一视度增量的下列数值点：0.01、1.00、1.25、1.50、1.60、2.75、3.00。

因此，对于新修改的权利要求 1 和 4 中对第一视度增量数值范围的概括“+1.00 至+2.75 屈光度”，说明书已经公开了两个端值和三个中间值。

(2) 关于第二视度增量和第三视度增量的数值范围。

第二视度增量和第三视度增量分别对应的是一个光学单元的视度增量。

说明书第 5 页倒数第 2 段有如下记载：“每个单元可以对光学预制坯料提供范围从大约 0.01 屈光度到大约+3.0 屈光度，优选为从大约+0.01 至大约+2.00 屈光度，最好为从大约+0.01 到大约+0.50 屈光度，更优选为从大约+0.03 到大约+0.25 屈光度的附加视度增量。光学单元的视度增量是由单元提供的增加的量，是一个本领域的普通技术人员能求出的量”。无论光学单元是连续的还是不连续的，其视度增量都应当在上述范围内取值。

当渐进附加表面上覆盖连续光学单元时：

在说明书第 9 页倒数第 2 段，图 8 所示实施例中，光学单元 73 的视度增量是+0.40 屈光度；在说明书第 9 页倒数第 1 段至第 10 页第 4 段，图 9a、9b 和图 10a、10b 所示的实施例中，对连续光学单元的视度增量至少公开了数值点 0.125、0.25、0.375、0.5 和 0.25、0.5、0.75、1.0。

当渐进附加表面上覆盖不连续光学单元时：

在说明书第 5 页最后一段至第 6 页第 1 段，图 1 所示的实施例中，三个单元的视度分别是+0.25、+0.50、+0.75，图 2 所示的实施例中，凹面单元 22、23、24 的视度相应是+0.25、+0.50、+0.75，凸面单元 25 和 26 的视度相应是+0.12 和+0.24 屈光度，并且该段还有如下记载："单元视度增量的范围是从大约+0.01 到大约+0.30 屈光度，优选为+0.25 到+2.00 屈光度"；在说明书第 8 页最后一段至第 9 页第 12 行，图 5 所示的实施例中，光学单元 43~46 提供+0.725、+1.45、+2.175 和+2.90 屈光度，按照第 9 页第 5~10 行的公式换算可以得到上述 4 个光学单元的视度增量分别是：+0.125、+0.25、+0.375 和+0.50 屈光度。

综上所述，当渐进附加表面上覆盖连续光学单元时，说明书至少公开了 0.01、0.03、0.125、0.25、0.375、0.40、0.50、0.75、1.0、2.00、3.00 这些数值点；当渐进附加表面上覆盖不连续光学单元时，说明书至少公开了 0.01、0.03、0.12、0.125、0.24、0.25、0.375、0.50、0.75、2.00、3.00 这些数值点。

因此，新修改的权利要求 1 和 5 中对连续光学单元的视度增量的概括"0.25 至 2.00 屈光度"，说明书至少公开了两个端值和五个中间值；新修改的权利要求 2 和 4 中对不连续光学单元视度增量范围的概括"0.25 至 2.00 屈光度"，说明书至少公开了两个端值和三个中间值。

由（1）和（2）所述内容可知，权利要求书所涉及的数值范围的端值在说明书中具体实施方式部分均有明确文字记载，只是某些端值没有给出实施例。

对此，合议组认为：实施例对于权利要求能否得到说明书的支持起着重要作用，但并不等于权利要求只能限制在实施例所公开的范围内。尤其是当权利要求相对于背景技术的改进涉及数值范围时，虽然审查指南中规定通常应给出两端值附近（最好是两端值）的实施例，但这并不是说在没有给出两端值附近的实施例时，权利要求书就必然得不到说明书的支持。本发明要解决的技术问题是现有多焦点透镜或渐进附加透镜具有不需要的散光，导致透镜外围的较大区域不能使用，为了解决该技术问题，本发明在一个具有渐进附加表面的光学预制坯料（具有第一视度增量）上重叠一个或多个光学单元（具有第二视度增量），由此减少不需要的散光，透镜的总视度增量为第一和第二视度增量的总和。视度增量的单位屈光度是焦距的倒数，所以权利要求书中视度增量的数值范围，实际上对应着焦距的范围，视度增量越小，则焦距越远。本领域技术人员在说明书公开的内容的基础上，结合本领域普通技术知识可以确定权利要求 1~2、4~5 中的数值范围是能够实施并能解决其技术问题、达到其技术效果的，该范围得到了说明书的实质支持。因此，权利要求 1~2、4~5 符合专利法第 26 条第 4 款的规定，驳回理由不成立。

三、决定

撤销国家知识产权局于 2004 年 9 月 10 日做出的驳回 99122065.X 号发明专利申请的决定。由原审查部门在 2007 年 9 月 19 日提交的权利要求书第 1~6 项、2003 年 8 月 22 日提交的说明书第 1~10 页及附图第 4 页和第 8 页，以及申请日提交的附图第 1~3、5~7 页、说明书摘要和摘要附图的基础上继续进行审查。

复审请求人如对本决定不服，可以依据专利法第 41 条第 2 款的规定，自收到本决定之日起三个月内向北京市第一中级人民法院起诉。

161

用于建筑板材的表面凹槽系统

复审请求审查决定（第12295号）

决　　定　　号　第12295号
决　　定　　日　2007年12月24日
发明创造名称　用于建筑板材的表面凹槽系统
国 际 分 类 号　E04C 2/04
复 审 请 求 人　詹姆斯哈迪国际财金公司
申　　请　　号　01807271.2
优　先　权　日　2000年2月28日
申　　请　　日　2001年1月19日
公　　开　　日　2003年5月21日
合 议 组 组 长　于　萍
主　　审　　员　郭建强
参　　审　　员　王　琳

法 律 依 据　专利法第22条第3款
决 定 要 点

复审请求人通过修改权利要求，克服了驳回决定和复审通知书中指出的原权利要求不具备创造性的缺陷，则应该在修改文本的基础上撤销驳回决定，由原审查部门继续审批程序。

一、案由

本复审请求涉及国家知识产权局于2003年5月21日公开的名称为"用于建筑板材的表面凹槽系统"的01807271.2号发明专利申请（下称本申请），申请日为2001年1月19日，优先权日为2000年2月28日，提出申请时的申请人为詹姆斯哈迪研究有限公司，后变更为詹姆斯哈迪国际财金公司。

应申请人的请求，国家知识产权局实质审查部门对本申请进行了实质审查，依据申请人提交的国际申请的中文译文作为审查文本，其中的权利要求书包含有73项权利要求，实质审查部门于2003年12月19日向申请人发出了第一次审查意见通知书，其中引用了对比文件1（WO0008271A1，公开日为2000年2月17日）和对比文件2（CN2281378Y，授权公告日为1998年5月13日）作为现有技术，并指出：本申请权利要求1、7、8、13、14相对于对比文件1不具备专利法第22条第2款所规定的新颖性；本申请权利要求2~5、9、10、12、15相对于对比文件1和2不具备专利法第22条第3款所规定的创造性；权利要求16~23在说明书中没有记载，不符合专利法第26条第4款的规定；独立权利要求1、24、48、55、61和69不属于一个总的发明构思，不具备专利法第31条所规定的单一性；说明书不符合专利法实施细则第 18 条第 1 款、第 3 款和第 19 条第 3 款的规定。

申请人于 2004 年 7 月 2 日提交了针对第一次审查意见通知书的意见陈述书，修改了权利要求书和说明书，并提交了权利要求 1~51、说明书第 1~16 页、说明书附图第 11、17 页的修改替换页。具体修改概括如下：修改了原独立权利要求 1 和原独立权利要求 24，增加了新的从属权利要求2~5，删除了原权利要求 48~73，形成了新的权利要求 1~51，其中权利要求 1 和 28 为独立权利要求，要求保护一块建筑板材，并对说明书和附图进行了适应性修改。申请人认为：修改后的权利要求具有新颖性或创造性，同时新权利要求 20~27（原权利要求 16~23）的附加技术特征可以从原说明书中找到依据，因此符合专利法第 26 条第 4 款的规定；独立权利要求 28（原独立权利要求 24）和独立权利要求 1 之间具备专利法第 31 条所规定的单一性；修改后的说明书和附图也满足专利法实施细则的相关规定。

针对申请人上述修改后的申请文件，国家知识产权局原审查部门于 2004 年 10 月 15 日向申请人发出了第二次审查意见通知书，指出：权利要求 1~4、6~9、11~14、16~24 不具备专利法第 22 条第 3 款所规定的创造性；权利要求 5 保护范围不清楚，不符合专利法实施细则第 20 条第 1 款的规定；独立权利要求 28 和独立权利要求 1 之间不具备专利法第 31 条所规定的单一性；权利要求 8~10、14~16、25 以及说明书中出现非国际单位制单位等形式问题，不符合专利法实施细则第 20 条第 1 款和第 18 条第 3 款的规定。

申请人随后于 2004 年 12 月 15 日提交了针对第二次审查意见通知书的意见陈述书，再次修改了权利要求书和说明书，并提交了权利要求第 1~52 项及说明书第 1~17 页修改替换页，具体修改概括如下：将独立权利要求 28 改写成独立权利要求 1 的从属权利要求，对权利要求 5 的不清楚之处进行修改，增加了一个从属权利要求 52；对权利要求 8~10、14~16、25、33、34 中的非国际单位制单位进行了修改；并对说明书进行了适应性的修改。申请人认为：修改后的权利要求 1~4、6~9、11~14、16~24 具备专利法第 22 条第 3 款所规定的创造性；权利要求 5 保护范围清楚，符合专利法实施细则第 20 条第 1 款的规定；权利要求 28 改为独立权利要求 1 的从属权利要求，因此满足专利法第 31 条所规定的单一性。

国家知识产权局原审查部门于 2005 年 5 月 13 日针对申请人于 2004 年 12 月 15 日提交的权利要求第 1~52 项、说明书第 1~17 页，进入中国国家阶段提交的附图第 1~10、12~16、18 页以及 2004 年 7 月 2 日提交的附图第 11、17 页作出了驳回决定，驳回决定认为本申请的权利要求 1~4、6~9、11~14、17~24 不具备创造性。其中，驳回决定所针对权利要求如下：

“1. 一块建筑板材，其结构使其可沿预定的线被分割成两部分或更多部分，所述板材包括：

一块基本上平直的平板，具有正面和背面以及由这两者限定的厚度；和

在其正面和背面之一至少有一道表面凹槽，所述凹槽限定所述线，用以将所述板材分割成两部分或更多部分。

2. 如权利要求 1 所述的建筑板材，其特征在于，所述凹槽适合安放切割工具。

3. 如权利要求 1 所述的建筑板材，其特征在于，所述凹槽适合安放刻划工具。

4. 如权利要求 1 所述的建筑板材，其特征在于，所述凹槽适合安放钢笔、标志器或类似工具，以便直观地确定切割线或刻划线。

6. 如权利要求 1 所述的建筑板材，其特征在于，该板材进一步包括至少一处安装紧固件的定位标记。

7. 如权利要求 6 所述的建筑板材，其特征在于，至少有一处紧固件定位标记刻制在该板材的正面和背面之一上。

8. 如权利要求 1 所述的建筑板材，其特征在于，该板材具有约 6. 35 毫米的厚度。

9. 如权利要求 1 所述的建筑板材，其特征在于，该板材至少有一道表面凹槽，其深度在约 0. 0254 毫米和 3/4 板材厚度之间。

11. 如权利要求 1 所述的建筑板材，其特征在于，该板材至少有一道，它成直线从板材这一边延伸到相对的另一边。

12. 如权利要求 1 所述的建筑板材，其特征在于，该板材至少有一个表面具有第一组多道平行的凹槽。

13. 如权利要求 12 所述的建筑板材，其特征在于，该多道平行凹槽的每一道凹槽都以一个标准测量单位间隔开。

14. 如权利要求 13 所述的建筑板材，其特征在于，该标准测量单位是 0. 794 毫米和 304. 8 毫米之间。

17. 如权利要求 12 所述的建筑板材，其特征在于，该板材还包括第二组多道平行凹槽，这一组多道平行凹槽设置成与第一组多道平行凹槽成一个角度。

18. 如权利要求 17 所述的建筑板材，其特征在于，该角度为直角。

19. 如权利要求 1 所述的建筑板材，其特征在于，该至少一道表面凹槽具有从以下各种形状中选定的形状：V 形、矩形、弧形、梯形和多边形。

20. 如权利要求 1 所述的建筑板材，其特征在于，该至少一道表面凹槽包括具有第一种视觉外观的至少一道凹槽和具有第二种视觉外观的至少一道凹槽。

21. 如权利要求 20 所述的建筑板材，其特征在于，该至少一道具有第一种视觉外观的凹槽包括多道平行凹槽，其延伸至少跨越该板材的一部分，并具有第一种形状，至少一道具有第二种视觉外观的凹槽，包括多道平行凹槽，其延伸跨越至少该板材的一部分，并具有第二种形状。

22. 如权利要求 21 所述的建筑板材，其特征在于，具有第一种形状的多道平行凹槽与与具有第二种形状多道平行凹槽互相平行。

23. 如权利要求 22 所述的建筑板材，其特征在于，具有第一种形状的多道平行凹槽以标准测量单位的间隔开。

24. 如权利要求 23 所述的建筑板材，其特征在于，具有第二种形状的多道平行凹槽以标准测量单位间隔开，并且设置在具有第一种形状的多道平行凹槽之间。”

具体的驳回理由概括如下：

（1）对比文件 1 公开了一种带有导向的塑料板，并具体公开了以下技术特征：板 1；正面 2；背面 3；多道凹槽 4，用于导引切割工具或铣切工具，作为加工槽的导向。可以看出，虽然对比文件 1 公开的凹槽只是为了将塑料板弯折，但是它已经给出了将板材用凹槽的形式进行分割的技术启示，根据本领域技术人员的技术常识，本申请权利要求 1 所要求保护的技术方案是显而易见的，因而不具备专利法第 22 条第 3 款规定的创造性。

（2）对比文件 2 公开了一种实木装饰板，并具体公开了以下技术特征：面板 1；基板 2；实木面板间留有供安装固定钉的 3~5 毫米间隙槽 4，此槽是供安装固定钉用的，也可以看作是一种“安装紧固件的定位标记”，它们与本申请权利要求 6 中的附加技术特征“安装紧固件的定位标记”起到的作用是相同的。因此，对比文件 1 和对比文件 2 相结合已经披露了本申请权利要求 6 的全部技术特征，而且两者的结合没有产生预料不到的技术效果，因此权利要求 6 所要求保护的技术方案也不具备专利法第 22 条第 3 款规定的创造性。

（3）其他的从属权利要求 2~4、7~9、11~14、17~24 中记载的特征同样在对比文件 1 或 2 中公开。因此这些权利要求也不具备专利法第22条第3款规定的创造性。

申请人（下称复审请求人）对上述驳回决定不服，于2005年8月15日向专利复审委员会提出复审请求，并对权利要求书做了如下修改：将从属于权利要求1的权利要求52的附加技术特征并入权利要求1，作为新的独立权利要求，删除了原权利要求52，修改后的权利要求1如下：

“1. 一种建筑板材，其结构使其可沿预定的线被分割成两部分或更多部分，所述板材包括：

一块基本上平直的平板，具有正面和背面以及由这两者限定的厚度；和

在其正面和背面之一至少有一道表面凹槽，所述凹槽限定所述线，用以将所述板材分割成两部分或更多部分，其中所述建筑板材是用纤维增强水泥制成的。”

复审请求人认为：本申请的权利要求1与对比文件1相比，要解决的技术问题不同，技术效果也不同，因而相对于对比文件1，本申请权利要求1具有创造性。同时，对比文件1和2也未公开本发明各从属权利要求中给出的凹槽尺寸范围以及这些尺寸所带来的益处。因此本申请从属权利要求2~4、6~9、11~14、17~24也具备创造性。

经形式审查合格，专利复审委员会受理了该复审请求，并于2005年9月7日向复审请求人发出了复审请求受理通知书，同时向国家知识产权局原审查部门发出了前置审查通知书，并将案卷转送到原审查部门进行前置审查。

在前置审查中，国家知识产权局原审查部门坚持了原驳回决定。

专利复审委员会依法组成合议组对本复审请求案进行了审理，在驳回决定所针对的文本的基础上并结合复审请求人在提出复审请求时对权利要求书所作的修改，于2007年8月15日向复审请求人发出复审审查意见通知书，指出：

本申请权利要求1与对比文件1的区别特征在于：（1）本申请权利要求1是沿预定的凹槽完全切断，将建筑板材分割成多个部分；而对比文件1中的导向凹槽不是被完全切断，而是部分切割，从而可以将石膏板沿凹槽弯折；（2）本申请权利要求1中的建筑板材是用纤维增强水泥制成，而对比文件1中是石膏板。合议组经审查认为：关于区别技术特征（1），虽然对比文件1中的导向凹槽不是被完全切断，而是部分切割，从而可以将石膏板沿凹槽弯折，但是在建筑板材上预制凹槽，本身已经给出了将板材沿预制凹槽的位置进行切割的技术启示，本领域技术人员根据实际情况的需要，从不完全切断完全可以联想到将板材沿预制凹槽的位置进行完全切断；关于区别技术特征（2），纤维增强水泥制成的建筑板材与对比文件1所公开的石膏板同属于建筑板材领域，本领域技术人员从石膏板材上设置导向凹槽完全可以联想到在纤维增强水泥制成的建筑板材也预制同样的导向凹槽来解决切断的技术问题。因此，本领域技术人员根据对比文件1给出的技术启示，得到本申请权利要求1所要求保护的技术方案是显而易见的，因而本申请权利要求1相对于对比文件1不具备创造性。

权利要求2的附加技术特征“凹槽安放切割工具”也被对比文件1（参见其说明书第3页第26~31行）公开了，权利要求3和4的附加技术特征“凹槽安放刻划工具”和“凹槽安放钢笔、标志器或类似工具”也是显而易见可以想到的，因此在其所引用的权利要求1不具备创造性的前提下，权利要求2~4也不具备创造性；

权利要求5中“该板材的结构使其可在一个预定的位置”描述不清楚，根据该描述本领域技术人员不能理解“板材是什么样的结构”以及“在什么样的预定位置”，导致该权利要求的保护范围不清楚，不符合专利法实施细则第20条第1款的规定。

权利要求6的附加技术特征是“板材进一步包括至少一处安装紧固件的定位标记”。对比文件2（参见其说明书第3页第1行至第4页，以及图1-5）公开了一种实木装饰板，并具体公开了以下技

术特征：面板 1；基板 2；实木面板间留有供安装固定钉的 3~5 毫米间隙槽 4。此间隙槽是供安装固定钉用的，与本专利权利要求 6 中的“安装紧固件的定位标记”所起的作用是相同的，因此也可以看做是一种“安装紧固件的定位标记”。所以，现有技术中存在技术启示，使得本领域技术人员可以将对比文件 1 和对比文件 2 相结合，从而得到权利要求 6 的技术方案，因此在其所引用的权利要求 1 不具备创造性的前提下，权利要求 6 相对于对比文件 1 和 2 的结合不具备创造性。

权利要求 7 的附加技术特征“紧固件定位标记刻制在板材的正面和背面之一上”也被对比文件 2（参见其说明书第 3 页第 1 行至第 4 页，以及图 1~5）公开了，因此在其所引用的权利要求 6 不具备创造性的前提下，权利要求 7 也不具备创造性；权利要求 8~9 进一步限定了板材的厚度或表面凹槽的深度，相对于对比文件 2 中公开的板材厚度 3~7 毫米也是显而易见或容易想到的，因此在其所引用的权利要求 1 不具备创造性的前提下，权利要求 8~9 也不具备创造性；权利要求 11~12 限定了凹槽为一道或多道平行的凹槽，该特征在对比文件 1 中（参见其说明书第 3 页第 21~25 行）也被公开了，因此在其所引用的权利要求 1 不具备创造性的前提下，权利要求 11~12 也不具备创造性；权利要求 13~14 限定了多道平行凹槽之间的间隔，相对于对比文件 2 中公开的 3~5 毫米间隙也是显而易见的，因此在其所引用的权利要求不具备创造性的前提下，权利要求 13~14 也不具备创造性；权利要求 17~18 限定了两组平行凹槽之间成一定角度或者成直角，该特征被对比文件 1 中的栅格状凹槽（参见图 13）所公开，因此在其所引用的权利要求不具备创造性的前提下，权利要求 17-18 也不具备创造性；权利要求 19 限定了凹槽的几种常规形状，相对于对比文件 1 中公开的矩形凹槽或 V 形凹槽（参见图 2）都是等效替代或者常规选择，因此在其所引用的权利要求 1 不具备创造性的前提下，权利要求 19 也不具备创造性；权利要求 20~24 进一步限定了板材具有两组不同形状的凹槽、相互之间平行设置、间隔等附加技术特征，都被对比文件 1 所公开（参见图 2 中矩形和 V 形凹槽），因此在其所引用的权利要求不具备创造性的前提下，权利要求 20~24 也不具备创造性。

综上所述，本申请权利要求 1~4、6~9、11~14、17~24 仍然不具备创造性，不符合专利法第 22 条第 3 款的规定。”

复审请求人于 2007 年 10 月 16 日对上述复审通知书进行了答复，并提交了新的权利要求书修改文本，将从属权利要求 28 的全部附加技术特征补入独立权利要求 1 中，并删除了原从属权利要求 28。修改后的权利要求书包括独立权利要求 1 和从属权利要求 2~50，其中独立权利要求 1 内容如下：

“1. 一种建筑板材，其结构使其可沿预定的线被分割成两部分或更多部分，所述板材包括：

一块基本上平直的平板，具有正面和背面以及由这两者限定的厚度；和

在其正面和背面之一至少有一道表面凹槽，所述凹槽限定所述线，用以将所述板分割成两部分或更多部分，其中所述建筑板材是用纤维增强水泥制成的；

其中所述线由在所述正面和所述背面至少之一上的表面网格系统限定，所述表面网格系统包括刻入所述板材的表面的多道切割凹槽，所述多道切割凹槽以若干直线方式基本跨越所述板材的表面延伸。”

复审请求人认为修改后的权利要求书克服了驳回决定所指出的缺陷，因此请求撤销驳回决定。

复审请求人于 2007 年 12 月 21 日再次提交了权利要求书第 1 页（包括权利要求 1~7）的修改替换页，其中仅对权利要求 5 进行了修改，修改后的权利要求 5 如下：

“5. 如权利要求 1 所述的建筑板材，其特征在于，沿与所述预定的线不同的位置刻划刻痕，使板材沿与所述预定的线不同的位置被分割成两部分或更多部分，每条所述预定的线由一表面凹槽限定。”

复审请求人认为修改后的权利要求 5 克服了不清楚的缺陷，同时也没有超出原说明书和权利要求书记载的范围。

至此，合议组认为本案事实清楚，可以作出审查决定。

二、决定的理由

1. 文本的审查和确认

复审请求人在提出复审请求时，修改了权利要求书，将原从属于权利要求 1 的从属权利要求 52 的附加技术特征并入独立权利要求 1，并删除了原权利要求 52。在此基础上，复审请求人于 2007 年 10 月 16 日针对复审通知书指出的缺陷再次修改了权利要求书，将从属于权利要求 1 的权利要求 28 的附加技术特征合并到独立权利要求 1 中，并删除了原从属权利要求 28，调整了其余从属权利要求的引用关系。复审请求人于 2007 年 12 月 21 日再次提交了权利要求书第 1 页（包括权利要求 1~7）的修改替换页，对权利要求 5 进行了修改。合议组经审查，上述修改未超出原始申请文件记载的范围，符合专利法第 33 条的规定，并且符合专利法实施细则第 60 条第 1 款的相关规定。因此本决定是以复审请求人于 2007 年 12 月 21 日提交的权利要求第 1~7 项、2007 年 10 月 16 日提交的权利要求第 8~50 项、2004 年 12 月 15 日提交的说明书第 1~17 页、进入中国国家阶段时提交的附图第 1~10、12~16、18 页和 2004 年 7 月 2 日提交的附图第 11、17 页为基础作出的。

2. 关于权利要求 5 是否符合专利法实施细则第 20 条第 1 款的规定

专利法实施细则第 20 条第 1 款规定：权利要求书应当说明发明或者实用新型的技术特征，清楚、简要地表述请求保护的范围。

权利要求清楚，首先是其类型应当清楚，其次是其所确定的保护范围应当清楚。

本案中，复审请求人于 2007 年 10 月 16 日提交的修改文本中对复审通知书中所指出的原权利要求 5 的不清楚之处进行了相应的修改，2007 年 12 月 21 日复审请求人再次提交了权利要求书第 1 页（包括权利要求 1~7）的修改替换页，其中对权利要求 5 进行了再次修改，最终修改后的权利要求 5 如下：

“5. 如权利要求 1 所述的建筑板材，其特征在于，沿与所述预定的线不同的位置刻划刻痕，使板材沿与所述预定的线不同的位置被分割成两部分或更多部分，每条所述预定的线由一表面凹槽限定。”

合议组经审查认为，首先，权利要求 5 明确其保护的是一种建筑板材；其次结合本申请说明书和附图的解释（参见本申请公开说明书第 12 页最后 4 行，第 19 页倒数第 2 行至第 20 页第 16 行，以及附图 10），本领域技术人员可以对修改后的权利要求 5 的保护范围作出清楚的理解，因此修改后的权利要求 5 符合专利法实施细则第 20 条第 1 款的规定。

3. 关于本申请的创造性

根据专利法第 22 条第 1 款、第 3 款规定，发明应当具备创造性，创造性是指同申请日以前已有的技术相比，该发明有突出的实质性特点和显著的进步。

就本案而言，针对驳回决定以及复审通知书中指出的权利要求 1~4、6~9、11~14、17~24 不具备创造性的缺陷，复审请求人在 2007 年 10 月 16 日提交的修改文本中将从属权利要求 28 的全部附加技术特征加入了权利要求 1 中，形成了新的独立权利要求 1 及其从属权利要求 2~50，复审请求人于 2007 年 12 月 21 日再次提交了权利要求书第 1 页（包括权利要求 1~7）的修改替换页，对权利要求 5 进行了再次修改，消除了驳回决定和复审通知书中指出的缺陷，同时由于修改后的独立权利要求 1 的技术方案的创造性问题在国家知识产权局原审查部门的历次审查意见通知书和驳回决定中均未涉及，因此新的独立权利要求 1 及其从属权利要求 2~50 是否具备创造性以及本申请的整个申请文件是否符合专利法及其实施细则的其他规定，应当由国家知识产权局原审查部门继续进行审查。

根据以上事实和理由，本案合议组作出如下审查决定。

三、决定

撤销国家知识产权局于2005年5月13日对01807271.2号发明专利申请作出的驳回决定，由国家知识产权局原审查部门在复审请求人于2007年12月21日提交的权利要求1~7、2007年10月16日提交的权利要求8~50、2004年12月15日提交的说明书第1~17页、进入中国国家阶段时提交的附图第1~10、12~16、18页和2004年7月2日提交的附图第11、17页的基础上继续进行审批程序。

复审请求人对本决定不服的，可以根据专利法第41条第2款的规定，自收到本决定之日起3个月内向北京市第一中级人民法院起诉。

162

用椭偏法测量临界尺寸的设备和方法

复审请求审查决定（第12308号）

决　定　号　第12308号
决　定　日　2007年12月24日
发明创造名称　用椭偏法测量临界尺寸的设备和方法
国际分类号　G01B 11/06
复审请求人　西门子公司
申　请　号　99125883.5
申　请　日　1999年12月2日
优　先　权　日　1998年12月2日
公　开　日　2000年6月7日
合议组组长　张梅珍
主　审　员　关　刚
参　审　员　李　礼

法律依据　专利法第22条第3款
决定要点

如果一项权利要求所要保护的产品的结构和工作原理已经被对比文件公开，其与对比文件的区别在于对现有技术中所应用的同种类的又是公知的物理特性进行本领域公知的应用，且该应用已被相同领域的另一对比文件所公开，则这对于本领域技术人员来说是显而易见的，不具有突出的实质性特点和显著的进步，不具备创造性。

一、案由

本复审请求涉及申请号为99125883.5、名称为“用椭偏法测量临界尺寸的设备和方法”的发明专利申请（下称本申请），申请人为西门子公司，申请日为1999年12月2日，优先权日为1998年12月2日。本申请公开时的权利要求书包括49项权利要求，其中权利要求1、10、21和29为独立权利要求。

国家知识产权局实质审查部门依法对本申请进行了实质审查，于2004年1月16日针对以下文本作出了驳回决定：于2003年8月13日提交的权利要求1~48项、说明书第1~8页、附图第5页，以及于申请日提交的附图1~4、6~9页、及说明书摘要、摘要附图。驳回决定中引用了以下2篇对比文件：

对比文件1：US5739909 A，公开日为1998年4月14日；

对比文件2：A. Michaelis，J. W. Schultze：“Anisotropy micro-ellipsometry for in-situ determination of optical and crystallographic properties of anisotropic solids and layers with Ti/TiO2 as an example”，THIN SOLID FILMS，vol. 274，pages 82~94，公开日为1996年。

其具体理由为，以本申请独立权利要求1、9和20相对于对比文件1和2的结合不具备创造性，从属权利要求3~8、10~16、19相对于对比文件1和2的结合不具备创造性，从属权利要求2、17、18相对于对比文件1、2以及公知常识的结合不具备创造性，不符合专利法第22条第3款的规定，权利要求2、7、26、27不符合专利法第26条第4款的规定，权利要求1、9不符合专利法实施细则第21条第2款的规定。驳回决定所针对的独立权利要求1、9、20的内容分别为：

“1. 测量具有外形双折射的表面图形尺寸的设备，包括：

一个光源，提供入射光射到具有表面图形的表面上，所述表面图形包括沿平行于表面方向延伸的图形；

一个光探测器，测量入射光被表面图形反射后的特征；

一个转台，用于转动所述表面以使入射光由于转台的转动而以不同的入射光与表面法线之间的角度入射；

一个处理器，处理测得的反射光特性，并使之与表面图形尺寸相关联。

9. 一种测量具有外形双折射的表面图形尺寸的方法，包括以下步骤：

提供具有表面图形的表面，所述表面图形包括沿平行于表面方向延伸的图形；

用第一偏振光照射表面图形；

测量被表面图形反射的光的偏振；

转动样品使表面图形转动，以测量至少在一个新的转动位置上反射光的偏振；使反射偏振与表面图形尺寸相关联。

20. 一台在各向异性样品上以高的水平分辨率测量临界尺寸的设备，所说的各向异性样品表现出外形双折射，所说的设备包括以下部分：

一台椭偏仪，用来测量椭偏参数Δ和ψ，所说的椭偏仪将线偏振的入射光射到样品上选定的区域以产生椭圆偏振反射光，所说的椭偏仪将所说的线偏振入射光与所说的椭圆偏振反射光作比较，以测量所说的椭偏参数Δ和ψ；

转台，被置于所说的椭偏仪下方用以转动样品，以改变对转轴中心的转角α，所说的转轴中心是与所说的椭偏仪对准的，所说的椭偏仪使所说的椭偏参数Δ和ψ与所说的转角α相关联，从而以高的水平分辨率测定样品选定区域的临界尺寸。”

申请人西门子公司（下称复审请求人）不服上述驳回决定，于2004年4月8日向专利复审委员会提出复审请求，并提交了权利要求书全文和说明书全文的修改替换页。其中复审请求人对权利要求1和9的主题名称分别进行了修改，用以克服驳回决定中指出的权利要求1、9不符合专利法实施细则第21条第2款的规定的缺陷，并修改了权利要求书和说明书的表述，用以克服驳回决定中指出的权利要求2、7、26和27不符合专利法第26条第4款的规定的缺陷。复审请求人认为，对比文件1没有公开使用双折射并且含有转台的各向异性椭偏仪的技术方案，而对比文件2没有描述各向异性椭偏仪能够被用于测量具有外形双折射的表面结构尺寸的启示，因此不存在使本领域普通技术人员将对比文件1和2相结合，从而得到权利要求1的技术方案的技术启示。修改后的权利要求书共包括48项权利要求，其中权利要求1~20如下：

“1. 使用各向异性微椭偏仪测量具有外形双折射的表面图形尺寸的设备，包括：

一个光源，提供入射光射到具有表面图形的表面上，所述表面图形包括沿平行于表面方向延伸的图形；

一个光探测器，测量入射光被表面图形反射后的特征；

一个转台，用于转动所述表面以使入射光由于转台的转动而以不同的入射光与表面法线之间的角度入射；

一个处理器，处理测得的反射光特性，并使之与表面图形尺寸相关联。

2. 权利要求 1 所述的设备，其中测得的反射光特性通过光的复折射率与图形外形尺寸间的公式关系而与表面图形尺寸相关联。

3. 权利要求 1 所述的设备，其中表面图形包括沿垂直于表面的厚度方向延伸的图形。

4. 权利要求 1 所述的设备，其中入射光包括线偏振光。

5. 权利要求 1 所述的设备，其中反射光包括椭圆偏振光。

6. 权利要求 1 所述的设备，其中光源在椭偏仪中。

7. 权利要求 1 所述的设备，其中测得的反射光特性通过反射光特性与图形外形尺寸间校准的经验关系而与表面图形尺寸相关联。

8. 权利要求 1 所述的设备，其中测量长度小于 250nm 的表面图形尺寸。

9. 一种使用各向异性微椭偏仪测量具有外形双折射的表面图形尺寸的方法，包括以下步骤：

提供具有表面图形的表面，所述表面图形包括沿平行于表面方向延伸的图形；

用第一偏振光照射表面图形；

测量被表面图形反射的光的偏振；

转动样品使表面图形转动，以测量至少在一个新的转动位置上反射光的偏振；使反射偏振与表面图形尺寸相关联。

10. 权利要求 9 所述的方法，其中提供表面的步骤是提供带有表面图形的半导体器件。

11. 权利要求 9 所述的方法，其中用第一偏振光照射表面图形的步骤包括用线偏振光照射表面图形。

12. 权利要求 9 所述的方法，其中测量表面图形反射光的偏振的步骤包括测量反射光的椭偏角。

13. 权利要求 9 所述的方法，其中转动表面的步骤是以 20 度的步幅转动表面来使表面图形转动。

14. 权利要求 9 所述的方法，其中使反射偏振与表面图形尺寸相关联的步骤是提供一个使反射光特性与表面图形尺寸相关联的公式。

15. 权利要求 14 所述的方法，其中反射光特性包括偏振角。

16. 权利要求 9 所述的方法，其中使反射偏振与表面图形尺寸相关联的步骤由以下步骤组成：

提供表面图形的校准数据；

使反射光特性与校准数据相关联以确定表面图形的特性曲线；

将反射光特性与特性曲线作比较来测定表面图形的尺寸。

17. 权利要求 9 所述的方法，其中使反射偏振与表面图形尺寸相关联的步骤是建立一个介电张量，以使反射光特性与表面图形尺寸相关联。

18. 权利要求 9 所述的方法，其中还包括测量水平和垂直方向图形尺寸的步骤。

19. 权利要求 9 所述的方法，其中还包括测量小于 250nm 的图形尺寸的步骤。

20. 一台在各向异性样品上以高的水平分辨率测量临界尺寸的设备，所说的各向异性样品表现出外形双折射，所说的设备包括以下部分：

一台椭偏仪，用来测量椭偏参数 Δ 和 ψ，所说的椭偏仪将线偏振的入射光射到样品上选定的区域以产生椭圆偏振反射光，所说的椭偏仪将所说的线偏振入射光与所说的椭圆偏振反射光作比较，以测

量所说的椭偏参数 Δ 和 ψ；

转台，被置于所说的椭偏仪下方用以转动样品，以改变对转轴中心的转角 α，所说的转轴中心是与所说的椭偏仪对准的，所说的椭偏仪使所说的椭偏参数 Δ 和 ψ 与所说的转角 α 相关联，从而以高的水平分辨率测定样品选定区域的临界尺寸。”

经形式审查合格后，专利复审委员会依法受理了上述请求，并于 2004 年 5 月 11 日向复审请求人发出了复审请求受理通知书，同时向原审查部门发出前置审查通知书。

原审查部门对该复审请求做出前置审查意见，仍然坚持原驳回决定。

针对上述复审请求，专利复审委员会依法成立合议组对该复审请求案进行审理。本案合议组于 2007 年 8 月 6 日向复审请求人发出复审通知书，指出复审请求人于提出复审时提交的权利要求 1~20 相对于对比文件 1、2 不具备专利法第 22 条第 3 款规定的创造性。合议组认为，对比文件 2 和 1 均涉及利用椭偏仪测量外形尺寸，与本申请的技术领域相同，对比文件 2 公开了本申请的各向异性微椭偏仪的结构和测量原理，并公开了用各向异性椭偏仪来测量各向异性固体或层的厚度，对比文件 1 公开了椭偏仪可用于测量周期性结构的线宽，即本申请所述的平行于表面方向的图形尺寸，在对比文件 1 给出了可将椭偏仪用于测量平行于表面方向图形尺寸的技术启示的情况下，由于对比文件 2 与本申请的各向异性微椭偏仪的结构和测量原理是相同的，本领域技术人员容易想到利用对比文件 2 的各向异性微椭偏仪测量平行于表面方向的图形尺寸，对比文件 2 和对比文件 1 存在结合启示。

针对上述复审通知书，复审请求人于 2007 年 9 月 18 日提交了意见陈述书，并未对申请文件进行修改。复审请求人认为，对比文件 2 是本申请最接近的现有技术，其公开了本申请的技术特征最多，尤其是公开了各向异性椭偏仪的结构和测量原理，并公开了各向异性椭偏仪可以用于测量由多层不同材料构成的层堆叠中的层的厚度以及公开了测量晶体的晶体常数和外延尺寸。本申请权利要求 1 与对比文件 2 的区别在于：使用各向异性椭偏仪测量具有外形双折射的表面图形尺寸的设备以及所述表面图形包括沿平行于表面方向延伸的图形。该区别技术特征实际解决的问题是，使得各向异性椭偏仪除了具有现有技术中测量厚度的功能，还能够具有测量表面图形尺寸的功能。而对比文件 1 中公开的椭偏仪是利用光谱椭圆偏振法测量和控制周期性结构中的线宽，其与本申请的各向异性椭偏仪的测量原理存在巨大差异，对比文件 1 中没有“使用具有外形双折射的表面”的启示，不存在将对比文件 1 中利用光谱椭圆偏振法测量周期性结构中的线宽应用于对比文件 2 中的各向异性椭偏仪的技术启示，因此权利要求 1 具备创造性。

至此，合议组认为本案事实已经清楚，现依法作出复审决定。

二、决定的理由

1. 关于审查文本

本复审决定针对的申请文本是：复审请求人于 2004 年 4 月 8 日提出复审请求时提交的权利要求第 1~48 项，说明书第 1~11 页，于 2003 年 8 月 13 日提交的说明书附图第 5 页，于申请日提交的说明书附图第 1~4、6~9 页以及说明书摘要和摘要附图。

2. 关于创造性

专利法第 22 条第 3 款规定：创造性，是指同申请日以前已有的技术相比，该发明有突出的实质性特点和显著的进步，该实用新型有实质性特点和进步。

（1）权利要求 1 请求保护一种使用各向异性微椭偏仪测量具有外形双折射的表面图形尺寸的设备。对比文件 2 公开了探测以 Ti/TiO_2 为例的各向异性固体和层的光学和结晶特性的各向异性微椭偏仪，其中具体公开了如下技术特征（参见对比文件 2 全文）：提供一种用于测量各向异性固体上的层的特性的改进的微椭偏法，该方法可以测量标准参数例如层厚度（对比文件 2 第 1 页第 2 栏第 1~4

行)，其中公开的各向异性微椭偏仪（AME）是在椭偏仪上使用使样品沿表面法线转动（欧拉角 α）的旋转分析装置（参见对比文件 2 第 4 页第 1 栏最后一段)，该转动分析装置相当于本申请中的转台，在对比文件 2 中样品的各向异性使得椭偏参数 Δ 和 ψ 的值成为样品所转动的欧拉角的函数，所述欧拉角表示系统介电张量相对于表面法线的取向（参见对比文件 2 摘要第 1~3 行)，各向异性特性使得椭偏参数 Δ 和 ψ 随样品沿表面法线转动而强烈地变化，所测量的椭偏参数 Δ 和 ψ 与各向异性固体的层厚相关联（参见对比文件 2 第 2 页第 2 栏第 13 行至第 5 页第 2 栏第 14 行 Fundamentals of AME 部分)，以此测得各向异性固体或层的厚度。可见，对比文件 2 已经公开了本申请的各向异性椭偏仪（AME）的结构和测量原理，各向异性椭偏仪是利用样品的各向异性进行测量的，而外形双折射是样品各向异性的一种，因此只要待测样品具有双折射的特性，不管是何种类型的双折射，都能利用待测样品的双折射实现测量。因此权利要求 1 与对比文件 2 相比，其区别在于“所述表面图形包括沿平行于表面方向延伸的图形”以及对椭偏仪的光源、光探测器、处理器这些具体结构的描述。

对比文件 1 公开了一种利用光谱椭偏法测量和控制周期性结构中的线宽的方法，其中具体公开了如下特征（参见对比文件 1 说明书第 3 栏第 52 行至第 4 栏第 7 行，附图 1~5)：椭偏仪 30，包括光源 20，提供入射光 10 射到工件 40 上，反射光离开工件 40 后通过一分析仪，然后传输到探测器，再将信号输入到处理器中，处理器确定反应入射光与反射光关系的椭偏参数 Δ 和 ψ，而椭偏参数 Δ 和 ψ 与工件 40 的周期性结构特征 42 和间隔 44（相当于平行于表面方向的图形尺寸）相关联。可见，对比文件 1 已经公开了椭偏仪包括光源，光探测器，处理器等公知结构，以及椭偏仪可以测量平行于图形表面方向的尺寸，即对比文件 1 已经给出了椭偏仪可用于测量平行于图形表面方向的尺寸的技术启示，因此本领域普通技术人员容易将对比文件 1 结合到对比文件 2 中，从而得到本申请权利要求 1 的技术方案，因此权利要求 1 的技术方案相对于对比文件 1 和 2 不具备突出的实质性特点和显著的进步，不符合专利法第 22 条第 3 款规定的创造性。

复审请求人认为，对比文件 1 中公开的椭偏仪是利用光谱椭圆偏振法测量和控制周期性结构中的线宽，其与本申请的各向异性椭偏仪的测量原理存在巨大差异，对比文件 1 中没有“使用具有外形双折射的表面”的启示，不存在将对比文件 1 中利用光谱椭圆偏振法测量周期性结构中的线宽的技术特征应用于对比文件 2 中的各向异性椭偏仪的技术启示。

合议组认为，虽然对比文件 1 中的椭偏仪与本申请中的椭偏仪的测量原理存在差异，对比文件 1 中未公开“使用具有外形双折射的表面”的技术特征，但是如前所述由于对比文件 2 已公开了本申请权利要求 1 中的椭偏仪，本申请权利要求 1 与对比文件 2 的区别仅在于其所测量的是“沿平行于表面方向延伸”的图形尺寸，而对比文件 1 恰恰公开了利用椭偏仪测量周期性结构的线宽这一内容，也就是说对比文件 1 已说明利用椭偏仪测量周期性结构的线宽，即本申请所述的平行于表面方向的图形尺寸属于现有技术，而且对于待测样品来说，平行于表面方向的尺寸和垂直于表面方向的尺寸是相对的，利用椭偏仪对两者进行测量的原理和方法并没有差异，在对比文件 2 已经公开了本申请权利要求 1 的椭偏仪并且公开了将其用于测量样品厚度的技术内容的情况下，本领域技术人员容易从对比文件 1 所公开的椭偏仪可用于测量平行于图形表面方向的尺寸的技术内容中得到启示，将对比文件 2 中的各向异性椭偏仪用于测量平行于表面方向的图形尺寸，这是显而易见的，并不需要付出创造性的劳动。因此本申请权利要求 1 相对于对比文件 2 和对比文件 1 的结合不具备创造性。

（2）权利要求 2、3 分别对光反射特性与表面图形的关系和表面图形作了进一步限定，但是，对比文件 2 还公开了如下技术特征（参见对比文件 2 第 1 页第 2 栏第 1 行至第 4 行、第 3 页第 2 栏第 18 行至第 23 行)：各向异性椭偏仪可以测量标准参数如厚度，待测样品的复介电张量与复折射率相关。而介电张量与厚度和光学常数相关是公知的，由此可知厚度和光学常数是与复折射率相关的，可见，权利要求2和3的附加技术特征已经被对比文件2所公开，当其所引用的权利要求1不具备创造性时，权利要求2和3也不具备专利法第22条第3款规定的创造性。

（3）权利要求4~6分别对入射光、反射光和光源作了进一步限定。对比文件1背景技术部分对传统椭偏仪进行了介绍（参见对比文件1说明书第1栏66行至第2栏27行），其中具体描述了椭偏仪利用线偏振光作为入射光，而反射光为椭圆偏振光，以及椭偏仪包括光源20（参见对比文件1说明书第3栏56行至58行）。可见，权利要求4~6的附加技术特征已经被对比文件1所公开，当其所引用的权利要求1不具备创造性时，权利要求4~6也不具备专利法第22条第3款规定的创造性。

（4）权利要求7的附加技术特征为"其中测得的反射光特性通过反射光特性与图形外形尺寸间校准的经验关系而与表面图形尺寸相关联"，即对反射光特性与图形尺寸间的对应关系进行校准。对于本领域普通技术人员来说，对测量值与结果值之间的映射关系进行校准以期获得更加准确的对应关系属于本领域公知的技术手段，这种技术手段的应用对于本领域技术人员是显而易见的，因此，当其所引用的权利要求1不具备创造性时，权利要求7也不具备专利法第22条第3款规定的创造性。

（5）权利要求8对椭偏仪的测量长度作了进一步限定。对比文件1公开了如下技术特征（参见对比文件1第6栏第19行至第23行，图4）：所测样品的实际线宽为0.220、0.250微米（即220nm、250nm）。可见，权利要求8的附加技术特征已经被对比文件1所公开，当其所引用的权利要求1不具备创造性时，权利要求8也不具备专利法第22条第3款规定的创造性。

（6）权利要求9涉及一种使用各向异性微椭偏仪测量具有外形双折射的表面图形尺寸的方法。对比文件2公开了探测以Ti/TiO_2为例的各向异性固体和层的光学和结晶特性的各向异性微椭偏仪，其中具体公开了如下技术特征（参见对比文件2全文）：提供一种用于测量各向异性固体上的层的特性的改进的微椭偏法，该方法可以测量标准参数例如层厚度（对比文件2第1页第2栏第1~4行），其中公开的各向异性椭偏仪（AME）是在椭偏仪上使用使样品沿表面法线转动（欧拉角α）的旋转分析装置（参见对比文件2第4页第1栏最后一段），该转动分析装置相当于本申请的转台，其中利用样品的各向异性使得椭偏参数Δ和ψ的值成为样品所转动的欧拉角的函数，所述欧拉角表示系统介电张量相对于表面法线的取向（参见对比文件2摘要第1~3行），各向异性特性使得椭偏参数Δ和ψ随样品沿表面法线转动而强烈地变化，所测量的椭偏参数Δ和ψ与各向异性固体的层厚相关联（参见对比文件2第2页第2栏第13行至第5页第2栏第14行Fundamentals of AME部分），以此测得各向异性固体或层的厚度。对比文件2已经对各向异性椭偏仪（AME）的工作原理及部件进行了说明，各向异性椭偏仪是利用样品的各向异性进行测量的，而外形双折射是样品各向异性的一种，因此权利要求9与对比文件2相比，其区别在于"所述表面图形包括沿平行于表面方向延伸的图形"。

对比文件1公开了一种利用光谱椭偏法测量和控制周期性结构中的线宽的方法，其中就公开了利用椭偏仪测量周期性结构特征和间隔（相当于平行于表面方向的图形尺寸）（参见对比文件1说明书第3栏第52行至第4栏第7行，附图1~5）。可见，对比文件1已经公开了椭偏仪可用于测量平行于图形表面方向的尺寸的技术启示，因此本领域普通技术人员容易将对比文件1结合到对比文件2中，从而得到权利要求9的技术方案，因此权利要求9的技术方案相对于对比文件1和2不具备突出的实质性特点和显著的进步，不符合专利法第22条第3款规定的创造性。

（7）权利要求10~12分别对表面图形、入射偏振光、所测量的反射光特性作了进一步限定。对比文件1中背景技术部分对传统椭偏仪进行了介绍（参见对比文件1说明书第1栏第13~15行，第1栏第66行至第2栏27行），其中具体描述了所测量的对象包括半导体器件，椭偏仪利用线偏振光作为入射光，测量反射光的椭偏角。可见，权利要求10~12的附加技术特征已经被对比文件1所公开，当其所引用的权利要求9不具备创造性时，权利要求10~12也不具备专利法第22条第3款规定的创造性。

（8）权利要求13的附加技术特征为“其中转动表面的步骤是以20度的步幅转动表面来使表面图形转动”。对比文件2已经公开了利用旋转分析装置以使样品沿表面法线转动（对比文件2第4页第1栏最后一段）的技术特征，而对于本领域普通技术人员来说，根据测量所需要的精度以某个角度为步幅转动待测对象属于本领域常用的技术手段，这种技术手段的应用对于本领域技术人员是显而易见的，因此，当其所引用的权利要求9不具备创造性时，权利要求13也不具备专利法第22条第3款规定的创造性。

（9）权利要求14、15对反射光特性与表面图形尺寸的关系以及反射光特性作了进一步限定。对比文件2还公开了如下技术特征（参见对比文件2第2页第2栏第13行至第5页第2栏第14行Fundamentals of AME部分）：测量的椭偏参数Δ和ψ（椭偏角）与各向异性固体的层厚相关联。并提供了椭偏参数Δ和ψ与各向异性固体的层厚相关联的公式。可见，权利要求14、15的附加技术特征也已经被对比文件2所公开，当其所引用的权利要求9不具备创造性时，权利要求14、15也不具备专利法第22条第3款规定的创造性。

（10）权利要求16对使反射偏振与表面图形尺寸相关联步骤作了进一步限定。但是，对于本领域普通技术人员来说，对测量值与结果值之间的映射关系进行校准以期获得更加准确的对应关系属于本领域公知的技术手段，这种技术手段的应用对于本领域技术人员是显而易见的，因此，当其所引用的权利要求9不具备创造性时，权利要求16也不具备专利法第22条第3款规定的创造性。

（11）权利要求17附加技术特征为“其中使反射偏振与表面图形尺寸相关联的步骤是建立一个介电张量，以使反射光特性与表面图形尺寸相关联”。对比文件2还公开了如下技术特征（参见对比文件2第3页第2栏第18~23行）：给待测样品的建立复介电张量，使各向异性椭偏仪的反射偏振与待测样品的厚度和光学常数相关联。可见，权利要求17的附加技术特征已经被对比文件2所公开，当其所引用的权利要求9不具备创造性时，权利要求17也不具备专利法第22条第3款规定的创造性。

（12）权利要求18对椭偏仪所测量的表面图形方向作了进一步限定。对比文件2还公开了如下技术特征（参见对比文件2第1页第2栏第1~4行）：各向异性椭偏仪可以测量标准参数如厚度。测量水平方向图形尺寸的技术特征已在上面评述。可见，权利要求18的附加技术特征已经被对比文件2所公开，当其所引用的权利要求9不具备创造性时，权利要求18也不具备专利法第22条第3款规定的创造性。

（13）权利要求19对椭偏仪的测量尺寸作了进一步限定。对比文件1还公开了如下技术特征（参见对比文件1第6栏第19~23行，图4）：所测样品的实际线宽为0.220、0.250微米（即220nm、250nm）。可见，权利要求19的附加技术特征已经被对比文件1所公开，当其所引用的权利要求9不具备创造性时，权利要求19也不具备专利法第22条第3款规定的创造性。

（14）权利要求20涉及一种在各向异性样品上以高的水平分辨率测量临界尺寸的设备。对比文件2公开了用于探测以Ti/TiO_2为例的各向异性固体或层的光学和结晶特性的各向异性微椭偏仪，其中具体公开了如下技术特征（参见对比文件2全文）：提供一种用于测量各向异性固体上的层的特性的改进的微椭偏法，该方法可以测量标准参数例如层厚度（对比文件2第1页第2栏第1~4行），其中公开的各向异性椭偏仪（AME）是在椭偏仪上使用使样品沿表面法线转动（欧拉角α）的旋转分析装置（参见对比文件2第4页第1栏最后一段），该转动分析装置相当于本申请的转台，其中样品的各向异性使得椭偏参数Δ和ψ的值成为样品所转动的欧拉角的函数，所述欧拉角表示系统介电张量相对于表面法线的取向（参见对比文件2摘要第1~3行），各向异性特性使得椭偏参数Δ和ψ随样品沿表面法线转动而强烈地变化，所测量的椭偏参数 Δ 和 ψ 与各向异性固体的层厚相关联（参见对比文件 2 第 2 页第 2 栏第 13 行至第 5 页第 2 栏第 14 行 Fundamentals of AME 部分），以此测得各向异性固体或层的厚度。对比文件 2 已经对各向异性椭偏仪（AME）的工作原理及部件进行了说明，各向异性椭偏仪是利用样品的各向异性进行测量的，而外形双折射是样品各向异性的一种，因此权利要求 20 与对比文件 2 相比，其区别在于“所述表面图形包括沿平行于表面方向延伸的图形”。

对比文件 1 公开了一种利用光谱椭偏法测量和控制周期性结构中的线宽的方法，其中就公开了利用椭偏仪测量周期性结构特征和间隔（相当于平行于表面方向的图形尺寸）（参见对比文件 1 说明书第 3 栏第 52 行至第 4 栏第 7 行，附图 1~5）。可见，对比文件 1 已经公开了椭偏仪可用于测量平行于图形表面方向的尺寸的技术启示，本领域普通技术人员容易将对比文件 1 结合到对比文件 2 中，从而得到权利要求 20 的技术方案，因此权利要求 20 的技术方案相对于对比文件 1 和 2 不具备突出的实质性特点和显著的进步，不符合专利法第 22 条第 3 款规定的创造性。

综上所述，本申请权利要求 1~20 均不具备专利法第 22 条第 3 款规定的创造性。

根据上述事实和理由，本案合议组依法做出以下审查决定。

三、决定

复审请求理由不成立，维持国家知识产权局于 2004 年 1 月 16 日对 99125883.5 号发明专利申请作出的驳回决定。

复审请求人对本决定不服的，可以根据专利法第 41 条第 2 款的规定，自收到本决定之日起三个月内向北京市第一中级人民法院起诉。

163

一种用于道路施工的土壤固化剂

复审请求审查决定（第12339号）

决　定　号　第12339号
决　定　日　2007年12月25日
发明创造名称　一种用于道路施工的土壤固化剂
国际分类号　C04B 18/06，C04B 18/08，C04B 22/06，C04B 22/14；C09K 17/02，E02D 3/12
复审请求人　徐尔昌
申　请　号　200410008727.0
申　请　日　2004年3月16日
公　开　日　2005年1月12日
合议组组长　赵　明
主　审　员　姜　岩
参　审　员　刘　犟

法律依据　专利法第22条第3款
决定要点

在对一项权利要求的创造性进行判断时，应当将权利要求所述的技术方案和最接近现有技术进行特征对比，找出它们之间存在的区别特征，如果现有技术没有给出将区别特征应用到最接近的现有技术中的教导和启示，并且要求保护的技术方案能够产生有益的效果，则该权利要求具备创造性。

一、案由

本复审请求涉及申请人徐尔昌于2004年3月16日申请，2005年1月12日公开，名称为“一种用于道路施工的土壤固化剂”的200410008727.0号发明专利申请（下称本申请）。

国家知识产权局于2005年8月5日驳回了该申请，理由是权利要求1~6相对于对比文件1（CN1280110A，公开日为2001年1月17日）不符合专利法第22条第3款规定的创造性。

驳回决定所针对的权利要求书为：

“1. 一种用于道路施工的土壤固化剂，其特征在于：以发电厂燃烧亚烟煤或褐煤时所产生的干排粉煤灰和脱硫石膏两种废料为主要成分，辅以生石灰和/或水泥、熟石膏以及硫酸铝或明矾石次要成分，通过称量配比、强制搅拌及混合，制成干粉状态的土壤固化剂产品，其各组分配方范围如下，均以重量百分比计：

粉煤灰　　　　50%~80%

生石灰和/或水泥　　15%～30%
脱硫石膏　　5%～15%
熟石膏　　0%～10%
硫酸铝或明矾石　　0%～5%

以上各组分含量的百分数之和应为100%。

2. 根据权利要求1所述的一种用于道路施工的土壤固化剂，其特征在于：所述干排粉煤灰的粒径一般不大于45μm，在它的化学成分中CaO含量为15%～30%。

3. 根据权利要求1所述的一种用于道路施工的土壤固化剂，其特征在于：所述的脱硫石膏应直接采用未经烘干的湿态脱硫石膏，湿态脱硫石膏中的吸附水在制备土壤固化剂过程中发生水化反应时，被配方中的生石灰和/或熟石膏所吸收。

4. 根据权利要求1所述的一种用于道路施工的土壤固化剂，其特征在于：所述熟石膏又称为建筑石膏，采用天然石膏石或脱硫石膏经过煅烧和粉磨而制成的粉状物料，其中β-$CaSO_4\cdot 1/2H_2O$含量应不低于70%。

5. 根据权利要求1所述的一种用于道路施工的土壤固化剂，其特征在于：所述生石灰又称为建筑石灰，采用天然石灰石经过煅烧和粉磨制成的粉状物料，其中CaO含量应不低于70%，MgO含量应不高于5%。

6. 根据权利要求1所述的一种用于道路施工的土壤固化剂，其特征在于：所述水泥采用42.5MPa或32.5MPa普通硅酸盐水泥或矿渣硅酸盐水泥。"

申请人（以下称请求人）对上述驳回决定不服，于2005年10月19日向专利复审委员会提出复审请求，请求人认为，国家知识产权局驳回的理由不成立，具体为：（1）本申请和对比文件1所属技术领域不同，二者之间没有可比性。（2）本专利在原料种类选择上与对比文件1有着本质的不同，本申请选用的主要原料是高钙粉煤灰，对比文件1对应选用的是矿渣；本申请的其他主要原料是工业废料脱硫石膏、水泥，对比文件1选用的是天然石膏、水泥熟料；本申请选用的其他原料是生石灰和明矾石，对比文件1中没有选用；本申请没有选用任何有机原料，只有少量的硫酸铝和对比文件1中相同，所以本申请的固化剂配方组成与对比文件1配方组成有着本质的区别。本申请的原料选择主要出于对电厂粉煤灰和脱硫石膏的废物利用。（3）本专利采用了特殊的方法，选用脱硫石膏的同时选用了生石灰，利用生石灰的水化反应脱去脱硫石膏中的吸附水，才使脱硫石膏得到了应用，取得了意想不到的技术效果。

请求人在提出复审请求的同时没有对专利申请文件进行修改。

形式审查合格后，专利复审委员会受理了该复审请求，并于2005年11月24日向请求人发出《复审请求受理通知书》，随后将本申请移交原实审部门进行前置审查。

原实审部门对本复审请求进行了前置审查，坚持原驳回决定。

专利复审委员会组成合议组，对本案的复审请求进行了审理。

本案合议组于2007年9月26日向请求人发出复审通知书。复审通知书指出，本领域的普通技术人员在对比文件1的基础上通过合乎逻辑的分析或有限的试验即可获得权利要求1请求保护的技术方案，所以权利要求1不符合专利法第22条第3款规定的创造性。权利要求2、4～6的附加技术特征对原料的选择作了进一步限定，但上述选择对本领域技术人员来说是显而易见的，因此，权利要求2、4～6也不具备创造性。

针对复审通知书指出的问题，请求人于2007年10月17日提交了意见陈述书，并于2007年10月31日再次提交了意见陈述书及经修改的权利要求书及说明书第1～5页替换页。请求人认为修改后的权利要求具备了创造性，修改后的权利要求为：

“1. 一种用于道路施工的土壤固化剂，其特征在于：以发电厂燃烧亚烟煤或褐煤时所产生的干排粉煤灰和脱硫石膏两种废料为主要成分，辅以生石灰和/或水泥、熟石膏以及硫酸铝/明矾石等次要成分，通过称量配比、强制搅拌及混合，制成干粉状态的土壤固化剂产品，其中脱硫石膏应直接采用未经烘干的湿态脱硫石膏，$CaSO_4 \cdot 2H_2O$ 含量不低于 85%，吸附水含量不高于 15%，熟石膏采用天然石膏石或脱硫石膏经过煅烧和粉磨而制成的粉状物料，其中 $\beta-CaSO_4 \cdot 1/2H_2O$ 含量不低于 70%，各组份配方范围如下，均以重量百分比计：

粉煤灰	50%～80%
生石灰和/或水泥	15%～30%
脱硫石膏-干基	5%～15%
熟石膏	0%～10%
硫酸铝/明矾石	0%～5%

以上各组分含量的百分数之和应为 100%。

2. 根据权利要求 1 所述的一种用于道路施工的土壤固化剂，其特征在于：所述干排粉煤灰的粒径一般不大于 45μm，在它的化学成分中 CaO 含量为 15%～30%。

3. 根据权利要求 1 所述的一种用于道路施工的土壤固化剂，其特征在于：所述生石灰又称为建筑石灰，采用天然石灰石经过煅烧和粉磨制成的粉状物料，其中 CaO 含量应不低于 70%，MgO 含量应不高于 5%。

4. 根据权利要求 1 所述的一种用于道路施工的土壤固化剂，其特征在于：所述水泥采用 42.5MPa 或 32.5MPa 普通硅酸盐水泥或矿渣硅酸盐水泥。

5. 根据权利要求 1 所述的一种用于道路施工的土壤固化剂，其特征在于：所述的组分配方中，如采用水泥或是同时采用生石灰和水泥制备土壤固化剂，为了避免水泥在制备过程中发生水化而失效，应在其他组分进行一次搅拌混合后再加入水泥组分进行第二次搅拌制成土壤固化剂。”

请求人于 2007 年 12 月 7 日再次提交了意见陈述书和说明书第 1～5 页的修改替换页，表示在 2007 年 10 月 31 日提交的修改文本中，对说明书第 3 页的修改出现了错误，造成了与原始公开的说明书出现了不一致，现在根据原始文件对说明书重新进行了修改，使说明书和原始公开的说明书一致。

至此，合议组认为本案事实清楚，可以作出审查决定。

二、决定的理由

1. 审查基础

本决定的审查基础是请求人 2007 年 10 月 31 日提交的权利要求 1～5，2007 年 12 月 7 日提交的说明书第 1～5 页及 2005 年 6 月 28 日提交的说明书摘要。

2. 关于创造性

专利法第 22 条第 3 款规定的创造性，是指同申请日以前已有的技术相比，该发明有突出的实质性特点和显著的进步，该实用新型具有实质性特点和进步。

在对一项权利要求的创造性进行判断时，应当将权利要求所述的技术方案和最接近现有技术进行特征对比，找出它们之间存在的区别特征，如果现有技术没有给出将区别特征应用到最接近的现有技术中的教导和启示，并且要求保护的技术方案能够产生有益的效果，则该权利要求具备创造性。

本申请涉及一种用于道路施工的土壤固化剂，根据说明书发明内容部分的记载，其发明目的是通过工业废物的再利用，从而生产提供一种可使被固结的土壤不产生体积收缩，提高土壤的防水渗透性和防冻性，从而加强底基层和基层的板体性，避免公路路面产生裂缝，提高公路的施工质量，降低施工成本且符合环保要求的用于道路施工的土壤固化剂。

对比文件 1 中公开了一种瓷渣固化剂，其可用于陶瓷废渣固化及土壤固化（对比文件 1 说明书第 3 页第 7~13 行），并具体公开了如下固化剂配方：工业废渣（可以是电厂粉煤灰）40%~70%；普通硅酸盐熟料 5%~20%；石灰 5%~30%；石膏（可选择天然二水石膏、半水石膏）5%~30%；激发素（可选择为硫酸铝及少量有机材料）1%~5%（参见对比文件 1 说明书第 2 页第 11~22 行）。

本申请的权利要求 1 要求保护的是一种道路施工的土壤固化剂，该土壤固化剂与对比文件 1 的固化剂比较，其主要区别在于：（1）本申请中采用脱硫石膏为主要成分，对比文件 1 中采用石膏（可选择天然二水石膏、半水石膏）；（2）本申请中脱硫石膏直接采用未经烘干的湿态脱硫石膏，且限定 $CaSO_4 \cdot 2H_2O$ 含量不低于 85%，吸附水含量不高于 15%；（3）本申请限定了熟石膏采用天然石膏石或脱硫石膏经过煅烧和粉磨而制成的粉状物料，其中 β-$CaSO_4 \cdot 1/2H_2O$ 含量应不低于 70%；（4）具体限定了使用电厂燃烧亚烟煤或褐煤时所产生的干排粉煤灰。

本申请的土壤固化剂是以发电厂燃烧亚烟煤或褐煤时所产生的干排粉煤灰和脱硫石膏为主要成分，通过工业废料的再利用，提供一种可使被固结的土壤不产生体积收缩，提高土壤的防水渗透性和防冻性的土壤固化剂，其可以加强底基层和基层的板体性，避免公路路面产生裂缝，提高公路的施工质量，降低施工成本。

而现有技术中并没有给出将以上区别技术特征应用于对比文件 1 中的瓷渣固化剂，从而得到本申请权利要求 1 的技术启示，因此权利要求 1 的技术方案具有突出的实质性特点。同时，本申请应用了脱硫石膏和燃烧亚烟煤或褐煤时所产生的干排粉煤灰这两种工业废料作为主要原料，实现了工业废料的再利用，这样降低了生产成本，产生了有益的效果。因此，权利要求 1 相对于对比文件 1 具备突出的实质性特点和显著进步，具备专利法第 22 条第 3 款规定的创造性。

在独立权利要求 1 具备创造性的条件下，其从属权利要求 2~5 相对于对比文件 1 也具备中国专利法第 22 条第 3 款规定的创造性。

驳回决定认为脱硫石膏代替二水石膏对本领域的普通技术人员来说是容易想到的，因此，本领域技术人员在对比文件 1 的基础上通过简单的试验获得权利要求 1 保护的技术方案是显而易见的。对此，合议组认为：湿态的脱硫石膏通常来说是需要烘干后才能作为工业原料的，而本申请直接采用未经烘干的湿态脱硫石膏，通过生石灰或熟石膏的水化反应脱去脱硫石膏中的吸附水，降低了固化剂的生产成本。而相对于本申请所选用的特定的原料组成，现有技术中并没有给出任何技术启示，因此，合议组认为上述区别特征的引入对本领域技术人员来说是非显而易见的。

根据以上事实和理由，本案合议组作出如下审查决定。

三、决定

撤销国家知识产权局于 2005 年 8 月 5 日对 200410008727.0 号发明专利申请作出的驳回决定。由原审查部门在本决定所针对的审查文本的基础上继续进行审查。

复审请求人对本决定不服的，可以根据专利法第 41 条第 2 款的规定，自收到本决定之日起 3 个月内向北京市第一中级人民法院起诉。

164

玻璃纤维补强的预浸渍片、层压件、电路板以及装配织物的方法

复审请求审查决定（第12340号）

决　定　号　第12340号
决　定　日　2007年12月24日
发明创造名称　玻璃纤维补强的预浸渍片、层压件、电路板以及装配织物的方法
国际分类号　C03/C 25/10，C08J 5/08，H05K 1/03
复审请求人　PPG工业俄亥俄公司
申　请　号　99813148.2
优 先 权 日　1998年10月13日，1999年5月7日，1999年7月30日
申　请　日　1999年10月8日
公　开　日　2002年1月23日
合议组组长　于　萍
主　审　员　姜　岩
参　审　员　赵　明

法律依据　专利法实施细则第21条第2款
决定要点

必要技术特征是指，发明或者实用新型为解决其技术问题所不可缺少的技术特征，其总和足以构成发明或者实用新型的技术方案，使之区别于背景技术中所述的其他技术方案。判断某一技术特征是否为必要技术特征，应当从所要解决的技术问题出发并考虑说明书描述的整体内容。

一、案由

本复审请求涉及PPG工业俄亥俄公司于1999年10月8日申请，2002年1月23日公开，名称为“玻璃纤维补强的预浸渍片、层压件、电路板以及装配织物的方法”的99813148.2号发明专利申请（下称本申请），其优先权日分别为1998年10月13日、1999年5月7日、1999年7月30日。

国家知识产权局实质审查部门于2004年9月10日驳回了该申请，驳回所针对的文本是2004年8月10日提交的权利要求1~56，2001年5月10日提交的说明书第1~53页、附图第1~4页、说明书摘要和摘要附图，驳回理由是独立权利要求1、35缺少必要技术特征，不符合专利法实施细则第21条第2款的规定；权利要求6和40中的E-玻璃纤维、D-玻璃纤维、S-纤维、Q-玻璃纤维、E-玻璃衍生物纤维为不清楚描述，权利要求11和45中的样式106、108-7628为不清楚描述，因此权利要求6、11、40、45不符合专利法实施细则第20条第1款的规定。驳回决定所涉及的权利要求如下：

“1. 一种用于电载体的预浸渍片，该预浸渍片包含

（a）聚合物基质材料；和

（b）织物，该织物含有包含玻璃纤维的线股，织物的至少一部分具有与聚合物基质材料相容的涂料，该预浸渍片的钻头百分磨损率不大于 32%，钻头百分磨损率是在 3 个层压件的堆层上用 0.46mm（0.018 英寸）直径的碳化钨钻以 62 孔/平方厘米（400 孔/平方英寸）的孔密度和 0.001 的切削负载钻 2 000 个孔之后测定的，其中每个层压件中包括 8 个预浸渍片。”

“6. 权利要求 1 的预浸渍片，其中至少一种玻璃纤维选自 E-玻璃纤维、D-玻璃纤维、S-玻璃纤维、Q-玻璃纤维、E-玻璃衍生物纤维及其组合。”

“11. 权利要求 1 的预浸渍片，其中层压件中包括 8 层织造织物样式，所说的织物样式选自样式 106、样式 108、样式 1080、样式 2113、样式 2116、样式 7535 和样式 7628 及其组合。”

“35. 一种用于电载体的预浸渍片，该预浸渍片包含（a）聚合物基质材料；和

（b）织造的补强织物，该织物含有玻璃纤维，织物的至少一部分具有与聚合物基质材料相容的涂料，该预浸渍片的偏差距离不大于约 36 微米，偏差距离是在 3 个层压件的堆层上用 0.46mm（0.018 英寸）直径的碳化钨钻以 62 孔/平方厘米（400 孔/平方英寸）的孔密度和 0.001 的切削负载钻 2 000 个孔之后测定的。”

“40. 权利要求 35 的预浸渍片，其中至少一种玻璃纤维选自 E-玻璃纤维、D-玻璃纤维、S-玻璃纤维、Q-玻璃纤维、E-玻璃衍生物纤维及其组合。”

“45. 权利要求 35 的预浸渍片，其中层压件中包括 8 层织造织物样式，所说的织物样式选自样式 106、样式 108、样式 1080、样式 2113、样式 2116、样式 7535 和样式 7628 及其组合。”

申请人（以下称请求人）对上述驳回决定不服，于 2004 年 12 月 27 日向专利复审委员会提出复审请求，请求人认为，国家知识产权局驳回的理由不成立。复审请求人在提出复审请求未对专利申请文本进行修改。

形式审查合格后，专利复审委员会受理了该复审请求，并于 2005 年 1 月 28 向请求人发出复审请求受理通知书，随后将本申请移交国家知识产权局原实质审查部门进行前置审查。

原实质审查部门对本复审请求进行了前置审查，坚持原驳回决定。

专利复审委员会组成合议组，对本案的复审请求进行了审理。于 2006 年 2 月 5 日向请求人发出复审通知书，指出：（1）根据说明书的记载，本发明的发明点在于玻璃纤维上采用了特殊的涂料组合物，该组合物可以与聚合物基质材料相容，并且降低钻头的磨损等，本申请的独立权利要求 1、35 只是给出了该组合物所具有的性能和该性能所能达到的效果，没有记载涂料组合物的组份和各组份的含量，即没有记载如何使得前述组合物具有上述性能以及怎样达到上述的效果。此外，由于现有技术中没有给出在玻璃纤维上应用前述涂料组合物的技术启示，本领域的技术人员根据现有技术的教导无法确定前述涂料组合物，从而无法确定该涂料组合物所具有的性质和所能够达到的效果，达到解决其技术问题的目的，因此权利要求 1、35 缺乏必要技术特征，不符合专利法实施细则第 21 条第 2 款的规定。（2）权利要求 6 和 40 中出现了许多申请人自行编造的词语导致权利要求保护范围不清楚，不符合专利法实施细则第 20 条第 1 款的规定。

针对复审通知书指出的问题，复审请求人于 2006 年 5 月 19 日提交了意见陈述书及权利要求书的修改替换页。修改方式为，删除原权利要求 6、13、40、47，在原独立权利要求 1、35（即修改后的权利要求 1、33）中增加了技术特征，形成两项新的独立权利要求 53、54。其中修改后的独立权利要求 1、33 为：

“1. 一种用于电载体的预浸渍片，该预浸渍片包含

（a）聚合物基质材料；和

（b）织物，该织物含有包含玻璃纤维的线股，织物的至少一部分具有与聚合物基质材料相容的涂料，其中涂料中含有（i）多个离散的、尺寸稳定的颗粒，该颗粒由选自有机材料、聚合材料和复合材料及其混合物的材料形成并且至少一根纤维和至少一根相邻纤维之间具有间隙空间，颗粒的平均颗粒尺寸为约 0.1~5 微米，该颗粒基于总固体量计为涂料组合物重量的 1%~99%；和（ii）至少一种成膜材料，其中至少一种成膜材料基于总固体量计为涂料组合物重量的 1%~99%；该预浸渍片的钻头百分磨损率不大于约 32%，钻头百分磨损率是在 3 个层压件的堆层上用 0.46mm（0.018 英寸）直径的碳化钨钻以 62 孔/平方厘米（400 孔/平方英寸）的孔密度和 0.001 的切削负载钻 2 000 个孔之后测定的，其中每个层压件中包括 8 个预浸渍片。"

"33. 一种用于电载体的预浸渍片，该预浸渍片包含（a）聚合物基质材料；和

（b）织造的补强织物，该织物含有至少一种玻璃纤维，织物的至少一部分具有与聚合物基质材料相容的涂料，其中该涂料中含有（i）多个离散的、尺寸稳定的颗粒，该颗粒由选自有机材料、聚合材料和复合材料及其混合物的材料形成并且至少一根纤维和至少一根相邻纤维之间具有间隙空间，颗粒的平均颗粒尺寸为约 0.1~5 微米，该颗粒基于总固体量计为涂料组合物重量的 1%~99%；和（ii）至少一种成膜材料，其中至少一种成膜材料基于总固体量计为涂料组合物重量的 1%~99%；该预浸渍片的偏差距离不大于约 36 微米，偏差距离是在 3 个层压件的堆层上用 0.46mm（0.018 英寸）直径的碳化钨钻以 62 孔/平方厘米（400 孔/平方英寸）的孔密度和 0.001 的切削负载钻 2000 个孔之后测定的。"

针对请求人 2006 年 5 月 19 日的意见陈述书以及新修改的权利要求 1~54，专利复审委员会本案合议组于 2007 年 3 月 19 日再次发出复审通知书，指出：权利要求 1、33 的修改超出了原说明书和原权利要求书记载的范围，不符合专利法实施细则第 33 条的规定。具体为：新修改的权利要求 1 中增加了"多个离散的、尺寸稳定的颗粒，该颗粒由选择有机材料、聚合材料和复合材料及其混合物的材料形成并且至少一根纤维和至少一根纤维之间具有间隙空间，颗粒的平均尺寸为 0.1~5 微米，该颗粒基于总固体量计为涂料组合物重量的 1%~99%"，申请人认为该特征来自原权利要求 13 和说明书第 35 页和第 10 页，根据说明书第 35 页的记载"第二涂料组合物中无机颗粒的量以总固体可以为约 1~约 99wt%"，在新修改的权利要求 1 中，首先，并未说明该涂料是用作第二涂料组合物；其次，该涂料中的颗粒选自有机材料、聚合材料和复合材料及其混合物的材料并非说明书第 35 页所记载的无机颗粒；最后，原始申请文件的其他部分也没有记载上述特征；综上，增加的这部分技术特征既没有明确记载在原始申请文本上，又不能从原申请记载的信息中直接地、毫无疑义地确定，因此，上述修改不符合专利法第 33 条的规定。权利要求 33 也存在与权利要求 1 同样的问题。另外，请求人自行增加了两项独立权利要求 53、54，并非是针对复审通知书中指出的缺陷所进行的修改，因此不符合专利法实施细则第 60 条第 1 款的规定。

针对上述复审通知书中指出的问题，请求人于 2007 年 5 月 8 日提交了意见陈述书以及权利要求的修改替换页。请求人删除了不符合专利法实施细则第 60 条第 1 款规定的权利要求 53 和 54，并对独立权利要求 1 和 33 进行了修改。此次修改的部分权利要求如下：

"1. 一种用于电载体的预浸渍片，该预浸渍片包含

（a）聚合物基质材料；和

（b）织物，该织物含有至少一种包含玻璃纤维的线股，织物的至少一部分具有与聚合物基质材料相容的涂料，其中该涂料含有（i）多个离散的、尺寸稳定的颗粒，该颗粒由选自有机材料、聚合材料和复合材料及其混合物的材料形成并且至少一根纤维和至少一根相邻纤维之间具有间隙空间，颗

粒的平均颗粒尺寸为0.1~5微米；和（ii）至少一种成膜材料，其中至少一种成膜材料包含至少一种含有基于总固体量计为涂料组合物重量的1%~90%的聚合材料；该预浸渍片的钻头百分磨损率不大于约32%，钻头百分磨损率是在3个层压件的堆层上用0.46mm（0.018英寸）直径的碳化钨钻以62孔/平方厘米（400孔/平方英寸）的孔密度和0.001的切削负载钻2000个孔之后测定的，其中每个层压件中包括8个预浸渍片。”

“33. 一种用于电载体的预浸渍片，该预浸渍片包含（a）聚合物基质材料；和

（b）织造的补强织物，该织物含有至少一种玻璃纤维，织物的至少一部分具有与聚合物基质材料相容的涂料，其中该涂料含有（i）多个离散的、尺寸稳定的颗粒，该颗粒由选自有机材料、聚合材料和复合材料及其混合物的材料形成并且至少一根纤维和至少一根相邻纤维之间具有间隙空间，颗粒的平均颗粒尺寸为0.1~5微米；和（ii）至少一种成膜材料，其中至少一种成膜材料包含至少一种含有基于总固体量计为涂料组合物重量的1%~90%的聚合材料；该预浸渍片的偏差距离不大于36微米，偏差距离是在3个层压件的堆层上用0.46mm（0.018英寸）直径的碳化钨钻以62孔/平方厘米（400孔/平方英寸）的孔密度和0.001的切削负载钻2 000个孔之后测定的。”

至此，合议组认为本案事实清楚，可以作出审查决定。

二、决定的理由

1. 关于审查文本

针对复审通知书指出的请求人于2006年5月19日提交的权利要求书中存在的不符合专利法第33条及专利法实施细则第60条规定的问题，请求人于2007年5月8日对权利要求书进行了修改，其中删除了复审通知书指出的不符合专利法实施细则第60条规定、请求人新增的独立权利要求53、54。另外对独立权利要求1、33中超出原申请文件记载范围的内容进行了修改，修改后的独立权利要求1、33的内容可以根据原权利要求13及说明书第12页的相关记载中获得，从而克服了原权利要求1、33不符合专利法第33条规定的问题。另外，该权利要求书与驳回决定针对的文本相比，删除了驳回决定及复审通知书指出的存在不清楚问题的原权利要求6和40。上述修改也均符合专利法第33条及专利法实施细则第60条的规定。

本复审决定以复审请求人于2007年5月8日提交的权利要求1~52项，进入中国国家阶段时提交的国际申请文件的说明书第1~53页、附图第1~4页、说明书摘要和摘要附图为基础进行。

2. 关于专利法实施细则第20条第1款

专利法实施细则第20条第1款规定：权利要求书应当说明发明或者实用新型的技术特征，清楚、简要地表述请求保护的范围。

权利要求所确定的保护范围应当清楚。权利要求的保护范围应当根据其所用词语的含义来理解。一般情况下，权利要求的用词应当理解为相关技术领域通常具有的含义。在特定情况下，如果说明书中指明了某词具有特定的含义，并且使用了该词的权利要求的保护范围由于说明书中对该词的说明而被限定的足够清楚，这种情况也是允许的。

驳回决定中指出的原权利要求11（此次修改对应为权利要求10）和权利要求45（此次修改对应为权利要求42）中的样式106、108~7628为不清楚描述，不符合专利法实施细则第20条第1款的规定。

合议组认为，本申请原说明书第37页第10行至第38页9行中公开了“以适合在用于印刷电路板的层压件中使用的样式来制造织物14，例如‘世界织物’中公开的，Anderson（南卡罗来纳州）的Clark-Schwebel公司的技术公报（1995），引入这里作为参考。使用E225E-玻璃纤维的非限定性织物样式的实例是Style 2116，其每5厘米具有118根经纱和114根纬纱（每英寸60根经纱和58根纬

纱）；使用7221x0（E225 1/0）经纱和纬纱；具有标称织物厚度0.094mm（0.037英寸）和织物重量103.8g/cm^2（3.06盎司/平方码）……”。合议组认为：根据说明书中记述的内容可知，这些样式是现有技术中已有的、特定的名称，并非在本申请中单独定义的特定名称，而且说明书中详细定义了样式2116、7628、1080、106、108、2113、7535的概念，因此本领域的技术人员根据样式的名称即可知晓其含义，上述表述并非不清楚的描述，不会造成权利要求的保护范围不清楚。因此，驳回决定所针对的权利要求11、45（修改后的权利要求10、42）符合专利法第20条第1款的规定。

另外，由于复审请求人已经删除了驳回决定及复审通知书指出的存在不清楚问题的原权利要求6和40，因此，关于驳回决定及复审通知书中指出的原权利要求6、40不符合专利法实施细则第20条第1款的缺陷已经克服。

3. 关于专利法细则第21条第2款

专利法实施细则第21条第2款规定：独立权利要求应当从整体上反映发明或者实用新型的技术方案，记载解决技术问题的必要技术特征。

必要技术特征是指，发明或者实用新型为解决其技术问题所不可缺少的技术特征，其总和足以构成发明或者实用新型的技术方案，使之区别于背景技术中所述的其他技术方案。判断某一技术特征是否为必要技术特征，应当从所要解决的技术问题出发并考虑说明书描述的整体内容。

根据本申请说明书记载，本申请的发明目的是要克服现有涂布玻璃纤维的涂层的缺点，需要一种用于玻璃纤维的润滑剂涂料，其可以与各种聚合物基质材料相容，从而不需要在层压前将玻璃纤维织物加热或用水清洁，并且可以减少钻头的磨损和/或改进钻孔位置的精确性。实际上是要寻找一种涂料组合物，代替现有层压件中的玻璃纤维的涂层。

本申请权利要求1和33均保护一种用于电载体的预浸渍片，构成预浸渍片的玻璃纤维上涂覆的涂料是一种组合物，本申请的发明点是在于确定组份本身，由说明书第10页第2段以及说明书第14页最后一段的内容可知，采用聚合材料和选用适当的平均颗粒尺寸均可以使涂料组合物与聚合物基质材料的相容性更好；由说明书第15页倒数第3段内容可以得知，颗粒的尺寸可以给纤维纱股以及其制造的产品提供所需的性能和加工特性。在本申请的两个独立权利要求1、33中已经限定了涂料组合物含有颗粒和成膜材料，且具体限定了成膜材料的主要成分为聚合材料，颗粒则是选自有机材料、聚合材料和复合材料及其混合物的材料，并限定了颗粒的平均颗粒尺寸为0.1~5微米。其中成膜材料包含的聚合材料的含量基于总固体量计为涂料组合物重量的1%~90%。权利要求1、33中虽然没有限定颗粒在涂料组合物中所占的重量百分含量，本领域技术人员在得知成膜材料中聚合材料占涂料组合物的重量百分含量的情况下，根据已有知识能够很容易确定涂料组合物中颗粒组分的含量。因此权利要求1、33中所限定的技术特征的总和足以构成了区别于背景技术中的其他技术方案的本发明技术方案，因此修改后的权利要求1、33符合专利法实施细则第21条第2款的规定。

关于驳回决定中认为的聚合物基质材料和织物的种类和化学组成也是独立权利要求1、33的必要技术特征，合议组经审查后认为：本发明的发明点是在于确定涂料组合物的组分，而聚合物基质材料的种类和化学组成并非本申请对现有技术进行改进之处，因此，不应因独立权利要求1、33未对其进行具体限定而认定其不符合专利法实施细则第21条第2款的规定。

三、决定

撤销国家知识产权局于2004年9月10日对99813148.2号发明专利申请作出的驳回决定。由原审查部门在本决定所针对的文本的基础上继续进行审查。

复审请求人对本决定不服的，可以根据专利法第41条第2款的规定，自收到本决定之日起3个月内向北京市第一中级人民法院起诉。